JN413034

튀르키예어의 기원

The Origin of the Turkish Language

튀르키에어의 기원

한국어와 형제어다, 언어로 밝혀진 고대사

강낙중 지음

한국문화사

머리말
튀르키에어와 한국어의 연구를 통해 밝힌 것

1. 흉노가 고조선이고 신라인, 가야인, 튀르키예인은 흉노의 후예다.
2. 유연, 여진은 원음이 조선이다.
3. 고조선과 고구려, 고려의 '고'는 태양이다.
4. 부여는 '해의 자손', 즉 '해의 땅'이라는 뜻이다.
5. 튀르키예어는 신라어와 가야어의 음운 규칙을 따른다.
6. 튀르키예어의 한자어는 한국어, 특히 경상도 방언의 발음을 따른다.
7. 46개의 접미사와 두 개의 접두사가 한국어와 같다.
8. 사고방식이 동일하여 같은 단어의 파생 의미까지 같다.
9. 오분석된 튀르키예어 동사를 바르게 분석하면 한국어와 같다.
10. 동사의 명사형 어미가 한국어와 같다.
11. 조사가 경상도 방언과 같다.
12. 모든 품사에서 한국어와 같은 단어가 아주 많다.
13. 튀르키예어와 우즈벡어, 일본어의 수사가 한국어다.
14. 한국어 수사의 어원을 밝혔다.
15. 한국어의 자음과 모음이 중세 국어에서 현대어로 어떻게 변해 왔는지와 방언 간에 어떻게 변했으며 어떤 음운 규칙에 의해서 변했는지 전반적으로 조사했다.
16. 지금까지 밝혀지지 않은 한국어 단어의 어원을 많이 밝혔다.

한국어와 일본어가 같은 계통의 언어인지, 이 두 언어가 알타이어족에 속하는지에 대해 찬성하는 학자들도 있고 반대하는 학자들도 있다. 찬성파든 반대파든 각 언어의 문법과 어휘, 어휘의 형태소, 음운 규칙, 고어, 방언 등을 전반적으로 비교, 분석하지 않고 소수의 어휘를 가지고 찬성 혹은 반대하고 있어서 어느 쪽의 주장도 설득력이 없다.

예를 들어, 일본어가 한국어에서 유래했다는 사실을 부정하는 학자들은 극소수의 단어와 근거가 박약한 재구 어휘를 근거로 반대하고 있다. 그러나 일본어 고어와 중세 한국어, 한국어의 방언, 특히 경상도 방언(=가야어와 신라어)을 종합적으로 연구하면 일본어가 한국어에서 유래했다는 것을 쉽게 알 수 있다. '**강낙중 (2012), 일본어의 기원—일본어는 가야어다**'에서 한국어가 일본어로 바뀌는 데 관여한 거의 모든 음운 규칙을 찾아놓았으며 문법, 어휘, 형태소, 발음 규칙 등 거의 모든 것이 한국어와 같았고 심지어 일본어로 설명할 수 없는 것도 한국어로 설명할 수 있음을 입증하였다. 그중 일부의 예를 들면 다음과 같다:

かる(=枯る)(karu)(일본어 고어)〈ベネッサ全訳古語辞典(2008)〉=갈(다)(kal)(경남 방언)(=마르다=to be dry)〖일본어식으로 전사〗→가루(karu)(모음 사이에서는 /ㄹ/은 /r/에 가깝다)→karu(한국어를 그대로 일본어로 전사한 것으로 한국어 그 자체이다). cf. **かれる(枯れる)**〈岩波 國語辞典 第三版〉(kareru)(일본어 현대어). 일본어 고어는 한국어와 같으나 일본어 현대어는 일본어 고어와 다른 단어로 만들어 놓았다.

たる(=垂る)(taru)(일본어 고어)〈ベネッサ全訳古語辞典(2008)〉(=달다=to hang)=달(다)(tal)〖일본어식으로 전사〗→다루(taru)(일본어 고어). cf. **たれる**(垂れる)(tareru)(일본어 현대어).

ひく(=引く)(hiku)(=당기다)=혀(다)〈훈몽자회 상권 35장 뒷면〉(=당기다): 혀(다)[헤](경남 방언 발음)+기(명사형 어미)→헤기〖에→이〗→히기(hiki)→ひき(引き)(hiki)(일본어 명사형). '히기(hiki)=힉(hik)(동사 어간)+이(i)(명사형 어미)'로 오분석하여 동사, hiku가 만들어졌다: 힉(hik)〖일본어식으로 전사〗→히구(hiku). 일본어 언어학자들이 일본어 고어를 문법화하면서 동사의 명사형 어미가, '이' 외에 '기', 'ㅁ'이 있다는 것을 모르고 명사형 어미가 '이'만이라고 생각하고 동사 어간을 분리해냈다. 같은 뜻의 한국어 동사 어간이 /ㅁ/으로 끝나지 않은 동사인데 일본어 동사가 '~mu'로 끝나는 동사도 '~mu'를 제거하면 한국어 동사 어간이 된다 【근거】혀(표준어)[헤](경남 방언 발음)→헤('혀'의 경남 발음). cf. 혀〖ㅎ→ㅅ/__ y(여(yə)의 /y/)〗→셔[세]→세〖ㅅ→ㅆ〗→쎄(경남). 게(=crab)〖에→이〗→기(경

남 방언)(경남 방언에서는 '게', '기' 둘 다 사용한다).

くるしむ(=苦しむ)(kurusimu)(일본어 현대어): 고로오지(다)(경남)(=괴로워지다)+ㅁ(명사형 어미)+이(첨가음)〖오→우〗→구루지미〖ス→ㅅ〗→구루시미(ku-rusimi)→くるしみ(苦しみ)(일본어 명사형). 'くるしみ(kurusimi)=kurusim(동사 어간)+이(i)(명사형 어미)'로 오분석하여 동사, kurusimu가 만들어졌다: 구로심(kurusim)〖일본어식으로 전사〗→kurusimu(くるしむ(苦しむ)(동사))〖m→b〗→kurusibu→くるしぶ(苦しぶ)(일본어 고어) 【근거】 소 한 마리[mɑɾi](표준어)〖ㅁ(m)→ㅂ(b)〗→소 한 바리[bɑɾi](경남). **ほ**(てい)(布(袋))(**ho**(tei))〖오(o)→우(u)〗→**ふ**(る)(布(留社))(**hu**(noyasiro))(=石上神宮(isonokamizinguu)).

妹が袖〈万葉集 15.3604〉(=妹+**が**(**ga**)(소유격 조사)+袖)=妹(imo)+거(kə)(경남)(소유격 조사)+袖(sode)〖유성음화: ㄱ(k)→g/모음＿모음〗→妹gə袖〖ə→a〗(일본어에 /ə/가 없다)→妹**ga**袖 【근거】 너거[gə] 집(경남 방언)=너의 집(표준어).

ばらもん(婆羅門)〈베넷사全訳古語辞典(2008)〉(baramon)=**빵라몬**(婆羅門)〈석보상절 6권 13장 뒷면〉[빠라몬]→빠라몬〖ㅃ→b〗→baramon→バラモン(婆羅門)〈岩(波 国語辞典 第三版)(baramon))(일본어 현대어는 카타카나로 표기했다)【근거】'ㄲ, ㄸ, ㅃ, ㅉ, ㅆ, ㆅ 爲 全濁'〈훈민정음해례본〉(전탁(全濁)=유성음(有聲音).

かみ(=神)(kami)=감(=神)(kam)+이(i)(첨가음)→kami. **かむ**(神)(kamu)=감〖일본어식으로 전사〗→가무(kamu) 【근거】 **かみ**さぶ(神さぶ)(**kami**sabu)=**かむ**さぶ(神さぶ)(**kamu**sabu)〈베넷사全訳古語辞典(2008). 장애(경남 방언)(=eel)=장어(표준어)+이(첨가음)〖모음 합체: 어+이→에〗→장에〖모음조화: 아-애〗→장애. 대감(大神)(무속 용어)=큰(=大)+**신**(神)(=감=**kam**).

あたたけし(=暖けし)〈베넷사全訳古語辞典(2008)(atatakesi)=아(감탄사)+따따하(다)(경남)(=따뜻하다(표준어))+이(부사형 어미)+지(다)〖모음 합체: 아+이→애〗→아+따따해지(경남 방언)〖애→에〗(일본어에는 /애/가 없다)→아따따헤지〖ㅎ→ㅋ〗→아따따케지〖ス→ㅅ〗→아따따게시→atatakesi('た'의 실제 발음은 [따=tʼa]처럼 들린다). cf. **あたたかい**(暖かい)(일본어 현대어)=아(감탄사)+따따하(다)(경남)(=따뜻하다(표준어))+아(부사형 어미)+지(다)〖ㅎ→ㅋ〗→아따다**カ**

아지〖동모음 축약〗→아따따카지〖ㅈ→ㅅ〗→아따다카시〖ㅅ→∅/모음__모음〗→아따다카이(atatakai)【근거】燈등의블혀고〈석보상절 9권 32장 뒷면〉=등에 불켜고(현대어): 혀다〖ㅎ→ㅋ〗→켜다. 똥구시(경남 방언)=똥+굳(=구덩이)+이(첨가음)→똥구디〖구개음화: ㄷ→ㅈ/__이〗→똥구지〖ㅈ→ㅅ〗→똥구시. 게이소(경남 방언)=계시(다)+소(명령 종결어미)〖단음화: 예→에〗→게시소〖ㅅ→∅/모음__모음〗→게이소.

ふうふう(huuhuu)(입을 오므려 반복해서 숨을 내뿜는 모양, 괴로운 듯이 격렬하게 숨을 쉬는 모양〈大辭林〉《일본어의 기원》=후우후우(huuhuu).

ひさめ(=氷雨)(hisame)=빙(氷)+이(첨가음)+ㅅ(사이시옷)(s)+암(=물)(水)(유아어)+아(=子)(지소사)+이(첨가음): 빙+이〖ㅇ(ng)→∅ and 이[ĩ](鼻母音=nasal vowel)/__이 and 비모음의 구강 모음화(일본어에 비모음을 표기할 글자가 없다)〗→비이〖동모음 축약〗→비〖ㅂ→ㅎ〗→히(hi)→**ひ(氷)**(hi). 암+아+이〖모음 합체〗→암애〖애→에(일본어에 /애/가 없다)〗→암에→아메(ame)→**あめ(雨)**(ame)(그 뜻은 '물의 아들'=작은 물=비). '氷雨'는 ひあめ(hiame)로 표기해야 하는데 왜 hisame로 표기했는지, hisame의 /s/는 무슨 역할을 하는지 일본어로는 설명할 수 없다【근거】비(備)〖ㅂ→ㅎ〗→히(hi)→ひ(備)(hi). 국(國)+이(첨가음)〖모음 합체: 우+이→위〗→귁(國〈월인석보 1권 훈민정음 1장 앞면〉. 빗물=비+ㅅ(사이시옷)+물. 경남 방언에서는 /ㄴ/(n), /ㅇ/(ng) 다음에 모음이 오면 /ㄴ/, /ㅇ/이 탈락되고 뒤에 오는 모음이 비모음(鼻母音=nasal vowel)으로 발음된다: 산이[사ĩ], 강이[가ĩ]. 장아[자ã](=장에)=장(=시장)+아(처격 조사/향진격 조사): 장아 있다=장+아(처격 조사)+있다. 장아 가다=장+아(향진격 조사)+가다.

위에서 살펴본 바와 같이 일본어 고어와 중세 한국어, 경상도 방언을 모르면 일본어가 한국어에서 유래했다는 것을 알 수 없다. 상기 책을 읽고 일본어가 한국어에서 유래했다는 것을 부정할 수 있는 언어학자는 없을 것이다.

또 다른 증거는 일본 천황가의 조상신이 신라에 왔다고 스스로 밝히고 있다는 것이다. 이세신궁(伊勢神宮) 홈페이지의 다음 내용과 安羅神社에서 모시는 신을

보면 일본어가 가야어와 신라어에서 유래했음을 알 수 있다:

"皇室の御祖先の神と仰ぎ, 私たち国民の大御祖神として崇敬を集める天照大神をお祀りする皇大神宮"(=황실의 조상님의 신으로 숭앙하고 우리들 국민의 대조상신님으로 숭경을 모우는 천조대신님을 모시는 황대신궁)〈http://www.isejingu.or.jp〉.

"滋賀県草津市に2つの安羅神社がある。草津市穴村にある安羅神社の祭神は、新羅の王子と言われる天日槍(アメノヒボコ). 草津市野村には、もう一つの安羅神社がある。こちらの祭神は「スサノオ」。鳥居の横の社伝を読んでみると、「慶運元年(704)三月、牛頭天王この地に降臨なり、これ当社の創なり」とある."〈https://biwap.raindrop.jp〉에서 ‘近江史を歩く 2의 39. 安羅伽耶の里(草津市安羅神社)〉(시가켄 쿠사츠시에 두 개의 아라신사(安羅神社)가 있다. 쿠사츠시 아나무라에 있는 安羅神社의 제신은, 新羅의 王子로 불리는 天日槍(アメノヒボコ)(amenohiboko)(=천일창). 노무라에는 또 하나의 아라신사(安羅神社)가 있다. 이곳의 제신은 스사노오(susanoo)。도리이 옆의 신사의 전하는 말을 읽어보면, 「慶運元年(704)三月、우두천왕이 이곳에 강림하여, 이 신사를 건립함」라고 되어 있다).

"스사노오 **신라의 소시모리**에 처음 강림하여 일향국인 일본에 배를 타고 건너가서 여름에 휘몰아치는 폭풍을 관장하였으나, 난폭한 행동으로 인해 아마테라스가 동굴에 한 때 은신하여 세상이 어두워지는 소동이 발생하자 그 책임을 물어 추방되었다. 그 후 이즈모국에서 야마타노오로치를 퇴치하였으며, 나중에 대지의 신으로 아시하라노나카츠쿠니(葦原中國)를 건설한 오쿠니누시의 조상이 되었다. 신화 상 현재 일본 황실은 아마테라스와 스사노오의 계약(アマテラスとスサノオの誓約)에 따라 스사노오는 황실 남계(男)의 조상에 해당된다. 실제 누나인 아마테라스와는 계약상 부부이며 아메노오시호미미노미코토를 포함하여 오남삼녀 신들을 낳았다"〈위키백과〉: 신라국 소시모리(曾尸茂梨=소의 머리=牛頭)에서 왔으니 천왕가의 조상신이 신라에 왔다는 것이다. 그러나 704년은 아라가야가 559년

경 신라에 투항한 뒤라 스사노오노미코토가 신라에서 왔다고 되어 있지만 아라가야 출신이라는 것을 알 수 있다.

튀르키예어와 한국어 관계도 마찬가지다. 튀르키예어의 기원을 밝히려는 연구는 소수의 공통 어휘와 접사를 찾는 정도로 그 기원을 입증하지 못한다. 음운 규칙으로 한국어가 튀르키예어로 바뀐다면 튀르키예어와 한국어는 같은 계통의 언어임이 입증된 것이다. 아직 튀르키예어의 기원을 명확하게 밝힌 언어학자는 없고 논란 중이다. 예를 들어, 두 언어의 음운 규칙과 문법을 비교 검토하고 어휘를 분석하여 형태소를 분리, 비교하는 작업을 사전 속의 거의 모든 단어를 전반적으로 분석한 학자는 없었다. 몇몇 개의 단어와 형태소를 비교해서 두 언어가 동계이니 아니니 논란 중이다.

튀르키예인들은 자신들이 흉노의 후예라고 믿고 있다. 흉노(匈奴)가 조선이니 튀르크인들도 조선(=고조선)의 후예이다. 신라, 가야의 김(金) 씨는 흉노 왕자, 김일제(金日磾)와 김윤(金倫)의 후손으로 신라와 가야 또한 흉노의 후예이다. 본문에서 언어학적으로 이를 증명하였다. 따라서 튀르키예어는 흉노, 고조선어를 계승한 것으로 보고 지난 13년 동안 튀르키예어 사전을 처음부터 끝까지 조사하면서 중세 한국어와 경상도 방언, 특히 본인이 경남(=가야 땅) 출신이라 경남 방언과 그 음운 규칙을 적용, 어휘를 상호 대조하고 형태소를 분리하여 상호 비교했다. 통일신라가 만주를 포함한 한국어를 사용한 전 지역을 200년 이상 지배했기에 사전에 등재된 다른 지역의 방언과도 비교, 검토하였다.

그 결과, 튀르키예어는 경상도 방언의 음운 규칙을 따르고 있었으며 한국어와 공통 접미사가 40개가 넘었다. 어근과 접미사가 한국어와 같은 것도 있고 어근은 같은데 같은 뜻의 다른 접미사를 사용한 단어도 많았다. 모든 품사에서 공통된 단어가 아주 많았다. 심지어 단어의 기본 의미뿐만 아니라 파생된 의미도 같았다. 또 하나의 특징은 소위 한자어(漢字語)를 많이 사용하고 있다는 것이다. 그러나, 그 발음은 중국어 음이 아닌 한국어 음과 같았다. 한자를 만든 나라는 화하족(華夏族)의 후손인 한(漢)나라가 아니라 동이족(東夷族)이 세운 상(商)나라가 발명한 것이다.

한국어가 튀르키예어로 바뀌는, 다음 몇 가지 예를 보라.

baş(=머리, 꼭대기, 선도자)=박(=머리)+이(첨가음)→바기〖구개음화: ㄱ→ㅈ/__
이〗→바지〖ㅈ→ㅅ〗→바시(paş)〖어두 유/무성자음 교체〗→baş【근거】똥구시
(경남)=똥+굳(=구멍이)+이(첨가음)→똥구디〖구개음화〗→똥구지〖ㅈ→ㅅ〗→똥
구시. gelmek(튀르키예어)=kelmoq(우즈벡어)=오다. 박이 터지다=머리가 터지다.
박치기=박(=머리)+치기. 대갈박: 대갈=박=머리: 고기 대가리(=고기 머리)=고기+
대갈(=머리)+이(첨가음)→고기 대가리.

dik(=수직, 수직의, 바로)=띡(直)〈월인석보 1권 월인서 18장 앞면〉〖ㄸ→d〗→dik
【근거】'ㄲ, ㄸ, ㅃ, ㅉ, ㅆ, ㆅ 爲 全濁'〈훈민정음해례본〉(전탁(全濁)=유성음(有聲
音)). 띡(直)(=수직, 수직의, 바로)〖ㄸ(유성음)→ㄷ(무성음)〗→딕〖구개음화: ㄷ→
ㅈ/__이〗→직(현대어). cf. **dik**(mek)(=세우다, 심다)=띡(直)(dik).

İşe gittim(=나는 출근했다)=iş(=일)+**아(a)**(향진격 조사)(튀르키예어는 여
격)+git(mek)(=가다)+ti(과거시제)+(i)m(1인칭 단수 인칭 접미사)〖모음조화: i-e〗
→İşe gittim【근거】방아 가바라(경남)(=방에 가보아라(표준어))=방+**아(a)**(향진격
조사)+가(다)+아(부사형 어미)+보(다)+아라〖모음 합체〗→방아 가봐라〖단음화:
와→아〗→방아 가바라. 에(표준어)=아+이(첨가음)〖모음 합체〗→애(중세 한국
어)(양모음 단어 뒤에서: 방애)〖애→에〗(모음조화 파괴)→에(현대어에서는 '에'
로 통일). iş(=일)=일+ㅎ(고유어 명사에 붙음)+이(첨가음)→일히〖ㅎ→ㅅ/__이〗
→일시〖ㄹ→Ø/__ㅅ〗→이시→iş【근거】힘(표준어)〖ㅎ→ㅅ/__이〗→심(경남).
부삽=불+삽〖ㄹ→Ø/__ㅅ〗→부삽.

isim(=이름)=일훔+이(첨가음)〖모음 합체〗→일휨〖단음화: 위→이〗→일힘〖ㅎ→
ㅅ/__이〗→일심〖ㄹ→Ø/__ㅅ〗→이심→isim【근거】장어(=eel)(표준어)+이(첨
가음)〖모음 합체〗→장에〖모음조화: 아-애〗→장애(경남). 일훔〈석보상절 9권 7장
앞면〉〖우→으〗→일흠〖ㅎ→Ø/유성음(ㄹ)__모음(으)〗→이름(표준어). cf. 이림
(경남 노인 말)=일훔+이(첨가음)〖모음 합체〗→일휨〖단음화: 위→이〗→일힘〖ㅎ
→Ø/유성음__유성음〗→일임→이림(여기서는 /ㅎ/을 /ㅅ/으로 바꾸지 않고 /

ㅎ/ 탈락 규칙을 적용했다). 힘(표준어)〚ㅎ→ㅅ/__이〛→심(경남). 부삽=불+삽〚ㄹ→∅/__ㅅ〛→부삽. 휘파람〚단음화: 위→이〛→히파람(경남).

oy(mak)(=새기다, 조각하다)=외(다)〚모음 분해〛→오이→oy 【근거】穿鑿은 욀씨라〈몽법 28장〉《우리말샘》=천착은 {오비는 것이다}: 욀=외(다)+ㄹ(관형형 어미). 穿鑿천착은 **아르사기**단 말이라〈가례언해 1권 42장〉《우리말샘》》=천착은 아로**새기다**는 말이라: 새기다(현대어)=사기다〚umlaut〛→새기다.

sat(mak)(=팔다)=사(다)(=to sell)+ㄹ(관형형 어미)→살〚ㄹ→ㄷ〛→삳(sat) 【근거】볃(幣)〈훈민정음해례본 종성해〉〚ㄷ→ㄹ〛→별(幣)(현대어). 쌀 사로(=to sell) 갔다(경남 노인 말)=쌀 팔러(=to sell) 갔다(표준어). cf. 쌀 **팔**로(=to buy) 갔다(경남 노인 말)=쌀 사러(=to buy) 갔다(표준어). cf. **sell**(=팔다)(영어)=사(다)+이(첨가음)+ㄹ(관형형 어미)〚모음 합체〛→샐〚애→에〛→셀(sel). **buy**[baɪ]=매(買)(=사다)〚모음 분해: 애=아+이〛→마이(mai)〚m→b〛→bai 【근거】소 한 마리(mari)(표준어)〚m→b〛→소 한 **바리**(bari)(경남 방언). 영어와 한국어의 관계도 연구할 필요가 있다.

위의 예와 같이 한국어가 튀르키예어로 어떻게 바뀌는지 알려면 중세 한국어와 한국어의 방언, 특히 경상도 방언을 알아야 하는데 지금까지 튀르키예어와 한국어의 연관성을 연구한 외국인 학자들 중에 두 언어의 친연성을 부정하는 학자들은 중세 한국어와 한국어 방언을 제대로 연구하고 하는 주장한 것일까? 한국어가 튀르키예어로 바뀌는 데 관여한 음운 규칙을 찾아야 논란을 종식시킬 수 있다.

튀르키예어를 포함한 알타이어와 한국어와 관계에 관한 동서양 여러 학자의 견해는 Han-Woo Choi(1996), "A Comparative Study of Korean and Turkic"을 보라. 알타이어와 한국어의 친연성을 찾기 위해 가장 많은 연구를 한 한국인은 최한우이다. 상기 논문과 Han-Woo Choi(2002), "A Comparative Morphology of Altaic Languages-Deverbal Noun Suffixes"에서 많은 공통 접미사를 찾아놓았다. 그럼에도 몇몇 서양 언어학자들은 알타이어족설을 부인하고 차용에 의한 것이라고 주장하고 있다. 최한우의 논문에 나오는 투르크어의 접미사는 한국어에서 유래한 것이라는 것을 '**8장 접사**'에서 입증하였다.

이 책에서는 한국어 각 단어의 발음이 역사적으로 혹은 방언 간에 어떻게 바뀌었는지를 조사하여 발음에 관여한 음운 규칙을 찾고 한국어와 튀르키예어의 단어를 분석하여 형태소를 분리해 낸 뒤, 두 언어의 접사(접두사, 접미사)를 제외한 어근이 같은지, 서로 다른 접사를 사용한 경우, 그 다른 접사의 뜻이 같은지, 그 다른 접사가 한국어의 여러 방언에 사용되고 있는지 확인하면서 연구하였다. 다음 예를 보라.

찌꺼기(=남은 짓)=끗(경북, 제주)(=끝)⟨우리말샘⟩)+**각**(=악)+**이**(첨가음)〖으→이〗→낏각이〖구개음화: ㄲ→ㅉ/__이〗→찟각이〖모음조화: 이-어〗→찟걱이〖ㅅ+ㄱ→ㄲ〗→찌꺽이→찌꺼기 【근거】 **으**사/**이**사(경남)=의사(醫師)(표준어). 돌가지(강원, 경상, 전라, 평북)⟨고려대 한국어 대사전⟩(=도라지)=돌+**각**+**이**(첨가음)→돌가기〖구개음화: ㄱ→ㅈ/__이〗→돌가지 【근거】 도라지=돌+악(=각)+**이**(첨가음)→돌아기〖구개음화: ㄱ→ㅈ/__이〗→돌아지→도라지. 기름(표준어)〖구개음화: ㄱ→ㅈ/__이〗→지름(경남).

찌꺼럭지/찌끄륵지(경남)(=찌꺼기)=끗+**갈**(=알)+**악**+**자**(子)+**이**(첨가음)〖으→이〗→낏갈악자이〖구개음화〗→찟갈악자이〖모음조화〗→찟걸억자이〖ㅅ+ㄱ→ㄲ〗→찌껄억**자이**→찌꺼럭**지**〖어→으〗→찌끄륵지 【근거】 눈깔(=눈알)=눈+ㅅ(사이시옷)+갈〖ㅅ+ㄱ→ㄲ〗→눈깔. 종지=종**자**(鍾子)+**이**(첨가음)〖모음 합체〗→종재〖애→에〗→종제〖에→이〗→종지. **으**리/**이**리(경남)=의리(義理). **없**다/**읎**다(경남). '즛의⟨구급간이방언해 7권 2장 앞면⟩(=찌꺼기)=*즛+의〖유성음화〗→즛의'에서 접미사, '의'를 제외한 것이 '즛'인데 현대어에서 '**쯧**'으로 된 것이고 '쯧'의 원어는 '끗'이다.

찌꺽지=끗+**각**+**자**(子)+**이**(첨가음)〖으→이〗→낏각자이〖모음조화〗→찟걱자이〖구개음화〗→찟걱자이〖ㅅ+ㄱ→ㄲ〗→찌꺽**자이**→찌꺽**지** 【근거】 종지=종자(鍾子)+이(첨가음)〖모음 합체〗→종재〖애→에〗→종제〖에→이〗→종지. **으**리/**이**리(경남)=의리(義理).

찌꺼리((강원, 경상, 전라)⟨우리말샘⟩(=찌꺼기)=끗+**갈**(=알)+**이**(첨가음)〖으→이〗

→끼ㅅ갈이[구개음화]→찟갈이[모음조화: 이-어]→찟걸이[ㅅ+ㄱ→ㄲ]→찌꺼리.

찌께기(경남)(=찌꺼기)=끗+**각**(=악)+**이**(첨가음)[으→이]→끼ㅅ각이[구개음화]→찟각이[모음조화]→찟걱이[ㅅ+ㄱ→ㄲ]→찌꺽이→찌꺼기[umlaut]→찌께기 【근거】 돌가지(강원, 경상, 전라, 평북)〈고려대 한국어대사전〉(=도라지)=돌+각+이(첨가음)→돌가기[구개음화: ㄱ→ㅈ/__이]→돌가지 【근거】 기름(표준어)[구개음화: ㄱ→ㅈ/__이]→지름(경남).

찌께이(경남)(=찌꺼기)=찌께기[ㄱ→Ø/모음__모음]→찌께이 【근거】 고기(표준어)[umlaut]→괴기[단음화]→게기(경남)[ㄱ→ Ø/모음__모음]→게이(경남).

찌끄러기(강원, 전남)〈고려대 한국어대사전〉=끗+**갈**(=알)+**악**+**이**(첨가음)[으→이]→끼ㅅ갈악이[구개음화]→찟갈악이[모음조화]→찟걸억이[ㅅ+ㄱ→ㄲ]→찌껄억이→찌꺼러기[어→으]→찌끄러기【근거】 눈깔(=눈알)=눈+ㅅ(사이시옷)+**갈**.

찌끄레기(경남)(=찌꺼기)=찌끄러기[umlaut]→찌끄레기.

찌끄레이(경남)=찌끄레기(경남)[ㄱ→ Ø/모음__모음]→찌끄레이.

찌끼(경남)(=찌꺼기)=끗+**거**(=것)+**이**(첨가음)[으→이]→끼ㅅ거이[구개음화]→찟거이[모음 합체]→찟게[에→이]→찟기[ㅅ+ㄱ→ㄲ]→찌끼.

찌끼이(경남)=찌께이[에→이]→찌끼이.

찌실거지(경남)(=찌꺼기)=끗+**알**+**이**+**각**(=악)+**이**(첨가음)[으→이]→끼ㅅ**알이**각이[모음 합체]→끼ㅅ**앨각**이[애→에]→끼ㅅ**엘각**이[에→이]→끼ㅅ일각이[구개음화: ㄲ→ㅉ/__이]→찟일각이→찌실각이[모음조화: 이-어]→찌실걱이→찌실거기[구개음화: ㄱ→ㅈ/__이]→찌실거지 【근거】 기름(표준어)[구개음화: ㄱ→ㅈ/__이]→지름(경남).

küsur(=나머지, 잉여, 조각)=**끗**(경북, 제주)(=끝)〈우리말샘〉+**이**(첨가음)+**알**+**이**(첨가음)[으→우]→끗이알이[모음 합체]→뀟**앨**[애→에]→뀟**엘**[에→이]→뀟일[ㄲ→ㄱ]→귓일(küsir)[이→우]→küsur 【근거】 믈(=水)〈훈민정음해례본 용자례〉[으→우]→물(현대어). 노리(경남)[이→우]→노루(표준어), 자리(경남)=자루(표준어), 가리(경남)=가루(표준어). 끈(近)〈월인석보 1권 월인서 14장 앞면〉[ㄲ(g)→ㄱ(k)](유/무성자음 교체)→근(현대어). **kül**(=재)=**회**(灰)(=재)+알(의미첨

가 없이 명사에 붙는 접미사)+이(첨가음)[ㅎ→ㄱ/ㅋ](튀르키예어는 두 음을 구분하는 글자가 없다)→킈알이[으→우]→퀴알이[모음 합체]→퀴앨[애→에]→퀴엘[에→이]→퀴일[동모음 축약]→퀼(kül). 【근거】 믈(=水)〈훈민정음해례본 용자례〉[으→우]→물(현대어). 종지=종자(鍾子)+이(첨가음)[모음 합체]→종재[애→에]→종제[에→이]→종지.

'찌꺼기'와 küsur은 전혀 다른 단어같이 보이지만 접미사를 제외하면 음운 규칙이 적용되기 전의 어근이 서로 같다.

일본어가 한국어에서 유래했다는 것은 '**강낙중(2012), 일본어의 기원-일본어는 가야어다**'에서 입증하였고 본 연구를 통해서 튀르키예어가 한국어와 형제 언어라는 것을 입증하였으니 한국어, 튀르키예어, 일본어가 알타이 어족에 속하지 않는다는 주장은 할 수는 없을 것이다. 앞으로는 알타이 어족이 아니라 '**흉노=고조선 어족**'이라고 불러야 할 것이다. 이와 같은 방법으로 퉁구스어와 몽골어를 연구하면 모두 흉노=고조선 어족에 속함이 밝혀질 것으로 생각한다.

수십 년 전에 각국의 언어에 대해 잘 알지 못하고 분류한 '인도 유럽어족이니, 알타이 어족이니 하는 어족 중, 인도 유럽 어족은 의심의 여지 없이 믿고 유독, 알타이 어족에 대해서만 한국어, 튀르키예어, 일본어, 몽골어, 퉁구스는 차용에 의한 것이라고 부정하고 있다. 그것도 제대로 연구도 하지 않아 잘 모르면서 알타이 어족이니 아니니 논란을 하고 있다. 앞에서 언급한 '**강낙중(2012), 일본어의 기원-일본어는 가야어다**'와 지금 이 책을 읽고 한국어, 튀르키예어, 일본어가 같은 계통어가 아니라고 하는 학자는 없을 것이다. 예를 들어, 프랑스어에 프랑스어와 영어의 음운 규칙을 적용해서 영어 단어를 만들거나 영어에 영어와 프랑스어의 음운 규칙을 적용해서 프랑스어 단어를 만들 수 있을까? 두 언어의 문법과 어순이 같은가? 이 두 언어의 관계야말로 차용에 의한 것이다. 영어와 프랑스는 형용사가 명사를 수식하는 어순이 거꾸로다. 아무리 단어를 차용해도 어순은 강제로 바꾸지 않는 한, 바뀌지 않는다. 하물며 영어, 프랑스어와 힌디어가 같은 계통어인가?

범례

〚 〛(적용된 음운 규칙): 〚모음조화〛. Ø(탈락): 〚ㄹ→Ø/__ㅁ〛(/ㄹ/이 /ㅁ/ 앞에서 탈락). 〈 〉(인용): 겨므니〈석보상절 19권 1장 뒷면〉('겨므니'는 석보상절 19권 1장 앞면에 나온다). 《 》(재인용): 수라디다〈월석10:85〉《고려대 한국어대사전》('수라**디**다'는 월인석보 10권 85장에 나온다고 '고려대 한국어대사전'에 나온다). a(=b)(a가 한자인 경우 a와 b는 음은 다르고 뜻은 같다 혹은 a의 의미가 b다): 알(=子): '알'은 '子'(자)와 뜻이 같다. 혹은, 갈다(경남)(=마르다)(경남 방언, '갈다'는 그 뜻이 '마르다'이다). a(b)(b가 한자인 경우 b의 음이 a이다): 자(子): 子의 음이 '자'이다. 방언, 문법 용어, 설명, 생략도 ( )에 넣어 표현했다: 철수가=철수+가(주격 조사), 닛(다)+어(부사형 어미), 알로(경남)('알로'는 경남 방언이다)(=아래로), 겨므니〈석보상절 19권 1장 뒷면〉=졂(다)+으(자음 충돌 회피용 삽입 모음)+ㄴ(관형형 어미)+이(=사람), (매)달다('매달다'에서 '매'를 생략한 '달다'이다). ⇒ a(a를 보라), 〔유례〕: 유사한 예. [ ](발음): 잡다[잡따]('잡다'의 발음은 [잡따]이다). a/b(a 혹은 b): 으사/이사(경남)=의사(표준어): 경남 방언에서는 '으사' 혹은 '이사'를 같은 뜻으로 사용하고 표준어의 '의사'와 같은 뜻이다. *(재구한 말 혹은 현재 사용하지 않는 말): *구르대(사용하지 않는 말): 굴다〚풀어쓰기〛→구르다 【근거】 굴대=굴(다)+대. 구르(다)+대→*구르대(현재 사용하지 않는 말), *텻(竊)〚구개음화〛→쳗〚단음화〛→철〚ㅊ→ㅈ〛→절(현대어). a〉b: a와 b는 기본 의미는 같으나 b보다 a가 크기, 부피, 넓이 등이 더함을 나타낸다.

튀르키예어 알파벳과 한국어 음

A(a)	아
B(b)	ㅂ(/ㅂ/의 유성음)
C(c)	ㅈ(/ㅈ/의 유성음)
D(d)	ㄷ(/ㄷ/의 유성음)
E(e)	에
F(f)[f]	ㅍ(/ㅍ/이 어말 혹은 모음 사이에서 /f/로 발음된 예가 있으나 일정한 규칙은 없다. 어두에 사용된 예도 있다),
G(g)	ㄱ(/ㄱ/의 유성음: 어두의 /g/는 한국어 /ㄱ/의 어두 유/무성자음 교체로)
Ğ(ğ)	ㄱ(/ㄱ/이 모음 사이에 올 때 발음은 [으]이다)
H(h)	ㅎ
I(ı)	으
İ(i)	이
J(j)[ʒ]	
K(k)	ㄱ(무성음)/ㅋ
L(l)	ㄹ
M(m)	ㅁ
N(n)	ㄴ
O(o)	오
Ö(ö)	외/의/이
P(p)	ㅂ(무성음)/ㅍ
R(r)	ㄹ
S(s)	ㅅ
Ş(ş)	'시' 혹은 '시'의 /ㅅ/
T(t)	ㄷ(무성음)/ㅌ
U(u)	우
Ü(ü)	위
V(v)	ㅸ(/ㅂ/의 유성음).
Y(y)	반자음, 이[y]: 예=y+에
Z(z)	ㅿ(/ㅅ/의 유성음): 니ᅀᅥ〈석보상절 6권 7장 뒷면〉=닛(다)(=잇다)+어(부사형 어미)〖유성음화: ㅅ→ㅿ/모음__모음〗→니ᅀᅥ.

차례

1

朝鮮(조선)이라는 국호를 사용한 4개국

1.1 朝鮮(=古朝鮮)(뚈션)

朝鮮=뚈(朝)〈월인석보 1, 2권(1459) 중 1권 월인서 24장 앞면〉+션(鮮)〈월인석보 1권 석보서 2장 뒷면〉→뚈션〖ㅱ→Ø〗→뾰션(dyosyən) 【근거】 'ㄲ, ㄸ, ㅃ, ㅉ, ㅆ, ㅎㅎ 爲 全濁'〈훈민정음해례본〉(전탁(全濁)=유성음(有聲音)). 뾰션(dyosyən) 〖유/무성자음 교체〗→됴션(tyosyən)〖구개음화: ㄷ(t)→ㅈ/__y〗→죠션〖단음화〗 →조션(현대어). 고조선의 '고(古)'는 '해(=태양)'라는 뜻이다: **고조선**(古朝鮮)=ᄒᆞ (=太陽)+*돗(다)(=돈(다)+이(명사형 어미)+언(=곳)〖ㅎ→ㄱ〗→ㄱ뾰시언〖ㄸ→ ㄷ〗→ㄱ됴시언〖구개음화: ㄷ→ㅈ〗→ㄱ죠시언〖ᆞ→오〗→고죠시언〖단음화〗 →고조시언〖모음 합체〗→고조션〖단음화〗→고조선(그 뜻은 '해가 돋는 곳'이 다) 【근거】 "古朝鮮(王儉朝鮮): 開國號〈朝鮮〉, 與〈高〉同時〈三國遺事〉"《http://www. davincimap.co.kr》: 古朝鮮=朝鮮. 同時: 어떤 사실(事實)을 겸(兼)함. 日頭上了 히 **돗** 다〈1690 역해 상:1ㄱ〉《표준국어대사전》=해 **돋**다: *돗(다)〖유/무성자음 교체〗→ 돗다〖단음화〗→돗다. 똥구시(경남)=똥+굼(=구덩이)+이(첨가음)→똥구디〖구개 음화〗→똥구지〖ㅈ→ㅅ〗→똥구시. 눈두던(경북, 충북)〈우리말샘〉(눈두덩)=눈+ 둔(다)(=돈(다))+**언**(=곳)→눈두던. 눈두덩=눈+둔(다)+엉(=곳). 눈두덕(경남)(=눈 두덩)=눈+둔(다)+억(=곳). 언=엉=억. '해'가 '고'로 다음과 같은 음운 규칙에 의 해 바뀌었다: 해(=태양)=히〈용가〉《표준국어대사전》〖단음화: 이→애〗→해(현 대어). 히(=太陽)=ᄒᆞ(=太陽)+이(첨가음). ᄒᆞ(=太陽)〖ㅎ→ㄱ〗→ㄱᆞ〖ᆞ→오〗→고

〖한자로 음차하여〗→古【근거】해겹다(경남)(=가볍다)[ㅎ→ㄱ]→개겹다(경남)(=가볍다). 동명성왕(東明聖王)은 "『국사(國史)』 고구려본기를 인용한 『삼국유사』 및 『삼국사기』에는 성이 **고**씨, 이름은 주몽이라 하였다."〈한국민족문화대백과사전〉. 고주몽의 아버지, **해**모수((解慕漱)의 성이 해씨이니 고주몽도 해씨여야 한다: 해=ㅎ(=太陽)+이(첨가음)[모음 합체]→히[단음화: 이→애]→해. 고=ㅎ(=太陽)[ㅎ→ㄱ]→ㄱ[ㅇ→오]→고[한자로 음차하여]→高. 장애(=eel)(경남)=장어+이(첨가음)[모음 합체]→장에[모음조화: 아-애]→장애. 국(國)+이(첨가음)[모음 합체]→귁〈월인석보 1권 훈민정음 1장 앞면〉. **호롱**(=석유를 담아 불을 켜는데에 쓰는 그릇)=호(=ㅎ)(=불)+롱. **ほや**(=火屋)(hoya)(일본어)[호야]=**ほ**(ho)(=火)(=불)+や(=집). 태양은 뜨거우니 '불'이라고 생각한 것이다. ㅎ(=太陽)(=불)[ㅇ→오]→호→**ほ**(ho)(=火)(=불). **부여(扶餘)**=불(=ㅎ(=太陽))+으(경남)(소유격 조사)+아(=자손, 땅, 나라)[으→이(튀르키예어 소유격 조사)]→불이아[어말 /ㄹ/ 탈락 혹은, ㄹ→∅/모음__모음]→부이아[모음조화: 이-어]→부이어[모음 합체]→부여[한자어로 음차]→부여(扶餘)(그 뜻은 '태양, 즉 불의 자손/나라/땅'이다【근거】나무으 잎(경남)=나무의 잎. 새마(=新村)(경북)=새말(=新村)(=경남)[어말 /ㄹ/ 탈락]→새마. 죽다가 **살언** 百姓이〈용비어천가 4권 22장 뒷면〉=죽다가 **산** 백성이: 살언[ㄹ→∅/모음__모음]→사언[모음조화: 아-아]→사안[동모음 축약]→산. dinî(튀르키예어)(=종교의)=din(=종교)+으(소유격 조사)[으→이]→din+이→dinî【근거】으사/이사(경남 방언)=의사(醫師)(표준어). cf. **아사달**(阿斯達)(고조선의 수도)=아사(=아침)+달(=땅)【근거】あさ(=朝)(일본어)[아사](=아침). 양달(=陽地)=양(陽)(=해, 태양, 볕)+달(地)(=땅). '아사달(阿斯達)'의 의미도 '아침의 땅' 즉, '해 뜨는 땅'이다. '고조선'의 의미도 '해 돋는 곳'이다. **Буряад Улас**: Buryaad Ulas, pronounced [buˈriɑːt ʊˈlas]〈Wikipedia〉: Буряад=블(=ㅎ=太陽)(=불)+이(소유격 조사)+아(=땅?)+앗[안](=사람?)[모음 합체]→블야안(Буряад)(그 뜻은 '태양의 땅 사람? Улас=Ул+앗?: cf. УЛС(몽골어)=나라. cf. **Бурятия**(러시아어)=블(=ㅎ=太陽)(=불)+이(소유격 조사(튀르키예어) 혹은 첨가음)+앗[안](=사람?)+이(소유격 조사)+아(=나라)[으→우]→불이안이아[모음 합체]→불얀이아[모음 충돌 회피용

삽입 반자음, /y/ 첨가】→불얀이y아→불얀이야(Буря́тия)(그 뜻은 '태양인의 나라'?)('부여'와 같은 뜻으로 부여인이 세운 나라일까? 앞으로 연구가 필요하다【근거】dinî(튀르키예어)(=종교의)=din(=종교)+으(소유격 조사)〖으→이〗→din+이 →dinî. 블〈용가69장〉《고려대 한국어대사전》〖으→우〗→불(현대어). 으사/이사 (경남 방언)=의사(醫師)(표준어). biliş(=acquaintance, friend)〈turkishdictionary.net〉 (=아는 사람, 친구)=bil(mek)(=알다)+앗(=사람)+이(첨가음): 앗+이〖umlaut〗→앳이〖애→에〗→엣이〖에→이〗→이시(iş). "Russian: Буря́тия, romanized: Burjatija, IPA: [bʊˈrætʲɪjə]. Buryat: Буряад Улас, romanized: Buryaad Ulas, IPA: [bʊˈrʲaːt ˈʊlǝs]"〈Wikipedia〉. **Bulgaria**=불(=ᄒ=太陽)+갈(=자손, 사람)+이+아. cf. dinî(=종교의)=din(=종교)+으(경남)(소유격 조사)〖으→이〗→dini. 으사/이사(경남)=의사(醫師)(표준어). 불가리아를 부여인 세웠을 가능성이 있다. 앞으로 연구가 필요하다.

1.2 柔然(유연)

朝鮮=똘션〖ㅁ→Ø〗→뚀션〖ㄸ→d〗→dyosyən〖o(오)/u(우) 교체〗→dyusyən〖ə(어)→a(아)〗→dyusyan〖구개음화〗→ʤyusyan〖유성음화〗→ʤyuzyan〖단음화〗→ʤuzan〖z→ẓ〗→Жужань(柔然). 柔然(유연)(한국어 현대어 발음)=슣(柔)〈월인석보 23권 49장 뒷면〉+션(然)〈월인석보 1권 석보서 2장 뒷면〉〖ㅁ→Ø〗→슈션〖ㅿ→Ø〗→유연. Жужань(柔然). Ж commonly represents the voiced retroflex sibilant /ʐ/ and is romanized as 〈zh〉 or 〈ž〉〈Wikipedia〉. Ж는 보통 유성 권설 치찰음, /ʐ/를 나타내고 〈zh〉 혹은 〈ž〉롤 로마자화된다.

다음 표는 김정민(2016),「단군의 나라 카자흐스탄」p.122의 유연(柔然)의 별칭에 대한 중국어 발음과 카자흐스탄어 발음을 비교한 표이다:

한자 표기	한국 발음	중국 발음	카자흐 발음
蠕蠕	연연	루루(Ruru)	주안주안(Жуаньжуань
柔然	유연	로우란(Rouran)	조우잔(Жоужань)
茹茹	여여	루루(Ruru)	주주(Жужу)
芮芮	예예	루이루이(Ruirui)	조우조우(Жоужоу)
檀檀	단단	탄탄(Tantan)	탄탄(Таньтань)

위 표에서 한국어 발음은 원래의 발음을 반영하지 못하고 있고 중국어 발음은
최근에 언어공정의 일환으로 /z/를 /r/로 전부 교체한 발음이다. 한자 발음을 한
국어 중세 음으로 표기하면 다음과 같다:

한자 표기	중세 한국 발음	중국 발음	카자흐 발음
蠕蠕	*슈슈	*주주(Juju)	주안주안(Жуаньжуань)
柔然	슐션	조우잔(Joujan)	조우잔(Жоужань)
茹茹	*셔셔	주주(Juju)	주주(Жужу)
芮芮	*셜셜	주이주이(Juijui)	조우조우(Жоужоу)
檀檀	단단	탄탄(Tantan)	탄탄(Таньтань)

위 표의 중국어 발음은 Herbert A. Giles(1912), A Chinese-English Dictionary의
발음을 표기한 것이다: 柔(JOU)(vol.2 p.709), 然(JAN)(vol.2 p.694), 茹(JU)(vol.2
p.710), 芮(JUI)(vol.2 p. 717), 蠕의 발음은 나오지 않았으나 孺(JU)=ru(현대 중국
어 음), 儒(JU)=ru(현.중), 擩(JU)=ru(현.중) 등으로 미루어 보아 蠕(JU)(=ru(현.중))
였음을 알 수 있다. 이 사전에서는 로마자로 /j/로 표기했지만 중세 한국어 음을
보면 실제 발음은 /z/에 가까운 발음이었음을 알 수 있다. 蠕蠕을 현대어로 '연
연'으로 읽으나 '유유'로 읽어야 원음에 더 가깝다: 蠕 1. 꿈틀거릴 연. 2. 꿈틀거
릴 유. 이 발음 '[유]=슈(蠕)〖ㅿ→Ø〗→유'로 변한 것임을 쉽게 짐작할 수 있다.
芮: 1. 성씨 예. 2. 종족 이름 열. 芮芮(셜셜)=셜(zyəl)+이(첨가음)(i)+셜+이(첨가
음)〖어말 종성, /ㄹ/ 탈락〗→zəizəi〖ə/ɨ 교체〗→ziizii〖ɨ/u 교체〗→zuizui(중국어
음) 【근거】 표준어, '어머니'를 경상도 사람이 발음하면 '어머니[əmənɪ]' 혹은 '으

므니[imını]'로 발음한다. 새마(=新村)(경북)=새(=新)+말(=村)〖어말 종성, /ㄹ/ 탈락〗→새마. 국(國)+이(첨가음)〖모음 합체〗→귁(國)〈월인석보 1권 훈민정음 1장 앞면〉. **단단**(檀檀)=단(=旦)(=아침)+다(=곳)+앙(의미첨가 없이 명사에 붙는 접미사)〖동모음 축약〗→단당〖ㅇ(ng)→ㄴ(n)〗→단단(그 뜻은 '아침의 땅'으로 '됴션'과 같은 뜻이다). cf. 양달(=陽地)=양(陽)+다+알(의미첨가 없이 명사에 붙는 접미사)〖동모음 축약〗→양달 【근거】 놀애 브르논 神靈이니 부텨 說法ᄒᆞ신 **다**마다〈월인석보 1권 월인천강지곡 15장 앞면〉: 다(=곳)+이(첨가음)〖모음 합체〗→대〖애→에〗→데(현대어). 이로써 '이=앙=알'임을 알 수 있다. 사타리(경남)=삳(표준어)+알(의미첨가 없이 명사에 붙는 접미사)+이(첨가음). don(mak)(튀르키예어)=얼다)=동(凍)(=얼다)(tong)〖ㅇ(ng)→ㄴ(n)〗→ton〖어두 유/무성자음 교체〗→don 【근거】 kelmoq(우즈벡어)=gelmek(튀르키예어)=오다.

현대 중국어의 모든 /r/은 /z/가 원음이다. 重刊老乞大諺解(1795)(중국어 회화책)에 나오는 단어를 보아도 /z/가 /r/로 바뀐 것을 알 수 있다: 日(싱/싀)〈상권 1장 앞면[zih(약음 /h/)/zi]=[ri](현.중), 若(얀/쇼)〈상권 3장 앞면〉[yav/zyo]=[ruò](현.중), 如(슈)〈상권 4장 뒷면〉[zyu]=[rú](현.중), 人(신/인)〈상권 9장 뒷면〉[zin/in]=[rén](현.중), 然(샨/얀)〈하권 10장 뒷면〉[zyan/yan=[rán](현.중).

이렇게 발음을 바꿔 柔然을 조선(朝鮮)과 무관한 국가로 만들려고 한 것이다. Wikipedia 등에 柔然의 발음을 [Rouran]으로 표기하고 있어서 아마도 100년쯤 뒤에는 이 발음을 柔然의 원래 발음으로 인식되게 될지도 모른다.

1.3 女眞/女真(여진)

"여진(여진어: Jurchen. 만주어: ᠵᡠᡧᡝᠨ Jušen, 문화어: 녀진, 중국어 정체자: 女眞, 간체자: 女真, 병음: nǚzhēn)은 중국의 랴오닝성, 지린성, 헤이룽장성과 한반도의 함경도, 러시아의 연해주, 하바롭스크 지방, 아무르주에서 거주했던 퉁구스계 민족이다. 금대 여진은 국제발음구호로 **주션(ʤuɕiən), 주션(ʤuʃiən)** 등으로, n음이 탈락하면 주셔(ʤuʃə)로〈金光平·金啓孮,「女眞文辭典」 118쪽」〉《위키백과》, 청대 만주어로는 주션(ʤuʃən) 혹은 주션(ʤuɕən)으로 그 발음들이 유사하다."〈金光平 등,

「女眞語言文字硏究」, 문물출판사, 12쪽〉《위키백과》

朝鮮=됴(朝)〈월인석보 1, 2권(1459) 중 1권 월인서 24장 앞면〉+션(鮮)〈월인석보 1권 석보서 2장 뒷면〉→됴션[ㅁ→Ø]→됴션(dyosyən)[오/우 교체]→뮤션(dyusyən)[구개음화]→ʤyuʃiən[단음화]→[ʤuʃiən]. 주셔(ʤuʃə)=[ʤuʃiən]+이(첨가음)[ㄴ→Ø/__y and i[i̇](鼻母音) and 비모음의 구강 모음화(글자가 없으니까)]→[ʤuʃiəi][첨가음, /이/ 삭제]→ʤuʃiə[단음화]→ʤuʃə【근거】산이(=山이)[ㄴ→Ø/__y and i[i̇](鼻母音)]→산이[saĩ](경남 발음). 'ㄲ, ㄸ, ㅃ, ㅉ, ㅆ, ㆅ 爲 全濁'〈훈민정음해례본〉(전탁(全濁)=유성음(有聲音)). 뙹(追)〈월인석보 1권 석보서 4장 앞면〉[뒤][첨가음, /이/ 삭제]→듀[구개음화]→쥬[ㅈ→ㅊ]→츄[단음화]→추(현대어). **Jurchen**=*똣(다)(=돈다)+알(명사형 어미)+이(소유격 조사)+터+앙(의미 첨가 없이 명사에 붙는 접미사)+이(첨가음)[요→유]→똣알이터앙이[모음조화: 유-우]→똣울이터앙이[유성음화: ㅅ→ㅿ/유성음__유성음]→뮤술이터앙이[ㅿ→Ø]→뮤울이터앙이[ㅇ→ㄴ]→뮤울터안이[모음조화: 어-어]→뮤울이터언이[동모음 축약: 유(=이+우)+우→유, 어+어→어]→뚈이턴이[모음 합체: 어+이→에]→뚈이텐[모음 합체: 이+에→예]→뚈롄[구개음화: ㄸ(d)→j[ʤ]/__y(유(yu)]→jur롄[구개음화: ㅌ→ㅊ(ch)/__y(예(ye)]→jurchyen[단음화]→jurchen(그 뜻은 '해돋이의 땅'=조선)【근거】日頭上了 히 돗다〈1690 역해 상:1ㄱ〉《표준국어대사전》=해 돋다: *똣(다)[유/무성자음 교체]→돗다[단음화]→돗다[발음대로 표기: 돗[돋]]→돋다(현대어). 눈두덩(표준어)[ㅇ→ㄴ]→눈두던(경북, 충북)〈우리말샘〉. cf. karar(=결정)(튀르키예어)=결(決)(=결정하다)+알(명사형 어미)[단음화: 여→어]→걸알[어→아]→갈알(karar). dinî(=종교의)(튀르키예어)=din(=종교)+으(경남)(소유격 조사)[으→이]→dini. 'ㄲ, ㄸ, ㅃ, ㅉ, ㅆ, ㆅ 爲 全濁'〈훈민정음해례본〉(전탁(全濁)=유성음(有聲音)). 똘(경기, 전라, 충청)〈고려대 한국어대사전〉(=도랑)+앙(의미첨가 없이 명사에 붙는 접미사)→또랑(경남)(=도랑). 으사/이사(경남)=의사(醫師)(표준어).

"완안 함보가 여진 부족으로 넘어가기 전 국적에 관련된 기록은 신라와 고려, 이렇게 두 가지의 이설로 나뉘는데 사실 둘 다 한반도 지역에서 넘어왔다는 뜻으로 보자면 동일한 의미긴 하다. 일단 《금사》에서는 여진에 정착한 고려인, 《송막기문》에서는 성이 완안씨인 신라인이라고 기록되어있다."〈나무위키〉

현대 중국어 음은 청나라 음인데 청나라는 여진족이 세웠고 여진족의 추장은 신라인, 김함보의 후손이 세운 나라로 왕족의 성씨, 'Aisin-Gioro'는 한자로 '金'으로 표기한다. 따라서 현대 중국어 음은 신라어의 음운 규칙을 따르고 있다 【근거】 金光平(Jin Guangping)(1899-1966) 청나라 왕족(清朝末代 镇国公) 출신. 원래 이름은 애신각라 헝후(愛新覺羅 恆煦, **Aisin-Gioro** Hengxu). 契丹文、女真文学家. Aisin-Gioro=황(黃)+이(첨가음)+쇠(=金)+앙(=子)(소유격 조사 혹은 형용사형 어미)+이(첨가음)+(물)결+ㅇ(=子)(=자손): 황이[ㅇ(ng)→Ø/__y and i[ĩ](鼻母音)]→화이[ĩ][비모음의 구강 모음화]→화이[단음화]→하이[어두 /ㅎ/ 탈락]→**아이** 【근거】 '銀 白金 흰쇠〈물명 5권 7장〉《우리말샘》. 은(銀)이 '흰(=白) 쇠(=金)'이니 황금(黃金)은 '황쇠'라고 볼 수 있다. 흉(熊)[단음화]→훙[어두 /ㅎ/ 탈락]→웅(현대 한국어). 흉(熊)[ㅎ→ㅅ/__y]→슝[유→요]→숑→xióng(중국어) 【근거】 흉(보다)(표준어)[ㅎ→ㅅ/__y]→슝[단음화]→숭(경남). 쇼(=牛)+이(첨가음)[단음화]→소이[모음 합체]→쇠[단음화: 외→에]→세(경남)[에→이]→**시**(경남). 앙+이[ㅇ(ng)→ㄴ(n)]→안이[모음 합체]→앤[애→에]→엔[에→이]→**인**. 결+ㅇ[어→오]→꼴ㅇ[ㅇ→오]→꼴오→**교로** 【근거】 엄마(표준어)[어→오]→옴마(경남). ᄇᆞ르다〈석보상절 24권 2장〉《고려대 한국어대사전》(=바르다)[ㆍ→오]→보르다[ㆍ→이]→**보리다**(경남). **Aisin-Gioro=아이+시+인+교로**[동모음 축약]→아이신 교로(aisin kyoro)[유성음화: k→g/n(ㄴ)__yo(요)]→aisin gyoro(그 뜻은 '황금의 겨레'=황금의 자손). 겨레=(물)결+아(=子)+이(첨가음)[모음 합체]→결애[모음조화: 여-에]→결에→겨레(그 뜻은 '같은 자손'). 물에 돌을 던지면 던진 자리(=조상)에서 사방으로 물결이 퍼져나간다. 그 퍼져나가는 물결이 '자손'인 것이다 【근거】 그 집안은 우리와 **결[겔]**이 다르다(경남)=그 집안은 우리와 조상이 다르다.

1.4 朝鮮(근대 조선)

朝鮮=뚀(朝)〈월인석보 1, 2권(1459) 중 1권 월인서 24장 앞면〉+션(鮮)〈월인석보 1권 석보서 2장 뒷면〉→뚀션〖ㅱ→Ø〗→뚀션(dyosyən)〖유/무성자음 교체〗→됴션〖구개음화: ㄷ→ㅈ/__y〗→죠션〖단음화〗→조선(현대어)【근거】'ㄲ, ㄸ, ㅃ, ㅉ, ㅆ, ㆅ 爲 全濁'〈훈민정음해례본〉(전탁(全濁=유성음(有聲音)). cf. 됴(朝)〈훈몽자회 상권 2장 앞면〉.

2

튀르키예의 역사

　"돌궐의 민족인 괵튀르크족의 기원 문제와 관련해서 중국인이 쓴 사서 가운데 주서, 북사, 수서, 신당서 등에는 사료가 존재한다. 주서에는 괵튀르크족의 기원과 관련해서 두 가지의 사료가 존재하는데 첫 번째는 괵튀르크족은 **흉노의 일파**이고 그들의 성은 **아사나씨**(阿史那氏)라고 기술되어 있다. 북사가 전하는 사료의 대부분은 주서에 전하는 첫 번째 사료의 내용과 거의 같다. 수서에도 괵튀르크족의 기원과 관계해서 두 가지 내용의 사료가 존재하는데 첫 번째 사료에는 괵튀르크족의 선조는 평양(平凉)에 거주한 잡호이며 성은 아사나씨인데, 북위 태무제가 저거씨(沮渠氏)를 멸망시키자, 아사나의 500가(家)가 **여여**(茹茹)로 도망가서 금산(金山)에 기거하면서 철작(제철)에 종사했다고 전한다. 금산의 모양이 두무(兜鍪)와 같았는데, 그들이 관습적으로 두무(兜鍪)를 돌궐(突厥)이라고 불렀기 때문에 이름으로 삼았다."〈수서(隋書) 권84 열전49 북적(北狄) 돌궐(突厥)〉《위키백과》.

　"유연(중국어: 柔然, 병음: Róurán)은 4세기 말부터 6세기 말까지 동아시아 북쪽의 넓은 지역을 통치하던 튀르크-몽골 국가로 추정된다. 언어학적으로는 몇몇 튀르키예어가 기록으로 보이나 그 외 기록이 매우 적어 정확한 실상은 알 수 없다. 5세기부터 6세기에 걸쳐 존재하던 국가의 이름을 한자로 차음(借音)한 것이다. **연연**(蠕蠕), **여여**(茹茹), **예예**(芮芮) 등으로도 표기된다. 몽골고원부터 천산산맥 근처의 철륵(카자흐족, 키르기스족)까지 영향력이 닿았다. 이후 **튀르크** 국가에 의해 멸망하였다"〈위키백과〉.

"『한단고기』와 사마천의 사기(史記)를 보면 조선(朝鮮)이 흉노(匈奴)임을 짐작하게 해주는 대목이 나오는데 사기와 『한단고기』에 조선(흉노)이 연(燕)나라와 제(濟)나라와 전쟁을 한 기사가 실려 있는데 이때 중국 측 기록은 조선과 싸웠다고 표기하질 않고 북융(北戎), 산융(山戎), 흉노(匈奴) 등으로 표기하고 있음을 볼 수 있는데 이는 조선(부여)이 흉노와 같은 국가임을 뜻함과 동시에 중국인들이 조선을 멸시하는 의미로 사용했음을 알 수 있는 대목이다."〈김정민(2016), 단군의 나라 카자흐스탄 p.63〉.

조선=북융=산융=흉노의 근거를 언어학적으로도 입증할 수 있다. '북융'은 북쪽에 있는 '융'이고 '산융'은 산속에 있는 '융'이다:

(山)戎[róng](현대 중국어)=(샨)*흉(凶)〚ㅎ→ㅅ/__y〛→(샨)슝[단음화]→(샨)슝[유성음화]→(샨)슝[오/우 교체]→(샨)숑[△→r]→rong 【근거】柔然(유연(현대어))=슣(柔)〈월인석보 23권 49장 뒷면〉+션(然)〈석보상절 9권 19장 앞면〉〚ㅁ→Ø〛→슈션[어→아]→슈샨[△→z]→zyuzyan[단음화]→zuzan〚z→dʒ(ж)〛→Жужань(柔然)(카작어). zyuzyan[단음화]→zuzan〚u→ou〛→zouzan〚z→r〛→rouran(柔然)(현대 중국어)(현대 중국어는 이런 역사를 감추기 위해 최근에 /△/(z)를 모두 /r/로 바꾸었다) 【근거】人(신/인)〈중간노걸대언해 상권 2장 앞면〉(1795년에 간행된 중국어 회화책). 日(싱/싀)〈중간노걸대언해 상권 1장 앞면〉

"東伐朝鮮起玄菟樂浪 以斷匈奴之左臂〈漢書 卷73, 韋賢傳〉=동으로 조선을 정벌하여 현토, 낙랑을 세워 흉노의 왼팔을 잘랐다"《주경미: 중앙아시아연구(2013) 권18 P.113, 주1》.

匈奴가 朝鮮임을 언어학적으로 입증할 수 있다: **匈奴[Xiōngnú](현대 중국어)=熊[xióng](현대 중국어)+ㅇ(=아)(=사람)**. 熊은 성조만 다른 같은 음의 경멸적 의미의 凶(흉)으로 음차하고 사람을 나타내는 'ㅇ'는 사람은 사람이지만 노예인 奴로 훈차한 것이다.

흉(熊)[ㅎ→ㅅ/__y]→슝[오/우 교체]→숑(xiōng)(현대 중국어).

흉(熊)[단음화]→홍[어두 /ㅎ/ 탈락]→웅(현대 한국어)【근거】heroin[어두 /ㅎ/ 탈락]→eroin(튀르키예어). 현대 한국어도 튀르키예어와 같은 근거로 /ㅎ/이 탈락하였음을 알 수 있다. **흉보다(표준어)**[ㅎ→ㅅ/__y]→슝보다[단음화]→**슝보다(경남).** 중국어 음은 경상도 방언의 음운 규칙을 따르고 있다. 중국의 마지막 왕조, 청나라는 신라 출신 김함보의 후손이 세운 나라이니 경상도 방언의 음운 규칙을 따르는 것이다.

こま(=高麗)(koma)(일본어)=곰(=熊)+ᄋᆞ(=子)[ᄋᆞ→아]→곰아→고마(koma)(그 뜻은 '곰의 자손' 즉, 곰족이라는 뜻이다.). '흉노(匈奴)=흉(熊)+ᄋᆞ'도 '곰의 자손'이라는 뜻이니, 匈奴가 곰을 토템으로 하는 고조선인 것이다. cf. ᄀᆞᄅᆞ〈월인석보 10권 44장〉《고려대 한국어대사전》(=가루)=ᄀᆞᆯ(다)(=갈다)+ᄋᆞ(=子). 'ᄋᆞ'의 의미는 '~에서 나온 것'=자손, 물건, 땅, 나라 등'을 나타낸다:
가라(伽羅)=*걸(다)/*갈(다)(=검다)+아(=子): 꺼실(다)(경남)(=겉만 검게 약간 타다)(=그슬다). cf. 그슬리다('그슬다'의 피동형): 불에 **겉만 약간 타다.** 그슬다=*껄/*글(다)(=검다)+실/슬(다)[ㄹ→∅/__ㅅ]→꺼/그+실/슬(다)→꺼실다/그슬다. cf. **가락(駕洛)**(=가라)=*걸(다)/*갈(다)+악(=子). 아=악. 따라서, '가라', '가락'은 '검은 땅' 즉, '태양의 나라'라는 뜻이다. '검은 것'은 까마귀를 나타내고 까마귀는 태양을 상징한다. cf. **karga**(튀르키예어)(=까마귀)=*걸/*갈(다(=검다)+거(경남)(=것)[어→아]→갈가(karka)[유성음화]→karga(그 뜻은 '검은 것'=까마귀). cf. **까막까치(까마귀와 까치):** 까막(=까마귀)=깜(다)+악(=子)→까막.
나라(=國家)=날(=日=해, 태양)+아(=자손, 나라)【근거】нар(몽골어)[날](=해, 태양). cf. 날(현대 한국어)=day: 맨날=every day. 이튿**날**=어떤 일이 얼어나는 그 다음 날. 나라=국가(현대 한국어. 원 의미는 **태양의 자손, 태양의 나라**로 가야와 같은 뜻이며 일본에도 **なら(奈良)**(=나라)라는 지명이 있는 것으로 보아 가야가 일본을 건국했다는 간접 증거이다.

신라(新羅)=실+아: 斯盧國⟨삼국지·위서⟩《흠정만주원류고》(=신라(新羅)): 송(斯)⟨석보상절 13권 8장 앞면⟩[스]. 롱(盧)⟨월인석보 1, 2권 중 2권 53장 앞면⟩[로]. 스로(斯盧)=솔(=태양?)+오(=아)(=나라). cf. sóle(이탈리아어)=솔(=태양)+아(접미사)+이(첨가음)〖ᄋ→오〗→솔아이〖모음 합체〗→솔애〖애→에〗→솔에→sóle 【근거】 스로(斯盧)=ᄒ(=太陽)+알(의미첨가 없이 명사에 붙는 접미사)+ᄋ(=子)(=아)〖모음조화: ᄋ-ᄋ〗→ᄒ올ᄋ〖동모음 축약〗→홀ᄋ〖ᄒ→ㅅ〗→솔ᄋ〖ᄋ→오〗→솔오(스로(斯盧))(그 뜻은 태양의 자손, 태양의 땅)〖ᄋ→오〗→솔오. cf. ᄇᆞᆯ곰⟨능엄경언해 3권 3장 뒷면⟩(=밝음)=ᄇᆞᆰ(다)(=밝다)+오(자음 충돌 회피용 삽입 모음)+ㅁ(명사형 어미). 【근거】 홀랑(표준어)〖ᄒ→ㅅ〗→솔랑(경남). 히(=太陽)=ᄒ(=太陽)+이(첨가음). cf. 귁(國)⟨월인석보 1권 훈민정음 1장 앞면⟩=국(國)+이(첨가음). **호롱**(=석유를 담아 불을 켜는 데에 쓰는 그릇)=호(=ᄒ)(=불)+롱. **ほや**(=火屋)(hoya)(일본어)[호야]=ほ(ho)(=火)(=불)+や(=집). 태양은 뜨거우니 ʼ불ʻ이라고 생각한 것이다. ᄒ(=太陽)(=불)〖ᄋ→오〗→호→ほ(ho)(=火)(=불). cf. [Aşık Paşa, Garib-name, 1330] χāk ü bād ü nār ü āb [toprak, hava, **ateş**, su]⟨Nişanyansözlük⟩. χāk=ᄒᆰ[흑]⟨훈민-해,합자해:21⟩《고려대 한국어대사전》=흙(=toprak). **nār=ateş=불.** āb=암(am)(유아어)(=물)〖m→b〗→ab. **nar**(=석류)(튀르키에어)=석류는 태양처럼 붉고 둥글다고 붙여진 이름이다. нар(=nar)(몽골어)=태양(太陽). 아래(표준어)=알(경남)(=하(下))+아(=子)(의미첨가 없이 명사에 붙는 접미사)+이(첨가음)〖모음 합체〗→알애→아래. 新盧國⟨통전⟩《흠정만주원류고》=솔(=태양?)+이(첨가음)+오(=아)(=나라)〖모음 합체〗→실오〖단음화: 이→애〗→샐오〖애→에〗→셀오〖에→이〗→**실오**. **실오**〖오→아〗→실아〖/ㄹ/ 복제〗→실라→신라[실라](ʻ실라ʼ를 한자어로 ʻ신라(新羅)ʼ로 표기하였으나 그 발음이 [실라]이다) 【근거】 심(=泉)⟨훈민정음해례본 용자례⟩〖단음화: 이→애〗→샘(현대어), 종지=종자(鍾子)+이(첨가음)〖모음 합체〗→종재〖애→에〗→종제〖에→이〗→종지. cf. **しらぎ**(新羅)(일본어)(siragi)=실+악(=子)+이(첨가음)→시라기(siraki)〖유성음화〗→siragi.

くだら(=百濟)(kudara)(일본어)=구달+**아**: ① (위)구태/구대=구타/구다+이(첨가

음), 구달=구다+알(=子)(의미첨가 없이 명사에 붙는 접미사): 구대=구달. 구달+아
→구다라(kudara)(그 뜻은 '구태/구대의 자손/나라)【근거】百濟 爲夫餘王 尉仇台
之後〈책부원구〉《만주원류고》=백제는 부여왕 **위구태**의 후예다. 구디(경남)(=구덩
이)=굳(=구덩이)+이(첨가음). 구더리(충남)〈우리말샘〉(=구덩이)=굳+알+이(첨가
음)[모음조화: 우-어]→굳얼이→구더리: 이=알. '**대**(台)=어른, 남의 이름 존칭'
로 보아 '**위구대**'로 읽어야 옳을 것이다. ② **くだら**(=百濟)(kudara)(일본어)=ㅎ(=
太陽)+다(=데)(=곳)+알(의미첨가 없이 명사에 붙는 접미사)+아(=나라)[ㅎ→ㄱ]
→ㄱ다알아[ᄋ→우]→구다알아[동모음 축약]→구달아(kudara)(그 뜻은 '해 땅
의 나라'이다)【근거】해겁다(경남)[ㅎ→ㄱ]→개겁다(경남)(=가볍다). 燈등의블
혀고〈석보상절 9권 32장 뒷면〉[ㅎ→ㅋ]→등에 불 **켜**고(현대어): 혀다[ㅎ→ㅋ]
→켜다. 장어(표준어)+이(첨가음)[모음 합체]→장에[모음조화: 아-애]→장애
(경남). 부텨說쎯法법ㅎ신**다**마다〈월인석보 1권 월인천강지곡 15장 앞면〉부처 설
법하신 **데**마다: 하신다=하신**다**+**이**[모음 합체]→하신대[모음조화: 이-에]→하
신**데**. ㅎ(=太陽)+이(첨가음)[모음 합체]→히[단음화: 이→애]→해(현대어). **호**
롱(=석유를 담아 불을 켜는 데에 쓰는 그릇)=ㅎ(=불)+롱[ᄋ→오]→호롱. **ほや**
(=火屋)(hoya)(일본어)[호야]=ㅎ(=불)(=火)(=불)+や(=집)[ᄋ→오]→호야(hoya).
태양은 뜨거우니 '불'이라고 생각한 것이다. cf. **gün**(튀르키예어)(=날, 태양)=ㅎ
(=太陽)+앙(의미첨가 없이 명사에 붙는 접미사)+이(첨가음)[ㅎ→ㄱ]→ㄱ안이
[ᄋ→우]→구앙이[ᄋ(ng)→ㄴ(n)]→구+안이[모음 합체]→구앤[애→에]→
구엔[에→이]→구인[모음 합체]→균(kün)[어두 유/무성자음 교체]→gün. cf.
güneş(튀르키예어)(=태양)=gün(=날, day)+앗(=子)(=자식)+이(첨가음)[umlaut]
→gün앳이[애→에]→gün엣이→güneş(그 뜻은 '날'의 아들': 태양은 낮에 나오
니까). kun(우즈벡어)=날(日). нар(몽골어)(날)=태양. don(mak)(=얼다)=동(凍)(=얼
다)(tong)[ᄋ(ng)→ㄴ(n)]→ton[어두 유/무성자음 교체]→don. ③ **백제(百濟)**[백
쩨]=빅(百)졩(濟)[졔][빅쪠[발음대로 표기]→빅쪠[첨가음, /이/ 삭제]→복(百)쪠
[모음분해: 예→이+에]→복찌에[모음분해: 에→어+이]→복찌어이(=←붉(다)
[복]+띵(地)[띠]+아(=子)(=나라)+이(첨가음)[모음조화: 이-에]→복 띠어이)[구개

음화: ㄸ→ㅉ/__이〗→복찌어이〖umlaut〗→빅찌어이〖단음화: 익→애〗→백찌어이〖모음 합체: 어+이→에〗→백찌에〖모음 합체: 이+에→예〗→백쪠〖단음화: 예→에〗→[백졔]→백제[백쪠](그 뜻은 '(날이) 밝는 곳의 나라'로 '조선'과 그 뜻이 같다)【근거】빅(百)〈월인석보 1권 월인천강지곡 6장 앞면〉. 귁(國)〈월인석보 1권 훈민정음 1장 앞면〉=국(國)+이(첨가음). cf. はくたい(百代)(hakutai)〈ベネッサ全訳古語辞典(2008)〉(일본어 고어): はく(百)=복(百)〖ᄋ→아〗→박〖일본어식으로 표기〗→바구〖ㅂ→ㅎ〗→하구(haku)('빅(百)=복(百)+이(첨가음)'이라는 증거이다). 졩(濟)〈월인석보 1권 월인서 9장 앞면〉[졔]. 붉다〈용가124장〉고려대 한국어대사전〉=밝다.

Çekoslovakya(=체코슬로바키아)=Çekoslovak(=체코슬로바키아인)+이(소유격 조사)+아(=땅, 나라)【근거】dinî(=종교의)=din(=종교)+으(ı)(경남)(소유격 조사)〖으→이(i)〗→dini.

"반고(班固)가 쓴 《한서(漢書)》 권 68의 곽광 김일제전(霍光金日磾傳)에 따르면, 휴저왕은 번왕, 즉 제후 겸 장군이었다. 이치사 선우는 휴저왕과 혼야왕이 한나라와 전쟁에서 계속 패배하자 이들을 소환하여 사형으로 그 죄를 물으려 하였다. 이에 혼야왕은 휴저왕을 설득하여 한나라에 투항하려 하였으나, 휴저왕이 결정을 하지 못하고 머뭇거리자, 휴저왕을 살해하고 곽거병에게 투항하였다. 이때 휴저왕의 부인인 **알지(閼氏)**와 장남 **일제**, 차남 **윤**이 한나라에 포로로 잡혀갔다. 휴저왕은 금인(金人)을 가지고 하늘에 제사를 지냈는데, 이 일에서 비롯하여 자신의 장남인 김일제가 한나라 무제로부터 김(金)씨의 성을 하사 받았다."〈위키백과〉.

문무왕 비문에 신라 김씨의 조상이 투후(秺侯), 김일제(金日磾)라고 기록되어 있다. 흉노 휴저왕(=휴도왕)의 장남, 김일제에 관한 것은 **kbs 역사추적, '문무왕 비문의 비밀 1부, 신라 김씨왕족은 흉노의 후예인가?'**와 **2부, '왜 흉노의 후예라고 밝혔나?'**를 보면 자세한 내용을 볼 수 있다. Naver에서 '역사추적, 문무왕 비문의 비밀'을 입력하면 방송을 볼 수 있다.

'金日磾'의 발음은 '[jīn rì dī](현대 중국어). [Chin Mi-ti]〈Herbert A. Giles(1912), A Chinese-English Dictionary vol.2 p.706〉. [Jīn Mìdī]〈现代汉语词典(2016) 第

7版〉《Wikipedia》. [김일제](현대 한국어)'인데 원음은 다음과 같았을 것이다:

김(金)(kim). 싏(日)〈월인석보 1권 석보서 6장 뒷면〉. *뗴(碑)【근거】*뗴(碑)(dye)[단음화]→뗴[에→이]→띠(di). *김싏뗴(金日碑)(원발음)[구개음화: ㄱ→ㅈ/__이]→짐싏뗴[△→∅]→짐잀뗴[ㅎ→∅]→짐일뗴[단음화]→짐일뗴[에→이]→짐일띠[ㄹ→∅/__ㄸ]→짐이띠[지**미띠(midi)**]→Jimidi(이름을 midi로 오분석하고 '김(金)'은 잘 알려진 단어이니 다음과 같이 'Jin(金)'으로 변한 것이다: 김(金)[구개음화: ㄱ→ㅈ/__이]→짐[ㅁ→ㄴ]→진(Jin). 짐(**Jin**)+**midi**→**Jin Midi**〈现代汉语词典(2016) 第7版〉【근거】김(=수증기, 해초 이름)[구개음화: ㄱ→ㅈ/__이]→짐(경남). 므슴〈월곡 상 45〉《우리말샘》[으→우, ㅁ→ㄴ]→무슨(현대어). 부도덕(不道德)=불(不)+똘(道)〈석보상절 9권 2장 앞면〉+덕(德)[ㄹ→∅/__ㄸ]→부똘덕[유/무성자음 교체]→부돌덕[ㅸ→∅]→부도덕(현대어). '뗑(第)〈월인석보 1권 월인천강지곡 1장 앞면〉[뗴](dye)[단음화]→뗴[에→이]→띠(di)→[dì](第)(중국어)'로 미루어 碑의 원음이 '뗴'였음을 알 수 있다【근거】'ㄲ, ㄸ, ㅃ, ㅉ, ㅆ, ㆅ 爲 全濁〈훈민정음해례본〉(전탁(全濁)=유성음(有聲音)).

다음은 만주원류고(滿洲源流考)에서 인용한 구당서(舊唐書)의 기록이다:

"3년(663)에 그 나라를 계림주도독부(鷄林州都督府)로 삼고《살펴보건대, 계림(鷄林)과 길림(吉林)은 발음과 지리가 모두 부합한다. 이때 신라는 이미 백제와 고려 지역을 차지하고 말갈과 이웃하였다…"〈만주원류고 남주성 역: p.156〉.
"발해가 흥성하자 신라는 안남(安南) 지경에 치우쳐 있다가 고려(高麗)에 병합되었던바…"〈만주원류고 남주성 역: p.157〉: 안남(安南)=베트남.
"개원 21년(733) 발해말갈[발해이다]이 바다를 건너 등주(登州)에 침입하였다. 이때 흥광…말갈을 치도록 하였다."〈만주원류고 남주성 역: p.158〉: 등주(登州)는 산동에 있다. 흥광=성덕왕.

위의 구당서 기록에 의하면 통일신라는 백제와 고구려 땅을 차지하였고 중국의 산동에서 베트남 지경까지가 통일신라 땅으로 통일신라 패망 후 고려 땅이었다고 중국의 정사(正史), 구당서(舊唐書)가 기록하고 있다. 만주와 한반도, 중국의 동부와 남부, 베트남 지경까지가 통일신라 땅이었음을 알 수 있다. 우리가 배우는 역사가 얼마나 엉터리인가?

돌궐이 흉노의 후예이고 신라가 흉노의 후예이니 튀르키예와 신라가 같은 뿌리라 튀르키예에서 한국을 형제의 나라라고 하는 것이지 6.25 참전국이어서 형제의 나라라고 하는 것이 아니다. 튀르키예어로 고향(故鄕)을 sıla라고 한다. sıla(슬라)가 신라일 수도 있다.

다음 단어를 보아도 튀르키예가 신라와 같은 뿌리임을 알 수 있다:

각한(角干): 신라 때, 십칠 관등(十七官等) 가운데 첫째 등급(等級)의 벼슬을 이르던 말. 진골(眞骨) 이상만 오를 수 있었다. 한(=干)(원말)〈표준국어 대사전〉[ㅎ→ㄱ/ㅋ]→간/칸(현대어). **각한**(角干)[ㄱ+ㅎ→ㅋ]→가칸→qakhan[유성음화]→qaghan. cf. "Bilge **Qaghan**(683 – 25 November 734) was the fourth Qaghan of the Second Turkic Khaganate. His accomplishments were described in the Orkhon inscriptions"〈Wikipedia〉. cf. **хаан**(=왕)(몽골어)(하안)[동모음 축약]→**han**(현대 튀르키예어)【근거】**해**겁다/**개**겁다(경남)=가볍다(표준어). 燈등의블**혀**고〈석보상절 9권 32장 뒷면〉=등에 불 켜고(현대**어**): 혀다[ㅎ→ㅋ]→켜다.

아달라 이사금. 阿達羅尼叱今〈三國遺事〉(아달라 니질금) 尼叱今=尼師今(이사금). **아달라**=알+텷(鐵)(=쇠)+아(=子)(=사람)[ㄹ→∅/__ㅌ]→아텷아[ㅎ→∅]→아텯아[단음화]→아털아[모음조화: 아-아]→아탈아[ㅌ→ㄷ]→아달아[/ㄹ/ 복제]→아달라(그 뜻은 '황금의 자손')【근거】벌에〈석보상절 24권 50장〉《우리말샘》→벌레. cf. **attila**(훈족의 왕 이름); 니벨룽겐의 노래 등에 **에첼**, **아틀리** 등으로 나온다: **attila**=알+텷(鐵)(=쇠)+이(첨가음)+아(=子)(=사람)[ㄹ→ㄷ]→안텷이아[ㅎ→∅]→안텯이아[모음 합체: 여+이→예]→안텔아[단음화: 예→에]→

앝텔아〖에→이〗→앝틸아(**attila**)(그 뜻은 '황금의 자손')【근거】볋(彆)〈훈민정음 해례본 종성해〉〖ㄷ→ㄹ〗→별(彆)(현대어), **아첼**=알+텵(鐵)(=쇠)+이(=사람)〖ㅎ →∅〗→알텵이〖ㄹ→∅/__ㅌ〗→아텵이〖구개음화: ㅌ→ㅊ/__y(텳(thyəl)〗→아 **첼이**〖모음 합체: 여+이=예〗→아첼〖단음화〗→아첼【근거】쇠돌이(사람)=쇠(= 金)+돌(=石)+이(=사람), 부처〈부쳐〈부텨〈석상〉〈〈중국어〉佛體〈〈산스크리트 어〉buddha〈표준국어 대사전〉: 불톄(佛體)〖ㄹ→∅/__ㅌ〗→부톄〖톄=텨+이(첨가 음)(삭제)〗→부텨〖구개음화〗→부쳐〖단음화〗→부처(현대어). **아틀리**=알+텵(鐵) (=쇠)+이(=사람)〖ㅎ→∅〗→알텵이〖단음화: 여→어〗→알텵이〖ㄹ→∅/__ㅌ〗→ 아텵이〖어→으〗→아틀이〖/ㄹ/ 복제〗→**아틀리**【근거】없다(경남)〖어→으〗→ 읎다(경남). 겷(이 삭다)(표준어)〖구개음화: ㄱ→ㅈ/__이〗→겷〖단음화: 여→어〗 →젇(경남). cf. **oltin**(우즈벡어)(얼튼)=황금. **altın**(튀르키예어)(=황금. 돈의, 황금 으로 만든)=알+텵(鐵)(=쇠)+이+앙(=子)(의미첨가 없이 명사에 붙는 접미사, 혹은 형용사형 어미)+이(첨가음): 텵+이〖ㅎ→∅〗→텵이〖어말 /ㄹ/ 탈락〗→텨이〖모 음 합체〗→톄〖단음화〗→테〖에→이〗→**티**. 앙(ang)+이〖ㅇ(ng)→ㄴ(n)〗→안이 〖모음 합체〗→앤〖애→에〗→엔〖에→이〗→**인**. **altın**=알+티+인〖동모음 축약〗 →알틴→altin〖모음조화: a-ı〗→altın(그 뜻은 '금', '금으로 만든'이다)【근거】새 마(=新村)(경북)=새말(=新村)(경남)〖어말 /ㄹ/ 탈락〗→새마. 똘(경기, 전라, 충청) 〈고려대 한국어대사전〉(=도랑)+앙(의미첨가 없이 명사에 붙는 접미사)→또랑(경 남)(=도랑). 노랑나비=*놀(다)=노랗다)+앙(형용사형 어미=관형형 어미)+나비. 노 랑(명사)=*놀(다)+앙(명사형 어미)→노랑. cf. **demir**(=쇠, 철(鐵))=텵(鐵)〈월인석 보 1권 월인천강지곡 26장 앞면〉+이(첨가음)+물(物)+이(첨가음)〖ㅎ→∅〗→텵이 물이〖모음 합체〗→톌뮐〖단음화〗→텔밀〖ㄹ→∅/__ㅁ〗→테밀〖ㅌ→ㄷ〗(튀르키 예어는 /ㄷ/, /ㅌ/의 구분이 없다)→데밀(temir)(우즈벡어)〖어두 유/무성자음 교 체〗→demir(튀르키예어)【근거】국(國)+이(첨가음)〖모음 합체〗→귁(國)〈월인석 보 1권 훈민정음 1장 앞면〉. kelmoq(우즈벡어)=gelmek(튀르키예어)=오다. 겨므니 〈석보상절 19권 1장 뒷면〉=졂(다)+으(자음 충돌 회피용 삽입 모음)+ㄴ(관형형 어 미)+이(=사람)→졂은이→졀므니〖ㄹ→∅/__ㅁ〗→겨므니.

attila도 훈족(흉노의 후예)이고 신라도 흉노의 후예이니 신라의 땅인 경상도 방언의 음운 규칙을 따르는 것이다. 왜 '아틸라', '아첼', '아틀리'로 불렸는지 튀르키예어와 우즈벡어의 뜻과 경상도 방언의 음운 규칙을 적용하니 그 연유가 밝혀졌고 그 뜻이 무엇인지를 알 수 있게 되었다.

2.1 튀르키예 국명의 유래

(1) 돌흘(突紇)

돌흘(突紇)〔어말 /ㄹ/ 탈락〕→돌흐〔ㅎ→ㅋ〕→돌크〔오/우 교체〕→둘크(Turkı)〔/k/를 파열시켜 발음하면 [ı](으)는 있으나 없으나 발음이 같이 들린다〕→Turk【근거】Turk+이(i)(=사람)→Turki〔모음 합체: u+i→ü〕→Türk(=튀르키예 사람). Türkiye=돌흘(突紇)+이(소유격 조사)+아(=나라)〔어말 /ㄹ/ 탈락〕→돌흐이아〔ㅎ→ㅋ〕→돌크이아〔모음 합체〕→돌킈아〔오/우, 으/우 교체〕→둘퀴아〔umlaut〕→뒐퀴아(a)〔모음조화〕→뒐퀴에(e)〔단음화: 위→이〕→뒐키에→Türkiye(그 뜻은 '튀르크인의 나라'이다)【근거】새마(=新村)(경북)=새말(=新村)〔어말 /ㄹ/ 탈락〕→새마. **해**겁다(경남)〔ㅎ→ㄱ〕→**개**겁다(경남)=가볍다(표준어). 燈등의블**혀**고〈석보상절 9권 32장 뒷면〉=등에 불 켜고(현대**어**): 혀다〔ㅎ→ㅋ〕→켜다. 사오/사우(경남)=사위(표준어). 쇠돌(=鐵石)이(사람)=쇠(=鐵)+돌(=石)+이(=사람)→쇠돌이. 게기(경남)=고기〔umlaut〕→괴기〔단음화〕→게기. Koria=고려=고리+아(=나라). '고리'는 '고려사람'이고 '고려'란 '고리국'이라는 뜻이다. 신라(=사로)(원래의 뜻은 '태양의 나라')=실+아. cf. 실+악(=아)+이(첨가어)→시라기→しらぎ(新羅)(siragi)(일본어), 가락(駕洛)=갈+악(=나라)→가락. 가라(伽羅)(=가야)=갈+아(=子). こま(高麗)(koma)(=고구려)=곰(=웅(熊))+아(=나라)→고마(koma)(곰의 나라, 즉 단군의 후손 국). くだら(百濟)=구달+아(=나라)【근거】"백제는 부여왕(夫餘王) 위구태(尉仇台)의 후예이다"〈책부원구(册府元龜)〉《만주원류고》. 구태(仇台)가 백제어로 '구달'이었을 가능성이 있다: 구태=구타+이(첨가음), 구달=구다+알(=子)(의미첨가 없이 명사에 붙는 접미사)【근거】장애(경남)(=eel)=장어(표

준어)+이(첨가음)[모음 합체]→장애. 사타리(경남)(=살(표준어)=살+알(=子)(의미 첨가 없이 명사에 붙는 접미사)→사타리. **세계의 '~a(아)'로 끝나는 나라는 모두 한국어의 영향을 받았을 것으로 추정된다.**

(2) 돌궐(突厥)

돌궜(突厥)[돌킬]/[돌클](경남 발음)→돌클[어말 /ㄹ/ 탈락]→돌크[오/우 교체]→둘크(Turkʰɪ)[어말에서 /kʰ/를 파열시켜 발음하면 /ɪ/는 있으나 없으나 발음이 같이 들린다]→Turkʰ→Turk[kʰ]【근거】사오/사우(경남)=사위(표준어). 없다/읎다(경남)=없다(표준어). 궜(厥)〈월인석보 1, 2권 중 2권 66장 뒷면〉[ㅎ→Ø]→퀄[ㅋ→ㄱ]→궐(현대 표준어)[단음화: 워→어]→걸(경남)[어→으]→글(경남). cf. 韋紇(수나라), 回紇汗国(당 천보(天宝) 3년(744)), 回鶻(당대에 개칭)〈중국 시사문화사전 2008. 2. 20〉(이현국): 회흘(回紇)[어두 /ㅎ/ 탈락]→외흘[오/우 교체]→위흘[ㅎ→ㄱ]→위글[으→우]→위굴→Uyghur/Уйгур(=위굴)/Uygur【근거】회(回)[오/우 교체]→휘[huí](중국어). 흘(紇)[ㅎ→ㄱ]→글 【근거】해겁 다(경남)[ㅎ→ㄱ]→**개**겁다(경남)=가볍다(표준어). 중국어, 韋[wéi]에서 Uy가 만들어질 수 없고, 纥(=紇)[hé], 鶻[hú]에서 gur이 만들어질 수 없다. 한국어 음과 음운 규칙에 의해서만 만들어질 수 있다.

3

튀르키예어와 한국어는 사고방식이 동일하다

튀르키예어와 한국어는 동일한 사고방식으로 표현되거나 의미가 파생된다.

açık yer(=야외)=açık(=열린)+yer(=장소, 곳). 열린 곳=야외.
bakmak(=보다). **fala bakmak**(=운수를 **보다**, 점보다)=fal(=점, 점괘)+a(조사)+bakmak. **hastaya bakmak**(=환자를 **보다**→환자를 검진하다, 처치하다, 환자를 간호하다)=hasta(=환자)+y(모음 충돌 회피용 삽입 반자음)+a(튀르키예어의 여격 조사)+bakmak. **tadına bakmak**(=맛을 **보다**)=tat(=맛)+ı(3인칭 소유 접미사)+n(모음 충돌 회피용 삽입자음)+아(조사)+bakmak(=보다). **işe bakmak**(=일보다)=iş(일)+e(조사)+bakmak(보다). bakmak이 '경험하다'의 뜻을 갖는 것도 한국어와 동일하다: 지옥을 **맛보다**=지옥을 **경험하다**. cf. 날로 바(경남)(=나를 봐)=나+알(=子)(의미첨가 없이 명사에 붙는 접미사)+오(목적격 조사)+보(다)+아(명령형 어미)〖동모음 축약〗→날오보아〖/ㄹ/ 첨가/ㄹ__모음〗→날로 보아〖모음 합체〗→날로 봐〖단음화〗→날로 바. 경남 방언의 목적격 조사, '오'가 튀르키예어의 '아'가 된 것으로 추정된다 【근거】총을 쏘다(표준어)〖오→아〗→총을 싸다(경남). 벌에〈석보상절 24권 50장〉《우리말샘》〖/ㄹ/ 복제〗→벌레(현대어). **bakı**(=조사, 돌봄, (점)보기)=보(다)+기(명사형 어미)〖오→아〗(paki)〖어두 유/무성자음 교체〗→baki〖모음조화: a-ı〗→bakı. 'bakı=**bak**(동사 어간)+ı(명사형 어미)'로 오분석〗→bak(동사 어간). cf. **ふき**(=吹き)(huki)(명사형)(일본어)=(바람이) 불(다)/부(다)

(경남)+기(명사형 어미)→부기〚ㅂ→ㅎ〛→후기(huki)〚'후기(huki)=훅(huk)(동사 어간)+이(i)(명사형 어미)'로 오분석〛→훅〚일본어식으로 표기〛→후구(huku)→ふく(=吹く)(=불다/부다)【근거】부(父)〚ㅂ→ㅎ〛→후(hu)→ふ(父)(hu). 일본어에는 명사형 어미, '기'가 없고 '이'만 있어서 '기'의 /ㄱ/을 한국어 동사 어간에 붙여서 일본어 동사 어간으로 만들었다. 튀르키예어에는 한국어와 같이, 명사형 어미, '이', '기'가 있으나 '기'가 붙은 것을 '이'가 붙은 것으로 오분석한 예가 이 경우이다.

çağırmak(=**부르다**, 노래하다, (손님을) **초청하다**, 소환하다): (사람을) 부르다, (노래를) 부르다(=to sing), (손님을) 부르다=초청하다, (장관을) 부르다=소환하다(=to summon). (택시를) 부르다.

çiçek hastalığı(=천연두)=çiçek(=꽃)+hastalık(=병)+ı(3인칭 소유 접미사). 한국에서도 천연두에 걸려 붉게 솟은 것을 꽃에 비유한다. 천연두에 걸려 몸에 열꽃이 피었다. ⇒ **çiçek**.

darasını düşmek(=무게를 달 때, 다는 용기를 포함한 무게에서 용기의 무게를 빼다)=dara(=무게를 달 때의) 용기의 무게)+sı(3인칭 소유 접미사)+n(모음 충돌 회피용 삽입자음)+ı(목적격 조사)+düşmek(=**떨**다(=빼다)). dara=달(다)+아(=것)→다라(tara)〚어두 유/무성자음 교체〛→dara(그 뜻은 '다는 것'). düş(mek)(=떨어지다)=떨(다)/뜰(다)/떠(다)/뜨(다)(경남)+이(부사형 어미)+지(다)→뜨이지〚으→우〛→뚜이지〚모음 합체〛→뛰지〚ㅈ→ㅅ〛→뛰시〚ㄸ→d, 아니면, ㄸ→ㄷ and 어두 유/무성자음 교체〛→düş 【근거】종(終)〚ㅈ→ㅅ〛→송〚ㅇ(종성)→ㄴ〛→손(son)→son(튀르키예어)(=마지막, 끝). 똥구시(경남)=똥+굴(=구덩이)+이(첨가음)→똥구디〚구개음화〛→똥구지〚ㅈ→ㅅ〛→똥구시. 믈(=水)〈훈민정음해례본 용자례〉〚으→우〛→물(현대어). 'ㄲ, ㄸ, ㅃ, ㅉ, ㅆ, ㆅ 爲 全濁〈훈민정음해례본〉(전탁(全濁)=유성음(有聲音)). kelmoq(우즈벡어)=gelmek(튀르키예어)=오다.

el açmak=el(=손)+açmak(=벌리다)=구걸하다, 돈을 요구하다. 한국어에서도 '구걸하다=손을 벌리다'이다. aç(mak)=악(ak) (벌리다)(함께 쓰는 부사가 그 동사와 같은 뜻의 동사로)〚풀어쓰기〛→아그〚ㄱ/ㅋ 교체〛→아크〚구개음화〛→아츠(aç).

el(=팔)=팔(pal)+이(첨가음)〚ㅂ/ㅍ 교체〛→발이〚모음 합체〛→밸〚에→에〛→벨
〚'(모음)+발'에서 ㅂ→ㅸ→Ø〛→엘(el) 【근거】ak(=백색)=*ᄲᆨ(글자가 없어서
이렇게 표기했다. /ㄱ/은 받침이다)(=白)[bɔk](=벅(白)〈월인석보 1권 월인천강지
곡 22장 뒷면〉=ᄲᆨ+이(첨가음))〚첨가음 삭제〛→ᄲᆨ〚b→ㅸ→Ø〛→옥(ɔk)〚ㅇ
(ɔ)→아(a)〛→ak 【근거】귁(國)〈월인석보 1권 훈민정음 1장 앞면〉=국(國)+이(첨
가음)〚모음 합체〛→귁. cf. はく(白)(haku)=*ᄲᆨ(白)〚유/무성자음 교체〛→복〚ㅇ
→아〛→박〚일본어식으로 표기〛→바구〚ㅂ→ㅎ〛→하구(haku). 덥(다)+우(명사
형 어미)→더부〚유성음화: ㅂ→ㅸ/유성음__유성음〛→더뷰〚ㅸ→Ø/모음__모
음〛→더우(경남 노인 말)(=더위).

gelecek zaman(=미래시제)=gelecek(=올) zaman(=때, 시간). 미래란 '올 때'이다.
zaman=짬(=시간)+앙(=子)(ang)(의미첨가 없이 명사에 붙는 접미사)〚ㅇ(ng)→ㄴ
(n)〛→짬an〚ㅉ→ㅆ〛→쌈an〚ㅆ→z〛→zaman 【근거】똘(경기, 전라, 충청)〈고려
대 한국어대사전〉(=도랑)+앙(=子)(의미첨가 없이 명사에 붙는 접미사)→또랑(경
남)(=도랑). 쩔레쩔레/썰레썰레/절레절레/설레설레(정도는 다르지만 기본 의미는
같다). don(mak)(=얼다)=동(凍)(=얼다)(tong)〚ㅇ(ng)→ㄴ(n)〛→ton〚어두 유/무성
자음 교체〛→don 【근거】gelmek(튀르키예어)=kelmoq(우즈벡어)=오다. 'ㄲ, ㄸ,
ㅃ, ㅉ, ㅆ, ㆅ 爲 全濁'〈훈민정음해례본〉(전탁(全濁)=유성음(有聲音)). 쌍(上)〈법화
경언해 1권 37장 앞면〉〚일본어식으로 표기〛→쌰우〚ㆁ→Ø/모음__모음〛→쌰우
〚ㅆ→z〛→zyau→じゃう(上)(zyau)(일본어 고어)〚a→o〛→zyou→じょう(上)
(zyou)(일본어 현대어).

görmek(=보다). **iş görmek**(=일보다)=일하다. iş(=일)=일+ㅎ(고유어 명사에 붙
음)+이(첨가음)→일히〚ㅎ→ㅅ/__이〛→일시〚ㄹ→Ø/__ㅅ〛→이시→iş 【근거】
힘(표준어)(=力)〚ㅎ→ㅅ/__이〛→심(경남). 불삽〚ㄹ→Ø/__ㅅ〛→부삽. **zarar
görmek**(=손해보다)=zarar(=손해)+görmek(=보다). **iyi gün görmemek**=좋은 날
못보다=불행하게 살다 cf. *see/*look at damage. **görgü**(=경험, 예의)=gör(mek)(=
보다)+거(=것)+이(첨가음)〚모음 합체〛→gör게〚에→이〛→gör기(ki)〚유성음화〛
→görgi〚모음조화: ö-ü〛→görgü 【근거】본데없는 놈=예의 없는 놈. 본 것=예전

에 경험한 것.

haydutların başı(=도둑들의 두목)=haydut(=도둑)+lar(복수 접미사)+ın(소유격 조사)+baş(=머리)+ı(3인칭 소유 접미사) 【근거】 우두**머리**(=두목). 박(=머리)+이 (첨가음)→바기〔구개음화: ㄱ→ㅈ/__이〕→바지〔ㅈ→ㅅ〕→바시(paş)〔어두 유/ 무성자음 교체〕→baş 【근거】 **박** 터지다=**머리**가 터지다. sıra(=줄, 순서)=줄+아(의 미첨가 없이 명사에 붙는 접미사)〔ㅈ→ㅅ〕→술아〔우→으〕→슬아→sıra. 기름 (표준어)〔구개음화: ㄱ→ㅈ/__이〕→지름(경남). 똥구시(경남)=똥+굳(=구덩이)+ 이(첨가음)→똥구디〔구개음화〕→똥구지〔ㅈ→ㅅ〕→똥구시. gelmek(튀르키예 어)=kelmoq(우즈벡어)=오다.

kaynamak(=많이 모여 우글거리다). cf. 벌레가 **끓다**=벌레가 많이 모여 우글거리 다. kayna(mak)(=끓다)=**큉**(氣)〈석보상절 9권 22장 앞면〉〔킈〕+나(다)(=나오다)→킈 나〔단음화〕→케나〔모음 분해: 에→어+이〕→커이나〔어→아〕→카이나→kay- na(물에 열을 가하여 기체(=김, 수증기)가 나오는 것을 물이 끓는다고 한다) 【근 거】 기화(氣化)(=액체(液體)가 기체(氣體)로 바뀜). cf. 큉(氣)〔킈〕〔단음화〕→케(kʰe) 〔에→이〕→**키**(kʰi)〔ㅋ→ㄱ〕→기(ki)(현대어). 湿気(しっけ(**ke**)/しっき(**ki**))(일 본어). 气(=氣)〔qì〕(중국어)=키(kʰi)〔구개음화: ㅋ→ㅊ/__이〕→qì. 氣=기운, 느낌. cf. **kaynak**(=샘, 수원, 원천, 근원)=개(=水)(=물)+나(다)(=나오다)+악(=장소)〔모음 분해: 애→아+이〕→가이나악〔동모음 축약〕→가이낙→kaynak(그 뜻은 '물이 나 는 곳'=샘) 【근거】 개고랑/깨고랑(경남)(=개울)=개(=水)(=물)+골(=길게 파인 곳: 밭고랑)+앙(지소사)→개고랑(그 뜻은 '물이 있는 작은 골'이다). 갯버들(물가에서 자라는 버들이라는 뜻이다)=개(=물)+ㅅ(사이시옷)+버들(=버드나무).

kuru(mak)(=마르다, 시들다, 야위다). 한국어와 동일 사고방식으로 뜻이 확 장된다: 꽃이 말라가고 있다=꽃이 시들어 가고 있다. 마른 남자=여윈 남자. cf. kara(=dry land=마른 땅=육지)=갈(다)(경남)(=마르다)+아(=장소, 곳)→kara.

kuş beyinli(=바보의)(=새대가리의)=kuş(=새)+beyin(=머리, 두뇌)+li(형용사형 어미). beyin=박(=머리)+이(첨가음)+앙(의미첨가 없이 명사에 붙는 접미사)+이 (첨가음)→바기**앙이**〔모음 합체〕→바기앵〔애→에〕→바기엥〔에→이〕→바기잉〖ㅇ(ng)→ㄴ(n)〗→바기인〖ㄱ→∅/모음__모음〗→바이인〖umlaut〗→배이인 (peiin)〖어두 유/무성자음 교체〗→beiin〖모음 합체: iin→yin〗→beyin【근거】종지=종자(鍾子)+이(첨가음)〖모음 합체〗→종재〖애→에〗→종제〖에→이〗→종지. don(mak)(=얼다)=동(凍)(tong)(=얼다)〖어두 유/무성자음 교체〗→dong〖ng→n〗 →don. 고기(표준어)〖umlaut〗→괴기〖단음화: 외→에〗→게기(경남)〖ㄱ→∅/모음__모음〗→게이(경남)〖에→이〗→기이(경남). 똘(경기, 전라, 충청)〈고려대 한국어대사전〉(=도랑)+앙(의미첨가 없이 명사에 붙는 접미사)→또랑(경남)(=도랑). **olmak**(=이다). Geceliği iki yüz bin lira **ol**an oda=하룻밤 요금이 20만 리라**인** 방. gecelik=fee for the night=하룻밤 요금. ol(mak)=올(시다)→ol. 저는 강이 올시다(= 저는 강입니다)=저+는+올(다)(=이(다))+시+다.

su akar gibi(=술술)=수(水)(su)+akar(=흐르는)+gibi(=같이, 듯이)=물 흐르듯이. 물 흐르듯이=술술.

sırt(=(인체의) **등**, 능선(=산**등**성이), 칼의 베어지지 않는 부분(=칼**등**))=(곱)새(= 등)+알(=子)(의미첨가 없이 명사에 붙는 접미사)+이(첨가음)+트/터(경남)(=장소) 〖애→에〗→세알이트〖에→이〗→시알이트〖모음 합체〗→시앨트〖애→에〗→시 엘트〖에→이〗→시일트〖이→으〗→스을트〖동모음 축약〗→슬트(sırtı)〖/t/를 파 열시켜 발음하면 [t] 다음의 [ı]는 있으나 없으나 발음이 같이 들린다〗→sırt. cf. 경 남에서는 '등'을 '등드리/덩더리'라고도 한다. 등드리=등+다(=트/터)+알+이(첨가 음)〖모음조화: 으-어〗→등더리〖어→으〗→등드리 【근거】곱새(경남)(=등이 굽은 사람)=곱(다)(경남)(=굽다)+새(경남 노인 말)(=등)(예: 새가 바리다=등이 바르다). 산(=背)(=등)(se)(일본어)=새〖애→에〗(일본어에는 /애/가 없다)→세(se). 사타리 (경남)(=샅(표준어))=샅+알(의미첨가 없이 명사에 붙는 접미사)+이(첨가음). alt(= 밑, 아래)=알(경남)(=밑)+트/터→알트(altı)〖/t/를 파열시켜 발음하면 [t] 다음의 [ı] 는 있으나 없으나 발음이 같이 들린다〗→alt. 부텨說·쉃法·법ㅎ신**다**마다〈월인석보 1권 월인천강지곡 15장 앞면〉부처 설법하신 **데**마다. 데=터=곳(=장소).

tatlı su(=민물, **단**물)=tatlı(=**단**)+수(水)(su)(=물). cf. 튀르키예어와 한국어만 '민 물'을 '단물'이라고 한다. cf. 민물=淡水[dànshuǐ](중국어). 민물=淡水(たんすい)

(tansui)(일본어), 민물=真水(まみず)(mamizu)(일본어). 민물=fresh water(영어).
tat(=맛)=달(다)/다(다)(경남)+앗[앋](=것)『동모음 축약』→닽(tat)(그 뜻은 '단 것'=
단맛=맛).

tutmak(=(물건을) 들다, (비용이) 들다, (뿌리가) 들다, (편)들다). kafa **tutmak**(=
머리를 들다→반항하다, 반대하다)=kafa(=머리)+tutmak(=들다). tut(mak)=들(다)
『으→우』→둘[ㄹ→ㄷ]→듵(tut)【근거】 사오/사우(경남)=사위(표준어). 볃(彆)
〈훈민정음해례본 종성해〉『ㄷ→ㄹ』→별(彆)(현대어). 믈(=水)〈훈민정음해례본 용
자례〉『으→우』→물(현대어). cf. 갈(渴)(kal)『일본어식으로 표기』→가르『ㄹ→
ㄷ/ㅌ(일본어에는 둘의 구분이 없다)』→가트『구개음화』→가츠→かつ(katsu)(/
u/[ɯ]=[으]). 『ㄹ/ㄷ 교체』: 듣다(=to listen)-들으면-들어서(모음 앞에서는 /ㄷ/이
/ㄹ/으로 바뀐다).

uçmak(=1. to fly=날다, 2. /dan/ to fall off, fall from (a high place)=(높은 곳에
서) 날다=떨어지다). 3. (for a color) to fade=(색깔이) 날다=(색깔이) 점점 희미해
지다). 4. to vanish, disappear: (그놈은 사기 치고) 날았다=사라졌다=disppeared).
튀르키예어와 한국어의 파생 의미가 동일하다. uç(mak)=우=(上)(경남)(=위)+*치
(다)(=오르다)→우치→uç(그 뜻은 '위로 오르다'=날다)【근거】 치키다(경남)(=위
로 끌어 올리다)=치(다)+키+다. 치혀다〈용비어천가 87장〉《고려대 한국어대사전》
(=치키다)=*치(다)+혀다(=引)(=당기다)〈석보상절 9권 8장 앞면〉→치혀다[치혜다]
(경남 발음)→치혜다『에→이』→치히다『ㅎㅎ→ㅋ』→치키다. 중세 국어의 발음을
따르면 '치기다(chigida)'가 되어야 하나 그 이전의 발음을 따른 것으로 보인다【근
거】 'ㄲ, ㄸ, ㅃ, ㅉ, ㅆ, ㅎㅎ 爲 全濁'〈훈민정음해례본〉(전탁(全濁)=유성음(有聲音)):
행(解)〈석보상절 9권 3장 앞면〉[해][ㅎㅎ→g]→g+æ(애)[애→에]→ge→げ(解)(일
본어).

varmak(=있다). Bir oğul, bir kızım **var**=(나는/저는) 아들 하나, 딸 하나 **있어요**.
cf. I **have** a son and a daughter.

yılan balığı(=뱀장어)=**yılan**(=뱀)+balık(=생선)+ı(3인칭 소유 접미사). yılan=늘
(다)(=길다)+앙(=子)(것)『ㅇ(ng)→ㄴ(n)』→늘안『두음법칙 후 보상적 /y/ 첨가』

→yılan(그 뜻은 '늘어진 것=긴 것=뱀)【근거】늘어선 줄(=긴 줄)=늘(다)+어(부사형 어미)+서(다)+ㄴ(관형형 어미)+줄.

zılgıt yemek(=욕먹다): yemek=먹다. zılgıt(=severe tongue-lashing)=질(叱)(=꾸짖다)+젓/긋(경남)[걷/근]→질귿[이→으]→즐귿[ㅈ→ㅅ]→sılkıt[유성음화]→sılgıt[어두 유/무성자음 교체]→zılgıt. yem(=먹이)=(먹을 것을 입에) 넣(다)[너(타)]+ㅁ(명사형 어미)(=것)+이(첨가음)[두음법칙 후 보상적 /y/ 첨가]→여+ㅁ+이→염이[모음 합체]→옘(yem). ye(mek)['yem=ye(동사 어간)+ㅁ(명사형 어미)' 오분석]→ye 【근거】sıra(=줄, 순서)=줄+아(의미첨가 없이 명사에 붙는 접미사)[ㅈ→ㅅ]→술아[우→으]→슬아(sıra). cf. banka(=은행)=bank(영어)+아(a)(의미첨가 없이 명사에 붙는 접미사). 한국어에서도 '먹다'는 의미 대용으로 먹는 동작의 동사를 사용한다: 한술(=숟가락) **들다**=한술 **먹**다. 한술 **떠다**=한술 **먹다**. 한술 **넘기다**=한술 **먹다**. 이리/으리(경남)=의리(義理)(표준어). 없다/읎다(경남)=없다(표준어). yem(=(동물의) 먹이, 사료)=ye(mek)(먹다)+ㅁ(m)(명사형 어미)(=물체)→yem. cf. 여물(=(동물의 특히, 소의 먹이)=염+알(의미첨가 없이 명사에 붙는 접미사)+이(첨가음)[모음 합체]→염앨[애→에]→염엘[에→이]→염일[이→으]→염을[으→우]→염울→여물 【근거】여름〈용비어천가 1권 1장 뒷면〉(=열매)=열(다)+ㅁ(명사형 어미)(=물체). 여슷〈용가86장〉《고려대 한국어대사전》(=여섯)=여(=6)+앗(=子)+이(첨가음)[모음 합체]→여앳[애→에]→여셋[에→이]→여싯[이→으]→여슷. 여슷[으→어]→여섯(현대어). 믈(=水)〈훈민정음해례본 용자례〉[으→우]→물(현대어). 이사/으사(경남)=의사(醫師)(표준어). cf. しつ(叱)(sitsu)(일본어)=질(叱)[ㅈ→ㅅ]→실[일본어식으로 표기]→시르[ㄹ→ㅌ]→시트[구개음화: ㅌ→ㅊ/__으]→시츠(sitsɯ)[로마자로 표기]→sitsu.

4

튀르키예어 속의 소위 한자어

한자(漢字)를 만든 나라는 상(尙)나라다. 정확하게 말하면 한자(漢字)가 아니라 상자(商字)라고 해야 옳다. 상은 동이족이니 한자를 만든 것은 중국의 한족(漢族)이 아니라 우리의 조상인 동이족이다.

중국인 학자, 부사년(傅斯年)은 〈民族與古代中國史〉(北京, 北京時代文藝出版社, 2009)에 수록된 그의 논문, '夷夏東西說'에서 중국 한족의 조상인 하족(夏族)의 강역에 대해 다음과 같이 기술하고 있다:

"여러 서적에 기록된 하(夏)의 영토에 근거하자면, 하의 구역이 지금의 산서성 남쪽 절반, 곧 분수(汾水) 유역과 지금의 하남성 서부와 중부, 곧 이락(伊洛)과 숭고(嵩高) 일대를 포함하고 있어서, 동으로 평한선(平漢線)(북경(北京)-한구(漢口)(현재 우한시 일부))을 넘지 않았고 서로는 섬서(陝西)의 일부분, 곧 위수(渭水) 하류를 차지하고 있었음을 알 수 있다. 동방의 한계선은 번성기에는 일찍이 제수(濟水)의 상류를 차지하여 상구(商邱)까지 이르렀으니 이곳이 바로 이인(夷人)과 대치하던 최전방이었다."

이를 보면 한족(漢族)의 조상이 산 곳은 아주 좁은 지역의 고원지대임을 알 수 있다. 튀르키예어에 소위 한자가 많이 사용되고 있으나 그 발음은 중국어 음이 아닌 한국어 음을 따르고 있고 대부분 한국어의 접미사와 함께 사용되고 있다. 이는 튀르키예와 한국이 같은 뿌리를 공유하고 있었음을 말해주는 또 하나의 증거이다.

튀르키예어에 들어 있는 소위 한자어의 일부 예를 들면 다음과 같다:

ağ(mak)(=오르다)=앙(昻)(=오르다)〚풀어쓰기〛→아으〚ㆁ(꼭지 있는 이응)→g〛→agı〚g→ğ/모음__모음〛(뒤에 모음, /ı/가 없다면 일어날 수가 없다)→**ağ**ı〚/ğ/ 다음의 [ı](으)는 있으나 없으나 발음이 같이 들린다〛→ağ【근거】옹(五)〈석보상절 9권 35장 앞면〉[오]〚ㆁ(꼭지 있는 이응)→g〛→go→ご(五)(일본어)).

bağla(mak)(묶다, 매다)=박(縛)(=묶다, 매다)(pak)+이(명사형 어미)(i)+la→pakila 〚어두 유/무성자음 교체〛→bakila〚유성음화〛→bagila〚모음조화: a-ı〛→bagıla 〚g→ğ/모음__모음〛→bağıla〚[ğ]가 [ı]로 발음되므로 뒤의 [ı]는 동모음 축약처럼 없어진다〛→bağla【근거】kelmoq(우즈벡어)=gelmek(튀르키예어)=오다.

bakkal(=식료품 잡화상(=사람), 식료품 잡화점)=*복(=빅(百)〈월인석보 1권 월인 천강지곡 6장 앞면〉)+갈(=子)(=사람)〚ㆍ→아〛→박갈(**p**akkal)〚어두 유/무성자 음 교체〛→bakkal(그 뜻은 '백(百)(=온(한국어) 가지 물건 즉, 온갖 물건을 파는 사람'이라는 뜻이다). 온갖 물건을 '백화(百貨)'라고 하고 그것을 파는 가게를 '백 화점(百貨店)'이라고도 하고 '잡화점(雜貨店)'이라고도 한다)【근거】빅(百)〈월인 석보 1권 월인천강지곡 6장 앞면〉=복+이(첨가음). cf. 귁〈월인석보 1권 훈민정음 1장 앞면〉=국(國)+이(첨가음). 말갈=말+갈(=子)(=말의 자손, 말을 토템으로 하는 나라), 눈깔(=눈알)=눈+ㅅ+갈(=子)(=눈알). '동**백**(柏)꽃'을 '동**박**(柏)꽃'(경남 노인 말)이라고도 한다. cf. bakkal çakkal(=bakkal ve benzeri kimseler). 식료품상을 비 하하는 말): çakkal=잡(雜)+갈→잡갈〚ㅂ+ㄱ→ㄲ〛→자깔〚'작+갈'로 재분석〛→ 작갈〚ㅈ→ㅊ〛→착갈→çakkal(그 뜻은 '잡것'(사람을 비하하는 말)【근거】바가 지(표준어)〚ㅈ→ㅊ〛→바가치(경남). 튀르키예어에서 mobilyacı(=가구공, 가구 가 게)은 사람을 나타내기도 하고 가게를 나타내기도 한다).

çal(mak)(=훔치다)=*털(竊)〚구개음화〛→철〚단음화〛→철〚어→아〛→찰→çal 【근거】thiét(竊)(티엔)(베트남어)〈베트남어-한국어사전〉《Naver사전》=*털(竊)+이 (첨가음)〚모음 합체〛→텔〚모음 분해〛→티엘〚ㄹ→ㄷ〛→티엔→thiét. *털(竊)〚구

개음화]→쳘[단음화]→철[ㅊ→ㅈ]→절(한국어 현대어). 절(竊)(한국어)+이(첨
가음)[모음 합체]→젤[ㅈ→ㅅ]→셀[ㄹ→ㅌ]→셀(일본어식으로 표기)→세트
[구개음화]→세츠→せつ(일본어)(setsu)【근거】볃(鐅)〈훈민정음해례본 종성해〉
[ㄷ→ㄹ]→별(鐅)(현대어). 귁(國)〈월인석보 1권 훈민정음 1장 앞면〉=국(國)+이
(첨가음)[모음 합체]→귁. *뎔(竊)+이(첨가음)[어말 /ㄹ/ 탈락]→뎌이[모음 합
체]→뎨[모음 분해]→티에[구개음화]→치에→qiè(窃)(중국어)(=竊)【근거】새
마(=新村)(경북)=새말[어말 /ㄹ/ 탈락]→새마. 중국어 음은 경북 방언의 음운 규
칙을 따르고 있다. 현대 중국어 음은 청나라 발음을 따르고 있는데 여진족의 추장
은 신라 사람, 감함보로 그의 후손이 세운 나라가 청나라다. 잔(讚)〈월인석보 1권
월인서 8장 뒷면〉[ㅈ→ㅊ]→찬(현대어). 튀르키예어는 한국어 음을 따르고 있
다. '절(竊)[ㅈ→ㅊ]→철[어→아]→찰→çal'일 가능성도 있다.

cay(mak)(=번의(飜意)하다, 번복하다)=재의(再議)[재이](경남 발음)[모음 분해]→
자이이[동모음 축약]→**자**이[어두 유/무성자음 교체]→cay(/ㅈ/의 유성음이 /c/
이다)【근거】kelmoq(우즈벡어)=gelmek(튀르키예어)=오다. cf. 再议(=再議)[zàiyì]
(중국어). さいぎ(再議)(saigi)(일본어).

çay(=차)=차(茶)+이(첨가음)→çay【근거】장애(경남)=장어(표준어)(=eel)+이(첨
가음)[모음 합체]→장에[모음조화: 아-애]→장애.

çelik(=강철, 철로 된)=텰(鐵)〈월인석보 1권 월인천강지곡 28장 앞면〉+이(첨가
음)+악(=子)(의미첨가 없이 명사에 붙는 접미사 혹은 형용사형 어미)+이(첨가음)
[ㅎ→Ø]→텰이악이[구개음화]→철+이+악이[모음 합체]→쳴액[단음화]→
쳴액[애→에]→쳴**엑**[에→이]→쳴익→çelik. cf. **demir**(=쇠, 철)=텰(鐵)+이(첨
가음)+물(物)+이(첨가음)[모음 합체]→텔뮐[단음화]→텔밀[ㄹ→Ø/__ㅁ]→테
밀→themir[th→t]→**temir**(우즈벡어)[어두 유/무성자음 교체]→demir【근거】
여무다리(진주에서 사천공항 가기 직전의 옛 다리 이름)=열물다리[ㄹ→Ø/__ㅁ]
→여무다리. 져므니〈석보상절 19권 1장 뒷면〉=젊(다)+으(자음 충돌 회피용 삽입
모음)+ㄴ(관형형 어미)+이(=사람)[ㄹ→Ø/__ㅁ]→졈은이→져므니. gelmek(튀
르키예어)=kelmoq(우즈벡어)=오다. 구개음화되어 /ㅌ/이 /ㅊ/으로 된 것을 보면

'th→t→d'로 변했음을 알 수 있다.

çim(mek)(=to bathe (in a creek, stream, etc.=개울, 시내 등에서 목욕하다)=침(浸)(=잠기다, 담그다, **씻다**, 헹구다)→çim. cf. 浸[jìn](중국어). しん(浸)(sin)(일본어)=침(浸)[ㅊ→ㅅ]→심[ㅁ→ㄴ]→신(sin). 튀르키예어는 한국어 음을 그대로 따르고 있다.

demir(=철)=텰(鐵)〈월인석보 1권 월인천강지곡 28장 앞면〉+이(첨가음)+물(物)+이(첨가음)[ㅎ→Ø]→텰이물이[모음 합체]→텔밀[ㄹ→Ø/__ㅁ]→톄밀[단음화]→테밀(themir)[th→t]→**temir**(우즈벡어)[어두 유/무성자음 교체]→demir(튀르키예어) 【근거】 여무다리(진주에서 사천공항 가기 직전의 옛 다리 이름)=열물다리[ㄹ→Ø/__ㅁ]→여무다리. 져므니〈석보상절 19권 1장 뒷면〉=젊(다)+으(자음 충돌 회피용 삽입 모음)+ㄴ(관형형 어미)+이(=사람)[ㄹ→Ø/__ㅁ]→졈은이→져므니. 구개음화되어 /ㅌ/이 /ㅊ/으로 된 것을 보면 'th→t→d'로 변화되었음을 알 수 있다.

dik(=수직의, 바로, 세로)=띡(直)〈월인석보 1권 월인서 18장 앞면〉[ㄸ→d]→dik 【근거】 'ㄲ, ㄸ, ㅃ, ㅉ, ㅆ, ㆅ 爲 全濁'〈훈민정음해례본〉(전탁(全濁)=유성음(有聲音). cf. **dik açı**=직각. **dik**(형용사)=직각의, 직립한. cf. 直[zhí](중국어). 直(じき)(ziki)(일본어). ちょく(tsyoku))(일본어). 튀르키예어 음은 중세 한국어 음과 같다. 띡(直)[유/무성자음 교체]→딕[구개음화: ㄷ→ㅈ/__ㅣ]→직(현대어). 직(直)=세로, 수직의, 바로.

don(mak)(=얼다)=동(凍)(=얼다)(tong)[ㆁ(ng)→ㄴ(n)](튀르키예어에는 /ng/을 표기할 글자가 없다)→ton[어두 유/무성자음 교체]→don 【근거】 gelmek(튀르키예어)=kelmoq(우즈벡어)=오다.

dua(=기도)=도(禱)(=빌다, 기도하다)+아(=子)(=것, 행위)→도아[오→우]→두아(tua)[어두 유/무성 자음 교체]→dua 【근거】 사오/사우(경남)=사위(표준어). kelmoq(우즈벡어)=**gelmek**(튀르키예어)=오다. 딴(檀)〈석보상절 9권 18장 뒷면〉(dan)[유/무성자음 교체]→단(tan)(현대어) 【근거】 'ㄲ, ㄸ, ㅃ, ㅉ, ㅆ, ㆅ 爲 全濁'〈훈민정음해례본〉(전탁(全濁)=유성음(有聲音)). cf. 딴(檀)(dan)→だん(檀)(dan)(일본

어). 빨래=빨(다)+아(=것, 행위)+이(첨가음)〖모음 합체〗→빨애〖/ㄹ/ 복제〗→빨래〖근거〗樓릏우희ᄂᆞ라올아〈석보상절 6권 3장 앞면〉=누 위에 날아올라: 올아〖/ㄹ/ 복제〗→올라.

gem(=재갈)=함(銜)(=재갈)+이(첨가음)〖모음 합체〗→햄〖애→에〗→헴〖ㅎ→ㄱ〗→겜(kem)〖어두 유/무성자음 교체〗→gem〖근거〗국(國)+이(첨가음)〖모음 합체〗→귁(國)〈월인석보 1권 훈민정음 1장 앞면〉. **해**겁다/**개**겁다(경남)=가볍다. 燈등의블**혀**고〈석보상절 9권 32장 뒷면〉=등에 불 켜고(현대**어**): 혀다〖ㅎ→ㅋ〗→켜다. cf. **gemi**(=큰 배)=함(艦)+이(첨가음)〖umlaut〗→햄이〖애→에〗→헤미〖ㅎ→ㄱ〗→게미(kemi)〖어두 유/무성자음 교체〗→gemi. cf. **kema**(=배)(우즈벡어)=함+이(첨가음)+아(=子)(의미첨가 없이 명사에 붙는 접미사)〖근거〗아래(표준어)=알(경남)+아(=子)(의미첨가 없이 명사에 붙는 접미사)+이(첨가음)〖모음 합체〗→알애→아래. gelmek(튀르키예어)=kelmoq(우즈벡어)=오다.

gemi(=배=船(선))=함(艦)+이(첨가음)〖umlaut〗→햄이(발음대로 표기)→해미〖애→에〗→헤미〖ㅎ→ㄱ〗→게미(kemi)〖어두 유/무성자음 교체〗→gemi〖근거〗국(國)+이(첨가음)〖모음 합체〗→귁(國)〈월인석보 1권 훈민정음 1장 앞면〉. **해**겁다(경남)〖ㅎ→ㄱ〗→**개**겁다(경남)(=가볍다). cf. **kema**(우즈벡어)(=배)=함(艦)+이(첨가음)+아(=子)(의미첨가 없이 명사에 붙는 접미사)〖모음 합체〗→햄아〖애→에〗→헴아〖ㅎ→ㄱ〗→게마→kema(우즈벡어)〖근거〗아래(표준어)=알(경남)(=아래)+아(의미첨가 없이 명사에 붙는 접미사)+이(첨가음)〖모음 합체〗→알애→아래. gemi=kema. cf. 폴(=蠅)〈훈민정음해례본 용자례〉(=파리)+**이**(첨가음)〖ᆞ→아〗→팔이→파리(표준어). 폴(=蠅)+이(첨가음)〖ᆞ→오〗→폴이→포리(경남). 폴(=蠅)+**아**(의미첨가 없이 명사에 붙는 접미사)+이(첨가음)〖어말 /ㄹ/ 탈락〗→ᄑᆞ아이〖ᆞ→아〗→파아이〖모음 합체〗→파애〖애→에〗→파에〖ㅍ→ㅎ〗→하에(hae)→はえ(=蠅)(일본어)(hae)〖근거〗새마(=新村)(경북)=새말(=新村)(경남)〖어말 /ㄹ/ 탈락〗→새마. 판(判)〖ㅍ→ㅎ〗→한(han)→はん(判)(일본어)(han).

gemici(=선원, 뱃사람)=gemi(=배)+자(子/者)(=사람)+이(첨가음)〖모음 합체〗→gemi재〖애→에〗→gemi제〖에→이〗→gemi지〖유성음화: ㅈ(무성 무기 파찰음)→c(유성 무기 파찰음)〗→gemici【근거】종지=종자(鍾子)+이(첨가음)〖모음 합체〗→종재〖애→에〗→종제〖에→이〗→종지.

gök(=하늘, 하늘빛의, 덜 익은(=unripe, green)): **gök**(=하늘)=옥(玉)〈월인석보 1권 월인천강지곡 26장 뒷면〉+이(첨가음)〖ㅇ(꼭지 있는 이응)→g〗→goki〖모음 합체: 오(o)+이(i)→외(ö)〗→gök【근거】옥황(玉皇)=옥(玉)(=하늘)+황(皇)(=황제). **gök**(=하늘빛의)(명사가 형용사적으로 쓰인 것이다. 아니면, 옥(玉)+으(소유격 조사)(경남)〖으→이(i)(튀르키예어)〗→옥(玉)+이(첨가음)〖ㅇ(꼭지 있는 이응)→g〗→goki 〖모음 합체: 오(o)+이(i)→외(ö)〗→gök. 옥의 색깔이 하늘색이다. **gök**(=덜 익은) (옥색은 푸른색 계열인데 한국어에서도 '푸른 과일=덜 익은 과일'이다. 튀르키예어에서도 'gök yemiş=unripe fruit(=덜 익은 과일). yemiş(=과일, 열매)=열(다)/여(다)(경남)+ㅁ(명사형 어미)+앗(=子)(의미첨가 없이 명사에 붙는 접미사)+이(첨가음)→염앗이〖umlaut〗→염앳이〖애→에〗→염엣이〖에→이〗→염잇이〖umlaut〗→옘잇이(yemiş)(사전에 '열다'라는 의미의 yemek은 찾을 수 없었으나 화석화되어 파생어 속에 남아 있다고 보아야 할 것이다). 열매(=yemiş)=열(다)+매(튀르키예어의 me와 같다). 여름〈용비어천가 1권 1장 뒷면〉=열매.

hayal(=환상)==환(幻)(=헛보이다)〖한〗(경남 발음)+알(=子)(=것)→한알〖ㄴ→Ø/__모음 and 모음, /아/가 [ã]로 비모음화(鼻母音化)된다〗(경남)→하알[ãl]〖비모음의 구강 모음화〗(튀르키예어에 비모음이 없다)→하알〖모음 충돌 회피용 삽입 반자음, /y/ 첨가〗→하y알〖모음 합체〗→하얄→hayal【근거】장아 가다(경남)(=장에 가다)=장+아(향진격 조사)+가다: 장아〖ㅇ(ng)→Ø/__모음 and 모음, /아/가 [ã]로 비모음화(鼻母音化)된다→자+[ã](경남 발음)+가다.

hor görmek(=업신여기다, 괄시하다)=홀(忽)(=소홀히 하다, 경시하다)(hor)+görmek(=보다, 생각하다, 여기다)【근거】홀대하다(忽待하다)=**소홀히** 대접하다. cf. 忽[hū](중국어)=홀〖오→우〗→훌〖어말 /ㄹ/ 탈락〗→후(hu). 忽(こつ)(kotsu)〖ㅎ→ㅋ〗→콜〖ㄹ→ㄷ〗→콛〖ㄷ→ㅌ〗(일본어에는 /ㄷ/, /ㅌ/의 구분이 없다)→콭〖일본어식으로 표기〗→코트〖구개음화: ㅌ→ㅊ/__으〗→코츠(kotsu)(u[ɯ=으. 【근거】燈등의블**혀**고〈석보상절 9권 32장 뒷면〉=등에 불 켜고(현대어):

혀다[ㅎ→ㅋ]→켜다. 별(彆)〈훈민정음해례본 종성해〉[ㄷ→ㄹ]→별(彆)(현대어). 사오/사우(경남)=사위(표준어). 새마(=新村)(경북)=새(=新)+말(=村)(경남)[어말 /ㄹ/ 탈락]→새마. 튀르키예어는 한국어 음을 그대로 따르고 있고 일본어도 한국어의 음운 규칙을 따르고 있다.

kak(mak)(=to inlay)〈turkishdictionary.net〉(=새기다)=각(刻)(=새기다)→kak. cf. 刻[kè](중국어). 刻(こく)(koku)(일본어). 튀르키예어는 한국어 음을 그대로 따르고 있다.

kap(mak)(=잡아뺏다, 강탈하다)=겁(劫)[어→아](튀르키예어에는 /어/가 없다)→갑(kap)→kap 【근거】劫=위협하다(威脅-하다), 으르다(=무서운 말이나 행동으로 위협하다), 겁탈하다(劫奪--), **빼앗다**. cf. 劫[jié](중국어), 劫(きょう)(kyou)(일본어), こう(kou)(일본어), ごう(gou))(일본어). 튀르키예어는 한국어 음을 따르고 있다.

kova(=양동이, 두레박, 물통)=급(汲)(=(물을) 긷다, 푸다)+아(=것)[으→오]→고바[유성음화]→고바[ㅸ→v]→kova 【근거】서르〈월인석보 1권 훈민정음 1장 뒷면〉[으→오]→서로(현대어). cf. 드레(=汲器)〈훈민정음해례본 용자례〉(=두레박)=들(다)+아(=것)+이(첨가음)[모음 합체]→들애[모음조화: 으-에]→들에→드레. 아니면, **kova**(=양동이, 두레박, 물통)=급/겁(汲)(경남, 둘 다 사용)=(물을) 긷다, 푸다)+아(=것)→겁아[어→오]→곱아[유성음화]→고바[ㅸ→v]→kova 【근거】없다/읎다(경남)=없다(표준어)(경남 방언에서는 '어/으' 교체가 아주 자유롭게 일어난다). 엄마[어→오]→옴마(경남).

kül(=재=ash)=회(灰)(=재)+알(=子)(의미첨가 없이 명사에 붙는 접미사)+이(첨가음)[오→우]→휘알이[모음 합체]→휘앨[애→에]→휘엘[에→이]→휘일[동모음 축약]→휠[ㅎ→ㅋ]→퀼(kül). cf. はい(灰)(hai)(일본어)=회(灰)[모음 분해]→호이[오→아]→하이(hai) 【근거】사오/사우(경남)=사위(표준어). 燈등의블**혀**고〈석보상절 9권 32장 뒷면〉=등에 불 켜고(현대**어**): 혀다[ㅎ→ㅋ]→켜다. **마르**다(표준어)[아→오]→**모**리다(경남). cf. かい(灰)(kai)(일본어)=회(灰)[헤](경남 발음)[모음 분해]→허이[어→아](일본어에는 /어/가 없다)→하이[ㅎ→ㅋ]→카이(kai). 일본어에서 はい는 훈독, かい는 음독이라고 설명하고 있으나 이는 둘

다 음독으로 /h/가 원음이고 /k/는 /h/가 /k/로 바뀐 것이다. 灰[huī](중국어)=회[오→우]→휘[huī].

kürek(=삽, (배의) 노)=굴(掘)(=파다)+이(첨가음)+악(=子)(=것)+이(첨가음)[모음 합체]→궐액[애→에]→궐엑(kürek)(그 뜻은 '(땅을) 파는 것'=삽). '노'는 모양이 삽과 비슷한 데서 생긴 뜻이다. cf. **kurak**(=삽)(우즈벡어)=굴(掘=파다)(kur)+악(ak). 외보**구래**(강원도 강릉)(=쟁기)=외보+굴(=파다)+아(=子)(=것)+이(첨가음)[모음 합체]→외보굴애[모음조화: 우-에]→외보굴에→외보구레. **saban**(=쟁기)=삽+앙(=子)(~에서 만들어진 것)[ㅇ(ng)→ㄴ(n)]→삽안(sapan)[유성음화]→saban【근거】가라(伽羅)=가락(駕洛): 가라=갈+아, 가락=갈+악. 따라서, 아=악.

kuzey(=북(쪽))=구(鬼)(경북 영일, 경남)(=귀신)+짝(경남)(=쪽)+이(첨가음)→구짝이[umlaut]→구쨱이→구째기[애→에]→구쩨기[ㄱ→Ø/모음＿이]→구쩨이[ㅉ→ㅆ]→구쎄이[ㅆ→z]→kuzey(그 뜻은 '귀신 쪽'=북쪽). 아니면, **kuzey**=구(鬼)+쪽+이[umlaut]→구쬑이[단음화: 외→에]→구쩩이[ㄱ→Ø/모음＿이]→구쩨이[ㅉ→ㅆ]→구쎄이[ㅆ→z]→kuzey【근거】고기[umlaut]→괴기[단음화]→게기[ㄱ→Ø/모음＿이]→게이(경남). 씽(時)〈석보상절 9권 2장 앞면〉[씨][ㅆ→z]→zi→じ(時)(zi)(일본어). 사람이 죽으면 북망산(北邙山)(=묘지(墓地)가 있는 곳으로 사람이 죽어서 가는 곳)에 간다고 한다. 따라서 북쪽을 '귀(鬼)터'라고 한다. cf. **きた**(=北)(일본어)(kita)(=북쪽)=귀(鬼)[기](경남 발음)+터(=장소)→기터[어→아]→기타(kitʰa)→きた(일본어에는 tʰ(ㅌ)/t(ㄷ)를 구분하는 글자가 없다).

peş(=등, 배면)=배(背)(=등)+자(子)(의미첨가 없이 명사에 붙는 접미사)+이(첨가음)→배지[애→에]→베지→pe지[ㅈ→ㅅ]→pe시→peş【근거】종지=종자(鍾子)+이(첨가음)[모음 합체]→종재[애→에]→종제[에→이]→종지. 모자(帽子)=모(帽)+자(子)(의미첨가 없이 명사에 붙는 접미사). cf. 자(子)+이(첨가음)[모음 합체]→재[애→에]→제[에→이]→지[ㅈ→ㅅ]→시(si)(=し(子))(일본어)[이→으]→스[sɯ](=す(子)(su[sɯ])(일본어). 똥구시(경남)=똥+굳(=구덩이)+이(첨가음)→똥구디[구개음화]→똥구지[ㅈ→ㅅ]→똥구시. **sıra**(=줄, 순서)=줄+아(의미첨가 없이 명사에 붙는 접미사)[ㅈ→ㅅ]→술아[우→으]→슬아→sıra【근

거】 아래(표준어)=알(=下)(경남)(=아래)+아(의미첨가 없이 명사에 붙는 접미사)+
이(첨가음)[모음 합체]→알애→아래. bank(영어)+아(a)→banka(튀르키예어).

pul(=우표(郵票))=표(票)[포](경남 발음)+알(子)(의미첨가 없이 명사에 붙는 접미
사)+이(첨가음)→포알이[오→우]→푸알이[모음 합체]→푸앨[애→에]→푸엘
[에→이]→푸일(puil)[모음조화: u-u]→puul[동모음 축약]→pul. 아니면, **pul**=
표[포](경남 발음)+알(의미첨가 없이 명사에 붙는 접미사)[오→우]→푸알[모음
조화: 우-우]→푸울[동모음 축약]→풀(pul) 【근거】 사오/사우(경남)=사위(표준
어). 사타리(경남)=살(표준어)+알(의미첨가 없이 명사에 붙는 접미사)+이(첨가
음). cf. 事[shìr](=事)(중국어)=事[shì]+알(=子)[모음조화]→shìr+ir[동음절 축약]
→shìr. 중국어의 儿化는 난생설화를 믿는 동의족의 언어의 표현법을 중국이 받아
들인 것이다.

şair(=시인)=시(詩)하(다)+알(=子)(=사람)+이(첨가음)[모음 합체]→시하앨[애→
에]→시하엘[에→이]→시하일[ㅎ→Ø/모음__모음]→**시아일**[모음 합체]→
샤일→şair(그 뜻은 '시 하는 사람'=시인).

ser(mek)(=퍼다, 깔다, 널다, 펼치다)=설(設)(=설치하다, 진열하다)+이(첨가음)[모
음 합체]→셀(ser) 【근거】 귁(國)〈월인석보 1권 훈민정음 1장 앞면〉=국(國)+이(첨
가음)[모음 합체]→귁.

seviye(=정도, 수준, 급(級))=급(級)+이(첨가음)+아(=子)(의미첨가 없이 명사에 붙
는 접미사)+이(첨가음)[구개음화]→즙이아이[umlaut]→쥡이아이[단음화]→젭
이아이[ㅈ→ㅅ]→셉이**아이**[모음 합체]→세비애[애→에]→세비에[모음 충돌
회피용 삽입 반자음 /y/ 첨가]→세비예[유성음화]→세비에[ㅸ→v]→seviye
【근거】 귁(國)〈월인석보 1권 훈민정음 1장 앞면〉=국(國)+이(첨가음)[모음 합체]
→귁. bank(영어)+아(a)(의미첨가 없이 명사에 붙는 접미사)→banka(튀르키예
어). 아래(표준어)=알(경남)(=아래)+아(의미첨가 없이 명사에 붙는 접미사)+이(첨가
음)[모음 합체]→알애→아래.

şiir(=시(詩))=시(詩)+알(의미첨가 없이 명사에 붙는 접미사)+이(첨가음)[모음 합
체]→시앨[애→에]→시엘[에→이]→시일→şiir 【근거】 사타리(경남)=살(표

준어)+알(의미첨가 없이 명사에 붙는 접미사)+이(첨가음)→사타리. **나살**(경남)(=나이)=*낫(=나이)+알(子)(의미첨가 없이 명사에 붙는 접미사)→나살. cf. **yaş**(=나이)=*낫+**이**(첨가음)→나시[두음법칙 후 보상적 /y/ 첨가]→야시→yaş【근거】낳〈석보24:19〉《고려대 한국어대사전》+이(첨가음)→나히[ㅎ→ㅅ/__이]→나시(=낫+이)[유성음화: ㅅ→△/모음__모음]→나싀[△→Ø]→나이(현대 표준어). cf. **şair**(=시인)=시(詩)하(다)+알(=사람)+이(첨가음)[모음 합체]→시하앨[애→에]→시하엘[에→이]→시하일[ㅎ→Ø/모음__모음]→시아일[모음 합체]→샤일→şair(그 뜻은 '시하는 사람'=시인).

sinek(=파리)=승(蠅)(=파리)+악(=子)(의미첨가 없이 붙는 접미사)+이(첨가음)[으→이]→싱악이[ㅇ(ŋ)→ㄴ(n)]→신악이[모음 합체]→신액[애→에]→신엑→sinek【근거】뜰악(=뜰)=뜰+악(의미첨가 없이 명사에 붙는 접미사). '악'을 지소사로 보는 학자들이 있으나 이는 잘못이다. '뜰악'은 '작은 뜰'이 아니다. **이사/으사**(경남)=의사(醫師)(표준어). 씽(乘)〈석보상절 13권 38장 뒷면〉[이→으]→쓩[ㅆ(유성음)→ㅅ(무성음)]→승(현대어).

sinir(=(해부) 신경, **심줄**, 감각)=힘(=근(筋))+알(=子)(의미첨가 없이 명사에 붙는 접미사)+이(첨가음)[ㅎ→ㅅ/__이]→심알이[ㅁ→ㄴ]→신알이[모음 합체]→신앨[애→에]→신엘[에→이]→신일→sinir【근거】사타리(경상)(=살)=살(표준어)+알(의미첨가 없이 명사에 붙는 접미사)+이(첨가음)→사타리. 힘爲筋〈훈민정음해례본 용자례〉: 힘=筋(근). 힘줄[ㅎ→ㅅ/__이]→심줄(표준어에서 둘 다 사용한다). 힘[ㅎ→ㅅ/__이]→심(경남). 종지=종자(鍾子)+이(첨가음)[모음 합체]→종재[애→에]→종제[에→이]→종지. 므슴〈석보상절 6권 16장 앞면〉[으→우]→무슴[ㅁ→ㄴ]→무슨(현대어). cf. 삼(三)(sam)[ㅁ(m)→ㄴ(n)]→san→さん(三)(san)(일본어).

sınır(=경계, 국경)=선/슨(線)(경남 둘 다 사용)+알(=子)(의미첨가 없이 명사에 붙는 접미사)+이(첨가음)→슨알이[모음 합체]→슨앨[애→에]→슨엘[에→이]→슨일(sinir)[모음조화: ı-ı]→sınır【근거】없다/읎다(경남)=없다(표준어). 사타리(경남)(=살)=살(표준어)+알(의미첨가 없이 명사에 붙는 접미사)+이(첨가음)→

사타리.

soba(=난로)=소(燒)(=타다, 태우다)+바(=所(소))(=장소)→소바(sopa)〖유성음화〗→soba(그 뜻은 '태우는 곳'=난로)【근거】所송[소]눈배라〈월인석보 1권 석보서 1장 뒷면〉=所는 바이라(所=바). cf. 燒[shāo](중국어)=燒. しょう(燒)(syou)(일본어). 숄(燒)〈법화경언해 3권 74장 뒷면〉〖풀어쓰기〗→쇼ᇢ[ᇢ→Ø]→쇼으→syou(일본어는 중세 국어 발음을 일본어로 전사한 것이다). 숄(燒)[ᇢ→Ø]→쇼[오→아]→샤〖경과음 /오/ 첨가〗→샤오(shao). 숄(燒)[ᇢ→Ø]→쇼〖단음화〗→소(튀르키예어 음은 한국어와 같이 변해왔다).

sön(mek)(=(불이) 약해지다, (바람·가스가) 빠지다, 진정되다, 가라앉다, (명성이) 사라지다, 퇴보하다.)=쇠(衰)(=줄다, 줄어들다, 약해지다)+ㄴ(관형형 어미)→쇤(sön). cf. すい(衰)(일본어)(sui). 衰[shuāi](중국어). 튀르키예어는 한국어의 음을 따르고 있다. ⇒ **10.2** 한국어 동사 어간+ㄴ(관형형 어미)=튀르키예어 동사 어간.

soy(=가계, 혈통)=성(姓)(=겨레, 씨족)+이(첨가음)→성이[어→오]→송이[sɔĩ](경남 발음)(/이/ 모음 앞에서 받침, /ㅇ/이 없어지고 /이/가 비모음화(鼻母音化) 된다(경남 방언의 음운 규칙))〖비모음의 구강 모음화〗(튀르키예어에 비모음을 표기할 글자가 없다)→soy【근거】엄마(표준어)[어→오]→옴마(경남). 국(國)+이(첨가음)〖모음 합체〗→귁(國)〈월인석보 1권 훈민정음 1장 앞면〉. 차(茶)(ça)+이(첨가음)(i)→çay(튀르키예어).

soya(=콩)=두(豆)+아(=子)(의미첨가 없이 명사에 붙는 접미사)[우→으]→드아〖구개음화〗→즈아[ㅈ→ㅅ]→스아[으→오]→소아〖모음 충돌 회피용 삽입 반자음, /y/ 첨가〗→소야(soya). soy sauce(영어)=soya sauce(튀르키예어): soy(영어)=두(豆)+이(첨가음)[우→으]→드이〖구개음화〗→즈이[ㅈ→ㅅ]→스이[으→오]→소이→soy【근거】믈(=水)〈월인석보 1권 월인천강지곡 23장 앞면〉[으→우]→물(현대어). 서르〈월인석보 1권 1장 뒷면〉[으→오]→서로(현대어). 똥구시(경남)=똥+군(=구덩이)+이(첨가음)→똥구디〖구개음화〗→똥구지[ㅈ→ㅅ]→똥구시. **mantı**(=만두)=만두(mantu)[우→으]→만드[ㄷ→ㅌ]→만트(mantı).

tak(mak)(=착용하다)=땩(着)〈석보상절 13권 38장 뒷면〉(=착용하다)[ㄸ→ㅌ]→

탹〖단음화〗→탁→tak【근거】땩(着)〖ㄸ→ㅌ〗→탹(thyak)〖구개음화: ㅌ→ㅊ/__ y〗→챢〖단음화〗→착(현대어). cf. 着[zhuó](중국어)(=착용하다). 着(ちゃく·じゃく)(일본어).

tan(=dawn, daybreak, 여명, 서광))=단(旦)〈법화경언해 1권 서 7장 뒷면〉(tan). 단(旦)=새벽, 해 돋을 무렵. cf. 旦[dàn](중국어). 旦(たん·だん)(tan, dan)(일본어). 단(旦)〖아→오〗→돈〖어두 유/무성자음 교체〗→don→dawn[dɔːn](영어). **봉알**(평남)〈고려대 한국어대사전〉+이(첨가음)→봉아리〖아→오〗→봉오리(표준어)〖오→우〗→봉우리(비표준어).

tane(=bullet)〈turkishdictionary.net〉(=총알, 탄환, 탄**알**, 탄**자**(灘子))=탄(彈)+아(=子)(의미첨가 없이 명사에 붙는 접미사)+이〖모음 합체〗→탄애〖애→에〗→탄에→타네→tane【근거】'알'과 '아'는 뜻이 같고 한자어로는 '子'이다: 아래(표준어)=알(경남)(=아래)+아(=子)(의미첨가 없이 명사에 붙는 접미사)+이(첨가음)〖모음 합체〗→알애→아래. 사타리(경남)(=살(표준어))=살+알(=子)(의미첨가 없이 명사에 붙는 접미사)+이(첨가음)→사타리. 모자(帽子)=모(帽)+자(子)(의미첨가 없이 명사에 붙는 접미사).

tane(=낱알, 낱개, (동물의) 마리, 씨앗)=단(單)(=하나)+아(=子)(=것)+이(첨가음)〖모음 합체〗→단애〖애→에〗→단에→tane. tane(=단(單)+**아**+이)=낱**알**, 낱**개**, 낱**마리**: '아(=子)=알=개=마리'임을 알 수 있다.

tap(mak)(숭배하다, 신봉하다)=답(tap)/탑(thap)(婚)(=엎드리다, 복종하다)(tap)(숭배하는 것은 엎드려 복종하는 것이다).

tek(=하나, 한 개, 하나의, 유일한)=독(獨)+이(첨가음)〖모음 합체〗→되〖단음화: 외→에〗→덱(tek)【근거】독자(獨子)=외아들=하나만 있는 아들. 귁(國)〈월인석보 1권 훈민정음 1장 앞면〉=국(國)+이(첨가음)〖모음 합체〗→귁. 외국〖단음화: 외→에〗→에국(경남). 되다〖단음화: 외→에〗→데다(경남).

tepe(=언덕, 작은 산)=떕(疊)(=쌓다, 쌓이다, 포개다)+이(첨가음)+아(=子)(=장소)+이(첨가음)〖ㄸ→ㅌ〗→**텹이**아이〖모음 합체〗→텝아이〖단음화〗→텝**아이**〖모음 합체〗→텝애〖애→에〗→텝에→tepe(그 뜻은 (인공적으로 쌓은 것은 아니지만) 쌓인 곳=언덕).

tepsi(=접시)=뎝(楪)〈훈몽자회 중권 11장 앞면〉+이(첨가음)+시[모음 합체]→뎁시[단음화]→뎁시(tepsi). cf. 뎝시[구개음화]→졉시[단음화]→접시(현대어) 【근거】귁(國)〈월인석보 1권 훈민정음 1장 앞면〉=국(國)+이(첨가음). 楪匙=楪(뎝/접)+匙(시)(=숟가락)(匙(시)는 음차임을 알 수 있다): 접자(楪子)+이(첨가음)[모음 합체]→접재[애→에]→접제[에→이]→접지[ㅈ→ㅅ]→접시(이렇게 변한 '접시'의 '시'를 '匙'로 음차했을 것으로 추정된다)【근거】똥구시(경남)=똥+굳(=구멍이)+이(첨가음)→똥구디[구개음화: ㄷ→ㅈ/ __이]→똥구지[ㅈ→ㅅ]→똥구시.

ton balığı(=참치)=통(桶)(tong)+balık(=생선)+ı(3인칭 소유 접미사)[ㅇ(ng)→ㄴ(n)](튀르키예어에 /ng/를 표기할 글자가 없다)→ton balıkı[유성음화]→ton balıgı[g→ğ/모음 __모음]→ton balığı 【근거】참치는 통(桶)처럼 둥글다. cf. tuna(영어)(=참치)=통(tong)+아(=子)(a)[ng→n]→tona[o→u]→tuna(그 뜻은 '통처럼 둥근 것'). balık=*발(=바다)+악(=子)(~에서 나는 것)+이(첨가음)[모음 합체]→발액[애→에]→발엑[에→이]→발익(palik)[모음조화: a-ı]→palık[어두 유/무성자음 교체]→balık(그 뜻은 '바다에서 나는 것'=생선) 【근거】바룰〈용비어천가 1권 1장 뒷면〉(=바다)=발+올(=子)(의미첨가 없이 명사에 붙는 접미사)(=알). cf. 바다=발(=바다)+아(=子)(의미첨가 없이 명사에 붙는 접미사)[ㄹ→ㄷ]→받아→바다 【근거】볃(幣)〈훈민정음해례본 종성해〉[ㄷ→ㄹ]→별(幣)(현대어). **걷다-걸**어서-**걸**으면. 튀르키예어와 한국어를 보면 '바다'의 원어(原語)는 '발'이고 여기에 같은 뜻의 다른 접미사, '올(=子)(=알)'이 붙은 것이 중세 한국어이고 /ㄹ/이 /ㄷ/으로 바뀌고 '아'가 붙은 것이 현대 한국어이다. cf. 튀르키예어에서 '바다'의 '발'은 합성어에 화석처럼 남아 있고 현재는 deniz를 사용한다. **deniz**=텬(天)〈석보상절 13권 6장 앞면〉(=하늘)+이(첨가음)+자(子)(지소사)+이(첨가음): 텬+이[umlaut]→텐이[단음화]→텐이[ㅌ→ㄷ]→**덴이**. 자+이[모음 합체]→재[애→에]→제[에→이]→지[이→으]→즈[ㅈ→ㅅ]→스. deniz=덴이+스[유성음화]→덴이스[ㅿ→z]→tenizı[어두 유/무성자음 교체]→denizı[유성 마찰음 [z] 다음의 [ı]는 있으나 없으나 발음이 같이 들린다]→deniz(그 뜻은 '하늘의 아들'=바다: 하

늘은 푸르고 하늘에서 비(=물)가 떨어져 그 물로 바다가 만들어졌으니 바다를 하늘의 아들이라고 본 것이다)【근거】gelmek(튀르키예어)=kelmoq(우즈벡어)=오다. 똥구시(경남)=똥+굳(=구덩이)+이(첨가음)→똥구디〖구개음화: ㄷ→ㅈ/＿이〗→똥구지〖ㅈ→ㅅ〗→똥구시. 子중孫손이**니ᅀᅥ**가몰〈석보상절 6권 7장 뒷면〉(=자손이 이어 감을): 닛(다)+어(부사형 어미)→니ᅀᅥ〖유성음화〗→니**ᅀᅥ**. 닛다〖두음법칙 후 보상적 /y/ 첨가〗→y+잇(is)다〖단음화: y+i→i〗→잇(is)다(현대어). cf. あめ(=天)(ame)(일본어)=암(유아어)(am)(=물)+아(=장소)+이(첨가음)〖모음 합체〗→암애〖애→에〗(일본어에는 /애/가 없다)→암에(ame)(그 뜻은 '물이 있는 곳=하늘: 하늘은 푸르고 하늘에서 물(=비)가 떨어지니 하늘을 물로 이루어진 곳으로 본 것이다). kara(=마른 땅, 육지)=갈(다)(경남)(=마르다)+아(=장소)→가라(kara).

toz(=먼지)=토(土)(=흙)(to)+자(子)(~에서 만들어진 것)+이(첨가음): 자+이〖모음 합체〗→재〖애→에〗→제〖에→이〗→지〖ㅈ→ㅅ〗→시〖이→으〗→스. **toz=to+**스〖유성음화〗→to스〖ㅿ→z〗→tozı〖유성 마찰음 [z] 다음의 [ı]는 있으나 없으나 발음이 같이 들린다〗→toz(그 뜻은 '흙의 아들 즉, 흙에서 만들어진 것'=먼지)【근거】**이사**/으사(경남)=의사(醫師). 똥구시(경남)=똥+굳(=구덩이)+이(첨가음)→똥구디〖구개음화〗→똥구지〖ㅈ→ㅅ〗→똥구시. 종지=종**자**(鍾子)+**이**(첨가음)〖모음 합체〗→종재〖애→에〗→종제〖에→이〗→종지. 子중孫손이**니ᅀᅥ**가몰〈석보상절 6권 7장 뒷면〉(=자손이 이어 감을): 닛(다)+어(부사형 어미)→니ᅀᅥ〖유성음화〗→니**ᅀᅥ**. 닛다〖두음법칙 후 보상적 /y/ 첨가〗→y+잇(is)다〖단음화: y+i→i〗→잇(is)다(현대어).

yan(mak)(=타다)=션(燃)(=타다)〖두음법칙 후 보상적 /y/첨가〗→y+연(yən)〖동음 축약: y+yə→yə〗→연〖여→야〗→얀(yan)→yan. cf. 燃[rán](중국어). ねん(燃)(nen)(일본어)【근거】션(燃)〈월인석보 1권 월인천강지곡 8장 뒷면〉[zyən]〖단음화〗→션[zən]〖z→r〗→rən〖어→아〗→ran(현대 중국어). ⇒ **1.2 柔然(유연)**. 션(燃)+이(첨가음)〖모음 합체〗→셴〖단음화〗→센(zen)〖z→n〗→넨(nen)【근거】남녀(男女)(namnyə)〖m(ㅁ)→n(ㄴ)〗(일본어에는 받침 /m/이 없다)→nannyə〖ə(어)→o(오)〗→**nannyo**(男女)(일본어)〖n→d〗→dan**n**yo〖n→z〗→danzyo(男女)

(일본어). 튀르키예어와 한국어는 음이 같은 방향으로 변했음을 알 수 있다.

yarık(=틈)=열(裂)(=찢다, 쪼개다)+**악**(=장소)+이(첨가음)[여→야]→얄악이[모음 합체]→얄액[애→에]→얄엑[에→이]→얄익(yarik)[모음조화: a-ı]→yarık. cf. **yarık**(=틈이 생긴, 벌어진, 터진)=열(裂)(=찢다, 쪼개다)+**악**(형용사형 어미))+이(첨가음) 【근거】 yar(mak)(=찢다, 가르다; 쪼개다; 나누다, 분할하다)=열(裂)[여→야]→얄(yar). 까막까치(=까마귀와 까치)=깜(다)(=검다)+악(=子)(=것)+까치. 노락쟁이(경남)(=노란 꽃이 피는 식물 이름)=*놀(다)(=노랗다)+악(형용사형 어미=관형형 어미)+장(=사람)(사람에 비유한 표현)+이(첨가음). durak(=역)=(바가) 들(다)(=멈추다, 그치다)+악(=장소)[으→우]→둘악(turak)[어두 유/무성자음 교체]→durak. Yağmur durdu=비(=Yağmur)가+들(다)(dur(mak))+었다(=du) 【근거】 kelmoq(우즈벡어)=gelmek(튀르키예어)=오다. cf. **yara**(=다친 곳, 상처)=열(裂)(=찢다, 쪼개다)+아(=장소)(a)[여→야]→얄아→야라→yara(그 뜻은 '찢어진 곳'=다친 곳, 상처) 【근거】 kara(=육지, 마른 땅)=갈(다)(경남)(=마르다)+아(=장소)→kara.

yıl(=해, 년(年))=년+이(첨가음)+알(=子)(의미첨가 없이 명사에 붙는 접미사)+이(첨가음): 년+이[어→으(ı)]→yıni[ㄴ(n)→Ø/__이(i) and i[î](鼻母音) and 비모음의 구강 모음화(튀르키예어에 비모음이 없다)]→**yıi**. 알+이[모음 합체]→앨[애→에]→엘[에→이]→**일(il)**. **yıl**=yıi+il[동모음 축약]→yıil[모음조화: ı-ı]→yııl[동모음 축약]→yıl. 아니면, **yıl**=yıi+알(al)[모음조화: i-i]→yıiil[동모음 축약]→yıil[모음조화: ı-ı]→yııl[동모음 축약]→yıl 【근거】 사타리(경남)(=살(표준어))=살+알(의미첨가 없이 명사에 붙는 접미사)+이(첨가음)→사타리. 이사/으사(경남)=의사(醫師)(표준어).

yol=로(路)/노(路)+알(=子)(의미첨가 없이 명사에 붙는 접미사)[모음조화: 오-오]→노올[동모음 축약]→놀[두음법칙 and 보상적 반자음, /y/ 첨가]→욜→yol 【근거】 넣다(표준어)[두음법칙 and 보상적 반자음, /y/ 첨가]→옇다(경남). 사타리(경남)(=살(표준어))=살+알(의미첨가 없이 명사에 붙는 접미사)+이(첨가음)→사타리.

5

한국어의 음운 규칙

튀르키예와 신라, 가라(=가야)도 흉노의 후예이니 튀르키예어는 주로 경상도 방언의 음운 규칙을 따른다.

5.1 풀어쓰기

갈다(경남)(=나누다)[풀어쓰기]→가르다(표준어): 까자를 갈라 묵다(경남)=과자를 나누어 먹다. 편을 셋으로 **가르다**(표준어)=편을 셋으로 나누다. cf. 편을 셋으로 **가리다**(경남)=편을 셋으로 나누다. cf. 써리다(경남)=썰(다)(표준어)+이(첨가음)+다. 가리다=갈(다)+이(첨가음)+다→가리다[이→으]→가르다(표준어).

같다(표준어)[풀어쓰기]→가트다[ㅌ→ㄸ]→**가쁘다**(제주)〈고려대 한국어대사전〉.

거슬다〈용가 74장〉《우리말샘》[풀어쓰기]→**거스르다**(표준어).

게욿다[게을타](경남)[풀어쓰기]→게을흐다[ㅎ→Ø/유성음__유성음]→게을으다→**게으르다**(표준어) 【근거】 니엇데**게을어**法법을아니듣는다〈석보상절 6권 11장 앞면〉=너 어찌 **게을러** 법을 아니 듣는가: 게을어=**게을**(다)+어(부사형 어미).

굴다[풀어쓰기]→**구르다** 【근거】 굴대=굴(다)+대. 구르(다)+대→*구르대

깊다(표준어)[구개음화: ㄱ→ㅈ/__이]→짚다(경남)[풀어쓰기]→**지푸다**(경남).

다솔다〈내훈 서:5〉《우리말샘》[풀어쓰기]→**다스리다**〈석보상절 9권 3장 뒷면〉

〖ᄋᆞ→으〗→다스리다(현대어). 이 경우는 '다ᄉᆞ리다'에서 풀어쓰기가 일어난 것을 뒤에 풀어쓰기 이전으로 되돌린 것이 '다슬다'이다.

달다〖풀어쓰기〗→**다르다** 【근거】 달아=달(다)+아(부사형 어미). cf. 다르(다)+어(부사형 어미)→*다르어〖모음 합체 후 단음화〗→*다러('다르다'에서 부사형, '달라'가 만들어질 수 없다. 달라=달아〖/ㄹ/ 복제/ㄹ__모음으로 끝나는 접미사〗→달라 【근거】 樓룰우희ᄂᆞ라**올아**〈석보상절 6권 3장 앞면〉=누 위에 날아**올라**. 벌에 〈석보상절 24권 50장〉《고려대 한국어대사전》=벌+아(=子)+이(첨가음)〖모음 합체〗→벌애〖모음조화〗→벌에〖/ㄹ/ 복제/ㄹ__모음으로 끝나는 접미사〗→벌레(현대어).

둘다(평안)〖풀어쓰기〗→**두르다**(표준어) 【근거】 둘메기(평안)(=두루마기)=둘(다)(=두르다)+막(다)+이(명사형 어미)(=것)〖umalut〗→둘맥이〖모음조화: 우-에〗→둘멕이→둘메기. 아니면, 둘메기=둘(다)+ㅁ(명사형 어미)+악(=子)(=것)+이(첨가음)〖umalut〗→둘맥이〖모음조화: 우-에〗→둘멕이→둘메기. cf. 두루마기(표준어)=둘(다)+막(다)+이(명사형 어미)(=것)〖풀어쓰기〗→두루마기. 아니면, 두루막기=둘(다)+으(자음 충돌 회피용 삽입 모음)+ㅁ(명사형 어미)+악(의미첨가 없이 명사에 붙는 접미사)+이(첨가음)→두름악이〖모음조화: 우-우〗→두룸악이→두루마기. cf. 두르다(표준어)=둘다〖풀어쓰기〗→두르다('두루마기'를 보면 '두루다'가 되어야 하는데 /우/ 대신 /으/를 사용하였다). 둘에〈월인석보 8권 13장〉《고려대한국어대사전》=둘(다)+아(=子)(=것, 곳)+이(첨가음)〖모음 합체〗→둘애〖모음조화: 우-에〗→둘에〖/ㄹ/ 복제/ㄹ__모음으로 끝나는 접미사〗→둘레(현대어).

몰다〖풀어쓰기〗→**모르다** 【근거】 그를 몰라보다=그+를+몰(다)+아(부사형 어미)+보다〖/ㄹ/ 복제/ㄹ__모음〗→그를 몰라보다. cf. 몰라보다=모르(다)+**아**(부사형 어미)+보다〖모음 합체: 르+아 and 단음화: 르+아→라〗→*모라보다(풀어 쓴 단어를 사용하면 '몰라보다'가 만들어질 수 없다).

살다(경남)('살'을 높고 강하게 발음한다)(=불에 태워 없애다)〖풀어쓰기〗→**사르다**(표준어) 【근거】 ᄉᆞᆯ다〈석상 11:22〉《우리말샘》〖ᄋᆞ→아〗→살다(경남)〖풀어쓰기〗→**사르다**.

서들다(경남)[으→우]→서둘다[풀어쓰기]→서두르다(표준어).

서틀다(경남)[으→우]→서툴다[풀어쓰기]→서투르다(표준어).

셟다〈석보상절 6권 5장 앞면〉[풀어쓰기]→설브다[ㅂ→ㅍ]→설프다[어→으]
→슬프다(표준어). cf. 셟다[섭따](경남).

올다[풀어쓰기]→오르다(표준어)[으→이]→오리다(경남)【근거】樓룰우희ᄂᆞ라
올아〈석보상절 6권 3장 앞면〉(=누 위에 날아올라)=樓룰우희ᄂᆞ라+올(다)+아(부사
형 어미): 올아[/ㄹ 복제]→올라(현대어).

저즐다〈선가 상:28〉《우리말샘》[으→이]→저질다(경남)[풀어쓰기]→저지르다
(표준어).

5.2 어두 자음 탈락

어두의 일부 자음이 탈락하는 것을 두음법칙이라 한다.

(1) /ㄴ/ 탈락

녈빤(涅槃)〈석보상절 13권 14장 뒷면〉[/ㅎ/ 탈락]→녈빤[두음법칙: ㄴ→Ø and
보상적 /y/ 첨가]→y+열(yəl)빤[동음 축약: y+y→y]→열빤[유성음의 무성음
화: ㅃ→ㅂ]→열반(현대어)(/ㅂ/은 유성음 사이에서 유성음으로 발음된다)【근
거】'ㄲ, ㄸ, ㅃ, ㅉ, ㅆ, ㆅ 爲 全濁'〈훈민정음해례본〉(전탁(全濁)=유성음(有聲音)).

넉다(평북)〈고려대 한국어대사전〉(=엮다)[두음법칙: ㄴ→Ø and 보상적 /y/ 첨
가]→역다[ㄱ→ㄲ]→엮다(현대어). cf. 엱다〈석보상절 13권 53장 앞면〉[ㅅ+ㄱ
→ㄲ]→엮다(현대어).

넣다(표준어)[두음법칙: ㄴ→Ø and 보상적 /y/ 첨가]→옇다(경남).

녀(女)[두음법칙: ㄴ→Ø and 보상적 /y/ 첨가]→y+여[동음 축약: y+y→y]→여.

년(年)[두음법칙: ㄴ→Ø and 보상적 /y/ 첨가]→y+연[동음 축약: y+y→y]→연

녙다〈석보상절 21권 3장〉《고려대 한국어대사전》[두음법칙: ㄴ→Ø and 보상적 /
y/ 첨가]→y+옅(yə)다[동음 축약: y+y→y]→옅다(경남 노인 말)[여→야]→얕
다(표준어).

녜(=고(古))〈훈몽자회 하권 2장 뒷면〉[두음법칙: ㄴ→Ø and 보상적 /y/ 첨가]
→y+예[동음 축약: y+y→y]→예(현대어).

니르다〈석보상절 6권 6장 뒷면〉[두음법칙: ㄴ→Ø and 보상적 /y/ 첨가]→y+이
(i)르다[단음화: y+i→i]→**이르다**[ᄋᆞ→으]→이르다(현대어).

니마ㅎ〈석보상절 19권 7장 뒷면〉[두음법칙: ㄴ→Ø and 보상적 /y/ 첨가]→y+
이(i)마ㅎ[단음화: y+i→i]→이마ㅎ[ㅎ→Ø]→이마(현대어).

닉다〈석보 11권 2장〉《우리말샘》[두음법칙: ㄴ→Ø and 보상적 /y/ 첨가]→y+익
(ik)다[단음화: y+i→i]→익다. cf. **にき**たつ(熟田津)〈萬葉集· 1 · 8〉(고대 지명)
(일본어): **にき**(=熟)(niki))=닉(다)(=익다)+이(명사형)→니기→niki(중세 국어까지
도 두음법칙이 적용되지 않은 '닉다'가 사용되었다).

닛다〈석보상절 6권 7장 뒷면〉[두음법칙: ㄴ→Ø and 보상적 /y/ 첨가]→y+잇다
[단음화: y+i→i]→잇다(현대어). 닛(다)+어(부사형 어미)[유성음화: ㅅ→ㅿ/모
음__모음]→니서〈석보상절 6권 7장 뒷면〉.

(2) /ㄹ/ 탈락

력사(歷史)[두음법칙: ㄹ→Ø and 보상적 /y/ 첨가]→y+역(yək)사[동음 축약:
y+y→y]→**역사**.

률(律)[두음법칙: ㄹ→Ø and 보상적 /y/ 첨가]→y+율(yul)율[동음 축약:
y+y→y]→율.

리자(利子)[두음법칙: ㄹ→Ø and 보상적 /y/ 첨가]→y+이(i)자[단음화: y+i→i]
→**이자**.

(3) /ㆁ/(꼭지 있는 이응) 탈락

현대 한국어에서 초성 꼭지 있는 이응, /ㆁ/은 탈락되었고 일본어와 튀르키예
어에서는 /g/로 바뀌었다: **gök**(=하늘, 하늘빛의, 덜 익은(=unripe, green)): **gök**(=
하늘)=옥(玉)〈월인석보 1권 월인천강지곡 26장 뒷면〉+이(첨가음)[ㆁ(꼭지 있는 이
응)→g]→goki[모음 합체: 오(o)+이(i)→외(ö)]→gök 【근거】옥황(玉皇)=옥(玉)

(=하늘)+황(皇)(=황제). 옹(五)〈석보상절 9권 35장 앞면〉[오][ㅇ→g]→go→ご (五)(go)(일본어). 이개야미이에셔살며〈석보상절 6권 37장 앞면〉(=이 개미 이곳에서 살며): 이에셔=이(지시 형용사)+거(경남)(=곳)+이(첨가음)+셔(=서)[모음 합체]→이게(경남)(=여기)+셔[유성음화: ㄱ(k)→ㅇ(g)/유성음__유성음](/ㅇ/이 [g]인 증거)→이에셔.

엉(御)〈석보상절 9권 3장 뒷면〉[어][ㅇ→Ø]→어(현대어). cf. 엉(御)[어][어→오]→오[ㅇ→g]→ご(御)(go)(일본어) 【근거】ごしょ(御所)(gosyo). 엄마(표준어)[어→오]→옴마(경남).

옹(五)〈석보상절 9권 5장 뒷면〉[오][ㅇ→Ø]→오(현대어). cf. 옹(五)[ㅇ→g]→go→ご(五)(go)(일본어).

욍(外)〈월인석보 1권 월인천강지곡 1장 뒷면〉[외][ㅇ→Ø]→외(현대어). cf. 욍(外)[외][단음화: 외→에]→에[모음 분해: 에→어+이]→어이[어→아](일본어에는 /어/가 없다)→아이[ㅇ→g]→gai→がい(外)(gai)(일본어) 【근거】외국[단음화: 외→에]→에국(경남).

웅(愚)〈월인석보 1권 훈민정음 1장 뒷면〉[우][ㅇ→Ø]→우(현대어). cf. 웅(愚)[우]→우[ㅇ→g]→gu→ぐ(愚)(gu)(일본어).

(4) /ㅿ/ 탈락

현대 한국어 표준어에서는 /ㅿ/가 유성음화 이전 /ㅅ/로 환원된 것 외에는 모두 탈락되었다.

손소〈석보상절 6권 5장 앞면〉[오→우, 유성음화 이전으로 환원]→손수(현대어). *손소[유성음화: ㅅ→ㅿ/모음__모음]→손소.

니서〈석보상절 6권 7장 뒷면〉[두음법칙: ㄴ→Ø and 보상적 /y/ 첨가]→y+이서 [단음화: y+i→i]→이서[ㅿ→Ø]→이어(현대 표준어). 닛(다)+어(부사형 어미) [유성음화: ㅅ→ㅿ/모음__모음]→니서. cf. 잇(다)(=닛다)+어(부사형 어미)→이

서(경남). **닛다**〈석보상절 6권 7장 뒷면〉[두음법칙: ㄴ→∅ and 보상적 /y/ 첨가]
→y+잇다[단음화: y+i→i]→잇다(현대어).

ᅌᅧ(如)〈월인석보 1권 훈민정음 4장 앞면〉[셔][ㅿ→∅]→여(현대어). cf. 如(じ
ょ(zyo), にょ(nyo)(일본어): **ᅌᅧ**(如)[셔][어→오]→쇼[ㅿ→z]→zyo(일본어)
[z→n]→nyo(일본어) 【근거】 남녀(男女)(namnyə)[m→n]→nannyə[어(ə)→오
(o)]→**n**annyo(なんにょ(男女))(일본어)[n→d]→**d**annyo[n→z]→**d**an**z**yo(だん
じょ(男女))(일본어). 엄마(표준어)[어→오]→옴마(경남).

ᅀᅲ(肉)〈월인석보 23권 34장 앞면〉[ㅿ→∅]→**육**(현대어). cf. **ᅀᅲ**(肉)+이(첨가음)
[모음 합체 후 간소화]→식[일본어식으로 표기]→싀구(ziku)[z→n]→niku→
にく(肉)(일본어) 【근거】 신(人)〈석보상절 19권 13장 뒷면〉[ㅿ→z]→zin→じん
(人)(zin)(일본어)[z→n]→nin→にん(人)(일본어). 귀신[단음화: 위→이]→기신
(경남).

ᅀᅲ연(柔然)[ㅱ→∅]→슈션[ㅿ→∅]→유연(현대어) 【근거】 ᅀᅲ(柔)〈월인석보
23권 49장 뒷면〉[ㅱ→∅]→슈[ㅿ→j]→jyu[u(우)→o(오)]→jou〈Herbert A.
Giles(1912), A Chinese-English Dictionary. vol.2 p.709)[j→r]→rou(현대 중국
어). 연(然)〈석보상절 9권 19장 앞면〉[어→아]→샨(zyan)[단음화]→zan[z→r]
→ran(현대 중국어). 연(然)+이(첨가음)[모음 합체]→졘[단음화]→젠[ㅿ→z]
→zen(ぜん)(일본어).

신(人)〈석보상절 19권 2장 앞면〉[ㅿ→∅]→**인**(현대어). cf. 신(人)(zin)→じん(人)
(zin)(일본어)[z→n]→nin→にん(人)(일본어).

십(入)[ㅿ→∅]→입(현대어). cf. 십(入)(zip)[일본어로 전사]→zipu[유성음화]
→zibu[b(ㅂ)→∅]→ziu[z→n]→niu[장음화]→niuu[모음 합체]→nyuu→に
ゆう(入)(일본어) 【근거】 신(人)〈석보상절 6권 2장 앞면〉[ㅿ→z]→zin→じん(人)
(zin)(일본어)[z→n]→nin→にん(人)(일본어). 더부(경남 노인 말)(=더위)[유성음
화: ㅂ→ㅸ/모음_ 모음]→더ᄫᅮ[ㅸ→∅]→더우(경남 노인 말).

싱(二)〈석보상절 9권 4장 앞면〉[싀][ㅿ→∅]→이(현대어). cf. 싱(二)[싀=zi]
[z→n]→ni→に(二)(일본어) 【근거】 신(人)(zin)→じん(人)(zin)(일본어)[z→n]

→nin→**にん**(人)(일본어).

싱(耳)〈월인석보 1권 훈민정음 3장 앞면〉[ᅀᅵ]〖ᅀ→Ø〗→이(현대어). cf. **싱**(耳)[ᅀᅵ](zi)→じ(耳)(zi)(일본어).

5.3 구개음화

'ㄷ', 'ㅌ'이 뒤의 '이'나 반모음 '이(y)'로 시작하는 형식 형태소를 만나서 'ㅈ', 'ㅊ'으로 변한다. 모음, '에', '애', '우', '으' 앞에서도 일어난 예가 있고 경남 방언에서는 동일 조건에서 'ㄱ', 'ㅋ'이 'ㅈ', 'ㅊ'으로 바뀐 예가 있다. 철자가 바뀌지 않고 발음만 바뀐 구개음화도 있다: 굳이[구지]. 맏이[마지].

(1) /이/. /y/ 앞에서

① ㄱ→ㅈ

교감(표준어)(kyogam)〖구개음화: ㄱ→ㅈ/__y〗→죠감〖단음화〗→조감(경남 노인 말).

기름(표준어)(=유(油)))〖구개음화: ㄱ→ㅈ/__이〗→지름(경남).

길(표준어)(=도(道))〖구개음화〗→질(경남). cf. **やまぢ**(=山路)(일본어 고어)(yamadzi)=やま(=山)+길(=路)〖어말 /ㄹ/ 탈락〗→やま기〖구개음화〗→やま지(yamatsi)〖유성음화〗→yamadzi. **やまじ**(=山路)(현대어)(yamazi)=やま(=山)+길(=路)〖어말 /ㄹ/ 탈락〗→やま기〖구개음화〗→やま지〖ㅈ→ㅅ〗→やま시〖유성음화〗→やまᅀᅵ〖ᅀ→z〗→yamazi 【근거】 새마(=新村)(경북)=새말(=新村)(경남)〖어말 /ㄹ/ 탈락〗→새마. 똥구시(경남)=똥+굳(=구덩이)+이(첨가음)→똥구디〖구개음화: ㄷ→ㅈ/__이〗→똥구지〖ㅈ→ㅅ〗→똥구시. 子ᄌᆞᆼ孫손이**니ᅀᅥ**가ᄆᆞᆯ〈석보상절 6권 7장 뒷면〉(=자손이 이어 감을): 닛(다)+어(부사형 어미)→니서〖유성음화〗→니**ᅀᅥ**. 닛다〖두음법칙 후 보상적 /y/ 첨가〗→y+잇(is)다〖단음화: y+i→i〗→잇(is)다(현대어).

김(해초 이름, 수증기)(표준어)〖구개음화〗→짐(경남 노인 말). cf. 김(金)(성씨)

(kim)〖구개음화〗→jim〖m→n〗→[jīn](金)(중국어)(청나라는 신라 김씨가 세운 나라라 경상도 방언의 음운 규칙을 따른다).

김치(표준어)〖구개음화〗→짐치(경남 노인 말).

학교(표준어)〖umlaut〗→핵교〖구개음화〗→핵죠〖단음화〗→핵조(경남 노인 말).

② ㄷ→ㅈ/ㄸ→ㅈ

뎔(=사(寺))〖구개음화: ㄷ→ㅈ/__y〗→졀〖단음화〗→절(현대어)【근거】 寺눈뎌 리라〈월인석보 1, 2권 중 2권 67장 앞면〉=寺눈 **뎔**이라. cf. **뎔**(=寺)+이(첨가음)+ 아(=子)(의미첨가 없이 명사에 붙는 접미사)〖모음 합체〗→뎰아〖단음화〗→뎰아 (tera)→てら(=寺)(tera)(일본어)【근거】 아래(표준어)=알(경남)(=아래(표준어))+아 (의미첨가 없이 명사에 붙는 접미사)+이(첨가음)〖모음 합체〗→알애→아래. 귁 (國)=국(國)+이(첨가음)〖모음 합체〗→귁.

띡(直)〈월인석보 1권 월인서 17장 뒷면〉(dik)〖유/무성자음 교체: ㄸ(d)→ㄷ(t)〗→ 딕〖구개음화〗→직(현대어)【근거】 'ㄲ, ㄸ, ㅃ, ㅉ, ㅆ, ㅎㅎ 爲 全濁'〈훈민정음해례 본〉(전탁(全濁)=유성음(有聲音)). cf. **dik**(튀르키예어)=**띡**(直)(dik).

띤(塵)〈월인석보 1권 월인서 17장 뒷면〉〖유/무성자음 교체: ㄸ(d)→ㄷ(t)〗→딘 〖구개음화〗→진(현대어). cf. 띤(塵)[din]〖구개음화: d→dz/__i〗→dzin→ぢん (塵)〈ベネッサ全訳古語辞典(2008)〉(dzin)〖dz→z〗→zin→じん(塵)(zin)(일본어 현대어). 일본어 고어는 한국어 중세 국어 음과 한국어의 음운 규칙으로 만들어졌 으나 현대어는 /dz/(だ行)을 /z/(ざ行)으로 교체하였다.

삽됴(=蒼朮)〈훈민정음해례본 용자례〉〖구개음화〗→삽죠〖오→우〗→삽쥬〖단음 화〗→삽주(현대어).

빠디다〈석보상절 9권 37장 앞면〉〖ㅅ+ㅂ→ㅃ〗→빠디다〖구개음화〗→빠지다(현 대어)【근거】 므레 **빠디**여〈석보상절 9권 37장 앞면〉(=빠디(다)+어(부사형 어미) 〖모음 충돌 회피용 삽입 반자음, /y/첨가〗→빠디여→물에 **빠지**어(모음 충돌 회 피용 삽입 반자음, /y/를 첨가하지 않았다)〖모음 합체〗→물에 빠져(현대어).

어딘〈월인석보 1권 월인천강지곡 31장 뒷면〉〖구개음화〗→어진(현대어).

한그슥(경남)=*한그득[구개음화: ㄷ→ㅈ/__으]→한그즉[ㅈ→ㅅ]→한그슥(=한가득) 【근거】 그득하다〉가득하다.

③ ㅋ→ㅊ

키(배의 방향을 조종하는 장치)(표준어)[구개음화: ㅋ→ㅊ/__이]→치(강원, 전라, 충청, 함경)〈고려대 한국어대사전〉.

올케[에→이]→올키[구개음화]→올치(경남 노인 말). 올케=오빠나 남동생의 아내를 이르거나 부르는 말 【근거】 종지=종자+이(첨가음)[모음 합체]→종재[애→에]→종제[에→이]→종지.

④ ㅌ→ㅊ

갈티〈역어유해 하권 37장 뒷면〉[구개음화: ㅌ→ㅊ/__이]→갈치(현대어). cf. た(tha), ち(chi)=thi[구개음화: ㅌ(th)→ㅊ(ch)/__이(i)]→chi, つ(chɯ)=thɯ[구개음화: ㅌ(th)→ㅊ(ch)/__으(ɯ)]→chɯ, て(the), と(tho)(일본어는 경상도 방언의 음운 규칙을 따른다. 일본어에는 'ㄷ(t)'와 'ㅌ(th)'를 구분하는 글자가 없다).

들티다〈신합 하권 9장〉《우리말샘》[구개음화]→들치다(비표준어)[이→우]→들추다(표준어). cf. 들티다[구개음화]→들**치**다[ㅊ→ㅅ]→들**시**다(경남). cf. 들끼다(경남)=들추다.

뎝(疊)〈석보상절 19권 11장 뒷면〉[ㄸ→ㅌ]→**톕**(thyəp)[구개음화: ㅌ→ㅊ/__y]→첩[단음화]→첩(현대어).

띠(稚)〈법화경언해 1권 51장 앞면〉[띠][ㄸ→ㅌ]→**티**[구개음화]→치(현대어).

티다〈용가 87장〉《우리말샘》[구개음화]→치다(현대어).

(2) /에/, /애/ 모음 앞에서

① ㄱ→ㅈ

어중개비(경남 노인 말)(=어정잡이)=어**정**+갑(다)(=같다)+이(명사형 어미)(=사람)

〖어→으〗→어증갑이〖으→우〗→어중갑이〖umlaut〗→어중갭이→어중개비〖구개음화: ㄱ→ㅈ/__애〗→어중재비(경남 노인 말)【근거】없다/읎다(경남)((경남 방언에서는 '어/으 교체'가 상당히 자유롭게 일어난다). 믈(=水)〈훈민정음해례본 용자례〉〖으→우〗→물(현대어).

② ㄲ→ㅉ

도깨비(표준어)〖구개음화: ㄲ→ㅉ/__애〗→도째비(경상)〈고려대 한국어대사전〉.

③ ㄷ→ㅈ

가운데〖ㄷ→ㅈ/__에〗→가운제(경북)〈고려대 한국어대사전〉.

(3) /우/ 모음 앞에서

① ㄷ→ㅈ

자국(표준어)〖ㄷ→ㅈ/__우〗→자죽(강원)〈고려대 한국어대사전〉/(경남). '국'의 옛날 음이 '극'이었을 수도 있다. /ㄱ/이 /이/, /으/ 앞에서 주로 구개음화가 일어난다.

(4) /으/ 모음 앞에서

① ㄷ→ㅈ

***한그득**('한가득(표준어)'보다 큰 말)〖구개음화: ㄷ→ㅈ/__으〗→한그즉〖ㅈ→ㅅ〗→한그슥(경남)【근거】그득하다〉가득하다. 똥구시(경남)=똥+굳(=구멍이)+이(첨가음)→똥구디〖구개음화〗→똥구지〖ㅈ→ㅅ〗→똥구시. cf. た(tha), ち(chi)=thi〖구개음화: ㅌ(th)→ㅊ(ch)/__이(i)〗→chi, つ(chɯ)=thɯ〖구개음화: ㅌ(th)→ㅊ(ch)/__으(ɯ)〗→chɯ, て(the), と(tho)(일본어는 경상도 방언의 음운 규칙을 따른다. 일본어에는 'ㄷ(t)'와 'ㅌ(th)'를 구분하는 글자가 없다).

5.4 유성음화

주로 무성자음, 'ㄱ, ㄷ, ㅂ, ㅅ, ㅈ'이 유성음 사이에서 유성음으로 발음되는 현상으로 이들 자음 중 중세 국어에서 'ㅅ'이 'ㅿ'로. 'ㅂ'이 'ㅸ'로, 'ㄱ'을 'ㆁ'(꼭지 있는 이응)으로 표기하고 나머지는 발음만 유성음으로 되고 표기는 별도로 하지 않았다. 동일 조건에서 모든 단어를 유성음으로 표기하지 않고 일부만 표기했다.

갈범(경남)〚유성음화: ㅂ→ㅸ〛→갈뷤〚ㅸ→w(우)/유성음__유성음〛→갈웜(=호(虎))〈훈몽자회 상권 18장 앞면〉.

닛어〚유성음화: ㅅ→ㅿ/유성음__유성음〛→니ᅀᅥ【근거】子종孫손이**니ᅀᅥ**가몯〈석보상절 6권 7장 뒷면〉: 닛(다)+어(부사형)→니ᅀᅥ〚유성음화〛→니ᅀᅥ〚ㅿ→Ø〛→니어〚두음법칙 후 보상적 y 첨가〛→y+이(i)어〚단음화: y+i→i(이)〛→이어(현대 표준어). cf. 닛(다)+어(부사형 어미)→니ᅀᅥ〚두음법칙〛→이서(경남).

더뷤치뷤〚유성음화: ㅂ→ㅸ/모음__모음〛→더뷤치뷤〈석보상절 9권 9장 뒷면〉. cf. **더부**(경남), 치부/추부(경남 노인 말). **더위**(표준어)=더부(경남)+이(첨가음)〚모음 합체〛→더뷤〚유성음화〛→더뷤〚ㅸ→Ø〛→더위. **추부**(경남 노인 말)+이(첨가음)〚모음 합체〛→추뷤〚유성음화〛→추뷤〚ㅸ→Ø〛→추위(표준어).

두서번〚유성음화: ㅅ→ㅿ〛→두ᅀᅥ번〈석보상절 6권 6장 뒷면〉(=두세 번). cf. 두세 번(현대어)=두서+이(첨가음)+번〚모음 합체〛→두세 번. 서이(경남)〚모음 합체〛→세(표준어)/(경남).

이게(경남)(=여기)(/이/를 높고 강하게 발음한다. /게/를 높고 강하게 발음하면 '이것'이리는 뜻이 된다)=이(지시형용사)+거(경남)(=곳)+이(첨가음)〚모음 합체〛→이게(ike)〚유성음화: ㄱ(k)→ㆁ(g)/모음__모음〛→이에(꼭지 있는 /ㆁ/이 [g]로 /ㄱ/의 유성음임을 알 수 있다)【근거】이짜해 精졍舍샹이르ᅀᆞ볼쩨도이개야미이**에**셔살며〈석보상절 6권 37장 앞면〉(=이 땅에 정사 세우실 제도 이 개미 이곳에서 살며). cf. **옹**(五)〈석보상절 9권 35장 앞면〉[오][ㆁ→g]→go→ご(五)(go)(일본어).

5.5 ㅎ→ㅅ/__이/으/y

형(兄)(hyəng)[ㅎ→ㅅ/__y]→셩[단음화]→성(경남). cf. 형(兄)+이(첨가음)[ㅎ→ㅅ/__y]→셩이[umlaut]→셍이[단음화]→셍이[ㅇ(ng)→Ø/__이 and 이[ĩ](鼻母音)]→세이[ĩ](경남 발음)[첨가음 /이/ 삭제]→세(se)→**兄**(兄)(se)(일본어 고어). 아니면, 형(兄)+이(첨가음)[ㅎ→ㅅ/__y]→셩이[ㅇ(ng)→Ø/__이 and 이[ĩ](鼻母音)]→셔이[ĩ](경남 발음)[비모음의 구강 모음화(일본어에 비모음을 표기할 글자가 없다)]→셔이[모음 합체]→셰[단음화]→세(se)→**兄**(兄)(se)(일본어 고어).

마흔[ㅎ→ㅅ/__으]→마슨[유성음화]→마슨[모음조화: 아-ᄋ]→마순 【근거】 마순아ᄒ래〈석보상절 9권 32장 뒷면〉(=마흔 아흐레).

힘(표준어)[ㅎ→ㅅ/__이]→심(경남). cf. **isim**(튀르키예어)(=이름)=일훔+이(첨가음)[모음 합체]→일휨[단음화: 위→이]→일힘[ㅎ→ㅅ/__이]→일심[ㄹ→Ø/__ㅅ]→이심→isim 【근거】 힘(표준어)[ㅎ→ㅅ/__이]→심(경남). 일훔지ᅀᅩᆯ〈월인석보 1권 석보서 4장 뒷면〉=이름 **지을**. cf. 일훔+이(첨가음)[모음 합체]→일휨[단음화]→일힘[ㅎ→Ø/유성음__유성음]→일임→이림(경남 노인 말).

5.6 모음 간소화

다중 모음이 보다 더 간단한 모음으로 변해 왔다: …〉사중 모음〉삼중 모음〉이중 모음〉단모음. 중세 국어에서 현대 표준어로 바뀌는 과정에서도 많은 모음 간소화가 일어났다. 경상도 방언에서는 현대어에서도 모음 간소화가 일반적으로 일어난다. 특히, 자음 뒤의 다중 모음이 간소화된다: 환경(표준어)[와→아]→한경[여→에]→한겡(경남), 귀하다[위→이]→기하다, 괴상하다[외→에]→게상하다, 규칙[유→우]→구칙, …. 그러나 일부 모음으로 시작하는 다중 모음도 경남 방언에서 간소화된 예가 있다: 위하여[위→이]→이하여, 외국[외→에]→에국(경남), 외상[외→에]→에상(경남). 중세 국어에서 현대어로 바뀌면서 일어난 예도 있다: **엱다**[단음화: 여→어]→언다[ㅅ→ㅈ]→얹다(현대어) 【근거】 왼녁 엇게예 **엱고**〈석보상절 6권 30장 앞면〉=왼쪽 어깨에 얹고.

결(표준어)[구개음화]→결[단음화: 여→어]→**절**(경남)【근거】절이 삭다=결이 삭다. cf. 결[겔](현대 경남 발음). cf. karar(튀르키예어)(=결정)=결(決)(=결정하다)+알(=子)(명사형 어미)[단음화: 여→어]→걸알[어→아]→갈알(karar)→ - karar(그 뜻은 '결정하는 것'=결정).

고기(표준어)[umlaut]→괴기[단음화: 외→에]→게기(경남)[ㄱ→Ø/모음__모음]→게이(경남)[에→이]→기이(경남).

긔(機)〈석보상절 13권 28장 앞면〉[긔[단음화: 의→에]]→게[에→이]→기(현대어). 중세 국어의 꼭지 없는 이응, /ㅇ/은 발음되지 않는다.

끠(其)〈월인석보 1권 훈민정음 2장 앞면〉[끠][단음화: 의→에]→께[에→이]→끼(gi)[유/무성자음 교체]→기(ki)(현대어)【근거】'ㄲ, ㄸ, ㅃ, ㅉ, ㅆ, ㆅ 爲 全濁'〈훈민정음해례본〉(전탁(全濁)=유성음(有聲音)).

끠(期)〈월인석보 1권 월인서 19장 뒷면〉[끠][단음화: 의→에]→께[에→이]→끼(gi)[유/무성자음 교체]→기(ki)(현대어)【근거】'ㄲ, ㄸ, ㅃ, ㅉ, ㅆ, ㆅ 爲 全濁'〈훈민정음해례본〉(전탁(全濁)=유성음(有聲音)).

뒨(轉)〈월인석보 1권 월인천강지곡 19장 뒷면〉[모음 간소화: 웨→여]→뎐(tyən)[구개음화: ㄷ→ㅈ/__y]→젼[단음화: 여→어]→전(현대어).

믜븐(相샹이 업서)〈석보상절 19권 7장 뒷면〉(=미운 (상이 없어))[단음화: 의→에]→메븐[에→이]→미븐(경남: 미븐[미븐])[으→우]→미분[ㅸ→Ø/모음__모음]→미운(현대어).

반되(=螢)〈훈민정음해례본 용자례)〉[단음화: 외→에]→반데[에→이]→반디(현대어).

볘다〈월인석보 1, 2권 중 1권 월인천강지곡 17장〉[단음화: 예→에]→베다(현대어).

빅(白)〈월인석보 1권 월인천강지곡 22장 뒷면〉[단음화: 이→애]→백[ㅃ(유성음)→ㅂ(무성음)]→백(현대어)【근거】'ㄲ, ㄸ, ㅃ, ㅉ, ㅆ, ㆅ 爲 全濁'〈훈민정음해례본〉(전탁(全濁)=유성음(有聲音)).

샹(相)〈능엄경언해 1권 4장 앞면〉[단음화: 야→아]→상[ㅇ(꼭지 있는 이응)→

ㅇ] → 상(현대어)(현대어에서 초성, /ㅇ/은 발음되지 않고 받침, /ㅇ/은 [ŋ]으로 발음된다).

쇼(=牛)⟨훈민정음해례본 용자례)⟩[단음화: 요→오] → 소(현대어).

심(=泉)⟨훈민정음해례본 용자례)⟩[단음화: 이→애] → 샘(현대어).

솅(歲)⟨월인석보 1권 월인서 25장 앞면⟩[쉐][모음 간소화: 웨→에] → 세(현대어).

엱다[단음화: 여→어] → 언다[ㅅ→ㅈ] → 얹다(현대어) 【근거】 왼녁 엇게예 **엱고** ⟨석보상절 6권 30장 앞면⟩(=왼쪽 어깨에 얹고). 일반적으로 초성 자음 없는 이중모음은 단음화가 잘 일어나지 않으나 경남 방언에서는 일어나기도 한다: 위하여 [이하여], 외국[에국].

율믜(=薏苡)⟨훈민정음해례본 용자례)⟩[단음화: 의→에] → 율메[에→이] → 율미 (경남)[이→우] → 율무(표준어). cf. 노리(경남)(=獐)[이→우] → 노루(표준어). 자 리(경남)=자루(표준어), 가리(경남)=가루(표준어).

좌시다⟨월인석보 1권 월인천강지곡 5장 뒷면⟩[단음화: 와→아] → 자시다(현대 어).

킝(起)⟨월인석보 1권 월인서 2장 뒷면⟩[킈][단음화: 의→에] → 케[ㅋ→ㄱ] → 게 [에→이] → 기(현대어).

턿(鐵)⟨월인석보 1권 월인천강지곡 25장 앞면⟩[ㆆ→∅] → 텰(tyəl)[구개음화: ㅌ →ㅊ/__y] → 철[단음화: 여→어] → 철(현대어).

밝(脫)⟨월인석보 1권 월인서 8장 앞면⟩[ㆆ→∅] → 퐐[모음 간소화: 와→아] → 탈 (현대어).

형(兄)[ㅎ→ㅅ/__y] → 셩[단음화: 여→어] → 성(경남). cf. 형(hyəng)+이(첨가음)[ㅎ→ㅅ/__y] → 셩이[umlaut] → 솅이[단음화: 예→에] → 셍이[seî](경남 발음)[첨가음 /이/ 삭제] → 세(se) → 산(兄)(se)(일본어 고어). 아니면, 산(兄)=형+이 (첨가음)[ㅎ→ㅅ/__y] → 셩이[단음화: 여→어] → 성이[서î](경남 발음)[비모음 (鼻母音)의 구강 모음화] → 서이[모음 합체] → 세(se).

호믜(=鉏)⟨훈민정음해례본 용자례)⟩[단음화: 의→애] → 호매[애/에 교체] → 호 메[에→이] → 호미(현대 표준어). cf. 호매이(경남)=호믜+이(첨가음)[단음화: 의

→애]→호매이.

5.7 동자음 축약

돈니다〈석보상절 9권 14장 뒷면〉[ㄷ→ㄴ/__ㄴ](발음 규칙)→둔니다[ᄋᆞ→아]
→단니다[동자음 축약]→다니다(현대어) 【근거】 두루 둔니다가〈석보상절 9권
14장 뒷면〉=두루 다니다가.

걷니다〈월곡上:6〉《고려대 한국어대사전》(=거닐다)[ㄷ→ㄴ/__ㄴ](발음 규칙)→
건니다[동자음 축약]→거니다. 거닐다=걷(다)+녈(다)+다[여→에](경남)→걷넬
다[에→이]→걷닐다[ㄷ→ㄴ/__ㄴ](발음 규칙)→건닐다[동자음 축약]→거닐
다(경남 방언의 음운 규칙에 의해 만들어졌다) 【근거】 경남(표준어)[여→에]→
겡남(경남). 게(=crab)[에→이]→기(경남).

5.8 음 첨가

(1) 모음 첨가

　의미첨가 없이 주로 명사에 많이 붙고 동사, 형용사, 종결어미 등 다양한 품사에
붙는다. 각 방언을 모두 검토하면 더 많은 품사에 모음 첨가가 일어났을 것이다.

① 명사+이

가르마(표준어)+이(첨가음)[으→이]→가리마이[모음 합체]→가리매(경남) 【근
거】 모르다(표준어)=모리다(경남), 다르다(표준어)=다리다(경남), 그리다(표준어)=
기리다(경남).

가매(경남)=가마(표준어)+이(첨가음)[모음 합체]→가매.

귁(國)〈월인석보 1권 훈민정음 1장 앞면〉=국(國)(현대어)+이(첨가음)[모음 합체]
→귁.

까마귀(표준어)=**까마구**(경남)+이(첨가음)[모음 합체]→까마귀.

노리(=장(獐))(경남)=*놀(=노루)+이(첨가음) 【근거】 노루(=獐)(표준어)=*놀+우(첨

가음). 놀갱이(경상)〈우리말샘〉=*놀+강(=앙)(의미첨가 없이 명사에 붙는 접미사)+이(첨가음)〖umlaut〗→놀갱이. 놀가지(평안, 함경, 황해)〈고려대 한국어대사전〉=*놀+갓[갇](=앗)(의미첨가 없이 명사에 붙는 접미사)+이(첨가음)→놀가디〖구개음화〗→놀가지. 아니면, 놀가지=*놀+각(=악)(의미첨가 없이 명사에 붙는 접미사)+이→놀가기〖구개음화: ㄱ→ㅈ/__이〗→놀가지 【근거】 똘(경기, 전라, 충청)〈고려대 한국어대사전〉(=도랑)+앙(의미첨가 없이 명사에 붙는 접미사)→또랑(경남)(=도랑). 씨갓(강원, 경남, 전남, 평북, 함경)〈고려대 한국어대사전〉(=씨앗)=씨+갓(=앗)(의미첨가 없이 명사에 붙는 접미사). 돌가지(강원, 경상, 전라, 평북)〈고려대 한국어대사전〉(=도라지)=돌+각(=악)(의미첨가 없이 명사에 붙는 접미사)+이(첨가음)→돌가기〖구개음화: ㄱ→ㅈ/__이〗→돌가지. 아니면, 돌가지=돌+갓[갇](=앗[앋])(의미첨가 없이 명사에 붙는 접미사)→돌가디〖구개음화: ㄷ→ㅈ/__이〗→돌가지

뇌(惱)(현대어)=**놀**(惱)〈월인석보 1권 월인천강지곡 16장 뒷면〉+이(첨가음)〖ㅸ→Ø〗→노이〖모음 합체〗→**뇌**(현대어). cf. のう(脳)=**놀**(惱)〖풀어 쓰기〗→노ㅸ+으(글자가 없어서 이렇게 표기했다)〖ㅸ→Ø〗→노으→nou(일본어, 'う'의 발음은 [ɯ]=[으]이다).

당나귀(표준어)=**땅나구**(경남)+이〖ㄸ→ㄷ〗→당나구+이(첨가음)〖모음 합체〗→당나귀.

데(현대어)=**다**+이(첨가음)〖모음 합체〗→대〖애→에〗→**데**(현대어) 【근거】 놀애 브르ᄂᆞᆫ神靈이니부텨說法ᄒᆞ신**다**마다〈월인석보 1권 월인천강지곡 15장 앞면〉=노래 부르는 신령이니 부처 설법하신 **데**마다.

도매(경남)=도마(표준어)+이(첨가음)〖모음 합체〗→도매.

딱(宅)=뚝+이(첨가음)〖첨가음 제거〗→뚝〖ᆞ→아〗→딱〖ㄸ→ㅌ〗→탁(일본어 식으로 표기)→타구(taku)→たく(宅)(taku)(일본어). 일본어를 보면 '딱'의 원어가 '뚝'이었음을 알 수 있다. '**딕(宅)**〈법화경언해 1권 서 15장 앞면〉〖단음화: 이→애〗→땍〖ㄸ→ㅌ〗→택(현대어).

며느리=며늘(경북, 흑룡강성)〈우리말샘〉(=며느리)+이(첨가음). cf. **며느라기**(=며

느리)=며늘+**악**(=子)(의미첨가 없이 명사에 붙는 접미사)+이(첨가음). 【근거】 구미(경북)〈우리말샘〉(=구멍)=굼+이(첨가음). 구먹(경기, 전라, 충북, 황해)〈고려대한국어대사전〉(=구멍)=굼+악(의미첨가 없이 명사에 붙는 접미사)[모음조화: 우-어]→굼억→구먹. 구멍(표준어)=굼+앙[모음조화]→굼엉→구멍.

몌(米)〈법화경언해 2권 212장 앞면〉=*며(米)+이(첨가음)[모음 합체]→몌. cf. 벼(米)=며[ㅁ/ㅂ 교체]→벼. 며+이(첨가음)→몌[단음화]→**메**[에→이]→미(현대어). 제사에서 밥을 '메'라 한다. cf. べい·まい.め(米)(일본어): べい(米)(bei)=*며(米)+이(첨가음)[umlaut]→메이[단음화]→메이(mei)[m→b]→bei. まい(米)(mai)=*며(米)[모음 분해: 여=어+이]→머이[어→아](일본어에는 /어/가 없다)→마이(mai). こめ(米)(일본어)(kome).

방애(식물명)(경남)=**방아**(표준어)+이[모음 합체]→방애.

사위(표준어)=**사우**(경남)+이[모음 합체]→사위.

색(塞)(현대어)=**슥**(塞)〈월인석보 4권 18장 앞면〉+이(첨가음)[모음 합체]→식[단음화: 의→에]→섹[에/애 교체]→색.

아래(표준어)=**알**(=하(下))(경남)+아(의미첨가 없이 명사에 붙는 접미사)+이(첨가음)[모음 합체]→알애→아래(표준어).

올매(경상)=**얼마**(표준어)+이(첨가음)[어→오]→올마이[모음 합체]→올매.

잉애(물고기 이름)(경남)=잉어(표준어)+이[모음 합체]→잉에[에→애]→잉애('애'를 높고 강하게 발음한다. '잉'을 높고 강하게 발음하면 '잉아'라는 뜻이 된다).

잎사귀(표준어)=**잎사구**(경남)+이[모음 합체]→잎사귀.

자귀(도구 명)(표준어)=**짜구**(경남)+이[ㅉ→ㅈ]→자구+이[모음 합체]→자귀.

자래(동물 이름)(경남)=**자라**(표준어)+이[모음 합체]→자래.

장애(=eel)(경남)=**장어**(표준어)+이[모음 합체]→장에[모음조화: 아-애]→장애.

제(諸)(현대어)=**졍**(諸)〈월인석보 1권 석보서 4장 앞면〉[져]+이→져이[모음 합체]→제[단음화]→제.

쳉(妻)〈월인석보 1권 월인천강지곡 4장 뒷면〉[체]=**쳐**(妻)(현대어)+이[모음 합체]→체. cf. kraliçe(=왕비)=kral(=왕)+으(소유격 조사)+체[으→이]→kral이쳬[단

음화: 예→에]]→kral이체→kraliçe 【근거】 dinî(=종교의)=din(종교)+으(소유격 조사)[으→이]→din이→dinî.

파리(현대 표준어)=풀(=蠅)〈훈민정음해례본 용자례〉+이(첨가음)[ᄋᆞ→아]→팔이→**파리**(현대 표준어). cf. 풀(=蠅)+이[ᄋᆞ→오]→폴이→**포리**(경남). はえ(=蠅)(hae)(일본어)=풀(=蠅)+아(=子)(의미첨가 없이 명사에 붙는 접미사)+이(첨가음)[어말 /ㄹ/ 탈락]→푸아이[ᄋᆞ→아]→파아이[모음 합체]→파애[애→에]→파에[ㅍ→ㅎ]→하에(hae) 【근거】 새마(=新村)(경북)=새말(=新村)(경남)[어말 /ㄹ/ 탈락]→새마. 판(判)[ㅍ→ㅎ]→한(han)→はん(判)(han)(일본어). 알(=下)(경남)+아(의미첨가 없이 명사에 붙는 접미사)+이(첨가음)[모음 합체]→알애→아래(표준어).

demir(=철)=텼(鐵)〈월인석보 1권 월인천강지곡 28장 앞면〉+이+믈(物)+이[ㅎ→Ø/모음__모음]→텰이물이[모음 합체]→텔뮐[ㄹ→Ø/__ㅁ]→테뮐[단음화]→테밀(themir)[th→t]→**temir**(우즈벡어)[어두 유/무성자음 교체]→demir(튀르키예어) 【근거】 여무다리(진주에서 사천공항 가기 직전의 옛 다리 이름)=열물다리[ㄹ→Ø/__ㅁ]→여무다리. 져므니〈석보상절 19권 1장 뒷면〉=젊(다)+으(자음 충돌 회피용 삽입 모음)+ㄴ(관형형 어미)+이(=사람)→젊은이→졀므니[ㄹ→Ø/__ㅁ]→져므니. cf. 젊은이(현대어)=젊(다)+으(자음 충돌 회피용 삽입 모음)+이(=사람)(현대어에서는 /ㄹ/이 탈락되지 않았다).

② 명사+우

바루(표준어)=밣(鉢)〈월인석보 1권 월인천강지곡 23장 앞면〉+우(첨가음)→발후[ㅎ→Ø/유성음__모음]→발우→바루(표준어). cf. **바리**(경남)=밣(鉢)+이(첨가음)[ㅎ→Ø/유성음__모음]→바리[ㅂ→ㅎ, ㄹ→ㅌ]→하티[구개음화: ㅌ→ㅊ/__이]→하치→はち(鉢)(hachi)(일본어). 바리(鉢)〈훈몽자회 중권 19장 뒷면〉=바리(경남). cf. 노루(표준어)[우→이]→노리(경남).

여우=엿+우(첨가음)→여수[ㅿ→Ø/모음__모음]→여우(현대 표준어) 【근거】 엿의갗爲狐皮〈훈민정음해례본 종성해〉=여우의 가죽. cf. 엿(=狐(호))+이(첨가음)→

여시(경남)〖여→야〗→야시(경남). 〔유례〕자루(표준어)=자리(경남), 노루(표준어)=노리(경남).

kutu(=상자(箱子))=*굳+ㅎ(고유어 명사에 붙음)+우(첨가음)〖ㄷ+ㅎ→ㅌ〗→구투→kutu 【근거】구덕(제주)(=바구니)=*굳+억(=子)(의미첨가 없이 명사에 붙는 접미사)〖모음조화〗→굳억→구덕 【근거】뜨락=뜰+악(의미첨가 없이 명사에 붙는 접미사). 튀르키예어와 한국어는 접미사만 다르고 어근은 같다.

③ 동사 어간+이

나무래다(경남)=나무라(다)(표준어)+이(첨가음)+다〖모음 합체〗→나무래다.

디디다(경남)=딛(다)(표준어)+이(첨가음)+다→디디다. 발을 **딛다**(표준어)=발을 디디다(경남).

만내다(경남)=만나(다)(표준어)+이(첨가음)+다〖모음 합체〗→만내다. 맛나다〈석보상절 6.11〉《우리말샘》〖ㅅ→ㄴ/__ㄴ〗→만나다(현대 표준어는 중세 국어의 '맛나다[만나다]'를 발음대로 표기한 것이다).

바래다(경남)=바라(다)(표준어)+이(첨가음)+다〖모음 합체〗→바래다.

뱉다(표준어)=밭(다)(경남)+이(첨가음)+다〖모음 합체〗→뱉다. 춤 밭다(경남)=침 뱉다(표준어). 밭다〈두시언해 초간본 8권 31장〉《고려대 한국어대사전》=밭다(경남)=뱉다(표준어). 춤〈석보3:25〉《고려대 한국어대사전》=침(표준어). 춤(강원, 경기, 경상, 전라, 제주, 충북, 함경)〈고려대 한국어 대사전〉. 침(표준어)=춤〖우→이〗→침.

써리다(경남)=썰(다)(표준어)+이(첨가음)(피동 보조 어간이 아님)+다. '써리다'(첫 음절을 높고 강하게 발음한다)의 피동형은 '써리이다'('이'를 높고 강하게 발음)(경남).

자래다(경남)=자라(다)(=일정한 지점을 향하여 뻗었을 때 그에 미치거나 닿다)+이(첨가음)+다〖모음 합체〗→자래다.

쥐다=*주(다)(=쥐다)+이(첨가음)+다〖모음 합체〗→쥐다 【근거】한 줌=한+주(다)+ㅁ(명사형 어미)→한 줌. 주먹=주(다)+ㅁ(명사형 어미)+악(=子)(=것)→줌악

〖모음조화: 우-어〗→줌억→주먹(표준어). 주묵(경남)=주(다)+ㅁ(명사형 어미)+

악〖모음조화: 우-우〗→줌욱→주묵. 동사가 '쥐다'이면 '*쥐먹'이 되어야 한다.

'쥐다'는 동사 어간에 /이/ 모음이 첨가된 형태이다.

째매다=**자**매다(평안)〈고려대 한국어대사전〉(=잡아매다): 자+이(첨가음)+매다

〖모음 합체〗→재매다〖ㅈ→ㅉ〗→째매다. **짜**매다/**째**매다(경남 방언에서는 둘 다

사용).

해라=(일을) **하**(다)+이(첨가음)+라〖모음 합체〗→해라. 하라=해라.

dür(mek)(=(둥글게) 말다)=*둘(다)+이(첨가음)〖모음 합체〗→될(tür)〖어두 유/무

성자음 교체〗→dür 【근거】 **돌돌/둘둘** 말다(=둥글게 말다). cf. **달달** 볶다: 달달(부

사)=달(다)(=타지 않는 단단한 물체가 열로 몹시 뜨거워지다)+달(다). **ring ring**(부

사)(=따르릉따르릉)=ring(동사)+ring(동사). 사전에서 '따르릉따르릉'과 같이 붙

여 쓰고 있는데 '따르릉 따르릉'으로 띄어 쓰는 것이 옳을 듯. gelmek(튀르키예

어)=kelmoq(우즈벡어)=오다.

öv(mek)(=칭찬하다, 찬양하다, 좋게 말하다, 장점을 말하다): **읊**(다)〖읍(따)〗(발

음)+기(명사형 어미)→읍기〖umlaut〗→윕기〖자음 충돌 회피용 삽입 모음, /으/

첨가〗→윕으기→의브기〖유성음화〗→의브기[g]〖ㅸ→v〗→övɪgi〖[v] 다음의 [ɪ]

는 있으나 없으나 발음이 같이 들린다〗→övgi〖모음조화: ö-ü〗→**övgü**(=칭찬, 찬

사, 찬양). 'övgü=öv(동사 어간)+gü(명사형 어미)'로 오분석하여 동사 어간, öv가

만들어졌다 【근거】 얼버다(경북)〈우리말샘〉(=읊다)=**읊**다〖풀어쓰기〗→을브다〖으

→어〗→얼버다 【근거】 없다(표준어)〖어→으〗→읎다(강원, 경북, 전남, 충청)〈우

리말샘〉(=없다).

④ **형용사 어간+이:**

아쉽다(표준어)=아숩(다)(경남)+이(첨가음)+다〖모음 합체〗→아쉽다.

⑤ **조사+이:**

에(현대 표준어)=**아**(경남 노인 말)(처격 조사)+이〖모음 합체〗→애〖모음조화 파

괴〗→에(현대 표준어)【근거】상아 놓을 끼 없다(경남)=상에 놓을 것이 없다. 城
셩안해〈석보상절 6권 14장 앞면〉(=성안에)=셩(城)+안+ㅎ(고유어 명사에 붙음)+
아(경남)+이(첨가음)〖모음 합체〗→셩(城)+안+ㅎ+**애**(모음조화를 지켰음)→셩
(城)안해〖ㅆ→ㅅ〗→성안해〖ㅎ→∅/유성음__모음〗→성안애〖모음조화 파괴〗→
성안에(현대 표준어). 현대 표준어에서는 모음조화도 파괴하고 모음 충돌 회피용
삽입 반자음 /y/첨가도 없애고 '에'로 통일하였다.

튀르키예어의 조사, a는 경남 방언과 같다:

istasyona gitmek(=역에 가다)=istasyon(=역)+아(**a**)(경남)+gitmek. cf. 장**아** 가다
(경남)=장에 가다(표준어).

işe gitmek(=출근하다)=iş(=일)+아(**a**)(경남)+gitmek〖모음조화: i-e〗→işe gitmek.
cf. 집에 갔다=집+아(경남)(향진격 조사)+갔다〖모음조화: 이(i)-에(e)〗→집에 갔다.

⑥ 의문 종결어미+이

집에 가니?(표준어)=집에 가**나**?(경남): ~니=~나+이(첨가음)〖모음 합체〗→내〖애
→에〗→네〖에→이〗→니.

오데 가내?(경남)=오데 가**노**?(경남)(=어디 가니?(표준어)): ~내~노+이(첨가음)
〖모음 합체〗→뇌〖단음화: 외→에〗→네〖모음조화: 아-애〗→내. 경남 방언에서
앞에 의문사가 없으면 '~나', 있으면 '~노'를 사용한다.

⑦ 관형사+이:

오랜(현대어)=오란〈두시언해 중간본 2권 13장 뒷면〉+이〖모음 합체〗→오랜.

⑧ 부사(형 어미)+이:

늦게(표준어)=늦가(경남)+이(첨가음)〖모음 합체〗→늦개〖모음조화: 으-에〗→늦
게 【근거】가리 **느까** 머라 카노(경남)=뒤늦게 뭐라 하니?: **느까**=늦(다)+**가**(부사형
어미)〖ㅅ+ㄱ→ㄲ〗→느까. cf. 집에 가**거로**/가**그로** 보내조오라(경남)=집에 가**게**

보내줘라. 가리(경남)(=뒤)〖umlaut〗→개리〖애→에〗→게리(keri)〖어두 유/무성 자음 교체〗→geri(튀르키예어)(=뒤).

⑨ 자음 충돌 회피용 모음 첨가

離링別볋ㄱㅌ니업스니〈석보상절 6권 6장 앞면〉(=이별 같은 것이 없으니)=離링別볋+곹(다)(=같다)+ᄋ(자음 충돌 회피용 삽입 모음)+ㄴ(관형형 어미)+이(=것)+ 없(다)+으(자음 충돌 회피용 삽입 모음)+니.

마지매(경남)(=마중)=맞(다)+**이**(자음 충동 회피용 삽입 모음)+ㅁ(명사형 어미)+ 아(=子)(의미첨가 없이 명사에 붙는 접미사)+이(첨가음)〖모음 합체〗→맞임애(발 음대로 표기)→마지매(경남). cf. 마중(표준어)=맞(다)+앙(=子)(명사형 어미)〖아 →우〗→마중. cf. 마줌(제주(=마중)=맞(다)+**우**(자음 충돌 회피용 삽입 모음)+ㅁ (명사형 어미). 제주방언, '마줌'에서 자음 충돌 회피용 삽입 모음으로 '우'를 사용 한 것으로 보아 '마중'에 '앙' 대신에 '웅'을 사용한 것으로 보인다.

불곰〈능엄경언해 3권 3장 뒷면〉(=밝음)=붉(다)(=밝다)+**오**(자음 충돌 회피용 삽입 모음)+ㅁ(명사형 어미).

살언=살(다)+**어**(자음 충돌 회피용 삽입 모음)(모음조화를 지키지 않았다)+ㄴ(관 형형 어미) 【근거】 죽다가 **살언** 百姓이〈용비어천가 4권 22장 뒷면〉=죽다가 **산** 백 성이.

셔방마조몰〈석보상절 6권 16장 뒷면〉(=서방 맞음을)=셔방+맞(다)+**오**(자음 충돌 회피용 삽입 모음)+ㅁ(명사형 어미)+올(목적격 조사).

우숨(=쇼(笑))〈훈몽자회 상권 29장 뒷면〉=웃(다)+**우**(자음 충돌 회피용 삽입 모 음)+ㅁ(명사형 어미)→우숨〖유성음화〗→우숨. cf. 웃(다)+으(자음 충돌 회피용 삽입 모음)+ㅁ(명사형 어미)〖유성음화〗→웃음(현대어)(유성음화시키지 않았다).

주굼〈석보상절 6권 5장 앞면〉=죽(다)+**우**(자음 충돌 회피용 삽입 모음)+ㅁ(명사형 어미)→주굼〖우→으〗→죽음(현대어).

지순 罪쬥[쬐]〈석보상절 9권 30장 뒷면〉=짓(다)+**우**(자음 충돌 회피용 삽입 모 음)+ㄴ(관형형 어미)+쬐→**지순** 쬐〖ㅿ→∅, 우→으, ㅉ(유성음)→ㅈ(무성음)〗→

지은 죄(현대어) 【근거】 'ㄲ, ㄸ, ㅃ, ㅉ, ㅆ, ㆅ 爲 全濁'〈훈민정음해례본〉(전탁(全濁)=유성음(有聲音)).

akım(=흐름)=ak(mak)(=흐르다)+으(ı)(자음 충돌 회피용 삽입 모음)+ㅁ(명사형 어미)(m)→akım(모음조화: a-ı).

bilim(=지식, 학문)=bil(mek)+으(ı)(자음 충동 회피용 삽입 모음)+ㅁ(m)(명사형 어미)→bilım〚모음조화: i-i〛→bilim.

bozum(=부수기, 깨기)=boz(mak)(=뽀수(다))(경남)(=부수다)+으(ı)(자음 충돌 회피용 삽입 모음)+ㅁ(명사형 어미)〚모음조화: o-u〛→bozum.

dönüm(=회전, 전환, 주기)=dön(mek)(=돌다)+으(ı)(자음 충돌 회피용 삽입 모음)+ㅁ(명사형 어미)(m)→dönım〚모음조화: ö-ü〛→dönüm.

튀르키예어는 모음조화를 잘 지키고 있다.

(2) 자음 첨가

① 모음 충돌 회피용 삽입 자음

㉠ /ㄴ/
그 나무는 예뻤다=그 나무+ㄴ(모음 충돌 회피용 삽입 자음)+은+예뻤다. cf. 그 수국은 예뻤다.

arabanın(=자동차의)=araba(=자동차)+n(ㄴ)(모음 충돌 회피용 삽입 자음)+ın(소유격 조사).

babasının(3인칭의 아버지의)=baba(=아버지)+sı(3인칭 소유 접미사)+**n**(ㄴ)(모음 충돌 회피용 삽입 자음)+ın(소유격 조사). 'sı' 다음에 조사가 오면 모음 충돌 회피용이 아니라도 /n/이 붙는다: babasında=baba+sı+**n**+da(처격 조사). babasından=baba+sı+**n**+dan(탈격 조사).

babalarının(3인칭 아버지들의)=baba+lar(복수형 어미)+ı(3인칭 소유 접미

사)+**n**(모음 충돌 회피용 삽입 자음)+ın(소유격 조사).

kapısını çalmak(=to knock at (someone's) door)=kapı(=문)+sı(=3인칭 소유 접미사)+**n**+ı(목적격 조사)+çalmak(=치다, 두드리다). cf. (Ben) kapıyı kapatıyorum(= 나는 문을 닫고 있다)=kapı(=문)+**y**(모음 충돌 회피용 삽입 반자음)+ı(목적격 조사)+kapatıyorum. cf. Kitabı okudum(=나는 책을 읽었다)=Kitap(=책)+ı(목적격 조사)+oku(mak)(=읽다)+du(과거시제)+um(1인칭 단수 인칭 대명사): kitap+ı〖유성음화〗→kitabı.

ⓛ **/ㄹ/**

어말 /ㄹ/은 /l/에 가까운 발음이고 모음 사이 /ㄹ/은 /r/에 가까운 발음이나 / ㄹㄹ/은 /l/에 가까운 발음이라 앞 단어 말음, /ㄹ/을 모음 앞에서 복제시켜 /l/음 을 유지시킨다.

둘에〈월인석보 8권 13장〉《우리말샘》〖/ㄹ/ 첨가(앞의 /ㄹ/ 복제)〗→**둘레**(현대어).
벌에〈석보상절 9권 9장 뒷면〉〖/ㄹ/ 첨가(앞의 /ㄹ/ 복제)〗→**벌레**(현대어).
樓룽우희ㄴ·라올아〈석보상절 6권 3장 앞면〉=누 위에 날아**올라**: 올아〖/ㄹ/ 첨가 (앞의 /ㄹ/ 복제)〗→올라.
머리셔〈석보상절 19권 19장 앞면〉=멀(다)+이+셔〖/ㄹ/ 첨가(앞의 /ㄹ/ 복제)〗→ 멀리셔〖단음화〗→멀리서(현대어).
中듕國귁에 달아〈월인석보 1권 훈민정음 1장 뒷면〉=중국과 **달라**: 달아〖/ㄹ/ 첨 가(앞의 /ㄹ/ 복제)〗→달라.
나무를 베다=나무+ㄹ(모음 충돌 회피용 삽입 자음)+을(목적격 조사)+베다. cf. 철을 녹이다=철+을(목적격 조사)+녹이다.

ⓒ **/y/(반자음 /이/)**
世솅世솅예〈석보상절 19권 7장 뒷면〉[셰셰예](=세세에(현대어))=世솅世솅+y+에 (처격 조사)〖음 합체〗→世솅世솅예.

天천萬먼뉘예〈석보상절 6권 7장 뒷면〉(=천만세에): 뉘예=뉘+**y**(모음 충돌 회피용 삽입 반자음)+아(경남)(처격 조사)+이(첨가음)→뉘y애〚모음조화: 이-에〛→뉘y에〚음 합체〛→뉘예.

(Ben) kapıyı kapatıyorum(=나는 문을 닫고 있다): kapıyı=kapı(=문)+**y**+ı(목적격 조사). cf. cf. Kitabı okudum(=나는 책을 읽었다)=Kitap(=책)+ı(목적격 조사)+oku(mak)(=읽다)+du(과거시제)+um(1인칭 인칭 접미사): kitap+ı〚유성음화〛→kitabı.

sofraya(=식탁에)=sofra(=식탁)+**y**(모음 충돌 회피용 삽입 반자음)+아(경남)(a)(여격 조사)(한국어에서는 처격 조사). sofraya oturmak=식탁에 앉다.

arabayı(=자동차를)=araba(=자동차)+**y**(모음 충돌 회피용 삽입 반자음)+ı(목적격 조사). Arabayı çekmenizi rica ederim=자동차 견인 부탁합니다.

yürüyecek(=걸어갈 것이다)=yürü(mek)(=걷다)+**y**(모음 충돌 회피용 삽입 반자음)+ecek(미래시제 접미사). cf. **gidecek**=git(mek)+ecek〚유성음화〛→gi**decek**.

㉣ /ㅎ/ 첨가

고유어 명사에 붙었으나 현대어에서는 과거에 붙어 만들어진 합성어 속에 남아 있거나 발음대로 표기한 것을 오분석하여 만들어진 단어 속에 남아 있다.

巷항은 ㄱ·올앉길히오〈석보상절 19권 1장 뒷면〉(항은 고을 안길이요): 길히오=길+ㅎ(고유어 명사에 붙음)+이(다)+오.

돌팍=돌+ㅎ+박〚ㅎ+ㅂ→ㅍ〛→돌팍 【근거】 바구(경남)(=바위)=박+우(첨가음)→바구.

사룸돌토〈석보상절 13권 51장 앞면〉=사룸(=사람)+돌(=들)(복수 접미사)+ㅎ+도(조사)(=사람들도)〚ㅎ+ㄷ→ㅌ〛→사룸돌토.

수탉=수+ㅎ+닭〚ㅎ+ㄷ→ㅌ〛→수탉.

알픠〈석보상절 9권 33장 뒷면〉(=앞에)=앒+ㅎ+이(=에)(처격 조사)〚ㅂ+ㅎ→ㅍ〛→알픠. cf. 앒+ㅎ〚ㄹ→∅/__자음〛→압+ㅎ〚ㅂ+ㅎ→ㅍ〛→앞(현대어).

iş(=일)=일+ㅎ+이(첨가음)〔ㅎ→ㅅ/__이〕→일시〔ㄹ→∅/__ㅅ〕→이시→iş【근거】힘(표준어)〔ㅎ→ㅅ/__이〕→심(경남). 부삽=불(=火)+삽〔ㄹ→∅/__ㅅ〕→부삽.

ⓜ 두음법칙 후 보상적 자음 첨가

넣다(표준어)〔두음법칙 후 보상적 /y/ 첨가〕→영다(경남).

yağmur(=비)=락/낙(落)(=떨어지다)+이(첨가음)+물(=水)〔두음법칙 후 보상적 /y/ 첨가〕→약이(yaki)+물(mur)〔모음조화: a-ı〕→yakımur〔유성음화〕→yagımur〖g→ğ/모음__모음〗→yağımur〖〔ğ〕 다음의 〔ı〕는 있으나 없으나 발음이 같이 들린다〗→yağmur(그 뜻은 '떨어지는 물'=비)(합성어 속에 한국어, '물(=水)'이 화석처럼 남아 있다). **yağ**(mak)(=(비·눈·우박 등) 오다, 내리다; (잎사귀·먼지·포탄 등) 쏟아지다)=락/낙(落)(=떨어지다)+이(첨가음)〔두음법칙 후 보상적 /y/ 첨가〕→약이(yaki)〔유성음화〕→yagi〔모음조화: a-ı〕→yagı〖g→ğ/모음__모음〗→yağı〖〔ğ〕 다음의 〔ı〕는 있으나 없으나 발음이 같이 들린다〗→yağ【근거】귁(國)〈월인석보 1권 훈민정음 1장 앞면〉=국(國)+이(첨가음)〔모음 합체〕→귁.

5.9 /이/ 모음 역행 동화(umlaut)

/이/ 모음 역행 동화는 /이/나 /y/(반자음 혹은 반모음 /이/) 앞에 치음이 오지 않을 때 주로 일어나나 치음이 올 때 일어난 예도 있다.

고기〔umlaut: 오+이→외〕→괴기〔단음화: 외→에〕→게기(경남)〔ㄱ→∅/모음__이〕→게이(경남)〔에→이〕→기이(경남).

다야(=匜)〈훈민정음해례본 용자례〉〔umlaut: 아+이→애〕→대야(현대어).

돌맹이(표준어)=돌망이(황해)〈우리말샘〉〔umlaut: 아+이→애〕→돌맹이.

부얌〈석보상절 9권 24장 뒷면〉〔umlaut: ㆍ+이→이〕→비얌〈월인석보 21권 42장 뒷면〉(=뱀). cf. **비**얌+이(첨가음)〔단음화: 이→애〕→배얌이〔umlaut〕→배얌이〔단음화: 얌→애〕→배애미〔동모음 축약〕→배미(경남)('배'를 길게 발음한다)〔애→에〕→베미〔ㅂ→ㅎ〕→헤미(hemi)→へみ(蛇)(hemi)(일본어 고어)〔m→b〕→

92 튀르키예어의 기원

へび(蛇)(hebi)(일본어 현대어)【근거】반(反)[ㅂ→ㅎ]→한(han)→はん(反)(han)
(일본어). 소 한 마리(mari)(표준어)[m→b]→소 한 바리(bari)(경남).

*삽(=하(蝦))(=새우))+이(첨가음)[umlaut]→섀이→새비(경남)【근거】*삽(=하
(蝦))+이(첨가음)→사비[유성음화]→사비(=蝦)〈훈민정음해례본 용자례〉. 새우
(표준어)=*삽(=蝦)+이(첨가음)[umlaut]→새비(경남)[이→우]→새부[유성음화]
→새부[ㅸ→Ø/모음__모음]→새우(표준어)(표준어는 경남 방언의 /이/모음 첨
가를 거치지 않으면 umlaut가 일어날 수 없다)【근거】가리(경남)(=가루)=갈(다)+
이(명사형 어미)→가리. 가루(표준어)=갈(다)+우(명사형 어미)→가루. 자리(경
남)=자루(표준어). 노리(경남)=노루(표준어).

겨비(=燕)〈훈민정음해례본 용자례〉[umlaut: 여+이→예]→졔비[단음화: 예→
에]→제비(현대어).

후미지다(표준어)[우→으]→흐미지다[umlaut: 으+이→의]→희미지다[단음
화: 의→에]→헤미지다(경남)[ㅈ→ㅊ]→헤미치다(경남).

/이/ 앞에 치음이 온 경우에도 일어난 예가 있다:

가지고[umlaut: 아+이→애]→개지고[오→우]→개지구【근거】살아 **개지구**
(평북 의주)〈나무위키: 서북방언〉=살아 **가지고**.

겨집〈석보상절 19권 17장 뒷면〉[umlaut: 여+이→예]→계집(현대어).

겨신[umlaut: 여+이→예]→계신(현대어)【근거】皇황帝뎽**겨신**나라히니〈월인석
보 1권 훈민정음 1장 앞면〉=황제 계신 나라이니(현대어).

자막질(경남 노인 말)[umlaut: 아+이→애]→자맥질(표준어)〈표준국어대사전〉
【근거】무자막질=물(=水)+잠(潛)+악(형용사형 어미)+질(=행위)[ㄹ→Ø/__ㅈ]→
무잠악질→무**자막질**.

5.10 모음 합체

가히〈월곡上:25〉《고려대 한국어대사전》[ㅎ→Ø/모음__모음]→가이[모음 합체:

아+이→애]→**개**(=犬)(현대어).

고이다[모음 합체: 오+이→외]→괴다. cf. göl(=호수)=고이(다)+알(=것, 곳)+이(첨가음)[모음 합체]→고이앨[애→에]→고이엘[에→이]→고이일[동모음 축약]→고일[모음 합체]→괼(köl)[어두 유/무성자음 교체]→göl. cf. ko'l(=호수)(우즈벡어)=고이(다)+알+이[모음 합체]→고이앨[애→에]→고이엘[에→이]→고이일[동모음 축약]→고일[모음조화: 오-오]→고올[동모음 축약]→골(ko'l).

국(國)+**이**(첨가음)[모음 합체: 우+이→위]→귁(國)〈월인석보 1권 훈민정음 1장 앞면〉.

꼬이다(=벌레 따위가 한곳에 많이 모여들어 뒤끓다)[모음 합체: 오+이→외]→꾀다.

ᄉᆡ〈용가31장〉《고려대 한국어대사전》[ᄋᆞ→아]→사�[ㅿ→Ø]→사이(현대어)[모음 합체: 아+이→애]→**새**(현대어).

쏘이다[모음 합체: 오+이→외]→쐬다.

오이[모음 합체: 오+이→외]→외('외'의 모음 분해로 보는 것이 더 타당하다). cf. 참외.

장어(표준어)+이(첨가음)[모음 합체: 어+이→에]→장에[모음조화: 아-애]→장애(경남).

쪼이다[모음 합체: 오+이→외]→쬐다.

5.11 모음 교체

중세 국어의 모음, /ᄋᆞ/가 현대어 /아/, /어/, /오/, /우/, /으/, /이/로 바뀌었다. 이와 같이 모음 교체는 아주 다양하게 일어나는데 일부만 소개하고 우리말이 튀르키예어로 바뀌는 예에서 그 근거 자료를 제시하겠다.

ᄀᆞᄆᆞᆯ다〈월인석보 10권 84장〉《고려대 한국어대사전》[ᄋᆞ→아]→가ᄆᆞᆯ다[ᄋᆞ→우]→가물다(현대어).

군(根)〈석보상절 6권 42장 뒷면〉[ᄋ̊→으]→근(현대어). cf. こん(根)(kon)(일본어)=군[ᄋ̊→오]→곤(kon). cf. ᄑᆞᆯ(=蠅)〈훈민정음해례본 용자례〉+이(첨가음)[ᄋ̊→오]→포리(경남).

기름〈석보상절 6권 10장 뒷면〉[ᄋ̊→으]→**기름**(현대어).

나비(15세기~17세기)〉**나븨**(16세기~18세기)〉**나비**(20세기~현재)〈우리말샘 역사정보〉. cf. **나뷔**〈교시조 48: 2〉《우리말샘》(=나비(현대어))=**나부**(경남 노인 말)+이(첨가음)[모음 합체]→나뷔.

ᄂᆞᆾ(=면(面))〈훈몽자회 상권 24장 뒷면〉[ᄋ̊→아]→낫[ㅅ→ㅊ]→**낯**(현대어).

등ᄆᆞ르(=척(脊))〈훈몽자회 상권 27장 뒷면〉[ᄋ̊→아]→등마르[ᄋ̊→우]→등마루(현대어).

ᄆᆞ르다〈월인석보 22권 31장 뒷면〉《우리말샘》[ᄋ̊→아]→마르다[ᄋ̊→으]→**마르다**(표준어). cf. ᄆᆞ르다[ᄋ̊→오]→모루다[ᄋ̊→이]→모리다(경남).

바ᄅᆞ다(=ᄠᅵᆨ(直))〈월인석보 1권 월인서 18장 앞면〉[ᄋ̊→으]→**바르다**(표준어). cf. 바ᄅᆞ다[ᄋ̊→이]→**바리다**(경남).

ᄇᆞ리다[ᄋ̊→어]→**버리다**(현대어) 【근거】 世솅間간ᄇᆞ리고〈석보상절 6권 12장 앞면〉→세간 **버리고**(현대어). cf. **ᄇᆞ리다**[umlaut]→비리다[단음화: 이→애]→배리다[애→에]→베리다(경남).

사ᄅᆞᆷ〈석보상절 6권 2장 뒷면〉[ᄋ̊→아]→**사람**(현대어).

사ᄉᆞᆷ(=鹿)〈훈민정음해례본 용자례〉[ᄋ̊→으]→**사슴**(현대어).

ᄯᆞᄅᆞᆷ〈월인석보 1권 훈민정음 3장 뒷면〉[ㅅ+ㄷ→ㄸ, ᄋ̊→아]→따름[ᄋ̊→으]→**따름**(현대어).

아ᄎᆞᆷ〈석보상절 13권 10장 뒷면〉[ᄋ̊→이]→**아침**(현대어).

알ᄑᆞ다[ㄹ→∅/__자음]→아프다[ᄋ̊→으]→**아프다**(현대어) 【근거】 알ᄑᆞᆯ 동(疼)〈훈몽자회 중권 32장 뒷면〉=알ᄑᆞ(다)+ㄹ(관형형 어미)+동.

ᄍᆞ(自)〈석보상절 13권 6장 앞면〉[ᄍᆞ][ㅉ→ㅈ]→ᄌᆞ[ᄋ̊→아]→**자**(현대어).

ᄐᆞᆨ(=頤)〈훈민정음해례본 용자례〉[ᄋ̊→어]→**턱**(표준어). cf. ᄐᆞᆨ+이(첨가음)[모음 합체]→튁[단음화: 이→애]→**택**(경남).

폴(=蠅)〈훈민정음해례본 용자례〉+이(첨가음)〔ᄋ→아〕→**파리**(표준어). cf. 폴(=蠅)+이(첨가음)〔ᄋ→오〕→**포리**(경남).

흙(=土)〈훈민정음해례본 합자해〉〔ᄋ→으〕→**흙**(현대어). cf. 흘(경상, 평남)〈고려대 한국어대사전〉=흙. 흑(경기, 전라, 충남, 평안, 함남, 황해)〈고려대 한국어대사전〉/(경남)=흙. 흑(제주)〈우리말샘〉=흙. cf. **kir**(튀르키예어)(=흙)=흘(경북)〔으→이〕→힐〔ㅎ→ㅋ〕→킬(kir)【근거】 으사/이사(경남)=의사(醫師)(표준어). 燈등의 블**혀**고〈석보상절 9권 32장 뒷면〉=등에 불 켜고(현대어): 혀다〔ㅎ→ㅋ〕→켜다.

한국어는 의성어, 의태어. 형용사의 정도의 차이를 모음 교체로 나타낸다:

까맣다<꺼멓다(검은 정도가 더 크다)
노랗다<누렇다
달랑달랑<덜렁덜렁
똥똥하다<뚱뚱하다
몰랑몰랑<물렁물렁
발랑<벌렁
빨갛다<뻘겋다
조랑조랑<주렁주렁
졸졸<줄줄
파랗다<퍼렇다
...

(1) 어/으 교체

경남 방언에선 아주 자유롭게 교체된다.

어른/으른   어름/으름   없다/읎다

(2) 으/이 교체

경남 방언에서는 상당히 자유롭게 교체된다:

법측/법칙

으리/이리(=의리(義理))

으사/이사(=의사(義士))(둘째 음절을 높게 발음).

으사/이사(=의사(醫師))(첫음절을 높게 발음).

일측/일칙=일찍(표준어).

자슥/자식(경남)=자식(표준어).

(3) 아→어

나물/너물(경남)=나물(표준어).

마리 슈(首)〈훈몽자회 상권 24장 뒷면〉〖아→어, 단음화: 유→우〗→**머리** 수(현대어).

밧기다〈월인석보 21권 상권 77장 뒷면〉〖아→어〗→**벗기다**.

(옷을) **밧다**〈월인석보 1권 월인천강지곡 16장 앞면〉〖아→아〗→**벗다**(현대어).

(4) 아→오

봉알(평남)〈고려대 한국어대사전〉+이(첨가음)→봉아리〖아→오(모음조화: 오-오)〗→봉오리(표준어)〖오→우〗→봉우리(비표준어). 봉알=봉+알(=子)(지소사 혹은 의미첨가 없이 명사에 붙는 접미사). cf. **봉긋**. cf. 꽃봉우리(강원, 경상, 전라, 충청, 평북)=꽃봉오리(표준어). 산봉오리(경상, 전북, 충청)〈우리말샘〉=산봉우리(표준어). 표준어를 정한 규칙이 일관성이 없다.

낳다(표준어)〖아→오〗→놓다(경남). 애를 낳다=아를 놓다. cf. (총을) 쏘다(표준어)〖오→아〗→(총을) 싸다(경남). 팥(표준어)〖아→오〗→퐅(경남).

(5) 아→우

모다〈석보상절 6권 31장 뒷면〉〖아→우〗→**모두**(현대어). cf. '모다〖아→오〗→모도〈능엄 6:12〉《우리말샘》〖오→우〗→모두'와 같이 변했다고 보는 것이 더 타당할 것이다.

(6) 애→에

개오다(←**개올** 구(嘔))〈훈몽자회 중권 32장 뒷면〉〖애→에〗→게오다〖오→우, 혹은 모음조화〗→게우다(현대 표준어)

꽹(怪)〈석보상절 9권 24장 앞면〉〖괘〗〖애→에〗→koe〖에(e)→이〗→괴(현대어).

(7) 애→예

갱(界)〈월인석보 1권 월인천강지곡 37장 뒷면〉〖개〗〖애→예〗→**계**(현대어). cf. かい(界)(일본어)(kai)(일본어)=갱(界)〖개〗→개〖모음 분해: 애=아+이〗→가이(kai).

갱(戒)〈석보상절 9권 38장 앞면〉〖개〗〖애→예〗→계(현대어). cf. **かい**(戒)(일본어)(kai)=갱〖개〗〖모음 분해: 애=아+이〗→가이(kai).

(8) 애→이

꽹(怪)〈월인석보 10권 85장 앞면〉〖괘〗〖애→이〗→**괴**(현대어). 바로 '애'가 '이'로 바로 바뀐 것이 아니고 '괘〖애→에〗→고+에〖에→이〗→괴'의 과정을 거쳤을 것이다. '괴'의 발음은 [궤]이다.

(9) 어→아

먼(萬)〈월인석보 1권 월인서 21장 앞면〉〖어→아〗→**만**(현대어).

벓(發)〈월인석보 1권 월인서 24장 뒷면〉〖ㅎ→∅〗→벌〖어→아〗→**발**(현대어).

튀르키예어에는 /어/가 없어서 /아/로 바뀐다:

dalga(=물결, 주파수)=떨(다)+거(=것)(경남)[어→아]→딸가[ㄸ→d, 혹은, 어두 유/무성자음 교체: ㄸ(유성음)→ㄷ(무성음)]→dalka[유성음화]→dalga(그 뜻은 '떠는 것=파동).

(10) 어→오

멀미(표준어)[어→오]→**몰미**(경남).

어디(표준어)[어→오]→**오디**(경남 노인 말). 어디=어+다(=데)+이(첨가음)[모음 합체]→어대[모음조화: 어-에]→**어데**[에→이]→어디. 어데[어→오]→오데 [모음조화: 오-애]→오대(경남) 【근거】 놀애 브르ᄂᆞᆫ 神靈이니 부텨 說法ᄒᆞ신 **다** 마다〈월인석보 1권 월인천강지곡 15장 앞면〉=노래 부르는 신령이니 부처 설법하 신 **데**마다.

언제(표준어)[어→오]→온제[모음조화: 오-애]→**온재**(경남).

엄마(표준어)[어→오]→**옴마**(경남).

(11) 어→우

옷 한 벌[어→우]→**옷 한 불**(경남).

복셩화〈두시언해 중간본 15권 20장 앞면〉[어→우]→복슝화[단음화: 유→우, 와→아]→복숭하[ㅎ→∅/모음__모음]→복숭아(현대어).

아버지(표준어)[어→우]→**아부지**(경남).

어찌(표준어)[어→우]→**우찌**(경남).

(12) 여→애

명(盟)〈월인석보 1권 월인천강지곡 4장 뒷면〉+이(첨가음)[ㆁ(꼭지 있는 이응)→ ㅇ]→명이[모음 합체]→몡[단음화]→멩[에→애]→**맹**(현대어) 【근거】 국(國 .)+이(첨가음)[모음 합체]→귁(國)〈월인석보 1권 훈민정음 1장 앞면〉 아니면, **명** (盟)[멩](경남 발음)[에→애]→맹.

(13) 여→어

결〚구개음화〛→절〚여→어〛(단음화)→절(경남) 【근거】 **절**이 삭다(경남)=결이 삭다.

지겹다(표준어)〚여→어〛(단음화)→지겁다(경남).

(14) 여→이

혁(益)〈월인석보 1권 월인서 11장 앞면〉〚여→이, ㅎ→∅〛→**익**(현대 표준어). 바로 '여'가 '이'로 바뀐 것이 아니고 '역+이(첨가음)〚모음 합체〛→엑〚단음화〛→엑〚에→이〛→익'의 과정을 거쳤을 것이다. cf. 이**역**(利益)(경남)=리혁(利益) 〚ㅎ→∅〛→리역〚두음법칙 후 보상적 /y/ 첨가〛→이+y+역(yək)〚동음 축약: y+y→y〛→이역. 리혁〚ㅎ→∅〛→리역〚여→야〛→리약〚일본어식으로 표기〛 →리야구→りやく(利益)(일본어 고어/불교 용어)(riyaku). 리혁+이(첨가음)〚ㅎ →∅〛→리역이〚umlaut: 여+이→예〛→리옉이〚단음화: 예→에〛→리엑이→리 에기(rieki)→りえき(利益)(rieki)(일본어 현대어) 【근거】 장어(표준어)(=eel)+이(첨 가음)〚모음 합체〛→장에〚모음조화: 아-애〛→장애(경남).

(15) 여→에

벼개(=枕頭)〈역어유해 하권 15장 뒷면〉〚여→에〛→베개(현대어). cf. **벼**(=稻)(표 준어)〚여→에〛→**베**(경남). **경남**(표준어)〚여→에〛→**겡남**(경남).

(16) 오→아

아가리('입'을 속되게 이르는 말)=아(=子)(지소사)+**콣**(窟)〈월인석보 1권 월인서 20장 뒷면〉+이(첨가음)〚ㅋ→ㄱ〛→아곯이〚ㅎ→∅〛→아골이〚**오→아**〛→아갈이 →아가리. **콣**(窟)〚ㅋ→ㄱ〛→곯〚ㅎ→∅〛→골〚오→우〛→굴(窟)(현대어). cf. 아 구리(북한)〈우리말샘〉(=아가리)=아+굴+이.

쏘다(표준어)〚오→아〛→(총을) 싸다(경남). cf. (알을) 낳다(표준어)〚아→오〛 →(알을) 놓다(경남).

하라(경북)〈우리말샘〉=화로(표준어)【단음화: 와→아】→하로[오→아]→하라.

(17) 오→어

곧[오→어]→겯[ㄷ→ㅅ]→**것**(현대 표준어) 【근거】 듣디아니ㅎ샨**고돈**〈석보상절 6권 7장 앞면〉=듣지 아니하신 **것은**: 고돈=곧(=것)+온(조사). cf. 이**곧**뎌고데〈용비어천가 4권 24장 앞면〉=이**곳**저곳에. 곧(중세 국어)=것, 곳(현대어).

(18) 오→우

나모(=목(木))〈훈몽자회 하권 3장 뒷면)〉[오→우]→나무(현대어).

둘암탉(=알을 낳지 못하는 암탉)=돌(=石)+암ㅎ+닭[오→우, ㅎ+ㄷ→ㅌ]→둘암탉 【근거】 석녀(石女)=애를 낳지 못하는 여자. cf. **돌궐**[돌걸/돌글](경남 발음)→돌글[어말 /ㄹ/ 탈락]→돌그[오→우]→**둘그**(turkı)[어말의 /k/를 파열시켜 발음하면 [ı]는 있으나 없으나 발음이 같이 들린다]→**Turk** 【근거】 새마(경북)(=新村)=새말→새마.

모도(경남)(=모두(표준어))=몯(다)+아(부사형 어미)→모다(중세 국어, 전라)[모음조화: 오-오]→모도(경남 노인 말)[오→우](이화)→모두(표준어) 【근거】 몯다〈용비어천가 1권 14장 뒷면〉=모이다(=몯(다)+이(첨가음)+다).

몬(門)〈월인석보 1권 월인서 8장 앞면〉[오→우]→**문**(현대어). cf. 몬(門)(mon)→もん(門)(mon)(일본어).

벼로(=硯(연)〈훈몽자회 상권 34장 뒷면〉[오→우]→**벼루**(현대 표준어). cf. 벼로(=硯)[오→이]→벼리[베리](경남 현대어).

봉(風)〈월인석보 1권 월인천강지곡 50장 앞면〉[ㅂ→ㅍ, ㆁ→ㅇ]→퐁[오→우]→풍(현대어).

사오(경남)(=사위)[오→우]→사우(경남). 사위(표준어)=사우+이(첨가음)[모음합체]→사위.

손소〈석보상절 6권 5장 앞면〉[유성음화 이전으로 환원]→손소[오→우]→손수(현대어) 【근거】 *손소[유성음화]→손소.

오좀〈석보11:25〉《고려대 한국어대사전》/(경남)[오→으]→오즘〈훈몽자회 상권 28장 앞면〉[으→우]→오줌(현대 표준어).

콣(窟)〈월인석보 1권 월인서 20장 뒷면〉[ㅎ→∅]→콜[ㅋ→ㄱ]→골[오→우] →굴(현대어).

호도(胡桃)[오→우]→호두(현대어) 【근거】 사오/사우(경남)=사위(표준어). 호도 (胡桃)=당츄ᄌ〈구간:2:36ㄱ〉《디지털한글박물관 옛문헌 한자어》. 현대 표준어에서 는 '호도'는 비표준어로 규정하고 있으나 '호도'가 원어이다. koz(=호두)(튀르키예 어)=호도[ㅎ→ㅋ]→코도[오→으]→코드[구개음화: ㄷ→ㅈ/__으]→코즈[ㅈ →ㅅ]→코스[유성음화]→코스[ㅿ→z]→kozı[[z] 다음의 [ı]는 있으나 없으나 발음이 같이 들린다]→koz 【근거】 燈등의블혀고〈석보상절 9권 32장 뒷면〉=등에 불 켜고(현대어): 혀다[ㅎ→ㅋ]→켜다. 똥구시(경남)=똥+굼(=구덩이)+이(첨가 음)→똥구디[구개음화: ㄷ→ㅈ/__이]→똥구지[ㅈ→ㅅ]→똥구시. 오좀〈석보 11:25〉《고려대 한국어대사전》/(경남)[오→으]→오즘〈훈몽자회 상권 28장 앞면〉.

홀목(경남)(=팔목): 홀[ㅎ→ㅋ]→콜→kol(=팔)(튀르키예어). 子ᄌ孫손이니ᅀᅥ가 몰〈석보상절 6권 7장 뒷면〉(=자손이 이어 감을): 닛(다)+어(부사형 어미)→니ᅀᅥ [유성음화]→니ᅀᅥ. 닛다[두음법칙]→잇다(현대어).

(19) 오→으

오좀〈석보11:25〉《고려대 한국어대사전》/(경남)[오→으]→**오즘**〈훈몽자회 상권 28장 앞면〉[으→우]→**오줌**(현대 표준어).

(20) 오→이

벼로(=硯(연)[오→이]→벼리[**베리**](경남 현대어). cf. 벼로[오→우]→벼루(표준 어).

(21) 우→어

둪다〈월곡上:58〉《고려대 한국어대사전》[우→어]→덮다(현대어).

푸다(표준어)[우→어]→퍼다(경남).

(22) 우→오

뭏(母)〈월인석보 1권 월인서 14장 앞면〉[ᄝ→∅]→무[우→오]→모(현대어).

냉죵(乃終)〈월인석보 1권 훈민정음 13장 뒷면〉[내죵][우→오]→내죵〈능엄 3:109〉《고려대 한국어대사전》. cf. 나중(乃終)(경남, 표준어)=냉죵(乃終)[첨가음, /이/ 삭제]→나중[단음화]→나중[ㆁ(꼭지 있는 이응)→ㅇ]→나중【근거】내(乃)=나(乃)+이(첨가음). cf. 귁(國)〈월인석보 1권 훈민정음 1장 앞면〉=국(國)+이(첨가음).

뿡(部)〈석보상절 13권(1447) 16장 뒷면〉[뿌][우→오]→**뽕**〈월인석보 1, 2권 중 2권(1459) 39장 뒷면〉[뽀][오→우]→뿌[[ㅃ(유성음)→ㅂ(무성음)]]→**부**(현대어) 【근거】‘ㄲ, ㄸ, ㅃ, ㅉ, ㅆ, ㆅ 爲 全濁’〈훈민정음해례본〉(전탁(全濁)=유성음(有聲音)).

지순 罪쮕[쬐]〈석보상절 9권 30장 뒷면〉[우→오]→지손罪쮕[쬐]〈월인석보 1권 월인천강지곡 6장 뒷면〉. 지은(현대어)=짓(다)+으(자음 충돌 회피용 삽입 자음)+ㄴ(관형형 어미)→지슨[유성음화]→지슨[ㅿ→∅]→지은(현대어).

(23) 우→으

구룸[우→으]→구름(현대어)【근거】雲(운)온구루미라〈월인석보 1권 월인서 18장 앞면〉(=운은 구름이라)=雲(운)=온(=은)+구룸+이라.

머굼다[우→으]→머금다(현대어)【근거】**머구믈** 함(含)〈훈몽자회 하권 14장 앞면〉=머굼(다)+우(자음 충돌 회피용 삽입 모음)+ㄹ(관형형 어미)+함.

쇠무릎〈구급방언해 6권 26장〉《우리말샘》[모음 간소화]→쇠무릅[우→으]→쇠무릅. 쇠무릅+ㅎ(고유어 명사에 붙음)[ㅂ+ㅎ→ㅍ]→쇠무릎(현대어).

뿌다〈월인석보 1권 훈민정음 3장 뒷면〉[ㅂ+ㅅ→ㅆ]→쑤다[우→으]→쓰다(현대어)(=사용하다).

일홈〈석보상절 9권 7장 앞면〉[우→으]→일흠[ㅎ→∅/유성음__유성음]→이름

(표준어). cf. **이림**(경남 노인 말)=일훔+이(첨가음)[모음 합체]→일휨[단음화]→
일힘[ㅎ→Ø/유성음__유성음]→일임→이림. cf. 일훔+이(첨가음)[모음 합체]
→일휨[단음화]→일힘[ㅎ→ㅅ/__이]→일심[ㄹ→Ø/__ㅅ]→이심→isim(튀
르키예어) 【근거】 힘(표준어)[ㅎ→ㅅ/__이]→심(경남). 부삽=불삽[ㄹ→Ø/__
ㅅ]→부삽.

지순 罪쬥[쬐]〈석보상절 9권 30장 뒷면〉[△→Ø, 우→으, ㅉ→ㅈ]→지은 죄(현
대어).

(24) 우→이

가루(표준어)[우→이]→**가리**(경남).

노루(표준어)[우→이]→**노리**(경남).

바루(표준어)[우→이]→**바리**(경남).

자루(표준어)[우→이]→**자리**(경남).

(25) 으→아

기드리다〈석보상절 6권 5장 앞면〉[으→아]→**기다리다**(현대어).

(26) 으→어

득(=德)〈석보상절 6권 29장 뒷면〉[으→어]→**덕**(현대어).

버슷〈(함경)〈우리말샘〉[으→어]→**버섯**(현대어). cf. 버섭(강원, 경남, 제주)〈고려
대 한국어대사전〉=버섯. 버슷〈구급방下:48〉《고려대 한국어대사전》=버섯.

큻(乞)〈석보상절 6권 23장 뒷면〉[ㅋ→ㄱ, 으→어]→걿[/ㅎ/ 탈락]→**걸**(현대
어).

숫 간(間)〈훈몽자회 하 34장 뒷면〉. 숫+이(첨가음)[으→어]→섯이[어→아]→
삿이→사시[유성음화]→사싀[△→Ø]→사이(현대어). cf. 소싀〈용가 31장〉《고
려대 한국어대사전》=*솟+이(첨가음)[첨가음 삭제]→솣[ᄋ→으]→숫〈훈몽자회
하 34장 뒷면〉.

(27) 으→여

륵(力)〈월인석보 1권 월인서 19장 앞면〉〖으→여〗→**력**(현대어).

(28) 으→오

서르〈월인석보 1권 훈민정음 1장 뒷면〉〖으→오〗→**서로**(현대어). cf. **서르**〖으→이〗→**서리**(경남).

(29) 으→우

드릅나무(경남)〖으→우〗→**두릅나무**(표준어).
믈(=슁(水)[쉬]〈월인석보 1권 월인천강지곡 23장 앞면〉〖으→우〗→**물**(현대어).
서들다(경남)〖으→우〗→**서둘다**('서두르다'의 준말(표준어)〈표준국어대사전〉.
'서두르다'의 준말이 아니고 '서둘다'의 풀어쓰기가 '서두르다'이다.
춤츠며〈월인석보 1권 월인천강지곡 44장 뒷면〉〖으→우〗→**춤추며**(현대어). cf.
춤츠(다)〖으→이〗→춤치다(경남).

(30) 으→이

거츳말〈석보상절 6권 25장 앞면〉〖으→이〗→**거짓말**(현대어).
고르다(표준어)〖으→이〗→**고리다**(경북)〈우리말샘〉. cf. **골히다**〈용비어천가 1,
2권 중 1권 13장 앞면〉〖ㅎ→∅/유성음__유성음〗→골이다〖단음화: 이→애〗→
골애다〖에→에〗→골에다〖에→이〗→골이다→고리다(경북)〖이→으〗→**고르다**
(표준어). cf. 게리다(경남)(=고르다)=고리다〖umlaut〗→괴리다〖단음화: 외→에〗
→게리다.
그리다(표준어)〖으→이〗→**기리다**(경남).
두드리다/뚜드리다(표준어)〖으→이〗→**두디리다/뚜디리다**(경남).
두르다(표준어)〖으→이〗→**두리다**(경남).
서르〖으→이〗→**서리**(경남). cf. **서르**〈월인석보 1권 1장 뒷면〉〖으→오〗→**서로**
(현대어).

쓸다(표준어)〖으→이〗→씰다(경남). cf. **sil**(mek)(=지우다, sweep (everything) away=(모든 것을) 쓸어버리다)=씰(다)→sil.

즐다〈월인석보 1권 월인천강지곡 16장 앞면〉〖으→이〗→질다(현대어).

즈릆길히라〈석보상절 9권 6장 앞면〉〖으→이〗→지릂길히라〖사이시옷 탈락, /ㅎ/ 탈락〗→지름길이라(현대어)('즈'의 /으/는 /이/로 바뀌었으나 '름'의 /으/는 /이/로 바뀌지 않았다).

즈즐 폐(吠)〈훈몽자회 하권 8장 앞면〉〖으→이〗→짖을 폐(현대어)(일괄적으로 바뀌지 않고 일부는 바뀌고 일부는 바뀌지 않았다).

즛 용(容)〈훈몽자회 상권 24장 뒷면〉〖으→이, ㅇ→ㅇ〗→짓 용(현대어).

춤츠며〈월인석보 1권 월인천강지곡 44장 뒷면〉〖으→이〗→춤치며[춤치메](경남).

(31) 이→우

거미(표준어)〖이→우〗→거무(경남). cf. 자루(표준어)〖우→이〗→자리(경남).

모기(표준어)〖이→우〗→모구(경남).

침(표준어)〖이→우〗→춤(경남)(역사적으로 경남 방언에서 표준어로 바뀐 것이다: 춤〈석보3:25〉《고려대 한국어대사전》〖우→이〗→침(현대 표준어)).

(32) 이→으

싱(勝)〈월인석보 1권 월인서 8장 뒷면〉〖이→으, ㅇ→ㅇ〗→승(현대어).

잃(乙)〈월인석보 4권 17장 뒷면〉〖이→으, ㅎ→Ø〗→을(현대어).

징(證)〈월인석보 15권 68장 앞면〉〖이→으, ㅇ→ㅇ〗→증(현대어). 징명(證明)〈월인석보 15권 68장 앞면〉〖여→에, ㅇ→ㅇ〗→징멩(경남 노인 말).

씹(聑)〈법화경언해 1권 26장 앞면〉〖ㅆ→ㅅ〗(유/무성자음 교체)→십〖이→으〗→습(현대어)【근거】ㄲ, ㄸ, ㅃ, ㅉ, ㅆ, ㆅ 爲 全濁〈훈민정음해례본〉(전탁(全濁)=유성음(有聲音)).

씽(乘)〈월인석보 1권 월인서 7장 앞면〉〖ㅆ→ㅅ, ㅇ→ㅇ〗(유/무성자음 교체)→싱〖이→으〗→승(현대어). cf. **sinek**(=파리)(튀르키예어)=승(蠅)(=파리)+악(=子)(의미첨가 없이 명사에 붙는 접미사)+이(첨가음)[으→이]→싱악이[ng(ㅇ)→n(ㄴ)]→신악이[모음 합체]→신액[애→에]→신엑→sinek【근거】'ㄲ, ㄸ, ㅃ, ㅉ, ㅆ, ㆅ 爲 全濁'〈훈민정음해례본〉(전탁(全濁)=유성음(有聲音)). 자식/자슥(경남), 법칙/법측(경남), 일칙/일측(경남)=일찍. don(mak)(=얼다)=동(凍)(tong)(=얼다)[어두 유/무성자음 교체]→dong[ng(ㅇ)→n(ㄴ)]→don. cf. kelmoq(우즈벡어)=glemek(튀르키예어)=오다.

5.12 모음 상승

경상도 방언과 튀르키예어에서 아주 중요한 모음 변화이다. 다음에 든 두 가지 경우가 가장 중요한 모음 상승의 예이고 앞에서 다룬 모음 교체 중에서 '저설 모음→중설 모음→고설 모음'의 경우도 모음 상승의 예이다.

(1) 애→에

튀르키예어에는 /애/가 없어서 /에/로 바뀐다:
nehir(=강(江))=내(=천(川))+ㅎ(고유어 명사에 붙음)+알(=子)(의미첨가 없이 명사에 붙는 접미사)+이(첨가음): 알+이[모음 합체]→앨[애→에]→엘[에→이]→일. 내ㅎ+일[애→에]→네힐(nehir)【근거】사타리(경남)=샅(표준어)+알(의미첨가 없이 명사에 붙는 접미사)+이(첨가음)[발음대로 표기]→사타리.

(2) 에→이

게(=crab)(경남, 표준어)[에→이]→**기**(경남)[ㄱ→ㄲ]→끼(경남)〈고려대 한국어대사전〉.
고기[umlaut]→괴기[단음화: 외→에]→**게기**(경남)[ㄱ→∅/모음__이](보편적인 규칙은 아님)→**게이**(경남)[에→이]→**기이**(경남). cf. 경(京)[겡](경남 발음)→겡[에→이]→깅[구개음화: ㄱ→ㅈ/__이]→징(jing)→[jīng](京)(현대 중국어).
bankacı(=은행원, 은행가)=bank(=은행)(영어)+아(=子)(의미첨가 없이 명사에 붙는 접미사)+자(子)(=사람)+이(첨가음): 자+이[모음 합체]→재[애→에]→제[애→

이]→지. banka(=은행)+지(/ㅈ/(무성음))[유성음화: ㅈ→c/모음__모음]→bank-
acı[모음조화: a-ı]→bankacı.

들레다(경북)〈우리말샘〉(=들리다)[에→이]→들리다(표준어)(소리가~). (기
도) *디레다[에→이]→**디**리다(경남)[이→으]→드리다(표준어). dile(mek)(=
기원하다)=*디레(다)(tile)[어두 유/무성자음 교체]→dile【근거】kelmoq(우즈벡
어)=gelmek(튀르키예어)=오다.

렝(梨)〈석보상절 6권 10장 앞면〉[레][두음법칙 후 보상적 /y/ 첨가]→y+예(ye)
[동음 축약]→예[단음화]→에[애→이]→이(현대어).

5.13 동모음 축약

가리(=단으로 묶은 곡식이나 장작 따위를 차곡차곡 쌓은 더미)=가리(다)(=곡식이
나 장작 따위의 단을 차곡차곡 쌓아 올려 더미를 짓다)+이(명사형 어미)[동모음
축약]→가리. 가리(경남 방언에서는 '가'를 높게 발음하고 '리'를 낮게 발음한다.
cf. 가리(경남)(=flour)('가'를 낮게 발음하고 '리'를 높게 발음한다).

개야미〈석보상절 6권 37장 뒷면〉[umlaut]→개얘미[모음 간소화: 얘→애]→개
애미[동모음 축약]→개미(현대어).

돈 싫다 할 사람 없다[동모음 축약]→돈 싫ㄷ할 사람 없다[ㄷ+ㅎ→ㅌ]→돈
실탈 사람 없다.

ᄆ술〈석보상절 6권 23장 뒷면〉[ㆍ→아]→마살[ㅿ→Ø]→마알[동모음 축약]
→**말**(경남 현대어)[어말 /ㄹ/ 탈락]→**마**(경북): 큰말(경남)=대촌(大村)(지명). 새
마(=新村)(경북). cf. ᄆ술[ㆍ→오]→모솔[ㅿ→Ø]→모올[동모음 축약]→몰(경
남 노인 말): 새몰=신촌(新村)(지명). ᄆ술[ㆍ→아]→마술[ㅿ→Ø]→마울[ㆍ→
으]→마을(현대 표준어).

사리(=국수, 새끼, 실 따위를 동그랗게 포개어 감은 뭉치 또는 그 뭉치를 세는 단
위)=사리(다)+이(명사형 어미)[동모음 축약]→사리.

서분타(경남)(=서운하다)=서분**하다**[동모음 축약]→서분ㅎ+다[ㅎ+ㄷ→ㅌ]→
서분타.

수을醉烝ᄒ야〈월인석보 15권 22장 뒷면〉=술 취하여: 수을[으→우]→수울[동모음 축약]→술(현대어). 烝[쥐]ᄒ야[모음 간소화: 위→위]→쥐ᄒ야[ㅈ→ㅊ]→취ᄒ야[ᄋ→아]→취하야[야→여](모음조화 파괴)→취하여(현대어).

ᄌᆞ오롬〈석보상절 3권 29장〉《우리말샘》=ᄌᆞ올(다)+오(자음 충돌 회피용 삽입 모음)+ㅁ(명사형 어미)→ᄌᆞ오롬. 졸음=ᄌᆞ올(다)+으(자음 충돌 회피용 삽입 모음)+ㅁ(명사형 어미)→ᄌᆞ올음[ᄋ→오]→조올음[동모음 축약]→졸음(현대 표준어). cf. *ᄌᆞᄫᆞᆯ(다)+오(자음 충돌 회피용 삽입 모음)+ㅁ(명사형 어미)→ᄌᆞ보롬[유성음화]→ᄌᆞ보롬[ᄫ→∅]→ᄌᆞ오롬〈석보상절 3권 29장〉. *ᄌᆞᄫᆞᆯ다[ᄋ→아]→자ᄫᆞᆯ다[오→우]→자불다(경남)(=졸다). *ᄌᆞᄫᆞᆯ다[ᄋ→오]→조ᄫᆞᆯ다[유성음화]→조ᄫᆞᆯ다[ᄫ→∅]→조올다[동모음 축약]→졸다(표준어). 따라서, 원 동사는 'ᄌᆞᄫᆞᆯ다'이다.

5.14 모음 분해

외〈구급방下:49〉《고려대 한국어대사전》[모음 분해]→**오이**(현대어) **【근거】** '참외=*참오이'와 같이 '참외'를 '참오이'라고 하지 않는 것을 보면 '외'가 원어임을 알 수 있다. cf. 개(開, 改, 介)[모음 분해: 애→아+이]→가이(kai)→かい(kai)(開, 改, 介)(일본어). **kay**(=구토)(튀르키예어)=게(다)(현대어)(=구토하다)+이(명사형 어미)[모음 분해: 에→어+이]→거이이[동모음 축약]→거이[어→아](튀르키예어에는 /어/가 없다)→가이(kay). 게다=게우다.

5.15 자음 교체

(1) 유성자음→무성자음

〈훈민정음해례본〉에서 'ㄲ, ㄸ, ㅃ, ㅉ, ㅆ, ㆅ 爲 全濁'이라고 한다. 전탁(全濁)은 유성음(有聲音)이다. 유성음이었다는 또 다른 근거는 쎓(實)〈월인석보 1권 월인천강지곡 5장 뒷면〉[ㅎ→∅]→씰[일본어식으로 표기]→씨르[ㄹ→ㅌ]→씨트[구개음화]→씨츠[ㅆ→z]→zitsu→じつ(實)(zitsu)(/u/의 발음은 [ɯ]로 한국

어 /으/의 발음과 같다). 이들 음은 주로 한자어에서 나타나나 고유어, '**쏘**다爲射' 〈훈민정음해례본 합자해〉로 보아 '**쏘**'의 /ㅆ/이 [z]로 발음되었을 것이다. 훈민정음 창제 당시의 유성음, 'ㄲ, ㄸ, ㅃ, ㅉ, ㅆ, ㆅ'은 현대 한국어에서 음운 규칙으로 유성음화되지 않는 자리에서도 무성음, 'ㄱ, ㄷ, ㅂ, ㅈ, ㅅ, ㅎ'로 바뀌었다. cf. 'kelmoq(우즈벡어)(=오다)〚k→g, o(어)→a(아), q→k〛→gelmak〚모음조화: e-e〛→gelmek(튀르키예어)=오다. casino[**kazino**](프랑스어)〚k→g〛→gazino(튀르키예어). temir(우즈벡어)=demir(튀르키예어)'와 같이 유/무성자음 교체가 일어났음을 알 수 있다.

(2) 유성 무기 자음→무성 무기 자음

① ㄲ→ㄱ

꿇(求)〈석보상절 9권 16장 뒷면〉〚ㅱ→Ø〛→꾸〚ㄲ(g)→ㄱ(k)〛→**구**(현대어).

끈(近)〈월인석보 1권 월인서 14장 앞면〉〚ㄲ(g)→ㄱ(k)〛→**근**(현대어).

끵(期)〈월인석보 1권 월인서 19장 뒷면〉[**끠**]〚ㄲ(g)→ㄱ(k)〛→긔〚단음화: 의→에〛→게〚에→이〛→**기**(현대어).

② ㄸ→ㄷ

딴(檀)〈월인석보 23권 61장 뒷면〉〚ㄸ(d)→ㄷ(t)〛→**단**(현대어).

땅(糖)〈월인석보 1권 월인천강지곡 6장 앞면〉〚ㄸ→ㄷ, ㆁ(ng)→ㅇ(ng)〛→**당**(현대어).

뗜(田)〈석보상절 6권 18장 뒷면〉〚ㄸ→ㄷ〛→뎐(tyən)〚구개음화: ㄷ→ㅈ/__y〛→젼〚단음화〛→**전**(현대어).

똔(鈍)〈법화경언해 3권 19장 앞면〉〚ㄸ→ㄷ〛→돈〚오→우〛→**둔**(현대어).

똥(渡)〈석보상절 6권 18장 뒷면〉[**또**]〚ㄸ→ㄷ〛→**도**(현대어).

똥(銅)〈석보상절 13권 52장 뒷면〉〚ㄸ→ㄷ, ㆁ(ng)→ㅇ(ng)(받침)〛→**동**(현대어).

똥(同)〈월인석보 1권 훈민정음 12장 앞면〉〚ㄸ→ㄷ, ㆁ(ng)→ㅇ(ng)〛→**동**(현대

어). cf. どう(同)(dou)(일본어)=똥(同)[일본어 식으로 표기]→또우[ㅇ(ng)→Ø]
→또우[ㄸ→d]→dou.

③ ㅃ→ㅂ

뼝(病)〈석보상절 9권 31장 앞면〉[ㅃ(b)→ㅂ(p), ㅇ(ng)→ㅇ(ng)]→**병**(현대어).

뽕(部)〈월인석보 1권 월인천강지곡 14장 앞면〉[**뽀**][ㅃ→ㅂ]→보[오→우]→**부**
(현대어). ぶ(部)(bu)(일본어)=**뽕**(部)[**뽀**][오→우]→뿌[ㅃ→b]→bu. cf. べ(部)
(be)(일본어)=**뽕**(部)[**뽀**]+이(첨가음)[모음 합체: 오+이→외]→뾔[단음화: 외→
에]→뻬[ㅃ→b]→be 【근거】국(國)+이(첨가음)[모음 합체]→귁(國)〈월인석보
1권 훈민정음 1장 앞면〉. 장어(표준어)+이(첨가음)[모음 합체]→장에[모음조화:
아-애]→장애(경남). 일본어는 한국어의 음운 규칙을 따르고 있고 /오/가 /우/로
바뀌었음을 알 수 있다. cf. ふ(部)(hu)(일본어)=**뽕**(部)〈월인석보 1권 월인천강지곡
14장 앞면〉[**뽀**][ㅃ→ㅂ]→보[오→우]→**부**(현대어)[ㅂ→ㅎ]→후(hu).

뿐(分)〈법화경언해 3권 37장 뒷면〉[ㅃ→ㅂ]→**분**(현대어).

뼁(比)〈석보상절 9권 1장 앞면〉[**삐**][ㅃ→ㅂ]→**비**(현대어).

④ ㅆ→ㅅ

쎵(城)〈석보상절 6권 14장 앞면〉[ㅆ(z)→ㅅ(s), ㅇ(ng)→ㅇ(ng)]→셩[단음화]→
성(현대어). cf. じゃう(城)(zyau)(일본어 고어)=**쎵**(城)[여→야]→쌰[일본어식으
로 표기]→쌰우[ㅇ(ng)→Ø]→쌰우[ㅆ→z]→zyau[a→o]→zyou→じょう
(城)(일본어 현대어).

쌍(土)〈석보상절 9권 19장 뒷면〉[**싸**][ㆍ→아]→싸[ㅆ→ㅅ]→**사**(현대어).

씽(乘)〈석보상절 9권 5장 뒷면〉[ㅆ→ㅅ, ㅇ(ng)→ㅇ(ng)]→싱[이→으]→**승**(현
대어).

⑤ ㅉ→ㅈ

짭(雜)〈석보상절 9권 10장 뒷면〉[ㅉ[dz]→ㅈ[ts]]→**잡**(현대어). cf. **ざふか**(雜歌)

(zahuka)(일본어 고어): ざふ(雜)(zyahu)=짭(雜)[일본어식으로 표기]]→짜부[[ㅂ→ㅎ]]→짜후[[ㅉ→ㅆ]]→쌰부[[ㅆ→z, ㅂ→ㅎ(h)]]→zyahu【근거】쩔레쩔레=썰레썰레. じゃう(城)(zyau)(일본어 고어)=쎵(城)[[여→야]]→쌍[일본어식으로 표기]]→쌰우[[ㅇ(ng)→∅]]→쌰우[[ㅆ→z]]→zyau. cf. 雜歌(ぞうか)=짭(雜)+가(歌)(ka)→zyahuka[[ㅎ(h)→∅/모음__모음]]→zyauka[[a→o]]→zyouka【근거】아이를 낳다(표준어)[[아(a)→오(o), 이→∅]]→아(=아이) 놓다(경남). 사후(sahu)[사우(sau)](발음할 때 모음 사이의 /ㅎ/이 탈락된다). 雜費(ざっぴ)(일본어 현대어)(zyappi)=짭(雜)+비(費)[[ㅂ+ㅂ→ㅃ]]→짜삐[[ㅉ→ㅆ]]→쌰삐[[ㅆ→z]]→zyap-pi→ざっぴ.

쪈(前)〈월인석보 1권 월인천강지곡 6장 뒷면〉[[ㅉ→ㅈ]]→젼[단음화]→**전**(현대어).

쪙(淨)〈석보상절 9권 2장 뒷면〉[[ㅉ→ㅈ, ㅇ(ng)→ㅇ(ng)]]→졍[단음화]→**정**(현대어).

쪙(情)〈석보상절 9권 5장 앞면〉[[ㅉ→ㅈ, ㅇ(ng)→ㅇ(ng)(받침)]]→졍[단음화]→**정**(현대아).

쫘(座)〈석보상절 19권 6장 앞면〉[좌][[ㅉ→ㅈ]]→**좌**(현대어).

쯩(慈)〈석보상절 9권 6장 앞면〉[쯔][[ㅉ→ㅈ]]→즈[[ᄋᆞ→아]]→**자**(현대어).

찡(在)〈월인석보 1권 월인서 9장 뒷면〉[찌][[ㅉ→ㅈ]]→진[단음화: 이→애]→**재**(현대어).

⑥ ㆅ→ㅎ

ᅘᅡᆨ(學)〈월인석보 1권 석보서 2장 앞면〉[[ㆅ→ㅎ]]→**학**(현대어).

ᅘᅡᆸ(合)〈월인석보 1권 월인서 7장 뒷면〉[[ㆅ→ㅎ]]→**합**(현대어).

ᅘᅢᆼ(解)[해]〈능엄경언해 9, 10권 중 10권 77장 앞면〉[[ㆅ→ㅎ]]→**해**(현대어).

/ㆅ/의 정확한 발음은 알 수 없으나 IPA의 연구개 마찰음 [ɣ]와 비슷한 음일 것으로 추정된다. 일본어에서는 /g/로 바뀌었다: **がく**(学=學)(gaku)=**ᅘᅡᆨ**(學)〈월인석

보 1권 석보서 2장 앞면〉〚일본어식으로 표기〛→햐구〚ㆅ→g〛→gaku, **がふ**(合)
(gahu)(일본어 고어)=합(合)〚일본어식으로 표기〛→햐부〚ㆅ→g〛→ga부〚ㅂ(p)→
ㅎ(h)〛→gahu(일본어 고어)〚h→∅/모음__모음〛→gau〚a→o〛→gou(일본어 현
대어)(ごう). **げ**(だつ)(解(脱))(일본어 고어, 현대어))=햐(解)〚햬〛〚ㆅ→g〛→gæ〚애
(æ)→에(e)〛(일본어에는 /애/가 없다)→ge(解). 옛날부터 전하여 내려오는 단어
외의 현대어는 かい(解)(kai)이다: **かい**(解)(kai)=햐(解)〚햬〛→해(현대어)〚ㅎ→ㅋ,
모음 분해: 애→아+이〛→카이(kai)(일본어에는 ㄱ(k)/ㅋ(kh)의 구별이 없다)→
かい(解)(kai). cf. '햬뭀(解脱)〈석보상절 6권(1447) 29장 앞면〉〚ㆅ(유성음)→ㄱ(무
성음)〛→갱뭀(解脱)〈월인석보 1권(1568) 월인서 8장 앞면〉'와 같이 유성음, 'ㆅ'가
무성음, ㄱ[k]로 바뀐 것을 보면 'ㆅ'가 [g]로 발음되었을 것으로 추정할 수 있다.

(3) 유성 무기 자음→무성 유기 자음

① ㄸ → ㅌ

딴(誕)〈월인석보 1권 월인서 6장 앞면〉〚ㄸ(d)→ㅌ(th)〛→**탄**(현대어).
뗩(疊)〈석보상절 19권 11장 뒷면〉〚ㄸ→ㅌ〛→**텹**(thyəp)〚구개음화: ㅌ→ㅊ/__y〛
→첩〚단음화〛→**첩**(현대어).
똭(濁)〈월인석보 1권 월인천강지곡 16장 뒷면〉〚단음화: 와→아〛→딱〚ㄸ→ㅌ〛
→**탁**(현대어). cf. だく(濁)(daku)(일본어)=**똭**(濁)〚단음화〛→딱〚일본어 식으로 표
기〛→따구〚ㄸ→d〛→daku.
뜩(=特)〈석보상절 13권 24장 뒷면〉〚ㄸ→ㅌ〛→**특**(현대어).
띵(稚)〈석보상절 13권 9장 뒷면〉[띠]〚ㄸ→ㅌ〛→티〚구개음화: ㅌ→ㅊ/__이〛→
치(현대어)

② ㅃ → ㅍ

뺭(婆)〈월인석보 1권 월인천강지곡 6장 뒷면〉[빠]〚ㅃ(b)→ㅍ(ph)〛→파(현대어):
(노)파((老)婆)=뺭[빠]〚ㅃ(b)→ㅍ(ph)〛→파(현대어). cf. 바라문(婆羅門): **뺭**(婆)[빠]

〚ㅃ(b)→ㅂ(p)〛→바.

뼝(平)〈월인석보 15권 78장 앞면〉〚ㅂ→ㅍ, ㅇ→ㅇ〛→**평**(현대어).

뼈(陛)〈월인석보 1, 2권 중 2권 65장 앞면〉[뼤]〚ㅂ→ㅍ〛→**폐**(현대어).

삉(皮)〈능엄경언해 7, 8권 중 7권 41장 뒷면〉[삉]〚ㅂ→ㅍ〛→**피**(현대어).

③ ㅉ→ㅊ

쯓(就)〈월인석보 1권 월인서 12장 앞면〉+이(첨가음)→쮜밍〚밍→∅〛→쮜이〚ㅉ→ㅊ〛→츄이〚단음화〛→추이〚모음 합체〛→**취**(현대어)

(4) 그 밖의 자음 교체

① ㄱ→ㄲ

고랑(표준어)〚ㄱ→ㄲ〛→**꼬랑**(경남).

골〈월인석보 2권 41장〉《고려대 한국어대사전》〚ㄱ→ㄲ〛→**꼴**(=사람의 모습이나 형색).

곶〈용가 2장〉《고려대 한국어대사전》〚ㄱ→ㄲ, ㅈ→ㅊ〛→**꽃**(현대어). 〚ㄱ→ㄲ〛: 예를 들어 '장밋곶=장미+ㅅ(사이시옷)+곶〚ㅅ+ㄱ→ㄲ〛→장미꼳'과 같이 사이시옷이 '곶'과 합쳐져 '꼳'이 되고 예를 들어, '꼳+ㅎ(고유어 명사에 붙음)+이(주격조사)〚ㅈ+ㅎ→ㅊ〛→꽃이'의 과정을 거쳐 '꽃'이 만들어졌다.

곶다〈구방 상:43〉《우리말샘》〚ㄱ→ㄲ〛→**꽂다**(현대어).

구짖다〈월인석보 4권 28장 앞면〉〚ㄱ→ㄲ〛→**꾸짖다**(현대어).

굳다(표준어)〚ㄱ→ㄲ〛→**꾿다**(충남)〈우리말샘〉〚우→오〛→**꼳다**(경북)〈우리말샘〉〚ㄷ→ㄹ〛→**꼴다**(경북)〈고려대 한국어대사전〉【근거】**걷다**-**걷고**-**걸어**=**걸**으면. **볃**(彆)〈훈민정음해례본 종성해〉〚ㄷ→ㄹ〛→**별**(彆)(현대어).

귿(=말(末)〈석보상절 9권 2장 뒷면〉)〚ㄱ→ㄲ〛→**끝**. 예를 들어, '손+ㅅ(사이시옷)+귿〚ㅅ+ㄱ→ㄲ〛→손끝'와 같이 사이시옷이 '귿'과 합쳐져서 '끝'이 되었다.

② ㄱ→ㅇ(꼭지 있는 이응)(유성음화)

이에셔(=여기서)=이**게**셔[유성음화: ㄱ(k)→ㅇ(g)/모음__모음]→이에셔【근거】
이 개야미 이에셔 사더니⟨석보상절 6권 37장 뒷면⟩(=이 개미 여기서 사더니): 이
에셔=이+거(=곳)+이(첨가음)+셔(조사)[모음 합체]→이**게**셔[유성음화: ㄱ(k)→
ㅇ(g)/모음__모음]→이에셔(/ㅇ의 발음이 [g]인 근거). 이게서(경남)(=여기서).
cf. 옹(五)⟨석보상절 9권 5장 뒷면⟩[ㅇ(g)→g]→go→ご(=五)(go)(일본어).

③ ㄱ→ㅋ

시기다⟨석보상절 6권 10장 앞면⟩[ㄱ→ㅋ]→**시키다**(현대어). 시히다(원어일 가
능성이 크다)=시(=하다)+히(사동 보조 어간)+다[ㅎ→ㄱ/ㅋ]→시기다/시키다.
시히다[ㅎ→Ø/모음__모음]→**시이다**(경남)【근거】**해겁다/개겁다**(경남). 燈등
의블**혀**고⟨석보상절 9권 32장 뒷면⟩=등에 불 켜고(현대어): 혀다[ㅎ→ㅋ]→켜다.
수하[수아](빠른 발음에서)[ㅎ→Ø/모음__모음]→수아.
갈(=刀)⟨훈민정음해례본 합자해⟩[ㄱ→ㅋ]→**칼**(현대어).
고ㅎ⟨석보상절 13권 38장 뒷면⟩(=코)[ㅎ→Ø, ㄱ→ㅋ]→**코**(현대어).
고키리(=샹(象))⟨훈몽자회 상권 18장 앞면⟩[ㅋ→ㄲ]→고끼리[ㄱ→ㅋ]→코끼
리(현대어). **고키리**=고(=비(鼻))+ㅎ(고유어 명사에 붙음)+길(다)+이(=사람, **동물**,
사물)[ㅎ+ㄱ→ㅋ]→고킬이→고키리.

④ ㄲ→ㅊ

가깝다(표준어)[ㄲ→ㅊ]→**가찹다**(강원, 경상, 전라, 제주, 충청, 평안)⟨고려대
한국어대사전⟩. 가깝다=갓갑다⟨석보상절 19권 17장 뒷면⟩[ㅅ+ㄱ→ㄲ]→가깝다
(현대어는 중세 국어의 '갓갑다'를 발음대로 표기한 것이다). cf. 가적다/가즉다/
가작다/개적다/개즉다/가찹다(경남, 모두 사용)=가깝다.

⑤ ㄲ→ㅋ

홀끼다(경남)(=(사람이 물건 따위를) 벗어나거나 풀리지 않도록 단단히 동여매다)

〚ㄲ→ㅋ〛→훌키다〚구개음화: ㅋ→ㅊ/__이〛→훌치다('훑이다'의 비표준어) 【근거】 키(=배의 방향을 조종하는 장치)(표준어)〚구개음화: ㅋ→ㅊ/__이〛→치(강원, 전라, 충청, 함경)〈고려대 한국어대사전〉.

치끼다(경남)〚ㄲ→ㅋ〛→**치키다**(표준어)(=위로 향하여 끌어 올리다).

⑥ ㄴ→ㄷ

건너(다)(표준어)+이(첨가음)+다〚모음 합체〛→건네다〚에→이〛→**건니**다(경남)〚ㄴ(n)→ㄷ[d]〛→**건디**다(경남). cf. **なん**にょ(男女)(nannyo)(일본어)〚n→d〛→dan**n**yo)〚n→z〛→**だん**じょ(danzyo)(일본어).

⑦ ㄴ→ㅁ

구녕(강원, 경상, 충청, 함경, 황해)〈고려대 한국어대사전〉〚ㄴ→ㅁ〛→구명〚단음화〛→구멍. 실제로는 〚ㅁ→ㄴ〛으로 보아야 한다: 구멍=굼+앙(의미첨가 없이 명사에 붙는 접미사)〚모음조화〛→굼엉→구멍. 굼+이(첨가음)+앙〚모음조화〛→굼이엉〚모음 합체〛→굼영〚ㅁ→ㄴ〛→군영→구녕 【근거】 므슴〈석보상절 6권 16장 앞면〉〚으→우〛→무슴〚ㅁ→ㄴ〛→무슨(현대어).

⑧ ㄷ→ㄸ

도(윷놀이의)(표준어)+이(첨가음)〚모음 합체〛→되〚단음화: 외→에〛→데〚ㄷ→ㄸ〛→떼(경남, 전남). cf. 돼지=도+이(첨가음)+자(子)(의미첨가 없이 명사에 붙는 접미사)+이(첨가음)〚모음 합체〛→되재〚애→에〛→되제〚에→이〛→되지[**뒈**지]〚우→오, 에→애〛→돼지. '자(子)' 대신에 순수 우리말로 쓴 것이 '새끼/새기'이다: 도**새기**(제주)(=돼**지**)=도(=돼지)+새기(=새끼). 새끼=삿기〈석보11:25〉《고려대 한국어대사전》〚ㅅ+ㄱ→ㄲ〛→사끼〚umlaut〛→새끼.

도랑(표준어)〚ㄷ→ㄸ〛→**또랑**(경남).

두꺼비(표준어)〚ㄷ→ㄸ〛→뚜꺼비(경남)〚umlaut〛→뚜께비(경남).

두드리다(표준어)/**뚜드리다**(표준어). cf. **뚜드리다**(표준어)〚으→이〛→**뚜디리다**

(경남).

⑨ **ㄷ → ㄹ**

걷다-걷고-걷는다-걷기-**걸**어라-걸어서-걸으면. 붇다-불어-불음-불으면(동사가 활용할 때, 자음 앞에서는 /ㄷ/, 모음 앞에서는 /ㄹ/). cf. 불다(함경)(=붇다)〈고려대 한국어대사전〉.

듣다(표준어)〖ㄷ → ㄹ〗→ **들**다(함경). cf. **듣**다-**들**어-**듣**고-**들**었다(동사 활용에서 '듣다'의 /ㄷ/이 뒤에 모음으로 시작하는 활용 어미가 오면 /ㄹ/로 바뀐다.

볃(鷩)〈훈민정음해례본 종성해〉〖ㄷ → ㄹ〗→ **별**(鷩)(현대어).

조각배에 사랑 싣고(표준어)〖ㄷ → ㄹ〗→ 조각배에 사랑 **실**고[실꼬](경남). 싣다(표준어)=실다(경남).

옫바미(=효(梟))〈훈몽자회 상권 17장 앞면〉〖ㄷ+ㅂ → ㅃ〗(/ㄷ/이 경음화에 영향만 주고 그대로 남았다) → 옫빠미〖umlaut〗→ 옫빼미〖ㄷ → ㄹ〗→ 올빼미(현대어) **【근거】** 볃(鷩)〈훈민정음해례본 종성해〉〖ㄷ → ㄹ〗→ 별(鷩)(현대어).

⑩ **ㄷ → ㅅ**

곧〈석보상절 6권 7장 앞면〉〖오 → 어, ㄷ → ㅅ〗→ **것**(현대어) **【근거】** 듣디아니ᄒᆞ샨 고ᄃᆞᆫ〈석보상절 6권 7장 앞면〉=듣지 아니하신 **것은**: 고ᄃᆞᆫ=**곧**+ᄋᆞᆫ(조사). **곧**〖일본어식으로 표기〗→ 고드〖모음조화: 오-오〗→ 곧오 → 고도(koto) → こと(事)(koto)(일본어).

곧〈용비어천가 4권 24장 앞면〉〖ㄷ → ㅅ〗→ **곳**(현대어) **【근거】** 이**곧**뎌고대〈용비어천가 4권 24장 앞면〉=이**곳**저곳에: 이곧뎌곧애〖ㄷ → ㅅ〗→ 이곳뎌곳애〖구개음화: ㄷ → ㅈ/__y(뎌(tyə))〗→ 이곳져곳애〖단음화: 여 → 어〗→ 이곳저곳**애**〖모음조화(오-애) 파괴〗→ 이곳저곳에.

낟(=鎌)〈훈민정음해례본 용자례〉〖ㄷ → ㅅ〗→ **낫**(현대어).

똥구시(경남)(=변소, 뒷간)=똥+굳(=구덩이)+이(첨가음) → 똥구**디**〖구개음화〗→ 똥구지〖ㅈ → ㅅ〗→ **똥구시**.

ᄠᅳ디라〈월인석보 1권 석보서 4장 앞면〉(=뜻이라)=뜯(=뜻)+이(다)+라[[ㅂ+ㄷ→ ㄸ]]→ᄠᅳᆮ이라→ᄠᅳ디라[[구개음화]]→ᄠᅳ지라[[ㅈ→ㅅ]]→ᄠᅳ시라→뜻이라(현대 어).

몯(=釘)〈훈민정음해례본 합자해〉[[ㄷ→ㅅ]]→**못**(현대어).

벗디 몯ᄒ논〈월인석보 1권 월인천강지곡 12장 앞면〉[[구개음화: ㄷ→ㅈ/__이]] →=벗지 몯ᄒ논[[ㄷ→ㅅ]]→벗지 **못ᄒ논**[[ᄋᆞ→아]]→벗지 못하논[[ᄋᆞ→으]]→벗 지 못하는(현대어).

벋[[ㄷ→ㅅ]]→벗(현대어) 【근거】 **벋** 우(友)〈훈몽자회 중권 3장 앞면〉.

붇(=筆)〈훈민정음해례본 합자해〉[[ㄷ→ㅅ]]→붓(현대어). cf. ふで(筆)(hude)(일본 어)=붇+아(=子)(의미첨가 없이 명사에 붙는 접미사)+이(첨가음)[[모음 합체]]→붇 애[[애→에]]→붇에→부데[[ㅂ→ㅎ]]→후데(hute)[[유성음화]]→hude 【근거】 아래 (표준어)(=하(下))=알(경남)(=하(下))+아(=자(子))(의미첨가 없이 명사에 붙는 접미 사)+이(첨가음)[[모음 합체]]→알애→아래.

⑪ ㄷ→ㅈ(구개음화)

ᄢᅢ디다〈석보상절 19권 7장 뒷면〉[[ㅅ+ㄱ→ㄲ]]→꺼디다[[구개음화: ㄷ→ㅈ/__ 이]]→꺼지다(현대어).

굽디아니ᄒᆞ야〈석보상절 19권 7장 뒷면〉[[구개음화]]→굽지 아니ᄒᆞ야[[ᄋᆞ→아]] →굽지 아니하야[[모음조화(아-야) 파괴]]→굽지 아니하**여**.

딯다〈석상 24:15〉《우리말샘》[[구개음화]]→**짛다**[[ㅈ→ㅉ]]→찧다(현대어).

*한그득('한가득(표준어)'보다 큰 말)[[구개음화: ㄷ→ㅈ/__으]]→한그즉[[ㅈ→ ㅅ]]→한그슥(경남) 【근거】 그득하다〉가득하다.

⑫ ㄷ→ㅌ

ᄃᆔ(逌)〈월인석보 1권 월인서 17장 앞면〉[ᄃᆔ]=듀+이(첨가음)[[ㄷ→ㅌ]]→튜이[[구 개음화]]→츄이[[단음화]]→추이[[첨가음, /이/ 제거]]→**추**(현대어).

다음은 고유어 명사에 붙는 /ㅎ/이 중세 국어의 /ㄷ/에 붙어 현대어, /ㅌ/으로 바뀐 예이다:

겯〈석보상절 19권 10장 앞면〉+ㅎ〚ㄷ+ㅎ→ㅌ〛→**곁**(현대어).
믿(=항(肛))〈훈몽자회 상권 27장 뒷면〉+ㅎ〚ㄷ+ㅎ→ㅌ〛→**밑**(현대어).
받(=뎐(田))〈훈몽자회 상권 7장 앞면〉+ㅎ〚ㄷ+ㅎ→ㅌ〛→**밭**(현대어).
볃(=경(景))〈훈몽자회 하권 1장 앞면〉+ㅎ〚ㄷ+ㅎ→ㅌ〛→**볕**(현대어).
솓(=뎡(鼎))〈훈몽자회 중권 10장 앞면〉+ㅎ〚ㄷ+ㅎ→ㅌ〛→**솥**(현대어).

⑬ **ㄸ→ㄴ**
떨어지다(표준어)〚ㄸ→ㄴ, ㅈ→ㅉ〛→**널**어찌다(경남).

⑭ **ㄸ→ㅌ**
똭(濁)〈월인석보 1권 월인천강지곡 16장 뒷면〉〚ㄸ→ㅌ〛→톽〚단음화: 와→아〛→**탁**(현대어).
떨어뜨리다(표준어)/떨어**트**리다(표준어)〈표준국어대사전〉.

⑮ **ㄹ→ㄱ**
달래다(표준어)〚ㄹ→ㄱ〛→**달개다**(경남).

⑯ **ㄹ→ㄷ**
바ᄅᆞᆯ〈석보상절 6권 43장 뒷면〉=*발+ᄋᆞᆯ(=알)(=子). 바다(현대어)=*발+아(=자(子))〚ㄹ→ㄷ〛→받아→바다 **【근거】 걷다: 걸어-걸으면**-걷고. 볃(彆)〈훈민정음해례본 종성해〉〚ㄷ→ㄹ〛→별(彆)(현대어).
한 술〚ㄹ→ㄷ〛→한 **숟**(가락): 한 술+ㅅ(사이시옷)+가락〚ㄹ→Ø/__ㅅ〛→한 숫가락[**숟**까락].

⑰ ㅁ→ㄴ(받침)

므슴⟨석보상절 6권 16장 앞면⟩〖으→우〗→**무슴**〖ㅁ→ㄴ〗→**무슨**(현대어).

구멍(표준어)〖ㅁ→ㄴ〗→구녕(평북)⟨우리말샘⟩. 구멍=굼+앙(의미첨가 없이 명사에 붙는 접미사)〖모음조화: 우-어〗→구멍. 구녕(강원, 경상, 충청, 함경, 황해)⟨고려대 한국어대사전⟩=굼+이(첨가음)+앙(의미첨가 없이 명사에 붙는 접미사)〖모음합체: 이+아→야〗→굼양〖모음조화: 우-여〗→굼영〖ㅁ→ㄴ〗→군영→구녕【근거】똘((경기, 전라, 충청)(=도랑)+앙(의미첨가 없이 명사에 붙는 접미사)→또랑(경남). 구미(경북)⟨우리말샘⟩(=구멍)=굼+이(첨가음). 구메⟨교시조 2717-16⟩《우리말샘》(=구멍)=굼+아(의미첨가 없이 명사에 붙는 접미사)+이(첨가음)〖모음 합체〗→구매〖모음조화: 우-에〗→구메. 구먹(경기, 전라, 충청, 황해)⟨고려대 한국어대사전⟩(=구멍)=굼+악(의미첨가 없이 명사에 붙는 접미사)〖모음조화: 우-어〗→구먹. 구멍=굼+앙(의미첨가 없이 명사에 붙는 접미사)〖모음조화: 우-어〗→구멍. 구무⟨훈몽자회 하권 18장 앞면⟩(=구멍)=굼+우(의미첨가 없이 명사에 붙는 접미사). '굼'이 원어이고 여기에 의미첨가 없이 명사에 붙을 수 있는 접미사, '이', '아', '악', '앙', '우'가 붙었음을 알 수 있다.

⑱ ㅁ→ㅂ

걸음마(표준어)〖ㅁ→ㅂ〗→**걸음바**(경남).

끄트머리〖ㅁ→ㅂ〗→끄트버리〖어→아〗→끄트바리(강원)⟨우리말샘⟩. 끄트바리=끝+으(경남)(소유격 조사, 아니면 자음 충돌 회피용 삽입모음)+마리(=머리)/말(末)+이(첨가음)〖ㅁ→ㅂ〗→끄트바리【근거】마리(=슈(首))⟨훈몽자회 상권 24장 뒷면⟩〖어→아〗〗→머리(현대 표준어).

목새(표준어)(=물결에 밀리어 한곳에 쌓인 보드라운 모래)〖ㅁ→ㅂ〗→**복새**(경남): 새=사(沙)(=모래)+이(첨가음)〖모음 합체〗→새.

섬마섬마(표준어)〖ㅁ→ㅂ〗→**섬바섬바**(경남).

소 한 마리(표준어)〖ㅁ→ㅂ〗→소 한 **바리**(경남).

ab(=물)(詩語)=**암**(am)(=물)(유아어)〖ㅁ(m)→ㅂ(b)〗→ab. cf. am(=여성의 음부)와

구분하기 위해 바꾸었을 것으로 추정된다.

buz(=얼음)=물(=水)+자(子)+이(첨가음)〖ㄹ→∅/＿＿ㅈ〗→무자이〖모음 합체〗
→무재〖애→에〗→무제〖에→이〗→무지〖ㅈ→ㅅ〗→무시〖유성음화〗→무싀
〖이→으〗→무스(muzı)〖[z] 다음의 [ı]는 있으나 없으나 발음이 같이 들린다〗
→**muz**(우즈벡어)〖m→b〗→buz(그 뜻은 '물의 아들 즉, 물에서 만들어진 것'=얼
음). cf. мұз(**muz**)(카작어)=얼음. たけのこ(=竹の子·筍·笋)(=죽순(=竹筍, 竹笋))
(takenoko)=たけ(=竹)(take)+の(소유격 조사)(no)+こ(=子)(ko)→たけのこ(그 뜻
은 '대나무의 아들 즉, 대나무에서 나온 것'=죽순). **배미**(경남)(=사(蛇))〖애→에〗
(일본어에는 /애/가 없다)→베미〖ㅂ→ㅎ〗→헤미(hemi)→**へみ**〈今昔〉(hemi)(일
본어 고어)〖m→b〗→**へび**(hebi)(현대 일본어).

⑲ ㅁ → ㅇ(받침)

습겁다〈번역노걸대 상권 61장〉《우리말샘》〖으→이〗→심겁다〖ㅁ→ㅇ/＿＿ㄱ〗(경
남 방언의 음운 규칙)→싱겁다(현대어)(현대 표준어도 경남 방언의 발음 규칙에
따라 변한 단어를 사용하고 있다)【근거】감기〖ㅁ→ŋ(ㅇ(받침))/＿＿ㅁ〗→강기(경
남). 감기[감ː기](표준어). **습**슴하다〈전라북도 방언사전〉=싱겁다.

⑳ ㅂ → ㄱ

거붑〈석상 21:40〉《우리말샘》〖ㅂ→ㄱ〗→거북(현대어).
붑〈석보상절 6권 28장 앞면〉〖ㅂ→ㄱ〗→북(현대어).
솝〖ㅂ→ㄱ〗→속(현대어)【근거】裏 **솝**리〈훈몽자회 하 34장 뒷면〉.

　위의 예는 다음과 같이 접미사가 '압'이냐 '악'이냐의 차이다: **솝**=소=+압(의미
첨가 없이 명사에 붙는 접미사)〖모음조화: 오-오〗→소옵〖동모음 축약〗→솝【근
거】소(=안에 넣는 것, 들어 있는 것)=송편이나 만두 따위를 만들 때, 맛을 내기 위
하여 익히기 전에 속에 넣는 여러 가지 재료. 송편에는 팥이나 콩·대추·밤 따위
를 사용하고, 만두에는 고기·두부·채소 따위를 사용한다). **속**=소+악(=子)(의미

첨가 없이 명사에 붙는 접미사)[모음조화: 오-오]→소옥[동모음 축약]→속. **거붑**=겁(=껍데기)+압(=것)[모음조화: 어-우]→겁웁→거붑. **거북**=겁+악(=子)(=것)[모음조화: 어-우]→겁욱→거북. **붑**=부(膚)(=살갗, 겉껍질, 표피)+압[모음조화: 우-우]→부웁[동모음 축약]→붑. **북**=부+악(=子)(~로 만들어진 것, ~에서 나온 것)[모음조화: 우-우]→부욱[동모음 축약]→북(그 뜻은 동물의 겉껍질로 만들어진 것=북). cf. **브섑**(=竈)〈훈민정음해례본 용자례〉[ㅂ→ㄱ]→부석[유성음화 이전 음으로]→부석(경남). 부석[ㅿ→∅]→부억[ㄱ→ㅋ]→부엌(현대 표준어): 부억+ㅎ(고유어 명사에 붙음)+에(처격 조사)[ㄱ+ㅎ→ㅋ]→**부엌**에.

㉑ ㅂ → ㅁ

바두리(=옹(蝛))〈훈몽자회 상권 24장 앞면〉[ㅂ→ㅁ]→**마두리**[ᄋ→아]→**마다리**(강원)〈고려대 한국어대사전〉. cf. 바두리[ᄋ→아]→바다리(경남). 바두리[ᄋ→어]→바더리(표준어).

섑(=(광산업) 광산이나 탄광에서, 수직으로 파 내려간 갱도)〈표준국어대사전〉[ㅅ→ㅆ]→쎕[ㅂ→ㅁ]→**쎔**(현대 표준어).

여릅(=菓(과)(=나무 열매))〈훈몽자회 하권 3장 뒷면〉[ㅂ→ㅁ]→여름(=蓏(라)(=풀 열매))〈훈몽자회 하권 3장 뒷면〉. cf. 여름〈용비어천가 1권 1장 뒷면〉=(나무의) 열매: 여름=열(다)+으(자음 충돌 회피용 삽입 모음)+ㅁ(명사형 어미)(=물체). 열매=열(다)+ㅁ(명사형 어미)+아(의미첨가 없이 명사에 붙는 접미사)+이(첨가음)[모음 합체]→열매.

㉒ ㅂ → ㅃ

불휘(=根(근))〈훈몽자회 하권 3장 뒷면〉[ㅂ→ㅃ]→뿔휘[단음화: 위→이]→뿔히[ㅎ→∅/유성음__유성음]→뿔이→**뿌리**(현대어): '명사+ㅅ(사이시옷)+불휘[ㅅ+ㅂ→ㅃ]→명사+뿔휘'로 잘못 분석하여 만들어진 어휘이다【근거】싱디황뿔휘〈구급간이방언해 7권 1장 뒷면〉(=생지황 뿌리)=싱+디황+ㅅ(사이시옷)+불휘. '뿌리'의 원어는 '불휘'이다. 휘파람(표준어)[단음화: 위→이]→히파람(경남)

〚ㅍ→ㅃ〛→히빠람(경남).

㉓ ㅂ→ㅍ

놉다〈석보상절 19권 7장 뒷면〉〚ㅂ→ㅍ〛→**높다**(현대어): 놉(다)+히(사동 보조 어간)+다〚ㅂ+ㅎ→ㅍ〛→높이다('높(다)+이(사동 보조 어간)+다'로 오분석하여 '높다'가 만들어졌다).

무릅(=膝(슬))〈훈몽자회 상권 28장 앞면〉〚우→으〛→무릅〚ㅂ→ㅍ〛→무릎(현대어): 무릅+ㅎ(고유어 명사에 붙음)+이(주격 조사)〚우→으〛→무릅ㅎ이〚ㅎ+ㅂ→ㅍ〛→무르피〚'무릎+이'로 오분석〛→무릎.

밣(八)〈월인석보 1권 월인천강지곡 46장 앞면〉〚ㅎ→Ø, ㅂ→ㅍ〛→**팔**(현대어).

뱅(貝)〈능엄경언해 7, 8권 중 7권 41장 뒷면〉〚**배**〛〚ㅂ→ㅍ〛→**패**(현대어).

봉(布)〈월인석보 1권 월인천강지곡 12장 뒷면〉〚**보**〛〚ㅂ→ㅍ〛→**포**(현대어).

봉(風)〈월인석보 1권 월인천강지곡 50장 앞면〉〚ㅂ→ㅍ, ㆁ(ng)→ㅇ(ng)(받침)〛→퐁〚오→우〛→**풍**(현대어).

빓(必)〈월인석보 1권 월인서 16장 앞면〉〚ㅂ→ㅍ, ㅎ→Ø〛→**필**(현대어).

앏(=前))〈훈몽자회 하 34장 뒷면〉〚자음 앞 /ㄹ/ 탈락〛→압〚ㅂ→ㅍ〛→**앞**(현대어). 앏+ㅎ(고유어 명사에 붙음)+이(주격 조사)〚자음 앞 /ㄹ/ 탈락〛→압히〚ㅂ+ㅎ→ㅍ〛→**앞**이.

㉔ ㅅ→ㄱ

붓돋오다(=비(培))〈훈몽자회 하권 5장 앞면〉〚ㅅ→ㄱ〛→북돋오다〚모음조화 파괴〛→북돋우다(현대어) 【근거】붓도돌 비(培)〈훈몽자회 하권 5장 앞면〉=북도둘 배(현대어). **붓**=부(扶)(=도우다, 떠받치다, 부축하다)+앗(부사형 어미)〚모음조화: 우-우〛→부웃〚동모음 축약〛→붓. **북**=부(=부(扶)(=도우다, 떠받치다, 부축하다)+악(부사형 어미)〚모음조화: 우-우〛→부욱〚동모음 축약〛→북 【근거】노릇노릇=*놀(다)+앗(부사형 어미)+이(첨가음)+*놀(다)+앗(부사형 어미)+이(첨가음): 앗+이〚모음 합체〛→앳〚애→에〛→엣〚에→이〛→잇〚이→으〛→웃. 노릇노릇=*놀+웃

+*놀+웃. cf. 노랏노랏(경남 노인 말)=*놀(다)+앗+*놀(다)+앗. 노락노락(경남)(=
노릇노릇)=*놀(다)+악+*놀(다)+악→노락노락.

㉕ ㅅ→ㄴ

맛나다〈석보상절 9권 36장 앞면〉[ㅅ→ㄴ/__ㄴ]→**만나다**(현대어)(발음대로 표
기한 것이다).

㉖ ㅅ→ㄷ

퇵 밧다〈송강가사 이선본 관동별곡〉《우리말샘》(=턱 받다, 받치다)=툭+이(첨가
음) 밧다[첨가음, /이/ 삭제]→툭 밧다[ᄋᆞ→어]→턱 밧다[ㅅ→ㄷ]→턱 받다
(현대 표준어). 발음을 오분석한 것이다: 밧다[바따][‘바따=받+다’로 오분석]→
받다 【근거】 툭爲頤〈훈민정음해례본 용자례〉=턱은 이(頤)다. 툭+이(첨가음)[모음
합체]→퇵〈송강가사 이선본 관동별곡〉[단음화: 읙→애]→택(경남)(=턱).

㉗ ㅅ→ㄹ

그스다〈월인석보 2권 35장 뒷면〉[풀어쓰기와 유성음화의 이전 형태로 환원, ㄱ
→ㄲ]→끗다[ㅅ→ㄹ]→**끌다**(현대어) 【근거】 **끄싱깨**(경남)(베매는 도구)(=끄싱
개(표준어)〈고려대 한국어대사전〉(=끄는 것)=끗(다)+앙(=子)(=것)+이(첨가음)+ㅅ
(사이시옷)+거(=것)+이(첨가음)=끗+잉+ㅅ+개[ㅅ+ㄱ→ㄲ]→끄싱깨: 앙+이[모
음 합체]→앵[애→에]→엥[에→이]→**잉**. 거+이[모음 합체]→게[에→애]
→**개**. **끄싱개**(표준어)=긋(다)+앙(형용사형 어미)+이(첨가음)+거+이→끄싱개: 앙
+이[모음 합체]→앵[애→에]→엥[에→이]→**잉**. 거+이[모음 합체]→게[에
→애]→**개** 【근거】 노랑(명사)=*놀(다)+앙(명사형 어미). 노랑나비=*놀(다)+앙(형
용사형 어미)+나비. cf. 까맣다=깜(다)+앟+다. 노랗다=*놀(다)+앟+다. cf. 튀르키
예어 biridir의 마지막 /r/이 [ʃ]처럼 들리는 것이 이 음운 규칙과 연관이 있을 수도
있다.

㉘ ㅅ → ㅆ

사호다〈능엄 9:19〉《우리말샘》〚ㅅ→ㅆ〛→**싸호다**〚ㅎ→Ø/모음__모음〛→싸오다〚모음조화 파괴〛→싸우다(현대 표준어).

썅(雙)〈훈몽자회 하 33장 뒷면〉〚단음화: 와→아〛→상〚ㅅ→ㅆ, ㅇ(ng)→ㅇ(ng)(받침)〛→**쌍**(현대어).

잇다〚ㅅ→ㅆ〛→**있다**(현대어) 【근거】 有울는이실씨라〈월인석보 1권 훈민정음 2장 앞면〉(=유(=有)는 **있다**는 뜻이라): 이실 씨라=**잇**(다)+이(자음 충돌 회피용 삽입 모음)+ㄹ(관형형 어미)+씨(=뜻)+라.

속(표준어)(=내(內))→**쏙**(경남).

설레설레→썰레썰레.

㉙ ㅅ → ㅈ

도랏(=桔梗)〈역어유해 하권 12장 앞면〉〚**도랃**〛+이(첨가음)→도랃이〚구개음화〛→도라지. 도랏=*돌+앗(=子). cf. 돌가지(강원, 경상, 전라, 평북)〈고려대 한국어대사전〉(=도라지)=*돌+갓〚**갇**〛(=앗)+이(첨가음)→돌가디〚구개음화〛→돌가지 【근거】 씨갓(강원, 경남, 전남, 평북, 함경)〈고려대 한국어대사전〉(=씨앗)〚ㄱ→Ø/모음__모음〛→씨앗(표준어). 엄밀히 말하면 'ㅅ→ㄷ→ㅈ'로 바뀐 것이다.

맛나다〈월인석보 1권 월인천강지곡 14장 앞면〉〚ㅅ→ㅈ〛→**맞나다**〈월곡 상:65〉《우리말샘》〚**만나다**〛〚발음대로 표기〛→만나다(현대어): 맛나다〚ㅅ→ㄴ/__ㄴ〛→만나다. 맞나다〚ㅈ→ㄴ/__ㄴ〛→만나다.

밤낫〈석보상절 9권 22장 뒷면〉〚ㅅ→ㅈ〛→**밤낮**(현대어): 밤낫[밤낟], 밤낮[밤낟].

심술〚ㅅ→ㅈ〛→심줄(함북)《우리말샘》.

엿다〚단음화: 여→어〛→얻다〚ㅅ→ㅈ〛→얹다(현대어) 【근거】 무루페 **엿고**…무루페 연자〈법화경언해 1권 35장 앞면〉: 연자=엿(다)+아(부사형 어미)→연사〚ㅅ→ㅈ〛→연자(/ㅅ/의 유성음이 /ㅈ/이 아닌데 왜 /ㅅ/이 /ㅈ/으로 바뀌었는지 모르겠다. /ㅅ/과 /ㅈ/ 교체 사용한 걸까? 아니면, [ㅿ]와 [ㅈ]를 혼용한 것일까?).

졋(=乳(유))〈훈몽자회 상권 27장 앞면〉〚ㅅ→ㅈ〛→졎〚단음화〛→**젖**(현대어): 졋

[젼], 졋[졑], 졎[졑].

설레설레〔ㅅ→ㅈ〕→**절레절레**.

㉚ ㅅ→ㅊ

ᄂᆞᆺ(=顔(안))〈훈몽자회 상권 24장 뒷면〉〔ᄋᆞ→아〕→낫〔ㅅ→ㅊ〕→**낯**(현대어).
cf. 破顔ᄋᆞᆫ ᄂᆞᆺ 버으릴씨오〈1459 월석 20:2ㄱ〉≪우리말샘≫: 낯〔ㅊ→ㅅ〕→**ᄂᆞᆺ**. 낯
[낟]→낫[낟]→낯[낟](현대어)(발음이 동일하다).

몃〔ㅅ→ㅊ〕→**몇**(현대어)【근거】ᄒᆞ루 몃 里링를 녀시ᄂᆞ잇고〈석보상절 6권 23장
앞면〉=하루 몇 리를 가십니까): 녀다=가다, 다니다.

빗(=光(광))〈훈몽자회 하권 1장 앞면〉〔ㅅ→ㅊ〕→**빛**(현대어). cf. 功공德득이 노파
븘비ᄎᆞ로 莊장嚴엄호미〈석보상절 9권 4장 뒷면〉→공덕이 높아 불**빛**으로 장엄함
이(현대어): 빛→빗→빛.

낫〔ㅅ→ㅊ〕→낯【근거】회화 여름 두닐굽 **낫**과〈구급간이방언해 7권〉. cf. 두 나
출 ᄀᆞ라〈구급간이방언해 7권〉: **나출**=낯+올(목적격 조사). 낯/낫→**낱**(현대어): 낫
[낟]/낯[낟]+ㅎ(고유어 명사에 붙음)+이(주격 조사)〔ㄷ+ㅎ→ㅌ〕→**낱**이(=낱+이).

ᄑᆞᆺ〈훈민정음해례본 용자례〉〔ㅅ→ㅊ〕→**ᄑᆞᆾ**〈구급방 下권 88장〉《고려대 한국어대
사전》〔ㅊ→ㅅ〕→**ᄑᆞᆺ**(팁)〈동의보감1권 22〉《고려대 한국어대사전》. cf. ᄑᆞᆾ〔ᄋᆞ→
아〕→**팣**〔ㅊ→ㅌ〕→**팥**(현대 표준어). ᄑᆞᆾ〔ᄋᆞ→오〕→ᄑᆞᆾ〔ㅊ→ㅌ〕→**폽**(경남): ᄑᆞᆺ
[ᄑᆞᆫ]/ᄑᆞᆾ[ᄑᆞᆫ]+ㅎ(고유어 명사에 붙음)+이(주격 조사)〔ㄷ+ㅎ→ㅌ〕→**폽**이〔ᄋᆞ→아〕
→**팥**이.

㉛ ㅅ→ㅌ

ᄇᆞᆺ(다)〈노걸대언해 하 42장〉《표준국어대사전》+이(첨가음)〔모음 합체〕→뱃〔ㅅ
→ㅌ〕→**뱉**(다)(표준어). cf. 춤 밭다(경남)=침 뱉다. 침(표준어)=춤+이(첨가음)〔모
음 합체〕→췸〔단음화〕→침. 아니면 〔우→이〕일 것이다.

밧〈석보상절 6권 27장 뒷면〉(=밖): **밧**다리〔ㅅ→ㅌ〕→**밭**다리(=씨름이나 유도 따
위에서, 걸거나 후리는 상대의 바깥쪽 다리). 밧[받]+ㅎ(고유어 명사에 붙음)〔ㄷ+

ㅎ→ㅌ〗→밭.

퐃〈구급간이방언해 7권〉〈훈민정음해례본 용자례〉〖ㆍ→아, ㅅ→ㅌ〗→**팥**(현대 표준어). cf. 퐃〖ㆍ→오, ㅅ→ㅌ〗→**폴**(경남). 변화과정은 다음과 같다: 팥=퐃〖폳〗+ㅎ(고유어 명사에 붙음)+이(주격 조사)→퐅히〖ㄷ+ㅎ→ㅌ〗→퐅이〖ㆍ→아/ㆍ→오〗→**팥**이/**폴**이.

㉜ ㅆ→ㅉ

쑤시다(표준어)〖ㅆ→ㅉ〗→**쭈시다**(경남).

썰레썰레〖ㅆ→ㅉ〗→**쩔레쩔레**.

㉝ ㅈ→ㅅ

똥구시(경남)=똥+굳(=구덩이)+이(첨가음)→똥구디〖구개음화〗→똥구지〖ㅈ→ㅅ〗→똥구시(=변소, 뒷간).

뎝자(楪子)+이(첨가음)〖구개음화〗→졉자이〖단음화〗→졉자이〖모음 합체〗→졉재〖애→에〗→졉제〖에→이〗→졉지〖ㅈ→ㅅ〗→**졉시**【근거】종자(種子)+이(첨가음)〖모음 합체〗→종재〖애→에〗→종제〖에→이〗→종지. (나모)**뎝시**(=(木)楪子)〈역어유해 하권 13장 앞면〉〖구개음화〗→졉시〖단음화〗→**졉시**(현대어). 楪子= 楪匙. 현대어, 접시(楪匙)의 시(匙)(=숟가락, 열쇠)는 그 뜻이 맞지 않아 음차임을 알 수 있다. cf. **ぼし**(母子)(bosi)(일본어)=모자(母子)+이(첨가음)〖모음 합체〗→모재〖애→에〗→모제〖에→이〗→모지〖ㅈ→ㅅ〗→모시(mosi)〖m→b〗→bosi【근거】**もや**(=母屋(**모(mo)**옥))(moya)〈枕草子·39·節(せち)は五月に〉《ネッセ全訳古語辞典》.

반ᄃ기〈법화경언해 1권 16장 뒷면〉〖ㆍ→으〗→반드기〖구개음화: ㄱ→ㅈ/__이〗→반드지〖ㅈ→ㅅ〗→**반드시**(현대어). **반ᄃ기**〖ㆍ→아〗→반다기〖구개음화〗→반다지〖ㅈ→ㅅ〗→**반다시**(경남 노인 말).

배창자+이〖모음 합체〗→배창재〖애→에〗→배창제〖에→이〗→배창지〖ㅈ→ㅅ〗→배창시(전남, 제주)〈우리말샘〉〖이→우〗→배창수(경남). cf. 자루(표준어)=

자리(경남), 바루(표준어)=바리(경남), 노루(표준어)=노리(경남). 가루(표준어)=가리(경남).

좃(표준어)(=penis)〖ㅈ→ㅅ〗→좃(경남). 좃이[조시] 크다.

상투를 쫓다(표준어)〖ㅈ→ㅅ〗→상투를 **쫏다**(경남): 상투를 쫏아야[쪼사야] 할 나(=나이)다(경남).

절레절레〖ㅈ→ㅅ〗→**설레설레**.

한그슥(경남)=*한그득〖구개음화: ㄷ→ㅈ/__으〗→한그즉〖ㅈ→ㅅ〗→한그슥(=한가득) 【근거】 그득하다〉가득하다.

sıra(튀르키예어)(=줄, 순서)=줄+아(=子)(의미첨가 없이 명사에 붙는 접미사)〖ㅈ→ㅅ〗→술아〖우→으〗→슬아→스라(sıra) 【근거】 **banka**(튀르키예어)=bank(영어)ㅣ+아(=子)(a). 믈(=水)〈훈민정음해례본 용자례〉〖으→우〗→물(현대어).

süt(튀르키예어)(=젖)=졎[**졋**]+이(첨가음)〖단음화〗→젇+이〖어→으〗→즏이〖으→우〗→준이〖모음 합체〗→쥔〖ㅈ→ㅅ〗→쉰→süt 【근거】 힌 쇠져즐 取ᄒᆞ야 열여슷 그르세 노코〈1461 능엄 7:15ㄴ〉《우리말샘》=흰 소젖을 취하여 열여섯 그릇에 놓고: 졎〖단음화〗→젖(현대어). 젇(경남 노인 말)=젓+이(첨가음)〖모음 합체〗→젙. 없다/읎다(경남). 믈(=水(쉉[쉬])〈월인석보 1권 월인천강지곡 23장 앞면〉〖으→우〗→물(현대어).

㉞ ㅈ→ㅉ

디허츤〈구급간이방언해 7권〉〖구개음화〗→**지허츤**〖ㅈ→ㅉ〗→**찌허츤**〖으→이〗→**찧어 친**(현대어).

㉟ ㅈ→ㅊ

꼬지(경남)=꽂(다)+이(명사형 어미)(=물건)→꼬지(경남)〖ㅈ→ㅊ〗→꼬치(현대 표준어). cf. 곶다〈능엄8:107〉《고려대 한국어대사전》〖ㄱ→ㄲ〗→꽂다(현대어). '꽂히다=꽂(다)+히(피동 보조 어간)+다〖ㅈ+ㅎ→ㅊ〗→꼬치다['꼬치다=꽂(다)+이(피동 보조 어간)+다'로 분석하여〗→꽂다. '꽂(다)+이(명사형 어미)(=물건)→

꼬치(표준어)'와 같은 과정을 거치지 않으면 표준어의 '꼬치'는 만들어질 수 없다.

뒹(追)〈월인석보 1권 석보서 4장 앞면〉[뒤][첨가음 /이/ 삭제]→듀[구개음화]→쥬[ㅈ→ㅊ]→츄[단음화]→**추**(현대어).

바가지[ㅈ→ㅊ]→바가치(경남). 바가지=박(=gourd)+악(=子)+이(첨가음)→박아기[구개음화]→박아지→바가지(그 뜻은 '박에서 만들어진 것'=바가지). 아니면 박+앗(=子)[**앋**]+이(첨가음)→박아디[구개음화]→바가지. 바가치=박+악+ㅎ(고유어 명사에 붙음)+이(첨가음)→박악ㅎ이[ㄱ+ㅎ→ㅋ]→박아키[구개음화: ㅋ→ㅊ/__이]→박아치→바가치.

잔(讚)〈월인석보 1권 월인서 8장 뒷면〉[ㅈ→ㅊ]→**찬**(현대어).

견(薦)〈월인석보 1권 석보서 4장 앞면〉[단음화]→**전**[ㅈ→ㅊ]→**천**(현대어).

홍정바지〈석보상절 6권 15장 앞면〉[단음화]→홍정바지(경남)[ㅈ→ㅊ]→홍정바**치**(현대어).

㊱ ㅉ→ㅆ/ㅈ/ㅅ

쩔레쩔레/썰레썰레/절레절레/설레설레

㊲ ㅉ→ㅊ

일찍(표준어)[ㅉ→ㅊ]→일칙(경남)[이→으]→일측(경남).

첫째(표준어)=첫채(경남). cf. 첫차(전남)=첫째. 둘차〈석보상절 13권 29장 뒷면〉+이(첨가음)[모음 합체]→둘채(경남)[ㅊ→ㅉ]→둘째(표준어).

㊳ ㅊ→ㅅ

들티다〈신합 하권 9장〉《우리말샘》[구개음화]→들**치**다[ㅊ→ㅅ]→들시다(경남). cf. 들추다=들티다[구개음화]→들치다[이→우]→들추다(표준어).

(엿의) 갗(=(狐)皮)〈훈민정음해례본 종성해〉)(=(여우의) 가죽)[ㅊ→ㅅ]→(늧)**갓**(=(面)皮)〈역어유해 상권 33장 뒷면〉. cf. 가죽=갓+악(의미첨가 없이 명사에 붙는 접미사)[ㅅ→ㅈ]→갖+악[아→우]→갖욱[발음대로 표기]→가죽.

㊴ ㅊ → ㅉ

셋차〈석보상절 13권 30장 앞면〉+이(첨가음)〚ㅊ → ㅉ〛→셋짜이〚모음 합체〛→셋째(표준어)【근거】셋찻일후믄〈석보상절 13권 30장 앞면〉(=셋째 이름은)=셋차(=셋째)+ㅅ(사이시옷)+일훔(=이름)+은(조사).

㊵ ㅊ → ㅌ

낯〚ㅊ → ㅌ〛→낱(현대어)【근거】두 **나출** ㄱ라〈구급간이방언해 7권〉=두 낱을 갈아. 낯[낟]+ㅎ(고유어 명사에 붙음)+이(주격 조사)〚ㄷ+ㅎ → ㅌ〛→**낱**이.

낯(표준어)(=얼굴)〚ㅊ → ㅌ〛→**낱**(경북, 충북, 함남)〈우리말샘〉: **ᄂᆞᆾ**(=顔(안))〈훈몽자회 상권 24장 뒷면〉〚ᄋᆞ → 아〛→낫〚ㅅ → ㅊ〛→**낯**(현대어)〚ㅊ → ㅌ〛→**낱**, 아니면, 낫[낟]/낯[낟]+ㅎ(고유어 명사에 붙음)+이(주격 조사)〚ㄷ+ㅎ → ㅌ〛→**낱**이.

㊶ ㅋ → ㄱ

캉(可)〈월인석보 21권 상권 8장 뒷면〉[카]〚ㅋ → ㄱ〛→**가**(현대어).

캥(開)〈월인석보 1권 월인서 8장 앞면〉[캐]〚ㅋ → ㄱ〛→**개**(현대어).

컹(去)〈월인석보 15권 67장 앞면〉[커]〚ㅋ → ㄱ〛→**거**(현대어).

켱(輕)〈월인석보 1권 훈민정음 11장 뒷면〉〚ㅋ → ㄱ, ㆁ(ng) → ㅇ(ng)〛→**경**(현대어).

쿯(窟)〈월인석보 1권 월인서 20장 뒷면〉〚ㆆ → Ø〛→콜〚ㅋ → ㄱ〛→골〚오 → 우〛→**굴**(현대어).

콘(困)〈월인석보 21권 상 102장 뒷면〉〚ㅋ → ㄱ〛→**곤**(현대어).

콩(苦)〈석보상절 9권 12장 앞면~13장 앞면〉[코]〚ㅋ → ㄱ〛→**고**(현대어).

콩(空)〈월인석보 21권 상 57장 앞면〉〚ㅋ → ㄱ, ㆁ(ng) → ㅇ(ng)〛→**공**(현대어).

쿵(口)〈월인석보 21권 상 60장 앞면〉[쿠]〚ㅋ → ㄱ〛→**구**(현대어).

쿯씨(乞食)〈석보상절 6권 23장 뒷면〉〚ㆆ → Ø〛→클씨〚으 → 어〛→컬씨〚ㅋ → ㄱ〛→걸씨〚ㅆ(유성음) → ㅅ(무성음)〛→**걸식**(현대어)【근거】없다/읎다(경남). 'ㄲ, ㄸ, ㅃ, ㅉ, ㅆ, ㆅ 為 全濁'〈훈민정음해례본〉(전탁(全濁)=유성음(有聲音)). cf. こじき(=乞食)(koziki)(일본어)(=거지)=쿯씨(乞食)〈석보상절 6권 23장 뒷면〉+이(=사람)

〚ㅎ→∅〛→클씩이〚으→어〛→컬씩이〚어→오〛→콜씩이〚ㄹ→∅/__ㅆ〛→코씩이→코씨기〚ㅆ→z〛→koziki. こじき(=乞食)(koziki)(=구걸)=콣씩(乞食)〈석보상절 6권 23장 뒷면〉+이(첨가음)〚ㅎ→∅〛→클씩이〚으→어〛→컬씩이〚어→오〛→콜씩이〚ㄹ→∅/__ㅆ〛→코씩이→코씨기〚ㅆ→z〛→koziki 【근거】 왼손잡이=왼손+잡(다)+이(=사람). 국(國)+이(첨가음)〚모음 합체〛→귁(國).

킝(器)〈석보상절 19권 11장 앞면〉[킈]〚단음화: 의→에〛→케〚에→이〛→키〚ㅋ→ㄱ〛→기(현대어).

킝(氣)〈월인석보 15권 81장 앞면〉[킈]〚단음화〛→케〚ㅋ→ㄱ〛→게〚에→이〛→기(현대어). cf. しっけ(湿気): け(氣)(ke)=킝(氣)[킈]〚단음화: 의→에〛→케(khe)〚ㅋ→ㄱ〛→게(ke)(일본어에는 k/kh의 구분이 없다). け(氣)(ke)〚e(에)→i(이)〛→ki→き(氣)(일본어).

㊷ ㅌ → ㄲ

두텁(=蟾蜍)〈훈민정음해례본 용자례〉+이(첨가음)〚ㅌ→ㄲ〛→**두꺼비**(현대 표준어). cf. 두꺼비〚ㄷ→ㄸ〛→뚜꺼비[umlaut]→뚜께비(경남 노인 말) 【근거】 두텁다〈석보상절 19권 7장 앞면〉〚ㅌ→ㄲ〛→두껍다(현대어).

㊸ ㅌ → ㄸ

같다[풀어쓰기]→가트다〚ㅌ→ㄸ〛→**가쁘다**(제주)〈고려대 한국어대사전〉.

떨어트리다(표준어)/**떨어뜨리다**(표준어)〈표준국어대사전〉. cf. 떨어**티**리다/떨어 띠리다(경남).

㊹ ㅍ → ㅂ

펀(翻)〈월인석보 1권 월인서 11장 앞면〉〚ㅍ→ㅂ〛→**번**(현대어).

(오줌) 편(便)〈훈몽자회 상권 30장 뒷면〉〚ㅍ→ㅂ〛→**변**(현대어).

퐁(普)〈석보상절 13권 6장 앞면〉[포]〚ㅍ→ㅂ〛→**보**(현대어).

퐁(峯)〈석보상절 6권 42장 앞면〉〚ㅍ→ㅂ, ㆁ(ng)→ㅇ(ng)〛→**봉**(현대어).

픎(拂)〈월인석보 2권 39장 뒷면〉〖ㅎ→∅, ㅍ→ㅂ〗→**불**(현대어).

㊺ ㅎ/ㅎㅎ→ㄱ/ㅋ

행(解)〈석보상절 13권 3장 앞면〉[해]〖ㅎㅎ→ㄱ〗→**갱**(觧)(解)(脫)〈월인석보 21권 상권 8장 앞면〉[개(ᄫᆞᆯ)].

너허덜/느흐들(경남 둘 다 사용)(=너희들)〖ㅎ→ㄱ〗→**너거덜/느그들**(경남 둘 다 사용).

燈등의블혀고〈석보상절 9권 32장 뒷면〉=등에 불 켜고(현대어): 혀다〖ㅎ→ㅋ〗→켜다. cf. 한(韓)(han)〖ㅎ→ㄱ/ㅋ〗(일본어에는 k/kh의 구분이 없다)→간→kan→かん(韓)(일본어)(kan).

수+ㅎ(고유어 명사에 붙음)+놈〖ㅎ→ㄱ〗→숙놈(경남)(=수놈). 아니면, 숙놈=수ㅎ+악(=子)(형용사형 어미)+놈〖ㅎ→∅/모음__모음〗→수악놈〖모음조화: 우-우〗→수욱놈〖동모음 축약〗→숙놈(가능성도 있다)【근거】남악신(=나무로 만든 신)=남(=나무)+악(형용사형 어미)+신.

해겁다/개겁다(경남 둘 다 사용). **해겁다**〖ㅎ→ㄱ〗→**개겁다**(=가볍다).

㊻ ㅎ→ㄷ

낳다〖ㅎ→ㄷ〗→**낟다**. '낳(다)[난]'과 같이 발음대로 표기한 것이다【근거】아기 낟ᄂᆞᆫ어믜〈구급간이방언해 7권〉=아기 **낳는** 어미: 어믜〖단음화: 의→에〗→어메(경상, 전라, 충남)〈고려대 한국어대사전〉〖에→이〗→어미(현대 표준어).

㊼ ㅎ→ㅅ

갑다(함경)(=(무엇이 장소에) 들어있거나 가득하게 되다)+**히**(피동 보조 어간)?+다〖ㅎ→ㅅ/__이〗→갑시다(=세찬 바람이나 물 따위가 갑자기 목구멍에 들어갈 때, 숨이 막히게 되다)【근거】힘(표준어)〖ㅎ→ㅅ/__이〗→심(경남).

들(다)+**히**(사동 보조 어간)+**다**〖ㅎ→ㅅ/__이〗→들시다(경남)(=들추다)【근거】힘(표준어)〖ㅎ→ㅅ/__이〗→심(경남).

벌(다)+히(사동 보조 어간)+다〖ㅎ→ㅅ/__이〗→벌시다(경남)(=벌리다)【근거】힘(표준어)〖ㅎ→ㅅ/__이〗→심(경남).

홀랑(구멍이 넓어서 헐겁게 빠지거나 들어가는 모양)〖ㅎ→ㅅ〗→**솔랑**(경남).

짛다〖ㅎ→ㅅ〗→**짓다**(현대어)【근거】일훔지허ㄱ로되〈월인석보 1권 석보서 4장 뒷면〉=이름 지어 가로되(=말하기를). 일훔+이(첨가음)〖모음 합체〗→일휨〖단음화〗→일힘〖ㅎ→∅/유성음__유성음〗→일임→이림(경남 노인 말). cf. **isim**(=이름)=일훔+이(첨가음)〖모음 합체〗→일휨〖단음화〗→일힘〖ㅎ→ㅅ/__이〗→일심〖ㄹ→∅/__ㅅ〗→이심→isim【근거】부삽=불삽〖ㄹ→�/__이〗→부삽. 힘(표준어)〖ㅎ→ㅅ/__이〗→심(경남).

㊽ ㅎ → ㅌ

핧다〈석보11:25〉《고려대 한국어대사전》〖ㅎ→ㅌ〗→**핥다**(현대어). cf. **yala**(mak)(=핧(다))=핧(다)+아(부사형 어미)+(먹다)→할하〖ㅎ→∅/유성음__유성음〗→할아〖어두 /ㅎ/ 탈락 후 보상적 /y/ 첨가〗→얄아(yala)('핧아먹다=핧아(동사 어간)+먹다'로 오분석하여 만들어진 동사이다). cf. 미읽다〈두시-초 23:26〉《우리말샘》=미(다)(동사 어간)+읽다)

5.16 자음 탈락

(1) /ㄱ/ 탈락

여어(경남)(=여기)=**여거**(경남)〖ㄱ→∅/모음__모음〗→여어.

요오(경남)(=여기)=**요고**(경남)〖ㄱ→∅/모음__모음〗→요오.

거어(경남)(=거기)=**거거**(경남)〖ㄱ→∅/모음__모음〗→거어.

고오(경남)(=거기)=**고고**(경남)〖ㄱ→∅/모음__모음〗→고오.

저어(경남)(=저기)=**저거**(경남)〖ㄱ→∅/모음__모음〗→저어.

조오(경남)(=저기)=**조고**(경남)〖ㄱ→∅/모음__모음〗→조오.

게이(경남)=고기〖umlaut〗→괴기〖단음화〗→**게기**(경남)〖ㄱ→∅/모음__모음〗→

게이(경남)[에→이]→**기이**(경남).

머위(표준어)=**머구**(경남)+이(첨가음)[ㄱ→∅/모음__모음]→머우이[모음 합체]→머위.

바위(표준어)=**바구**(경남)+이(첨가음)[ㄱ→∅/모음__모음]→바우이[모음 합체]→바위. 표준어와 경남 방언을 비교하면 /ㄱ/ 탈락이나 중세 국어를 보면 /ㅎ/ 탈락이다: 바회(=巖(암))〈훈몽자회 상권 3장 뒷면〉[ㅎ→∅/모음__모음]→바외[오→우]→바위. 바회(=巖)=바호+이(첨가음)[첨가음 삭제]→바호[ㅎ→ㄱ]→바고[오→우]→바구(경남) 【근거】 해겁다(경남)[ㅎ→ㄱ]→개겁다(경남)(=가볍다(표준어)).

시기다〈석보상절 6권 10장 앞면〉[ㄱ→∅/모음__모음]→시이다(경남). **시키다**(표준어, 경남)=시기다[ㄱ→ㅋ]→시키다.

지이다(경남)=죽이다[umlaut]→쥑이다[단음화: 위→이]→**직이다**(경남)[ㄱ→∅/모음__모음]→**지이다**(경남).

(2) /ㄴ/, /ㅇ/(받침) 탈락

산이[ㄴ→∅/__이 and 이[ĩ](鼻母音)]→사이[ĩ]('산이'의 경남 발음).

상아 (놓을 끼 없다)(경남)[ㅇ(받침)→∅/__아(처격 조사) and 아[ã](鼻母音)]→사아[ã]('상아'의 경남 발음). 상아 놓을 끼 없다=상에 놓을 것이 없다: (상)에(처격 조사)(표준어)=아(처격 조사)(경남)+이(첨가음)[모음 합체]→(상)애(중세 국어 처격 조사는 모음조화를 지켰다)[모음조화 파괴]→(상)에(현대 표준어는 모음조화를 지키지 않고 '에'로 통일하였다).

(3) /ㄹ/ 탈락

① 모음 사이 탈락

사암(경남)=사람[ㄹ→∅/모음__모음](보편적인 규칙이 아님)→사암 【근거】 이 사암들이 와 이라노?(경남)(빠른 발음에서)(=이 **사람**들이 왜 이러니?). 경남 방언에서는 의문사가 있는 의문문에는 '노'를, 의문사가 없으면, '나'를 사용한다.

② 자음 앞 탈락

동일 조음점의 ㄴ, ㄷ, ㅅ, ㅈ, ㅊ 앞에서의 탈락.

나날이=날날이[ㄹ→∅/__ㄴ]→나날이.

다달이=달달이[ㄹ→∅/__ㄷ]→다달이.

부삽=불삽[ㄹ→∅/__ㅅ]→부삽.

부젓가락=불젓가락[ㄹ→∅/__ㅈ]→부젓가락.

며치(함남)〈우리말샘〉=멸치[ㄹ→∅/__ㅊ]→며치.

③ 동사나 형용사의 어간 말음, /ㄹ/이 /ㄴ/, /ㅂ/, /ㅅ/, /ㅈ/, /오/ 앞에서 탈락

동사나 형용사의 어간 말음, /ㄹ/이 /ㄴ/, /ㅂ/, /ㅅ/, /지/, /오/ 앞에서 탈락〈우리말샘〉: 만들(다)+는→만드는〈우리말샘〉, 만들+ㅂ시다→만듭시다〈우리말샘〉, 만들(다)+시오→만드시오, 울(다)+짖다→우짖다〈우리말샘〉, 만들(다)+오→만드오. /ㅂ/, '오'만 ②와 다르다.

④ 기타 자음 앞 탈락

앒〈석보상절 19권 10장 앞면〉[ㄹ→∅/__자음]→압[ㅂ→ㅍ]→앞(현대어): 앒+ㅎ(고유어 명사 앞에 붙음)+이(주격 조사)[ㄹ→∅/__자음]→압히[ㅂ+ㅎ→ㅍ]→아피[앞+이(주격 조사)]→앞+이. /ㅂ/ 앞 탈락이지 /ㄹ/이 단어 말음이 아니다. cf. 새마(=新村)(경북)=새(=新)+말(=村)(경남)[어말 /ㄹ/ 탈락]→새마.

닭[닥](독립적으로 발음할 때나 자음 앞에서 발음상으로 /ㄹ/ 탈락).

여무다리(지명)(경남)=열물(조수의 물때를 이르는 말)+다리[ㄹ→∅/__ㅁ]→여무다리(진주 사천 국도상의 축동면에 있는 사천공항 직전의 다리 이름).

겨므니〈석보상절 19권 1장 뒷면〉=곎(다)+으(자음 충돌 회피용 삽입 모음)+ㄴ(관

형형 어미)+이(=사람)〖ㄹ→Ø/＿ㅁ〗→져므니. cf. 젊은이(현대어)=젊(다)+으+ㄴ
+이〖단음화〗→젊은이.

⑤ 어말 탈락

새마(=新村(신촌))(경북)=새(=新(신))+말(=村(촌))〖ㄹ(어말)→Ø〗→새마. cf. 새**말**
운동(경남)=새마을 운동.

물로 묵고(경남)(=물을 먹고)=물+을(목적격 조사)+먹(다)+고〖ㄹ(어말)→Ø〗→
물으 먹고〖으→어〗→물어 먹고〖어→오〗→몰**오** 먹고〖/ㄹ/ 복제〗→물로 먹고
〖어→우〗→물로 묵고 【근거】 없다/읎다(경남), 엄마〖어→오〗→옴마(경남), 먹
다〖어→우〗→묵다(경남). 中듕國귁에 달**아**〈월인석보 1권 훈민정음 1장 뒷면〉=
중국에 달라(현대어): 달아〖/ㄹ/ 복제〗→달라. cf. bir arabayı tamir etmek(=자동
차를 수리하다)=bir(하나의)+araba(=자동차)+y(모음 충돌 회피용 삽입 반자음)+
을(목적격 조사)(ır)+tamir(=수리)+etmek(=하다)〖ㄹ(r)(어말)→Ø〗→bir arabayı
tamir etmek: 을(ır)(목적격 조사)〖ㄹ(r)(어말)→Ø〗→ı(목적격 조사)【근거】새**마**
(=新村(신촌))(경북)=새(=新(신))+**말**(=村(촌))〖ㄹ(어말)→Ø〗→새**마**. cf. 새**말** 운동
(경남)=새마을 운동.

(4) /ㅂ/ 탈락

더우(경남 노인 말)=덥(다)+우(명사형 어미)〖유성음화〗→더부〖ㅸ→Ø〗→더우.
cf. 더위(표준어)=덥(다)+이(명사형 어미)〖유성음화〗→더비〖ㅸ→w〗→더위. 아
니면, 더위=덥(다)+우(명사형 어미)+이(첨가음)〖유성음화〗→더부이〖ㅸ→Ø〗→
더우이〖모음 합체〗→더위. cf. 더뷔〈석보상절 9권 9장 뒷면〉=답(다)+우(명사형
어미)+이(첨가음)〖유성음화〗→더부이〖모음 합체〗→더뷔.

(5) /ㅅ/ 탈락

하이소(경남)(=하십시오)=하시(다)+소〖유성음화〗→하싀소〖ㅿ→Ø〗→하이소
【근거】 ᄉᆡ〈용가31장〉《고려대 한국어대사전》〖ᄋᆞ→아〗→사싀〖ㅿ→Ø〗→사이

(현대어). cf. 싄(人)〈석보상절 6권 1장 뒷면〉〚△→∅〛→인(현대어).

지어=짓(다)+어(부사형 어미)→지서〚유성음화〛→지어〚△→∅〛→지어. cf. 웃어=웃(다)+어(부사형 어미)→웃어(/ㅅ/ 탈락이 일어나지 않았다). **우ᅀᅮᆷ**〈석보상절 13권 22장 앞면〉=웃(다)+우(자음 충돌 회피용 삽입 모음)+ㅁ(명사형 어미)〚유성음화〛→우ᅀᅮᆷ〚△→∅〛→**우움**〈소언 6:112〉《우리말샘》. **웃음**(현대어)=웃(다)+으(자음 충돌 회피용 삽입 모음)+ㅁ(명사형 어미)→웃음(현대어).

5.17 한국어가 튀르키예어로 바뀔 때 일어난 것으로 가정할 수 있는 음운변화

(1) 어두, /b/ 탈락

ak(=흰색, 백색)=*ᄲᆨ(글자가 없어서 이렇게 표기했다. /ㄱ/은 받침이다). (白)〚ᄋᆞ→아〛→빡[bak]〚b→∅〛→ak 【근거】 ᄲᆡᆨ(白)〈월인석보 1권 월인천강지곡 22장 뒷면〉. 'ᄲᆡᆨ(白)=ᄲᆨ+이(첨가음)'로 볼 수 있는 근거는 'ᄀᆔᆨ(國)〈월인석보 1권 훈민정음 1장 앞면〉=국(國)+이(첨가음)'를 보면 알 수 있고 일본어에서도 알 수 있다: はく(白)(haku)=ᄲᆨ(白)〚ᄋᆞ→아〛→빡〚ㅃ→ㅂ〛→박〚일본어식으로 표기〛→바구〚ㅂ→ㅎ〛→하구(haku). cf. 백(白)(한국어 현대어). びゃく(白)(byaku)가 있는 것으로 보아 'ㅃ'을 유성음 b로도 인식하고 있였음을 알 수 있다: びゃくさん(白散)(일본어 고어)(byakusan) 【근거】 'ㄲ, ㄸ, ㅃ, ㅉ, ㅆ, ㆅ 爲 全濁'〈훈민정음해례본〉(전탁(全濁)=유성음(有聲音)). 아마도 '더부(경남)〚유성음화〛→더부〚ㅸ→∅〛→더우'와 같이 앞에 모음으로 끝나는 합성어에서 /b/가 탈락한 것을 단어로 삼았을 것으로 추정된다. 이렇게 어두에서 b가 탈락하는 경우는 드물고 b가 그대로 표기되는 경우가 대부분이다; **baş**(=머리)=박(=머리)+이(첨가음)→바기〚구개음화〛→바지〚ㅈ→ㅅ〛→바시(paş)〚어두 유/무성자음 교체〛→baş 【근거】 kelmoq(우즈벡어)=gelmek(튀르키예어)=오다. **박**이 터지다=**머리**가 터지다. 똥구시(경남)=똥+굳(=구덩이)+이(첨가음)→똥구디〚구개음화〛→똥구지〚ㅈ→ㅅ〛→똥구시. 아니면, **ak**(=흰색, 백색)=하(알다)(경남)+악(명사형 어미)〚동모음 축약〛→학(hak)〚어두 /ㅎ/ 탈락〛→ak(가능성이 크다) 【근거】 heroin(영어)〚어두 /ㅎ/ 탈락〛

→eroin(튀르키예어). 까막까치(=까마귀와 까치)=깜(다)+악(명사형 어미)(=것)+까치. 하얗다(경남)(=하얗다)=하(다)(=희다)+앟(형용사형 어미)+다【근거】꺼멓다 =껌(다)+앟+다〔모음조화: 어-어〕→껌엏다→꺼멓다.

ara(=틈, 사이)=벌(다)(=벌어지다)+아(곳)〔어→아〕→발아〔/ㅂ/ 탈락〕→아라 (ara)(그 뜻은 '벌어진 곳'=틈)【근거】예를들어 다음과 같이 ara 앞에 모음으로 끝나는 단어가 왔을 때 /ㅂ/이 탈락된다: İki ülke arasında(=두 나라 사이에)=İki(=두, 2)+ülke(=나라)+벌(다)+아(a)((=곳)+sı+ın(소유격 조사)+다(=데, 곳)+아(처격조사): ülke(=나라)+벌(다)+아(a)〔어→아〕→ülke+발(다)+아(a)〔유성음화: ㅂ→ㅸ→∅/모음__모음〕→ülke+알(다)(ar)+아(a)〔→아〕→ülke ara. arasında=arasın+다(=곳)+아(경남)(처격 조사)〔동모음 축약〕→arasın다(ta)〔유성음화〕→arasında. arasında에 왜 소유격 조사, ın이 붙었는지 튀르키예어로는 설명할 수 없으나 경남 방언으로는 설명할 수 있다【근거】부텨說쓇法법ᄒᆞ신**다**마다〈월인석보 1권 월인천강지곡 15장 앞면〉부처 설법하신 **데**마다. 상아 놓을 끼 없다(경남)=상에 놓을 것이 없다(표준어): 에=아(처격 조사)(경남)+이(첨가음)〔모음 합체〕→애(중세 국어: 상애)〔모음조화 파괴〕→에(현대 표준어)(현대 표준어는 모음조화도 지키지 않고 모음 충돌 회피용 삽입 반자음 /y/도 붙이지 않는다: 世솅世솅예〈석보상절 19권 7장 뒷면〉〔셰셰예〕(=세세에(현대어)): 예(ye)→에(e)(현대 표준어). 더우(경남 노인 말)=덥(다)+우(명사형 어미)→더부(경남 노인 말)〔유성음화〕→더ᄫᅮ〔ㅸ→∅〕→더우.

arı(=벌)=벌+이(첨가음)〔어→아〕→발이〔/ㅂ/ 탈락〕→알이(arı)〔모음조화: a-ı〕→arı【근거】예를 들어 다음과 같이 변했을 것이다: bal arısı(=꿀벌)=bal(=꿀)+벌(=bee)+이(첨가음)+sı(3인칭 소유 접미사)〔어→아〕→bal발이sı〔유성음화: ㅂ→ㅸ/유성음__유성음〕→bal발이sı〔ㅸ→w→∅/유성음__유성음〕→bal알이(arı)sı〔모음조화: a-ı〕→bal **arı**sı. 갈월(=虎)〈훈몽자회 상권 18장 앞면〉=갈범(경남)〔ㅂ→ㅸ→w/유성음__유성음〕→갈w+엄→갈**월**(wəm). 더우(경남 노인 말)(=더위)=덥(다)+우(명사형 어미)→더부(경남 노인 말)〔ㅂ→ㅸ→w→∅/유성음__유성음〕→더우.

(2) 어두, /ㅎ/ 탈락

ak(mak)(=흐르다): *홀(다)+기(명사형 어미)〚어말 /ㄹ/ 탈락〛→흐기〚으→어〛→
허기〚어→아〛(튀르키예어에는 /어/가 없다)→하기〚어두 /ㅎ/ 탈락〛→아기(aki)
〚모음조화: a-ı〛→**akı**(=흐름)〚'akı=ak(mak)(동사 어간)+으(ı)(명사형 어미)'로 오
분석〛→ak(mak)(튀르키예어에도 동사의 명사형 어미가 한국어와 같이 '이'도 있
고 '기'도 있으나 '기'가 붙은 것을 '이'가 붙은 것으로 잘못 분석하여 만들어진 동
사이다) 【근거】 호비다〚어두 /ㅎ/ 탈락〛→오비다. 없다/읎다(경남). heroin(영어)
〚어두 /ㅎ/ 탈락〛→eroin(튀르키예어). 흘러가다=흘(다)+어(부사형 어미)+다〚/
ㄹ/ 복제〛→흘러가다 【근거】 樓룡우희ᄂ라올아〈석보상절 6권 3장 앞면〉=누 위에
날아올라: 올아=올(다)+아(부사형 어미)→올아〚/ㄹ/ 복제〛→올라(현대어). 흘다
〚풀어쓰기〛→흐르다. 올다〚풀어쓰기〛→오르다. '흐르다'가 원어이면 '흐르(다)+
어(부사형 어미)→흐르ㅓ(글자가 없어서 이렇게 표기했다)〚단음화〛→*흐러'가
되어야 할 것이다.

한국어의 형태론적으로 특이한 것
'단어=a+b'에서 'a=b'인 경우

널판(=널=판)=널+판(板).

단발머리(발=머리): 단발(斷髮)=짧은 **머리**. 머리=머리털.

머리빡(머리=박)=머리+ㅅ(사이시옷)+박(=머리) 【근거】 **박**이 터지다=**머리**가 터지다.

모도 다(모도=다) 조오라(경남 노인 말)=모두 다 주어라.

방에다(에=다) 도오라(경남)(=방에 두어라)(에(처격 조사))=다(처격 조사)). cf. 오데다 둘꼬?(경남)(=어디에 둘까?)=오데(=어디)+다(처격 조사)+두(다)+ㄹ+꼬(의문 종결어미(앞에 의문사가 있을 때 사용. 없으면 '꺼'를 사용한다: 집에 갔십니꺼?=집에 갔습니까?). Oda**da** televizyon(튀르키예어)=방에 텔레비전)=Oda(=방)+**da**(처격 조사)+televizyon. Acaba eldivenlerimi nere**de** bıraktım?⟨Türkçe Sözlük⟩《LEXILOGOS》=대체 내 장갑을 어디에 두었을까?

역전앞(전(前)=앞).

외갓집(가(家)=집)=외가+ㅅ(사이시옷)+집

해년(해=년(年)): 해년 해마다(경남)=**년**년/**연**연이=매년.

7

한국어가 튀르키예어로 바뀔 때 특이한 음운변화

7.1 모음 교체

이→에(특이한 경우): 한국어 표준어와 튀르키예어를 비교하니 음운 규칙상 일어날 것 같지 않은 '이→에'로 보이나 경북 방언을 보면 '에→이'임을 알 수 있다:

가레다(경북)(=가리다=여럿 가운데서 하나를 구별하여 고르다)〈우리말샘〉〖에→이〗→가리다.

갈레다(경북)(=갈리다=쪼개지거나 나뉘어져 따로따로 되다. '가르다'의 피동사)〈우리말샘〉〖에→이〗→갈리다.

들레다(경북)〈우리말샘〉(=(소리가) 들리다)〖에→이〗→들리다(표준어).

dile(mek)(기원하다, 바라다, 희망하다)=*디**레**(다)(=(기도를) 드리다)→tile〖어두 유/무성자음 교체〗→dile 【근거】 들레다(경북)〈우리말샘〉(=들리다)〖에→이〗→들리다(표준어). (기도를) *디**레**(다)(=드리다)〖에→이〗→(기도를) 디리다(경남)〖이→으〗→드리다(표준어). gelmek(튀르키예어)=kelmoq(우즈벡어)=오다. temenni dilemek(=기원을 디리다(경남))=temenni(=기원)+dilemek(=*디레다).

titre(mek)(=떨다, 진동하다, 전동하다, 전율하다)=*디떨레(다)(=몹시 떨리다)=디(부사)+떨(다)+에(피동 보조 어간)〖어→으〗→디뜰에〖ㄸ→ㅌ〗→디틀에→titıre〖/t/를 파열시켜 발음하면 뒤의 [ı]는 있으나 없으나 발음이 같이 들린다〗→titre 【근거】 없다/읎다(경남)(경남 방언에서는 '어/으 교체'가 아주 자유롭게 일어난다). 떨어**ㅍ**리다(표준어)/떨어**ㅌ**리다(표준어)〈표준국어대사전〉. **들레다**(경북)〈우리말샘〉(=들리다)〖에→이〗→들리다(표준어). *떨레다〖에→이〗→떨리다.

7.2 모음 탈락

burun(=코): köpek burnu(=개코)=köpek(=개)+burun(코)+u(3인칭 소유 접미사)〖음절 재분석으로 /u/ 탈락〗→köpek burnu.

ilk(=제1의, 처음의)=일(一)+그/거(소유격 조사)(경남)→일그(ilkı)〖/k/를 파열시키면 [ı]는 있으나 없으나 발음이 같이 들린다〗→ilk. **ilk**(=첫째)=일(一)+그/거(=것)【근거】너**거** 집/느그 집(경남)(어/으 교체)(=너**의** 집)=너/느+거/그(소유격 조사)+집. cf. 妹(いも)**が**袖(そで)〈萬葉集·15·3604〉(=妻の袖=아내**의** 소매): 거〖어→아〗→(모음+)가(ka)〖유성음회〗→ga→が(ga). 이거/이그(경남)=이것.

kez(=번, 차례, 회)=회(回)(=번, 횟수)=회수(回數)[헤수](경남 발음)〖ㅎ→ㅋ〗→케수〖우→으〗→케스(kesı)〖유성음화〗→케스(kezı)〖유성 마찰음, [z] 뒤의 [ı]는 있으나 없으나 발음이 같이 들린다〗→kez. 아니면, **kez**=회(回+자(子)(의미첨가 없이 명사에 붙는 접미사)+이(첨가음): 자+이〖모음 합체〗→재〖애→에〗→제〖에→이〗→지〖ㅈ→ㅅ〗→시〖이→으〗→스. 회[헤](경남 발음)+스〖ㅎ→ㅋ〗→케스〖유성음화〗→케스〖△→z〗→kezı〖유성 마찰음, [z] 뒤의 [ı]는 있으나 없으나 발음이 같이 들린다〗→kez【근거】이사/으사(경남)=의사(醫師)(표준어). 燈등의블 혀고〈석보상절 9권 32장 뒷면〉=등에 불 켜고(현대어): 혀다〖ㅎ→ㅋ〗→켜다. 〔유례〕bez(=천, 옷감)=베(=布(포))+자(子)(의미첨가 없이 명사에 붙는 접미사)+이(첨가음)→베지(pezi)〖이(i)→으(ı)〗→pezı〖어두 유/무성자음 교체〗→bezı〖유성 마찰음, [z] 뒤의 [ı]는 있으나 없으나 발음이 같이 들린다〗→bez. toz(=먼지)=토(土)+자(子)(지소사)+이(첨가음). cf. 자+이〖모음 합체〗→재〖애→에〗→제〖에→이〗→지〖ㅈ→ㅅ〗→시(=し(si)(일본어))〖이→으〗→스(=す(su)[sı](일본어))〖유성음화〗→스(=子[zı](중국어)). **kere**(=kez)=회(回)[헤](경남 발음)+알(의미첨가 없이 명사에 붙는 접미사)+이(첨가음)+아(의미첨가 없이 명사에 붙는 접미사)+이(첨가음)〖모음 합체〗→헤앨애〖애→에〗→헤엘에〖동모음 축약〗→헬레〖ㅎ→ㅋ〗→켈

레[동자음 축약]→케레→kere. ⟹ **kereste.**

ömür(=목숨, 생명, 평생, 인생)+**üm**(=1인칭 단수 소유 접미사)[음절 재분석으로 /ü/ 탈락]→ömrüm.

mühür(=도장, 인장): ihanetin(=배신의)+mühür+ü(3인칭 소유 접미사)[음절 재분석으로 /ü/ 탈락]→ihanetin mührü.

sıyırmak(=벗기다, 쓸다(=줄 따위로 문질러서 닳게 하다)). sıyır(mak)+ıl(피동 보조 어간)+mak[음절 재분석으로 /ı/ 탈락]→sıyrılmak(=쓸리다, 벗겨지다).

üst(=위)=위(=上(상))+ㅅ(사이시옷)(소유격 조사)+터/트(=땅, 자리, 장소)(경남)→윗트(üstı)[/t/를 파열시켜 발음하면 [ı]는 있으나 없으나 발음이 같이 들린다]→üst. cf. **alt**(=밑)=알(경남)(=밑)+터/트(경남)→알트→altı[/t/를 파열시키면 [ı]는 있으나 없으나 발음이 같이 들린다]→alt 【근거】 굼터/굼트(경남)(=굼)=굼+터/트. **알**로 보다(경남)=**밑**으로(=**아래**로) 보다. **아래**(표준어)=알(경남)+아(=子(자))(의미첨가 없이 명사에 붙는 접미사)+이(첨가음)[모음 합체]→아래. 사타리(경남)=살(표준어)+알(의미첨가 없이 명사에 붙는 접미사)+이(첨가음).

Yalu nehri(=압록강)=Yalu+nehir+i(3인칭 소유 접미사)[음절 재분석으로 /i/ 탈락]→Yalu nehri.

yağmur(=비(=雨(우))=락/낙(落)(=떨어지다)+이(첨가음)+물(=水(수))→낙이물[두음법칙 후 보상적 /y/ 첨가]→y+악이물→약이물(yagimur)[모음조화: a-ı]→yagımur[g→ğ/모음＿모음]→yağımur[ğ가 [ı]로 발음되므로 [ı]는 있으나 없으나 발음이 같이 들린다]→yağmur(그 뜻은 '떨어지는 물'=비)(합성어 속에 한국어의 '물(=water)'이 화석처럼 남아있다) 【근거】 옇다(경남)(=넣다)[두음법칙 후 보상적 /y/ 첨가]→옇다.

7.3 자음 교체

(1) ㅁ(m)→ㅂ(b)

buz(=얼음)=물(=水(수))+자(子)(~의 아들, 즉 ~에서 만들어진 것, ~에서 나

온 것)+이(첨가음)〖ㄹ→∅/__ㅈ〗→무자이〖모음 합체〗→무재〖애→에〗→무
제〖에→이〗→무지〖ㅈ→ㅅ〗→무시〖유성음화〗→무싀〖이→으〗→무스〖△
→z〗→muzı〖유성 마찰음, [z] 다음의 [ı]는 있으나 없으나 발음이 같이 들린다〗
→muz(우즈벡어)〖m→b〗→buz(그 뜻은 '물의 아들 즉, 물에서 만들어진 것'=얼
음). 【근거】 소 한 마리(mari)(표준어)〖ㅁ(m)→ㅂ(b)〗→소 한 바리(bari)(경남). 부
젓가락=불(=火(화))+젓가락〖ㄹ→∅/__ㅈ〗→부젓가락. 종지=종자(鍾子)+이(첨가
음)〖모음 합체〗→종재〖애→에〗→종제〖에→이〗→종지. 똥구시(경남)=똥+군(=
구덩이)+이(첨가음)→똥구디〖구개음화〗→똥구지〖ㅈ→ㅅ〗→똥구시. **두서번**〖유
성음화: ㅅ→△/모음__모음〗→두서번〈석보상절 6권 6장 뒷면〉)(=두세번). 이사/
으사(경남)=의사(醫師)(표준어).

(2) ㅁ(m)→v?

ve=**며**[메](경남 발음)〖ㅁ(m)→ㅂ(b)〗→(유성음)+베〖ㅂ→ㅸ/(유성음)__에〗→
볘〖ㅸ→v〗→ve. Ameliyatı yapmazsa eğer karısını **ve** çocuklarını öldüreceğini
söylemişler=만일 수술을 해주지 않으면, 그들은 그의 아내**와** 아이들을 죽일 것이
라고 말했다. 며: 둘 이상의 사물을 같은 자격으로 이어 주는 접속 조사. 나무며
풀=나무와 풀.

(3) ㅸ→v

kovan(=통, 벌집)=고방(경남)(庫房)(=물건을 저장하는 방)〖ㅇ(ng)→ㄴ(n)〗→고
반〖유성음화〗→고반〖ㅸ→v〗→kovan(그 뜻은 벌이 꿀을 저장하는 방=벌집) 【근
거】 don(mak)(=얼다)=동(凍)(=얼다)(tong)〖ng→n〗→ton〖어두 유/무성자음 교체〗
→don.

(4) ㅇ(ng)(받침)→ㄴ(n)

don(mak)(=얼다)=동(凍)(=얼다)(tong)〖ng→n〗→ton〖어두 유/무성자음 교체〗
→don. cf. 凍(凍)[dòng](중국어) 【근거】 **kelmoq**(우즈벡어)=**gelmek**(튀르키예어)=

오다.

(5) ㅈ→ㅅ

sıra(=줄, 순서)=줄+아(=子)(의미첨가 없이 명사에 붙는 접미사)〚ㅈ→ㅅ〛→술아
〚우→으〛→슬아→sıra【근거】아래(표준어)=알(경남)+아(의미첨가 없이 명사에
붙는 접미사)+이(첨가음)〚모음 합체〛→알애→아래. **banka**(튀르키예어)=bank(영
어)+아(=子)(a)(의미첨가 없이 명사에 붙는 접미사). 믈(=水)〈훈민정음해례본 용자
례〉〚으→우〛→물(현대어). 똥구시(경남)=똥+굳(=구덩이)+이(첨가음)→똥구디
〚구개음화〛→똥구지〚ㅈ→ㅅ〛→똥구시.

(6) ㅍ→f

kof(=속이 빈)=고프(다)(kopı)〚'프(pı)' 발음이 어말이라 발음이 약화되어 [f]처럼
들린다〛→kof【근거】배가 고프다=배가 비었다.

7.4 자음 탈락

(1) 어두 자음 탈락

웅(熊))(=곰)=*흉(熊)〚단음화〛→훙〚어두 /ㅎ/ 탈락〛→웅(현대어)【근거】[xióng]
(熊)(중국어)=*흉(hyung)〚ㅎ→ㅅ/__y〛→슝〚유→요〛→숑(xióng)【근거】흉(보
다)(표준어)〚ㅎ→ㅅ/__y〛→슝〚단음화〛→숭(경남). 중국의 마지막 왕조, 청나라
는 신라인, 김함보의 후손이 세운 나라라 경상도 방언의 음운 규칙을 따른다.

ak(=흰. 흰색)=뷕(白)〈월인석보 2권 39장 뒷면〉(희다, 흰색)〚첨가음, /이/ 삭제
and ᄋ→아〛→빡〚ㅂㅂ→b〛→bak. (모음으로 끝나는 단어)+bak〚b→Ø〛→ak【근
거】더부(경남)(=더위)=덥(다)+우(명사형 어미)→더부〚b→Ø〛→더우(경남). 'ㄲ,
ㄸ, ㅃ, ㅉ, ㅆ, ㆅ 爲 全濁'〈훈민정음해례본〉(전탁(全濁)=유성음(有聲音)). 국(國)+
이(첨가음)〚모음 합체〛→귁(國)〈월인석보 1권 훈민정음 1장 앞면〉. 아니면, **ak**=
하(알다)(경남)(=하얗다)+악(명사형 어미)〚동모음 축약〛→학〚어두 /ㅎ/ 탈락〛→

악(ak)(가능성이 더 크다) 【근거】 heroin(영어)〚어두 /ㅎ/ 탈락〛→eroin(튀르키예어). 까맣다=깜(다)+앟+다.

eroin(=헤로인)=heroin(영어)〚어두 /ㅎ/ 탈락〛→eroin.

un(=가루)=분(粉)(=가루)〚어두 /ㅂ/ 탈락〛→운(un) 【근거】 buğday unu(=밀가루)=buğday(=밀)+분(粉)(pun)(=가루)+u(3인칭 소유 접미사)〚유성음화: ㅂ→ㅸ/모음__모음〛→buğday 푼u〚ㅸ→Ø〛→buğday+운(un)+u→buğday unu(이와 같은 과정을 거쳐 un이라는 단어가 만들어졌을 것이다) 【근거】 덥(다)+우(명사형 어미)+이(첨가음)〚유성음화: ㅂ→ㅸ/모음__모음〛→더부+이〚모음 합체〛→더뷔〚ㅸ→Ø〛→더위(표준어). cf. 더부(경남 노인 말)=덥(다)+우(명사형 어미)→더부[더뷔]〚ㅸ→Ø〛→더우(경남 노인 말)('더부', '더우' 둘 다 사용한다). 튀르키예어, un은 경남 방언과 같은 과정을 거쳐 /ㅂ/이 탈락되었다.

접사

8.1 접미사

　한국어에서 하나의 단어에 같은 기능의 다양한 접미사가 단독으로 붙기도 하고 여러 개가 동시에 붙기도 하여 마치 다른 단어처럼 보이는 단어가 아주 많다. 이렇게 여럿이 함께 사용되는 것으로 보아 한국어는 고대부터 접미사가 아주 발달하였음을 알 수 있다. 발달한 곳에서 그렇지 않은 곳으로 전파되는 것이 일반적이므로 이들 접미사가 알타이 여러 언어로 전파되었을 것으로 추정된다. 그중 일부는 다음과 같다:

거래치(평안)〈고려대 한국어대사전〉(=거지)=걸(乞)(=구걸하다)+악(사람)+ㅎ(고유어 명사에 붙음)+이(첨가음)〖ㄱ+ㅎ→ㅋ〗→걸아키〖umlaut〗→걸애키〖구개음화: ㅋ→ㅊ/__이〗→거래치【근거】/이/ 모음 앞에 치음이 오면 umlaut가 잘 일어나지 않지만 일어난 예가 있다: 겨집〈석보상절 19권 14장 앞면〉〖umlaut〗→계집(현대어). 키(=배의 방향을 조종하는 장치)〖구개음화: ㅋ→ㅊ/__이〗→치(강원, 전라, 충청, 함경)〈고려대 한국어대사전〉

거러지(강원, 경상, 함경)〈고려대 한국어대사전〉(=거지))=걸(乞)(=빌다, 구걸하다)+악(=子(자))(=사람)+이(첨가음)〖모음조화: 어-어〗→걸억이→걸어기〖구개음화: ㄱ→ㅈ/__이〗→걸어지→거러지. 아니면, 걸+**앗[앋]**(=子)(=사람)+이(첨가음)→걸앋이〖모음조화: 어-어〗→걸얻이→걸어디〖구개음화: ㄷ→ㅈ/__이〗→

걸어지→거러지【근거】기름(표준어)[구개음화: ㄱ→ㅈ/__이]→지름(경남). 굳이[구지]. cf. **biliş**(=acquaintance=아는 사람, friend=친구)=bil(mek)(=알다)+앗(=子)(=사람)+이(첨가음): 앗+이[umlaut]→앳이[애→에]→엣이[에→이]→잇이→이시→iş

거렁뱅이(경남)(=거지)=걸(乞)(=구걸하다)+앙(형용사형 어미)+방(=사람)+이(첨가음)[모음조화: 어-어]→걸엉방이[umlaut]→걸엉뱅이→거렁뱅이[bæî](경남 발음)【근거】노랑나비=*놀(다)(=노랗다)+앙(형용사형 어미)+나비. cf. 노랑(명사)=*놀(다)+앙(명사형 어미). cf. 까맣다=깜(다)+앟+다.

거렁지(전남)〈우리말샘〉(=거지)=걸(乞)(=구걸하다)+앙(형용사형 어미)+자(子)(=사람)+이(첨가음)[모음조화: 어-어]→걸엉자이→걸엉지[발음대로 표기]→거렁지. ⇒ 거렁뱅이, 거지. 거러지.

거레이(경남)(=거지)=걸(乞)(=구걸하다)+**앙**(=子(자))(=사람)+이(첨가음)[umlaut]→걸앵이[모음조화: 어-에]→걸엥이→거렝이[ㅇ (ŋ)→Ø/__이 and 이[ĩ](鼻母音) and 비모음을 구강 모음화]→거레이[거레ĩ](경남 발음).

거름뱅이(강원)〈우리말샘〉(=거지)=걸(乞)(=구걸하다)+으(자음 충돌 회피용 삽입 모음)+ㅁ(명사형 어미)+방(=사람)+이(첨가음)→걸음방이[umlaut]→걸음뱅이[발음대로 표기]→거름뱅이('걸(乞)'을 동사로 인식하고 있었음을 알 수 있다).

거지=걸(乞)(=빌다)+**자**(子)(=사람)+**이**(첨가음)[ㄹ→Ø/__ㅈ]→거자이[모음 합체]→거재[애→에]→거제[에→이]→거지(그 뜻은 '비는 사람'=동냥하는 사람=거지)【근거】종지=종자(鍾子)+이[모음 합체]→종재[애→에]→종제[에→이]→종지.

걸베이(경남)(=거지)=걸(乞)(=빌다)+**방**(=사람)+이(첨가음)[umlaut]→걸뱅이[모음조화: 어-에]→걸벵이[ㅇ (ŋ)→Ø/__이 and 이[ĩ](鼻母音) and 비모음을 구강 모음으로]→걸베이[걸베ĩ](경남 발음)【근거】앉은뱅이(경남)=앉(다)+으(자음 충돌 회피용 삽입 모음)+ㄴ(관형형 어미)+방(=사람)+이(첨가음)→앉은방이[umlaut]→앉은뱅이. cf. 안준**방**이〈동의 3:22〉〈우리말샘〉=민들레【근거】노랑나비=*놀(다)(=노랗다)+앙(형용사형 어미=관형형 어미)+나비. cf. 노랑(명사)=*놀(다)+앙

(명사형 어미).

걸비이(경북)〈우리말샘〉/(경남)(=거지)=걸(乞)(=구걸하다)+방(=사람)+이(첨가음)[umlaut]→걸뱅이[모음조화: 어-에]→걸벵이[에→이]→걸빙이[ㅇ(ng)→Ø/__이 and 이[ĩ](nasal vowel) and 비모음 구강 모음화]→걸비이[[ĩ]](발음은 비모음으로 한다) 【근거】 고기(표준어)[umlaut]→괴기[단음화: 외→에]→게기(경남)[ㄱ→Ø/모음__모음]→게이(경남)[에→이]→기이(경남).

접미사를 제거하면 어근이 '**걸**'임을 알 수 있고 여기에 각기 다른 접미사가 붙었으나 그 뜻이 같음을 알 수 있다.

굼(경남)〈우리말샘〉(=구멍).
구먹(경기, 전라, 충북, 황해)〈고려대 한국어대사전〉(=구멍)=굼+**악**[모음조화: 우-어]→굼억→구억.
구멍=굼+**앙**[모음조화: 우-어]→굼엉→구멍.
구메〈교시조 2717-16〉《우리말샘》(=구멍)=굼+**아**+이[모음 합체]→구매[모음조화: 우-에]→굼에→구메.
구무(경상)〈고려대 한국어대사전〉(=구멍)=굼+**우**(첨가음)→구무 【근거】 **구무** 穴(혈)〈훈몽자회 하권 18장 앞면〉.
구미(경북)〈우리말샘〉(=구멍)=굼+**이**(첨가음)→구미.

접미사를 제거하면 어근이 '**굼**'이고 여기에 의미첨가 없이 붙는, 각기 다른 접미사가 붙었으나 그 뜻이 같음을 알 수 있다.

고랑테(경남)〈우리말샘〉(=꼬리)=*골(=*꼴)+**앙**+**터**+이[모음 합체]→골앙테[발음대로 표기]→고랑테 【근거】 쇼리〈월석1:28〉《고려대 한국어대사전》[ㅅ+ㄱ→ㄲ]→꼬리(현대어). 예를 들어, '쇼리'는 다음과 같이 잘못 분석하여 만들어진 단어일 가능성이 크다: 소+ㅅ(사이시옷)+고리→소+쏘리('꼬리'의 가장 오래된 형태는

'골'일 것으로 추정된다)【근거】싱디황불휘〈구급간이방언해 7권 1장 뒷면〉=싱디황(=생지황)+ㅅ(사이시옷)+불휘(=뿌리). 뿌리(현대어)=ㅅ+불휘『ㅅ+ㅂ → ㅃ』→뿔휘『단음화: 위→이』→뿔히『ㅎ→Ø/유성음__유성음』→뿔이→뿌리.

꼬라기(함북)〈고려대 한국어대사전〉(=꼬리)=*꼴+**악**+이(첨가음)→꼬라기.

꼬랑기(전남)〈우리말샘〉(=꼬리)=*꼴+**앙**+**거**(경남)(=것, 곳)+이(첨가음)『모음 합체』→꼴앙게『에→이』→꼴앙기『발음대로 표기』→꼬랑기 【근거】거(=것, 곳)+이(첨가음)『모음 합체』→게『에→이』→기: 여거(경남)(=여기=이곳)=여(=이)+거(=곳). (요)고(=여기)(경남)(=곳)+앗(의미첨가 없이 명사에 붙는 접미사)『모음조화: 오-오』→고옷『동모음 축약』→곳. 여기(=이곳)=여(=이)+기(=곳), 이거(경남)=이것. 보기(=보는 것)=보(다)+기(=것). 거(=것)+앗(의미첨가 없이 명사에 붙는 접미사)『모음조화: 어-어』→거엇『동모음 축약』→것. ⇒ 꼬리기.

꼬랑이(='꼬리'를 낮잡아 이르는 말)〈표준국어대사전〉=*꼴+**앙**+이(첨가음).

꼬랑대기(함경)〈고려대 한국어대사전〉(=꼬리)=*꼴+**앙**+**다**(=데)+**악**+이(첨가음)『동모음 축약』→꼴앙닥이『umlaut』→꼴앙댁이『발음대로 표기』→꼬랑대기 【근거】등더리(경남)=등+**다**〈월인석보 1권 월인천강지곡 15장 앞면〉(=데=다+이→대→데(현대어))+알(=子)+이(첨가음)『모음조화: 으-어』→등덜이→등더리. 다+알『동모음 축약』→달(=데=곳). cf. 양달=양(陽)+다+알.

꼬랑지(경남)(=꼬랑이)=*꼴+**앙**+**자**(子)+이(첨가음)『모음 합체』→꼬랑재『애→에』→꼬랑제『에→이』→꼬랑지 【근거】종지=종자(鍾子)+이(첨가음)『모음 합체』→종재『애→에』→종제『에→이』→종지.

꼬랑태기(경남)(=꼬랑이)=*꼴+**앙**+**터**+**악**+이(첨가음)『모음조화: 아-아』→꼬랑타악이『동모음 축약』→꼬랑탁이『umlaut』→꼬랑택이→꼬랑태기『ㄱ→Ø/모음__이』→**꼬랑태이**(경남) 【근거】터+악(지소사)『모음조화: 어-어』→터억『동모음 축약』→턱. cf. 굼턱(=굼)=굼+터+악.

꼬래(함북)〈고려대 한국어대사전〉(=꼬리)=*꼴+**아**+이(첨가음)『모음 합체』→꼴애→꼬래 【근거】아래(표준어)=알(경남)(=아래)+아+이『모음 합체』→아래.

꼬래기(함경)〈고려대 한국어대사전〉(=꼬리)=꼬라기『umlaut』→꼬래기.

꼬랭기(평안, 함경)〈고려대 한국어대사전〉(=꼬리)=*꼴+**앙**+이(첨가음)+**거**(경남)(=것, 곳)+이〖모음 합체〗→꼴앵게〖에→이〗→꼴앵기→꼬랭기 【근거】 거(경남)(=것)+이(첨가음)〖모음 합체〗→게〖에→이〗→기. 것=거+앗(의미첨가 없이 명사에 붙는 접미사)〖모음조화: 어-어〗→거엇〖동모음 축약〗→것. ⇒ **놀기**(=노루).

꼬랭지(평북, 함북)〈고려대 한국어대사전〉(=꼬리)=*꼴+**앙**+이(첨가음)+**자**(子)(의미첨가 없이 명사에 붙는 접미사)+이(첨가음)〖모음 합체〗→꼴앵자이→꼴앵지→꼬랭지. ⇒ 꼬랑지.

꼬랭이(경남)=꼬랑이〖umlaut〗→꼬랭이[꼬래ㅣ].

꼬리=*꼴+**이**(첨가음).

꼬리기(강원)〈우리말샘〉(=꼬리)=*꼴+이+**거**(=것)+이〖모음 합체〗→꼴이게〖에→이〗→꼴이기〖발음대로 표기〗→꼬리기 【근거】 **노리**(경남)(=노루)=놀+**이**(첨가음). **놀기**(평안, 함경)〈고려대 한국어대사전〉(=노루)=놀+**거**+이(첨가음)〖모음 합체〗→놀게〖에→이〗→놀기.

꼬리미(함북)〈우리말샘〉(=꼬리)=꼬리+미(尾)(꼬리=미). cf. 역전앞(전(前)=앞).

꼴랑댕이(전남)〈우리말샘〉(=꼬리)=*꼴+**앙**+**다**(=데)+**앙**+이(첨가음)〖/ㄹ/ 복제〗→꼴랑다앙이〖동모음 축약〗→꼴랑당이〖umlaut〗→꼴랑댕이 【근거】 벌에〈석보상절 24권 50장〉《우리말샘》〖/ㄹ/ 복제〗→벌레(현대어).

꼴랑지(전남)〈고려대 한국어대사전〉(=꼬리)=*꼴+**앙**+**자**(子)+이(첨가음)〖/ㄹ/ 복제〗→꼴랑+자+이→꼴랑지. ⇒ 꼬랑지.

꼴랭이(전남)〈우리말샘〉(꼬리)=*꼴+**앙**+이〖/ㄹ/ 복제〗→꼴랑이〖umlaut〗→꼴랭이. ⇒ 꼴랑댕이.

꼴리(전남, 제주)〈우리말샘〉=*꼴+이〖/ㄹ/ 복제〗→꼴리. ⇒ 꼴랑댕이.

꽁당지(제주)〈고려대 한국어대사전〉(=꼬리)=*꼴+**앙**+**다**(=데)+**앙**(지소사)+**자**(子)(의미첨가 없이 명사에 붙는 접미사)+이(첨가음)〖어말 /ㄹ/ 탈락〗→꼬앙다앙자이〖모음조화: 오-오〗→꼬옹다앙자이〖동모음 축약〗→꽁당자이→꽁당지. ⇒ 꼬랑지.

꽁대(경기, 함경)〈고려대 한국어대사전〉(=꼬리)=*꼴+**앙**+**다**(=데)+이(첨가음)〖어

말 /ㄹ/ 탈락]→꼬앙다이[모음조화: 오-오]→꼬옹다이[동모음 축약]→꽁다이
[모음 합체]→꽁대. ⇒ 꼬랑대기.

꽁대기(함경)〈고려대 한국어대사전〉(=꼬리)=*꼴+**앙**+**다**(=데)+**악**(지소사)+이(첨
가음)[어말 /ㄹ/ 탈락]→꼬앙다악이[모음조화: 오-오]→꼬옹다악이[동모음 축
약]→꽁닥이[umlaut]→꽁댁이→꽁대기 【근거】새마(=新村)(경북)=새말(=新村)
(경남)[어말 /ㄹ/ 탈락]→새마. ⇒ 꼬랑대기.

꽁지〈고려대 한국어대사전〉(='꼬리'를 낮잡아 이르는 말)=*꼴+**앙**+**자**(子)(지소
사)(작게 보아 비하의 의미를 갖는다)+이[어말 /ㄹ/ 탈락]→꼬앙자이[모음조화:
오-오]→꼬옹자이[동모음 축약]→꽁자이→꽁지 【근거】종지=종자(鍾子)+이(첨
가음)[모음 합체]→종재[애→에]→종제[에→이]→종지.

꽁태기(경남)(=꼬리)=*꼴+**앙**+**터**+**악**+이[어말 /ㄹ/ 탈락]→꼬앙터악이[모음조
화: 오-오]→꼬옹터악이[동모음 축약]→꽁터악이[모음조화: 오-아]→꽁타악
이[동모음 축약]→꽁탁이[umlaut]→꽁택이[발음대로 표기]→꽁태기[ㄱ→∅/
모음__모음]→**꽁태이**(경남) 【근거】고기(표준어)[umlaut]→괴기[단음화: 외→
에]→게기(경남)[ㄱ→∅/모음__모음]→게이(경남)[에→이]→기이(경남). ⇒
꼬랑태기.

꽁탱이(전남)〈우리말샘〉(=꼬리)=*꼴+**앙**+**터**+**앙**+이(첨가음)[어말 /ㄹ/ 탈락]→
꼬앙터앙이[모음조화: 오-오]→꼬옹터앙이[동모음 축약]→꽁터앙이[모음조화:
오-아]→꽁타앙이[동모음 축약]→꽁탕이[umlaut]→꽁탱이.

접미사를 제거하면 어근이 '꼴'이나 가장 오래된 어근은 '골'일 것으로 추정된
다. 여기에 의미첨가 없이 붙는, 각기 다른 접미사가 붙었으나 그 뜻이 같음을 알
수 있다. 요약하면 다음과 같다: ① 장소를 나타내는 단어+의미첨가 없이 명사에
붙는 접미사: 터+이→테(=곳). 거+이→게(=것, 곳)(중세 국어에서는 '것'과 '곳'
이 '곧'이었다), 다+악→닥(=곳), 터+억(〈--악)→턱(=곳), 다+앙→당(=곳), 다+
이→대(=데)(=곳). ② 의미첨가 없이 명사에 붙는 한자어 접미사: 자(子). ③ '꼴'
의 자음, /ㄹ/이 복제된 경우. ④ 같은 뜻의 한자어, 미(尾)(=꼬리)를 붙인 경우.

노로(=獐)〈훈민정음해례본 용자례〉(=노루)=놀(=獐(장))+**오**(첨가음).

노루(표준어)=놀+**우**(첨가음).

노리(경남)(=노루)=놀+**이**(첨가음). cf. 가루(표준어)=갈(다)+우(명사형 어미)(=것)→가루. 가리(경남)(=가루)=갈(다)+이(명사형 어미)(=것)→가리.

놀가지(평안)(=노루)=놀+**각**(=악)(=子)+이(첨가음)→놀가기[구개음화]→놀가지 【근거】 돌가지(강원, 경상, 전라, 평북)〈고려대한국어대사전〉[ㄱ→Ø/유성음__유성음]→도라지. 아니면, **놀가지**=놀+갓[간](=앗[안])+이(첨가음)→놀가디[구개음화]→놀가지 【근거】 씨앗[씨앋]=씨갓{씨간}(강원, 경남, 전남, 평북, 함경)〈고려대한국어대사전〉.

놀갱이(평안)(=노루)=놀+**강**(=앙)(=子)+이[umlaut]→놀갱이.

놀기(평안, 함경)〈고려대 한국어대사전〉(=노루)=놀+**거**+이(첨가음)[모음 합체]→놀게[에→이]→놀기.

접미사를 제거하면 어근이 '**놀**'임을 알 수 있고 여기에 의미첨가 없이 붙는, 각기 다른 접미사가 붙었으나 그 뜻이 같음을 알 수 있다.

두던=둔(다)(=돈(다))+**안**(=곳)[모음조화: 우-어]→두던.

두덕=둔(다)(=돈(다))+**악**(=곳)[모음조화: 우-어]→두덕.

두덩=둔(다)(=돈(다))+**앙**(=곳)[모음조화: 우-어]→두덩

【근거】 눈두던(경북, 충북)〈우리말샘〉=눈두덩(표준어)=눈두덕(경남, 전북)〈고려대한국어대사전〉.

접미사를 제거하면 어근이 '**둔**'임을 알 수 있고 각기 다른 접미사가 붙었으나 그 뜻이 같음을 알 수 있다.

따까리(경남)('뚜꺼리'보다 작은 뚜껑)=떺(다)(=덮다)+**갈**(=子)(=것, 물건)+이(첨가음)→떺갈이[모음조화: 어-어]→떺걸이[어→아]→땊갈이[ㅍ+ㄱ→ㄲ]→따

까리.

떠꺼리/뜨끄리(경남)(=뚜껑)=떻다/덮(다)/뚚(다)/듚(다)(경남)(=덮다)+**갈**(=子)(=알)(=것)+이(첨가음)→떻갈이/뚚갈이[모음조화: 어-어/으-으]→떻걸이/뚚글이[ㅍ+ㄱ→ㄲ]→떠꺼리/뜨끄리. cf. 듚(다)〈석보상절 23권 31장〉《우리말샘》[우→으]→듚다(경남)[으→어](경남 방언에서는 아주 자유롭게 교체된다: 읇다/없다)→덮다(현대 표준어)【근거】믈(=水)〈월인석보 1권 월인천강지곡 23장 앞면〉[으→우]→물(현대어).

떠껑/뜨끙(경남)(=뚜껑)=떻다/덮(다)/뚚(다)/듚(다)(경남)(=덮다)+**강**(=子)(=앙)(=것)→떻강/뚚강[모음조화: 어-어/으-으]→떻겅/뚚긍[ㅍ+ㄱ→ㄲ]→떠껑/뜨끙.

떠께/뜨께(경남)(=뚜껑)=뚚(다)/듚(다)/떻다/덮다(경남)(=덮다)+**거**(=것)+이(첨가음)[모음 합체]→떻게/뚚게[ㅍ+ㄱ→ㄲ]→떠께/뜨께.

떠께이/뜨께이(경남)(=뚜껑)=떻(다)/덮다/뚚다/듚다(경남)(=덮다)+**거**(=것)+이(첨가음)[umlaut]→떻게이/뚚게이[ㅍ+ㄱ→ㄲ]→떠께이/뜨께이.

떠벙/뜨붕(경남)(=뚜껑)=뗩다/덥다/뚭(다)/듭(다)(경남)(=덮다)+**앙**(=子)→뗩앙/뚭앙[모음조화: 어-어/으-으]→뗩엉/뚭웅→떠벙/뜨붕. 경남 방언에서 '덮다'의 어근 받침으로 /ㅂ/을 사용한 '덥다'를 사용하지 않는데 이 파생명사에서는 사용하고 있다.

tapa(튀르키예어)(=마개, 뚜껑)=덮(다)+**아**(=子)(=것, 물건)→덮아[어→아](튀르키예어에는 /어/가 없다)→다파(tapa)→tapa(그 뜻은 '덮는 것'=마개, 뚜껑)【근거】마개=막(다)+**아**(=子)(=것, 물건)+이(첨가음)[모음 합체]→마개.

　　동사 어근, '덮'의 여러 변이형에 각기 다른 접미사가 붙었으나 그 뜻은 같음을 알 수 있다.

떠락(평북)〈고려대 한국어대사전〉(=뜰)=뜰+**악**[으→어]→뗠악[발음대로 표기]→떠락【근거】읇다/없다(경남)(경남 방언에서는 '으/어 교체가 아주 자유롭게 일어난다).

떠락지(황해)〈우리말샘〉(=뜰)=뜰+**악**(의미첨가 없이 명사에 붙는 접미사)+**자**(子)
(의미첨가 없이 명사에 붙는 접미사)+이(첨가음)〖으→어〗→떨악자이〖모음 합
체〗→떨악재〖애→에〗→떨악제〖에→이〗→떨악지〖발음대로 표기〗→떠락지
【근거】종자(鍾子)+이(첨가음)〖모음 합체〗→종재〖애→에〗→종제〖에→이〗→
종지. 읎다/없다(경남)(경남 방언에서는 '으/어 교체가 아주 자유롭게 일어난다).
모자(帽子)(=帽)=모(帽)+자(子)(의미첨가 없이 명사에 붙는 접미사): 중절모(=中折
帽)=중절모자(中折帽子).

떠럭(경북)〈고려대 한국어대사전〉(=뜰)=뜰+**악**〖으→어〗→떨악〖모음조화: 어-
어〗→떨억〖발음대로 표기〗→떠럭 【근거】읎다/없다(경남 방언에서는 으/어 교
체가 아주 자유롭게 일어나다).

떨(경상)〈고려대 한국어대사전〉(=뜰)=뜰〖으→어〗→떨. ⇒ 떠럭.

뚜럴(충북)〈우리말샘〉(=뜰)=뜰+**알**〖으→우〗→뚤알〖모음조화: 우-어〗→뚤얼〖발
음대로 표기〗→뚜럴 【근거】믈(=水)〈훈민정음해례본 용자례〉〖으→우〗→물(현
대어).

뚤(충북)〈우리말샘〉(=뜰)=뜰〖으→우〗→뚤. ⇒ 뚜럴.

뜰=집 안의 앞뒤나 좌우로 가까이 딸려 있는 빈터. 화초나 나무를 가꾸기도 하고,
푸성귀 따위를 심기도 한다.

뜰팡(전북)〈고려대 한국어대사전〉(=뜰)=뚧〈월석2:64-65〉《고려대 한국어대사전》
+**바**(=所)(=곳)+**앙**〖ㅂ+ㄷ→ㄸ〗→뚧바앙〖ㅎ+ㅂ→ㅍ〗→뜰파앙〖동모음 축약〗
→뜰팡.

뜨락(=뜰)=뜰+**악**(의미첨가 없이 명사에 붙는 접미사)〖발음대로 표기〗→뜨락.

뜨라기(함남, 중국 흑룡강성)〈우리말샘〉(=뜰)=뜰+**악**+이〖발음대로 표기〗→뜨라
기.

뜨란(강원, 경상, 충남, 평남)〈우리말샘〉(=뜰)=뜰+**안**〖발음대로 표기〗→뜨란 【근
거】눈두던(경북, 충북)〈우리말샘〉(=눈두덩)=눈+둔(다)+안(=곳)〖모음조화: 우-
어〗→눈둔언〖발음대로 표기〗→눈두던. 눈두덕(경남)(=눈두덩)=눈+둔(다)+악(=

곳)〖모음조화: 우-어〗→눈둡억〖발음대로 표기〗→눈두덕: 안=악.

뜨랄(경기)〈우리말샘〉(=뜰)+뜰+**알**〖발음대로 표기〗→뜨랄.

뜨럴(충북)〈우리말샘〉(=뜰)=뜰+**알**〖모음조화: 으-어〗→뜰얼〖발음대로 표기〗→뜨럴.

뜨렁(전북)〈우리말샘〉(=뜰)=뜰+**앙**〖모음조화: 으-어〗→뜰엉〖발음대로 표기〗→뜨렁.

뜨를(충남)〈우리말샘〉(=뜰)=뜰+**알**〖모음조화: 으-으〗→뜰을〖발음대로 표기〗→뜨를.

뜰땅(충남)〈우리말샘〉(=뜰)=뜰+**땅**.

뜰박(경북)〈우리말샘〉(=뜰)=뜰+**바**(=所)(=곳)+**악**〖동모음 축약〗→뜰박.

뜰방(전라)〈고려대 한국어대사전〉(=뜰)=뜰+**바**(=所)(=곳)+**앙**〖동모음 축약〗→뜰방.

뜰팍(강원, 전라, 충남)〈고려대 한국어대사전〉(=뜰)=뚧〈월석2:64-65〉《고려대 한국어대사전》+바(=所)(=곳)+**악**〖ㅂ+ㄷ→ㄸ〗→뚧+바악〖ㅎ+ㅂ→ㅍ〗→뜰파악〖동모음 축약〗→뜰팍.

접미사를 제거하면 어근이 중세 국어, '뚧'이 원어임을 알 수있다. '뚧'의 /ㅎ/은 고유여 명사에 붙는 자음이다. '뚧'이 현대어 뜰'로 변한 것이다.

벼락((경기, 황해)〈고려대 한국어대사전〉(=벼랑)=*별+**악**.

벼랑=*별+**앙**. 벼랑[베랑](경남 발음).

벼리[베리](경남 발음)=*별+**이**.

비랑(경상, 전라, 함경, 중국 길림성)〈우리말샘〉(=벼랑)=*별+**이**(첨가음)+**앙**〖모음 합체〗→벨앙〖단음화〗→벨앙[베랑](경남)〖에→이〗→비랑. 아니면, **비랑**=벼랑[베랑](경남 발음)→베랑〖에→이〗→비랑 【근거】 게(=crab)〖에→이〗→기(경남에서는 '게', '기' 둘 다 사용한다). 경남[겡남](경남 발음).

비레〈두시언해-중간본 6, 7권 중 6권 2장 앞면〉(=벼랑)=*별+**이**(첨가음)+**아**+이

(첨가음)〔모음 합체〕→뼬애〔단음화〕→벨애〔에→이〕→빌애〔모음조화: 이-에〕
→빌에→비레.

   접미사를 제거하면 어근이 '**별**'임을 알 수 있고 여기에 각기 다른 접미사가 붙었으나 그 뜻은 같음을 알 수 있다.

아(경남)(=아이)=아+ㅎ(고유어 명사에 붙음)〔/ㅎ/ 탈락〕→아.

아히〈석보상절 24:45〉《고려대 한국어대사전》(=아이)=아+ㅎ(고유어 명사에 붙음)+ᄋ(=子)+이(첨가음)〔모음 합체〕→아히.

아가(=아기)=악+**아**(=子(자))→악아→아가. 아니면, 아+ㅎ(고유어 명사에 붙음)+아(의미첨가 없이 명사에 붙는 접미사)〔ㅎ→ㄱ〕→아가 【근거】해겁다(경남)〔ㅎ→ㄱ〕→개겁다(경남)=가볍다(표준어). 가라(=가야)=가락: 가라=갈+아. 가락=갈+악.

아그(전남)(=아기)〈고려대 한국어대사전〉=악+이→아기〔이→으〕→아그. 아니면, 아+ㅎ(고유어 명사에 붙음)+이(첨가음)〔ㅎ→ㄱ〕→아기〔이→으〕→아그 【근거】해겁다(경남)〔ㅎ→ㄱ〕→개겁다(경남)=가볍다(표준어). 이사/으사(경남)=의사(醫師)(표준어).

아기=악+**이**(첨가음)→**아기**〔umlaut〕→애기. 아니면, 아+ㅎ(고유어 명사에 붙음)+이(첨가음)〔ㅎ→ㄱ〕→아기 【근거】해겁다(경남)〔ㅎ→ㄱ〕→개겁다(경남)=가볍다(표준어).

아이=아+ㅎ+**이**(첨가음)→아히〔ㅎ→Ø/모음__모음〕→아이.

애=아+이〔모음 합체〕→애.

애기=아기〔umlaut〕→애기.

   접미사를 제거하면 어근이 '**아(ㅎ)(=악)**'임을 알 수 있고 여기에 각기 다른 접미사가 붙었으나 그 뜻은 같음을 알 수 있다.

찌꺼기(=남은 것)=끗(경북, 제주)(=끝⟨우리말샘⟩)+**각**+이[으→이]→낏각이[구개음화: ㄲ→ㅉ/__이]→찟각이[모음조화: 이-어]→찟걱이[ㅅ+ㄱ→ㄲ]→찌껵이→찌꺼기 【근거】이사/으사(경남)=의사(醫師)(표준어). 잃(乙)⟨월인석보 4권 17장 뒷면⟩[이→으, ㅎ→∅]→을(현대어).

찌꺼럭지/찌끄륵지(경남)(=찌꺼기)=끗+**갈**+**악**+**자**+이[으→이]→낏갈악자이[구개음화]→찟갈악자이[모음조화]→찟걸억자이[ㅅ+ㄱ→ㄲ]→찌껄억**자이**→찌꺼럭지(경남)[어→으]→찌끄륵지(경남)【근거】종지=종**자**(鍾子)+**이**(첨가음)[모음 합체]→종재[애→에]→종제[에→이]→종지. **으리/이리**(경남)=의리(義理). 없다/윲다(경남). '즈싀⟨구급간이방언해 7권 2장 앞면⟩(=찌꺼기)=*줏+의[유성음화]→즈싀'에서 접미사, '의'를 제외한 것이 '줏'인데 현대어에서 '**쯧**'으로 된 것이고 '쯧'의 원어는 '끗'이다.

찌껵지=끗+**각**+**자**(子)+**이**(첨가음)[으→이]→낏각자이[모음조화]→낏걱자이[구개음화]→찟걱자이[ㅅ+ㄱ→ㄲ]→찌껵**자이**→찌껵지【근거】종지=종**자**(鍾子)+이(첨가음)[모음 합체]→종재[애→에]→종제[에→이]→종지. **으리/이리**(경남)=의리(義理).

찌께기(경남)(=찌꺼기)=끗+**각**+**이**(첨가음)[으→이]→낏각이[구개음화]→찟각이[모음조화]→찟걱이[ㅅ+ㄱ→ㄲ]→찌껵이→찌꺼기[umlaut]→찌께기.

찌께이(경남)(=찌꺼기)=찌께기[ㄱ→∅/모음__모음]→찌께이.

찌끄리(경남)=끗+**갈**+**이**(첨가음)[으→이]→낏갈이[구개음화]→찟갈이[ㅅ+ㄱ→ㄲ]→찌깔이[모음조화]→찌껄이→**찌꺼리**(경남)[어→으]→**찌끄리**(경남)【근거】없다/윲다(경남)(경남 방언에서는 어/으 교체가 상당히 자유롭게 일어난다).

찌끄러기(강원, 전남)⟨고려대 한국어대사전⟩=찌끌(이)+**악**+**이**(첨가음)[모음조화]→찌끌억이→찌끄러기.

찌끄레기(경남)(=찌꺼기)=찌끄러기[umlaut]→찌끄레기.

찌끼(경남)(=찌꺼기)=끗+**거**(=것)+**이**(첨가음)[으→이]→낏거이[구개음화]→찟거이[모음 합체]→찟게[에→이]→찟기[ㅅ+ㄱ→ㄲ]→찌끼.

찌끼이(경남)=찌께이[에→이]→찌끼이.

찌실거지(경남)(=남은 찌꺼기)=끗+**알**+**이**+**각**(=악)+**이**(첨가음)[으→이]→낏**알**
이각이[모음 합체]→낏앨각이[애→에]→낏엘각이[에→이]→낏일각이[구
개음화]→찟일각이→찌실각이[모음조화: 이-어]→찌실거기[구개음화: ㄱ→
ㅈ/__이]→찌실거지.

찌시리(경남)(=찌꺼기)=끗+알+이(첨가음)[으→이]→낏알이[구개음화]→찟알
이[umlaut]→찟앨이[애→에]→찟엘이[에→이]→찟일이→찌실이→찌시리.

küsur(튀르키예어)(=나머지, 잉여, 조각)=**끗**(경북, 제주)(=끝)〈우리말샘〉+**알**+**이**
(첨가음)[으→우]→끗알이[모음 합체]→끗앨[애→에]→끗엘[에→이]→끗
일[umlaut]→뀟일[ㄲ→ㄱ]→귓일(küsir)[이→우]→küsur 【근거】 **끈**(近)〈월인
석보 1권 월인서 14장 앞면〉[ㄲ(g)→ㄱ(k)](유/무성자음 교체)→근(현대어). 믈(=
水)〈훈민정음해례본 용자례〉[으→우]→물(현대어). 종지=종**자**(鍾子)+이(첨가음)
[모음 합체]→종재[애→에]→종제[에→이]→종지. 귿(=末)〈석보상절 9권 2장
뒷면〉+ㅎ(고유어 명사에 붙음)=귿[근]+ㅎ[ㄷ+ㅎ→ㅌ]→귿[ㄱ→ㄲ]→끝(현대
어). 노리(=獐)(경남)[이→우]→노루(=獐)(표준어).

'찌꺼기'란 끗(=끝)에 남은 것이며 어근, '끗'에 다양한 접미사가 붙고 다른 접미
사가 연속으로 붙어 다양한 어형을 취하나 그 뜻이 같음을 알 수 있다.

한국어 다음 접미사는 /ㄱ/이 있는 것과 없는 것이 같은 뜻으로 쓰이는 경우이다:

거=어/아: 여거(경남)(=여기)=여어(경남)(=여기).

거+이=**게**/아+이=**애**: 날개=날애.

각=악: 각=거+악, 악=아+악. 돌가지(강원, 경상, 전라, 평북)〈고려대 한국어대사
전〉(=도라지)=*돌+각/갇[갇]+이(첨가음)[구개음화: ㄱ/ㄷ→ㅈ/__이]→돌가지.
도라지=*돌+악/앗[앋]+이[구개음화: ㄱ/ㄷ→ㅈ/__이]→도라지.

갈=알; 눈깔(=눈알)=눈+ㅅ(사이시옷)+갈[ㅅ+ㄱ→ㄲ]→눈깔. *cf.* 뜨꺼리=뜹(다)

(=덥다)(=덮다)+갈+이[모음조화: 으-어]→뜹걸이[ㅂ+ㄱ→ㄲ]→뜨껄이[발음대로 표기]→뜨꺼리. 뜨깨=뜹(다)+거+이[모음 합체]→뜹게[ㅂ+ㄱ→ㄲ]→뜨께.

것=앗: 것=거+앗[모음조화: 어-어]→거엇[동모음 축약]→것. 앗=아+앗[동모음 축약]→앗. 씨갓=씨앗.

강=앙: 뜨껑(경남)(=두껑)=뜹(다)(=덮다)+강(=子)[모음조화: 으-어]→뜹겅[발음대로 표기: ㅂ+ㄱ→ㄲ]→뜨껑. 뜨벙(경남)(=두껑)=뜹(다)(덮다)+앙(=子)[모음조화: 으-어]→뜹엉[발음대로 표기]→뜨벙.

기=이: 기=거+이[모음 합체]→게[에→이]→기. 이=아+이[모음 합체]→애[애→에]→에[에→이]→이. 노리(경남, 전남, 제주)〈고려대 한국어대사전〉(=노루)=*놀+이. 놀기(평안, 함경)〈고려대 한국어대사전〉.(=노루)=*놀+기.

　Ramsted(1997)에서 한국어의 여러 접미사를 기록하고 있으나 이들 접미사에 의미첨가 없이 붙은 /이/ 모음을 분리하지 못했고 구개음화와 모음 변화를 적용하지 않아 그 원어를 찾지 못했다: 아지=악/앗[안]+이, 게=거+이. 애=아+이, 아기=악+이, 앙이=앙+이, 아미=아+ㅁ+이, ~지=자(子)+이(첨가음)[모음 합체]→재[애→에]→제[에→이]→지. 아지=악/앗[안]+이→아기/아디[구개음화: ㄱ/ㄷ→ㅈ/__이]→아지, 등.

　다음은 그가 분석하지 못했거나 접미사의 의미를 잘못 해석한 것을 바르게 분석한 것이다.

처음=첫+으(자음 충돌 회피용 삽입 모음)+ㅁ[모음조화: 어-어]→첫엄[유성음화: ㅅ→ㅿ/유성음__유성음]→**처엄**〈용가 78장〉《우리말샘》[ㅿ→∅]→처엄[어→으]→처음(현대어)(/ㅁ/이 왜 붙었는지는 아직 알아내지 못했다).

더음=더으(다)+ㅁ.

지=자(子)+이[모음 합체]→재[애→에]→제[에→이]→지 【근거】 종지=종자(鍾子)+이(첨가음)[모음 합체]→종재[애→에]→종제[에→이]→종지.

아비, 아베(아바+이)(/이/를 지소사로 본 것은 잘못이다) 【근거】 아비(=아버지)=*압+이(첨가음). 아바(마마)(=아버지)=*압+아(의미첨가 없이 명사에 붙는 접미사). 아배(=아버지)=*압+아+이〖모음 합체〗→아배. 아바이(경남 노인 말)=*압+아+이. аав(몽골어)=아버지.

발강이(=carp=잉어)로 본 것은 잘못이다 【근거】 발강이(=잉어 새끼)〈표준국어대사전〉=*발(=잉어)+강(=子)(=앙)(=새끼)+이(첨가음). cf. 노가리(=명태 새끼)=*노(=명태)+갈(=子)(=새끼)+이(첨가음).

호믜=호비(다)/*호브(다)+이(명사형 어미)(=물체)〖ㅂ→ㅁ〗→호므+이〖모음 합체〗→호믜〖단음화: 의→에〗→호메〖에→이〗→호미(현대어). 호맹이=*호브(다)+앙+이〖ㅂ→ㅁ〗→호므앙이〖모음 합체 후 단음화: 으+앙→앙〗→호망이〖umlaut〗→호맹이 【근거】 호비다〖오→어〗→허비다〖이→으〗→허브다(전남). 호비다/허비다: 손톱이나 날카로운 물건 따위로 긁어 파다. 손톱 밑의 때를 볼펜 끝으로 호비다〈표준국어대사전〉. 소 한 마리(표준어)〖ㅁ→ㅂ〗→소 한 바리(경남).

알타이어와 한국어의 친연성을 찾기 위해 가장 많은 연구를 한 한국인은 최한우다. Han-Woo Choi(1996), "A Comparative Study of Korean and Turkic"과 Han-Woo Choi(2002), "A Comparative Morphology of Altaic Languages-Deverbal Noun Suffixes" 두 논문에 수록된 투르크어와 한국어의 공통 접미사는 한국어가 투르크어에서 차용한 것이 아니라 투르크어가 앞에서 살펴본 바와 같이 아주 다양한 접미사가 동시에 여러 개가 사용되는 한국어에서 유래한 것이라는 입증하겠다.

(1) ~a/e=~아/ᄋ/오(+이)

"2. Ko. -ə // Trk. -a/-ä ~ Mo. -a: Trk. -a ~ -ä (deverbal noun suffix)〈deverbal adverb suffix)"〈Han-Woo Choi 2002: 25〉: 동사의 부사형 어미에서 동사의 명사형 어미가 유래한 것으로 보았다. 그 근거로 투르크어는 명사형 어미와 부사형 어미, 몽골어는 명사형 어미, 한국어의 동사의 부사형 어미의 예를 들었다. 〈Han-Woo

Choi 1996: 13〉에서도 같은 예를 들고 있다. 그러나 형태가 같을 뿐 명사형 어미와 부사형 어미는 다른 접미사이다: 가래(=흙을 파헤치거나 떠서 던지는 기구)=갈(다)+아(명사형 어미)(=물체)+이(첨가음)[모음 합체]→갈애[발음대로 표기]→가래. 빨래=빨(다)+아(명사형 어미)(=행위, 물체)+이(첨가음)[모음 합체]→빨애[/ㄹ/ 복제]→빨래【근거】둘에〈월인석보 8권 13장〉《고려대한국어대사전》[/ㄹ/ 복제]→둘레(현대어).

① **용언+~아/ᄋ/오(+이))(=~a/e)(명사형 어미):**

뤼르키예어는 모음조화에 따라 ~a/~e가 결정된다.

가마(=사람의 머리나 일부 짐승의 대가리에 털이 한곳을 중심으로 빙 돌아 나서 소용돌이 모양으로 된 부분)=감(다)+아(=것, 곳). cf. **가매**(경남)(=가마)=감(다)+아+이(첨가음)[모음 합체]→가매.

갈래=갈(다)(경남)(=가르다)+아+이(첨가음)[모음 합체]→갈애[/ㄹ/ 복제]→갈래【근거】둘에〈월인석보 8권 13장〉《고려대 한국어대사전》=둘(다)+아+이[모음 합체]→둘애[모음조화: 우-에]→둘에[/ㄹ/ 복제]→둘레(현대어). 벌에〈석보상절 24권 50장〉《우리말샘》[/ㄹ/ 복제]→벌레.

ᄀᆞ르(=가루)=골(다)(=갈다)+ᄋ(=아)(=것)→ᄀᆞ르【근거】ᄀᆞ르〈월석10:44〉《고려대 한국어대사전》. cf. 갈(다)+**이**(명사형 어미)→갈이→가리(경남)(=가루). 갈(다)+우(명사형 어미)→갈우→가루(표준어). cf. **こな**(=粉=가루)(일본어)(kona)=골(다)+ㄴ(관형형 어미)+ᄋ(=子)(=것)[ㄹ→∅/＿ㄴ]→ᄀᆞᄋ[ᄋ→오]→곤ᄋ[ᄋ→아]→곤아→고나(kona)→こな(그 뜻은 '간 것'=가루)【근거】져므니〈석보상절 19권 1장 뒷면〉=졂(다)+으(자음 충돌 회피용 삽입 모음)+ㄴ(관형형 어미)+이(=사람)→졂은이→졀므니[ㄹ→∅/＿ㅁ]→져므니. cf. 졂은이(현대어)=졂(다)+으(자음 충돌 회피용 삽입 모음)+이(=사람)(현대어에서는 /ㄹ/이 탈락되지 않았다).

나래(=날개)=날(다)+아(=것)+이(첨가음)[모음 합체]→날애→나래. cf. 날개=날(다)+거(경남)(=것)+이(첨가음)[모음 합체]→날게[모음조화: 아-애]→날개【근거】이거(경남)(=이것)=이+거(=것): 거+앗(의미첨가 없이 명사에 붙는 접미사)[모음조화: 어-어]→거엇[동모음 축약]→것.

노래=놀(다)+아(=행위)+이(첨가음)[모음 합체]→놀애→노래.

말다래=말(=馬(마))+(매)달(다)+아(=물건)+이(첨가음)[모음 합체]→말달애→말다래(=말을 탄 사람의 옷에 흙이 튀지 아니하도록 가죽 같은 것을 말의 안장 양쪽에 늘어뜨려 놓은 기구〈표준국어대사전〉).

당그레(경남)=당글(다)(경남)(=당기다)+아(=물건)+이(첨가음)[모음 합체]→당그래[모음조화: 으-에]→당그레.

둘레=둘(다)+아(=장소)+이(첨가음)[모음 합체]→둘애[모음조화: 우-에]→둘에[/ㄹ/ 복제]→둘레 【근거】둘에〈월인석보 8권 13장〉《고려대한국어대사전》[/ㄹ/ 복제]→둘레(현대어).

(물)드레(경남)=들(다)+아(=물건)+이(첨가음)[모음 합체]→들애[모음조화:으-에]→들에→드레.

부채=부치(다)+아(=물건)+이(첨가음)[모음 합체]→부치애[모음 합체]→부채[단음화]→부채.

빨래=빨(다)+아(=행위, 물건)+이(첨가음)[모음 합체]→빨애[/ㄹ/ 복제]→빨래 【근거】둘에〈월인석보 8권 13장〉《고려대한국어대사전》[/ㄹ/ 복제]→둘레(현대어). 벌에〈석보상절 24권 50장〉《우리말샘》[/ㄹ/ 복제]→벌레.

새꼬(경남)(=새끼)=삭(索)(=노)+이(첨가음)+꼬(다)+**오**(=물건)→삭이꼬오[모음 합체]→색꼬오[동모음 축약]→색꼬[새꼬].

자새(경남)(=얼레)=잣(다)+아(=물건)+이(첨가음)[모음 합체]→잣애→자새.

체(=sieve)=(체로) 치(다)+아(=물건)+이(첨가음)[모음 합체]→치애[모음조화: 이-에]→치에[모음 합체]→쳬[단음화]→체. cf. (체로) 치(다)+아+이(첨가음)[모음 합체]→치애[모음 합체]→챼[단음화]→**채**(북한말)〈우리말샘〉.

헐레(경남)(=흘레)=헐(다)+아(=행위)+이(첨가음)[모음 합체]→헐애[모음조화: 으-에]→헐에[/ㄹ/ 복제]→헐레 【근거】소를 헐우다(경남)(=소를 교미시키다)=헐(다)+우(사동 보조 어간)+다. 둘에〈월인석보 8권 13장〉《고려대 한국어대사전》

〖/ㄹ/ 복제〗→둘레(현대어).

alay(=희롱, 놀림)=얼르(다)(강원, 제주)〈우리말샘〉(=어르다(표준어)=사람이나 짐승을 놀리며 장난하다)+아(=행위)+이(첨가음)→얼르아이〖모음 합체〗→어르ㅏ이〖단음화: 으+아→아〗→얼라이〖어→아〗(튀르키예어에는 /어/가 없다)→알라이→alay.

asa(=baton(릴레이에서 주자들이 주고받는) 배턴)=앗(다)(경남)(=건네다)+아(=물건)→아사→asa(그 뜻은 '건네주는 것'=배턴)【근거】아사 주다(경남)(=건네주다)=앗(다)(=건네다)+아(부사형 어미)+주다.

bakire(=처녀)=bakir(=깨끗한, 순결한, 손이 닿지 않은)+아(=사람)+이(첨가음)〖모음 합체〗→bakir애〖애→에〗→bakir에(e)→bakire. bakir=bak+이(다)(i)+ㄹ(r)(관형형 어미): 븩(白)〈월인석보 21권 상 40장 앞면〉(=희다)〖단음화: 이→애〗→뷐〖'박+이(첨가음)'로 보고〗→빡〖ㅃ→b〗→bak. cf. 븩(白)〖단음화: 이→애〗→뷐〖ㅃ→ㅂ〗→백(한국어 현대어)〖'박+이(첨가음)'로 보고〗→박〖일본어 식으로 표기〗→바구〖ㅂ→ㅎ〗→하구(haku)→はく(白)(haku)(일본어), cf. びゃく(白)(byaku)(일본어). bekâr(=single, unmarried, bachelor)=븩(白)+알(=子(자))(ar)〖단음화〗→뷐알〖애→에〗→뷐알〖ㅃ→b〗→bekâr(그 뜻은 흰 사람 즉, 깨끗한 사람)【근거】'ㄲ, ㄸ, ㅃ, ㅉ, ㅆ, ㆅ 爲 全濁'〈훈민정음해례본〉(전탁(全濁)=유성음(有聲音)). 귁(國)〈월인석보 1권 훈민정음 1장 앞면〉=국(國)+이(첨가음).

bora(=비를 동반한) 거센 바람)=볼(다)(=불다)+아(=것)〖ㆍ→오〗→볼아→보라(pora)〖어두 유/무성자음 교체〗→bora(원뜻은 '부는 것'=바람)【근거】ᄇᆞ름〈구급간이방언해 7권 1장 뒷면〉(=바람)=볼(다)(=불다)+ᆞ(자음 충돌 회피용 삽입 모음)+ㅁ(명사형 어미)→ᄇᆞ름. 눈보라(=바람에 불리어 휘몰아쳐 날리는 눈)〈표준국어대사전〉=눈(nun)(=雪(설))+볼(다)+아(=것)〖ㆍ→오〗→눈보라(nunpora)〖유성음화〗→nunbora. 어두 유/무성자음 교체가 아니면 nunbora에서 bora를 분리했을 가능성도 있다. '눈보라'는 '바람에 불리어 휘몰아쳐 날리는 눈'이 아니라 '눈바람'이라고 해야 옳을 것이다.

dara(=무게)=달(다)(=to weigh=무게를 측정하다)+아(=것)→달아(tara)〖어두 유/

무성자음 교체〗→dara(한국어 동사, '달다'가 화석처럼 남아 있다) 【근거】 kelmo-q(우즈벡어)(=오다)〖유/무성자음 교체〗→gelmek(튀르키예어)(=오다).

dolay(=주위, 부근)=돌(다)+아(=장소)+이(첨가음)→도라이(tolay)〖어두 유/무성자음 교체〗→dolay(그 뜻은 '두른 곳'=주위)【근거】도ᄅᆞ다〈내훈 2권 41장〉《우리말샘》(=두르다)=돌(다)+ᄋᆞ(사동 보조 어간)+다. dola(mak)(=두르다)=도ᄅᆞ(다)〖ᄋᆞ→아〗→도라(tola)〖어두 유/무성자음 교체〗→dola. kelmoq(우즈벡어)=gelmek(튀르키예어)=오다. 둘레=돌(다)+아+이〖오→우〗→둘아이〖모음 합체〗→둘애〖모음조화: 우-에〗→둘에〈월인석보 8권 13장〉《고려대한국어대사전》〖/ㄹ/ 복제〗→둘레(현대어).

dua(=기도(祈禱))=도(禱)(=빌다)+아(=행위)〖오→우〗→두아(tua)〖어두 유/무성자음 교체〗→dua(그 뜻은 '비는 행위'=기도)【근거】 kelmoq(우즈벡어)〖어두 유/무성자음 교체〗→gelmek(튀르키예어). 사오/사우(경남)=사위(표준어).

eşkıya(=산적, 도적)=앗(다)(=빼앗거나 가로채다)+이(명사형 어미))+그/거(소유격 조사)(경남)+y(모음 충돌 회피용 삽입 반자음)+아(=사람)→앗이그야〖umlaut〗→앳이그야〖애→에〗→엣이그야→에시그야(eşkıya)(그 뜻은 '빼앗음의 사람'=산적)【근거】너거/느그 집(경남)(=너의 집)=너/느+거/그(소유격 조사)+집.

fare(=쥐)=(구멍을) 파(다)+ㄹ(관형형 어미)+아(=동물)+이(첨가음)〖모음 합체〗→파래〖애→에〗→파레(pare)〖p→f/유성음__유성음〗(이런 조건에서 분리했을 것으로 추정된다)→fare(그 뜻은 '(구멍을) 파는 동물'=쥐?).

kara(=검정)=*걸(슬다)(=거(슬다))+아(=것)〖어→아〗→갈아→가라(kara)【근거】거슬다(=표면만 타게 까맣게 태우다)=*걸(다)(=검다)+슬다〖ㄹ→Ø/__ㅅ〗→거슬다【근거】불(=火)+삽〖ㄹ→Ø/__ㅅ〗→부삽. xap(몽골어)(할)(=검다)〖ㅎ→ㄱ〗→갈(다)〖아→어〗→걸.【근거】해겁다(경남)(=가볍다)〖ㅎ→ㄱ〗→개겁다(경남)(=가볍다). 몽골어, xap이 가장 오래된 단어임을 알 수 있다.

kara(=마른 땅, 육지)=갈(다)(경남)(=마르다)+아(=장소)→가라(kara). cf. こま(=高麗(고려))(=고구려)(koma)(일본어)=곰(=熊(웅))(kom)+아(=자손, 나라)(a)→-koma(그 뜻은 '곰의 자손'=웅족=熊族)=곰의 나라). かる(=枯る)(karu)(일본어 고

어)=갈(다)(경남)(=마르다)[일본어식으로 표기]→가루(karu). cf. かれる(=枯れ
る)(kareu)(현대어)=마르다. 일본어 고어는 한국어를 그대로 일본어로 전사한 것
이나 현대어는 완전히 다른 단어로 만들어 놓았다.

kova(=양동이, 두레박, 물통)=급(汲)(=(물을) 긷다, 푸다)+아(=물건)[으→오]→
곱아→고바[유성음화]→고바[ㅸ→v]→kova. 아니면 **kova**=급/겁(汲)(경남 둘
다 사용)+아[어→오]→곱아→고바[유성음화]→고바[ㅸ→v]→kova【근거】
서르〈월인석보 1권 1장 뒷면〉[으→오]→서로(현대어). 엄마(표준어)[어→오]
→옴마(경남). 없다/읎다(경남 방언에서는 '어/으 교체'가 상당히 자유롭게 일어
난다).

kura(=제비, 추첨)=골오(다)〈석보상절 24권 21장〉《고려대 한국어대사전》(=고르
다)+아(=것)→골오아[모음 합체]→골와→고롸[단음화: 와→아]→고라[오→
우]→구라→kura(그 뜻은 '고르는 것'=제비)【근거】사오/사우(경남)=사위(표준
어). 와신상담(표준어)[단음화: 와→아]→아신상담(경남).

küre(=원형, 구면, 지구, 세계)=구(球)(=둥글다)+이(첨가음)+알(=것)+이(첨가
음)+아(의미첨가 없이 명사에 붙는 접미사)+이(첨가음): 구+이[모음 합체]→
귀. 알+이[모음 합체]→앨[애→에]→엘[에→이]→**일**. 아+이[모음 합체]→
애[애→에]→**에**. küre=귀+일+에[동모음 축약]→귈에→귀레→küre【근거】
국(國)+이(첨가음)[모음 합체]→귁(國)〈월인석보 1권 훈민정음 1장 앞면〉. 종지
=종자(鍾子)+이(첨가음)[모음 합체]→종재[애→에]→종제[에→이]→종지.
karar(=결정)=결(決)(=결정하다)+알(명사형 어미)[단음화]→걸알[어→아]→가
랄→karar. bank(영어)+아(a)(의미첨가 없이 명사에 붙는 접미사)→banka(튀르키
예어). 아래(표준어)=알(경남)(=아래)+아(의미첨가 없이 명사에 붙는 접미사)+이
(첨가음)[모음 합체]→알애→아래.

kurye(=행낭, 소포)=꾸리(다)+아(=子)(=것)+이(첨가음)[모음 합체]→꾸리애[애
→에]→꾸리에[ㄲ→ㄱ]→kurye【근거】행낭을 꾸리다. **끈**(近)〈월인석보 1권 월
인서 14장 앞면〉[ㄲ(g)→ㄱ(k)](유/무성자음 교체)→근(현대어). cf. **colis**[kɔli](프
랑스어)(=꾸러미, 소포)=꾸리(다)+앗(=子)(=것)+이(첨가음)[우→오]→꼬리앗이

〖모음 합체〗→꼬리앳[애→에]→꼬리엣[에→이]→꼬리잇〖동모음 축약〗→꼬릿(colis). 프랑스어와 한국어의 연관성을 연구할 필요가 있다.

saba(=샛바람=東風)=(날이) *사(다)(=새(다))+볼(다)(=불다)/ᄫ(다)+아(=子)(것)→**사+ᄫ+아**[ᄋ→아]→사바아〖동모음 축약〗→사바→saba 【근거】 갈다/가다(경남)=갈다(표준어). ᄇᆞ롬〈용비어천가 1권 1장 뒷면〉(=바람=風(풍))=볼(다)(=불다)+ᄋᆞ(자음 충돌 회피용 삽입 모음)+ㅁ(명사형 어미). (날이) 새다〈석보상절 6권 19장 앞면〉(현대어와 동일). 튀르키예어와 우즈벡어를 보면 '**새다=사(다)+이(첨가음)+ 다**'일 가능성이 크다 【근거】 써리다(경남)=썰(다)(표준어)+이(첨가음)+다. cf. **sabah**=아침, 오전. **sahar**(우즈벡어)(=새벽)=*사(다)+아(=子)(명사형 어미)+ㅎ(고유어 명사에 붙음)+**알**(=子)(의미첨가 없이 명사에 붙는 접미사)[ᄋᆞ→아]→사아ㅎ알 〖동모음 축약〗→사할(sahar) 【근거】 사타리(경남)=살(표준어)+알(=子)(의미첨가 없이 명사에 붙는 접미사)→사타리. 새배(=새벽). 불다/부다(경남).

safra(=쓸개즙, 담즙)=쌉(다)/씁(다)/씹(다)(경남)(=쓰다)+으(자음 충돌 회피용 삽입 모음)+ㄹ(관형형 어미)+아(=子)(=것)→쌉을아→싸브라[ㅂ→ㅍ]→싸프라 →sapıra['pı'의 발음이 마치 마찰음, [f]처럼 들린다]→safra(그 뜻은 '쓸 것'=쓸 개즙). 쓸개=쓰(다)+ㄹ(관형형 어미)+거(=것)+이(첨가음)〖모음 합체〗→쓸게〖모음조화 파괴〗→쓸개 【근거】 뜰게〈금강삼2:60〉《고려대 한국어대사전》[ㅂ+ㅅ→ ᄡ]→쓸게〖모음조화 파괴〗→쓸개(현대 표준어). cf. 來 올 래=오(다)+ㄹ(관형형 어미)+래(來). **쌉**싸름하다=조금 쓴 맛이 있는 듯하다.

sena(=칭찬(稱讚), 찬양(讚揚))=잔(讚)〈석보상절 9권 25장 뒷면〉(=찬양하다)+이 (첨가음)+아(=子)(=것)〖모음 합체〗→잰아[애→에]→젠아→제나[ᄌ→ᄉ]→세 나→sena(그 뜻은 '찬양하는 것'이다) 【근거】 귁(國)〈월인석보 1권 훈민정음 1장 앞면〉=국(國)+이(첨가음)〖모음 합체〗→귁. 잔(讚)[ᄌ→ᄎ]→찬(현대어). 똥구시 (경남)=똥+굳(=구덩이)+이(첨가음)→똥구디〖구개음화〗→똥구지[ᄌ→ᄉ]→똥 구시. 가마(=사람의 머리나 일부 짐승의 대가리에 털이 한곳을 중심으로 빙 돌아 나서 소용돌이 모양으로 된 부분)=감(다)+아(=것)→가마.

süre(=기간, 동안, 시간, 기한)=sür(mek)(=(**시간**, 자동차, 말, 치마 등을) 끌다)+

아(명사형 어미)+이(첨가음)[모음 합체]→sür애[애→에]→sür에(e). 아니면, **süre**=sür(mek)+아(a)[모음조화: ü-e]→süre. **sür(mek)**=끌(다)+이(첨가음)[구개음화: ㄲ→ㅉ/__으]→쯜이[ㅉ→ㅅ]→즐이[ㅈ→ㅅ]→슬이[으→우]→술이[모음 합체]→쉴(sür) 【근거】써리다(경남)=썰(다)(표준어)+이(첨가음)+다. 짬(雜)〈석보상절 9권 10장 뒷면〉[ㅉ→ㅈ]→잡(현대어). 똥구시(경남)=똥+굳(=구덩이)+이(첨가음)→똥구디[구개음화]→똥구지[ㅈ→ㅅ]→똥구시. 믈(=水)〈훈민정음해례본 용자례〉[으→우]→물(현대어). 빨래=빨(다)+아(명사형 어미)+이(첨가음)[모음 합체]→빨애[/ㄹ/ 복제]→빨래. cf. **sür(mek)**(=(손을) 대다, 바르다, 칠하다)=쓸(다)+이(첨가음)[으→우]→쑬이[ㅆ→ㅅ]→술이[모음 합체]→쉴→sür 【근거】썽(城)〈석보상절 6권 27장 뒷면〉[ㅆ→ㅅ]→셩[단음화, ㆁ→ㅇ]→성(城)(현대어). 머리를 쓰다듬다=머리를+쓸(다)+다듬다[ㄹ→∅/__ㄷ]→쓰다듬다(=손으로 살살 **쓸**어 어루만지다). 붓으로 페인트를 묻혀서 쓰는 것이 바르는 것이다.

tapa(=(병)마개)=덮(다)+아(=것)[어→아]→닾아(tapa). cf. **tıpa**(=(병)마개)=덮(다)+아[어→으]→듚아(tıpa) 【근거】덮다/듚다(경남)(경남 방언에서는 '어/으' 교체가 아주 자유롭게 일어난다). cf. **tıkaç**(=마개)=덮(다)+각(=악)(=것)+ㅎ(고유어 명사에 붙음)+이(첨가음)[어→으]→듚각히[ㅍ+ㄱ→ㄲ]→드깍히[ㄱ+ㅎ→ㅋ]→드까키[ㄲ→ㄱ]→드가키[구개음화: ㅋ→ㅊ/__이]→드가치→tıkaç 【근거】도라지=돌+악+이(첨가음)→돌아기[구개음화: ㄱ→ㅈ/__이]→돌아지→도라지. 돌가지(강원, 경상, 전라, 평북)〈고려대 한국어대사전(=도라지)=돌+각+이[구개음화: ㄱ→ㅈ/__이]→돌가지. 끈(近)〈월인석보 1권 월인서 14장 앞면〉[ㄲ(g)→ㄱ(k)]→근(현대어).

tepe(=언덕, 작은 산)=뎹(疊)(=쌓다, 쌓이다, 포개다)+이(첨가음)+아(=장소)[ㄸ→ㅌ]→텹이아[모음 합체]→뎹아[단음화]→텝아→테바(**tepa**)(**우즈벡어**)[모음조화: e-e]→tepe(튀르키예어) 【근거】뎹(疊)[ㄸ→ㅌ]→텹[구개음화]→쳡[단음화]→첩(현대어). **kara**(=마른 땅, 육지)=갈(다)(경남)(=마르다)+아(=장소)→가라(kara).

tıpa(=(병)마개)=덮(다)+아(=것)[어→으]→듚아(tıpa) 【근거】 덮다/듚다(경남)(경남 방언에서는 '어/으'교체가 아주 자유롭게 일어난다. ⇒ **tapa.**

veda(=송별(送別), 고별(告別))=별(別)(=헤어지다, 떠나다)[벨](경남 발음)+아(=것)→벨아[ㄹ→ㄷ]→벧아→베다(peta)[유성음화]→peda→veda(그 뜻은 '헤어지는 것'=송별, 고별) 【근거】 예를 들어, '고별(告別)[고벨](경남 발음)[유성음화]→고베르(글자가 없어서 이렇게 표기했다. /ㄹ/은 받침이다)[ㅸ→v]→kovel[ㄹ(l)→ㄷ(t)]→kovet'과 같은 과정을 거쳐 'vet'이 만들어졌을 것이다. 볃(暼)〈훈민정음해례본 종성해〉[ㄷ→ㄹ]→별(暼)(현대어). cf. べつ(別)(betsu)(일본어)=별(別)[벨](경남 발음)[일본어식으로 표기]→베르[ㄹ→ㅌ]→베트[구개음화]→베츠(petsu)[유성음화: p→b/유성음__유성음]→betsu(다음과 같은 합성어에서 분리했을 것이다: りべつ(離別)(ribetsu)=리(離)+별(別)[벨](경남 발음)[ㄹ→ㅌ]→리베트[구개음화: ㅌ→ㅊ/__으]→리베츠(ripetsu)[유성음화: p→b/유성음__유성음]→ribetsu.

yara(=다친 곳, 상처, 고통)=열(裂)(=찢다, 쪼개다, 분할하다))+아(=장소, 것)[여→야]→얄아→야라→yara(그 뜻은 '찢어진 곳(=다친 곳)'이나 '찢어짐(=고통)'이다) 【근거】 가래(=(농업) 흙을 파헤치거나 떠서 던지는 기구)=갈(다)+아(=것)+이(첨가음)[모음 합체]→갈애→가래. 중세 국어에서 현대어, '것'과 '곳'은 '곧'이었다: 듣디아니ㅎ샨고돈〈석보상절 6권 7장 앞면〉=듣지 아니 하신 **것은.** 이**곧**뎌 고대〈용비어천가 4권 24장 앞면〉=이**곳**저**곳**에. **yar**(mak)=열(裂)(=찢다, 가르다, 분할하다, 나누다)[어→아]→얄(yar). **yarık**(형용사)(=벌어진)=yar+악(형용사형 어미)+이(첨가음)[모음 합체]→yar액[애→에]→yar엑[에→이]→yar익(ik)[모음조화: a-ı]→yarık 【근거】 가락국수=갈(다)+악(형용사형 어미)+국수. 노락쟁이(경남)(노란 꽃이 피는 식물 이름)=*놀(다)(=노랗다)+악(형용사형 어미=관형형 어미)+장(=사람)(사람에 비유한 표현)+이(첨가음)[umlaut]→놀악쟁이→노락쟁이. cf. 노랑=*놀(다)+앙(명사형 어미). **yarı**(=절반)=yar(mak)+이(명사형 어미)[모음조화: a-ı]→yarı. **kara**(=육지, 땅, 뭍)=갈(다)(경남)(=마르다)+아(=장소, 곳)→갈아→가라→kara(그 뜻은 '마른 곳(=육지)'이다).

yaya(=보행자)=녀(다)(=다니다)〈월곡 상:31〉《우리말샘》+y(모음 충돌 회피용 삽입 반자음)+아(=사람)〚두음법칙 후 보상적 /y/ 첨가〛→y+여(yə)+y+아〚동음 축약: y+yə→yə〛→여y아(a)〚여→야〛→야y아(a)〚y+a→ya〛→yaya(그 뜻은 '다니는 사람'=보행자). cf. **yürü**(mek)(=걷다, 보행하다)=녈(=行(힝))〈훈몽자회 하권 27장 앞면〉(=다니다)+이(첨가음)〚두음법칙 후 보상적 /y/ 첨가〛→y+열(yər)+이(i)〚동음 축약〛→yəri〚어(ə)→으(ɪ)〛→yɪri〚으(ɪ)→우(u)〛→yuri〚umlaut: u+i→ü〛→yüri〚모음조화: ü-ü〛→yürü 【근거】 써리다(경남)=썰(다)+이(첨가음)+다. 없다/읎다(경남). 믈(=水)〈월인석보 1권 월인천강지곡 23장 앞면〉〚으→우〛→물(현대어). 고르다(표준어)〚으→이〛→고리다〚umlaut: 오+이→외〛→괴리다〚단음화: 외→에〛→게리다(경남). 넣다(표준어)〚두음법칙 후 보상적 /y/ 첨가〛→y+엏다→옇다(경남). 거닐다=걷(다)+녈다〚ㄷ→ㄴ/__ㄴ〛→건녈다〚여→에〛(경남 방언의 음운 규칙)→건넬다〚에→이〛→건닐다〚동자음 축약〛→거닐다.

② 부사+~아/ ᄋ /오(+이)(=~a/e)(명사형 어미)

zelzele(=지진)=쩔쩔/짤짤/쩰쩰/쩰쩰 (흔들다)(경남)+아(=子)(=것)+이(첨가음)→쩰쩰아이〚모음 합체〛→쩰쩰애〚애→에〛→쩰쩰에〚ᄍ→ᄊ〛→썰썰에〚ᄊ→z〛→zelzele(그 뜻은 '쩰쩰/쩔쩔 흔드는 것'=지진)【근거】'ᄁ, ᄄ, ᄈ, ᄍ, ᄊ, ᅘ 爲 全濁'〈훈민정음해례본〉(전탁(全濁)=유성음(有聲音)). 쎵(城)〈월인석보 1권 월인천강지곡 6장 앞면〉(zyəng)〚어→아〛→쌍(zyang)〚일본어 식으로 표기〛→쌰우〚ㅇ(꼭지 있는 이응)→Ø〛→쌰우〚ᄊ→z〛→zyau→じゃう(일본어 고어)(zyau)〚a→o〛→じょう(zyou)(일본어 현대어). 달달 (볶다)=달(다)+달(다). 형태상으로는 부사나 '동사 어간+동사 어간=부사'의 경우이다. 쩔레쩔레=썰레썰레=절레절레=설레설레(정도의 차이는 있으나 기본적인 뜻은 같다).

③ 명사+~아/ ᄋ /오(+이)(=~a/e)

ᄌᆞᅀᅳ〈구급간이방언해 6권 5장〉《우리말샘》(=자위)=*ᄌᆞᆺ+ᄋᆞ(=子)(의미첨가 없이 명사에 붙는 접미사)〚유성음화: ㅅ→ㅿ/모음__모음〛→ᄌᆞᅀᅳ. cf. 조시(경남 노인

말)=*줏+이(첨가음)〖ᄋ→오〗→조시. **자시**(경남 현대어)=*줏+이(첨가음)〖ᄋ→아〗→자시. **자위**(현대 표준어)=*줏+우(첨가음)+이(첨가음)〖모음 합체〗→잣위→자쉬〖유성음화〗→자쉬〖ㅿ→Ø〗→자위【근거】머구(경남)+이(첨가음)〖모음 합체〗→머귀〖ㄱ→Ø/모음__모음〗→머위(표준어). 노리(경남)=*놀+이. 노루(표준어)=*놀+우. 나부(경남 노인 말)+이→나뷔〖단음화〗→나비(표준어). *줏=ᄌ(=子)+ᄋ(=앗=子)【근거】흰조시=흰자위=흰자(子).

겨레=결+아(의미첨가 없이 명사에 붙는 접미사)+이(첨가음)〖모음 합체〗→결애〖모음조화: 여-에〗→결에→겨레【근거】그 집은 우리와 **결**이 다르다=그 집은 우리와 **같은 집안**이 아니다=그 집은 우리와 **조상이 같지** 않다. 여기서 '결'은 물결, 나뭇결의 '결'이다. 물에 돌을 던지면 던진 곳(=조상)에서 사방으로 퍼져나가는 물결을 자손으로 본 것이다. 장어(=eel)(표준어)+이(첨가음)〖모음 합체〗→장에〖모음조화: 아-애〗→장애(경남). 알(=下)(경남)+아(의미첨가 없이 명사에 붙는 접미사)+이(첨가음)〖모음 합체〗→알애→아래(표준어).

벌레=*벌+아(=子)(의미첨가 없이 명사에 붙는 접미사)+이(첨가음)〖모음 합체〗→벌애〖모음조화: 어-에〗→벌에〈석보상절 24권 50장〉《우리말샘》〖/ㄹ/ 복제〗→벌레(현대어). cf. **벌거지**(경남)(=벌레)=*벌+각(=악)(의미첨가 없이 명사에 붙는 접미사)+이(첨가음)〖모음조화: 어-어〗→벌걱이→버거기〖구개음화: ㄱ→ᄌ/__이〗→벌거지. **벌겅이**(경상)〈고려대 한국어대사전〉(=벌레)=*벌+강(=앙)(=子)+이〖모음조화: 어-어〗→벌겅이〖umlaut〗→벌겡이〖ㅇ(ng)→Ø/__이 and 이[ĩ](鼻母音)〗→벌게이[pəlgeĩ](경남). **버러지**(경남)(=벌레)=*벌+악(=子)+이(첨가음)〖모음조화〗→벌억이→버러기〖구개음화〗→버러지 혹은 *벌+앗[안](=子)+이(첨가음)→벌안이→벌아디〖모음조화〗→벌어디〖구개음화: ㄷ→ᄌ/__이〗→벌어지→버러지【근거】굳이[구지]. 기름(표준어)〖구개음화: ㄱ→ᄌ/__이〗→**지름**(경남), 길(표준어)〖구개음화: ㄱ→ᄌ/__이〗→**질**(경남)〖어말 /ㄹ/ 탈락〗→지→ち(=道, 路)(일본어): やまぢ(=山路)〈ベネッサ全訳古語辞典(2008)〉(=산**길**)=やま(=山)+ぢ(ち=길)(=路)〖유성음화〗→やまぢ【근거】새**마**(=新村)(경북)=새말(=新村)(경남)〖어말 /ㄹ/ 탈락〗→새마. 물로 묵고 무우라(경남)(=물을 먹고 먹어라)=물+**오**(목적격 조

사)(일본어 목적격 조사와 같다)+묵(다)(=먹다)+고+묵(다)+우(자음 충돌 회피용 삽입 모음)+라: 물로=물+ㄹ(복제 음)+올(목적격 조사)[어말 /ㄹ/ 탈락]→물로. 벌레=벌+ㄹ(복제 음)+에→벌레【근거】벌에〈석보상절 24권 50장〉《우리말샘》=벌레(현대어).

성아(경상, 충청, 함경)〈우리말샘〉(=형(兄))=형(兄)(hyəŋ)+아(의미첨가 없이 명사에 붙는 접미사)[ㅎ→ㅅ/__y]→셩아[단음화]→성아【근거】힘[ㅎ→ㅅ/__이]→심(경남). 형[ㅎ→ㅅ/__y]→셩[단음화]→성(경남). 세이(경남)(=형)=형+이(첨가음)[ㅎ→ㅅ/__y]→셩이[umlaut]→셰이[단음화]→셍이[ㅇ(ng)→Ø/__이 and 이[ĩ](鼻母音)]→세이[seĩ](경남)[첨가음 /이/ 삭제]→세(se)→싄(兄)(일본어 고어). 아니면, 싄(兄)(se)=형(兄)+이(첨가음)[ㅎ→ㅅ/__y]→셩이[단음화]→성이[ㅇ(ng)→Ø/__이 and 이[ĩ](鼻母音)]→서ĩ[비모음의 구강 모음화(일본어에 비모음을 표기할 글자가 없다)]→서이[모음 합체]→세(se).

아래(=下)=알(=下)(경남)(=아래)+아(의미첨가 없이 명사에 붙는 접미사)+이(첨가음)[모음 합체]→알애→아래(표준어)【근거】니가 나를 알로 보나?(경남)(=너가 나를 아래로 보니?=너가 나를 경시하니?)=니(=너)+가(주격 조사)+나+를(목적격 조사)+알(=아래)+로(조사)+보(다)+나(의문 종결 어미). cf. **아라우희**〈월인석보 1권 월인천강지곡 29장 뒷면〉(=아래 위에)=**알(=下)+아**(의미첨가 없이 명사에 붙는 접미사)+우ㅎ+의(처격 조사): '아래=알+아+이'임을 알 수 있다.

아바마마=*압+아(=子)(의미첨가 없이 명사에 붙는 접미사)+마마(극존칭)→아바마마【근거】아비=*압+이(첨가음). 아빠=*압+바. cf. pa(영어)(=아빠)=(압)바→pa. аав(아-우)(몽골어)=*압+우(첨가음)→아부[유성음화]→아부[ㅸ→Ø/모음__모음]→아우【근거】**아부**지(경남)=**아버**지(표준어). 나비(표준어)=나부(경남 노인 말). 추우(강원, 경남, 전남)〈고려대 한국어대사전〉(=추위)=춥(다)+우(명사형 어미)→추부(경남 노인 말)[유성음화]→추부[ㅸ→Ø/모음__모음]→추우.

어마마마=*엄+아(의미첨가 없이 명사에 붙는 접미사)+마마(극존칭)→어마마마【근거】어미(=母(모))〈훈몽자회 상권 31장 앞면〉=*엄+이(첨가음). 엄마(=母)=*엄+마. ma(=엄마)(영어)=(엄)마→ma. cf. 맘마(유아어)=먹을 것. mama(=이유식, 유아식)=맘마(mamma)〚동자음 축약〛→mama.

 'paravan(=병풍=屛風)=paravana(=병풍). melodram(터키어)=melodrama(영어). bank(영어)=banka(튀르키예어)'를 보면 '~a'가 명사에 의미첨가 없이 붙을 수 있는 접미사라는 것을 튀르키예인은 알고 있었음을 알 수 있다.

anne(=어머니)=안(=내(內))(an)+네(접미사)(ne)(=사람)→anne(그 뜻은 '(집)안에 있는 사람'=어머니). cf. ana(=어머니)=안+아(=子)(=사람)〚근거〛네=몇몇 명사 또는 대명사 뒤에 붙어 '그러한 부류 또는 그러한 부류에 속하는 사람'의 뜻을 더하는 접미사. 아낙네, 여인네〈표준국어대사전〉. cf. 안해〈번소 9권 6장〉《우리말샘》(=아내=wife)=안(=내(=內))+ㅎ(고유어 명사에 붙음)+아(=사람)+이(첨가음)〚모음 합체〛→안해(그 뜻은 '(집)안에 있는 사람'으로 '안해'를 '안사람'이라고도 하고 '집사람'이라고도 한다. 한국어는 활동 영역으로 남편과 부인을 구분하나 튀르키예어는 어머니가 주로 집안에서 활동하므로 어머니를 '(집) 안에 있는 사람'이라고 한 것이다).

arife(=전야, 앞~)=앒〈석보상절 19권 10장 앞면〉(=앞)+ㅎ(고유어 명사에 붙음)+아(의미첨가 없이 명사에 붙는 접미사)+이(첨가음)→앒ㅎ아이〚모음 합체〛→앒ㅎ애〚애→에〛→앒ㅎ에〚ㅂ+ㅎ→ㅍ〛→알페〚자음 충돌 회피용 삽입 모음, /이/ 첨가〛→알이페→아리페〚ㅍ→f/모음__모음〛→arife(그 뜻은 '앞'이다). arife gecesi=전야(=前夜)〚근거〛알(경남)(=아래)+아(의미첨가 없이 명사에 붙는 접미사)+이(첨가음)〚모음 합체〛→알애→아래(표준어). bank(영어)+아(a)(의미첨가 없이 명사에 붙는 접미사)〚모음 합체〛→banka(튀르키예어). 앞(현대어)=앒+ㅎ(고유어 명사에 붙음)〚ㄹ→∅/__자음〛→압+ㅎ〚ㅂ+ㅎ→ㅍ〛→앞(현대어).

bağa(=거북이, 거북이 등껍질)=박+아(=子)(=것)→박아(paka)〚유성음화〛→paga〚어두 유/무성자음 교체〛→baga〚g→ğ/모음__모음〛→bağa〚근거〛박+아(=子)(그 뜻은 박에서 만들어진 것=바가지). 거북의 등껍질이 바가지와 같다. cf. 바가치(경남)(=박아지)=박(=gourd)+앗(=子)〚앋〛+ㅎ(고유어 명사에 붙음)+이(첨가음)→박앋히〚ㄷ+ㅎ→ㅌ〛→박아티〚구개음화: ㅌ→ㅊ/__이〛→바가치. 표준어,

'바가지'는 /ㅎ/ 탈락 이후에 만들어진 단어이다: 바가지=박+앗[앋]+이→박아디〖구개음화〗→바가지. 경남 방언이 원어임을 알 수 있다.

balya(=(테나 철사로 묶은) 꾸러미, 묶음, 더미, 보퉁이, 부대, 포대)=발+이(첨가음)+아(=子)(의미첨가 없이 명사에 붙는 접미사)→palya〖어두 유/무성자음 교체〗→balya【근거】발=가늘고 긴 대를 줄로 엮거나, 줄 따위를 여러 개 나란히 늘어뜨려 만든 물건. 통발=가는 댓조각이나 싸리를 엮어서 통같이 만든 고기잡이 기구. balya는 '묶어놓은 모양이 발 안에 들어있는 것 같은 것'이라는 뜻이다. cf. 바리(=마소의 등에 잔뜩 실은 짐)=발+이(=물건). balya=바리+아(의미첨가 없이 명사에 붙는 접미사)〖모음 합체〗→발야(palya)〖어두 유/무성자음 교체〗→balya. balya(=보퉁이, 부대)는 '바랑(鉢囊)(=승려가 등에 지고 다니는 자루 모양의 큰 주머니)=발+앙(의미첨가 없이 명사에 붙는 접미사)'로 잘못 분석하여 만들어진 단어일 수도 있다. 아래(표준어)=알(경남)+아(의미첨가 없이 명사에 붙는 접미사)+이(첨가음)〖모음 합체〗→알애→아래. bank(영어)+아(a)(의미첨가 없이 명사에 붙는 접미사)→banka(튀르키예어). 똘(경기, 전라, 충청)〈고려대 한국어대사전〉(=도랑)+앙(의미첨가 없이 명사에 붙는 접미사)→또랑(경남)(=도랑).

banka(=은행)=bank(영어)+아(=子)(a)(의미첨가 없이 명사에 붙는 접미사)→banka. cf. banque[bãːk](프랑스어).

bomba(=폭탄)=bombe[bɔ̃ːb](프랑스어)/bomb(영어)+아(=子)(a)(의미첨가 없이 명사에 붙는 접미사)→bomba.

daktilo(=타자기)=딱(=작게 부딪히는 소리)+티(다)(=치다)+ㄹ(관형형 어미)+ᄋ(=아)(=子)(=것)→딱틸ᄋ〖ᄋ→오〗→딱틸오〖ㄸ→d〗→daktilo(그 뜻은 '딱딱 치는 것"=타자기)【근거】몰우횟대범을혼소ᄂ로**티**시며〈용비어천가 9권 39장 앞면〉=말 위에 큰 호랑이를 한 손으로 **치**시며. ᄀᆞᄅᆞ〈월인석보 10권 44장〉《고려대 한국어대사전》(=가루)=ᄀᆞᆯ(다)(=갈다)+ᄋ(=아)(=子)(=것). 프랑스어의 dactylo에서 차용한 단어인데 프랑스어의 어원이 한국어가 아닐까? 앞으로 연구가 필요하다.

firma(=회사, 상사)=firm(=회사, 상사)(영어)+아(=子)(a)(의미첨가 없이 명사에 붙는 접미사).

gıda(=음식물)(=끄니/끼니(경남))=끈+**아**(=子)(의미첨가 없이 명사에 붙는 접미사)→끄나[[ㄲ→g]]→gına[[n→d]]→gıda 【근거】 끄니/끼니=**끈**+이(첨가음)/낀+이(첨가음). 폴(=蠅)〈훈민정음해례본 용자례〉+**이**(첨가음)[[ᄋᆞ →아]]→팔이→파리(현대 표준어). 폴+**아**(=子)+이(첨가음)[[ᄋᆞ →오]]→폴아이[[umlaut]]→폴애이→포래이(경남 노인 말)(=파리). 폴+**이**[[ᄋᆞ →오]]→폴이→포리(경남). 건너(다)+이(첨가음)+다[[모음 합체]]→건네다[[에→이]]→건**니**다(경남)[[니(ni)→디(di)]]→건디다(경남). 건**디**다[kəndidɑ]. cf. 男女(**なん**にょ(**nan**nyo)/**だん**じょ(**dan**zyo))(일본어)=남녀(namnyə)(경남).

hane(=집, 칸)=한(=칸)+아(=子)(의미첨가 없이 명사에 붙는 접미사)+이(첨가음)[[모음 합체]]→한애[[애→에]]→하네→hane 【근거】 燈등의블**혀**고〈석보상절 9권 32장 뒷면〉=등에 불 켜고(현대어): 혀다[[ㅎ→ㅋ]]→켜다. 한[[ㅎ→ㅋ]]→칸: **집칸**이나 마련하다('집=칸'일 가능성이 크다). cf. 외갓집(가=집). 해겁다(경남)(=가볍다)[[ㅎ→ㄱ]]→개겁다(경남). ekmek hanesi(=빵집)=ekmek(=빵)+hane(=집)+si(3인칭 소유 접미사).

kaba(=거친, 조잡한, 섬세하지 못한; 굵은; 교양 없는, 세련되지 못한; 비속한, 천박한, 속된, (말씨나 행동이) 거친; (셈) 어림의)=겁(=껍데기, 껍질)+어/으(소유격 조사)(경남)→겁어[[어→아]]→갑아→가바[[유성음화]]→가바→kaba(여기서는 /ㅸ/가 /v/로 바뀌지 않았다).

kama(=단검(短劍))=검(劍)(=sword)+아(=子)(지소사)[[어→아]]→감아→가마(kama)→kama(그 뜻은 '작은 검'=단검).

klavye(=(타자기, 컴퓨터 등의) 자판)=글(=文字)+업(다)+이(명사형 어미)(=것)+아(=子)(의미첨가 없이 명사에 붙는 접미사)+이(첨가음)?→글업이아이[[어→아]]→글압이아이[[모음 합체]]→글압이애[[애→에]]→글압이에[[모음 합체]]→글압예→글아볘[[유성음화]]→글아볘[[ㅸ→v]]→kılavye[[[kıl]이나 [kl]이나 발음이 같이 들린다]]→klavye(그 뜻은 '글(=文字)를 업은 것'=자판). cf. clavier[klavje](프랑스어)=글+업(다)+이(명사형 어미)+알(=子)+이(첨가음): 발음은 안 되지만 /r/이 있다는 것은 /알/이었음을 알 수 있다. /알/과 /아/는 같은 뜻이다. 프랑스어와 한국어의 관계를 연구할 필요가 있다.

krema(=크림)=crème[kʀɛm](프랑스어)+아(=子)(a)(의미첨가 없이 명사에 붙는 접미사)〖발음대로 표기〗→krema.

kupa(=(우승) 컵)=cup(영어)+아(=子)(a)(의미첨가 없이 명사에 붙는 접미사)〖c[k]→k〗→kupa.

liste(=명단, 명부; 표, 일람표, 목록)=liste[list](프랑스어)/list(영어)+아(=子)(의미첨가 없이 명사에 붙는 접미사)+이(첨가음)〖모음 합체〗→list애〖애→에〗→list에(e)→liste. 아니면, **liste**=list+아(a)〖모음조화: i-e〗→liste.

marka(=표, 기호, 부호, 상표)=mark+아(a)(의미첨가 없이 명사에 붙는 접미사).

maya(=효모)=믹(麥)(=보리)+아(芽)〖모음 분해〗→뮉이아〖ㆍ→아〗→막이아→마기아〖ㄱ→Ø/모음__모음〗→마이아〖모음 합체〗→마야→maya(맥아는 보리싹으로 보리를 싹이 나게 하여 말린 것을 엿기름이라 한다). 아니면 **maya**=믹(麥)(=밀)〈훈몽자회 상권 12장 뒷면〉+아(=子)(~에서 만들어진 것)〖모음 분해〗→뮉이아〖ㆍ→아〗→막이아→마기아〖ㄱ→Ø/모음__모음〗→마이아〖모음 합체〗→마야→maya(그 뜻은 '밀에서 만들어진 것'=누룩=효모)(가능성이 크다). 훈몽자회에서는 믹(麥)을 보리가 아닌 '俗呼 小麥(속칭 소맥(=밀))'이라고 기록하고 있다【근거】고기〖umlaut〗→괴기〖단음화: 외→에〗→게기(경남)〖ㄱ→Ø/모음__모음〗→게이(경남)〖에→이〗→기이(경남). ㄱ믈다〈월인석보 10권 84장〉《고려대 한국어대사전》〖ㆍ→아〗→가몰다〖ㆍ→우〗→가물다(현대어).

mülkiye(=평민, 민간, 시민)=mülki(=평민의, 민간의)+y(모음 충돌 회피용 삽입 반자음)+아(=子)(a)(=사람)→mülkiya〖모음조화: i-e〗→mülkiye. **mülki**=물+이(첨가음)+거(소유격 조사)(경남)+이(첨가음)〖모음 합체〗→뮐게〖에→이〗→뮐기(mülki)(그 뜻은 '(사람) 무리의'=평민의)【근거】사루미무레〈석보상절 6권 5장 앞면〉=사람의 물(mul)에=사람의 **무리**에. 무리=물+이(첨가음). 너거집(경남)(=너의 집)=너+거(소유격 조사)+집.

nota(=음표)=note[nɔt](프랑스어)/note[noʊt]+아(=子)(의미첨가 없이 명사에 붙는 접미사).

palmiye(=야자수)=palm(영어)+이(첨가음)(i)+아(a)(의미첨가 없이 명사에 붙는 접미사)[모음 합체]→palmia[모음 충돌 회피용 삽입 반자음, /y/ 첨가]→palmi-ya[모음조화: i-e]→palmiye.

pantomima=pantomim+아(의미첨가 없이 명사에 붙는 접미사). pantomim, pantomima 둘 다 사용한다.

pire(=벼룩)=*별[벨](경남 발음)+**아**(=子)(의미첨가 없이 명사에 붙는 접미사)[에→이]→빌아→pira[모음조화: i-e]→pire 【근거】벼룩=*별+**악**(=子)(의미첨가 없이 명사에 붙는 접미사)[모음조화: 여-어]→별억[어→으]→별윽[베륵](경남)[으→우]→벼룩. cf. 벼룩〈훈몽上:12〉《고려대 한국어대사전》=*별+악[모음조화: 여-어]→별억[어→오]→별옥. '아'와 '악'은 뜻이 같다: **벼락**((경기, 황해)〈고려대 한국어대사전〉(=벼랑)=별+**악**. **비레**〈두시언해 중간본 6, 7권 중 6권 2장 앞면〉(=벼랑)=별+**이**(첨가음)+**아**+이(첨가음)[모음 합체]→뼬애[단음화]→벨애[에→이]→빌애[모음조화: 이-에]→비레. 엄마(표준어)[어→오]→옴마(경남).

pompa(=펌프)=pompe[pɔ̃ːp](프랑스어)+아(=子)(a)(의미첨가 없이 명사에 붙는 접미사)→pompa. cf. pump(영어).

posta(=우편)=post(영어)+아(a)(의미첨가 없이 명사에 붙는 접미사).

sene(=년(年))=해년(=년)+이(첨가음)+아(=子)(의미첨가 없이 명사에 붙는 접미사)[두음법칙 후 보상적 /y/ 첨가]→해+y+연(yən)+이+아[동음 축약: y+y→y]→해연이아[애→에]→헤연이아[에→이]→히연이아[ㅎ→ㅅ/__이]→시연이아[모음 합체: 여+이→예]→시옌아[단음화]→시엔아[모음 합체: 이+에→예]→셴아[단음화]→센아(sena)[모음조화: e-e]→sene 【근거】**해년** 해마다(경남)=년년/연연이=매년: 해=년=연. cf. **yıl**(=년(年))=년+이(첨가음)+알(=子)(의미첨가 없이 명사에 붙는 접미사)+이(첨가음)[두음법칙 후 보상적 /y/ 첨가]→y+연(yən)이알이[동음 축약: y+y→y]→연이알이[ㄴ→Ø/__이 and 이[ĩ](鼻母音), 비모음의 구강 모음화]→여이알이[어→으]→yı+이알이[모음 합체]→yı+이앨[애→에]→yı+이엘[에→이]→yı+이일[동모음 축약]→yı+일(il)[모음조화: ı-ı]→yııl[동모음 축약]→yıl 【근거】이년이[iyəĩ](경남 발음). 사타리(경남)=샅(표준어)+알

(의미첨가 없이 명사에 붙는 접미사)+이(첨가음)→사타리.

seviye(=정도, 수준, 급(級))=급(級)+이(첨가음)+아(=子)(의미첨가 없이 명사에 붙는 접미사)+이(첨가음)[구개음화: ㄱ→ㅈ/__으]→즙이아이[umlaut]→쥡이아이[단음화: 의→에]→젭이아이[ㅈ→ㅅ]→셉이아이[모음 합체]→셉이애[애→에]→세비에[모음 충돌 회피용 삽입 반자음 /y/ 첨가]→세비예[유성음화]→세비예[ㅸ→v]→seviye. 아니면, **seviye**=급(級)+이(첨가음)+아(=子)(의미첨가 없이 명사에 붙는 접미사)[구개음화]→즙이아[umlaut]→쥡이아[단음화]→젭이아[ㅈ→ㅅ]→셉이아[모음 충돌 회피용 삽입 반자음 /y/ 첨가]→세비y아[유성음화]→세비y아[ㅸ→v]→seviya[모음조화: i-e]→seviye 【근거】 알(=下)(경남)+아(=子)(의미첨가 없이 명사에 붙는 접미사)+이(첨가음)[모음 합체]→알애→아래(=下)(표준어). 종지=종자(鍾子)+이(첨가음)[모음 합체]→종재[애→에]→종제[에→이]→종지. 똥구시(경남)=똥+굼(=구덩이)+이(첨가음)→똥구디[구개음화: ㄷ→ㅈ/__이]→똥구지[ㅈ→ㅅ]→똥구시.

sıla(=고향)=신라(新羅)[실라]→실라[이→으]→슬라[ㄹㄹ→1]→sıla. 튀르키예인들은 자신을 흉노의 후예라고 여기고 있다. 흉노 왕자, 김일제의 후손이 세운 나라, 신라를 고향으로 여기는 것일까? 아니면, 'sıla=살(다)+이(명사형 어미)+아(=장소)'와 연관이 있는 걸까: 살(다)+이+아[모음 합체]→샐아[애→에]→셀아[에→이]→실아[이→으]→슬아→sıla? cf. yasa(mak)=살다. 【근거】 **이**사/으사(경남)=의사(醫師). 경남 방언에서는 '이/으' 교체가 상당히 자유롭게 일어난다.

şıra(=very slightly fermented grape juice=아주 조금 발효된 포도 주스)=수을〈석보상절 9권 37장 앞면〉(=술=주(酒))+아(=子)(지소사)[우→으]→스을아(şııra)[동모음 축약]→şıra(그 뜻은 '조금 덜 발효된 술'이다) 【근거】 믈(=水)〈훈민정음해례본 용자례〉[으→우]→물(현대어).

sıra(줄, 순서)=줄+아(=子)(의미첨가 없이 명사에 붙는 접미사)[우→으]→즈라[ㅈ→ㅅ]→스라→sıra 【근거】 똥구시(경남)=똥+굼(=구덩이)+이(첨가음)→똥구디[구개음화]→똥구지[ㅈ→ㅅ]→똥구시. 알(경남)(=아래)+아(의미첨가 없이 명사에 붙는 접미사)+이(첨가음)[모음 합체]→알애→아래(표준어). 믈(=水)

〈훈민정음해례본 용자례〉[으→우]→물(현대어). cf. 갓(=笠(립))+아(=子)(의미첨가 없이 명사에 붙는 접미사)→가사(kasa)→かさ(=笠)(kasa)(일본어). sıradağ(=산맥)=줄+아(=子)+(어)덕[어→아]→주라닥[풀어쓰기]→주라다그[ス→ス]→수라다그[우→으]→스라다그→sıratakı[유성음화]→sıradagı[g→ğ/모음__모음]→sıradağı[[ğ] 뒤의 [ı]는 있으나 없으나 발음이 같이 들린다]→sıradağ. cf. からくにたけ(=韓国岳)(Karakunidake)(일본어): たけ(=岳)=덕+아(=子)(의미첨가 없이 명사에 붙는 접미사)+이(첨가음)[어→아]→닥아이[모음 합체]→닥애[애→에]→다게(take).

tane(=bullet)〈turkishdictionary.net〉(=총알, 탄환, 탄알, 탄자(彈子))=탄(彈)+아(=子)(의미첨가 없이 명사에 붙는 접미사)+이[모음 합체]→탄애[애→에]→탄에→타네→tane. **아=알**=子: tane=탄알(tanar)(=탄+알)=탄자(tanja)(=탄+자(子)).

tane(=낱알, 개, 채)=단(單)(=하나, 한 개)+아(=子)(의미첨가 없이 명사에 붙는 접미사)+이(첨가음)[모음 합체]→단애[애→에]→단에(tane).

ücra(=외진, 한적한)=외지(다)[웨지]+ㄹ(관형형 어미)+아(=子)(=장소)→웨질아[에→이]→위지라(ücira)[이(i)→으(ı)]→ücıra[[c]와 [r] 사이의 [ı]는 있으나 없으나 발음이 같이 들린다]→ücra(명사가 명사 앞에서 명사를 수식하는 형용사적으로 쓰인 것이 형용사가 된 것이다) 【근거】 게(=crab)(표준어, 경남)[에→이]→기(경남). 이사/으사(경남)=의사(醫師)(표준어). kara(=육지)=갈(다)(경남)(=마르다)+아(=장소, 곳)→kara(그 뜻은 '마른 곳'=육지). cf. kara=검은색(명사), 검은(형용사))

üniforma(=제복, 유니폼)=uniform(영어)+아(a)(의미첨가 없이 명사에 붙는 접미사)[umlaut]→üniforma 【근거】 고기(표준어)[umlaut]→괴기[단음화: 외→에]→게기(경남)[ㄱ→∅/모음__모음]→게이(경남)[에→이]→기이(경남).

üye(=위원(委員))=위(委)(=맡기다)+아(=子)(=사람)+이(첨가음)[모음 합체]→위애[애→에]→위에→üe[모음 충돌 회피용 삽입 반자음, /y/ 첨가]→üye(그 뜻은 '위임을 맡은 사람'=위원: 국가(國家) 또는 지방자치단체(地方自治團體), 기타의 일반(一般) 단체(團體) 등(等)에서, 특정(特定)한 사항(事項)의 처리(處理)를 위임(委

任) 맡은 자로서 임명(任命) 또는 선거(選擧)된 사람).

vana(=밸브, (수문 따위의) 막이 판)=*반(板)(pan)+아(=子)(a)〖어두 유/무성자음 교체〗→bana〖bana→vana/(유성음)__a〗(앞에 유성음으로 끝나는 말이 왔을 때)→vana(=판자(板子))(판자가 물 막는 용도로 쓰인 것이 밸브다. '반자'가 모음으로 끝나는 단어 다음에 붙은 복합어의 발음에서 분리했을 것으로 추정된다)【근거】널빤지(=널+판자(板子))=널+ㅅ(사이시옷)+**반**+자(子)+이(첨가음)〖ㅅ+ㅂ→ㅃ〗→널빤자이〖모음 합체〗→널빤재〖애→에〗→널빤제〖에→이〗→널빤지. 널판지=널+ㅎ(고유어 명사에 붙음)+반+자+이〖ㅎ+ㅂ→ㅍ〗→널판자이〖모음 합체〗→널판재〖애→에〗→널판제〖에→이〗→널판지. 예를 들어, '송반(=松板)(현대어는 '송판'이라고 한다)〖유성음화〗→송반〖ㅸ→v〗→songvan'에서 van(板)을 분리해냈을 것으로 추정된다.

yarda=yard(영어)(=야드(척도))+아(=子)(a)(의미첨가 없이 명사에 붙는 접미사).

zürafa(=기린)=girafe[ʒi.ʁaf](프랑스어)+아(=子)(의미첨가 없이 명사에 붙는 접미사)〖[ʒi]가 [zü]처럼 들린다〗→zürafa.

④ ~a=~아(=자손, 땅, 나라)

가라(伽羅, 加羅)(=가야)=*걸(다)(=검다)+아(=子)(=땅, 나라)(원뜻은 '자손'이다)〖어→아〗→가라(그 뜻은 '검은 땅'. 검은 것은 까마귀이고 까마귀는 태양을 상징한다. 따라서 '가라'는 '태양의 땅=태양의 나라'이다)【근거】거슬다(=불에 겉만 약간 타게 하다)=*걸(다)(=검다)+슬다(=표면에 달라붙다)〖ㄹ→∅/__ㅅ〗→거슬다. cf. kara(=검은색, 검정)=*걸(다)(=검다)+아(=子)(=것)〖어→아〗→갈아→가라→kara. karga(=까마귀)=걸(다)(=검다)+거(=것)〖어→아〗→갈가(karka)〖유성음화〗→karga(그 뜻은 '검은 것'=까마귀). cf. kara(=마른 땅, 육지)(튀르키예어)=갈(다)(경남)(=마르다)+아(=子)(=땅). cf. 가락(駕洛)(=가라)=*걸(다)+악(=子)(=땅)〖어→아〗→갈악→가락. 악=아. durak(=역, 멈춤)=(비가) 들(다)(=멈추다)+악(=장소, 행위)〖으→우〗→둘악(turak)〖어두 유/무성자음 교체〗→durak【근거】kelmoq(우즈벡어)=gelmek(튀르키예어)=오다. 들(=水)〈훈민정음해례본 용자례〉〖으→우〗→

물(현대어).

고마(=高麗)(=こま)(일본어)(koma)(=고구려)=곰(=웅(熊))(kom)+아(=子)(a)(=자손, 나라)→곰아(koma)('곰'의 자손'=곰의 나라)(고구려는 고조선을 계승하였고 고조선의 토템이 곰(=熊)이다). 일본에서는 '고려(=고구려)'를 こま(=高麗)(koma)라고 한다).

くだら(=百濟)(kudara)(일본어)=구달+**아**: ① (위)구태/구대=구타/구다+이(첨가음), 구달=구다+알(=子)(의미첨가 없이 명사에 붙는 접미사): 구대=구달. 구달+아→구다라(kudara)(그 뜻은 '구태/구대의 자손/나라) 【근거】百濟 爲夫餘王 尉仇台 之後〈책부원구〉《만주원류고》=백제는 부여왕 **위구태**의 후예다. 구디(경남)(=구덩이)=굳(=구덩이)+이(첨가음). 구더리(충남)〈우리말샘〉(=구덩이)=굳+알+이(첨가음)[모음조화: 우-어]→굳얼이→구더리: 이=알. '**대**(台)=어른, 남의 이름 존칭'로 보아 '위구대'로 읽어야 옳을 것이다. ② **くだら**(=百濟)(kudara)(일본어)=ㅎ(=太陽)+다(=데)(=곳)+알(의미첨가 없이 명사에 붙는 접미사)+아(=나라)[ㅎ→ㄱ]→ㄱ다알아[ᄋ→우]→구다알아[동모음 축약]→구달아(kudara)(그 뜻은 '해 땅의 나라'이다) 【근거】해겁다(경남)[ㅎ→ㄱ]→개겁다(경남)(=가볍다). 燈등의블 혀고〈석보상절 9권 32장 뒷면〉[ㅎ→ㅋ]→등에 불 **켜고**(현대어): 혀다[ㅎ→ㅋ]→켜다. 장어(표준어)+이(첨가음)[모음 합체]→장에[모음조화: 아-애]→장애(경남). 부텨說쎯法법ㅎ신**다**마다〈월인석보 1권 월인천강지곡 15장 앞면〉부처 설법하신 데마다: 하신다=하신**다+이**[모음 합체]→하신대[모음조화: 이-에]→하신데. ㅎ(=太陽)+이(첨가음)[모음 합체]→히[단음화: 이→애]→해(현대어). **호롱**(=석유를 담아 불을 켜는 데에 쓰는 그릇)=ㅎ(=불)+롱[ᄋ→오]→호롱. **ほや**(=火屋)(hoya)(일본어)[호야]=ㅎ(=불)(=火)(=불)+や(=집)[ᄋ→오]→호야(hoya). 태양은 뜨거우니 '불'이라고 생각한 것이다. cf. **gün**(튀르키예어)(=날, 태양)=ㅎ(=太陽)+앙(의미첨가 없이 명사에 붙는 접미사)+이(첨가음)[ㅎ→ㄱ]→ㄱ안이[ᄋ→우]→구앙이[ㅇ(ng)→ㄴ(n)]→구+안이[모음 합체]→구앤[애→에]→구엔[에→이]→구인[모음 합체]→권(kün)[어두 유/무성자음 교체]→gün. cf. güneş(튀르키예어)(=태양)=gün(=날, day)+앗(=子)(=자식)+이(첨가음)[umlaut]

→gün앳이〖애→에〗→gün엣이→güneş(그 뜻은 '날'의 아들': 태양은 낮에 나오니까). kun(우즈벡어)=날(日). ʜap(몽골어)(날)=태양. don(mak)(=얼다)=동(凍)(=얼다)(tong)〖ㅇ(ng)→ㄴ(n)〗→ton〖어두 유/무성자음 교체〗→don. ③ **백제(百濟)**[백제]=빅(百)졩(濟)[제][빅쪠〖발음대로 표기〗→빅쪠〖첨가음, /이/ 삭제〗→복(百)쪠〖모음분해: 예→이+에〗→복찌에〖모음분해: 에→어+이〗→복찌어이(=←붉(다)[복]+띵(地)[띠]+아(=子)(=나라)+이(첨가음)〖모음조화: 이-에〗→복띠어이〖구개음화: ㄸ__ㅉ/__이〗→복찌어이〖umlaut〗→빅찌어이〖단음화: 이→애〗→백찌어이〖모음 합체: 어+이→에〗→백찌에〖모음 합체: 이+에→예〗→백쪠〖단음화: 예→에〗→[백쩨]→백제[백쩨](그 뜻은 '(날이) 밝는 곳의 나라'로 '조선'과 그 뜻이 같다)) 【근거】 빅(百)〈월인석보 1권 월인천강지곡 6장 앞면〉. 귁(國)〈월인석보 1권 훈민정음 1장 앞면〉=국(國)+이(첨가음). cf. **はく**たい(百代)(hakutai)〈ベネッサ全訳古語辞典(2008)〉(일본어 고어): **はく**(百)=복(百)〖ᄋ→아〗→박〖일본어식으로 표기〗→바구〖ㅂ→ㅎ〗→하구(haku)('빅(百)=복(百)+이(첨가음)'이라는 증거이다). 졩(濟)〈월인석보 1권 월인서 9장 앞면〉[제]. 붉다〈용가124장〉고려대 한국어대사전》=밝다.

부여(扶餘)=불(=ᄒ(=太陽))+으(소유격 조사)+아(=자손, 땅, 나라)〖으→이(튀르키예어 소유격 조사)〗→불이아〖어말 /ㄹ/ 탈락〗→부이아〖모음조화: 이-어〗→부이어〖모음 합체〗→부여〖한자어로 음차〗→부여(扶餘)(그 뜻은 '태양, 즉 불의 자손/나라/땅'이다). 아니면, **부여(扶餘)**=불+아〖어말 /ㄹ/ 탈락〗→부아〖모음 충돌 회피용 삽입 반자음, /y/ 첨가〗→부야〖모음조화: 우-여〗→부여 【근거】 새마(=新村)(경북)=새말(=新村)(경남)〖어말 /ㄹ/ 탈락〗→새마. dinî(튀르키예어)(=종교의)=din(=종교)+으(소유격 조사)〖으→이〗→din+이→dinî. **호롱**(=석유를 담아 불을 켜는 데에 쓰는 그릇)=ᄒ(=太陽)(=불)+롱〖ᄋ→오〗→호롱. **ほや**(=火屋)(hoya)(일본어)[호야]=ᄒ(=太陽)(=불=火)+や(ya)(=집)〖ᄋ→오〗→호(ho)や(ya)(=집). や(=屋)(ya)(=집)=(지붕을) 이(다)+아(장소)〖모음 합체〗→야(ya)(그 뜻은 (지붕을) 인 곳=집). 태양은 뜨거우니 '불'이라고 생각한 것이다. ᄒ(=太陽)〖ᄋ→오〗→호. 해=ᄒ(=太陽)+이(첨가음)〖모음 합체〗→ᄒᆡ〈1690 역해 상:1ㄱ〉《표준국어대사전》〖단

음화: 이 → 애] → 해(현대어). 장애(=eel)(경남)=장어+이(첨가음)[모음 합체] → 장에[모음조화: 아-애] → 장애. 국(國)+이(첨가음)[모음 합체] → 귁〈월인석보 1권 훈민정음 1장 앞면〉. ⇒ 1,1 朝鮮.

사라(斯羅)(=사로(斯盧), 신라(新羅))=승(斯)〈석보상절 13권 8장 앞면〉[ᄉ]+알(의미첨가 없이 명사에 붙는 접미사)+아(=子)(=땅)[ᄋ → 아] → 사알아[동모음 축약] → 살아 → 사라. 승(斯)[ᄉ]+올(=子)(의미첨가 없이 명사에 붙는 접미사)+아(=자손, 땅, 나라)[ᄋ → 오] → 소올아[동모음 축약] → 솔(=태양?)+아 → 솔아(그 뜻은 '태양의 나라'). 수로(斯盧)=ᄒ(=太陽)+알(의미첨가 없이 명사에 붙는 접미사)+오(=子)(=아)[모음조화: ᄋ - ᄋ] → ᄒ올오[동모음 축약] → 홀오[ᄒ → ᄉ] → 솔오(수로(斯盧))(그 뜻은 태양의 자손, 태양의 땅)[ᄋ → 오] → 솔오 【근거】 홀랑(표준어)[ᄒ → ᄉ] → 솔랑(경남). 히(=太陽)=ᄒ(=太陽)+이(첨가음). cf. sole(=태양)(이탈리아어)=솔(sol)+아(=子)+이(첨가음)[모음 합체] → sol애[애 → 에] → sol에(e) → sole. 신라, 가라는 '태양의 자손, 즉 태양의 나라'일 가능성이 크다. cf. Italia(=이탈리아)=Itali(=Italo(=이탈리아인의 형용사형))+아(=子)(=나라). 사로(斯盧)=솔ᄋ(斯盧는 '솔ᄋ'의 음차)=솔(=태양)+ᄋ(=子)(=아)(=자손, 나라, 땅): 솔[ᄋ → 아] → 살. ᄋ[ᄋ → 오] → 오. 아니면, 신라[실라]=솔+이(첨가음)+아(=나라)[모음 합체] → 실아[단음화: 이 → 애] → 샐아[애 → 에] → 셀아[에 → 이] → 실아[/ㄹ/ 복제] → 실라[발음 규칙을 적용하여 한자로 음차] → 신라(新羅)[실라]. 태양의 나라가 아니면 신라[실라]=(날이) 새(다)+ㄹ(관형형 어미)+아(=나라) → 샐아[애 → 에] → 셀아[에 → 이] → 실아[/ㄹ/ 복제] → 실라[신라[실라] 발음 규칙을 적용하여 '신라(新羅)[실라]'로 음차] → 신라(='날이 새는 곳=동방의 나라'일 것이다). cf. しらぎ(=新羅)(siragi)(일본어)=실+**악**(=子)+이(첨가음): 악=아.

Almanya(=독일)=Alman(=독일인)+이(소유격 조사)(i)+아(a). Alman=알(=황금)(al)+man(=사람)=금인(=金人)【근거】dinî(=종교의)=din(=종교)+으(경남)(소유격 조사)[으 → 이] → din이 → dinî. 독일인은 '황금 씨족'으로 흉노와 연관이 있을 수도 있다. 신라, 가야도 흉노의 후예로 그 성씨가 김(金)이다. 흉노족은 금으로 사람을 만들어(=金人) 놓고 하늘에 제사를 지냈다. 앞으로 연구가 필요하다. cf. **alt**ın=

황금. Altai=金: 阿尔泰山=金山.

İtalya(=이탈리아)=İtaly+아(a).

Japonya(=일본=日本)=Japon(=일본인)+이(소유격 조사)(i)+아(a)〖모음 합체〗
→Japon야(ya)→Japonya【근거】dinî(=종교의)=din(=종교)+으(경남)(소유격 조
사)〖으→이〗→din이→dinî.

Kore(=한국)=고(=高)(=태양)+리(li)(튀르키예어))(=형용사형 어미)+아+이(첨가
음)〖모음 합체〗→고리애〖애→에〗→고리에〖모음 합체〗→고례〖단음화〗→고레
→Kore(그 뜻은 '태양의 자손/나라'이다). 아니면, **Kore**(=한국)=고(=高)(=태양)+
리(li)(=사람)+아(=나라)+이(첨가음). ⟹ **1.1 朝鮮**.

Rusya(=러시아)=Rus(=러시아 사람)+이(소유격 조사)(i)+아(a).

세계의 '~a'로 된 나라는 고조선어를 도입한 것으로 볼 수 있다.

(2) ~ak=~악

'악'은 한자로 표기하면 '子'에 해당한다(아기=악+이(첨가음)=아기, 아가=악+
아(의미첨가 없이 명사에 붙는 접미사). 그 기본 뜻은 'A+악'은 'A에서 나온 것, A
에서 만들어진 것'이다. A가 사람이면 그의 자식이다. 자식은 작으니 지소사로도
쓰이고 사물로까지 그 뜻이 확장된다. 명사형 어미, 형용사형 어미로도 쓰이나 명
사가 명사를 수식하면 형용사처럼 보여 형용사형 어미로 분류했을 것이다. '뜰악
(=뜰)'의 '악'은 '모자(帽子)'의 '자(子)'와 같이 의미첨가 없이 명사에 붙는 접미사
로 쓰인다. 부사형 어미로도 쓰인다(노락노락 꾸따(경남)=노릇노릇 굽다).

① A(=명사)+악

벼락(경기, 황해)(=벼랑)〈고려대 한국어대사전〉=*별+**악**(의미첨가 없이 명사에 붙
는 접미사). cf. 벼랑=*별+**앙**(의미첨가 없이 명사에 붙는 접미사). **벼리**(경남)(=벼
랑)=*별+**이**(첨가음)(의미첨가 없이 명사에 붙는 접미사). **비레**〈두시언해 중간본
6, 7권 중 6권 2장 앞면〉(=벼랑)=*별+이(첨가음)+**아**(의미첨가 없이 명사에 붙는
접미사)+이: *별+이〖모음 합체〗→벨〖단음화〗→벨〖에→이〗→**빌**. 아+이〖모음

합체]→애[애→에]→에. 접미사, '아, 악, 앙, 이'는 같은 기능을 하는 접미사라는 것을 알 수 있다.

거북=겁(=껍데기)+악[모음조화: 어-우]→겁욱→거북(그 뜻은 '껍데기가 있는 것'). cf. 거붑〈석보상절 21권 40장〉(=거북)=겁+웁. cf. **숩**〈월인석보 8권 11장〉(=속)=소+웁. 속(현대어)=소+옥, 붑〈석보상절 23권 57장〉=북. 접미사, '옥(=악)'과 '웁'이 같은 뜻의 접미사라는 것을 알 수 있다.

거죽=걷(=겉)+악(=子)[모음조화: 어-우]→걷욱[구개음화: ㄷ→ㅈ/__우]→거죽. '겉+악[모음조화: 어-우]→겉욱[구개음화]→*거축'인 것으로 보아 원 단어가 '겉'이 아니라 '걷'이었음을 알 수 있다. 다음과 같이 '겉'이 만들어졌다: 걷+ㅎ(고유어 명사에 붙음)[ㄷ+ㅎ→ㅌ]→겉. 〔유례〕 앒〈박통사언해 하권 19장〉《우리말샘》[압]+ㅎ(=앞)[ㅂ+ㅎ→ㅍ]→**앞**.

구더기(=파리의 애벌레. 차차 자라 꼬리가 생기고 번데기가 되었다가 파리가 된다)=굳(=구덩이)+악(=~에서 나오는 것, ~에서 생긴 것)+이(첨가음)[모음조화: 우-어]→굳억이→구더기. 구더기는 옛날의 재래식 화장실에서 많이 생겼다. 그래서 '구더기'는 '굳에서 나온 것'이라는 뜻이다. cf. 구디(경남)(=구덩이)=굳(=구덩이)+이(첨가음)[발음대로 표기]→구디. 똥구시(=변소, 뒷간)=똥+굳+이(첨가음)→똥구디[구개음화]→똥구지[ㅈ→ㅅ]→똥구시. 굳〈석보상절 13권 45장 앞면〉+앙(의미첨가 없이 명사에 붙는 접미사)+이(첨가음)[모음조화: 우-어]→굳엉이[발음대로 표기]→구덩이.

그륵(경남)(=그릇)=*글+악(=子)(~에서 만들어진 것)[모음조화: 으-으]→글욱→그륵. cf. 그릇(표준어)=*글+앗(=子)(~에서 만들어진 것)[모음조화: 으-으]→글웃→그릇. 악(옥)=앗(=웃)【근거】'뜰악(=뜰)=뜰+악(의미첨가 없이 명사에 붙는 접미사). 씨앗=(씨(=種))+앗(=子)(의미첨가 없이 명사에 붙는 접미사)'를 보면 '악=앗'임을 알 수 있다. 글=흘(경상, 평남)(=흙)〈고려대 한국어대사전〉[ㅎ→ㄱ]→글【근거】해겁다(경남)=개겁다(경남)=가볍다(표준어). '그륵/그릇'은 '흙에서 만들어진 것'이라는 뜻일 가능성이 크다. cf. **kil**(=진흙, 점토)=흘(경상, 평남)(=흙)[ㅎ→ㄱ]→글[으→이]→길(kil)【근거】으사/이사(경남)=의사(醫師).

도라지=*돌+**악**+이→도라기[구개음화: ㄱ→ㅈ/__이]→도라지. 아니면, 도라지=*돌+앗[앋]+이→도라디[구개음화: ㄷ→ㅈ/__이]→도라지. cf. 돌가지(강원, 경상, 전라, 평북)〈고려대 한국어대사전〉(=도라지)=*돌+**각**(=악)+이(첨가음)→돌가기[구개음화]→돌가지. 아니면, 돌가지=*돌+갓[간](=앗)+이→돌가디[구개음화]→돌가지 【근거】도랏(경북, 전남)(=도라지)=*돌+**앗**(=子). 종자(種子)=種(=씨)+子(=앗). cf. 씨**갓**(강원, 경남, 전남, 평북, 함경)〈고려대 한국어대사전〉(=씨앗)[ㄱ→Ø/모음__모음]→씨앗. 악=각=앗=갓.

뜨락=뜰+악(의미첨가 없이 명사에 붙는 접미사). '악'을 지소사로 보는 학자도 있으나 '작다'는 의미는 없다.

무루팍(강원, 경기, 경상, 전남, 충청, 중국 흑룡강성)〈우리말샘〉(=무릎)=무릅(=슬(膝)〈훈몽자회 상권 28장 앞면〉+ㅎ(고유어 명사에 붙음)+악(=子)(의미첨가 없이 명사에 붙는 접미사)[ㅂ+ㅎ→ㅍ]→무릎악→무루팍. 무릅+ㅎ[ㅂ+ㅎ→ㅍ]→무릎[우→으]→무릎(현대 표준어).

손바닥[손빠닥](현대어)=손+ㅅ(사이시옷)+*받+**악**[ㅅ+ㅂ→ㅽ]→손빠닥('손바닥'의 발음 속에는 사이시옷이 들어 있는데 표준어에서는 사이시옷을 빼고 표기한다. '솑바닥'으로 표기해야 [손빠닥]으로 발음된다)【근거】솑바당〈월인석보 2권 월인천강지곡 2장 앞면〉(=손바닥)=손+ㅅ(사이시옷)+*받+**앙**. '악=앙'임을 알 수 있다.

숟가락=술(=숟가락)+갈(=子)(의미첨가 없이 명사에 붙는 접미사)+악(=子)(의미첨가 없이 명사에 붙는 접미사)[ㄹ→ㄷ]→숟갈+악→숟가락('숟갈(경남)(=숟가락)'이라는 명사에 다시 접미사, '악'이 붙은 것이다)【근거】볃(彆)〈훈민정음해례본 종성해〉[ㄷ→ㄹ]→별(현대어). **걷**다-**걸**어서-**걸**으면(모음 앞에서는 /ㄷ/이 /ㄹ/로 바뀐다). **숟갈**(경남)=숟가락. **제**(경남)=저+이(첨가음). **젣갈**(경남)[제깔](=젓가락)=저+이(첨가음)+ㅅ(사이시옷)+갈. 젓가락=저(=젓가락)+ㅅ(사이시옷)+갈(=子)+악(=子). **젣가락**(경남)=젣갈+악.

부스러기(=잘게 부스러진 물건)〈표준국어대사전〉=부슬(다)(경기)〈우리말샘〉(=부수다)+악(=것)+이[모음조화: 으-어]→부슬억이→부스러기.

아낙(=부녀자가 거처하는 곳을 점잖게 이르는 말〈표준국어대사전〉)=안(=내(內))+악(=장소). cf. 아내=안+아(=사람)+이(첨가음)[모음 합체]→안애→아내(그 뜻은 '안사람'=아내). 【근거】바깥양반(=남편)=바깥(=외(外))+양반. **안팎**이 똑같이 훌륭한 사람이다=**아내와 남편**이 똑같이 훌륭한 사람이다. 안해〈소학번9:6〉(=아내)《고려대 한국어대사전》=안+ㅎ(고유어 명사에 붙음)+아(=사람)+이[모음 합체]→안해[ㅎ→Ø/유성음__유성음]→안애→아내(현대어).

우막(경남)(=움막)=움(=땅을 파고 위에 거적 따위를 얹어 비바람이나 추위를 막아 겨울에 화초나 채소를 넣어 두는 곳〈표준국어대사전〉)+악(=子). '움막'이 아닌 근거: 오막살이=옴('움'보다 작은 느낌의 단어)+**악**+살(다)+이(명사형 어미)(=행위). 움막(움幕)〈표준국어대사전〉: '움' 속에 이미 '막(幕)'이라는 개념이 들어 있다. '막사(幕舍)'와 같이 막(幕)으로 만들어진 집은 가능하지만 막(幕)이 집을 나타내지는 않는다.

주묵(경남)(=주먹)=*주(다)(=쥐다)+ㅁ(명사형 어미)+악(의미첨가 없이 명사에 붙는 접미사)→줌악[모음조화: 우-우]→줌욱→주묵. 주먹(표준어)=*주(다)+ㅁ(명사형 어미)+악[모음조화: 모음조화를 /아/와 /어/ 둘로 한정한 모음조화]→줌억→주먹. 쥐다(현대어)=*주(다)+이(첨가음)+다. cf. 썰(다)(표준어)+이(첨가음)+다→써리다(경남) 【근거】한 **줌**=한+*주(다)(=쥐다)+ㅁ(명사형 어미). 〈표준국어대사전〉에서 '줌'을 '주먹'의 준말이라고 하나 '주먹'을 '줌'으로 줄일 수 있는 음운규칙은 없다. '줌'에 의미첨가 없이 명사에 붙을 수 있는 접미사, '악'이 붙은 것이다.

터럭(=털)=털(=모(毛))+악(=子)(의미첨가 없이 명사에 붙는 접미사)[모음조화: 어-어]→털억→터럭. '악'이 지소사처럼 보이지만 훈몽자회를 보면 '털'이라는 명사에 의미첨가 없이 붙은 접미사라는 것을 알 수 있다. 터럭(=모(毛))〈훈몽자회 하권 3장 앞면〉=털(=毛)+악[모음조화]→털억→터럭. cf. 터레기(경남)(=털)=털+악+이(첨가음)[umlaut]→터렉이→터레기[ㄱ→Ø/모음__모음]→터레이(경남)[에→이]→터리이(경남). 터리(경남)(=털)=털+이(첨가음)→터리. 〈Han-Woo Choi 1996: 12〉에서 '터럭(tərək)'의 'ək)'을 지소사(diminutive suffix)로 기술하고 있으나 '작은 털'이라는 의미가 아니다.

bacak(=발)=발+이(첨가음)+악(의미첨가 없이 명사에 붙은 접미사)〚ㄹ→ㄷ〛→받이악→바디악〚구개음화: ㄷ→ㅈ/__이〛→바지악〚모음 합체〛→바쟉〚단음화〛→바작〚유성음화: ㅈ→c/모음__모음〛→pacak〚어두 유/무성자음 교체〛→bacak【근거】바롤〈석보상절 6권 43장 뒷면〉(=바다)=*발+올(=알)(=子). 바다(현대어)=*발+아(=子)〚ㄹ→ㄷ〛→받아→바다. **걷다: 걸어-걸으면-**걷고. 한 **술**=한 **숟**가락: 술〚ㄹ→ㄷ〛→숟. 별(彆)〈훈민정음해례본 종성해〉〚ㄷ→ㄹ〛→별(彆)(현대어). kelmoq(우즈벡어)=gelmek(튀르키예어)=오다.

başak(=(곡식의) 이삭, 곡식의 낟알)=박(=머리)+이(첨가음)+악(=子)→바기악〚구개음화: ㄱ→ㅈ/__이〛→바지악〚ㅈ→ㅅ〛→바시악〚모음 합체〛→바샥→paşak〚어두 유/무성자음 교체〛→başak(그 뜻은 (곡식의) 머리=이삭 혹은 머리의 작은 것('악'이 지소사인 경우)=(곡식의) 낟알). **baş**(=머리)=박(=머리)+이(첨가음)→바기〚구개음화: ㄱ→ㅈ/__이〛→바지〚ㅈ→ㅅ〛→바시→baş【근거】**박**이 터지다=**머리**가 터지다. 기름〚구개음화: ㄱ→ㅈ/__이〛→지름(경남). 똥구시(경남)=똥+굼(=구덩이)+이(첨가음)→똥구디〚구개음화〛→똥구지〚ㅈ→ㅅ〛→똥구시. kelmoq(우즈벡어)=gelmek(튀르키예어)=오다.

bebek=*bab+이(첨가음)+악(=子)+이(첨가음): *bab+이〚모음 합체: 아(a)+이(i)=애(æ)〛→bæb〚애(æ)→에(e)〛→beb. 악+이〚모음 합체〛→액〚애→에〛→엑(ek). cf. bébé[bebe](프랑스어)=*bab+이(첨가음)+아(=子)+이: 아+이〚모음 합체〛→애〚애→에〛→에(e). baby[[ˈbeɪbi](영어)=*bab+이(첨가음)(i)→babi→baby. bebek=(젖을) 빨(다)+아(자음 충돌 회피용 삽입자음)+ㅂ(명사형 어미)+이(첨가음)+악(=아이)+이(첨가음)〚ㄹ→Ø/모음__모음〛→빠압이악이〚동모음 축약〛→밥이악이〚모음 합체〛→뺍액〚애→에〛→뺍엑〚ㅃ→b, 유성음화〛→bebek(그 뜻은 '(젖을) 빠는 아이'=젖먹이=아이)【근거】매듭=*맫(다)(=맺(다)+으(자음 충돌 회피용 삽입 모음)+ㅂ(명사형 어미)→매듭. 'ㄲ, ㄸ, ㅃ, ㅉ, ㅆ, ㆅ 爲 全濁'〈훈민정음해례본〉(전탁(全濁)=유성음(有聲音)). 빨다=쏠다〈월곡 上 11〉《고려대 한국어대사전》〚ᄋ→아, ㅅ+ㅂ→ㅃ〛→빨다. 중세 국어에서 '쏠다'였지만 튀르키예어에서는

/ㅃ/을 표기할 글자가 없어서 /ㅂ/으로 바뀌고 'pebek〖어두 유/무성자음 교체〗→bebek'과 같이 바뀌었을 수도 있다. 현대 한국어에서도 영어의 bus를 표준어는 '버스'지만 일반인들은 여전히 '뻐스'라고 한다.

böcek(=벌레)=*벌/*블(경남 방언에서는 어/으 교체가 상당히 자유롭게 일어난다)+이(첨가음)+악(=子)(의미첨가 없이 명사에 붙는 접미사)+이(첨가음): 블+이〖ㄹ→ㄷ〗→븓이→브디〖구개음화〗→브지. 악+이〖모음 합체〗→액〖애→에〗→엑. böcek=브지+엑〖umlaut〗→븨지엑〖모음 합체〗→븨젝〖단음화〗→븨젝〖유성음화: ㅈ→c〗→pöcek〖어두 유/무성자음 교체〗→böcek 【근거】 없다/읎다(경남). 벌거이(경상)〈고려대 한국어대사전〉(=벌레)=***벌**+강(=앙)(=子)+이(첨가음)〖모음조화: 어-어〗→벌거이. 벌겡이[벌게ⁱ](경남)(=벌레)=벌거이〖umlaut〗→벌겡이. 벌에〈석보상절 24권 50장〉《우리말샘》(=벌레)=***벌**+아(=子)(의미첨가 없이 명사에 붙는 접미사)+이(첨가음)〖모음 합체〗→벌애〖모음조화〗→벌에. 벌어지=*벌+앗[앋]/악+이(첨가음)→벌+앋/악+이〖모음조화: 어-어〗→벌+얻/억+이〖구개음화: ㄷ/ㄱ→ㅈ/__이〗→벌얻이〖발음대로 표기〗→버러지. '강=아=앗=악'임을 알 수 있다 【근거】 **볃**(彆)〈훈민정음해례본 종성해〉〖ㄷ→ㄹ〗→**별**(현대어). **걷다-걸**어서-**걸**으면. **숟갈**(경남)=숟가락(=숟+갈+악). **겨집**〈석보상절 19권 17장 뒷면〉〖umlaut〗→계집(현대어). **gelmek**(튀르키예어)=**kelmoq**(우즈벡어)=오다.

çelik(=강철, 철로 된)=**텲**(鐵)〈월인석보 1권 월인천강지곡 28장 앞면〉+이(첨가음)+악(=子)(의미첨가 없이 명사에 붙는 접미사 혹은 형용사형 어미)+이(첨가음): 텲+이〖ㅎ→∅/모음__모음〗→텰이〖모음 합체〗→텔(thyel)〖구개음화: ㅌ→ㅊ/__y/〗→**쳴**〖단음화〗→**쳴**. 악+이〖모음 합체〗→액〖애→에〗→엑〖에→이〗→**익**. çelik=쳴(çel)+익(ik) 【근거】 뜨락=뜰+악(의미첨가 없이 명사에 붙는 접미사). 나막신(=나무로 만든 신(=shoes))+악(형용사형 어미)+신. cf. **demir**(=쇠, 철)=텲(鐵)+이(첨가음)+물(物)+이(첨가음): 텲+이〖ㅎ→∅/모음__모음〗→텰이〖모음 합체〗→텔〖단음화〗→**텔**. 텔+물+이〖모음 합체〗→텔뮐〖단음화: 위→이〗→텔밀〖ㄹ→∅/__ㅁ〗→테밀→themir〖th→t〗→**temir**(우즈벡어)〖어두 유/무성자음 교체〗→demir 【근거】 **져므니**〈석보상절 19권 1장 뒷면〉=졂(다)+으(자음 충돌 회

피용 삽입 모음)+ㄴ(관형형 어미)+이(=사람)〖ㄹ→∅/__ㅁ〗→져므니. cf. 젊은이
(현대어)=젊(다)+으+ㄴ+이〖단음화〗→젊은이. gelmek(튀르키예어)=kelmoq(우즈
벡어)=오다. th(ㅌ)→t(ㄷ)→d.

çiçek(=꽃)=곶(=꽃)+ㅎ(고유어 명사에 붙음)+이(첨가음)+악(=子)(의미첨가 없이
명사에 붙는 접미사)+이(첨가음): 곶+ㅎ+이〖ㅈ+ㅎ→ㅊ〗→곶이〖모음 합체〗→
꾗〖단음화: 외→에〗→꼊〖에→이〗→깇〖ㄱ→ㅋ〗(튀르키예어에는 /ㄱ/, /ㅋ/
의 구분이 없다)→킺〖구개음화: ㅋ→ㅊ/__이〗→칳. 악+이〖모음 합체〗→액〖애
→에〗→엑. çiçek=칳+엑→치첵→çiçek 【근거】종지=종자(鍾子)+이(첨가음)〖모
음 합체〗→종재〖애→에〗→종제〖에→이〗→종지. **고키리**(=샹(象))〈훈몽자회 상
권 18장 앞면〉〖ㅋ→ㄲ〗→고끼리〖ㄱ→ㅋ〗→코끼리(현대어). 곶〈용비어천가 1권
1장 뒷면〉(=꽃)+ㅎ(고유어 명사에 붙음)〖ㅈ+ㅎ→ㅊ〗→꽃〖예를 들어, (살구)+ㅅ
(사이시옷)+곶: ㅅ+ㄱ→ㄲ〗→꽃(현대어). cf. 디황**불휘**〈구급간이방언해 7권 1장
뒷면〉=디황(=지황)+ㅅ(사이시옷)+불휘(=뿌리)〖구개음화: ㄷ→ㅈ/__이〗→지황
+ㅅ+불휘〖ㅅ+ㅂ→ㅃ〗→지황뿔휘〖단음화: 휘→히〗→지황뿔히〖ㅎ→∅/유성
음__유성음〗→지황뿔이→지황**뿌리**(현대어)(오분석으로 만들어진 단어이다).

göbek(=배꼽)=(배)꼽+이(첨가음)+악(의미첨가 없이 명사에 붙는 접미사)+이〖모
음 합체〗→꾑액〖애→에〗→꾑엑〖ㄲ→g 아니면, 어두 유/무성자음 교체: ㄲ→
ㄱ(k)→g〗→göpek〖유성음화〗→göbek 【근거】 뜨락=뜰+악(의미첨가 없이 명사
에 붙는 접미사). 장어(표준어)+**이**(첨가음)〖모음 합체〗→장에〖모음조화: 아-애〗
→장애(경남). gelmek(튀르키예어)=kelmoq(우즈벡어)=오다. 'ㄲ, ㄸ, ㅃ, ㅉ, ㅆ,
ㆅ 爲 全濁'〈훈민정음해례본〉(전탁(全濁)=유성음(有聲音)).

kabuk(=껍질, (식빵의) 겉 부분)=겁(=껍데기)+악(=子)(의미첨가 없이 명사에 붙
는 접미사)〖모음조화: 어-우〗→겁욱〖어→아〗→갑욱→kapuk〖유성음화〗→ka-
buk 【근거】 거북(=龜)=겁+악〖모음조화: 어-우〗→겁욱→거북. **겁질**〈구방 하:88〉
《우리말샘》=**껍**질, **껍**데기. 나무+ㅅ(사이시옷)+겁질〖ㅅ+ㄱ→ㄲ〗→나무**껍질**(현
대어)(오분석으로 만들어진 단어이다).

kapak(=뚜껑, 마개, (책의 표지), 덮개)=겁(=겉)+ㅎ(고유어 명사에 붙음)+악(=

子)(=것)[어→아]→갑ㅎ악[ㅂ+ㅎ→ㅍ]→가팍→kapak【근거】인두겁=인두(人頭)+겁(=껍데기). cf. 개자(蓋子)(=그릇이나 상자(箱子) 따위의 아가리를 덮는 물건(物件)): 子에 해당하는 한국어 고유어가 '악'이다.

Kazak(=카자흐인)=Kaz+악(=子)(=사람). Kazakistan(=카자흐스탄)=Kazak(=카작인)+이(소유격 조사)+짱〈동신 열 4권 64장〉《우리말샘》(=땅)[ㅇ(ŋ)→ㄴ(n)]→Kazaki짠(stan)→Kazakistan(그 뜻은 '카작인의 땅')【근거】dinî(종교의)=din(=종교)+i(소유격 조사). 짜(=地(디))〈훈몽자회 상권 1장 앞면〉+앙(=子)(지소사)[동모음 축약]→짱(지소사가 아니면 의미 없이 붙은 접미사일 것이다). Kazak=갓(=山)(kas)(경남)+악(=사람)(ak)[유성음화]→Kazak(그 뜻은 '산에 사는 사람=(고)산족'일 가능성이 있다)【근거】밤갓(경남)=밥산(=a chestnut **mountain**)

musluk(=수도꼭지)=물(=수(水))+자(子)(의미첨가 없이 명사에 붙는 접미사)+이(첨가음)+li(형용사형 어미)+악(=子)(=것)+이(첨가음): 자+이[모음 합체]→재[애→에]→제[에→이]→지[ㅈ→ㅅ]→시[이→으]→스. 악+이[모음 합체]→액[애→에]→엑[에→이]→**익**. musluk=물+스+li+익[ㄹ→∅/__ㅅ]→무스li익→musıliik[[s] 다음의 [ı]는 있으나 없으나 발음이 같이 들린다]→musliik[동모음 축약]→muslik[모음조화: u-u]→musluk(그 원뜻은 '물(=수도?)의 것'=수도꼭지). cf. muş(=강을 다니는 밑이 평면으로 된 소형 **증기** 유람선)=물(=수(水))+자(子)(~의 아들=~에서 만들어진 것)+이(=물건)[ㄹ→∅/__ㅅ]→무자이[모음 합체]→무재[애→에]→무제[에→이]→무지[ㅈ→ㅅ]→무시→**muş**(물의 아들 즉, 물에서 나온 것이 **증기**이고 그 증기로 가는 것=증기선).

mülk(=재산, 부동산)=물(物)+이+악(=子)+이(첨가음)[모음 합체]→뮐액[애→에]→뮐엑[에→이]→뮐익[동모음 축약]→뮑→mülk. 아니면, mülk=물(=物)+이(첨가음)+거/그(경남)(것)[모음 합체]→뮐그(mülkı)[/k/를 파열시키면 [ı]는 있으나 없으나 발음이 같이 들린다]→mülk. cf. mal(=재물, 물건)=*믈(=물(物))[으→어]→멀[어→아]→말(mal)【근거】malik(=소유자, 임자)=mal+악(=子)(=사람)+이(첨가음)[모음 합체]→mal액[애→에]→mal엑[에→이]→mal익(ik)→malik(모음조화를 시키지 않았다). 믈(=水)〈월인석보 1권 월인천강지곡

23장 앞면〉〖으→우〗→물(현대어). **없**다/**읎**다(경남). 걸어지(=거지)=걸(乞)(=구걸하다)+악(=사람)+이(첨가음)〖모음조화: 어-어〗→걸억이→거러기〖구개음화: ㄱ→ㅈ/__이〗→거러지. 서분타(경남)=서분하다(경남)〖동모음 축약〗→서분+ㅎ+다〖ㅎ+ㄷ→ㅌ〗→서분타. 서분하다〖유성음화: ㅂ→ㅸ/유성음__유성음〗→서붕하다〖ㅸ→∅/유성음__유성음〗→서운하다(표준어).

özek(=중심, 중심부, 중심점)=öz(=self, core, heart)+악(의미첨가 없이 명사에 붙는 접미사)+이(첨가음)〖모음 합체〗→öz액〖애→에〗→öz엑→özek 【근거】 뜨락=뜰+악(의미첨가 없이 명사에 붙는 접미사).

şakayık(=작약(芍藥))=*쟉약(芍藥)+이(첨가음)+악(=子)(의미첨가 없이 명사에 붙는 접미사)+이(첨가음): 쟉약+이→쟈갸기〖ㅈ→ㅅ〗→샤갸**기**〖ㄱ→∅/모음__모음〗→**샤갸이**. 악+이〖모음 합체〗→액〖애→에〗→엑〖에→이〗→**익**. şakayık=샤갸이+익〖동모음 축약〗→샤갸익〖모음 충돌 회피용 /y/ 삽입〗→샤갸+y+익→şakyayik〖단음화〗→şakayik〖모음조화: a-ㅣ〗→şakayık(작약에 의미첨가 없는 접미사, '이'와 '악'이 붙은 단어이다) 【근거】 **샤약**(=芍)〈훈몽자회 상권 7장 뒷면〉=*쟉약〖ㅈ→ㅅ〗→샥약→샤갹〖ㄱ→∅/모음__모음〗→샤약('작(약)'의 중세 국어 음은 '**쟉**'이었음을 알 수 있다). 뜨락=뜰+악(의미첨가 없이 명사에 붙는 접미사). 똥구시(경남)=똥+굳(=구멍이)+이(첨가음)→똥구디〖구개음화: ㄷ→ㅈ/__이〗→똥구지〖ㅈ→ㅅ〗→똥구시. 종지=종자(鍾子)+이(첨가음)〖모음 합체〗→종재〖애→에〗→종제〖에→이〗→종지.

sinek(=파리)=승(蠅)(=파리)+악(의미첨가 없이 명사에 붙는 접미사)+이(첨가음)〖으→이〗→싱악이〖ㅇ(ng)→ㄴ(n)〗→신악이〖모음 합체〗→신액〖애→에〗→신엑→sinek 【근거】 뜨락=뜰+악(의미첨가 없이 명사에 붙는 접미사). don(mak)(=얼다)=동(凍)(=얼다)〖ㅇ(ng→ㄴ(n)〗→돈(ton)〖어두 유/무성자음 교체〗→don 【근거】 gelmek(튀르키예어)=kelmoq(우즈벡어)=오다. **이사/으사**(경남)=의사(醫師)(표준어). 씽(乘)〈석보상절 13권 38장 뒷면〉〖이→으, ㆁ→ㅇ〗→쓩〖ㅆ(유성음)→ㅅ(무성음)〗→승(현대어) 【근거】 'ㄲ, ㄸ, ㅃ, ㅉ, ㅆ, ㆅ 爲 全濁'〈훈민정음해례본〉(전탁(全濁)=유성음(有聲音)).

solak(=왼손잡이)=sol(=왼쪽)+악(=子)(=사람)(ak): **sol**=장(左)〈월인석보 1권 훈민정음 13장 뒷면〉[자]+알(=子)(의미첨가 없이 명사에 붙는 접미사)〚동모음 축약〛→잘[아→오]→졸[ㅈ→ㅅ]→솔→sol 【근거】 사타리(경남)=샅(표준어)+알(의미첨가 없이 명사에 붙는 접미사)+이(첨가음). 똥구시(경남)=똥+굼(=구덩이)+이(첨가음)→똥구디〚구개음화: ㄷ→ㅈ/__이〛→똥구지[ㅈ→ㅅ]→똥구시. cf. **so-lak**(=왼손잡이의)(명사가 형용사적으로 쓰인 경우일 것이다).

sulak((새 등의) 물통)=수(水)+알(=子)(의미첨가 없이 명사에 붙는 접미사)+악(=것, 곳)〚모음조화: 우-우〛→**수울악**(ak)〚동모음 축약〛→sulak 【근거】 꽃망우래기(충북)(=꽃망울)=꽃+망+**울**(=알)+**악**+이(첨가음)〚umlaut〛→꽃망울액이→꽃망우래기 【근거】 꽃망울=꽃몽올(경남). **몽**치다=한데 합쳐서 한 덩어리가 되다. 또는 그렇게 되게 하다. cf. **sulak**(=물기 있는, 물이 많은)=수(水)+알(=子)(의미첨가 없이 명사에 붙는 접미사)+악(형용사형 어미)〚모음조화: 우-우〛→수울악(ak)〚동모음 축약〛→sulak 【근거】 나막신=남(=나무)+악(형용사형 어미)+신.

tabak(=접시, 쟁반)=뎝(楪)(=뎝시)〈훈몽자회 중권 11장 앞면〉+악(=子)(의미첨가 없이 명사에 붙는 접미사)→뎝악〚단음화〛→덥악[어→아]→답악→다박(tapak)〚유성음화〛→tabak. cf. **tepsi**(=접시)=뎝(楪)+이(첨가음)+시〚모음 합체〛→뎹시〚단음화〛→뎁시→tepsi. 아니면, **tepsi**=뎝(楪)[뎁](경남 발음)+시→tepsi 【근거】 귁(國)〈월인석보 1권 훈민정음 1장 앞면〉=국(國)+이(첨가음). 경남(표준어)[겡남](경남 발음). 뎝시(=楪)〈훈몽자회 중권 11장 앞면〉〚구개음화〛→접시〚단음화〛→접시(현대어). 졍(諸)〈석보상절 6권 12장 앞면〉[져]+이(첨가음)〚모음 합체〛→졔〚단음화〛→제(현대어). 접시(楪匙)의 시(匙)는 숟가락이라는 뜻이니 음차어임을 알 수 있다. 접자(楪子)의 '子'를 순수 우리말로 표기한 것이 '악'이다. 뎝자(楪子)+이(첨가음)〚구개음화: ㄷ→ㅈ/__y〛→졉자이〚단음화〛→접자이〚모음 합체〛→접재[애→에]→접제[에→이]→접지[ㅈ→ㅅ]→접시 【근거】 똥구시(경남)=똥+굼(=구덩이)+이(첨가음)→똥구디〚구개음화: ㄷ→ㅈ/__이〛→똥구지[ㅈ→ㅅ]→똥구시. cf. ぼし(母子)(bosi)(일본어)=모자(母子)(moca)+이(첨가음)〚모음 합체〛→모재[애→에]→모제[에→이]→모지[ㅈ→ㅅ]→모시(mosi)[m→b]

→bosi. cf. もや(=母屋)(moya)⟨枕草子·39·節(=せち)は五月に⟩《ネッセ全訳古語辞典》.

tarak(=(새의) **볏**)=달(경상, 함남)⟨고려대 한국어대사전⟩(=닭)+악(=子)(=것)→다락→tarak(그 뜻은 '닭의 것'=볏). cf. **tarak**(=(머리의) 빗, **써레**, 칼퀴)=다리(다)(=써레질하다)+악(=것)(=물건)[모음 합체]→다략[단음화]→다락(tarak)【근거】가다리(=갈고 써레질하는 것)=갈(다)+다리(다)+이(=행위)[동모음 축약]→가다리.

tarak(=(머리의) 빗, 써레, 칼퀴)=tara(mak)(머리를) 빗다, 빗질하다, 갈퀴질하다, 써레질하다, 상세히 조사하다)+악(=것)→taraak[동모음 축약]→tarak【근거】가다리(=논을 갈고 **다리는** 일)=갈(다)+다리(다)+이(명사형 어미)(=행위)[ㄹ→∅/__ㄷ]→가다리이[동모음 축약]→가다리. 논을 **다리**다=논을 **써레질하다**. 다리(다)+악(명사형 어미)(=것)[모음 합체]→다략[단음화]→다락→tarak(그 뜻은 다리는 것=써레). 'tarak=tara(동사 어간)+ak(명사형 어미)'로 오분석하여 동사 어간, tara가 만들어졌다.

uyak(=운(韻), 운율)=운(韻)+이(첨가음)+악(=子)(의미첨가 없이 명사에 붙는 접미사)[ㄴ→∅/__이 and 이[ĩ](경남 방언의 발음 법칙) and 비모음의 구강 모음화]→우이악[모음 합체]→우약(uyak)【근거】산이 높다: 산(山)+이[ㄴ→∅/__이 and 이[ĩ](鼻母音)]→[사ĩ](경남 발음). 귁(國)⟨월인석보 1권 훈민정음 1장 앞면⟩=국(國)+이(첨가음).

yaprak(=잎, 잎사귀)=엽(葉)(=잎)+알(의미첨가 없이 명사에 붙는 접미사)+악(=子)(의미첨가 없이 명사에 붙는 접미사)[모음조화: 여-어]→엽얼+악[어→으]→엽을악[어→아]→yapırak[/p/를 파열시켜 발음하면 [ı]는 있으나 없으나 발음이 같이 들린다]→yaprak【근거】지포래기/**지푸래기**(경남)(=지푸라기(표준어))=짚+울+악+이(첨가음)[umlaut]→짚울액이(발음대로 표기)→지푸래기. sıyrılmak(=벗어지다, 벗겨지다)=sıyır(mak)(=벗기다)+il(피동 보조 어간)+mak→sıyrılmak.

② A+악(지소사)
검부러기(=검불의 부스러기)=검불+악(=子)(지소사)+이(첨가음)[모음조화: 우-

어』→검불억이→검부러기.

보푸라기(보풀의 낱개)=보풀+악+이(첨가음).

비슥하다(=한쪽으로 **조금** 비스듬하다)=빗(다)(=비스러지다)〈표준국어대사전〉+악(명사형 어미)(지소사)+이(첨가음)+하다〖모음 합체〗→빗액하다〖애→에〗→빗엑하다〖에→이〗→비식하다(경남)〖이→으〗→비슥하다. cf. 삐식하다(경남)(=비슥하다)=삣(=빗)(다)+악+이(첨가음)+하다〖모음 합체〗→삣액하다〖애→에〗→삣엑하다〖에→이〗→삣익하다〖발음대로 표기〗→삐식하다. 빗금(=비스듬하게 그은 줄/선)=빗(다)+금(=선).

싸라기(표준어)=쌀(=미(米))+악+이(첨가음)→싸라기(그 뜻은 '쌀의 아이=쌀에서 나온 것'=쌀이 쪼개진 것)〖umlaut〗→싸래기(경남). cf. 싸락눈=쌀+**악**+눈(=雪)(명사가 형용사적으로 쓰인 것이다).

지푸래기(경남)(=지푸라기(표준어))=짚+올+악+이(첨가음)〖umlaut〗→짚올액이(발음대로 표기)→지포래기(경남)〖모음조화: 이-우〗→지푸래기 【근거】올=실이나 줄의 가닥〈표준국어대사전〉.

"Ko. +ak/+ək(diminutive suffix). tərək, ttirak"〈Han-Woo Choi 1996: 12〉의 터럭(tərək)과 뜨락(ttirak)의 '억'과 '악'은 지소사(=diminutive suffix)가 아니다 【근거】터럭 발(髮) 俗稱 頭-(=속칭 두발)〈훈몽자회 상권 28장 앞면〉(작은 털이라는 의미는 없다).

kulak(귀)=굴(窟)+악(=子)(지소사)→kulak(그 뜻은 귀는 굴은 굴이데 작은 굴이라고 굴악이라고 한 것이다). cf. 콯(窟)〈월인석보 1권 월인서 20장 뒷면〉〖ㅎ→Ø〗→콜〖ㅋ→ㄱ〗→골〖오→우〗→굴(현대어). cf. 아구지(='입'의 비어)(경남)=아(=子)(지소사)+굳(=구덩이)+이(첨가음)→아구디〖구개음화: ㄷ→ㅈ/__이〗→아구지(입은 구덩이는 구덩이인데 작다고 아굳이라고 한 것이다). ağız(=입)=아구지〖우→으〗→아그지〖이→으〗→아그즈〖ㅈ→ㅅ〗→아그스〖유성음화〗→아그스(akızı)〖유성음화〗→agızı〖g→ğ/모음__모음〗→ağızı〖유성 마찰음, [z] 다음의 [ı]는 있으나 없으나 발음이 같이 들린다〗→ağız. くち(=口)(kuchi)=굳(=구덩이)+ㅎ

(고유어 명사에 붙음)+이(첨가음)[ㄷ+ㅎ→ㅌ]→구티[구개음화: ㅌ→ㅊ/__이]→구치(kuchi). 대가리(=동물의 머리, 사람의 머리를 속되게 이르는 말)=대(大)(=크다)+갈(=알)(=卵)(알처럼 둥근 것)+이(첨가음)→대가리(알처럼 둥근데 알보다 크다고 대가리라고 한 것이다)

toprak(=흙)=토(土)(to)+prak. cf. yaprak(=잎)=엽(葉)(=잎)+을(=알)+악[어→아]→얍을악[ㅂ→ㅍ](튀르키예어에서는 ㅂ(p)와 ㅍ(pʰ)의 구분이 없다)→야프락(yapırak)[/p/를 파열시켜 발음하면 [ı]는 있으나 없으나 발음이 같이 들린다]→yaprak. yaprak(=잎)의 '~prak'을 의미첨가 없이 붙는 접미사로 오분석한 것일까?

③ A(용언)+악(명사형 어미)(=것, 곳, 사람, 동물)

거러지(강원, 경상, 함경)〈고려대 한국어대사전〉(=거지)=걸(乞)(=빌다, 구걸하다)+악(=사람)+이(첨가음)→걸악이[모음조화: 어-어]→걸억이→거러기[구개음화: ㄱ→ㅈ/__이]→거러지 【근거】기름(표준어)[구개음화: ㄱ→ㅈ/__이]→지름(경남). cf. **거지**(=걸인(乞人))=걸(乞)+자(子)(=사람)+이(첨가음)→걸자이[ㄹ→Ø/__ㅈ]→거자이[모음 합체]→거재[모음조화: 어-에]→거제[에→이]→거지. **거렝이**[kəreĩ](경남 발음)=걸(乞)+앙(=子)(=사람)+이(첨가음)→걸앙이[모음조화: 어-어]→걸엉이(=거렁이(경상)〈고려대 한국어 대사전〉)[umlaut]→걸엥이[ㅇ(받침)→Ø/__이 and 이→ĩ(鼻母音)]→[kəreĩ]. **거렁베이**(경남)=걸(乞)+앙+보(=사람)+이(첨가음)[모음조화: 어-어]→걸엉보이[umlaut]→걸엉뵈이[단음화: 외→에]→걸엉베이→거렁베이. **걸베이**(경남)=걸(乞)+보(=사람)+이(첨가음)[umlaut]→걸뵈이[단음화]→걸베이 【근거】울보=울(다)+보(=사람). 종지=종자(鍾子)+이(첨가음)[모음 합체]→종재[모음조화: 어-에]→종제[에→이]→종지. 소(=牛)+이(첨가음)[모음 합체]→쇠[단음화: 외→에]→세(경남)[에→이]→시(경남).

그력(=鴈)〈훈민정음해례본 용자례〉(=기러기)=그리(다)+악(=것)(=동물)→그리악[모음조화: 이-어]→그리억[모음 합체]→그력. 그력+이(첨가음)[umlaut]→긔

력이→긔려기〈훈몽자회 상권 15장 앞면〉〖단음화: 의→에, 여→어〗→게러기〖에
→이〗→기러기(현대어) 【근거】 긩(機)〈석보상절 13권 28장 앞면〉[긔]〖단음화: 의
→에〗→게〖에→이〗→기(현대어).

까막(=까마귀)=깜(다)(=검다)+악(=子)(=짓)(=동물) 【근거】 **까막**까치=**까마귀**와 까
치. cf. 까마구(경남)=깜(다)+악+우(첨가음). 까마귀(표준어)=까마구+이(첨가음)
〖모음 합체〗→까마귀.

다락=달(다)+악(=짓)(=장소). 다락=마룻바닥이 지면보다 높거나, 이 층으로 지은
집. 사방을 바라볼 수 있도록 높은 기둥 위에 벽이 없이 놓은 마루.

돔배기(경남)(=동강)〈우리말샘〉=돔브(다)(경남)(=토막을 내다)+악(=子)(=짓)(=
물체)+이(첨가음)〖모음 합체 후 단음화: 브+악→박〗→돔박이[umlaut]→돔백
이→돔배기〖ㄱ→∅/모음__모음〗→돔베이(경남). cf. **돔박돔박**(부사) 써리다(경
남)=토막토막 썰다: 돔박=돔브(다)+악(부사형 어미)〖모음 합체 후 단음화〗→돔
박 【근거】 노락노락 꾸따(경남)(=노릇노릇 굽다)=*놀(다)(=노랗다)+악(부사형 어
미)+*놀(다)+악+굽다〖ㅂ+ㄷ→ㄸ〗→노락노락 꾸따. cf. 까맣다=깜(다)+**앟**+다.

미꼬레기(제주)〈고려대 한국어대사전〉(=미꾸라지)=미끌(다)(북한)〈우리말샘〉(=
미끄러지다)+악(=짓)(=동물)+이(첨가음)[umlaut]→미끌액이〖으→오〗→미꼴액
이〖발음대로 표기)〗→미꼬래기〖애→에〗→미꼬레기. cf. **미꼬래기**〖ㄱ→∅/모
음__모음〗→**미꼬래이**(경남). **미꾸리**(강원, 경기, 충청)(=미꾸라지)〈고려대 한국
어대사전〉=미끌(다)+이(명사형 어미)(=짓)((=동물)〖으→우〗→미꿀이〖발음대로
표기〗→미꾸리. **미꼬락지**(전남)〈우리말샘〉=미끌(다)+악(형용사형 어미)+자(子)
(=짓)+이(첨가음)〖으→오〗→미꼴악자이〖모음 합체〗→미꼴악재〖애→에〗→미
꼴악제〖에→이〗→미꼴악지〖발음대로 표기〗→미꼬락지. **미꾸락지**(강원, 전남)
〈고려대 한국어대사전〉(=미꾸라지)=미끌(다)+악+자+이〖으→우〗→미꾸락지
【근거】 미끄럽다(형용사)=**미끌**(다)(동사)+업(형용사형 어미)+다〖발음대로 표기〗
→미끄럽다. cf. 두렵다=두리(다)(=두려워하다)+업(형용사형 어미)+다〖모음 합
체〗→두렵다.

밀푸러기(=국에 밀가루를 풀어 만든 음식)=밀+풀(다)+악(=짓)+이(첨가음)〖모음

조화: 우-어〗→밀풀억이→밀푸러기.

발가락(=발의 끝이 다섯 갈래로 나누어진 것)=발+갈(다)(경남)(=나누다)+악(=것) 【근거】 가라지다(경남 노인 말)=갈(다)+아(부사형 어미)+지다. 갈래(=하나에서 둘 이상으로 갈라져 나간 낱낱의 부분이나 계통)=갈(다)+ㄹ(복제 음)+아(=것)+이(첨 가음). 갈라 묵다(경남)(=나누어 먹다)=갈(다)+ㄹ(복제 자음)+아(부사형 어미)+묵 다(=먹다) 【근거】 樓룡우희ᄂ라올아〈석보상절 6권 3장 앞면〉=누 위에 날아올라: 올아=올(다)+아〖/ㄹ/ 복제〗→올라(현대어). 올다〖풀어쓰기〗→오르다(현대어).

불두덕(경남)(=불두덩=남녀의 생식기 언저리에 있는 불룩한 부분)=불+둔(다)(= 돈다)+악〖모음조화: 우-어〗→불두덕. cf. **불두덩**=불+둔(다)+앙〖모음조화: 우- 어〗→불둔엉→불두덩(표준어). **불두던**(경북)(=불두덩)〈고려대한국어대사전〉=불 +둔(다)+**안**(=것, 곳)→불두안〖모음조화: 우-어〗→불두던. 튀르키예어의 접미사, an(안)=것, 사람 등. '불'을 남녀 생식기에 해당하는 것으로 사전에서 설명하고 있 지만 엄밀히 말하면 남자 생식기라는 뜻이다. 튀르키예어를 보면 am(암)은 여성 생식기이다. 아마도 남자 생식기=불(=火)이고 '여성 생식기=암(=水)(유아어)'라고 생각한 데서 나온 말일 것이다: 불알(=testicles)=불(남자 생식기)+알(알처럼 동그 란 것). am(=여성 생식기)(튀르키예어)=암(=물)(유아어). 악=앙=안. cf. **dudak**(=입 술)=둔(다)+악→두닥(tutak)〖어두 유/무성자음 교체〗→dutak〖유성음화〗→duda- k(그 뜻은 입 주위의 '도독한/두둑한 곳'=입술).

오르막=올(다)(=오르다)+으(자음 충돌 회피용 삽입 모음)+ㅁ(명사형 어미)+악(= 子)(=장소). cf. **오롯**(제주)(=오르막)=올(다)(=오르다)+앗(=子)(=곳)(중세 국어에서 '것'과 '곳'은 '곧'이었다)〖모음조화: 오-오〗→올옷〖발음대로 표기〗→오롯. **오름** (제주)(=산=山)=올(다)(=오르다)+으(자음 충돌 회피용 삽입 모음)+ㅁ(명사형 어 미)(=곳). **내리막**=내리(다)+ㅁ+악 【근거】 樓룡우희ᄂ라**올아**〈석보상절 6권 3장 앞 면〉=누 위에 날아**올라**: 올아=올(다)+아(부사형 어미)〖/ㄹ/ 복제〗→올라(현대어). '올(다)+으(자음 충돌 회피용 삽입 모음)+ㅁ(명사형 어미)→올음→오름('오름=오 르(다)(동사 어간)+ㅁ(명사형 어미)'로 오분석하여 동사 '오르다'가 만들어진 것이 다. 풀어 쓰기의 대부분은 이런 과정을 거쳐 만들어졌다).

잠꾸러기=잠+*꿀(다)+악(=子)(=사람)+이(첨가음)→잠꿀악이[모음조화: 우-어]
→잠꿀억이→잠꾸러기. **쿨쿨** (자다)=곤하게 깊이 자면서 숨을 크게 쉬는 소리.
또는 그 모양. 이 '쿨쿨'을 옛날에는 '꿀꿀'이라고도 했음을 알 수 있다【근거】동
사 어간+동사 어간=부사: **둘둘** 감다=둘(다)+둘(다)+감다. **달달** 볶다=달(다)(=타
지 않는 단단한 물체가 열로 몹시 뜨거워지다)+달(다)+볶다. cf. ring ring=따르릉
따르릉(표준어에서 띄어쓰기를 하지 않지만 '따르릉 따르릉'으로 표기하는 것이
맞을 것이다).

주물럭(=고기에 갖은양념을 넣고 잘 주물러 숙성시킨 것. 또는 그것을 굽거나 볶
은 음식)〈우리말샘〉=주물(다)+ㄹ(앞의 /ㄹ/ 복제)+악(=것)[모음조화: 우-어]→
주물+ㄹ+억→주물럭【근거】둘에〈월인석보 8권 13장〉《고려대 한국어대사전》(=
둘레)=둘(다)+아+이(첨가음)[모음 합체]→둘애[모음조화: 우-에]→둘에. 둘레
(현대어)=둘(다)+ㄹ(복제 자음)+아+이(첨가음)[모음 합체]→둘래[모음조화: 우-
에]→둘레.

뜨악하다(=마음이 선뜻 내키지 않아 꺼림칙하고 싫다)=뜨(다)(=착 달라붙지 않아
틈이 생기다)+악(=子)+하다. cf. 뜨아하다(=뜨악하다)=뜨(다)+아(=子)+하다. 악=
아.

açık(=야외, 옥외, 노천)=aç(mak)(=열다)+**악**(명사형 어미)(=장소)+이(첨가음)[모
음 합체]→aç액[애→에]→aç엑[에→이]→aç익(ik)[모음조화: a-ı]→açık. cf.
açık(=열린, 공개된)=aç(mak)(=열다, 설립하다, 개최하다)+**악**(형용사형 어미)+이
(첨가음)[모음 합체]→aç액[애→에]→aç엑[에→이]→aç익(ik)[모음조화: a-ı]
→açık. açmak(=열다)의 뜻의 파생 의미도 한국어와 같다: 회사를 열다=회사를
설립하다. 회의를 열다=회의를 개최하다). **aç**(mak)=(입을) 악(부사) (벌리다)+이
(첨가음)→아기(aki)[ㄱ→ㅋ]→아키[구개음화]→아치→aç. 아니면 **aç**(mak)=
악ㅎ(다)(=악하다)[모음조화: a(아)-ı(으)](튀르키예어의)→아흐[ㅎ→ㅋ]→아크
[구개음화]→아츠→aç 得득道똘ᄒᆞ야도〈석보상절 6권 1장 뒷면〉(=득도하여도):
ᄒᆞ다[ᄋᆞ→아]→하다(현대어). ᄒᆞ다[ᄋᆞ→어]→허다(경기)〈고려대 한국어대사
전〉. ᄒᆞ다[ᄋᆞ→으]→흐다(전북)〈전라북도 방언사전〉《Naver 국어사전》.

adak(=맹세, 봉납(물))=ada(mak)(=맹세하다)+악(=子)(=물건, 행위)(ak)→adaak〖동모음 축약〗→adak.

akak(=물길, 개울)=ak(mak)(=흐르다)+악(=子)(=곳)(ak)→akak(그 뜻은 '흐른 곳'=시내, 개울, 물길)【근거】다락=달(다)+악(=장소).

barınak(=대피소)=barın(mak)(=대피하다)+악(=子)(=장소)(ak)【근거】가락(駕洛)=갈+악(땅, 나라). しらぎ(=新羅)(siragi)(일본어)=실+악+이(첨가음) cf. 가라(伽羅)=갈+아(=子)(=땅, 나라). 신라(新羅)[실라]=실+ㄹ(복제 자음)+아. '악'과 '아'가 같은 뜻임을 알 수 있다. kara(=육지, 마른 땅)=갈(다)(경남)(=마르다)+아(=장소)→갈아→가라(kara). durak(=역)=dur(mak)(=멈추다)+악(=장소).

başlık(=머리의 것=모자, 두건, 제목)=baş(=머리)+li(형용사형 어미)+악(=子)(=것)+이(첨가음)[모음조화: a-ı]→başlı악이[모음 합체]→başlı액[애→에]→başlı엑[에→이]→başlı익(ik)[모음조화: ı-ı]→başlık[동모음 축약]→başlık. baş(=머리)=박(=머리)+이(첨가음)→바기[구개음화: ㄱ→ㅈ/__이]→바지[ㅈ→ㅅ]→바시→baş【근거】똥구시(경남)=똥+굴(=구덩이)+이(첨가음)→똥구디[구개음화]→똥구지[ㅈ→ㅅ]→똥구시. 기름(표준어)[구개음화: ㄱ→ㅈ/__이]→지름(경남).

batak(=소, 늪)=bat(mak)(=빠지다)+악(=子)(ak)(장소)→batak(그 뜻은 '빠지는 곳'=늪)【근거】해가 빠지다(경남)=해가 지다. 물에 빠지다. 빠틀다/빠뜰다(경남)=*빤(다)+들(사동 보조 어간)+다[ㄷ+ㄷ→ㄸ]→빠뜰다[ㄸ→ㅌ]→빠틀다: 빤(다)[ㅃ→b]→bat(mak). 다락=달(다)+악(=장소). 빠틀(다)[ㅃ→b]→batır(mak).

bıçak(=칼, 검)=버히(다)〈월인석보 11권 4장〉《우리말샘》(=베다)+치(다)+악(=것)→버히치악[ㅎ→∅/모음__모음]→버이치악[모음 합체]→베치악[에→이]→비치악[모음 합체]→비챠[단음화]→비착[이→으]→브착(pıçak)[어두 유/무성자음 교체]→bıçak(그 뜻은 '베고 치는 것'=검). 아니면, biç(mek)(=베다)+악(것)(ak)[/i/(이)→으(ı)]→bıçak(그 뜻은 베는 것=칼, 검)【근거】**biç**(mek)(=베다)=버히(다)[umlaut]→베히[에→이]→비히[ㅎ→ㅋ]→비키[구개음화: ㅋ→ㅊ/__이]→비치(piç)[어두 유/무성자음 교체]→biç. cf. 버히다[ㅎ→∅/모음__

모음』→버이다[모음 합체]→베다(표준어)/(경남)[에→이]→비다(경남)【근거】
gelmek(튀르키예어)=kelmoq(우즈벡어)=오다. 燈등의블혀고〈석보상절 9권 32장
뒷면〉=등에 불 켜고(현대어): 혀다[ㅎ→ㅋ]→켜다. 키(배의 방향을 조종하는 장
치)[구개음화: ㅋ→ㅊ/__이]→치(강원, 전라, 충청, 함경)〈고려대 한국어대사전〉.
büyüteç(=확대경, 돋보기)=büyüt(mek)((=확대하다)+악(=子)(=것)+ㅎ(고유어 명
사에 붙음)+이(첨가음)[ㄱ+ㅎ→ㅋ]→büyüt악이[umlaut]→büyüt액이[애→에]
→büyüt엑이→büyüt에키[구개음화]→büyüt에치(eç)→büyüteç【근거】키(배의
방향을 조종하는 장치)[구개음화: ㅋ→ㅊ/__이]→치(강원, 전라, 충청, 함경)〈고
려대 한국어대사전〉.

çaylak(=(조류) 솔개)=채(다)+ㄹ(관형형 어미)+악(=것)[모음 분해: 애→아+이]
→차일악→çaylak(그 뜻은 '새를 (낚아) 채는 것'=솔개: 솔개가 새를 낚아채다)
【근거】채다=재빠르게 센 힘으로 빼앗거나 훔치다. 매가 병아리를 채다〈표준국어
대사전〉. cf. **çaylak**(=초보자, 초보의)=초(初)이(다)+ㄹ(관형형 어미)+악(=사람 혹
은 형용사형 어미)→초일악[오→아]→차일악→çaylak(그 뜻은 ((어떤 일의) '초
인 사람', 혹은 '초의') 【근거】봉알(평남)〈고려대 한국어대사전〉+이(첨가음)→봉
아리[아→오]→봉오리(표준어). 초짜(경남)(=초보자)=초(初)(=시작, 처음)+ㅅ(사
이시옷)+자(子/者)(=사람)[ㅅ+ㅈ→ㅉ]→초짜.

çaylak(=초보자, 초보의)=초(初)이(다)+ㄹ(관형형 어미)+악(=사람 혹은 형용사형
어미)→초일악[오→아]→차일악→çaylak(그 뜻은 ((어떤 일의) '초인 사람', 혹
은 '초의') 【근거】봉알(평남)〈고려대 한국어대사전〉+이(첨가음)→봉아리[아→
오]→봉오리(표준어). 초짜(경남/표준어)(=초보자)=초(初)(=시작, 처음)+ㅅ(사이
시옷)+자(子/者)(=사람)[ㅅ+ㅈ→ㅉ]→초짜.

dayak(=넘어지지 않게 받치는 나무, 지지목, 버팀목)=다히(다)〈월인석보 10권
9장〉《고려대 한국어대사전》(=대다)+악(=子)(=것)[ㅎ→Ø/모음__모음]→다이악
[모음 합체]→다약(tayak)[어두 유/무성자음 교체]→dayak【근거】대다=무엇을
덧대거나 뒤에 받치다〈고려대한국어대사전〉. gelmek(튀르키예어)=kelmoq(우즈벡
어)=오다.

dayak(=때리기)=뾰리(다)〈월인천강지곡 상권 28장〉《고려대 한국어대사전》(=때리다)+악(=子)(=행위)〖ㅅ+ㅂ+ㄷ→ㄸ〗→뚜리악〖ᄋ·→아〗→따리악〖ㄹ→Ø/모음__모음〗→따이악〖모음 합체〗→따약〖ㄸ→ㄷ/ㅌ(튀르키예어에는 둘을 구분하는 글자가 없다)〗→다약(tayak)〖어두 유/무성자음 교체〗→dayak 【근거】사람〖ㄹ→Ø/모음__모음〗→사암(경남, 빠른 발음): 이 사암들이 머라카노(경남)=이 사람들이 뭐라 하나. **뾱**(濁)〈월인석보 1권 월인천강지곡 16장 뒷면〉〖ㄸ→ㅌ〗→톡〖단음화〗→탁(현대어). cf. 뾰리다〖ㅅ+ㅂ+ㄷ→ㄸ〗→뚜리다〖ᄋ·→아〗→따리다〖umlaut〗→때리다(현대어). 딴(檀)〈월인석보 23권 61장 뒷면〉〖ㄸ(d)→ㄷ(t)〗→단(현대어). gelmek(튀르키예어)=kelmoq(우즈벡어)=오다.

dayanak(=지지물, 근거)=dayan(mak)(=~에 근거하다, 지지를 받다)+악(=子)(ak)→dayanak(그 뜻은 '근거한 것'). cf. dayan**gaç**(=지지목, 지지물)=dayan(mak)(=~에 근거하다, 지지를 받다)+곧〈석상 6권 7장〉《우리말샘》(=것)+ㅎ(고유어 명사에 붙음)+이(첨가음)→dayan곧ㅎ이〖오→어〗→dayan걷ㅎ이〖어→아〗(튀르키예어에는 /어/가 없다)→dayan갇ㅎ이〖ㄷ+ㅎ→ㅌ〗→dayan같이(katʰi)〖구개음화: ㅌ(th)→ㅊ/__이→dayan가치(kaç)〖유성음화〗→dayangaç 【근거】 듣디아니ㅎ샨 **고돈**〈석보상절 6권 7장 앞면〉(=듣지 아니하신 **것은**): 고돈=곧(=것)+온(조사). 이 **곧뎌고대**〈용비어천가 4권 24장 앞면〉=이곳저곳에. 곧〖오→어〗→걷〖ㄷ→ㅅ〗→것(현대어). 곧〖ㄷ→ㅅ〗→곳(현대어). 키(배의 방향을 조종하는 장치)〖구개음화: ㅋ→ㅊ/__이〗→치(강원, 전라, 충청, 함경)〈고려대 한국어대사전〉.

delik(=구멍)=듧(다)〈법화6:154〉《고려대 한국어대사전》(=뚫다)+이(첨가음)+악(=子)(=것)+이(첨가음): 듧(다)+이(첨가음)〖ㅂ→ㅎ〗→듨이〖ㅎ→Ø/유성음__유성음〗→들이〖모음 합체〗→딀〖단음화: 의→에〗→텔(tel)〖어두 유/무성자음 교체〗→del(mek). 악+이〖모음 합체〗→액〖애→에〗→엑〖에→이〗→익. delik=del+익(ik)→delik(그 뜻은 '뚫은 것'=구멍) 【근거】 듧(다)〖ㄷ→ㄸ〗→뚧〖ㅂ→ㅎ〗→뚫〖으→우〗→뚫(다)(현대어). 썰(다)(표준어)+이(첨가음)+다→써리다(경남). gelmek(튀르키예어)=kelmoq(우즈벡어)=오다.

destek(=지원, 원조, 버팀목, 지지대)=덧+이(자음 충돌 회피용 삽입 모음 혹은

첨가음)+대(다)+악(=것, 행위, 물체)+이(첨가음): 덧+이〚모음 합체〛→ 뎃. 악+
이〚모음 합체〛→액〚애→에〛→엑. 뎃+대+엑〚애→에〛→뎃데엑〚동모음 축약〛
→뎃덱(testek)〚어두 유/무성자음 교체〛→destek(그 뜻은 '덧댄 것'=지지대, 버
티목 혹은, 덧댐=원조, 지원)【근거】뎃정(=뎃情)(경북)=덧+이(자음 충돌 회피
용 삽입 모음 혹은 첨가음)+정. 덧정(덧情)(표준어)=뎃정(경북). **gelmek**(튀르키예
어)=**kelmoq**(우즈벡어).

dilek(=기원, 희망, 소원)=(기원을) 디리(다)(경남)(=드리다)+악(=子)(=행위)+이
(첨가음)〚모음 합체〛→디리액〚애→에〛→디리엑〚모음 합체〛→디렉〚단음화〛→
디렉→tilek〚어두 유/무성자음 교체〛→dilek. 아니면, **dilek**=(기원을) *디레(다)+
악+이〚모음 합체〛→디레액〚애→에〛→디레엑〚동모음 축약〛→디렉(tilek)〚어
두 유/무성자음 교체〛→dilek【근거】**gelmek**(튀르키예어)=**kelmoq**(우즈벡어). cf.
dilek(=바람, 희망)=dile(mek)(=바라다, 희망하다)+악(=子)+이〚모음 합체〛→dile
액〚애→에〛→dile엑(ek)→dileek〚동모음 축약〛→dilek. **dile**(mek)=*디레(다)(tile)
〚어두 유/무성자음 교체〛→dile【근거】갈레다(경북)(=갈리다)〚에→이〛→갈리
다(표준어). *디레다(=드리다)〚에→이〛→**디**리다(경남)〚이→으〛→드리다(표준
어).

dolak(=각반(脚絆))=도루(다)(=두르다)+악(=子)(=것)〚ㆍ→아〛→도라악〚동모음
축약〛→도락(tolak)〚어두 유/무성자음 교체〛→dolak(그 뜻은 '두르는 것'. '각반'
은 발목에서부터 무릎 아래까지 돌려 감거나 싸는 띠). cf. **dola**(mak)(=두르다)=도
루(다)〚ㆍ→아〛→도라(tola)〚어두 유/무성자음 교체〛→dola【근거】도르다〈번역
박통사 상권 28장 앞면〉〚오→우〛→두르다〚ㆍ→으〛→두르다(현대어), 도르다
〈내훈 2권 41장〉《우리말샘》=두르다. **gelmek**(튀르키예어)=**kelmoq**(우즈벡어)=오
다.

dönek(=변절자, 배반자)=dön(mek)(=돌다, 변하다, 전향하다)+악(=子)(=사람)+이
(첨가음)〚모음 합체〛→dön액〚애→에〛→dön엑(ek)→dönek(그 뜻은 '돌아선 사
람'=변절자). cf. **dönek**(=변덕스러운, 변하기 쉬운; 신뢰감이 없는)=dön(mek)+악
(형용사형 어미)+이(첨가음). **dön**(mek)(=돌다, 변하다, 전향하다)=돌(다)/도(다)

(경남)+이(첨가음)+ㄴ(관형형 어미)→도인〔모음 합체〕→된(tön)〔어두 유/무성자음 교체〕→dön【근거】⟹ **10.1 한국어 동사+ㄴ(관형형 어미)**. 썰(다)(표준어)+이(첨가음)+다→써리다(경남)(=썰다).

dudak(=입술)=둗(다)(=돋다)+악(=子)(=것, 곳)→두닥(tutak)〔어두 유/무성자음 교체〕→dutak〔유성음화〕→dudak(그 뜻은 입 주변의 '돋은 곳'=입술). cf. 불두덕=불(=생식기)+둗(다)+악〔모음조화〕→불둗억→불두덕(=생식기 언저리에 있는 '돋은 곳').

durak(=멈춤, 정류소)=(비가) 들(다)(=멈추다)+악(=것, 곳)→들악〔으→우〕→둘악(turak)〔어두 유/무성자음 교체〕→durak【근거】 gelmek(튀르키예어)=kelmoq(우즈벡어)=오다. 비가 들었다=비가 **멈추**었다=Yağmur(=비) **dur**du. 믈(=水)〈훈민정음해례본 용자례〉〔으→우〕→물(현대어).

elek(=체, 조리)=ele(mek)(=체로 치다, 거르다, 고르다)+악(=물건)+이(첨가음)〔모음 합체〕→ele액〔애→에〕→ele엑(ek)〔동모음 축약〕→elek(그 뜻은 '고르는 것, 치는 것'=체). cf. **ele**(mek)(=체로 치다, 고르다): 얼기미(경남)(=바닥에 구멍이 뚫린 굵은 체)=얽(다)(=물건의 거죽에 우묵우묵한 흠이 많이 나다)+이(자음 충돌 회피용 삽입 모음)+ㅁ(명사형 어미)+이(접미사)(=물건)→얼김이〔umlaut〕→엘김이〔이→으〕→엘금이〔ㄱ→∅/유성음__유성음〕→엘음이〔umlaut〕→엘읨이〔단음화: 의→에〕→엘엠이→에레미〔'에레미=에레(동사 어간)+ㅁ(명사형 어미)+이(접미사)(=물건)'으로 분석하여 '에레=ele'를 동사를 만들었다). 어레미(표준어)=얽(다)+으(자음 충돌 회피용 삽입 모음)+ㅁ(명사형 어미)+이(=물건)→얼그미〔ㄱ→∅/유성음__유성음〕→얼으미〔umlaut〕→얼의미→어릐미〔단음화: 의→에〕→어레미.

erik(=용액(溶液))=eri(mek)(=녹다, 용해하다)+악(=것)+이(첨가음)〔모음 합체〕→eri액〔애→에〕→eri엑〔에→이〕→eri익(ik)→eriik〔동모음 축약〕→erik(그 뜻은 '녹은 것'=용액).

gecelik(=잠옷)=gece(=밤)+li(형용사형 어미)+악(=것)+이(첨가음)〔모음 합체〕→geceli액〔애→에〕→geceli엑〔에→이〕→geceli익(ik)→〔동모음 축약〕→gecelik.

gedik(=갈라진 틈)=깨디(다)(=깨지다)+악(=子)(=곳)+이(첨가음)[애→에]→께디악이[모음 합체]→께디액[애→에]→께디엑[에→이]→께디익[동모음 축약]→께딕[ㄲ→ㄱ]→게딕(ketik)[어두 유/무성자음 교체]→getik[유성음화]→gedik(그 뜻은 '깨진 곳'=갈라진 틈)【근거】째여**디**다〈1677 박언 중:40ㄱ〉《우리말샘》=깨어지다. 깨디다[구개음화: ㄷ→ㅈ/__이]→깨지다. 스라**디**다〈월석10:85〉《고려대 한국어대사전》[ᄋ̣→아]→사라**디**다[구개음화: ㄷ→ㅈ/__이]→사라**지**다(현대어). 꿇(求)〈월인석보 1권 월인서 21장 앞면〉[ㄲ(g)→ㄱ(k), ㅸ→Ø]→**구**(현대어). 'gedik-ged(mek)+ik'으로 오분석하여 동사, ged(mek)(=gedik açmak)이 만들어졌다. 'ㄲ, ㄸ, ㅃ, ㅉ, ㅆ, ㆅ 爲 全濁'〈훈민정음해례본〉(전탁(全濁)=유성음(有聲音)).

gelenek(=관습, 유습)=gel(mek)(=오다)(=과거부터 전하여 오다)+으(자음 충돌 회피용 삽입 모음)+ㄴ(관형형 어미)+악(=것)+이(첨가음)[으→어]→gel언악이[어→아]→gel안악이[모음 합체]→gel안액[애→에]→gel안(an)엑(ek)[모음조화: e-e]→gelenek【근거】gelen(=오는)=gel(mek)+an(관형형 어미)[모음조화: e-e]→gelen. Yağ satan kimse(=기름 파는 사람)=Yağ(=기름)+sat(mak)(=팔다)+an(관형형 어미)+kimse. **살언**=살(다)+어(자음 충돌 회피용 삽입 모음)(모음조화를 지키지 않았다)+ㄴ(관형형 어미)【근거】죽다가 **살언** 百姓이〈용비어천가 4권 22장 뒷면〉=죽다가 **산** 백성이: 언(ən)[어→아]→안(an)→an(튀르키예어 관형형 어미). 아니면, 노란 나비=*놀(다)(=노랗다)+아(자음 충돌 회피용 삽입 모음)+ㄴ(관형형 어미)+나비: 아+ㄴ→안(an)(튀르키예어 관형형 어미). 노랑나비=*놀(다)+앙(형용사형 어미)+나비: 앙(ang)[ㅇ(ng)→ㄴ(n)]→안(an)(튀르키예어 형용사형 어미). don(mak)(=얼다)=동(凍)(tong)(=얼다)[ㅇ(ng)→ㄴ(n)]→돈(ton)[어두 유/무성자음 교체]→don.

gözlük(=안경)=göz(=눈)+li(형용사형 어미)+악(=子)(=것)+이(첨가음)[모음조화: ö-ü]→gözlü악이[모음 합체]→gözlü액[애→에]→gözlü엑[에→이]→gözlü익(ik)[모음조화: ü-ü]→gözlüük[동모음 축약]→gözlük(그 뜻은 '눈의 것'=안

경). cf. tek gözlü(=애꾸)=tek(=하나의)+göz(=눈)+li(=사람)[모음조화: ö-ü]→tek gözlü(그 뜻은 '외눈의 사람'=애꾸) 【근거】 Koreli(한국인)=Kore(=한국)+li(=사람). tek(=하나의)=독(獨)(=하나, 홀)+이(첨가음)[모음 합체]→뒥[단음화: 외→에] →텍(tek) 【근거】 국(國)+이(첨가음)[모음 합체]→귁(國)〈월인석보 1권 훈민정음 1장 앞면〉. 고기(표준어)[umlaut]→괴기[단음화: 외→에]→게기(경남).

günlük(=일기, 일간 신문, 일지)=gün(=태양, 일자, 날)+li(형용사형 어미)+**악**(=것)+이(첨가음)[모음조화: ü-ü]→günlü+악+이[모음 합체]→günlü액[애→에]→günlü엑[에→이]→günlü익(ik)[모음조화: ü-ü]→günlüük[동모음 축약]→günlük. cf. **günlük**(=당일의, 그날의, 당시의, 매일의, 일상의, …일분, …일치, …일간)=gün+li(형용사형 어미)+**악**(명사형 어미)+이(첨가음)(형용사형 어미에 형용사형 어미가 붙을 수 없으므로 명사형이 형용사적으로 쓰인 것이라는 것을 알 수 있다) 【근거】 노락쟁이(노란 꽃이 피는 식물 이름)=*놀(다)(=노랗다)+악(형용사형 어미)+장(=사람)(사람에 비유)+이(첨가음)[umlaut]→놀악쟁이→노락쟁이. 노랑(명사)=*놀(다)+앙(명사형 어미). 노랗다=*놀(다)+앟+다. cf. 까맣다=깜(다)+앟+다.

giyecek(=옷)=giy(mek)(=입다, 착용하다)+앗[압](=子)(=것)+이(첨가음)+악(=子)(의미첨가 없이 명사에 붙는 접미사)+이(첨가음)[모음 합체]→giy엔액[애→에]→giy엔엑[구개음화: ㄷ→ㅅ/__에]→giy에젝[유성음화: ㅅ→c/모음__모음]→giyecek 【근거】 가운데(표준어)[구개음화: ㄷ→ㅅ/__에]→가운제(경북). 아니면, **giyecek**=giy(mek)+e(가능 조동사)+앗[압](=子)+이(첨가음)+악(=子)+이(첨가음)[모음 합체]→giy에엔액[애→에]→giy에엔엑[동모음 축약]→giy엔엑[구개음화: ㄷ→ㅅ/__에]→giy에젝[ㅅ→c]→giyecek(그 뜻은 '입을 수 있는 것'=옷)(가능성이 크다) 【근거】 뜨락=뜰+악(의미첨가 없이 명사에 붙는 접미사).

hak(=God=신(神))〈turkishdictionary.net〉=하(다)(=크다, 높다, 많다)+악(=子)(=존재)[동모음 축약]→학(hak)(그 뜻은 '높은 존재'=신). cf. **hak**(=earth, soil=흙)=훍〈훈민정음 해례본 합자해〉[훅][ᄋ̆→아]→학(hak).

hak(=earth, soil=흙)=훍〈훈민정음 해례본 합자해〉[훅](=흙)[ᄋ̆→아]→학(hak).

아니면, hak= 헉(경남)〈고려대 한국어대사전〉(=흙)[어→아]→학(hak). cf. 흑(경기, 전라, 충남, 평안, 함남, 황해)〈고려대 한국어대사전〉=흙. 흑/훅(제주)〈우리말샘〉=흙, 흘(경상, 평남)〈고려대 한국어대사전〉=흙, 헐(경상)〈고려대 한국어대사전〉=흙. 흘[으→이]→힐[ㅎ→ㄱ/ㅋ]→길(kil)→kil(=진흙, 점토).

içerik(=내용)=içer(mek)(=내포하다, 포함하다)+악(=子)(=것)+이(첨가음)[모음 합체]→içer액[애→에]→içer엑[에→이]→içer익→içerik(그 뜻은 '포함한 것'=내용). cf. içerik(=함축적)=içer(mek)+악(형용사형 어미)(ak)+이(첨가음)[모음 합체]→içer액[애→에]→içer엑[에→이]→içer익→içerik. **iç**(=안, 속, 내면)=안(=내(內))+ㅎ(고유어 명사에 붙음)+이(첨가음)[ㄴ→∅/유성음__히]→안히 and 히[hĩ](鼻母音) and 비모음의 구강 모음화(튀르키예어에 비모음 표기 모음이 없다)]→아히[umlaut]→애히[애→에]→에히[에→이]→이히[ㅎ→ㅋ]→이키[구개음화: ㅋ→ㅊ/__이]→이치→iç【근거】안 하다[ɑhɑ̃dɑ](경남 발음)[비모음의 구강 모음화]→아하다. 燈등의블**혀**고〈석보상절 9권 32장 뒷면〉[ㅎ→ㅋ]→등에 불 켜고(현대어): 혀다[ㅎ→ㅋ]→켜다. 치(강원, 전라, 충청, 함경)=키(표준어)(=배의 방향을 조종하는 장치)[구개음화: ㅋ→ㅊ/__이]→치. 깜악까치(=까마귀와 까치)=깜(다)+악(명사형 어미)(=것)+까치. 노락쟁이(노란 꽃이 피는 식물 이름)(경남)=*놀(다)(=노랗다)+악(형용사형 어미=관형형 어미)+장(=사람→식물(비유적 표현)+이(첨가음)[umlaut]→놀악쟁이→노락쟁이. 나막신(=나무로 만든 신)=남(=나무)+악(형용사형 어미)+신(=shoes).

ışıldak(=써치라이트, 투광기, 투사기)=ışılda(mak)(=빛나다, 반짝거리다)+악(=子)(=것)(ak)→ışıldaak[동모음 축약]→ışıldak(그 뜻은 '빛나는 것'→써치라이트→투사기). cf. ışıldak(=반짝이는, 빛나는)=ışılda(mak)(=빛나다, 반짝거리다)+**악**(형용사형 어미)(ak)→ışıldaak[동모음 축약]→ışıldak 【근거】깜악까치(=까마귀와 까치)=깜(다)+악(명사형 어미)(=것)+까치. 노락쟁이(경남)(=노란 꽃이 피는 식물 이름)=*놀(다)(=노랗다)+악(형용사형 어미=관형형 어미)+장(=사람→식물)+이(첨가음). cf. 까맣다=깜(다)+앟+다. ışıl ışıl(=반짝반짝): ışıl=빛(=光=빛나다)+알(부사형 어미)+이(첨가음)?[어두 /ㅂ/ 탈락]→잇알이[모음 합체]→잇앨[애→에]

→잇엘〖에→이〗→잇일〖이→으〗→으슬→ışıl? 아니면, ışıl: 으스레하다(=조금 침침하고 흐릿하다)=*웃(다)(=빛나다)?+으(자음 충돌 회피용 삽입 모음)+ㄹ(관형형 어미)+아(=子)(지소사)+이(첨가음)+하다〖모음 합체〗→웃으래하다〖모음조화: 으-에〗→웃으레하다→으스레하다(그 뜻은 '빛이 작게 나다'이다). 【근거】 빗(=光(광))〈훈몽자회 하권 1장 앞면〉〖ㅅ→ㅊ〗→빛(현대어). cf. 功공德득이 노파 븘비ㅊ로 莊장嚴엄호미…〈석보상절 9권 4장 뒷면〉→공덕이 높아 불빛으로 장엄함이 (현대어). 빛→빗→빛. 추우(경남 노인 말)=춤(다)=우(명사형 어미)→추부(경남 노인 말)〖유성음화: ㅂ→ㅸ/모음__모음〗→추부〖ㅸ→Ø〗→추우(경남 노인 말). 이사/으사(경남)=의사(醫師)(표준어). 신(=shoes)(명사)=신(다)(동사 어간).

istek(=바람, 기대, 원함)=iste(mek)(=바라다, 기대하다)+악(=子)(=것)+이(첨가음)〖모음 합체〗→iste액〖애→에〗→iste엑(ek)→isteek〖동모음 축약〗→istek. iste(mek)(=바라다, 기대하다)=희(希)[히](경남 발음)(=바라다)+자(子)(=것)+이(첨가음)+대(다)(=말하다): 히〖어두 /ㅎ/ 탈락〗→이(i). 자(子)+이〖모음 합체〗→재〖애→에〗→제〖에→이〗→지〖ㅈ→ㅅ〗→시(si)(=し(子)(si)(일본어))〖이→으〗→스(sɯ)(=す(子)[sɯ][일본어]). 대(다)〖애→에〗→데(te). **iste**(mek)=이(i)+스(sɯ)(=sı)+데(te)→isıte〖[s] 다음의 [ı]는 있으나 없으나 발음이 같이 들린다〗→iste(그 뜻은 '바람을 말하다'이다)【근거】 heroin(영어)〖어두 /ㅎ/(=h) 탈락〗→eroin(튀르키예어). 종지=종자(鍾子)+이(첨가음)〖모음 합체〗→종재〖애→에〗→종제〖에→이〗→종지. 똥구시(경남)=똥+군(=구덩이)+이(첨가음)→똥구디〖구개음화: ㄷ→ㅈ/__이〗→똥구지〖ㅈ→ㅅ〗→똥구시. 이사/으사(경남)=의사(醫師)(경남 방언에서는 /이/와 /으/가 아주 자유롭게 교체된다). 바린대로 대라(경남)(=바른대로 말하라): 대다=말하다.

kaçak(=도망자)=kaç(mak)(=도망가다)+악(=子)(=사람)→kaçak. cf. **kaçak**(=도망의, 밀수의, 불법의)=kaç(mak)+악(형용사형 어미)(ak)【근거】 노락쟁이(경남)(=노란 꽃이 피는 식물명)=*놀(다)(=노랗다, 노리다)+악(형용사형 어미=관형형 어미)+장(=사람→식물)(사람에 비유한 표현)+이. 나막신(=나무로 만든 신(=shoes)=남(=나무)+악(형용사형 어미)+신. 거러지(강원, 경상, 함경)〈고려대 한국어대사

전)=걸(乞)(=빌다, 구걸하다)+악(=사람)+이(첨가음)→거러기[구개음화: ㄱ→
ㅈ/__이]→거러지【근거】기름(표준어)[구개음화: ㄱ→ㅈ/__이]→지름(경남).
kaç(mak)=가(다)+아(부사형 어미)+튀(다)(=도망가다)[동모음 축약]→가튀[단음
화: 위→이]→가티[구개음화: ㅋ→ㅊ/__이]→가치→kaç【근거】키(표준어)(=
배의 방향을 조종하는 장치. 배의 추진기 뒤쪽에 설치한다)[구개음화: ㅋ→ㅊ/__
이]→치(강원, 전라, 충청, 함경)〈고려대 한국어대사전〉. 도망가다=도망치다=튀
다[티다](경남 발음). 튀김(표준어)[단음화: 위→이]→티김(경남).

katık(=빵과 곁들어 먹는 치즈, 올리브 등)=kat(mak)(=더하다, 첨가하다)+악(=子)
(=것)+이(첨가음)[모음 합체]→kat액[애→에]→kat엑[에→이]→kat익(ik)[모
음조화: a-ı]→katık(그 뜻은 '더하는 것', '곁들이는 것'). **kat**(mak)=곁(들이다)[단
음화: 여→어]→겉[어→아]→같→kat?('곁들이다='곁(다)(동사)+들이다'로 오
분석해서 만들어진 동사일 가능성이 크다). 곁들이다=주된 음식에 다른 음식을 서
로 어울리게 내어놓다【근거】미얽다〈두시-초 23:26〉《우리말샘》=미(다)(=매다)+
얽다.

kavuk(=(이슬람교도의 머리 위에 둘둘 감은) 터번)=갑(匣)(=두건 이름 압, 두를
갑)+욱(=악)(=子)(=것)→가북[유성음화]→가붘ㄱ[ㅸ→v]→kavuk(그 뜻은 '(머
리에) 두르는 것'=터번).

kaynak(=샘, 수원(水源), 근원)=개(=수(水))(=물)+나(다)+악(=子)(=장소)[모음 분
해]→가이나악[동모음 축약]→가이낙→kaynak(그 뜻은 '물이 나는 곳'=수원(水
源))【근거】**개**고랑(경상)(=개울)〈고려대 한국어대사전〉=개(=물)+고랑. **개**울(=골
짜기나 들에 흐르는 작은 물줄기). **개**룩(경남)=온통 물임. **개**룩(강원)=홍수. 개=물
=水.

kertik(=흠집, 찍힌 자국)=결(欠)(=흠, 모자라다)[겔](경남 발음)+터(=장소)+악(지
소사)+이(첨가음)[어→아]→겔**타악**이[동모음 축약]→겔탁이[모음 합체]→겔
택[애→에]→겔텍[에→이]→겔틱→kertik(그 뜻은 '작은 흠결 터'=흠집). 아니
면, kertik=결(欠)[겔](경남 발음)+티(=조그마한 흠)+악(의미첨가 없이 명사에 붙는
접미사)+이: 악+이[모음 합체]→액[애→에]→엑[에→이]→**익**. kertik=겔+티

+익[동모음 축약]→겔틱→kertik(그 뜻은 '작은 흠')(가능성이 크다) 【근거】 뜰악
=뜰+악(의미첨가 없이 명사에 붙는 접미사).

kırık(=파편)=헐(다)/홀(다)(경남)(=부수다)+악(=子)(=것)+이(첨가음)[모음 합체]
→홀액[애→에]→홀엑[에→이]→흘익[ㅎ→ㅋ]→클익→kırik[모음조화:
ı-ı]→kırık(그 뜻은 '부순 것'=파편). **kır**(mak)=헐(다)/**홀**(다)(경남)(=부수다, 허물
다)[ㅎ→ㅋ]→클→kır 【근거】 燈등의블**혀**고〈석보상절 9권 32장 뒷면〉=등에 불
켜고(현대어): 혀다[ㅎ→ㅋ]→켜다. 홀(목)(경남)(=팔(목))[ㅎ→ㅋ]→콜→kol(=
팔). 없다/읎다(경남).

kızak(=썰매)=긋(다)(→그스(다)〈월석2:35〉《고려대 한국어대사전》)(=끌다)+악(=
子)(=것)→긋악[유성음화]→그삭[ㅿ→z]→kızak(그 뜻은 '끄는 것'→썰매) 【근
거】 긋다[풀어쓰기]→그스다[유성음화: ㅅ→ㅿ/모음__모음]→그스다. 끄신
깨[끄싱깨](경남)=긋(다)+이(자음 충돌 회피용 삽입 모음)+ㄴ(관형형 어미)+거(=
것)+이(첨가음)[모음 합체]→그신게[에→애]→그신개[ㄱ→ㄲ]→끄신깨(=직
물의 베매기 작업에 쓰이는 용구의 하나. 날실을 싣고 도투마리 쪽으로 끌려가도
록 되어 있는데 적당한 무게의 돌을 얹어서 알맞게 끌려가게 하며, 방아가지 모양
으로 되어 있다). 끄신개[끄싱개][발음대로 표기]→끄싱개(표준어) 【근거】 감기
[강기](경남 발음)[ㅁ→ㅇ/__ㄱ]→강기. cf. 감기[감:기](표준어 발음). 표준어,
'끄싱개'는 표준어 음운 규칙으로는 만들어질 수 없고 경남 방언의 음운 규칙으로
만들어진 단어이다.

kolçak(=완장, 토시, 벙어리장갑)=홀(경남)(=팔)+차(다)(=착용하다)+악(=子)(=
것)→홀차악[ㅎ→ㅋ]→콜차악[동모음 축약]→콜착→kolçak 【근거】 팔뚝에 완
장을 **차다**=팔뚝에 완장을 **착용하다**. **홀**목(경남)=**팔**목. 홀[ㅎ→ㅋ]→콜→kol(=
팔) 【근거】 燈등의블**혀**고〈석보상절 9권 32장 뒷면〉=등에 불 켜고(현대어): 혀다
[ㅎ→ㅋ]→켜다.

koltuk(=팔걸이의자)=홀(경남)(=팔)+ㅎ(고유어 명사에 붙음)+두(다)+악(=子)(=
것, 곳)[ㅎ+ㄷ→ㅌ]→홀투악[ㅎ→ㅋ]→콜투악[모음조화: 우-우]→콜투욱
(koltuuk)[동모음 축약]→koltuk(그 뜻은 '팔을 두는 것'=팔걸이의자) 【근거】 燈등

의블**혀**고〈석보상절 9권 32장 뒷면〉=등에 불 켜고(현대**어**): 혀다[ㅎ→ㅋ]→켜다.

홀(목)(경남)(=**팔**(목))[ㅎ→ㅋ]→콜(kol)→kol(=팔). 북(=drum)=부(膚)(=피부, 겉껍질)+악(=子)(~에서 만들어진 것)[모음조화: **우--우**]→부욱[동모음 축약]→북(북은 동물의 가죽으로 만들어진다).

köpük(=거품)=*겊(다)/*긆(다)(경남)+이(첨가음)+악(=것)+이(첨가음)[모음 합체]→긂액[애→에]→긂엑[에→이]→긂익(köpik)[모음조화: ö-ü]→köpük cf. **거품**(표준어)=*겊(다)+우(자음 충돌 회피용 삽입 모음)+ㅁ(명사형 어미)→거품. cf. koʻpik(우즈벡어)(=거품)=*겊(다)+악+이[어→오]→곺악이[모음 합체]→곺액[애→에]→곺엑[에→이]→고픽→koʻpik. 동사가 '겊다' 아니면 '거푸다'('겊다'의 풀어쓰기)일 것이다: 거푸(다)+이(첨가음)+악+이[어→으](경남)→그푸이악이[모음 합체]→그퓌액[umlaut]→긔퓌액[단음화: 위→이]→긔피액[애→에]→긔피엑[모음 합체]→긔펙[단음화]→긔펙[에→이]→긔픽(köpik)[모음조화: ö-ü]→köpük 【근거】썰(다)(표준어)+이(첨가음)+다→써리다(경남). 엄마(표준어)[어→오]→옴마(경남). '어머니(표준어)'를 경남 방언으로 발음하면, [əmənɪ](어머니) 혹은 [imɪnɪ](으므니)로 발음한다. 위하다(표준어)[단음화: 위→이]→이하다(경남).

kürek(=삽, (배의) 노)=굴(掘)(=파다)+이(첨가음)+**악**(=子)(=것)+이(첨가음)[모음 합체]→긜액[애→에]→긜엑(kürek)(그 뜻은 '(땅을) 파는 것'=삽). '(배의) 노'라는 뜻은 노의 모양이 삽과 비슷한 데서 나온 것이다. cf. **kurak**(=삽)(우즈벡어)=굴(掘)(kur)(=파다)+악(ak). 외보**구래**(강원도 강릉)(=쟁기)=외보+굴(掘))(=파다)+**아**(=子)(=것)+이(첨가음)[모음 합체]→외보굴애[모음조화]→외보굴에→외보구레 【근거】가라(伽羅)=가락(駕洛)=가야: 가라=갈+아(=子), 가락=갈+악(=子). 아=악=子.

ödenek(=지불금)=öden(mek)(=지불되다)+악(=子)(=것)+이(첨가음)[모음 합체]→öden액[애→에]→öden엑(ek)→ödenek(그 뜻은 '지불 된 것'=지불금).

ölçek(=자, 저울 등 도량형기)=ölç(mek)(=재다, 측정하다)+악(=것)+이(첨가음)[모음 합체]→ölç액[애→에]→ölç엑(ek).

oturak(=(애기나 환자용) 간이 변기, (물건의) 바닥, (뱃사공의) 자리)=otur(mak)
(=앉다)+악(=물건, 장소)(ak). cf. **oturak**(=앉은뱅이의)=otur(mak)(=앉다)+**악**(형용
사형 어미)(ak) 【근거】 까막까치(=까마귀와 까치): 까막(=까마귀)=깜(다)+악(=것
(=동물). 노락쟁이(경남)(노란 꽃이 피는 식물 이름)=*놀(다)+악(형용사형 어미=관
형형 어미))+장(=사람→식물(사람에 비유한 표현))+이(첨가음)〔umlaut〕→노락쟁
이. cf. 까맣다=깜(다)+앟+다. 남악신(=나무로 만든 신)=남(=나무)+악(형용사형
어미)+신(=shoes). 아낙(=부녀자가 거처하는 곳을 점잖게 이르는 말)〈표준국어대
사전〉=안(=내(內))+악(=장소). durak(=역, 멈춤)=dur(mak)(=멈추다)+악(ak)(=장소,
행위)→durak.

oyuk(=움푹 파인 곳, 우묵한, 움푹 파인 물건, 속이 빈, 움푹 파인)=oy(mak)(=파
다, 호비다, 오비다)+악(=子)(=것, 곳)+이(첨가음)〔모음 합체〕→oy액〔애→에〕
→oy엑〔에→이〕→oy익(ik)〔모음조화: o-u〕→oyuk(그 뜻은 '판 곳'). **oyuk**(=움
푹 파인)=oy(mak)+악(형용사형 어미)+이(첨가음)〔모음 합체〕→oy액〔애→에〕
→oy엑〔에→이〕→oy익(ik)〔모음조화: o-u〕→oyuk. **oy**(mak)=외(다)〔모음 분해〕
→오이→oy 【근거】 穿鑿은 욀씨라〈몽법 28〉《우리말샘》(=천착은 {오비는 것이
다}): 욀씨라=**외**(다)+ㄹ(관형형 어미)+씨+라. 노락쟁이(경남)(노란 꽃이 피는 식
물 이름)=*놀(다)+악(형용사형 어미=관형형 어미)+장(=사람→식물(사람에 비유
한 표현))+이(첨가음)〔umlaut〕→노락쟁이. cf. 까맣다=깜(다)+앟+다. 남악신(=나
무로 만든 신)=남(=나무)+악(형용사형 어미)+신(=shoes). cf. **까막**까치(=까마귀와
까치): 깜(다)(=검다)+악(=子)(=것)→까막(그 뜻은 '검은 것'=까마귀).

sırık(=장대, 긴 막대기)=길(다)+악(=子)(=것)+이(첨가음)〔구개음화: ㄱ→ス/__
이〕→질악이〔이→으〕→즐악이〔ス→ㅅ〕→슬악이〔모음 합체〕→슬액〔애→
에〕→슬엑〔에→이〕→슬익(sırık)〔모음조화: ı-ı〕→sırık(그 뜻은 '긴 것'=막대기)
【근거】 길다(표준어)〔구개음화: ㄱ→ス/__이〕→질다(경남). 이사(경남)/으사(경
남)('이'/'으'를 높고 강하게 발음)=의사(醫師)(표준어). cf. 지럭지(강원, 전남)〈고
려대 한국어대사전〉/(경남 노인 말)(=길이)=길(다)+악(형용사형 어미)+자(子)(=
것)+이(첨가음)〔구개음화: ㄱ→ス/__이〕→질악자이〔모음조화: 이-어〕→질억

자이〖모음 합체〗→질억재〖애→에〗→질억제〖에→이〗→질억지→지럭지. 지러기(강원, 경기, 경북, 충청, 평남, 함경, 황해)〈우리말샘〉(=길이)=길(다)+악(명사형 어미)+이(첨가음)〖구개음화〗→질악이〖모음조화: 이-어〗→질억이〖발음대로 표기〗→지러기. 똥구시(경남)=똥+굳(=구덩이)+이(첨가음)→똥구디〖구개음화〗→똥구지〖ㅈ→ㅅ〗→똥구시.

tapınak(=절, 사원)=tapın(mak)(=숭배되다, 숭상되다)+악(=子)(=장소)(ak)【근거】durak(=정거장, 역, 멈춤)=dur(mak)(=멈추다, 서다)+악(ak)(=장소, 행위). 가락(駕洛)=*걸(다)/*갈(다)(=검다)+악(=子)(원뜻은 '검은 것', 검은 것은 '까마귀' 까마귀는 태양을 상징하니, 태양의 자손, 태양의 나라). 가라(伽羅)=*걸(다)/*갈(다)+아(=子)(자손, 나라). cf. kara(=검정)=*갈(다)(=검다)+아(=것)【근거】거실다/꺼실다(경남)(=겉만 까맣게 태우다)=*걸(다)/*껄(다)(=검다)+실다/씰다(경남)〖ㄹ→Ø/__ㅅ〗→거실다/꺼실다. cf. **tap**(mak)(=숭배하다)=탑/답(婚)(=엎드리다, 복종하다). tapın(mak)=tap(mak)+이(i)(피동 보조 어간)+ㄴ(n)(관형형 어미)→tapin〖모음조화: a-ı〗→tapın. ⇒ **10.2 한국어 동사 어간+ㄴ(관형형 어미).**

tünek(=홰)(=새나 닭이 올라앉게 가로질러 놓은 나무 막대)=(깃)들(다)/(깃)드(다)(경남)+이(사동 보조 어간)+ㄴ(관형형 어미)+악(=장소)+이(첨가음)→드인악이〖으→우〗→두인악이〖모음 합체〗→뒨액〖애→에〗→뒨엑→뛰넥→**tünek**(그 뜻은 '(깃)들인 곳'=홰)【근거】믈(=水)〈훈민정음해례본 용자례〉〖으→우〗→물(현대어). 종지=종자(鍾子)+이(첨가음)〖모음 합체〗→종재〖애→에〗→종제〖에→이〗→종지. 깃들이다=조류가 보금자리를 만들어 그 속에 들어 살다. 깃들이다=깃(=새의 기털)+들(다)+이+다. durak(=역)=dur(mak)(=멈추다)+악(=장소)(ak). **dur**(-mak)=(비가) 들(다)(=멈추다, 그치다)〖으→우〗→tur〖어두 유/무성자음 교체〗→dur【근거】kelmoq(우즈벡어)=gelmek(튀르키예어)=오다.

tutak(=손잡이)=들(다)+악(=것)〖ㄹ→ㄷ〗→듣악〖으→우〗→둗악→tutak(그 뜻은 '드는 것'=손잡이)【근거】볃(彆)〈훈민정음해례본 종성해〉〖ㄷ→ㄹ〗→별(彆)(현대어). **걷**다: **걸**어서, 걸음, 걷고, 걷기. '**tut**(mak)=잡다, 붙들다, 편들다, (경비가) 들다, (시간이) 걸리다(=들다), (못이) 박히다(=들어가다); (나무가) 뿌리내리다

(=뿌리가 (흙 속으로) 들어가다)'에 공통으로 들어 있는 단어가 '들다'이다.

uçak(=비행기)=uç(mak)(=날다)+악(=子)(=것)(ak). uç(mak)=우(=上)(경남)(=위)+치(다)(경남)(=오르다)→uç【근거】치키다(경남)(=추키다)=위로 끌어 올리다. 추혀다〈마경下:98〉《고려대 한국어대사전》[ㅎ→ㅋ]→추커다[여→에](경남 발음 규칙)→추케다[에→이]→추키다(현대 표준어)[umlaut]→취키다[단음화: 위→이]→치키다(경남)[ㅋ→ㄲ]→치끼다(경남)【근거】경남[여→에]→겡남(경남 발음).

üfürük(=날숨=휘 부는 것)=üfür(mek)(=입술을 오므려 휘불다)+악(=子)(=것)(ak)+이(첨가음)[모음 합체]→üfür액[애→에]→üfür엑[에→이]→üfür익(ik)[모음조화: ü-ü]→üfürük. **üfür**(mek)(=/ı/ to blow or breathe hard on〈turkishdictionary.net〉=휘불(다)(=마구 세차게 불다)+이(첨가음)→휘불이[모음 합체]→휘빌(hüfür)[어두 /h/ 탈락]('휘' 음의 영향으로 /ㅂ/이 [f]로 들렸을 것이다)→üfür【근거】eroin(튀르키예어)=heroin(영어)[어두 /h/ 탈락]→eroin. 호비다[어두 /h/ 탈락]→오비다. 썰다(표준어)+이(첨가음)+다→써리다(경남).

yağmurluk(=비옷, 우의(雨衣))=yağmur(=비=우(雨))+li(형용사형 어미)+악(=것)+이[모음 합체]→yağmurli액[모음조화: u-u]→yağmurlu액[애→에]→yağmurlu엑[에→이]→yağmurlu익(ik)[모음조화: u-u]→yağmurluuk[동모음 축약]→yağmurluk(그 뜻은 '비의 것' 즉, 비올 때 입는 것=우의). yağmur(=비)=락/낙(落)(=떨어지다)+물(=水)[두음법칙 후 보상적 /y/ 첨가]→약물(yakmur)[유성음화]→yagmur[g→ğ/유성음--유성음]→yağmur(그 뜻은 '떨어지는 물'=비). 아니면, yağmur=락/낙(落)+이(첨가음)+물[두음법칙 후 보상적 /y/ 첨가]→약이물(yakimur)[유성음화]→yagimur[모음조화: a-ı]→yagımur[g→ğ/유성음—유성음]→yağımur[[ğ] 다음의 [ı]는 있으나 없으나 발음이 같이 들린다]→yağmur. yağmurlu(=rainy=비가 오는)=yağmur(=비)+li(형용사형 어미)[모음조화: u-u]→yağmurlu【근거】엏다(경남)(=넣다)=넣다[두음법칙 후 보상적 /y/ 첨가]→엏다. 국(國)+이(첨가음)[모음 합체]→귁(國)〈월인석보 1권 훈민정음 1장 앞면〉.

yanak(=볼, 뺨)=yan+악(ak). yan은 연지(臙脂=여자가 화장할 때에 입술이나 **뺨**에

찍는 붉은 빛깔의 염료)의 '연(臙)의 곳'=연지를 찍는 곳=뺨?

yanık(=탄 곳, (뜨거운 것에) 덴 곳)=연(燃)(=타다)+악(=子)(=장소)+이(첨가음)〖여→야〗→얀악이〖모음 합체〗→얀액〖애→에〗→얀엑〖에→이〗→얀익(yanik)〖모음조화:a-ı〗→yanık(그 뜻은 '탄 곳'). cf. **yanık**(=탄, 눍은, 그을린)=연(燃)(=타다)+**악**(형용사형 어미)+이(첨가음)〖여→야〗→얀악이〖모음 합체〗→얀액〖애→에〗→얀엑〖에→이〗→얀익((yanik)〖모음조화:a-ı〗→yanık(그 뜻은 '탄')【근거】durak(=정류소, 역)=(비가) 들(다)(경남)(=멈추다)+악(=장소)〖으→우〗→둘악(turak)〖어두 유/무성자음 교체〗→durak. 노락쟁이(노란 꽃이 피는 식물 이름)(경남)=*놀(다)(=노랗다)+악(형용사형 어미=관형형 어미)+장(=사람)(사람에 비유)+이(첨가음)→노락장이〖umlaut〗→노락쟁이. cf. 까맣다=깜(다)+앟+다. 믈(=水)〈월인석보 1권 월인천강지곡 23장 앞면〉〖으→우〗→물(현대어). **gelmek**(튀르키예어)=**kelmoq**(우즈벡어)=오다.

yarık(=틈)=열(裂)(=찢다, 쪼개다)+**악**(=장소)+이(첨가음)〖여→야〗→얄악이〖모음 합체〗→얄액〖애→에〗→얄엑〖에→이〗→얄익(yarik)〖모음조화: a-ı〗→yarık. cf. **yarık**(=틈이 생긴, 벌어진, 터진)=열(裂)(=찢다, 쪼개다)+**악**(형용사형 어미)+이(첨가음)【근거】durak(=역)=dur+악(ak)(=장소). dur(mak)(=멈추다, 그치다)=(비가) 들(다)〖으→우〗→둘(tur)〖어두 유/무성자음 교체〗→dur. **yar**(mak)(=찢다, 가르다; 쪼개다; 나누다, 분할하다)=열(裂)〖여→야〗→얄(yar). 까막까치(=까마귀와 까치)=깜(다)(=검다)+악(=子)(=것)+까치. 노락쟁이(노란 꽃이 피는 식물 이름)(경남)=*놀(다)(=노랗다)+악(형용사형 어미=관형형 어미)+장(=식물)(사람에 비유한 말: 장=사람)+이(첨가음)〖umlaut〗→놀악쟁이〖발음대로 표기〗→노락쟁이. cf. 까맣다=깜(다)+앟+다. cf. **yara**(=다친 곳, 상처, 고통)=열(裂)(=찢다, 쪼개다)+아(=장소)(a)〖여→야〗→얄아→야라→yara(그 뜻은 '찢어진 곳'=다친 곳, 상처)【근거】kara(=육지, 마른 땅)=갈(다)(경남)(=마르다)+아(=장소, 곳)→kara.

yatak(=침대, 침상)=yat(mak)(=눕다, 자리에 들다)+악(=子)(ak)(=것, 곳)→yatak(그 뜻은 '눕는 곳'=침대).

④ **명사, 용언+악(=형용사형 어미)**

개고락지(강원, 경북, 전남, 함남)(=개구리)=개골+악(형용사형 어미)+자(子)(= 것)+이(첨가음): 자+이[모음 합체]→재[애→에]→제[에→이]→지【근거】종 지=종자(鍾子)+이(첨가음)[모음 합체]→종재[애→에]→종제[에→이]→종지. cf. 깨고리(경남)(=개구리)=깨골(=개골)+이(접미사)(=것=동물). **개구리**=개골+이 (접미사)(=것)(=동물)[오→우]→개굴이[발음대로 표기]→개구리. **개고리**=개골 (개골)(개구리 울음소리)+이(접미사)(=것)(=동물). **개골**태기(전남)〈우리말샘〉=개 구리. cf. 볼태기(경남)(=볼)[ㄱ→Ø/모음__모음]→볼태이(경남)[애→에]→볼 테이(경남)[에→이]→볼티이(경남).

끄내끼(강원, 경기, 경상, 충청)〈고려대 한국어대사전〉(=끈)=끈+악(형용사형 어 미)+거(=것)+이(첨가음): 거+이[모음 합체]→게[에→이]→**기**. 끄내끼=끈+악+ 기[umlaut]→끈액기[끄내끼]→끄내끼.

기럭지(강원, 경기, 경북, 전라, 충북, 황해)〈고려대 한국어대사전〉(=길이)=길 (다)+악(형용사형 어미)+자(子)+이(첨가음)[모음조화: 이-어]→길억자이[모음 합체]→길억재[애→에]→길억제[에→이]→길억지(발음대로 표기)→기럭지 [구개음화: ㄱ→ㅈ/__이]→**지럭지**(경남)【근거】종지=종자(鍾子)+이(첨가음) [모음 합체]→종재[애→에]→종제[에→이]→종지.

까막눈(=무식하여 글을 읽을 줄 모르는 눈 또는 그런 눈을 가진 사람을 얕잡아 이 르는 말)=깜(다)(=검다)(형용사)+악(형용사형 어미=관형형 어미)+눈. 빛이 없으면 깜깜하고 깜깜하면 아무것도 볼 수 없다. 깜깜해서 아무것도 볼 수 없는 것과 같 이 보아도 무엇인지 모르는 눈을 가진 사람이라는 뜻이다. 부분(=눈)으로 전체(= 사람)을 표현하는 말이다.

나막신(=나무에서 만들어진 신)=남(=나무)+악(=子)(형용사형 어미)+신(나막신은 나무의 아들(=子)이니 나무에서 만들어진 것이다). cf. 나모〈석보상절 6권 23장 뒷 면〉=남+오(=아)(=子)(의미첨가 없이 명사에 붙는 접미사)【근거】아래(=下)(표준 어)=알(=下)(경남)+아(=子)(의미첨가 없이 명사에 붙는 접미사)+이(첨가음)[모음 합체]→알애→아래. 모자(帽子)=모(帽)+자(子))(의미첨가 없이 명사에 붙는 접미사). cf. 중절모(中折帽)=중절모자(中折帽子): 모=모자.

너럭바위=*널(다)(=너르다=넓다)+악(형용사형 어미=관형형 어미)+바위〖모음조화: 어-어〗→널억바위〖발음대로 표기〗→너럭바위(펼쳐놓은 것 같은 바위). 아니면, 너럭바위=널(=넓은 판자)+악(형용사형 어미)+바위 【근거】 너르다(=공간이 두루 다 넓다.)=*널다〖풀어쓰기〗→너르다. 남악신(=나무로 만들어진 신)=남(=나무)+악(형용사형 어미)(=~에서 만들어진)+신.

노락쟁이(경남)(꽃이 노랗게 피는 식물 이름)=*놀(다)(=노랗다)(형용사)+악(형용사형 어미=관형형 어미)+장(=사람)(사람에 비유)+이(첨가음)〖umlaut〗→노락쟁이 【근거】 까맣다=깜(다)+앟+다. cf. 깜악(까치)(=까마귀)=깜(다)+악(명사형 어미)(=동물). 형용사에 형용사형 어미가 붙을 수 없으니 형용사에 붙은 '악'은 그 형용사가 명사를 수식하는 관형형 어미라는 뜻이다. 동사의 형용사형 어미와 형태가 같아서 '형용사형 어미'라고 한 것이다.

다락논=달(다)+악(형용사형 어미)+논. cf. 다락(명사)=달(다)+악(=것, 곳). cf. 다락(=마룻바닥이 지면보다 높거나, 이 층으로 지은 집. 사방을 바라볼 수 있도록 높은 기둥 위에 벽이 없이 마루를 놓은 곳)=달(다)+악(=곳, 것).

더벅머리=덥(다)(=덮다)+악(형용사형 어미)+머리〖모음조화: 어-어〗→덥억머리→더벅머리 【근거】 뜨벙(경남)(=뚜껑)=뜹(다)(=덮다)(어말 자음이 'ㅂ'이다)+앙(=것)〖모음조화: 으-어〗→뜨벙. 가매드봉(함남)(=가마뚜껑)〈우리말샘〉=가마+이(첨가음)+듭(다)(=덮다)+앙(=것)〖모음 합체〗→가매듭앙〖모음조화: 으-어〗→가매드벙〖어→오〗→가매드봉. cf. 엄마〖어→오〗→옴마(경남). 덮다=덥(다)+히(피동 보조 어간)+다〖'덥히다=덮(다)+이(피동 보조 어간)+다'로 오분석하여〗→덮이다.

배낙골(=梨湖)=배(=梨)+나(다)(=생산되다)+악(형용사형 어미)+골(=湖)(=마을 이름)(=골)〖동모음 축약〗→배낙골(그 뜻은 '배가 나는 골'이다). 배낙골: 경북 예천군 도장리의 마을 이름.

새낙골(=鳥飛洞)=새(=鳥)+날(다)/**나**(다)(경북)(=飛)+악(형용사형 어미)+골(=洞)〖동모음 축약〗→새낙골. 새낙골: 경북 예천군 지보면 도장리의 마을 이름.

자맥질=줌(다)〈석보상절 21권 40장〉《우리말샘》(=잠기다)+악(형용사형 어미)+이(첨가음)+질(=행위)〖ᄋᆞ→아〗→잠악이질〖모음 합체〗→잠액질→자맥질. 아니면, 잠악질〖umlaut〗→잠액질→자맥질. cf. 자막질(경남 노인 말)(=자맥질)=줌(다)+악(형용사형 어미)+질〖ᄋᆞ→아〗→잠악질→자막질.

해낙때(경남)=해+나(다)+악(형용사형 어미)+때〖동모음 축약〗→해낙때. 해낙때=해가 났을 때.

형용사형은 앞의 명사형 어미, '~ak(악)'에서 대부분 다루었다. 일부만 소개하겠다.

açık(=열린)=aç(mak)(=열다, 설립하다, 개최하다)+**악**(형용사형 어미)+이(첨가음)〖모음 합체〗→aç액〖애→에〗→aç엑〖에→이〗→aç익(ik)〖모음조화: a-ı〗→açık. cf. **açık**(=야외, 열린 공간).

bitek(=비옥한, 기름진)=비(肥)(=기름지다, 비옥하게 하다)+싸(=땅)+악(형용사형 어미)+이(첨가음)→비**싸악**이〖동모음 축약〗→비싹이〖모음 합체〗→비쌕〖애→에〗→비쎅〖ᄊ→ᄄ〗→비떽〖ᄄ→ᄐ〗→비텍(pitek)〖어두 유/무성자음 교체〗→bitek(그 뜻은 '비옥한 땅의') 【근거】 딴(誕)〈월인석보 1권 월인서 6장 앞면〉〖ᄄ→ᄐ〗→탄(현대어). 노락쟁이(경남)(=노란 꽃이 피는 식물명)=*놀(다)(=노랗다)+악(형용사형 어미=관형형 어미)+장+이. cf. 까맣다=깜(다)+앟+다. 나막신(=나무로 만든 신)=남(=나무)+악(형용사형 어미)+신(=shoes).

bozuk(=깨진, 부서진, 파괴된)=뽀수(다)(경남)(=부수다, 깨다)+**악**(형용사형 어미)+이(첨가음)〖모음 합체〗→뽀수액〖애→에〗→뽀수엑〖에→이〗→뽀수익〖모음 합체〗→뽀쉭〖단음화: 위→이〗→뽀식〖ᄈ→b. 아니면 유/무성자음 교체: ᄄ→ᄃ→d〗→bosik〖유성음화〗→bozik〖모음조화: o-u〗→bozuk. cf. **bozuk**(=잔돈)=뽀수(다)(경남)(=부수다, 깨다)+**악**(명사형 어미)+이 【근거】 큰돈을 깨다=큰돈을 잔돈으로 바꾸다. 'ㄲ, ㄸ, ㅃ, ㅉ, ㅆ, ᅘ 爲 全濁'〈훈민정음해례본〉(전탁(全濁)=유성음(有聲音)). **boz**(mak)=뽀수(다)(경남)(=부수다)〖우→으〗→뽀스〖유성음화〗→뽀스〖ᄈ→b, ᅀ→z〗→bozı〖[z] 다음의 [ı]는 있으나 없으나 발음이 같이 들린다]→boz 【근거】 믈(=水)〈월인석보 1권 월인천강지곡 23장 앞면〉[으→우]→물 (현대어).

delik(=구멍 난)=뚫(다)(표준어)/뜛(다)(전남, 충남)〈우리말샘〉/(경남)+이(첨가음)+악(형용사형 어미)+이(첨가음): 뚫+이[모음 합체]→뜳[단음화]→뜳. 악+이[모음 합체]→액[애→에]→엑[에→이]→익. delik=뜳+익[ㅎ→∅/유성음__유성음]→뗵익[ㄸ→ㄷ]→뎰익(telik)[어두 유/무성자음 교체]→delik 【근거】 듧다〈법화 6:154〉《우리말샘》[ㄷ→ㄸ]→뜳다(경남): 뜳어[뜰버](경남). gelmek(튀르키예어)=kelmoq(우즈벡어)=오다. 써리다(경남)(=썰다)=썰(다)(표준어)+이(첨가음)+다.

dönek(=변덕스러운, 변하기 쉬운, 신뢰감이 없는)=dön(mek)(=돌다, 변하다, 전향하다)+**악**(형용사형 어미)+이(첨가음)[모음 합체]→dön액[애→에]→dön엑(ek)→dönek(그 뜻은 '돌아서는'). cf. **dönek**(=변절자)=dön(mek)+악(=사람)+이(첨가음). dön(mek)=돌(다)/도(다)(경남)+이(첨가음)+ㄴ(관형형 어미)→된(tön)[어두 유/무성자음 교체]→dön. ⇒ **10.2 한국어 동사 어간+ㄴ(관형형 어미) 【근거】** 썰(다)(표준어)+이(첨가음)+다→써리다(경남). 거러지(=거지)=걸(乞)(=구걸하다)+악(=사람)+이(첨가음)[모음조화: 어-어]→걸억이→거러기[구개음화: ㄱ→ㅈ/__이]→거러지.

günlük(=당일의, 그날의, 당시의, 매일의, 일상의, …일분, …일치, …일간)=gün+li(형용사형 어미)+**악**(명사형 어미)(형용사형 어미에 형용사형 어미가 붙을 수 없으므로 명사형이 형용사적으로 쓰인 것이라는 것을 알 수 있다)+이(첨가음). cf. günlük(=일기, 일간 신문, 일지)=gün(태양, 일자, 날)+li(형용사형 어미)+**악**(=것)+이(첨가음)[모음조화: ü-ü]→günlü+악+이[모음 합체]→günlü액[애→에]→günlü엑[에→이]→günlü익(ik)[모음조화: ü-ü]→günlüük[동모음 축약]→günlük.

içerik(=함축적)=içer(mek)(=내포하다, 포함하다, 포괄하다)+**악**(형용사형 어미)+이(첨가음)[모음 합체]→içer액[애→에]→içer엑[에→이]→içer익(ik)→içerik. cf. içerik(=내용)=içer(mek)(=내포하다, 포함하다)+**악**(=子)(=것)(ak)+이(첨가음)

〖모음 합체〗→içer액〖애→에〗→içer엑〖에→이〗→içer익→içerik(그 뜻은 '포함한 것'=내용). cf. iç(=안, 속, 내면)=안(=내(內))+ㅎ(고유어 명사에 붙음)+이(첨가음)〖ㄴ→Ø/__히 and 히[hĩ](鼻母音) and 비모음의 구강 모음화(튀르키예어에 비모음 표기 모음이 없다)〗→아히[umlaut]→애히〖애→에〗→에히〖에→이〗→이히〖ㅎ→ㅋ〗→이키〖구개음화: ㅋ→ㅊ/__이〗→이치→iç【근거】안 하다[ahãda](경남 발음)〖비모음의 구강 모음화〗→아하다. 燈등의블켜**혀**고〈석보상절 9권 32장 뒷면〉〖ㅎ→ㅋ〗→등에 불 **켜**고(현대어): 혀다〖ㅎ→ㅋ〗→켜다. 치(강원, 전라, 충청, 함경)=키(표준어)(=배의 방향을 조종하는 장치)〖구개음화: ㅋ→ㅊ/__이〗→치.

ışıldak(=반짝이는, 빛나는)=ışılda(mak)(=빛나다, 반짝거리다)+악(형용사형 어미)(ak)→ışıldaak〖동모음 축약〗→ışıldak. cf. **ışıldak**(=써치라이트, 투광기, 투사기)=ışılda(mak)(=빛나다, 반짝거리다)+악(=子)(=것)(ak)→ışıldaak〖동모음 축약〗→ışıldak(그 뜻은 '빛나는 것'이다).

kırık(=부서진, 깨진)=헐(다)/홀(다)(경남)(=부수다)+악(형용사형 어미)+이(첨가음)〖ㅎ→ㅋ〗→클악이〖모음 합체〗→클액〖애→에〗→클엑〖에→이〗→클익(kirik)〖모음조화: ㅣ-ㅣ〗→kırık. cf. **kırık**(=깨진 것, 파편)=헐(다)/홀(다)(경남)(=부수다)+악(=子)(=것)+이【근거】燈등의블켜**혀**고〈석보상절 9권 32장 뒷면〉=등에 불 켜고(현대**어**): 혀다〖ㅎ→ㅋ〗→켜다. kır(mak)(=부수다, 깨다)=헐(다)/홀(다)→홀〖ㅎ→ㅋ〗→클(kır). 없다/읎다(경남)=없다(표준어). 경남 방언에서는 /어/와 /으/가 아주 자유롭게 교체된다.

kıvrık(=뒤틀린, 접힌, 비틀린)=구불다/꾸불다(경남)(=굽다)+악(형용사형 어미)+이(첨가음)→구불악이〖우→으〗→그블악이〖모음 합체〗→그블액〖애→에〗→그블엑〖에→이〗→그블익(kıvirik)〖모음조화: ㅣ-ㅣ〗→kıvırık〖[v] 다음의 [ı]는 있으나 없으나 발음이 같이 들린다〗→kıvrık. cf. 고부랑길=고불(다)(='구불다'보다 구부러진 정도 덜함)+앙(형용사형 어미)+길【근거】까막까치(=까마귀와 까치): 까막(=까마귀)=깜(다)+악(=것)→까막(그 뜻은 '검은 것'=까마귀). 까막눈=깜(다)+악(형용사형 어미=관형형 어미)+눈.

oturak(=앉은뱅이의)=otur(mak)(=앉다)+**악**(형용사형 어미)(ak). cf. **oturak**(=환자용 간이 변기, (물건의) 바닥, (뱃사공의) 자리)=otur(mak)(=앉다)+**악**(=물건, 장소)(ak).

yanık(=탄, 눌은, 그을린)=연(燃)(=타다)+**악**(형용사형 어미)+이(첨가음)〔여→야〕→얀악이〔모음 합체〕→얀액〔애→에〕→얀엑〔에→이〕→얀익((yanik)〔모음조화: a-ı〕→yanık. cf. **yanık**(=탄 곳, (뜨거운 것에) 덴 곳)=연(燃)(=타다)+**악**(=장소)+이(첨가음)〔여→야〕→얀악이〔모음 합체〕→얀액〔애→에〕→얀엑〔에→이〕→얀익((yanik)〔모음조화: a-ı〕→yanık(그 뜻은 '탄 곳') 【근거】 까막눈=깜(다)+악(형용사형 어미=관형형 어미)+눈. **durak**(=정류소, 역, 멈춤, 정지)=(비가) 들(다)(경남)(=멈추다)+악(=장소, 행위)〔으→우〕→둘악(turak)〔어두 유/무성자음 교체〕→durak 【근거】 믈(=水)〈월인석보 1권 월인천강지곡 23장 앞면〉〔으→우〕→물(현대어). **gelmek**(튀르키예어)=**kelmoq**(우즈벡어)=오다.

(3) ~al/~ar=~알

난생설화를 믿는 곳에서는 '알(=란(卵))=子(자)'이다: 탄**자**(彈子)=탄(彈)**알: 자=알.**

거플=겁(=피(皮))+ㅎ(고유어 명사에 붙음)+**알**(=子)+이(첨가음)〔ㅂ+ㅎ→ㅍ〕→겊알이〔모음 합체〕→겊앨〔애→에〕→겊엘〔에→이〕→겊일〔이→으〕→겊을→거플〔ㄱ→ㄲ, 으→우〕→꺼풀(현대어)〔어→아〕→까풀(현대어) 【근거】 팅젓거플〈구급간이방언해 7권 12장 앞면〉〔단음화: 이→애, ㆁ(꼭지 있는 이응)→ㅇ〕→탱젓거플〔ㆍ→아〕→탱잣거플〔ㅅ+ㄱ→ㄲ〕→탱자꺼플〔으→우〕→탱자꺼풀(현대어). 종지=종자(鍾子)+이(첨가음)〔모음 합체〕→종재〔애→에〕→종제〔에→이〕→종지. 없다/읎다(경남). **겁질**〈구방 하:88〉《우리말샘》=껍질(현대어). 껍질은 다음과 같이 만들어졌을 것이다: 나무+ㅅ+겁질〔ㅅ+ㄱ→ㄲ〕→나무 **껍질** 【근거】 싱디홠불휘〈구급간이방언해 7권 1장 뒷면〉=싱디황(=생지황)+ㅅ(사이시옷)+불휘: ㅅ+불휘〔ㅅ+ㅂ→ㅃ〕→뿔휘〔단음화: 위→이〕→뿔히〔ㅎ→∅/유성음__유성음〕→뿔이〔발음대로 표기〕→뿌리(현대어). cf. 휘파람〔단음화: 위→이〕→히파람

(경남).

나살(경남)(=나이)=*낫+알(子)(의미첨가 없이 명사에 붙는 접미사)→나살. cf. yaş(=나이)=*낫+**이**(첨가음)→나시[두음법칙 후 보상적 /y/ 첨가]→야시→yaş 【근거】 옇다(경남)(=넣다)=넣다[두음법칙 후 보상적 /y/ 첨가]→옇다. **나ㅎ**〈석보 상절 24권 19장〉《우리말샘》+이(첨가음)→나히[ㅎ → ㅅ/__이]→나시[첨가음, / 이/ 삭제]→낫. 나ㅎ[ㅎ→∅]→나(경남): 나 묵다(경남)=나이를 먹다. 나ㅎ+이 (첨가음)[ㅎ→∅]→나이(현대 표준어).

덩어리=덩+알(의미첨가 없이 명사에 붙는 접미사)+이(첨가음)[모음조화: 어-어] →덩얼이→덩어리. cf. **덩이**=덩+이(첨가음). **덩거리**(경남)(=덩어리)=덩+**갈**(=알) (의미첨가 없이 명사에 붙는 접미사)+이(첨가음)[모음조화]→덩걸이→덩거리.

눈깔(=눈알))=눈+ㅅ(사이시옷)+**갈**(=알)[ㅅ+ㄱ → ㄲ]→눈깔.

벼슬(=볏)=볏+알(=子)(의미첨가 없이 명사에 붙는 접미사)+이(첨가음)[모음 합 체]→볏앨[애→에]→볏엘[에→이]→볏일(=벼실[베실](경남))[이→으]→볏 을→벼슬 【근거】 닭**볏**=닭**벼슬**(표준어).

사타리(경남)(=샅)=샅(=두 다리의 사이)(표준어)+알(=子)(의미첨가 없이 명사에 붙는 접미사)+이(첨가음)→샅알이→사타리.

어주바리(경남)(어줍은 사람)=어줍(다)+알(=사람)+이(첨가음)→어주바리 【근거】 어줍다=말이나 행동이 익숙지 않아 서투르고 어설프다. 몸의 일부가 자유롭지 못 하여 움직임이 자연스럽지 않다〈표준국어대사전〉.

쪼가리(=쪽)=쪽+알(의미첨가 없이 명사에 붙는 접미사)+이(첨가음).

송알송알(=땀방울이나 물방울, 열매 따위가 잘게 많이 맺힌 모양)〈표준국어대 사전〉=송+알(부사형 어미)+송+알(부사형 어미). cf. **송송**(=살갗에 아주 작은 땀 방울이나 소름 또는 털 따위가 많이 돋아난 모양)〈표준국어대사전〉. **송이**(=꽃, 열매, 눈 따위가 따로따로 다른 꼭지에 달린 한 덩이)〈표준국어대사전〉)=송(동 사일까?)+이(=것) 【근거】 달달 (볶다)=달(다)(=타지 않는 단단한 물체가 열로 몹 시 뜨거워지다〈표준국어대사전〉)+달(다). ring ring(=따르릉따르릉)=ring(동사 어 간)+ring(동사 어간). **harıl harıl**(=(불이) 활활)=활(活)[할](경남 발음)(=생기가 있다)+알(부사형 어미)+이(첨가음)+활[할]+알+이: 알+이〔모음 합체〕→앨〔애→에〕→엘〔에→이〕→일. **harıl harıl**=할+일+할+일→할일+할일(harıl harıl)〔모음 조화: a-ı〕→harıl harıl. 튀르키예어의 다른 예는 뒤에 나오는 부사의 의성어, 의태어를 보라.

쫑알쫑알(=주로 여자나 아이들이 남이 잘 알아듣지 못할 정도의 작은 목소리로 자꾸 혼잣말을 하는 소리. 또는 그 모양. '종알종알'보다 센 느낌을 준다)〈표준국어대사전〉=쫑+알(부사형 어미)+쫑+알(부사형 어미). cf. **쫑쫑**=남이 알아들을 수 없게 불평조의 군소리를 작게 하거나 몹시 원망하듯 쫑알거리는 모양〈표준국어대사전〉. '쫑(다)'이 동사 어간일까? 【근거】 달달 (볶다)=달(다)(=타지 않는 단단한 물체가 열로 몹시 뜨거워지다)〈표준국어대사전〉+달(다). ring ring(=따르릉따르릉)=ring(동사 어간)+ring(동사 어간).

açar(=열쇠, 따개)=aç(mak)(=열다)+알(=자(子))(ar)(=것)→açar(그 뜻은 '여는 것'=열쇠, 따개). cf. **açıcı**(=여는 일을 하는 사람)=aç(mak)+으(자음 충돌 회피용 삽입 모음)+자(者)+이(첨가음)〔모음 합체〕→aç으재〔애→에〕→aç으제〔에→이〕→aç으지〔유성음화: ㅈ→c/모음__모음〕→açici〔모음조화: ı-ı〕→açıcı. **açkı**(=따개, 열쇠)=aç(mak)+그/거(경남)(=것)(명사형 어미)→aç그→açkı(그 뜻은 '여는 것'=따개, 열쇠). 따개=따(다)+거(=것)+이(첨가음)〔모음 합체〕→따개: 병을 따다. 병따개.

benzerlik(=유사성, 친연성, 동질감, 닮음)=본(本)+이(첨가음)+자(子)(의미첨가 없이 명사에 붙는 접미사))+이(첨가음)+**알**(=子)(의미첨가 없이 명사에 붙는 접미사)+이(첨가음)+li(형용사형 어미)+악(=子)+이(첨가음): 본+이〔모음 합체〕→뵌〔단음화: 외→에〕→**벤**. 자+이〔모음 합체〕→재〔애→에〕→제〔에→이〕→**지**. 알+이〔모음 합체〕→앨〔애→에〕→**엘**. 악+이〔모음 합체〕→액〔애→이〕→엑〔에→이〕→**익**. benzerlik=벤+지+엘+li+익〔ㅈ→ㅅ〕→벤시엘li익〔유성음화〕→벤ㅿ엘li익〔모음 합체〕→벤**셰**ㄹli익〔단음화〕→벤세ㄹli익(ik)〔동모음 축약〕→벤세ㄹlik(penzerlik)〔어두 유/무성자음 교체〕→benzerlik 【근거】 뵌(本)뜨다(경남)=본뜨다(표준어)(=무엇을 본보기로 삼아 그대로 좇아 하다. 이미 있는 대상을 본으로 삼아 그대로 좇아 만들다)【근거】'ㄲ, ㄸ, ㅃ, ㅉ, ㅆ, ㆅ 爲 全濁〈훈민정음해례본〉(전탁(全濁)=유성음(有聲音)). 현대 표준어에서도 bus를 '버스'라고 하나 일반적으로 '뻐스'라고 한다. cf. **benzer**(=유사한, 닮은)=본(本)+자(子)(의미첨가 없이 명사에 붙는 접미사)+이(첨가음)+알(의미첨가 없이 명사에 붙는 접미사)+이(첨가음)→benzer(명사가 형용사적으로 쓰인 것이다)【근거】'benzerlik(=유사성, 닮음)=benzer(형용사)+li(형용사형 어미)+악+이'을 보면 형용사에 형용사형 어미가 붙을 수 없으니 bezer을 명사로 보아야 한다.

bilek(=손목, 팔목)=비(臂)(=팔)+알(=子)(지소사)+이(첨가음)+악(의미첨가 없이 명사에 붙는 접미사)+이(첨가음)[모음 합체]→비앨액[애→에]→비엘엑[에→이]→비일엑[동모음 축약]→빌엑(pilek)[어두 유/무성자음 교체]→bilek. 臂의 옛음이 '삐'였을 수도 있다. 삐[ㅃ→b]→bi【근거】'ㄲ, ㄸ, ㅃ, ㅉ, ㅆ, ㆅ 爲 全濁〈훈민정음해례본〉(전탁(全濁)=유성음(有聲音)). 臂가 '디지털한글박물관'에서〈능엄경언해 6권 37장 앞면〉에 나온다고 하나 원문 서비스를 하지 않아 찾을 수가 없었다. cf. 臂[bi](중국어). ひ(臂)(hi)(일본어)=비(臂)[ㅂ→ㅎ]→하(hi)【근거】반대(反對)[ㅂ→ㅎ]→한대[모음 분해: 애→아+이]→한다이(hantai)→はんたい(反対)(hatai): 對=对.

buhar(=김, 수증기)=부흫(다)[**부허**(타)](경남)(=부옇다)+알(=자(子))(=것)[어→아]→부하알[동모음 축약]→부할(puhar)[어두 유/무성자음 교체]→buhar. cf. **buğu**(=김, 수증기)=부흫(다)/부훙(다)(경남)+우(명사형 어미)(=것)→부훙우[으→우]→부후후[동음절 축약]→부후[ㅎ→ㄱ]→부구[pugu]→**p**ugu[어두 유/무성자음 교체]→bugu[g→ğ/모음__모음]→buğu【근거】갈(다)+우(명사형 어미)(=것)→가루(=powder, flour)(표준어). **해**겁다(경남)[ㅎ→ㄱ]→**개**겁다(경남)=가볍다(표준어). 부흫다(경남)[ㅎ→Ø/모음__모음]→부엏다[모음 충돌 회피용 삽입 반음, /y/ 첨가]→부옇다(표준어).

çakıl(=자갈)=작(다)+알(='알'처럼 등근 것)+이(첨가음)[ㅈ→ㅊ]→착알이[모음 합체]→착앨[애→에]→착엘[에→이]→착일(çakil)[모음조화: a-ı]→çakıl【근거】**홍정바지**〈석보상절 6권 15장 앞면〉[단음화]→홍정바지[ㅇ→ㅇ]→홍정바

지[ㅈ→ㅊ]→흥정바치(현대 표준어). 바가지(표준어)[ㅈ→ㅊ]→바가치(경남).

çayır(=풀밭, 목초지)=초(草)(=풀)+알(=자(子))(=장소)+이(첨가음)[오→아]→차알이[모음 합체]→차앨[애→에]→차엘[에→이]→차일(çair)[모음 충돌 회피용 반자음, /y/ 첨가]→çayir[모음조화: a-ı]→çayır. cf. **çayır**(=꼴, 마초)=초+알(=子)(의미첨가 없이 명사에 붙는 접미사)+이(첨가음) 【근거】 사타리(경남)(=샅(표준어))=샅+알(의미첨가 없이 명사에 붙는 접미사)+이(첨가음). (총을) 쏘다(표준어)[오→아]→(총을) 싸다(경남).

çayır(=꼴, 마초)=초(草)(=풀)+알(=자(子))(의미첨가 없이 명사에 붙는 접미사)+이(첨가음)[오→아]→차알이[모음 합체]→차앨[애→에]→차엘[에→이]→차일(çair)[모음 충돌 회피용 반자음, /y/ 첨가]→çayir[모음조화: a-ı]→çayır 【근거】 사타리(경남)(=샅(표준어))=샅+알(의미첨가 없이 명사에 붙는 접미사)+이(첨가음). (총을) 쏘다(표준어)[오→아]→(총을) 싸다(경남)..

çepel(=잡것, 불순물)=잡(雜)+이(첨가음)+알(=子)(=것)+이(첨가음)[모음 합체]→잽앨[애→에]→젭엘[ㅈ→ㅊ]→쳅엘→çepel 【근거】 국(國)+이(첨가음)[모음 합체]→귁(國)〈월인석보 1권 훈민정음 1장 앞면〉. 바가지(표준어)[ㅈ→ㅊ]→바가치(경남).

çıkar(=이윤, 이득)=çık(mak)(=나오다)+알(=子)(=것)(ar)→çıkar(그 뜻은 '(이익, 소득 등이) 나오다'의 '나오다'로 만들어진 명사. '나오는 것'=이익) 【근거】 **나오는 게** 있어야 일을 하지=**이익/소득/이득이** 있어야 일을 하지.

çökel(=찌끼, 찌꺼기)=끗(경북, 제주)〈우리말샘〉(=끝)+이(첨가음)+**갈(=알)**+이(첨가음)[ㄲ→ㅋ]→큿이갈이[구개음화: ㅋ→ㅊ/__으]→츳이알이[모음 합체]→츳갤[모음조화: 의-에]→츳겔[ㅅ+ㄱ→ㄲ]→츳껠[ㄲ→ㅋ]→츼켈[의→ö]→çökel 【근거】 **홀끼다**(경남)(=(사람이 물건 따위를) 벗어나거나 풀리지 않도록 단단히 동여매다)[ㄲ→ㅋ]→홀키다[구개음화: ㅋ→ㅊ/__이]→홀치다('훑이다'의 비표준어). 찌꺼리/쯔꺼리(경남)(=찌꺼기)=끗+이+갈+이[구개음화: ㄲ→ㅉ/__으]→쫏이갈이[모음 합체]→쬣갈이[단음화: 의→에]→쩻갈이[에→이]→찟갈이[모음조화: 이-어]→찟걸이[ㅅ+ㄱ→ㄲ]→찌껄이→찌꺼리. **쫏이갈**

이〖모음 합체〗→쬓갤〖ㅅ+ㄱ→ㄲ〗→찍깰〖애→에〗→찍껠〖ㅉ→ㅊ〗→칙껠〖ㄲ→ㅋ〗→칙켈〖의→ö〗→çökel. 튀르키예어는 경남 방언과 같은 음운변화 과정을 거쳐 만들어졌다는 것을 알 수 있다.

diyar(=나라, 땅)=데(=곳)+알(=子)(의미첨가 없이 명사에 붙는 접미사)〖에→이〗→디알〖모음 충돌 회피용 삽입 반자음, /y/ 첨가〗→디얄(tiyar)〖어두 유/무성자음 교체〗→diyar. 아니면, **diyar**=띵(地)〈석보상절 9권 3장 앞면〉[띠](=땅)+y(모음 충돌 회피용 삽입 반자음)+알(=子)(의미첨가 없이 명사에 붙는 접미사)〖모음 합체〗→띠얄〖ㄸ→d〗→diyar(가능성이 크다)【근거】오데다 둘꼬?(경남)〖에→이〗→오디다 둘꼬?(경남)=어디에 둘까?(표준어). **gelmek**(튀르키예어)=**kelmoq**(우즈벡어). 'ㄲ, ㄸ, ㅃ, ㅉ, ㅆ, ㆅ 爲 全濁'〈훈민정음해례본〉(전탁(全濁)=유성음(有聲音)).

dördül(=정사각형)=dört(=4)+알(=자(子))(~에서 만들어진 것)+이(첨가음)〖모음 합체〗→dört앨〖애→에〗→dört엘〖에→이〗→dört일(il)〖모음조화: ö-ü〗→dörtül〖유성음화〗→dördül. cf. **buz**(=얼음)=물(=水)+자(子)(~의 자식=~에서 나온 것, ~에서 만들어진 것)+이(첨가음)〖ㄹ→∅/__ㅈ〗→무자이〖모음 합체〗→무재〖애→에〗→무제〖에→이〗→무지〖ㅈ→ㅅ〗→무시〖이→으〗→무스〖유성음화〗→무스(muzı)〖[z] 다음의 [ı]는 있으나 없으나 발음이 같이 들린다〗→**muz**(우즈벡어)〖m→b〗→buz 【근거】이사/으사(경남)=의사(醫師). 믈(=水)〈훈민정음해례본 용자례〉〖으→우〗→물(현대어). 소 한 마리(mari)(표준어)〖ㅁ(m)→ㅂ(b)〗→소 한 바리(bari)(발음대로 표기한 것)(경남). cf. 자(子)+이(첨가음)〖모음 합체〗→재〖애→에〗→제〖에→이〗→지〖ㅈ→ㅅ〗→시(si)(일본어)〖이→으〗→스(sı)(일본어)〖유성음화〗→zı(중국어 발음)(철자는 zi)

düşünür(=사상가(思想家))=düşün(mek)(=생각하다, 사고하다)+알(=子)(=사람)+이(첨가음)〖모음 합체〗→düşün앨〖애→에〗→düşün엘〖에→이〗→düşün일(ir)〖모음조화: ü-ü〗→düşünür 【근거】어주발이(경남)(=어줍은 사람)=어줍(다)+알(=사람)+이(첨가음)→어주바리. 어줍다=말이나 행동이 익숙지 않아 서투르고 어설프다. 몸의 일부가 자유롭지 못하여 움직임이 자연스럽지 않다〈표준국어대사전〉.

el(=외지인, 외국인, 낯선 사람)=외(外)[에](경남 발음)+알(=사람)+이(첨가음)[모음 합체]→에앨[애→에]→에엘[동모음 축약]→엘→el(그 뜻은 '외인(外人)'이다). ⇒ **어주바리**=어줍(다)+알(=사람)+이(첨가음).

füzeatar(=로켓 발사기)=füze(=로켓, 유도탄)+at(mak)(=던지다, 발사하다)+알(=子)(ar)(=것).

gelir(=수입, 소득)=gel(mek)(=오다)+알(=것)+이(첨가음)[모음 합체]→gel앨[애→에]→gel엘[에→이]→gel일→gelir(그 뜻은 (들어) 오는 것=수입, 소득. cf. (나)가는 것=지출=gider.

gider(=지출)=git(mek)(=가다)+알(=것)+이(첨가음)[모음 합체]→git앨[애→에]→git엘(er)→giter[유성음화]→gider(그 뜻은 '(나)가는 것'=지출). cf. **gelir**(=수입, 소득)=gel(mek)(=오다)+알(=것)+이(첨가음)[모음 합체]→gel앨[애→에]→gel엘[에→이]→gel일(ir)→gelir(그 뜻은 '(들어)오는 것'=수입).

göçer(=이주민)=göç(mek)(=이주하다)+알(=사람)+이(첨가음)[모음 합체]→göç앨[애→에]→göç엘(er)→göçer. cf. **göçmen**(=이주민)=göç(mek)+man(=사람)[모음조화: ö-e]→göçmen, **göçebe**(=이주민)=göç(mek)+아(=것)+이(첨가음, 아니면 (튀르키예어의) 소유격 조사)+보(=사람)+이(첨가음)[모음 합체]→göç애뵈[애→에]→göç에뵈[단음화]→göç에베(epe)[유성음화]→göçebe 【근거】 **어주바리**=어줍(다)+알(=사람)+이(첨가음). **잠보**(=잠이 아주 많은 사람을 낮잡아 이르는 말)〈표준국어대사전〉=자(다)+ㅁ(명사형 어미)+보(=사람). 울보=울(다)+보(=사람).

hasar(=훼손, 손실, 재해, 피해)=훛(다)/훝(다)(경남)(=흩다)+알(=子)(=것)→훛알[ㅊ→ㅅ]→헛알[어→아]→하살(hasar) 【근거】 **헤살**(경남)(=올바르게 사용하지 못하고 흩어 버리는 것=손실)=훛(다)/훝(다)+이(사동 보조 어간)(=흩이다)+알[ㅊ→ㅅ]→헛이알[모음 합체]→헛알→헤살. 흩(다)(표준어)+이(사동 보조 어간)+다→흐티다[구개음화: ㅌ→ㅊ/__이]→흐치다('흐치다=훛(다)+이(사동 보조 어간)+다'로 분석하여 '훛다'가 만들어졌거나 '훝다[흩따]를 발음대로 표기해서 '흩다'가 만들어졌을 것이다). 장난감을 훛어[허처] 놓다(경남)=장난감을 흩어[흩터] 놓다(표준어).

hayal(=환상(幻想))=환(幻)[한](경남 발음)(=헛보이다)+이(첨가음)+알(=子)(=것)→한이알〖ㄴ→Ø/__이 and 이[ĩ](鼻母音) and 비모음의 구강 모음화(비모음을 표기할 글자가 없다)〗→하이알〖모음 합체〗→하얄→hayal【근거】국(國)+이(첨가음)〖모음 합체〗→귁〈월인석보 1권 훈민정음 1장 앞면〉. 산이[사ĩ](경남 발음).

içeri(=안)=iç(=안)+알(=자(子))(의미첨가 없이 명사에 붙는 접미사)+이(첨가음)〖umlaut〗→iç앨이〖애→에〗→iç엘이→içeri. iç=içeri. cf. **içeri**(=안으로)=iç(=안)+으(자음 충돌 회피용 삽입 모음)+로(향진격 조사)+이(첨가음)〖umlaut〗→iç으뢰이〖단음화: 외→에〗→iç으레이〖에→이〗→iç으리이〖동모음 축약〗→iç으리〖umlaut〗→iç의리〖단음화: 의→에〗→iç에리(eri)【근거】사타리(경남)(=삵)=삵+알(의미첨가 없이 명사에 붙는 접미사)+이(첨가음)〖발음대로 표기〗→사타리.

kadar(=까지)=껏[껀]+알(의미첨가 없이 붙는 접미사)〖어→아〗→깐알→까달〖ㄲ→ㄱ〗→가달(katar)〖유성음화〗→kadar【근거】끈(近)〈월인석보 1권 월인서 14장 앞면〉〖ㄲ(g)→ㄱ(k)〗(유/무성자음 교체)→근(현대어). **꺼지**(경남)(=까지)=껀+이(첨가음)→꺼디〖구개음화〗→꺼지. **꺼정**(경남)(=까지)=껀+이(첨가음)+앙(의미첨가 없이 명사에 붙는 접미사)〖모음조화: 이-어〗→껀이엉〖모음 합체〗→꺼명〖구개음화〗→꺼정〖단음화〗→꺼정. (이제)**껏[껀]**=(지금)**까지**【근거】붓(=필(筆))(현대어)=붇(=筆)〈훈민정음해례본 합자해〉〖ㄷ→ㅅ〗→붓, 몯(=釘)〈훈민정음해례본 합자해〉→못(현대어). 송송=송알송알: 송알=송+알(의미첨가 없이 붙는 접미사). 구덩이=굳(=구덩이)+앙(의미첨가 없이 명사에 붙는 접미사). 구더리(충남)(=구덩이)=굳(=구덩이)+알(의미첨가 없이 명사에 붙는 접미사)+이(첨가음)〖모음조화: 우-어〗→굳얼이→구더리: 이=앙=알.

karartı(=**검은 곳**, 검은 자국)=*걸(다)(=검다)+알+터/트(경남)(=곳)→걸알트〖어→아〗→갈알트(karartı)【근거】거슬다(=겉만 약간 태우다)=*걸(다)(=검다)+슬다(=표면에 달라붙다)〖ㄹ→Ø/__ㅅ〗→거슬다. 거슬리다(=겉만 약 타다)=거슬(다)+리(피동 보조 어간)+다. kara(=검은색)=*걸(다)(=검다)+아(=子)(=것)(a)〖어→아〗→갈(kar)+아(a). karartı(=검은 자국)=*걸(다)(=검다)+알+티〖어→아〗→갈알티(kararti)〖모음조화: a-ı〗→karartı(그 뜻은 '검은 티'=검은 자국). 검은 티가 난다.

아니면, karartı=걸(다)+아(자음 충돌 횟용 삽입 모음)+ㄹ(관형형 어미)+터/**트**[어→아]→갈알트→karartı(가능성이 크다)【근거】잡(다)+**아**(자음 충돌 회피용 삽입 모음)+ㄴ(관형형 어미)+거(=것)→잡안 거(경남)(=잡은 것(표준어)).

katil(=murderer(=살인자))=(목숨을) 걷(다)+**알**(=子)(=사람)+이(첨가음)[어→아]→간알이[모음 합체]→간앨[애→에]→간엘[에→이]→간일(katil)(모음조화를 시키지 않았다). cf. **katil**(=murder(=살인))=걷(다)(=거두다)+알(=子)(=행위)+이(첨가음)[어→아]→간알이[모음 합체]→간앨[애→에]→간엘[에→이]→간일→katil. **katil**(=lethal=치명적인)=걷(다)+이(자음 충돌 회피용 삽입 모음)+**ㄹ**(관형형 어미)[어→아]→가딜(katil)【근거】목숨을 거두다=죽이다. 걷다[풀어쓰기]→거두다. **karar**(=결정)=결(決)(=결정하다)+알(=행위)[단음화: 여→어]→걸알[어→아]→갈알→karar. **katil**이 아랍어에서 차용한 것이라고 하나 아랍어가 한국어에서 유래했음을 알 수 있다. 앞으로 연구가 필요하다. ⇒ **어주바리**=어줍(다)+알(=사람)+이(첨가음).

kenar(=변, 가, 변두리)=켠[켄](경남 발음)(=편)+알(=자(子))(의미첨가 없이 명사에 붙는 접미사)→케날→kenar【근거】사타리(경남)=샅(표준어)+알(의미첨가 없이 명사에 붙는 접미사)+이(첨가음).

kesir(=절단, (수학의) 분수)=kes(mek)(=자르다, 끊다, (수표를) 끊다)+알(=자(子))(=행위, 것)+이(첨가음)[모음 합체]→kes앨[애→에]→kes엘[에→이]→kes일→kesir. kes(mek)=*갓(다)+이(첨가음)[모음 합체]→갯[애→에]→겟→kes【근거】ᄀᆞᆺ다〈월인석보 10권 13장〉《고려대한국어 대사전》=끊다. 가새(=가위)((강원, 경기, 경상, 전라, 충청, 함경〈고려대 한국어대사전〉=ᄀᆞᆺ(다)+아(=子)(=것)+이(첨가음)[ᄋᆞ→아]→갓아이[모음 합체]→갓애→가새(자르는 것=가위). 동사 어간+이(첨가음): 쥐(다)=주(다)+이(첨가어)【근거】한 줌=한+주(다)+ㅁ(명사형 어미)→한줌. 쥐다=주(다)+이[모음 합체]+다→쥐다. 썰(다)(표준어)+이(첨가음)+다→써리다(경남). 파생 의미도 한국어와 같다: 수표를 끊다=수표를 발행하다. cf. write a check(영어)=수표를 **쓰다**.

kıl(=털, 머리털)=껄(제주)(=털)[어→으]→끌[ㄲ→ㄱ]→글→kıl. 아니면,

kıl=턿(毫)〈석보상절 13권 13장 앞면〉(털)+이(첨가음)+알(=자(子))(의미첨가 없이 명사에 붙는 접미사)+이(첨가음)〚ㅱ→∅〛→홯이알이〚ㆅ(유성음)→ㅎ(무성음)〛→호이알이〚모음 합체〛→회앨〚단음화: 외→에〛→헤앨〚에→이〛→히앨〚애→에〛→히엘〚에→이〛→히일〚동모음 축약〛→힐〚이→으〛→흘〚ㅎ→ㄱ〛→글(kıl)【근거】국(國)+이(첨가음)〚모음 합체〛→귁(國)〈월인석보 1권 훈민정음 1장 앞면〉. 사타리(경남)=샅(표준어)+알(의미첨가 없이 명사에 붙는 접미사)+이(첨가음)〚발음대로 표기〛→사타리. 없다/읎다(경남). 햏(解)〈석보상절 13권 3장 앞면〉〚햬〛〚ㆅ→ㄱ〛→갱(밝)(解(脫))〈월인석보 21권 상권 8장 앞면〉〚개(봹)〛. 燈등의블혀고〈석보상절 9권 32장 뒷면〉=등에 불 켜고(현대어): 혀다〚ㅎ→ㅋ〛→켜다(현대어). 해겁다(경남)〚ㅎ→ㄱ〛→개겁다(경남)=가볍다. 사오/사우(경남)=사위(표준어). 믈(=水)〈훈민정음해례본 용자례〉〚으→우〛→물(현대어). cf. ごう(毫)(gou)(일본어)=턿(毫)〈석보상절 13권 13장 앞면〉〚일본어식으로 표기〛→홯루〚ㅱ→∅〛→홯우〚ㆅ(유성음)→g(유성음)〛→gou. 'ㄲ, ㄸ, ㅃ, ㅉ, ㅆ, ㆅ 爲 全濁〈훈민정음 해례본〉(전탁(全濁)=유성음(有聲音)).

kıral(=왕, 군주)=크(다)+ㄹ(관형형 어미)+알(=子)(=사람)→kıral(그 뜻은 '큰 사람'=위대한 사람=왕)? ⇒ **어주바리**=어줍(다)+알(=사람)+이(첨가음).

kör(장님)=글(다)(=그르다)+알(=子)(=사람)+이(첨가음): 알+이〚모음 합체〛→앨〚애→에〛→엘〚에→이〛→일. **kör**=글+일〚모음 합체, 동자음 축약〛→긜→kör 【근거】 **해그레**(경남)(=해 질 무렵)=해+글(다)+아+이(첨가음)〚모음 합체〛→해그래〚모음조화: 으-에〛→해그레. 그 일은 글렀다(경남)=그 일은 망쳤다. 그르다=잘못되어 제대로 될 가능성이나 희망이 없다. 좋지 않다. **어주바리**=어줍(다)+알(=사람)+이(첨가음). cf. **めくら**(=盲人=장님)(mekura)(일본어)=め(=눈)+글(다)(kur)+아(=子)(a)(=사람). mekura의 ku〚kuu〛(그).

kül(=재=ash)=회(灰)(=재)+알(=자(子))(의미첨가 없이 명사에 붙는 접미사)+이(첨가음)〚오→우〛→휘알이〚모음 합체〛→휘앨〚애→에〛→휘엘〚에→이〛→휘일〚동모음 축약〛→휠〚ㅎ→ㅋ〛→퀼(kül) 【근거】 사오/사우(경남)=사위(표준어). 燈등의블혀고〈석보상절 9권 32장 뒷면〉=등에 불 켜고(현대어): 혀다〚ㅎ→ㅋ〛→켜

다. cf. **はい**(灰)(hai)(일본어)=회(灰)〚모음 분해〛→호이〚오→아〛→하이(hai)〚ㅎ →ㅋ〛→**カイ**(kai(灰)(일본어). 일본어에서 はい는 훈독, かい는 음독이라고 설명하고 있으나 이는 둘 다 음독으로/ h/이 원음이고 /k/는 /h/가 바뀐 것이다. 灰 [huī](중국어)=회〚오→우〛→휘[huī]. (총을) 쏘다(표준어)〚오→아〛→(총을) 싸다 (경남).

kurul(=설립, 창설, 조직)=kur(mak)(=건설하다, 세우다, 구성하다, 조직하다)+알 (=子)(=행위)+이(첨가음)〚모음 합체〛→kur앨〚애→에〛→kur엘〚에→이〛→kur일 (il)〚모음조화: u-u〛→kurul. kur(mak)=구(構)(=얽어짜다, 세우다, (집을) 짓다)+ㄹ (관형형 어미)→kur(동사 어간에 관형형 어미, /ㄹ/이 붙어 만들어진 동사이다). ⇒ **10.1 한국어 동사 어간+ㄹ(관형형 어미)**. cf. **く**(=来)(일본어 고어)(ku)(=오다)+ ㄹ(관형형 어미)(r)→kur〚일본어식으로 표기〛→kuru→**くる**(=来る)(kuru)(현대어). cf. 구축(**構築**)하다=어떤 시설물을 쌓아 올려 만들다. 체계 따위의 기초를 닦아 세우다.

küsur(=나머지, 잉여, 조각)=끗(=끝)(경북, 제주)〈우리말샘〉+이(첨가음)+알(=것) (의미첨가 없이 명사에 붙는 접미사)+이(첨가음)〚ㄲ→ㄱ〛→굿이알이〚으→우〛 →굿이알이〚모음 합체〛→귓앨〚애→에〛→귓엘〚에→이〛→귓일(küsir)〚이(i)→ 우(u)〛→küsur(모음조화시키지 않았다)(그 뜻은 '끝의 것'=나머지)〖근거〗 **끝**전= 나머지 돈. 末맗은**그티**라〈석보상절 9권 2장 뒷면〉(=말은 끝이라): 그티라=긑+ㅎ (고유어 명사에 붙음)+이(다)+라. 경북 방언을 보면 원어는 '긋ㅎ'이었음을 알 수 있다. 긋[긑]+ㅎ〚ㄷ+ㅎ→ㅌ〛→긑〈석보상절 9권 2장 뒷면〉〚ㄱ→ㄲ〛→끝(현대어).

mahalle(=동내, 마을)=마(=村)(경북)+ㅎ(고유어 명사에 붙음)+알(의미첨가 없이 명사에 붙는 접미사)+*릐(里)(=마을)〚단음화: 릐→에〛→마할레→mahalle. 아니면, mahalle=마(=村)+ㅎ(고유어 명사에 붙음)+알(의미첨가 없이 명사에 붙는 접미사)+아(의미첨가 없이 명사에 붙는 접미사)+이(첨가음)〚모음 합체〛→마할애 〚애→에〛→마할에(mahale)〚/ㄹ/ 복제〛→마할레(mahalle)(가능성이 크다)〖근거〗 새마(=新村)(경북)=새(=新)+말(=村)(=마을)(경남)〚어말 /ㄹ/ 탈락〛→새마. 아니면, '마ㅎ'가 원어일 수도 있다: 마ㅎ+알(의미첨가 없이 명사에 붙는 접미사)[ㅎ→Ø/모음__모음]→마알[동모음 축약]→말(=村)(경남: 새**말** 운동(경남)=새마을 운동). cf. 사타리(경남)=살+알(의미첨가 없이 명사에 붙는 접미사)+이(첨가음)). 알(경남)(=아래)=알+아(의미첨가 없이 명사에 붙는 접미사)+이(첨가음)[모음 합체]→알애→아래. 긩(機)〈석보상절 13권 28장 앞면〉[긔][단음화]→게[에→이]→기(현대어). 벌에〈석보상절 24권 50장〉《우리말샘》[/ㄹ/ 복제]→벌레. '*릐(里)[단음화]→레[에→이]→리(현대어)'와 같이 바뀌었을 수도 있다【근거】역전 앞: 전(前)=앞. 마할=리(里). 킝(起)〈월인석보 1권 월인서 2장 뒷면〉[킈][단음화: 의→에]→케[ㅋ→ㄱ]→게[에→이]→기(현대어).

milyoner(=백만장자)=milyon(=백만)+알(=사람)+이(첨가음)[모음 합체]→milyon앨[애→에]→milyon엘(er). ⇒ **어주바리**=어줍(다)+알(=사람)+이(첨가음).

nehir(=강(江))=내(=천(川))+ㅎ(고유어 명사에 붙음)+알(=子)(의미첨가 없이 명사에 붙는 접미사)+이(첨가음): 알+이[모음 합체]→앨[애→에]→엘[에→이]→일. 내ㅎ+일[애→에]→네힐(nehir)【근거】사타리(경남)=살(표준어)+알(의미첨가 없이 명사에 붙는 접미사)+이(첨가음)[발음대로 표기]→사타리. 수탉=수+ㅎ(고유어 명사에 붙음)+닭[ㅎ+ㄷ→ㅌ]→수탉.

ölçer(측정기)=ölç(mek)(=측정하다)+알(子)(=것, 물건)+이(첨가음)[모음 합체]→ölç앨[애→에]→ölç엘→ölçer.

öncel(=선배, 전임자, 선임자; 선조, 조상)=önce(=첫 부분, 첫머리, 앞섬)+알(=子)(=사람)+이(첨가음)[모음 합체]→önce앨[애→에]→önce엘(el)[동모음 축약]→öncel(=그 뜻은 '**앞**선 사람=선배(先輩), 선임(先任), 선조(先祖)'이다). 앞=선(先). önce(=먼저)=먼+이(첨가음)+저+이(첨가음)[어→으]→믄이저이[m→w]→wıni저이[모음 합체: 으(ı)+이(i)→의(ö)]→**wön**제(ce)[모음 간소화]→önce【근거】니 먼이/믄이 해라(경남)(=너 먼저 해라)=니(=너)+먼/믄+이(첨가음)+하(다)+이+라. 먼이[məĩ]/믄이[miĩ](경남 발음). cf. 武[wǔ](중국어)=무(武)(mu)[m→w]→wu. 웬(wen)[모음 간소화]→엔(en)(경남 발음). 소 한 마리(표준어)[ㅁ(m)→ㅂ(b)]→소 한 바리(경남). 덥(다)+우(명사형 어미)→더부[유성음화]]

→더부〚〚ㅸ→w→Ø/모음__모음〛→더우(경남 노인 말). ⇒ **어주바리**=어줍(다)+알(=사람)+이(첨가음).

pınar(=샘, 우물)=(물을) 퍼(다)/프(다)(경남)(=푸다)+ㄴ(관형형 어미)+알(=子)(=장소)→프날→pınar(그 뜻은 '(물을) 퍼는 곳'=샘). 새미에 물 퍼로/프로 갔다(경남)=샘에 물 푸러 갔다.

pul(=우표, 수입인지, 표)=표(票)[포](경남 발음)+알(의미첨가 없이 명사에 붙는 접미사)+이(첨가음)→포+알이〚오→우〛→푸+알이〚모음 합체〛→푸앨〚애→에〛→푸엘〚에→이〛→푸일(puil)〚모음조화: u-u〛→puul〚동모음 축약〛→pul【근거】사오/사우(경남). 종지=종자(鍾子)+이(첨가음)〚모음 합체〛→종재〚애→에〛→종제〚에→이〛→종지.

sabır(=인내)=참(다)+알(=것)+이(첨가음)〚ㅊ→ㅅ〛→삼알이〚모음 합체〛→삼앨〚애→에〛→삼엘〚에→이〛→삼일(samir)〚모음조화: a-ı〛→samır〚m→b〛→sabır【근거】소 한 **마리**(표준어)=소 한 **바리**(경남): 한 마리(han mari)〚m→b〛→한 바리(han bari). **muz**(=얼음)(우즈벡어)=**buz**(=얼음)(튀르키예어). **ばば**(馬場)(baba)(일본어)=마(馬)+바(한국어 고유어)(=장소=소(所)=장(場))→마바(maba)〚m→b〛→baba. cf. **めぶ**(馬部)(mebu)(일본어 고어)=마(馬)+이(첨가음)+부(部)〚모음 합체〛→매부〚애→에〛→메부(mepu)〚유성음화〛→mebu. **들티다**〈신합 하권 9장〉《우리말샘》〚구개음화〛→들**치**다〚ㅊ→ㅅ〛→들**시**다(경남). **しか**(歯科)(sika)(일본어)=치과(齒科)[**치**까](경남 발음)〚ㅊ→ㅅ〛→시까(sikka)→sika(일본어의 발음도 경남 발음과 같이 [시**까**]로 들린다).

şair(=시인)=시(詩)하(다)+알(=사람)+이(첨가음)〚모음 합체〛→시하앨〚애→에〛→시하엘〚에→이〛→시하일〚ㅎ→Ø/모음__모음〛→**시아**일〚모음 합체〛→샤일→şair(그 뜻은 '시 하는 사람'=시인).

seher(=새벽)=(날이) 새(다)+이(명사형 어미)+ㅎ(고유어 명사에 붙음)+알(=子)(=때)+이(첨가음)〚모음 분해: 애→아+이〛→사이이할이〚동모음 축약〛→사이할이〚모음 합체〛→새할이〚애→에〛→세할이〚모음 합체〛→세핼〚애→에〛→세헬(seher)【근거】(날이) 새다〈석보상절 6권 19장 앞면〉. 싀벽〈한중 12〉《우리말샘》

〖단음화: 이→애〗→새벽. '새벽'의 /ㅂ/이 명사형 어미: 새박(강원, 경북, 평안, 함경)〈고려대 한국어대사전〉(=새벽)=새(다)+ㅂ(명사형 어미)+악(=子)(=때)→새박【근거】매듭=*맨(다)(=맺다)+으(자음 충돌 회피용 삽입 모음)+ㅂ(명사형 어미). '곳'과 '때'는 같은 의미로 쓰이기도 한다: **이곳**에서 합시다=**지금** 합시다.

şehir(=시(市))=시(市)+ㅎ('시'가 한자어인데 한국어 고유어로 인식하고 붙였다)+알(의미첨가 없이 명사에 붙는 접미사)+이(첨가음): 알+이〖모음 합체〗→앨〖애→에〗→엘〖에→이〗→**일**. 시ㅎ(şɪㅎ)〖이→으〗→şɪㅎ(스ㅎ). şehir=스(şɪ)ㅎ+일〖umlaut〗→싁(şɪi)ㅎ일〖단음화: 의→에〗→세(şe)힐→şehir【근거】사타리(경남)(=샅(표준어))=샅+알(의미첨가 없이 명사에 붙는 접미사)+이(첨가음)→사타리. **이**사/**으**사(경남)=의사(醫師)(표준어). 이락(=이라크)〖이(i)→으(ɪ)〗→Irak(튀르키예어). 市[shi](중국어)=시(shi)(/이/ 모음 앞에서 /s/는 'sh'처럼 들린다)〖이(i)→으(ɪ)〗[shi].

seyir(=구경, 관광, 구경거리)=**시**(示)(=보다)+이(첨가음)+알(=子)(=것)+이(첨가음)〖이→으〗→스+이+알+이〖umlaut〗→싁이알이〖단음화: 의→에〗→세이알이〖모음 합체〗→세이앨〖애→에〗→세이엘〖에→이〗→세이일〖모음 합체: 이+이→yi〗→seyir(그 뜻은 '보는 것, 볼거리'=구경거리)【근거】국(國)+이(첨가음)〖모음 합체〗→귁(國)〈월인석보 1권 훈민정음 1장 앞면〉. **이**사/**으**사(경남)=의사(醫師)(표준어). 잃(乙)〈월인석보 4권 17장 뒷면〉〖이→으, ㅎ→∅〗→을(현대어). cf. 示[shi](중국어).

şiir(=시(詩))=시(詩)(şi)+알(의미첨가 없이 명사에 붙는 접미사)+이(첨가음)〖모음 합체〗→şi앨〖애→에〗→şi엘〖에→이〗→şi일(ir)→şiir. cf. **şair**(=시인)=시(詩)하(다)+알(=사람)+이(첨가음)〖모음 합체〗→시하앨〖애→에〗→시하엘〖에→이〗→시하일〖ㅎ→∅/모음＿모음〗→시아일〖모음 합체〗→샤일→şair(그 뜻은 '시하는 사람'=시인)【근거】사타리(경남)(=샅(표준어))=샅+알(의미첨가 없이 명사에 붙는 접미사)+이(첨가음)→사타리.

sinir(=anger=화, 성)=성(내다)(=노엽거나 언짢게 여겨 일어나는 불쾌한 감정)+이(첨가음)+알(의미첨가 없이 명사에 붙는 접미사)+이(첨가음): 성이〖ㅇ(ng)→ㄴ

(n)〗→선이〖umlaut〗→센이〖에→이〗→**신이**. 알+이〖모음 합체〗→앨〖애→에〗→엘〖에→이〗→**일**. 신이(sini)+일(ir)〖동모음 축약〗→시닐(sinir). **sinirlenmek**(=화내다, 신경질을 내다). 【근거】**성**내다=**화**내다. don(mak)(=얼다)=동(凍)(=얼다)(tong)〖ㅇ(ng)→ㄴ(n)〗→돈(ton)〖어두 유/무성자음 교체〗→don. cf. **kelmoq**(우즈벡어)=**gelmek**(튀르키예어)=오다. 종지=종자(鍾子)+이(첨가음)〖모음 합체〗→종재〖애→에〗→종제〖에→이〗→종지.

sinir(=심줄, 힘줄, 신경, 감각)=힘(=筋)〈훈민정음해례본 용자례〉+알(=子)(의미첨가 없이 명사에 붙는 접미사)+이(첨가음)〖ㅎ→ㅅ/__이〗→심알이〖ㅁ(받침)→ㄴ〗→신알이〖모음 합체〗→신앨〖애→에〗→신엘〖에→이〗→신일→sinir【근거】므슴〈석보상절 6권 16장 앞면〉〖으→우〗→무슴〖ㅁ→ㄴ〗→무슨(현대어). 힘줄〖ㅎ→ㅅ/__이〗→심줄. 현재 '힘줄', '심줄' 둘 다 표준어로 사용하고 있다. 힘〖ㅎ→ㅅ/__이〗→심(경남), 사타리(경남)(=샅(표준어))=샅+알(의미첨가 없이 명사에 붙는 접미사)+이(첨가음)→사타리. cf. 삼(三)(sam)〖ㅁ(받침)→ㄴ〗→산(san)→さん(三)(san)(일본어).

sınır(=국경선, 경계, 한계)=선/슨(線)(경남)+알(의미첨가 없이 명사에 붙는 접미사)+이(첨가음)→슨알이〖모음 합체〗→슨앨〖애→에〗→슨엘〖에→이〗→슨일(sınir)〖모음조화: ı-ı〗→sınır【근거】없다/읎다(경남 방언에서는 '이/으 교체'가 상당히 자유롭게 일어난다). 사타리(경남)=샅(표준어)+알(의미첨가 없이 명사에 붙는 접미사)+이(첨가음)→사타리.

sırt(=(인체의) **등**, 능선(=산**등**성이), 칼의 베어지지 않는 부분(=칼**등**))=(곱)새(=등)+알(의미첨가 없이 명사에 붙는 접미사)+이(첨가음)+트/터(경남)(=장소)〖애→에〗→세알이트〖에→이〗→시알이트〖모음 합체〗→시앨트〖애→에〗→시엘트〖에→이〗→시일트〖이→으〗→스을트〖동모음 축약〗→슬트(sırtı)〖/t/를 파열시켜 발음하면 [ı]는 있으나 없으나 발음이 같이 들린다〗→sırt【근거】사타리(경남)(=샅(표준어))=샅+알(의미첨가 없이 명사에 붙는 접미사)+이(첨가음)→사타리. 없다/읎다(경남 방언에서는 '이/으 교체'가 상당히 자유롭게 일어난다). 종지=종자(鍾子)+이(첨가음)〖모음 합체〗→종재〖애→에〗→종제〖에→이〗→종지. 곱사

(표준어)+이(첨가음)[모음 합체]→곱새(경남). **덩더리/등드리**(=등)(경남)=등+다
(=데)(=장소)+알(의미첨가 없이 명사에 붙는 접미사)+이(첨가음)[모음조화]→등
더얼이[동모음 축약]→등덜이[발음대로 표기]→등더리[으→어]→덩더리【근
거】부텨說_쎯法_법ㅎ신**다**마다〈월인석보 1권 월인천강지곡 15장 앞면〉부처 설법하
신 **데**마다: 데=다+이(첨가음)[모음 합체]→대[애→에]→데. cf. **せ**(=背)(se)(일
본어)=(곱)새(경남)(=등)(=背)[애→에]→세(se).

takır tukur(=**탁**탁 **툭**툭)=탁+알(의미첨가 없이 붙는 접미사)+이(첨가음)+툭+알
(의미첨가 없이 붙는 접미사)+이(첨가음)[모음 합체]→탁앨 툭앨[애→에]→탁
엘 툭엘[에→이]→탁일(takir) 툭일(tukir)[모음조화: a-ı]→takır tukir[모음조화:
u-u]→takır tukur. cf. **탁**탁/**톡**톡/**툭**툭 치다【근거】송송=송+알(의미첨가 없이
붙는 접미사)+송+알→송알송알. cf. 송알송알[모음조화: 오-오]→송올송올(경
남).

tekrar(=반복)=되[데](경남 발음)(=다시)+ㅎ(다)(=하다)+ㄹ(관형형 어미)+알(=子)
(=것)[·→으]→데ㅎㄹ알[ㅇ→으]→데홀알[ㅎ→ㅋ]→데크랄(tekırar)[[k]와 [r] 사이
의 [ı]는 있으나 없으나 발음이 같이 들린다]→tekrar(그 뜻은 '다시 할 것'=반복)
【근거】山行올 ㅎ거나〈석상 9:37〉《우리말샘》=산행을 **하**거나. 되하다=다시 하거나
도로 하다〈표준국어대사전〉. 곤(根)〈석보상절 6권 42장 뒷면〉[ㅇ→으]→**근**(현대
어). ㅎ다[ㅇ→으]→흐다(전북)〈전라북도 방언사전〉《Naver 국어사전》. ㅎ다[ㅇ
→어]→허다(경기)〈고려대 한국어대사전〉.

tur(=돌아다니기, 배회, 순회)=돌(다)/도(다)(경남)+알(=것)+이(첨가음)[오→우]
→두알이[모음 합체]→두앨[애→에]→두엘[에→이]→두일[모음조화: 우-
우]→두울[동모음 축약]→둘(tur). 아니면, **tur**=돌(다)/도(다)+알(=것)(=행위)
[오→우]→두알[모음조화: 우-우]→두울[동모음 축약]→둘(tur)【근거】사오/
사우(경남)=사위(표준어). cf. 송송=송+알+송+알→송알송알(표준어)[모음조화:
오-오]→송올송올(경남). 종지=종자(鍾子)+이(첨가음)[모음 합체]→종재[애→
에]→종제[에→이]→종지. cf. tour[tʊə(r)](영어)(투어(ㄹ))=돌(다)/도(다)(경남)+
알(=것)(첨가음)[오→우]→두알[모음조화: 우→어]→두얼(tuər)→tour. 둘러보

다(=주위를 이리저리 두루 살펴보다)=둘(다)+ㄹ(복제 자음)+어(부사형 어미)+보다. 돌아보다(=돌아다니면서 두루 살피다)=돌(다)+아(부사형 어미)+보다.

yazar(=글 쓰는 사람, 작가, 필자)=yaz(mak)(=글 쓰다, 기록하다)+알(=사람)(ar). ⇒ **어주발리**=어줌(다)+알(=사람)+이.

yıl(=년(年))=년(yən)+이(첨가음)+알(=子)(의미첨가 없이 명사에 붙는 접미사)+이(첨가음)〔ㄴ→Ø/__이 and 이[ĩ](鼻母音) and 비모음의 구강 모음화(비모음 표기 글자가 없다)〕→녀이알이〔두음법칙 후 보상적 /y/ 첨가〕→y+여(yə)이알이〔동음 축약〕→여이알이〔ə(어)→ɪ(으)〕(경남)→yɪ이(i)알이〔모음조화: ɪ-ɪ〕→yɪɪ알이〔동모음 축약〕→yɪ알이〔모음 합체〕→yɪ앨〔애→에〕→yɪ엘〔에→이〕→yɪ일(il)〔모음조화: ɪ-ɪ〕→yɪɪl〔동모음 축약〕→yıl. cf. **sene**(=년(年))=해년(=년)+이(첨가음)+아(=子)(의미첨가 없이 명사에 붙는 접미사)+이(첨가음)〔두음법칙 후 보상적 /y/ 첨가〕→해+y+연(yən)+이아이〔동음 축약〕→해연이아이〔애→에〕→헤연이아이〔에→이〕→히연이아이〔ㅎ→ㅅ/__이〕→시**연이**아이〔모음 합체〕→시옌아이〔단음화〕→**시옌**아이〔모음 합체〕→셴아이〔단음화〕→센**아이**〔모음 합체〕→센애〔애→에〕→센에→sene 【근거】국(國)+이(첨가음)〔모음 합체〕→귁(國)〈월인석보 1권 훈민정음 1장 앞면〉. 사타리(경남)(=삵(표준어))=삵+알(의미첨가 없이 명사에 붙는 접미사)+이(첨가음)→사타리. 아래(표준어)=알(경남)+아(의미첨가 없이 명사에 붙는 접미사)+이(첨가음)〔모음 합체〕→알애→아래. bank(영어)+아(의미첨가 없이 명사에 붙는 접미사)(a)→banka(튀르키예어). 종지=종자(鍾子)+이(첨가음)〔모음 합체〕→종재〔애→에〕→종제〔에→이〕→종지. **없**다/**읎**다(경남 방언에서 '이/으 교체'가 상당히 자유롭게 일어난다). **해년** 해마다(경남)=**년년**/**연연**이=매년. 해=년(年) 〔유례〕외갓집(가(家)=집)=와가+ㅅ(사이시옷)+집, 역전앞(전(前)=앞).

yol(=길)=로/노(路)(=길)+알(의미첨가 없이 명사에 붙는 접미사)〔두음법칙 후 보상적 /y/ 첨가〕→요(yo)알〔모음조화: 오-오〕→요올(yool)〔동모음 축약〕→yol 【근거】사타리(경남)(=삵(표준어))=삵+알(의미첨가 없이 명사에 붙는 접미사)+이(첨가음)→사타리. cf. 중국어: a. 婴儿[yīngér](=영**아**)=yīng(嬰)+알〔아→어〕

→yīngér. 小儿[xiǎoér]=어린아이. 男儿[nánér]=남아. 健儿[jiànér](=건아) 儿女英雄[érnǚ yīngxióng]=젊은 남녀 영웅. c. 명사: 아들. 사내아이. 등의 儿[ér]은 난생 설화를 믿는 동의족의 접미사, '알(=子)'을 중국어가 차용한 것이다. 중국의 마지막 왕조, 청나라는 신라 출신, 김함보의 후손, 여진족이 세운 나라라 현대 중국어는 경상도 방언의 음운 규칙을 따르고 있다. 알=아. 노릇노릇(경남)(=노릇노릇(표준어)=*놀(다)(=노랗다)+앗(부사형 어미)+*놀(다)+앗(부사형 어미)[모음조화: 오-오]→놀옷놀옷.

yukarı(=위)=우(=상(上))(경남)+ㅎ(고유어 명사에 붙는다)+알(의미첨가 없이 명사에 붙는 접미사))+이(첨가음)→우할이[ㅎ→ㅋ]→우칼이(ukari)[모음조화: a-ı]→ukarı[어두 /y/첨가? 아니면 오분석(앞 단어에 첨가된, /이/를 '우'에 붙여서 분석)]→yukarı. cf. **yukarı**(=위의)=우ㅎ(=上)+알(=자(子))+으(소유격 조사)(경남)→우ㅎ알으→우하르[ㅎ→ㅋ]→우카르[어두 /y/첨가? 아니면 오분석(앞 단어에 첨가된, /이/를 붙여서 분석?]→yukarı. **yukarı**(=위로)=우ㅎ(=上)+알(=子)+로(향진격 조사)→우ㅎ알로→우할로[동자음 축약]→우하로(uharo)[모음조화: a-ı]→우하르(uharı)[ㅎ→ㅋ]→우카르(ukarı)[어두 /y/첨가? 아니면 오분석(앞 단어에 첨가된 /이/를 붙여서 분석)]→yukarı 【근거】 사오/사우(경남)=사위(표준어). 사타리(경남)(=살(표준어))=살+알(의미첨가 없이 명사에 붙는 접미사)+이(첨가음)→사타리. 예를 들어, 'masa yukarı(=식탁 위로)=masa+y(모음 충돌 회피용 삽입 반자음)+ukarı'에서 /y/를 ukarı에 붙여서 yukarı가 만들어졌을 것으로 추정된다. 다음 단어 속에는 /y/가 없다: **üst**(=위)=우(=上)+ㅎ(고유어 명사에 붙는다)+이(첨가음)+ㅅ(사이시옷)+터/트(경남)→우히ㅅ트[ㅎ→∅/모음__모음]→우이ㅅ트[모음 합체]→위스트→üstı[/t/를 파열시켜 발음하면 [ı]는 있으나 없으나 발음이 같이 들린다]→üst 【근거】 우(=상(上))(경남)+ㅎ(고유어 명사에 붙음)+이(첨가음)[ㅎ→∅/모음__모음]→우이[모음 합체]→위(표준어). cf. うへ(=上)(일본어 고어)(uhe)=우ㅎ(=上)+아(의미첨가 없이 명사에 붙는 접미사)+이(첨가음)[모음 합체]→우해[애→에]→우헤(uhe). ひな(=병아리)(hina)(일본어)=병[뱅](경남 발음)+**아**(=子)→뱅아(penga)[ng[ŋ]→n]→벤아[에→이]→빈아[ㅂ→ㅎ]

→히나(hina)【근거】반(反)(pan)〖ㅂ→ㅎ〗→한(han)→はん(反)(han). 병아리=병+알(=子)+이(첨가음)→병아리. 아=알. 삐가리(경남)(=병아리)=*뼝+이(첨가음)+갈(=알)+이〖ㅇ(ng)→Ø/＿＿이 and 이[ĩ](鼻母音) and 비모음의 구강 모음화〗→삐이갈이〖동모음 축약〗→삐가리. 아=알=갈.

zırıl zırıl(=to cry like a baby(=어린애처럼 울면서)(=징징, 질질/찔찔 (짜다)(경남))=*찔(다)+알(부사형 어미)+이(첨가음)+*찔(다)+알+이〖이→으〗→쯜알이 쯜알이〖모음 합체〗→쯜앨 쯜액〖애→에〗→쯜엘 쯜엘〖에→이〗→쯜일 쯜일〖ㅉ→ㅆ〗→쓸일 쓸일〖ㅆ→z〗→zıril zıril〖모음조화: ı-ı〗→zırıl zırıl【근거】이사/으사(경남)=의사(醫師). 쎵(城)⟨석보상절 6권 14장 앞면⟩〖ㅆ(z)→ㅅ(s), ㅇ(ng)→ㅇ(ng)(받침)〗→셩〖단음화〗→성(현대어). cf. じゃう(城)(zyau)(일본어 고어)=쎵(城)〖어→아〗→쌩〖일본어식으로 표기〗→쌰우〖ㅇ(ng)→Ø〗→쌰우〖ㅆ→z〗→zyau〖a→o〗→zyou→じょう(城)(일본어 현대어). 쩔레쩔레/썰레썰레/절레절레/설레설레(정도의 차이는 있으나 기본 의미는 같다). 쫑쫑=쫑+알+쫑+알=쫑알쫑알. 질질/찔찔(경남) (짜다, 울다)=질(다)(경남)(=물기가 많다)/찔(다)+질(다)/찔(다)【근거】달달=달(다)(=타지 않는 단단한 물체가 열로 몹시 뜨거워지다)+달(다)→달달(동사 어간+동사 어간=부사). ring ring(영어)(=따르릉따르릉)=ring(=(전화벨이) 울리다)+ring. crawl crawl=엉금엉금. 'ㄲ, ㄸ, ㅃ, ㅉ, ㅆ, ㆅ 爲 全濁'⟨훈민정음해례본⟩(전탁(全濁)=유성음(有聲音)).

(4) ~an/~in=~안/~앙(형용사형 어미 혹은 명사형 어미, 지소사, 의미첨가 없이 명사에 붙는 접사), ~ㄴ(관형형 어미)

강아지=가(=견(犬))+ㅎ(고유어 명사에 붙음)+앙(형용사형 어미)+앗[안]/악(=子)(=새끼)+이(첨가음)〖ㅎ→Ø/모음＿＿모음〗→가+앙+안/악+이〖동모음 축약〗→강+안/악+이〖구개음화: ㄷ/ㄱ→ㅈ/＿＿이〗→강아지【근거】가히⟨월곡上:25⟩⟪고려대 한국어대사전⟫(=개)=가(=견(犬))+ㅎ(고유어 명사에 붙음)+이(첨가음)→가히〖ㅎ→Ø/모음＿＿모음〗→가이〖모음 합체〗→개(현대어). 노랑나비=*놀(다)(=노랗다)+앙(형용사형 어미)+나비. cf. 노랑(명사)=*놀(다)+앙(명사형 어미). cf. 까맣다

=깜(다)+앟+다.

거렁이(경상)〈고려대 한국어대사전〉(=거지)=걸(乞)(=빌다, 구걸하다)+앙(=子)(=사람)+이(첨가음)〖모음조화: 어-어〗→걸엉이→거렁이. 거렁이〖umlaut〗→거렝이[거레j](경남)(ㅇ(ng)→Ø/__이 and 이[j](鼻母音))(경남 발음).

고랑=골+앙(지소사)〈Han-Woo Choi 1996: 12〉(올바른 분석). 그러나 '구멍(kuməng)'의 앙(ang)과 '기둥(kitung)'의 웅(ung)은 지소사(diminutive)가 아니다: **8장** 바로 아래의 '구멍'을 보라. 기둥=긴(=主)(=기둥)+웅(의미첨가 없이 명사에 붙는 접미사)이다【근거】긴爲柱〈훈민정음 해례본 합자해〉: 긴=柱=기둥(현대어).

누렁이(=털빛이 누런 개)=*눌(다)(=누렇다)+앙(=동물)+이(첨가음)〖모음조화: 우-어〗→눌엉이→누렁이【근거】거멓다(=어둡고 옅게 검다)=검(다)+앟+다〖모음조화: 어-어〗→거멓다.

두던(=구(丘))〈훈몽자회 상권 3장 뒷면〉=둔(다)(=돋다)+안(an)(=곳)〖모음조화: 우-어〗→둔언→두던. cf. 불두던(경북)(=불두덩)〈고려대 한국어대사전〉=불(=생식기)+둔(다)(=돋(다))+안(an)(=것, 곳)→불둔안〖모음조화: 우-어〗→불두던(=불두덩). cf. 불두덩=불+둔(다)(=돋다)+앙(ang)(=것, 곳)〖모음조화: 우-어〗→불둔엉→불두덩. 불두덕(경남)=불+둔(다)+악(=것, 곳)〖모음조화: 우-어〗→불둔억→불두덕(=불두덩): 안=앙=악.

마중=맞(다)+앙(명사형 어미)〖아→오〗→맞옹〖발음대로 표기〗→**마종**(충청, 함북)〈고려대 한국어대사전〉〈Han-Woo Choi: 2002: 38〉〖오→우〗→마중(표준어)【근거】(이이를) 낳다(표준어)〖아→오〗→(아이를) 놓다(경남). 사오/사우(경남)=사위(표준어). 마지매(경남)(=마중)=맞(다)+이(자음 충돌 회피용 삽입 모음)+ㅁ(명사형 어미)+아(의미첨가 없이 명사에 붙는 접미사)+이(첨가음)〖모음 합체〗→맞이매〖발음대로 표기〗→마지매. durma(=정지)=dur(mak)(=멈추다)+ㅁ(m)+아(a).

망아지=마(馬)+앙(형용사형 어미)+앗[안]/악(=子)(=새끼)+이(첨가음)〖동모음 축약〗→망아디/기〖구개음화: ㄷ/ㄱ→ㅈ/__이〗→망아지. cf. "mangači 'foal' ,mang-ači ,ma 'horse'"〈Han-Woo Choi: 1996: 12〉의 'ng'은 지소사가 아니라 '새끼'라는 뜻이고 'ng'는 'ang(앙)'이며 'ači'는 '앗[안]+이' 혹은 '악+이'에서 나온 것이다.

산치(경남)(=송아지)=소(=牛(우))+**안**(an)(형용사형 어미, 혹은 소유격 조사)+키(=새끼)〚모음 합체〛→쇤키〚단음화: 와→아〛→산키〚구개음화: ㅋ→ㅊ/__이〛→산치[산:치].

샌끼/샌키(경남)(=송아지)=소(=우(牛))+**안**(형용사형 어미, 혹은 소유격 조사)+키(=새끼)〚모음 합체〛→쇤키〚단음화〛→산키〚umlaut〛→샌키[샌:키]〚ㅋ→ㄲ〛→샌끼[샌:끼].

송아지=소(=牛)+**앙**(형용사형 어미)+앗〚앋〛/악+이〚모음조화: 오-오〛→송옹+앋/악+이〚동음절 축약〛→송아디/송아기〚구개음화: ㄷ/ㄱ→ㅈ/__이〛→송아지.

이엉(=초가집의 지붕이나 담을 이기 위하여 짚이나 새 따위로 엮은 물건)=(지붕을) 이(다)+**앙**(=子)(=것)〚모음조화: 이-어〛→이엉(=이는 것). cf. **いえ**(=家)(ie)(일본어)=(지붕을) 이(다)+아(=자(子))(=곳)+이(첨가음)〚모음 합체〛→이애〚애→에〛→이에(ie)(그 뜻은 '(지붕을) 인 곳'=집). cf. kara(=마른 땅, 육지)=갈(다)(경남)(=마르다)+아(=곳).

　"**Ko**. -Vng // **Trk**. (V)ng"〈Han=Woo Choi 2002: 37~38〉의 마종(ong), 꾸중(ung), 지팡이(ang+i)가 행위나 물건을 나타내는 것 외에 '앙'의 여러 변이형이 '사람', '동물', '형용사형 어미 혹은 소유격 조사', '장소', '부사형 어미', '명사형 어미' 등을 나타낸다. 튀르키예어 현대어에서는 'ng'가 'n'으로 바뀌었다.

~an(관형형 어미)=**~삽입 모음+ㄴ**(관형형 어미): 노란 나비=*놀(다)(=노랗다)+아(자음 충돌 회피용 삽입 모음)+ㄴ(관형형 어미)+나비→놀**안**(an)나비→노란나비. cf. 노랑나비(=노란 나비)=*놀(다)+**앙**(ang)(형용사형 어미)+나비. **안**(an)=**앙**(ang). cf. 노랑(명사)=*놀(다)+앙(명사형 어미): 앙(ang)〚앙(ang)→안(an)〛→an(명사형 어미)(튀르키예어). cf. **~an**=**안**(an)+이(첨가음)〚모음 합체〛→앤〚애→에〛→엔(en)〚에→이〛→인(**in**).

~an(부사형 어미)=**~앙**(부사형 어미)〚ㅇ(ng)→ㄴ(n)〛→안(an) 【근거】 **don**(mak)(=얼다)=동(凍)(tong)=얼다〚ㅇ(ng)→ㄴ(n)〛→동(ton)〚어두 유/무성자음 교체〛→don. 노랑노랑 꾸따(경남)(=노릇노릇 굽다(표준어))=*놀(다)+앙(부사형 어미)+*놀(다)+앙+굽다〚ㅂ+ㄷ→ㄸ〛→노랑노랑 꾸따(경남 발음). 경남에서는 '노

락노락 꾸따'라고도 한다: 노락노락=*놀(다)+악(부사형 어미)+*놀(다)+악(부사형 어미). cf. 거멓다=검(다)+앟+다[모음조화: 어-어]→검엏다.

~an(=사람)=**앙**(=子)(=사람)[ㅇ(ng)→ㄴ(n)]→안(an) 【근거】거렁이(경상)〈고려대 한국어대사전〉(=거지)=걸(乞)(=빌다, 구걸하다)+앙(=子)(=사람)+이(첨가음)[모음조화: 어-어]→걸엉이[발음대로 표기]→거렁이[umlaut]→거랭이(경남, 경북, 충북)〈우리말샘〉. **don**(mak)(=얼다)=동(凍)(tong)=얼다)[ㅇ(ng)→ㄴ(n)]→동(ton)[어두 유/무성자음 교체]→don. kelmoq(우즈벡어)=gelmek(튀르키예어)=오다. 아니면, **~an=인**(人)(=사람)[이→으]→은[으→어]→언[어→아]→안(an) 【근거】**으리/이리**(경남)=의리(義理). 어머니(표준어)[**어머니** [əmənɪ]/**으므니** [imɪnɪ] (경남 발음). 마리(=슈(首))〈훈몽자회 상권 24장 뒷면〉[아→어]→머리(현대어). cf. 신(人)〈중간노걸대언해 상권 2장 앞면〉(1795년 중국어 발음)(zin)[z→r]→rin [i(이)→ɨ(으)]→rin[i(으)→ə(어)]→[rən]→rén(현대 중국어).

~an(=사물)=**~앙**(=子)(=사물)[ㅇ(ng)→ㄴ(n)]→안(an) 【근거】**don**(mak)(=얼다)=동(凍)(tong)=얼다)[ㅇ(ng)→ㄴ(n)]→동(ton)[어두 유/무성자음 교체]→don. **이엉**(=초가집의 지붕이나 담을 이기 위하여 짚이나 새 따위로 엮은 물건)=(지붕을) 이(다)+앙(=子)(=것, 사물)[모음조화: 이-어]→이엉(=이는 것). cf. **いえ**(=家)(ie)=(지붕을) 이(다)+아(=자(子))(=곳)+이(첨가음)[모음 합체]→이애[애→에]→이에(ie)(그 뜻은 '(지붕을) 인 곳'=집). **buzkıran**(=쇄빙선)=buz(=얼음)+헐(다)/흘(다)(경남)(=부수다, 허물다)+an(=것): 흘(다)[ㅎ→ㅋ]→클(kır). **buz**(=얼음)=물(=水)+자(子)(~의 자식=~에서 만들어진 것, ~에서 나온 것)+이(첨가음)[ㄹ→Ø/__ ㅈ]→무자이[모음 합체]→무재[애→에]→무제[에→이]→무지[이→으]→무즈[ㅈ→ㅅ]→무스[유성음화]→무으(muzɪ)[유성 마찰음, [z] 다음의 [ɪ]는 있으나 없으나 발음이 같이 들린다]→muz(우즈벡어)[m→b]→buz(그 뜻은 '물의 아이', 즉 '물에서 만들어진 것'=얼음) 【근거】**이리/으리**(경남)=의리(義理)). 소 한 **마리**(표준어)[ㅁ(m)→ㅂ(b)]→소 한 **바리**(경남). 똥구시(경남)=똥+굳(=구덩이)+이(첨가음)→똥구디[구개음화]→똥구지[ㅈ→ㅅ]→똥구시. 子중孫손이니 서가몷〈석보상절 6권 7장 뒷면〉(=자손이 이어 감을): 닛(다)+어(부사형 어미)→니

서[유성음화]→니셔. 닛다[두음법칙 후 보상적 /y/ 첨가]→y+잇(is)다[단음화: y+i→i]→잇(is)다(현대어). 燈등의블혀고〈석보상절 9권 32장 뒷면〉=등에 불 켜고(현대어): 혀다[ㅎ→ㅋ]→켜다.

~in(=인(人)(in)): .gezgin(=tourist, traveler)(=여행객)=gez(mek)(=돌아다니다, 여행하다)+기(명사형 어미)+인(人)(=사람)→gez기인[동모음 축약]→gez긴(gezkin) [유성음화]→gezgin(그 뜻은 '돌아다니기(=여행)의 사람'=여행객). cf. **gezgin**(=돌아다니는)=gez(mek)+기(명사형 어미)+in(형용사형 어미)→gez기(ki)in[동모음 축약]→gezkin[유성음화]→gezgin: **gezginci**(=행상인, 떠돌이)=gez(mek)+기(명사형 어미)+in(형용사형 어미)+자(者)(=사람)+이(첨가음): 자+이[모음 합체]→재[애→에]→제[에→이]→지. gezginci=gezgin지[유성음화: ㅈ→c/유성음(n)__유성음(i)]→gezginci. 아니면: **~in**=~앙(=子)(=사람)+이(첨가음)[모음 합체]→앵 [ㅇ(ng)→ㄴ(n)]→앤[애→에]→엔[에→이]→인(in) 【근거】 종지=종자(鍾子)+이(첨가음)[모음 합체]→종재[애→에]→종제[에→이]→종지. 거렁이(=거지)=걸(乞)(=빌다, 구걸하다)+앙(=사람)+이(첨가음)[모음조화: 어-어]→걸엉이[발음대로 표기]→거렁이. **don**(mak)(=얼다)=동(凍)(tong)=얼다)[ㅇ(ng)→ㄴ(n)]→동(ton)[어두 유/무성자음 교체]→don.

acilen(=신속히, 급히)=acil(=급하다)+앙(부사형 어미)(ang)[(ㅇ(ng)→ㄴ(n)]→acilan[모음조화: i-e]→acilen 【근거】 *놀다[풀어쓰기]→노르다. 노랑노랑(부사)(경남)(=노릇노릇)=*놀(다)(=노랗다)+앙(부사형 어미)+*놀(다)+앙+*놀+앙→노랑노랑. cf. 검얼다=검(다)+앓+다[모음조화: 어-어]→거떻다. 빨랑(=빨리)=*빨(다)(=빠르다)+ㄹ(복제 자음)+앙(부사형 어미). cf. 樓룽우희ㄴ라올아〈석보상절 6권 3장 앞면〉=누 위에 날아올라: 올라=올+ㄹ(복제 자음)+아. don(mak)(=얼다)=동(凍)(=얼다)[ㅇ(ng)→ㄴ(n)]→돈(ton)[어두 유/무성자음 교체]→don 【근거】 gelmek(튀르키예어)=kelmoq(우즈벡어)=오다.

arayan(=찾는 사람)=ara(mak)(=찾다)+이(y)(모음 충돌 회피용 삽입 반자음)+앙(=사람)(ang)[(ㅇ(ng)→ㄴ(n)]→arayan 【근거】 거렁이(=거지)=걸(乞)(=빌다, 구걸하다)+앙(=사람)+이(첨가음)[모음조화: 어-어]→걸엉이→거렁이. 거렁이[umlaut〗→걸엥이→거랭이(경남). **don**(mak)(=얼다)=동(凍)(tong)=얼다)〖ㅇ(ng)→ㄴ (n)〗→동(ton)〖어두 유/무성자음 교체〗→don. cf. **arayan**(=찾는)=ara(mak)(=찾 다)+y(모음 충돌 회피용 삽입 반자음)+an(관형형 어미): iş arayan kimse=일 찾는 사람=구직자. **ara**(mak)=알아(보다)→아라→ara('**아라**보다(=**찾아**보다)=아라(동 사 어간)+보다(동사)'로 오분석하여 만들어진 동사이다: 집을 알아보다=집을 찾아 보다 【근거】여닫다(=열고 닫다)=열(다)(동사 어간)+닫다〖ㄹ→Ø/__ㄷ〗→여닫다.

bilgin(=지식인(知識人))=bil(mek)(=알다)+기(명사형 어미)(ki)+인(=人)(in)→bilkiin 〖유성음화〗→bilgiin〖동모음 축약〗→bilgin. cf. **bilgi**(=지식(知識))=bil(mek)(=알 다)+기(명사형 어미)(ki)〖유성음화〗→bilgi.

bilmeyen(=모르는)=bil(mek)(=알다)+ma(부정 어미)+y(모음 충돌 회피용 삽입 반 자음)+an(관형형 어미)〖모음조화: i-e〗→bilmeyan〖모음조화: e-e〗→bilmeyen. doymak bilmeyen kimse=만족할 줄 **모르는** 사람. cf. 가지말다/가지마다=가(다)+ 말/마(다)(ma)(부정 보조 동사)+다.

buzkıran(=쇄빙선)=buz(=얼음)+헐(다)/흘(다)(경남)(=부수다, 허물다)+앙(=것, 사물)(ang)〖ㅇ(ng)→ㄴ(n)〗→buz흘an〖ㅎ→ㅋ〗→buz클an→buzkıran. **buz**=물(= 水)+자(子)(~에서 만들어진 것, ~에서 나온 것)+이(첨가음)〖ㄹ→Ø/__ㅈ〗→무자 이〖모음 합체〗→무재〖애→에〗→무제〖에→이〗→무지〖ㅈ→ㅅ〗→무시〖이(i)/ 으(ı) 교체〗→무스〖유성음화〗→무스〖ㅿ→z〗→**muzı**〖유성 마찰음 [z] 다음의 [ı] 는 있으나 없으나 발음이 같이 들린다〗→**muz**(우즈벡어)〖m→b〗→buz(얼음은 물에서 나온 것이다) 【근거】燈등의블**혀**고〈석보상절 9권 32장 뒷면〉=등에 불 **켜** 고(현대어): 혀다〖ㅎ→ㅋ〗→켜다. 똥구시(경남)=똥+군(=구덩이)+이(첨가음)→ 똥구디〖구개음화〗→똥구지〖ㅈ→ㅅ〗→똥구시. 子ᄌᆞ孫손ᄋᆞᆯ**니ᅀᅥ**가몰〈석보상절 6권 7장 뒷면〉(=자손이 이어 감을): 닛(다)+어(부사형 어미)→니ᅀᅥ〖유성음화〗→ 니ᅀᅥ. 닛다〖두음법칙 후 보상적 /y/ 첨가〗→y+잇(is)다〖단음화: y+i→i〗→잇(is) 다(현대어). 소 한 **마리**(mari)(표준어)〖ㅁ(m)→ㅂ(b)〗→소 한 **바리**(bari)(경남).

çalışan(=근로자, 일하는 사람)=çalış(mak)(=일하다, 근무하다)+앙(=사람)(ang) 〖ㅇ(ng)→ㄴ(n)〗→çalışan 【근거】거렁이(=거지)=걸(乞)(=빌다, 구걸하다)+앙(=사

람)+이(첨가음)〖모음조화: 어-어〗→걸엉이→거렁이(=거지). 거렁이〖umlaut〗→
걸엥이→거랭이(경남). cf. **çalışan**(=일하는)=çalış(mak)(=일하다)+아(자음 충돌
회피용 삽입 모음)+ㄴ(관형형 어미). 아니면, **çalışan**=çalış(mak)+앙(형용사형 어
미)〖ㅇ(ng)→ㄴ(n)〗→çalışan 【근거】잡안 거(경남)(=잡은 것)=잡(다)=**아**(자음 충
돌 회피용 삽입 모음)+ㄴ(관형형 어미)+거(=것). 노랑나비=*놀(다)+앙(형용사형
어미)+나비. **don**(mak)(=얼다)=동(凍)(tong)=얼다〖ㅇ(ng)→ㄴ(n)〗→동(ton)〖어두
유/무성자음 교체〗→don.

fırın(=화덕, 가마)=블〈석보상절 9권 32장 뒷면〉(=불=화(火))(pır)+안(an)(=곳)〖모
음조화: 으-어〗→블언〖어→으〗→블은(ın)→pırın〖이 단어 앞에 유성음으로 끝
나는 단어와 합성된 단어로 /p/가 /f/로 바뀌었을 것으로 추정된다〗→fırın 【근
거】**두던**(=구(丘))〈훈몽자회 상권 3장 뒷면〉=둔(다)(=돋다)+**안(an)(=곳)**〖모음조
화: 우-어〗→둔언→두던. cf. 불두던(경북)(=불두덩)〈고려대 한국어대사전〉=불
(=생식기)+둔(다)(=돋(다))+안(an)(=것, 곳)(중세 국어에서 '것'과 '곳'은 '곧'이었
다)→불둔안〖모음조화: 우-어〗→불두던. cf. 불두덩=불+둔(다)(=돋다)+앙(ang)
(=것, 곳)〖모음조화: 우-어〗→불둔엉→불두덩. 안=앙. **çimen**(=çim=잔디)=çim(=
잔디)+**an**(의미첨가 없이 명사에 붙는 접미사)〖모음조화: i-e〗→çimen.

gezgin(=tourist, traveler)(=여행객)=gez(mek)(=걷다, 거니다, 돌아다니다)+기(명
사형 어미)+인(人)〖동모음 축약〗→gez긴(kin)〖유성음화〗→gezgin. cf. **gezginci**(=
행상인, 떠돌이)=gezgin(=돌아다니는)+자(者/子)(=사람)+이(첨가음): 자+이〖모
음 합체〗→재〖애→에〗→제〖에→이〗→지. gezgin+지〖유성음화: ㅈ→c/유성
음__유성음〗→gezgici(그 뜻은 '돌아다니는 사람'이다) 【근거】종지(鍾子)=종자
(鍾子)+이〖모음 합체〗→종재〖애→에〗→종제〖에→이〗→종지. cf. **gezgin**(=돌
아다니는)=gez(mek)(=돌아다니다, 산책하다)+기(명사형 어미)(ki)+in(소유격 조
사))→gezkiin〖유성음화〗→gezgiin〖동모음 축약〗→gezgin(그 뜻은 돌아다니기의
=돌아다니는). cf. 舟子[zhōuzǐ](중국어)=뱃사공.

gösteren(=나타내는)=göster(mek)(=나타내다)+으(자음 충돌 회피용 삽입 모음)+
ㄴ(관형형 어미)(n)〖으→어〗→göster언〖어→아〗→göster+안(an)〖모음조화: e-e〗

→gösteren. 아니면, **gösteren**=göster(mek)+앙(형용사형 어미)〔ㅇ(ng)→ㄴ(n)〕→göster안(an)〔모음조화: e-e〕→gösteren. ayların sıcaklığını göst**eren** grafik=월별의 온도를 나타내**는** 그래프 【근거】 잡**안** 거(경남)(=잡은 것)=잡(다)+으(자음 충돌 회피용 삽입 모음)+ㄴ(관형형 어미)+거(=것)〔으→어〕→잡언 거〔모음조화: 아-아〕→잡안 거. 노랑나비=*놀(다)(=노랗다)+앙(형용사형 어미=관형형 어미)+나비. 노랗다=*놀(다)+앟+다. cf. 까맣다=깜(다)+앟+다. 없다/읎다(경남 방언에서는 어/으 교체가 아주 자유롭게 일어난다).

havan(=절구통)=호비(다)(경남)(=파내다))(hobi)+앙(=子)(=사물)(ang)〔(ㅇ(ng)→ㄴ(n)〕→호비안(an)〔모음 합체〕→호뱐〔단음화: 야→아〕→호반〔오→아〕→하반〔유성음화〕→하뱐〔ㅸ→v〕→havan 【근거】 호박(경남)(=절구통)=호비(다)+악(=子)(=것)〔모음 합체〕→호뱍〔단음화〕→호박. 호박〔유성음화: ㅂ→ㅸ/모음__모음〕→호밬〔ㅸ→w〕→호왁〈훈몽자회 중권 11장 앞면〉. 절구통은 돌이나 나무를 위에서 아래로 속을 **파내어(=호비어)** 오목하게 만든 것이다. 총을 쏘다(표준어)〔오→아〕→총을 싸다(경남). 앙=악: 구명(표준어)=굼+앙〔모음조화: 우-어〕→굼엉→구명. 구먹(경기, 전라, 충북, 황해)〈고려대 한국어대사전〉(=구명)=굼+악〔모음조화〕→굼억→구먹. cf. kabak(=호박=pumpkin)=호박(=pumpkin)〔오→아〕→하박〔ㅎ→ㄱ/ㅋ〕→가박/카박(kapak)〔유성음화〕→kabak 【근거】 갈웜(=虎)〈훈몽자회 상권 18장 앞면〉=갈범(경남)〔유성음화: ㅂ→ㅸ/모음__모음〕→갈뱜〔ㅸ→w〕→갈웜(kalwəm). 해겁다/개겁다(경남)=가볍다(표준어). 燈등의블**혀**고〈석보상절 9권 32장 뒷면〉=등에 불 **켜**고(현대어): 혀다〔ㅎ→ㅋ〕→켜다.

kazanan(=승리자)=kazan(mak)(=승리하다, 얻다)+앙(=사람)(ang)〔(ㅇ(ng)→ㄴ(n)〕→kazanan 【근거】 거렁이(=거지)=걸(乞)(=빌다, 구걸하다)+앙(=사람)+이(첨가음)〔모음조화: 어-어〕→걸엉이→거렁이(=거지). 거렁이〔umlaut〕→거랭이(경남). don(mak)(=얼다)=동(凍)(tong)=얼다)〔ㅇ(ng)→ㄴ(n)〕→동(ton)〔어두 유/무성자음 교체〕→don 【근거】 kelmoq(우즈벡어)=gelmek(튀르키예어)=오다.

konuşkan(=말하기를 좋아하는, 말이 많은, 다변의)=konuş(mak)(=말하다)+하(다)(=많다, 크다)+ㄴ(관형형 어미)(n)→konuş한〔ㅎ→ㄱ/ㅋ〕→konuş간/칸

→konuşkan【근거】무춤내 제 뜨들 시러 펴디 몯홇 노미 **하니라**〈월인석보 1권 훈민정음 2장 뒷면〉=마침내 제 뜻을 능히 펴지 못하는 사람이 {**많**느니라}〈우리말샘〉. 燈등의블**혀**고〈석보상절 9권 32장 뒷면〉=등에 불 켜고(현대어): 혀다[ㅎ→ㅋ]→켜다. 해겁다[ㅎ→ㄱ]→개겁다(경남)=가볍다(표준어).

mayın(=지뢰)=매(埋)(=묻다)+앙(=사물)(ang)+이(첨가음)[모음 분해]→마이+앙(ang)+이[ㅇ(ng)→ㄴ(n)]→마이안이[모음 합체]→마이앤[애→에]→마이엔[에→이]→마이인(in)[모음 합체: 이(i)+이(i)→yi]→mayin[모음조화: a-ㅣ]→mayın(그 뜻은 '묻은 것'=지뢰). cf. mine[maın](영어)=매(埋)(=묻다)+앙+이(첨가음)[ㅇ(ng)→ㄴ(n)]→매안이[모음 분해: 애→아+이]→마이안이[모음 합체]→마이앤[애→에]→마이엔[에→이]→마이인[동모음 축약]→마인→mine[maın].

oğlan(=아들, 사내아이)=oğul(=아들, 사내아이)+**앙**(=子)(ang)(=아이)[ㅇ(ng)→ㄴ(n)]→oğulan[음절 재분석으로 [u] 탈락]→oğlan(그 뜻은 '아들**아이**'). cf. 딸아이(=딸)=남에게 자기 딸을 이르는 말【근거】Yalu nehri(=압록강)=Yalu+nehir+i(3인칭 소유 접미사)[음절 재분석으로 /i/ 탈락]→Yalu nehri. 믈(=水)〈훈민정음 해례본 용자례〉[으→우]→물(현대어). don(mak)(=얼다)=동(凍)(=얼다)(tong)[ㅇ(ng)→ㄴ(n)]→ton[어두 유/무성자음 교체]→don【근거】kelmoq(우즈벡어)=gelmek(튀르키예어)=오다.

saban(=쟁기)=삽+앙(=子)(ang)(~에서 만들어진 것)[ㅇ(ng)→ㄴ(n)]→삽(sap)+안(an)→sapan[유성음화]→saban【근거】don(mak)(=얼다)=동(凍)(=얼다)(tong)[ㅇ(ng)→ㄴ(n)]→ton[어두 유/무성자음 교체]→don. cf. buz=물(=水)+자(子)(~에서 만들어진 것, ~에서 나온 것)+이(첨가음)[ㄹ→∅/__ㅈ]→무자이[모음 합체]→무재[애→에]→무제[에→이]→무지[ㅈ→ㅅ]→무시[이(i)/으(ɪ) 교체]→무스[유성음화]→무즈[ㅿ→z]→muzɪ[유성 마찰음 [z] 다음의 [ɪ]는 있으나 없으나 발음이 같이 들린다]→**muz**(우즈벡어)[m→b]→buz(얼음은 물에서 만들어진 것이다)【근거】소 한 마리(mari)(표준어)[ㅁ(m)→ㅂ(b)]→소 한 바리(bari)(경남). cf. kürek(=삽, (배의) 노)=굴(掘)(=파다)+이(첨가음)+악(=子)(=것, 사물)+이(첨가

음)[모음 합체]→궐액[애→에]→궐엑(kürek)(그 뜻은 '(땅을) 파는 것'=삽). '(배의) 노'라는 의미는 그 모양이 삽과 비슷한 데서 생긴 것이다【근거】국(國)+이(첨가음)[모음 합체]→귁(國)〈월인석보 1권 훈민정음 1장 앞면〉.

savaşan(=전투원, 전사)=savaş(mak)(=싸우다)+앙(=사람)(ang)[ㅇ(ng)→ㄴ(n)]→savaşan【근거】거렁이(=거지)=걸(乞)(=빌다, 구걸하다)+앙(=사람)+이(첨가음)[모음조화: 어-어]→걸엉이→거렁이(=거지). 거렁이[umlaut]→걸엥이→거랭이(경남). don(mak)(=얼다)=동(凍)(=얼다)(tong)[ㅇ(ng)→ㄴ(n)]→ton[어두 유/무성자음 교체]→don. cf. **savaşçı**(=전사)=savaş(mak)+자(子/者)(=사람)+이(첨가음)[모음 합체]→avaş재[애→에]→avaş제[에→이]→avaş지[자음조화: ㅈ→ㅊ/ş__]→savaşçi[모음조화: a-ı]→savaşçı. cf. **savaşçı**(=호전적)=savaş(=싸움)+적(=的)(형용사형 어미)+이(첨가음): 적+이[umlaut]→젝이→제기[ㄱ→Ø/__이]→제이[에→이]→지이[동모음 축약]→지. savaş+지[자음조화: ㅈ→ㅊ/ş__]→savaşçi[모음조화: a-ı]→savaşçı. **savaşkan**(=싸움꾼)=savaş(=싸움)+한(漢)(=사나이, 놈)[ㅎ→ㅋ]→savaş칸(kan)→savaşkan【근거】무뢰한(無賴漢)=무뢰(無賴)+한(漢)(=사나이, 놈). 燈등의블**혀**고〈석보상절 9권 32장 뒷면〉=등에 불 **켜**고 (현대어): 혀다[ㅎ→ㅋ]→켜다. 종지=종자(鍾子)+이(첨가음)[모음 합체]→종재[애→에]→종제[에→이]→종지. **savaş**(=싸움)=싸불(다)/싸부(다)(경남)(=싸우다)+앗(=子)(명사형 어미)+이(첨가음)→싸부앗이[발음대로 표기]→싸**부아**시[모음 합체 후 단음화: 우+아→아]→싸바시[유성음화]→싸밯시[ㅆ→ㅅ]→사밯시[ㅸ→v]→savaş. 동사, savaşmak은 명사에서 파생된 것이다. cf. 빗(명사)→빗(다)(동사). cf. 사호다〈능엄 9:19〉《우리말샘》[ㅎ→Ø/모음__모음]→사오다[ㅅ→ㅆ]→싸오다[모음조화 파괴: 오→우]→싸우다(현대 표준어).

seven(=애호가)=sev(mek)(=좋아하다)+앙(=사람)(ang)[ㅇ(ng)→ㄴ(n)]→sevan[모음조화: e-e]→seven: uykuyu seven(=잠꾸러기)=uyku(=잠)+y(모음 충돌 회피용 삽입 반자음)+ı(목적격 조사)+seven[모음조화: u-u]→uykuyu seven【근거】거렁이(=거지)=걸(乞)(=빌다, 구걸하다)+앙(=사람)+이(첨가음)[모음조화: 어-어]→걸엉이→거렁이(=거지). 거렁이[umlaut]→걸엥이→거랭이(경남). don(mak)(=

얼다)=동(凍)(=얼다)(tong)〘ㅇ(ng)→ㄴ(n)〙→ton〘어두 유/무성자음 교체〙→don.
cf. seven(=좋아하는)=sev(mek)+아(a)(자음 충돌 회피용 삽입 모음)+ㄴ(n)(관형형 어미)〘모음조화: e-e〙→seven. 아니면, **seven**=sev(mek))+앙(형용사형 어미)〘ㅇ(ng)→ㄴ(n)〙→sevan〘모음조화: e-e〙→seven 【근거】 노란 나비=*놀(다)(=노랗다)+아(자음 충돌 회피용 삽입모음)+ㄴ(관형형 어미)+나비. 노랑나비(=노란 나비)=*놀(다)+앙(형용사형 어미=관형형 어미)+나비. cf. 거멓다=검(다)+앟+다〘모음조화: 어-어〙→거멓다.

sıçan(=쥐)=설치(齧齒)+앙(=것, 동물)(ang)〘ㅇ(ng)→ㄴ(n)〙→설치+안(an)〘어→으〙→슳치an〘ㄹ→Ø/__ㅊ〙→스치(sıç)+an→sıçan(그 뜻은 '설치 동물'=설치류=쥐) 【근거】 누렁이(=색깔이 누런 짐승, 혹은 누런 개)=*눌(다)+앙(=동물)+이(첨가음)〘모음조화: 우-어〙→눌엉이→누렁이. don(mak)(=얼다)=동(凍)(=얼다)(tong)〘ㅇ(ng)→ㄴ(n)〙→ton〘어두 유/무성자음 교체〙→don. 설(齧)=물다, 깨물다, 씹다. 치(齒)=이. 튀르키예어는 齧齒를 한국어 음과 같고 일본어, 중국어 음과는 다르다: げっし(齧齒)(일본어)(**get**shi) 啮齿[**niè**chǐ](중국어)=齧齒 【근거】 어머니[əmənɪ]/으므니[imɪnɪ](경남 발음 둘 다 사용). cf. **fare**(=쥐)=(구멍을) 파(다)+ㄹ(관형형 어미)+아(=**동물**, 사람, 사물)+이(첨가음)〘모음 합체〙→파래〘애→에〙→파레(phare)〘ph→f/유성음(앞 단어 어말음)__유성음〙?→fare(그 뜻은 '(구멍을) 파는 동물'=쥐?)

şölen(=잔치, 연회)=쇠(다)(=명절, 생일, 기념일 같은 날을 맞이하여 지내다)+ㄹ(관형형 어미)+앙(=것)〘ㅇ(ng)→ㄴ(n)〙→쇨안(şölan)〘모음조화: ö-e〙→şölen(그 뜻은 (설, 생일 등을) '쇠는 것'=잔치) 【근거】 '설을 쇠다'는 뜻은 설을 보내면서 잔치하는 것을 말한다. don(mak)(=얼다)=동(凍)(=얼다)(tong)〘ㅇ(ng)→ㄴ(n)〙→ton〘어두 유/무성자음 교체〙→don.

sorun(=problem, question, matter; issue, point under consideration=문제)=sor(mak)(=묻다, 질문하다)+앙(명사형 어미)(=것)+이(첨가음)〘ㅇ(ng)→ㄴ(n)〙→sol안+이〘모음 합체〙→sor앤〘애→에〙→sor엔〘에→이〙→sor인(in)〘모음조화: o-u〙→sorun. 아니면, **sorun**=sor(mak)+앙(명사형 어미)〘ㅇ(ng)→ㄴ(n)〙

→sor안(an)〖모음조화: o-u〗→sorun 【근거】노랑(=yellow)=*놀(다)+앙(명사형 어미)→노랑. don(mak)(=얼다)=동(凍)(=얼다)(tong)〖ㅇ(ng)→ㄴ(n)〗→ton〖어두 유/무성자음 교체〗→don. cf. **soru**(=질문, 의문, 심문)=sor(mak)(=묻다, 질문하다)+이(명사형 어미)(i)〖모음조화: o-u〗→soru(그 뜻은 '묻는 것'=질문). **sor**(mak)=질(의)(質(議))(=사리(事理)의 옳고 그름을 **물어서** 의논(議論)하다)〖ㅈ→ㅅ〗→실〖이→으〗→슬〖으→어〗→설〖어→오〗→솔(sor) 【근거】똥구시(경남)=똥+굼(=구덩이)+이(첨가음)→똥구디〖구개음화〗→똥구지〖ㅈ→ㅅ〗→똥구시. 종지=종자(鍾子)+이(첨가음)〖모음 합체〗→종재〖애→에〗→종제〖에→이〗→종지. 없다/읎다(경남)=없다(표준어). 엄마(표준어)〖어→오〗→옴마(경남).

yaratan(=조물주, 창조주)=yarat(mak)(=창조하다)+앙(=사람, **존재**)(ang)〖ㅇ(ng)→ㄴ(n)〗→yaratan(/t/를 유성음화시키지 않았다) 【근거】거렁이(=거지)=걸(乞)(=빌다, 구걸하다)+앙(=사람)+이(첨가음)〖모음조화: 어-어〗→걸엉이→거렁이(=거지). 거렁이〖umlaut〗→걸엥이→거랭이(경남). don(mak)(=얼다)=동(凍)(=얼다)(tong)〖ㅇ(ng)→ㄴ(n)〗→ton〖어두 유/무성자음 교체〗→don.

yazan(=작가)=yaz(mak)(=쓰다)+앙(=사람)(ang)〖ㅇ(ng)→ㄴ(n)〗→yazan: söz yazan(=작사가)=söz(=가사, 말, 연설)+yazan 【근거】거렁이(=거지)=걸(乞)(=빌다, 구걸하다)+앙(=사람)+이(첨가음)〖모음조화: 어-어〗→걸엉이→거렁이(=거지). 거렁이〖umlaut〗→걸엥이→거랭이(경남). don(mak)(=얼다)=동(凍)(=얼다)(tong)〖ㅇ(ng)→ㄴ(n)〗→ton〖어두 유/무성자음 교체〗→don. cf. **yazan**(=글 쓰는)=yaz(mak)(=쓰다)+아(자음 충돌 회피용 삽입 모음)+ㄴ(관형형 어미): güfte(=음악 가사)+yazan+kimse(=사람)=güfte yazan kimse(=작사가). 아니면, **yazan**=yaz(-mak)+앙(형용사형 어미)〖ㅇ(ng)→ㄴ(n)〗→yaz안(an) 【근거】노란 나비=*놀(다)+아(자음 충돌 회피용 삽입 모음)+ㄴ(관형형 어미)+나비. cf. 거멓다=검(다)+앟+다〖모음조화: 어-어〗→검엏다〖발음대로 표기〗→거멓다. 노랑나비(=노란 나비)=*놀(다)+앙(형용사형 어미=관형형 어미)+나비.

yöneten(=수뇌, 장(長), 경영자)=yönet(mek)(=경영하다, 지배하다, 통치하다, 감독하다)+앙(=사람)(ang)〖ㅇ(ng)→ㄴ(n)〗→yönetan〖모음조화: e-e〗→yöneten 【근

거】거렁이(=거지)=걸(乞)(=빌다, 구걸하다)+앙(=사람)+이(첨가음)〖모음조화: 어-어〗→걸엉이→거렁이(=거지). 거렁이〖umlaut〗→걸엥이→거랭이(경남). don(-mak)(=얼다)=동(凍)(=얼다)(tong)〖ㅇ(ng)→ㄴ(n)〗→ton〖어두 유/무성자음 교체〗→don. cf. yönet**men**(=yöneten)=yönet+man(=사람)〖모음조화: e-e〗→yönetmen. **zaman**(=때, 시간, 시대, 시절)=짬(=시간)+앙(ang)(의미첨가 없이 붙은 접미사)〖앙(ang)→안(an)〗→짬안〖ㅉ→ㅆ〗→쌈an〖ㅆ→z〗→zaman. 아니면, 쌈an〖ㅆ→ㅅ〗→삼(sam)+an〖어두 유/무성자음 교체〗→zaman 【근거】don(mak)(=얼다)=동(凍)(=얼다)(tong)〖ㅇ(ng)→ㄴ(n)〗→ton〖어두 유/무성자음 교체〗→don. 쩔레쩔레/썰레썰레/절레절레/설레설레(정도의 차이는 있으나 기본 의미는 같다). kel-moq(우즈벡어)=gelmek(튀르키예어)=오다. 'ㄲ, ㄸ, ㅃ, ㅉ, ㅆ, ㆅ 爲 全濁'〈훈민정음해례본〉(전탁(全濁)=유성음(有聲音)). cf. 짭(雜)〈석보상절 9권 19장 뒷면〉〖일본어식으로 표기〗→짜부〖ㅂ→ㅎ〗→짜후〖ㅉ→ㅆ〗→싸후〖ㅆ→z〗→zahu→ざふ(雜)(zahu)(일본어 고어). cf. 雜(ざつ, ぞう)(現代語). 숥(術)〖ㅎ→∅〗→쓜〖일본어식으로 표기〗→쓔르〖ㄹ→ㅌ〗→쓔트〖구개음화: ㅌ→ㅊ/__으〗→쓔츠〖ㅆ→z〗→zyutsu→じゅつ(術)(일본어 고어, 현대어). 똘(경기, 전라, 충청)〈고려대 한국어대사전〉(=도랑(표준어))+**앙**(의미첨가 없이 명사에 붙는 접미사)→또랑(경남)(=도랑).

(5) ~as/~at=~앗(as)/앗[앋](at)

것=거(경남)(=것)+앗(의미첨가 없이 명사에 붙는 접미사)〖모음조화: 어-어〗→거엇〖동모음 축약〗→것. **곧**〈석보상절 6권 7장 앞면〉=고(경남)(=것)+**앗[앋]**(=子)(의미첨가 없이 명사에 붙는 접미사)→**고앋**〖모음조화:오-오〗→고옫〖동모음 축약〗→곧 【근거】현대어, '것'과 '곳'의 중세 국어는 '곧'이었다: 이**곧**뎌고대〈용비어천가 4권 24장 앞면〉=이**곳**저곳에. 사물과 장소의 의미를 구분하기 위해 '곧(=것)'은 모음을 '어'로 바꾸고 'ㄷ'을 'ㅅ'으로 바꾸어 '것'으로, '곧(=곳)'은 'ㄷ'을 'ㅅ'으로 바꿔 '곳'으로 철자를 바꾸었다. 원 접미사는 '앋'이었는데 현대어에서 '앗'으로 바뀌었거나 원 접미사가 '앗'이었는데 '앗[앋]'과 같이 발음대로 표기해서 '앋'을

사용했을 수도 있다 【근거】 かさ(=笠)(kasa)(일본어 고어, 현대어)=갓(한국의 전통 모자)(kas)+아(=子)(a)(의미첨가 없이 명사에 붙는 접미사). cf. 갇(=笠(립))〈훈몽자회 중권 15장 뒷면〉〖ㄷ→ㅅ〗→갓(현대어). 모자(帽子)(=모(帽))=모(帽)+자(子)(의미첨가 없이 명사에 붙는 접미사). 몬(=釘)〈훈민정음해례본 합자해〉〖ㄷ→ㅅ〗→못. 붇(=筆)〖ㄷ→ㅅ〗→붓(현대어).

곳=고(경남)(=곳)+앗(=子)(의미첨가 없이 명사에 붙는 접미사)→고앗〖모음조화: 오-오〗→고옷〖동모음 축약〗→곳. 【근거】 요오(경남)(=이곳, 여기)=요+**고**(=곳)〖ㄱ→∅/모음__모음〗→요오. 곧〈용비어천가 4권 24장 앞면〉=고+앗〖앋〗→고앗〖모음조화: 오-오〗→고옫〖동모음 축약〗→곧. ⇒ 것.

노릇〔=戲〕〈용가44장〉《고려대 한국어대사전》(=노릇)=놀(다)+옷(=앗)(=것, 행위). 노릇〖ᄋ→으〗→노릇(현대어).

도랏(경북, 전남)〈고려대 한국어대사전〉(=도라지)=돌+**앗**. cf. 도라지=돌+**앗**〖앋〗+이(첨가음)→도랃이→도라디〖구개음화: ㄷ→ㅈ/__이〗→도라지. 혹은, 도라지=돌+악+이(첨가음)→도라기〖구개음화: ㄱ→ㅈ/__이〗→도라지. 돌가지(강원, 경상, 전라, 평북)〈고려대 한국어대사전〉(=도라지)=돌+갓〖**갇**〗(=앗)+이(첨가음)→돌갇이→돌가디〖구개음화〗→돌가지. 혹은 돌가지=돌+각(=악)+이→돌가기〖구개음화〗→돌가지 【근거】 씨앗=씨갓(강원, 경남, 전남, 평북, 함경)〈고려대 한국어대사전〉=種子=種(=씨)+자(=앗/갓). 뜨락=뜰+악(=子)(의미첨가 없이 명사에 붙는 접미사). 앗〖앋〗=갓〖갇〗=악=각=子.

씨앗〖씨앋〗(=종자(種子))=씨(=種)+앗(=子). cf. 씨갓(강원, 경남, 전남, 평북, 함경)〈고려대 한국어대사전〉(=씨앗)(=種子)〖ㄱ→∅/모음__모음〗→씨앗. 앗=갓=子.

ağıt(=울음)=ağ+앗〖앋〗(의미첨가 없이 명사에 붙는 접미사)+이(첨가음)〖모음 합체〗→ağ앧〖애→에〗→ağ엗〖에→이〗→ağ읻(it)〖모음조화: a-ı〗→ağıt. cf. ağla-mak(=울다)=ağ(=울음)+la+mak: ağ~(=울음)=엉(엉 울다)?(동사로 보고)+이(명사형 어미)〖어→아〗→앙이(angi)〖ng→g〗(현대어 받침 /ㅇ/은 중세 국어의 꼭지 있는 이응, /ᅌ/이었다)→agi〖모음조화: a-ı〗→agı〖g→ğ/모음__모음〗→ağı〖ğ〗 뒤의 〔ı〕는 있으나 없으나 발음이 같이 들린다(〔ı〕가 없었다면 /ğ/가 만들어질 수 없

다)〗→ağ【근거】돌돌 감다: 돌돌(부사)=돌(다)(동사 어간)+돌(다)(동사 어간). ring ring(부사)(=따르릉따르릉)=ring(동사 어간)+ring(동사 어간). gök(=하늘, 천국)= 옥(玉)〈월인석보 1권 월인천강지곡 26장 뒷면〉+이(첨가음)〖모음 합체〗→외ㄱ(받침, /ㄱ/이 있는 글자가 없어서 이렇게 표기했다)〖ㆁ(꼭지 있는 이응)→g〗→gök 【근거】옥황(玉皇)(=하늘의 황제=하느님)=하늘(=옥(玉))+황(皇)(=황제). cf. 옥(獄) 〈석보상절 19권 14장 뒷면〉〖일본어식으로 표기〗→오구〖ㆁ(꼭지 있는 이응)→g〗 →goku→ごく(獄)(goku)(일본어).

ahlâkıyat(=윤리학)=ahlâk(=윤리)+ı(=으(경남)(소유격 조사))+앗[앋](=子)(= 것)(at)→ahlâkı앋(at)→ahlâkıat〖모음 충돌 회피용 삽입 반자음, /y/ 첨가〗 →ahlâkıyat. cf. ahlâkî(=도덕적, 윤리적)=ahlâk(=윤리)+으(소유격 조사)〖으→이 (i)〗→ahlâkî【근거】으사/이사(경남)=의사(醫師)(표준어). dinî(=종교의)=din(=종 교)+으(소유격 조사)(경남)〖으→이(i)〗→dinî.

beyaz(=흰색)=벽(白)(=흰색)〈월인석보 1권 월인서 22장 뒷면〉+이(첨가음)+앗(= 子)(의미첨가 없이 명사에 붙는 접미사)+이(첨가음)→볙기앗이〖ㄱ→Ø/모음__ 이〗→볙이앗이〖단음화: 의→애〗→볙이앗이〖애→에〗→볙이앗이→볙이아시 〖유성음화〗→볙이아시〖ㅂ→b, ㅿ→z〗→beiazi〖모음 합체: i+a→ya〗→beyazi 〖모음조화: a-ı〗→beyazı〖유성 마찰음 [z] 다음의 [ı]는 있으나 없으나 발음이 같 이 들린다〗→beyaz【근거】국(國)+이(첨가음)〖모음 합체〗→귁(國)〈월인석보 1권 훈민정음 1장 앞면〉. 씨앗(=種子)=씨=種)+앗(=子)(의미첨가 없이 명사에 붙는 접 미사). 고기〖umlaut〗→괴기〖단음화〗→게기(경남)〖ㄱ→Ø/모음__모음〗→게이 (경남). 'ㄲ, ㄸ, ㅃ, ㅉ, ㅆ, ㆅ 爲 全濁'〈훈민정음해례본〉(전탁(全濁)=유성음(有聲 音)).

biliş(=acquaintance=아는 사람, friend=친구)=bil(mek)(=알다)+앗(=子)(=사람)+이 (첨가음): 앗+이〖umlaut〗→앳이〖애→에〗→엣이〖에→이〗→잇이→이시→iş. cf. bilgi(=지식)=bil(mek)(=알다)+기(명사형 어미)(ki)→bilki〖유성음화〗→bilgi. bilme(=cognition=인지)=bil(mek)+me(cf. 열매=열(다)+마+이(첨가음)〖모음 합체〗 →열매). cf. bilim(=지식, 학문)=bil(mek)+으(자음 충돌 회피용 삽입 모음)+ㅁ(명

사형 어미)→bilım〖모음조화: i-i〗→bilim.

boğaz(=목, 해협)=목(=neck)+앗(=子)(의미첨가 없이 명사에 붙는 접미사)+이(첨
가음)→모가시(mokasi)〖m(ㅁ)→b〗→bokasi〖유성음화〗→bogazi〖g→ğ/모음__
모음〗→boğazi〖모음조화: a-ı〗→boğazı〖[z] 뒤의 [ı]는 있으나 없으나 발음이 같
이 들린다〗→boğaz([ı]가 없으면 [s]가 유성음 [z]로 바뀔 수 없다)【근거】 모가지
(경남)(=목)=목+앗[안]+이(첨가음)→모가디〖구개음화: ㄷ→ㅈ/__이〗→모가
지. 강물이나 바닷물이 흘러가다가 좁아지는 곳을 '목'이라고 한다. 울돌**목**(지명
(地名)). 소 한 마리(mari)(표준어)〖m(ㅁ)→b(ㅂ)〗→소 한 바리(bari)(경남): 한 마
리→한 바리(han pari)〖유성음화: p→b/ㄴ(n)__아(a)〗→han bari. muz(우즈벡
어)=buz(튀르키예어)=얼음.

ciddiyet(=심각함, 엄중함)=ciddi(=엄중한, 진지한)+앗(=子)[안](명사형 어미)+이
(첨가음)→ciddi안이〖모음 합체〗→ciddi앤〖애→에〗→ciddi엔(et)→ciddiet〖모음
충돌 회피용 삽입 반자음, /y/ 첨가〗→ciddiyet. 진지(眞摯)(=말이나 태도(態度)가
참답고 착실(着實)함): 진(=眞)+이(첨가음)〖ㄴ→Ø/__이 and 이[ĩ](鼻母音) and 비
모음의 구강 모음화〗→지이〖동모음 축약〗→지. '*띠(摯)〖ㄸ(d)→ㄷ(t)〗→디〖구
개음화〗→지'로 추정할 수 있다. 眞摯=지+띠〖어두 유/무성자음 교체: ㅈ→.c〗
→ciddi. cf. 띵(地)〈석보상절 19권 14장 앞면〉[띠]〖ㄸ(d)→ㄷ(t)〗→디〖구개음화〗
→지(현대어). 중세 국어에서 띵(地)[띠]는 [di]로 발음되었다. 현대 중국어에서는
地[di]로 발음을 표기했으나 실제 발음은 [ddi]로 발음되어 튀르키예어와 같으나
真摯를 [zhēnzhì]와 같이 발음하여 튀르키예어의 발음과는 다르다. 튀르키예어의
발음은 경남 방언의 음운 규칙을 따르고 있다. 현대 한국어에서 영어, bus를 표준
어는 [버스]로 발음하나 일반적으로 [뻐스]로 발음한다: b=ㅃ. 이와 같이 띠[di]를
[ddi]로 발음한 것으로 볼 수 있다.

cinayet(=살인자, 살인)=신(人)〈석보상절 19권 13장 뒷면〉(=사람)+올(목적격 조
사)+앗(다)(=제거하다, 없애다)+이(=사람 혹은 행위)〖어말 /ㄹ/ 탈락〗→신ᆞ앗이
〖ᆞ→아〗→신아앗이〖모음 합체〗→신아앳〖애→에〗→신아+엣[엔][et]〖ㅿ→z〗
→zinaet〖모음 충돌 회피용 삽입 반자음, /y/ 첨가〗→zina+y+et→zinayet〖z→c〗

→cinayet(그 뜻은 '사람을 제거하는(=죽이는) 사람 혹은 사람을 제거하는 행위= 살인) 【근거】 왼손잡이=왼손+잡(다)+이(=사람). 살림살이=살림+살(다)+이(=행위). 물로 묵고(경남)(=물을 먹고)=물+울(목적격 조사)+묵(다)+고[어말 /ㄹ/ 탈락]→물오 묵고[/ㄹ/ 복제]→물로 묵고 【근거】 樓룰우희ᄂᆞ라올아〈석보상절 6권 3장 앞면〉=누 위에 날아올라: 올아[/ㄹ/ 복제]→올라. cf. Ja(pan)(=日(本))[dʒə]= 싫(日)〈석보상절 9권 11장 앞면〉[ㅎ→Ø]→실[ㄹ→Ø/__ㅂ(p)]→싀(zi)[i→ə] (약음절에서)→zə[z→dʒ]→dʒə→Ja 【근거】 앞〈용가 60장〉《고려대 한국어대사전》(앞)+ㅎ(고유어 명사에 붙음)[ㄹ→Ø/__ㅂ(p)]→압+ㅎ[ㅂ+ㅎ→ㅍ]→앞(현대어)(영어도 한국어의 음운 규칙을 따르고 있다).

cirit(=막대기, 창)=질(다)(경남)(=길다)+앗(=子)[안](=것)+이(첨가음)[모음 합체] →질앤[애→에]→질엔[에→이]→질인[어두 유/무성자음 교체: ㅈ→c]→cir- it(그 뜻은 '긴 것'=막대기, 창) 【근거】 길다(표준어)[구개음화: ㄱ→ㅈ/__이]→ 질다(경남). kelmoq(우즈벡어)=gelmek(튀르키예어)=오다.

demet(=뭉치, 더미, 다발)=덤이(=더미)+앗[안](의미첨가 없이 명사에 붙는 접미 사)+이(첨가음): 덤이[모음 합체]→**뎀**. 안+이[모음 합체]→앤[애→에]→**엔**. 뎀(tem)+엔(et)→**temet**[어두 유/무성자음 교체]→demet 【근거】 더미(=demet)= 덤+이(첨가음). gelmek(튀르키예어)=kelmoq(우즈벡어)=오다. 씨앗(=種子)=씨(= 종(種))+앗[안](=子)(의미첨가 없이 명사에 붙는 접미사). cf. 모자(帽子)=모(帽)+자 (子)(의미첨가 없이 명사에 붙는 접미사). 장어(표준어)+이(첨가음)[모음 합체]→ 장에[모음조화: 아-애]→장애(경남).

doğuş(=출생, 탄생)=doğ(mak)(=태어나다, 출생하다)+앗(=子)(명사형 어미)+이 (첨가음)[umlaut]→doğ앳이[애→에]→doğ엣이[에→이]→doğ잇이→doğ이시 →doğiş[모음조화: o-u]→doğuş. cf. **doğum**(=탄생, 출산)=doğ(mak)+으(ı)(자음 충돌 회피용 삽입 모음)+ㅁ(m)(명사형 어미)[모음조화: o-u]→doğum. **doğma**(= 출생, 탄생)=doğ(mak)+마(ma)(명사형 어미). cf. 가르마=가르(다)+마. **doğ**(mak)=* 독('돋구다[도꾸다=**독**(다)(자동사))+구(사동 보조 어간)+다'로 오분석 동사 어간 '독'이 만들어졌다)[풀어쓰기]→도그(tokı)[어두 유/무성자음 교체]→dokı[유성음화〗→dogı〖g→ğ/모음＿모음〗→doğı〖/ğ/ 뒤의 /ı/는 있으나 없으나 발음이 같이 들린다〗→doğ. 이와 같이 오분석하여 만들어진 단어의 예: 쑥고개(서울시 관악구 신림동에서 봉천동으로 넘어가는 고개 이름)=숯고개[수꼬개](=炭峴(탄현)=炭(=숯)+峴(=고개))〖'수꼬개=숙+고개'로 오분석〗→숙고개〖ㅅ→ㅆ〗→쑥고개(현재의 지명). 숯고개(원 지명(元 地名))

dölüt(=태아, 배(胚), 씨눈)=döl(=종자, 씨)+앗(=자(子))[안]+이(첨가음)〖모음 합체〗→döl앤〖애→에〗→döl엔〖에→이〗→döl인(it)〖모음조화: ö-ü〗→dölüt【근거】종자(種子)=씨(=종(種))+앗(=자(子)). **döl**(=(동식물의) 종자, 씨)=팅(胎)〈석보상절 19권 2장 뒷면〉[티](=태아, 태)+알(=子)(의미첨가 없이 명사에 붙는 접미사)+이(첨가음)〖모음 합체〗→티앨〖애→에〗→티엘〖에→이〗→티일〖동모음 축약〗→틸〖이→ö〗→töl(튀르키예어에는 /t/와 /th/의 구분이 없다)〖어두 유/무성자음 교체〗→döl【근거】사타리(경남)=살(표준어)+알(의미첨가 없이 명사에 붙는 접미사)+이(첨가음)〖발음대로 표기〗→사타리. kelmoq(우즈벡어)=gelmek(튀르키예어)=오다. 팅(胎)〈석보상절 19권 2장 뒷면〉[티]〖단음화: 이→애〗→태(현대어).

domates(=토마토)=tomat+앗(=子)(의미첨가 없이 명사에 붙는 접미사)+이(첨가음)〖모음 합체〗→tomat앳〖애→에〗→tomat엣(es)→tomates〖어두 유/무성자음 교체〗→domates. cf. tomato(영어)=tomat+ㅇ(=子)(의미첨가 없이 명사에 붙는 접미사)〖ㅇ→오〗→tomato. tomate(스페인어)=tomat+아(=子)(의미첨가 없이 명사에 붙는 접미사)+이(첨가음)〖모음 합체〗→tomat애〖애→에〗→tomat에(e)(철자)〖에→이〗→tomat이〖이→으〗→tomat으(ɨ)〖유성음화: t→d〗→[tomadɨ](/t/는 한국어 /ㄷ/과 같이 들렸다). tomate[tɔmat](프랑스어)(어말 /e/는 발음이 되지 않는다)【근거】아래(표준어)(=하(下))=알(경남)(=下)+**아**(=자(子))(의미첨가 없이 명사에 붙는 접미사)+이(첨가음)〖모음 합체〗→알애→아래. 씨**앗**(=종자(種子))=씨(=종(種))+앗(=자(子))(의미첨가 없이 명사에 붙는 접미사). **이사**/으사(경남)=의사(醫師)(표준어). 스페인어와 프랑스의 어말 /e/도 고어에서 아무런 기능도 하지 않은 것을 붙이지는 않았을 것이다. 한국어의 접미사를 고려하지 않으면 왜 이들 나라 말이 같은 뜻이 되는지 설명할 수 없다.

edebiyat(=문학)=edebi(=문학적)+y(모음 충돌 회피용 삽입 반자음)+앗(at)(=것).

geçit(=통로)=거치(다)+앗(=것, 곳)+이(첨가음)〔umlaut〕→게치(keç)앗이〔어두 유/무성자음 교체〕→geç앗이〔모음 합체〕→geç앳〔애→에〕→geç엣〔에→이〕→geç잇[it]→geçit(그 뜻은 '거치는 것/곳'=통로)【근거】셋(=三)=서(=三)+앗+이(첨가음)〔모음 합체〕→서앳〔애→에〕→서엣〔에→이〕→서잇〔모음 합체: 어+이→에〕→셋, 넷(=사(四))=너(=사(四))+앗+이【근거】서너 개: 서=셋, 너=넷. 중세 국어에서 '것'과 '곳'은 '곧'이었다: 곧〈석보상절 6권 7장 앞면〉(=것). 이곧뎌고대〈용비어천가 4권 24장 앞면〉=이곳저곳에. 듣디아니ㅎ샨고돈〈석보상절 6권 7장 앞면〉=듣지 아니하신 것은. **겨집**〈석보상절 19권 17장 뒷면〉〔umlaut〕→계집(현대어)(현대어에서는 '이' 모음 앞에 치음(ㅈ, ㅊ)이 오면 umlaut가 잘 일어나지 않으나 일어난 예이다).

gölet(=작은 연못, 저수지)=göl(=연못, 호수)+앗(=子)〔안〕(지소사)+이(첨가음)〔모음 합체〕→göl앤〔애→에〕→göl엘](et)→gölet. göl(=연못, 호수)=(물이) 고이(다)+알(=장소)+이(첨가음): 알+이〔모음 합체〕→앨〔애→에〕→엘〔에→이〕→일. 고이+일〔동모음 축약〕→고일〔모음 합체〕→괼(köl)〔어두 유/무성자음 교체〕→göl【근거】gelmek(튀르키예어)=kelmoq(우즈벡어)=오다. 고이다〔모음 합체〕→괴다. ko'l(우즈벡어)=고(다)(전남)〈우리말샘〉(=고이(다)+알〔모음조화: 오-오〕→고올〔동모음 축약〕→골→ko'l【근거】고다(전남)〈우리말샘=고이다〔모음조화: 오-오〕→고오다〔동모음 축약〕→고다. cf. **isle**(영어)(=섬)+앗〔안〕(=子)(지소사)+이(첨가음)〔모음 합체〕→isle앤〔애→에〕→isle엔(et)→isleet〔동모음 축약〕→islet(=작은 섬)(영어도 한국어의 지소사, '앗'을 사용하고 있다. 앞으로 연구가 필요하다).

gömüt(=무덤, 묘)=göm(mek)(=파묻다, 매장하다)+앗〔안〕(것, 곳)+이(첨가음)〔모음 합체〕→göm앤〔애→에〕→göm엔〔에→이〕→göm잇(it)〔모음조화: ö-ü〕→gömüt. göm(mek)=**꼼**(박다)(경남)(=못 찾게 깊숙이 숨겨두다)+이(첨가음 혹은 사동 보조 어간)〔모음 합체〕→꾐〔ㄲ→g〕→göm. cf. **꼼탁/굼턱**=곰/굼+터(=장소)+악/억(=子)(의미첨가 없이 명사에 붙는 접미사). 곰/굼(경남)=구멍. **구멍**=굼+

앙(의미첨가 없이 명사에 붙는 접미사)[모음조화: 우-어]→굼엉[발음대로 표기]
→구멍.

hararet(=열, 더위, 더운 기운, 열기)=활(활)[할](경남 발음)하(다)+ㄹ(관형형 어
미)+앗[앋](=것)+이(첨가음)[모음 합체]→할할앤[애→에]→할할엔[하라렌](경
남 발음)→하라렌→hararet【근거】활활=열기가 세게 오르는 모양. 손이 활활거
리다[하랄거리다]/활활하다[하랄하다](경남 발음)=손이 아주 뜨겁게 느껴지다.

itiraz(=이의, 반대)=의(議)(=논의, 의견)[이](경남 발음)+**틀**(다)(=반대하다)(경
남)+앗(=것)+이(첨가음)→이틀앗이[으(ㅣ)→이(i) 혹은 모음조화: 이-이]→이틸
앗이→이티라시[유성음화]→이티라ᄉㅣ[ㅿ→z]→itirazi[모음조화: a-ㅣ]→itirazı
[[z] 다음의 [ı]는 있으나 없으나 발음이 같이 들린다]→itiraz(그 뜻은 '의견을 트
는 것'=이의, 반대)【근거】그렇게 하자고들 하는데, 그 사람이 **틀고** 있다.=그렇게
하자고들 하는데, 그 사람이 **반대하고** 있다. **으사**(경남)=**이사**(경남)(/이/, /으/를
높고 강하게 발음한다)=의사(醫師)(표준어). **dinî**(=종교의)=din(=종교)+으(ㅣ)((경
남)(소유격 조사)[으(ㅣ)→이(i)]→dinî.

izdeş(=제자, 뒤따르는 사람)=잇(다)+뎽즁(弟子)[뎨ᄌㆍ]〈석보상절 13권 3장 앞면〉
+이(첨가음): 뎨[단음화]→떼[ㄸ→d]→**de**. ᄌㆍ이[ㆍ→아]→자이[모음 합체]
→재[애→에]→제[에→이]→지[ㅈ→ㅅ]→시. izdeş=잇(**is**)+de+시(**ş**)[유성
음화: ㅅ(s)→z/유성음__유성음]→izdeş(그 뜻은 '(뒤를) 잇는 제자'이다). cf. で
し(弟子)(desi)(일본어)=deş【근거】'ㄲ, ㄸ, ㅃ, ㅉ, ㅆ, ㆅ 爲 全濁'〈훈민정음해례
본〉(전탁(全濁)=유성음(有聲音)). 자(子)+이[모음 합체]→재[애→에]→제[에→
이]→지[ㅈ→ㅅ]→시(si)(=し(子)(si)(일본어))[이→으]→스(sɯ)(=す(sɯ)(일본
어))【근거】똥구시(경남)=똥+굼(=구멍이)+이(첨가음)→똥구디[구개음화: ㄷ→
ㅈ/__이]→똥구지[ㅈ→ㅅ]→똥구시. 이사/으사(경남)=의사(醫師)(표준어). 튀
르키예어와 일본어는 경상도 방언의 음운 규칙을 따르고 있다.

kat(=켜, 층, 겹)=켜+앗[앋](의미첨가 없이 명사에 붙는 접미사)[여→야]→캬앋
[단음화]→카앋[동모음 축약]→칻→kat【근거】씨앗=종자(種子): 씨=종(種), 앗
=자(子). 서이(경남)(=셋)=서(=三)+이(첨가음)[모음 합체]→세. 셋=서+앗(=子)(의

미첨가 없이 명사에 붙는 접미사)+이(첨가음)[모음 합체]→서앳[애→에]→서엣[에→이]→서잇[모음 합체]→셋【근거】서너 개=세 개 혹은 네 개.

kümes(=(조류의) 장, (닭)장, 오두막(한국어와 동일 사고방식: 닭장=오두막)=금(禽)(=새)+이(첨가음)+**앗**(=것, 곳)+이(첨가음)[모음 합체]→큄앳[애→에]→큄엣[으→우]→큄엣→kümes【근거】종지=종자(鍾子)+이(첨가음)[모음 합체]→종재[애→에]→종제[에→이]→종지. 믈(=水)〈월인석보 1권 월인천강지곡 23장 앞면〉[으→우]→물(현대어).

küt küt(=쿵쿵)=*쿠(다)+앗[안](부사형 어미)+이(첨가음)+*쿠(다)+앗[안](부사형 어미)+이(첨가음)[모음 합체]→쿠앤 쿠앤[애→에]→쿠엔 쿠엔[에→이]→쿠인 쿠인[모음 합체]→쿤 쿤→küt küt. küt küt etmek=(for one's heart) to pound=(심장이) 쿵쿵하다. 심리적으로 충격을 받아서 가슴이 자꾸 세차게 뛰다. cf. 쿵쿵=*쿠(다)+앙(부사형 어미)+*쿠(다)+앙[모음조화: 우-우]→쿠웅쿠웅[동모음 축약]→쿵쿵. cf. 쾅쾅=*쿠+앙(부사형 어미)+*쿠+앙[모음 합체]→쾅쾅[이런 글자가 없어서]→쾅쾅【근거】노릇노릇/노랏노랏/노롯노롯 꾸따(경남)=노랑노랑 꾸따(경남)=노릇노릇 굽다(표준어). 노랑노랑(=노릇노릇/노랏노랏/노롯노롯)=*놀(다)(=노랗다)+앙(부사형 어미)+*놀(다)+앙. 노롯노롯=*놀(다)+앗+*놀(다)+앗[모음조화: 오-오]→놀옷놀옷→노롯노롯. 거멓다=검(다)+앟+다[모음조화: 어-어]→거멓다.

mürettebat(=승무원)=mürettep(=정돈된)+앗[안](=子)(at)(=사람)[유성음화]→mürettebat.

mürit(=제자, 문하생)=*물이(다)(=물리(다)=사람이나 물건 따위를 다른 자리로 옮겨 가게 하거나 옮겨 놓다)+이(피동 보조 어간)+앗[안](=子)(=사람)+이(첨가음)[동모음 축약]→물이앗이[모음 합체]→뮐앤[애→에]→뮐엔[에→이]→뮐인→뮈린→mürit(그 뜻은 '(기술, 지식 등이) 물려주어지는 사람'=물려받는 사람=제자)(모음조화 시키지 않았다). cf. **izdeş**(=제자, 뒤따르는 사람)=잇(다)+똉중(弟子)[똉ㅈ]〈석보상절 13권 3장 앞면〉+이(첨가음): 똉[단음화]→뗴[ㄸ→d]→**de**. ㅈ이[ㆍ→아]→자이[모음 합체]→재[애→에]→제[에→이]→지[ㅈ→ㅅ]

→시. izdeş=잇(is)+de+시(ş)[유성음화: ㅅ(s)→z/유성음__유성음]→izdeş(그 뜻은 '(뒤를) 잇는 제자'이다). cf. でし(弟子)(desi)(일본어)=deş【근거】'ㄲ, ㄸ, ㅃ, ㅉ, ㅆ, ㆅ 爲 全濁'〈훈민정음해례본〉(전탁(全濁)=유성음(有聲音)).

özet(=요약, 요지)=öz(=참, 진, 본질. 정수)+앗[앋](의미첨가 없이 명사에 붙는 접미사)+이(첨가음): 앋+이[모음 합체]→앤[애→에]→엔(et). cf. **öz**=요(要)(=요긴하다. 중요하다, 요약하다)+이(첨가음)+자(子)(=것)+이(첨가음)[모음 합체]→외재[모음 간소화: 외→외]→외재[애→에]→외제[에→이]→외지[ㅈ→ㅅ]→외시[이→으]→외스[유성음화: ㅅ→ㅿ/유성음__유성음]→외스[외→ö, ㅿ→z]→özı[[z] 다음의 [ı]는 있으나 없으나 발음이 같이 들린다]→öz. **özet**(=참된, 순수한; 사실상의. 진짜의)=öz+앗[앋](명사형 어미)+으(경남)(소유격 조사)[으→이]→öz앋이[모음 합체]→öz앤[애→에]→öz엔(et)【근거】귁(國)〈월인석보 1권 훈민정음 1장 앞면〉=국(國)+이(첨가음). **dinî**(=종교의)=din(=종교)+으(ı)((경남)(소유격 조사)[으(ı)→이(i)]→dinî. **Özbekistan**(=우즈베키스탄)(튀르키예어)=Özbek(=우즈벡인)+으(소유격 조사)(경남)+stan[으→이]→Özbek+이(i)+stan.

samimiyet(=성실, 성심, 정성, 충성; 친근, 친밀, 친분)=samimi(=친근한, 친밀한; 성심의, 정성스런, 충성의)+앗[앋](명사형 어미)+이(첨가음)[모음 합체]→samimi앤[애→에]→samimi엔(et)[모음 충돌 회피용 삽입 반자음, /y/첨가]→samimiyet. cf. 노롯〈석보상절 13권 22장 앞면〉=놀(다)+옷(子)(명사형 어미)[ᆞ→오]→놀옷〈박통사언해 중권 1장〉《우리말샘》. 노롯[ᆞ→으]→놀옷→노릇(현대어). 형용사 어간에 '앗'이 붙는 예는 찾지 못했으나 '파릇파릇하다=군데군데 파르스름하다〈표준국어대사전〉에서 '파르스름'이 명사형인 것으로 보아 '파릇(파릇)=파르(다)+앗+이[모음 합체]→파르앳[애→에]→파르엣[에→이]→파르잇[모음조화: 으-으]→파르웃[동모음 축약]→파릇)'이 명사임을 알 수 있다. 물론 '파릇파릇'은 부사로도 쓰인다. **samimi**=참이(다)+ㅁ(명사형 어미)+으(소유격 조사)(경남)[으→이]→참임이(i)(튀르키예어의 소유격 조사)→차미미[ㅊ→ㅅ]→사미미→samimi【근거】느으/너어 집(경남)(=너의 집)=느/너+으/어(소유격 조사)+집.

으(경남 방언의 소유격 조사)〚으→이〛→이(튀르키예어 소유격 조사)【근거】으사/이사(경남)=의사(醫師)(경남 방언에서는 이/으 교체가 상당히 자유롭게 일어난다. **dinî**(=종교의)=din(=종교)+으(ı)((경남)(소유격 조사)〚으(ı)→이(i)〛→dinî

sükût(=고요, 정적, 침묵)=숙(肅)(=고요하다, 정숙하다)+이(첨가음)+앗[안](명사형 어미)+이(첨가음): 숙+이〚모음 합체〛→**쉭**. 앗[안]+이〚모음 합체〛→앧〚애→에〛→엔〚에→이〛→**읻**. 쉭+읻(sük+it)〚모음조화: ü-ü〛→sükût【근거】국(國)+이(첨가음)〚모음 합체〛→귁(國)〈월인석보 1권 훈민정음 1장 앞면〉.

taklit(=모조, 모방, 가짜)=탁(拓)(=박다=to copy), 새기다)+ㄹ(관형형 어미)+앗[안](=것)+이(첨가음)→탁랕이〚모음 합체〛→탁랜〚애→에〛→탁렌〚에→이〛→탁릳(taklit)→taklit(그 뜻은 '카피한 것'=모방)(모음조화 시키지 않았다)【근거】애비를 택했다(경남)(=아버지를 꼭 닮았다): 택하다=탁(拓)+이(첨가음)+하다. cf. 탁하다(전남, 평안)《고려대 한국어대사전》(=꼭 닮다)=탁(拓)+하다.

taşıt(=탈 것, 수레, 차)=taşı(mak)(=운반하다, 나르다)+앗[안](=것)+이(첨가음)〚모음 합체〛→taşı앤〚애→에〛→taşı엔〚에→이〛→taşı읻(it)〚모음조화:ı-ı〛→taşııt〚동모음 축약〛→taşıt(그 뜻은 '운반하는 것'=탈 것, 수레, 차)【근거】노롯〈석보상절 13권 22장 앞면〉=놀(다)+옷(子)(명사형 어미)〚ㆍ→오〛→놀옷〈박통사언해 중권 1장〉《우리말샘》. 노롯〚ㆍ→으〛→놀읏→노릇(현대어). 노롯[노롣=norɔt]. 장어(표준어)+이(첨가음)〚모음 합체〛→장에〚모음조화〛→장애(경남). 종지=종자(鐘子)+이(첨가음)〚모음 합체〛→종재〚애→에〛→종제〚에→이〛→종지.

tat(=맛, 풍미, 미각)=달(다)/**다**(다)(경남)+앗[안](=것)→다앋〚동모음 축약〛→닫→tat('맛'은 맛인데 '단맛'이 본래의 뜻이다)【근거】tatlı(=단, 달콤한; 사랑스런, 귀여운)=tat(=단맛)+lı(형용사형 어미)〚모음조화: a-ı〛→tatlı.

tokat(=(따귀를) 때림, 침, (뺨을) 치기)=톡 (치다)+앗[안](명사형 어미)→톡안→토간(tokat)【근거】달달 볶다: 달달(부사)=달(다)(=타지 않는 단단한 물체가 열로 몹시 뜨거워지다)(동사 어간)+달(다)(동사 어간). 톡톡 치다: 톡톡=*톡(다)+*톡(다). 탁(啄)=치다. 탁탁(啄啄)/톡톡/툭툭 치다. cf. ring ring(영어)(=따르릉따르릉)=ring(동사 어간)+ring(동사 어간).

umut(=바람, 희망, 기대)=um(mak)(=바라다, 기대하다, 희망하다)+앗[앋](명사형 어미)+이(첨가음)[모음 합체]→um앧[애→에]→um엗[에→이]→um읻(it)→umit[모음조화: u-u]→umut. cf. **ümit**(=바람, 희망, 기대)=um(mak)+앗[앋]+이(첨가음)[모음 합체]→um앧[애→에]→um엗[에→이]→um읻(it)→umit[umlaut]→ümit(모음조화 시키지 않았다).

ümit(=바람, 희망, 기대)=um(mak)(=바라다)+앗[앋]+이(첨가음)[모음 합체]→um앧[애→에]→um엗[에→이]→um읻(it)→umit[umlaut]→ümit(모음조화 시키지 않았음). cf. **umut**(바람, 희망, 기대)=um(mak)(=바라다, 기대하다, 희망하다)+앗[앋](=것)+이(첨가음)[모음 합체]→um앧[애→에]→um엗[에→이]→um읻(it)→umit[모음조화: u-u]→umut.

vuruş(=치기, 대리기, 두드림)=vur(mak)(=때리다, 치다)+앗(=子)(명사형 어미)+이(첨가음)[umlaut]→vur앳이[애→에]→vur엣이[에→이]→vur잇이→vur이시→vuriş[모음조화: u-u]→vuruş.

yakıt(=연료(燃料))=yak(mak)(=태우다)+앗[앋](=것)+이(첨가음)[모음 합체]→yak앧[애→에]→yak엗[에→이]→ak읻(it)[모음조화: a-ɪ]→yakıt(그 뜻은 '태우는 것'=연료). cf. akaryakıt(=액체연료)=akar(=흐르는)+yak(mak)+앗[앋]+이. yak(mak)=爍(=태울 삭), 灼(=불사를 작), 烙(=지질 락(낙). 모음이 '악'을 끝나는 '태우다'는 뜻의 한자어는 이 셋뿐이다. 이 중 하나일 가능성이 크다. 뜻이 조금 다르지만 烙(=지질 락(낙))[두음법칙 후 보상적 /y/첨가]→약→ yak. 아니면, 삭(爍)(sak)(=태우다)[어두 유/무성자음 교체]→삭(zak)[ㅿ→Ø and 보상적 /y/ 첨가]→약(yak)(가능성이 크다) 【근거】 옇다(경남)=넣다(표준어)[두음법칙 후 보상적 /y/첨가]→옇다. kelmoq(우즈벡어)=gelmek(튀르키예어)=오다. 신(人)〈석보상절 19권 2장 앞면〉[ㅿ→Ø 후 보상적 /y/첨가]→y+인(人)(i)(현대어)→yin[한국어에는 y+i를 표기할 글자가 없다: y+i→i(이)]→인(현대어).

yapıt(=작품)=yap(mak)(=하다, 만들다, 건축하다, 건조하다)+앗[앋](=것)+이(첨가음)[모음 합체]→yap앧[애→에]→yap엗[에→이]→yap읻(it)[모음조화: a-ɪ]→yapıt(그 뜻은 '만든 것'=작품) 【근거】 종지=종자(鍾子)+이(첨가음)[모음 합체]

→종재〖애→에〗→종제〖에→이〗→종지.

yazıt(=새긴 글, 묘지명)=yaz(mak)(=글 쓰다, 적다)+앗[안](=것)+이(첨가음)〖모음 합체〗→yaz앤〖애→에〗→yaz엔〖에→이〗→yaz인(it)〖모음조화: a-ı〗→yazıt(그 뜻은 '글을 쓴 것') 【근거】 종지=종자(鍾子)+이(첨가음)〖모음 합체〗→종재〖애→에〗→종제〖에→이〗→종지.

yemiş(=과일)=열(다)/**여**(다)(경남)+ㅁ(명사형 어미)(=물체)+앗(=子)(의미첨가 없이 명사에 붙은 접미사)+이(첨가음)→염앗이〖umlaut〗→염앳이〖애→에〗→염엣이〖에→이〗→염잇이〖umlaut〗→옘잇이→예미시→yemiş 【근거】 **여름**(함북)〈고려대 한국어대사전〉(=열매)=열(다)+으(자음 충돌 회피용 삽입 모음)+ㅁ(명사형 어미)(=것)(=물체). 곳됴코**여름**하느니〈용비어천가 1권 1장 뒷면〉: 여름(=열매)=열(다)+으(자음 충돌 회피용 삽입 모음)+ㅁ(명사형 어미)(=것). 열매=열(다)+ㅁ(명사형 어미)+아(=子)+이(첨가음)〖모음 합체〗→열매. 종지=종자(鍾子)+이(첨가음)〖모음 합체〗→종재〖애→에〗→종제〖에→이〗→종지. 앗=아=子.

(6) ~be=~바(=소(所))+이(첨가음)

바(=소(所))〈월인석보 1권 석보서 1장 뒷면〉: 所송[소]논 배라=所(소)는 **바**이라. 바+이〖모음 합체〗→배〖애→에〗→베〖유성음화〗→be 【근거】 귁(國)〈월인석보 1권 훈민정음 1장 앞면〉=국(國)+이(첨가음)〖모음 합체〗→귁.

harabe(=폐허, 옛터, 유적, 잔해)=헐(다)(=허물다, 낡다)+아(명사형 어미)+바(=소(所))(=곳)+이(첨가음)〖어→아〗→할아바이〖모음 합체〗→할아배〖애→에〗→할아베(harape)〖유성음화〗→harabe(그 뜻은 '허문 곳', 혹은 '낡은 곳'=폐허 혹은 옛터).

memba(=샘, 수원, 원천)(=kaynak)=믈/**므**(=수(水))+일(다)/**이**(다)(경남)(=없던 현상이 생기다, **위로 솟아오르다**)+ㅁ(명사형 어미)+바(=소(所))(=곳, 장소)→므임바〖모음 합체〗→믬바〖단음화: 의→에〗→멤바(mempa)〖유성음화〗→memba(그 뜻은 '물이 생기는/솟아오르는 곳'=수원) 【근거】 믈〖어말 /ㄹ/ 탈락〗→므 【근거】 새마(=신촌(新村))(경북)=새말(=新村)(경남 현대어)〖어말 /ㄹ/ 탈락〗→새마. **깅**(機)

〈석보상절 13권 28장 앞면〉[긔[[단음화: 의→에]]→게[에→이]]→기(현대어).
중세 국어에서 꼭지 없는 이응, /ㆁ/은 발음되지 않았다.

soba(=난로)=소(燒)(=타다, 태우다)+바(=所)(=장소)→소바(sopa)[[유성음화]]
→soba(그 뜻은 '태우는 곳'=난로).

(7) ~be=~보(=사람)+이(첨가음)

곰보(=얼굴이 얽은 사람을 낮잡아 이르는 말)=곰(=조금 파인 곳)+보(사람).

울보(=잘 우는 사람)=울(다)+보(=사람)

째보(경남)(=언청이)=째(다)(=찢다)+보(=사람).

be=보+이(첨가음)[[모음 합체]]→뵈[[단음화: 외→에]]→베(pe)[[(유성음)+~]]
→be.

ebe(=산파(産婆)(=아이를 낳을 때, 아이를 받고 산모를 도와주는 일을 직업으로
하던 여자)=애(=아이)+보(=사람)+이(첨가음)[[모음 합체]]→애뵈[[애→에]]→에뵈
[[단음화: 외→에]]→에베(epe)[[유성음화]]→ebe 【근거】 외[에](경남 발음). 아+이
[[모음 합체]]→애.

(8) ~dak=~닥

타닥타닥=타(打)(=치다, 때리다)+닥+타+닥. 타닥타닥: 먼지만 날 정도로 가볍게
자꾸 두드리는 소리. 또는 그 모양〈우리말샘〉. cf. **탁탁**=타(打)+악+타+악[[동모음
축약]]→탁탁, **타닥**(=타+닥): 조금 세게 부딪거나 치는 소리를 나타내는 말. 또는
그 모양을 나타내는 말〈고려대 한국어 대사전〉【근거】 노락노락 꾸따(경남)=노릇
노릇 굽다. 노락노락=*놀(다)+악(부사형 어미)+*놀(다)+악. 노랗다=*놀(다)+앟+
다 【근거】 까맣다=깜(다)+앟+다. 타닥타닥: 단단한 물건을 자꾸 두드리거나 먼지
따위를 떠는 소리. 또는 그 모양. 또닥또닥〈토닥토닥〈타닥타닥〈터덕터덕: 모음과
자음으로 그 강도가 더함을 나타낸다.

콩닥콩닥=콩+닥+콩+닥. 콩닥콩닥: 절구나 방아를 잇따라 찧을 때 나는 소리. 또
는 그 모양〈표준국어대사전〉. cf. 콩닥콩닥〈쿵덕쿵덕. 꽁꽁〈콩콩〈쿵쿵 찧다(경남).

파따닥(경남)(=빨리)=*파따+닥. 파딱(경남)=빨리. 파따닥<퍼떠덕. 파딱<퍼떡=빨리.

듯<능엄1:26>《고려대 한국어대사전》(=듯): 관형사형 어미 '-은', '-는', '-을' 뒤에 쓰여, 혹은 비슷하거나 같은 정도의 뜻을 나타내는 말. '듯=*두+읏(=앗)[ㅇ→아]→다앗[동모음 축약]→닷'이면, '닥=*두+옥(=악)[ㅇ→아]→다악[동모음 축약]→닥'일 것으로 추정할 수 있다. '타닥타닥=치고 치듯이' 관형사형 어미, '-은', '-는', '-을' 뒤에 붙지 않고 어간에 붙어 같은 뜻으로 쓰인다: 가듯이=가득. '닥'의 뜻이 '듯'과 같다: 먹듯이=먹더기(경남)=먹+닥+이(첨가음)[모음조화: 어-어]→먹덕이→먹더기/먹떠끼/먹뜨끼[umlaut]→먹데기/먹떼끼/먹띄기[단음화]→먹떼끼(경남, 모두 사용)(경남 방언에서는 '어/으 교체'가 아주 자유롭게 일어난다: 일척/일측=일찍(표준어). 없다/읎다=없다(표준어).

다음 단어는 〈Yeon Kyu-Seok(2009): 172〉에 나오는 튀르키예어 중 한국어에서 유래한 것이다.

cartadak(=cartadan)(=갑작스레 소음을 내면서)=*잘(다)+타(打)+닥→잘타닥[어두 유/무성자음 교체: ㅈ(무성 무기 파찰음)→c(유성 무기 파찰음)]→cartadak('잘/찰' 하고 치듯이)【근거】kelmoq(우즈벡어)=gelmek(투르키예어)=오다. 잘랑잘랑: 작은 방울이나 얇은 쇠붙이 따위가 자꾸 흔들리거나 부딪쳐 울리는 소리. 잘랑=*잘(다)+앙(부사형 어미)[/ㄹ/ 복제]→잘랑【근거】둘에〈월인석보 8권 13장〉《고려대한국어대사전》=둘(다)+아(=장소)+이(첨가음)[모음조화: 우-어]→들어이[모음 합체]→둘에[/ㄹ/ 복제]→둘레(현대어).

cumbadak=첨버덕(경남)[어→으]→츰버덕[으→우]→춤버덕[어→아](튀르키예어에는 /어/가 없다)→춤바닥[ㅊ→ㅈ]→줌바닥[어두 유/무성자음 교체: ㅈ(무성 무기 파찰음)→c(유성 무기 파찰음)]→cumpadak)[유성음화]→cumbadak 【근거】첨버덩(북한): 큰 물체가 깊은 물에 거세게 부딪치거나 잠기는 소리. 또는 그 모양〈우리말샘〉. 없다/읎다(경남). 믈(=水)〈훈민정음해례본 용자례〉[으

→우〗→물(현대어). kelmoq(우즈벡어)=gelmek(튀르키예어)=오다. 꼬치(표준어)〖ㅊ→ㅈ〗→꼬지(경남). cumbadak: Suya düşen bir cismin çıkardığı sesi anlatmak için düşmek fiiliyle birlikte kullanılır〈Vikisözlük〉=물에 떨어진 어떤 물체의 내는 소리를 알리기 위해 'düşmek(=떨어지다)' 동사와 함께 사용된다.

cuppadak(=물체가 물에 떨어질 때 나는 '철벅'하는 소리〈한국어-튀르키예어 사전〉=**철뻐**덕(경남)〖ㅊ→ㅈ〗→절뻐덕('철뻐덕'보다 작은 말)〖ㄹ→∅/__자음〗→저뻐덕〖어→으〗→즈뻐덕〖으→우〗→주뻐덕〖어→아〗(튀르키예어에는 /어/가 없다)→주빠닥〖어두 유/무성자음 교체: ㅈ(무성 무기 파찰음)→c(유성 무기 파찰음)〗→cuppatak〖유성음화〗→cuppadak 【근거】철벅(=옅은 물이나 진창을 크고 거칠게 밟거나 칠 때 나는 소리를 나타내는 말)〈고려대 한국어대사전〉. 철벅: '철버덕'의 준말〈표준국어대사전〉('철버덕'을 줄여서 '철벅'이 되게 할 음운 규칙이 없다). 철벅=*첧(다)+악(부사형 어미)〖모음조화: 어-어〗→첧억〖발음대로 표기〗→철벅. 철버덕=*첧(다)+어(자음 충돌 회피용 삽입 모음)+닥〖모음조화〗→첧어덕〖발음대로 표기〗→철버덕. 철버덕<철뻐덕<철퍼덕. 철뻐덕(경남): '살+거(=것)〖중세 국어의 '밣(八)〈석보상절 6권 27장 뒷면〉(=팔(현대어))의 ㅎ+ㅂ→ㅃ〗→살꺼(경남)'와 같이 'ㅂ→ㅃ'으로 바뀐 것이다. çarp(mak)(=충돌하다, 부딪히다)=*첧(다)(çarp): 현대 한국어에서 '첧다'가 동사로 쓰이지 않지만 '찰박'과 튀르키예 동사를 보면 옛날에는 사용되었음을 알 수 있다. çarp(mak)+아(자음 충돌 회피용 삽입 모음)+닥〖ㄹ→∅/__자음〗→çapadak〖p→pp〗→çappadak(동사, çarp(mak)에서 파생된 원(原)부사이다). cuppadak은 모음과 자음의 변화로 생긴 형태이다: 철버덕/철뻐덕/철퍼덕/절버덕/절뻐덕/절퍼덕(경남). 이 모든 어형이 '어/으 교체'와 '자음 교체'에 의해 어형이 바뀐다. 예를 들면, 경남 방언에서는 다음과 같이 바뀐다: 철버덕→츨브덕/츨버덕/츨브득/철브덕/철브덕…. 튀르키예어도 원어(原語), 한국어, '철버덕'의 여러 변이형 중에 한국어의 음운 규칙으로 만들어진 어형일 것이다: 츨뻐덕(경남)〖ㄹ→∅/__자음〗→즈뻐덕〖으→우〗→주뻐덕〖어→아〗(튀르키예어에는 /어/가 없다)→주빠닥〖어두 유/무성자음 교체: ㅈ(무성 무기 파찰음)→c(유성 무기 파찰음)〗→cuppatak〖유성음화〗→cuppadak 【근거】 없다/앖

다(경남)=없다(표준어). 믈(=水)〈훈민정음해례본 용자례〉[으→우]→물(현대어).

hartadak=(=화다닥)=화[하](경남 발음)(=火)(=불)+알(의미첨가 없이 명사에 붙는 접미사)+타(다)+닥→하알타닥[동모음 축약]→할타닥(harthatak)[ㅌ→ㄷ] (튀르키예어는 둘을 구분하는 글자가 없다. 그래서 /ㄷ/이 유성음화되지 않았다)→hartatak[유성음화]→hartadak 【근거】 그는 **불(=火)같이** 화를 냈다=그는 **갑자기 세게** 화를 냈다. 사타리(경남)=살(표준어)+알(의미첨가 없이 명사에 붙는 접미사)+이(첨가음)→살알이[발음대로 표기]→사타리(=살). hartadak: ansızın ve sertçe (ısırmak, kapmak)〈Vikisözlük〉=갑자기, 세게 (깨물다, 잡아채다). hartadak=harttadak. ⟹ cuppadak. 화다닥=화(火)+타(다)+닥→화타닥[ㅌ→ㄷ]→화다닥. **화닥**(=갑자기)=화+닥: "화닥 놀라 멎어섰다."〈415 문학창작단, 근거지의 봄〉 《우리말샘》.

pattadak(=갑자기)=파따닥(=빨리)(둘의 공통점은 시간의 간격이 없다는 것이다). cf. pattadan(=pattadak)=*파따+안. cf. 눈두던(경북, 충북)〈우리말샘〉(=눈두덩(표준어))=눈+둔(다)(=돈다)+안[모음조화: 우-어]→눈둔언[발음대로 표기]→눈두던. 눈두덕(경남, 전북)〈고려대 한국어대사전〉(=눈두덩)=눈+둔(다)(=돈다)+악[모음조화: 우-어]→눈둔억[발음대로 표기]→눈두덕. 눈두덩=눈+둔(다)+앙[모음조화: 우-어]→눈둔엉[발음대로 표기]→눈두덩. 안=악=앙. buzkıran(=쇄빙선)=buz(=얼음)+kır(mak)(=부수다)+an(=것). 이엉(=초가집의 지붕이나 담을 이기 위하여 짚이나 새 따위로 엮은 물건)=이(다)+앙(=것)[모음조화: 이-어]→이엉. 튀르키예어는 경북 방언(=신라어)와 접미사가 같다. 노락노락(경남)(=노릇노릇)=*놀(다)+악(부사형 어미)+*놀(다)+악(부사형 어미). 노랑노랑(경남)(=노릇노릇)=*놀(다)+앙(부사형 어미)+*놀(다)+앙(부사형 어미). cf. 노랗다=*놀(다)+앟+다. 까맣다=깜(다)+앟+다.

şappadak=*샤(다)+ㅂ(명사형 어미)+하(다)+닥[ㅂ+ㅎ→파]→샤파닥(şaphatak)[파(ph)→뻐]→şappatak[유성음화]→şappadak(cf. hartadak) 【근거】 쎵(城)〈석보상절 6권 14장 앞면〉[ㅆ(z)→ㅅ(s), ㆁ(ng)→ ㅇ(ng)]→셩[단음화]→성(현대어). 매듭=맺[맨](다)+으(자음 충돌 회피용 삽입 모음)+ㅂ(명사형 어미)[발음대로 표

기]]→매듭. 싸다(경남 노인 말)=빠르다: 싸게 싸게 해라=빨리 빨리 해라: 싸(다)+게(부사형 어미)→싸게(경상, 전라, 충청)〈고려대 한국어대사전〉=빨리. cf. 싹/삭('싹'보다 여린 말): 종이나 헝겊 따위를 칼이나 가위로 **단번에** 아주 가볍게 베거나 자르는 소리를 나타내는 말. 또는 그 모양을 나타내는 말. 태도 따위를 **갑자기** 완전히 바꾸는 모양을 나타내는 말. 아주 **갑자기** 나타나거나 사라지는 모양을 나타내는 말: '싹/삭'의 의 중에 공통으로 들어 있는 것이 '갑자기'이다. '싹/삭=싸(다)/사(다)+악[동모음 축약]→싹/삭. 쌈박하다/삼박하다(=일의 진행이나 처리 따위가 시원하고 말끔하게 이루어지다): 쌈박/삼박=싸(다)/사(다)+ㅁ(명사형 어미)+박. şappadak: 1. Şap diye ses çıkararak, şap diye=쪽 하고 소리를 내면서, 쪽 하고: "Şappadak yanağından öptü=그는/그녀는 너의 볼에 쪽 키스를 했다. 쩝쩝: 입맛 다시는 소리. *쪄(다)+p(튀르키예어)(부사형 어미)][ㅉ→ㅈ]→졉[ㅈ→ㅅ]→셥[어→아](튀르키예어에는 /어/가 없다)→샵(şap). 현대 한국어에서는 '쪽'을 사용한다: *쪄(다)+악(부사형 어미)[모음조화: 어-어]→쩌억[동모음 축약]→쩍[어→어]→쪽: 그는 그녀의 볼에 쪽쪽 키스를 했다【근거】 쪙(情)〈석보상절 9권 5장 앞면〉[ㅉ→ㅈ, ㅇ(ng)→ㅇ(ng)(받침)]→졍[단음화]→정(현대아). 쩔레쩔레/절레절레/썰레썰레/설레설레(정도만 다르고 기본 의미는 같다). 2. Birdenbire, ansızın=갑자기: "Şappadak odaya giriverdi=그는/그녀는 갑자기 방으로 들어가버렸다."〈Lugatim〉《LEXILOGOS》.

takkadak=달까닥[ㄹ→Ø]→다까닥(takkatak)[유성음화]→takkadak(그 뜻은 '달까닥'하는 동안에, 즉, '즉시'라는 뜻이다: 그는 그 일을 달까닥/딸까닥 해치웠다=그는 그 일을 즉시 해치웠다. 경남 방언에서는 '따까닥'(빠른 발음)이라고도 한다. cf. 그는 맡은 일을 째깍째깍 해치웠다=그는 맡은 일을 즉시즉시 해치웠다. 째깍: 그 뜻은 '째깍' 하는 동안에=즉시. takkadak: Birden, anında, hemen〈Vikisözlük〉=한번에, 즉시, 곧.

(9) ~ce=엉(語)[어](중세 국어)

~ce=엉(語)〈월인석보 1권 훈민정음 1장 앞면〉[어]+이(첨가음)[모음 합체]→에

〖ㆁ(꼭지 있는 이응)→g〗→ge〖구개음화: g→c/__에〗→ce【근거】이개야미이에
셔살며〈석보상절 6권 37장 앞면〉(=이 개미 이곳에서 살며): 이에셔=이(지시 형용
사)+거(경남)(=곳)+이(첨가음)+셔(조사)〖모음 합체〗→이게셔〖유성음화: ㄱ(k)→
ㆁ(꼭지 있는 이응)(g)/유성음__유성음〗→이에셔. 이게서(경남)(=이곳에서, 여
기서)=이+거+이+서. 셔〖단음화: 여→어〗→서(현대어). cf. 옹(五)〈석보상절 9권
35장 앞면〉[오][ㆁ→g]→go→ご(五)(go)(일본어). 가운제(경북)=가운데(표준어)
〖구개음화: ㄷ→ㅈ/__에〗→가운제. 일반적으로 /에/ 앞에는 구개음화가 일어나
지 않지만 경북 방언(신라어)에서 일어난 예이다. 일반적으로는 /이/ 모음이나, 반
모음, /y/ 앞에서 일어난다: 듣디아니ㅎ시고〈석보상절 6권 7장 앞면〉〖구개음화:
ㄷ→ㅈ/__이〗→듣지 아니ㅎ시고[ᄋ→아]→듣지 아니하시고(현대어). 기름〖구
개음화: ㄱ→ㅈ/__이〗→지름(경남). 계집(표준어)(현대어)〖구개음화: ㄷ→ㅈ/__
y〗→계집〖단음화〗→제집(경남). 아니면, **~ca=자(字)**(=글자)〖유성음화: ㅈ→c/
(유성음)__아〗→ca. 모음조화, 자음조화에 따라 ~ca, ~ce, ~ça. ~çe로 바뀐다.

Almanca(=독일어)=Alman(=독일인)+엉(語)[어]+이(첨가음)〖모음 합체〗→Al-
man에〖ㆁ(꼭지 있는 이응)→g〗→Almange〖구개음화: g→c/__에〗→Almance
〖모음조화: a-a〗→Almanca. cf. Almanca(=독일 문자)=Alman(=독일인)+자(字)(=
글자)〖유성음화: ㅈ→c/n(유성음)__아(a)〗→Almanca. cf.

Almanya(=독일)=Alman(=독일인)+이(i)소유격 조사)+아(=子)(=땅)(a)〖모음 합
체: 이(i)+아(a)→야(ya)〗→Almanya(그 뜻은 '독일인의 땅'이다)【근거】kara(=육
지, 마른 땅)=갈(다)(경남)(=마르다)+아(=땅)→가라(kara). Alman(=독일인)=알(=
金)+man(=사람)?(흉노 출신인 신라 왕족의 성씨인 김(金)과 관련이 있는 것인지
연구가 필요하다)【근거】**alt**ın=금(金), 황금.

Amerikanca(=미국영어)=Amerikan(=미국인)+엉(語)[어]+이(첨가음)〖모
음 합체〗→Amerikan에〖ㆁ(꼭지 있는 이응)→g〗→Amerikange〖구개음화:
g→c/__에〗→Amerikance〖모음조화: a-a〗→Amerikanca. cf. Amerikan(=미국
인)=Amerika(=미국)+앙(=사람)(ang)〖ㆁ(ng)→ㄴ(n)〗→Amerikan【근거】거렁이

(=거지)=걸(乞)(=구걸하다)+앙(=사람)+이(첨가음)〖모음조화: 어-어〗→걸엉이 〖발음대로 표기〗→거렁이. don(mak)(=얼다)=동(凍)(tong)(=얼다)〖ㅇ(ng)→ㄴ(n)〗 →ton〖어두 유/무성자음 교체〗→don 【근거】 kelmoq(우즈벡어)=gelmek(튀르키예어)=오다.

Çince(중국어)=Çin(=중국)+엉(語)[어]+이(첨가음)〖모음 합체〗→Çin에〖ㅇ(꼭지 있는 이응)→g〗→Çinge〖구개음화: g→c/__에〗→Çince(중국어는 나라 이름에 ce가 붙었다). cf. Çin**li**=중국인.

İngilizce(=영어)=İngiliz(=영국인)+엉(語)[어]+이(첨가음)〖모음 합체〗→İngiliz에 〖ㅇ(꼭지 있는 이응)→g〗→İngilizge〖구개음화: g→c/__에〗→İngilizce. cf. İngiltere(=영국)=İngil+터(=땅)+알(의미첨가 없이 명사에 붙는 접미사)+이(첨가음)+ 아(의미첨가 없이 명사에 붙는 접미사)+이(첨가음)〖모음 합체〗→İngil텔애〖애→ 에〗→İngil텔에(tere)('터+알+이=텔'의 '텔'을 접미사가 붙지 않은 명사로 보고 여 기에 다시 의미첨가 없이 명사에 붙는 접미사, '아'를 붙인 것이다) 【근거】 사타리 (경남)(=살(표준어)=살+알(의미첨가 없이 명사에 붙는 접미사)+이(첨가음). 아래 (표준어)=알(경남)(=아래)+아(의미첨가 없이 명사에 붙는 접미사)+이(첨가음)〖모 음 합체〗→알애→아래. cf. **ter**ritory(=영토, 나라의 땅): ter=터+알+이〖모음 합 체〗→터앨〖애→에〗→터엘〖에→이〗→터일〖모음 합체〗→텔(ter). 벌에〈석보상 절 24권 50장〉《우리말샘》〖/ㄹ/ 복제〗→벌레.

İtalyanca(=이탈리아어)=İtalyan(=이탈리아인)+엉(語)[어]+이(첨가음)〖모음 합 체〗→İtalyan에〖ㅇ(꼭지 있는 이응)→g〗→İtalyange〖구개음화: g→c/__에〗→İt-alyance〖모음조화: a-a〗→İtalyanca. cf. İtalya=이탈리아.

Japonca(=일본어)=Japon(=일본인)+엉(語)[어]+이(첨가음)〖모음 합체〗→Japon 에〖ㅇ(꼭지 있는 이응)→g〗→Japonge〖구개음화: g→c/__에〗→Japonce〖모음조 화: o-a〗→Japonca. cf. Japonya=일본.

Korece(=한국어)=Kore(=한국)+엉(語)[어]+이(첨가음)〖모음 합체〗→Kore에〖ㅇ (꼭지 있는 이응)→g〗→Korege〖구개음화: g→c/__에〗→Korece(한국어는 나라 이름에 ce가 붙었다). cf. Kore**li**=한국인.

Özbekçe(우즈벡어)=Özbek(=우즈벡 사람)+엉(語)[어]+이(첨가음)[모음 합체]→Özbek에[ㅇ(꼭지 있는 이응)→g]→Özbekge[구개음화: g→c/__에]→Öz-bekce[자음조화: c→ç/k__]→Özbekçe. cf. Özbekistan=우즈벡.

Rusça(=러시아어)=Rus(=러시아 사람)+엉(語)[어]+이(첨가음)[모음 합체]→Rus에[ㅇ(꼭지 있는 이응)→g]→Rusge[구개음화: g→c/__에]→Rusce[모음조화: u-a, 자음조화: c→ç/s__]→Rusça. cf. Rusya=러시아.

Ukraynaca(-우크라이나어)=Ukrayna(=우크라이나)+엉(語)[어]+이(첨가음)[모음 합체]→Ukrayna에[ㅇ(꼭지 있는 이응)→g]→Ukraynage[구개음화: g→c/__에]→Ukraynace[모음조화: a-a]→Ukraynaca(나라 이름에 ca가 붙었다). cf. Ukraynalı=우크라이나인.

(10) ~ce=~게(부사형 어미)

~ce=~게[구개음화: ㄱ→ㅈ/__에]→제[유성음화: ㅈ(무성 무기 파찰음)→c(유성 무기 파찰음)/유성음__유성음]→ce【근거】가운제(경북)=가운데(표준어)[구개음화: ㄷ→ㅈ/__에]→가운제. 일반적으로 /에/ 앞에는 구개음화가 일어나지 않지만 경북 방언(신라어)에서 일어난 예이다. 일반적으로는 /이/ 모음이나 반모음, /y/ 앞에서 일어난다: 듣디아니ᄒᆞ시고〈석보상절 6권 7장 앞면〉[구개음화: ㄷ→ㅈ/__이, ᄋ→아]→듣지 아니하시고(현대어). 기름[구개음화: ㄱ→ㅈ/__이]→지름(경남). **겨집**〈석보상절 19권 17장 뒷면〉[umlaut]→계집(현대어)(현대어에서는 '이' 모음 앞에 치음(ㅈ, ㅊ)이 오면 umlaut가 잘 일어나지 않으나 일어난 예이다). 계집(표준어)(현대어)[구개음화: ㄷ→ㅈ/__y]→제집[단음화]→제집(경남). 이와 같이 경북 방언의 음운 규칙을 따르는 것은 튀르키예가 신라와 같은 흉노족이 세운 나라이기 때문이다.

빠르게=빠르(다)(형용사)+게(부사형 어미)→빠르게(부사형).

높게=높(다)(형용사)+게→높게(부사형).

gizlice(=몰래)=gizli(=비밀의)+게(ke)(부사형 어미)[유성음화: ㄱ→g/모음__모음]→gizlige[구개음화: g→c/__에(e)]→gizlice.

kuvvetlice(=강하게, 세게, 힘차게)=kuvvetli(=강한, 센, 힘찬)+게(ke)(부사형 어미)〖유성음화: ㄱ→g/모음＿＿모음〗→kuvvetlige〖구개음화: g→c/＿＿에(e)〗→kuvvetlice.

sertçe(=딱딱하게, 거칠게, 엄하게)=sert(=딱딱한, 거친)+게ke(부사형 어미)〖구개음화: ㄱ→ス/＿＿에(e)〗→sert제〖자음조화: ス→ㅊ/t＿＿〗→sertçe.

(11) ~ci=~자(者, 子)+이(첨가음)

① 직업, 직업인

거지=걸(乞)(=구걸하다, 빌다)+자(者, 子)(=사람)+이(첨가음)〖모음 합체〗→걸재〖애→에〗→걸제〖에→이〗→걸지〖ㄹ→Ø/＿＿ス〗→거지 【근거】부젓가락=불(=화(火))+젓가락〖ㄹ→Ø/＿＿ス〗→부젓가락. cf. 子=어떤 종류의 직업인에 대한 호칭(呼稱): 舟子[zhōu zi](중국어)〈고려대 중한사전〉=뱃사공.

경영자(經營者)=경영(經營)(=계획(計劃)을 세워 사업(事業)을 해 나감)+자(者)(=사람).

ci=자(者, 子)(=사람)+이(첨가음)〖모음 합체〗→재〖애→에〗→제〖에→이〗→**지**〖유성음화〗→**ci**[dʒɪ]. '-ci, -çi, -cı, -çı,- cu,- çu, -cü, -çü'는 자음조화, 모음조화에 따른 변이형이다. 몇 개의 단어는 '자(者, 子)(=사람)+이(첨가음)〖모음 합체〗→재〖애→에〗→제〖에→이〗→**지**〖유성음화〗→**ci**[dʒɪ]'와 같이 음운변화 과정을 전부 기술하고 나머지는 '자+이→지'로 중간 과정을 생략하고 기술하겠다.

"Trk. +či(personal suffix)"〈Han-Woo Choi 1996: 11〉는 위와 같이 한국어에서 유래한 것이다. "Ko. +(a)čʰi(personal suffix)"〈Han-Woo Choi 1996: 11〉는 한국어의 다른 접미사에서 유래한 것이다: 악(=사람)+ㅎ(고유어 명사에 붙음)+이(첨가음)〖ㄱ+ㅎ→ㅋ〗→아키〖구개음화: ㅋ→ㅊ/＿＿이〗→아치(ačʰi) 【근거】거러지(=거지)=걸(乞)(=구걸하다)+악(=사람)+이(첨가음)〖모음조화: 어-어〗→걸억이→거러기〖구개음화: ㄱ→ス/＿＿이〗→거러지. cf. 거지=걸(乞)+자(子)+이(첨가음)〖모음 합체〗→걸재〖애→에〗→걸제〖에→이〗→걸지〖ㄹ→Ø/＿＿ス〗→거지 【근거】

부젓가락=불+젓가락〖ㄹ→∅/__ㅈ〗→부젓가락. cf. 바가치(경남)(=바가지)= 박+
악(=~에서 나온 것, 만들어진 것)+ㅎ+이(첨가음)〖ㄱ+ㅎ→ㅋ〗→박아키〖구개음
화: ㅋ→ㅊ/__이〗→박아치→바가치(/ㅎ/이 안 붙으면 '바가지'가 된다)【근거】
키(표준어)(=배의 방향을 조종하는 장치)〖구개음화: ㅋ→ㅊ/__이〗→치(강원, 전
라, 충청, 함경)〈고려대 한국어대사전〉.

açıcı(=여는 일을 하는 사람)=aç(mak)(=열다)+자(者)+이(첨가음)〖모음 합체〗→aç
재〖애→에〗→aç제〖에→이〗→aç지〖자음 충돌 회피용 삽입 모음, /으/(ı) 첨가〗
→açı지〖유성음화: ㅈ→c〗→açıci〖모음조화: ı-ı〗→açıcı. cf. **açar**(=열쇠, 따
개)=aç(mak)(=열다)+알(=子)(=것)(ar)→açar(그 뜻은 '여는 것'=열쇠, 따개). açkı(=
여는 것=열쇠, 따개 등)=aç(mak)+그/거(경남)(=것)→aç그(kı)→açkı. 그/거+이
(첨가음)〖모음 합체〗→긔/게〖단음화: 의→에〗→게/게〖에→이〗→기(표준어).
cf. 따개=따(다)+거(=것)+이(첨가음)〖모음 합체〗→따게〖모음조화: 아-애〗→따
개: 병을 따다=병을 열다.

alıcı(=수취인, 사는 사람)=al(mak)(=받다, 사다)+으(자음 충돌 회피용 삽입 모음)
(ı)+자(子)(=사람)+이(첨가음)〖모음 합체〗→alı재〖애→에〗→alı제〖에→이〗→alı
지〖유성음화: ㅈ→c〗→alıci〖모음조화: ı-ı〗→alıcı 【근거】'받다=사다'의 예: 과
일을 도매상에서 **받아** 가게에서 판다(경남)=과일을 도매상에서 **사서** 가게에서 판
다.

aracı(=중개인)=ara(=틈, 사이)+자(者)+이(첨가음)〖모음 합체〗→ara재〖애→에〗
→ara제〖에→이〗→ara지〖유성음화〗→araci〖모음조화: a-ı〗→aracı. **ara**(=틈, 사
이)=벌(다)(=벌어지다)+아(곳)〖어→아〗→발아〖/ㅂ/ 탈락〗→아라(ara)(그 뜻은
'벌어진 곳'=틈)【근거】예를 다음과 같이 ara 앞에 모음으로 끝나는 단어가 왔을
때 /ㅂ/이 탈락된다: İki ülke arasında(=두 나라 사이에)=İki(=두, 2)+ülke(=나라)+
벌(다)+아(a)(=곳)+sı(3인칭 소유 접미사)+ın(소유격 조사)+다(=데, 곳)+아(처격
조사): ülke(=나라)+벌(다)+아(a)〖어→아〗→ülke+발(다)+아(a)〖유성음화: ㅂ→
ㅸ, ㅸ→∅/모음__모음〗→ülke+알(다)(ar)+아(a)→ülke ara. arasında=arasın+다
+아(경남)(처격조사)〖동모음 축약〗→arasın다(ta)〖유성음화〗→arasında. arasında

에 왜 소유격 조사, ın이 붙었는지 튀르키예어로는 설명할 수 없으나 경남 방언으로는 설명할 수 있다 【근거】 부텨說쉻法법ᄒ신다마다〈월인석보 1권 월인천강지곡 15장 앞면〉부처 설법하신 데마다. 상아 놓을 끼 없다(경남)=상에 놓을 것이 없다(표준어): 에=아(처격조사)(경남)+이(첨가음)〖모음 합체〗→애(중세 국어: 상애)〖모음조화 파괴〗→에(현대 표준어)(현대 표준어는 모음조화도 지키지 않고 모음 충돌 회피용 삽입 반자음 /y/도 붙이지 않는다: 世솅世솅예〈석보상절 19권 7장 뒷면〉[셰셰예](=세세에(현대어)): 예(ye)→에(e)(현대 표준어). 더우(경남 노인 말)=덥(다)+우(명사형 어미)→더부(경남 노인 말)〖유성음화: ㅂ→ᄫ/모음__모음〗→더부〖ᄫ→Ø〗→더우.

balcı(=양봉가)=bal(=꿀)+자(者, 子)+이(첨가음)〖모음 합체〗→bal재〖애→에〗→bal제〖에→이〗→bal지〖유성음화〗→balci〖모음조화: a-ı〗→balcı. cf. 벌(=bee). 밀(蜜)(=꿀)(mil)〖이→으〗→믈〖으→어〗→멀〖어→아〗→말(mal)〖ㅁ(m)→ㅂ(p)〗→발(pal)〖어두 유/무성자음 교체〗→bal(가능성이 크다) 【근거】 바ᄃ리(=蝶)〈훈몽자회 상권 24장 앞면〉〖ㅂ→ㅁ〗→마ᄃ리〖ᄋ→아〗→마다리(강원)〈고려대 한국어대사전〉. 바ᄃ리〖ᄋ→어〗→바더리(표준어). 바ᄃ리〖ᄋ→아〗→바다리(경상, 충북)〈우리말샘〉. 잃(乙)〈월인석보 4권 17장 뒷면〉〖이→으, ㅎ→Ø〗→을(현대어). 읎다/없다(경남)=없다(표준어). cf. **arı**(=벌)=벌+이(첨가음)〖어→아〗→발이〖/ㅂ/ 탈락〗→알이(ari)〖모음조화: a-ı〗→arı 【근거】 예를 들어 다음과 같이 변했을 것이다: bal arısı(꿀벌)=bal(=꿀)+벌(=bee)+이(첨가음)+sı(3인칭 소유 접미사)〖어→아〗→bal발이sı〖유성음화〗→bal밭이sı〖유성음화: ㅂ→ᄫ, ᄫ→Ø/유성음__유성음〗→bal알이(ari)sı〖모음조화: a-ı〗→bal **arı**sı. '꿀'이 bal로 바뀌었으니 '벌(=bee)〖어→아〗→발(pal)〖어두 유/무성자음 교체〗→bal'과 같이 되면 '꿀'과 '벌'이 같은 단어가 되어 구분하기 위해 '벌'은 **arı**로 했을 것으로 추정된다. 【근거】 방아(향기 나는 식물 이름)(표준어)+이(첨가음)〖모음 합체〗→방애(경남).

balıkçı(=어부, 생선 장수)=balık(=생선, 물고기)+자(=사람)+이(첨가음)〖모음 합체〗→balık재〖애→에〗→balık제〖에→이〗→balık지〖자음조화: ㅈ→ㅊ(ç)/k__〗→balıkçi〖모음조화: ı-ı〗→balıkçı. cf. **balık**(=물고기, 생선)=발(=바다)+악(=子)(~

의 자식 즉, ~에서 나오는 것)+이(첨가음)〖모음 합체〗→발액〖애→에〗→발엑〖에
→이〗→발익(palik)〖어두 유/무성자음 교체〗→balik〖모음조화: a-ı〗→balık(그
뜻은 '바다에서 나오는 것'=생선, 물고기)【근거】 바톨〈용비어천가 1권 1장 뒷면〉
(=바다)=발(=바다)+올(=알)(=子)(의미첨가 없이 명사에 붙는 접미사). 바다(현대
어)=발+ᄋᆞ(=아)(=子)(의미첨가 없이 명사에 붙는 접미사)〖ㄹ→ㄷ〗→받ᄋᆞ〖ᄋᆞ→
아〗→받아→바다. 바다의 원어(原語)는 '발'이고 같은 뜻의 접미사, '알'과 '아'가
붙은 것이라는 것을 알 수 있다【근거】 볃(幣)〈훈민정음해례본 종성해〉〖ㄷ→ㄹ〗
→별(幣)(현대어).

bankacı(=은행원, 은행가)=bank(=은행)(영어)+아(=子)(a)(의미첨가 없이 명사에
붙는 접미사)+자(子)+이(첨가음)〖모음 합체〗→banka재〖애→에〗→banka제〖에
→이〗→banak지〖유성음화〗→bankaci〖모음조화: a-ı〗→bankacı.

basımcı(=인쇄인)=bas(mak)(=인쇄하다)+으(자음 충돌 회피용 삽입 모음)(ı)+ㅁ
(명사형 어미)(m)+자(子, 者)+이〖모음 합체〗→basım재〖애→에〗→basım제〖에
→이〗→basım지〖유성음화〗→basımci〖모음조화: ı-ı〗→basımcı('cı'가 동사의 명
사형에 붙었다). cf. **matbaacı**(=인쇄인)=맞박(다)[맏빡]+아(=子)(=곳)+자(=사람)+
이→맏빠가자이〖ㄱ→Ø/모음__모음〗→맏빠아자이〖모음 합체〗→맏빠아재〖애
→에〗→맏빠아제〖에→이〗→맏빠아지〖ㅃ→b, 유성음화〗→matbaaci〖모음조
화: a-ı〗→matbaacı. **matbaa**(=인쇄소)→맞박(다)[맏빡]+아(=장소)→맏빡아〖ㄱ
→Ø/모음__모음〗→맏빠아〖ㅃ→b〗→matbaa【근거】맞박다=(바느질에서) 천의
겉과 겉을 마주 대고 박다. 책을 **박다**=책을 **인쇄하다**. 인쇄하는 것은 원판에 종이
를 맞대고 박는 것이다. kara(=마른 땅, 육지)=갈(다)(경남)(=마르다)+아(=장소)→
가라(kara).

basketbolcu(=농구선수)=basketbol(=농구)+자(子, 者)(=사람)+이(첨가
음)→basketbol지〖유성음화: ㅈ→c/유성음__유성음〗→basketboci〖모음조화:
o-u〗→basketbolcu. cf. **basketçi**(=basketbolcu)=basket+자+이→basket지〖자음조
화: ㅈ(tsi)→ㅊ(ç)/t__〗→basketçi〈turkishdictionary.net〉.

bıçakçı(=칼 장수, 칼 만드는 사람)=bıçak(=칼)+자(子, 者)(=사람)+이(첨가

음)→bıçak지〖자음조화: ㅈ→ㅊ(ç)/k__〗→bıçakçi〖모음조화: a-ı〗→bıçakçı,
biç(mek)(=베다, 자르다)=버히(다)〈월석 11권 4장〉《우리말샘》〖umlaut〗→베히〖에
→이〗→비히〖ㅎ→ㅋ〗→비키〖구개음화〗→비치(piç)〖어두 유/무성자음 교체〗
→biç. 아니면 **biç**(mek)=버히(다)(=베다)+치(다)〖ㅎ→Ø/모음__모음〗→버이치
〖모음 합체〗→베치〖에→이〗→비치(piç)〖어두 유/무성자음 교체〗→biç 【근거】
키(=(배의) 방향타)(표준어)〖구개음화: ㅋ→ㅊ/__이〗→치(강원, 전라, 충청, 함
경〈표준국어대사전〉. 홀(목)(경남)(=팔(목))〖ㅎ→ㅋ〗→콜(kol)→kol(튀르키예어)
(=팔). **bıçak**(=칼, 검)=biç(mek)+악(=것)(ak)〖i(이)→ı(으)〗→bıçak(그 뜻은 '베고
치는 것'=칼, 검) 【근거】 이사(경남)/으사(경남)=의사(醫師)(표준어).

biletçi(=매표원)=bilet(=표)+자(=사람)+이(첨가음)→bilet지〖자음조화: ㅈ→ㅊ
(ç)/t__〗→biletçi.

boyacı(=물감 파는 사람, 염색공, 칠쟁이)=boya(=물감, 칠)+자(=사람)+이(첨
가음)→boya지〖유성음화: ㅈ→c/유성음__유성음〗→boyaci〖모음조화: a-ı〗
→boyacı. **boya**=물(감)+아(의미첨가 없이 명사에 붙는 접미사)〖어말 /ㄹ/ 탈락
혹은 ㄹ→Ø/모음__모음〗→무아〖ㅁ(m)→b〗→bu아〖우→오〗→bo아〖모음 충
돌 회피용 삽입 반자음, /y/첨가〗→boya 【근거】 소 한 마리(mari)(표준어)〖ㅁ
(m)→ㅂ(b)〗→소 한 바리[bari](경남). bank(영어)+아(의미첨가 없이 명사에 붙는
접미사)(a)→banka(튀르키예어). 물들이다=물(=물감)+들이다. 감물=감(과일 이
름)+물(=물감). 새마(=신촌(新村))(경북)=새(=신(新))+말(=촌(村))(경남)(=마을)〖어
말 /ㄹ/ 탈락〗→새마. 이 사암들이 머라 카노?(경남)=이+사람+들+이 뭐+라+고
+하(다)+나: 이 사암=이+사람〖ㄹ→Ø/모음__모음〗→이 사암. 몬(=門)〈월인석
보 1권 월인석보서 8장 앞면〉〖오→우〗→문(현대어). cf. 몬(門)(mon)→もん(門)
(mon)(일본어).

çiçekçi(=꽃 상인, 꽃가게)=çiçek(=꽃)+자(=사람)+이(첨가음)→çiçek지〖자음조
화: ㅈ→ㅊ(ç)/k__〗→çiçekçi, **çiçek**=곶〈용비어천가 1권 1장 뒷면〉(=꽃)+ㅎ(고유
어 명사에 붙음)+이(첨가음)+악(=子)(의미첨가 없이 명사에 붙는 접미사)+이(첨
가음)〖모음 합체〗→곶핵〖단음화: 외→에〗→궿핵〖에→이〗→깃핵〖애→에〗→

깆헥[[ㅈ+ㅎ→ㅊ]]→기첵[[ㄱ→ㅋ]](튀르키예어에서는 ㄱ/ㅋ 구분이 없다)→키첵[[구개음화: ㅋ→ㅊ/__이]]→치첵→çiçek【근거】뜨락(=뜰)=뜰+악(의미첨가 없이 명사에 붙는 접미사). '악'을 지소사로 보는 견해가 있으나 이는 잘못이다. 괴상(표준어)[[단음화: 외→에]]→게상(경남). cf. ц∋ц∋г(몽골어)=곶〈용비어천가 1권 1장 뒷면〉(=꽃)+ㅎ(고유어 명사에 붙음)+이(첨가음)+악(=子)(의미첨가 없이 명사에 붙는 접미사)+이(첨가음)[[모음 합체]]→곶핵[[단음화]]→겟핵[[애→에]]→겟헥[[ㅈ+ㅎ→ㅊ]]→게첵[[ㄱ→ㅋ]]→케첵[[구개음화: ㅋ→ㅊ/__에]]→**체첵**→ц∋ц∋г【근거】가운데(표준어)[[구개음화: ㄷ→ㅈ/__에]]→가운제(경북)〈고려대 한국어 대사전〉.

çiftçi(=농부)=çift(=쟁기)+자+이→çift지[[자음조화: ㅈ→ㅊ(ç)/t__]]→çiftçi.

çöpçü(=쓰레기군, 청소부)=çöp(=쓰레기)+자(=사람)+이(첨가음)→çöp지[[자음조화: ㅈ→ㅊ(ç)/p__]]→çöpçi[[모음조화: ö-ü]]→çöpçü. **çöp**=치(다)(=깨끗하게 치우다)+이(피동 보조 어간)+ㅂ(명사형 어미)[[이→으]]→츠+이+ㅂ[[모음 합체]]→츼+ㅂ→츱→çöp(그 뜻은 깨끗하게 치워지는 것=쓰레기)【근거】새미 치다(경남)(=샘을 깨끗하게 치우다, 청소하다)=샘+이(첨가음)+치다. 이사/으사(경남)=의사(醫師). 매듭(=노, 실, 끈 따위를 잡아매어 마디를 이룬 것)〈표준국어대사전〉=맺(다)[[맫]]+으(자음 충돌 회피용 삽입 모음)+ㅂ(명사형 어미)→매듭. 춤을 츠다〈월인석보 21권 190장 뒷면〉[[으→**이**]]→춤을 치다(경남). 춤을 츠다[[으→우]]→춤을 추다(표준어).

dağcı(=산악인, 등산가)=dağ(=산)+자(=사람)+이(첨가음)→dağ지[[유성음화]]→dağci[[모음조화: a-ı]]→dağcı. cf. **dağ**=(언)덕+이(첨가음)[[어→아]]→닥이→다기(tagi)[[모음조화: a-ı]]→tagı[[어두 유/무성자음 교체]]→dagı[[g→ğ/모음__모음]]→dağı[[[ğ] 다음의 [ı]는 있으나 없으나 발음이 같이 들린다.]]→dağ(뒤에 /ı/가 없으면 /ğ/가 만들어질 수 없다). cf. **からくにだけ**(=韓国岳)(일본의 산 이름)(karakunidake)=가라(伽羅)(kara)(=가야)+kuni(=国)+덕+아(=子)+이(첨가음)[[어→아]]→가라kuni닥아이[[모음 합체]]→가라kuni닥애[[애→에]]→가라kuni다게→karakunitake[[유성음화]]→karakunidake. cf. **たけ**(=岳)(일본어 고어)(take): 中

世以降は「だけ」とも(=중세 이후에는 「だけ(dake)」로도).

değirmenci(=방앗간 주인)=değirmen(=방앗간)+자(=사람)+이(첨가음)→değirmen지〚유성음화〛→değirmenci. **değirmen**=딯(다)〈석보24:15〉《고려대 한국어대사전》(=찧다)+이(피동 보조 어간)+ㄹ(관형형 어미)+me(명사형 어미)+**안**(=곳)〚이→으〛→딯일me안〚umlaut〛→딯일me안〚단음화: 의→에〛→뎋일me안〚ㅎ→ㄱ〛→데길me안(tekirmean)〚어두 유/무성자음 교체〛→dekirmean〚유성음화〛→degirmean〚g→ğ/모음__모음〛→değirme+an〚모음조화: e-e〛→değirmeen〚동모음 축약〛→değirmen(그 뜻은 (곡식이) '찧이는 곳'=방앗간)【근거】kelmoq(우즈벡어)=gelmek(튀르키예어)=오다. **이사/으사**(경남)=의사(醫師)(표준어). **해겁다/개겁다**(경남)=가볍다(표준어). 찍다(전남)〈고려대 한국어대사전〉=찧다〚ㅎ→ㄱ〛→찍다. 불두던(경북)(=불두덩)〈고려대 한국어대사전〉=불(=생식기)+둗(다)(=돋(다))+**안(an)**(=것, 곳)→불둗안〚모음조화: 우-어〛→불두던. görül(mek)(=보이다)=gör(mek)(=보다)+이(피동 보조 어간)(i)+**ㄹ(관형형 어미)**(l)→göril〚모음조화: ö-ü〛→görül.

demirci(=대장장이)=demir(=철)+자(=사람)+이(첨가음)→demir지〚유성음화〛→demirci. **demir**=텳(鐵)〈월인석보 1권 월인천강지곡 25장 앞면〉+이(첨가음)+물(物)+이(첨가음)〚ㅎ→Ø〛→텰이물이〚모음 합체〛→텔뮐〚단음화〛→텔밀〚ㄹ→Ø/__ㅁ〛→테밀〚ㅌ→ㄷ〛(튀르키예어에는 /ㄷ/, /ㅌ/ 구분이 없다)→데밀→**temir**(우즈벡어)〚어두 유/무성자음 교체〛→demir 【근거】국(國)+이(첨가음)〚모음 합체〛→귁〈월인석보 1권 훈민정음 1장 앞면〉. kelmoq(우즈벡어)=gelmek(튀르키예어)=오다. 져므니〈석보상절 19권 1장 뒷면〉=졂은이→졀므니〚ㄹ→Ø/__ㅁ〛→져므니. cf. 졂은이〚단음화: 여→어〛→젊은이(현대어).

denizci(=선원, 뱃사람)=deniz(=바다)+자(子)(=사람)+이(첨가음)→deniz지〚유성음화〛→denizci, **deniz**=텬(=천(天))(=하늘)〈월인석보 1권 월인천강지곡 34장 앞면〉+이(첨가음, 아니면 소유격 조사)+자(子)(=아들)+이〚umlaut〛→톈이자이〚단음화〛→톈이**자이**〚모음 합체〛→톈이재〚애→에〛→톈이제〚에→이〛→톈이지〚ㅈ→ㅅ〛→톈이시〚ㅌ→ㄷ〛(튀르키예어에 ㅌ(tʰ)/ㄷ(t)의 구분이 없다)→톈이시

〖이→으〗→데이스〖유성음화〗→덴이스(tenizı)〖[z] 다음의 [ı]는 있으나 없으나 발음이 같이 들린다〗→teniz〖어두 유/무성자음 교체〗→deniz(그 뜻은 하늘의 아들로 하늘은 푸르고 하늘에서 비가 오니 바다는 하늘의 물에서 생긴 아들이라고 본 것이다)【근거】kelmoq(우즈벡어)=gelmek(튀르키예어)=오다. 똥구시(경남)=똥+군(=구덩이)+이(첨가음)→똥구디〖구개음화〗→똥구지〖ㅈ→ㅅ〗→똥구시. cf. 자(子)+이(첨가음)〖모음 합체〗→재〖애→에〗→제〖에→이〗→지〖ㅈ→ㅅ〗→시(si)(일본어)〖이→으〗→스(su)[su=으](일본어)〖유성음화〗→[zi](중국어). cf. あめ(=天)(=하늘)(ame)(일본어)=암(=물)(=水)(유아어)+아(=장소)+이(첨가음)〖모음 합체〗→암애〖애→에〗→암에(ame). 일본어에서는 하늘에서 물(=비)이 떨어지니 하늘을 물이 있는 곳이라고 본 것이다. cf. あめ(=雨)(=비)(ame)(일본어)=암(=물)(=水)(유아어)+아(子)(지소사)+이(첨가음)〖모음 합체〗→암애〖애→에〗→암에(ame)(그 뜻은 '작은 물'=비).

derici(=피혁상, 피혁공)=deri(=가죽, 피혁)+자(=사람)+이(첨가음)→deri지〖유성음화〗→derici. cf. **teri**(우즈벡어)〖어두 유/무성자음 교체〗→deri. teri=(가죽을)다리(다)(=무두질하다)+이(명사형 어미)(=것)(=물건)〖동모음 축약〗→다리〖umlaut〗→대리〖애→에〗→데리(teri)(우즈벡어)(그 뜻은 '다리는 것'=가죽). cf. **çit**(=울타리)=(울타리를) 치(다)+앗[안](=것)(=물건)+이〖모음 합체〗→치앤〖애→에〗→치엔〖에→이〗→치인(çiit)〖동모음 축약〗→çit(그 뜻은 '치는 것'=울타리). 내(=냄새)=(냄새가) 나(다)+이(명사형 어미)(=것)〖모음 합체〗→내(그 뜻은 '나는 것'=냄새). ね(=音)(ne)(일본어)(=소리)=(소리가) 나(다)+이(명사형 어미)(=것)〖모음 합체〗→내〖애→에〗(일본어에는 /애/가 없다)→네(ne)(그 뜻은 '나는 것'=소리). ney(=피리의 일종, 네이)=(소리를) 내(다)+이(명사형 어미)(=것)(=물건)→내이〖애→에〗(튀르키예어에는 /애/가 없다)→네이(ney)(그 뜻은 '(소리를) 내는 것'=내이, 피리).

dikişçi(=재봉사)=dikiş(=재봉, 바느질)+자(=사람)+이(첨가음)→dikiş지〖자음 조화: ㅈ→ㅊ(ç)/ş__〗→dikişçi. **dikiş**=dik(mek)(=바느질하다, 꿰매다)+일(=사(事))+ㅎ(고유어 명사에 붙음)+이(첨가음)→dik일히〖ㅎ→ㅅ/__이〗→dik일시〖ㄹ

→∅/＿ㅅ』→dik이시(iş)→dikiş. 'dik(mek)(=바느질하다)=dik(mek)(=**박다**, 심다, 세우다)'인 이유: 옷을 재봉틀로 **박다**=옷을 재봉틀로 **바느질하다**.

dilekçi(=청원자, 신청인)=dilek(=원, 바람, 지원)+자(=사람)+이(첨가음)→dilek지 『자음조화: ㅈ→ㅊ(ç)/k＿』→dilekçi. **dilek**=dile(mek)(=바라다, 원하다)+악(=것) (명사형 어미)+이(첨가음)『모음 합체』→dile액『애→에』→dile엑(ek)『동모음 축약』→dilek. **dile**(mek)(=희망하다, 바라다, 기원하다)=(기원을) *디레(다)(tile)『어두 유/무성자음 교체』→dile 【근거】들**레**다(경북)〈우리말샘〉(=들**리**다)『에→이』→들리다(표준어). (기원) *디**레**다『에→이』→(기원) 디**리**다(경남)『이→으』→드리다(표준어)).

dişçi(=치과의사)=diş(=이)+자(=사람)+이(첨가음)→diş지『자음조화: ㅈ→ㅊ(ç)/ş＿』→dişçi. **diş**=니(=치(齒))(=이)+앗(=子)(의미첨가 없이 명사에 붙는 접미사)+이(첨가음)『umlaut』→니앳이『애→에』→니엣이『애→이』→니잇이→니이시『동모음 축약』→니시(niş)『n→d』→diş. 아니면, **diş**=니(=치(齒))(=이)+자(子)(의미첨가 없이 명사에 붙는 접미사)+이(첨가음)『모음 합체』→니재『애→에』→니제『애→이』→니지『ㅈ→ㅅ』→니시(niş)『n→d』→diş 【근거】윗니=위+ㅅ(사이시옷)+니(=齒). 씨**앗**(=種子)=씨(=種)+앗(=子)(의미첨가 없이 명사에 붙는 접미사). cf. 모자(帽子)=모(帽)(=모자)+자(子)(의미첨가 없이 명사에 붙는 접미사). 똥구시(경남)=똥+굳(=구덩이)+이(첨가음)→똥구디『구개음화』→똥구지『ㅈ→ㅅ』→똥구시. 자(子)+이(첨가음)『모음 합체』→재『애→에』→제『에→이』→지『ㅈ→ㅅ』→시 (si)(일본어)『이→으』→스(su)[su=으](일본어)『유성음화』→[zɨ](중국어). cf. なんにょ(男女)(**nan**nyo)(일본어)=남녀(namnyə)『m→n』→난녀(nannyə)『어(ə)→오 (o)』→**nan**nyo『n→d』→**dan**nyo『n→z』→**dan**zyo→**だん**じょ(男女)(일본어). 건니다(kənnida)(경남)(=건너다)『n→d』→건디다(kəndida)(경남).

dondurmacı(=이이스크림 제조업자, 아이스크림 판매자)=dondurma(=아이스크림, 얼리기)+자(=사람)+이(첨가음)→dondurma지『유성음화』→dondurmaci『모음조화:a-ı』→dondurmacı. **dondur**(mak)(=얼리다)=동(凍)(=얼다)+들(사동 보조 어간)(경남)→동들『ㅇ(ng)→ㄴ(n)』→돈들『으→우』→돈둘(tontur)『어두 유/무

성자음 교체]→don둘(tur)[유성음화]→dondur. don(mak)(=얼다)=동(凍)(=얼다)
[ㅇ(ng)→ㄴ(n)]→돈(ton)[어두 유/무성자음 교체]→don 【근거】빠틀(다)/빠뜰
(다)/빠티리(다)/빠띠리(다)(경남)=*빤(다)+들(사동 보조 어간)[ㄷ+ㄷ→ㄸ]→빠
뜰[ㄸ→ㅌ]→빠틀. 빠띠리다=빠뜰+이(첨가음)+다[umlaut]→빠띨이다[단음
화: 의→에]→빠뗼이다[에→이]→빠띨이다→빠띠리다[ㄸ→ㅌ]→빠티리다.
bat(mak)(=빠지다)=*빤(다)[ㅃ→b, 아니면 ㅃ→ㅂ and 어두 유/무성자음 교체:
ㅂ(p)→b]→bat. 'ㄲ, ㄸ, ㅃ, ㅉ, ㅆ, ㆅ 爲 全濁'〈훈민정음해례본〉(전탁(全濁)=유
성음(有聲音)).

dövüşçü(=싸움꾼)=dövüş(=싸움)+자(=사람)+이(첨가음)→dövüş지[자음조화:
ㅈ→ㅊ(ç)/ş__]→dövüşçi[모음조화: ü-ü]→dövüşçü. **dövüş**=뿌리(다)〈월곡上
: 28〉《고려대 한국어대사전》(=때리다)+삐(다)(경남)(=버리다)+일(=사(事))+ㅎ(고
유어 명사에 붙음)+이(첨가음)[ㅂ+ㅅ+ㄷ→ㄸ]→뜨리삐일히[ㄹ→Ø/모음__모
음]→뜨이삐일히[ᄋ→오]→또이삐일히[모음 합체]→뙤삐일히[ㅎ→ㅅ/__
이]→뙤삐일시[ㄹ→Ø/__ㅅ]→뙤삐이시[동모음 축약]→뙤삐시[ㄸ→d]→dö
삐시[ㅃ→ㅂ]→dö비시[유성음화]→dö뷔시[ㅸ→v]→döviş[모음조화: ö-ü]
→dövüş('dövüş=döv(동사 어간)+일(=üş)(명사형 어미)'로 오분석하여 동사,
döv(mek)(=때리다)이 만들어졌다) 【근거】떼리삐다(경남)(=때려버리다)[ㄹ→Ø/
모음__모음]→떼이삐다(아주 빠른 발음). 이 사암들이(경남)(빠른 발음)=이 사람
+들+이[ㄹ→Ø/모음__모음]→이 사암들이. 불다(전남, 제주)〈고려대 한국어대
사전〉=버리다. 뿌리다[ㅂ+ㅅ+ㄷ→ㄸ]→뜨리다[umlaut]→띠리다[단음화: 이
→애]→때리다(현대어).

eczacı(=약사)=ecza(=약)+자(=사람)+이(첨가음)→ecza지[유성음화]→eczaci[모
음조화: a-ı]→eczacı. **ecza**(=약)=약(藥)+이(첨가음)+자(子)(의미첨가 없이 명사
에 붙는 접미사)[모음 합체]→액자[자음 충돌 회피용 삽입 모음, /으/ 첨가]→
액으자[단음화: 얘→애]→애그자[애→에]→에그자[ㅈ→ㅅ]→에그사[구개음
화: ㄱ→ㅈ/__으]→에즈사[유성음화]→에즈ᅀᅡ[유성음화: ㅈ→c and ㅿ→z]
→ecıza[[c] 다음의 [ı]는 있으나 없으나 발음이 같이 들린다]→ecza 【근거】모자

(帽子)=모(帽)(=모자)+자(子)(의미첨가 없이 명사에 붙는 접미사). 국(國)+이(첨가음)[모음 합체]→귁(國)〈월인석보 1권 훈민정음 1장 앞면〉. 똥구시(경남)=똥+굳(=구덩이)+이(첨가음)→똥구디[구개음화]→똥구지[ㅈ→ㅅ]→똥구시. cf. た(ta), ち(tsi)(ti), つ(tsu)[tsɯ=으](tu), て(te), と(to)(일본어): /이/(i), /으/(u)[ɯ] 앞에서 구개음화가 일어났음을 알 수 있다. 子쥬孫손이**니서**가몰〈석보상절 6권 7장 뒷면〉(=자손이 이어 감을): 닛(다)+어(부사형 어미)→니서[유성음화]→니서. 닛다[두음법칙 후 보상적 /y/ 첨가]→y+잇(is)다[단음화: y+i→i]→잇(is)다(현대어). 신(人)〈석보상절 19권 2장 앞면〉[ㅿ→z]→zin→じん(人)(일본어).

elekçi(=체 제조인, 체 장수)=elek(=체)+자(=사람)+이(첨가음)→elek지[자음조화: ㅈ→ㅊ(ç)/k__]→elekçi. 얽(다)(=물건의 거죽에 우묵우묵한 홈이 많이 나다)+이(자음 충돌 회피용 삽입 모음)+ㅁ(명사형 어미)+이(접미사)(=물건)→얼김이(경남)[umlaut]→엘김이(경남)[이→으]→엘금이[ㄱ→∅/유성음__유성음]→엘음이[umlaut]→엘윔이[단음화: 의→에]→엘엠이→에레미['에레미=에레(동사 어간)+ㅁ(명사형 어미)+이(접미사)(=것)'으로 분석하여 '에레=ele'를 동사 어간으로 만들었다). 어레미(표준어)=얽(다)+어(자음 충돌 회피용 삽입 모음)+ㅁ(명사형 어미)+이(=물건)→얼거미[ㄱ→∅/유성음__유성음]→얼어미[umlaut]→얼에미→어레미. ele(mek)(=체로 치다, 고르다, 가리다). **elek**(=체)=ele(mek)+악(=子)(=것)+이(첨가음)[모음 합체]→ele액[애→에]→ele엑(ek)[동모음 축약]→elek. cf. **얼기미**(경남)(=바닥의 구멍이 굵은 체)=얽(다)+이+ㅁ+이→얼김이[발음대로 표기]→얼기미[umlaut]→엘기미(경남)(=어레미).

gemici(=선원, 뱃사람)=gemi(=배)+자(=사람)+이(첨가음)→gemi지[유성음화]→gemici. **gemi**(=배(=船))=함(艦)(=배)+이(첨가음)[umlaut]→햄이(발음대로 표기)→해미[애→에]→헤미[ㅎ→ㄱ]→게미(kemi)[어두 유/무성자음 교체]→gemi 【근거】 **kema**(우즈벡어)(=배)=함(艦)+이(첨가음)+아(=子)(의미첨가 없이 명사에 붙는 접미사)[모음 합체]→햄아[애→에]→헴아[ㅎ→ㄱ]→게마→kema. gemi=kema. **해**겁다(경남)[ㅎ→ㄱ]→**개**겁다(경남)(=가볍다). cf. **かん**(艦)(kan)(일본어)=함(艦)(ham)[ㅎ→ㄱ]→감[ㅁ→ㄴ](일본어에는 받침, /ㅁ/

이 없다)→간(kan). 국(國)+이(첨가음)[모음 합체]→귁(國)〈월인석보 1권 훈민정음 1장 앞면〉. 아래(표준어)=알(경남)(=아래)+아(의미첨가 없이 명사에 붙는 접미사)+이(첨가음)[모음 합체]→알애[발음대로 표기]→아래. 므슴〈석보상절 6권 16장 앞면〉[으→우]→무슴[ㅁ→ㄴ]→무슨(현대어).

gezginci(=행상인, 떠돌이)=gezgin(=돌아다니는)+자(者)(=사람)+이(첨가음)→gezgin지[유성음화]→gezginci(그 뜻은 '돌아다니는 사람'=떠돌이).
gez(mek)(=거닐다, 걷다): 거닐(다)/거니(다)(경남)+이(명사형 어미)[동모음 축약]→거니[umlaut]→게니(keni)[어두 유/무성자음 교체]→geni[n→z]→**gezi**(=산보, 유람, 거닐기). 'gezi=gez(동사 어간)+이(i)(명사형 어미)'로 오분석하여 동사, gez(mek)을 만들었다. 아니면, **걷**(다)+**이**(명사형 어미)→거디[umlaut]→게디[구개음화]→게지[ㅈ→ㅅ]→게시[유성음화]→게싀[ㅿ→z]→kezi[어두 유/무성자음 교체]→gezi(=산보, 유람, 거닐기). 'gezi=gez(동사 어간)+이(i)(명사형 어미)'로 오분석하여 동사, gez(mek)을 만들었다(가능성이 크다)【근거】kelmoq(우즈벡어)=gelmek(튀르키예어)=오다. 똥구시(경남)=똥+굼(=구덩이)+이(첨가음)→똥구디[구개음화]→똥구지[ㅈ→ㅅ]→똥구시. 子손孫손이**니서**가물〈석보상절 6권 7장 뒷면〉(=자손이 이어 감을): 닛(다)+어(부사형 어미)→니서[유성음화]→니어. 닛다[두음법칙 후 보상적 /y/ 첨가]→y+잇(is)다[단음화: y+i→i]→잇(is)다(현대어). cf. なんにょ(男女)(nannyo)일본어=남녀(namnyə)[m→n]→난녀(nannyə)[여→요]→**n**annyo[n→d]→dannyo[n→z]→だんじょ(男女)(danzyo)(일본어). 건**니**다(경남)(kənnida)(=건너다(표준어))[n→d]→건디다(경남)(kəndi-da). 튀르키예어와 일본어는 경남 방언(=가야어)의 음운 규칙을 따르고 있다.

gösterici(=시위자)=göster(mek)(=보여 주다)+이(자음 충돌 회피용 삽입 모음)+자(者)(=사람)+이(첨가음)→göster이지[유성음화]→gösterici(그 뜻은 '(행동으로) 보여주는 사람'=시위자). cf. **gösterici**(=환등기, 프로젝터)=göster(mek)(=보여 주다)+이(자음 충돌 회피용 삽입 모음)+자(子)(=것)+이(첨가음)→göster이지[유성음화]→gösterici. 아니면, **gösterici**(=환등기(幻燈機), 프로젝터)=göster(mek)+이+긩(機)〈석보상절 13권 28장 앞면〉[긔[단음화: 의→에]→göster이게[에→이]

→göster이기〚구개음화: ㄱ→ㅈ/__이〛→göster이지〚유성음화〛→gösterici(그 뜻은 '보여주는 기계'=환등기, 프로젝터). 긩(機)[긔]〚단음화: 의→에〛→게〚에→이〛→기(機)(현대어). 중세 국어에서 꼭지 없는 이응, /ㅇ/은 발음되지 않는다.

güfteci(=작사가)=güfte(=음악 가사)+자(=사람)+이(첨가음)→güfte지〚유성음화〛→güfteci.

haberci(=배달부)=haber(=소식)+자(=사람)+이(첨가음)→haber지〚유성음화〛→haberci.

hayalcı(=몽상가, 환상가)=hayal(=몽상, 환상)+자(=사람)+이(첨가음)→hayal지〚유성음화〛→hayalci〚모음조화: a-ı〛→hayalcı. cf. **hayal**(=환상)=환(幻)(=헛보이다)[한](경남 발음)+이(첨가음)+알(=子)(=것)→한이알〚ㄴ→∅/__이 and 모음, /이/가 비모음화(鼻母音化)〛(경남)→하이알[hɑĩal]〚비모음의 구강 모음화〛(튀르키예어에 비모음 표기 글자가 없다)→하이알〚모음 합체〛→하얄→hayal 【근거】국(國)+이(첨가음)〚모음 합체〛→귁(國)〈월인석보 1권 훈민정음 1장 앞면〉. 자갈=작(다)+알(=子)〚발음대로 표기〛→자갈(='알'처럼 동그란 작은 것). karar(=결정)=결(決)(=결정하다)+알(=것)〚단음화: 여→어〛→결알〚어→아〛→갈알(karar).

hileci(=사기꾼, 협잡꾼)=hile(=사기, 협잡)+자(=사람)+이(첨가음)→hile지〚유성음화〛→hileci 【근거】 hile(=사기, 속임수)=휼(譎)(=속이다)+이(첨가음)+아(=子)(=것)+이(첨가음)〚단음화: 유→우〛→훌이아이〚모음 합체〛→휠애〚단음화: 위→이〛→힐애〚애→에〛→힐에(hile) 【근거】 휼[훌](경남 발음). 휘파람[히파람](경남 발음). 빨래(=빨래감, 빠는 행위)=빨(다)+아(=것=물건, 행위)+이(첨가음)〚모음 합체〛→빨애〚/ㄹ/ 복제〛→빨래 【근거】 樓룰우희ㄴ라올아〈석보상절 6권 3장 앞면〉=누 위에 날아올라: 올아〚/ㄹ/ 복제〛→올라(현대어).

işçi(=일꾼, 근로자)=iş(=일)+자(=사람)+이(첨가음)→iş지〚자음조화: ㅈ→ㅊ(ç)/ş__〛→işçi. **iş**(=일)=일+ㅎ(고유어 명사에 붙음)+이(첨가음)→일히〚ㅎ→ㅅ/__이〛→일시〚ㄹ→∅/__ㅅ〛→이시→iş 【근거】 힘(표준어)〚ㅎ→ㅅ/__이〛→심(경남). 부삽=불+삽〚ㄹ→∅/__ㅅ〛→부삽.

işletmeci(=경영인)=işletme(=경영)+자(=사람)+이(첨가음)→işletme지〚유성

음화〗→işletmeci. **işlemek**(=작업하다)=iş(=일)+le+mek. **işletmek**(=일을 시키다)=işle(mek)+t(사동 보조 어간)+mek【근거】t=들(사동 보조 어간)〖어말 /ㄹ/ 탈락〗→드(tı)〖/t/를 파열시켜 발음하면 [ı]는 있으나 없으나 발음이 같이 들린다〗→t. 새마(=신촌(新村))(경북)=새말(=新村)(경남)〖어말 /ㄹ/ 탈락〗→새마. 물로 묵고(경남)(=물을 먹고)=물+올(목적격 조사)(=을)+묵(다)+고〖어말 /ㄹ/ 탈락〗→물오 묵고〖/ㄹ/ 복제〗→물로 묵고【근거】벌에〈석보상절 24권 50장〉《우리말샘》〖/ㄹ/ 복제〗→벌레(현대어).

kaderci(=운명주의자)=kader(=운명)+자(=사람)+이(첨가음)→kader지〖유성음화〗→kaderci.

kitapçı(=서점상)=kitap(=책)+자(=사람)+이(첨가음)→kitap지〖자음조화: ㅈ→ㅊ(ç)/p__〗→kitapçi〖모음조화: a-ı〗→kitapçı.

korucu(=산림 감시원)=koru(=작은 숲)+자(=사람)+이(첨가음)→koru지〖유성음화〗→koruci〖모음조화: u-u〗→korucu.

korucu(=경호인)=koru(mak)(=보호하다, 방어하다)+자(=사람)+이(첨가음)→koru지〖유성음화〗→koruci〖모음조화: u-u〗→korucu. **koru**(mak)=호(護)(=지키다, 보호하다)+알(=것)+ㅎ(다)〖ㅎ→ㅋ〗→코알ㅎ〖모음조화: 오-오〗→코올ㅎ〖동모음 축약〗→콜ㅎ〖ㅇ→우〗→콜우→koru(그 뜻은 '보호하는 것을 하다'=보호하다)【근거】홀(목)(경남)(=팔(목))〖ㅎ→ㅋ〗→콜→kol(=팔). 燈등의블**혀**고〈석보상절 9권 32장 뒷면〉=등에 불 켜고(현대**어**): 혀다〖ㅎ→ㅋ〗→켜다. karar(=결정)=결(決)(=결정하다)+알(=것)〖단음화: 여→어〗→걸알〖어→아〗→갈알→가랄→karar(그 뜻은 '결정하는 것'). **결**이 삭다(표준어)〖구개음화〗→**졀**이 삭다〖단음화: 여→어〗→**절**이 삭다(경남).

matematikçi(=수학자(數學者))=matematik(=수학(數學))+자(者)(=사람)+이(첨가음)→matematik지〖자음조화: ㅈ→ㅊ(ç)/k__〗→matematikçi.

ok(=화살)=(활을) 쏘(다)+악(子)(=것)(=물건)〖모음조화: 오-오〗→쏘옥〖동모음 축약〗→쏙〖ㅆ→ㅿ〗→소ㄱ(/ㄱ/은 받침이다. 글자가 없어서 이렇게 표기했다)〖ㅿ→∅〗→옥(ok)【근거】쏘다爲射〈훈민정음 해례본 합자해〉=쏘다는 사(射)이다.

'ㄲ, ㄸ, ㅃ, ㅉ, ㅆ, ㆅ 爲 全濁'〈훈민정음해례본〉(전탁(全濁)=유성음(有聲音)). 쏘다[ㅆ→ㅿ]→*소다. 쌍(上)〈법화경언해 1권 37장 앞면〉[일본어식으로 표기]→샤우[ㅇ→Ø/모음__모음]→샤우[ㅆ→z]→zyau→じゃう(上)(zyau)(일본어 고어)[a→o]→zyou→じょう(上)(zyou)(일본어 현대어). cf. **çit**(=울타리)=(울타리를) 치(다)+앗[안(=子)(=것)(=물건)+이(첨가음)[모음 합체]→치앤[애→에]→치엔[에→이]→치인(çiit)[동모음 축약]→çit(그 뜻은 '치는 것'=울타리). ney(=피리의 일종, 네이)=(소리를) 내(다)+이(=물건)[애→에](튀르키예어에는 /애/가 없다)→네이(nei)→ney(그 뜻은 '내는 것'=피리, 네이). cf. 손잡이=손+잡(다)+이(=물건). 네(=音)(ne)=(소리가) 나(다)+이(=것)[모음 합체]→내[애→에](일본어에는 /애/가 없다)→네(ne)(그 뜻은 '나는 것'=소리).

okçu(=궁수(弓手))=ok(=화살)+자(=사람)+이(첨가음)→ok지[자음조화: ㅈ→ㅊ(ç)/k__]→okçi[모음조화: o-u]→okçu. cf. **ok atıcı**(=okçu)=ok(=화살)+at(mak)(=쏘다)+자(=사람)+이(첨가음)→ok at[자음 충돌 회피용 /으/ 첨가]→ok at으지[유성음화: ㅈ→c/유성음__유성음]→ok at으(ı)ci[모음조화: ı-ı]→ok atıcı. cf. 지게=지(다)(동사 어간)+거(=것)+이(첨가음).

onarıcı(=수리공)=onar(mak)(=고치다, 수리하다)+자(=사람)+이(첨가음)→onar지[유성음화]→onarci[자음 충돌 회피용 삽입 모음, /으/(ı) 첨가]→onarıci[모음조화: ı-ı]→onarıcı. **onar**(mak)=온(=완전한, 완전히)+하(다)+ㄹ(관형형 어미)[ㅎ→Ø/유성음(ㄴ)__모음]→오날(onar). ⟹ **10.1**. on(튀르키예어)=십(=十), 十(=십)(=완전. 전부). '수리하다'는 완전하게 만드는 것이다. cf. じゅうぜん(on=+(=10). 十全)(일본어)(zyuuzen)=아주 완전함.

öncü(=선구자, 앞잡이)=ön(=앞)+자(=사람)+이(첨가음)→ön지[유성음화]→önci[모음조화: ö-ü]→öncü.

sağcı(=우파, 우익)=sağ(=오른쪽)+자(=사람)+이(첨가음)→sağ지[유성음화]→sağci[모음조화: a-ı]→sağcı.

sanatçı(=예술인, 예술가)=sanat(=예술)+자(=사람)+이(첨가음)→sanat지[자음조화: ㅈ→ㅊ(ç)/t__]→sanatçi[모음조화: a-ı]→sanatçı. cf. **sanatkâr**(=예술가, 예

술인)=sanat(=예술)+갈(=알)(=사람)(kar)→sanatkâr【근거】말갈(靺鞨)=말+갈(=자(子))(=사람)=靺鞨[Mòhé](중국어)=몰(=馬)〈훈몽자회 상권 19장 뒷면〉)+ㅎ(한국어 고유어 명사에 붙음)+아(=子)(=사람)[어말 /ㄹ/ 탈락]→ᄆᆞㅎ아[ㅇ→ㅗ]→모ㅎ아[아→어]→모허→Mòhé(중국어). 눈ㅅ갈[눈깔]=눈+ㅅ(사이시옷)+갈(=자(子))(=아이)[ㅅ+ㄱ→ㄲ]→눈깔. 눈깔(=눈알): 눈의 아이=눈알. 큰아(경남)=큰아이=큰 아들.

şarkıcı(=가수)=şarkı(=노래)+자(=사람)+이(첨가음)→şarkı지[유성음화]→şarkı-ci[모음조화: ı-ı]→şarkıcı.

savaşçı(=전사(戰士))=savaş(mak)(=싸우다)+자(=사람)+이(첨가음)→savaş지[자음조화: ㅈ→ㅊ(ç)/ş__]→savaşçi[모음조화: a-ı]→savaşçı. cf. **savaşçı**(=호전적)=savaş(=싸움)+적(的)(형용사형 어미)+이(첨가음): 적+이[umlaut]→젝이→제기[ㄱ→Ø/모음__이]→제이[에→이]→지이[동모음 축약]→지. savaş+지[자음조화: ㅈ→ㅊ(ç)/ş__]→savaşçi[모음조화: a-ı]→savaşçı. **savaşkan**(=싸움꾼)=savaş+한(漢)(=사나이,놈)[ㅎ→ㅋ]→savaş칸(kan)→savaşkan. **savaşan**(=전투원, 전사)=savaş+인(=人)(in)[이→으]→savaş은[으→어]→savaş언[어→아]→savaş안(an)→savaşan. 아니면, **savaşan**=avaş++앙(=子)(=사람)[ㅇ(ng)→ㄴ(n)]→avaş안(an)(가능성이 크다)【근거】무뢰한(無賴漢)=무뢰(無賴)+한(漢)(=사람). 燈등의블**혀**고〈석보상절 9권 32장 뒷면〉=등에 불 켜고(현대**어**): 혀다[ㅎ→ㅋ]→켜다. **이**사/**으**사(경남)=의사(醫師). **없**다/**읎**다(경남)=없다(표준어). 거렁이(=거지)=걸(乞)(=빌다, 구걸하다)+앙(=子)(=사람)+이(첨가음)[모음조화: 어-어]→걸엉이[발음대로 표기]→거렁이. don(mak)(=얼다)=동(凍)(tong)(=얼다)[어두유/무성자음 교체]→dong[ㅇ(ng)→ㄴ(n)]→don.

solcu(=좌파, 좌익)=sol(=왼쪽)+자(=사람)+이(첨가음)→sol지[유성음화]→solci[모음조화: o-u]→solcu. **sol**=장(=左)〈월인석보 1권 훈민정음 13장 뒷면〉[**자**]+알(의미첨가 없이 명사에 붙는 접미사)[ㅈ→ㅅ]→사알[아→오]→소올[동모음 축약]→솔→sol【근거】똥구시(경남)=똥+굼(=구멍이)+이(첨가음)→똥구디[구개음화: ㄷ→ㅈ/__이]→똥구지[ㅈ→ㅅ]→똥구시. **나살**(경남)(=나이)=*낫+알(=

子)(의미첨가 없이 명사에 붙는 접미사)→나살(경남 노인 말)(=나이). cf. yaş(=나이)=낫+이(첨가음)→나시〖두음법칙 후 보상적 /y/ 첨가〗→야시→yaş【근거】엻다(경남)(=넣다)=넣다〖두음법칙 후 보상적 /y/ 첨가〗→엻다. 나ᅘ〈석보상절 24권 19장〉《우리말샘》+이(첨가음)→나히〖ᅘ→ㅅ/__이〗→나시〖첨가음, /이/ 제거〗→낫. 나ᅘ+이(첨가음)〖ᅘ→Ø/모음__모음〗→나이(표준어)

sözcü(=연사, 대변인)=söz(=말, 연설)+자(=사람)+이(첨가음)→söz지〖유성음화〗→sözci〖모음조화: ö-ü〗→sözcü.

sporcu(=운동선수)=spor(=운동)+자(=사람)+이(첨가음)→spor지〖유성음화〗→sporci〖모음조화: o-u〗→sporcu.

sürücü(=마부, 운전수)=sürü(mek)(=끌다, 몰다)+자(=사람)+이(첨가음)→sürü지〖유성음화〗→sürüci〖모음조화: ü-ü〗→sürücü. **sürü**(mek)=끌(다)+이(첨가음)〖구개음화〗→쩔이〖ㅉ→ㅈ〗→즐이〖ㅈ→ㅅ〗→슬이〖으→우〗→술이〖umlaut〗→쉴이→süri〖모음조화: ü-ü〗→sürü【근거】똥구시(경남)=똥+굳(=구덩이)+이(첨가음)→똥구디〖구개음화〗→똥구지〖ㅈ→ㅅ〗→똥구시. 믈(=水)〈월인석보 1권 월인천강지곡 23장 앞면〉〖으→우〗→물(현대어). 썰(다)(표준어)+이(첨가음)+다→써리다(경남). 雲(운)은구루미라〈월인석보 1권 월인서 18장 앞면〉(=운은 구름이라): 구룸〖우→으〗→구름(현대어). 말을 몰다=말을 끌다, 자동차를 몰다=자동차를 끌다. 튀르키예어와 한국어는 '끌다'의 파생 의미도 같다.

tarihçi(=역사가)=tarih(=역사)+자(=사람)+이(첨가음)→tarih지〖자음조화: ㅈ→ㅊ(ç)/h__〗→tarihçi.

taşımacı(=운수업자)=taşı(mak)(=나르다, 운반하다, 운송하다)+ma(명사형 어미)+자(=사람)+이(첨가음)→taşıma지〖유성음화〗→taşımaci〖모음조화: a-ı〗→taşımacı.

uykucu(=잠꾸러기)=uyku(=잠)+자(=사람)+이(첨가음)→uyku지〖유성음화〗→uykuci〖모음조화: u-u〗→uykucu.

verici(=증여자, 주는 사람)=ver(mek)(=주다)+이(자음 충돌 회피용 삽입 모음)+자(=사람)+이(첨가음)→veri지〖유성음화〗→verici

vezneci(=금전 출납원)=vezne(=출납계, 출납창구)+자(=사람)+이(첨가음)→vezne지〔유성음화〕→vezneci. cf. **veznedâr**(금전 출납원)=vezne(=출납계, 출납창구)+달(=사람)(tar)→veznetar〔유성음화〕→veznedar 【근거】 키다리=키+달(=사람)(크거나 잘하는 사람)+이(첨가음).

yabancı(=외지인, 낯선 사람)=yaban(=들, 야산, 황무지, 낯선)+자(=사람)+이(첨가음)→yaban지〔유성음화〕→yabanci〔모음조화: a-ı〕→yabancı. **yaban**(=들, 야산, 황야)=야(野)+바(=所)(=장소)+앙(의미첨가 없이 명사에 붙는 접미사)〔ㅇ(ng)→ㄴ(n)〕→야바안〔동모음 축약〕→야반(yapan)〔유성음화: p→b/유성음＿유성음〕→yaban. **yaban**(=야생의)=야(野)+바(=所)(=장소)+앙(형용사형 어미)〔ㅇ(ng)→ㄴ(n)〕→야바안〔동모음 축약〕→야반(yapan)〔유성음화: p→b/유성음＿유성음〕→yaban 【근거】 똘(경기, 전라, 충청)〈고려대 한국어대사전〉(=도랑)+앙(의미첨가 없이 명사에 붙는 접미사)→또랑(경남)(=도랑). 노랑나비=*놀(다)(=노랗다)+앙(형용사형 어미)+나비→노랑나비. cf. 노랑=*놀(다)+앙(명사형 어미)→노랑. cf. 까맣다=깜(다)+**앙**+다. don(mak)(=얼다)=동(凍)(=얼다)(tong)〔ㅇ(ng)→ㄴ(n)〕→ton〔어두 유/무성자음 교체〕→don 【근거】 kelmoq(우즈벡어)=gelmek(튀르키예어)=오다.

yapıcı(=건축기사)=yap(mak)(=만들다, 건설하다)+으(ı)(모음 충돌 회피용 삽입 모음)+자(=사람)+이(첨가음)→yapı지〔유성음화〕→yapıci〔모음조화: ı-ı〕→yapıcı. 아니면, **yapıcı**=yap(mak)+이(명사형 어미)+자(=사람)+이(첨가음)〔모음조화: a-ı〕→yapı자이→yapı지〔유성음화〕→yapıci〔모음조화: ı-ı〕→yapıcı. cf. **yapıcı**(=만드는, 건설적)=yap(mak)(=만들다, 건설하다)+이(명사형 어미)+적(的)(형용사형 어미)+이(첨가음): yap+i〔모음조화: a-ı〕→yapı. 적+이→저기〔umlaut〕→제기〔에→이〕→지기〔ㄱ→∅/모음＿모음〕→지이〔동모음 축약〕→지. yapı+**지**〔유성음화〕→yapıci〔모음조화: ı-ı〕→yapıcı 【근거】 고기(표준어)〔umlaut〕→괴기〔단음화: 외→에〕→게기(경남)〔ㄱ→∅/모음＿모음〕→게이(경남)〔에→이〕→기이(경남).

yardımcı(=조수, 보조)=yardım(=도움, 협조, 보조)+자(=사람)+이(첨가

음)→yardım**지**〖유성음화〗→yardımci〖모음조화: ı-ı〗→yardımcı.

zanaatçı(=기술자, 장인)=zanaat(=(목공, 철공 등) 수공, 기술, 기공)+자(=사람)+이(첨가음)→zanaat**지**〖자음조화: ㅈ→ㅊ(ç)/t__〗→zanaatçi〖모음조화: a-ı〗→zanaatçı. cf. **zanaatkâr**(=zanaatçı)=zanaat+**갈**(=사람)→zanaatkâr 【근거】 말갈(靺鞨)=말+갈(=자(子))(=사람, 자손)=靺鞨[Mòhé](중국어)=몰(=馬(마))〈훈몽자회 상권 19장 뒷면〉+ㅎ(한국어 고유어 명사에 붙음)+아(=子)(=사람)〖어말 /ㄹ/ 탈락〗→ᄆᆞㅎ아〖ᆞ→오〗→모ㅎ아〖아→어〗→모허→Mòhé(중국어). 눈ㅅ갈[눈깔]=눈+ㅅ(사이시옷)+갈(=子)(=아이)〖ㅅ+ㄱ→ㄲ〗→눈깔. 눈깔(=눈알): 눈의 아이=눈알. 큰**아**(경남)=큰 **아이**=큰 **아들**.

② ~ci/~z/~ş/si=자(子)+이

튀르키예어의 접미사, -cı, -çı, -ci, -çi, -cu,-çu,-cü,-çü는 한국어 접미사, '자+이'의 '~지'의 자음조화, 모음조화에 따른 변이형이다. cf. ~子[zi](중국어)(구체적인 일상생활 용품, 동물 명사 뒤에 붙거나 직업을 나타내는 명사 뒤에 붙는다)=자(子)+이(첨가음)〖모음 합체〗→재〖애→에〗→제〖에→이〗→지〖ㅈ→ㅅ〗→시〖이→으〗→스(si)〖유성음화〗→zi. 똥구시=똥+굳(=구덩이)+이(첨가음)→똥구디〖구개음화〗→똥구지〖ㅈ→ㅅ〗→똥구시. 子중孫손이**니서**가몰〈석보상절 6권 7장 뒷면〉(=자손이 이어 감을): 닛(다)+어(부사형 어미)→니서〖유성음화〗→니**서**. 닛다〖두음법칙 후 보상적 /y/ 첨가〗→y+잇(is)다〖단음화: y+i→i〗→잇(is)다(현대어). 'A+자(子)=**A에서 만들어진 것, A에서 나온 것**'이라는 뜻으로 쓰이거나 **지소사, 의미첨가 없이 명사에 붙는 접미사**로 쓰인다. 몇 개는 '자(子)+이(첨가음)〖모음 합체〗→재〖애→에〗→제〖에→이〗→지'와 같이 전 과정을 보여주고 나머지는 '자+이→지'로 중간 과정을 생략하고 기술하겠다. 여기서는 앞의 ① 이외의 것을 다루겠다.

"Trk. +(V)č(diminutive suffix). Orh. atač 'father' 〈 ata. Ko. +ači/+əči"〈Han-Woo Choi 1996: 10〉에서 든 한국어 예를 한국으로 표기하면: 아버지의 '어지(əči)'와 망아지와 송아지의 아지(ači)를 지소사(diminutive suffix)로 보고 있는데 아버지

의 '어지'는 지소사가 아니다: 아비=*압+이(첨가음), 아버지=*압+앗[안](의미첨가 없이 명사에 붙는 접미사)+이(첨가음)→아바디[구개음화: ㄷ→ㅈ/__이]→아**바**지(함경)〈WORDROW〉《네이버》[아→어]→아버지(표준어). 아바지[ㅈ→ㅅ]→아바시(경남)〈고려대 한국어대사전〉. 아바니(전남, 평안)〈고려대 한국어대사전〉=*압+**안**(의미첨가 없이 명사에 붙는 접미사)+이(첨가음)→아바니. 아바이(경북, 평안)〈고려대 한국어대사전〉=*압+**아**(의미첨가 없이 명사에 붙는 접미사)+이(첨가음)→아바이. 아배(경상, 전남, 함북)〈고려대 한국어대사전〉=*압+**아**(의미첨가 없이 명사에 붙는 접미사)+이(첨가음)[모음 합체]→아배. 아방((제주)〈고려대 한국어대사전〉=*압+**앙**(의미첨가 없이 명사에 붙는 접미사)→아방. 아부제(강원, 경상, 전남, 함북)〈우리말샘〉=*압+우(모음 충돌 회피용 삽입 모음)+**자(子)**(의미첨가 없이 명사에 붙는 접미사)+이(첨가음)[모음 합체]→아부재[모음조화: 우-에]→아부제[에→이]→아부지(강원, 경기, 경상, 전라, 충청, 함경, 황해, 중국 길림성, 중국 흑룡강성)〈우리말샘〉: 이=앗[안]=안=아=앙=자(子) 【근거】 aaʙ(몽골어)(=아버지)[동모음 축약]→aʙ(=*압)=*압[풀어쓰기]→아브[유성음화]→아브[ㅸ→v]→avɨ[/v/ 다음의 [ɨ]는 있으나 없으나 발음이 같이 들린다]→av→aʙ. 알(경남)(=아래)+아(의미첨가 없이 명사에 붙는 접미사)+이[모음 합체]→알애→아래(표준어). 씨앗(=種子)(=씨)=씨(=種)+앗(=子). 또랑(경남)=똘(경기, 전라, 충청)〈고려대 한국어대사전〉+앙(의미첨가 없이 명사에 붙는 접미사). 제각기 다른 접미사가 붙었지만 모두 같은 기능을 하고 어근이 몽골어, aaʙ임을 알 수 있다. ⇒ **배지**. 송아지, 망아지의 '아지'는 새끼라는 뜻이지 지소사가 아니다. ⇒ **9,2 (2)**.

접시(楪匙)=뎝(楪)[tyəp]〈훈몽자회 중권 11장 앞면〉(=뎝시=접시)+**자(子)**(의미첨가 없이 명사에 붙는 접미사)+이(첨가음)[구개음화: ㄷ→ㅈ/__y]→뎝자이[단음화]→접자이[모음 합체]→접재[애→에]→접제[에→이]→접지[ㅈ→ㅅ]→접시 【근거】 楪子=접시. 종지=종자(鍾子)+이(첨가음)[모음 합체]→종재[애→에]→종제[에→이]→종지. 똥구시(경남)=똥+굳(=구덩이)+이(첨가음)→똥구디[구개음화]→똥구지[ㅈ→ㅅ]→똥구시. **tepsi**(=접시)=뎝(楪)[뎁](경남 발음)+자

(子)+이→뎹자이[모음 합체]→뎹재[애→에]→뎹제[에→이]→뎹지[ㅈ→ㅅ]→뎹시(tepsi).

배지[배:지](경남)(=배(=복(腹))의 비속어)=배+자(子)(지소사)+이(첨가음)[모음 합체]→배재[애→에]→배제[에→이]→배지(배를 작게 본다는 의미에서 낮추는 말이 된 경우이다).

azı(=어금니)=앙(牙)〈월인석보 1권 훈민정음 3장 뒷면〉[아](=어금니)+자(子)(의미첨가 없이 명사에 붙는 접미사)+이(첨가음)[ㅇ(꼭지 있는 이응)→Ø]→아자이[모음 합체]→아재[애→에]→아제[에→이]→아지[이→으]→아즈[ㅈ→ㅅ]→아스[유성음화: ㅅ→ㅿ/모음__모음]→아스→azı(여기서는 /ı/를 삭제하지 않고 유지했다) 【근거】 앙(牙)[아][ㅇ(꼭지 있는 이응)→Ø]→아(牙)(현대어) (튀르키예어는 한국과 같은 음운 변화를 거쳤다). cf. 앙(牙)[아][ㅇ(꼭지 있는 이응)→g]→ga→が(牙)(일본어). 앙(牙)[아]+이(첨가음)[모음 합체]→애[애→에] (일본어에는 /애/가 없다)→에[ㅇ(꼭지 있는 이응)→g]→ge→げ(牙)(일본어). 똥구시(경남)=똥+굳(=구멍이)+이(첨가음)→똥구디[구개음화]→똥구지[ㅈ→ㅅ]→똥구시. 이사/으사(경남)=의사(醫師)(표준어). 종지=종자(鍾子)+이(첨가음)[모음 합체]→종재[애→에]→종제[에→이]→종지. 子중孫손이**니ᅀᅥ**가몰〈석보상절 6권 7장 뒷면〉(=자손이 이어 감을): 닛(다)+어(부사형 어미)→니ᅀᅥ[유성음화]→니ᅀᅥ. 닛다[두음법칙 후 보상적 /y/ 첨가]→y+잇(is)다[단음화: y+i→i]→잇(is)다(현대어). 이 개야미 이에셔 사더니〈석보상절 6권 37장 뒷면〉(=이 개미 여기서 사더니): 이에셔=이+거(경남)(=곳)+이(첨가음)+셔[모음 합체]→이**게**셔[유성음화: ㄱ(k)→ㅇ(g)/모음__모음]→이에셔 【근거】 이게(강원, 경남)〈고려대 한국어대사전〉=여기. 여거(경남)(=여기)=여+거(=곳). 여기=여거+이(첨가음)[모음 합체]→여게[에→이]→여기(표준어).

bez(=천, 헝겊, 옷감, 기저귀)=베(=천, cloth)+자(子)(의미첨가 없이 명사에 붙는 접미사)+이(첨가음)→베지[ㅈ→ㅅ]→베시[유성음화]→베ᅀᅵ[이→으]→베스[ㅿ→z]→pezı[어두 유/무성자음 교체]→bezı[[z] 다음의 [ı]는 있으나 없으나 발음이 같이 들린다]→bez. 【근거】 **이**사(경남)/**으**사(경남)=의사(醫師)(표준어). gelmek(튀르키예어)=kelmoq(우즈벡어)=오다. 똥구시(경남)=똥+굳(=구덩이)+이(첨가음)→똥구디[구개음화]→똥구지[ㅈ→ㅅ]→똥구시. 子중孫손이**니셔**가몰〈석보상절 6권 7장 뒷면〉(=자손이 이어 감을): 닛(다)+어(부사형 어미)→니셔[유성음화]→니**셔**. 닛다[두음법칙 후 보상적 /y/ 첨가]→y+잇(is)다[단음화: y+i→i]→잇(is)다(현대어). **bez**가 '천'이라는 뜻일 때는 '자=子'가 의미첨가 없이 명사에 붙은 접미사이고 '헝겊, 기저귀'라는 뜻일 때는 '자=子'가 '~에서 만들어진 것'이라는 뜻이다.

buz(=얼음)=물(=수(水))+자(子)(~에서 만들어진 것)+이(첨가음)→물지[ㄹ→Ø/__ㅈ]→무지[ㅈ→ㅅ]→무시[유성음화]→무싀[이→으]→무스(muzı)[[z] 뒤의 [ı]는 있으나 없으나 발음이 같이 들린다]→**muz**(우즈벡어)[m→b]→buz('얼음'은 '물의 아들' 즉, '물에서 만들어진 것'이다) 【근거】소 한 **마리**(mari)(표준어)=소 한 **바리**(bari)(경남). cf. たけのこ(=竹の子, 筍, 笋)(일본어)(takenoko)(=죽순)=たけ(take)(=대나무=죽(竹))+の(no)(소유격 조사)+こ(ko)(=子)(=대나무의 아들, 즉 대나무에서 나온 것=죽순). きのこ(=菌・茸・蕈)(kinoko)(=버섯)=き(ki)(=나무)+の(no)(소유격 조사)+こ(ko)(=子)(=나무의 아들 즉, 나무에서 나온 것=버섯). 두서번〈석보상절 6권 6장 뒷면〉=두서번[유성음화: ㅅ→ㅿ/모음_-모음]→두서번(=두세 번).

gösterici(=환등**기**(幻燈機), 프로젝터)=göster(mek)(=보여주다)+이(자음 충돌 회피용 삽입 모음)+자(子)(=것)+이(첨가음)→göster이지[유성음화: ㅈ→c/모음__모음]→gösterici. 아니면, **gösterici**=göster(mek)+이(자음 충돌 회피용 삽입 모음)+긩(機)〈석보상절 13권 28장 앞면〉[긔](=기계)[단음화: 의→에]→göster이게[에→이]→göster이기[구개음화: ㄱ→ㅈ/__이]→göster이지[유성음화]→gösterici. cf. **gösterici**(=시위자(示威者))=göster(mek)(=보여 주다)+이(명사형 어미)+자(者)(=사람)+이(첨가음)[모음 합체]→göster이지[유성음화]→gösterici(그 뜻은 '(행동으로) 보여주는 사람'=시위자). **gösteri**(=시위, 전시)=göster(mek)+이(명사형 어미)(i) 【근거】종지=종자(鍾子)+이(첨가음)[모음 합체]→종재[애→에]→종제[에→이]→종지. 기름[구개음화: ㄱ→ㅈ/__이]→

지름(경남). 길[구개음화: ㄱ→ㅈ/＿ㅣ]→질(경남). 긩(機)〈석보상절 13권 28장 앞면〉[긔][단음화: 의→에]→게[에→이]→기(현대어). 돈벌이=돈+벌(다)+이(= 명사형 어미)(=행위).

kez(=回)=회(回)[헤](경남 발음)+자(子)(의미첨가 없이 명사에 붙는 접미사)+이(첨 가음)→헤지[ㅎ→ㅋ]→케지[ㅈ→ㅅ]→케시[이→으]→케스[유성음화]→케 스[ㅿ→z]→kezɪ[유성 마찰음, [z] 다음의 [ɪ]는 있으나 없으나 발음이 같이 들린 다]→kez. cf. **kere**(=번, 회)=회(回)[헤](경남 발음)+알(=자(子))(의미첨가 없이 명 사에 붙는 접미사)+이(첨가음)+아(의미첨가 없이 명사에 붙는 접미사)+이(첨가 음): 헤[ㅎ→ㅋ]→**케**. 알+이[모음 합체]→앨[애→에]→**엘**. 아+이[모음 합체] →애[애→에]→**에**. 케+엘+에[동모음 축약]→켈에→케레→kere(의미첨가 없 이 '알'이 붙은 명사를 접미사가 붙지 않은 명사로 보고 다시 의미첨가 없이 붙는 접미사, 아'를 붙인 경우이다)【근거】燈등의블**혀**고〈석보상절 9권 32장 뒷면〉=등 에 불 켜고(현대어): 혀다[ㅎ→ㅋ]→켜다. 모자(帽子)(=모(帽))=모(帽)+자(子)(의 미첨가 없이 명사에 붙는 접미사). 이사(경남)/으사(경남)(/이/, /으/를 높고 강하 게 발음한다)=의사(醫師)(표준어). 샅(=두 다리의 사이)(표준어)+알(=자(子))(의미 첨가 없이 명사에 붙는 접미사)+이(첨가음)→샅알이→사타리(경상). 알(경남)(= 下)+아(의미첨가 없이 명사에 붙는 접미사)+이(첨가음)[모음 합체]→알애→아 래(표준어). 두서번〈석보상절 6권 6장 뒷면〉=두서번[유성음화: ㅅ→ㅿ/모음＿모 음]→두서번(=두세 번).

muş(=강을 다니는 밑이 평면으로 된 소형 **증기** 유람선)=물(=수(水))+자(子)(~ 에서 나온 것)+이(=물건)[ㄹ→∅/＿ㅈ]→무자이[모음 합체]→무재[애→에] →무제[에→이]→무지[ㅈ→ㅅ]→무시→**muş**(물의 아들 즉, 물에서 나온 것 증기이고 그 증기로 다니는 것이 증기선이다)【근거】부젓가락=불(=火)+젓가락 [ㄹ→∅/＿ㅈ]→부젓가락. 똥구시(경남)=똥+군(=구덩이)+이(첨가음)→똥구 디[구개음화: ㄷ→ㅈ/＿ㅣ]→똥구지[ㅈ→ㅅ]→똥구시. **musluk**(=수도꼭지)= 물+자(子)+이(첨가음)+li(형용사형 어미)+악(=자(子))(=것)+이(첨가음)→무시 +li+악+이: 악+이[모음 합체]→액[애→에]→엑[에→이]→익. musluk=무시

(musi)+li+익(ik)〖동모음 축약〗→musilik〖모음조화: u-u-u〗→musuluk〖'sul'의 빠른 발음에서는 [u]가 있으나 없으나 발음이 같이 들린다, 아니면, 음절 재분석〗→musluk(그 원뜻은 '물(=수도?)의 것'=수도꼭지?). cf. sıyır(mak)+ılmak〖/ı/ 탈락〗→sıyrılmak. Yalu Nehri(=압록강)=Yalu Nehir+i(3인칭 소유 접미사)〖/i/ 탈락〗→Yalu Nehri.

peş(=등, 배면)=배(背)(=등)+자(子)(의미첨가 없이 명사에 붙는 접미사)+이(첨가음)→배지〖애→에〗→베지→pe지〖ㅈ→ㅅ〗→pe시→peş〖근거〗⇒ **buz**. 똥구시(경남)=똥+군(=구덩이)+이(첨가음)→똥구디〖구개음화: ㄷ→ㅈ/__이〗→똥구지〖ㅈ→ㅅ〗→똥구시.

tepsi(=접시)=뎹(楪)[뎀](경남 발음)+자(子)+이→뎁자이〖모음 합체〗→뎁재〖애→에〗→뎁제〖에→이〗→뎁지〖ㅈ→ㅅ〗→뎁시(tepsi)〖근거〗똥구시(경남)=똥+군(=구덩이)+이(첨가음)→똥구디〖구개음화: ㄷ→ㅈ/__이〗→똥구지〖ㅈ→ㅅ〗→똥구시.

toz(=먼지)=토(土)(=흙)(to)+자(子)(~에서 나온 것, ~에서 만들어진 것)+이(첨가음)→to지〖ㅈ→ㅅ〗→to시〖이→으〗→to스〖유성음화〗→to즈〖ㅿ→z〗→tozı〖어말에서 유성 마찰음, [z] 다음의 [ı]는 있으나 없으나 발음이 같이 들린다〗→toz(그 뜻은 '흙의 아들 즉, 흙에서 만들어진 것'=먼지)〖근거〗똥구시(경남)=똥+군(=구덩이)+이(첨가음)→똥구디〖구개음화〗→똥구지〖ㅈ→ㅅ〗→똥구시. **이사/으사**(경남)=의사(醫師)(표준어). 두서번⟨석보상절 6권 6장 뒷면⟩(=두세 번)=두서번〖유성음화: ㅅ→ㅿ/모음__모음〗→두서번(=두세 번).

yapıştırıcı(=접착제, 풀)=yapıştır(mak)(=붙이다)+으(자음 충돌 회피용 삽입 모음)(ı))+자(子)(=것)+이(첨가음)→yapıştırı지〖유성음화〗→yapıştırıci〖모음조화: ı-ı〗→yapıştırıcı. **yapış**(mak)(=붙다)=(모음으로 끝나는 명사)+y(모음 충돌 회피용 삽입 반자음)+아(처격 조사)(경남)+부트(다)(제주)(=붙다)〖모음 합체: y+아→야(ya)〗→야부트〖우→으〗→야브트〖구개음화: ㅌ→ㅊ/__으〗→야브츠〖ㅊ→ㅅ〗→야브스→yapışı〖[ş] 다음의 [ı]는 있으나 없으나 발음이 같이 들린다〗→yapış(처격 조사가 붙은 동사를 동사 어간으로 사용한 예일 것으로 추정된다:

(모음)+y+아+붙다=yapış) 【근거】 들티다〈유합신下:9〉《고려대 한국대사전》(=들추다)[구개음화]→들치다(비표준어)[ㅊ→ㅅ]→들시다(경남). 붙다〈용가 97장〉《고려대 한국어대사전》[으→우]→붙다(현대어). 경남 방언의 처격 조사는 '아'이다: 방아 있다(=방에 있다)=방+**아**(처격 조사)(a)+있다. 두하눐ᄉ시예갸샤〈석보상절 6권 45장 뒷면〉(=두 하늘 사이에 가시어)=두 하ᄂᆞᆯ+ㅅ(사이시옷)+ᄉ시+**이(y)**(모음 충돌 회피용 삽입 반자음)+에(향진격 조사)+가시(다)+아(부사형 어미). 앞의 중세 국어와 같이 처격 조사, '아' 앞에 모음 충돌 회피용 삽입 반자음, /y/를 붙여 '야(ya)'가 사용되었을 것이다. 〔유례〕 yasa(mak)(=살다)=y+아(a)(처격 조사)+살(다)/사(다)(sa)(경남)(둘 다 사용)→yasa 【근거】 '저 관사야 사다/살다(중세 국어와 같이 표기)=저 관사+y(모음 충돌 회피용 삽입 반자음)+아(경남)(처격 조사)+사다=저 관사+**야사(yasa)**다'로 오분석하여 만들어진 동사이다 【근거】 **진주**에 산다=**진주** 산다.

③ ~z=~자(子)(=아이)+이(첨가음)

ikiz(=쌍둥이, 쌍생아)=iki(=이(=two), 둘)+자(子)(=아이)+이(첨가음): 자+이[모음 합체]→재[애→에]→제[에→이]→지[ㅈ→ㅅ]→시[이→으]→스($sı$) iki+$sı$ 〖유성음화〗→ikiz$ı$〖어말에서 [z] 다음의 [ı]는 있으나 없으나 발음이 같이 들린다〗→ikiz 【근거】 이사/으사(경남)=의사(醫師)(표준어). cf. し(si)/す(su[suɯ])(=子)(일본어)=자(子)+이(첨가음)[모음 합체]→재[애→에]→제[에→이]→지[ㅈ→ㅅ]→**시(si)**[이→으]→**스($sı$)**(su[suɯ]). 子[zǐ](중국어)=자(子)+이(첨가음)[모음 합체]→재[애→에]→제[에→이]→지[ㅈ→ㅅ]→**시(si)**[이→으]→**스($sı$)**〖유성음화〗→스[zǐ]. 중국어, 일본어, 모두 한국어 경남 방언의 음운 규칙을 따르고 있다. cf. two(영어)=두(=2)+ᄋ(=子)(의미첨가 없이 붙는 접미사)[ᄋ→오(ㅇ)]→two? 영어와 한국어의 관계를 연구할 필요가 있다.

(12) ~ci/ca=~적(的)+이(첨가음)

~적(的)+이(첨가음)→적이〖umlaut〗→젝이[에→이]→지기[ㄱ→∅/모음__

모음〗→지이〖동모음 축약〗→지〖유성음화: ㅈ→c/유성음__유성음〗→ci〖근거〗 고기(표준어)〖umlaut〗→괴기〖단음화〗→게기(경남)〖ㄱ→∅/모음__이〗→게이(경남)〖에→이〗→기이(경남). 특별한 경우가 아니면, '~적(的)+이(첨가음)→지'와 같이 중간 과정을 생략하고 기술하겠다. 튀르키예어는 모음조화, 자음조화에 따라 -cı, -çı, -ci, -çi, -cu,-çu,-cü,-çü로 바뀐다.

~적(的)+이(첨가음)→적이〖어→아〗→작이→자기〖ㄱ→∅/모음__모음〗→자이〖첨가음, /이/ 제거〗→자〖유성음화: ㅈ→c/유성음__유성음〗→ca 【근거】 뙹(追)〈월인석보 1권 월인서 17장 앞면〉[뒤]=듀+이(첨가음)〖ㄷ→ㅌ〗→튜이〖구개음화〗→츄이〖단음화〗→추이**〖첨가음, /이/ 제거〗→추**(현대어).

akıcı(=유동적(流動的), 흐르는)=ak(mak)(=흐르다)+이(명사형 어미)(i)+적(的)+이(첨가음)→akı지〖모음조화: a-ı〗→akı지〖유성음화: ㅈ→c/유성음__유성음〗→akıci〖모음조화: ı-ı〗→akıcı. **akı**=흐름, 유동, 유출)=ak(mak)+이(명사형 어미)(i)〖모음조화: a-ı〗→akı.

besleyici(=자양적(滋養的), 영양분 있는)=besle(mek)(=양육하다, 키우다, 기르다)+y(모음 충돌 회피용 삽입 반자음)+이(명사형 어미?)(i)+적(的)+이(첨가음)→besleyi지〖유성음화: ㅈ→c/유성음__유성음〗→besleyici. besleyici madde=자양적 물질=영양물 【근거】 yapıcı의 yapı(명사형), yardımcı의 yardım(명사) 등과 같이 명사나 명사형에 붙는 것으로 보아 besleyi를 명사형으로 본 것이다. *besleyi.

dostça(=가까운 사이의, 우호적(友好的))=dost(=친구, 동지)+적(的)+이(첨가음)〖어→아〗→dost작이→dost자기〖ㄱ→∅/모음__모음〗→dost자이〖첨가음, /이/ 삭제〗→dost자〖자음조화: ㅈ→ㅊ(ç)/t__〗→dostça 【근거】 뙹(追)〈월인석보 1권 월인서 17장 앞면〉[뒤]=듀+이(첨가음)〖ㄷ→ㅌ〗→튜이〖구개음화〗→츄이〖단음화〗→추이**〖첨가음, /이/ 제거〗→추**(현대어).

inandırıcı(=믿게 하는, 신뢰적(信賴的))=inandir(mak)(=믿게 하다)+이(명사형 어미?)(i)+적(的)+이→inandıri지〖모음조화: ı-ı〗→inandırı지〖유성음화: ㅈ(무성 무기 파찰음)→c(유성 무기 파찰음)/모음__모음〗→inandırıci〖모음조화: ı-ı〗→inandırıcı 【근거】 yapıcı의 yapı(명사형), yardımcı의 yardım(명사) 등과 같이 명사나

명사형에 붙는 것으로 보아 inandırı를 명사형으로 본 것이다. ***inandırı**.

kahramanca(=영웅적(英雄的), 영웅다운)=kahraman(=영웅)+적(的)+이(첨가음)→kahraman저기〚ㄱ→Ø/모음__이〛→kahraman저이〚첨가음, /이/ 삭제〛→kahraman저〚어→아〛→kahraman자〚유성음화: ㅈ→c/유성음__유성음〛→kahramanca. kahramanca davranış=영웅적 행위【근거】뒿(追)〈월인석보 1권 월인서 17장 앞면〉[뒤]=듀+이(첨가음)〚ㄷ→ㅌ〛→튜이〚구개음화〛→츄이〚단음화〛→추이〚**첨가음, /이/ 제거**〛→추(현대어).

patlayıcı(=폭발(성)의)=patla(mak)(=폭발하다)+y(모음 충돌 회피용 삽입 반자음)+이(명사형 어미)(i)+적(的)+이(첨가음)→patlayi지〚모음조화: a–ı〛→patlayı지〚유성음화: ㅈ(무성 무기 파찰음)→c(유성 무기 파찰음)/모음__모음〛→patlayıci〚모음조화: ı–ı〛→patlayıcı(그 뜻은 '폭발(=patlayı)+적(的)'이다). cf. **patlayıcı**(=폭발물)=patla(mak)(=폭발하다)+y(모음 충돌 회피용 삽입 반자음)+이(명사형 어미)(i)+자(子)(=것)(=물체)+이(첨가음)〚모음 합체〛→patlayi재〚애→에〛→patlayi제〚에→이〛→patlayi지〚유성음화〛→patlayici〚모음조화: a–ı〛→patlayıci〚모음조화: ı–ı〛→patlayıcı(그 뜻은 '폭발의 것'=폭발하는 것=폭발물).

savaşçı(호전적)=savaş(=싸움, 전쟁, 투쟁)+적(的)+이(첨가음)→savaş지〚자음조화: ㅈ→ㅊ(ç)/ş__〛→savaşçi〚모음조화: a–ı〛→savaşçı. cf. **savaşçı**(=전사)=avaş(=싸움, 전쟁, 투쟁)+자(者)(=사람)+이(첨가음)→savaş지〚자음조화: ㅈ→ㅊ(ç)/ş__〛→savaşçi〚모음조화: a–ı〛→savaşçı【근거】종지=종자(鍾子)+이(첨가음)〚모음 합체〛→종재〚애→에〛→종제〚에→이〛→종지. **savaşkan**(=싸움꾼)=savaş+한(漢)(=사나이, 놈)〚ㅎ→ㅋ〛→savaş칸(kan)→savaşkan【근거】무뢰한(無賴漢)=무뢰(無賴)+한(漢)(=놈, 사나이). 燈등의블혀고〈석보상절 9권 32장 뒷면〉=등에 불 켜고(현대어): 혀다〚ㅎ→ㅋ〛→켜다. **savaşan**(=전투원, 전사)=savaş+앙(=子)(=사람)(ang)〚ㅇ(ng)→ㄴ(n)〛→savaş안(an)→savaşan【근거】거렁이(=거지)=걸(乞)(=빌다, 구걸하다)+앙(=子)(=사람)+이(첨가음)〚모음조화: 어–어〛→걸엉이→거렁이. don(mak)(=얼다)=동(凍)(=얼다)(tong)〚ㅇ(ng)→ㄴ(n)〛→ton〚어두 유/무성자음 교체〛→don【근거】kelmoq(우즈벡어)=gelmek(튀르키

예어)=오다.

ürkütücü(=살벌한)=ürküt(mek)(=위협하다, 놀라게 하다)+이(명사형 어미?) (i)+적(的)+이→ürküti지〔모음조화: ü-ü, 유성음화〕→ürkütüci〔모음조화: ü-ü〕 →ürkütücü【근거】 yapıcı의 yapı(명사형), yardımcı의 yardım(명사) 등과 같이 명사나 명사형에 붙는 것으로 보아 ürkütü를 명사형으로 본 것이다. *ürkütü.

yabancı(=길들이지 않은, 야생의)=yaban(=들, 야생, (prov) stranger=낯선 사람)+적(的)+이→yaban지〔유성음화〕→yabanci〔모음조화: a-ı〕→yabancı. cf. ya-bancı(=낯선 사람, 외지인, 외국인)=yaban+자(者)(=사람)+이〔모음 합체〕→yaban재〔애→에〕→yaban제〔에→이〕→yaban지〔유성음화: ㅈ→c/유성음__유성음〕→yabanci〔모음조화: a-ı〕→yabancı.

yaltakçı(=아첨하는, 아랑거리는, 비굴한)=yaltak(=아첨, 아부)+적(的)+이(첨가음)→yaltak지〔자음조화: ㅈ→ㅊ(ç)/k__〕→yaltakçi〔모음조화: a-ı〕→yaltakçı. ⇒ yalamak=핥다.

yapıcı(=만드는, 건설적인)=yap(mak)(=건축하다, 만들다, 하다)+이(명사형 어미) (i)+적(的)+이→yapi지〔모음조화: a-ı〕→yapı(=건축, 건물, 구조)+지〔유성음화〕 →yapıci〔모음조화: ı-ı〕→yapıcı. cf. **yapıcı**(=건축기사)=yap(mak)+으(ı)(자음 충돌 회피용 삽입 모음)+자(者)(=사람)+이〔모음 합체〕→yapı재〔애→에〕→yapı제 〔에→이〕→yapı지〔유성음화: ㅈ→c/유성음__유성음〕→yapıci〔모음조화: a-ı〕 →yapıcı.

yaratıcı(=창조적인)=yarat(mak)(=창조하다)+이(명사형 어미)+적(的)+이(첨가음)→yarati지〔유성음화〕→yaratici〔모음조화: a-ı〕→yaratıci〔모음조화: ı-ı〕 →yaratıcı. cf. **yaratıcı**(=창작자)=yarat(mak)(=창조하다)+으(자음 충돌 회피용 삽입 모음)(ı)+자(者)(=존재, 사람)+이(첨가음)→yaratı지〔유성음화: ㅈ→c/유성음__유성음〕→yaratıci〔모음조화: ı-ı〕→yaratıcı. cf. **Yaratıcı**=창조신. **yaratı**(=창조)=yarat(mak)+이(i)(명사형 어미)〔모음조화: a-ı〕→yaratı.

(13) ~ci(서수 접미사)=~째

둘**째**[[애→에]]→둘**쩨**[[에→이]]→둘**찌** 【근거】 둘찌(=둘째)〈표준국어대사전〉.
cf. 셋찻일후믄〈석보상절 13권 30장 앞면〉(=셋째 이름은)=셋차(=셋째)+ㅅ(사이시
옷)+일훔(=이름)+은(조사). **셋째**=셋차+이(첨가음)[[ㅊ→ㅉ]]→셋짜이[[모음 합체]]
→셋째(표준어). 첫차+이(첨가음)[[모음 합체]]→**첫채**(경남)[[애→에]]→**첫체**(경
남)[[에→이]]→**첫치**(경남)[[ㅊ→ㅉ]]→**첫찌**(경남). cf. **첫차**(전남)(=첫째)〈우리말
샘〉.

~ci=째[[애→에]]→쩨[[에→이]]→찌[[ㅉ→c]]→ci[dʒɪ] 【근거】 'ㄲ, ㄸ, ㅃ, ㅉ, ㅆ,
ㆅ 爲 全濁'〈훈민정음해례본〉(전탁(全濁)=유성음(有聲音)). 뎡(定)[[구개음화]]→쩡
[[ㅉ→c]]→[cyəng](한국어 발음을 튀르키에어 자음, [c]를 이용해서 표기한 것이
다). 뎡(定)[[구개음화: ㄸ→ㅉ/__y(yə(여))]]→쩡[[ㅉ(유성자음)→ㅈ(무성자음), ㅇ
→ㅇ]]→졍[[단음화]]→정(현대어). 뎡(定)[[구개음화]]→쩡[[여→야]]→쨩[[일본
어식으로 표기]]→쨔우[[꼭지 있는 이응, /ㆁ/→Ø]]→쨔우[[ㅉ→dz]]→dzyau→
ぢゃう(定)(일본어 고어)[[dz→z]]→じゃう[[ゃ(야)→ょ(요)]]→じょう(zyou)(일
본어 현대어). '**~ci**=째[[애→에]]→쩨[[에→이]]→찌[[ㅉ→c]]→ci[dʒɪ]'의 중간 과
정은 생략하고 '째→찌'로 기술하겠다.

birinci(=첫째)=bir(=1, 하나)+in(소유격 조사)+째→birin찌[[ㅉ→c]]→birinci.
cf. 비롯되다(=처음으로 시작되다)=**빌**+옷(=앗)(명사형 어미)+되다: 빌옷=빌(pir)
(=bir(형용사))+옷(명사형 어미))=시작. 숫자의 시작이 '일', '하나'이다 【근거】 서
너 개=서(형용사)+너(형용사)+개(명사). cf. 서+앗(명사형 어미)+이(첨가음)[[모음
합체]]→서앗[[애→에]]→서엣[[에→이]]→서잇[[모음 합체]]→셋

ikinci(=둘째)=잇(다)+기(명사형 어미)(ki)+in(소유격 조사)+째→ikiin찌[[동모
음 축약]]→ikin찌[[ㅉ→c]]→ikinci 【근거】 잇(다)(=두 끝을 맞대어 붙이다)+기(명
사형 어미)[[ㅅ+ㄱ→ㄲ]]→이끼[[ㄲ→ㅋ]]→이키→iki(=둘, 二)(이르려면 두 개
가 필요하다). **ふたつ**(=二つ)(hutatsu)(일본어)=붙(다)+아(=자(子))(명사형 어미)(=
것)+앗[앋](의미첨가 없이 명사에 붙는 접미사)[[동모음 축약]]→붙앋→부탇[[일
본어식으로 표기]]→부타드[[ㅂ→ㅎ]]→후타드[[ㄷ→ㅌ]](일본어에서는 ㄷ/ㅌ 구

분이 없다)→후타트[구개음화: ㅌ→ㅊ/__으]→후타츠(hutatsu)(tsu[tsɯ]=으)【근거】반(反)[ㅂ→ㅎ]→한(han)→はん(反)(han)(일본어). **둘**(=이(二))(한국어)=두(다)+알(=자(子))(=것)[모음조화]→두울[동모음 축약]→둘. 튀르키예어처럼 이으려면 두 개가 필요하고 일본어처럼 붙이려면 두 개가 필요하고 한국어처럼 두려면 두는 것과 둘 곳, 두 개가 필요하다. 모두 한국어로 만들어진 단어이다.

üçüncü(=셋째)=üç(=3)+in(소유격 조사)+째→üçin+찌(ci)[모음조화: ü-ü]→üçünci[모음조화: ü-ü]→üçüncü. **üç**(mek)(=날다←오르다)=위(=상(上))+치(다)(=오르다)→üç【근거】치끼다(경남)(=치키다=(사람이 사물을) 위쪽으로 끌어 올리다)=치(다)(=오르다)+혀(다)〈능엄 8:96〉《우리말샘》(=끌다)+다[ㅎㅎ→ㄲ/ㅋ]→치끼다/치키다. cf. 치혀다〈용가87장〉《고려대 한국어대사전》=치키다. **서이**(경남)(=셋)=서(다)+이(명사형 어미): 물건을 세우려면 3개가 필요하다. 한국어와 같은 생각으로 튀르키예어가 만들어진 것으로 추정된다.

dördüncü(=넷째)=dört(=4)+in(소유격 조사)+찌[ㅉ→c]→dörtinci[유성음화]→dördinci[모음조화: ö-ü]→dördünci[모음조화: ü-ü]→dördüncü. **dört**(=4, 넷)=돌(다)+이(명사형 어미)+앗[안](의미첨가 없이 명사에 붙는 접미사)+이(첨가음)[모음 합체]→될앤[애→에]→될엔[에→이]→될인[동모음 축약]→될ㄷ→tört[어두 유/무성자음 교체]→dört(그 뜻은 돌면 4방향으로 도는 것이니 도는 것에서 4가 만들어졌을 것이다)【근거】kelmoq(우즈벡어)=gelmek(튀르키예어)=오다. **너이**(경남)(=넷)=널(다)/너(다)(경남)+이(명사형 어미)(널면 4방으로 퍼져나간다). **넷**=너(다)+앗(명사형 어미)+이[모음 합체]→네앳[애→에]→네엣[동모음 축약]→넷. cf. よつ/よっつ(=四つ)=よ(yo)(=세상)+つ/よ+ㅅ[t](자음 앞에서의 발음)+つ: 일본어로 세상을 よ(yo)라고 한다. 한국어에서 '세상'을 '사해(四海)'라고 한다. '사해(四海)'의 '사(四)'가 4이다. 서분타(경남)=서분하다(경남)[동모음 축약]→서분+ㅎ+다[ㅎ+ㄷ→ㅌ]→서분타. 서분하다[유성음화: ㅂ→ㅸ/유성음__유성음]→서붕하다[ㅸ→Ø/유성음__유성음]→서운하다(표준어).

beşinci(=다섯째)=beş(=5)+in(소유격 조사)+째→beşin찌[ㅉ→c]→beşinci. beş(=5)=(손가락을) 펴(다)+자(子)(=것)+이(첨가음): 펴(다)[페](경남 발음)→**페**.

자+이〖모음 합체〗→재〖애→에〗→제〖에→이〗→지〖ㅈ→ㅅ〗→시. **beş**=페시〖ㅍ→ㅂ〗(튀르키예어에는 /ㅍ/(ph)와 /ㅂ/(p)를 구분하는 글자가 없다)→베시(peş)〖어두 유/무성자음 교체〗→beş(튀르키예인들은 다섯 손가락을 다 편 것으로 다섯을 표현한다고 한다〈TURKISH Flash Cards｜Finger Counting｜11 Bilingual Flash Cards〉《Google》. 아니면, **beş**(=5)=펴(다)+앗(=子)+이(첨가음): 펴(다)[페](경남 발음)→**페**. 앗+이〖umlaut〗→앳이〖애→에〗→엣이〖에→이〗→잇이→**이시**. beş(=5)=페+이시〖ㅍ→ㅂ〗→베이시〖동모음 축약〗→베시(peş)〖어두 유/무성자음 교체〗→beş 【근거】 kelmoq(우즈벡어)=gelmek(튀르키예어)=오다.

altıncı(=여섯째)=altı(=여섯)+in(소유격 조사)+째→altı+in+찌(ci)〖모음조화: ı-ı〗→altı+in+ci〖모음조화: ı-ı〗→altı+ın+cı〖동모음 축약〗→altıncı {검토} 'alt=밑, 아래'와 연관성: 10을 반으로 나누었을 때 '1~5'가 위(=上)고 '6~10'이 아래(=하(下))로 보고 그 시작인 6을 alt라고 본 것일까?.

yedinci(=일곱째)=yedi(=7)+in(소유격 조사)+째→yedi(=7)+in+찌〖동모음 축약〗→yedin찌〖ㅉ→c〗→yedinci. {검토} 고구려어로 7을 '난은'이라고 하는데 이 단어와 yedi의 연관성: yedi=yet+i(=이). 난은=난+은(=소유격 조사(튀르키예어와 동일)). yet=난+앗(=子)[앝]+이(첨가음)〖umlaut〗→난앳이〖애→에〗→난엣이〖에→이〗→난잇이〖ㄴ→Ø/__이 and 이[ĩ](nasal vowel)〗→난이[naĩ]+디(ti)(경남 발음)〖비모음(鼻母音)의 구강 모음화: 튀르키예어에 비모음을 표기할 글자가 없다〗→naiti〖모음 합체: 아+이→애〗→내디〖애→에〗→네디〖두음법칙 후 보상적 /y/ 첨가〗→예디(yeti)〖유성음화〗→yedi 【근거】 닐굽〈용가 89장〉《우리말샘》(=7)=(난을) 닐구(다)(=일으키다)+ㅂ(명사형 어미)→닐굽 【근거】 칠난(七難)=일곱 가지 재난. 매듭=*맨(다)(=맺다)+으(자음 충돌 회피용 삽입 모음)+ㅂ(명사형 어미). cf. **ななつ**(**七つ**)(nanatsu)=난(nan)+아(a)(의미첨가 없이 명사에 붙는 접미사)+つ.

sekizinci(=여덟째)=sekiz(=8)+in(소유격 조사)+째→sekizinci찌→sekizinci. sekiz(=8)=사(다)(경남 노인 말)(=팔다)+기(명사형 어미)+자(子)(의미첨가 없이 명사에 붙는 접미사)+이(첨가음): 사+기〖umlaut〗→새기〖애→에〗(튀르키예어에는 /애/가 없다)→**세기**. 자+이〖모음 합체〗→재〖애→에〗→제〖에→이〗→지〖ㅈ

→ㅅ]→시[이→으]→스. **sekiz**=세기+스[유성음화: ㅅ→ㅿ/유성음__유성음]
→세기스[ㅿ→z]→sekizɪ[[z] 다음의 [ɪ]는 있으나 없으나 발음이 같이 들린다]
→sekiz(그 뜻은 '파는 것'으로 '팔(다)'에 팔(=8)이 들어 있다)? 【근거】 종지=종자
(鍾子)+이(첨가음): 자+이[모음 합체]→재[애→에]→제[에→이]→지. 똥구시
(경남)=똥+굳(=구덩이)+이(첨가음)→똥구디[구개음화: ㄷ→ㅈ/__이]→똥구지
[ㅈ→ㅅ]→똥구시. 이사/으사(경남)=의사(醫師)(표준어)(경남 방언에서는 /이/와
/으/가 아주 자유롭게 교체된다). 子중孫손이**니ᅀᅥ**가몰〈석보상절 6권 7장 뒷면〉(=
자손이 이어 감을): 닛(다)+어(부사형 어미)→니ᅀᅥ[유성음화: ㅅ→ㅿ/유성음__
유상음]→니ᅀᅥ. **sat**(mak)(=팔다)=사(다)(=팔다)(경남 노인 말)+ㄹ(관형형 어미)
[ㄹ→ㄷ]→산(sat): 쌀 사로 갔다(경남 노인 말)=쌀 팔러 갔다(표준어). ⇨ 10.1
한국어 동사 어간+ㄹ(관형형 어미).

dokuzuncu(=아홉째)=dokuz(=9)+in(소유격 조사)+째→dokuzin찌→dokuzin+ci
[모음조화: u-u]→dokuzun+ci[모음조화: u-u]→dokuzuncu. **dokuz**(=9)=닭〈훈
민정음해례본 합자해〉(=닭)+으(소유격 조사)(경남)(=의)+자(=子)(=것)+이(첨가음)
[ᄋ→오]→닭[독]+으+자+이[으→우]→독우자이[모음 합체]→독우재[애→
에]→독우제[에→이]→독우지[이→으]→독우즈[ㅈ→ㅅ]→독우스[유성음
화]→독우스[ㅿ→z]→tokuzɪ[[z] 다음의 [ɪ]는 있으나 없으나 발음이 같이 들린
다]→tokuz[어두 유/무성자음 교체]→dokuz: 한국에서 닭을 부를 때 '구구…'라
고 한다. 구(九)=아홉, 9. cf. **toʻqqiz**[토크크스](우즈벡어)=닭+거/그(경남)(소유격
조사)(=의)+자(子)(+것)+이(첨가음): 닭[독]+그[ᄋ→오]→독그(**tokkɪ**). 자(子)+
이[모음 합체]→재[애→에]→제[에→이]→지[ㅈ→ㅅ]→시[이→으]→스.
tokkɪ+스[유성음화]→tokkɪ스[ㅿ→z]→tokkɪzɪ [[z] 다음의 [ɪ]는 있으나 없으나
발음이 같이 들린다]([ɪ]가 없으면 유성음화가 일어날 수 없다)→tokkɪz[우즈벡어
로 철자화]→toʻqqiz(자음 사이 /i/는 [ɪ]로 발음되고 어말에서 /z/가 무성음화 되
어 [s]로 발음한다). cf. **ここのつ**(=9)(일본어)(kokonotsu)=꼬꼬(=닭)(kkokko)(유아
어)+の(소유격 조사)(no)+つ(일본어에서 'こ'는 [kko]처럼 발음된다). 【근거】 달구
새끼(경남)=닭+우(소유격 조사)+새끼. 닭[닥](경남). 없다/읎다(경남)(경남 방언에

서는 '어/으 교체'가 아주 자유롭게 일어난다).

onuncu(=열째)=on(=10)+in(소유격 조사)+째〖모음조화: o-u〗→onun찌→onunci〖모음조화: u-u〗→onuncu. on=온(=완전함): cf. じゅうぜん(=十全)(zyuuzen)(일본어)=아주 완전함. 온이(=전부 다)〈표준국어대사전〉. 한국어에서는 100이 '온'이다. cf. **onar**(mak)(=고치다, 수선하다)=on(=완전함)+하(다)+ㄹ(관형형 어미)〖ㅎ→Ø/유성음__유성음〗→온알(onar)(그 뜻은 완전하지 못하는 것을 완전하게 하는 것이 '수리하다'이다. ⇒ **10.1 한국어 동사 어간+ㄹ(관형형 어미)**.

(14) ~ç=킹(氣)[킈]

킹(氣)〈석보상절 9권 22장 앞면〉[킈]〖단음화: 의→에〗→케(kʰe)〖에→이〗→키(kʰi)〖구개음화: ㅋ→ㅊ/__이〗→치→ç 【근거】 종지=종자(鍾子)+이(첨가음)〖모음 합체〗→종재〖애→에〗→종제〖에→이〗→종지. 킹(氣)[킈]〖단음화〗→케(kʰe)〖에→이〗→**키**(kʰi)〖ㅋ→ㄱ〗→기(ki)(현대어). cf. 湿気(しっ**け(ke)**/しっ**き(ki)**)(일본어). 긱(=氣)[qi](중국어)=키(kʰi)〖구개음화: ㅋ→ㅊ/__이〗→qi. 氣=기운, 느낌. **키**(=배의 방향을 조종하는 장치)〖구개음화: ㅋ→ㅊ/__이〗→**치**(강원, 전라, 충청, 함경)〈고려대 한국어대사전〉.

　"**Ko**. -č // **Trk**. -č. **MT(MK)** savinč(글자 입력이 되지 않아 a로 표기했다: a=ä이다)" "joy, happiniss. Ko. kərəči"〈Han-Woo Choi 2002: 27~29〉의 한국어와 튀르키예어의 접미사는 다른 접미사이다: 튀르키예어의 현대어는 아래의 sevinç로 'ç=킹(氣)'로 위에서 음운 변화를 설명한 것과 같다. 한국어 '거러지(kərəči)'의 '어지(əči)'는 '악/앗[앋]+이'가 변한 것이다: 걸어지(=거지)=걸(乞)(=구걸하다)+악/앗[앋](=사람)+이(첨가음)〖모음조화: 어-어〗→걸+악/앋+이〖구개음화: ㄱ/ㄷ→ㅈ/__이〗→걸어지→거러지. cf. **biliş**(=acquaintance(=아는 사람), friend(=친구))〈Türkçe Sözlük〉《LEXILOGOS》=bil(mek)(=알다)+앗(=子)(=사람)+이(첨가음): 앗+이〖umlaut〗→앳이〖애→에〗→엣이〖에→이〗→잇이→이시→iş. 다음에 나오는 (15)의 ~ç는 또 다른 접미사이다: ~ç=킹(器)[킈].

güvenç(=신뢰감)=güven(mek)(=신뢰하다, 믿다)+킈〈석보상절 9권 22장 앞면〉[킈]→güven킈〚단음화〛→güven케〚에→이〛→güven키〚구개음화〛→güven치→güvenç.

iğrenç(=미운, 밉살스러운, 싫은)=iğren(mek)(=미워하다, 싫어하다, 증오하다)+킈(=氣)〈석보상절 9권 22장 앞면〉[킈]: 킈〚단음화〛→케〚에→이〛→키〚구개음화〛→치→ç. iğrenç의 뜻은 '싫어하는 느낌'이라는 명사인데 형용사적으로 쓰인 것이다【근거】iğrenç getirmek(=염증나다, 진절머리가 나다)=iğrenç(명사)+getirmek(=가져오다, 생기게 하다). getirmek은 타동사이다. **iğren**(mek)(=미워하다, 증오하다)=이글(이글)하(다)+이(첨가음)+ㄴ(관형형 어미)〚모음 합체〛→이글핸〚ㅎ→Ø/유성음__유성음〛→이글앤〚애→에〛→이글엔(igıren)〚g→ğ/모음__모음〛→iğıren〚[ğ] 다음의 [ı]는 있으나 없으나 발음이 같이 들린다. [ı]가 없다면, 'g→ğ'가 일어날 수 없다〛→iğren【근거】이글이글하다=정열이나 **분노**, 정기 따위가 잇따라 왕성하게 일어나다→증오하다. 하(다)+이(첨가음)+라(명령형 어미)〚모음 합체〛→**해**라(=하라). 써리다(경남)(=썰다)=썰(다)+이(첨가음)+다. ⇒ 10.2 한국어 동사 어간+ㄴ(관형형 어미).

sevinç(=기쁨, 즐거움, 환희)=sevin(mek)(=좋아하다, 기뻐하다, 즐거워하다)+킈(氣)〈석보상절 9권 22장 앞면〉[킈]→sevin킈〚단음화〛→sevin케〚에→이〛→sevin키〚구개음화〛→sevin치→sevinç.

usanç(=지루함)=usan(mak)(=지루하다)+킈(氣)〈석보상절 9권 22장 앞면〉[킈]→usan킈〚단음화〛→usan케〚에→이〛→usan키〚구개음화〛→usan치→usanç.

(15) ~ç=킈(器)[킈]

킈(器)〈석보상절 19권 11장 앞면〉[킈]〚단음화: 의→에〛→케(kʰe)〚에→이〛→키(kʰi)〚구개음화〛→치→ç. cf. 킈(器)[킈]→킈〚단음화〛→케〚에→이〛→키〚ㅋ→ㄱ〛→기(현대어)

표시기(標示器)=교통정리(交通整理), 방향지시(方向指示) 등(等)을 위(爲)하여 글자나 그림으로 어떻게 하라는 뜻을 가리켜 보이느라고 세우는 푯대.

emmeç(=흡입기(吸入器))=em(mek)(=흡입하다)+me(명사형 어미)+킹(器)〈석보상절 19권 11장 앞면〉[킈](=도구(道具)))→emme킈[단음화]→emme케[에→이]→emme키[구개음화]→emme치→emmeç. **emme**=흡입. **em**(mek)(=흡입하다)=흡(吸)(=숨 들이쉬다)+이(첨가음)[모음 합체]→휍[단음화: 의→에]→헵[어두 /ㅎ/ 탈락]→엡[ㅂ→ㅁ]→엠→em. 아니면, **emme**(=흡입)=흡(=吸)(=흡입하다)+이(첨가음)+me(명사형 어미)[모음 합체]→휍me[단음화]→헵me[어두 /ㅎ/ 탈락]→엡me(메)[ㅂ→ㅁ/__ㅁ](발음 규칙)→[엠메][발음대로 표기]→엠메(emme)['emme=em(mek)+me(명사형 어미)'로 오분석하여 동사, em(mek)이 만들어졌다](가능성이 크다) 【근거】국(國)+이(첨가음)[모음 합체]→귁(國)〈월인석보 1권 훈민정음 1장 앞면〉. heroin(영어)[어두 /ㅎ/ 탈락]→eroin(튀르키예어). 소 한 마리(mari)표준어)[ㅁ→ㅂ]→소 한 바리(bari)(경남). 값만[감만]=값[갑]+만→갑만[ㅂ→ㅁ/__ㅁ]→감만.

(16) -çık/cak/cek(diminutive suffix=지소사 혹은 애칭)=~작/짝, 적/쩍, 족/쪽, 죽/쭉, 직/찍/칙

납작하다/납짝하다. 좁작하다/좁짝하다/쫍작하다/쫍짝하다/좁직하다/쫍직하다/좁찍하다/쫍찍하다. 푸르죽죽하다/푸르쭉쭉하다/포르족족하다/포르쪽쪽하다, 불그죽죽하다/불그쭉쭉하다/뿔그죽죽하다/뿔그쭉쭉하다/볼그족족하다/볼그쪽쪽하다/뿔그족족하다/뿔그쪽쪽하다, 거무죽죽하다/꺼무쭉쭉하다/거무칙칙하다/꺼무칙칙하다(경남 방언에서 모두 사용한다).

작(다)+**이**(명사형 어미)(=것, 사람)[모음 합체]→잭[애→에]→젝[에→이]→직[유성음화/유성음__유성음]→cik(모음조화, 자음조화에 의해 **cık, çık, çik**으로 바뀐다. 혹은, **자**(다)(=작다)+**악**(명사형 어미)(=것, 사람)[동모음 축약]→작[유성음화]→**cak**. 혹은, 자(다)+악(명사형 어미)(=것)+이(첨가음)[모음 합체]→잭[애→에]→젝(**cek**)[에→이]→직[유성음화→**cik** 【근거】종지=종자(鍾子)(=

종지의 원말〈표준국어대사전〉)+이(첨가음)〖모음 합체〗→종재〖애→에〗→종제
〖에→이〗→종지. 손잡이=손+잡(다)+이(=물건). 왼손잡이(=왼손을 주로 사용하
여 물건을 잡는 사람)=왼손+잡(다)+이(=사람). 껄끄러기(북한)〈우리말샘〉(=꺼끄
러기)=*껄끌(다)+악(=사물)+이(첨가음)〖모음조화: 으-어〗→껄글억이〖발음대로
표기〗→껄끄러기. cf. 껄그레기(경남)=껄끄러기〖umlaut〗→껄끄레기〖ㄱ→∅/모
음__모음〗→껄그레이(경남). 미꾸라지=미끌(다)(북한)〈우리말샘〉(=미끄러지다)+
악(=동물)+이(첨가음)〖으→우〗→미꿀악이→미꾸라기〖구개음화: ㄱ→ㅈ/__
이〗→미꾸라지 【근거】 미끄럽다=미끌(다)+업(형용사형 어미)+다→미끄럽다. 미
끄러지다=미끌(다)+어(부사형 어미)+지다. 미끌미끌=미끌(다)+미끌(다). 거러지
(=거지)=걸(乞)(=구걸하다)+악(=사람)+이〖모음조화: 어-어〗→걸억이→거러기
〖구개음화: ㄱ→ㅈ/__이〗→거러지.

　　"Trk. +čak(diminutive suffix)"〈Han-Woo Choi 1996: 11〉에 +čak은 위와 같이
한국어에서 만들어진 것이다. "Ko. kweccak, kolccak, načʰccak"〈Han-Woo Choi
1996: 12〉는 지소사가 아니다. 지소사의 이차적 의미로 작게 보니 낮잡아 본다는
뜻이 생긴 것이다 【근거】 궤짝(kweccak): 궤'를 속되게 이르는 말〈표준국어대사
전〉. 골짝(kolccak): 골짜기'의 준말〈표준국어대사전〉. 낮짝='낯'을 속되게 이르는
말〈표준국어대사전〉. cf. 등짝: '등'을 속되게 이르는 말. 지소사의 이차적인 의미
일 것이다. 작게 보면 낮추거나 비하하는 의미를 갖게 된다.

annecik(=little/pretty mother)〈Wiktionary〉(=엄마)=anne(=어머니)+작(다)+이(명
사형 어미)〖모음 합체〗→anne잭〖애→에〗→anne젝〖에→이〗→anne직〖유성음
화: ㅈ(무성 무기 파찰음)→c(유성 무기 파찰음)/유성음__유성음〗→annecik.
babacık(=1. küçük baba 2. sevimli, hoş, sempatik baba)(=아빠)=baba(=아버
지)+작(다)+이(명사형 어미)〖모음 합체〗→baba잭〖애→에〗→baba젝〖에→이〗
→baba직〖유성음화〗→babacik〖모음조화: a-ı〗→babacık.
büyücek(=제법 큰, 큼직한, 좀 큰=somewhat large)=büyü(mek)(=크다, 성장하
다)+작(다)+이(명사형 어미)〖모음 합체〗→büyü잭〖애→에〗→büyü젝〖유성음화〗

→büyücek(원래는 명사형이 형용사적으로 쓰인 것으로 추정된다). 납작하다=납(다)('넓다'보다 작은 느낌의 단어)+작+하다. cf. 큼직(하다)(=꽤 크다)=크(다)+ㅁ(명사형 어미)+작(다)+이(명사형 어미)〔모음 합체〕→큼잭〔애→에〕→큼젝〔에→이〕→큼직.

dalgacık(=잔물결)=떨(다)+거(=것)+작(다)+이(명사형 어미)〔어→아〕→딸가작이〔모음 합체〕→딸가잭〔애→에〕→딸가젝〔에→이〕→딸가직〔ㄸ→d 혹은 ㄸ→ㄷ and 어두 유/무성자음 교체〕→dalkacik〔유성음화〕→dalgacik〔모음조화: a-ı〕→dalgacık(그 뜻은 '파도 작은 것'). **dalga**(=떠는 것, 파동, 파도)=떨(다)+거(경남)(=것)〔어→아〕→딸가〔ㄸ→d〕→dal가(ka)〔유성음화〕→dalga.

kitapçık(=küçük kitap=작은 책, 소책자)=kitap(=책)+작(다)+이(명사형 어미)〔모음 합체〕→kitap잭〔애→에〕→kitap젝〔에→이〕→kitap직〔자음조화: ㅈ→ㅊ(ç)/p__〕→kitapçik〔모음조화: a-ı〕→kitapçık.

oyuncak(=장난감)=oyun(=장난)+자(다)(경남)(=작다)+악(명사형 어미)(=것)〔동모음 축약〕→oyun작〔유성음화〕→oyuncak(그 뜻은 '장난하는 작은 것'=장난감). oyuncak 혹은 oyuncuk이라고도 한다: oyuncuk=oyun(=장난)+자(다)(경남)(=작다)+악(명사형 어미)(=것)+이(첨가음)〔동모음 축약〕→oyun작이〔모음 합체〕→oyun잭〔애→에〕→oyun젝〔에→이〕→oyun직〔유성음화〕→oyuncik〔모음조화: u-u〕→oyuncuk.

tanecik(=입자(粒子))=tane(=낱개, 낟알, 알갱이)+작(다)+이(명사형 어미)→tane작이〔모음 합체〕→tane잭〔애→에〕→tane젝〔에→이〕→tane직〔유성음화〕→tanecik(그 뜻은 '알갱이 작은 것'=입자). 아니면, **tanecik**=tane+잘(다)/**자**(다)(경남)+악(=子)+이(첨가음)→tane자악이〔동모음 축약〕→tane작이〔모음 합체〕→tane잭〔애→에〕→tane젝〔에→이〕→tane직〔유성음화〕→tanecik(그 뜻은 '알갱이 잔 것'=입자). **tane**(=낟알, 개)=단(單)(=하나, 홑)+아(=子)(의미첨가 없이 명사에 붙는 접미사)+이(첨가음)〔모음 합체〕→단애〔애→에〕→단에→tane 【근거】banka(튀르키예어)=bank(영어)+아(=자(子))(a)(의미첨가 없이 명사에 붙는 접미사).

yavrucak(연민과 애정의 감정을 담은 어린이에 대한 애칭)=yavru(=갓난아기, 아이, 어린아이)+자(다)(경남)(=작다)+악(명사형 어미)(=것)〖동모음 축약〗→yavru작〖유성음화〗→yavrucak. **yavrucuk**(=yavrucak)=yavru+자(다)+악+이(첨가음)〖동모음 축약〗→yavru작이〖모음 합체〗→yavru잭〖애→에〗→yavru젝〖에→이〗→yavru직〖유성음화〗→yavrucik〖모음조화: u-u〗→yavrucuk. **yavru**(=갓난아기)=(갓)나불(다)(=태어나 버리다)?+이(명사형 어미)(=사람, 사물)〖두음법칙 and 보상적 /y/ 첨가〗→야부리〖유성음화〗→야부리〖ㅂ→v〗→yavuri〖모음조화: u-u〗→yavuru〖음절 재구성: u→Ø〗→yavru(그 뜻은 '태어나 버린 것'=갓태어난 것=갓난아이?)〖근거〗sıyır(mak)+ıl(피동 보조 어간)〖음절 재구성: u→Ø〗→sıyrılmak.

(17) ~da(mak)=~대(다)

여기서는 일부 예만 들겠다. ⇒ **10.7 A+da+mak**

~대다(=그런 상태가 잇따라 계속됨'의 뜻을 더하고 동사를 만드는 접미사). ~다(다)+이(첨가음)〖모음 합체〗→대(다) 【근거】썰(다)(표준어)+이(첨가음)+다→썰이다→써리다(경남). 튀르키예어, '~다다'가 '~대다'의 원어(原語)이다.

까불대다(=가볍게 자꾸 흔들려 움직이다. 또는 그렇게 하다. '가불대다'보다 센 느낌을 준다. 경솔하게 자꾸 까불다)=까불(다)(동사 어간)+다+이+다.

낄낄대다(=웃음을 억지로 참으면서 입속으로 웃는 소리를 자꾸 내다)=낄낄(부사)(=웃음을 억지로 참으면서 입속으로 웃는 소리. 또는 그 모양)+다+이+다.

징징대다(=언짢거나 못마땅하여 계속하여서 자꾸 보채거나 짜증을 내다)=징징(부사)(=언짢거나 못마땅하여 자꾸 보채거나 짜증을 내는 모양)+다+이+다.

cıvılda(mak)(=조잘거리다, 지저귀다)=재불(대다)(=재잘거리다)+다〖애→에〗→제불다〖에→이〗→지불다〖이→으〗→즈불다〖우→으〗→즈블다〖어두 유/무성 자음 교체: ㅈ→c〗→cı블다〖유성음화: ㅂ→ㅸ/유성음＿유성음〗→cı믈다(ta)〖유성음화〗→cı믈da〖ㅸ→v〗→cıvılda 【근거】재불재불/제불제불(경남)=재잘재잘. 재

잘재잘=참새 따위의 작은 새들이 서로 어울려 자꾸 지저귀는 소리. 또는 그 모양 〈표준국어대사전〉. 조잘조잘=참새 따위의 작은 새가 잇따라 지저귀는 모양〈표준국 어대사전〉. 지불지불하다(전라)(=찌껄이다)〈우리말샘〉. 이사/으사(경남)=의사(醫師) (표준어). 믈(=水)〈훈민정음해례본 용자례〉[으→우]→물(현대어). cıvıl cıvıl=(새 가) 짹잭, 조잘조잘.

kıkırda(mak)(=낄낄대다)=낄낄+*다(다)[이→으]→끌끌+다[자음 앞 /ㄹ/탈락] →끄끌다[ㄲ→ㅋ]→크클다→kıkırda 【근거】 이사/으사(경남)=의사(醫師)(표준 어). 훍끼다(경남)(=(사람이 물건 따위를) 벗어나거나 풀리지 않도록 단단히 동여 매다)[ㄲ→ㅋ]→훌키다[구개음화: ㅋ→ㅊ/__이]→훌치다('훑이다'의 비표준 어) 【근거】 키(=배의 방향을 조종하는 장치)(표준어)[구개음화: ㅋ→ㅊ/__이]→ 치(강원, 전라, 충청, 함경)〈고려대 한국어대사전〉. **닭** 잡다[**닥** 잡따]

zırılda(mak)(=찌꺼리다)=질(다)(경남)(=길다)+알(부사형 어미)+이(첨가음)+다 (다): 질(다)[이→으]→즐[ㅈ→ㅅ]→**슬**. 알+이[모음 합체]→앨[애→에]→ 엘[에→이]→**일**. zırılda(=찌꺼리다)=슬+일+다[이→으]→슬을다[어두 유/무 성자음 교체]→zırıl다(ta)[유성음화: ㄷ(t)→d/유성음(ㄹ(l)__모음]→zırılda(그 뜻은 계속 찌거리다) 【근거】 **질질** 끌다=질(다)(경남)(=길(다))+질(다)(=길(다))+끌 다(그 뜻은 **길게 길게** 끌다). 송알송알(=송송)=송+알+송+알. cf. **zırılda**(=징징대 다)=질(다)(=물기가 많다)+알(부사형 어미)+이(첨가음)+다→zırılda(그 뜻은 '울 면서 징징대다'이다) 【근거】 **질질**대다(=눈물이나 콧물을 조금씩 흘리면서 자꾸 울 다)=질(다)(=물기 많다)+질(다)+대다. **zırıl zırıl** ağlamak=to weep a flood of tears 〈turkishdictionary.net〉(=**질질** 울다). **zırıl zırıl** terlemek=to sweat buckets(=땀을 바 케츠로 흘리다(비유적인 표현))=줄줄 땀을 흘리다〈turkishdictionary.net〉: '땀을 바가치(=바가지)로 흘리다(경남)=땀을 많이 흘리다. **zırıl zırıl**=질+알+이+질+알+ 이[이→으]→즐알이즐알이[모음 합체]→즈앨즐앨[애→에]→즐엘즐엘[에→ 이]→즐일즐일[ㅈ→ㅅ, 이→으]→슬을슬을(sırıl sırıl)[어두 유/무성자음 교체] →zırıl zırıl 【근거】 kelmoq(우즈벡어)=gelmek(튀르키예어)=오다. 송알송알(=송 송)=송+알+송+알.

(18) ~dar=~돌(복수 접미사)(=들(현대어))

門몬돌 홀다구디줌겨〈석보상절 6권 2장 뒷면〉(=문들을 다 굳게 잠그게 하여)=몬(門)+돌(복수 접미사)+ㅎ(고유어 명사에 붙음)+올(목적격 조사)+다(=모두)+굳(다)+이(부사형 어미)+줌(다)+기(사동 보조 어간)+어(부사형 어미) 【근거】門몬올 다ᄌᆞ무고〈석보상절 6권 2장 뒷면〉(=문을 다 잠그고)=몬(門)+올(목적격 조사)+줌(다)(=잠그다)+ᄋᆞ(자음 충돌 회피용 삽입 모음)+고. 돌(복수 접미사)〚ᄋᆞ→으〛→들(현대어). cf. 学生(がくせい)たち(gakuseitatsi)(일본어)(=학생들): 돌(복수 접미사)+ㅎ(고유어 명사에 붙음)+이(첨가음)〚ᄋᆞ→아〛→달히〚ㄹ→ㄷ〛→닫히〚ㄷ+ㅎ→ㅌ〛→다티〚구개음화: ㅌ→ㅊ/__이〛→다치(tatsi) 【근거】별(彆)〈훈민정음 해례본 종성해〉〚ㄷ→ㄹ〛→별(彆)(현대어).

haberdar(=소식의). 품사가 형용사라고 하나 'haberdar etmek(=소식을 전하다)'에서는 명사로 쓰이고 있다. 원래 품사가 명사일 것이다: haberdar(=소식들)=haber(=소식)+돌(복수 접미사)〚ᄋᆞ→아〛→haber달(tar)〚유성음화〛→haberdar. 마치 영어에서 특정한 대상이 아닌 일반적인 것을 나타낼 때 무관사 복수형을 쓰는 것과 같은 용법이다: I like apples(=나는 사과를 좋아한다)(이때 apples는 다른 과일이 아닌 사과라는 뜻이지 사과 여러 개가 아니다) 【근거】사룸〈석보상절 6권 2장 뒷면〉〚ᄋᆞ→아〛→사람(현대어).

(19) ~dar/~tar=~달/~돌

한국어에서 예를 들어, '키다리=키+달+이(첨가음)'는 '키가 아주 큰 사람'이라는 뜻이니 '~달'은 사람을 나타낸다. 'A+달'은 A가 아주 크거나 많거나 잘하거나 하는 사람이라는 뜻이다. 튀르키예어도 사람을 나타내고 사람 외의 대상으로까지 확대되었다: **kartal**(=독수리)=*걸(다)(=검다)+달(tal)〚어→아〛→갈tal→kartal(그 뜻은 '검은 것 중의 아주 큰 것'=독수리). cf. **karga**(=까마귀)=*걸(다)(=검다)+거(경남)(=것)〚어→아〛→갈가(karka)〚유성음화〛→karga(그 뜻은 '검은 것"=까마귀). **kara**(=검정, 검은 것), 검은=*걸(다)+아(=子)(=것)〚어→아〛→갈아→가라→kara(형용사는 명사가 형용사적으로 쓰인 것이다). **からす**(=烏)(karasu)(일본

어)(=까마귀)=*걸(다)+아(=子)(=것)+새(=鳥)[어→아]→갈아새[애→에]→가라
세[에→이]→가라시[이→으]→가라스→karasu('su'의 발음은 [sɯ](스)이다)
【근거】거슬다=*걸(다)(=검다)+슬다→걸슬다[ㄹ→∅/__ㅅ]→거슬다. 거슬리다
('그슬다'의 피동사〈표준국어대사전〉)=불에 겉만 약간 타다. 녹슬다=쇠붙이가 산
화하여 빛이 변하다〈표준국어대사전〉. '거슬다'와 '녹슬다'의 '슬다'는 안은 아니
고 밖만 변하는 것을 나타낸다. 따라서 '거슬다'는 표면만 검게 된 것이니 '걸다'
가 '검다'임을 알 수 있다. 현대어의 '검다'는 *걸다'의 명사형이 동사로 바뀐 것
으로 보아야 한다: 걸(다)+ㅁ(명사형 어미)=검(다) 【근거】신=신다. 품=품다.

키다리(=키가 큰 사람을 놀림조로 이르는 말)=키+달(=사람)+이.

또다리(경남)(=조금 어리석고 모자라 제구실을 하지 못하는 사람)=또+달(=사
람)+이→또다리(=또 다른 '(바보) 온달이'에서 생긴 말).

머달이(경남)(=멀대)=멀(다)+달+이(첨가음)[ㄹ→∅/__ㄷ]→머달이. 멀대=키만
크고 야물지 못한 사람을 놀림조로 이르는 말.

묵돌이(경남)(=먹보)=묵(다)(경남)(=먹다)=돌(=사람)+이(첨가음). cf. 먹보(=밥을
많이 먹는 사람을 놀림조로 이르는 말)=먹(다)+보(=사람).

악돌이(경남)(=악을 쓰며 모질게 덤비기 잘하는 사람)=악(=있는 힘을 다하여 모
질게 마구 쓰는 기운)+돌(=사람)+이(첨가음).

hissedar(=주주=株主)=hisse(=주식)+달(tar)(=사람)[유성음화]→hissedar.

hükümdar(=통치자)=hüküm(=통치)+달(tar)(=사람)[유성음화]→hükümdar.
hüküm(=통치)=후(다)(경남)(=휘다(표준어))+히(사동 보조 어간)+ㅁ(명사형 어미)
[umlaut]→휘힘[ㅎ→ㅋ]→휘킴(hükim)[모음조화: ü-ü]→hüküm 【근거】그는
나라를 후아잡다(=그는 나라를 휘어잡다). '휘어잡다=어떤 대상을 자신의 통제 아
래에 두다'이니 '후히다'의 기본 의미는 '휘게하다, 즉 '굽히게하다'로 '통제하다'
라는 뜻이 된다. 후히다[모음조화: 우-우]→후후다[ㅎ→∅/모음__모음]→후
우다(경남)(=휘어지게 하다) 【근거】燈등의블**혀**고〈석보상절 9권 32장 뒷면〉=등에
불 켜고(현대어): 혀다[ㅎ→ㅋ]→켜다. 나라의 모든 사람이 (허리를) 굽히게 하는

것이 통치하는 것이다.

makastar(=재단사)=makas(=가위)+달(tar)(=사람). **makas**(=가위)=말(다)/마(다)+것(=물건)[어→아]→마갓(makas)(그 뜻은 '옷감이나 재목 따위를 치수에 맞도록 자르는 것'=가위)【근거】마름(=옷감이나 재목 따위를 치수에 맞도록 재거나 자름)=말(다)(=자르다)+으(자음 충돌 회피용 삽입 모음)+ㅁ(명사형 어미).

milyarder(=억만장자)=milyar(=10억)+달(tar)(=사람)+이(첨가음)[모음 합체]→milyar댈[애→에]→milyar델(ter)[유성음화:t→d/r(유성음)__e(유성음)]→milyarder(모음조화를 시키지 않았다)【근거】장어(표준어)(=eel)+이(첨가음)[모음 합체]→장에[모음조화: 아-애]→장애(경남). cf. **milyoner**(=백만장자)=milyon(=백만)+**알**(=사람)+이(첨가음)[모음 합체]→milyon앨[애→에]→milyon엘(er)→milyoner(모음조화를 시키지 않았다).

muhtar(=촌장=村長)=muh+달(tar): 무술ㅎ〈석보상절 6권 23장 뒷면〉(=마을)[ㅿ→Ø]→무올ㅎ[동모음 축약]→몰ㅎ[자음 앞 /ㄹ/ 탈락]→무ㅎ[ᄋ→우]→무ㅎ→muh【근거】ᄀᆞ믈다〈월인석보 10권 84장〉《고려대 한국어대사전》[ᄋ→아]→가믈다[ᄋ→우]→가물다(현대어). 새**마**(=新村)(경북)=새(=新)+말(=村)(경남)[어말 /ㄹ/ 탈락]→새마. 무술ㅎ[ㅿ→Ø]→무올ㅎ[ㅎ→Ø]→무올[동모음 축약]→몰[ᄋ→오]→몰(경남). 새**몰**(=新村)(경남 지명). 몰[ᄋ→아]→말(경남 현대어)[어말 /ㄹ/ 탈락]→마(경북). 무술ㅎ[ㅿ→Ø]→무올ㅎ[ㅎ→Ø]→무올[ᄋ→아]→마올[ᄋ→으]→마을(현대 표준어).

önder(=선도자, 지도자)=ön(=앞, 전방)+달(tar)(=사람)+이(첨가음)[모음 합체]→ön댈[애→에]→ön델(ter)[유성음화]→önder.

sermayedar(=투자자, 자본가)=sermaye(=자본)+달(tar)(=사람)[유성음화]→ser-mayedar. cf. **sermayeci**(=자본가)=sermaye+자(子)(=사람)+이(첨가음)[모음 합체]→sermaye재[애→에]→sermaye제[에→이]→sermaye지[유성음화: ㅈ(무성 무기 파찰음)→c(유성 무기 파찰음)/모음__모음]→semayeci【근거】종지=종자(鍾子)+이(첨가음)[모음 합체]→종재[애→에]→종제[에→이]→종지.

taraftar(=지지자, 추종자)=taraf(=편, 쪽)+달(tar)(=사람)→taraftar(그 뜻은 '편(드

는) 사람'=지지자) 【근거】 나는 그 정치인 **편**이다=나는 그 정치인 **지지자**다.

tezgâhtar(=판매원, 판매대 계산원)=tezgâh(=물건 판매대)+달(=tar)(=사람). tezgâh(=물건 판매대)=(판매)대((販賣)臺)+자(子)(의미첨가 없이 명사에 붙는 접미사)+이(첨가음)+거(=곳, 장소)(경남)+ㅎ(고유어 명사에 붙음): 자+이〖모음 합체〗→재〖애→에〗→제〖에→이〗→지〖ㅈ→ㅅ〗→시〖이→으〗→스. **tezgâh**=대(臺)+스(sı)+거+ㅎ〖애→에〗→데스거ㅎ〖유성음화: ㅅ→ㅿ/유성음__유성음〗→데스거ㅎ〖어→아〗→데스가(ka)+ㅎ〖유성음화〗→tezıgah〖유성 마찰음, [z] 다음의 [ı]는 있으나 없으나 발음이 같이 들린다〗→tezgah(그 뜻은 '(판매)대가 있는 곳'이다 【근거】 여거(경남)(=여기, 이곳)=여+거(=곳). 모자(帽子)(=모(帽))=모(帽)+자(子)(의미첨가 없이 명사에 붙는 접미사). **이사/으사**(경남)=의사(醫師). 길헤〈석보상절 6권 3장 뒷면〉=길+ㅎ(고유어 명사에 붙음)+에(처격 조사)〖ㅎ→∅/유성음(ㄹ)__유성음(에)〗→길에(현대어). 똥구시(경남)=똥+굳(=구덩이)+이(첨가음)→똥구디〖구개음화〗→똥구지〖ㅈ→ㅅ〗→똥구시. 子즁孫손이**니ᅀᅥ**가몰〈석보상절 6권 7장 뒷면〉(=자손이 이어 감을): 닛(다)+어(부사형 어미)→니ᅀᅥ〖유성음화〗→니ᅀᅥ. 닛다〖두음법칙 후 보상적 /y/ 첨가〗→y+잇(is)다〖단음화: y+i→i〗→잇(is)다(현대어). cf. 자(子)+이(첨가음)〖모음 합체〗→재〖애→에〗→제〖에→이〗→지〖ㅈ→ㅅ〗→시(si)(일본어)〖이→으〗→스(su[스=suɯ])(일본어)〖유성음화〗→zi(중국어): し(si)/す(su)[suɯ](子)(일본어). 子[zi](중국어). 튀르키예어, 일본어, 중국어, 모두 경상도 방언의 음운 규칙을 따르고 있다.

vergidar(=징세원)=vergi(=세금)+달(tar)(=사람)〖유성음화〗→vergidar. cf. vergici(=vergidar)=vergi+자(子, 者)(=사람)+이(첨가음): 자+이〖모음 합체〗→재〖애→에〗→제〖에→이〗→**지**. vergi+지〖유성음화: ㅈ→c/모음__모음〗→vergici 【근거】 종지=종자(鍾子)+이(첨가음)〖모음 합체〗→종재〖애→에〗→종제〖에→이〗→종지.

veznedar(=회계원)=vezne(=회계)+달(tar)(=사람)〖유성음화〗→veznedar. cf. vezneci(=veznedar)=vezne+자(者)(=사람)+이(첨가음)〖모음 합체〗→vezne재〖애→에〗→vezne제〖에→이〗→vezne지〖유성음화: : ㅈ→c/모음__모음〗→vezneci

【근거】 종지=종자(鍾子)+이(첨가음)〖모음 합체〗→종재〖애→에〗→종제〖에→
이〗→종지.

yeniliktaraftarı(=모더니스트)(새로움을 추종하는 사람이 모더니스트이
다)=yenilik(=새로움, 모더니즘)+taraf(=쪽, 방향, 편)+달(tar)(=사람)+ı(3인칭 소유
접미사). cf. taraftar=지지자, 추종자.

(20) ~f=~ㅂ(명사형 어미):

매듭=맺(다)[맨(따)])+으(자음 충돌 회피용 삽입 모음)+ㅂ(명사형 어미)→맨+읍
→매듭.

keşif(=발견, 탐험, 탐색, 정찰)=헤지(다)(경남)(=무엇을 찾으려고 들추거나 파서
헤치다.)+ㅂ(명사형 어미)〖ㅎ→ㅋ〗→케집〖ㅈ→ㅅ〗→케십(keşip)〖p(어말)→f:
어말의 /p/를 파열시켜 발음하면 어말이라 발음이 약화되어 [f]처럼 들린다〗
→keşif 【근거】 똥구시(경남)=똥+군(=구덩이)+이(첨가음)→똥구디〖구개음화〗→
똥구지〖ㅈ→ㅅ〗→똥구시. 燈등의블**혀**고〈석보상절 9권 32장 뒷면〉〖ㅎ→ㅋ〗→
등에 불 **켜**고(현대어). 혀다〖ㅎ→ㅋ〗→켜다.

(21) ~ge/~gi/~ci/~cı,… =~깅(機)[긔]

깅(機)〈석보상절 13권 28장 앞면〉[긔](=기계)〖단음화: 의→에〗→**게**〖에→이〗→
기(현대어)〖구개음화: ㄱ→ㅈ/＿이〗→**지** 【근거】 기름〖구개음화: ㄱ→ㅈ/＿이〗
→지름(경남). 길〖구개음화: ㄱ→ㅈ/＿이〗→질(경남). 종지=종자(鍾子)+이(첨가
음)〖모음 합체〗→종재〖애→에〗→종제〖에→이〗→종지.

분쇄기(粉碎機)(=고체를 부스러뜨리는 **기계**)=분쇄(=고체를 부스러뜨림)+**깅**(機)
〈석보상절 13권 28장 앞면〉[긔]〖단음화: 의→에〗→분쇄게〖에→이〗→분쇄기.

천공기(穿孔機)(=암석이나 공작물에 구멍을 뚫는 **기계**)=천공(=구멍을 뚫음)+**깅**
(機)〈석보상절 13권 28장 앞면〉[긔]〖단음화〗→천공게〖에→이〗→천공기.

delgi=(=구멍 뚫는 기구, 드릴, 송곳, 천공기)=뚫(다)+이(명사형 어미)+**깅**(機)〈석
보상절 13권 28장 앞면〉[긔]: 뚫(다)+이(명사형 어미)〖우→으〗→뜳히〖ㅎ→Ø/유

성음(/ㄹ/)＿모음]→뜰이[모음 합체]→띌[단음화: 의→에]→뗄[ㄸ→d, 아니면, ㄸ→ㄷ(t) and 유/무성자음 교체]→del. 긔[단음화]→게[에→이]→기(한국어 현대어). delgi=del+기(ki)[유성음화]→delgi(그 뜻은 '뚫는 기계(機)'이다). 이 경우가 아니면, **delgi**(=드릴, 송곳, 뚫는 기구)=뚫(다)+이(사동 보조 어간 아니면 첨가음)+거(=것)+이(첨가음): 뚫(다)+이[우→으]→뜰히[ㅎ→∅/모음＿＿모음]→뜰이[모음 합체]→띌[단음화]→뗄[ㄸ→d, 아니면, ㄸ→ㄷ(t) and 유/무성자음 교체]→del. 거+이[모음 합체]→게[단음화]→게[에→이]→기(ki). del-gi=del+기(ki)[유성음화]→delgi(그 뜻은 '뚫는 것(=기계)'이다) 【근거】듧다〈법화경언해 6권 154장〉《우리말샘》(=뚫다)[ㄷ→ㄸ]→뚧다[ㅂ→ㅎ]→뚧다[ㅇ→우]→뚫다. 동사 어간에 접미사, '거'가 붙은 것은 과거, 현재, 미래와 상관이 없는 항시 시제에서 가능하다: 지게=지(다)+거+이. **gelmek**(튀르키예어)=**kelmoq**(우즈벡어)=오다.

süpürge(=비, 빗자루, 청소기)=süpür(mek)(=쓸다)+깅(機)〈석보상절 13권 28장 앞면〉[긔][단음화]→süpür게(ke)[유성음화]→süpürge. 이 경우가 아니면, **süpürge**(=청소**기(淸掃機)**)=süpür(mek)(쓸다)+거(=것)+이(첨가음)[모음 합체]→süpür게(ke)[유성음화]→süpürge.

ufalayıcı(=분쇄기(粉碎機))=ufala(mak)(=잘게 쪼개다, 분쇄하다)+y(모음 충돌 회피용 삽입 반자음)+이(명사형 어미)(i)+깅(機)〈석보상절 13권 28장 앞면〉[긔][단음화]→ufalayi게[에→이]→ufalayi기[구개음화: ㄱ→ㅈ/＿＿이]→ufalayi지[모음조화: a-ı]→ufalayı지[유성음화]→ufalayıci[모음조화: ı-ı]→ufalayıcı.

ufala(mak)=ᄇᅀᅮ(다)〈1447 석상 23:51ㄱ〉《우리말샘》(=바수다)+ㅂ(명사형 어미)+아(의미첨가 없이 명사에 붙는 접미사)+la[ᅀ→∅]→ᄇᅌᆞ(18세기)〈우리말샘〉+바+la[동모음 축약]→ᄇᆞ+바+la[ᆞ→우]→부+바+la[ㅂ(p)→ㅍ(ph)(튀르키예어에는 p/ph의 구분이 없다]→부파(pha)la[ㅍ(ph)→f/모음＿＿모음]→부+fa+la[ㅂ→ᄝ→∅/(유성음)＿＿우]→ufala? 【근거】매듭=맺(다)[민]+으(자음충돌 회피용 삽입 모음)+ㅂ(명사형 어미)→매듭. ᄀᆞ몰다〈월인석보 10권 84장〉《고려대 한국어대사전》[ᆞ→아]→가몰다[ᆞ→우]→가물다(현대어). 덥(다)+우(명사형 어미)→더부(경남)[ㅂ→ㅸ→∅/어(유성음)__우(유성음)]→더우(경남). 예를 들어, 다음과 같은 과정을 거쳐 어두, /ㅂ/이 탈락되었을 것이다: **두드려 ᄇᅀᅮ다**[ᅀ→∅]→두드려 ᄇᆞ다[동모음 축약]→두드려 ᄇ다[ᆞ→우]→두드려 부다[ㅂ→ㅸ→∅/여('려'의)__우('부'의)]→두두려+**우(u)**다. ᄇᅀᅮ다[유성음화 이전으로 환원]→ᄇᅀ다[ᆞ→아]→바ᄉ다[ᆞ→우]→바수다(=여러 조각이 나게 두드려 잘게 깨뜨리다).

verici(=송신기(送信機))=ver(mek)(=주다, (소식을) 전하다, 알리다)+이(자음 충돌 회피용 삽입 모음)+깅(機)〈석보상절 13권 28장 앞면〉[긔][단음화]→veri게[에→이]→veri기[구개음화: ㄱ→ㅈ/__이]→veri지[유성음화: ㅈ(무성 무기 파찰음)→c(유성 무기 파찰음)/유성음__유성음]→verici. cf. **verici**(=주는 사람, 증여자, 기증자)=ver(mek)+자(者, 子)(=사람)+이(첨가음)[모음 합체]→veri재[애→에]→veri제[에→이]→veri지[유성음화]→verici(그 뜻은 '주는 사람')【근거】종지=종자(鍾子)+이(첨가음)[모음 합체]→종재[애→에]→종제[에→이]→종지. 기름(표준어)[구개음화: ㄱ→ㅈ/__이]→지름(경남). 거지=걸(乞)(=구걸하다)+자(者, 子)+이(첨가음)[ㄹ→∅/__ㅈ]→거자이[모음 합체]→거재[애→에]→거제[에→이]→거지.

(22) ~i=~이(명사형 어미 혹은 첨가음)

"**Ko**. -i // **Trk**. -i"〈Han-Woo Choi 2002: 26〉: 용언의 명사형 어미로 쓰인 경우는 한국어와 같다. '-i'가 '행위', '물건', '사람'을 나타낸다. 이 논문에 예는 없으나 한국어에서는 각종 품사에 의미첨가 없이 붙기도 한다(⇒ **5.8 (1)**). 튀르키예어에서도 의미첨가 없이 첨가되는 경우가 많다. 한국어에서는 부사에 붙어 명사를 만들기도 하고 명사에 붙어 부사를 만들기도 한다.

가리(경남)(=가루)=갈(다)+이(명사형 어미)(=물건)→가리('리'를 높고 강하게 발음한다). cf. 갈(다)+우(명사형 어미)(=물건)→가루(표준어). cf. 노리(=장(獐))(경남)[이→우]→노루(표준어), 자리(경남)[이→우]→자루(표준어), 바리(경남)[이→우]→바루(표준어). cf. 바리(=鉢)(경남)[ㄹ→ㄷ]→바디[ㅂ→ㅎ]→하디

(hati)〖ㄷ(t)→ㅌ(th)(일본어에는 /t/, /th/의 구분이 없다)〗→하티〖구개음화: ㅌ→ㅊ/__이〗→하치(hatsi)→はち(=鉢)(hatsi)(일본어).

나날이(부사)(=매일매일, 날마다, 매일)=날(명사)+날(명사)+이〖ㄹ→Ø/__ㄴ〗→나날이.

놀이=놀(다)+이(=행위)→놀이.

돈벌이=(돈을) 벌(다)+이(명사형 어미)(=행위).

딸딸이(경남)(=슬리퍼)=딸딸(부사)+이(=물건). 신고 걸으면 뒷축이 바닥에 부딪혀 딸딸 소리가 나서 붙여진 이름이다.

먹이=먹(다)+이(=물건)→먹이.

발발이(경남)=발발(부사)+이(=사람). 발발 싸돌아다닌다고 해서 붙여진 이름이다.

손잡이=손+잡(다)+이(=물건).

써리다(경남)=썰(다)(표준어)+이(첨가음)+다→써리다.

에(처격 조사)(표준어)=아(처격 조사)(경남)+이(첨가음)〖모음 합체〗→애(중세 국어에서 앞에 양모음이 올 때)〖모음조화 파괴〗→에(현대 표준어에서는 모음조화를 지키지 않고 '에'로 통일했다).

옷걸이=옷+걸(다)+이(명사형 어미)(=물건).

왼손잡이=왼손+잡(다)+이(명사형 어미)(=사람).

장애(=eel)(경남)=장어(표준어)+이(첨가음)〖모음 합체〗→장에〖모음조화: 아-애〗→장애.

anı(=추억, 회고)=an(mak)(=추억하다, 기념하다, 기리다)+이(i)(명사형 어미)→ani〖모음조화: a-ı〗→anı

bağ(=끈, 줄, 노끈, 관계)=박(縛)(=얽다, 동이다, 묶다)(pak)+이(명사형 어미)(i)(=물건)→paki〖모음조화: a-ı〗→pakı〖유성음화〗→pagı〖g→ğ/모음__모음〗→pağı〖[ğ] 다음의 [ı]는 있으나 없으나 발음이 같이 들린다〗([ı]가 없었다면 ğ가 만들어질 수 없다)→pağ〖어두 유/무성자음 교체〗→bağ(그 뜻은 '묶는 것'=끈)【근거】kelmoq(우즈벡어)=gelmek(튀르키예어)=오다.

bildiri(=알림, 공지문)=bildir(mek)(=알리다)+이(명사형 어미)(i)(=행위 혹은 물건)

bölü(=(수학) 나누기)=böl(mek)(=나누다)+이(명사형 어미)(i)(=행위)→böli〔모음조화: ö-ü〕→bölü. cf. **bölme**=böl(mek)+ㅁ(명사형 어미)+아(=子)(a)(의미첨가 없이 명사에 붙는 접미사)→bölma〔모음조화: ö-e〕→bölme. **bölüm**=böl(mek)+으(자음 충돌 회피용 삽입 모음)(ı)+ㅁ(명사형 어미)(m)→bölım〔모음조화: ö-ü〕→bölüm【근거】열매=열(다)+ㅁ(명사형 어미)+아(의미첨가 없이 명시에 붙는 접미사)+이(첨가음)〔모음 합체〕→열매. 여름(함북)〈고려대 한국어대사전〉(=열매)=열(다)+ㅁ(명사형 어미)(=물체). 잡(다)+으(자음 충돌 회피용 삽입 모음)+ㅁ(명사형 어미)(행위)→잡음.

bülbül(=휘파람새)=(휘파람을) 불(다)+불(다)+이(=동물)〔모음 합체〕→불뷜〔umlaut〕→뷜뷜(pülpül〔유성음화〕→pülbül〔어두 유/무성자음 교체〕→bülbül(그 뜻은 '(휘파람을) 부는 동물'=휘파람새)【근거】꾀꼴(꾀꼴)(=꾀꼬리가 잇따라 우는 소리)+이(=동물)→꾀꼴이→꾀꼬리(새 이름).

buğu(=수증기)=뿌헣(다)/뿌훟(다)(경남)(=부옇다)+이(명사형 어미)(=물체)→뿌훟이→뿌흐히〔ㅎ→∅/모음__모음〕→뿌흐이〔ㅎ→ㄱ〕→뿌그이〔모음조화: 우-우〕→뿌구우〔동모음 축약〕→뿌구〔ㅃ→b〕→buku〔유성음화〕→bugu〔g→ğ/모음__모음〕→buğu. cf. **buhar**(=증기(蒸氣))=**뿌헣**(다)/뿌훟(다)(경남)(=뿌옇다)+알(=자(子))(=것)(=물체)→뿌헣알〔어→아〕→뿌핳알〔ㅎ→∅/모음__모음〕→뿌하알〔동모음 축약〕→뿌할〔ㅃ→b〕→buhar(그 뜻은 '부연 것'=김, 증기)【근거】뿌헌/뿌흔(관형형)=뿌헣(다)/뿌훟(다)+어/으(자음 충돌 회피용 삽입 모음)+ㄴ(관형형 어미)→뿌헌/뿌흔. 검엏다=검(다)+앟+다〔모음조화: 여-어〕→검엏다. **해**겁다(경남)=**개**겁다(경남)=가볍다(표준어). 가리(경남)(=가루)=갈(다)+이(명사형 어미)→가리〔이→우〕→가루(표준어). 'ㄲ, ㄸ, ㅃ, ㅉ, ㅆ, ㆅ 爲 全濁'〈훈민정음해례본〉(전탁(全濁)=유성음(有聲音)).

dolay(=주변, 둘레, 부근)=도루(다)〈내훈 2권 41장〉《우리말샘》(=두르다)+이(명사형 어미)(=곳)〔ᆞ→아〕→도라이(tolai)〔어두 유/무성자음 교체〕→dolai→dolay. cf. 둘에〈월인석보 8권 13장〉《우리말샘》〔/ㄹ/복제〕→둘레(현대어).

emek(=노동, 일, 노고)=애먹(다)+이(명사형 어미)〔모음 합체〕→애멕〔애→에〕

→에멕→emek. cf. 애먹다=속이 상할 정도로 어려움을 겪다. 마음과 힘을 다하여 무엇을 이루려고 힘쓰다. 그는 요즘 새로 맡은 일의 준비 작업에 무척 **애쓰고** 있다〈표준국어대사전〉

getiri(=이자(利子))=getir(mek)(=가져오다, 데리고 오다, 나르다, 운반하다)+이(명사형 어미)(=것)→getiri(돈을 빌려주거나 은행에 예금하면 그 돈 주인에게 가져다 주는 것=이자).

gezi(=유람, 관광 여행, 산책, 산보, 행진)=gez(mek)(=거닐다, 걷다; 돌아다니다, 산책하다, 산보하다; 돌아보다; 순시하다, 순찰하다)+이(명사형 어미)(i). 걷(다)+이(명사형 어미)〖umlaut〗→겐이→게디〖구개음화〗→게지〖ㅈ→ㅅ〗→게시〖유성음화〗→게싀(kezi)〖어두 유/무성자음 교체〗→gezi〖'gezi(=여행, 관광 여행, 유람, 투어)=gez(동사 어간)+이(명사형 어미)'로 오분석〗→gez(mek) 【근거】 똥구시(경남)=똥+굼(=구멍이)+이(첨가음)→똥구디〖구개음화〗→똥구지〖ㅈ→ㅅ〗→똥구시. 子중孫손이**니서**가몰〈석보상절 6권 7장 뒷면〉(=자손이 이어 감을): 닛(다)+어(부사형 어미)→니서〖유성음화〗→니서. 닛다〖두음법칙 후 보상적 /y/ 첨가〗→y+잇(is)다〖단음화: y+i→i〗→잇(is)다(현대어).

gömü(=묻혀 있는 보물)=göm(mek)(=파묻다, 매장하다)+이(i)(명사형 어미)(=물건)→gömi〖모음조화: ö-ü〗→gömü. cf. **gömüş**(=묻는 일)=göm(mek)(=묻다)+일(=사(事))+ㅎ(고유어 명사에 붙음)+이(첨가음)→göm일히〖ㅎ→ㅅ/__이〗→göm일시〖ㄹ→Ø/__ㅅ〗→göm이시→gömiş〖모음조화: ö-ü〗→gömüş 【근거】 힘(표준어)〖ㅎ→ㅅ/__이〗→심(경남). 부삽=불+삽〖ㄹ→Ø/__ㅅ〗→부삽.

güldürü(=희극, 소극)=güldür(mek)(=웃기다)+이(i)(명사형 어미)→güldüri〖모음조화: ü-ü〗→güldürü(그 뜻은 '웃기는 것'=희극). **gül**(mek)=*껄(다)+이(첨가음)→끌이〖어→으〗→끌이〖으→우〗→꿀이〖모음 합체〗→꿜〖ㄲ→g〗→gül 【근거】 껄껄 웃다(=매우 시원스럽고 우렁찬 목소리로 못 참을 듯이 웃는 소리로 웃다). 달달 (볶다)=달(다)(동사 어간)+달(다)(동사 어간)=달달(부사). 없다/읎다(경남)(경남 방언에서는 '어/으' 교체가 아주 자연스럽게 일어난다). 믈(=水)〈훈민정음해례본 용자례〉〖으→우〗→물(현대어). 써리다(경남)(썰다)=썰(다)(표준어)+이(첨가음)+

다. **güldür**(mek)(=웃기다)=gül(mek)(=웃다)+들(사동 보조 어간)(경남)→gül들(tır)〖유성음화〗→güldır〖모음조화: ü-ü〗→güldür 【근거】 빠뜰다(경남)(=빠뜨리다)=*빤(다)(자동사)(=빠지다)+들(사동 보조 어간)+다〖ㄷ+ㄷ→ㄸ〗→빠뜰다. *빤(다)〖ㅃ→b〗→bat(mak)(=빠지다). **batır**(mak)(=빠뜨리다)=bat(mak)+들(사동 보조 어간)(tır)〖동자음 축약〗→batır.

hoşgörü(=관용, 아량, 좋게 봄)=hoşgör(mek)(=좋게 보다)+이(명사형 어미)→hoşgöri〖모음조화: ö-ü〗→hoşgörü.

iş(=일)=일(=사(事))+ㅎ(고유어 명사에 붙음)+이(첨가음)→일히〖ㅎ→ㅅ/__이〗→일시〖ㄹ→Ø/__ㅅ〗→이시→iş 【근거】 힘(표준어)〖ㅎ→ㅅ/__이〗→심(경남). 부삽=불+삽〖ㄹ→Ø/__ㅅ〗→부삽.

kış(=겨울)=*겻(=겨울)+이(첨가음)〖단음화〗→거시〖어→으〗→그시→kış 【근거】 겨슬〈박통사언해 상권 18장〉《우리말샘》(=겨울)=*겻+알(=자(子))(의미첨가 없이 명사에 붙는 접미사)+이(첨가음)〖모음 합체〗→겻앨〖애→에〗→겻엘〖에→이〗→겻일→겨실〖이→으〗→겨슬〖유성음화〗→겨슬 【근거】 구디(경상, 충북, 중국 흑룡강성)〈우리말샘〉(=구덩이)=굳+이(첨가음). 구더리(충남)〈우리말샘〉(=구덩이)=굳+알(의미첨가 없이 명사에 붙는 접미사)+이(첨가음)〖모음조화: 우-어〗→굳얼이→구더리: 이=알. 이리/으리(경남)=의리(표준어). 사타리(경남)(=샅(표준어))=샅+알(=子)(의미첨가 없이 명사에 붙는 접미사)+이(첨가음). 장어(표준어)+이(첨가음)〖모음 합체〗→장에〖모음조화: 아-애〗→장애(경남). cf. 겨올〈계축 하 42〉《우리말샘》(=겨울)=*겻+올(=알)(의미첨가 없이 명사에 붙는 접미사)→겨슬〖유성음화〗→겨슬〖ㅿ→Ø〗→겨올. 신(人)〈석보상절 6권 5장 앞면〉〖ㅿ→Ø〗→인(人)(현대어).

kör(=맹인)=*글(다)(=그르다=어두워지다)+이(=사람)〖모음 합체〗→긜→kör(그 뜻은 ‘(눈이) 어두운 사람’=맹인) 【근거】 해그름(경남)(=해거름=해가 져 어두워질 무렵)=해+*글(다)+으(자음 충돌 회피용 삽입 모음)+ㅁ(명사형 어미). cf. めくら(=盲)(mekura)(일본어)=め(me)(=눈)+*글(다)+아(=사람)→me그라→mekura(일본어의 /u/의 발음은 [ɯ]=[으]이다). くらし(=暗し)(일본어 고어)(=kurasi)(=어둡

다)=글(다)+아(부사형 어미)+지(다)→그라지[ㅈ→ㅅ]→그라시→kurasi. 그라시[유성음화]→그라ᅀᅵ(kurazi)[ㅿ→Ø]→kurai→くらい(현대어) 【근거】 똥구시(경남)=똥+군(=구덩이)+이(첨가음)→똥구디[구개음화]→똥구지[ㅈ→ㅅ]→똥구시. 게이소(경남)(=계십시오)=계시(다)[게시](경남 발음)+소→게시소(천천히 말할 때)[유성음화]→게시ᅀᅩ[ㅿ→Ø/모음__모음]→게이소(일상적으로 빨리 말할 때). 子중孫손이**니ᅀᅥ**가몰〈석보상절 6권 7장 뒷면〉(=자손이 이어 감을): 닛(다)+어(부사형 어미)→니ᅀᅥ[유성음화]→니**ᅀᅥ**. 닛다[두음법칙 후 보상적 /y/ 첨가]→y+잇(is)다[단음화: y+i→i]→잇(is)다(현대어). 잇(다)+어(부사형 어미)[유성음화]→이ᅀᅥ[ㅿ→Ø]→이어.

korku(=무서움)=kork(mak)(=무서워하다, 겁내다)+우(명사형 어미)(u)→korku. 아니면, **korku**=kork(mak)+이(i)(명사형 어미)[모음조화: o-u]→korku 【근거】 가루(표준어)=갈(다)+우(명사형 어미)→가루. 가리(경남)(=가루)=갈(다)+이(명사형 어미)→가리.

mudi(=예금주, 예탁자)=묻(다)+이(명사형 어미)(=사람)→무디(muti)[유성음화]→mudi 【근거】 돈을 은행에 **묻어** 두다=돈을 은행에 **예금해** 두다. 왼손잡이(=왼손을 주로 쓰는 사람)=왼손+잡(다)+이(=사람).

öğreti(=교훈, 학설)=öğret(mek)(=가르치다)+이(명사형 어미)(i)(=것).

ölü(=주검, 시신)=öl(mek)(=죽다)+이(명사형 어미)(=것, 사물)(i)[모음조화: ö-ü]→ölü 【근거】 가리(경남)(=가루)=갈(다)+이(명사형 어미)(=것, 사물). cf. 저기 오는 **이**가 누구요?=저기 오는 **사람**이 누구요?

pürtük(=작은 돌기, 융기, 혹)=불뚝(부사)(=갑자기 불룩하게 솟아오른 모양)+이(=것)(=물체)[모음 합체]→불뛱[umlaut]→뷜뛱→pürtük(그 뜻은 '불뚝 솟은 것'=융기) 【근거】 딸딸이(=슬리퍼)(경남)=딸딸(부사)(=슬리퍼를 신고 걸을 때 나는 소리)+이(명사형 어미)(=것)(=물체). cf. 멍멍이(=(유아어) 개)=멍멍(=개 짖는 소리)+이(=동물). 배불뚝이=배+불뚝+이(=사람)[umlaut]→배불뛱이[단음화: 위→이]→배불띠기[ㄱ→Ø/모음__모음]→배불띠이(경남)(=배가 불룩한 사람을 비하해서 하는 말)

saldırı(=공격, 침공)=saldır(mak)(=공격하다, 침공하다)+이(명사형 어미)(=행위)(i)→saldiri〖모음조화: ı-ı〗→saldırı【근거】살림살이가 좋아졌다. 살림살이=살림+살(다)+이(명사형 어미). 밭갈이=밭+갈(다)+이(명사형 어미)(=행위). cf. saldırış(=saldırı)=saldır(mak)+일(=사(事))+ㅎ(고유어 명사에 붙음)+이(첨가음)〖ㅎ→ㅅ/__이〗→saldır일시〖ㄹ→Ø/__ㅅ〗→saldır이시(iş)〖모음조화: ı-ı〗→saldırış(그 뜻은 '공격하는 일'=공격하는 행위=공격). **saldırma**(=공격, 침공)=saldır(mak)+ㅁ(명사형 어미)(m)+아(=子)(a)(의미첨가 없이 명사에 붙는 접미사)→saldırma. cf. 열매=열(다)+ㅁ(명사형 어미)+아(=子)+이(첨가음)〖모음 합체〗→열매. 여름〈용비어천가 1권 1장 뒷면〉/(함북)(=열매)=열(다)+으(자음 충돌 회피용 삽입 모음)+ㅁ(명사형 어미)(=것)(=물체). 〔검토〕**saldir**(mak)(=침공(侵攻)하다)=침(侵)ㅎ(다)(=하(다))+ㄹ(관형형 어미)+들(다)(=들어가다))〖ㅊ→ㅅ〗→심홀들〖ㅁ→ㄴ〗→신홀들〖ㆍ→아〗→신할들〖ㅎ→Ø/유성음__유성음〗→신알들〖ㄴ→Ø/__모음(=아) and /아/가 鼻母音化: 아[ã] and 비모음의 구강 모음화(튀르키예어에는 비모음이 없다)〗→시알들〖모음 합체: 이+아→야〗→샬들〖단음화: 야→아〗→살들(saltır)〖유성음화〗→saldir(그 뜻은 '침공하여 들어가다'이다)【근거】들티다〈신합 하:9〉《우리말샘》(=들추다)〖구개음화: ㅌ→ㅊ/__이〗→들치다〖ㅊ→ㅅ〗→들시다(경남). 침(侵)(=침범하다)(chim)〖ㅊ(ch)→ㅅ(s)〗→sim〖ㅁ→ㄴ〗→sin→しん(侵)(sin)(일본어). 침(侵)(=침범하다)(chim)〖ㅁ(m)→ㄴ(n)〗→[qīn](侵)(중국어). 므슴〈석보상절 6권 16장 앞면〉〖으→우〗→무슴〖ㅁ→ㄴ〗→무슨(현대어). **10.1 한국어 동사 어간+ㄹ(관형형 어미).** 죽살다〈두시-초 8:67〉《우리말샘》=죽(다)+살다.

sap(=(식물의) 줄기, 덩굴, (과일의) 꼭지, (연장의) 자루, **손잡이**, (곡식의) 다발, 묶음)=잡(다)+이(명사형 어미)(=물건)→잡이(한국어)〖ㅈ→ㅅ〗→삽이(sapi)〖모음조화: a-ı〗→삽으(sapı)〖[p]를 파열시켜 발음하면 뒤의 [ı]는 있으나 없으나 발음이 같이 들린다〗→sap(식물의 잎이나 가지를 잡아주는 것이 줄기이고 과일을 잡아주는 것이 꼭지이며 잡을 수 있는 만큼의 것이 묶음이고 잡는 것이 손잡이, (연장의) 자루이다)【근거】손잡이=손+잡(다)+이(=물건). 똥구시(경남)=똥+굳(=구덩이)+

이(첨가음)→똥구디[구개음화]→똥구지[ㅈ→ㅅ]→똥구시. sıra(=줄, 순서)=줄+아(의미첨가 없이 명사에 붙는 접미사)[ㅈ→ㅅ]→술아[우→으]→슬아→sıra 【근거】 bank(영어)+아(의미첨가 없이 명사에 붙는 접미사)(a)→banka(튀르키예어).

soru(=질문, 의문, 심문)=sor(mak)(=묻다, 질문하다)+이(명사형 어미)(i)[모음조화: o-u]→soru(그 뜻은 '묻는 것'=질문). cf. **sorun**(=problem, question, matter; issue, point under consideration=문제)=sor(mak)(=묻다, 질문하다)+앙(명사형 어미)(=것)+이(첨가음)[ㅇ(ng)→ㄴ(n)]→sol안+이[모음 합체]→sor앤[애→에]→sor엔[에→이]→sor인(in)[모음조화: o-u]→sorun 【근거】 노랑(명사)=*놀(다)(=노랗다)+앙(명사형 어미). cf. 거멓다=검(다)+앙+다[모음조화: 어-어]→거멓다. don(mak)(=얼다)=동(凍)(tong)(=얼다)[ㅇ(ng)→ㄴ(n)]→ton[어두 유/무성자음 교체]→don 【근거】 kelmoq(우즈벡어)=gelmek(튀르키예어)=오다.

tapı(=우상, 신)=tap(mak)(=신앙(=信仰)하다, 숭배하다)+이(=존재)→tapi[모음조화: a-ı]→tapı 【근거】 옷걸이=옷+걸(다)+이(=존재=물건), 왼손잡이=왼손+잡(다)+이(=존재=사람). tap(mak)=답/탑(婚)(=엎드리다, 복종하다)(tap)(숭배한다는 것은 엎드려 복종하는 것이다).

tartı(=무게 달기)=tart(mak)(=to weigh)+이(명사형 어미)(=행위)(tarti)[모음조화: a-ı]→tartı 【근거】 살림살이=살림+살(다)+이(명사형 어미)(=행위).

tıraş(olmak)(=이발(하다))=털/틀(경남)(=hair)+앗(다)(=제거하다)+이(명사형 어미)(=행위)→틀앗이→트라시(tıraş) 【근거】 즈의앗고〈구급간이방언해 7권 2장 앞면〉=찌꺼기 제거하고. 합성어 속에 한국어의 '털'이 남아 있다. cf. saç=머리털.

yaş(=나이)=낳〈석보상절 24권 19장〉《고려대 한국어대사전》(=나이)+이(첨가음)→나히[ㅎ→ㅅ/__이]→나시[두음법칙 후 보상적 /y/ 첨가]→야시→yaş 【근거】 장어(표준어)+이(첨가음)[모음 합체]→장에[모음조화: 아-애]→장애(경남). 힘(=力)[ㅎ→ㅅ__이]→심(경남). 넣다[두음법칙 후 보상적 /y/ 첨가]→영다(경남). cf. 나살(경남)(=나이)=낫+알(의미첨가 없이 명사에 붙는 접미사)→나살. 【근거】 낳+이(첨가음)[ㅎ→ㅅ/__이]→낫이[첨가음 /이/ 삭제]→낫 【근거】

뒹(迴)〈월인석보 1권 월인서 17장 앞면〉[뒤]=듀+이(첨가음)[ㄷ→ㅌ]→튜이[구개음화]→츄이[단음화]→추이[첨가음, /이/ 제거]→**추**(현대어). 샅(표준어)+알(의미첨가 없이 명사에 붙는 접미사)+이(첨가음)[발음대로 표기]→사타리(경남)(=샅). 나ㅎ[어말 /ㅎ/ 탈락]→나(경남). 낳+이→나히[ㅎ→ㅅ__이]→**낫**이〔유성음화〕→나ᅀᅵ[ㅿ→Ø/모음__모음]→나이(현대 표준어). 아니면, 낳+이[ㅎ→Ø/모음__모음]→나이(현대 표준어).

yazı(=글씨; 글; 서류; 서체, 서법; 필적; 작품; 논문, 논설; 문헌)=yaz(mak)(=쓰다; (글을) 짓다; 필기하다, 기록하다, (글로써) 보고하다)+이(명사형 어미)(i)[모음조화: a-ı]→yazı 【근거】먹이=먹(다)+이(명사형 어미)(=사물). 손잡이=손+잡(다)+이(명사형 어미)(=사물).

yem(=(동물의) 먹이)=염+이(첨가음)[모음 합체]→옘→yem 【근거】여물(=말과 소를 먹이로 짚이나 풀)=염+울(=알=子)(의미첨가 없이 명사에 붙는 접미사). yem=ye(mek)(=먹다)+ㅁ(명사형 어미)(=것)(=물체)(m)→yem(그 뜻은 '먹는 것'=먹이) 【근거】여름(=열매)〈용비어천가 1권 1장 뒷면〉=열(다)+ㅁ(명사형 어미)(=물체). 열매=열(다)+ㅁ(명사형 어미)+아(의미첨가 없이 명사에 붙는 접미사)+이(첨가음)[모음 합체]→열매. 샅(표준어)+알(의미첨가 없이 명사에 붙는 접미사)+이(첨가음)[발음대로 표기]→사타리(경남).

(23) ~ip/ıf=~업(형용사형 어미)

근지럽다(=무엇이 살에 닿아 가볍게 스칠 때처럼 가려운 느낌이 있다)=근질(다)(경남)(=긁다)+**업**(형용사형 어미)+다→근지럽다.

두렵다(=어떤 대상을 무서워하여 마음이 불안하다)=두리(다)〈월곡 상:70〉《우리말샘》(=두려워하다)+**업**(형용사형 어미)+다→두리업다[모음 합체]→두렵다(형용사).

미끄럽다(형용사)=**미끌**(다)(북한)〈우리말샘〉(=미끄러지다)+업(형용사형 어미)+다[발음대로 표기]→미끄럽다 【근거】미끄러지다=**미끌**(다)+어(부사형 어미)+지다.

부끄럽다(=일을 잘못하거나 양심에 거리끼어 볼 낯이 없거나 매우 떳떳하지 못하다)=부끄리(다)(=부끄러워하다)+업(형용사형 어미)+다〖모음 합체〗→부끄렵다〖단음화〗→부끄럽다. '부끄리다=*부끌(다)+이(첨가음)+다'일 가능성이 있다: 부끄럽다=*부끌(다)+업+다→부끄럽다 【근거】 썰(다)(표준어)+이(첨가음)+다→써리다(경남).

즐겁다(=마음에 거슬림이 없이 흐뭇하고 기쁘다)=즐기(다)+업(형용사형 어미)〖모음 합체〗→즐겹다〖단음화〗→즐겁다. cf. 현대 국어 '즐겁다'는 15세기 문헌에서부터 '즐겁다'로 나타나 현재까지 이어진다. '즐겁다'는 "즐거워하다"라는 뜻의 동사 '즑-'에 형용사 파생 접미사 '-업-'이 결합한 것이다. '즐겁다'는 자음으로 시작하는 어미가 결합할 때에는 '즐겁-'으로 나타나고 매개모음이나 모음으로 시작하는 어미가 결합할 때에는 '즐겁-'으로 나타나 '즐겁/즐겁-'의 이형태 교체를 보였다〈우리말샘〉: 즑(다)+업+다→즐겁다.

arif(=아는, 영리한)=알(다)(=to know)+업(형용사형 어미)〖어→으〗→알읍〖으→이〗→알입→arip〖어말 /p/를 파열시켜 발음하면 어말이라 음이 약해져 [f]처럼 들린다〗→arif 【근거】 읍스모(경남)=업스모(경남)=없으면(표준어). 으리/이리(경남)=의리, 으사/이사(경남)=의사(醫師)(표준어).

zayıf(=약한, 연약한, 여윈)=샥(弱)(=약하다)+이(첨가음)+업(형용사형 어미)→샥이업→샤기업〖ㄱ→Ø/모음__모음〗→샤이업〖ㅿ→z〗→zai업〖어→으〗→zayıp〖어말 /p/를 파열시키면 어말이라 발음이 약화되어 [f]처럼 들린다〗→zayıf 【근거】 고기(표준어)〖umlaut〗→괴기〖단음화〗→게기(경남)〖ㄱ→Ø/모음__이〗→게이(경남)〖에→이〗→기이(경남). 없다〖읍따〗(경남)/〖업따〗(경남). 으사(경남)=이사(경남)=의사(醫師)(표준어). 디지털한글박물관에서 弱의 중세 국어 음이 법화경언해 5권 31장 뒷면에 나온다고 하나 원문 서비스를 하지 않아 확인할 수 없었으나 일본어를 보면 미루어 짐작할 수 있다: じゃく(弱)(zyaku)(일본어)=샥〖일본어식으로 표기〗→샤구〖ㅿ→z〗→zyaku→じゃく. 국(國)+이(첨가음)〖모음 합체〗→귁(國)〈월인석보 1권 훈민정음 1장 앞면〉.

(24) ~iş=~일+ㅎ+이(첨가음)

iş(=일)=일+ㅎ(고유어 명사에 붙음)+이(첨가음)→일히〖ㅎ→ㅅ/__이〗→일시〖ㄹ→∅/__ㅅ〗→**이시**→**iş**【근거】수탉=수+ㅎ+닭〖ㅎ+ㄷ→ㅌ〗→수탉. 불삽〖ㄹ→∅/__ㅅ〗→부삽. 하는 **일** 잘 되니?=하는 **것** 잘 되니? iş가 앞에 오는 모음에 따라 ış/uş/üş 등으로 바뀐다. 힘(표준어)(him)〖ㅎ→ㅅ/__이〗→심(경남)(sim). 중간 과정은 생략하고 '**iş**(=일)=일+ㅎ(고유어 명사에 붙음)+이(첨가음)→**iş**'로 기술하겠다.

akış(=흐름)=ak(mak)(=흐르다)+일+ㅎ(고유어 명사에 붙음)+이(첨가음)→akiş〖모음조화: a-ı〗→akış. cf. **akım**(=흐름)=ak(mak)+으(자음 충돌 회피용 삽입 모음)(ı)+ㅁ(명사형 어미)(m). **ak**(mak): *흘(다)/*ㅎ(다)(=흐르다)+기(명사형 어미)〖으→어〗→허기〖어→아〗→하기〖어두 /ㅎ/ 탈락〗→아기(aki)〖모음조화: a-ı〗→akı(=흐름, 유동). 'akı=ak(동사 어간)+ı(명사형 어미)'로 오분석하여 'ak'을 동사 어간으로 만들었다(명사형 어미, '기'가 붙은 것을 '이'가 붙은 것으로 오분석하여 생긴 동사이다)【근거】heroin(영어)〖어두 /ㅎ/ 탈락〗→eroin(튀르키예어). 갈다/가다(경남). 없다/읎다(경남). cf. **ふく**(=吹く)(일본어)(huku)(=불다): 불(다)/부(다)(경남)+기(명사형 어미)→부기〖ㅂ→ㅎ〗→후기→ふき(huki)(명사형). 'ふき(huki)=huk(동사 어간)+이(명사형 어미)(일본어에는 명사형 어미, '기'가 없고 '이'만 있다)'로 오분석하여 '훅'을 일본어 동사 어간으로 만들었다. 훅〖일본어식으로 표기〗→후구(huku)【근거】はん(反)(han)=반(反)〖ㅂ→ㅎ〗→한(han).

anlayış(=이해, 이해심)=anla(mak)(=이해하다)+일+ㅎ(고유어 명사에 붙음)+이(첨가음)→anlaiş〖모음 충돌 회피용 삽입 반자음, /y/ 첨가〗→anlayiş〖모음조화: a-ı〗→anlayış【근거】내아기위ㅎ야어더보고려〈석보상절 6권 13장 뒷면〉(내 아기 위하여 얻어 보구려): 위ㅎ야=위ㅎ(다)+아(부사형 어미)→위ㅎ아〖모음 충돌 회피용 삽입 반자음, /y/(이) 첨가〗→위ㅎy아(ya)→위ㅎ야. anla(mak)=알(다)/아(다)(경남)+앙(=자(子))(=것)+la→아앙la〖ㅇ(ng)→ㄴ(n)〗→아(a)안(an)la〖동모음 축약〗→an(그 뜻은 '아는 것'=이해)+la【근거】노랑=*놀(다)(=노랗다)+앙(명사형 어미)→노랑. don(mak)(=얼다)=동(凍)(tong)(=얼다)〖ㅇ(ng)→ㄴ(n)〗→ton〖어두 유/

무성자음 교체〗→don 【근거】 kelmoq(우즈벡어)=gelmek(튀르키에어)=오다.

batış(=일몰)=bat(mak)(=해가 지다)+일+ㅎ(고유어 명사에 붙음)+이(첨가음)→batiş〖모음조화: a-ı〗→batış. cf. **batım**(=일몰)=bat(mak)(=가라앉다, (해가) 지다)+으(ı)(자음 충돌 회피용 삽입 모음)+ㅁ(m)(명사형 어미). gün batımı=일몰. cf. **batma**(=일몰(日沒))=bat(mak)+ma 【근거】 해가 빠지다(경남)=해가 지다. 빠뜰다(경남)(=빠뜨리다)=*빤(다)(=빠지다)+들(사동 보조 어간)+다〖ㄷ+ㄷ→ㄸ〗→빠뜰다. **bat**(mak)=*빤(다)〖ㅃ→b〗→bat. 아니면, bat(mak)=*빤(다)〖ㅃ→ㅂ〗→받(pat)〖어두 유/무성자음 교체〗→bat 【근거】 쌔디다〈법화2:104〉《고려대 한국어대사전》)〖ㅅ+ㅂ→ㅃ〗→빠디다〖구개음화〗→빠지다(현대어). 빠뜰(다)(경남)(=빠뜨리다)=빤(다)+들(사동 보조 어간)→빠뜰〖ㄸ→ㅌ〗→빠틀〖ㅃ→b〗→**batır**(mak). 아니면 빠틀(다)/빠뜰다(경남)→빠틀〖ㅃ→b〗→**batır**(mak).

böğürüş(=우렁찬 고함, (황소, 낙타의) 우렁찬 울음)=böğür(mek)(=((우렁찬 소리로) 고함치다(=yell), (황소 같은 큰 짐승이) 우렁찬 소리를 내다)+일+ㅎ(고유어 명사에 붙음)+이(첨가음)→böğüriş〖모음조화: ü-ü〗→böğürüş. cf. **böğürme**(=böğürmek işi)=böğür(mek)+ㅁ(명사형 어미)(m)+아(=子)(a)→böğürma〖모음조화: ü-e〗→böğürme 【근거】 열매=열(다)+ㅁ(명사형 어미)+아(=자(子))(=것)+이(첨가음)〖모음 합체〗→열매.

dileyiş(=부탁, 청원, 요망)=dile(mek)(희망하다, 기원하다)+일+ㅎ(고유어 명사에 붙음)+이(첨가음)→dileiş〖모음 충돌 회피용. /y/첨가〗→dileyiş(그 뜻은 '기원하는 일'=부탁, 요청). cf. **dileme**(=기원함, 부탁, 요청)=dile(mek)(희망하다, 기원하다)=dile(mek)+ㅁ(명사형 어미)(m)+아(=子)(a))→dilema〖모음조화: e-e〗→dileme, cf. **dilek**(=원, 바람, 희망, 지망, 지원, 소망, 소원)=dile(mek)+악(=子)(=행위)+이(첨가음)〖모음 합체〗→dile액〖애→에〗→dile엑(ek)〖동모음 축약〗→dilek(그 뜻은 '기원하는 것'=희망, 바람). **dile**(mek)=(기원을) *디레(다)(=드리다)→tile〖어두 유/무성자음 교체〗→dile 【근거】 들레다(경북)〖에→이〗→들리다(표준어). (기원을) 디리다(경남)=*디레다〖에→이〗→디리다. 디리다〖이→으〗→드리다(표준어). cf. 게(=crab)(표준어)〖에→이〗→기(경남). kelmoq(우즈벡어)=gelmek(튀르키예어)=오다.

doğuş(=출생)=doğ(mak)(=태어나다, 나다, 나오다)+일+ㅎ(고유어 명사에 붙음)+이(첨가음)→doğiş〔모음조화: o-u〕→doğuş. cf. **doğum**(=출생, 출산)=doğ(mak)(=태어나다, 나다, 나오다)+으(자음 충돌 회피용 삽입 모음)+ㅁ(명사형 어미)→doğ음(ım)→doğım〔모음조화: o-u〕→doğum. **doğma**(=출생, (해, 달이) 뜸)=doğ(mak)(=태어나다, 나다, 나오다)+ㅁ(m)(명사형 어미)+아(a)(=子)(=것)【근거】가르마=가르(다)+ㅁ(명사형 어미)+아. **doğ**(mak)=*독(다)(=돈다)〔풀어쓰기〕→도그(tokı)〔유성음화〕→togı〔어두 유/무성자음 교체〕→dogı〔g→ğ/모음__모음〕→doğı〔[ğ] 뒤의 [ı]는 있으나 없으나 발음이 같이 들린다〕([ı]가 없다면 /g/가 /ğ/로 바뀔 수 없다)→doğ【근거】돈(다)+구(사동 보조 어간)+다→돈구다〔ㄷ+ㄱ→ㄲ〕→도꾸다〔'도꾸다=독(동사 어간)+구(사동 보조 어간)+다'로 오분석〕→독(다)(자동사)+구+다.

dönüş(=회전, 귀환, 귀로, 전환, 재귀)=dön(mek)(=돌다)+일+ㅎ(고유어 명사에 붙음)+이(첨가음)→döniş〔모음조화: ö-ü〕→dönüş. cf. **dönüm**(=회전, 전환, 주기)=dön(mek)+으(자음 충돌 회피용 삽입 모음)(ı)+ㅁ(명사형 어미)(m)〔모음조화: ö-ü〕→dönüm. **dönme**(=회전, 교대, 귀환, 개종)=dön(mek)+ㅁ(명사형 어미)(m)+아(a)→dönma〔모음조화: ö-e〕→dönme. **dön**(mek)=돌(다)/도(다)(경남)+이(첨가음)+ㄴ(관형형 어미)→도인〔모음 합체〕→된(tön)〔어두 유/무성자음 교체〕→dön【근거】gelmek(튀르키예어)=kelmoq(우즈벡어)=오다. 썰(다)(표준어)+이(첨가음)+다→써리다(경남). ⇒ **10.2 한국어 동사 어간+ㄴ(관형형 어미).**

duruş(=정지, 자세, 태도)=dur(mak)(=정지하다)+일+ㅎ(고유어 명사에 붙음)+이(첨가음)→duriş〔모음조화: u-u〕→duruş. **dur**(mak)(=멈추다, (비가) 그치다)=(비가) 들(다)〔으→우〕→둘(tur)〔어두 유/무성자음 교체〕→dur【근거】kelmoq(우즈벡어)=gelmek(튀르키예어)=오다. 들(=水)〈훈민정음해례본 용자례〉〔으→우〕→물(현대어).

giriş(=들어감, 진입)=gir(mek)(=들어가다)+일+ㅎ(고유어 명사에 붙음)+이(첨가음)→giriş. cf. **girim**(=들어감)=gir(mek)+으(ı)(자음 충돌 회피용 삽입 모음)+

ㅁ(m)(명사형 어미)[모음조화: i-i]→girim. **girme**(=girmek işi)〈Vikisözlük〉
=gir(mek)+ㅁ(m)(명사형 어미)+아(a)→girma[모음조화: i-e]→girme 【근거】 열
매=열(다)+ㅁ(명사형 어미)+아+이(첨가음)[모음 합체]→열매. 마지매(경남)(=마
중)=맞(다)+이(자음 충돌 회피용 삽입 모음)+ㅁ(명사형 어미)+아+이(첨가음)[모
음 합체]→맞임애→마지매. cf. 마중=맞(다)+앙(명사형 어미)[아→오]→맞옹
[발음대로 표기]→**마종**(충청, 함북)〈고려대 한국어대사전〉[오→우]→마중(표
준어) 【근거】 (아이를) 낳다(표준어)[아→오]→아(이)를 놓다(경남). 사오/사우
(경남)=사위(표준어). cf. gir(mek)=끼이(다)(=벌어진 사이에 들어가 죄이고 빠지지
않게 되다. '끼다'의 피동사)+ㄹ(관형형 어미)[동모음 축약]→낄[ㄲ→g]→gir
【근거】 책갈피에 **끼여 있는** 낙엽=책갈피에 **들어 있는** 낙엽. **sar**(mak)(=싸다)=싸
(다)+ㄹ(관형형 어미)[ㅆ→ㅅ]→살(sar).

giyiş(=giymek işi=입는 일) veya biçimi(=혹은 모양))=giy(mek)(=입다)+일+ㅎ(한
국어 고유명사에 붙음)+이(첨가음)→giyiş. **giyim**(=의상, 의복)=끼이입(다)(경남)
(=꿰어 입다)+이(자음 충돌 회피용 삽입 모음)+ㅁ(명사형 어미)(=것)(=사물)→끼
이이빔[ㅂ→ㅸ→w(우)/모음__모음]→끼이이윔[단음화]→끼이이임[ㄲ→g]
→giiim[모음 합체]→giyim. 'giyim=giy(동사 어간)+i(자음 충돌 회피용 삽입 모
음)+m(명사형 어미)'로 오분석]→giy(mek) 【근거】 'ㄲ, ㄸ, ㅃ, ㅉ, ㅆ, ㆅ 爲 全濁'
〈훈민정음해례본〉(전탁(全濁)=유성음(有聲音)). 아니면 '어두 유/무성자음 교체'일
것이다: **gelmek**(튀르키예어)=**kelmoq**(우즈벡어)=오다. 위하여[단음화]→이하여
(경남). 갈범(경남)[ㅂ→ㅸ→w/유성음__유성음]→갈웜(kalwəm)(=虎)〈훈몽자회
상권 18장 앞면〉.

gömüş(=(파)묻는 일, 매장)=göm(mek)(=묻다)+일+ㅎ(고유어 명사에 붙음)+이(첨
가음)→gömiş[모음조화: ö-ü]→gömüş. cf. **gömü**(=묻혀 있는 보물)=göm(mek)(=
파묻다, 매장하다)+이(i)(명사형 어미)(=사물)→gömi[모음조화: ö-ü]→gömü 【근
거】 손잡이=손+잡(다)+이(=사물).

görüş(=보는 태도, 관점)=gör(mek)(=보다)+일+ㅎ(고유어 명사에 붙음)+이
→göriş[모음조화: ö-ü]→görüş. **görme**(=보는 것, 관점, 안목, 시력)=gör(mek)+

ㅁ(명사형 어미)(m)+아(=子)(a)→görma〖모음조화: ö-e〗→görme. **görüm**(=시력)=gör(mek)+으(자음 충돌 회피용 삽입 모음)(ı)+ㅁ(명사형 어미)(m)→görım〖모음조화: ö-ü〗→görüm.

gülüş(=웃음)=gül(mek)(=웃다)+일+ㅎ(고유어 명사에 붙음)+이(첨가음)→güliş〖모음조화: ü-ü〗→gülüş. cf. **gülme**(=gülmek işi)=gül(mek)+ㅁ(명사형 어미)(m)+아(=子)(a)→gülma〖모음조화: ü-e〗→gülme.

kullanış(=사용, 용도, 사용 방법)=kullan(mak)(=사용하다)+일+ㅎ(고유어 명사에 붙음)+이→kullaniş〖모음조화: a-ı〗→kullanış.

kuruluş(=창설, 설립, 수립, 건립, 건조, 조직, 구성)=kurul(mak)(=세워지다, 설립되다, 수립되다, 건립되다, 건조되다, 조직되다, 구성되다)+일+ㅎ(한국어 고유어 명사에 붙음)+이(첨가음)→kuruliş〖모음조화: u-u〗→kuruluş. **kurulum**(=kuruluş)〈Vikisözlük〉=kurul(mak)+으(ı)(자음 충돌 회피용 삽입 모음)+ㅁ(명사형 어미)(m)→kurulım〖모음조화: u-u〗→kurulum.

ötüş(=(새의) 지저귐)=öt(mek)(=지저귀다)+일+ㅎ(한국어 고유어 명사에 붙음)+이(첨가음)→ötiş〖모음조화: ö-ü〗→ötüş(그 뜻은 '지저귀는 일'=지저귐). cf. ötme(=ötmek işi)〈Vikisözlük〉=öt(mek)+ㅁ(명사형 어미)(m)+아(=子)(a)→ötma〖모음조화: ö-e〗→ötme.

saldırış(=공격)=saldır(mak)(=공격하다)+일+ㅎ(고유어 명사에 붙음)+이(첨가음)→saldıriş〖모음조화: ı-ı〗→saldırış(그 뜻은 '공격하는 일'=공격하는 행위=공격). cf. **saldırma**(=공격, 침공)=saldır(mak)+ㅁ(명사형 어미)(m)+아(=子)(a)→saldırma cf. 가르마=가르(다)+ㅁ(m)(명사형 어미)+아(a). **saldırı**(=공격, 침공)=saldır(mak)(=공격하다, 침공하다)+이(명사형 어미)(=행위)(i)→saldıri〖모음조화: ı-ı〗→saldırı.

satış(=판매)=sat(mak)(=팔다)+일+ㅎ(고유어 명사에 붙음)+이(첨가음)→satiş〖모음조화: a-ı〗→satış. cf. **satım**(판매)=sat(mak)(=판매하다)+으(자음 충돌 회피용 삽입 모음)(ı)+ㅁ(명사형 어미)(m). **satma**(=판매)=sat(mak)+ㅁ(명사형 어미)(m)+아(=자(子))(a). **sat**(mak)(=판매하다)=(쌀 돈) 사(다)(=판매하다)+ㄹ(관형형 어미)

〖ㄹ→ㄷ〗→샅→sat 【근거】 볕(彆)〈훈민정음해례본 종성해〉〖ㄷ→ㄹ〗→별(彆)(현대어). 쌀 사로 갔다(경남 노인 말)=쌀 **팔러** 갔다(표준어). cf. 쌀 팔로 갔다(경남 노인 말)=쌀 **사러** 갔다(표준어). ⟹ **10.1 한국어 동사 어간+ㄹ(관형형 어미)**.

sunuş(=제공)=sun(mak)(=제공하다)+일+ㅎ(고유명사에 붙음)+이(첨가음)→suniş〖모음조화: u-u〗→sunuş. **sun**(mak)=송(送)(=보내다, 전달하다, 선사하다, 증정하다)(song)〖오→우〗→숭(sung)〖ㅇ(ng)→ㄴ(n)〗→sun 【근거】 사오/사우(경남)=사위(표준어). **콣**(窟)〈월인석보 1권 월인서 20장 뒷면〉〖경과음, /ㅎ/ 탈락〗→콜〖ㅋ→ㄱ〗→골〖오→우〗→**굴**(현대어). don(mak)(=얼다)=동(凍)(tong)(=얼다)〖ㅇ(ng)→ㄴ(n)〗→ton〖어두 유/무성자음 교체〗→don 【근거】 kelmoq(우즈벡어)=gelmek(튀르키예어)=오다.

uçuş(=비행, 이륙)=우(上)(경남)(=위)+치(다)(=오르다)+일+ㅎ(고유어 명사에 붙음)+이(첨가음)→uçiş〖모음조화: u-u〗→uçuş 【근거】 치키다(경남)(=추키다=위로 올리다)=치(다)(=오르다)+키(사동 보조 어간)+다. **uç**(mak)(=날다)=우(=上)(경남)(=위)(u)+치(다)(=오르다)[tʃi]→uç(그 기본 뜻은 '위로 오르다'=날다). 동사의 파생의미도 한국어와 같다: rengi ~=색이 **날다**. 도망갔다=날았다. ⟹ 동사, **uçmak**.

veriş(=주는 것, 수여)=ver(mek)(=주다)+일+ㅎ(고유어 명사에 붙음)+이(첨가음)→veriş. cf. **verme**(=주기, 수여)=ver(mek)+ㅁ(m)(명사형 어미)+아(a)→verma〖모음조화: e-e〗→verme. **verim**(=이득, 소득, 이익; 생산, 생산고; 산물, 산출고; 성과, 결과, 수확)=ver(mek)+으(ı)(자음 충돌 회피용 삽입 모음)+ㅁ(m)(명사형 어미)〖모음조화: e-i〗→verim(어떤 일을 했을 때 그 일이 주는 것이 생산, 수확, 결과이다).

yanılış(=잘못한 일)=yanıl(mak)(=잘못하다)+일+ㅎ(고유어 명사에 붙음)+이(첨가음)→yanıliş〖모음조화: ı-ı〗→yanılış. cf. **yan**(mak)(=타다, **잘못되다**, 허사가 되다)+이(i)(피동 보조 어간)+ㄹ(l)(관형형 어미)〖모음조화: ı-ı〗→yanıl(mak). **yan**(mak)(=타다)=연(燃)(=타다)〖여→야〗→얀(yan).

(25) ~k=~거/~그(경남)(소유격 조사)

너거 집/느그 집(경남)(=너의 집)=너/느+**거/그**(소유격 조사)+집. cf. 妹(いも)**が**(소유격 조사)袖(そで)〈万葉集· 15·3604〉=妻+**の**(소유격 조사)+袖(そで). cf. 너거 집(경남)=너+**거**(소유격 조사)+집: が(ga)=(모음)+거[어→아]→가[유성음화]→ga(が): 일본어에는 /어/가 없어서 /아/로 바뀌었다.

denk(=평형의, 대등한, 동등한, 같은)=등(等)(=같다, **같은 것**)+이(첨가음)+그/거(경남)(소유격 조사)→등이그[모음 합체]→딍그[단음화: 의→에]→뎅그[ㅇ(ŋ)→ㄴ(n)]→뎬그(tenkɪ)[어두 유/무성자음 교체]→denkɪ[/k/를 파열시켜 발음하면 /ɪ/는 있으나 없으나 발음이 같이 들린다]→denk(그 뜻은 '등(等)의'=같은). cf. algɪ(=지각(知覺))=알(다)+거/그(경남)(=것)(명사형 어미)→알그(alkɪ)[유성음화]→algɪ(여기는 /ɪ/가 탈락되지 않았다). cf. teng(우즈벡어)(=같은, 동등한, 동일 수준)=등(等)+이(첨가음)[모음 합체]→딍[단음화: 의→에]→뎅(teng)

ilk(최초의, 첫)=일(=一(한자어))+거/그(소유격 조사)→일그(ilkɪ)[어말의 /k/를 파열시켜 발음하면 [ɪ](=으)는 있으나 없으나 발음이 같이 들린다]→ilk【근거】무성자음 다음 어말 /으/ 탈락: 집터/집트[집ㅌ](빠른 발음)(경남).

(26) ~ka=~거/그(경남)(=것, 사람)(+이(첨가음))

"**Ko**. -ka/-kə // **Trk**. -ɣa/-gä"〈Han-Woo Choi 2002: 29〉: 경남 방언과 같다.

예삔 거(경남)(=예쁜 사람(특히 아이))=예삐(다)(경남)(=예쁘다)+ㄴ(관형형 어미)+**거**(=사람, 특히 아이)(좋은 의미). cf. 못된 **거**(경남)(=놈/년)(나쁜 의미).

이거/이그(경남)=이것(표준어).

곧(중세 국어)(=것)=거(경남)(=것)+앗[앋](=자(子))(의미첨가 없이 명사에 붙는 접미사)[모음조화]→거얼[동모음 축약]→걷[어→오]→곧【근거】저**거**(경남)(=저것)[어→오]→조**고**(경남)(=저것). 우리父뽕母뭏ㅣ듣디아니ㅎ샨고돈〈석보상절 6권 7장 앞면〉=우리 부모가 듣지 아니 하신 **것**은. 엄마[어→오]→옴마(경남). 씨(=種子)+앗(의미첨가 없이 명사에 붙는 접미사)→씨앗(=종자(種子)). 모**자**(帽子)

(=모(帽))=모(帽)+자(子)(의미첨가 없이 명사에 붙는 접미사). cf. **곧**(중세 국어)(= 곳)=거/그(=곳)+앗[안](=子)(의미첨가 없이 명사에 붙는 접미사)[모음조화]→거 엇[동모음 축약]→걷[어→오]→곧【근거】이**곧**뎌고대〈용비어천가 4권 24장 앞 면〉=이**곳**저곳에. **것**(표준어)=거(경남)(=것)+앗(=자(子))(의미첨가 없이 명사에 붙 는 접미사)[모음조화]→거엇[동모음 축약]→것. cf. **곳**(표준어)=거(경남)(=곳)+ 앗(=子)(의미첨가 없이 명사에 붙는 접미사)[모음조화]→거엇[동모음 축약]→ 것[어→오]→곳【근거】여거/여그(경남)=여기(표준어). 요고(경남)(=여기)[ㄱ →∅/모음__모음]→요오(경남).

겉싸개=겉+싸(다)+거(경남)(=것)+이(첨가음)[모음 합체]→겉싸게[모음조화: 아-애]→겉싸개.

똥싸개(=똥을 가리지 못하는 아이. 실수로 똥을 싼 아이를 놀림조로 이르는 말)= 똥+싸(다)+거(=사람)+이(첨가음)[모음 합체]→똥싸게[모음조화: 아-애]→똥싸 개.

지게(=짐을 얹어 사람이 등에 지는 우리나라 고유의 운반 기구)=지(다)+거(=물 건)+이(첨가음)[모음 합체]→지게.

코흘리개(=늘 콧물을 흘리는 아이를 놀림조로 이르는 말)=코+흘리(다)+거(=사 람)+이[모음 합체]→코흘리게[모음조화 파괴]→코흘리개(현대 표준어).

튀르키예어는 '거(경남)(=것, 사람)'에 **/이/ 모음 첨가**와 **모음조화, 유성음화에 따라** ~ka/~ga/~kı/~gı/~ke/~ge/~ko 등으로 바뀐다.

açkı(=여는 것)=aç(mak)(열다)+그/거(경남)(=것)(=물건)→aç그(kı)→açkı. cf. açar(=여는 것)=aç(mak)+알(=子)(=것)(ar), açıcı(=여는 일을 하는 사람)=aç(mak)+ 자(子/者)(=사람)+이(첨가음): 자+이[모음 합체]→재[애→에]→제[에→이]→ 지. aç+지[자음 충돌 회피용 삽입 모음, /으/(ı) 첨가]→açı지[유성음화: ㅈ(무성 무기 파찰음)→c(유성 무기 파찰음)/모음__모음]→açıci[모음조화: ı-ı]→açıcı.
algı(=지각=知覺)=알(다)+거/그(경남)(명사형 어미)→알그(alkı)[유성음화]→al-

gı(그 뜻은 '아는 것'=지각)

askı(=(옷)걸이)=as(mak)(=걸다, 매달다)+그/거(경남)(=것)(=물건)→as그
(kı)→askı【근거】지게=(짐을) 지(다)+거(=것)(=물건)+이(첨가음)[모음 합체]→
지게(=짐을 지는 도구).

başka(=(slang) gypsy(=짚시))=밧(=外(외))〈훈몽자회 하권 34장 뒷면〉(=밖(현
대어))+이(첨가음, 혹은 소유격 조사)+거(=사람)→바시거[어→아]→바시가
→başka(본래의 뜻은 '밖(의) 사람'=외지인))【근거】못된 거(=사람)=못된 놈. 이
예삔 건 누구 딸?(경남)(=이 예쁜 아이는 누구 딸?)=이+예삐(다)(경남)(=예쁘다)+
ㄴ(관형형 어미)+거(=사람)+은(topic)(조사)+누구+딸?[모음조화]→이 예삔 거언
누구 딸[동모음 축약]→이 예삔 건 누구 딸? cf. **başka**(=다른)=밧(=外)〈훈몽자회
하권 34장 뒷면〉(=밖(현대어))+이(첨가음)+거(소유격 조사)(경남)→바시거[어→
아]→바시가→başka(그 뜻은 '외(=外)의'=다른)【근거】너거 집/느그 집(경남)=
너/느+거/그(소유격 조사)+집.

baskı(=발행 부수, 인쇄)=박(다)(=인쇄하다)+이(첨가음)+그/거(경남)(=것): 박
(다)+이→바기[구개음화: ㄱ→ㅈ/__ㅣ]→바지[ㅈ→ㅅ]→바시→pasi[모음조
화: a-ı]→pasɪ[어말에서 마찰음, [s] 다음의 [ı]는 있으나 없으나 발음이 같이 들
린다]→pas[어두 유/무성자음 교체]→**bas**(mak). bas(mak)+그(kı)→baskı(그 뜻
은 '박은 것'=인쇄한 것)【근거】kelmoq(우즈벡어)=glemek(튀르키예어)=오다. 똥
구시(경남)→똥구디[구개음화]→똥구지[ㅈ→ㅅ]→똥구시. 사진을 **박다**=사진
을 **찍다**. 명함을 **박다**=명함을 **인쇄하다**. 써리다(경남)(=썰다)=썰(다)+이(첨가음)+
다.

baskı(=압력, 압박)=박(迫)(=핍박하다)+이(첨가음)+그/거: 박+이→바기[구개
음화]→바지[ㅈ→ㅅ]→바시(pasi)[모음조화: a-ı]→pasɪ[어말에서 마찰음, [s]
다음의 [ı]는 있으나 없으나 발음이 같이 들린다]→pas[어두 유/무성자음 교체]
→**bas**(mak). bas(mak)+그(kı)→baskı(그 뜻은 '핍박하는 것'=핍박=압박)【근거】
국(國)+이(첨가음)[모음 합체]→귁(國)〈월인석보 1권 훈민정음 1장 앞면〉. cf.
bas(mak)(=밟다, 디디다)=밧(가락)〈법화경언해 4권 141장 뒷면〉(=발)(pas)[어두

유/무성자음 교체〗→bas(명사가 동사로 바뀐 것이다: 발로 밟는다) 【근거】 '밣가
락〈법화경언해 1권 9장 앞면〉=발+ㅅ(사이시옷)+가락〖ㄹ→∅/__ㅅ〗→밧가락〈법
화경언해 4권 141장 뒷면〉《우리말샘》=밧(=발)+가락'과 같은 과정을 거쳐 튀르키
예어 동사, bas(mak)이 만들어졌다. 빗=빗다(빗은 머리를 빗는 도구이다)

bölge(=지역, 지방)=버히(다)〈월인석보 11권 4장〉《우리말샘》(=베다)+ㄹ(관형형
어미)+거(=곳)(경남)+이(첨가음): 버히(다)+ㄹ〖어→으〗→브힐〖ㅎ→∅/모음__모
음〗→브일〖모음 합체〗→빌→pöl〖어두 유/무성자음 교체〗→**böl**. 거+이〖모음합
체〗→게(ke). böl+ke〖유성음화〗→bölge(그 뜻은 '베어 나눈 곳'=지방)

dalga(=파도, 파동, 전파)=떨(다)+거(=것)〖어→아〗→딸가〖ㄸ→d 아니면, ㄸ→
ㄷ(t) and 어두 유/무성자음 교체〗→dal가(ka)〖유성음화〗→dalga(그 뜻은 '떠는
것'=파동).

damga(=화인=火印), 도장)=(불을) 뜨(다)/떠(다)(경남)+ㅁ(명사형 어미)+거(경남)
(=것)→떰거〖어→아〗→땀가〖ㄸ→d, 아니면, ㄸ→ㄷ(t) and 어두 유/무성자음
교체〗→damka〖유성음화〗→damga(그 뜻은 '뜸의 것'=불로 지지는 것=화인(=火
印)).

delgi(=드릴, 송곳, 뚫는 기구)=듧(다)〈법화경언해 6권 154장〉《우리말샘》(=뚫다)+
거(=것)(경남)+이(첨가음)〖ㅂ+ㄱ→ㄲ〗→들꺼이〖모음 합체〗→들께〖에→이〗→
들끼〖umlaut〗→딀끼〖단음화: 의→에〗→델끼〖ㄲ→g〗→telgi〖어두 유/무성자
음 교체〗→delgi. 아니면, **delgi**=듧(다)+긩(機)〈석보상절 13권 28장 앞면〉[긔](=기
계)〖단음화: 의→에〗→듧게〖에→이〗→듧기〖ㅂ+ㄱ→ㄲ〗→들끼〖umlaut〗→
딀끼〖단음화: 의→에〗→델끼〖ㄲ→g〗→telgi〖어두 유/무성자음 교체〗→delgi
【근거】 긔(機)〖단음화: 의→에〗→게〖에→이〗→**기**(현대 한국어). 듧다〈법화경
언해 6권 154장〉《우리말샘》(=뚫다)〖ㄷ→ㄸ〗→뚧다(경남)〖ㅂ→ㅎ〗→뚫다〖으
→**우**〗→뚫다(현대 표준어). 'ㄲ, ㄸ, ㅃ, ㅉ, ㅆ, ㆅ 爲 全濁'〈훈민정음해례본〉(전
탁(全濁)=유성음(有聲音)). 동사 어간에 접미사, '거'가 붙은 것은 과거, 현재, 미래
와 상관이 없는 항시 시제에서 가능하다: 지게=지(다)+거+이〖모음 합체〗→지게.
gelmek(튀르키예어)=kelmoq(우즈벡어)=오다.

dizge(=체계, 배열)=diz(mek)(=꿰다, 배열하다, 정렬하다)+거(=것)+이(첨가음)〔모음 합체〕→diz게(ke)〔유성음화〕→dizge.

gösterge(=표시, 표시기, 전광판)=göster(mek)(=보이다, 보여주다, 나타내다, 진열하다, 전시하다, 나열하다; 지시하다, 지적하다, 가리키다)+거(=것)+이(첨가음)〔모음 합체〕→göster게(ke)〔유성음화〕→gösterge(그 뜻은 '표시하는 것'). 아니면, gösterge(=표시기(=표시기(標示器))=göster(mek)+킹(器)〈석보상절 19권 11장 앞면〉〔키〕〔단음화〕→göster케〔ㅋ→ㄱ〕→göster게(ke)〔유성음화: ㄱ(k)→g/유성음__유성음〕→gösterge 【근거】 킹(器)〔키〕〔단음화: 의→에〕→케〔ㅋ→ㄱ〕→게〔에→이〕→기(器)(현대어)(자음, /ㅋ/이 튀르키예어도 한국어와 같이 /ㄱ/으로 발음이 변했다).

karga(=까마귀)=*걸(다)(=까맣다, 검다)+거(=것)〔어→아〕→갈가(karka)〔유성음화〕→karga(그 뜻은 '검은 것'=까마귀). cf. 깜(다)(=검다)+악(=子)(=것)+우(첨가어)→까마구(경남). 까마구+이(첨가음)→까마귀(표준어) 【근거】 **까막**까치(=까마귀와 까치)=깜(다)+악(=것)+까치. 거슬다(=겉만 타 까맣게 되다)=*걸(다)(=검다)+슬다(=표면에 달라붙다)〔ㄹ→Ø/__ㅅ〕→거슬다. **kara**(=검정)=*걸(다)(=검다)+아(=子)(명사형 어미)〔어→아〕→갈아(kara). cf. *걸(다)=xap(몽골어)(**할**)(=검다)〔ㅎ→ㄱ〕→갈〔아→어〕→걸(다) 【근거】 해겁다(경남)〔ㅎ→ㄱ〕→개겁다(경남). 해겁다=개겁다=가볍다(표준어). 몽골어, xap이 '검다'의 원어임을 알 수 있다.

kavga(=말다툼, 싸움)=겂(다)〔**갑**따〕(경남)(=다투다)+거(경남)(=것)〔ㅂ+ㄱ→ㄲ〕→갑꺼〔자음 충돌 회피용 삽입 모음, /으/ 첨가〕→가브꺼〔어→아〕→가브까〔유성음화〕→가브까〔ㅸ→v〕→kavι까〔ㄲ→g〕→kavιga〔유성 마찰음, [v] 뒤의 [ι]는 있으나 없으나 발음이 같이 들린다〕→kavga 【근거】 'ㄲ, ㄸ, ㅃ, ㅉ, ㅆ, ㆅ 爲 全濁'〈훈민정음해례본〉(전탁(全濁)=유성음(有聲音))

mülk(=재산, 부동산)=물(物)+이(첨가음 혹은 소유격 조사)+거/그(경남)(것)〔모음 합체〕→뮐그(mülkι)〔/k/를 파열시키면 [ι]는 있으나 없으나 발음이 같이 들린다〕→mülk. cf. **mal**(=재물, 물건)=물(物)〔우→으〕→믈〔으→어〕→멀〔어→아〕→말(mal) 【근거】 국(國)+이(첨가음)〔모음 합체〕→귁(國)〈월인석보 1권 훈민정

음 1장 앞면〉. **malik**(=소유자, 임자)=mal+악(=子)(=사람)+이(첨가음)〖모음 합체〗→mal액〖애→에〗→mal엑〖에→이〗→mal익(ik)→malik(모음조화를 시키지 않았다). 글(=水)〈월인석보 1권 월인천강지곡 23장 앞면〉〖으→우〗→물(현대어). 어머니(표준어)[əmənɪ]/[imɪnɪ](경남 발음). 종지=종자(鍾子)+이(첨가음))〖모음 합체〗→종재〖애→에〗→종제〖에→이〗→종지. **Kazaki**stan(카자흐스탄)=Kazak(카자흐스탄 사람)+으(경남)(소유격 조사)+싸(=地(디))〈훈몽자회 1장 앞면〉(sta)+앙(ang)(지소사 혹은 의미첨가 없이 명사에 붙는 접미사)〖으→이〗→Kazakistaang〖동모음 축약〗→Kazakistang〖ng(ㅇ)→n(ㄴ)〗→Kazakistan(그 뜻은 '카작인의 땅'이다) 【근거】 거러지(강원, 경상, 함경)〈고려대 한국어대사전〉(=거지)=걸(乞)(=구걸하다)+악(=子)/앗[안](=사람)+이(첨가음)〖모음조화: 어-어〗→걸+억/언+이→거러기/거러디〖구개음화: ㄱ/ㄷ→ㅈ/__이〗→거러지. **이**사/으사(경남)=의사(醫師)(표준어). 으(경남)(소유격 조사)〖으→이〗→이(튀르키예어 소유격 조사) 【근거】 dinî(=종교의)=din(종교)+으(ı)〖으(ı)→이(i)〗→dinî.

önerge(=제안, 제안서)=öner(mek)(=제안하다)+거(=것)+이(첨가음)〖모음 합체〗→öner게(ke)〖유성음화〗→önerge(그 뜻은 '제안하는 것').

örgü(=뜨개질, 닿는 것)=ör(mek)(=뜨개질하다, 땋다)+거(=것)+이(첨가음)〖모음 합체〗→ör게〖에→이〗→ör기(ki)〖유성음화〗→örgi〖모음조화: ö-ü〗→örgü 【근거】 거+이〖모음 합체〗→게〖에→이〗→기(현대 표준어). 어머니(표준어)[어머니] [əmənɪ]/으므니[imɪnɪ]](경남 발음). **ör**(mek)=얽(다)(=노끈이나 줄 따위로 이리저리 걸다)/욹(다)(경남): 얽(다)/욹(다)+**이**(명사형 어미)→을기〖umlaut〗→일기→örki〖유성음화〗→örgi〖모음조화: ö-ü〗→örgü. 'örgü(명사)=ör(동사 어간)+gü(명사형 어미)'로 오분석하여 동사 어간, ör이 만들어졌다. 튀르키예어도 한국어와 같이 동사의 명사형 어미로 '이'와 '기'가 있으나 '기'가 붙은 것을 '이'가 붙은 것으로 오분석하여 만들어진 동사이다.

sargı(=붕대, 싸개)=싸(다)+ㄹ(관형형 어미)+거/그(경남)(=것)→쌀그〖ㅆ→ㅅ〗→살그(sarkı)〖유성음화〗→sargı(그 뜻은 '쌀 것'=싸개, '감을 것'=붕대). **sar**(mak)=싸(다)+ㄹ(관형형 어미)〖ㅆ→ㅅ〗→살→sar('sargı=sar(동사 어간)+gı(명사형 어

미)'로 오분석하여 생긴 동사이다). cf. く(=來)(ku=구)(일본어 고어)+ㄹ(관형형 어미)→굴(kur)〔일본어식으로 표기〕→구루(kuru)→くる(=來る)(kuru)(일본어 현대어). ⇒ 10.1 한국어 동사 어간+ㄹ(관형형 어미).

sirke(=서케, 이(=louse)의 알)=씰(다)(경남)(=슬다)+거(=것)+이〔모음 합체〕→씰게〔ㅆ→ㅅ〕→실게→sirke(그 뜻은 '슨은 것'=서케) 【근거】 서케(표준어)=슬(다)+거+이〔으→어〕→설거이〔모음 합체〕→설게〔ㄹ→Ø/__자음〕→서게〔ㄱ→ㅋ〕→서케(이렇게 단어가 형성되었을 것으로 추정된다). 현대어로 생각하면 '슬게'가 되어야 한다). **쩨**(경남)(=서케)=씰(다)/씨(다)(경남)(=슬다)+아(=것)+이(첨가음)〔모음 합체〕→씨애〔애→에〕→씨에〔모음 합체〕→쩨〔단음화〕→쩨.

sirke(=식초)=시(다)(=to be sour)+ㄹ(관형형 어미)+거(=것)+이(첨가음)〔모음 합체〕→실게→sirke(그 뜻은 '실 것'=식초).

şişko(=뚱뚱보)=(솔)지(다)〈월인석보 12권 30장〉《고려대 한국어대사전》(=(살)찌다)+이(부사형 어미)+지(다)+거/**고**(경남)(=것)(=사람)→지이지고〔동모음 축약〕→지지고〔ㅈ→ㅅ〕→시시고→şişko(그 뜻은 '살쪄찐 것'=살찐 사람의 비어) 【근거】 살리(다)+**이**(부사형 어미)+주다→살리이주다〔동모음 축약〕→살리주다(경남)(=살려주다). 저거(경남)(=저것)〔어→오〕→조고(경남)(=저것). 예삔 거(경남)(비하하는 의미는 없다)=예삐(다)(경남)(=예쁘다)+ㄴ(관형형 어미)+거(=사람)→예삔 거(아이가 귀엽다고 하는 말이다). 못된 거(경남)(=못된 사람)(낮추어 하는 말). 살찌지다(경남)(=살쪄지다)=살+찌(다)+이(부사형 어미)+지다〔동모음 축약〕→살찌지다.

süpürge(=비, 빗자루, 청소기)=süpür(mek)(=쓸다)+거(경남)(=것)+이(첨가음)〔모음 합체〕→süpür게(ke)〔유성음화〕→süpürge. süpürge의 ge가 '거+이'가 아니면 '긩(機)〈석보상절 13권 28장 앞면〉[긔]'일 것이다: süpürge(=청소**기(清掃機)**)=süpür(mek)(쓸다)+긩[긔]〔단음화: 의→에〕→süpür게(ke)〔유성음화〕→süpürge. 긩(機)[긔]〔단음화: 의→에〕→게〔에→이〕→기(현대어).

tabaka(=층, 계층, 위계)=뗍(疊)〈석보상절 19권 11장 뒷면〉+어/으(경남)(소유격 조사)+거(=것)→뗍어거〔단음화〕→뗍어거〔어→아〕→따바가〔ㄸ→ㅌ〕→

타바가(tapaka)〚유성음화〛→tabaka【근거】疊뗩은골포싸홀씨니니**츙**이라〈석보상
절 19권 11장 뒷면〉=뗩(=첩)은 거듭 쌓을 씨니(=뜻이니) **츙**이라. 뗩(疊)〚ㄸ→ㅌ〛
→텹(thyəp)〚구개음화: ㅌ→ㅊ/__y〛→쳡〚단음화〛→첩(현대어). **뎐**(田)〈석보상
절 6권 18장 뒷면〉〚ㄸ→ㄷ〛→**뎐**〚구개음화〛→젼〚단음화〛→전(현대어). 아니면
tabaka=뗩+악+아'일 것이다: 뗩+악(형용사형 어미)+아(=것)【근거】**아가**=악+아.
아기(=아가)=악+이(첨가음), **아이**=아+이(첨가음), **아**(경남)=아이. 노락쟁이(경남)
(노란 꽃이 피는 식물 이름)=놀(다)(=노랗다)+악(형용사형 어미=관형형 어미)+장
+이. 나막신(나무로 만든 신)=남(=나무)=악(형용사형 어미)+신.

yalaka(=아첨꾼, 아첨쟁이, 알랑쇠)=yala(mak)(=핣다)+거(=것)(=사람)〚어→아〛
→yala가(ka)→yalaka(유성음화를 시키지 않았다)【근거】못된 **거**(경남)(=못된
놈/년)(비칭)=못(부정의 부사)+되(다)+ㄴ(관형형 어미)+거(=사람). cf. 에삔 거(경
남)(=예쁜 아이)=예삐(다)(=예쁘다)+ㄴ(관형형 어미)+거(=아이)(애칭)〚단음화: 예
→에〛→에삔 거. **yala**(mak)=핣(다)(=핣다)+아(자음 충돌 회피용 삽입 모음)〚어두
/ㅎ/ 탈락 후 보상적 y 첨가〛→얄하〚ㅎ→∅/유성음__유성음〛→얄아→yala. 아
니면, **yala**(mak)=핣(다)(=핣다)+아(부사형 어미)〚어두 /ㅎ/ 탈락 후 보상적 y 첨
가〛→얄하〚ㅎ→∅/유성음__유성음〛→얄아→yala【근거】핣다〈석보11:25〉《고
려대 한국어대사전》〚ㅎ→ㅌ〛(아주 특이한 자음 변화이다)→핥다(현대어). '핣다
[할타]→핥다'와 같이 변했을 것으로 추정된다. 예를 들어, '핣(다)+아(자음 충돌
회피용 삽입 모음)+ㄹ(관형형 어미)+사탕=할하(다)+ㄹ(관형형 어미)+사탕'으로,
아니면, '핣(다)+아(부사형 어미)+먹다=핣아(동사 어간)+먹다'로 오분석하여 동
사 어간, '할하[할아]가 만들어졌을 것으로 추정된다: 할하〚어두 /ㅎ/ 탈락 후 보
상적 y 첨가〛→얄아→yala【근거】믜엱다〈두시-초 23:26〉《우리말샘》=믜(다)(동
사 어간)+엱다.

(27) ~ka=~거/그(경남)(=곳)

여거(경남)(=여기)+이(첨가음)〚모음 합체〛→여게(경남)〚에→이〛→여기(표준
어). 거**거**(경남)(=거기)+이(첨가음)〚모음 합체〛→거게(경남)〚에→이〛→거기(표

준어). 저**거**(경남)(=저기)+이(첨가음)[모음 합체]→저게(경남)[에→이]→저기 (표준어). 여거[ㄱ→Ø/모음__모음]→여어(경남). 거거→거어(경남). 저거→저어(경남), 여거[어→오]→요고(경남)[ㄱ→Ø/모음__모음]→요오(경남), 거거 [어→오]→고고(경남)[ㄱ→Ø/모음__모음]→고오(경남), 저거[어→오]→조고(경남)[ㄱ→Ø/모음__모음]→조오(경남).

arka(=뒤, 배후, 뒷일)=*ar(=뒤)+ㅎ(고유어 명사에 붙음)+거(=곳)(경남)[ㅎ+ㄱ →ㅋ]→ar커[어→아]→ar카(kha)→arka(유성음화시키지 않은 것은 /ㅎ/ 때문 이다). cf. **art**(=arka)=*ar+터/**트**(경남)(=터)(=장소)→ar트(tı)→artı[/t/를 파열시 켜 발음하면 [ı]는 있으나 없으나 발음이 같이 들린다]→art. **ardıl**(=후임자, 계승 자)=art(=뒤)+알(=子)(=사람)+이(첨가음)[모음 합체]→art앨[애→에]→art엘[에 →이]→art일(il)[모음조화: a-ı]→artıl[유성음화]→ardıl(그 뜻은 '뒷사람'=후임 자). '*ar=알(경남)(=아래)'일 가능성이 있다【근거】머리글(=책이나 논문 등의 맨 앞에 쓰는 글)=머리(=앞)+글. 머리는 위에 있으니 앞이면 *ar(=알)(=아래)은 밑이 니 뒷일 것이다. 니가 나를 **알**로 보나?(경남)(=너가 나를 **아래**로 보니?=너가 나를 하찮게 보니?). cf. **alt**(=밑, 아래)(튀르키예어)=알(경남)(=밑, 아래)+트(=곳)[/t/를 파열시켜 발음하면 [ı]는 있으나 없으나 발음이 같이 들린다]→alt. 뒤와 밑의 뜻 을 구분하기 위해서 art(=뒤), alt(=아래)와 같이 한국어의 '알'을 ar, al로 자음을 구 분했을 가능성이 있다. cf. 중세 국어에서 '것'과 '곳'은 '곧'이었다: 듣디아니ᄒᆞ샨 **고돈**〈석보상절 6권 7장 앞면〉=듣지 아니하신 **것은**. 이**곧**뎌**고대**〈용비어천가 4권 24장 앞면〉=이**곳**저**곳**에. '곧'이 사물, 일, 현상 따위를 추상적으로 이르는 말일 때 는 '곧'을 '것'으로, 공간적인 또는 추상적인 일정한 자리나 지역을 나타낼 때는 '곧'을 '곳'으로 철자를 바꾸었다.
bölge(=지역, 지방, 지구)=버히(다)〈월인석보〉《표준국어대사전》(=베다)+ㄹ(관형 형 어미)+거(=곳)+이(첨가음)[어→으]→브히+ㄹ+거이[ㅎ→Ø/모음__모음]→ 브이+ㄹ+거이[모음 합체]→빌게(pölke)[유성음화]→pölge[어두 유/무성자음 교체]→bölge(그 뜻은 '한 나라를 베어 나눈 곳'=지역). **bölmek**=나누다, 분리하

다, 갈라놓다('bölge=böl(mek)+ge"로 분석하여 동사, bölmek이 만들어졌다)【근거】얻다(경남)〖어→으〗→은다(경남)(경남 방언에서는 /어/, /으/교체가 아주 자유롭게 일어난다). gelmek(튀르키예어)=kelmoq(우즈벡어)=오다. 지게=지(다)(동사 어간)+거(=짓)(경남)+이(첨가음)〖모음 합체〗→지게. ⇒ 10.1 한국어 동사 어간 +ㄹ(관형형 어미)

gölge(=그늘, 그림자, 덕분)=*골(다)(자동사)+이(사동 보조 어간)(→ ᄀᆞ리(다)〈월석 9:6~7〉《우리말샘》(=가리다))+거(=짓)+이(첨가음)→골이거이〖모음 합체〗→길게(kölke)〖어두 유/무성자음 교체〗→gölke〖유성음화〗→gölge(그 뜻은 '가리는 것'=그늘). 빛을 가리면 그늘이 생긴다. 파생 의미도 한국어와 같다: 아버지의 그늘에서 벗어나야 한다(그늘=덕분=혜택). Ayşe, babasının gölgesi altında yaşıyor= 아이셰는 그녀 아버지의 그늘(=보호) 아래 지내고 있다.

sömürge(=식민지)=점(占)(=점령하다, 차지하다)+이(첨가음)+ㄹ(관형형 어미)+거(=곳)+이(첨가음)〖어→으〗→즘일거이〖umlaut〗→쥠일거이〖ㅈ→ㅅ〗→쉼일거이〖모음 합체〗→쉼일게(sömirke)〖유성음화〗→sömirge〖모음조화: ö-ü〗→sömürge(그 뜻은 '점령한 곳'=식민지)【근거】국(國)+이(첨가음)〖모음 합체〗→귁(國)〈월인석보 1권 훈민정음 1장 앞면〉. 으리/어리(경남)('리'를 높게 강하게 발음)=의리(義理). 점/즘(占)(경남). 어머니(표준어)[으ᄆᆞ니[imïnï]/어머니[əmənï]](경남 발음). 여게(경남)(=여기)=여+거(=곳)+이(첨가음)〖모음 합체〗→여게〖에→이〗→여기(표준어). 똥구시(경남)=똥+굳(=구덩이)+이(첨가음)→똥구디〖구개음화〗→똥구지〖ㅈ→ㅅ〗→똥구시. **sıra**(=줄)=줄+아(의미첨가 없이 명사에 붙는 접미사)〖ㅈ→ㅅ〗→술아〖우→으〗→슬아(sıra). cf. bank(영어)+아(a)(의미첨가 없이 명사에 붙는 접미사)→banka(튀르키예어). **sömür**(mek)(=병탄하다, 빨아먹다)= 점(占)(=점령하다, 차지하다)+이(첨가음)+ㄹ(관형형 어미). cf. **devir**(mek)(=엎다, 뒤집다)=드비(다)/디비(다)(경남)(=뒤집다)+ㄹ(관형형 어미)→드빌〖umlaut〗→듸빌〖단음화〗→데빌(tebir)〖어두 유/무성자음 교체〗→de빌〖유성음화〗→de빌〖ㅸ→v〗→devir. く(=来)(일본어 고어)(ku)+ㄹ(r)(관형형 어미)→kur〖일본어식으로 표기〗→kuru(=来る)(현대어). 한국어 동사의 관형형 어미, /ㄹ/이 튀르키예어와

일본어에서 동사 어간에 포함된 것이다. ⇒ **10.1 한국어 동사 어간+ㄹ(관형형 어미)**. せん(占)(sen)(일본어)=점(占)+이(첨가음)〔ㅈ→ㅅ〕→섬이〔모음 합체〕→셈〔ㅁ→ㄴ〕→센(sen) 【근거】 므슴〈석보상절 6권 16장 앞면〉〔으→우〕→무슴〔ㅁ→ㄴ〕→무슨(현대어).

(28) ~kâr/~kal=~갈

'갈'은 '알'과 같은 뜻으로 조류의 '알(=卵)'이 그 기본 의미이다. 난생 설화를 믿는 동이족은 사람도 알에서 나왔다고 생각하여 '알'이 '자식', '새끼'를 의미하고 여기서 파생하여 '사람', '사물'로 의미가 확대되고 '사람'에서 '직업인'으로까지 그 의미가 확대된다. 어떤 사물에서 만들어진 것, 나온 것은 어미의 몸에서 나온 알과 같아 '알'이라고 한다('나무 동가리(경남)=나무(=어미)+동그(다)(경남)(=자르다)+알(=자식)+이(첨가음)'이니 그 뜻은 '나무에서 나온 것, 즉 '나무 토막'을 의미한다). 그 모양에 비유하여 둥근 것을 나타내기도 한다(알돌=둥근 돌, 불알=testicle). '알'은 한자어로 자(子)에 해당하고 그 확대 의미까지 거의 같다. 자(子)가 의미첨가 없이 명사에 붙는 것과 같이 의미첨가 없이 명사에 붙기도 한다(젓갈=젓).

노가리(=명태 새끼)=*노(=명태)+갈(=알)(=자(子))(=자식, 새끼)+이(첨가음).
눈깔(=눈알)=눈+ㅅ(사이시옷)+갈(=알)(=자(子))〔ㅅ+ㄱ→ㄲ〕→눈깔. 눈알=눈깔.
땡갈[땡깔](경남)(=땅꽈리)(그 열매가 아주 동그랗다)=*땡+갈(알처럼 동근 것). 경남 방언에서는 탱탱하게 둥근 것을 땡갈에 비유한다: 너무 많이 무우 배가 땡갈[땡깔] 같다=너무 많이 먹어 배가 땡갈 같이 불룩하다.
말갈(靺鞨)=말(=마(馬))+갈(=자(子))(=자손). cf. mòhé(=靺鞨)(중국어)=몰(=馬(마))〈훈몽자회 상권 19장 뒷면〉(=말))+ㅎ(고유어 명사에 붙음)+아(=자(子))(=자손)〔어말 /ㄹ/ 탈락〕→무하〔ᄋᆞ→오〕→모하〔아→어〕→모허(mohe) 【근거】 새마(=新村)(경북)=새(=新)+말(=村)〔어말, /ㄹ/ 탈락〕→새마. 새**말** 운동(경남)=새마을 운동. 하(河)(ha)〔아→어〕→허[hə]→hé(=河[h´ə])(중국어).
매가리(=전갱이 새끼)=*매(=전갱이)+갈(=자(子))(=새끼)+이(첨가음).

머리칼=머리+ㅎ(고유어 명사에 붙음)+갈〔ㅎ+ㄱ→ㅋ〕→머리칼. 표준국어대사전에서 '머리카락'의 준말이라고 나오는데 음운 규칙을 적용해서 준말, '머리칼'을 만들 수 없다. '머리카락=머리+ㅎ+갈+악'이다. '머리칼'은 '머리털'이고 '머리카락'은 '머리털'의 일부(=머리털의 자식)일 것이다.

쏘가리(민물고기 이름)=쏘(다)+갈(=자(子))(=것)+이(첨가음)→쏘가리(그 뜻은 '쏘는 것'). 쏘가리는 등 지느러미로 쏜다. cf. 개자(蓋子)(=그릇이나 상자(箱子) 따위의 아가리를 덮는 물건(物件))=개(蓋)(=덮다)+자(子)(=것, 물건).

젓갈(=젓)=젓+갈(=자(子))(명사에 의미첨가 없이 붙는 접미사). cf. bank(영어)+아(a)의미첨가 없이 명사에 붙는 접미사)→banka(튀르키에어). 알(경남)(=아래)+아(의미첨가 없이 명사에 붙는 접미사)+이(첨가음)〔모음 합체〕→알애→아래(표준어). 장어(표준어)+이(첨가음)(의미첨가 없이 명사에 붙는 접미사)〔모음 합체〕→장에〔모음조화: 아-애〕→장애(경남). 모자(帽子)(=모(帽))=모(帽)+자(子)(의미첨가 없이 명사에 붙는 접미사): 갈=알=아=子.

bakkal(=식료품 잡화상(=사람), 식료품 잡화점)=*복(=빅(百)〈월인석보 1권 월인천강지곡 6장 앞면〉=복+이(첨가음))+갈(=사람)〔ᄋ→아〕→박갈(pakkal)〔어두 유/무성자음 교체〕→bakkal(그 뜻은 '백(百)=온(한국어)'으로 bakkal은 온갖 물건을 파는 사람'이라는 뜻이다. 온갖 물건을 '백화(百貨)'라 하고 그것을 파는 가게를 '백화점(百貨店)'이라고도 하고 '잡화점(雜貨店)'이라고도 한다)【근거】빅(百)〈월인석보 1권 월인천강지곡 6장 앞면〉=복+이(첨가음). cf. 귁(=국國)〈월인석보 1권 훈민정음 1장 앞면〉=국(國)+이(첨가음). cf. bakkal çakkal(=bakkal ve benzeri kimseler)(식료품상을 비하하는 말): çakkal=잡(雜)+갈→잡갈〔ㅂ+ㄱ→ㄲ〕→자깔〔'작+갈'로 재분석〕→작갈〔ㅈ→ㅊ〕→착갈→çakkal(그 뜻은 '잡것(사람을 비하하는 말)' 튀르키에어에서 mobilyacı(=가구공, 가구 가게): cı=자(子, 者)+이(첨가음)〔모음 합체〕→재〔애→에〕→제〔에→이〕→지〔유성음화: ㅈ(무성 무기 파찰음)→c(유성 무기 파찰음)〕→ci〔모음조화: a-ı〕→cı)의 원 의미는 사람인데 가게를 의미하기도 한다. 박아지(표준어)〔ㅈ→ㅊ〕→바가치(경남).

çakıl(=자갈)=자갈+이(첨가음)〔ㅈ→ㅊ〕→차갈이〔모음 합체〕→차갤〔애→에〕

→차겔〚에→이〛→차길〚ㄱ→ㅋ〛(튀르키예어는 /ㄱ/, /ㅋ/의 구분이 없다. /ㅋ/로 바뀌지 않으면 유성음화가 일어나 '/g/→/ğ./'가 될 것이다))→차킬(çakıl)〚모음조화: a-ı〛→çakıl 【근거】 장어(=eel)(표준어)+이(첨가음)〚모음 합체〛→장에〚모음조화: 아-애〛→장애(경남).

günahkâr(종교, 도덕적 죄인)=günah(=(도덕, 종교적) 죄)+갈(=사람)(kar). cf. günahkâr(=sinful, 죄악의)=günah(=죄)+하(다)(=많다)+ㄹ(관형형 어미)→günah할〚ㅎ→ㅋ〛→günah칼(kar)→günahkâr(그 뜻은 '죄 많은') 【근거】 무춤내 제 ᄧ들 시러 펴디 몯ᄒᆞᆶ 노미 **하**니라〈월인석보 1권 훈민정음 2장 뒷면〉=마침내 제 뜻을 능히 펴지 못하는 사람이 {**많**느니라}(하다=많다). cf. **かよわし**(=か弱し)(**kayowasi**)(일본어 고어)=하(=아주)(ha)+よわし(=よわい(yowai)(현대어))(=약하다)〚ㅎ→ㅋ〛→카(ka)よわし→かよわし 【근거】 **하**많다(=아주 많다)=하(=아주)+많다. 燈등의블**혀**고〈석보상절 9권 32장 뒷면〉=등에 불 켜고(현대**어**): 혀다〚ㅎ→ㅋ〛→켜다.

muhafazakâr(=부수파, 보수주의자)=muhafaza(=보수, 보존)+갈(kâr)(=사람).

sanatkâr(=예술가, 예술인)=sanat(=예술)+갈(=사람)(kar)→sanatkâr. cf. sanatçı(=예술인, 예술가)=sanat(=예술)+자(子)(=사람)+이(첨가음)〚모음 합체〛→sanat재〚애→에〛→sanat제〚에→이〛→sanat지〚자음조화: ㅈ→ㅊ(ç)/t__〛→sanatçi〚모음조화:a-ı〛→sanatçı.

sığır(=소)=소(=牛)+이(첨가음)+갈(=자(子))(의미첨가 없이 명사에 붙는 접미사)+이(첨가음)〚모음 합체〛→쇠갤〚단음화: 외→에〛→세갤〚에→이〛→시갤〚이→으〛→스갤〚애→에〛→스겔〚에→이〛→스길〚이→으〛→스글(sıkır)〚유성음화〛→sığır〚g→ğ/모음__모음〛→sığır 【근거】 소+이〚모음 합체〛→쇠〚단음화: 외→에〛→세(경남)〚에→이〛→시(경남)〚이→으〛→스. 이사/으사(경남)=의사(醫師)(표준어). 갈+이〚모음 합체〛→갤〚애→에〛→겔〚에→이〛→길〚이→으〛→글. 젓갈(=젓)=젓+갈(의미첨가 없이 명사에 붙는 접미사). 모자(帽子)(=모(帽))=모(帽)+자(子)(의미첨가 없이 명사에 붙는 접미사). 종지=종자(鍾子)+이(첨가음)〚모음 합체〛→종재〚애→에〛→종제〚에→이〛→종지. 자(子)+이(첨가음)모음 합체〛

→재〔애→에〕→제〔에→이〕→지〔ㅈ→ㅅ〕→시(si)(일본어)〔이→으〕→스(sı)
(일본어): し(子)(si)/す(子)(su)[ɯ]('si'를 로마자로 'shi'(발음대로 표기)로, [ɯ]를
'su'([ɯ]를 표기할 글자가 없어서 /u/로 로마자화한 것이다).

teker(=바퀴)=돌(다)/도(다)(경남)+이(첨가음)+갈(=자(子))(=것)+이(첨가음)→도
이갈이〔모음 합체〕→되갤〔단음화: 외→에〕→데갤〔애→에〕→데겔→teker(그
뜻은 '도는 것'=구르는 것=바퀴)【근거】종지=종자(鍾子)+이(첨가음)〔모음 합
체〕→종재〔애→에〕→종제〔에→이〕→종지. **dön**(mek)(=돌다/도다)=돌(다)/**도**
(다)+이(첨가음)+ㄴ(관형형 어미)〔모음 합체〕→되+ㄴ→된(tön)〔어두 유/무성자
음 교체〕→dön 【근거】kelmoq(우즈벡어)=gelmek(튀르키예어)=오다. teker은 어
두 유/무성자음 교체를 시키지 않았고 dönmek은 시켰다. ⇒ 10.2 한국어 동사 어
간+ㄴ(관형형 어미).

tutkal(=접착제)=tut(mak)(=잡다, 붙들다; 붙잡다)+갈(=것)→tut갈→tutkal(그 뜻
은 '두 물체를 붙드는 것'=접착제). tut(mak)(=붙들다, 편들다, (경비가) 들다, (시
간이) 걸리다)=**들**다)〔으→우〕→둘〔ㄹ→ㄷ〕→둔→tut 【근거】눈ㅅ갈〔ㅅ+ㄱ
→ㄲ〕→눈깔(=눈**알**). 걷다: 걷고, 걷기, 걸어서, 걸음: 자음 앞에서는 /ㄷ/, 모음
앞에서는 /ㄹ/로 바뀐다. 별(彆)〈훈민정음해례본 종성해〉〔ㄷ→ㄹ〕→별(彆)(현
대어). 갈(渴)(kal)〔ㄹ→ㅌ〕→갇〔일본어식으로 표기〕→가트〔구개음화〕→가츠
→katsu→かつ(渴)(katsu)(/u/의 실제 발음은 [ɯ](=[으])이다).

zanaatkâr(=zanaatçı)(=기술자=技術者)=zanaat(=기술)+갈(=사람)(kar)→zanaat-
kâr. cf **zanaatçı**(=기술자, 장인)=zanaat(=(목공, 철공 등) 수공, 기술, 기공)+자(者)
(=사람)+이(첨가음)→zanaat지〔자음조화: ㅈ→ㅊ(ç)/t__〕→zanaatçi〔모음조화:
a-ı〕→zanaatçı 【근거】종지=종자(鍾子)+이(첨가음)〔모음 합체〕→종재〔애→에〕
→종제〔에→이〕→종지.

(29) ~kan=~한(漢)(=사나이, 놈)

무뢰한(無賴漢)(=성품이 막되어 예의와 염치를 모르며, 일정한 소속이나 직업이
없이 불량한 짓을 하며 돌아다니는 사람)=무뢰(無賴)+한(漢)(=놈).

kan=한[ㅎ→ㄱ/ㅋ]→칸(kan)(튀르키예어에는 /ㄱ/, /ㅋ/의 구분이 없다)【근거】해겁다(경남)[ㅎ→ㄱ]→개겁다(경남)(=가볍다(표준어)). 燈등의블**혀**고〈석보상절 9권 32장 뒷면〉=등에 불 **켜**고(현대어): 혀다[ㅎ→ㅋ]→켜다.

savaşkan(=싸움꾼)=savaş(=싸움)+한(漢)(=사나이, 놈)[ㅎ→ㅋ]→savaş칸(kan)→savaşkan. cf. savaşkan(=전쟁을 잘하는, 호전적인)=savaş(=싸움)+호(好)(=좋아하다)+ㄴ(관형형 어미)[오→아]→savaş한[ㅎ→ㅋ]→savaşkan(그 뜻은 '싸움을 좋아하는'=호전적인)【근거】燈등의블**혀**고〈석보상절 9권 32장 뒷면〉=등에 불 **켜**고(현대어): 혀다[ㅎ→ㅋ]→켜다. (총을) 쏘다(표준어)[오→아]→(총을) 싸다(경남). savaş(=싸움, 전쟁)=싸불(다)/싸부(다)(경남)(=싸우다)+앗(=자(子))(=것)+이(첨가음)→싸**부아**시[모음 합체 후 단음화: 부+아→바]→싸바시[유성음화]→싸바시[ㅆ→ㅅ]→사바시[ㅸ→v]→savaş. cf. savaş(mak)(=싸우다, 전쟁하다)=싸불(다)/싸부(다)+아(부사형 어미)+지(다)→싸**부아**지[모음 합체 후 단음화]→싸바지[유성음화]→싸바지[ㅆ→ㅅ]→사바지[ㅈ→ㅅ]→사바시[ㅸ→v]→savaş. 아니면 명사가 동사로 쓰인 예이다. cf. 품=품(다)【근거】똥구시(경남)=똥+굳(=구덩이)+이(첨가음)→똥구디[구개음화: ㄷ→ㅈ/__이]→똥구지[ㅈ→ㅅ]→똥구시. 사호다〈능엄 9:19〉《우리말샘》[ㅅ→ㅆ]→싸호다[ㅎ→∅/모음__모음]→싸오다[오→우]→싸우다(현대 표준어). 튀르키예어는 경상도 방언의 단어를 따르고 있다.

(30) ~kat/~keş/~kes/~küt/~kaç...=것((+ㅎ)+(이)(첨가음))

'것'과 '곳'은 중세 국어에서 '곧'이었는데 '것'은 사물, 일, 현상을 추상적으로 나타내는 말이고 '곳'은 장소를 나타내는 말이라 이를 구분하기 위해서 모음을 다르게 했다【근거】우리父뿡母뭏ㅣ 듣디아니ᄒ샨**고돈**〈석보상절 6권 7장 앞면〉=우리 부모가(=이(중세 국어)) 듣지 아니 하신 **것**은: 곧[오→어]→걷[ㄷ→ㅅ]→것(현대어). 이**곧**뎌고대〈용비어천가 4권 24장 앞면〉=이**곳**저곳에: 곧[ㄷ→ㅅ]→곳(현대어). 현대어에서는 '것'은 사람을 낮추어 이르거나 동물, 사물 등을 나타내기도 한다. 그러나 아직도 '것'이 아이에게는 좋은 뜻으로 쓰이고 있다: 예쁜 것(경남)(애칭)=예쁜 아이. 것[걷][어→아](튀르키예어에는 /어/가 없다)→간→**kat**. 것+이[모음 합체]→겟→**kes**. 것+이(첨가음)[umlaut]→겟이→게시→**keş**. 것+이(첨가음)[모음 합체]→겟[에→이]→깃[긷]→긴→**kit**[모음조화]→**kıt, kut, küt** 등으로 바뀌고 유성음화로 **git, gıt, gut, güt** 등으로 바뀐다(유성음화가 일어나기도 하고 일어나지 않기도 한다). 것[걷]+ㅎ(고유어 명사에 붙음)+이(첨가음)→걷히[ㄷ+ㅎ→ㅌ]→거티[어→아]→가티[구개음화: ㅌ→ㅊ/__이]→가치→**kaç**. 것[걷]+ㅎ(고유어 명사에 붙음)+이(첨가음)→걷히[ㄷ+ㅎ→ㅌ]→거티[umlaut]→게티[에→이]→기티[구개음화]→기치→**kiç**. 다른 변화는 아래에 나오는 단어 속에서 설명하겠다.

başlangıç(=시작, 기원, 시초)=başlan(mak)(=시작되다)+곧〈석보상절 6권 7장 앞면〉(=것)+ㅎ(고유어 명사에 붙음)+이(첨가음)[umlaut]→başlan괻ㅎ이[단음화: 외→에]→başlan겐ㅎ이[ㄷ+ㅎ→ㅌ]→başlan게티[에→이]→başlan기티[구개음화: ㅌ→ㅊ/__이]→başlan기치(kiç)[유성음화]→başlangiç[모음조화: a-ı]→başlangıç(그 뜻은 '시작되는 것'=시작). **baş**(=머리)(=시작)=박(=머리)+이(첨가음)→바기[구개음화: ㄱ→ㅈ/__이]→바지[ㅈ→ㅅ]→바시(paş)[어두 유/무성자음 교체]→baş【근거】머릿글(=시작하는 글)=머리(=시작)+ㅅ(사이시옷)+글. 티다〈용가87장〉《고려대 한국어대사전》[구개음화: ㅌ→ㅊ/__이]→치다(현대어). 종지=종자(鍾子)+이(첨가음)[모음 합체]→종재[애→에]→종제[에→이]→종지. gelmek(튀르키예어)=kelmoq(우즈벡어)=오다. 똥구시(경남)=똥+군(=구덩이)+이(첨가음)→똥구디[구개음화: ㄷ→ㅈ/__이]→똥구지[ㅈ→ㅅ]→똥구시. **dalgıç**(=잠수부)=dal(mak)(=물에 뛰어들다, 잠수하다)+곧〈석보상절 6권 7장 앞면〉(=것)(=사람)+ㅎ(고유어 명사에 붙음)+이(첨가음)[umlaut]→dal괻히[단음화: 외→에]→dal겐히[ㄷ+ㅎ→ㅌ]→dal게티[구개음화: ㅌ→ㅊ/__이]→dal게치[에→이]→dal기치(kiç)[유성음화]→dalgiç[모음조화: a-ı]→dalgıç. ⇒ başlangıç.

dayangaç(=지지물, 받침목)=dayan(mak)(=기대다, 의지하다)+것[걷]+ㅎ(고유

어 명사에 붙음)+이(첨가음)→dayan걷히〔어→아〕→dayan갇히〔ㄷ+ㅎ→ㅌ〕→dayan가티〔구개음화: ㅌ→ㅊ/__이〕→dayan가(ka)치(ç)〔유성음화〕→dayan-gaç. cf. dayan(mak)=(버팀목을) 대(다)+이(i)(=y)(튀르키예어에서 /y/를 자음 취급)(피동 보조 어간)+아(a)(자음 충돌 회피용 삽입 모음)+ㄴ(n)(관형형 어미)〔모음 분해: 애→아+이〕→다이이an〔동모음 축약〕→다이an→tayan〔어두 유/무성 자음 교체〕→dayan 【근거】 티다〈용가87장〉《고려대 한국어대사전》〔구개음화: ㅌ→ㅊ/__이〕→치다(현대어). gelmek(튀르키예어)=kelmoq(우즈벡어)=오다. 잡안 거(경남)(=잡은 것)=잡(다)+아(자음 충돌 회피용 삽입 모음)+ㄴ(관형형 어미). ⇒ 10.2 한국어 동사 어간+ㄴ(관형형 어미).

esrarkeş(=마약 중독자)=esrar(=마약)+것(=사람)+이(첨가음)〔umlaut〕→esrar겟이→esrar게시(keş)→esrarkeş. **esrar**(=마약)=(정신을) 앗(다)(as)(=빼앗거나 가로채다)+이(i)(사동 보조 어간)+ㄹ(r)(관형형 어미)+알(ar)(=子)(=것)〔모음 합체〕→앳랄〔애→에〕(튀르키예어에는 /애/가 없다)→엣랄(esrar)(그 뜻은 '(정신을) 빼앗는 것'=마약) 【근거】 못된 것(='못된 사람'을 낮추어 부르는 말). 이사/으사(경남)=의사(醫師)(표준어). 앗이다〈월석 2:5〉《우리말샘》=앗기다(=빼앗기거나 가로채이다)('앗다'의 피동형).

herkes(=모든 사람, 모두)=her(=every)+것(=사람)+이(첨가음)〔모음 합체〕→her겟(kes).

ırgat(=머슴, 인부, 일꾼)=일(=事)+것[걷](=사람)〔이→으〕→을걷〔어→아〕→을갇→ırkat〔유성음화〕→ırgat. 현대어에서는 사람을 낮추어 말할 때 '것'으로 표현하고(잡것, 못된 것), 아이를 좋게 표현할 때도 '것'을 사용한다(예쁜 것, 귀여운 것) 【근거】 징(證)〈월인석보 1권 월인서 18장 뒷면〉〔이→으, ㅇ(꼭지 있는 이응)→ㅇ〕→증(현대어). 잃(乙)〈월인석보 4권 17장 뒷면〉〔이→으, ㅎ→∅〕→을(현대어). 이사/으사(醫師)(경남)=의사(醫師)(표준어).

makas(=가위)=말(다)/마다(경남)(=옷감이나 재목 따위를 치수에 맞도록 재거나 자르다)+것(=물건)→마것〔어→아〕→마갓→makas(그 뜻은 '옷감을 치수에 맞게 재어 자르는 것'=(재단) 가위) 【근거】 지게=지(다)(동사 어간)+거(=것)(=물건)+

이(첨가음)〚모음 합체〛→지게.

örgüt(=조직, 기관, 기구)=ör(mek)(=얽다, 엮다, 짜다)+것[걷]+이(첨가음)〚모음 합체〛→ör겐[에→이]→ör긴(kit)〚유성음화〛→örgit〚모음조화: ö-ü〛→örgüt(그 뜻은 '짠 것', '엮은 것'=조직). **ör**(mek): 얽(다)/읽(다)(경남)+이(명사형 어미)〚umlaut〛→읽기→örki〚유성음화〛→örgi〚모음조화: ö-ü〛→örgü('örgü=ör(mek) (동사 어간)+gü(명사형 어미)'로 오분석하여 동사, örmek이 만들어졌다. 한국어와 마찬가지로 튀르키예어에도 동사의 명사형 어미, '이(i)'와 '기(ki)'가 있는데 '이 (i)'가 붙은 것을 '기(ki)'가 붙은 것으로 오분석하여 ör(mek)이 만들어졌다【근거】 어머니(표준어)[어머니[əmənɪ]/으므니[imɪnɪ](경남 발음). cf. 혀(다)(=끌)〈능엄경 언해 1권 서 4장 앞면〉[헤](경남 발음)+기(명사형 어미)→헤기〚에→이〛→히기 (hiki)→ひき(=끌き)(일본어 명사)(hiki): 'hiki(히기)=**hik**(힉)(동사 어간)+i(이)(명 사형 어미)'로 오분석하여 동사 어간, hik(힉)이 만들어지고 'hik(힉)〚일본어 식으 로 표기〛→hiku(히구)→ひく(=끌く)(일본어 동사)(hiku)(동사의 명사형 어미 '기 (ki)'가 붙은 것을 '이(i)'가 붙은 것으로 오분석하여 만들어진 동사이다]. 일본어 언어학자들이 동사의 명사형을 분리할 때 '기(ki)'가 있다는 것을 모르고 '이(i)'만 을 명사형 어미로 보아서 생긴 동사로 이런 예가 많다.

sakat(=**장애인**, 장애가 있는)=장(障)(=막다, **장애**)+이(첨가음)+것[걷](=사람): 장 +이〚ㅇ→Ø/__이 and 이[ĩ](鼻母音) and 비모음의 구강 모음화〛→자이〚첨가음, / 이/ 삭제〛→자〚ㅈ→ㅅ〛→**사**. 사+걷〚어→아〛→사갇(sakat). cf. **sakat**(=장애가 있는)=장(障)(=막다, 장애)+이(첨가음)+거(=것)+ㅅ(소유격 조사)[t](자음 앞이나 어말에서는 [t]로 발음된다): 장+이〚ㅇ→Ø/__이 and 이[ĩ](鼻母音) and 비모음의 구강 모음화〛→자이〚첨가음 삭제〛→자〚ㅈ→ㅅ〛→**사**. 사+거+ㅅ[t]〚어→아〛→ 사갇(sakat)【근거】못된 **것/거**='못된 사람'의 비칭). 예삔 **것/거**(경남): 아이가 예 쁘다고 아이를 이르는 말. cf. あまつぢ(=天路)(amatsudzi)(일본어 고어)=암(am) (=水)(=물)(유아어)+아(a)(=곳)+ㅅ[t]+길(kil)(=路): あま(=天)(ama)(=하늘)=암(am) (=물)+아(a)(=곳)→ama(하늘은 푸르고 하늘에서 비(=rain)가 내려오니 하늘을 물 이 있는 곳으로 본 것이다). 길(路)〚구개음화: ㄱ→ㅈ/__이〛→질(경남)〚어말 /

ㄹ/ 탈락]→지. あまつぢ(amatsudzi)=ama+ㅅ[t](자음 앞에서)+지(tsi)[/t/→/th/(일본어에는 /t/, /th/의 구분이 없다)]→ama+**th**+tsi[일본어로 전사하면: th→th**ɯ**]→ama**thɯ**tsi[구개음화: th(ㅌ)→ts(ㅊ)/__ɯ]→amatsɯtsi[유성음화: ts→dz/모음__모음]→amatsudzi. cf. **deniz**(=바다)=텬(天)〈석보상절 13권 6장 앞면〉+이(첨가음 혹은 소유격 조사)+자(=子)(=아들)+이(첨가음): 텬이[ㅌ→ㄷ]→덴이. 자+이[모음 합체]→재[애→에]→제[에→이]→지[ㅈ→ㅅ]→시[이→으]→스. **deniz**=덴이+스[유성음화]→덴이즈[ㅿ→z]→tenizı[어두 유/무성자음 교체]→denizı[[z] 다음의 [ı]는 있으나 없으나 발음이 같이 들린다]→deniz(그 뜻은 하늘은 푸르고 하늘에서 비(=물)가 내려와서 바다가 만들어졌으니 바다를 하늘의 아들이라고 본 것이다). 子중孫손이**니서**가몰〈석보상절 6권 7장 뒷면〉(=자손이 이어 감을): 닛(다)+어(부사형 어미)→니서[유성음화]→니**서**. 닛다[두음법칙 후 보상적 /y/ 첨가]→y+잇(is)다[단음화: y+i→i]→잇(is)다(현대어). 똥구시(경남)=똥+굼(구덩이)+이(첨가음)[발음대로 표기]→똥구디[구개음화]→똥구지[ㅈ→ㅅ]→똥구시 【근거】 굼 깅(坑)〈훈몽자회 하권 17장 뒷면〉=[단음화: 이→애, ㆁ(꼭지 있는 이응)→ㅇ]→굼 갱(현대어). cf. **구덩이** 갱(坑)〈㈜오픈마인드인포테인먼트〉. 구덩이=굼+앙(의미첨가 없이 명사에 붙는 접미사)+이(첨가음)[모음조화: 우-어]→굼엉이[발음대로 표기]→구덩이 【근거】 똘(경기, 전라, 충청)(=도랑)〈고려대 한국어대사전〉+앙(의미첨가 없이 명사에 붙는 접미사)[발음대로 표기]→또랑(경남)(=도랑).

sarkaç(=흔들거리는 추, 진자, 흔들이)=살(랑)+것[걷]+ㅎ(고유어 명사에 붙음)+이(첨가음)[ㄷ+ㅎ→ㅌ]→살걸이→살거티[구개음화]→살거치[어→아]→살가치→sarkaç 【근거】 salla(mak)(=흔들다, 흔들리다). '살랑살랑=*살라(다)+앙(부사형 어미)+*살라(다)+앙'과 같이 오분석하여 동사, salla(mak)이 만들어졌을 것이다. 살랑살랑 흔들리다. 딸랑이(=딸랑딸랑 소리를 내는 거(=물건))=딸랑(딸랑)(부사)+이(=물건). 티다〈용가87장〉〈고려대 한국어대사전〉[구개음화: ㅌ→ㅊ/__이]→치다(현대어).

şirket(=회사, 기업, 업체)=실(實)+곧〈용비어천가 4권 24장 앞면〉(=곳)+이(첨가

음)〖모음 합체〗→실굃〖단음화: 외→에〗→실겓(şirket)【근거】괴상하다(표준어)
〖단음화: 외→에〗→게상하다(경남). '**실업(實業)**: 농업(農業), 상업(商業), 공업(工業), 수산업(水産業)과 같은 생산(生産), 제작(製作), 판매(販賣) 등(等)을 하는 사업(事業)'로 미루어 보아 實은 각종 일하는 분야라는 것을 알 수 있다. 아니면, şirket=사(事)(=일)+이(첨가음)+알(=子(의미첨가 없이 명사에 붙는 접미사)+이(첨가음)+곧+이(첨가음)〖모음 합체〗→새앨굃〖애→에〗→세엘굃〖에→이〗→시일굃〖동모음 축약〗→실굃〖단음화: 외→에〗→실겓(ket)→şirket(그 뜻은 '일터'=회사, 업체)(가능성이 크다)【근거】귁(國)〈월인석보 1권 훈민정음 1장 앞면〉=국(國)+이(첨가음)〖모음 합체〗→귁. 사타리(경남)=삵(표준어)+알+이(첨가음)〖발음대로 표기〗→사타리. 괴상하다〖단음화: 외→에〗→게상하다(경남).

yiğit(=영웅(英雄))=영(英)(=재주가 뛰어나다)+이(첨가음)+것[걷](=사람)+이(첨가음): 영+이〖umlaut〗→엥이[yeĩ](경남 발음)〖비(鼻)모음의 구강 모음화: 튀르키예어에 비모음(鼻母音)이 없다〗→yei〖e(에)→i(이)〗→yii〖동모음 축약〗→**yi**. 것[걷]+이〖모음 합체〗→겐〖에→이〗→**긴**. **yi+긴(kit)**〖유성음화〗→yigit〖g→ğ/모음__모음〗→yiğit 【근거】영웅(英雄)=영(英)(=재주가 있다)+웅(雄)(=수컷=남자). 곧〈석보상절 6권 7장 앞면〉(=것)〖오→어〗→걷〖ㄷ→ㅅ〗→것(현대어).

(31) ~ken=~켄[켄](경남 발음)

~켄[켄](경남 발음)→켄→ken.

iken(=~일 때)=이(다)+ken(=켠=쪽, 때)【근거】그거 철수 가는 **켄**에 부치라(경남)=그거 철수 가는 **편**에 부치라(경남)=그거 철수 갈 **때** 부치라(경남)=그것 철수가 갈 때 부쳐라(표준어).

(32) ~ki=~기(명사형 어미)

① **거/고/그(경남)(=것)+이(첨가음)**

거+이〖모음 합체〗→게〖에→이〗→기(표준어).

고+이[모음 합체]→괴[단음화: 외→에]→게[에→이]→기(표준어).

그+이[모음 합체]→긔[단음화: 의→에]→게[에→이]→**기**(표준어).

【근거】서(=3)+이(첨가음)[모음 합체]→세: **서너개**=세개 혹은 네개. 고기(표준어)[umlaut]→괴기[단음화: 외→에]→게기(경남)[ㄱ→∅/모음__모음]→게이(경남)[에→이]→기이(경남). 긩(=奇)[긔]⟨석보상절 6권 7장 앞면⟩[단음화: 의→에]→게[에→이]→기(현대어).

가기=가(다)+기(명사형 어미)→가기.

놀기=놀(다)+기(명사형 어미)→놀기.

잡기=잡(다)+기→잡기.

지기=지(다)(=패배하다, (짐을) 지다)+기(명사형 어미)→지기.

② 거/고/그(경남)(=곳)+이(첨가음):

여거(경남)(=여기, 이곳)+이(첨가음)[모음 합체]→여게(경남)[에→이]→여기(표준어).

여어(경남)(=여기, 이곳)=여거[ㄱ→∅/모음__모음]→여어.

여그(경남)(=여기, 이곳)=여거[어→으]→여그.

여으(경남)(=여기, 이곳)=여그[ㄱ→∅/모음__모음]→여으.

요고(경남)(=여기, 이곳)=여거[여→요, 어→오]→요고.

요오(경남)(=여기, 이곳)=요고[ㄱ→∅/모음__모음]→요오.

여게(경남)(=여기, 이곳)=여거+이(첨가음)[모음 합체]→여게.

요개(경남)(=여기, 이곳)=여게[여→요]→요게[모음조화: 요-애]→요개.

거거(경남)(=거기, 그곳)+이(첨가음)[모음 합체]→거게(경남)[에→이]→거기(표준어).

거어(경남)(=거기, 그곳)=거거[ㄱ→∅/모음__모음]→거어.

거그(경남)(=거기, 그곳)=거거[어→으]→거그.

거으(경남)=거그[ㄱ→∅/모음__모음]→거으.

고고(경남)(=거기, 그곳)=거거[어→오]→고고.

고오(경남)(=거기, 그곳)=고고[ㄱ→∅/모음_모음]→고오.

거게(경남)(=거기, 그곳)=거거+이(첨가음)[모음 합체]→거게.

고개(경남)(=거기, 그곳)=거게[어→오]→고게[모음조화: 요-애]→고개.

저거(경남)(=저기, 저곳)+이(첨가음)[모음 합체]→저게(경남)[에→이]→저**기**(표준어).

저어(경남)(=저기, 저곳)=저거[ㄱ→∅/모음_모음]→저어.

저그(경남)=저**거**[어→으]→저그

저으(경남)=저그[ㄱ→∅/모음_모음]→저으.

조고(경남)(=거기, 그곳)=저거[어→오]→조고.

조오(경남)(=저기, 저곳)=조고[ㄱ→∅/모음_모음]→조오

저게(경남)(=저거+이(첨가음)[모음 합체]→저게.

조개(경남)(=저기, 저곳)=저게[어→오]→조게[모음조화: 요-애]→조개.

【근거】 서(=3)+이(첨가음)[모음 합체]→세: 서너개=세개 혹은 네개. 고기(표준어)[umlaut]→괴기[단음화: 외→에]→게기(경남)[ㄱ→∅/모음_모음]→게이(경남)[에→이]→기이(경남). 긩(=奇)[긔]〈석보상절 6권 7장 앞면〉[단음화: 의→에]→게[에→이]→기(현대어). 이사/으사(경남)=의사(醫師)(표준어). 엄마(표준어)[어→오]→옴마(경남). 없다/읎다(경남).

중세 국어에서 '것'과 '곳'은 '곧'이었다: 곧〈석보상절 6권 7장 앞면〉(=것)[오→어]→걷[ㄷ→ㅅ]→것(현대어). cf. 곧+아(의미첨가 없이 명사에 붙는 접미사)[모음조화: 오-오]→곧오→고도(koto)→こと(=것, 일)(일본어). 이곧뎌고대〈용비어천가 4권 24장 앞면〉=이곳저곳에. 곧(=곳)[ㄷ→ㅅ]→곳(현대어). **곧**(=것, 곳)=**고**(경남)+앗[앋](의미첨가 없이 명사에 붙는 접미사)[모음조화: 오-오]→고온[동모음 축약]→곧 【근거】 요고(경남 노인 말)(=여기)=요+**고**(=것, 곳). cf. ここ(=此處·此所)(koko)=이곳, 여기=こ(ko)(=이)+こ(ko)(=**고**(**경남**)(=곳).

'거/고/그'는 사람을 나타내기도 한다. 현대어에서는 비하하는 말로 사용되기

도 하고 애칭으로 사용되기도 한다: 요기 뭐라 쿠노/카노(경남)=이것이 뭐라고 하나=이놈이 뭐라고 하나: 요기=요+거+이(주격 조사)[모음 합체]→요게(경남)[에→이]→요기(경남). 요 에삔 기 누 딸이고(경남)(아이가 예쁘다고 하는 말)=이 예쁜 것이 누구 딸이니.

〈Han-Woo Choi 1996: 15〉의 "kasikæ(가시개)", "makæ(마개)", "pyəkæ(벼개)", "ocumssakæ(오줌싸개)", "usikæ(우스개)"의 분석은 올바른 분석으로 'kæ'=거+이(첨가음)'에서 나온 것이고 'ke'도 있다. **kes**(mek)(=(가위 칼, 톱 등으로) 자르다, 끊다)=굿(다)(=가위질하다)(제주)+이(첨가어)[모음 합체]→짓[단음화: 이→애]→갯[애→에]→겟(kes)→kes【근거】굿다〈월인석보 10권 13장〉《고려대한국어 대사전》=끊다. cf. **가새**(=가위)((강원, 경기, 경상, 전라, 충청, 함경)〈고려대 한국어대사전〉=굿(다)+아(=子)(=것)+이(첨가음)[ᄋ→아]→갓아이[모음 합체]→갓애→가새(자르는 것=가위)【근거】한 줌=한+주(다)+ㅁ(명사형 어미)→한줌. 쥐다=주(다)+이[모음 합체]+다→쥐다. 썰(다)(표준어)+이(첨가음)+다→써리다(경남). **가시개**=굿(다)〈월인석보 10권 13장〉《고려대한국어 대사전》(=끊다)+이(자음 충돌 회피용 삽입모음)+거+이[ᄋ→아]→갓이거이[모음 합체]→갓이게[발음대로 표기]→**가시게**(강원, 충북, 중국 흑룡강성)〈우리말샘〉[모음조화 파괴]→가시개.

가리개(=어떤 공간 따위를 가리기 위하여 세우는 가구)=가리(다)+거+이[모음 합체]→가리게[모음조화 파괴]→가리개.

깔개(=눕거나 앉을 곳에 까는 물건)=깔(다)+거+이(첨가음)[모음 합체]→깔게[모음조화: 아-애]→깔개.

긁개(=무엇을 긁는 데 쓰는 기구)=긁(다)+거+이[모음 합체]→긁게[모음조화 파괴]→긁개.

놀개(경남)〈우리말샘〉(=노래)=놀(다)+거+이(첨가음)[모음 합체]→놀게[모음조화: 오-애]→놀개.

둘게(함북)〈고려대 한국어대사전〉(=둘레)=둘(다)+거(=장소)+이(첨가음)[모음 합체]→둘게.

밀개(=밀가루 반죽 따위를 밀어서 얇고 넓게 만드는 기구)=밀(다)+거+이[모음 합체]→밀게[모음조화 파괴]→밀개.

지게(=짐을 얹어 사람이 등에 지는 우리나라 고유의 운반 기구)=지(다)+거(=것)+이(첨가음)[모음 합체]→지게.

집게(=물건을 집는 데 쓰는, 끝이 두 가닥으로 갈라진 도구)=집(다)+거+이[모음 합체]→집게.

튀르키예어는 모음조화와 유성음화에 의해 **ka/ga, ke/ge, ki/gi, kı/gı, ku/gu, kü/gü**로 바뀐다.

açkı(=따개, 열쇠)=aç(mak)(=열다)+거(=것)+이(첨가음)[모음 합체]→aç게[에 →이]→aç기(ki)[모음조화: a-ı]→açkı(그 뜻은 '여는 것'=따개, 열쇠). 아니면, aç(mak)(=열다)+거/그(kı)(경남)(=것)→açkı 【근거】따개=따(다)+거(=것)+이[모음 합체]→따게[모음조화: 아-애]→따개. 고기(표준어)[umlaut]→괴기[단음화: 외→에]→게기(경남)[ㄱ→Ø/모음__모음]→게이(경남)[에→이]→기이(경남).

algı(=purchase=buying=구입)=al(mak)(=to buy=사다)+기(명사형 어미)(ki)[유성음화]→algi[모음조화: a-ı]→algı. cf. **algı**(=지각)=알(다)(=to know)+기(ki)(명사형 어미)→알기(alki)[유성음화]→algi[모음조화: a-ı]→algı.

baskı(=압착기)=bas(mak)(=억누르다)+거(=것)(=물체)+이(첨가음)[모음 합체]→bas게[에→이]→bas기(ki)[모음조화: a-ı]→baskı(그 뜻은 '압착기'이다).

baskı(=압박, 인쇄)=bas(mak)(=압박하다), 인쇄하다+기(명사형 어미)(=행위)(ki)[모음조화: a-ı]→baskı. 【근거】**bas**(mak)(=인쇄하다)=박(다)(=인쇄하다)[풀어쓰기]→바그[구개음화: ㄱ→ㅈ/__으]→바즈[ㅈ→ㅅ]→바스(pasɪ)[어두 유/무성자음 교체]→basɪ[마찰음, [s] 다음의 [ɪ]는 있으나 없으나 발음이 같이 들린다]→bas. **bas**(mak)(=밟다)=밧(가락)(=발)(명사, '발'이 동사로 된 것이다)→pas[어

두 유/무성자음 교체]→bas. 신(=shoe)=신다. **bas**(mak)(=억압하다)=박(迫)(=핍박하다, 억압하다)[풀어쓰기]→바그[구개음화: ㄱ→ス/__으]→바즈[ス→ㅅ]→바스(pası)[어두 유/무성자음 교체]→bası[마찰음, [s] 다음의 [ı]는 있으나 없으나 발음이 같이 들린다]→bas. gelmek(튀르키예어)=kelmoq(우즈벡어)=오다. 거슬다〈용가 74장〉《우리말샘》[풀어쓰기]→거스르다(표준어). 똥구시(경남)=똥+굳(=구덩이)+이(첨가음)→똥구디[구개음화: ㄷ→ス/__이]→똥구지[ス→ㅅ]→똥구시. 박다=인쇄물이나 사진을 찍다: 명함을 박다=명함을 인쇄하다.

bilge(=지식인)=bil(mek)(=알다)+거(=사람)+이(첨가음)[모음 합체]→bil게(ke)[유성음화]→bilge 【근거】 이런 못된 **게** 있나?=이런+못+되(다)+ㄴ(관형형 어미)+**거**(=사람)+이(주격 조사)+있(다)+나(의문 종결 어미). 튀르키예어를 보면 예전에는 '거'가 비하하는 뜻 없이 사람을 의미했다는 것을 알 수 있다. 장어(=eel)(표준어)+**이**(첨가음)[모음 합체]→장에[모음조화: 아-애]→장애(경남).

bilgi(=지식)=bil(mek)(=알다)+기(명사형 어미)(ki)[유성음화]→bilgi cf. bilim(=지식, 학문)=bil(mek)+으(자음 충돌 회피용 삽입 모음)+ㅁ(명사형 어미)→bilım[모음조화: i-i]→bilim. bilme(=cognition=인지)=bil(mek)+ㅁ(m)(명사형 어미)+아(a)(의미첨가 없이 명사에 붙는 접미사)→bilma[모음조화: i-e]→bilme. biliş(=acquaintance(=아는 사람), friend(=친구))〈Türkçe Sözlük〉《LEXILOGOS》=bil(mek)+앗(=子)(=사람)+이(첨가음): 앗+이[umlaut]→앳이[애→에]→엣이[에→이]→잇이→이시→iş 【근거】 열매=열(다)+ㅁ(명사형 어미)(m)+아(=子)(a)(의미첨가 없이 명사에 붙는 접미사)+이(i)(첨가음)[모음 합체]→열매. 여름〈용비어천가 1권 1장 뒷면〉(=열매)=열(다)+으(자음 충돌 회피용 삽입 모음)+ㅁ(명사형 어미)(=물체).

çalgı(=악기)=çal(mak)(=두드리다, 치다)+거/그(경남)(=것)→çal그(kı)[유성음화]→çalgı. çal(mak)=**찰**(싹 때리다)→çal 【근거】 들썩(들썩)=들(다)+썩[모음조화: 으-어]→들썩. 찰랑찰랑(=작은 방울이나 얇은 쇠붙이 따위가 자꾸 흔들리거나 부딪쳐 울리는 소리)=*찰(다)+앙(부사형 어미)+*찰(다)+앙[/ㄹ/ 복제]→찰랑찰랑 【근거】 달랑달랑(=작은 방울이나 매달린 물체 따위가 자꾸 흔들릴 때 나는

소리. 또는 그 모양)=달(다)+앙(부사형 어미)+달(다)+앙(부사형 어미)[/ㄹ/ 복제]
→달랑달랑 【근거】 둘에〈월인석보 8권 13장〉《고려대 한국어대사전》[/ㄹ/ 복제]
→둘레. 中듕國귁에 **달아**〈월인석보 1권 훈민정음 1장 뒷면〉=중국에 **달라**.

çatışkı(=모순, 이율배반)=çatış(mak)(=상충되다, 충돌하다, 서로 모순되다)+거/
그(kı)(경남)(명사형 어미)(=것)→çatışkı. 아니면, **çatışkı**=çatış(mak)+기(ki)[모음
조화: a-ı]→çatışkı.

çelişki(=모순, 대립)=çeliş(mek)(=모순되다, 대립되다)+거(=것)+이(첨가음)[모음
합체]→çelişge[에→이]→çeliş기(ki)→çelişki.

coşku(=열광, 희열, 흥분)=좋(다)+히(사동 보조 어간)+이(피동 보조 어간)+거/그
(경남)((=것)→좋히이그[동자음 축약]→조히이그[동모음 축약]→조히그[ㅎ→
ㅅ/__이]→조시그[으→우]→조시구→coşku(그 뜻은 '좋아하게 하여지는 것'=
희열). 아니면, **coşku**=좋(다)+히(사동 보조 어간)+이(피동 보조 어간)+기(ki)[동자
음 축약]→조히이기[동모음 축약]→조히기[ㅎ→ㅅ/__이]→조시기[어두 유/
무성자음 교체: ㅈ→c]→coşki[모음조화: o-u]→coşku 【근거】 심(경남)=힘(=力
(력))[ㅎ→ㅅ/__이]→심. **coş**(mak)(=열광하다, 감격하다)=좋(다+히(사동 보조
어간)+이(피동 보조 어간)→좋히이[동자음 축약]→조히이[동모음 축약]→조
히[ㅎ→ㅅ/__이]→조시[어두 유/무성자음 교체: ㅈ→c]→coş. 노피이다(경남)
(=높이어지다=높혀지다)('이'를 높게 발음한다)=놉(다)〈석보상절 19권 7장 뒷면〉
(=높다)+히(사동 보조 어간)+이(피동 보조 어간)+다→놉히이다[ㅂ+ㅎ→ㅍ]→
노피이다. 높이다(표준어)=놉(다)+히(사동 보조 어간)+다[ㅂ+ㅎ→ㅍ]→노피다
['노피다=높(다)+이(사동 보조 어간)+다'로 오분석]→높이다.

dalga(=전파, 파도)=떨(다)+거(=것)[어→아]→딸가[ㄸ→d 아니면 ㄸ→ㄷ and
어두 유/무성자음 교체]→dalga(그 뜻은 '떠는 것'=파동).

dolgu(=채우기, 충전물)=dol(mak)(=차다, 가득차다)+거(=것)+이(첨가음)[모음
합체]→dol게[에→이]→dol기(ki)[유성음화]→dolgi[모음조화: o-u]→dolgu.
dol(mak)(=차다)=(논에 물이) 돌(다)(경남)(=차다)(tol)[어두 유/무성자음 교체]
→dol.

döngü(=악순환, 회전, 순환)=dön(mek)(=돌다)+거(=것)+이(첨가음)〚모음 합체〛→dön게〚에→이〛→dön기(ki)〚유성음화〛→döngi〚모음조화: ö-ü〛→döngü. cf. dön(mek)=돌(다/도(다)(경남)+이(첨가음)+ㄴ(관형형 어미)→된(tön)〚어두 유/무성자음 교체〛→dön 【근거】 썰(다)(표준어)+이(첨가음)+다→써리다(경남). ⇒ 10.2.

durgu(=중단, 정지, 멈춤)=들(다)(경남)(=멈추다)+거+이(첨가음)〚으→우〛→둘거이〚모음 합체〛→둘게〚에→이〛→둘기(turki)〚유성음화〛→turgi〚어두 유/무성자음 교체〛→durgi〚모음조화: u-u〛→durgu 【근거】 비가 들다(경남)=비가 그치다(=멈추다). 믈(=水)〈훈민정음해례본 용자례〉〚으→우〛→물(현대어). cf. **durak**(=멈춤, 역, 정류소)=dur(mak)+악(=子)(ak)(=행위, 장소).

düşkü(=취미, 도락, 빠지는 것)=düş(mek)(=떨어지다, 빠지다, 몰두하다)+거+이(첨가음)〚모음 합체〛→düş게〚에→이〛→düş기(ki)〚모음조화: ü-ü〛→düşkü 【근거】 düş(mek)(=떨어지다)=디(다)〈용가 23장〉《우리말샘》(=떨어지다)+이(부사형 어미)+지(다)(=~하게 되다)→**디**이지(다)(=떨어지다)〚이→으〛→드이지〚으→우〛→두이지〚모음 합체〛→뒤지〚ㅈ→ㅅ〛→뒤시(tüş)→tüş〚어두 유/무성자음 교체〛→düş 【근거】 이사/으사(경남)=의사(醫師)(표준어). 믈(=水)〈월인석보 1권 월인천강지곡 23장 앞면〉〚으→우〛→물(현대어). 똥구시(경남)=똥+굼(=구덩이)+이(첨가음)→똥구디〚구개음화〛→똥구지〚ㅈ→ㅅ〛→똥구시.

gösterge(=표시, 표시기)=göster(mek)(=표시하다)+거(=것)+이(첨가음)〚모음 합체〛→göster게(ke)〚유성음화〛→gösterge. 아니면, **gösterge**(=표시**기**(標示器))==göster(mek)+킝(器)〈석보상절 19권 11장 앞면〉〚킈〛〚단음회〛→göster케〚ㅋ→ㄱ〛→göster게(ke)〚유성음화: ㄱ(k)→g/유성음__유성음〛→gösterge 【근거】 킝(器)〚킈〛〚단음회〛→케〚ㅋ→ㄱ〛→게〚에→이〛→기(器)(현대어)(자음, /ㅋ/이 /ㄱ/으로 튀르키예어도 한국어와 같이 변했다).

görgü(경험, 예의)=gör(mek)(=보다)+거(=것)+이(첨가음)〚모음 합체〛→gör게〚에→이〛→gör기(ki)〚유성음화〛→görgi〚모음조화: ö-ü〛→görgü 【근거】 **본**데없는 놈=예의 없는 놈. **본** 것=예전에 경험한 것. 튀르키예어와 한국어는 사고방식이 동

일함을 알 수 있다.

ilgi(=관계, 관심)=il(mek)(=가볍게 묶다)+거(명사형 어미)+이(첨가음)〖모음 합체〗→il게〖에→이〗→il기[gi]→ilgi. 얽이(=물건이 깨지거나 흩어지지 않도록 새끼나 노끈으로 싸서 얽는 일. 또는 그렇게 얽는 물건)=얽(다)+이(명사형 어미)(=행위, 물건)〖umlaut〗→엵이〖에→이〗→읽이→ilgi. 'ilgi=il(동사 어간)+기(명사형 어미)'로 오분석하여 동사 어간, il(mek)이 만들어졌다. cf. 혀(다)(=引)(=끌다)〖헤〗(경남 발음)+기(명사형 어미)→헤기〖에→이〗→히기(ひき(引き)(명사형). '히기=힉(동사 어간)+이(명사형 어미)'로 오분석하여 동사 어간, '힉'이 만들어졌다: 힉〖일본어식으로 표기〗→히구(hiku)〗→ひく(=引く)(hiku)(일본어 동사)(=끌다)【근거】혈 인(引)〈훈몽자회 상권 35장 뒷면〉(=끌다)=혀(다)+ㄹ(관형형 어미)+인.

kargı(=(식물) **갈**대)=갈+거(=것)+이(첨가음)〖모음 합체〗→갈게〖에→이〗→갈기(karki)〖유성음화〗→kargi〖모음조화: a-ı〗→kargı 【근거】곬대〈구급간이방언해 1권 60장〉《고려대 한국어대사전》=골+ㅅ(사이시옷)+대〖ᄋ→아〗→갈ㅅ대[갈때]〖/ㅅ/ 제거〗→갈대[갈때](발음은 사이시옷 유지)(현대어)('골'이 식물명이고 '대'는 '긴 것'이라는 뜻이다)【근거】골〈훈민정음해례본 용자례〉〖ᄋ→아〗→갈(대). cf. kargı(=(옛 무기) 창)=갈(=칼)+거+이(첨가음)〖모음 합체〗→갈게〖에→이〗→갈기(kalki)〖유성음화〗→kalgi〖모음조화: a-ı〗→kargı.

katkı(=부가, 추가, 도움)=kat(mak)(=더하다, 추가하다)+거(=것)+이(첨가음)〖모음 합체〗→kat게〖에→이〗→kat기(ki)〖모음조화: a-ı〗→katkı. **kat**(mak)=거들(다)/**거드**(다)(경남)(=남이 하는 일을 함께 하면서 돕다)→거드〖어→아〗→가드(katı)〖/t/를 파열시켜 발음하면 [ı]는 있으나 없으나 발음이 같이 들린다〗→kat. 아니면, kat(mak)=곁(들이다=남이 하는 일이나 말을 좀 거들어 주게 하다)〖단음화: 여→어〗→겉〖어→아〗→같(kat) 【근거】'곁들이다=*곁(다)+들이다'로 오분석하여 만들어진 동사이다). cf. 미얽다〈두시-초 23:26〉《우리말샘》=미(다)(=매다)+얽다.

kavga(=말다툼, 언쟁, 싸움)=갋(다)[갑(따)](경남 발음)+거(=것)(경남)→갑거〖어→아〗→갑가〖자음 충돌 회피용 삽입 모음, /으/ 첨가〗→가브+가(ka)〖유성음화〗

→가브ga〖ㅂ→v〗→kavıga〖유성 마찰음 [v] 뒤의 [ı](으)는 있으나 없으나 발음이 같이 들린다〗→kavga(그 의미는 '갊는 것'=말다툼, 싸움) 【근거】 동사 어간에 '거'가 붙은 예: 지게=지(다)+거+이(첨가음)〖모음 합체〗→지게.

kaygı(=근심, 걱정, 우려, 염려)=개의(介意)(=마음에 두고 생각하다)[개이](경남 발음)+거+이(첨가음): 개이〖모음 분해: 애→아+이〗→가이이〖동모음 축약〗→가이. 거+이〖모음 합체〗→게〖에→이→**기**. 가이(kay)+기(ki)〖유성음화〗→kaygi〖모음조화: a-ı〗→kaygı(그 뜻은 '개의하는 것'=염려, 걱정, 우려). cf. **かいい**(介意)(kaii)(일본어)=개의[개이](경남 발음)〖모음 분해〗→가이이(kaii).

kurgu(=(시계의) 태엽, 태엽 감는 기구)=kur(mak)(=(태엽을) 감다)+거(경남)(=것)(=물체)+이(첨가음)〖모음 합체〗→kur게〖에→이〗→kur기(ki)〖모음조화: u-u〗→kurku〖유성음화〗→kurgu 【근거】 실꾸리(=둥글게 감아 놓은 실타래)=실+ㅅ(사이시옷)+굴(다)(=감다)+이(명사형 어미)(=것)(=물체)〖ㅅ+ㄱ→ㄲ〗→실꿀이→실꾸리(/ㅅ/은 명사형, '구리' 앞에 붙은 것이다). 종지=종자(鍾子)+이(첨가음)〖모음 합체〗→종재〖애→에〗→종제〖에→이〗→종지.

olgu(=사실, 진상)=ol(mak)(=있다, 일어나다, 되다)+거(=것)+이(첨가음)〖모음 합체〗→ol게〖에→이〗→ol기(ki)〖유성음화〗→olgi〖모음조화: o-u〗→olgu(=있는 것=사실) 【근거】 종지=종자(鍾子)+이(첨가음)〖모음 합체〗→종재〖애→에〗→종제〖에→이〗→종지. 올시다='하십시오'할 자리에 쓰여, 어떠한 사실을 평범하게 서술하는 종결 어미. 화자가 나이가 꽤 들어야 쓴다. 저는 강이 올시다=저는 강입니다: 올시다=올(다)(ol)(=이다)+시+다

örgü(=뜨개질, 땋은 것←얽은 것)=ör(mek)(=뜨게질하다, 엮다, (머리를) 땋다)+거(명사형 어미)+이(첨가음)〖모음 합체〗→ör게〖에→이〗→ör기(ki)〖유성음화〗→örgi〖모음조화: ö-ü〗→örgü. 얽(다)/읽(다)(경남)+이(명사형 어미)〖umlaut〗→읽이→일기(örki)〖유성음화〗→örgi〖모음조화: ö-ü〗→örgü. 'örgü=ör(mek)+gü(명사형 어미)'로 오분석하여 ör(mek)이 만들어졌다(명사형 어미, '이'가 붙은 것을 '기'가 붙은 것으로 오분석하여 만들어진 동사이다). cf. 혀(다)(=引)(=끌다)[헤](경남 발음)+기(명사형 어미)→헤기〖에→이〗→히기(hiki). '히기(ひき)(명

사)=힉(동사 어간)+이(명사형 어미)'로 오분석하여 동사 어간 '힉'이 만들어졌다 (일본어에는 동사의 명사형 어미, '이'만 있다. 한국어가 일본어로 바뀔 때 명사형 어미, '기'의 /ㄱ/(k)가 한국어 동사 어간에 붙어 일본어 동사 어간이 되었다). 힉〔〔일본어식으로 표기〕〕→히구(hiku)→ひく(=힉く)(hiku)(일본어)(=끌다)【근거】혈인(힘)〈훈몽자회 상권 35장 뒷면〉=혀(다)+ㄹ(관형형 어미)+인.

övgü(=칭찬, 치사)=öv(mek)(=칭찬하다, **찬양하다**)+거(명사형 어미)+이(첨가음)〔모음 합체〕→övgi〔에→이〕→öv기(ki)〔유성음화〕→övgi〔모음조화: ö-ü〕→övgü. övgü=**잎**(다)〈선종下:106〉《고려대 한국어대사전》(=읊(다)(현대어))+이(첨가음)+거(명사형 어미)+이(첨가음): 잎(다)〔이→으〕→읖(다)(경남). övgü=읖(다)+이+거+이〔모음 합체〕→읖거이〔모음 합체〕→읖게〔에→이〕→읖기〔자음 충돌 회피용 삽입 모음, /으/ 첨가〕→읖으기〔ㅍ→ㅂ〕→의브기〔유성음화〕→의브기〔ㅂ→v〕→övıki〔유성음화〕→övıgi〔[v] 다음의 [ı]는 있으나 없으나 발음이 같이 들린다〕→övgi〔모음조화: ö-ü〕→övgü. 'övgü=öv(동사 어간)+gü(명사형 어미)'로 오분석하여 동사, öv(mek)이 만들어졌다)【근거】써리다(경남)=썰(다)+이(첨가음)+다. **잎**(다)〈선종下:106〉《우리말샘》: 읊다=잎(다)〔/ㄹ/ 첨가〕→잆다〔이→으〕→읊다(현대 표준어)〈우리말샘〉. 그러나 /ㄹ/이 근거 없이 첨가되었다는 것은 음운 변천 규칙에 부합하지 않는다. 다음과 같이 /ㄹ/ 탈락으로 보아야 할 것이다: 잆다〔잎따〕〔발음상 /ㄹ/이 탈락〕→잎다. 그의 공적을 읊다=그의 공적을 찬양하다. '*읊다=읊(다)+히(사동 보조 어간)+다〔ㅂ+ㅎ→ㅍ〕→을피다〔'을피다=읊(다)+이(사동 보조 어간)'으로 오분석〕→읊다'로 바뀌었을 것이다【근거】놉다〈석보상절 19권 7장 뒷면〉〔ㅂ→ㅍ〕→높다(현대어): 놉(다)+히(사동 보조 어간)+다〔ㅂ+ㅎ→ㅍ〕→노피다〔'노피다=높(다)+이(사동 보조 어간)+다'로 오분석하여〕→높다. 얼버다(경북)〈우리말샘〉(=읊다)=**읊**다〔풀어쓰기〕→을브다〔으→어〕→얼버다.

saygı(=존경, (남에 대한) 헤아림)=say(mak)(=세다, 헤아리다, 존경하다, 여기다)+거(명사형 어미)+이(첨가음)〔모음 합체〕→say게〔에→이〕→say기(ki)〔유성음화〕→saygi〔모음조화: a-ı〕→saygı. **say**(mak)=세(다)(=헤아리다, 여기다)〔모음 분해:

에→어+이〗→서이〖어→아〗→사이(sai)→say. cf. **sayım**(=셈, 계산)=세(다)(=계산하다, 헤아리다)+ㅁ(명사형 어미)〖모음 분해: 에→어+이〗→서이+ㅁ〖어→아〗→사이(say)+ㅁ〖자음 충돌 회피용 삽입 모음, /으/(ı) 첨가〗→sayım(/y/(반자음) 자음으로 취급). cf. **önemsemek**(=중요하게 여기다, 중시하다)=önem(=중요)+세(다)(=여기다)(se)+mek.

sevgi(=사랑)=sev(mek)(=사랑하다)+거(명사형 어미)+이(첨가음)〖모음 합체〗→sev게〖에→이〗→sev기(ki)〖유성음화〗→sevgi. cf. **sevim**(=sevme işi=사랑하는 일, sevgi)=sev(mek)+으(ı)(자음 충돌 회피용 삽입 모음)+ㅁ(m)(명사형 어미)〖모음 조화: e-i〗→sevim. **sevme**(sevmek işi=사랑하는 일)=sev(mek)+ㅁ(m)(명사형 어미)+아(a)(=子)〖모음조화: e-e〗→sevme 【근거】 열매=열(다)+ㅁ(명사형 어미)+아(=子)+이〖모음 합체〗→열매. 가르마=가르(다)+ㅁ(명사형 어미)+아(a). cf, 가리매(경남)(=가르마)=가리(다)(=가르(다))+ㅁ(명사형 어미)+아+이(첨가음)〖모음 합체〗→가리매. 〔**검토**〕접(接)(=접붙이다, 흘레하다, 사귀다, 교제하다)+이(첨가음)〖모음 합체〗→젭〖풀어쓰기〗→제브〖ㅈ→ㅅ〗→세브〖유성음화〗→세브〖ㅂ→v〗→sevı〖[v] 다음의 [ı]는 있으나 없으나 발음이 같이 들린다〗→sev 【근거】 똥구시(경남)=똥+굳(=구덩이)+이(첨가음)→ 똥구디〖구개음화: ㄷ→ㅈ/__이〗→똥구지〖ㅈ→ㅅ〗→똥구시. 덥(다)+우(명사형 어미)→더부(경남 노인 말)(=더위)〖유성음화: ㅂ→ㅸ/유성음__유성음〗→더부〖ㅸ→Ø〗→더우(경남 노인 말).

sezgi(=(심리학) 직관)=sez(mek)(=알아차리다(=알아채다), 지각하다)+거(명사형 어미)+이〖모음 합체〗→sez게〖에→이〗→sez기(ki)〖유성음화〗→sezgi. cf. (눈치를) 채(다)(=sezmek)+거/그(경남)(명사형 어미)+이(첨가음)〖ㅊ→ㅅ〗→세그이〖구개음화: ㄱ→ㅈ/__으〗→세즈이〖ㅈ→ㅅ〗→세스이〖유성음화〗→세스이〖ㅿ→z〗→sezıi〖[z] 다음의 [ı]는 있으나 없으나 발음이 같이 들린다〗→**sezi**(=sezgi) 〈Vikisözlük〉. 'sezi=**sez**(mek)+이(i)(명사형 어미)'로 오분석하여 동사, sez(mek)이 만들어졌다 【근거】 이사/으사(경남)=의사(醫師)(표준어). 들티다〈신합 하권 9장〉 《우리말샘》〖구개음화〗→들치다〖ㅊ→ㅅ〗→들시다(경남). 똥구시(경남)=똥+굳(=구덩이)+이(첨가음)→똥구디〖구개음화: ㄷ→ㅈ/__이〗→똥구지〖ㅈ→ㅅ〗→똥

구시. 子孫손이**니서**가몰〈석보상절 6권 7장 뒷면〉(=자손이 이어 감을): 닛(다)+
어(부사형 어미)→니서〚유성음화〛→니**서**. 닛다〚두음법칙 후 보상적 /y/ 첨가〛
→y+잇(is)다〚단음화: y+i→i〛→잇(is)다(현대어).

talebe(=제자, 학생)=뚈오(다)〈이륜-옥:22〉《고려대 한국어대사전》(=따르다)+이
(첨가음)+보(=사람)+이(첨가음)〚ㅂ+ㄷ→ㄸ〛→뚈오이보이〚ᄋ→아〛→딸오이
보이〚모음 합체〛→딸외뵈〚단음화: 외→에〛→딸에베〚ㄸ→ㅌ〛→탈에베(talepe)
〚유성음화〛→talebe(스승의 뒤를 따르는 사람=제자, 학생). 아니면, **talebe**=따르
(다)+이(첨가음)+보(=사람)+이(첨가음)〚모음 합체〛→따릐뵈〚단음화: 의→에, 외
→에〛→따레베〚ㄸ→ㅌ〛→타레베(talepe)〚유성음화〛→talebe 【근거】킈(器)〚단
음화: 의→에〛→케〚ㅋ→ㄱ〛→게〚에→이〛→기(器)(현대어). 괴상(표준어)〚단
음화: 외→에〛→게상(경남). 딱(濁)〈월인석보 1권 월인천강지곡 16장 뒷면〉〚ㄸ
→ㅌ〛→탁〚단음화: 와→아〛→**탁**(현대어). 뵈[베](경남 발음). 아랍어에서 차용
한 것이라고 하나 아랍어는 한국어에서 차용한 것임을 알 수 있다. 앞으로 연구가
필요하다.

terk(=그만두기, 포기)=떨(다)+이(사동 보조 어간 혹은 첨가음)+그(경남)(=것)→
떨이그〚모음 합체〛→뗼그〚ㄸ→ㅌ〛→텔그(terkı)〚[k]를 파열시키면 [ı]는 있으
나 없으나 발음이 같이 들린다〛→terk(그 뜻은 '(~하려는 생각을) 떨어지게 하는
것'=포기)(튀르키에어에는 /ㄷ/(t), /ㅌ/(th)의 구분이 없다) 【근거】떨어**ㅃ**리다=떨
어**ㅌ**리다. 딱(濁)〈월인석보 1권 월인천강지곡 16장 뒷면〉〚ㄸ→ㅌ〛→탁〚단음화:
와→아〛→탁(현대어). 떨다=1. 달려 있거나 붙어 있는 것을 쳐서 떼어 내다. 2.
돈이나 물건을 있는 대로 써서 없애다. 3. 언짢은 생각 따위를 **없애다**〈표준국어대
사전〉. 썰(다)(표준어)+이(첨가음)+다→써리다(경남)(=썰다).

uyku(=잠, 수면)=누이(다)〈월석18:40〉《고려대 한국어대사전》(=눕히다)+거(=
것)+이(첨가음)〚두음법칙 and 보상적 /y/ 첨가〛→유(yu)이거이〚모음 합체〛→
위게〚모음 간소화〛→위게〚에→이〛→위기(uyki)〚모음조화: u-u〛→uyku. **uyu**(-
mak)(=자다)=누이(다)〈월석18:40〉《고려대 한국어대사전》(=눕히다)〚두음법칙 and
보상적 /y/ 첨가〛→유이〚모음 간소화〛→우이(ui)〚모음 충돌 회피용 삽입 반자

음, /y/ 첨가]→uyi[모음조화: u-u]→uyu. 동사가 uyu(mak)이면 명사는 *uyuku 가 되어야 할 것인데 uyku가 된 것은 명사형과 동사에 각기 다른 한국어의 음운 규칙이 적용되었기 때문이다: 누이다=눕(다)+이(사동 보조 어간)+다→누비다[ㅂ →ㅸ→w→∅]→누이다. 눕히다(현대어)=눕(다)+히(사동 보조 어간)+다. 누이다[모음 합체]→뉘다('누이다'의 준말). cf. ぬ(=寝)(nu)(일본어 고어)=눕(다)[일본어식으로 표기]→누부[ㅂ→ㅸ→w→∅]→누우[동모음 축약]→누(nu). ね る(=寝る)(neru)(일본어 현대어)=ぬ(=寝)(nu)[nɯ](느)+이(부사형 어미)+ㄹ(관형형 어미)[느[nɯ]+이→늬]→닐[단음화: 의→에]→넬[일본어식으로 표기]→네루 (neru). 일본어 고어는 한국어를 일본어로 전사하여 한국어 음운 규칙으로 만들어 졌으나 현대어는 완전히 다른 단어로 만들어 놓았다. 따라서 한국어 현대어와 일 본어 현대어를 비교하면 연관 지을 음운 규칙을 찾을 수 없다.

yanılgı(=잘못, 실수)=yanıl(mak)(=잘못하다, 실수하다)+거(명사형 어미)+이(첨가 음)[모음 합체]→yanıl게[에→이]→yanıl기(ki)[유성음화]→yanılgi[모음조화: ı-ı]→yanılgı. cf. **yanılış**(=잘못한 일)=yanıl(mak)(=잘못하다)+일+ㅎ(한국어 고유 어 명사에 붙음)+이(첨가음)→yanıl일히[ㅎ→ㅅ/__이]→yanıl일시[ㄹ→∅/__ ㅅ]→yanıl이시(iş)[모음조화: ı-ı]→yanılış 【근거】힘(표준어)[ㅎ→ㅅ/__이]→ 심(경남). 부삽=불삽[ㄹ→∅/__ㅅ]→부삽. 종지=종자(鍾子)+이(첨가음)[모음 합 체]→종재[애→에]→종제[에→이]→종지. **yan**(mak)(=타다, (생선, 또는 음식 등이 지나치게) 못 쓰게 되다, 잘못되다)=연(燃)(=불타다, 태워 없애다, 불사르다). yanıl(mak)이 '잘못하다', '실수하다'의 의미를 갖게 된 것은 생선이나 음식을 태우 게 되면 요리를 잘못한 것이라는 데서 생긴 뜻이다.

yargı(=판단(判斷))=yar(mak)+거(명사형 어미)+이(첨가음)[모음 합체]→yar게 [에→이]→yar기(ki)[유성음화]→yargi[모음조화: a-ı]→yargı(판단이란 옳고 그름을 나누는 것이라는 데서 나온 말이다). **yar**(mak)=열(裂)(=쪼개다, 찢다, 나누 다)[어→아]→얄→yar. 판단(判斷): 단(斷)=끊다, 나누다.

yaygı(=something spread out on the ground or floor as a covering〈Türkçe Sözlük〉 《LEXILOGOS》(=덮개로 땅이나 마루에 펼쳐진 것)=yay(mak)(=널어놓다, 펼쳐 놓

다. 전파하다)+거(=것)+이(첨가음)[모음 합체]→yay게[에→이]→yay기(ki)[유성음화]→yaygi[모음조화: a-ı]→yaygı(그 뜻은 '펼친 것'). **yay**(mak)(=널어놓다)=널(다)/너(다)(경남)+이(첨가음)→너이[두음법칙 후 보상적 /y/ 첨가]→여이[여→야]→야이→yay【근거】옇다(경남)=넣다[두음법칙 후 보상적 /y/ 첨가]→옇다. 써리다(경남)=썰(다)+이(첨가음)→써리다.

yengi(=이김, 승리)=yen(mek)(=이기다, 승리하다)+거(명사형 어미)+이(첨가음)[모음 합체]→yen게[에→이]→yen기(ki)[유성음화]→yengi. **yen**(mek)(=이기다)=(화투에서) 나(다)(자동사)(=이기다)+이(타동사형 어미)+ㄴ(관형형 어미)[모음 합체]→낸[애→에]→넨(nen)[두음법칙 후 보상적 /y/ 첨가]→yen【근거】내다=나(다)(자동사)+이+다[모음 합체]→내다(타동사). 화투 놀이에서 이겼을 때, '났다'라고 한다. 났다=나(다)+ㅆ(과거시제 어미)+다. 아니면, **yen**(mek): 'ye-nil(mek)(=먹히다, 패배하다)=yen(mek)(=이기다)+il(피동 보조 어간)'로 분석한 결과일까? 한국어에서도 '지다'는 의미로 '먹히다'를 사용한다.

yenilgi(=패배)=yenil(mek)(=지다, 패배하다, **먹히다**)+거(명사형 어미)+이(첨가음)[모음 합체]→yenil게[에→이]→yenil기(ki)[유성음화]→yenilgi. cf. ye-mek(=먹다)의 파생적 의미이다. 한국어에서도 '지다'는 의미로 '먹히다'를 사용한다.

yörünge(=yürüyen bir noktanın izlendiği veya çizdiği yol⟨Türkçe Sözlük⟩《LEX-ILOGOS》(=궤적, 궤도, 자취)=*녈(다)(=녀다)(=行(행))+이(자음 충돌 회피용 삽입 모음)+ㄴ(관형형 어미)+거(=곳)+이(첨가음)[모음 합체]→녈인게(ke)[두음법칙 후 보상적 /y/ 첨가]→yyərinke[동자음 축약]→yərinke[어(ə)→으(ı)]→yırinke[umlaut: 으(ı)+이(i)→의(ö)]→yörinke[모음조화: ö-ü]→yörünke[유성음화]→yörünge(그 뜻은 '간 곳'=궤적)【근거】녈 힁(行)⟨훈몽자회 하권 27장 앞면⟩. (돋)녀다⟨월인천강지곡 상 31장 앞면⟩=다니다. **거닐다**=걷(다)+**녈다**[ㄷ→ㄴ/__ㄴ]→건녈다[여→에](경남 음운 규칙)→건넬다[동자음 축약]→거넬다[에→이]→거닐다. cf. 걷니다⟨석보상절 6권 20장 뒷면⟩=걷(다)+녈다[넬다](경남 발음)→걷넬다[ㄹ→Ø/__ㄷ]→걷네다[에→이]→걷**니**다. cf. **yürü**(mek)(=걷다,

거닐다)=닐(다)+이(첨가음)〚두음법칙 후 보상적 /y/ 첨가〛→y+열(yər)이(i)〚동음 축약〛→yəri〚어(ə)→으(ɪ)〛→yɪri〚으(ɪ))→우(u)〛→yuri〚umlaut〛→yuiri〚모음 합체: 유(yu)+이(i)→위(yü)〛→yüri〚모음조화: ü-ü〛→yürü. cf. ゆく(=行く)(yuku)(일본어)(=가다): 닐(다)/녀(다)+기(명사형 어미)→녀기〚어(ə)→으(ɪ)〛→yɪ기〚으(ɪ))→우(u)〛→yu기(ki)→yuki→ゆき(=行き)(yuki)(일본어 명사)(=감, 가는 것). 'yuki=yuk(육)(동사 어간)+i(이)(명사형 어미)'로 오분석하여 yuk(육)을 동사 어간으로 보고 일본어 동사가 만들어졌다: yuk(육)〚일본어 식으로 표기〛→yuku(유구)→ゆく(=行く)(일본어 동사). 일본어 언어학자들이 일본어 고어를 문법화시키면서 일본어 동사의 명사형 어미는 '이(i)'만 있다고 보고 '기(ki)'가 붙은 것을 'い(이)((i)'가 붙은 것으로 잘못 분석하여 한국어 동사의 명사형 어미 '기(ki)'의 /k/를 한국어 동사 어간에 붙여 만들어진 동사가 이런 동사들이다. 이런 예는 많다【근거】없다/읇다(경남 방언에서는 '어/으' 교체가 아주 자유롭게 일어난다). 믈(=水)〈훈민정음해례본 용자례〉〚으→우〛→물(현대어). 써리다(경남)(=썰다)=썰(다)(표준어)+이(첨가음)+다.

(33) ~li=~사람, 동물, 사물, ~li(형용사형 어미)

li: 예를 들어, '사랑할 이=사랑하(다)+ㄹ(관형형 어미)+이(=사람)'를 '사랑하(다)+**리**(=사람)'으로 오분석하여 '리(li)'가 사람을 나타내게 되었고 '하루살이=하루+살(다)+이(=동물)=하루+사(다)(경남)(=살다)+리(=동물)'로 오분석하여 '리(li)'가 동물을 나타내게 되었고 '달구가두리(경남)=달(경상, 함남)〈고려대 한국어대사전〉(=닭)+구(소유격 조사)+가두(다)+ㄹ(관형형 어미)+이(명사형 어미)(=사물)=달구가두(다)+리(li)(=사물)'로 오분석하여 '리(li)'가 사물을 나타내게 되었을 것으로 추정된다. 튀르키예어에 관형형 어미, /ㄹ/이 거의 없다는 것이 이를 뒷받침한다. cf. 지게=지(다)+거(=것)+이(첨가음)〚모음 합체〛→지게. 한국어에서 li가 붙은 형용사형은 찾을 수 없었으나 li가 붙은 명사와 형용사가 같은 것을 보면 명사가 형용사적으로 사용된 것임을 알 수 있다. friendly(=친절한, 우호적인)=friend(=친구)+li(형용사형 어미). 영어의 형용사형 어미, ly(li)도 한국어와 튀르키예어에서 유래했을 수도 있다. 앞으로 연구가 필요하다.

adalı(=섬사람)=아(경남)(=아이)(지소사)+다(=땅, 짜(=地(띵)[띠]〈월인석보 1권 월인서 17장 뒷면〉)+li(사람)→아다(ata)li〖유성음화〗→adali〖모음조화: a-ı〗→adalı(그 뜻은 '작은 땅(=섬) 사람'=섬사람). cf. **adalı**(=섬이 있는, 섬 형태의)=아+다+li(형용사형 어미)→아다(ata)li〖유성음화〗→adali〖모음조화: a-ı〗→adalı 【근거】 접두사, '아(경남)(=아이)'는 시간상으로는 '이르다', 크기상으로는 '작다'를 나타낸다: 아춤〈석보상절 13권 10장 뒷면〉(=아침)=아(=이르다)+춤(=때, 시기). 양달(=양지)=양(陽)(=볕, 태양)+달(=지(地)). 달=다(=地)+알(=子)(지소사)〖동모음 축약〗→달. 뻔덕(경남)(=풀이 있는 넓은 평지, 벌판)=*뻘(다)(=벌다)/*뻐(다)(=버다)+ㄴ(관형형 어미)+다(=지(地))+악(=자(子))(지소사)→뻔다악〖동모음 축약〗→뻔닥〖모음조화: 어-어〗→뻔덕(그 뜻은 '넙은 작은 짜(=지(地))'. '달(=다+**알**)'/'닥(=다+**악**)'/'땅(=따+**앙**)'의 '알'/'악'/'앙'은 지소사이다. 부텨說쎯法법ᄒᆞ신**다**마다 〈월인석보 1권 월인천강지곡 15장 앞면〉부처 설법하신 **데**마다: 다=데(=다+이)=곳=땅.

alacaklı(=받을 사람)(=채권자)=al(mak)(=받다)+acak(미래시제 접미사)+li(=사람)〖모음조화: a-ı〗→alacaklı(그 뜻은 '(빚) 받을 사람'=채권자). cf. **alacaklı**(=받을, 채권의)=alacak(=받을 것=채권)+li(형용사형 어미)〖모음조화: a-ı〗→alacaklı.

borçlu(=채무자)=borç(=빚, 빌림)+li(=사람)〖모음조화: o-u〗→borçlu. cf. borç-lu(=빚을 진, 빌린)=borç+li(형용사형 어미)〖모음조화: o-u〗→borçlu.

canlı(=생명체, 동물)=can(=정신, 생명)+li(=동물)〖모음조화: a-ı〗→canlı. cf. canlı(=살아 있는)=can+li(형용사형 어미)〖모음조화: a-ı〗→canlı. **can**(=정신)=정(精)〈법화경언해 1권 43장 앞면〉(=정신)〖단음화〗→정〖어→아〗→장〖ㅇ(ng)→ㄴ (n)〗→잔〖어두 유/무성자음 교체: ㅈ(무성 무기 파찰음)→c(유성 무기 파찰음)〗→can 【근거】 don(mak)(=얼다)=동(凍)(=얼다)(tong)〖ㅇ(ng)→ㄴ(n)〗→돈(ton)〖어두 유/무성자음 교체〗→don.

Çinli(=중국인)=Çin(=진(秦))[[Qín](중국음)(Çin]+li(=사람).

Kanadalı(=캐나다인)=Kanada(=캐나다)+li(=사람)〖모음조화: a-ı〗→Kanadalı.

Koreli(=한국인)=Kore(고려(高麗)[고레=kore](경남 발음))+li(=사람).

önemli(=중요한 인물, 중요한 사람)=önem(=중요, 중대, 중요성)+li(=사람)→önemli. önemlilerden birisi de Hacı Bektaş Veli'ydi.=가장 중요한 **인물** 중의 한 명도 하즈 벡타시 윌리였다. de(=도)=도+이(첨가음)[모음 합체]→되[단음화: 외→에]→데(te)[유성음화]→de. 아니면, da(=도)=도[오→아]→다(ta)[어두 유/무성자음 교체]→da(모음조화에 따라 'de'로). cf. 되[데](경남 발음). **önemli**(=중요한)=önem+li(형용사형 어미).

özürlü(=장애인)=özür(=장애)+li(=사람)[모음조화: ü-ü]→özürlü. cf. **özürlü**(=장애가 있는)=özür+li(형용사형 어미)[모음조화: ü-ü]→özürlü. cf. **sakat**(=장애인, 장애가 있는)=장(障)(=막다, 장애)+이(첨가음)+걷[걷](=사람): 장+이[자ᅵ](경남 발음)[비모음(鼻母音)의 구강 모음화]→자이[첨가음 삭제]→자[ㅈ→ㅅ]→**사**. 사+걷[어→아]→사갇(sakat). '첨가음 삭제'가 아니면, 사이+걷[어→아]→사이갇[모음 합체]→사걷[단음화: 야→아]→사갇(sakat) 【근거】국(國)+이(첨가음)[모음 합체]→귁(國)〈월인석보 1권 훈민정음 1장 앞면〉. **뒹**(追)〈월인석보 1권 월인서 17장 앞면〉[뒤]=듀+이(첨가음)[ㄷ→ㅌ]→튜이[구개음화]→츄이[단음화]→추이[첨가음, /이/ 제거]→**추**(현대어). **챥출**(醸出)(표준어)[단음화: 야→아]→**각**출(경남). 못된 **것**('못된 사람'의 비칭). 예삔 **것**(경남)(아이가 예쁘다고 아이를 이르는 말). 똥구시(경남)=똥+굳(구덩이)+이(첨가음)[발음대로 표기]→똥구디[구개음화]→똥구지[ㅈ→ㅅ]→똥구시 【근거】**굳** 깅(坑)〈훈몽자회 하권 17장 뒷면〉[단음화: 이→애, ㆁ(꼭지 있는 이응)→ ㅇ]→굳 갱(현대어). cf. **구덩이** 갱(坑)〈㈜오픈마인드인포테인먼트〉.

Polonyalı(=폴란드인)=Polonya(=폴란드)+li(=사람)[모음조화: a-ı]→Polonyalı.

sevgili(=애인)=sev(mek)(=사랑하다)+기(명사형 어미)(ki)+li(=사람)[유성음화: k→g/유성음(v)__유성음(i)]→sevgili. cf. **sevgili**(=사랑하는, 친애하는)=sev+기(ki)+li(형용사형 어미)[유성음화: k→g/유성음(v)__유성음(i)]→sevgili. **sevgi**=사랑.

suçlu(=범인, 죄인)=suç(=죄)+li(=사람)[모음조화: u-u]→suçlu. **suçlu**(=유죄의,

죄지은, 잘못의)=suç(=죄)+li(형용사형 어미)[모음조화: u-u]→suçlu. **suç**(=죄)=
수치(羞恥)(=당당(堂堂)하거나 떳떳하지 못하여 느끼는 부끄러움)(가능성이 크다).
羞恥[xiūchǐ](중국어), しゅうち(羞恥)(syuuchi)(일본어).

tek gözlü(=애꾸)=독(獨(=홀(로), 하나(의))+이(첨가음)+göz(=눈)+li(=사람)[모음
합체]→뙥 gözli[단음화: 외→에]→뎩(tek) gözli[모음조화: ö-ü]→tek gözlü【근
거】**독신**(獨身)=홀몸(=**외**톨이), 애꾸를 '**외**눈박이'라고도 한다. 되(표준어)[단음
화: 외→에]→데(경남). 귁(國)〈월인석보 1권 훈민정음 1장 앞면〉=국(國)+이(첨
가음)[모음 합체]→귁.

yerli(=원주민, 토착민=그곳에 살고 있는 사람)=yer(=장소)+li(=사람). cf. **yerli**(토
착의, 그 고장에 고유한, (물건) 국산의, 원주민의)=yer+li(형용사형 어미).

(34) ~li(형용사형 어미)

tatlı(=단, 달콤한, 사랑스런, 귀여운)=tat(맛, 미각)+li(형용사형 어미)[모음조화:
a-ı]→tatlı. 한국어의 뜻과 형용사의 의미로 보아 **tat**는 '단맛'이 원뜻이다: 달
(다)/다(다)(경남)+앗(=子)(명사형 어미)[앋]→다앋[동모음 축약]→닫(tat).
나머지 형용사: ⇒ 앞의 (32). friendly=friend+li(형용사형 어미)→friendly. 영어의
형용사형 어미, ly도 튀르키예어에서 유래했을 것으로 추정된다. 앞으로 연구가
필요하다.

(35) ~li(부사형 어미)

allı pullu(=울긋불긋)=al+li pul+li[모음조화: a-ı]→allı pulli[모음조화: u-u]
→allı pullu. cf. 알록달록=**알**(al)+옥(=악)(부사형 어미)+달+옥(=악)[/ㄹ/ 복
제]→알록달록. 울긋불긋=울+긋+**불**(pul)+긋. cf. **alaca bulaca**(=**알록달**
록)=**al**(알)+aca **bul**(불)+aca 【근거】樓룰우희ᄂᆞ라올아〈석보상절 6권 3장 앞면〉=누
위에 날아올라: 올아[/ㄹ/ 복제]→올라.

(36) ~m/b=~ㅁ/ㅂ(명사형 어미)

먹음=먹(다)+으(자음 충돌 회피용 삽입 모음)+ㅁ(명사형 어미)(=행위)→먹음.

여름〈용비어천가 1권 1장 뒷면〉/(평안, 함남, 황해)〈고려대 한국어대사전〉(=열매)=열(다)+으(자음 충돌 회피용 삽입 모음)+ㅁ(명사형 어미)(=것)(=물체). cf. 열매=열(다)+ㅁ(명사형 어미)+아(의미첨가 없이 명사에 붙는 접미사)+이(첨가음)〔모음 합체〕→열매. cf. 여름(=라(蓏)=풀 열매〈훈몽자회 하권 3장 뒷면〉〔ㅁ→ㅂ〕→여릅(=과(菓)=나무 열매〈훈몽자회 하권 3장 뒷면〉.

매듭=맺(다)[맫]+으(자음 충돌 회피용 삽입 모음)+ㅂ(명사형 어미)(=물체)→맫읍→매듭.

"**Ko**. -m // **Trk**. -m"〈Han-Woo Choi 2002: 33~34〉: 추상적인 명사의 개념과 구체적인 사물을 나나내는 것은 한국어와 동일하다.

akım(=흐름)=ak(mak)(=흐르다)+으(자음 충돌 회피용 삽입 모음)(ı)+ㅁ(명사형 어미)(m). **akış**(=흐름)=ak(mak)(=흐르다)+일+ㅎ(고유어 명사에 붙음)+이(첨가음)→ak일히〔ㅎ→ㅅ/__이〕(경남 방언 음운 규칙)→ak일시〔ㄹ→Ø/__ㅅ〕→ak이시(iş)〔모음조화: a-ı〕→akış. **ak**(mak)(=흐르다): *흘(다)/*흐(다)+기(명사형 어미)〔으→어〕→허기〔어→아〕(튀르키예어에는 /어/가 없다)→하기〔어두 /ㅎ/ 탈락〕→아기(aki)〔모음조화: a-ı〕→**akı**(=흐름, 유동, 유출). 'akı=ak(mak)(동사 어간)+ı(명사형 어미)'로 오분석하여 동사, akmak이 만들어졌다. 한국어와 튀르키예어는 명사형 어미로, '이(i)'와 '기(ki)', 둘 다 사용하지만 튀르키예어에서 '기'가 붙은 것을 '이'가 붙은 것으로 오분석하여 만들어진 동사이다 【근거】 **없다**/**읎**다(경남 방언에서는 '어/으 교체'가 아주 자유롭게 일어난다). **갈다**/**가다**(경남). heroin(영어)〔어두 /h(ㅎ)/ 탈락〕→eroin(튀르키예어). 흘러가다=**흘**(다)+어(부사형 어미)+가다〔/ㄹ/ 복제〕→흘러가다. cf. 樓룽우희ᄂᆞ라올아〈석보상절 6권 3장 앞면〉=누 위에 날아**올라**(현대어): 올아〔/ㄹ/ 복제〕→올라. 흘다〔풀어쓰기〕→흐르다. cf. **ひく**(=힉く)(hiku)(일본어 동사): 혀(다)[헤](경남 발음)+기(명사기〔에→

이』→히기(hiki)→**ひき**(=引き)(hiki)(명사형). 'ひき(=引き)(hiki)=hik(힉)(동사 어간)+i(이)(명사형 어미)'로 오분석하여 hik을 동사 어간으로 보았다. hik(힉)『일본어식으로 표기』→hiku(히구)→**ひく**(=引く)(hiku)(일본어 동사). 일본인 언어학자가 일본어를 문법화시킬 때 동사의 명사형 어미로, '기(ki)'가 있다는 것을 모르고 'い(i)' 하나만 있는 것으로 보고 한국어 동사의 명사형 어미, '기'가 붙은 것을 'い(i)'가 붙은 것으로 분석하여 한국어 동사 어간에 '기(ki)'의 /k/를 붙여 일본어 동사 어간으로 만들었다 【근거】혀다(=引)〈능엄경언해 1권 요해서 4장 앞면〉. 게 (=crab)(표준어/경남)『에→이』→기(경남).

alım(=취득, 획득, 소득)=al(mak)(=받다, 얻다, 구입하다)+으(자음 충돌 회피용 삽입 모음)(ı)+ㅁ(명사형 어미)(m)→alım.

batım(=일몰)=bat(mak)(=가라앉다, (해가) 지다)+으(자음 충돌 회피용 삽입 모음)+ㅁ(명사형 어미). gün **batımı**=일몰. cf. **batma**(=일몰=日沒)=bat(mak)+ㅁ(명사형 어미)(m)+아(의미첨가 없이 명사에 붙는 접미사)(a). **batış**(=일몰)=bat(mak)+일 (=事)+ㅎ(고유어 명사에 붙음)이(첨가음): 일히『ㅎ→ㅅ/__이』→일시『ㄹ→∅/__ㅅ』→이시→iş, bat+iş『모음조화: a-ı』→batış 【근거】해가 **빠지다**(경남)=해가 지다. bat(mak)=빧(다)(자동사)『ㅃ→b』→bat. **빧들다**=빧(다)(자동사)+들(사동 보조 어간)+다『ㄷ+ㄷ→ㄸ』→빠뜰다(경남). **열매**=열(다)+ㅁ(명사형 어미)+아(의미첨 가 없이 명사에 붙는 접미사)+이(첨가음)『모음 합체』→열매. cf. **여름**〈용비어천 가 1권 1장 뒷면〉(=열매)=열(다)+ㅁ(명사형 어미)(=것)(=물체).

bilim(=지식, 학문)=bil(mek)(=알다)+으(자음 충돌 회피용 삽입 모음)(ı)+ㅁ(명사 형 어미)(m)→bilım『모음조화: i-ı』→bilim. cf. **bilgi**(=지식)=bil(mek)(=알다)+기 (명사형 어미)(ki)→bilki『유성음화』→bilgi. **bilme**(=cognition(=인지))=bil(mek)+ ㅁ(명사형 어미)(m)+아(의미첨가 없이 명사에 붙는 접미사)(a)『모음조화: i-e』 →bilme. **biliş**(=acquaintance=아는 사람, friend=친구)=bil(mek)+앗(=子)(=사람)+ 이(첨가음): 앗+이『umlaut』→앳이『애→에』→엣이『에→이』→잇이→이시 →iş.

bozum(=부수기, 깨기)=뽀수(다)(경남)(=부수다)+ㅁ(명사형 어미)→뽀숨『ㅃ

→b〗→bo숨〖유성음화〗→bo숨〖ᅀ→z〗→bozum. **boz**(mak)(=부수다): 'bozu-m=boz(동사 어간)+u(자음 충돌 회피용 삽입 모음+ㅁ(명사형 어미)'로 오분석하여 동사, boz(mak)이 만들어졌다. cf. **bozma**(=폐지)=boz(mak)+ㅁ(명사형 어미)(m)+아(의미첨가 없이 명사에 붙는 접미사)(a)【근거】**열매**=열(다)+ㅁ(명사형 어미)+아(의미첨가 없이 명사에 붙는 접미사)+이(첨가음)〖모음 합체〗→열매. cf. **여름**〈용비어천가 1권 1장 뒷면〉(=열매)=열(다)+ㅁ(명사형 어미)(=것)(=물체). 가르마(표준어)=가르(다)+ㅁ(명사형 어미)+아.

dönüm(=회전, 전환, 주기)=dön(mek)(=회전하다, 돌다)+으(자음 충돌 회피용 삽입 모음)(ı)+ㅁ(명사형 어미)(m)〖모음조화: ö-ü〗→dönüm. cf. **dönüş**(=회전, 귀환, 귀로, 전환, 재귀)=dön(mek)+일+ㅎ(고유어 명사에 붙음)+이(첨가음)→dön일히〖ㅎ→ㅅ/__이〗→dön일시〖ㄹ→∅/__ㅅ〗→dön**이시**(iş)〖모음조화: ö-ü〗→dönüş. **dönme**(=회전)=dön(mek)(=돌다, 회전하다)+ㅁ(명사형 어미)(m)+아(의미첨가 없이 명사에 붙는 접미사)(a)〖모음조화: ö-e〗→dönme. **dön**(mek)=돌(다)/도(다)(경남)+이(첨가음)+ㄴ(관형형 어미)→도+이+ㄴ〖모음 합체〗→된(tön)〖어두 유/무성자음 교체〗→dön(관형형을 동사 어간으로 본 오분석 동사이다)【근거】⟹ **10.2.** 써리다(경남)=썰(다)(표준어)+이(첨가음)+다. kelmoq(우즈벡어)=gelmek(튀르키예어)=오다.

giyim(=의상, 의복)=끼이입(다)(경남)(=꿰어입다)+으(자음 충돌 회피용 삽입 모음)+ㅁ(명사형 어미)(=것)(=사물)〖모음조화(튀르키예어): i(이)-i(이)〗→끼이입임〖ㅂ→ㅸ→∅/모음__모음〗→끼이이임〖동모음 축약〗→끼이임〖ㄲ→g〗→giiim〖모음 합체: i+i→yi〗→giyim【근거】덥(다)+우(명사형 어미)→더부(경남 노인 말)〖유성음화: ㅂ→ㅸ/모음__모음〗→더붕〖ㅸ→∅/모음__모음〗→더우(경남 노인 말)(=더위(표준어)). 'ㄲ, ㄸ, ㅃ, ㅉ, ㅆ, ㆅ 爲 全濁'〈훈민정음해례본〉(전탁(全濁)=유성음(有聲音)). 아니면 '어두 유/무성자음 교체'일 것이다: ㄲ(유성음)→ㄲ(무성음)→d: 끈(近)〈월인석보 1권 월인서 14장 앞면〉〖ㄲ(g)→ㄱ(k)〗→**근**(현대어). gelmek(튀르키예어)=**kelmoq**(우즈벡어)=오다. 위하여〖단음화〗→이하여(경남). '**giyim**=giy(동사 어간)+i(자음 충돌 회피용 삽입 모음)+m(명사형 어미)'로 오분석』→giy(mek)(=(옷을) 입다, (신을) 신다, (장갑을) 끼다, 착용하다). 살림=살(다)+ㄹ(복제 자음)+이(자음 충돌 회피용 삽입 모음)+ㅁ(명사형 어미)→살림【근거】樓를우희ᄂᆞ라올아〈석보상절 6권 3장 앞면〉=누 위에 날아올라: 올아〖/ㄹ/ 복제』→올라(현대어).

kullanım(=사용, 쓰기)=kullan(mak)(=사용하다)+으(자음 충동 회피용 삽입 모음)(ı)+ㅁ(명사형 어미)(m)→kullanım. From Ottoman Turkish قوللانمق (kullanmak, "to use; to become a slave(=노예가 되다); to acquire slaves(=노예를 취득하다)". Equivalent to **kul**("slave, servant")+la(verbalising suffix)+n(reflexive suffix)+-mak(infinitive suffix)"〈Wiktionary〉: **kul**(=slave=종)=걸(=종)〖어→으〗→글〖으→우〗→굴(kul). 【근거】 거러치(=예(隷)〈훈몽자회 중권 1장 뒷면〉(=노예, 종)=걸(=종)+아치(=사람)〖모음조화: 어-어〗→걸어치〖발음대로 표기〗→거러치. 없다/읇다(경남)(경남 방언에서는 어/으 교체'가 아주 자유롭게 일어난다). 믈(=水)〈훈민정음해례본 용자례〉〖으→우〗→물(현대어). 장사아치(=장사치)(=장사하는 사람을 낮잡아 이르는 말)=장사+아치(=치). 장사아치=장사+악(=子)(=사람)(지소사)+ㅎ(고유어 명사에 붙음)+이(첨가음)〖ㄱ+ㅎ → ㅋ〗→장사아키〖구개음화: ㅋ→ㅊ/__이〗→장사아치〖동모음 축약〗→장사치.

kurum(=그을음)=그을(다)+으(자음 충돌 회피용 삽입 모음)+ㅁ(명사형 어미)→그으름〖동모음 축약〗→그름〖으→우〗→구룸→kurum 【근거】 믈(=水)〈훈민정음해례본 용자례〉〖으→우〗→물(현대어). cf. **kurum**(=회, 협회, 조합, 단체)=kur(mak)(=세우다, 짓다, 설립하다, 조직하다, 구성하다)+으+ㅁ〖모음조화: u(우)-u(우)〗→kurum. **kur(mak)**=구(構)ㅎ(다)+ㄹ(관형형 어미)〖ᄋᆞ→우〗→구울〖동모음 축약〗→굴(kur). 구(構)=얽다, (집을) 짓다, 결성하다 【근거】 봄다〖ᄋᆞ→우〗→불다(현대어) 【근거】 ᄇᆞᄅᆞᆷ〈용가2장〉《고려대 한국어대사전》(=바람)=**봄**(다)(=불다)+ᄋᆞ(자음 충돌 회피용 삽입 모음)+ㅁ(명사형 어미)→ᄇᆞᄅᆞᆷ, ᄇᆞᄅᆞᆷ〖ᄋᆞ→아〗→바람('바람'이 명사형이면, 현대어 동사는 '발다'가 되어야 하나 '불다'이다: 봄다〖ᄋᆞ→우〗→불다.

öğrenim(=배움, 학습)=öğren(mek)(=배우다)+으(자음 충돌 회피용 삽입 모

음)(ı)+ㅁ(명사형 어미)(m)〖모음조화: e-i〗→öğrenim. cf. **öğrenme**(=배움, 학습)=öğren(mek)(=배우다)+ㅁ(명사형 어미)(m)+아(의미첨가 없이 명사에 붙는 접미사)(a)→öğrema〖모음조화: e-e〗→öğreme.

satım(=판매)=sat(mak)(=판매하다)+으(자음 충돌 회피용 삽입 모음)(ı)+ㅁ(명사형 어미)(m). cf. **satış**(=판매)=sat(mak)(=팔다)+일(=事)+ㅎ(고유어 명사에 붙음)+이(첨가음): 일ㅎ이→일히〖ㅎ → ㅅ/__이〗→일시〖ㄹ→Ø/__ㅅ〗→이시→iş. sat+iş〖모음조화: a-ı〗→satış【근거】심(경남)(=힘=力)=힘〖ㅎ → ㅅ/__이〗→심. 부삽=불삽〖ㄹ→Ø/__ㅅ〗→부삽. **satma**(=판매)=sat(mak)+ㅁ(m)(명사형 어미)+아(a)(의미첨가 없이 명사에 붙는 접미사). **sat**(mak)(=판매하다)=(쌀 돈) 사(다)(=판매하다)+ㄹ(관형형 어미)〖ㄹ → ㄷ〗→삻→sat【근거】⇒ **10.1**. 쌀 **사로** 갔다(경남 노인 말)=쌀 **팔러** 갔다(표준어). cf. 쌀 **팔로** 갔다(경남 노인 말)=쌀 **사러** 갔다(표준어). 별(幣)〈훈민정음해례본 종성해〉〖ㄷ → ㄹ〗→별(幣)(현대어).

sayım(=셈, 계산)=세(다)+ㅁ(명사형 어미)〖모음 분해〗→서이ㅁ〖어→아〗→사이ㅁ→sayㅁ〖/y/(반자음으로 보고 자음 충돌 회피용 삽입 모음), 으(ı) 첨가〗→sayım. cf. **saygı**(=존경, 경의, 존중, (남에 대한) 헤아림)=세(다)(=여기다, 중요시하다, 존경하다)+기(명사형 어미)〖모음 분해〗→서이기〖어→아〗→사이기(ki)〖유성음화〗→saygi〖모음조화: a-ı〗→saygı. cf. **önemse**(mek)(중요하게 여기다)=önem(=중요, 중요성)+세(다)(se)(=여기다).

(37) ~ma/~me=~마/~매(=~ㅁ+아+이)

가르마〈Han-Woo Choi 2002: 35〉=갈(다)(경남)(=나누다)+으(자음 충돌 회피용 삽입 모음)+ㅁ(명사형 어미)+아(의미첨가 없이 명사에 붙는 접미사)【근거】**열매**=열(다)+ㅁ(명사형 어미)(=물체)+아(의미첨가 없이 명사에 붙는 접미사)+이(첨가음)〖모음 합체〗→열매(모음조화가 일어나지 않았다). cf. **여름**〈용비어천가 1권 1장 뒷면〉(=열매)=열(다)+ㅁ(명사형 어미)(=것)(=물체). cf. **갈래**(=하나에서 둘 이상으로 갈라져 나간 낱낱의 부분이나 계통)〈표준국어대사전〉=갈(다)(=나누다)+ㄹ(앞의 /ㄹ/ 복제)+아(=子)(=것)+이(첨가음)〖모음 합체〗→갈래【근거】樓릏우희ㄴ

라올아〈석보상절 6권 3장 앞면〉=누 위에 날아올라: 올아〖/ㄹ/ 복제〗→올라. 갈다〖풀어쓰기〗→가르다. 가르마=가르(다)+ㅁ(명사형 어미)+아→가르마. 한국어는 모음조화에 따라 '~마', '~메'가 결정되는 것이 아니고 첨가음, /이/가 붙느냐 붙지 않느냐에 따라 결정된다.

"**Ko**. -may/-mïy〈 *-ma/ma〈Han-Woo Choi 2002: 35〉는 '동사 어간+ㅁ(명사형 어미)+아(의미첨가 없이 명사에 붙는 접미사)+(이)'로 이루어져 있다 【근거】여름〈용비어천가 1권 1장 뒷면〉/(함북)〈고려대 한국어대사전〉(=열매)=열(다)+으(자음 충돌 회피용 삽입 모음)+ㅁ(=물체) 【근거】열매=열(다)+으(자음 충돌 회피용 삽입 모음)+ㅁ(=물체)+아(의미첨가 없이 명사에 붙는 접미사)+이(첨가음)〖모음 합체〗→열으매〖음절 재분석으로 /으/ 탈락〗→열매. 아래(표준어)=알(경남)(=아래)+아(의미첨가 없이 명사에 붙는 접미사)+이(첨가음)〖모음 합체〗→알애→아래. cf. Yalu Nehri(=압록강)=Yalu+Nehir(=강)+i(3인칭 소유 접미사)〖음절 재분석으로 /i/ 탈락〗→Yalu Nehri.

"According to G. Ramstedt, this Turkic suffix, -ma consists of two morphemes, deverbal noun suffix, -m and denominal adjective suffix, -a."〈Han-Woo Choi 2002: 35〉: 동사의 명사형 어미에 명사의 형용사형 어미가 붙었는데 어떻게 명사가 될 수 있겠는가? 한국에서 유래했다고 봐야 설명이 된다.

마지매(경남)(=마중)=맞(다)+이(자음 충동 회피용 삽입 모음)+ㅁ(명사형 어미)+아(의미첨가 없이 명사에 붙는 접미사)+이〖모음 합체〗→맞이매〖발음대로 표기〗→마지매. cf. **마중**(표준어)=맞(다)+웅(=子)(=것)(=앙)(명사형 어미).

불매(경남)(=풀무)=불(다)+ㅁ(명사형 어미)(=물체)+아(의미첨가 없이 명사에 붙는 접미사)+이〖모음 합체〗→불매(그 뜻은 '불음(=바람)의 것, 즉 바람을 일으키는 것=풀무). cf. **ㅂ룸**〈용가2장〉《고려대 한국어대사전》(=바람)=볼(다)(=불다)+ㅇ(자음 충돌 회피용 삽입 모음)+ㅁ(명사형 어미)(=존재)→ㅂ룸〖ㅇ→아〗→바람('바람'이 명사형이면, 현대어 동사는 '발다'가 되어야 하나 '불다'이다: 볼다〖ㅇ→우〗→불다. cf. **눈보라**(=바람에 불리어 휘몰아쳐 날리는 눈)〈표준국어대사전〉

=눈+불(다(=불다)+아(=子)(=것)[ᆞ→오]→눈보라(원뜻은 '눈바람'이다). 명사형과 동사에 적용된 모음 변화가 다르다.

열매〈Han-Woo Choi 2002: 35〉=열(다)+ㅁ(명사형 어미)(=것)(=물체)+아(의미첨가 없이 명사에 붙는 접미사)+이(첨가음)[모음 합체]→열매. cf. **여름**(평안, 함남, 황해)〈고려대 한국어대사전〉/〈용비어천가 1권 1장 뒷면〉(=열매)=열(다)+으(자음 충돌 회피용 삽입 모음)+ㅁ(명사형 어미)(=것)(=물체).

헐메(경남)(=부스럼이나 상처가 나서 살갗이 헐어 상함)=헐(다)+ㅁ(명사형 어미)+아+이[모음 합체]→헐매[모음조화: 어-에]→헐메. **헐다**=몸에 부스럼이나 상처 따위가 나서 짓무르다〈표준국어대사전〉.

bilme(=cognition=인지, 인식)=bil(mek)(=알다)+ㅁ(명사형 어미)+아(a)→bilma[모음조화: i-e]→bilme. cf. **bilim**(=과학, 지식)=bil(mek)+으(자음 충돌 회피용 삽입 모음)+ㅁ(명사형 어미)[모음조화: 이(i)-이(i)]→bilim. **biliş**(=아는 사람, 친구)=bil(mek)+앗(=子)(=사람)+이(첨가음)[umlaut]→bil앗이[애→에]→bil엣이[에→이]→bil잇이(iş).

dileme(=기원함, 부탁, 요청)=dile(mek)(=희망하다, 기원하다)+ㅁ(명사형 어미)(m)+아(=子)(a)→dilema[모음조화: e-e]→dileme, **dile**(mek)=(기원을) *디레(다)(tile)[어두 유/무성자음 교체]→dile 【근거】들레다(경북)[에→이]→들리다(표준어). (기원을) *디레(다[에→이]→(기원을) 디리(다)(경남)[이→으]→드리다(표준어). 디리(다)의 '리'가 고어에서 '레'였음을 알 수 있다.

dürme(=dürmek işi=(둥글게) 마는 일=맘)〈Vikisözlük〉=dür(mek)(=(둥글게) 말다)+ㅁ(명사형 어미)(m)+아(=子)(a)→dürma[모음조화:ü-e]→dürme. *뚤(다)+이(첨가음)[모음 합체]→뛜[ㄸ→d]→dür(mek) 【근거】둘둘/돌돌/뚤뚤/똘똘(경남, 전부 사용)=둘(다)+둘(다)/돌(다)+돌(다)/뚤(다)+뚤(다)/똘(다)+똘(다). 동사 어간+동사 어간=부사: 달달 (볶다)(경남)=달(다)(=타지 않는 단단한 물체가 열로 몹시 뜨거워지다)+달(다). ring ring(영어)=따르릉따르릉. 써리다(경남)(=썰다)=썰(다)+이(첨가음)+다.

duruşma(=청문회, a hearing in a lawsuit)=들(다)(함경)〈고려대 한국어대사전〉(=

듣다)+어(부사형 어미)+지(다)+ㅁ(명사형 어미)(m)+아(a)〖으→우〗→둘어지마
〖어→으〗→둘으지마〖으→우〗→둘우지마〖ㅈ→ㅅ〗→둘우시마(turuşma)〖어두
유/무성자음 교체〗→duruşma(그 뜻은 '들어지는 것'=청문. 영어의 'hear'는 우리
말로 '듣다'가 아니고 '들리다'로 '들어지다'와 같은 뜻이다). 사전에서 'duruşmak'
이라는 동사는 찾을 수 없었으나 명사형 어미, ma를 제거하면 'duruş'가 동사 어
간임을 알 수 있고 그 뜻이 한국어와 같음을 알 수 있다 【근거】 gelmek(튀르키예
어)=kelmoq(우즈벡어)=오다. 믈(=水)〈훈민정음해례본 용자례〉〖으→우〗→물(현
대어). '듣다'의 활용형을 보면 /ㄷ/이 모음 앞에서 /ㄹ/로 교체된다: 들으면, 들으
니, 들어서…. 똥구시(경남)→똥구디〖구개음화〗→똥구지〖ㅈ→ㅅ〗→똥구시. 옷
한 벌(표준어)〖어→우〗→옷 한 불(경남). 없다/읎다(경남).

geçme(=통과)=geç(mek)(=거치다, 통과하다, 지나가다)+ㅁ(명사형 어미)(m)+아
(a)→geçma〖모음조화: e-e〗→geçme. **geç**(mek)=거치(다)〖umlaut〗→게치→keç
〖어두 유/무성자음 교체〗→geç 【근거】 gelmek(튀르키예어)=kelmoq(우즈벡어)=
오다. 겨집〈석보상절 19권 1장 뒷면〉〖umlaut〗→계집(현대어). 개지다(평안, 중국
요령성)〈우리말샘〉=가지다〖umlaut〗→개지다: 현대어에서 치음, ㅅ, ㅈ, ㅊ 앞에
서 umlaut가 거의 일어나지 않으나 중세 국어와 방언에서는 일어난 예가 있다.

humma(=(병의) 열=fever)=훈(薰)(=태우다)(hun)+ㅁ(명사형 어미)(m)+아
(a)→hunma[humma]〖ㄴ(n)→ㅁ(m)/__ㅁ(m)〗(음운 규칙)→humma(그 뜻은 '태
움의 것'=열) 【근거】 간만[감만]. 동사, hunmak은 사전에서 찾지 못했다.

konuşma(=말하기, 대화, 연설)=konuş(mak)(=말하다, 대화하다, 의논하다)+ㅁ
(명사형 어미)(m)+아(a)→konuşma.

öğrenme(=배움, 학습)=öğren(mek)(=배우다)+ㅁ(명사형 어미)(m)+아(a)→öğren-
ma〖모음조화: e-e〗→öğrenme.

saldırma(=공격, 침공)=saldır(mak)(=공격하다, 침공하다)+ㅁ(명사형 어미)(m)+
아(=子)(a)→saldırma. **saldır**(mak)=치(다)+ㄹ(관형형 어미)+어(부사형 어미)+들
(다)→칠어들〖모음 합체〗→쳘들〖단음화: 이+어→어〗→철들〖ㅊ→ㅅ〗→설들
〖어→아〗→살들(saltır)〖유성음화〗→saldır 【근거】 쳐들어가다(=적을 무찔러 들

어가다=공격해 들어가다)=치(다)+어(부사형 어미)+들(다)+어(부사형 어미)+가다 〖모음 합체〗→쳐들어가다. ⇒ **10.1**. (엿의) **갗**(=(狐)皮)〈훈민정음해례본 종성해〉 (=(여우의) 가죽)〖ㅊ→ㅅ〗→(ㅈ)**갓**(=(面)皮)〈역어유해 상권 33장 뒷면〉. 치과(齒 科)[치까(경남 발음)]〖ㅊ→ㅅ〗→시까→しか(歯科)(sika)(실제 발음은 [시까]와 같 다). 齒=歯.

satma(=판매)=sat(mak)(=팔다)+ㅁ(명사형 어미)(m)+아(=子)(a)→satma. **sat**(mak) (=판매하다)=(쌀 돈) 사(다)(=판매하다)+ㄹ(관형형 어미)〖ㄹ→ㄷ〗→산→sat 【근 거】 볃(幣)〈훈민정음해례본 종성해〉〖ㄷ→ㄹ〗→별(幣)(현대어). 쌀 사로 갔다(경 남 노인 말)=쌀 팔러 갔다(표준어). 쌀 팔로 갔다(경남 노인 말)=쌀 사러 갔다(표준 어). **devir**(mek)(=엎다, 뒤집다)=드비(다)/디비(다)(경남)(=뒤집다)+ㄹ(관형형 어 미)→드빌〖umlaut〗→듸빌〖단음화〗→데빌(**tepir**)〖어두 유/무성자음 교체〗→de 빌(**pir**)〖유성음화〗→de빌〖ㅸ→v〗→devir. cf. **く**(=来)(일본어 고어)(ku)+ㄹ(r)(관 형형 어미)→kur〖일본어식으로 표기〗→kuru(=来る)(현대어). ⇒ **10.1**.

yarma(=yarmak işi=쪼개는 일)=yar(mak)(=쪼개다, 찢다)+ㅁ(명사형 어미)(m)+아 (a). **yar**(mak)=열(裂)(=쪼개다, 찢다)〖여→야〗→얄→yar.

(38) ~mak

"**Ko**. -mak // **Trk**. maq/mäk"〈Han-Woo Choi 2002: 35~36〉은 두 개의 형태소 가 결합된 것이다: "MT(MK) čaqmak 'lighter'〈 čaq- "to strike (fire)"〈Han-Woo Choi 2002: 35~36〉: čaqmak=čaq-+m(명사형 어미)+ak**(악)(의미첨가 없이 명사 에 붙는 접미사)** 【근거】 **여름**(평안, 함남, 황해)〈고려대 한국어대사전〉/〈용비어천 가 1권 1장 뒷면〉(=열매)=열(다)+으(자음 충돌 회피용 삽입 모음)+ㅁ(명사형 어 미)(=것)(=물체). 구미(경북)〈우리말샘〉(=구멍)=굼+이(첨가음), 구무(=孔)〈훈몽자 회 하권 18장 앞면〉(=구멍)=굼+우(첨가음), 굼터/굼트(=굼)=굼+터/**트**, 구메〈교시 조 2717. 16〉《우리말샘》(=구멍)=굼+아(의미첨가 없이 명사에 붙는 접미사)+이(첨 가음)〖모음 합체〗→굼애〖모음조화〗→구메, **구먹**(경기, 전라, 충북, 황해)〈고려대 한국어대사전〉=굼+악(의미첨가 없이 명사에 붙는 접미사)〖모음조화〗→굼억→

구먹. 굼턱=굼+터+악(의미첨가 없이 명사에 붙는 접미사)〖모음조화〗→굼터억
〖동모음 축약〗→굼턱. 의미첨가 없이 명사에 붙은 접미사: 이/우/악/엉/아.

"MKo. orïmak 'slope' 〈 orï- to rise)"〈Han-Woo Choi 2002: 36〉: 오르막=오르
(다)+ㅁ(명사형 어미)+**악(=장소)** 【근거】 durak(=역)=(비가) 들(다)(=멈추다)+악(=
장소)〖으→우〗→둘악(turak)〖어두 유/무성자음 교체〗→durak 【근거】 kelmoq(우
즈벡어)=gelmek(튀르키예어)=오다. 믈(=水)〈훈민정음해례본 용자례〉〖으→우〗→
물(현대어).

(39) ~miş/~mış=~뭇(=10)+이

생선 한 뭇(=10)=생선 열 마리. 뭇(mus)+이(첨가음)〖umlaut〗→뮛이〖단음화: 위
→이〗→미시→miş 【근거】 믈(=水)〈훈민정음해례본 용자례〉〖으→우〗→물(현대
어). 위하여(표준어)〖단음화: 위→이〗→이하여(경남).
altmış(=60)=alt(=6)+뭇(=10)+이(첨가음)〖umlaut〗→alt뮛이〖단음화: 위→이〗
→alt미시(miş)〖모음조화: a-ı〗→altmış(=여섯 뭇=60). **altı**(=여섯의)=알(=下)(경
남)(=아래)+트/터(경남)+으(경남)(소유격 조사)→알트으〖동모음 축약〗→알트
→altı(그 뜻은 '밑의'로 1~10을 둘로 나누면 1~5가 앞이니 위이고 6 이하가 밑이
라고 생각해서 만들어진 단어일 것으로 추정된다). cf. altı(=여섯, 6)=alt(=6)+이(i)
(첨가음)〖모음조화: a-ı〗→altı 【근거】 머릿글(=시작하는 글=서론): 머리는 위이고
앞을 의미한다. 겨집〈석보상절 19권 1장 뒷면〉〖umlaut〗→계집(현대어). 너**어** 집/
느**으** 집(경남)(=너의 집(표준어))=너/느+어/으(경남)(소유격 조사)+집. 장어(표준
어)+이(첨가음)〖모음 합체〗→장에〖모음조화: 아-애-〗→장애(경남 노인 말). 귀
신(표준어)〖단음화: 위→이〗→기신(경남).
yetmiş(=70)=yet(=7)+뭇(=10)+이(첨가음)〖umlaut〗→yet뮛이〖단음화: 위→
이〗→yet미시→yetmiş(일곱 뭇=70). yedi(=일곱의)=yet+으(경남)(소유격 조
사)→yetı〖유성음화〗→yedı〖모음조화: e-i〗→yedi(=일곱의). cf. **yedi**(=7, 일
곱)=yet+이(첨가음)(i)→yeti〖유성음화〗→yedi(=일곱) 【근거】 겨집〈석보상절
19권 1장 뒷면〉〖umlaut〗→계집(현대어). 너**어** 집/느**으** 집(경남)(=너의 집(표준

어))=너/느+어/으(경남)(소유격 조사)+집. 장어(표준어)+이(첨가음)〖모음 합체〗 →장에〖모음조화: 아-애-〗→장애(경남 노인 말). 귀신(표준어)〖단음화: 위→이〗 →기신(경남).

(40) ~r=~ㄹ(관형형 어미)
볼=보(다)+ㄹ(관형형 어미). 볼 책.

튀르키예어의 관형형 어미, /r/의 예는 아주 적다.
akar(=흐르는, 유동적)=ak(mak)(=흐르다)+아(자음 충돌 회피용 삽입 모음)(a)+ㄹ (관형형 어미)(r). akarsu(=흐르는 물, 개울, 시내, 강)=ak(mak)+아+ㄹ+수(su)(水)(= 물).
çalar(=치는, 두드리는)=çal(mak)(=치다, 두드리다)+아(a)(자음 충돌 회피용 삽입 모음)+ㄹ(r) (관형형 어미). cf. çalar saat(=알람 시계, 자명종 시계). cf. **çalar**(=(시 계 따위의) 종)=çal(mak)+알(=子)(=것, 물건)(ar)→çalar(그 뜻은 '치는 것'=(시계 의) 종).
savar(=잡을)=sav(mak)(=잡다)+아(a)(모음 충돌 회피용 삽입 모음)+ㄹ(r)(관형형 어미): uçak savar top(=비행기 잡을 포=대공포). cf. **sineksavar**(=파리약)=sinek(= 파리)+sav(mak)+알(=子)(ar)(=것, 물건)→sineksavar(=파리 잡을 것=파리약). cf. 잡(다)+아(모음 충돌 회피용 삽입 모음)+ㄴ(관형형 어미)+거(것)→잡안 거(경남)= 잡은 것. /ㄹ/이 관형형 어미가 아니면 명사형 어미, '알(=子)(ar)'(명사형 어미)이 형용사적으로 쓰인 경우일 것이다.

(41) ~stan=~쌍(=땅)
싸ᅙ〈석보상절 6권 26장 앞면〉+**앙**(=子)(의미첨가 없이 명사에 붙는 접미사)〖ᅙ →∅/모음__모음〗→싸앙〖ㆁ(ng)→ㄴ(an)〗→싸안〖동모음 축약〗→싼→stan. 싸 ᅙ〈석보상절 6권 26장 앞면〉+앙(=子)〖ᅙ→∅/모음__모음〗→싸앙〖ㅅ+ㄷ→ㄸ〗 →따앙〖동모음 축약〗→땅(현대어) 【근거】 뙬(경기, 전라, 충청)〈고려대 한국어대사전〉(=도랑)+앙(의미첨가 없이 명사에 붙는 접미사)→또랑(경남)(=도랑).
don(mak)(=얼다)=동(凍)(tong)(=얼다)[ㅇ(ng)→ㄴ(an)]→ton[어두 유/무성자음
교체]→don【근거】kelmoq(우즈벡어)=glemek(튀르키예어)=오다.

Kazakistan(=카자흐스탄)=Kazak(=카자흐스탄 사람)+으(경남)(소유격 조사)+짱
(=地)(stang)[으→이]→Kazak이짱[ㅇ(ng)→ㄴ(an)]→Kazakistan(그 뜻은 '카작
인의 땅'이다)【근거】**이사/으사**(경남)=의사(醫師)(표준어). 집으 기둥(경남)(=집
의 기둥)=집+으(소유격 조사)+기둥: (집)**으**(경남)(=의(표준어))[으→이]→**이(i)**
(튀르키예어 소유격 조사): **dinî**(=종교의)=din(=종교)+으[으→이]→dinî 【근거】
don(mak)(=얼다)=동(凍)(=얼다)[ㅇ(ng)→ㄴ(n)]→돈(ton)[어두 유/무성자음 교
체]→don 【근거】gelmek(튀르키예어)=kelmoq(우즈벡어)=오다.

Lehistan(=(지리) 폴란드)=Leh(=폴란드 사람)+으(경남)(소유격 조사)+짱(=地)[으
→이]→Leh이짱[ㅇ(ng)→ㄴ(n)]→Leh이짠[stan]→Lehistan(그 뜻은 '폴란드인
의 땅'이다)【근거】집으 기둥(경남)(=집의 기둥)=집+으(소유격 조사)+기둥: (집)
으(경남)(=(집)의)[으→이]→**이(i)**(튀르키예어 소유격 조사): **dinî**(=종교의)=din(=
종교)+으[으→이]→dinî. don(mak)(=얼다)=동(凍)(=얼다)[ㅇ(ng)→ㄴ(n)]→돈
(ton)[어두 유/무성자음 교체]→don 【근거】gelmek(튀르키예어)=kelmoq(우즈벡
어)=오다.

Macaristan(=헝가리)=Macar(=헝가리인)+으(경남)(소유격 조사)+짱(=地)[으→
이]→Macar이짱(istang)[ㅇ(ng)→ㄴ(an)]→Macaristan. **Macar**=마(馬))+이(첨가
음 아니면 소유격 조사)+갈(=子)(=알)(=사람)[모음 합체]→마걀(magyar)(=헝가리
인)[구개음화: ㄱ→ㅈ/__y]→마쟐[유성음화: ㅈ→c/모음__모음]→Macyar[단
음화]→Macar. **마걀(magyar)**(=헝가리 사람: 원뜻은 '말의 자손'이다)【근거】靺
鞨(말갈)[Mòhé](중국어)(모허)=몰(=馬(마))〈훈몽자회 상권 19장 뒷면〉(=말)+ㅎ(고
유어 명사에 붙음)+아(=子)(=자손, 나라)[어말 /ㄹ/ 탈락]→무ㅎ+아[ᄋ→오]→
모하[아→어]→모허→Mòhé. 따라서 '말갈'을 중국어로 음차한 것이 靺鞨이고
'몰하'를 중국어로 바꾼 것이 Mòhé이다【근거】하(河)(ha)[아→어]→河[hé](허)
(중국어). 영어에서 헝가리를 Hungary로 부른 것은 헝가리를 '훈족의 자손'이라

고 생각한 것이다: Hungary=훈(족)(Hun)+갈(=子)(kar)(=알)(=자손, 나라)+이(첨가음)(i)〖유성음화〗→Hungary. 중국인은 남의 나라 이름을 한자로 음차할 때 같은 음의 좋지 않은 의미의 한자를 골라 사용했다: 南蠻(중국의 남쪽에 있는 나라)=남(南)(=남쪽)+만(蠻)(=벌레와 같이 미개(未開) 민족(民族)). 흉노(匈奴)=흉(凶)(=슬렁슬렁하여 험악(險惡)하다)+노(奴)(=종, 노예). 한국은 상대국을 존중하여 좋은 의미의 단어를 골라 음차했다: 미국(美國)(America)=미(美)(=아름답다)+국(國)(=나라). cf. べいこく(米国)(beikoku)(일본어)(=America)=며(米)(=쌀, 벼)(myə)+이(첨가음)(i)+국(=国)(=나라)(koku)〖umlaut〗→myeikoku〖단음화〗→meikoku〖m→b〗→beikoku 【근거】’징몌(粳米)〈월인석보 1권 월인천강지곡 34장 뒷면〉[징몌]=징+*며(米)+이(첨가음)〖모음 합체〗→징몌. *며〖ㅁ→ㅂ〗→벼(현대어) 【근거】소 한 마리(mari)(표준어)〖ㅁ→ㅂ〗→소 한 바리(bari)(경남).

Özbekistan(=우즈베키스탄)=Özbek(=우즈베키스탄 사람)+으(경남)(소유격 조사)+쌍(=地)〖으→이〗→Özbek이쌍(stang)〖ㅇ(ng)→ㄴ(an)〗→Özbekistan(그 뜻은 우즈벡인의 땅).

Suudi Arabistan(=사우디 아라비아)=Suudi Arap(=사우디 아랍인)+으(경남)(소유격 조사)+쌍(=地)〖으→이〗→Suudi Arap이(i)쌍〖유성음화〗→Suudi Arabi쌍(stang)〖유성음화: ㅇ(ng)→ㄴ(an)〗→Suudi Arabi싼(stan)→Suudi Arabistan(그 뜻은 ‘사우디 아랍인의 땅’). cf. Saudi Arabia(영어)=Saudi Arap(=사우디 아랍인)+으(경남)(소유격 조사)+아(=땅)〖으→이〗→Saudi Arap이아〖유성음화〗→Saudi Arabia 【근거】kara(튀르키예어)(=마른 땅, 육지, 뭍)=갈(다)(경남)(=마르다)+아(=땅)→갈아→가라→kara.

(42) ~t=~터/트

굼터/굼트(경남)(=굼)=굼+터/트 【근거】굼=구미=구무=구메=구먹=굼터/굼트/굼티(경남)=굼턱(경남): 구미(경북)〈우리말샘〉=굼+이(첨가음), 구무(=孔)〈훈몽자회 하권 18장 앞면〉=굼+우(첨가음), 굼터/굼트(=굼)=굼+터/**트**, 구메〈교시조 2717.16〉〈우리말샘〉=굼+아(의미첨가 없이 명사에 붙는 접미사)+이(첨가음)〖모음 합

체]]→굼애[[모음조화: 우-에]]→구메, 구먹(경기, 전라, 충북, 황해)〈고려대 한국
어대사전〉=굼+악(의미첨가 없이 명사에 붙는 접미사)[[모음조화: 우-어]]→굼억
→구먹. 굼턱(경남)=굼+터+악(의미첨가 없이 명사에 붙는 접미사)[[모음조화]]→
굼터억[[동모음 축약]]→굼턱. 이=우=악=아=터/트=티=터+악. 굼티(경남)=굼+터
+이(첨가음)[[모음 합체]]→굼테[[에→이]]→굼티.

alt(=밑, 아래)=알(=下(하))(경남)(=아래)+터/트(경남)→알트(altı)[[/t/를 파열시켜
발음하면 [ı]는 있으나 없으나 발음이 같이 들린다]]→alt.

ast(=under, sub=아래-)〈turkishdictionary.net〉=하(下)(ha)+ㅅ(사이시옷)(s)+터/트
(경남)→has트(tı)[[/t/를 파열시켜 발음하면 [ı]는 있으나 없으나 발음이 같이 들린
다]]→hast[[어두 /h/ 탈락]]→ast 【근거】 heroin(영어)[[어두 /ㅎ/ 탈락]]→eroin(튀
르키예어).

sırt(=(인체의) 등, 능선(=산**등**성이), 칼의 베어지지 않는 부분(=칼**등**))=(곱)새(=등)
(경남)+알(=子)(의미첨가 없이 명사에 붙는 접미사)+이(첨가음)+**트**/터(=장소)[[애
→에]]→세알이트[[에→이]]→시알이트[[모음 합체]]→시앨트[[애→에]]→시엘트
[[에→이]]→시일트[[이→으]]→스을트[[동모음 축약]]→슬트(sırtı)[[/t/를 파열시
켜 발음하면 [t] 다음의 [ı]는 있으나 없으나 발음이 같이 들린다]]→sırt 【근거】 곱
새(강원, 경기, 경상)〈고려대 한국어대사전〉(=곱사등이(표준어))=곱(다)(=굽다)+
새(=등). **せ**(=背)(se)(일본어)(=등)=(곱)새[[애→에]](일본어에는 /애/가 없다)→세
(se). 종지=종자(鍾子)+이(첨가음)[[모음 합체]]→종재[[애→에]]→종제[[에→이]]
→종지. **으**사/**이**사(경남)=의사(醫師)(표준어). cf. 등더리(경남)(=등)=등+다〈월인
석보 1권 월인천강지곡 15장 앞면〉(=데)+알(=子)(지소사 혹은 의미첨가 없이 명
사에 붙는 접미사)+이(첨가음)[[모음조화: 으-어]]→등더얼이[[동모음 축약]]→등
덜이→등더리 【근거】 부텨 說法ᄒ신 **다**마다〈월인석보 1권 월인천강지곡 15장 앞
면〉=부처 설법하신 **데**마다: 다+이(첨가음)[[모음 합체]]→대[[애→에]]→데(현대
어). 양달(陽달)(=햇볕이 잘 드는 곳)=양(陽)(=햇볕, 태양)+다〈월인석보 1권 월인
천강지곡 15장 앞면〉+알(=子)(지소사 혹은 의미첨가 없이 명사에 붙는 접미사)
[[동모음 축약]]→양달. '터/트'와 '달'은 같은 뜻이다. 사타리(경남)=살(표준어)+

알(의미첨가 없이 명사에 붙는 접미사)+이(첨가음).

üst(=위)=우(=上(상))(경남)+이(첨가음)+ㅅ(사이시옷)+터/트(경남)〖모음 합체〗
→윗트(üstı)〖/t/를 파열시켜 발음하면 [ı]는 있으나 없으나 발음이 같이 들린다〗
→üst【근거】우(=上)(경남)+이(첨가음)〖모음 합체〗→위(표준어)(ü).

(43) ~t=~ㅅ(사이시옷)

ㅅ(사이시옷): /ㅅ/는 어말이나 자음 앞에서는 [t]로, 모음 앞에서는 [s]로 발음된다.

나뭇가지=나무+ㅅ[t]+가지〖ㄷ(t)+ㄱ→ㄲ〗(나뭇[나묻]의 /ㄷ/이 뒤의 '가지'에 발
음의 영향을 주어)→[나묻까지].

나뭇닢=나무+ㅅ[t]+닢(=잎)〖ㄷ(t)→ㄴ/__ㄴ〗→[나문닢].

くに-つ-かみ(=国-つ-神)(kuni-tsu-kami)(일본어)=군(郡)(=國)+이(첨가음)+ㅅ
(사이시옷)[t=ㅌ](일본어에는 ㄷ/ㅌ의 구분이 없다)+감(=신(神))+이(첨가음)→구
닏가미〖일본어식으로 표기〗→구니트가미〖구개음화: ㅌ→ㅊ/___으〗→구니츠
가미[kunitsukami]→kunitsukami→くに-つ-かみ(つ(tsu)[tsɯ])【근거】일본 고
대국가에서 군(郡)이 하나의 국(國)이었다. 대감(大감)(=큰 신(=神(신)))(무속에서
'큰 신'을 대감이라고 한다)=대(大)(=크다)+감(=神)(=신). かみ(=神)(kami)=(대)
감(kam)+이(첨가음)→가미→kami. cf. かむかぜ(=神風)(kamukaze)(일본어 고
어)=감(=神)(kam)+かぜ(=風)(kaze)〖일본어식으로 표기〗→가무(kamu)+かぜ(=風)
(kaze)(中古以降「かみかぜ」とも=중고(中古) 이후에는 「かみかぜ」로도)〈ベネッ
サ全訳古語辞典(2008)〉【근거】장애(경남)(=eel)=장어(표준어)+이(첨가음)〖모음
합체〗→장에〖모음조화: 아-애〗→장애.

sabit(=고정된, 입증된)=잡(다)+이(명사형 어미)+ㅅ[t=ㄷ](사이시옷)〗→자빋〖ㅈ
→ㅅ〗→사빋(sapit)〖유성음화〗→sabit 【근거】볼트가 두 물체를 움직이지 않게
잡고 있다: 잡고=고정시키고. 똥구시(경남)=똥+군(=구덩이)+이(첨가음)→똥구
디〖구개음화〗→똥구지〖ㅈ→ㅅ〗→똥구시. cf. **sabit**(=정처(定處))=잡(다)+이(자
음 충돌 회피용 삽입 모음)+터/트(경남)(=곳)→잡이트〖ㅈ→ㅅ〗→삽이트→사비
트→sabitı〖/t/를 파열시켜 발음하면 어말의 [ı]는 있으나 없으나 발음이 같이 들

린다』→sabit. 아니면. **sabit**(=정처(定處))=잡(다)+앗[안](=子)(명사형 어미)+이(첨
가음)[ㅈ→ㅅ]→삽앗이[모음 합체]→삽앳[애→에]→삽엣[에→이]→삽잇
(sapit)[유성음화]→sabit 【근거】 그는 서울에 **자리 잡았다**=그는 서울에 **정착했다**.
정처(定處))=정(定)한 곳=잡은 곳.

(44) ~ti=~티

티=어떤 태도나 기색. '문 앞에서 헛기침을 하고 누가 왔다는 **티**를 냈다=문 앞에
서 헛기침을 하고 누가 왔다는 **소리**를 냈다'와 같은 연유로 '티'가 튀르키예어에
서 '소리'로도 쓰였을 것으로 추정된다. cf, **티**=먼지처럼 아주 잔부스러기.
belirti(=징조(徵兆))=belir(mek)(=나타나다, 명백해지다)+티(=기색, 기미)(ti)→ -
belirti(그 뜻은 '나타날 기색/기미'=징조).
esinti(=부는 듯 마는 듯 가볍게 부는 바람)=es(mek)(바람이 불다)+으(자음 충돌
회피용 삽입 모음)(ı)+ㄴ(n)(관형형 어미)+티(ti)→esıntı[모음조화: e-i]→esinti
【근거】 바람이 부**는 티**가 난다=바람이 조금 부는 것이 느껴진다.
fısırtı(=바스락거리는 소리)=fısır+티(ti)[모음조화: ı-ı]→fısırtı. : fışır**damak**(=바
스락**대다**, 바스락거리다)=브슬(다)(=뿌시룩대다/쁘시룩대다/쁘스룩대다/뽀시락
대다/부시럭대다/브스럭대다)(경남))+다(다)(=대다)→브슬다[ㅂ→ㅍ]→프슬다
[ㅍ→f/(유성음)__으]?→fısırda. 대다=다(다)+이(첨가음)+다[모음 합체]→대
다 【근거】 봉(布)〈월인석보 1권 월인천강지곡 12장 뒷면〉[**보**][ㅂ→ㅍ]→포(현대
어). 썰다(표준어)+이(첨가음)+다→써리다(경남). **fışır fışır**(=바스락 바스락)=브
슬(다)+브슬(다)[ㅂ→ㅍ]→프슬 프슬[ㅍ→f/ㄹ__으]→pışır fışır→fışır fışır?
【근거】 달달 (볶다)=달(다)+달(다). 달다=타지 않는 단단한 물체가 열로 몹시 뜨
거워지다. cf. 뿌시럭/쁘스룩/부시럭/브스럭(경남)(=부스럭)=뿌실(다)/쁘슬(다)/
부실(다)/브슬(다)+악(부사형 어미)[모음조화: 이/으/어 교체]→뿌시럭/쁘스룩/
부시럭/브스럭 【근거】 노락노락(경남)(=노릇노릇)=*놀(다)(=노랗다)+악(부사형
어미)+*놀(다)+악(부사형 어미). 노릇노릇(표준어)=*놀다)+앗(부사형 어미)+*놀
(다)+앗(부사형 어미)[아→으]→노릇노릇. cf. 노랏노랏(경남)=노릇노릇.

hırıltı(=boğazdan veya genizden gelen hırlama sesi=목구멍이나 비강에서 나오는 흐르렁 소리)=*흘(다)+알(명사형 어미)+이(첨가음 혹은 소유격 조사)+티〖모음 합체〗→흘앨티〖애→에〗→흘엘티〖에→이〗→흘일티(hırilti)〖모음조화: ı-ı〗→hırıltı 【근거】karar(=결정)=결(決)(=결정하다)+알(명사형 어미)〖단음화〗→걸알〖어→아〗→갈알→karar. 흐렁대다(경남)(=흐르렁대다)=*흘(다)+앙(부사형 어미)+대다〖모음조화: 으-어〗→흘엉대다→흐렁대다. **hırılda**(mak)(=hırıltılı bir ses çıkarmak)=*흘(다)+알+이(첨가음)+다(다)〖모음 합체〗→흘앨다〖애→에〗→흘엘다〖에→이〗→흘일다(hırilda)〖모음조화: ı-ı〗→hırılda. 알=앙: 눈두더리(강원, 경북)〈우리말샘〉(=눈두덩)=눈+둔(다)+알+이(첨가음)〖모음조화: 우-어〗→눈둔얼이〖발음대로 표기〗→눈두더리. 눈두덩=눈+둔(다)+앙〖모음조화: 우-어〗→눈둔엉〖발음대로 표기〗→눈두덩.

inilti(=신음 소리)=음(吟)(=신음하다)+으(자음 충돌 회피용 삽입 모음)+ㄹ(관형형 어미)+티(ti)〖으→이〗→임일ti〖ㅁ(m)→ㄴ(n)〗→인일ti→inilti. cf. **inlemek**=음(吟)(=신음하다)+이(명사형 어미)+le+mek〖으→이〗→임+이+lemek〖동모음 축약〗→임lemek〖ㅁ→ㄴ〗→인lemek→inlemek 【근거】으사/이사(경남)(=의사(醫師)(표준어)): 임슥(경남 노인 말)(=음식)=음식(표준어)〖으→이〗→임식〖이→으〗→임슥. 거즛말〈석보상절 6권 25장 앞면〉〖으→이〗→거짓말(현대어). 징(證)〈월인석보 1권 월인서 17장 뒷면〉〖이→으, ㆁ(꼭지 있는 이응)→ㅇ〗→증(證)(현대 표준어어).

kütürtü(=툭툭하는 소리)=kütür (kütür)(=(툭)툭하는 소리)+티(ti)(=소리)〖모음조화: ü-ü〗→kütürtü. 소리의 '티'는 소리이다.

patırtı(=발 구르는 소리)=발+티(다)(=치다)+ㄹ(관형형 어미)+티(=소리)〖ㄹ→Ø/＿ㅌ, 아니면 어말 /ㄹ/ 탈락〗→바틸티(patirti)〖모음조화: a-ı〗→patırti〖모음조화: ı-ı〗→patırtı(이 단어 속에 한국어, '발'(=ayak)이 들어 있다). cf. ayak=발(=足))+악(의미첨가 없이 명사에 붙는 접미사)〖어말 /ㄹ/ 탈락〗→바악〖/ㅂ/ 탈락: 앞에 모음으로 끝나는 단어와 '바'의 모음, /아/ 사이에서 /ㅂ/이 'ㅂ→ㅸ→w→Ø'의 과정을 거쳐 탈락하였을 것이다〗→아악〖모음 충돌 회피용 삽입 반

자음, /y/ 첨가〗→아약→ayak 【근거】 새마(=신촌(新村))(경북)=새말(=新村)(경남)
〖어말 /ㄹ/ 탈락〗→새마. 뜰악(=뜰)=뜰+악(의미첨가 없이 명사에 붙는 접미사).
cf. あし(=足)(일본어)(asi)=밧(가락)(=발+ㅅ(사이시옷)+가락)+이(첨가음)〖/ㅂ/
탈락: 앞에 모음으로 끝나는 단어와 '바'의 모음, /아/ 사이에서 /ㅂ/이 'ㅂ→ㅸ
→w→Ø'의 과정을 거쳐 탈락하였을 것이다〗→앗이→asi(asi를 발음에 가깝게
표기하여 ashi로 로마자화하여 사용되고 있다). 튀르키예어와 일본어의 /ㅂ/ 탈락
은 원어를 모르는 데서 생긴 것이다.

şakırtı(=달그락, plash (of swiftly flowing water)=(빠르게 흐르는 물의) 첨벙거
림)=*쟈글+티〖ㅈ→ㅅ〗→샤글티→şakırti〖모음조화: ı-ı〗→şakırtı. şakır şakır(=
졸졸/줄줄/짜악짜악)=자글자글/**쟈글쟈글**(강조하는 느낌으로 말할 때)(=적은 양
의 액체나 기름 따위가 걸쭉하게 잦아들면서 자꾸 끓는 소리. 또는 그 모양). 쟈글
쟈글〖ㅈ→ㅅ〗→샤글샤글→şakır şakır(=졸졸, 줄줄). 끓는 소리와 물 흐르는 소
리는 같다.

takırtı(=달그락달그락)=다글(다글)/더글(더글) (굴러가다)(경남)+티(ti)(=소리)→
다글티→takırti〖모음조화: ı-ı〗→takırtı 【근거】 **다글다글**(=콩 등을 볶을 때 나는
소리. 콩 볶는 소리나 수레가 빨리 굴러가는 소리나 비슷하다)=*다글(다)+*다글
(다). 동사 어간+동사어간=부사: 달달 (볶다)=달(다)(=타지 않는 단단한 물체가 열
로 몹시 뜨거워지다)+달(다). ring ring(영어)(=따르릉따르릉)=ring+ring.

(45) ~tırak=~트럭(경남)

시큼트럭하다(경남)(=조금 시큼하다)=시큼(하다)+트럭+하다.

트럭〖어→아〗→트락→**~tırak**

ekşimtırak=엑(ek)(감탄사)(경남)(=웩)+시(다)(şi)+ㅁ(m)(명사형 어미)+트럭(하
다)〖어→아〗→ekşim+트락(tırak)→ekşimtırak 【근거】 엑 시서 못[몬] 묵겠다(경
남)=웩 시어서 못[몬] 먹겠다. 웩(=구역질이 나서 갑자기 마구 토하는 소리. 또는
그 모양)〖단음화: 웨→에〗→엑.

kırmızımtırak(=불그스름하다)=kırmızı(=붉다)+ㅁ(m)(명사형 어미)+트럭〖어→

아〗→kırmızım+트락(tırak)→kırmızımtırak.

sarımtırak(=노르스름하다)=sarı(=노랗다)+ㅁ(m)(명사형 어미)+트럭〖어→아〗
→sarımtırak.

(46) ~zen/~z=~ᅀᅵᆫ(人)+이(첨가음)

ᅀᅵᆫ(人)〈석보상절 19권 1장 앞면〉+이(첨가음)〖이→으〗→ᅀᅳᆫ+이〖모음 합체〗→쉰
〖단음화: 의→에〗→쎈〖ᅀ→z〗→zen 【근거】 **두서번**〖유성음화: ㅅ(s)→ᅀ(z)/모
음__모음〗→두서번(=**두:서번**〈석보상절 6권 6장 뒷면〉)(=두세 번). cf. 두세 번(현
대어)=두서+**이**(첨가음)+번〖모음 합체〗→두세 번. 이리/으리(경남)(이/으 교체)=
의리(義理)(표준어). cf. 人(신/인)〈중간노걸대언해(1795년 간행된 중국어 회화
책) 상권 2장 앞면〉: ᅀᅵᆫ(zin)〖이→으〗→ᅀᅳᆫ〖으→어〗→ᅀᅥᆫ(zən)〖z→r〗→rən(발음)
(철자화)→ren(현대 중국어). 어머니(표준어)를 경남 방언으로 발음하면 [으므니
=imini] 혹은 [어머니=əməni]로 발음한다(어/으 교체). 중국은 역사를 감추기 위해
서 최근에 /z/를 전부 /r/로 바꾸었다.

ᅀᅵᆫ(人)+이(첨가음)〖ㄴ→Ø/__이 and /이/가 비모음(鼻母音), [ĩ]로 발음된다 and
비모음의 구강 모음화(튀르키예어에 비모음을 표기할 모음이 없다)〗→ᅀᅵ이〖동
모음 축약〗→ᅀᅵ〖이→으〗→ᅀᅳ〖ᅀ→z〗→zı〖유성 마찰음, [z] 다음의 [ı]는 있으
나 없으나 발음이 같이 들린다〗→z 【근거】 이사/으사(경남)=의사(의사(醫師)(표준
어).

Fransız(=프랑스 사람)=Fans+으(ı)(자음 충돌 회피용 삽입 모음)+ᅀᅵᆫ(=人)+이(첨
가음): ᅀᅵᆫ(人)〈석보상절 19권 1장 앞면〉+이(첨가음)〖ㄴ→Ø/__이 and 이[ĩ] and 비
모음의 구강 모음화〗→ᅀᅵ이〖동모음 축약〗→ᅀᅵ(zi)〖i(이)→ı(으)〗→zı〖유성 마
찰음, [z] 다음의 [ı]는 있으나 없으나 발음이 같이 들린다〗→z. cf. **Fransız**(=프
랑스의)=Fans+으(자음 충돌 회피용 삽입 모음)+ㅅ(사이시옷)→Frans웃(풀어쓰
기)→Frans으스〖유성음화〗→Fransızı〖유성 마찰음, [z] 다음의 [ı]는 있으나 없으
나 발음이 같이 들린다〗→Fransız

semazen(=세마 의식을 하는 사람)=sema+ᅀᅵᆫ(人)〈석보상절 19권 1장 앞면〉+이(첨

가음)〖이→으〗→sema+슨이〖모음 합체〗→sema+쉰〖단음화: 의→에〗→sema+
쉔(zen)→semazen 【근거】 국(國)+이(첨가음)〖모음 합체〗→귁(國)〈월인석보 1권
훈민정음 1장 앞면〉. 이사/으사(경남)=의사(醫師)(표준어).

8.2 접두사

(1) a~=아~(지소사)

아가리('입'을 속되게 이르는 말)=아(=子)(지소사)+콣(窟)〈월인석보 1권 월인서
20장 뒷면〉+이(첨가음)〖ㅋ→ㄱ〗→아곪이〖ㅎ→Ø〗→아골이〖오→아〗→아갈이
→아가리. 콣(窟)〖ㅋ→ㄱ〗→곪〖ㅎ→Ø〗→골〖오→우〗→굴(窟)(현대어). cf. 아
구리(북한)〈우리말샘〉(=아가리)=아+굴(窟)+이(첨가음)〖발음대로 표기〗→아구리.
아구리(북한)(=아가리)〈우리말샘〉=**아**(=子)(지소사)+콣(窟)〈월인석보 1권 월인서
20장 뒷면〉+이(첨가음)〖ㅋ→ㄱ〗→아곪이〖ㅎ→Ø〗→아**골**이〖오→우〗→아굴이
→아구리 【근거】 콣(窟)〖ㅎ→Ø〗→콜〖ㅋ→ㄱ〗→골〖오→우〗→굴(현대어).
아구지(경남)(='입'의 비속어)=아(지소사)+굳(=구덩이)+이(첨가음)→아굳이→
아구디〖구개음화〗→아구지 【근거】 큰구데〈석보상절 13권 45장 앞면〉(=큰 구덩
이에)=크(다)+ㄴ(관형형 어미)+**굳**(=구덩이)+에(처격 조사).
ada(=섬)=아(=子)(지소사)+다(=地)(ta)〖유성음화〗→ada(그 뜻은 '작은 땅'=섬)
【근거】 양**달**(=양지(陽地))=양(陽)+다(=지(地))+알(=子)(지소사)〖동모음 축약〗→양
달[yaŋdal]. 부텨說웷法법ᄒ신**다**마다〈월인석보 1권 월인천강지곡 15장 앞면〉부처
설법하신 **데**마다. cf. **ada**(=city block)〈turkishdictionary.net〉가 ada가 '작은 땅'이
라는 것을 뒷받침한다. **yarımada**(=반도(半島))=열(裂)(=쪼개다)+으(자음 충돌 회
피용 삽입 모음)+ㅁ(명사형 어미)+ada→열음ada〖여→야〗→얄음ada→yarıma-
da. yar(mak)(=쪼개다, 나누다)=열(裂)〖여→야〗→얄→yar. **yarım**=반의, 반.
ağız(=입, 아가리, 입구)=아(=子)(지소사)+굳(=구덩이)+이(첨가음)→아구디〖구개
음화〗→아구지(경남)(=입, 아가리)〖ㅈ→ㅅ〗→아구시〖이→으〗→아구스〖우→
으〗→아그스(akısı)〖유성음화〗→agızı〖g→ğ/모음__모음〗→ağızı〖[z] 다음의 [ı]

는 있으나 없으나 발음이 같이 들린다]→ağız【근거】똥구시(경남)=똥+굳+이(첨가음)→똥구디[구개음화]→똥구지[ㅈ→ㅅ]→똥구시. 이사/으사(경남)=의사(醫師). 믈(=水)〈훈민정음해례본 용자례〉[으→우]→물(현대어). 子중孫손이**니서**가몰〈석보상절 6권 7장 뒷면〉(=자손이 이어 감을): 닛(다)+어(부사형 어미)→니서[유성음화]→니서. 닛다[두음법칙 후 보상적 /y/ 첨가]→y+잇(is)다[단음화: y+i→i]→잇(is)다(현대어).

(2) mas~=못~(아주, 가장)

못노푼 소리〈월인석보 1권 훈민정음 13장 뒷면〉=못(=가장)+노푼(=높은)+소리.

mas=못[ᄋ→아]→맛(mas)【근거】**ᄎ**(=면(面))〈훈몽자회 상권 24장 뒷면〉[ᄋ→아]→낫[ㅅ→ㅊ]→**낯**(현대어).

masmavi(=아주 푸른, 새파란)=못(=아주, 가장)+mavi(=푸른)[ᄋ→아]→맛(mas)+mavi→masmavi(그 뜻은 '가장 푸른'=새파란, 짙푸른)【근거】풀(=蠅)〈훈민정음해례본 용자례〉+이(첨가음)[ᄋ→아]→팔이→파리(현대 표준어).

9

조사

9.1 도구격 조사

la/le=로(도구격 조사): ~로〖오→아〗→라→la. la가 튀르키예어의 모음조화에
따라 '~le'로 바뀐다. ağaçla=나무로. çekiçle(=망치로)=çekiç+la〖모음조화: i-e〗
→çekiçle. 아니면, **le**=로(lo)+이(첨가음)〖모음 합체〗→뢰〖단음화: 외→에〗→레
(le). le가 튀르키예어의 모음조화에 따라 '~la'로 바뀐다: çekiçle(=망치로)=çekiç+
레(le)→çekiçle. ağaçla=(나무로)=ağaç+레(le)〖모음조화: a-a〗→ağaçla 【근거】 상
아 놓을 끼 없다(경남)(=상**에** 놓을 것이 없다(표준어)): 에(표준어)(처격 조사)=아
(경남)(처격 조사)+이(첨가음)〖모음 합체〗→애(중세 국어: 방애)〖모음조화 파괴〗
→에(현대 표준어)(모음조화도 파괴하고 모음 충돌 회피용 반자음 /y/도 없애고
'에'로 통일하였다: 셰(世)**예**(**ye**)〈월인석보 2권 12장 앞면〉〖셰예〗=셰+**y**+에(처격
조사)=세**에**(**e**)(현대어)).

9.2 소유격 조사

한국어의 소유격 조사는 '~거/그(경남), ~으/어(경남), ~인/안, ~앙, ~악, ~의
(현대어)'가 있다. 모음조화와 /이/모음 첨가로 다양한 형태로 바뀐다.

(1) ~안/~인/~은/~운

까안치(경남)(=까치)=까+**안**(소유격 조사)+치.

뮌 일(=무슨 일)=무+어+**안**(소유격 조사)+일〖모음조화: 어-어〗→무어언일〖동모음 축약〗→무언일〖모음 합체〗→뮌 일.

사안치(경남)(=송아지)=소(=牛)+아(=子)(의미첨가 없이 명사에 붙는 접미사)+**안**(소유격 조사)+*키(=새끼)〖모음 합체〗→솨안키〖단음화: 와→아〗→사안키〖구개음화: ㅋ→ㅊ/__이〗→사안치 【근거】 새앤키/새앤끼(경남)(=송아지)=소+이(첨가음)+안(소유격 조사)+키/끼(=새끼)〖모음 합체〗→쇠안키/끼〖단음화: 외→에〗→세안키/끼〖에→애〗→새안키/끼〖umlaut〗→새앤+키/끼 【근거】 소+이(첨가음)〖모음 합체〗→쇠〖단음화: 외→에〗→세(경남)〖에→이〗→시(경남). cf. 송아지=소+앙(소유격 조사)+악(=子)(=새끼)+이(첨가음)→소앙아기〖모음조화: 오-오〗→소옹아기〖동모음 축약〗→송아기〖구개음화: ㄱ→ㅈ/__이〗→송아지(표준어). 아니면, 송아지=소+앙+앗[압](=子)(=새끼)+이(첨가음)〖모음조화〗→소옹압이〖동모음 축약〗→송압이→송아디〖구개음화: ㄷ→ㅈ/__이〗→송아지.

새앤키/새앤끼(경남)(=송아지)=소+이(첨가음)+**안**(소유격 조사)+키/끼(=새끼)〖모음 합체〗→쇠안키/끼〖umlaut〗→쇠앤키/쇠앤끼〖단음화〗→세앤키/세앤끼〖역행 모음조화〗→새앤키/새앤끼. '키/끼=새끼'임을 알 수 있다. '사안치'를 보면 '키'가 원어임을 알 수 있다.

언덕=어+**안**(소유격 조사)+덕〖모음조화: 어-어〗→어언덕〖동모음 축약〗→언덕 【근거】 **어덕**(경남, 전라, 충남)〈고려대 한국어대사전〉=언덕(표준어).

언제=어(의문사)+**안**(소유격 조사)+제(=적에=때에)〖모음조화: 어-어〗→어언제〖동모음 축약〗→언제 【근거】 어디=**어**(의문사)+다(=곳)+이〖모음 합체: 아+이→애〗→어대〖모음조화: 어-에〗→어데〖에→이〗→어디. cf. 오데(경남)=어+다+이(첨가음)〖어→오〗→오다이〖모음 합체〗→오대 【근거】 놀애 브르논 神靈이니 부텨 說法ᄒ신 **다**마다〈월인석보 1권 월인천강지곡 15장 앞면〉: 다+이(첨가음)〖모음 합체〗→대〖애→에〗→데(현대어).

여푼데이/여픈데이(경남)(=옆)=옆+**안**(소유격 조사)+닥+이(첨가음)〖모음조화: 여-우/으〗→옆+운/은+덕이〖umlaut〗→옆+운/은+데기(경남)〖ㄱ→Ø/모음__이〗→옆+운/은+데이→여푼데이/여픈데이(경남). 덕=다(=데)+악〖동모음 축약〗

→닥[아→어]→덕 【근거】 놀애 브르논 神靈이니 부려 說法ᄒ신 **다**마다〈월인석보 1권 월인천강지곡 15장 앞면〉: 다+이(첨가음)[모음 합체]→대[애→에]→데(현대어).

인자(경남)=이(=this)+**안**(소유격 조사)+자(=시간)[모음조화: 이-이]→이인자[동모음 축약]→인자. cf. **인제**(표준어)(=이제)=이+안+자+이(첨가음)[모음조화: 이-이]→이인자이[동모음 축약]→인자이[모음 합체]→인재[모음조화: 이-에]→인제. 아니면, **인자**(경남)=이+안+이(첨가음)+자[모음 합체]→이앤자[애→에]→이엔자[에→이]→이인자[동모음 축약]→인자 【근거】 종자(鍾子)+이(첨가음)[모음 합체]→종재[애→에]→종제[에→이]→종지.

할만네=(경남 노인 말)(=할머니의 점잖은 표현)=할마(=할머니)+**안**(소유격 조사)+네(=사람)[동모음 축약]→할만네 【근거】 할마마마(할머니의 극존칭)=할마(=할머니)+마마(극존칭). cf. 아낙**내**(=남의 집 부녀자를 통속적으로 이르는 말)=아낙+**내**(=사람). 아낙(=부녀자가 거처하는 곳을 점잖게 이르는 말. 남의 집 부녀자를 통속적으로 이르는 말)=안(=內)+악(=장소). cf. durak(=역, 정류소)=dur(mak)(=멈추다)+악(ak)(=장소).

(2) ~앙/~옹

강새이(경남)(=강아지)=가ㅎ(=개)+앙(소유격 조사)+삭+이(첨가음)→가항삭이[ㅎ→∅/모음—모음]→가앙삭이[동모음 축약]→강삭이[umlaut]→강색이→강새기[ㄱ→∅/모음—이]→강새이 【근거】 도새기(제주)(=돼지)=도(=돼지)+삭+이[umlaut]→도색이→도새기 【근거】 도(=돼지)(윷놀이에서). cf. 개새끼='개'의 비속어). '개'에 '새끼'를 붙여 낮추는 말이다. 소새기=소: 제주도에서는 '새끼'를 '새기'라고 한다.

강아지=가ㅎ(=개)+앙(소유격 조사)+악/앗[알](=子)(=새끼)+이(첨가음)→가항악이/가항앋이[ㅎ→∅/모음—모음]→가앙악이/가앙앋이[동모음 축약]→강악이/강앋이→강아기/강아디[구개음화: ㄱ/ㄷ→ㅈ/__이]→강아지 【근거】 기름(표준어)[구개음화: ㄱ→ㅈ/__이]→지름(경남), 길[구개음화: ㄱ→ㅈ/__이]→질(경

남). 디다〈월석8:93〉《고려대 한국어대사전》〖구개음화: ㄷ→ㅈ/__이〗→지다(현
대 표준어). cf. 디다(평북)〈고려대 한국어대사전〉=지다(현대 표준어).

갱물(경남)(=바닷물)=개(=바다, 물)+**앙**(소유격 조사)+이(첨가음)+물〖모음 합체〗
→개앵물〖동모음 축약〗→갱물 【근거】 갯가(경남)(=바닷가)=개(=바다)+ㅅ(사이
시옷)+가. '개'의 본래 의미는 '물'이다: 개고랑=개(=물)+골+앙(=子)(지소사)(=물
이 흐르는 작은 골).

망아지=마(馬)+**앙**(소유격 조사)+악/앗[안](=子)+이(첨가음)〖동모음 축약〗→망
아기/망아디〖구개음화: ㄱ/ㄷ→ㅈ/__이〗→망아지 【근거】 기름(표준어)〖구개음
화: ㄱ→ㅈ/__이〗→지름(경남), 길〖구개음화: ㄱ→ㅈ/__이〗→질(경남). 디다
〈월석8:93〉《고려대 한국어대사전》〖구개음화: ㄷ→ㅈ/__이〗→지다(현대 표준
어). cf. 디다(평북)〈고려대 한국어대사전〉=지다(현대 표준어).

망치(현대어)=마+**앙**(소유격 조사)+치〖동모음 축약〗→망치 【근거】 방마치(=棒
槌〈역어유해 하권 15장 뒷면〉)=방+마+치.

송아지=소(=牛(우))+**앙**(소유격 조사)+악/앗[안](=子)+이(첨가음)〖모음조화: 오-
오〗→소옹악이/소옹안이〖동모음 축약〗→송아기/송아디〖구개음화: ㄱ/ㄷ→
ㅈ/__이〗→송아지 【근거】 기름(표준어)〖구개음화: ㄱ→ㅈ/__이〗→지름(경남),
길〖구개음화: ㄱ→ㅈ/__이〗→질(경남). 디다〈월석8:93〉《고려대 한국어대사전》
〖구개음화: ㄷ→ㅈ/__이〗→지다(현대 표준어). cf. 디다(평북)〈고려대 한국어대
사전〉=지다(현대 표준어).

시앙치(전남)(=송아지)〈고려대 한국어대사전〉=소+이(첨가음)+앙(소유격 조사)+
치(경남)(=새끼)〖모음 합체〗→쇠앙치〖단음화: 외→에〗→세앙치〖에→이〗→시
앙치. cf. **사안치**(경남)(=송아지)=소(=牛)+아(=子)(의미첨가 없이 명사에 붙는 접
미사)+**안**(소유격 조사)+*키(=새끼)〖모음 합체〗→쇠안키〖단음화: 와→아〗→사
안키〖구개음화〗→사안치. 소(=牛)(표준어)+이(첨가음)〖모음 합체〗→쇠〖단음화:
외→에〗→세(경남)〖에→이〗→시(경남)/(전남).

(3) ~어/~으/~오/~우/

꽁우 작때이(경남 발음)(=꿩의 작대기)=꽁(=꿩)+으(소유격 조사)(경남)+작때기(=작대기)〔으→우〕→꽁우작때기(경남)〔ㄱ→∅/모음__모음〕→꽁우작때이【근거】믈(=水)〈훈민정음해례본 용자례〉〔으→우〕→물(현대어).

너어 집(경남)(=너의 집)=너+으(소유격 조사)+집〔모음조화: 어-어〕→너어 집. cf. 너거 집/느그 집(경남)(=너의 집)=너+거/그(소유격 조사)+집.

느으 집(경남)(너의 집)=너어 집〔어→으〕(경남 방언에서 아주 자유롭게 교체된다)→느으 집.

이놈오 손(경남)(=이놈의 자식)=이놈+으(소유격 조사)+손〔모음조화: 오-오〕→이놈오 손. 이놈오 손이 뭐 하노?(경남)=이놈의 자식이 뭐하니?

(4) ~거/~고/~구/~그

남구 재주[낭구재주](경남)=남(=木(목))+구(소유격 조사)+재주→남구재주. cf. 나무=남+오(=아)(의미첨가 없이 명사에 붙는 접미사)→나모〈용가 89장〉《우리말샘》〔오→우〕→나무(현대어).

너거 집(경남)(=너의 집)=너+거(소유격 조사)+집→너거 집. cf. 妹(いも)+が(소유격 조사)(ga)+袖(そで)〈万葉集·15·3604〉(일본어 고어)=妻(처)(=아내)+の(소유격 조사)+袖(=そで)(=소매): (너)거[gə] (집)〔어[ə]→아(a)〕(일본어에는 [ə]가 없다)→ga(が).

느그 집(경남)(=너의 집)=너+거(소유격 조사)〔어→으〕→느그 집 【근거】 경남 방언에서는 '어/으 교체'가 아주 자유롭게 일어난다: 없다=읂다.

달구알(경남)(=닭의 알)=달(=닭)+구(소유격 조사)+알→달구알. cf. **달구가두리**(경남)=달+구+가두(다)+ㄹ(관형형 어미)+이(명사형 어미)(=사물), **달구새끼**(경남)(=닭의 비속어)=달+구+새끼 【근거】 **달**(경상, 함남)〈고려대 한국어대사전〉=닭. '닭'은 '달+구(소유격 조사)+새끼'를 '닭+우(소유격 조사)+새끼'로 오분석하여 생긴 것이거나 아니면 꺼꾸로 '달'은 '닭+우(소유격 조사)+새끼'를 '달+구(소유격 조사)+새끼'로 오분석하여 생긴 것이다. 전자일 가능성이 더 크다: 너거 집(경남)

(=너의 집)=너+거(소유격 조사)+집, 느그 집(경남)(=너의 집)=너거집[어/으 교체]
(경남: 아주 자유롭게 일어난다)→느그집.

달고알(경남)(=닭의 알)=달(=닭)+구(소유격 조사)+알[모음조화: 아-오]→달고
알.

(5) ~의(현대 표준어):

현대 표준어 소유격 조사는 경남 방언 소유격 조사, '~으'에 첨가음, /이/가 붙
은 것이다: **~으**(경남)+이(첨가음)[모음 합체]→**의** 【근거】 ~**아**(경남)(처격 조사)+
이(첨가음)[모음 합체]→애[애→에]→에(표준어): 상**아** 놓을 끼 없다(경남)(=상
에 놓을 것이 없다)=상+**아**(처격 조사)+놓(다)+으(자음 충돌 회피용 삽입 모음)+
ㄹ(관형형 어미)+꺼(경남)(=거, 것)+이(주격 조사)+없다[모음 합체]→상아 놓을
께 없다(경남)[에→이]→상아 놓을 끼 없다 【근거】 고기[umlaut]→괴기[단음
화]→게기(경남)[ㄱ→∅/모음__이]→게이(경남)[에→이]→기이(경남).

(6) 튀르키예어의 소유격 조사

① **î**[i:]=~**으**(경남)(소유격 조사(경남)[으→이]→이(i)→i. 경남 방언에서 '으/이
교체'는 상당히 자유롭게 일어난다: 으리/이리(경남)=의리(義理)(표준어). 으사/이
사(경남)=의사(醫師)(표준어).
ahlâkî(=도덕적, 윤리적)=ahlâk(=도덕, 윤리)+으(ı)(경남)(소유격 조사)(경남)[으
→이]→ahlâkî 【근거】 으사(醫師(=의사))(경남)[으→이]→이사(醫師)(경남).
dinî(종교의)=din(=종교)+으(소유격 조사)[으→이]→din이(i)→dinî.

② **in**=**안**+이[모음 합체]→앤[애→에]→엔[에→이]→인(**in**).
in=**앙**+이(첨가음)[ㅇ(ng)→ㄴ(n)]→안이[모음 합체]→앤[애→에]→엔[에→
이]→인(**in**) 【근거】 don(mak)(=얼다)=동(凍)(tong)(=얼다)[어두 유/무성자음 교
체]→dong[ㅇ(ng)→ㄴ(n)]→don 【근거】 kelmoq(우즈벡어)=gelmek(튀르키예
어)=오다. 앞에서 다룬 한국어 소유격을 보라.

튀르키예어에서는 소유격 조사 앞에 오는 모음에 따라, **/in/**, **/ɪn/**, **/un/**, **/ün/**으로 바뀐다. 소유격 조사 앞의 단어가 사람 이름이면 이름 뒤에 apostrophe 가 붙는다. 소유격 조사 앞의 단어가 모음으로 끝나면 모음 충돌 회피용 삽입자음 (=buffer consonant), **/n/**을 사용하나 예외적으로 모음 충돌 회피용 삽입자음으로 **/y/**를 사용하기도 한다.

köpeğin(=개의)=köpek(=개)+in〖모음조화: e-i〗→köpekin〖유성음화〗→köpegin 〖g→ğ/모음＿모음〗→köpeğin.

neyin(=무엇의)=ne(=무엇)+y(모음 충돌 회피용 삽입 반자음)+in(소유격 조사)〖모 음조화: e-i〗→neyin.

adamın(=사람의)=adam(=사람)+in(소유격 조사)〖모음조화: a-ı〗→adamın.

ağacın(=나무의)=ağaç(=나무)+in(소유격 조사)〖유성음화〗→ağacin〖모음조화: a-ı〗→ağacın.

arabanın(=자동차의)=araba(=자동차)+**n**(모음 충돌 회피용 삽입 자음)+in(소유격 조사)〖모음조화: a-ı〗→arabanın. cf. 나무는=나무+ㄴ(**n**)(자음 충돌 회피용 삽입 자음)+은(주제격 조사). cf. 책은=책+은(주제격 조사).

Orhan'ın(=Orhan의)=Orhan(오르한)+'+in〖모음조화: a-ı〗→Orhan'ın.

Ford'un(=포드의)=Ford(포드)+'+in(소유격 조사)〖모음조화: o-u〗→Ford'un.

bunun(=이것의)=bu(=이것)+n(모음 충돌 회피용 삽입 자음)+in〖모음조화: u-u〗 →bunun.

şunun(=그것의)=şu(=그것)+n(모음 충돌 회피용 삽입 자음)+in〖모음조화: u-u〗 →şunun.

onun(=그것의)=o(=그것)+n(모음 충돌 회피용 삽입 자음)+in〖모음조화: o-u〗 →onun.

suyun(=물의)=수(水)(=물)+y(모음 충돌 회피용 삽입 반자음)+in〖모음조화: u-u〗 →suyun. cf. 世솅世솅예난짜마다〈석보상절 6권 8장 뒷면〉(=세세에 난 땅마다(현 대어)): 솅(=世)[셰]+**이(y)**+에(e)(처격 조사)〖모음 합체〗→셰**예(ye)**. /y/가 모음 충 돌 회피용 반자음이 아니다: **suyun**=슝(水)〈월인석보 2권 60장 앞면〉[쉬]+in(소유격 조사)〖모음 간소화〗→쉬(suy)+in〖모음조화: u-u〗→suyun 【근거】 **bizim suyu-**
muz(=우리들의 물)=bizim(=우리들의)+su(=물)+y(첨가음)(튀르키예어에서는 자
음 취급)+으(자음 충돌 회피용 삽입 모음)+**miz**〖모음조화: u-u〗→bizim suyu**miz**
〖모음조화: u-u〗→bizim suyu**muz**. 모음 충돌 회피용 삽입 반자음이라면 다음
과 같은 것이 문법에 맞다: bizim sumuz=bizim+su+miz〖모음조화: u-u〗→bizim
sumuz(여기에 /y/가 들어갈 근거가 없다). cf. babamız(=우리 아버지)=baba+miz
〖모음조화: a-ı〗→babamız. 水의 중세 국어 음을 모르면 왜 /y/가 붙었는지 알 수
가 없다.

Atatürk'ün(아타튀르크의)=Atatürk(아타튀르크)+'+in(소유격 조사)〖모음조화:
ü-ü〗→Atatürk'ün.

gözün(=눈의)=göz(=눈)+in〖모음조화: ö-ü〗→gözün.

③ 인칭 대명사의 소유격과 인칭 소유 접미사

인칭 소유 접미사는 모음조화에 따라 모음이 /**i**/, /**ı**/, /**u**/, /**ü**/로 바뀐다. 1인칭
과 2인칭 단수 소유 접미사와 3인칭 소유 접미사는 특이하다: '명사의 마지막 음
이 모음일 때: 모음+im/in→명사의 마지막 모음+m/n'으로, '모음+si'의 'si가 모
음조화로 si/sı/su/sü로 바뀐다.

benim(=나의)=ben(=나)+**im**(1인칭 소유격 조사)〖모음조화: e-i〗→benim.

benim arabam(=내차, 나의 차)=benim(=나의)+araba(=차)+**im**(1인칭 소유 접미
사)〖a+im→am〗→benim arab**am**.

benim annem(=니의 어머니)=benim(=나의)+anne(=어머니)+**im**〖e+im→em〗
→benim ann**em**.

benim yazım(=나의 글)=benim(=나의)+yazı(=글)+**im**〖ı+im→ım〗→Benim
yaz**ım**

benim köpeğim(=내개, 나의 개)=benim(=나의)+köpek(=개)+**im**〖유성음화〗
→benim köpegim〖g→ğ/모음__모음〗→benim köpeğim〖모음조화: e-i〗→benim
köpeğ**im**.

benim kışım(=나의 겨울)=benim(=나의)+kış(=겨울)+**im**〖모음조화: ı-ı〗→benim kışım.

benim suyum(=내물, 나의 물)=benim(=나의)+su(=물)+y(첨가음)(자음 취급)+**im**〖모음조화: u-u〗→benim suyum. ⇒ **bizim suyumuz**.

benim tek gözüm(=나의 외눈)=benim(=나의)+tek(=하나의)+göz(=눈)+**im**〖모음조화: ö-ü〗→benim tek gözüm.

bizim(=우리들의)=biz(=우리들)+im(1인칭 소유격 조사)〖모음조화: i-i〗→bizim.

bizim arabamız(=우리들의 차)=bizim(=우리들의)+araba(=차)+**mız**(1인칭 복수 소유 접미사)〖모음조화: a-ı〗→bizim arabamız.

bizim köpeğimiz(=우리들의 개)=bizim(=우리들의)+köpek(=개)+으(ı)(자음 충돌 회피용 삽입 모음)+**miz**〖모음조화: e-i〗→bizim köpekimiz〖유성음화〗→bizim köpegimiz〖g→ğ/모음__모음〗→bizim köpeğimiz〖모음조화: i-i〗→bizim köpeğimiz.

bizim kışımız(=우리들의 겨울)=bizim(=우리들의)+kış(=겨울)+으(ı)(자음 충돌 회피용 삽입 모음)+**miz**〖모음조화: ı-ı〗→bizim kışımiz〖모음조화: ı-ı〗→bizim kışımız.

bizim suyumuz(=우리들의 물)=bizim(=우리들의)+su(=물)+y(첨가음)(튀르키예어에서는 자음 취급)+으(자음 충돌 회피용 삽입 모음)+**miz**〖모음조화: u-u〗→bizim suyumiz〖모음조화: u-u〗→bizim suyumuz. suyumuz의 /y/가 모음 충돌 회피용 삽입 반자음이 아니라 첨가음이라는 증거: su+miz〖모음조화: u-u〗→*sumuz(첨가음이 아니라면 /y/가 들어갈 이유가 없다) 【근거】 **suyun**=슈ᇰ(水)〈월인석보 2권 60장 앞면〉[쉬]+in(소유격 조사)〖모음 간소화〗→쉬(**suy**)+in〖모음조화: u-u〗→suyun(이 경우에는 모음 충돌 회피용 삽입 반자음, /y/처럼 보이지만 suyumuz에서는 /y/는 모음 충돌 회피용 삽입 반자음이 아니고 /u/가 자음 충돌 회피용 삽입 모음이다). 슈ᇰ(水)=슈(水)+이(첨가음)〖모음 간소화〗→수+이〖첨가음 /이/ 삭제〗→수(水)(현대어) 【근거】 뒁(逍)〈월인석보 1권 월인서 17장 앞면〉[뒤]=듀+이(첨가음)〖ㄷ→ㅌ〗→튜이〖구개음화〗→츄이〖단음화〗→추이〖첨가음, /

이/ 제거]]→**추**(현대어).

bizim gülüşümüz(=우리들의 웃음)=bizim(=우리들의)+gülüş(=웃음)+으(ı)(자음 충돌 회피용 삽입 모음)+**miz**[[모음조화: ü-ü]]→bizim gülüşümiz[[모음조화: ü-ü]] →bizim gülüşü**müz**.

senin(=너의)=sen(=너)+**in**(2인칭 소유격 조사).

senin araban(=너의 차)=senin(=너의)+araba(=차)+**in**(=2인칭 소유 접미사) [[a+in→an]]→senin arab**an**.

senin annen(=너의 어머니)=senin(=너의)+anne(=어머니)+**in**[[e+in→en]]→senin ann**en**.

senin yazın(=나의 글)=senin(=너의)+yazı(=글)+**in**[[ı+in→ın]]→senin yaz**ın**.

senin köpeğin(=너의 개)=senin(=너의)+köpek(=개)+**in**[[유성음화]]→köpegin [[g→ğ/모음__모음]]→köpeğin[[모음조화: e-i]]→senin köpe**ğin**.

senin kışın(=너의 겨울)=senin(=너의)+kış(=겨울)+**in**[[모음조화: ı-ı]]→senin kış**ın**.

senin suyun(=너의 물)=senin(=너의)+su(=물)+y(첨가음)+**in**[[모음조화: u-u]] →senin suy**un**. ⇒ **bizim suyumuz**.

senin tek gözün(=너의 외눈)=senin(=너의)+tek(=하나의)+göz(=눈)+**in**[[모음조화: ö-ü]]→senin tek göz**ün**.

sizin(=여러분의, 당신의)=siz(=여러분, 당신)+**in**(2인칭 소유격 조사)

sizin arabanız(=당신들의 차)(한 대)=sizin(당신들의)+araba(=차)+**niz**(2인칭 복수 소유 접미사)[[모음조화: a-ı]]→sizin araba**nız**.

sizin köpeğiniz(=당신들의 개)(한 마리)=sizin(=당신들의)+köpek(=개)+으 (ı)(자음 충돌 회피용 삽입 모음)+**niz**[[모음조화: e-i]]→köpekiniz[[유성음화]] →köpeginiz[[g→ğ/모음__모음]]→köpeğiniz[[모음조화: i-i]]→sizin köpe**ğiniz**.

sizin kışınız(=당신들의 겨울)=sizin(=당신들의)+kış(=겨울)+으(ı)(자음 충돌 회피 용 삽입 모음)+**niz**[[모음조화: ı-ı]]→sizin kışıniz[[모음조화: ı-ı]]→sizin kış**ınız**.

sizin suyunuz(=당신들의 물)=sizin(=당신들의)+su(=물)+y(첨가음)+**niz**[[모음조

화: u-u〗→sizin suyu**nuz**. ⇒ **bizim suyumuz**.

sizin gülüşünüz(=당신들의 웃음)=sizin(=당신들의)+gülüş(=웃음)+으(ı)(자음 충돌 회피용 삽입 모음)+**niz**〖모음조화: ü-ü〗→sizin gülüşüniz〖모음조화: ü-ü〗→sizin gülüş**üz**.

onun(=그의, 그녀의, 그것의)=o(=그, 그녀, 그것)+n(모음 충돌 회피용 삽입 자음)+**in**(3인칭 소유격 조사)〖모음조화: u-u〗→on**un**.

onun arabası(=그의 차)=onun(=그의)+araba(=자동차)+**sı**(3인칭 소유 접미사)(명사가 모음으로 끝날 때).

onun köpeği(=그의 개)=onun(=그의)+köpek(=개)+**i**(3인칭 소유 접미사)〖유성음화〗→onun köpegi〖g→ğ/모음__모음〗→onun köpeği〖모음조화: e-i〗→onun köpe**ği**.

onun kışı(=그의 겨울)=onun(=그의)+kış(=겨울)+**i**〖모음조화: ı-ı〗→onun kış**ı**.

onun suyu(=그의 물)=su(=물)+y(첨가음)+**i**〖모음조화: u-u〗→onun suy**u**. ⇒ **bizim suyumuz**.

onun tek gözü(=그의 외눈)=onun tek(=하나의)+göz(=눈)+**i**〖모음조화: ö-ü〗→onun tek göz**ü**.

onların(=그들의, 그것들의)=o(=그, 그녀, 그것)+n(모음 충돌 회피용 삽입 자음)+lar(복수 접미사)+**in**(3인칭 소유격 조사)〖모음조화: a-ı〗→onlar**ın**.

onların arabası(=그들의 자동차)=onların(그들의)+araba(=자동차)+**si**(3인칭 소유 접미사)〖모음조화: a-ı〗→onların araba**sı**.

onların annesi(=그들의 어머니)=onların(그들의)+anne(=어머니)+**si**〖모음조화: e-i〗→onların anne**si**.

onların evi(=그들의 집)=onların(그들의)+ev(=집)+**i**(3인칭 소유 접미사)〖모음조화: e-i〗→onların ev**i**.

onların ağacı(=그들의 나무)=onların(=그들의)+ağaç(=나무)+**i**〖유성음화〗→onların ağaci〖모음조화: a-ı〗→onların ağac**ı**.

onların suyu(=그들의 물)=onların(=그들의)+su(=물)+y(첨가음)+**i**〖모음조화:

u-u〗→onların suyu. ⇒ **bizim suyumuz**.

onların gülüşü(=그들의 웃음)=onların(=그들의)+gülüş(=웃음)+i〖모음조화:
ü-ü〗→onların gülüşü.

④ **~ka=~거(경남)(소유격 조사)〖어→아〗(튀르키예어에는 /어/가 없다)→
가(ka)**

~k=~그(=거)(경남)(kı)(소유격 조사)〖/k/를 파열시키면 [ı]는 있으나 없으나 발음
이 같이 들린다〗→k. 경남 방언에서 '어/으'는 아주 자유롭게 교체된다: 없다/읎
다.

~ki=~거(경남)(소유격 조사)+**이**(첨가음)〖모음 합체〗→게〖에→이〗→기(ki)
너**거** 집/느그 집(=너의 집(표준어))=너+거/그(경남)(소유격 조사)+집【근거】없
다/읎다(경남)(경남 방언에서는 '어/으 교체'가 아주 자유롭게 일어난다)=없다(표
준어)

妹(いも)+が(소유격 조사)(**ga**)+袖(そで)〈万葉集・15·3604〉(일본어 고어)=妻(처)(=
아내)+の(소유격 조사)+袖(=そで)(=소매): (너)거[gə] (집)〖어[ə]→아(a)〗(일본어
에는 [ə]가 없다)→ga(**が**).

駒ヶ谷駅(Komagatanieki)(일본어)(=코마가타니 역)=駒(=koma)+**ケ(ke)**(유성음화
시키지 않았다)+谷(tani)+駅(えき) : ケ(ke)=거(경남)(소유격 조사)(kə)+이(첨가음)
(i)〖모음 합체: 어(ə)+이(i)→게(ke)〗→**ケ(ke)**(철자는 **ケ(ke)**라고 적어 놓고 /이/
모음 첨가 이전의 '거〖어→아〗→가(ka)'의 'ka'를 유성음화시켜 ga(が)로 읽고 있
다). 발음대로 표기하면 다음과 같이 되어야 한다: 駒(=koma)+거(kə)+谷(=tani)
〖어(ə)→아(a)〗→駒(=koma)+가(ka)+谷(=tani)〖유성음화: ㄱ(k)→g/모음__모음〗
→駒(=koma)+**ga**+谷(=tani)→駒が谷駅. 駒ヶ谷駅는 大阪府羽曳野市駒ケ谷159-
1에 있는 일본의 역 이름이다. 羽曳野市(habikinosi).

조사에 첨가음 /이/가 붙은 예: **아**(경남)(처격 조사)+**이**(첨가음)〖모음 합체〗→
애〖모음조화 파괴〗→에(표준어): 상**아** 놓을 끼 없다(경남)(=상**에** 놓을 것이 없
다)=상+**아**(처격 조사)+놓(다)+으(자음 충돌 회피용 삽입 모음)+ㄹ(관형형 어미)+

꺼(경남)(=거, 것)+이(주격 조사)+없다〖모음 합체〗→상아 놓을 께 없다(경남)〖에→이〗→상아 놓을 끼 없다.

başka(=다른, 딴)=밧(=밖)+이(자음 충돌 회피용 삽입 모음)+거(소유격 조사)(경남)→밧이거〖어→아〗(튀르키예어에는 /어/가 없다)→밧이가→바시가(paşka)〖어두 유/무성자음 교체〗→başka(그 뜻은 '밖의=外의'=다른) 【근거】 城쎵**밧**훤한 싸해〈석보상절 6권 27장 뒷면〉=성 **밖** 훤한 땅에: 밧=밖(현대어). 너**거** 집(경남)(=너의 집)=너+거(소유격 조사)+집(명사). kelmoq(우즈벡어)=gelmek(튀르키예어)=오다.

Bu taraftaki(=이쪽(에)의). Bu taraftaki ürünler popüler(=이쪽의 상품(들)이 인기가 있습니다)=Bu(=이)+taraf(=쪽)+ta(처격 조사)+**ki**(소유격 조사)(/k/를 유성음화시키지 않았고 모음조화도 시키지 않았다)+ürünler popüler: 거(경남)(소유격 조사)+이(첨가음)〖모음 합체〗→게〖에→이〗→기(ki).

denk(=평형의, 대등한, 같은, 동등한)=등(等)(=같다)+이(명사형 어미)+거/**그**(경남)(소유격 조사)〖모음 합체〗→딍그〖단음화: 의→에〗→뎅그(tengkı)〖어두 유/무성자음 교체〗→dengkı〖ㅇ(ng)→ㄴ(n)〗→denkı〖/k/를 파열시키면 [ı]는 있으나 없으나 발음이 같이 들린다〗(/k/를 유성음화시키지 않았다)→denk(그 뜻은 '같은 것의'=동등한) 【근거】 gelmek(튀르키예어)=kelmoq(우즈벡어)=오다. 높이=높(다)+이(명사형 어미). **don**(mak)(=얼다)=동(凍)(tong)(=얼다)〖어두 유/무성자음 교체〗→dong〖ㅇ(ng)→ㄴ(n)〗→don. cf. **teng**(우즈벡어)(=같은, 동등한)=등(等)(=같다)+이(첨가음)〖모음 합체〗→딍〖단음화: 의→에〗→뎅(teng) 【근거】 율**믜**(=薏苡)〈훈민정음해례본 용자례〉〖단음화: **의→에**〗→율메〖에→이〗→율미(경남)〖이→우〗→율무(표준어). 나**의**〖에〗(표준어 발음) 집(표준어).

dışarıdaki(=밖에의)=dışarı(=밖)(=外)+다(경남)(처격 조사)+거(소유격 조사)+이(첨가음)〖모음 합체〗→dışarı다게〖에→이〗→dışarı**다**기(taki)〖유성음화〗(/k/를 유성음화시키지 않았고 모음조화도 시키지 않았다)→dışarıdaki(=밖에의). dışarı-daki yara=외상(外傷). dışarı(밖)=dış(=밖)+알(=子)(ar)(의미첨가 없이 명사에 붙는 접미사)+이(첨가음)(i)→dışari〖모음조화: a-ı〗→dışarı 【근거】 샅(=두 다리의 사

이)(표준어)+알(=子)(의미첨가 없이 명사에 붙는 접미사)+이(첨가음)→살알이→
사타리(경남)(=쌀). 에(처격 조사)(표준어)=아(처격 조사)(경남)+이(첨가음)〔모음
합체〕→애〔모음조화 파괴〕→에(현대 표준어에서는 모음조화를 파괴하고 '에'로
통일하였다).

eski(=낡은, 오래된, 과거의, 옛날의)=옛(관형사를 명사로 오분석)+거(소유격 조
사)+이(첨가음)〔모음 합체〕→옛게〔에→이〕→옛기〔단음화: 예→에〕→엣기
→eski. 아니면, **eski**=옛(관형사)+거(=것)+이(첨가음)+으(경남)(소유격 조사)〔모
음 합체〕→옛게으〔에→이〕→옛기으〔단음화: 예→에〕→엣기으〔으→이〕→
엣기이〔동모음 축약〕→엣기(eski)(가능성이 크다) 【근거】 dinî(=종교의)=din(=종
교)+으(경남)(소유격 조사)〔으→이〕→din이(i)→dinî. 옛〔엣〕(경남 발음). 장에(표
준어)(=시장에)=장(=시장)+아(경남)(처격 조사)+이(첨가음)〔모음 합체〕→장애
〔모음조화 파괴〕→장에. 게(=crab)(표준어/경남)〔에→이〕→기(경남). 엣기(경
남)=옛거(=옛것).

önceki(=먼저의, 앞서의)=önce(=먼저)+거(경남)(소유격 조사)+이(첨가음)〔모음
합체〕→önce게〔에→이〕→önce기→önceki(/k/가 유성음화되지 않았다) 【근거】
너**거** 집(경남)=너**의** 집(표준어). 나는 방**에** 갔다(표준어)=나는 방**아** 갔다(경남 노
인 말): 에=아+이(첨가음)〔모음 합체〕→애(중세 국어: 방애)〔모음조화 파괴〕→
에(현대 표준어).

özgü(=고유의)=öz(=고유, 본질)+거(경남)(소유격 조사)+이(첨가음)〔모음 합체〕
→öz게〔에→이〕→öz기(ki)〔유성음화〕→özgi〔모음조화: ö-ü〕→özgü(여기서는
모음조화를 시켰다) 【근거】 너**거** 집(경남)=너**의** 집(표준어). 나는 방**에** 갔다(표준
어)=나는 방**아** 갔다(경남 노인 말): 에=아+이(첨가음)〔모음 합체〕→애((중세 국
어: 방애)〔모음조화 파괴〕→에(현대어).

saat ikideki(두 시의): saat iki(=두 시)+다(처격 조사)(경남)(ta)〔유성음화〕→saat
ikida〔모음조화: i-e〕→saat ikide(=두 시에). 거(경남)(소유격 조사)+이〔모음 합
체〕→게〔에→이〕→**기(ki)**. saat ikideki=saat ikide+기(ki)→saat ikideki(/k/를 유
성음화시키지 않았다) 【근거】 오데**다**(경남)(=어디**에**)=오데(=어디)+**다**(처격 조사).

너**거** 집(경남)=너**의** 집(표준어). 방**에** 갔다(표준어)=방**아** 갔다(경남 노인 말): 에=아+이(첨가음)〖모음 합체〗→애(중세 국어: 방애)〖모음조화 파괴〗→에(현대어).

şimdiki zaman(=현재 시제)=şimdi(=현재)+거(경남)(소유격 조사)+이(첨가음)+zaman(=시간, 시제): 거+이〖모음 합체〗→게〖에→이〗→기(ki)(/k/를 유성음화시키지 않았다) 【근거】 너**거** 집(경남)=너**의** 집(표준어). 나는 방**에** 갔다(표준어)=나는 방**아** 갔다(경남 노인 말): 에=아+이(첨가음)〖모음 합체〗→애((중세 국어: 방애)〖모음조화 파괴〗→에(현대어). **zaman**=짬(=시간)+앙(의미첨가 없이 명사에 붙는 접미사)〖ㅇ(ng)→ㄴ(n)〗→짬안〖ㅉ→ㅆ→z〗→zaman 【근거】 똘(경기, 전라, 충청)〈고려대 한국어대사전〉(=도랑)+앙(의미첨가 없이 명사에 붙는 접미사)→또랑(경남)(=도랑). 'ㄲ, ㄸ, ㅃ, ㅉ, ㅆ, ㆅ 爲 全濁'〈훈민정음해례본〉(전탁(全濁)=유성음(有聲音)). 쩔레쩔레=썰레썰레. cf. 쌰(邪)〈석보상절 9권 5장 뒷면〉[쌰]〖ㅆ→z〗→zya→じゃ(邪)(zya)(일본어). don(mak)(=얼다)=동(凍)(tong)(=얼다)〖어두 유/무성자음 교체〗→dong〖ㅇ(ng)→ㄴ(n)〗→don.

üst kattaki koridor(=윗층의 복도)=üst(=위, 위의)+kat(=층)+다(경남)(처격 조사)+거(경남)(소유격 조사)+이(첨가음)+koridor: üst=위(=上)+ㅅ(사이시옷)+터/트(경남)→üstı〖/t/를 파열시켜 발음하면 [ı]는 있으나 없으나 발음이 같이 들린다〗→üst(그 뜻은 '윗터'이다). kat(=층)=켜(=층)+앗[안](의미첨가 없이 명사에 붙는 접미사)〖모음조화: 여-어〗→커엇〖동모음 축약〗→컷〖어→아〗(튀르키예어에는 /어/가 없다)→캇→kat. 거+이〖모음 합체〗→게〖에→이〗→기(ki). üst kattaki=üst+kat+다(ta)+ki(/k/를 유성음화시키지 않았고 모음조화도 시키지 않았다) 【근거】 오데다 둘꼬?(경남)(=어디에 둘까?)=오데(=어디)+**다**(ta)(경남)(처격 조사)+두(다)+ㄹ+꼬(=까)(의문사가 있는 의문문에 쓰이는 의문 종결 어미. 의문사가 없으면, '까'를 사용한다: 여어다 둘까=여기에 둘까).

üstündeki(=위에의)=윗+터/트(=장소)+in(인)(소유격 조사)+데(=장소)+**거**(경남)(소유격 조사)+이(첨가음): 윗트(=上)(경남)(üstı)〖어말에서 /t/를 파열시켜 발음하면 [ı]는 있으나 없으나 발음이 같이 들린다〗→üst. üst+in〖모음조화: ü-ü〗→üstün. üstün데(üstünte)〖유성음화〗→üstünde. ki=거+이(첨가음)〖모음 합체〗→

게[에→이]→기(ki)(/k/를 유성음화시키지 않았다)【근거】너**거** 집(경남)=너**의** 집. 방**아** 가바라(경남)=방**에** 가봐라(표준어): 에=아+**이**(첨가음)[모음 합체]→애 (중세 국어)[현대 표준어에서는 모음조화를 파괴하고 '에'로 통일시켰다]→에.

yılki(=해의). Kargalar bu yılki ekinlermize zarar verdiler(=까마귀들이 올해**의** 우리 농작물에 피해를 주었다): yılki=yıl(=해, 년)+거(경남)(소유격 조사)+이(첨가음)[모음 합체]→yıl게[에→이]→yıl기(ki)(모음조화 시키지 않았고 /k/를 유성음화시키지 않았다). **yıl**=연(年)+이(첨가음)+알(의미첨가 없이 명사에 붙는 접미사)+이(첨가음): 연이[ㄴ→Ø/ㅡㅣ and 이[ĩ](鼻母音)(경남) and 비모음의 구강 모음화]→**여이**. 알+이[모음 합체]→앨[애→에]→엘[에→이]→**일**. yıl=여이+일[어→으]→yı이일[동모음 축약]→yı일(il)[모음조화: ı-ı]→yııl[동모음 축약]→yıl 【근거】없다/읎다(경남)(경남 방언에서는 '어/으' 교체가 아주 자유롭게 일어난다). 국(國)+이(첨가음)[모음 합체]→귁(國)〈월인석보 1권 훈민정음 1장 앞면〉. 사타리(경남, 경북)(=샅)=샅(=두 다리의 사이)(표준어)+알(=子)(의미첨가 없이 명사에 붙는 접미사)+이(첨가음)→샅알이→사타리.

9.3 목적격 조사

중세 국어의 목적격 조사는 조사 앞 단어가 자음으로 끝나면 '**을/올**'을 사용하고 모음으로 끝나면 모음 충돌 회피용 삽입 자음, /ㄹ/을 첨가하여 '**를/롤**'을 사용했다. 대체로 앞 단어의 마지막 모음이 '**아, 야, ᄋ, 오, 요, 와 등**'의 양모음이거나 '**이**' 혹은 '**이**'가 들어 있는 복모음이면('유'와 '워' 제외) '**올/롤**'을, 앞 단어의 마지막 모음이 '**어, 여, 우, 유, 워, 워, 으 등**'의 음모음이면 '**을/를**'을 사용했다:

山산올〈석보상절 6권 24장 앞면〉=산을. (아)
般반若샹롤〈석보상절 6권 41장 앞면〉[반샤롤]=반야**를**. (야)
門몬돌홀〈석보상절 6권 2장 뒷면〉(=문들을)=몬+돌(복수 접미사)(=들)+ㅎ(고유어 명사에 붙음)+**올**. (ᄋ)
大땡愛힝道똘롤〈석보상절 6권 6장 뒷면〉[때히]=대애도**를**. (오). /ᄝ/가 자음의 역할을 하지 않았음을 알 수 있다.

付붕囑쥭올〈석보상절 6권 46장 앞면〉[부죡]=부촉을. (요)

解행脫탏올〈석보상절 13권 43장 뒷면〉[행탏]=해탈을. (와)

머리룰〈석보상절 13권 53장 뒷면〉=머리를. (이)

盟명誓쳉룰〈석보상절 6권 29장 앞면〉[명쳉](=맹세를). (예=이+에)

法법義읭룰〈석보상절 13권 26장 뒷면〉[법읭]=법의를. (읭=오+이)

衆즁生싱올〈석보상절 13권 4장 뒷면〉=중생을. (이=ᆞ+이)

恩ᅙᅳᆫ惠휑룰〈석보상절 6권 4장 뒷면〉[ᅙᅳᆫ휑](=은혜를). (웨=유+이+에)

祥쌍瑞쓍룰〈석보상절 13권 27장 앞면〉[쌍쓍]=상서를. (위=유+이)

妙묳法법을〈석보상절 13권 25장 뒷면〉=묘법을. (어)

知딩見견을〈석보상절 13권 48장 뒷면〉[디견을]=지견을. (여)

내이루믈〈석보상절 9권 7장 앞면〉=내 이름을. (우)

뻐러듀믈〈석보상절 9권 25장 앞면〉=떨어짐을. (유)

方방便뼌力륵을〈석보상절 13권 58장 앞면〉=방편력을. (으)

根곤源원을〈석보상절 13권 4장 앞면〉=근원을. (워)

因인緣원을〈석보상절 13권 32 뒷면~33장 앞면〉=인연을. (워)

수프를〈석보상절 13권 22장 뒷면〉=수풀을. (으)

현대 한국어에서는 목적격 조사의 모음조화를 없애고 앞 단어가 자음으로 끝나면 '을', 모음으로 끝나면 모음 충돌 회피용 삽입 자음, /ㄹ/을 첨가하여 '를'을 사용한다.

경남 방언에서는 목적격 조사의 '을/를'의 받침, /ㄹ/이 탈락한 예가 아직도 남아 있다: 물로 묵고 무우라(경남)(=물을 먹고 먹어라)=물+ㄹ(복제 자음)+오(o)(목적격 조사)+묵(다)+고+묵(다)+우+라【근거】벌에〈석보상절 24권 50장〉《우리말샘》[앞의 /ㄹ/ 복제]→벌레(현대어). 새마(=新村)(경북)=새말[어말 /ㄹ/ 탈락]→새마. cf. 数(=かず)を読む(=kazuoyomu)(=수를 세다(←수를 읽다))=数(=かず)(kazu)+を(o)(목적격 조사)+読む(yomu). を(o)=(한국어 고유어 명사)+ㅎ(고유어 명사에 붙음)+오(목적격 조사)(경남)→호(ho)→**を**(초성에 자음이 있고 그 자음이 탈락된 것을 お와 구분하기 위해서 **を**를 사용한 것이다).

튀르키예어는 이런 경상도 방언의 음운 현상을 따라, 목적격 조사가 만들어졌다: 을[어말 /ㄹ/ 탈락]→으→/ı/(튀르키예어 목적격 조사). 목적격 조사, /ı/가 튀르키예어의 목적격 조사 모음조화 규칙에 따라 'ı/i/u/ü'로 바뀌게 된다:

ağacı(=나무를)=ağaç+으(ı)(목적격 조사)[유성음화]→ağacı.

elmayı(=사과를)=elma(=사과)+y(모음 충돌 회피용 삽입 반자음)+으(ı)(목적격 조사).

evi(=집을)=ev(=집)+으(ı)(목적격 조사)[모음조화: e-i]→evi.

gözü(=눈을)=göz(=눈)+으(ı)(목적격 조사)[모음조화: ö-ü]→gözü.

okulu(=학교를)=okul(=학교)+으(ı)(목적격 조사)[모음조화: u-u]→okulu.

Ütüyü kullandım(=나는 다리미를 사용했다)=Ütü(=다리미)+y(모음 충돌 회피용 삽입 반자음)+으(ı)(목적격 조사)+kullan(mak)(=사용하다)+dı(과거시제)+im(1인칭 단수 대명사적 어미)[모음조화: ü-ü]→Ütüyü kullandı+im[ı+i→ı]→Ütüyü kullandım. ⇒ 명사, ütü

한국어는 목적격 조사의 모음 충돌 회피용 삽입 자음으로 /ㄹ/을 사용하나 튀르키예어는 한국어의 처격 조사와 같이 /y/를 사용하기도 하고 주제격 조사와 같이 /n/을 사용하기도 한다:

kargayı(=까마귀를)=karga(=까마귀)+y(모음 충돌 회피용 삽입 반자음)+ı(목적격 조사).

지시대명사는 /n/을 사용한다:

bunu(=이것을)=bu(=이것)+n(모음 충돌 회피용 삽입 자음)+으(ı)(목적격 조사)[모음조화: u-u]→bunu.

onu(=그를, 그녀를, 그것을)=o(=그, 그녀, 그것)+n+으(ı)(목적격 조사)[모음조화:

u-u』→onu.

şunu(=저것을)=şu(=저것)+n+으(ı)(목적격 조사)[모음조화: u-u』→şunu.

　3인칭 소유 접미사, ~sı 뒤에는 /n/을 사용한다:

kedisini(그의/그녀의 고양이를)=kedi(=고양이)+si(3인칭 소유 접미사)+n(모음 충돌 회피용 삽입 자음)+으(ı)(목적격 조사)[모음조화: i-i』→kedisini.

9.4 여격 조사, 향진격 조사, 처격 조사

나는 나무에 물을 주었다=나는 나무+에(여격 조사)(앞 단어가 사물일 때)+물을 주었다.

두하눓 ㅅㅢ예갸샤〈석보상절 6권 45장 뒷면〉(=두 하늘 사이에 가시어)=두 하눓+ㅅ(사이시옷)+ㅅㅢ+이(y)(모음 충돌 회피용 삽입 반자음)+에(향진격 조사)+가시(다)+아(부사형 어미).

들에 있다(경남)=들+아(경남)(처격 조사)+있다[모음조화: 으-에』→들에 있다 【근거】 상아 노을 끼 없다(경남)(=상에 놓을 것이 없다): 아(처격 조사)+이(첨가음) [모음 합체』→애(중세 국어: 방애)[애→에』(모음조화 파괴)→에(현대 표준어) (모음조화를 지키지 않고 모음 충돌 회피용 삽입 반자음, /y/도 붙이지 않고 '에' 로 통일하였다).

모딘길헤뻐러디면〈석보상절 6권 3장 뒷면〉(=모진 길에 떨어지면)=모딘+길+ㅎ (고유어 명사에 붙음)+에(향진격 조사)+뻐러디면. 길헤=길+ㅎ(고유어 명사에 붙음)+아(경남)+이(첨가음)[모음 합체』→길해[모음조화: 이-에』→길헤. cf. 学校(がっこう)へ行く(ゆく)(일본어)=학교에 가다: 헤(he)→へ(he)[ㅎ(h)→Ø/모음_-모음』→e(へ[e]) 【근거】 길헤(he)[ㅎ(h)→Ø/모음_-모음』→길에(e)(현대어).

방아 있다(경남 노인 말)(=방에 있다)=방+아(처격 조사)+있다(모음조화: 아-아). cf. 들에 있다.(모음조화: 으-에)

상아 놓을끼 없다(경남)(=상에 놓을 것이 없다)=상+아(처격 조사)+놓(다)+으(자음 충돌 회피용 삽입 모음)+끼(=것이)+없다. 끼=거(경남)(=것)+이(주격 조사)[모음 합체』→게[에→이』→기[[ㅎ+ㄱ→ㄲ』(ㄹ 다음의 ㅎ)→끼 【근거】 졇(節)〈석보상절 6권 11장 뒷면〉에서 [ㄹ] 발음 다음의 [ㅎ]는 [ㄹ] 발음을 끝내고 다음 발음을 하기 위해서 혀를 떼는 순간에 나는 약한 [h] 음이다. 경남 발음에서는 /ㄹ/로 끝나는 관형형 다음의 '거'는 [꺼]로 발음된다: 갈 꺼(=갈 것), 잡을 꺼, 먹을 꺼. cf. 주는 거, 입는 거.

장아 가다(경남)(=장에 가다)=장+**아**(향진격 조사)(a)+가다.

집에 가다=집+**에**(향진격 조사)(e)+가다.

훤훈싸해가〈석보상절 6권 27장 뒷면〉(=훤한 땅에 가)=훤훈+싸+ㅎ(고유어 명사에 붙음)+**애**(향진격 조사)+가(다)+아(부사형 어미)〖동모음 축약〗→훤훈싸해가. 싸해=싸+ㅎ+아(향진격 조사)(경남)+이(첨가음)〖모음 합체〗→싸해. 싸+앙(의미 첨가 없이 명사에 붙는 접미사)+ㅎ(고유어 명사에 붙음)+아(향진격 조사)+이(첨가음)〖ㅅ+ㄱ→ㄲ〗→따앙하이〖동모음 축약〗→땅하이〖모음 합체〗→땅해〖ㅎ→∅/유성음__유성음〗→땅애〖모음조화 파괴〗→땅에(현대 표준어).

아버님께 돈을 드렸다=아버님+**께**(여격 조사)(앞의 단어가 존경 대상인 사람일 때)+돈을+드렸다.

이 환자에게 어떤 처방을 내리십니까?=이 환자+**에게**(여격 조사)(앞 단어가 사람이고 존경 대상이 아닐 때)+어떤 처방을 내리십니까? cf. Domla-ga kitob berdim(=I gave the professor a book)(우즈벡어)=Domla(=교수)+**ga**(=께)+kitob(책)+ber(moq)(=주다)+di(과거시제)+(i)m(1인칭 단수 대명사적 어미): 께=까(ga)(우즈벡어)(존경의 의미는 없다: talabaga=학생에게). domlaga(=교수님께)+이(i)(첨가음)〖모음 합체: 아(a)+이(i)→애(æ)〗→domlagæ〖æ(애)→e(에)〗→dom-lage=domla(=교수)+ge(=께) 【근거】'ㄲ, ㄸ, ㅃ, ㅉ, ㅆ, ㆅ 爲 全濁'〈훈민정음해례본〉(전탁(全濁)=유성음(有聲音)).

현대 한국어에서는 앞의 예와 같이 '에'는 이동의 목적지를 나타내기도 하고 처격을 나타기도 한다.

튀르키예어의 여격은 사람, 사물 구별 없이 ~a/~e를 사용하고 향진격을 여격으로 분류하고 모음조화 규칙에 따라 a/e가 선택된다: a, ı, o, u+**a** / e, i, ö, ü+**e**.

Babam eve döndü(=(우리) 아빠가 집에 돌아왔다)=Baba(=아빠)+(i)m(1인칭 단수 소유 접미사)+ev(=집)+아(a)(여격 조사)+döndü〖모음조화: e-e〗→Babam eve döndü.

Bu hastaya reçete yazıdım.(=나는 이 환자에게 처방전을 써주었다)=Bu(=이)+hasta(=환자)+y(모음 충돌 회피용 삽입 반자음)+아(a)(여격 조사)+reçete(=처방전)+yaz(mak)(=쓰다)+ı(자음 충돌 회피용 삽입 모음)+dı(과거시제)+(i)m(1인칭 단수 대명사적 어미).

Göle koştum.(=나는 호수에 달려갔다)=Göl(=호수)+아(a)(여격 조사)+koş(mak)(=달려가다)+tu(과거시제)+(i)m(1인칭 단수 대명사적 어미)(=나)〖모음조화: ö-e, o-u〗→Göle koştum.

İşe gittim.(=나는 출근했다)=İş(=일)+아(a)(여격 조사)+git(mek)(=가다)+ti(과거시제)+(i)m(1인칭 단수 대명사적 어미)(=나)〖모음조화: i-e〗→İşe gittim.

Kitabı arkadaşıma verdim.(=나는 그 책을 나의 친구**에게** 주었다)=Kitap(=책)+으(ı)(목적격 조사)+arkadaş(=친구)+im(1인칭 단수 소유 접미사)+아(a)(여격 조사)+verdim〖유성음화: p→b/모음__모음〗→Kitabı arkadaşima verdim〖모음조화: a-ı〗→Kitabı arkadaşıma verdim

Kitabı masanın üstüne bıraktım.(=나는 그 책을 책상 위에 놓아두었다)=Kitap(=책)+으(ı)(목적격 조사)+masa(=책상, 테이블)+n(모음 충돌 회피용 삽입 자음)+ın(3인칭 소유격 조사)+üst(=위)+ü(3인칭 소유 접미사)+n(모음 충돌 회피용 삽입 자음)+아(a)(여격 조사)+bırak(mak)(=놓아두다)+tı(과거시제)+im(1인칭 단수 대명사적 어미)(=나)〖유성음화, 모음조화: ü-e, ı+(i)m→ım〗→kitabı masanın üstüne bıraktım.

Kitabı öğretmenime verdim(=나는 그 책을 나의 선생님**께** 드렸다)=Kitap(=책)+으(ı)(목적격 조사)+öğretmen(=선생님)+im(1인칭 단수 소유 접미사)+아(=a)(여격 조사)+ver(mek)(=주다)+di(과거시제)+(i)m(1인칭 단수 대명사적 어미)〖유성음화, 모음조화: ü-e〗→Kitabı öğretmenime verdim.

Okula gittim.(=나는 학교에 갔다)=Okul(=학교)+아(a)(여격 조사)+git(mek)(=가

다)+ti(과거시제)+(i)m(1인칭 단수 대명사적 어미)(=나)〖모음조화: u-a〗→Okula gittim.

대명사의 모음이 소유격에서 바뀐다:

bana(=나에게)=ben(=나)+아(a)(여격 조사)〖e→a〗→bana. ben=ban+이(i)(첨가음)〖모음 합체: 아(a)+이(i)→애→에(e)(튀르키예어에는 /애/가 없다)〗→ben【근거】 방아(식물 이름)(표준어)+이(첨가음)〖모음 합체: 아(a)+이(i)→애〗→방애(경남).

sana(너에게)=sen(=너)+아(a)〖e→a〗→sana. sen=san+이(i)(첨가음)〖모음 합체: 아(a)+이(i)→애→에(e)(튀르키예어에는 /애/가 없다)〗→sen.

9.5 처격 조사(~da/~de/~ta/~te)

경남 방언에 튀르키예어의 처격 조사, '~da/~de/~ta/~te'와 같은 '**~다**'가 있으나 일부 예에서 그 사용 흔적만 남아 있다.

Acaba eldivenlerimi nerede bıraktım?〈Türkçe Sözlük〉《LEXILOGOS》=대체 내 장갑을 어디**에** 두었을까?(표준어)=대체 내 장갑을 오데**다** 돘일꼬?(경남)

그 책(을) 오데다 둘꼬?(경남)(=그 책을 어디에 둘까?)=그+책+을+오데(=어디)+**다**(처격 조사)+두(다)+ㄹ(관형형 어미)+꼬(의문사가 있는 의문문에 붙는 의문 종결 어미)=Kitabı nereye koymalıyım? '~다' 대신에 '~에+다'를 쓰기도 한다: 그 책을 **집에다 도오라**(경남)=그 책을 집에 두어라. 튀르키예어에서는 이 e를 처격이라 하지 않고 여격이라 한다.

튀르키예어는 모음조화에 따라 '~da/~de'가 쓰이는데 앞 단어의 끝 자음이 무성자음이면 '~ta/~te'로 바뀐다:

kara**da**(=육지에).　　　　　kö**yde**(=마을에).

ağaç**ta**(=나무에)　　　　　iş**te**(=일에).

9.6 탈격 조사

한국어에는 튀르키예어의 탈격 조사, '~dan/~den/~tan/~ten'과 같은 단어가 없다. '~dan/~den/~tan/~ten'은 자음조화와 모음조화에 따라 결정된다: köyden(=마을에서), ağaçtan(=나무에서). 한국어에서는 **'~에서'/~부터/~에서부터**'를 사용한다. 공통점은, ~부터=붙(다)+어(부사형 어미) 【근거】 므리 어느 **方**올 **브터** 이예 흘러 붇이뇨(=물이 어느 방향으로부터 여기에 흘러 부어지는가?): **方올 브터**=方(=방향)+올(목적격 조사)+블(다)(=붙다)+어(부사형 어미). 현대어 조사, '부터'는 목적격 조사가 없어지고 '붙다' 동사의 부사형에서 만들어진 것임을 알 수 있다. ~tan=닿(다)+앙(부사형 어미)(ang)〚ㅎ→∅/모음__모음〛→다앙〚동모음 축약〛→당〚ㅇ(ng)→ㄴ(n)〛→단→tan 【근거】 don(mak)(=얼다)=동(凍)(=얼다)(tong)〚ㅇ(ng)→ㄴ(n)〛→ton〚어두 유/무성자음 교체〛→don cf. kelmoq(우즈벡어)=gelmek(튀르키예어)=오다. 노랑노랑/노락노락/노랏노랏(경남 노인 말) 꾸따(경남)(=노릇노릇 굽다(표준어))=*놀(다)(=노랗다)+앙/악/앗(부사형 어미)+*놀(다)(=노랗다)+앙/악/앗(부사형 어미). **두 물체가 붙은 것이나 닿은 것이나 그 뜻이 같다는 데 공통점이 있다.**

9.7 기타 조사

이제**껏[껻]**=이제**까지**.
까지=껏[껻]+이(첨가음)→꺼디〚구개음화〛→**꺼지**(경남)〚어→아〛→까지(표준어).

꺼정(경남)(=까지): 니+껏[껻]+이(첨가음)+**앙**(의미첨가 없이 붙는 접미사)→니꺼디엉〚구개음화: ㄷ→ㅈ/__이〛→니꺼지엉〚모음 합체〛→니꺼정〚단음화: 여→어〛→니꺼정(=너까지) 【근거】 똘(경기, 전라, 충청)〈고려대 한국어대사전〉(=도랑)+앙(의미첨가 없이 명사에 붙는 접미사)→또랑(경남)(=도랑).

kadar(=까지)=**껏[껻]**+알(=子)(의미첨가 없이 붙는 접미사)〚어→아〛→깐알〚ㄲ→ㄱ〛→가달(katar)〚유성음화〛→kadar 【근거】 사타리(경남, 경북)(=삽)=삽+알(의미첨가 없이 명사에 붙는 접미사)+이(첨가음)→사타리. 끈(近)〈월인석보 1권 월인서 14장 앞면〉〖ㄲ(g)→ㄱ(k)〗(유/무성자음 교체)→근(현대어)【근거】'ㄲ, ㄸ, ㅃ, ㅉ, ㅆ, ㆅ 爲 全濁'〈훈민정음해례본〉(전탁(全濁)=유성음(有聲音)).

gacha(=까지)(**우즈벡어**)=껏[껕]+이(첨가음)+아(의미첨가 없이 붙는 접미사)→꺼디아〖ㄷ→ㅌ〗→꺼티아〖구개음화: ㅌ→ㅊ/__이〗→꺼치아〖어→아〗→까치아〖모음 합체〗→까챠〖단음화〗→까차〖ㄲ→g〗→gacha【근거】아래(표준어)=알(경남)(=아래)+아(의미첨가 없이 붙는 접미사)+이(첨가음)〖모음 합체〗→알애→아래. banka(튀르키예어)=bank(영어)+아(a)(의미첨가 없이 붙는 접미사). **뒿**(追)〈월인석보 1권 월인서 17장 앞면〉[뒤]=듀+이(첨가음)〖첨가음, /이/ 제거〗→듀〖ㄷ→ㅌ〗→튜(thyu)〖구개음화: ㅌ→ㅊ/__y〗→츄〖단음화: 유→우〗→추(현대어). **꺼정**(경남)(=껏[껕]+이+**앙**)=**kadar**(튀르키예어)(=껏[껕]+**알**)=gacha(우즈벡어)(=껏[껕]+이+**아**).'앙'과 '알', '아'는 같은 기능을 하는 접미사로 첨가음과 접미사를 빼면 경남 방언과 튀르키예어, 우즈벡어의 어근이 같음을 알 수 있다.

동사

aǧ(mak)(=오르다)=앙(昻)(=오르다)+이(첨가음)→아이〔ㅇ(꼭지 있는 이응)→g〕
→agi〔g→ǧ/모음__모음〕(뒤에 모음, /i/가 없다면 일어날 수가 없다)→**aǧi**〔모
음조화: a-ㅣ〕→**aǧɪ**〔/ǧ/ 다음의 [ɪ](으)는 있으나 없으나 발음이 같이 들린다〕→aǧ
【근거】국(國)+이(첨가음)〔모음 합체〕→귁(國〈월인석보 1권 훈민정음 1장 앞면〉
. 옹(五)〈석보상절 9권 35장 앞면〉[오]〔ㅇ(꼭지 있는 이응)→g〕→go→ご(五)(go)
(일본어). 옹(五)〔ㅇ(꼭지 있는 이응)→Ø〕→오(현대어). 이개야미이에셔살며〈석
보상절 6권 37장 앞면〉=이 개미 이곳에서 살며: 이에셔=이+거(경남)(=곳)+이(첨
가음)+셔〔모음 합체〕→이게셔〔유성음화: ㄱ(k)→ㅇ(꼭지 있는 이응)(g)/모음__
모음〕→이에셔. 이게서(경남)=여기서, 이곳에서. ~셔〔단음화: 여→어〕→서(현
대어).

alçal(mak)(=내려가다)=알(경남)(=밑, 아래)+ㅎ(고유어 명사에 붙음)+짜/짝(경남)
(=쪽)+하(다)+ㄹ(관형형 어미)〔ㅎ+ㅉ→ㅊ 아니면 ㅉ/ㅊ 교체〕→알차할〔ㅎ→Ø/
모음__모음〕→알차알〔동모음 축약〕→알찰→alçal. alça가 경남 방언으로 '밑쪽'
이라는 것으로 보아 '밑쪽하다=내려가다? **alçal**(mak)(=내려앉다)=알(=아래)+쫭
(坐)[좌](=앉다)+하(다)+ㄹ(관형형 어미)〔단음화〕→알짤〔ㅉ→ㅊ〕→알찰→alçal
【근거】저 알로 내려갔다(경남)=저 아래로 내려갔다. 이짜아 저짜아 잘 보고 길
을 건디라(경남)=이쪽저쪽 잘 보고 길을 건너라: 이짜아=이(관형사)+짝(경남)(=
쪽)+아(의미첨가 없이 명사에 붙는 접미사)→이짜가〔ㄱ→Ø/모음__모음〕→이

짜아(=이쪽)【근거】아래(표준어)=알(경남)(=아래)+아(의미첨가 없이 명사에 붙는 접미사)+이(첨가음)[모음 합체]→알애→아래. ⇒ **10.1.** 쫭(坐)〈법화경언해 1권 55장 앞면〉[쫘][ㅉ→ㅈ]→좌(현대 표준어)[단음화: 와→아]→**자**(경남). 좌하다 (坐하다)=앉다. 일찍[ㅉ→ㅊ]→일칙(경남)[이→으]→일측(경남).

alıkoy(mak)(=미루다, 유보하다, 저지하다)=알(경남)(=아래)(al)+로(조사) (lo)+koy(=두다, 위치시키다)→allokoy[동자음 축약]→alokoy[모음조화: a-ı] →alıkoy. '아래로 두다'는 '내려두다'로 논의 대상에서 제외시킨다는 뜻으로 '뒤로 미루다'는 뜻이다. cf. **alt**(=아래)=알(경남)(=아래)+터/트(경남)(=장소)→알 트(altı)[/t/를 파열시켜 발음하면 뒤의 [ı]는 있으나 없으나 발음이 같이 들린다] →alt

ay(mak)(=to begin paying attention again (after a period of absentmindedness 〈Türkçe Sözlük〉《LEXILOGOS》(=(잠시 멍했다가) 다시 정신을 차리기 시작하다), 정신이 **나다**)=(정신이) 나(다)+이(첨가음)[두음법칙 후 보상적 /y/ 첨가]→야이 [단음화]→아이→ay【근거】써리다(경남)=썰(다)+이(첨가음)+다. cf. 넣디(표준어)[두음 법칙 후 보상적 /y/ 첨가]→옇다(경남). '(정신이) 나(다)+이(첨가음) [두음법칙 후 보상적 /y/ 첨가]→야이→yay'와 같이 yay(mak)이 되어야 하는데 yay(mak)(=전파하다, 널다)과 구분하기 위해서 /y/를 첨가하지 않았을 가능성도 있다. yay(mak)(=널(다)/너(다)(경남)+이(첨가음)(정신이)→너이[어→아]→나이 [두음법칙 후 보상적 /y/ 첨가]→야이→yay.

bas(mak)(=인쇄하다, 찍다)=박(다)(=인쇄물이나 사진을 찍다→인쇄하다)[풀어 쓰기]→바그[구개음화]→바즈[ㅈ→ㅅ]→바스(pası)[어두 유/무성자음 교체] →bası[/s/ 다음의 어말 /ı/는 있으나 없으나 발음이 같이 들린다]→bas【근거】 gelmek(튀르키예어)=kelmoq(우즈벡어)=오다. 똥구시(경남)=똥+굳(=구덩이)+이 (첨가음)→똥구디[구개음화]→똥구지[ㅈ→ㅅ]→똥구시. 樓룰우희ᄂ 라올아〈석 보상절 6권 3장 앞면〉=누 위에 날아올라: 올다[**풀어쓰기**]→오르다(현대어). cf. bas(mak)(=밟다, 디디다).

bas(mak)(=밟다, 디디다)=밝(가락)〈법화경언해 1권 9장 앞면〉[ㄹ→∅/__ㅅ]→

밧(pas)〚어두 유/무성자음 교체: p→b〛→bas. 밝가락='발+ㅅ(사이시옷)+가락'인
데 /ㄹ/ 탈락 '밧'을 발로 잘못 분석하여 만들어진 동사이다. 아니면, **bas**(mak)=
발+ㅎ(고유어 명사에 붙음)+이(첨가음)〚ㅎ→ㅅ/＿이〛→발시〚ㄹ→Ø/＿ㅅ〛→
바시(pasi)〚모음조화: a-ı〛→pası〚어두 유/무성자음 교체〛→bası〚[s] 다음의 [ı]
는 있으나 없으나 발음이 같이 들린다〛→bas. cf. **あし**(=足)(asi)(일본어)=발+ㅎ
(고유어 명사에 붙음)+이(첨가음)〚ㅂ→ㅸ→Ø/(모음)＿아〛→알히〚ㅎ→ㅅ/＿
이〛→알시〚ㄹ→Ø/＿ㅅ〛→아시(asi) 【근거】 밝가락〈법화경언해 1권 9장 앞면〉
〚ㄹ→Ø/＿ㅅ〛→**밧**가락〈법화경언해 4권 141장 뒷면〉《우리말샘》. 힘(표준어)
〚ㅎ→ㅅ/＿이〛→심(경남). 부삽=불+삽〚ㄹ→Ø/＿ㅅ〛→부삽. kelmoq(우즈벡
어)=gelmek(튀르키예어)=오다. 추우(경남 노인 말)=춥(다)+우(명사형 어미)→추
부(경남 노인 말)〚유성음화 후 탈락: ㅂ→ㅸ→Ø/모음＿＿모음〛→추우. 신(명사)=
신(다)(동사 어간). 품(명사)=품(다)(동사 어간).

bat(mak)(=빠지다, (해, 달이) 지다)=*빤(다)(=빠지다)〚ㅃ→b〛→bat 【근거】
batır(mak)(=침몰시키다, 빠뜨리다, 가라앉히다)=빠뜰(다)/**빠틀**(다)(batır)(경남).
빠뜰다=*빤(다)+들(사동 보조 어간)〚ㄷ+ㄷ→ㄸ〛→빠뜰다〚ㄸ→ㅌ〛→빠틀다.
떨어**뜨**리다(표준어)〚ㄸ→ㅌ〛→떨어**트**리다(표준어)〈표준국어대사전〉. 해가 빠지
다(경남 노인 말)=해가 지다: 빠지다=빤(다)+이(자동사의 피동 보조 어간, 아니면
첨가음)+다〚구개음화〛→빠지다. cf. 썰리다(경남)(=썰다(표준어))=썰(다)+이(첨
가음)+다.

batır(mak)(빠뜨리다, 침몰시키다)=빠틀(다)/빠뜰(다)(경남)(=빠뜨리다)〚ㅃ→b
아니면 ㅃ→ㅂ(p) and 어두 유/무성 자음 교체(가능성이 크다)〛→batır 【근거】 빠
틀(다)/빠뜰(다)(경남)(=빠뜨리다)=*빤(다)(=빠지다)+들(사동 보조 어간)〚ㄷ+ㄷ
→ㄸ〛→빠뜰〚ㄸ→ㅌ〛→(batır). 'ㄲ, ㄸ, ㅃ, ㅉ, ㅆ, ㆅ 爲 全濁〈훈민정음해례
본〉(전탁(全濁)=유성음(有聲音)). 물론 훈민정음 창제 당시 우리말, '빠뜨리다'는
/ㅃ/이 아니었다: 쌔디다〈석보상절 9권 37장 앞면〉〚ㅅ+ㅂ→ㅃ〛→빠지다(현대
어). 중세 국어의 'ㄲ, ㄸ, ㅃ, ㅉ, ㅆ, ㆅ'은 유성음인데 현대어에서는 전부 무성으
로 바뀌었다: 똑(毒)〈법화경언해 1권 48장 앞면〉(dok)〚유성음(d)→무성음(t)〛→독

(tok)(현대어). cf. 똑(毒)〔일본어식으로 표기〕→또구〔ㄸ→d〕→doku→どく(毒)(doku)(일본어).

biç(mek)(=베다, 자르다)=버히(다)〈월석 11권 4장〉《우리말샘》(=베다)〔umlaut〕→베히〔에→이〕→비히〔ㅎ→ㅋ〕→비키〔구개음화: ㅋ→ㅊ/__이〕→비치(piç)〔어두 유/무성자음 교체〕→biç【근거】키(=(배의) 방향타)(표준어)〔구개음화: ㅋ→ㅊ/__이〕→치(강원, 전라, 충청, 함경)〈표준국어대사전〉. 홀(목)(경남)(=팔)〔ㅎ→ㅋ〕→콜(kol)→kol(튀르키예어)(=팔). 燈등의블**혀**고〈석보상절 9권 32장 뒷면〉=등에 불 켜고(현대어): 혀다〔ㅎ→ㅋ〕→켜다.

bile(mek)(=(칼 등을) 갈다)=벼르(다)+이(첨가음)〔모음 합체〕→벼릐〔여→에〕(경남 발음)→베릐〔에→이〕→비릐〔단음화: 의→에〕→비레(pile)〔어두 유/무성자음 교체〕→bile【근거】gel(mek)(튀르키예어)=kelmoq(우즈벡어)=오다. 썰(다)(표준어)+이(첨가음)+다→써리다(경남). bire가 아니고 bile가 된 것은 원어가 '*별다'였을 것으로 추정된다: *별다〔풀어쓰기〕→벼르다. **벼로**(=硯)〈훈민정음 해례본 용자례〉(=벼루)=*별(다)+오(=아)(=子)(=것)(그 뜻은 '먹을 가는 것/곳'). **벼루**(현대 표준어)=*별(다)+우(명사형 어미)(=것/곳). **벼리**〔베리〕(경남)=*별(다)+이(명사형 어미)(=것/곳). 여기서 '벼르다'가 '갈다'임을 알 수 있다. cf. 베리다(강원, 경기, 경남, 전라, 제주, 충청, 평안, 함경, 황해)〈우리말샘〉(=무디어진 연장의 날을 불에 달구어 두드려서 날카롭게 만들다)=벼리다(표준어)〔여→에〕(경남 발음)→베리다. cf. 들**레**다(경북)〈우리말샘〉〔에→이〕→들**리**다(표준어),

bitiş(mek)(=붙다, 인접하다, 접하다)=붙이(다)+이(부사형 어미)+지(다)→붙**이이**지〔동모음 축약〕→붙이지〔umlaut〕→뷜이지→뷔티지〔단음화: 위→이〕→비티지〔ㅈ→ㅅ〕→비티시→bitiş(그 뜻은 '붙이어지다'이다)【근거】지기삐다(경남)(=죽여 버리다)=죽이(다)+**이**(부사형 어미)+삐다(=버리다)〔모음 합체〕→쥑이삐다→쥐기삐다〔단음화: 위→이〕→지기삐다. **bitişik**(=접해있는 이웃)=bitiş(mek)+악(ak)(=장소)+이(첨가음)〔모음 합체〕→bitiş액〔애→에〕→bitiş엑〔에→이〕→bitiş익(ik)→bitişik【근거】**durak**(=역)=들(다)(=멈추다)+악(=장소)〔으→우〕→둘악→두락(turak)〔어두 유/무성자음 교체〕→durak【근거】**gelmek**(튀르키예어)=kelmoq(우즈벡어)=오다. 들(=水)〈훈민정음해례본 용자례〉[으→우]→물(현대어). 비가 들었다(=비가 멈추었다, 비가 그쳤다)=Yağmur **dur**du.

bit(mek)((식물이) 자라다)=뻗(다)+이(첨가음)[모음 합체]→뻳[에→이]→삗[ㅃ→b, 아니면, ㅃ→ㅂ(p) and 어두 유/무성자음 교체]→bit 【근거】뻗다=가지나 덩굴, 뿌리 따위가 길게 자라나다. 또는 그렇게 하다. '벋다'보다 센 느낌을 준다〈표준국어대사전〉: 칡덩굴이 산기슭으로 뻗다. 게(=crab)[에→이]→기(경남: 게, 기 둘 다 사용). 썰(다)(표준어)+이(첨가음)+다→써리다(경남). 'ㄲ, ㄸ, ㅃ, ㅉ, ㅆ, ㆅ 爲 全濁'〈훈민정음해례본〉(전탁(全濁)=유성음(有聲音)).

bit(mek)(=to be exhausted〈Türkçe Sözlük〉《LEXILOGOS》(=몹시 지치다, 기진맥진하다)=뻗(다)+이(첨가음)[모음 합체]→뻳[에→이]→삗[ㅃ→b, 아니면, ㅃ→ㅂ(p) and 어두 유/무성자음 교체]→bit. 【근거】그는 10km를 뛰고 완전히 뻗었다=그는 10km를 뛰고 완전히 기진맥진했다. 써리다(경남)(=썰다)=썰(다)+이(첨가음)+다. 게(=crab)[에→이]→기(경남: 게, 기 둘 다 사용). 'ㄲ, ㄸ, ㅃ, ㅉ, ㅆ, ㆅ 爲 全濁'〈훈민정음해례본〉(전탁(全濁)=유성음(有聲音)).

boşa(mak)(=이혼하다)=뽀수(다)(경남)(=단단한 물체를 여러 조각이 나게 두드려 **깨**뜨리다)+이(명사형 어미)+하(다)[모음 합체]→뽀쉬하[단음화: 위→이]→뽀시하[ㅎ→Ø/모음__모음]→뽀시아[모음 합체]→뽀샤[ㅃ→b, 아니면, ㅃ→ㅂ(p) and 어두 유/무성자음 교체]→boşa 【근거】뽀사(다)(경남)〈고려대 한국어대사전〉(=바수다=잘게 깨다)=뽀수(다)+이(명사형 어미)+하(다)[모음 합체]→뽀쉬하[단음화: 위→이]→뽀시하[ㅎ→Ø/모음__모음]→뽀시아[모음 합체]→뽀샤[단음화: 야→아]→뽀사. 한국어에서 '이혼하다'를 '**깨**지다'라고도 한다: 그 두 사람 이혼했다=그 두 사람 깨졌다. ᄇᆞᅀᅮ다〈월석21:219〉《고려대 한국어대사전》(=바수다=여러 조각이 나게 두드려 잘게 깨뜨리다)[유성음화 이전으로 환원]→ᄇᆞ수다[ᄋᆞ→오]→보수다[ᄋᆞ→아]→보사다[ㅂ→ㅃ]→뽀사다(경남). ᄇᆞ수다[유성음화 이전으로 환원]→ᄇᆞ수다[ᄋᆞ→아]→바수다[ᄋᆞ→우]→바수다(표준어).

boya(mak)(=칠하다, 바르다))=ᄇᆞ르(다)〈석보상절 24권 20장〉《고려대 한국어대사전》(=바르다=물체의 표면에 문질러 묻히다)[ᄋᆞ→오]→보르[ᄋᆞ→아]→보라[ㄹ

→∅/모음__모음〗→보아〖모음 충돌 회피용 /y/ 삽입〗→보y아(a)→보야(poya)
〖어두 유/무성자음 교체〗→boya 【근거】 gelmek(튀르키예어)=kelmoq(우즈벡어)=
오다. 쫑(自)〈석보상절 13권 6장 앞면〉[쯩][ㅉ→ㅈ]→즈[ᄋ→아]→자(현대어).
몰(=藻(조))〈훈몽자회 상권 9장 뒷면〉[ᄋ→오]→몰(경남). 아 사암들이 머라카노
(경남)(=이 사람들이 뭐라 하나): 이 사람들이〖ㄹ→∅/모음__모음〗→이 사암들이
(빠른 발음에서). cf. **boya**(=칠, 물감, 페인트)=물(=물감)+아(의미첨가 없이 명사에
붙는 접미사)〖우→오〗→몰아〖ㄹ→∅/모음__모음〗→모아〖모음 충돌 회피용 삽
입 반자음, /y/ 첨가〗→모야(moya)〖m→b〗→boya. 아니면, **boya=boya**(mak)+아
(a)(=것)(=물체)〖동모음 축약〗→boya 【근거】 사우/사오(경남)=사위(표준어). 아 사
암들이(경남)(빠른 발음)=이 사람들이〖ㄹ→∅/모음__모음〗→이 사암들이. 소 한
마리(mari)(표준어)〖m→b〗→소 한 바리(bari)(경남). cf. も(や)(=母(屋))(mo)(일본
어)〖m→b〗→ぼ(せん)(母(船))(bo)(일본어).

boz(mak)(=부수다)=ᄫᅩᆺ(다)〖ᄋ→오〗→봉[△→z]→poz〖어두 유/무성자음 교
체〗→boz 【근거】 大悲力으로 金剛 모몰 ᄫᅩᆺ아 舍利ᄅᆞᆯ 밍ᄀᆞ루시니〈석보상절 23권
51장 앞면〉《우리말샘: 부수다(표준어))=*ᄫᅩᆺ(다)+우(첨가음)+다→ᄇ 수다〖ᄋ→
우〗→부수다. ᄫᅩᆺ(다)+아(부사형 어미)=*ᄫᅩᆺ(다)+아(부사형 어미)〖유성음화〗→
봉아. 'ᄫᅩᆺ아=ᄫᅩᆺ(다)+아'로 오분석하여 동사 어간 'ᄫᅩᆺ(다)'이 만들어졌다. 유성음
화가 일어나기 전의 'ᄫᅩᆺ다'가 본래의 동사임을 알 수 있다. cf. bozmak(튀르키예
어)=buzmoq(우즈벡어). buzmoq(우즈벡어)=ᄫᅩᆺ(다)〖ᄋ→우〗→붕[△→z]→puz
〖어두 유/무성자음 교체〗→buz. cf. **부**수다(표준어). 뽀수다(경남)=*ᄫᅩᆺ(다)+우(첨
가음)+다〖ᄋ→오〗→보수다〖ㅂ→ㅃ〗→뽀수다. '뽀수다'의 /ㅃ/이 [b]로 발음되
었을 가능성이 크다 【근거】 'ㄲ, ㄸ, ㅃ, ㅉ, ㅆ, ㆅ 爲 全濁'〈훈민정음〉(전탁(全濁)=
유성음(有聲音)). 지금도 영어의 bus를 표준어로는 '버스'라고 하나 일반적으로 '뻐
스'라고 한다. 중세 국어에서 /ㅃ/은 [b]로 발음되었다.

bula(mak)((음식에) 밀가루나 계란칠을 하다)=ᄇᆞᄅᆞ(다)〈석보상절 24권 20장〉《고
려대 한국어대사전》(=바르다)〖ᄋ→우〗→부ᄅᆞ〖ᄋ→아〗→부라→pula〖어두 유/
무성자음 교체〗→bula 【근거】 ᄀᆞ몰다〈월인석보 10권 84장〉《고려대 한국어대사

전》[ᄋ →아]→가몰다[ᄋ →우]→가물다(현대어).

bur(mak)(=꼬다, 비틀다)=*불(다)(pur)[어두 유/무성자음 교체]→bur【근거】**빌
빌** 까다(경남)(=아주 많이 꼬다, 아주 많이 비틀다): 빌빌=*불(다)+이(부사형 어
미)+*불(다)+이[모음 합체]→뷜빌[단음화: 위→이]→빌빌. **뷔다**〈소학언해 2권
2장〉《우리말샘》(=비비 꼬다)=*불(다)/***부**(다)+이(첨가음)+다[모음 합체]→뷔다
【근거】귀신(표준어)[단음화: 위→이]→기신(경남). 써리다(경남)=썰(다)(표준
어)+이(첨가음)+다. 갈다/가다(경남, 둘 다 사용). 경남 방언의 '빌빌 까다'의 '빌
빌'과 소학언해의 '뷔다', 경남 방언에서 '갈다/가다'를 볼 때 '불다'가 원래의 동
사였음을 알 수 있다.

çak(mak)(=치다, 못을 박다)=*턍(涿)(=치다)[구개음화]→챡[단음화]→착
→çak. *턍(涿)[단음화]→탁(한국어 현대어). cf. 涿[zhuō](중국어). 튀르키예어
는 한자어의 한국어 음과 음운 규칙을 따르고 있다【근거】**çakmak**=라이터, 부
시. '부시'는 **탁** 쳐서 불을 일으키는 도구다. cf. 턍(相)[단음화: 야→아]→상(相)
(현대어). **탁탁** 치다(경남): 탁탁=치는 소리(경남). 못을 치다(경남)=못을 박다. 탁
탁(부사)=*탁(다)(동사 어간)+*탁(다)(동사 어간)【근거】*턍(涿)(=치다)+*턍[단음
화]→탁탁. 달달 (볶다)=달(다)+달(다). 달다=타지 않는 단단한 물체가 열로 몹시
뜨거워지다. cf. ring ring(영어)(=따르릉따르릉).

çal(mak)(=두드리다, 치다)=*찰(다)(←찰랑 찰랑)→çal【근거】찰랑찰랑(=작은 방
울이나 얇은 쇠붙이 따위가 자꾸 흔들리거나 **부딪쳐 울리는 소리**〈표준국어대사
전〉)=*찰(다)+ㄹ(복제음)+앙(부사형 어미)+*찰(다)+ㄹ(복제음)+앙(부사형 어미)
【근거】달랑달랑(부사)=달(다)(동사)+ㄹ(복제음)+앙(부사형 어미)+달(다)+ㄹ+앙.
노랑노랑(경남)(=노릇노릇)=*놀(다)+앙(부사형 어미)+*놀(다)+앙(부사형 어미).

çal(mak)(=훔치다)=*텰(竊)[구개음화]→쳘[단음화]→철[어→아]→찰→çal
【근거】thiết(竊)[티엗](베트남어)〈베트남어-한국어사전〉《Naver사전》=*텰(竊)+이
(첨가음)[모음 합체]→뗼[모음 분해]→티엘[ㄹ→ㅌ]→티엗→thiết【근거】*
텰(竊)[구개음화]→쳘[단음화]→철[ㅊ→ㅈ]→절(한국어 현대어). 절(竊)(한국
어)+이(첨가음)[모음 합체]→쩰[ㅈ→ㅅ]→쎌[ㄹ→ㅌ]→쎝(일본어식으로 표

기)→세트[구개음화]→세츠→せつ(일본어)(setsu)【근거】귁(國〈월인석보 1권 훈민정음 1장 앞면〉=국(國)+이(첨가음)[모음 합체]→귁. *뎔(竊)+이(첨가음)[어 말 /ㄹ/ 탈락]→뎌이[모음 합체]→뎨[모음 분해]→티에[구개음화]→치에 →qiè(窃)(竊)(중국어)【근거】새마(=新村)(경북)=새말[어말 /ㄹ/ 탈락]→새마. 중국어 음은 경북 방언의 음운 규칙을 따르고 있다. 현대 중국어 음은 청나라 발음을 따르고 있다. 청나라의 여진족 추장은 신라 사람, 김함보였다. 잔(讚)〈월인석보 1권 월인서 8장 뒷면〉[ㅈ→ㅊ]→찬(현대어). 튀르키예어는 한국어 음과 음운 규칙을 따르고 있다. '절(竊)[ㅈ→ㅊ]→철[어→아]→찰→çal'일 가능성도 있다 【근거】바가지(표준어)[ㅈ→ㅊ]→바가치(경남).

çarp(mak)(=부딪히다, 충돌하다)=*찱(다)[çarp]【근거】찰박찰박(=얕은 물이나 진 창을 자꾸 거칠게 밟거나 칠 때 나는 소리를 나타내는 말)=*찱(다)+악(부사형 어 미)+*찱(다)+악【근거】노락노락 꾸따(경남)(=노릇노릇 굽다)=*놀(다)(=노랗다)+ 악(부사형 어미)+*놀(다)+악+굽다[꾸따].

cay(mak)(=번의(翻意)하다, 번복하다)=재의(再議)[재이](경남 발음)[모음 분해]→ 자이이[동모음 축약]→**자**이[어두 유/무성자음 교체]→cay(/ㅈ/의 유성음이 /c/ 이다)【근거】재의(再議)하다'는 앞서 논의한 것을 다시 논의하다는 것으로 '번복 하다'는 뜻이 된다. kelmoq(우즈벡어)=gelmek(튀르키예어)=오다. 읭(議)〈법화경언 해 1권 10장 앞면〉[의][ㆁ→Ø]→의[단음화: 의→에]→에[에→이]→이(i)(경 남/튀르키예어)(경남 방언과 튀르키예어는 음운 변화가 같다). cf. 再议(再議)[zài-yì](중국어)=재+읭[의][모음 분해: 애→아+이]→자이의[단음화: 의→에]→자 이예[에→이]→자이이[ㆁ→Ø 후 보상적 /y/ 첨가]→자이y이[ㅈ→ㅅ]→사이 y이[어두 유/무성자음 교체]→ᄮ이y이→zàiyì. さいぎ(再議)(saigi)(일본어)=재 (再)+읭[의][모음 분해: 애→아+이]→자이의[단음화: 의→에]→자이에[에→ 이]→자이이[ㅈ→ㅅ]→사이이[ㆁ→g]→saigi【근거】이개야미이에셔살며〈석 보상절 6권 37장 앞면〉(=이 개미 여기서 살며)=이(관형사)+개야미(=개미)+이게셔 (=여기서)+살(다)+며: 이게셔[유성음화: ㄱ(k)→ㆁ(g)/모음__모음]→이에셔. 옹 (五)〈석보상절 9권 35장 앞면〉[오][ㆁ→g]→go→ご(五)(go)(일본어). 똥구시(경

남)=똥+굴(=구덩이)+이(첨가음)→똥구디[구개음화: ㄷ→ㅈ/__이]→똥구지[ㅈ→ㅅ]→똥구시. 중국어와 일본어도 경상도 방언의 음운 규칙을 따르고 있다.

cenkleş(mek)(=전쟁하다, 싸우다, 경쟁하다)=전(戰)(=싸우다)+이(첨가음)+그(명사형 어미)(경남)(=것)+leşmek[모음 합체]→**젠**그+leşmek[어두 유/무성자음 교체: ㅈ(무성음)→c(유성음)]→cenkıleş[/k/를 파열시켜 발음하면 [ı]는 있으나 없으나 발음이 같이 들린다]→cenkleş【근거】cenk(=전쟁, 전투)=전(戰)(=싸우다)+이(첨가음)+그(명사형 어미)(경남)[모음 합체]→젠그[어두 유/무성자음 교체]→cenkı[/k/를 파열시켜 발음하면 [ı]는 있으나 없으나 발음이 같이 들린다]→cenk(어원이 페르시아어라고 하나 페르시아어의 어원이 한국어임을 알 수 있다). 귁(國)〈월인석보 1권 훈민정음 1장 앞면〉=국(國)+이(첨가음)[모음 합체]→귁. cf. せん(戰)(sen)(일본어)=전(戰)+이(첨가음)[ㅈ→ㅅ]→선이[모음 합체]→센(sen)【근거】똥구시(경남)=똥+굴(=구덩이)+이(첨가음)→똥구디[구개음화]→똥구지[ㅈ→ㅅ]→똥구시. 战[zhàn](중국어).

çık(mak)(=나가다, 나오다, 빠져나가다)=출(出)+ᄒ(다)〈석보상절 6권 2장 앞면〉(=하다)[ᄋ→으]→출흐[ㅎ→ㅋ]→출크[ㄹ→Ø/__자음]→추크[우→으]→츠크(çıkı)[어말에서 /k/를 파열시켜 발음하면 /ı/는 있으나 없으나 발음이 같이 들린다]→çık【근거】'출하다'를 '출허다, 출흐다'로 발음해도 알아듣는다: ᄒ다[ᄋ→어]→허다(경기)〈고려대 한국어대사전〉. ᄒ다[ᄋ→으]→흐다〈전라북도 방언사전〉《Naver 국어사전》. 골(목)(경남)(=팔(목))[ㅎ→ㅋ]→콜→kol(=팔)(튀르키에어). 믈(=水)〈훈민정음해례본 용자례〉[으→우]→물(현대어). 經경中듕에**니 르샨** 배리라〈석보상절 19권 25장 뒷면〉: 니르다[ᄋ→으]→니르다[두음법칙 후 보상적 /y/ 첨가]→y+이(i)르다[단음화: y+i→i(이)]→이르다(현대어). cf. **çıkıntı**(=돌출부, 혹, 돌기)=çık(mak)(=나오다)+으(자음 충돌 회피용 삽입 모음)+ㄴ(관형형 어미)+터/**ㅌ**(경남)(=곳)→çıkıntı(그 뜻은 '튀어나온 터(=곳)'=돌출부)(여기서는 /ı/가 탈락되지 않았다).

çık(mak)(=오르다)=*측(다)→çık【근거】'치키(다)/츠키(다)(경남)(=올리다)=**칙**(다)/측(다)+히(사동 보조 어간)[ㄱ+ㅎ→ㅋ]→치키/츠키'로 오분석하여 만들어

진 동사이다. 경남 방언에서는 '치끼다/츠끼다/치키다/츠키다'라고도 한다. 바지를 치키다/츠키다(경남)=바지를 올리다. 치혀다⟨용가87장⟩《고려대 한국어대사전》[ㅎㅎ(g)→ㄱ(k)]→치기다[ㄱ→ㅋ]→치키다(=위로 향하여 끌어 올리다) 【근거】 행(行)⟨석보상절 13권 3장 앞면⟩[혜][ㅎㅎ→ㄱ]→갱(覧)(解)(脫)⟨월인석보 21권 상권 8장 앞면⟩[개(覧)]. 치기다(전남)[ㄱ→ㅋ]→치키다.

çim(mek)(=to bathe (in a creek, stream, etc⟨Türkçe Sözlük⟩《LEXILOGOS》(=개울, 시내 등에서 목욕하다)=침(浸)(=잠기다, 담그다, **씻다**, 헹구다)→çim. cf. 침(浸)[ㅊ→ㅅ]→심[ㅁ(m)→ㄴ(n)]→신(sin)→しん(浸)(sin)(일본어). 침(浸)[ㅊ→ㅈ]→짐[ㅁ(m)→ㄴ(n)]→진[유/무성자음 교체]→[jìn](浸)(중국어). 튀르키예어는 한국어 음을 그대로 따르고 있다.

çiz(mek)(=선을 긋다, 줄을 긋다)=긋(다)[으→이]→깃[구개음화]→짓[ㅅ→ㅊ]→칫(풀어쓰기)→치스[유성음화]→치스→çizı[유성 마찰음, [z] 뒤의 [ı]는 있으나 없으나 발음이 같이 들린다]→çiz 【근거】 이사/으사(醫師)(경남)(둘 다 '이/으'를 높고 짧게 발음한다). 바가**지**[ㅅ→ㅊ]→바가**치**(경남). 아니면, **çiz**(mek): 티(다)⟨능엄1:18⟩《고려대 한국어대사전》(=치다=(사람이 점이나 선을) 붓이나 연필로 찍거나 긋다)+기(명사형 어미)[구개음화]→치기[구개음화: ㄱ→ㅈ/__이]→치지[ㅈ→ㅅ]→치시[유성음화]→치싀[△→z]→**çizi**(=çizgi=선, 금, 줄). 'çizi=çiz(mek)(동사 어간)+i(명사형 어미)'로 오분석하여 동사 어간, çiz(mek)이 만들어졌다(가능성이 크다). 아니면, (선을) 치(다)+자(子)(=것)+이(첨가음)[모음 합체]→치재[애→에]→치제[에→이ㅅ]→치지[ㅈ→ㅅ]→치시[유성음화]→치싀[△→z]→**çizi**. 'çizi=çiz(mek)(동사 어간)+이(i)(명사형 어미)(=것)'으로 오분석하여 동사 어간, çiz(mek)이 만들어졌다.

coştur(mak)(=열광하게 하다, 열중케 하다, 흥분시키다)=좋(다)(형용사)+이(자음 충돌 회피용 삽입 모음)+들(경남)(tır)(사동 보조 어간)→조히tır[ㅎ→ㅅ/__이]→조시tır[어두 유/무성자음 교체: ㅅ→c]→coştır[모음조화: o-u]→coştur(그 뜻은 '좋아하게 하다') 【근거】 힘(표준어)[ㅎ→ㅅ/__이]→심(경남). 빠뜰(다)/빠틀(다)(경남)(=빠뜨리다)=*빤(다)(=bat(mak))+들(tır)(사동 보조 어간)→batır. 빤(다)[ㅃ

→b〗→bat. bat(mak)=빠지다. 높이다=높(다)(형용사)+이(사동 보조 어간)+다.

dal(mak)(=(물속에) 뛰어들다, 돌진하다, 잠수하다, 몰두하다, 빠지다, 잠기다, 탐닉하다)=들(다)(=入)/딜(다)(경남)(경남 방언에서는 '어/으 교체'가 아주 자유롭게 일어난다)→딜〖어→아〗→달(tal)〖어두 유/무성자음 교체〗→dal 【근거】gelmek(튀르키예어)=kelmoq(우즈벡어)=오다. 도박에 빠지다=도박에 탐닉(耽溺)하다. 탐닉(耽溺): 탐(耽)=몹시 좋아하다, 닉(溺)=빠지다.

***dar**(mak)(=(매)달다): darağacı(교수대)=달(다)(tar)(=to hang)+ağaç(=나무)+ı(3인칭 소유 접미사)〖어두 유/무성자음 교체〗→darağaçı〖유성음화〗→darağacı(그 뜻은 '(매)다는 나무'=교수대). haç biçimindeki **darağacı**na çivilemek(=십자가 모양의 교수대에 못을 박다). cf. **dara**(=용기의 무게, 차체 중량)=달(다)+아(=子)(=것). darmak이라는 동사는 사전에서 찾을 수 없었으나 한국어 동사, '달다'가 화석화되어 명사 속에 남아 있다. **çivi**(=못)=(못을) 치(다)(=박다)(경남)+ㅂ(명사형 어미)(=물건)+이(첨가음)→치비〖유성음화〗→치비〖ㅂ→v〗→çivi(그 뜻은 '치는 것'=못) 【근거】못을 치다(경남)=못을 박다. 매듭=맺(다)〖맨〗+으(자음 충돌 회피용 삽입 모음)+ㅂ(명사형 어미)(=물건)→매듭. 여름〈용비어천가 1권 1장 뒷면〉(=열매)=열(다)+ㅁ(명사형 어미)(=물체).

daya(mak)(=기대다, 버티다)=대(臺)(=**받침대**, 지탱하다)+ㅎ(다)(=하다)〖ᄋᆞ→아〗→대하〖ㅎ→Ø/유성음__유성음〗→대아〖모음 분해〗→다이아(taya)〖어두 유/무성자음 교체〗→daya 【근거】說셿法법ㅎ다〈석보상절 6권 1장 앞면〉=설법ㅎ다. gelmek(튀르키예어)=kelmoq(우즈벡어)=오다. **say**(mak)(=세다, 여기다, 존경하다)=세(다)〖모음 분해〗→서이〖어→아〗(튀르키예어에는 /어/가 없다)→사이→say. cf. önemse(mek)(=중요하게 여기다)=önem(=중요)+세(다)(se)(=여기다).

de(mek)(=말하다, 의미하다)=(이유를) 대(다)(=말하다)〖애→에〗(튀르키예어에는 /애/가 없다)→데(te)〖어두 유/무성자음 교체〗→de 【근거】바른대로 **대**라=바른대로 **말**하라. gelmek(튀르키예어)=kelmoq(우즈벡어)=오다.

defet(mek)(=물리치다)=되[데](경남 발음)(=도로)+패(敗)(=지다, 패배하다)+들(경남)(사동 보조 어간)〖어말 /ㄹ/ 탈락〗→데패드〖애→에〗→데페드〖ㅍ→f/모음—

모음?〗→tefetɪ〖어두 유/무성자음 교체〗→defetɪ〖/t/를 파열시켜 발음하면 [ɪ]는

있으나 없으나 발음이 같이 들린다〗→defet(그 뜻은 '도로 지게하다'=물리치다).

cf. defeat(영어)=물리치다 【근거】 새마(=新村)(경북)=새말(=新村)(경남)〖어말 /ㄹ/

탈락〗→새마.

defnet(mek)(=매장하다)=**defin**(=매장, 묻음)+et(mek)〖음절 재분석으로 /i/ 탈락〗

→defnet. **defin**(=매장, 묻음)=덮(다)+앙(명사형 어미)+이(첨가음)〖모음 합체〗→

덮앵〖애→에〗→덮엥〖에→이〗→덮잉〖umlaut〗→뎊잉〖ㅇ(ng)→ㄴ(n)〗→뎊인

(tepin)〖어두 유/무성자음 교체〗→depin〖p→f/모음__모음?〗→defin(그 뜻은 '덮

는 것'(=묻음)) 【근거】 Yalu Nehri(=압록강)=Yalu+nehir(=강)+i(3인칭 소유 접미사)

〖음절 재분석으로 /i/ 탈락〗→Yalu Nehri. don(mak)(=얼다)=동(凍)(tong)(=얼다)

〖어두 유/무성자음 교체〗→dong〖ㅇ(ng)→ㄴ(n)〗→don. 노랑(명사)=*놀(다)+앙

(명사형 어미). 노랗다=*놀(다)+앟+다 【근거】 까맣다=깜(다)+앟+다.

del(mek)(뚫다)=듧(다)+이(첨가음)→들히〖ㅎ→Ø/유성음__유성음〗→들이〖모음

합체〗→딀〖단음화: 의→에〗→뎰(tel)〖어두 유/무성자음 교체〗→del 【근거】 듧

다〈법화6:154〉《고려대 한국어대사전》〖ㄷ→ㄸ〗→뚧다(경남). 듧다〖ㅂ→ㅎ〗→

듫다〖ㄷ→ㄸ〗→뚫다(전남, 충남)〈우리말샘〉〖으→우〗→뚫다(현대 표준어)(아마

도 '듧다〖ㅂ+ㄷ→ㄸ〗→[들따]'이고 '듫다〖ㅎ+ㄷ→ㅌ〗→[들타]'로 발음이 비슷

하여 /ㅂ/이 /ㅎ/으로 바뀌었을 것으로 추정된다): 떨어**ㅍ**리다(표준어)/떨어**ㅌ**리

다(표준어)〈표준국어대사전〉. 써리다(경남)=썰(다)(표준어)+이(첨가음)+다.

dik(mek)(=똑바로 세우다, (나무를) 심다)=딕(直)〈월인석보 1권 월인서 18장 앞

면〉(=곧게 하다)〖ㄸ→d〗→dik 【근거】 'ㄲ, ㄸ, ㅃ, ㅉ, ㅆ, ㆅ 爲 全濁'〈훈민정음해

례본〉(전탁(全濁)=유성음(有聲音)). cf. **dik açı**=직각(直角). **dik**(형용사)(=직각의(直

角)의), 직립한)=딕(直)(=곧다, 굽지 않다). cf. 直[zhí](중국어). 튀르키예어는 중세

한국어 음과 같다. 딕(直)〖유/무성자음 교체: ㄸ(d)→ㄷ(t)〗→딕〖구개음화: ㄷ→

ㅈ/__이〗→직(현대어).

dile(mek)(=기원하다, 요청하다, 간청하다, 청원하다)=(기원) *디레(다)(=디리다

(경남))→tile〖어두 유/무성자음 교체〗→dile 【근거】 들레다(경북)〈우리말샘〉(=들

리다)[에→이]→들리다(표준어, 경남). *디레다[에→이]→디리다(경남)[이→으]→드리다(표준어). kelmoq(우즈벡어)=gelmek(튀르키예어)=오다.

doğ(mak)(=태어나다, 나오다, (해가, 싹이) 돋다, 뜨다)=*독(다)(돋구다[도꾸다]: '도꾸다=독+구(사동 보조 어간)+다'로 오분석)→독(tok))[플어쓰기]→tokı[유성음화]→togı[어두 유/무성자음 교체]→dogı[g→ğ/모음__모음]→doğı[ğ 뒤의 [ı]는 있으나 없으나 발음이 같이 들린다]→doğ(만약 /g/ 뒤에 [ı]가 없다면 /g/가 /ğ/로 바뀔 수 없다)【근거】해가 돋다(=뜨다). 싹이 돋다(=나오다, 나다). 이런 오분석의 한국어 예: 쑥고개(=炭峴)(서울시 관악구 신림동에서 봉천동으로 넘어가는 고개 이름)=숯(=炭)(강원, 경기, 경상, 전라, 제주, 충청, 평안, 함남, 황해)〈우리말샘〉(=숯)+고개(=峴)→숯고개[수꼬개]['수꼬개=숙+고개'로 오분석]→숙고개[ㅅ→ㅆ]→쑥고개.

dök(mek)(=쏟다, 붓다)=*뎍이(다)[단음화]→덕이[어→으]→득이[모음 합체]→딕→tök[어두 유/무성자음 교체]→dök【근거】없다/읎다(경남 방언에서 어/으 교체가 아주 자유롭게 일어난다). 젝이다(경남 노인 말)(=붓다, 끼얹다)=*뎍이다[구개음화]→적이다[umlaut]→젝이다[단음화]→젝이다. 국에 간장을 젝이다[**제기다**](경남 노인 말)=국에 간장을 끼얹다. **이사/으사**(경남)=의사(醫師)(표준어). gelmek(튀르키예어)=kelmoq(우즈벡어)=오다. cf. つぐ(=注ぐ)(일본어)(tsugu)(=쏟다, 붓다, 따르다)=*뎍이(다)[모음 합체)]→뎩[구개음화: ㄷ→ㅈ/__y]→젝[단음화]→젝[에→이]→직[이→으]→즉[일본어식으로 표기]→즈구[유성음화: ㄱ→g/모음__모음](발음이)→tsugu【근거】고기(표준어)[umlaut]→괴기[단음화: 외→에]→게기(경남)[ㄱ→∅/모음__모음]→게이(경남)[에→이]→기이(경남).

dol(mak)(=차다)=(논에 물이) 돌(다)(tol)(경남)(=차다)[어두 유/무성자음 교체]→dol.

dol(mak)(=만기가 되다. 만기가 돌아오다)=(만기가) 돌(다)(tol)(←**돌**(다+아(부사형 어미)+오다).

dol(mak)(=to be ready to burst from anger or exasperation〈turkishdictionary.net〉)=

돌(다)(=몹시 화가 나다): 아아, **돌겠**네(경남)=아아, 정말 화날 것 같네.

dola(mak)(=두르다)=도루(다)〈내훈 2권 41장〉《우리말샘》(=두르다(현대어))〔ㅇ→아〕→도라(tola)〔어두 유/무성자음 교체〕→dola. **dolay**(=주변, 둘레)=dola(mak)(=두르(다))+이(i)(명사형 어미)〔모음 합체〕→dolay. **dolak**(=각반)=dola(mak)+악(=子)(=것)(ak)→dolaak〔동모음 축약〕→dolak(그 뜻은 걸음을 걸을 때 발목 부분을 가뜬하게 하기 위하여 발목에서부터 무릎 아래까지 돌려 감거나 싸는 띠=각반). **dolaysız**(=직접적)=dola(mak)+이(명사형 어미)+sız(=~이 없는)→dolaysız(그 뜻은 '두름이 없는, 즉, 직설적인). **둘러** 말하다=**간접적으로** 말하다.

dolaş(mak)(=돌아다니다)=도라데이(다)(경남)(=돌아다니다)〔에→이〕→도라디이(경남)〔동모음 축약〕→도라디〔구개음화: ㄷ→ㅈ/__이〕→도라지〔ㅈ→ㅅ〕→도라시(tolaş)〔어두 유/무성자음 교체〕→dolaş 【근거】 똥구시(경남)=똥+굳(=구덩이)+이(첨가음)→똥구디〔구개음화〕→똥구지〔ㅈ→ㅅ〕→똥구시. **sıra**(=줄, 순서)=줄+아(=子)(의미첨가 없이 명사에 붙는 접미사)〔ㅈ→ㅅ〕→술아〔우→으〕→슬아→스라(sıra). **gelmek**(튀르키예어)=kelmoq(우즈벡어)=오다. 종지=종자(鍾子)+이(첨가음)〔모음 합체〕→종재〔애→에〕→종제〔에→이〕→종지(현대어). 돌아다니다〔umlaut〕→돌아대니다〔도라대**이**[ĩ](鼻母音)**다**〕(경남 발음)〔비모음의 구강 모음화〕→도라대이다〔애→에〕→도라데이다(경남)〔에→이〕→도라디이다(경남).

doldur(mak)(=채우다)=dol(mak)(=차다, 가득하다)+들(사동 보조 어간)(경남)(tır)〔유성음화〕→doldır〔모음조화: o-u〕→doldur 【근거】 빠뜰(다)(경남)(=빠뜨리다)=빤(다)(=빠지다)+들(사동 보조 어간)〔ㄷ+ㄷ→ㄸ〕→빠뜰. 싸디다〈석보상절 9권 37장 앞면〉(=빠지다)〔ㅅ+ㅂ→ㅃ〕→빠디다〔구개음화〕→빠지다. 쌔디다=쌘(다)+이(첨가음)+다〔ㅅ+ㅂ→ㅃ〕→빠디다〔구개음화〕→빠지다. 빼뜰(다)(경상, 황해)〈표준국어대사전〉(=빼앗다)=뺏(다)+**들(tır)**(사동 보조 어간)〔ㅅ+ㄷ→ㄸ〕→빼뜰 【근거】 써리다(경남)=썰(다)(표준어)+이(첨가음)+다. **bat**(mak)(=빠지다, 해가 지다)=쌘(다)〔ㅅ+ㅂ→ㅃ〕→빤〔ㅃ→b 아니면, ㅃ → ㅂ(p) and 어두 유/무성자음 교체〕→bat. cf. 해가 빠지다(경남)=해가 지다=güneş batmak.

don(mak)(=얼다)=동(凍)(=얼다)(tong)〖ㅇ(ng)→ㄴ(n)〗→ton〖어두 유/무성자음 교체〗→don 【근거】gelmek(튀르키예어)=kelmoq(우즈벡어)=오다.

dur(mak)(=멈추다, 그치다)=(비가) 들(다)(=그치다)〖으→우〗→둘(tur)〖어두 유/무성자음 교체〗→dur 【근거】gelmek(튀르키예어)=kelmoq(우즈벡어)=오다. 믈(=水)〈훈민정음해례본 용자례〉〖으→우〗→물(현대어). 비가 들었다=Yağmur(=비)+dur(mak)(=들다=그치다)+du(과거시제).

dür(mek)(=(둥글게) 말다)=둘(다)+이(사동 보조 어간)(경남)〖모음 합체〗→될(tür)〖어두 유/무성자음 교체〗→dür 【근거】두리다(경남)(=두르다)=둘(다)+이(사동 보조 어간)+다. 돌돌/둘둘/똘똘/뚤뚤 (말다): 둘둘=둘(다)+둘(다) 【근거】달달 볶다: 달달(부사)=달(다)(=타지 않는 단단한 물체가 열로 몹시 뜨거워지다)+달(다). cf. ring ring(영어)=따르릉따르릉. 두르다(표준어)=두리다(경남).

dürt(mek)(=찌르다)=*삘(다)+이(첨가음)+t(사동 보조 어간 아니면 타동사형 어미?)〖ㅂ+ㅅ+ㄷ→ㄸ〗→떨이t〖이→으〗→뜰이t〖으→우〗→뚤이t〖모음 합체〗→뛸t〖ㄸ→d〗→dürt 【근거】삐르다〈월인석보 22권 49장〉/디르다〈월인석보 21권 43장 뒷면〉(=찌르다). 찌르다=삐르다[띠르다]→띠르다〖구개음화: ㄸ→ㅉ/__이〗→찌르다. 찌르다〖으→이〗→찌리다(경남). 이사/으사(경남)=의사(醫師)(표준어). 믈(=水)〈훈민정음해례본 용자례〉〖으→우〗→물(현대어).

düş(mek)(=떨어지다, 넘어지다, 빠지다, 몰두하다)=떨(다)/뗘(다)(경남)+어(부사형 어미)+디(다)(=지다)〖동모음 축약〗→떠디〖어→으〗→뜨디〖으→우〗→뚜디〖umlaut〗→뛰디〖구개음화: ㄷ→ㅈ/__이〗→뛰지〖ㅈ→ㅅ〗→뛰시〖ㄸ→d〗→düş 【근거】디다〈월인석보 8권 93장〉《고려대 한국어대사전》〖구개음화〗→지다. 떨어지다=떨(다)+어(부사형 어미)+지다. 떠리띠리다(경남)(=떨어뜨리다)=떨(다)+이(부사형 어미)+떨+이+다. 달다/다다(경남). 없으모/읎으모/없이모(경남)=없으면. 믈(=水)〈훈민정음해례본 용자례〉〖으→우〗→물(현대어). cf. し(si)/す(su)(子)(일본어)=자(子)+이(첨가음)〖모음 합체〗→재〖애→에〗→제〖에→이〗→지〖ㅈ→ㅅ〗→시(si)〖이(i)→으(ı)〗→su(실제 발음은 스(sı)[suɪ]이다). 子[zi](중국어)=자(子)+이(첨가음)〖모음 합체〗→재〖애→에〗→제〖에→이〗→지〖ㅈ→ㅅ〗

→시(si)〔유성음화: 시→싀/(유성음)__유성음〕→싀(zi) 【근거】 종지=종자(鍾子)+이(첨가음)〔모음 합체〕→종재〔애→에〕→종제〔에→이〕→종지. cf. **derin**(=깊은)=떨(다)(←떨어지다)+이(자음 충돌 회피용 삽입 모음)+ㄴ(관형형 어미)〔모음 합체〕→뗄인〔ㄸ→d〕→derin(떨어지면 깊다: 골아 **떨어**지다(경남)=**깊이** 잠들다. cf. derin uyku=**깊**은 잠.

duy(mak)(=to hear(=들리다), to feel(=느끼다))=듣(다)+이(피동 보조 어간)〔ㄷ→ㄹ/__모음〕→들이〔으→우〕→둘이〔ㄹ→∅/모음__모음〕→두이(tuy)〔어두 유/무성자음 교체〕→duy 【근거】 듣다-들으니-들어(듣(다)의 받침, /ㄷ/이 모음 앞에 서는 /ㄹ/로 바뀐다. 이 사암들이 머하노?(경남)(=이 사람들이 뭐 하니?): 이 사람들이〔ㄹ→∅/모음__모음〕→이 사암들이(빠른 발음에서). 듣(다)+이(피동 보조 어간)+다〔ㄷ→ㄹ〕→들이다〔/ㄹ/ 복제〕→들리다(=to hear) 【근거】 樓룰우희ᄂ ᆞ라**올아**〈석보상절 6권 3장 앞면〉=누 위에 날아**올라**: 올아〔/ㄹ/ 복제〕→올라(현대어).

ele(mek)(=체로 치다, 고르다): 얽(다)(=물건의 거죽에 우묵우묵한 흠이 많이 나다)+이(자음 충돌 회피용 삽입 모음)+ㅁ(명사형 어미)+이(접미사)(=물건)→얼김이〔얼기미(경남)〕〔umlaut〕→엘김이〔엘기미(경상)〕〔이→으〕→엘금이〔ㄱ→∅/유성음__유성음〕→엘음이〔umlaut〕→엘윔이〔단음화: 의→에〕→엘엠이→에레미〔'에레미=에레(동사 어간)+ㅁ(명사형 어미)+이(접미사)(=물건)'으로 분석하여 '에레=ele'를 동사를 만들었다) 【근거】 엘기미빗(경상)〈우리말샘〉(=얼레빗(표준어))=얽(다)+이(자음 충돌 회피용 삽입 모음)+ㅁ(명사형 어미)+이(=물건)+빗〔umlaut〕→옜이미빗→엘기미빗. 얼기미빗(경남)=얽(다)+이(자음 충돌 회피용 삽입 모음)+ㅁ(명사형 어미)+이(=물건)+빗→얼기미빗.

er(mek)(=이르다, 도달하다, 닿다)=*일(다)(=이르다=어떤 장소나 시간에 닿다)+이(첨가음)〔이→으〕→을이〔모음 합체〕→일〔단음화〕→엘→er 【근거】 **이사/으사**(경남)('이/으'를 높고 짧게 발음한다)=의사(醫師)(표준어). 썰(다)(표준어)+이(첨가음)+다→써리다(경남)(=썰다). 이르다(=대중이나 기준을 잡은 때보다 앞서거나 빠르다)(표준어)〔으→이〕→이리다(경남). 일찍=일(다)+찍. '일다'가 원어(原

語)가 아니고 '이르다'가 원어이면 '일찍'이 만들어질 수 없다: 이르(다)+찍→*이르찍. 일다〚풀어쓰기〛→이르다. '이르다'의 동사 활용을 보면 '일다'가 원어임을 알 수 있다: 일러=일(다)+ㄹ(복제 자음)+어(부사형 어미)【근거】樓룰우희ㄴ라올아〈석보상절 6권 3장 앞면〉=누 위에 날아올라: 올아〚/ㄹ/ 복제〛→올라(현대어). 잃(乙)〈월인석보 4권 17장 뒷면〉〚이→으, ㅎ→Ø〛→을(현대어). Irak(으락)(=이라크)(튀르키예어)=일악(Irakh)〚이→으〛→으락(Irakh)(튀르키예어는 /k/, /kh/의 구분이 없다)→Irak. 이락〚풀어쓰기〛→이라크(한국어).

ez(mek)(=짓누르다, 짓이기다, **빨다**)=으깨(다)〚애→에〛→으께〚에→이〛→으끼〚umlaut〛→의끼〚단음화〛→에끼〚구개음화: ㄲ→ㅉ/__이〛→에찌〚ㅉ→ㅈ〛→에지〚ㅈ→ㅅ〛→에시〚유성음화〛→에싀〚ㅿ→z〛→ezi〚이(i)→으(ı)〛→ezı〚유성마찰음 /z/ 다음의 [ı]는 있으나 없으나 발음이 같이 들린다〛→ez. cf. **ez**(mek)(=짓이기다)=**으개**(다)/이개(다)(경남)(=짓이기다)〚애→에〛→으게〚에→이〛→으기〚umlaut〛→의기〚단음화: 의→에〛→에기〚구개음화: ㄱ→ㅈ/__이〛→에지〚ㅈ→ㅅ〛→에시〚이→으〛→에스〚유성음화〛→에스〚ㅿ→z〛→ezı〚[z] 다음의 [ı]는 있으나 없으나 발음이 같이 들린다〛→ez【근거】으깨다=으끼다〈표준국어대사전〉. 쩔레쩔레/절레절레/쎌레쎌레/설레설레(정도의 차이는 있어도 기본 뜻은 같다). **sıra**(=줄, 순서)=줄+아(=子)〚ㅈ→ㅅ〛→술아〚우→으〛→슬아→스라(sıra). **이리**/으리(경남)=의리(義理). 똥구시(경남)=똥+굳(=구덩이)+이(첨가음)→똥구디〚구개음화〛→똥구지〚ㅈ→ㅅ〛→똥구시. 子중孫손이**니ᅀᅥ**가몰〈석보상절 6권 7장 뒷면〉(=자손이 이어 감을): 닛(다)+어(부사형 어미)→니서〚유성음화〛→니ᅀᅥ. 닛다〚두음법칙 후 보상적 /y/ 첨가〛→y+잇(is)다〚단음화: y+i→i〛→잇(is)다(현대어).

geç(mek)(=지나가다)=거치(다)(=지나가다)〚umlaut〛→게치(keç)〚어두 유/무성자음 교체〛→geç【근거】gelmek(튀르키예어)=kelmoq(우즈벡어)=오다. cf. **geç**(=늦게)=거치(다)+이(부사형 어미)〚umlaut〛→게치이〚동모음 축약〛→게치(keç)〚어두 유/무성자음 교체〛→geç. **geç**(=늦은)=거치(다)+이(명사형 어미)+으(소유격 조사)(경남)(=의)〚umlaut〛→게치이으〚동모음 축약〛→게치으〚으→이(튀르키예어

소유격 조사)〗→게치이〚동모음 축약〛→게치→geç【근거】dinî(=종교의)=din(=
종교)+으(소유격 조사)(경남)〚으→이〛→dini→dinî. 동사와 부사, 형용사가 같
은 형태이나 한국어가 튀르키예어로 바뀌는 과정을 보면 그 차이점을 알 수 있다.
Gece geç saatlere kadar uyuyamıyorum=나는 밤늦은 시간까지 잠들지 못하고 있
다. Çocuk çabuk konuştu ama geç yürüdü=그 아이는 빨리 말했지만 늦게 걸었다.
gel(mek)(=오다)=*고(다)+이(첨가음)+ㄹ(관형형 어미)〚모음 합체〛→괼〚단음화:
외→에〛→겔(kel)→kel(moq)(우즈벡어)〚어두 유/무성자음 교체〛→gel(mek). ⇒
10.1 한국어 동사 어간+ㄹ(관형형 어미). cf. く(=来)(ku)(일본어 고어)(=오다)=*
고(다)〚오→우〛→구(ku). く(=来)(ku)+ㄹ(r)(관형형 어미)→kur〚일본어식으로 전
사〛(일본어에는 받침 /ㄹ/이 없다)→kuru→くる(kuru)(=来る)(일본어 현대어).
come[kʌm](영어)(=오다)=*고(다)+ㅁ(명사형 어미)+ㅎ(다)(=하(다))+이(첨가음)
〚ᅌ→아〛→곰하이〚ㅎ→∅/모음__모음〛→곰아이〚모음 합체: 아+이→애〛→곰
애〚애→에〛→곰에(kome). 아니면, come=*고(다)+ㅁ(명사형 어미)+아(의미첨가
없이 명사에 붙는 접미사)+이(첨가음)→곰아이〚모음 합체〛→곰애〚애→에〛→
곰에(kome). 아니면, come=*고(다)+ㅁ(명사형 어미)→곰(kom). 영어의 come은
'오다'의 명사형에 '하다'가 붙어 만들어진 동사 이거나 '오다'의 명사형에 의미첨
가 없이 붙는 접미사, '아'가 붙어 만들어졌거나 그냥 명사형이 동사가 되었을 것
으로 보인다.【근거】빗(=comb)(명사)=빗다(=comb)(동사). 볶음하다(=볶다)=볶
(다)+ㅁ(명사형 어미)+하다. 괴상(표준어)〚단음화: 외→에〛→게상(경남). 써리다
(경남)(=썰다)(표준어)+이(첨가음)+다〚발음대로 표기〛→ 써리다. 여름(=열매)〈
용비어천가 1권 1장 뒷면〉=열(다)+ㅁ(명사형 어미)(=물체). 열매=열(다)+ㅁ(명사
형 어미)+아(의미첨가 없이 명사에 붙는 접미사)+이(첨가음)〚모음 합체〛→열매
(=여름). 한국어 '오다'는 다음과 같은 과정을 거쳐 만들어졌을 것이다: 들어오다=
들(다)+어(부사형 어미)+*고다〚유성음화: ㄱ→ㅇ(꼭지 있는 이응)/유성음__유성
음〛→들어오다〚ㅇ→∅〛→들어오다.【근거】이개야미이에셔살며〈석보상절 6권
37장 앞면〉(=이 개미 이곳에서 살며): 이에셔=이(지시 형용사)+거(경남)(=곳)+이
(첨가음)+셔(조사)〚모음 합체〛→이게셔〚유성음화: ㄱ(k)→ㅇ(꼭지 있는 이응)

(g)/유성음__유성음]→이**에**셔. 이게서(경남)(=이곳에서, 여기서)=이+거+이+서. 셔[단음화: 여→어]→서(현대어). cf. 옹(五)〈석보상절 9권 35장 앞면〉[오][ㅇ→g]→go→ご(五)(go)(일본어). 옹(五)〈석보상절 9권 35장 앞면〉[오][ㅇ→∅]→오(五)(현대어).

gerekse(mek)(=bir şeyi kendisi için gerek saymak=어떤 일을 자신에게 필요하다고 여기다)=gerek(=필요, 필수)+세(다)(**se**). cf. gerek=필요한. 세(다)(경남)(=셈하다, 여기다, 생각하다)[모음 분해]→서이[어→아]→사이→**say**(mak)(=세다, 셈하다, 여기다). önem**semek**(주요하게 **여기**다)=önem(=중요함)+세(다)(se)(=여기다)+mek

gez(mek)(=거닐다, 걷다): 거닐(다)/**거니**(다)(경남)+기(명사형 어미)→거니기[ㄴ→∅/__이 and 이[ĩ](nasal vowel) and 비모음(=nasal vowel)의 구강 모음화(튀르키예어에 비모음이 없다)]→거이기[모음 합체]→게기[구개음화: ㄱ→ㅈ/__이]→게지[ㅈ→ㅅ]→게시[유성음화: ㅅ→△/모음__모음]→kezi[어두 유/무성자음 교체]→**gezi**(=유람, 관광 여행, 산책, 산보, 행진). 'gezi(명사)=gez(동사 어간)+이(i)(명사형 어미)'로 오분석하여 동사 어간, gez가 만들어졌다. 아니면, **gez**(mek): 걷(다)+이(명사형 어미)→거디[umlaut]→게디[구개음화]→게지[ㅈ→ㅅ]→게시[유성음화]→게싀→kezi[어두 유/무성자음 교체]→**gezi**. 'gezi(명사)=gez(동사 어간)+이(i)(명사형 어미)'로 오분석하여 동사 어간, gez가 만들어졌다. 【근거】 **걷니**다〈석보상절 6권 20장 뒷면〉(=**거닐**다). **건니**다〈두시언해 중간본 22권 9장 앞면〉(=거닐다)=건니다[ㄷ→ㄴ/__ㄴ]→건니다[동자음 축약]→거니다. 산이[saĩ](경남 발음). 똥구시(경남)=똥+굼(=구멍이)+이(첨가음)→똥구디[구개음화]→똥구지[ㅈ→ㅅ]→똥구시. 子**중**孫**손**이**니셔**가몰〈석보상절 6권 7장 뒷면〉(=자손이 이어 감을): 닛(다)+어(부사형 어미)→니서[유성음화]→니**셔**. 닛다[두음법칙 후 보상적 /y/ 첨가]→y+잇(is)다[단음화: y+i→i]→잇(is)다(현대어). gelmek(튀르키예어)=kelmoq(우즈벡어)=오다.

gör(mek)(=보다)=(눈에) 걸이(다)(=걸리다)[어→으]→글이[모음 합체]→글(kör)[어두 유/무성자음 교체]→gör(가능성이 크다)(görmek은 영어의 see에 해당

하는 수동적인 지각으로 그 뜻이 '보이다'이다)【근거】걸이다(=걸(다)+이(피동 보조 어간)+다)[/ㄹ/ 복제]→걸리다【근거】樓룷우희ᄂᆞ라올아〈석보상절 6권 3장 앞면〉=누 위에 날아올라: 올아[/ㄹ/ 복제]→올라(현대어). 눈에 걸리다=(마음속으로 눈에 그 모습이 보이며) (무엇이 사람의) 인상에 남아 자꾸 생각이 나다.

harcamak(=소비하다, 쓰다)=헐(다)(=저장하여 둔 물건이나 돈을 꺼내거나 쓰다)+자(資)(=재물)[어→아]→할자[유성음화: ㅈ→c](/ㅈ/의 유성음이 /c/이다)→harca【근거】자금을 헐다(경남)=자금을 풀다. 어순이 중국어와 같아 특이하다. cf. 資[zī](중국어). 한자어는 한국어 음과 같다.

hor gör(mek)(=업신여기다, 괄시하다)=홀(忽)(=소홀히 하다, 경시하다)(hor)+gör(=보다, 생각하다, 여기다)【근거】**홀**대하다(**忽**待하다)=**소홀히**(=忽)+대접하다(=待하다).

ısır(mak)(=물다, 깨물다)=으슬(다)→ısır【근거】으스러지다(=덩어리가 깨어져 조각조각 부스러지다)=**으슬**(다)(=깨다, 부수다)+어(부사형 어미)+지다.

kabar(mak)(=부풀다)=하(다)(=많다, 크다)+**불**(다)(함경)〈고려대 한국어대사전〉(=붇다)[ㅎ→ㅋ]→카불[우→으]→카블[으→어]→카벌[어→아]→카발(kabar)【근거】'붇다(=분량이나 수효가 많아지다)'는 '**불**어, 불어도…'와 같이 'ㄷ'이 모음 앞에서 'ㄹ'로 바뀐다. '어머니(표준어)'의 경남 발음은 '[으므니=[imini]'로도 발음하고 '[어머니]=[əmənı]'로도 발음한다. 믈(=水)〈훈민정음해례본 용자례〉[으→우]→물(현대어). **か**あをし(=か青し)(**ka**aosi)(일본어 고어)=하(다)(=많다, 크다)+青し(=青い(aoi)(현대어))[ㅎ→ㅋ]→카(ka)青し→か青し【근거】하많다(=아주 많다)=하(다)+많다. 燈등의블**혀**고〈석보상절 9권 32장 뒷면〉=등에 불 켜고(현대**어**): 혀다[ㅎ→ㅋ]→켜다.

kaç(mak)(=도망가다)=가(다)+아(부사형 어미)+티(다)(경남)(=튀다=도망가다)[동모음 축약]→가티[구개음화: ㅌ→ㅊ/__이]→가치→kaç. 튀다[단음화: 위→이]→티다(경남).

kak(mak)(=to inlay)〈turkishdictionary.net〉(=새기다)=각(刻)(=새기다)→kak. cf. 刻[kè](중국어). 튀르키예어는 한국어 음을 그대로 따르고 있다.

kak(mak)(=밀다, 쑤셔 넣다, (못을) 박다): 동사와 함께 쓰인, 그 동사의 행위, 방법을 나타내는 부사가 그 동사의 의미를 갖는 동사로 쓰인 예이다: **칵**(kak) 밀다(경남)→칵(kak). (못을) **칵** 박다(경남)→칵(kak). **칵** 쑤시 옇다(경남)(=콱 쑤셔 넣다)→칵(kak): 넣다(표준어)[두음법칙 후 보상적 /y/ 첨가]→옇다. 콱(표준어)[단음화: 왁→악]→칵(경남).

kamaş(mak)(=눈부시다)=(눈을) 감(다)+아(부사형 어미)+지(다)→감아지[ㅈ→ㅅ]→가마시→kamaş(눈이 부시면 눈이 감아진다): (göz) Güçlü bir ışık sebebiyle bakamaz olmak=(눈이) 강한 빛 때문에 볼 수 없게 되다【근거】sıra(=줄, 순서)=줄+아(=子)[ㅈ→ㅅ]→술아[우→으]→슬아→스라(sıra). 똥구시(경남)=똥+굳(=구덩이)+이(첨가음)→똥구디[구개음화]→똥구지[ㅈ→ㅅ]→똥구시.

kamaş(mak)(=이가 시다=((for one's teeth) to be set on edge〈Türkçe Sözlük〉《LEXILOGOS》)=감(다)(=말다)(경남)+아(부사형 어미)+지(다)[ㅈ→ㅅ]→감아시→kamaş【근거】포도가 너무 시어서 쎄(=혀)가 **감아질** 정도다(경남)=포도가 너무 시어서 혀가 **말릴** 정도다. 쎄(경남)=혀(hyə)[ㅎ→ㅅ/__y]→셔[세](경남 발음)[ㅅ→ㅆ]→쎄【근거】형(hyəng)[ㅎ→ㅅ/__y]→셩[단음화: 여→어]→성(경남). 이가 감아질 수는 없다.

kandır(mak)(=유혹하다, 꾀다, 기만하다)=간들(다)(kandır(=목소리나 맵시 따위가 마음을 녹일 듯이 예쁘고 애교가 있게, 멋들어지게 보드랍고 가늘게 하다). cf. 간드러지다(=목소리나 맵시 따위가 마음을 녹일 듯이 예쁘고 애교가 있으며, 멋들어지게 보드랍고 가늘다)(유혹의 수단이다))=간들(다)+어(부사형 어미)+지다.

kap(mak)(=강탈하다)=겁(劫)[어→아]→갑(kap)→kap【근거】劫=위협하다(威脅 --), 으르다(무서운 말이나 행동으로 위협하다), **겁탈(劫奪)하다**(=위협하거나 폭력을 써서 빼앗다), **빼앗다**.

kapa(mak)(=(문을) 닫다, (책을) 덮다, (눈을) 감다, (구멍) 막다)=갑(閘)(=수문, (문을) 닫다)+하(다)[ㅂ+ㅎ→ㅍ]→가파→kapa. 아니면, **kapa**(mak)=겁(=껍데기)+하(다)[어→아]→갑하[ㅂ+ㅎ→ㅍ]→가파→kapa(가능성이 크다)【근거】눈꺼풀(=눈알을 덮는, 위아래로 움직이는 살갗)=눈+ㅅ(사이시옷)+겁+ㅎ(고

유어 명사에 붙음)+알(의미첨가 없이 명사에 붙는 접미사)[모음조화: 어-우]→
눈ㅅ겁ㅎ울[ㅅ+ㄱ→ㄲ]→눈껍ㅎ울[ㅂ+ㅎ→ㅍ]→눈꺼풀. 눈에 거풀을 한다는
것은 눈을 감는다는 뜻이다.

kapsa(mak)(=담다, 품다, 포함하다)=감싸(다)[ㅁ→ㅂ]→갑싸→kapsa 【근거】
소 한 **바리**(경남)=소 한 **마리**. 아니면, **kapsa**(mak)=겁(=껍데기)+싸(다)[어→아]
→갑싸(kapsa).

kar(mak)(=(카드를) 뒤섞다, 반죽하다)=*갈(다)(←(헛)갈리다=여러 가지가 **뒤섞여**
갈피를 잡지 못하다)→kar. 헛갈리다=헛+갈(다)(=섞다)+이(피동 보조 어간)+다[/
ㄹ/ 복제]→헛갈리다 【근거】 樓룸우희ㄴ라**올아**〈석보상절 6권 3장 앞면〉=누 위에
날아**올라**: 올아[/ㄹ/ 복제]→올라(현대어).

katıl(mak)(=(울거나 웃어서) 숨이 막히다)=까들(다)[ㄲ→ㄱ]→가들→katıl 【근
거】 끈(近)〈월인석보 1권 월인서 14장 앞면〉[ㄲ→ㄱ]→근(현대어). **까들까들** 웃
다(경남)=숨이 막힐 정도로 웃다. **까들어질** 정도로 웃었다. **까들까들** 장가지다(경
남)(=까들까들 잠가[장가]지다)(그 뜻은 '까들까들 숨이 막히다'이다): 잠가지다
[장가지다](경남 발음)=잠겨지다(표준어). 까들어지다=**까들**(다)+어(부사형 어미)+
지다. **katıla katıla** gülmek=to split one's sides laughing; to choke with laughter
〈turkishdictionary.net〉: **katıla**=까들(다)+어(부사형 어미)[어→아]→까들아[ㄲ
→ㄱ]→가들아→katıla.

katıl(mak)(=참여하다, 가담하다)=거들(다)(=남이 하는 일을 함께 하면서 돕다, 남
의 말이나 행동에 끼어들어 참견하다)〈표준국어대사전〉[어→아]→가들(katıl).

katılaş(mak)(=굳다, 굳어지다, 딱딱해지다)=가드라지(다)(북한)〈우리말샘〉(=빳
빳하게 되면서 오그라들다)[ㅈ→ㅅ]→가드라시→katılaş 【근거】 상처가 **까들까**
들 굳다(경남): 까들까들=까들(다)(북한)(=빳빳하게 오그라들다)+까들(다). 가드
라지다〈까드라지다. 갇아지다(경남)(=굳어지다(표준어))=갇(다)(=굳다)+아(부사
형 어미)+지다. かたし(=堅し, 硬し, 固し)(katasi)(일본어 고어)=가다지(다)(경남)
[ㅈ→ㅅ]→가다시(katasi)[ㅅ→Ø/모음__모음]→katai(=堅い, 硬い, 固い)(일본
어 현대어). 子중孫손이**니ᅀᅥ**가몰〈석보상절 6권 7장 뒷면〉(=자손이 이어 감을): 닛

(다)+어(부사형 어미)→니서〚유성음화: ㅅ→ㅿ/모음__모음〛→니ᅀᅥ. 닛(다)+어(부사형 어미)〚두음법칙 후 보상적 /y/ 첨가〛→y+잇(is)다〚단음화: y+i→i〛→잇어〚유성음화: : ㅅ→ㅿ/모음__모음〛→이ᅀᅥ〚ㅿ→Ø/모음__모음〛→이어(현대어). 똥구시(경남)=똥+굳(=구덩이)+이(첨가음)→똥구디〚구개음화: ㄷ→ㅅ/__이〛→똥구지〚ㅈ→ㅅ〛→똥구시. sıra(=줄, 순서)=줄=아(의미첨가 없이 명사에 붙는 접미사)〚ㅈ→ㅅ〛→술아〚우→으〛→슬아→sıra 【근거】 banka(튀르키예어)=bank(영어)+아(의미첨가 없이 명사에 붙는 접미사).

kavur(mak)(=(음식 따위를) **볶다**, 섞다; (바람·추위·더위 따위가 식물 또는 곡식 등을) 말리다, **시들게 하다**, 태우다)=까불(다)〚ㄲ→ㄱ〛→가불〚유성음화〛→가ᄫᅮᆯ〚ㅸ→v〛→kavur 【근거】 까불다(경남)=(음식 따위를) 볶다. 서리를 맞고 호박이 까부라졌다=서리를 맞고 호박이 시들어졌다. 까부라지다(자동사)=**까불**(다)(타동사)+아(부사형 어미)+지다. 끈(近)〈월인석보 1권 월인서 14장 앞면〉〚ㄲ(g)→ㄱ(k)〛(유/무성자음 교체)→근(현대어) 【근거】 'ㄲ, ㄸ, ㅃ, ㅉ, ㅆ, ㆅ 爲 全濁'〈훈민정음해례본〉(전탁(全濁)=유성음(有聲音)).

kavuş(mak)(=합치다)=합(合)+으(자음 충돌 회피용 삽입 모음)+치(다)〚ㅎ→ㅋ〛→카브치〚으→우〛→카부치〚유성음화〛→카ᄫᅮ치〚ㅊ→ㅅ〛→카ᄫᅮ시〚ㅸ→v〛→kavuş 【근거】 燈등의블**혀**고〈석보상절 9권 32장 뒷면〉=등에 불 켜고(현대어): 혀다〚ㅎ→ㅋ〛→켜다. 믈(=水)〈훈민정음해례본 용자례〉〚으→우〛→물(현대어). 들티다〈훈몽 범례:4〉《우리말샘》〚구개음화〛→들치다〚ㅊ→ㅅ〛→들시다(경남). 들티다〚구개음화〛→들치다〚이→우〛→들추다(현대 표준어).

kay(mek)(게우다, 토하다)=개(다)〚모음 분해〛→가이→kay 【근거】 **개**올 구(嘔)〈훈몽자회 중권 32장 뒷면〉=개오(다)+ㄹ(관형형 어미)+구. '게다/개다(경남)=게우다(표준어)(모음조화: 에-우)'로 보아 '개다=개오다(모음조화: 애-오)'임을 알 수 있다. 개아내다(경남)(=토해내다)=개(다)(=토하다)+아(부사형 어미)+내다. 게우다(표준어)=개오다〚애→에〛→게오다〚모음조화: 에-우〛→게우다.

kaybol(mak)(=사라지다, 없어지다)=가(다)+이(부사형 어미)+뿔(다)/뽈(다)(경남)(=버리다)→가이뽈〚ㅃ→b〛→kaybol(그 뜻은 가버리다=사라지다) 【근거】 'ㄲ,

ㄸ, ㅃ, ㅉ, ㅆ, ㆅ 爲 全濁'〈훈민정음해례본〉(전탁(全濁)=유성음(有聲音)). 가뿌라=
가뽀라(모음조화에 맞다)(경남). 가뿌(다)+이(첨가음)+라〖모음 합체〗→가뷔라〖단
음화: 위→이〗→가삐라(경남). 개다(강원, 전라, 충남)〈우리말샘〉(=가다)=가(다)+
이(첨가음)+다〖모음 합체〗→개다. cf. 써리다(경남)(=썰다)=썰(다)+이(첨가음)+
다.

kaytar(mak)(=회피하다, 기피하다)=갱뢇(解脫)〈월인석보 21권 상권 8장 앞면〉[개
뢇](=해탈)〖단음화: 와→아〗→개탈〖모음 분해〗→가이탈→kaytar(그 뜻은 '얽매
임에서 벗어나다'=회피하다). cf. げだつ(解脫)(일본어)(gedatsu). 解脫[jiětuō](중국
어). 튀르키예어는 한국어 음을 따르고 있다. 햏(解)〈석보상절 9권 3장 앞면〉[햬]
〖ㆅ→ㄱ〗→갱(解)〈월인석보 21권 상권 8장 앞면〉[개]〖ㄱ→ㅎ〗→해(현대어). 햏
(解)〈석보상절 9권 3장 앞면〉[햬]〖애→에〗→혜〖ㆅ→g〗→ge→げ(解)(ge)(일본
어) 【근거】 'ㄲ, ㄸ, ㅃ, ㅉ, ㅆ, ㆅ 爲 全濁'〈훈민정음해례본〉(전탁(全濁)=유성음(有
聲音)).

kes(mek)(=(가위 칼, 톱 등으로) 자르다, 끊다)=굿(다)(=가위질하다)(제주)+이(첨
가어)〖모음 합체〗→짓〖단음화: 이→애〗→갯〖애→에〗→겟(kes)→kes 【근거】
굿다〈월인석보 10권 13장〉《고려대한국어 대사전》=끊다. 가새(=가위)((강원, 경기,
경상, 전라, 충청, 함경)〈고려대 한국어대사전〉=굿(다)+아(=子)(=것)+이(첨가음)
〖ᄋ→아〗→갓아이〖모음 합체〗→갓애→가새(자르는 것=가위). 동사 어간+이
(첨가음): 쥐(다)=주(다)+이(첨가어) 【근거】 한 줌=한+주(다)+ㅁ(명사형 어미)→
한줌. 쥐다=주(다)+이〖모음 합체〗+다→쥐다. 썰(다)(표준어)+이(첨가음)+다→
써리다(경남).

kına(mak)(=나무라다, 꾸짖다)=힐난(詰難)하(다)(=꾸짖다)〖이→으〗→흘난하〖ㄹ
→Ø/__ㄴ〗→흐난하[흐나ã](경남 발음)〖비모음(鼻母音)의 구강 모음화〗→흐나
아〖동모음 축약〗→흐나〖ㅎ→ㅋ〗→크나→kına. 아니면, **kına**(mak)(=꾸짖다)=견
(譴)(=꾸지람, 견책)+하(다)〖어→으〗→kyın하〖단음화〗→kın하(ha)〖ㅎ→Ø/유성
음__유성음〗→kına 【근거】 으사/이사(醫師)(경남)=의사(醫師)(표준어). 부나부(경
남 노인 말)=불+나부〖ㄹ→Ø/__ㄴ〗→부나부. 燈등의블**혀**고〈석보상절 9권 32장

뒷면〉=등에 불 켜고(현대어): 혀다[[ㅎ→ㅋ]]→켜다. cf. '한자어+하다'의 예: 건하다(乾하다)[거나다](=말라서 습기가 없다)=건(乾)+하다.

kır(mak)(=깨다, 부수다)=헐(다)/흟(다)(경남)(=부수다, 허물다)→흟[[ㅎ→ㅋ]]→클→kır 【근거】흟(목)(경남)(=팔(목))[[ㅎ→ㅋ]]→콜→kol(=팔). 燈등의블**혀**고〈석보상절 9권 32장 뒷면〉=등에 불 켜고(현대어): 혀다[[ㅎ→ㅋ]]→켜다. 해껍다(경남)[[ㅎ→ㄱ]]→개껍다(경남)(=가볍다(표준어)).

kıvır(mak)(꼬다, 비틀다, 뒤틀다, 감다; 구기다, 접다; (자동차가 방향을) 돌리다, 꺾다)=구불(다)(=구부리다)[[우→으]]→그블[[유성음화]]→그블[[ㅸ→v]]→kıvır 【근거】꾸부러지다=꾸불(다)+어(부사형 어미)+지다. 구부리다=구불(다)+이(첨가음)+다. cf. 써리다(경남)=썰(다)(표준어)+이(첨가음)+다→써리다(=썰다). 구부러지다〈꾸부러지다('구부러지다'보다 더 센 말). cf. 구불다(함경, 중국 길림성)〈우리말샘〉=굽다.

koru(mak)(=보호하다, 지키다)=호(護)(=보호하다, 지키다)+알(명사형 어미)(=것, 행위)+ᄒ(다)(=하다)[[모음조화: 오-오]]→호올ᄒ[[동모음 축약]]→홀ᄒ[[ㅎ→Ø/ 유성음__유성음]]→홀ᄋ[[ᄋ→우]]→홀우[[ㅎ→ㅋ]]→콜우→코루→koru(그 뜻은 '보호함을 하다'=보호하다) 【근거】믈(=水)〈훈민정음해례본 용자례〉[[으→우]]→물(현대어). 흟(목)(경남)(=팔(목)[[ㅎ→ㅋ]]→kol(튀르키예어)(=팔). ᄀᆞ몰다〈월인석보 10권 84장〉《고려대 한국어대사전》[[ᆞ→아]]→가몰다[[ᆞ→우]]→가물다 (현대어). 入십定뎡ᄒᆞ야〈석보상절 6권 2장 앞면〉=입정하여. **karar**(=결정)=결(決)(=결정하다)+알(명사형 어미)(=것)(=행위)[[어→아]]→갈알[[단음화: 야→아]]→갈알→가랄→karar.

koş(mak)(=(동물에게) 쟁기를 끌게 하다)=끄시(다)(경남)(=끌게 하다)[[으→오]]→꼬시[[ㄲ→ㄱ]]→고시→koş. 아니면, **koş**(mak)=끄시(다)[[으→어]](경남 방언에서는 /어/와 /으/가 아주 자유롭게 교체된다)→꺼시[[어→오]]→꼬시[[ㄲ→ㄱ]]→고시(koş). (çift) **koş**(mak)=(쟁기를) 끌게 하다 【근거】서르〈월인석보 1권 훈민정음 1장 뒷면〉[[으→오]]→서로(현대어). cf. 서르[[으→이]]→서리(경남). 없다/읎다(경남)=없다(표준어). 엄마(표준어)[[어→오]]→옴마(경남). 끄싱개(=직물의 베매기 작업에 쓰이는 용구의 하나. 날실을 싣고 도투마리 쪽으로 **끌려가도록** 되어 있는데 적당한 무게의 돌을 얹어서 알맞게 끌려가게 하며, 방아가지 모양으로 되어 있다)=끄시(다)+이(피동 보조 어간)+ㄴ(관형형 어미)+거(경남)(=것)+이(첨가음)〖동모음 축약〗→끄신거이〖모음 합체〗→끄신게〖에→애〗→끄신개〖끄싱개〗. 그스다〈월인석보 2권 35장 뒷면〉=끌다. 끌(다)+히(사동 보조 어간)+다〖ㅎ→ㅅ〗→끌시다〖ㄹ→∅/__ㅅ〗→끄시다(경남)〖ㄲ→ㄱ〗→그시다〖유성음화〗→그싀다〖이→으〗→그스다('끌다'의 원어가 '글다'임을 알 수 있다). cf. **koş**(mak)=뛰다, 달리다.

koş(mak)(=달리다)=걸(趹)(=달리다)+시(다)(=하다)〖단음화: 여→어〗→걸시〖ㄹ→∅/__ㅅ〗→거시〖어→오〗→고시(koş) 【근거】得하다(=무엇을 얻거나 이익을 얻다)=得(=얻다)+하다. 하(다)+이(첨가음)+라(명령 종결 어미)〖모음 합체〗→해라(=하라). 지겹다(표준어)〖단음화: 여→어〗→지겁다(경남 노인 말). 엄마(표준어)〖어→오〗→옴마(경남). 하(다)+이(첨가음)+다〖모음 합체〗→해다〖애→에〗→헤다〖에→이〗→히다〖ㅎ→ㅅ/__이〗→시다. 시키다〈석보상절 6권 10장 앞면〉(=시키다)=하(다)+이(첨가음)+히(사동 보조 어간)+다→시+히+다〖ㅎ→ㄱ〗→시기다. 시+히+다〖ㅎ→ㅋ〗→시키다. 시(다)(si)〖일본어 동사 어미화: 이(i)→우(u)〗→su→す(=為)(su)(일본어 고어). する(=為る)(suru)(일본어 현대어)=す(=為)(수)+る(관형형 어미)→술〖일본어식으로 표기〗→수루(suru) 【근거】힘(표준어)〖ㅎ→ㅅ/__이〗→심(경남). 해겁다(경남)(=가볍다)〖ㅎ→ㄱ〗→개겁다(경남)(=가볍다). 燈등의블**혀**고〈석보상절 9권 32장 뒷면〉〖ㅎ→ㅋ〗→등에 불 **켜**고(현대어).: 혀다〖ㅎ→ㅋ〗→켜다.

koy(mak)(=놓다, 두다, (베개를) **베다**)=(베개를) 고이(다)(koy) 【근거】베개=Başın altına koymak veya sırtı dayamak için kullanılan=머리의 밑에 **고이**거나 등을 바치기 위해 사용되는 것.

kullan(mak)(=사용하다): From Ottoman Turkish قوللنمق (kullanmak, "to use; to become a slave; to acquire slaves"). Equivalent to kul("slave, servant")+-la (verbalising suffix)+-n(reflexive suffix)+-mak(infinitive suffix)〈Wiktionary〉:

kul(=slave, 종)=걸(=종)〚어→으〛→글〚으→우〛→굴(kul) 【근거】 거러치(=예(隸)) 〈훈몽자회 중권 1장 뒷면〉(=노예, 종)=걸(=종)+아치(=사람)〚모음조화: 어-어〛→ 걸어치→거러치. 없다/읎다(경남)(경남 방언에서는 '어/으 교체'가 아주 자유롭게 일어난다. 믈(=水)〈훈민정음해례본 용자례〉〚으→우〛→물(현대어). 장사아치(=장사치)(=장사하는 사람을 낮잡아 이르는 말)=장사+아치(=치). 장사아치=장사+악(=子)(=사람)(지소사)+ㅎ(고유어 명사에 붙음)+이(첨가음)〚ㄱ+ㅎ→ㅋ〛→장사아키〚구개음화: ㅋ→ㅊ/__이〛→장사아치〚동모음 축약〛→장사치.

kur(mak)(=(태엽을) 감다)=*굴(다)→kur 【근거】 실꾸리(=실을 **감은** 것)=실(=thread)+ㅅ(사이시옷)+굴(다)(=감다. to wind)+이(명사형 어미)(=것): 실+ㅅ+구리(명사)〚ㅅ+ㄱ→ㄲ〛→실꾸리.

kus(mak)(=토하다)=구(嘔)(=토하다)+ㅎ(다)(=하다)〚ᄋ→으〛→구흐〚ㅎ→ㅅ/__으〛→구스(kusı)〚[s] 뒤의 [ı]는 있으나 없으나 발음이 같이 들린다〛→kus 【근거】 入십定뎡ᄒᆞ야〈석보상절 6권 2장 앞면〉=입정ᄒᆞ여. save하다(=저축하다)=save(영어)(=저축하다)+하다. ᄒᆞ다〚ᄋ→어〛→허다(경기)〈고려대 한국어대사전〉. ᄒᆞ다〚ᄋ→으〛→흐다(전북)〈전라북도 방언사전〉《고려대 한국어대사전》. 아니면, ᄒᆞ다〚ᄋ→아〛→하다〚아→어〛→허다〚어→으〛→흐다 【근거】 마리 슈(首)〈훈몽자회 상권 24장 뒷면〉: 마리〚아→어〛→머리(현대어). 슈(首)〚단음화: 유→우〛→수(首)(현대어). 경남 방언에서는 '어/으 교체'가 아주 자유롭게 일어난다: 어머니/으므니, 없다/읎다. '~하게 하다'를 '시키다(=시이다(경남))'라고 한다. 시키다=시(=하(다))+키(사동 보조 어간)+다. 이 경우를 적용한 것이라면, **kus**(mak)=구(嘔)+시(si)(=하(다)〚이→으〛→구스(kusı)〚[s] 뒤의 [ı]는 있으나 없으나 발음이 같이 들린다〛→kus(가능성이 더 크다). cf. **す**(=爲)(일본어 고어)(su)(=하(다)=시(si)〚동사 어미화〛→su. su+ㄹ(관형형 어미)(l)→sul〚일본어로 전사〛→sulu→する(현대어). 아니면, **kus**(mak)(=토하다)=구**土**(嘔吐)(=토하다)〚오→우〛→구투〚우→으〛→구트〚구개음화〛→구츠〚ㅊ→ㅅ〛→구스(kusı)〚어말에서 마찰음, /s/ 뒤의 /ı/는 있으나 없으나 발음이 같이 들린다〛→kus 【근거】 ᄂᆞᆺ(=顔(안))〈훈몽자회 상권 24장 뒷면〉〚ᄋ→아〛→낫〚ㅅ→ㅊ〛→낯(현대어), 낫/낯/낱 교체: 두 **낫**과〈구급간이방언해 7권 22장 앞면〉. 두 **나출** ㄱ라〈구급간이방언해 7권 6장 뒷면〉: 나출=낯+올 (목적격 조사). 사과를 **낱**으로 팔다. cf. 呕吐[ǒutù](중국어)=구토(하다). おうと(嘔吐)(outo)(일본어). 튀르키예어는 중국어, 일본어 음과 다르고 한국어 음을 따르고 있다.

kuşat(mak)(=둘러싸다, 포위하다, 에워싸다)=구(球)(=둥글다)+이(첨가음 혹은 부사형 어미)+싸(다)+ㄹ(관형형 어미)[모음 합체: 이+아→야]→구쌀[ㅆ→ㅅ]→구샬[ㄹ→ㄷ]→구샫→kuşat 【근거】국(國)+이(첨가음)[모음 합체]→귁(國)〈월인석보 1권 훈민정음 1장 앞면〉. 사호다〈능엄 9:19〉《우리말샘》[ㅅ→ㅆ]→싸호다[ㅎ→∅/모음__모음]→싸오다[모음조화 파괴]→싸우다(현대 표준어). 볃(幣)〈훈민정음해례본 종성해〉[ㄷ→ㄹ]→별(幣)(현대어). sat(mak)(=팔다)=사(다)+ㄹ(관형형 어미)[ㄹ→ㄷ]→샫→sat 【근거】쌀 사로 갔다(경남 노인 말)(=쌀 팔러 갔다(표준어)). ⇒ **10.1 한국어 동사 어간+ㄹ(관형형 어미)**.

mahvol(mak)(=망하다, 멸망하다)=망(亡)ㅎ(다)+뿔(다)/**뿔**(다)(경남)(=버리다)[ᄋ→으]→망흐[mɑhī(鼻母音)](=망하다)+뿔[비모음의 구강 모음화]→마흐뿔[ㅃ→ㅂ]→마흐불[유성음화: ㅂ→ㅸ/모음__모음]→마흐볼[ㅸ→v]→mahıvol[[h] 뒤의 [ı]는 있으나 없으나 발음이 같이 들린다]→mahvol(그 뜻은 '망해 버리다'이다) 【근거】사오/사우(경남)=사위(표준어). 망하다[ᄋ→∅/__(ㅎ)+모음 and 아(a)→아[ã](鼻母音) and 비모음을 구강 모음화]→마하다. cf. 장아[자**아**[ã] 가다(경남)(=장에 가다)=장+아(향진격 조사)+가다. 入십定뗭ㅎ야〈석보상절 6권 2장 앞면〉=입정ㅎ여. ㅎ다[ᄋ→아]→하다(현대 표준어). ㅎ다[ᄋ→어]→허다: 허니=허(다)+니. ㅎ다[ᄋ→으]→흐다(전북)〈전라북도 방언사전〉《고려대 한국어대사전》. 허니(경남 노인 말)[어→으]→흐니(경남 노인 말)(경남 방언에서는 '어/으' 교체가 아주 자유롭게 일어난다). cf. ~뿔다(경남)=~삐다(경남): 가뿌라(경남)=가삐라(경남)=가버려라(표준어): 뿔(다)+이(첨가음)+다[모음 합체 후 단음화: 우+이→위→이]→삘다[ㄹ→∅/__ㄷ]→삐다 【근거】갈다/가다(경남).

öde(mek)(=갚다, 보상하다, 지불하다)=외(상값)+대(다)(=지불하다)→외대[애→에]→외데(öte)[유성음화]→öde(그 뜻은 '갚을 금액(=외상값, 보상금 등)을 지불

하다'). 술갑을 **대다**(경남)=술값을 **지불하다** 【근거】 외상=**값은 나중에 치르기로 하고 물건을 사거나 파는 일.**

okşa(mak)(=어루만지다, 귀여워하다)=옥(다)(=안쪽으로 조금 오그라져 있다)+이(부사형 어미)+싸(다)〖모음 합체: 이+아→야〗→옥쌰〖ㅆ→ㅅ〗→옥샤→okşa. '볼을 옥싸다'는 '두 손을 조금 안으로 오그라들게 하여 볼을 감싸는 행위로 귀엽다고 어루만지다'는 뜻이다 【근거】 해주다=하(다)+이(부사형 어미)+주다. **쌍**(雙)〈훈몽자회 하 33장 뒷면〉〖단음화: 와→아〗→상〖ㅅ→ㅆ, ㅇ→ㅇ〗→**쌍**(현대어).

oku(mak)(=읽다)=읽(다)[익(따)](경남 발음)〖이→으〗→윽〖으→오〗→옥〖풀어 쓰기〗→오구→oku? 아니면, 읽(다)[익(따)](경남 발음)+으(자음 충돌 회피용 삽입 모음)+ㅁ(명사형 어미)+아(의미첨가 없이 명사에 붙는 접미사)〖이→으〗→**윽**음아〖으→오〗→옥음아(okıma)〖모음조화: o-u〗→**okuma**(=읽기)(명사형). 'oku-ma=oku(동사 어간)+ma(명사형 어미)'로 오분석하여 동사 어간, oku가 만들어졌다(가능성이 크다) 【근거】 경남 방언에서 이/으는 상당히 자유롭게 교체된다: **이리/으리**(경남)=의리(義理). 서르〈월인석보 1권 1장 뒷면〉〖으→오〗→서**로**(현대어).

on(mak)(=to get over an illness, get well=낫다)=온(穩)(=편안하다, 안정되다)(on). cf. **온히**(穩히)(경남)=온전히=본바탕 그대로 고스란히, 잘못된 것이 없이 바르거나 옳게〈표준국어대사전〉.

ona(mak)(동의하다, 허락하다)=오냐하(다)〖단음화〗→오나하〖ㅎ→∅/모음__모음〗→오나아〖동모음 축약〗→오나→ona 【근거】 오냐=아랫사람의 물음이나 부탁에 대하여 긍정하여 대답할 때 하는 말〈표준국어대사전〉. 오냐하다(경남)=허락하다. cf. 온(=전체, 전부의): 온 세상. 온히(경남)=온전히, on(튀르키예어)(=十)=10. cf. 十全(じゅうぜん)(zyuuzen)(일본어)=완전함.

önemse(mek)(=중요하게 여기다)=önem(=중요)+**se**(mek)(=세다)(=여기다)~se(mek)(=여기다)=세(다)(=여기다)→se. cf. **say**(mak)(=세다, 여기다, 존경하다)=세(다)〖모음 분해: 에=어+이〗→서이〖어→아〗→사이→say.

öt(mek)(=(새가) 울다, 지저귀다)=울(다)+이(첨가음)〖우→오〗→올이〖모음 합체:

오+이→외(ö)]→월[ㄹ→ㄷ]→욑(öt)【근거】조오라(경남)=주어라(표준어)[우
→오]→조어라[어→오]→조오라. 별(瞥)〈훈민정음해례본 종성해〉[ㄷ→ㄹ]→
별(瞥)(현대어). sat(mak)(=팔다)=사(다)(경남 노인 말)(=팔다)+ㄹ(관형형 어미)[ㄹ
→ㄷ]→산(sat): 쌀 **사**로 갔다(경남 노인 말)=쌀 **팔**러 갔다(표준어). ⇒ **10.1 한국
어 동사+ㄹ**.

öt(mek)(=(slang) to vomit, throw up〈turkishdictionary.net〉(=토하다)=*올(다)(=오
르다)+이(사동 보조 어간)[모음 합체]→욀[ㄹ→ㄷ]→욑(öt)【근거】별(瞥)〈훈민
정음해례본 종성해〉[ㄷ→ㄹ]→별(瞥)(현대어). 무운 걸 다 올렸다(경남)=먹은 것
을 다 토했다: 올리다(=토하다)=올(다)+ㄹ(복제음)+이(사동 보조 어간)+다【근거】
樓룽우희ᄂ라**올아**〈석보상절 6권 3장 앞면〉=누 위에 날아**올라**: 올(다)+아(부사형
어미)→올아. 올아[/ㄹ/ 복제/ㄹ(받침)__모음]→올라(현대어).

oy(mak)(=새기다, 조각하다, 외다, 후비다, 파다)=외(다)[모음 분해]→오이→oy
【근거】穿鑿은 **욀**씨라〈몽법 28장〉《우리말샘》=천착은 {오비는 것이다}: 욀=외
(다)+ㄹ(관형형 어미). 오비다(=외다)=좁은 틈이나 구멍 속을 갉아 내거나 도려내
다. 穿鑿천챡은 아르**사기**단 말이라〈가례언해 1권 42장〉《우리말샘》=천착은 아로
새기다는 말이라: 사기다[umlaut]→새기다(현대어). cf. 호비다(=오비다)[어두 /
ㅎ/ 탈락]→오비다 cf. heroin(영어)[어두 /h/(ㅎ) 탈락]→eroin(튀르키예어).

saç(mak)(=흩뿌리다, 살포하다)=흩(다)+이(첨가음)→흐티[ㅎ→ㅅ]→스티[으
→어]→서티[어→아](튀르키예어에는 /어/가 없다)→사티[구개음화: ㅌ→
ㅊ/__이]→사치(saç)【근거】허치다(경남, 전남, 충남〈우리말샘〉=뿌리다. 경남
에서는 '허치다/흐치다' 둘 다 사용. 아니면, **saç**(mak)=살(撒)(=뿌리다, 살포하
다)+이(첨가음)[ㄹ→ㄷ]→산이[ㄷ→ㅌ]→사티[구개음화]→사치(saç)【근거】
일훔**지허**ᄀ로듸〈월인석보 1권 석보서 4장 뒷면〉=이름 지어 가로되(=말하기를):
지허=짛(다)+어(부사형 어미). 짛다(평북)〈고려대 한국어대사전〉[ㅎ→ㅅ]→짓다
(표준어). 별(瞥)〈훈민정음해례본 종성해〉[ㄷ→ㄹ]→별(현대어). 뒝(追)〈월인석
보 1권 월인서 17장 앞면〉[뒤]=듀+이(첨가음)[ㄷ→ㅌ]→튜이(tyui)[구개음화: ㅌ
→ㅊ/__y]→츄이[단음화]→추이[첨가음, /이/ 제거]→**추**(현대어). 撒[sǎ](중국

어)=살(撒)(sal)[어말 /ㄹ/ 탈락]→sa 【근거】 새마(=新村)(경북)=새말(=新村)[어말 /ㄹ/ 탈락]→새마. 중국어 음은 경북 방언(=신라말)의 음운 규칙을 따르고 있다. 중국의 마지막 왕조, 청나라는 추장이 신라인 **김**함보인 여진족이 세운 나라로 그 황족의 성씨도 여진어로 '아이신교로'로 한자어로 金(김)이다. 신라 왕족의 성씨도 金이다.

san(mak)(=예측하다, 생각하다, 추정하다)=산(算)(=셈하다, (추측하여) 미리 알다). 아니면, **san**(mak)=상(想)(=생각하다, 추측하다)(sang)[ㅇ(ŋ)→ㄴ(n)]→san 【근거】 **don**(mak)(=얼다)=동(凍)(=얼다)[ㅇ(ŋ)→ㄴ(n)]→돈(ton)[어두 유/무성자음 교체]→don.

sar(mak)(=감다)=*살(다)(=사리다=감다)(sar) 【근거】 국수사리(=국수를 말아 놓은 것)=국수+**살**(다)+이(명사형 어미)(=것). 새꼬를 사리다(경남)=새끼를 둥글게 감다. 사리다=살(다)+이(첨가음)+다 【근거】 썰다(표준어)+이(첨가음)+다→써리다 (경남).

şaşır(mak)(=놀라다, 당황하다)=자질(다)(경남)(=자지러지다)→자질[ㅈ→ㅅ]→사실→saşir[모음조화: a-ı]→saşır[ㅅ(s)→ş](역사적으로는 'ş→s)→şaşır 【근거】 자지러지다=**자질**(다)+어(부사형 어미)+지다. 자지러지다=몹시 놀라 몸이 주춤하면서 움츠러들다. 샹(舍)〈월인석보 2권 13장 앞면〉[샤](şa)[단음화]→사(sa).

sat(mak)(=팔다)=사(다)(=to sell)(경남 노인 말)+ㄹ(관형형 어미)→살[ㄹ→ㄷ]→삳(sat) 【근거】 ⇒ **10.1 한국어 동사+ㄹ**. 별(幣)〈훈민정음해례본 종성해〉[ㄷ→ㄹ]→별(幣)(현대어). 쌀 사로(=to sell) 갔다(경남 노인 말)=쌀 팔러(=to sell) 갔다(표준어). cf. 쌀 팔로(=to buy) 갔다(경남 노인 말)=쌀 사러(=to buy) 갔다(표준어). cf. **sell**(=팔다)(영어)=사(다)+이(첨가음)+ㄹ(관형형 어미)[모음 합체]→샐[애→에]→셀(sel)? **buy**(영어)(=사다(표준어))=매(買)(=사다(표준어))[모음 분해]→마이(may)[m→b]→bay[baɪ]→buy[baɪ] 【근거】 소 한 마리(mari)(표준어)[ㅁ((m)→ㅂ(b)]→소 한 바리(bari)(경남).

sav(mak)(=1. /ı/ to get rid of (someone)=(사람을) 제거하다. 2. /ı/ to get over, get rid of (an illness)=(병을) 제거하다=낫다; to get through (a difficulty, a trying experience) successfully.=(어려움, 어려운 경험을) 성공적으로 통과하다, 벗어나다〈turkishdictionary.net〉=잡(다)[풀어쓰기]→자브[ㅈ→ㅅ]→사브[유성음화]→사브[ㅂ→v]→savı[/v/ 다음의 [ı]는 있으나 없으나 발음이 같이 들린다]→sav. 아니면, **savar**=잡(다)+알(=子)(=것)[ㅈ→ㅅ]→삽알[유성음화: ㅂ→ㅸ/모음__모음]→사ᄫᅡᆯ[ㅸ→v]→savar. 'savar=sav(mak)+ar'로 분석하여 동사, savmak이 만들어졌다(가능성이 크다)【근거】그놈 잡았다=그놈 제거했다/죽였다. 소음을 잡다=소음을 없애다, 소음을 제거하다. **sineksavar**(=파리약)(=파리 잡는 것)=sinek(=파리)+savar: **savar**=잡(다)+알(=子)(=것). **sinek**(=파리)=승(蠅)(=파리)+악(=子)(명사에 의미첨가 없이 붙는 접미사)+이(첨가음)[으→이]→싱악이[ㅇ(ng)→ㄴ(n)]→신악이[모음 합체]→신액[애→에]→신엑→sinek【근거】즙(汁)(표준어)[으→이]→집(경남). 똥구시(경남)=똥+굳(=구덩이)+이(첨가음)→똥구디[구개음화: ㄷ→ㅈ/__이]→똥구지[ㅈ→ㅅ]→똥구시. 더ᄫᅱ〈석보상절 9권 9장 뒷면〉=덥(다)+우(명사형 어미)+이(첨가음)[모음 합체]→덥위→더ᄫᅱ[유성음화]→더ᄫᅱ[ㅸ→Ø]→더위(현대 표준어). cf. 더부(경남 노인 말)=덥(다)+우(명사형 어미)→더부[유성음화]→더ᄫᅮ[ㅸ→Ø]→더우(경남 노인 말). **don**(mak)(=얼다)=동(凍)(tong)(=얼다)[ㅇ(ng)→ㄴ(n)]→ton[어두 유/무성자음 교체]→don【근거】gelmek(튀르키예어)=kelmoq(우즈벡어)=오다.

sav(mak)(=to stop=그만두다, 중단하다)=접(다)[ㅈ→ㅅ]→섭[어→아]→삽[풀어쓰기]→사브[유성음화: ㅂ→ㅸ/모음__모음]→사ᄫᅳ[ㅸ→v]→savı[/v/ 다음의 [ı]는 있으나 없으나 발음이 같이 들린다]→sav【근거】접다=지속적으로 하던 일이나 행위 따위를 그만두다. 도시 생활을 접고 귀농하기로 했다: 접다=그만두다. ⇒ **sav**(mak)(=1. /ı/ to get rid of (someone)=(사람을) 제거하다).

say(mak)=세(다)(=계산하다, 여기다)[모음 분해: 에=어+이]→서이[어→아]→사이→say【근거】혀다〈석보상절 7권 8장〉《우리말샘》(hyəda)[ㅎ→ㅅ/__y]→셔다[여→에]→세다【근거】경남[겡남](경남 발음). cf. **önemse**(mek)(=중요하게 여기다)=önem(=중요)+**se**(mek)(=세(다)(se))(=여기다).

ser(mek)(=진열하다, 펴다, 펼치다, 널다)=설(設)(=진열하다)+이(첨가음)[모음 합

체】→셀→ser【근거】귁(國)〈월인석보 1권 훈민정음 1장 앞면〉=국(國)+이(첨가음)
【모음 합체】→귁. 진설(陳設)=잔치나 제사(祭祀) 때에 법식에 따라 음식(飮食)을
상 위에 벌여 놓음.

sɪk(mak)(=(쥐어) 짜다, 압박하다, 조이다, 억누르다, 괴롭히다, 못살게 굴다, 성
가시게 하다)=속(束)(=묶다, 잡아매다, 결박하다)+이(첨가음)【모음 합체】→쇡
【단음화】→섹【에→이】→식【이→으】→슥(sɪk)【근거】속(束)〈법화경언해 6권
93장 앞면〉. 귁(國)〈월인석보 1권 훈민정음 1장 앞면〉=국(國)+이(첨가음)【모음 합
체】→귁. 이사/으사(경남)=의사(醫師)(표준어). 킝(氣)〈석보상절 9권 22장 앞면〉
【킈】【단음화: 의→에】→케(kʰe)【에→이】→키(kʰi)【ㅋ→ㄱ】→기(현대어). cf. 束
[shù](중국어)=*쇽(束)+이(첨가음)【오→우】→슉이【ㄱ→∅/모음__모음】→슈이
【첨가음, /이/ 삭제】→슈[shu]【근거】뒹(逌)〈월인석보 1권 월인서 17장 앞면〉【뒤
]=듀+이(첨가음)【ㄷ→ㅌ】→튜이(tyui)【구개음화: ㅌ→ㅊ/__y】→츄이【단음화】
→추이【첨가음, /이/ 제거】→추(현대어). 중국어 음을 보면 속(束)의 가장 오래
된 어형은 '쇽'이었음을 알 수 있다. 束(そく)(soku)=속(束)(sok)(일본어식으로 표
기)→소구→soku. 튀르키예어와 일본어는 한국어 음을 따르고 있고 중국어는 한
국어의 음운 규칙을 따르고 있다.

sil(mek)(=쓸다, 지우다, 쓸어버리다)=씰(다)(경남)(=쓸다)【ㅆ→ㅅ】→실→sil【근
거】썰레썰레/설레설레(정도의 차이는 있으나 기본 의미는 같다). 사호다〈능엄경
언해 9권 16장 뒷면〉(=싸우다)【ㅅ→ㅆ】→싸호다【ㅎ→∅/모음__모음】→싸오다
【오→우】→싸우다(현대어).

sin(mek)(=배다, 흡수되다, 침투(浸透)하다)=침(浸)(=잠기다, 스며들다. 번지다)
【ㅊ→ㅅ】→심【ㅁ→ㄴ】→신(sin)【근거】들티다〈신합 하권 9장〉《우리말샘》【구
개음화: ㅌ→ㅊ/__이】→들치다【ㅊ→ㅅ】→들시다(경남). cf. しん(浸)(일본어)
(sin)=침(浸))【ㅊ→ㅅ】→심【ㅁ→ㄴ】→신(sin). 므슴〈석보상절 6권 16장 앞면〉
【으→우】→무슴【ㅁ→ㄴ】→무슨(현대어). cf. çim(mek)(=잠액질하다, 씻다)=침
(浸)(=자맥질하다, 씻다)→çim. 같은 한자어의 의미를 구분하기 위해서 발음을 달
리했을 것으로 추정된다.

sin(mek)(=웅크리다, 쭈그리다, 몸을 구부리다; 겁먹다, 위축되다)=(몸을) 숙이(다)(표준어)+ㄴ(관형형 어미)[umlaut]→쉭인[단음화: 위→이]→식인→시긴[ㄱ→∅/모음__모음]→시인[동모음 축약]→신→sin 【근거】(몸을) 숙이다(표준어)[umlaut]→쉭이다[단음화: 위→이]→식이다[ㄱ→∅/모음__모음]→시이다(경남). cf. 죽이다(표준어)[umlaut]→쥑이다[단음화]→직이다(경남)[ㄱ→∅/모음__모음]→지이다(경남). 몸을 숙인(표준어)[umlaut]→몸을 쉭인[단음화: 위→이]→몸을 식인[ㄱ→∅/모음__모음]→몸을 시인(경남)[동모음 축약]→몸을 신(경남). ⇒ **10.2 한국어 동사 어간+ㄴ(관형형 어미)**.

şiş(mek)(=to get fat(=살찌다), to get swollen(=부풀다))〈Wiktionary〉=(살)지(다)+이(부사형 어미)+지(다)→지이지[동모음 축약]→지지[ㅈ→ㅅ]→시시→şiş. 【근거】 미이지다(경남)(=미**어**지다(표준어)=가득 차서 터질 듯하다)=미(다)+이(부사형 어미)+지다. 똥구시(경남)=똥+굴(=구덩이)+이(첨가음)→똥구디[구개음화]→똥구지[ㅈ→ㅅ]→똥구시. 숧지다〈능엄 9:106〉《우리말샘》[ᄋᆞ→아]→삷지다[ㅎ+ㅈ→ㅉ]→살찌다(현대어).

siy(mek)(=(for a cat or dog) to urinate, pee〈Türkçe Sözlük〉《LEXILOGOS》=(고양이, 개가) 오줌 누다)=시이(이이에게) 오줌 누라고 하는 말)(경남)→siy. 쉬(표준어)=어린아이에게 오줌을 누라는 뜻으로 내는 소리. 아이에게 오줌 누라고 하는 말이 튀르키예어를 보면 '오줌 누다'라는 뜻의 동사라는 것을 알 수 있다.

sor(mak)(=질문하다, 묻다)=**질**(의)(質)(議)=사리(事理)의) 옳고 그름을 **물어서** 의논(議論)함)[ㅈ→ㅅ]→실[이→으]→슬[으→어]→설[어→오]→솔(sor) 【근거】 똥구시(경남)=똥+굴(=구덩이)+이(첨가음)→똥구디[구개음화]→똥구지[ㅈ→ㅅ]→똥구시. **이사/으사**(경남)=의사(醫師)(표준어). **없**다/**읎**다(경남). **엄**마(표준어)[어→으]→**음**마(경남). **엄**마[어→오]→**옴**마(경남).

söyle(mek)(=말하다)=**솈**(說)〈법화경언해 1권 39장 앞면〉(=말하다)+이(첨가음 혹은 명사형 어미)+하(다)+이(첨가음)[ㅎ→∅]→쉘이하이[모음 분해]→슈열**이**하이[모음 간소화]→수얼이하이[우→오]→소얼**이**하이[umlaut]→소**엘**이하이[에→이]→소**일이**하이[동모음 축약]→소**일**하이[umlaut]→쇠일하이[ㅎ→∅/

유성음__유성음]→쇠일아이[모음 합체]→쇠일애[애→에]→쇠일에[외→ö]
→söyle(그 뜻은 '설(說)하다'=말하다 혹은 '설하는 것을 하다')【근거】국(國)+이
(첨가음)[모음 합체]→귁(國)〈월인석보 1권 훈민정음 1장 앞면〉. 말해라(경남)=
말하(다)+이(첨가음)+라(명령 종결 어미)[모음 합체]→말해라. 설(說)(현대어)=
쉃(說)[쉴][모음 간소화]→쉴[모음 간소화]→쇨[모음 간소화]→설. 노로(=獐)
〈훈민정음해례본〉[오→우]→노루. 뭉(母)〈월인석보 1권 월인서 14장 앞면〉[ㅁ
→Ø]→무[우→오]→모(현대어). 고기(표준어)[umlaut]→괴기[단음화]→
게기(경남)[ㄱ→Ø/모음__모음]→게이(경남)[에→이]→기이(경남). 종지=종
자(鍾子)+이(첨가음)[모음 합체]→종재[애→에]→종제[에→이]→종지. cf.
söz(=말)=쉃(說)(=말씀, 말)+이(명사형 어미)(=행위)+자(子)(의미첨가 없이 명사
에 붙는 접미사)+이(첨가음)[ㅎ→Ø]→쉴이자이[모음 분해]→슈열이자이[모
음 간소화]→수열이자이[우→오]→소얼이자이[모음 합체]→소엘자이[에→
이]→소일자이[모음 합체]→쇨자이[모음 합체]→쇨재[애→에]→쇨제[에→
이]→쇨지[ㅈ→ㅅ]→쇨시[ㄹ→Ø/__ㅅ]→쇠시[이→으]→쇠스[유성음화]
→쇠스[외→ö, ㅿ→z]→sözı[[z] 다음의 [ı]는 있으나 없으나 발음이 같이 들린
다]→söz【근거】돈 벌이=돈+벌(다)+이(명사형 어미)(=행위). 모자(帽子)=모(帽).
cf. say(영어)(=말하다)=쉃(說)(=말하다)+이(첨가음)[ㅎ→Ø]→쉴이[모음 간소
화]→쇨이[모음 간소화: 워→어]→설(說)(현대어)+이[어말 /ㄹ/ 탈락]→서이
[umlaut]→세이[seı]→say[seı]【근거】새마(=新村)(경북)=새말(=新村)(경남)[어말
/ㄹ/ 탈락]→새마(영어는 경북 방언(=신라말)의 음운 규칙을 따르고 있다).
sun(mak)(=바치다, 드리다)=송(送)(=보내다)[ㅇ(ŋ)→ㄴ(n)]→손[오→우]→순
→sun【근거】봉(風)〈월인석보 1권 월인천강지곡 50장 앞면〉[ㅂ→ㅍ, ㅇ→ㅇ]
→퐁[오→우]→풍(현대어). 사호다〈능엄경언해 9권 16장 뒷면〉[오→우]→사
후다[ㅅ→ㅆ]→싸후다[ㅎ→Ø/모음__모음]→싸우다(현대 표준어). 조오라(경
남)=주어라(표준어)[우→오]→조어라[어→오]→조오라. 사오/사우(경남)=사
위(표준어). don(mak)(=얼다)=동(凍)(=얼다)[ㅇ(ŋ)→ㄴ(n)]→돈(ton)[어두 유/무
성자음 교체]→don【근거】gelmek(튀르키에어)=kelmoq(우즈벡어)=오다. cf. 送

[sòng](중국어), 送(そう)[sou](일본어)=송(送)(song)[일본어식으로 표기]→소+우
(ngu)[ng→∅]→소우(sou).

sür(mek)(=(치마를) 끌다, (동물, 자동차를) 몰다)=끌(다)+이(첨가음)[구개음화]
→쯜이[ㅉ→ㅆ]→쓸이[ㅆ→ㅅ]→슬이[으→우]→술이[모음 합체]→쉴
→sür. (동물, 자동차를) 끌다(=몰다). cf. **sürü**(mek)(=끌다)=끌(다)+이(첨가음)[구
개음화]→쯜이[ㅉ→ㅆ]→쓸이[ㅆ→ㅅ]→슬이[으→우]→술이[umlaut]→쉴
이(süri)[모음조화: ü-ü]→sürü 【근거】 쩔레쩔레/썰레썰레/절레절레/설레설레(정
도의 차이는 있으나 기본 의미는 같다). 쭈시다(경남)[ㅉ→ㅆ]→쑤시다(표준어)
[ㅆ→ㅅ]→수시다(제주)〈우리말샘〉. 녹이다(표준어)[umlaut]→뇍이다[단음화:
외→에]→넥이다(경남 노인 말). 믈(=水)〈훈민정음해례본 용자례〉[으→우]→
물(현대어).

sürü(mek)(=끌다)=끌(다)+이(첨가음)[구개음화]→쯜이[ㅉ→ㅆ]→쓸이[ㅆ→
ㅅ]→슬이[으→우]→술이[umlaut]→쉴이(süri)[모음조화: ü-ü]→sürü 【근거】
써리다(경남)=썰(다)(표준어)+이(첨가음)+다. 쩔레쩔레/썰레썰레/절레절레/설레
설레(정도의 차이는 있으나 기본 의미는 같다). 쭈시다(경남)[ㅉ→ㅆ]→쑤시다
(표준어)[ㅆ→ㅅ]→수시다(제주)〈우리말샘〉. 녹이다(표준어)[umlaut]→뇍이다
[단음화: 외→에]→넥이다(경남 노인 말). 믈(=水)〈훈민정음해례본 용자례〉[으
→우]→물(현대어). 똥구시(경남)=똥+굳(=구덩이)+이(첨가음)→똥구디[구개음
화]→똥구지[ㅈ→ㅅ]→똥구시. 아니면 **sürü**(mek)=*즐(다)(←질질/즐즐 (끌다)
(경남))+이(첨가음)→즐이[으→우]→줄이[umlaut]→쥘이→쥐리[ㅈ→ㅅ]→
쉬리→süri[모음조화: ü-ü]→sürü 【근거】 달달 (볶다)=달(다)=달(다). 달다=타지
않는 단단한 물체가 열로 몹시 뜨거워지다〈표준국어대사전〉. cf. ring ring(=따르
릉따르릉)=ring(동사 어간)+ring(동사 어간). cf. **sür**(mek)(=(치마를) 끌다, (동물,
자동차를) 몰다)=끌(다)+이(첨가음)[구개음화]→쯜이[ㅉ→ㅆ]→쓸이[ㅆ→ㅅ]
→슬이[으→우]→술이[모음 합체]→쉴→sür. (동물, 자동차를) 끌다(=몰다).

sus(mak)(=조용히 하다, 입을 다물다)=*숫(다)→sus 【근거】 쉿(=조용히, 입을 다
물라)=*숫(다)+이(부사형 어미)[모음 합체]→쉿.

susa(mak)(=to get thirsty, 목마르다)=수(水)+써(다)(경남)(물을 많아 마시다)〖어→아〗→수싸[ㅆ→ㅅ]→수사→susa 【근거】 짭은 거 고마 무우라 물**썬**다(경남)= 짠 것 그만 먹어라 물켠다. 목이 마르면 물을 많이 마시게 된다. 믈 혀다〈東新烈 6:18b〉《우리말샘》〖으→우〗→물 혀다〖ㅎ→ㅋ〗→물켜다(현대 표준어). 믈 혀다 〖으→우〗→물 혀다〖ㅎ→ㅅ/__y(혀[hyə])〗→물 셔다〖단음화〗→물 서다〖ㅅ→ ㅆ〗→물써다(경남) 【근거】 燈등의블**혀**고〈석보상절 9권 32장 뒷면〉=등에 불 켜고 (현대어): 혀다〖ㅎ→ㅋ〗→켜다. 형(兄)(표준어)〖ㅎ→ㅅ/__y(형(hyəng)〗→셩〖단 음화〗→성(경남). 혀(표준어)〖ㅎ→ㅅ/__y(혀(hyə)〗→셔[세](경남 발음)→세〖ㅅ →ㅆ〗→쎄(경남). 경남[겡남](경남 발음).

tak(mak)(=붙이다)=땩(着)〈석보상절 13권 38장 뒷면〉〖ㄸ→ㅌ〗→탸〖단음화〗 →탁→tak. 【근거】 **딱**(濁)〈월인석보 1권 월인천강지곡 16장 뒷면〉〖ㄸ→ㅌ〗→ 톽〖단음화: 와→아〗→**탁**(현대어). 땩(着)〖ㄸ→ㅌ〗→탸(thyak)〖구개음화: ㅌ→ ㅊ/__y〗→챡〖단음화〗→**착**(현대어). 땩(着)〖구개음화: ㄸ→ㅉ/__y〗→쨕〖단음 화〗→**짝**(현대어). 착=물체가 바싹 다가붙거나 끈기 있게 달라붙는 모양. '짝'보다 거센 느낌을 준다. 짝=땩(着)(=붙다)+악(부사형 어미)〖구개음화: ㄸ→ㅉ/__y〗→ 쨕악〖단음화〗→짝악〖동음절 축약〗→짝 【근거】 노락노락 꾸따(경남)(=노릇노릇 굽다(표준어)): 노락노락=*놀(다)(=노랗다)+악(부사형 어미)+*놀(다)+악(부사형 어미) 【근거】 노랑(명사)=*놀(다)+앙(명사형 어미). 까맣다=깜(다)+앟+다. 노랗다 =놀(다)+앟+다. cf. 着[zháo](=접촉하다, 붙다)(중국어). 튀르키예어는 한국어 발음 과 음운 규칙을 따르고 있다.

tak(mak)(=착용(着用)하다)=땩(着)〈석보상절 13권 38장 뒷면〉〖ㄸ→ㅌ〗→탸〖단 음화〗→탁→tak 【근거】 着 니블 **탸**〈훈몽자회 下권 19장 뒷면〉: 닙다[두음법칙 후 보상적 /y/ 첨가]→y+입(ip)다〖단음화: y+i→i〗→입다(현대어). 着=(옷을) 입다, 착용하다. 땩〖ㄸ→ㅌ〗→탸(thyak)〖구개음화: ㅌ(th)→ㅊ(ch/__y)〗→챡〖단음화〗 →착(현대어).

tart(mak)(=무게를 **달**다)=달(다)(tar)+t(사동 보조 어간? 아니면 강조 어미). 옛날 에는 물건을 저울에 (매)달아서 무게를 측정하였다: 무게를 달다. 쌀을 **달다**=쌀의 무게를 달다. 방울을 **달다**=방울을 매달다. cf. **darağacı**(=교수대)=tar(mak)(=(매)달(다)(tar))+ağaç(=나무)+ı(3인칭 소유 접미사)〚유성음화: ç→c/모음__모음〛→tarağacı〚어두 유/무성자음 교체〛→darağacı(그 뜻은 '(매)다는 나무'=교수대)(합성어 속에 한국어 동사, '달(다)(tar)'이 들어 있다. 여기에는 /t/가 없다)【근거】kelmoq(우즈벡어)=gelmek(튀르키예어)=오다.

taş(mak)(=범람하다, 넘치다)=타(다)+아(부사형 어미)+지(다)〚동모음 축약〛→타지〚ス→ㅅ〛→타시→taş(말을 타면 등의 양쪽에 다리가 걸쳐진다. 범람한다는 것은 물이 제방 양쪽에 걸쳐져 흐르는 것인데 이를 '물이 제방을 **타**고 넘는다'라고 한다【근거】똥구시(경남)=똥+군(=구덩이)+이(첨가음)→똥구디〚구개음화: ㄷ→ス/__이〛→똥구지〚ス→ㅅ〛→똥구시.

taşı(mak)(=운반하다, 나르다)=타(다)+히(사동 보조 어간)〚ㅎ→ㅅ/__이〛→타시(tasi)〚s→ş/__이(i)〛→taşi〚모음조화: a-ı〛→taşı('그 뜻은 '타게 하다, 태우다'이다)【근거】뇍히다(전라, 충청, 평북)〈우리말샘〉=녹(다)+히(사동 보조 어간)+다〚umlaut〛→뇍히다. 노카 묵다(경남)=녹(다)+호/후(사동 보조 어간)+아(부사형 어미)+묵다(=먹다)〚ㄱ+ㅎ→ㅋ〛→노콰/노콰 묵다〚단음화〛→노카 묵다. cf. 녹이다(현대 표준어)=녹(다)+이(사동 보조 어간)+다. 태우다(현대 표준어)=틔오다〈온역:4〉〈고려대 한국어대사전〉=투(다)(=타다)+이(첨가음)+오(사동 보조 어간)(모음조화)+다〚모음 합체〛→틔오다. 틔오다=*틔호다〚ㅎ→∅/모음__모음〛→틔오다〚단음화: 의→애〛→태오다〚오→우〛→태우다(현대어)【근거】써리다(경남)=썰(다)+이(첨가음)+다.

titre(mek)(=떨다, 전율하다, 몸부림치다, 몸서리치다)=*뒤떨레(다)〚단음화: 위→이〛→디떨레〚어→으〛→디쯜레〚동자음 축약〛→디뜨레〚ㄸ→ㅌ〛→디트레→titıre〚/t/를 파열시켜 발음하면 [ı]는 있으나 없으나 발음이 같이 들린다〛→titre【근거】뒤떨다〈표준국어대사전〉=(몸을) 몹시 흔들며 떨다. 뒤떨다〚단음화〛→**디떨다**(경남). 디떨리다(경남)(=(몸이) 몹시 떨리다)=*디떨레다〚에→이〛→디떨리다【근거】들레다(경북)〈우리말샘〉(=들리다)〚에→이〛→들리다(경남/표준어). 딱(濁)〈월인석보 1권 월인천강지곡 16장 뒷면〉〚ㄸ→ㅌ〛→톽〚단음화: 와→아〛→

탁(현대어).

tut(mak)(=잡다, 붙들다; 붙잡다; 편들다, 지지하다; (약속을) 지키다; (집, 사람 등을) 구하다; (일 등을) 시작하다; 영향을 미치다; (경비가) 들다; 달하다, 이르다, 되다; 지키다, 보존하다; (시간이) 걸리다, 요하다; (못이) 박히다; (나무가) 뿌리를 내리다)=들(다)〖ㄹ→ㄷ〗→듣〖으→우〗→둗(tut). 앞의 여러 의미에 공통으로 들어 있는 단어가 '들다'이다: (총을) 잡다=(총을) 들다, (사람을) 구하다=(사람을) 들이다. (시간이) 걸리다=(시간이) 들다, (못이) 박히다=(못이) 들다(=들어가다), (나무가) 뿌리를 내리다=(나무의 뿌리가) 들다. (경비가) 들다. (약속을) 지키다=약속을 붙들고 있다. (일 등을) 시작하다=(일에) 들어가다【근거】믈(=水)〈훈민정음해례본 용자례〉〖으→우〗→물(현대어). 별(彆〈훈민정음해례본 종성해〉〖ㄷ→ㄹ〗→별(彆 (현대어). '걷다'의 활용형에서 어간 '걷'의 /ㄷ/이 모음 앞에서는 /ㄹ/로 바뀐다: **걷**고-**걸**으니-걸어-걸으면.

tut(mak)(=(for a man) to be married to〈turkishdictionary.net〉=(장가) 들(다)〖ㄹ→ㄷ〗→듣〖으→우〗→둗(tut)【근거】믈(=水)〈훈민정음해례본 용자례〉〖으→우〗→물(현대어). 별(彆〈훈민정음해례본 종성해〉〖ㄷ→ㄹ〗→별(彆(현대어). '걷다'의 활용형에서 어간 '걷'의 /ㄷ/이 모음 앞에서는 /ㄹ/로 바뀐다: **걷**고-**걸**으니-걸어-걸으면. 장가들다=남자가 결혼하여 남의 남편이 되다. He was/got married to her=그는 그녀와 결혼했다=그는 그녀에게 장가들었다.

ulumak=(for a dog, wolf, etc.) to howl〈turkishdictionary.net〉=(개, 늑대 등이 울부짖다)=울부(짖다)〖유성음화: ㅂ→ㅸ/유성음__유성음〗→울붕〖ㅸ→Ø/모음__모음〗→울우(ulu)【근거】'미얽다〈두시-초 23:26〉《우리말샘》=미(다)+얽다'와 같이 '울부짖다=울부(다)+짖다'로 보고 만들어진 동사이다. 울부짖다=감정이 격하여 마구 울면서 큰 소리를 내다. 늑대가 울부짖다. 덥(다)+우(명사형 어미)〖유성음화: ㅂ→ㅸ/유성음__유성음〗→더붕〖ㅸ→Ø/모음__모음〗→더우(경남)(=더위(표준어)).

üre(mek)(=번식시키다, 생식시키다)=어로(다)+이(사동 보조 어간)〖모음 합체〗→어뢰〖어→으〗→으뢰〖으→우〗→우뢰〖umlaut〗→위뢰〖단음화: 외→에〗→위레

→üre. 아니면, **üre**(mek)=홀(다)(=(짐승이) 짝짓기 하다)+이(첨가음)+에(경북)(사동 보조 어간)[으→우]→홀이에[모음 합체]→횔에→휘레(hüre)[어두 /ㅎ((h)/ 탈락]→üre 【근거】 어루다〈두시언해 초간본 25권 45장〉《우리말샘》=배필로 삼다. 어로다〈두시언해 중간본 25권 46장 앞면〉=어르다. 어르이다=배필로 삼게 하다. 즉 짝짓게 하다: 어루다[우→오]→어로다[오→으]→어르다(현대어). 없다/읎다(경남): 경남 방언에서는 어/으 교체가 아주 자유롭게 일어난다. 믈(=水)〈훈민정음해례본 용자례〉[으→우]→물(현대어). 고기(표준어)[umlaut]→괴기[단음회: 외→에]→게기(경남). heroin(영어)[어두 /ㅎ(h)/ 탈락]→eroin(튀르키예어). 들레다(경북)(=들리다)=듣(다)+에(피동/사동 보조 어간)+다[ㄷ→ㄹ/__모음]→들에다[/ㄹ/ 복제]→들레다. 들레다[에→이]→들리다(현대 표준어) 【근거】 써리다(경남)(=썰다(표준어))=썰(다)+이(첨가음)+다. 樓를우희ᄂ라올아〈석보상절 6권 3장 앞면〉=누 위에 날아올라: 올아[/ㄹ/ 복제]→올라(현대어).

ürü(mek)(=(개가) 짖다)=으리(다)(경남)(=으르다=상대편이 겁을 먹도록 무서운 말이나 행동으로 위협하다)[으→우]→우리[umlaut]→위리(üri)[모음조화: ü-ü]→ürü 【근거】 믈(=水)〈훈민정음해례본 용자례〉[으→우]→물(현대어). 고기[umlaut]→괴기[단음화]→게기(경남). (개가) 으르렁거리다=크고 사나운 짐승 따위가 자꾸 성내어 크고 세차게 울부짖다. 개가 으릉거리다/으렁거리다(경남)=개가 으르렁거리다. 으릉(거리다)=을(다)+엉(부사형 어미)→으렁[모음조화: 으-으]→으릉. 을다[풀어쓰기]→으르다(표준어)[으→이]→으리다(경남). ⇒ **ulu**mak.

üfle(mek)(=훅 불다, (악기를) 불다)=휘(=숨을 한꺼번에 세게 내쉬는 소리)+블(다)〈1489 구간 2:74ㄱ〉《우리말샘》(=불다)+이(첨가음)[어두 /ㅎ/ 탈락]→위블이[이→에]→위블에(üpıle)[/p/를 파열시켜 발음하면 'pı'가 [f]처럼 들린다]→üfle. 아니면, **üfle**(mek)=휘+블(다)/브(다)+이(명사형 어미)+le(mek)→휘브이le[어두 /ㅎ/ 탈락]→위브이(üpıi)+le[모음조화: ı-ı]→üpıı+le[동모음 축약]→üpıle[/p/를 파열시켜 발음하면 'pı'가 [f]처럼 들린다]→üfle(가능성이 크다) 【근거】 불다〈1461 능엄 8:107ㄴ〉《우리말샘》(=불다)[우→으]→블다〈1489 구간 2:74ㄱ〉《우리말샘》(=불다)[으→우]→불다(현대어). 믈(=水)〈훈민정음해례본 용자례〉[으→

우〗→물(현대어). 썰다(표준어)+이(첨가음)+다→써리다(경남). heroin(영어)〖어두 /h/ 탈락〗→eroin(튀르키예어). 들레다(경북)〈우리말샘〉〖에→이〗→들리다(표준어). 불다/부다(경남)=불다(표준어).

üşü(mek)(=추위를 느끼다, 감기 들다)=*으실(다)〖어말 /ㄹ/ 탈락〗→으시〖으→우〗→우시〖umlaut〗→위시→üşi〖모음조화: ü-ü〗→üşü【근거】믈(=水)〈훈민정음해례본 용자례〉〖으→우〗→물(현대어). 새마(=신촌(新村))(경북)=새말〖어말 /ㄹ/ 탈락〗→새마. 으실으실 춥다(경남)=으슬으슬 춥다. 으슬으슬/으실으실/오슬오슬. 으슬으슬=소름이 끼칠 정도로 매우 차가운 느낌이 잇따라 드는 모양. 몸이 으슬으슬 추워진다〈표준국어대사전〉. 으실으실=*으실(다)+*으실(다)【근거】달달 볶다. 달달=달(다)+달(다). 달다=타지 않는 단단한 물체가 열로 몹시 뜨거워지다〈표준국어대사전〉. 동사 어간+동사 어간=부사. cf. ring ring(영어)=따르릉따르릉. crawl crawl(영어)=엉금엉금.

uyu(mak)(=자다)=누이(다)〈월석18:40〉《고려대 한국어대사전》(=눕히다)〖두음법칙 and 보상적 /y/ 첨가〗→y+우이〖모음 합체〗→유이〖모음 간소화〗→우이(ui)〖모음 충돌 회피용 삽입 반자음, /y/ 첨가〗→uyi〖모음조화: u-u〗→uyu. 동사가 uyu(mak)이면 명사는 *uyuku가 되어야 할 것인데 uyku가 된 것은 명사형과 동사에 각기 다른 한국어의 음운 규칙이 적용되었기 때문이다: 누이다=눕(다)+이(사동 보조 어간)+다→누비다〖ㅂ→ㅸ→Ø〗→누이다. **uyku**=누이(다)+그(경남)(=것)〖두음법칙 and 보상적 /y/ 첨가〗→유이그〖단음회: 유→우〗→우이그(uykı)〖모음조화: u-u〗→uyku【근거】옇다(경남)(=넣다(표준어))=넣다〖두음법칙 and 보상적 /y/ 첨가〗→옇다. cf. **ぬ**(=寝)(nu)(일본어 고어)=눕(다)〖일본어식으로 표기〗→누부〖ㅂ→ㅸ→Ø〗→누우〖동모음 축약〗→누(nu). **ねる**(=寝る)(neru)(일본어 현대어)=ぬ(=寝)(nu)[nɯ](느)+이(부사형 어미)+ㄹ(관형형 어미)〖느[nɯ]+이→늬〗→늬〖단음화: 의→에〗→넬〖일본어식으로 표기〗→네루(neru). **ねる**(=寝る)의 원래 의미는 よこになる(横になる)(=눕다)이다. 잠을 자려면 누워야 하니 '눕다'에서 '자다'는 의미가 생긴 것이다. 일본어 고어는 한국어를 일본어로 전사하고 한국어 음운 규칙으로 만들어졌으나 현대어는 완전히 다른 단어로 만들어 놓았다. 따

라서 한국어 현대어와 일본어 현대어를 비교하면 한국어가 일본어로 바꾸는 음운 규칙을 찾을 수가 없다.

ver(mek)(=주다; 건네주다; (소식을) 전하다, 알리다, 지불하다, 수여하다, 부여하다; 할애하다, 쓰다, (딸을) 혼인시키다, 팔다)=*벌(다)+이(사동 보조 어간?)+(다)〔모음 합체〕→벨(per)〔유성음화: ㅂ→ㅸ〕→ᄇᆡ르(글자가 없어서 이렇게 표기했다. /ㄹ/은 받침이다)〔ㅸ→v〕→ver. '벌이다'(=펼치다, 열다)와 '버리다'(=자신의 것을 자신의 것이 아니게 하다)에서 ver(mek)의 여러 의미가 나온 것으로 보인다. ver(mek)(=(파티를) 열다(=벌이다)(형태는 같으나 뜻은 '버리다'와 다른 '펼치다'이다), (연회를) 베풀다(=벌이다)=벌이(다)〔모음 합체〕→벨(per)? 동사+부사형 어미)+~: ~ver(mek)(보조 동사)(=~해 버리다)=*벌(다)+이(사동 보조 어간?)(=버리다)〔모음 합체〕→벨(per). Misafirler geldiğinde hemen yemek yapıverdim(=(나는) 손님이 왔을 때 금방 요리를 해버렸다)=Misafirler geldiğinde hemen yap(mak)+ı(부사형 어미)+ver(mek)+di(과거 시제+im(=나). /p/가 /v/로 된 것은 아마도 다음과 같은 과정을 거쳤을 것으로 추정된다: Yemek yapıverdim=Yemek+yap(mak)+ı(부사형 어미)+벨(다)〔유성음화〕→Yemek yapı ᄇᆡ르(글자가 없어서 종성, /ㄹ/을 옆에 붙여 썼음)〔ㅸ→v〕→Yemek yapıverdim. 이렇게 만들어진 보조 동사, vermek을 일반 동사로 사용한 것으로 추정된다. 튀르키예어로는 '벌이다'와 '버리다'가 ver(mek)이지만 한국어로는 다른 뜻으로 구분된다: ver(mek)=(잔치를) 벌이다: konser ver-mek=콘서트를 벌이다(=열다). cf. ver(mek)=버리다: :Misafirler geldiğinde hemen yemek yapıverdim(=(나는) 손님이 왔을 때 금방 요리를 해버렸다)(버리다).

*yağ(mak)(사전에서 동사는 검색할 수 없었지만 명사형, **yağma**(=약탈)을 보면 동사가 yağmak이라는 것을 알 수 있다)=략(**약**)(掠)(=약탈하다, 탈취하다)+이(첨가음)→약이(yaki)〔모음조화: a-ı〕→yakı〔유성음화〕→yagı〔g→ğ/모음__모음〕→yağı〔〔ğ〕 뒤의 〔ı〕는 있으나 없으나 발음이 같이 들린다〕→yağ. 략(掠)〔두음법칙〕 and 보상적, /y/ 첨가〕→y+약(yak)〔동음 축약〕→약(yak). cf. 掠[lüè](중국어). 튀르키예어는 두음법칙도 한국어와 같고 발음도 한국어와 같다 【근거】국(國)+이(첨가음)〔모음 합체〕→귁(國)〈월인석보 1권 훈민정음 1장 앞면〉. cf. **yağ**(mak)

(=(비, 눈, 우박 등) 오다, 내리다; (잎사귀, 먼지, 포탄 등) 쏟아지다)=락/낙(=落)(=떨어지다)+이(첨가음)〚두음법칙 and 보상적, /y/ 첨가〛→y+악(ak)이→약(yak)이(i)〚유성음화〛→yagi〚g→ğ/모음__모음〛→yaği〚모음조화: a-ı〛→yağı〚〔ğ〕 뒤의〔ı〕는 있으나 없으나 발음이 같이 들린다〛→yağ(그 기본 의미는 '떨어지다'이다: 비/눈/우박이 떨어지다=비/눈/우박이 오다. 낙엽이 떨어지다).

yan(mak)(=타다)=션(燃)〈월인석보 1권 월인천강지곡 8장 뒷면〉(=타다)〚ㅿ→Ø〛→연(현대어)〚어→아〛→얀(yan)→yan. cf. 燃[rán](중국어)=션(燃)(zyən)〚ㅿ(z)→r〛→ryən〚단음화: yə→ə〛→rən〚ə→a〛→ran(중국어는 최근에 언어공정의 일환으로 /z/을 /r/로 바꾸었다)【근거】人(**신(zin)**/인(in))〈중간노걸대언해(1795)〉(중국어 회화책)〚이→으〛→슨(zin)〚으→어〛→선(zən)〚어→아〛→**산(zan)**〚ㅿ(z)→r〛→ran(현대 중국어). 중세 중국어는 중세 한국어와 발음이 같았으나 현대 중국어는 완전히 다른 발음으로 바꾸었음을 알 수 있다. 튀르키예어는 발음의 변천 과정도 한국어와 같다.

yansı(mak)(=반사되다, 내리비치다)=영(映)(=비치다, 반사하다)+시(다)(=하(다)+이): 영(暎)〚여→야〛→양〚ㅇ(ng)→ㄴ(n)아→얀(yan). 하(다)+이(첨가음)〚모음 합체〛→해〚애→에〛→헤〚에→이〛→히〚ㅎ→ㅅ/__으〛→시. yansı=얀(yan)+시(si)〚모음조화: a-ı〛→yansı. cf. **す**(=爲)(su)(=하다)(일본어 고어)=하(다)+이(첨가음)〚모음 합체〛→해〚애→에〛→헤〚에→이〛→히〚ㅎ→ㅅ/__이〛→시(si)〚일본어 동사 어미화〛→스(su)[sɯ]. su+르(r)(관형형 어미)→sur〚일본어식으로 표기〛→suru→する(일본어 현대어)【근거】시키다=시(=하다)(si)+키(사동 보조 어간)+다: 하(다)+이(첨가음)〚모음 합체〛→해〚애→에〛→헤〚에→이〛→히〚ㅎ→ㅅ/__이〛→시(si)【근거】힘(표준어)〚ㅎ→ㅅ/__이〛→심(경남). 썰이다(경남)(=썰다(표준어))=썰(다)+이(첨가음)+다. 정하다(=定하다)=정(定)(=정하다)+하다. cf. love(영어)(=사랑하다)=love(=사랑하다)+하다. 映ず(えいず)(일본어 고어)(eizu)=영(映)+이(첨가음)+하(다)+이(첨가음)〚umlaut〛→엥이하이〚단음화: 예→에〛→엥이하이〚ㅇ(ng)→Ø/__이 and 이[ĩ](nasal vowel) and 비모음(鼻母音)(=nasal vowel)의 구강 모음화(일본어에 비모음을 표기할 글자가 없다)〛→에이(映)(ei)+하이〚모음 합

체]]→ei해[[애→에]]→ei헤[[에→이]]→ei히[[ㅎ→ㅅ/__이]]→ei시(si)[[일본어 동사 어미화: 일본어 동사는 /u/로 끝난다]]→eisu[[유성음화: s→z/모음__모음]]→eizu【근거】국(國)+이(첨가음)[[모음 합체]]→귁(國)〈월인석보 1권 훈민정음 1장 앞면〉. 강(江)+이(주격 조사)→강이[[ㅇ(ng)→Ø/__이 and 이[ĩ](nasal vowel)]]→가이[[ĩ](경남 발음). 子중孫손이**니ᅀᅥ**가몰〈석보상절 6권 7장 뒷면〉(=자손이 이어 감을): 닛(다)+어(부사형 어미)→니서[[유성음화]]→니ᅀᅥ. 닛다[[두음법칙 후 보상적 /y/ 첨가]]→y+잇(is)다[[단음화:y+i→i]]→잇다(현대어).

yar(mak)(=찢다, 째다)=렬/**열**(裂)(=찢다)[[여→야]]→얄(yar)→yar. cf. 裂[liè](중국어)=렬(裂)+이(첨가음)[[어말 /ㄹ/ 탈락]](경북 방언(=신라말)의 음운 규칙을 따르고 있다)→려+이[[모음 합체]]→례[[모음 분해: 예→이+에]]→리에(lie), れつ(=裂)(letsu)(일본어)=렬+이(첨가음)[[모음 합체]]→렐[[단음화]]→렡[[ㄹ→ㅌ]]→렡[[일본어식으로 표기]]→레트[[구개음화: ㅌ→ㅊ/__으]]→레츠→letsu(u[ɯ]=으)【근거】귁(國)〈월인석보 1권 훈민정음 1장 앞면〉=국(國)+이(첨가음). 렬[[두음법칙]] and 보상적, /y/ 첨가]]→y+열(yər)[[동음 축약]]→열(yər)[[어→아]]→열(yar)(튀르키예어는 음운 변화도 한국어와 같다). 새마(=新村)(경북)(신라 말)=새(=新)+말(=村)(경남)[[어말 /ㄹ/ 탈락]]→새마. 현대 중국어가 경북 방언의 음운 규칙을 따르는 것은 현대 중국어 발음은 청나라의 발음으로 청나라는 신라 출신 김함보가 추장인 여진족이 세운 나라이기 때문이다.

yatır(mak)(=/ɯ, a/ to put~in~)〈turkishdictionary.net〉(=~을 ~에 넣다)=옇(다)(경남)[yət](=넣다(표준어))+tır(=틀/들(경남))(타동사형 어미, 아니면, 의미의 강조?)[[ə→a]]→yattır[[동자음 축약]]→yatır: 한국어의 '옇다'는 타동사인데 튀르키예어의 yatmak은 자동사이다. cf. 밀(다)(타동사)+틀(타동사형 어미)+다→밀틀다[[ㄹ→Ø/__ㅌ]]→미틀다(경남)(='밀다'와 같이 타동사로 쓰인다. 과거에는 '밀다'가 자동사였을 가능성이 있다). bankaya para yatırmak(=은행에 돈을 **넣다**=은행에 예금하다). 넣다(표준어)[[두음법칙 후 보상적 /y/ 첨가]]→옇다(경남).

yatış(mak)(=가라앉다, 잠잠해지다)=옅(다)(yət)+어(ə)/으(ɯ)(경남 방언에서는 아주 자유롭게 교체된다)(부사형 어미)+지(다)[[여→야]]→얃(yat)+으(ɯ)지[[ㅈ→ㅅ]]

→yatı시→yatış【근거】야트막한 산(=좀 낮은 산)=얕(다)+으(자음 충돌 회피용 삽입 모음)+ㅁ(명사형 어미)+악(=子)(지소사)+하(다)+ㄴ(관형형 어미)+산. 녀토다〈용비어천가 4권 7장 앞면〉(=알게 하다)=녑(다)(=얕다)+호(사동 보조 어간)+다. 녑다〚두음법칙 후 보상적 /y/ 첨가〛→y+옅다〚동음 축약: y+y→y〛→**옅다**〚여→야〛→얕다(현대 표준어). 튀르키예어는 한국어와 같은 음운 변화를 거쳤다.

yay(mak)(=널어놓다, 보급하다, 살포하다)=널(다)/**너**(다)(경남 둘 다 사용)+이(사동 보조 어간)→너이〚어→아〛→나이〚두음법칙 후 보상적 /y/ 첨가〛→y+아(a)+이→yay【근거】넣다〚두음법칙 후 보상적 /y/ 첨가〛→옇다(경남).

yıka(mak)(=설거지하다, 씻다, 빨다. (머리를) 감다)=***역**하(다)〚ㄱ+ㅎ→ㅋ〛→여카〚어→으〛→yıka【근거】기**역**물(경남)(=그릇 씻는 물)=기(器)(=그릇)+**역**(=씻음)+물(=수(水)). 미**역**(=냇물이나 강물 또는 바닷물에 들어가 몸을 담그고 씻거나 노는 일)=미(=水)(=물)+**역**(=씻음). 없어서[əpsəsə](경남 발음)〚어→으〛→읍스스[ipsisi](경남 발음).

yıpra(mak)(=(천·종이 따위) 닳아서 낡다, 얇아지다.)=*얇폴하(다)/*열플하(다)→열플하〚어→으〛→yırpıra〚r(ㄹ)→Ø/__자음〛→yıpıra〚/p/를 파열시켜 발음하면 [ı]는 있으나 없으나 발음이 같이 들린다〛→yıpra【근거】얇다/엷다=두께가 두껍지 아니하다. 얄포리하다(경남)(=얇은 듯하다)=*얇(다)(=얇다)+올(=알=子)(지소사)+이(자음 충돌 회피용 삽입 모음)+하다→얄포리하다. 어머니/으므니(경남). 없다/읇다(경남)=없다(표준어). **앓프다**〚ㄹ→Ø/__자음〛→아프다〚ㆍ→으〛→**아프다**(현대어)【근거】앓플 동(疼)〈훈몽자회 중권 32장 뒷면〉=앓프(다)+ㄹ(관형형 어미)+동.

yırt(mak)(=찢다, 뜯다, 째다)=열(裂)(=찢다)+t(타동사형 어미? 아니면 강조?)〚어→으〛→yırt【근거】없다〚어→으〛→읇다. 경남 방언에서는 '없다', '읇다' 둘 다 사용한다. cf. **yar**(mak)(=쪼개다, 분할하다)=열(裂)(= 찢다, 가르다; 쪼개다; 나누다, 분할하다)〚어→아〛→얄(yar). 미틀다(경남)(='밀다'를 강조)=밀(다)+틀(강조)+다〚ㄹ→Ø/__ㅌ〛→미틀다〚ㄹ→Ø/__ㄷ〛→미트다(경남).

yut(mak)(=삼키다, 넘기다)=넣(다)(표준어)〚두음법칙 후 보상적 /y/ 첨가〛→옇

(경남)[옅][어→으]→yɪt[으(ɪ)→우(u)]→yut【근거】 옅다(경남)(=넣다)=넣다[두음법칙 후 보상적 /y/첨가]→옅다. 없다/읎다(경남 방언에서는 어/으 교체가 아주 자유롭게 일어난다). 믈(=水)〈훈민정음해례본 용자례〉[으→우]→물(현대어). ⇒ **yatır**(mak)(=~에 ~을) 넣다.

yüz(mek)(=수영하다)=영(泳)(=헤엄치다, 수영하다)+이(첨가음)+ㅎ(다)(=하다): 영+이[ㅇ(받침)→Ø and 이[ĩ](nasal vowel)(경남 방언의 음운 규칙) and 비모음의 구강 모음화: 튀르키예어에 비모음, [ĩ]가 없다]→여이(yəi)[ə→i(ɪ)]→yɪ이[ɪ(으)→u(우)]→yu이(i)[모음 합체]→yü. yü+ㅎ(다)[모음조화: 위-으]→yü흐[ㅎ→ㅅ]→yü스[유성음화]→yü스(zɪ)→yüzɪ[유성 마찰음, [z] 뒤의 [ɪ]는 있으나 없으나 발음이 같이 들린다]→yüz【근거】 산이[사이[ĩ](鼻母音)](경남 발음). 장아 갔다(경남)(=장에 갔다)=장+아(처격 조사)(=에)+갔다. 장아[자아[ã](鼻母音) (경남 발음). 없다/읎다(경남 방언에서는 어/으 교체가 아주 자유롭게 일어난다). cf. yüz(=얼굴)=용(容)(=얼굴)+이(첨가음)+자(子)(의미첨가 없이 명사에 붙는 접미사)+이(첨가음): 용+이[오→우]→융이[유ĩ](경남 발음)[비모음의 구강 모음화: 튀르키예어에 비모음, [ĩ]가 없다]→유이[모음 합체]→위→yü. 자+이[모음 합체]→재[애→에]→제[에→이]→지. **yüz**=yü+지[ㅈ→ㅅ]→yü시(si)[이(i)→으(ɪ)]→yü스(sɪ)[유성음화]→yü스(zɪ)[[z] 뒤의 [ɪ]는 있으나 없으나 발음이 같이 들린다]→yüz【근거】 모자(帽子)(=帽)=모(帽)+자(子)(의미첨가 없이 명사에 붙는 접미사). 똥구시(경남)=똥+굳(=구덩이)+이(첨가음)→똥구디[구개음화]→똥구지[ㅈ→ㅅ]→똥구시. 종지=종자(鍾子)+이(첨가음)[모음 합체]→종재[애→에]→종제[에→이]→종지. 사오/사우(경남)=사위(표준어). 이사(경남)/으사(경남)=의사(醫師)(표준어)(경남 방언에서는 '이/으 교체'가 상당히 자유롭게 일어난다). 子중孫손이**니서**가몰〈석보상절 6권 7장 뒷면〉(=자손이 이어 감을): 닛(다)+어(부사형 어미)→니서[유성음화]→니서. 닛다[두음법칙 후 보상적 /y/ 첨가]→y+잇(is)다[단음화: y+i→i]→잇(is)다(현대어). cf. し(si)/す(sɪ)(子)(일본어)=자(子)+이(첨가음)[모음 합체]→재[애→에]→제[에→이]→지[ㅈ→ㅅ]→시(si)(일본어)[이→으]→스(sɪ)](일본어). 스(sɪ)[유성음화]→스(zɪ)(중국어).

10.1 한국어 동사 어간+ㄹ(관형형 어미)

(1) 능동 동사

ağar(mak)(=희어지다, 밝아지다, 날이 새다)=하얗(다)(경남 노인 말)(=하얗다)+아(자음 충돌 회피용 삽입 모음)+ㄹ(관형형 어미)→하아할〔동모음 축약〕→하할〔어두 /ㅎ/ 탈락〕→아할〔ㅎ→ㄱ〕→아갈(akar)〔유성음화〕→agar〔g→ğ/모음__모음〕→ağar【근거】해겁다/**개**겁다(경남 둘 다 사용)=가볍다. 날이 **희**범해지다(경남)=날이 밝아지기 시작하다(흰 것과 밝음이 연관되어 있음을 알 수 있다). heroin(영어)〔어두 /ㅎ/ 탈락〕→eroin(튀르키예어).

bağır(mak)(=고함치다, 소리 지르다)=박(叭)(=부르짖다)+ㅎ(다)(=하다)+ㄹ(관형형 어미)→박홀〔ㅎ→ㄱ〕→박굴〔ㆍ→으〕→박글〔ㄱ+ㄱ→ㄲ〕→바끌〔어두 유/무성자음 교체〕→ba끌〔ㄲ→g〕→bağır〔g→ğ/모음__모음〕→bağır(그 뜻은 '박(叭)하다'=소리를 지르다. 아니면, **bağır**(mak)=빡(=빽(=빡+이(첨가음)))+ㅎ(다)+ㄹ(관형형 어미)→빡홀〔ㅎ→ㄱ〕→빡굴〔ㆍ→으〕→빡글〔ㄱ+ㄱ→ㄲ〕→빠끌〔ㅃ→b. ㄲ→g〕→bağır〔g→ğ/모음__모음〕→bağır【근거】說쎯法법ㅎ니〈석보상절 6권 1장 앞면〉=설법하니. 사ᄉᆞᆷ(=록(鹿))〔ㆍ→으〕→사슴(현대어). 빡빡/빽빽 소리를 지리다(경남). cf. く(=来)(일본어 고어)(=오다)(ku)+ㄹ(관형형 어미)(r)→kur〔일본어식으로 표기〕→kuru→くる(=来る)(현대어). 빽하다(경남)=소리를 지르다. 빽빽거리다=새, 사람 또는 기적 따위가 갑자기 날카롭게 지르거나 내는 소리가 자꾸 나다. '뷕(白)〈월인석보 1권 월인천강지곡 22장 뒷면〉'임을 미루어 "뷕(叭)〔단음화〕→빽=**빡**+이(첨가음)'일 가능성이 크다. cf. はく(白)(haku)(일본어)=박(=백(白)=박+이(첨가음))〔ㅂ→ㅎ〕→학〔일본어식으로 표기〕→하구(haku). 'ㄲ, ㄸ, ㅃ, ㅉ, ㅆ, ㆅ 爲 全濁'〈훈민정음해례본〉(전탁(全濁)=유성음(有聲音))【근거】국(國)+이(첨가음)〔모음 합체〕→귁(國)〈월인석보 1권 훈민정음 1장 앞면〉. 장어(표준어)+이(첨가음)〔모음 합체〕→장에〔모음조화: 아-애〕→장애(경남). gelmek(튀르키예어)=kelmoq(우즈벡어)=오다. 반(反)〔ㅂ→ㅎ〕→한(han)→はん(反)(han)(일본어).

buyur(mak)(=명령하다)=부(咐)(=분부하다: 윗사람이 아랫사람에게 명령이나 지시를 내리다)+ㅎ(다)(=하다)+ㄹ(관형형 어미)→부홀〔ㅎ→∅/유성음__유성음〕→부올〔ᆞ→우〕→부울〔모음 충돌 회피용 삽입 반자음, /이/(y) 첨가〕→부y울〔모음 합체〕→부율(puyur)〔어두 유/무성자음 교체〕→buyur(그 뜻은 '분부하다'이다)【근거】gelmek(튀르키예어)=kelmoq(우즈벡어)=오다. ㄱᄆᆶ다〈월인석보 10권 84장〉《고려대 한국어대사전》〔ᆞ→아〕→가몰다〔ᆞ→우〕→가물다(현대어). 청하[청아]. love(영어)(=사랑하다)+하다→love하다(=사랑하다)(영어, love를 한국에 사용할 때).

çağır(mak)(=(노래) 부르다)=창(唱)(=(노래를) 부르다)+ㅎ(다)+ㄹ(관형형 어미)→창홀〔ㅎ→∅/유성음__유성음〕→창올〔ᆞ→으〕→창을〔ㅇ(꼭지 있는 이응)→g〕→çagır〔g→ğ/모음__모음〕→çağır(그 뜻은 '창(唱)하다'=(노래) 부르다)【근거】사ᅀᆞᆷ(=鹿)〈훈민정음해례본 용자례〉〔ᆞ→으〕→사슴(현대어). cf. 옹(=五)〈월인석보 1권 월인천강지곡 6장 앞면〉[오]〔ㅇ(꼭지 있는 이응)→g〕→go→ご(五)(go)(일본어). 하다〔아→어〕→허다(경기)〈고려대 한국어대사전〉〔어→으〕→흐다(전북)〈전라북도 방언사전〉《네이버 국어사전》. 이개야미이에셔살며〈석보상절 6권 37장 앞면〉(=이 개미 이곳에서 살며): 이게셔(=여기서)=이(지시 형용사)+거(=곳)(경남)+이(첨가음)+셔(조사)〔모음 합체〕→이게셔〔유성음화: ㄱ(k)→ㅇ(g)(꼭지 있는 이응)〕→이에셔. 이게셔〔단음화〕→이게서(경남)(=여기서)【근거】여거(경남)(=여기)=여+거(=곳). 여거+이(첨가음)〔모음 합체〕→여게〔에→이〕→여기(표준어).

der(mek)(=따다, 수집하다)=따(다)+이(첨가음)+ㄹ(관형형 어미)〔모음 합체〕→땔〔애→에〕→뗄〔ㄸ→d 아니면, ㄸ→ㄷ and 어두 유/무성자음 교체〕→der【근거】썰다(표준어)+이(첨가음)+다→써리다(경남). termoq(우즈벡어)=dermek(튀르키예어)=따다. paxta **ter**moq(우즈벡어)=목화를 **따**다. cf. ぬ(=寝)(일본어 고어)(nu)〔느=nɯ〕+이(부사형 어미)+ㄹ(관형형 어미)〔모음 합체: 으+이→의〕→늴〔단음화: 늬→네〕→넬〔일본어식으로 표기〕→네루(neru)→ねる(=寝る)(현대어).

devir(mek)(=엎다, 뒤집다)=드비(다)/디비(다)(경남)(=뒤집다)+ㄹ(관형형 어미)→드빌〔umlaut〕→듸빌〔단음화: 의→에〕→데빌(tepir)〔어두 유/무성자음

교체】→de빌(pir)【유성음화】→de빌【ㅸ→v】→devir. cf. く(=来)(일본어 고어)
(ku)+ㄹ(r)(관형형 어미)→kur【일본어식으로 표기】→kuru(=来る)(현대어)【근거】
킝(氣)〈석보상절 9권 22장 앞면〉[킈][ㅋ→ㄱ]→긔【단음화: 의→에】→게【에→
이】→기(氣)(현대어). 중세 국어에서 꼭지 없는 이응, /ㅇ/은 발음되지 않는다. cf.
킝(氣)[킈]【단음화: 의→에】→케(ke)(け(しき)(気(色)(kesiki)))【에→이】→키(ki)
(き(しょく)(気(色)(kisyoku)))(일본어에는 /ㅋ/(kh)와 /ㄱ/(k)의 구분이 없다),
et(mek)(=하다)=하(다)+이(첨가음)+ㄹ(관형형 어미)【모음 합체】→핼【애→에】
→헬【ㄹ→ㄷ】→헫(het)【어두 /ㅎ/(h) 탈락】→et【근거】heroin(영어)【어두 /ㅎ/
탈락】→eroin(튀르키예어). 볃(弊)〈훈민정음해례본 종성해〉【ㄷ→ㄹ】→별(弊)(현
대어). 해라=하(다)+이(첨가음)+라(명령 종결 어미)【모음 합체】→해라.
kal(mak)(=머물다, 남다)=거(居)ᄒᆞ(다)(=거하다)+ㄹ(관형형 어미)→거홀【어→
아】→가홀【ᄋᆞ→아】→가할【ㅎ→∅/모음__모음】→가알【동모음 축약】→갈
→kal. cf. く(=來)(일본어 고어)(ku)+ㄹ(관형형 어미)(l)→kul(일본어식으로 표
기)→kuru→くる(현대어)【근거】거(居)=있다, 거주하다. ᄒᆞ다〈월인석보 1권 훈
민정음 1장 앞면〉【ᄋᆞ→아】→하다(현대어). 居하다=사람이 일정한 곳에 **머물러**
살다.
kɪl(mak)(=행하다, 거행하다)=거(擧)(=행하다)+ᄒᆞ(다)(=하다)+ㄹ(관형형 어미)→
거홀【어→으】→그홀【ㅎ→∅/모음__모음】→그올【ᄋᆞ→으】→그을【동모음 축
약】→글→kɪl【근거】없다/읎다(경남)=없다(표준어). ᄒᆞ다〈월인석보 1권 훈민정
음 1장 앞면〉【ᄋᆞ→아】→하다(현대어). 사ᄉᆞᆷ(=鹿)〈훈민정음해례본 용자례〉【ᄋᆞ→
으】→사슴(현대어). 아니면, **kɪl**(mak)=ᄒᆞ(다)(=하다)+ㄹ(관형형 어미)→홀【ᄋᆞ→
으】→흘【ㅎ→ㅋ】→클→kɪl【근거】ᄒᆞ(다)【ᄋᆞ→어】→허다(경기)〈고려대 한국
어대사전〉【어→으】→흐다(전북)〈전라북도 방언사전〉《네이버 국어사전》. 燈등
의블**혀**고〈석보상절 9권 32장 뒷면〉=등에 불 켜고(현대**어**): 혀다【ㅎ→ㅋ】→켜다.
kur(mak)(=세우다, 건립하다, 조직하다)=구(構)ᄒᆞ(다)(=(집을) 짓다, 이루다)+ㄹ
(관형형 어미)【ᄋᆞ→우】→구울【동모음 축약】→굴→kur. 아니면, 구(構)(=(집을)
짓다, 얽다)+ㄹ(관형형 어미)→굴→kur【근거】ᄀᆞ몰다〈월인석보 10권 84장〉《고

려대 한국어대사전》[ᄋ→아]→가몰다[ᄋ→우]→가물다(현대어).

onar(mak)(=수리하다, 고치다)=온이(경남)(=완전히)+ᄒ(다)+ㄹ(관형형 어미)[ᄋ
→아]→온이할[ᄒ→Ø/모음__모음]→온이알[모음 합체]→온얄[단음화]→온
알→오날(onar)(=고장 등으로 완전하지 못한 것을 완전하게 하는 것이 수리하는
것이다) 【근거】 ᄒ다〈월인석보 1권 훈민정음 1장 앞면〉[ᄋ→아]→하다(현대어).

sar(mak)(=싸다, 둘러싸다)=싸(다)+ㄹ(관형형 어미)→쌀[ᄊ→ᄉ]→살(sar). cf.
sarıl(mak)(=싸이다, 감기다)=sar(mak)+이(피동 보조 어간)(i)+ㄹ(관형형 어미)
(l)→sarıl[모음조화: a-ı]→sarıl 【근거】 싸이다=싸(다)+이(피동 보조 어간)+다.
쎵(城)〈석보상절 6권 14장 앞면〉[ᄊ→ᄉ, ᅌ(꼭지 있는 이응)→ ᄋ]→셩[단음화]
→성(현대어).

sat(mak)(=판매하다)=(쌀 돈) 사(다)(=판매하다)(경남 노인 말)+ㄹ(관형형 어미)
[ㄹ→ㄷ]→살→sat 【근거】 쌀 사로 갔다(경남)=쌀 팔러 갔다(표준어). 쌀 팔로
갔다(경남)=쌀 사러 갔다(표준어). 볃(彆)〈훈민정음해례본 종성해〉[ㄷ→ㄹ]→별
(현대어). **걸리다**('걷다'의 사동사)=**걷**(다)+이(사동 보조 어간)+다[ㄷ→ㄹ/__모
음]→걸이다[/ㄹ/ 복제]→걸리다 【근거】 **樓룽우희ᄂᆞ라올아**〈석보상절 6권 3장
앞면〉=누 위에 날아**올라**. 올아[/ㄹ/ 복제]→올라.

sıyır(mak)(=(살갗을) 벗기다)=쓸(다)(평북)〈고려대 한국어대사전〉(=쓿다)+으(자
음 충돌 회피용 삽입 모음)+ㄹ(관형형 어미)→쓸을[ㄹ→Ø/모음__모음]→쓰을
[모음 충돌 회피용 삽입 반자음 /y/ 첨가]→쓰y을[ᄊ→ᄉ]→스y을→sıyır 【근
거】 쓿다=(사람이 거친 쌀이나 조, 수수 따위를) 찧어서 껍질을 벗기고 깨끗하게
하다. 쌀을 씰어서 죽을 끼리다(경남)=쌀을 문질러 속 껍질을 벗기고 죽을 끓이다.
쓸리(다)(=살이 문질려 살갗이 벗겨지다)=쓸(다)(=문질러 벗기다)+이(피동 보조
어간)+다→쓸이다[/ㄹ/ 복제]→쓸리다. 씰리다(경남)('씰'을 높게 발음하고 '리
다'는 낮게 발음한다)=씰(다)(=문질러 벗기다)+히(사동 보조 어간)+다[ᄒ→Ø/유
성음__유성음]→씰이다[/ㄹ/ 복제]→씰리다. 씰리이다(경남)(/이/를 높고 강하
게 발음한다)(=쓸리다)=씰(다)+히(사동 보조 어간)+이(피동 보조 어간)+다 【근거】
樓룽우희ᄂᆞ라올아〈석보상절 6권 3장 앞면〉=누 위에 날아**올라**. 달다/다다(경남)=

달다(표준어): 올아【/ㄹ/ 복제】→올라(현대어).

(2) 피동 동사

먹히다=먹(다)+히(피동 보조 어간)+다.

섞이다(피동형)=섞(다)+이(피동 보조 어간)+다.

열리다=열(다)+이(피동 보조 어간)+다→열이다【/ㄹ/ 복제/ㄹ__모음】→열리다
【근거】樓룰우희ᄂ라**올아**〈석보상절 6권 3장 앞면〉=누 위에 날아**올라**.

açıl(mak)(열리다)=aç(mak)(=열다)+이(i)(피동 보조 어간)+ㄹ(l)(관형형 어미)→açil【모음조화: a-ı】→açıl.

bakıl(mak)(=돌보아지다)=bak(mak)(=보다, 돌보다)+이(피동 보조 어간)(i)+ㄹ(관형형 어미)(l)→bakil【모음조화: a-ı】→bakıl(/k/가 유성음화되지 않았다). hasta bakılan yer(=진찰실(診察室))=hasta(=환자)+bakılan(=돌보아지는)+yer(=장소).

basıl(mak)(=인쇄되다, 눌려지다, 억압되다; 발을 딛다)=bas(mak)(=인쇄하다, 밟다, 억압하다)+이(피동 보조 어간)(i)+ㄹ(관형형 어미)(l)【모음조화: a-ı】→basıl.

bayıl(mak)(=기절하다, 실신하다; 대단히 기뻐하다, 너무 좋아 어찌할 바를 모르다, 미칠 듯이 기뻐하다, /a/ to be thrilled (with), be enraptured (by), like greatly 〈turkishdictionary.net〉)=(혼, 정신을) 빼(다)+이(피동 보조 어간)+ㄹ(관형형 어미)【모음 분해】→빠이일【ㅃ→b】→baiil【모음 합체: i+i→yi】→bayil【모음조화: a-ı】→bayıl 【근거】 빼이(다)(경남)('빼다'의 피동사)(=빠지다): 여자에게 정신이 빼이다(경남)=여자를 너무 좋아해 어찌할 바를 모르다.

bitiril(mek)(=끝내어지다)=bitir(mek)(=끝내다)+이(피동 보조 어간)(i)+ㄹ(관형형 어미)(l)→bitiril. **bit**(mek)(=(말, 일 등이) 끝나다; (돈, 쌀 등이) 떨어지다; (식물, 머리털 등이) 자라다, to be exhausted=지치다)=뻗(다)+이(첨가음)【모음 합체】→뻳【에→이】→삗【ㅃ→b】→bit 【근거】 그는 마라톤을 완주하고 뻗었다: 뻗었다=지쳤다. '뻗다=죽다'로도 쓰인다. 죽으면 끝난다. 뻗다=가지나 덩굴, 뿌리 따위가 길게 자라나다.

denil(mek)(=말하여지다, 불리다)=den(mek)(=말하다)+이(i)(피동 보조 어간)+ㄹ

(관형형 어미)(l). cf. de(mek)(=말하다)=대(다)(=말하다)〖애→에〗→데(te)〖어두 유/무성자음 교체〗→de 【근거】이유를 대다=이유를 말하다. den(mek)=de(mek)+ ㄴ(n)(관형형 어미).

dönül(mek)(돌려지다)=돌(다)/도(다)(경남)+이(첨가음)+ㄴ(관형형 어미)+이(피동 보조 어간)(i)+ㄹ(관형형 어미)(l)〖모음 합체〗→된일(tönil)〖어두 유/무성자음 교체〗→dönil〖모음조화: ö-ü〗→dönül. dön(mek)=돌(다)/도(다)+이(첨가음)+ㄴ(관형형 어미)〖모음 합체〗→된(tön)〖어두 유/무성자음 교체〗→dön 【근거】썰다(표준어)+이(첨가음)+다→써리다(경남)(=썰다). 고이다〖모음 합체〗→괴다. 고다(전남)〈우리말샘〉=고이다.

durul(mak)(impersonal passive)(=멈추어지다)=dur(mak)(=멈추다)+이(피동 보조 어간)(i)+ㄹ(관형형 어미)(l)〖모음조화: u-u〗→durul. dur(mak)=(비가) 들(다)(=그치다, 멈추다)〖으→우〗→둘(tur)〖어두 유/무성자음 교체〗→dur 【근거】믈(=水)〈훈민정음해례본 용자례〉〖으→우〗→물(현대어). kelmoq(우즈벡어)=gelmek(튀르키예어)=오다. yağmur(=비) dur(mak)(=들(다))+du(과거시제)=비가 들었다=비가 그쳤다.

geril(mek)(=팽팽해지다, 바짝 당겨지다)=끌(다)+이(피동 보조 어간)+ㄹ(관형형 어미)〖umlaut〗→낄일〖단음화: 의→에〗→께릴〖ㄲ→g, 아니면, ㄲ→ㄱ and 어두 유/무성자음 교체〗→geril(그 뜻은 '끌리다, 즉 당겨지다'이다). 아니면, geril(mek)=결리다〖겔리〗(경남 발음)(=(사람이 몸의 일부가) 숨을 쉬거나 움직일 때 **당기**거나 뻐근하여 아픔이 느껴지다)+ㄹ(관형형 어미)→겔릴〖동자음 축약〗→게릴(keril)〖어두 유/무성자음 교체〗→geril 【근거】경남〖겡남〗(경남 발음). kel-moq(우즈벡어)=gelmek(튀르키예어)=오다.

gidil(mek)(impersonal passive)(=가여지다)=git(mek)(=가다)+이(i)(피동 보조 어간)+ㄹ(l)(관형형 어미)〖유성음화〗→gidil.

gömül(mek)=göm(mek)(=파묻다, 매장하다, (건축) 매립하다(=build in))+이(피동 보조 어간)(i)+ㄹ(관형형 어미)(l)〗→gömil〖모음조화: ö-ü〗→gömül. göm(mek)= 곰(박다)/꼼(박다)+이(첨가음)〖모음 합체〗→꾐〖ㄲ→g〗→göm 【근거】썰(다)(표

준어)+이(첨가음)+다→써리다(경남).

görül(mek)(=보이다)=gör(mek)(=보다)+이(피동 보조 어간)(i)+ㄹ(관형형 어미)
(l)→göril〖모음조화: ö-ü〗→görül. cf. **görün**(mek)(=보이다)=gör(mek)(=보다)+이
(피동 보조 어간)(i)+ㄴ(관형형 어미)(n)→görin〖모음조화: ö-ü〗→görün.

inanıl(mak)(=믿어지다)=inan(mak)(=믿다)+이(피동 보조 어간)(i)+ㄹ(관형형 어
미)(l)〖모음조화: a-ı〗→inanıl. **inan**(mak)(=믿다)=믿(다)+는(다)〖으→어〗→믿
넌〖으→어〗→믿난〖ㄷ→ㄴ/__ㄴ〗(발음 규칙)→민난〖동자음 축약〗→미난〖ㅁ
(m)→w→Ø〗→이난→inan 【근거】 예를 들어 다음과 같이 만들어졌을 것이다:
그리 믿는다〖으→어〗→그리 믿넌〖으→어〗→그리 믿난〖ㄷ→ㄴ/__ㄴ〗(발음
규칙)→그리 민난〖동자음 축약〗→그리 미난〖ㅁ(m)→ㅂ(b)→w→Ø〗→이난
→inan. 武[wǔ](중국어)=무(=武)(mu)〖ㅁ(m)→w〗→[wǔ](중국어 음은 m/b 교체
로 일어난 것으로 보아야 한다. /m/이 /w/로 되는 음운 변화는 없다). cf. 너불너
불〖ㅂ(b)→ㅸ→w→Ø〗→너울너울. 갈웜(=호(虎))(=호랑이)〈훈몽자회 상권 18장
앞면〉=갈법(경남)〖유성음화: ㅂ(b)→ㅸ/유성음__유성음〗→갈뻠〖ㅸ→w〗→갈
웜. 소 한 **마**리(표준어)〖ㅁ(m)→ㅂ(b)〗→소 한 **바**리(경남). ぶし(武士)(busi)(일본
어): 무(武)(mu)〖ㅁ(m)→ㅸ(b)〗→bu. cf. **む**さしの(=**武蔵野**)(**mu**sasino): 東京都
서부에서 埼玉県 川越市 부근에 이르는 평야.

karıl(mak)(=(동물이) 짝짓다)=갈(다)(kar)+이(i)(피동 보조 어간)+ㄹ(l)(관형형 어
미)→karil〖모음조화: a-ı〗→karıl 【근거】 갈다(평북)〈고려대 한국어대사전〉=산란
기의 민물고기가 잔잔하고 옅은 물로 몰려나와 암수가 어울려 서로 몸을 비비며
뒤튼다. cf. 갈보(=매춘부)=갈(다)(=짝짓다)+보(=사람). 아니면, 갈보=갈(다)(=바
꾸다)+보(사람). '갈보'란 이 사람 저 사람 바꾸어 짝짓는 사람이다.

katıl(mak)(더하여지다, 참석하다)=kat(mak)(=더하다)+히(피동 보조 어간)(hi)+
ㄹ(관형형 어미)(l)〖ㄷ(t)+ㅎ(h)→ㅌ(th)→ㄷ(t)〗(튀르키예어는 /t/와 /th/의 구분
이 없다)→katil(/ㅎ/의 영향으로 유성음화(t→d)가 일어나지 않았다)〖모음조화:
a-ı〗→katıl 【근거】 먹히다=먹(다)+히(피동 보조 어간)+다. **katıl**(mak)=거들(다)/
거드(다)(경남)(=남이 하는 일을 함께하면서 돕다)+히(피동 보조 어간)+ㄹ(관형형

어미)〖어→아〗→가드힐〖ㅎ→∅/모음__모음〗→가드일〖모음 합체〗→가딜〖단음화〗→가델〖에→이〗→가딜(katil)〖모음조화: a-ı〗→katıl. **kat**(mak)는 katıl의 피동 보조 어간, ıl을 제거하고 만들어졌을 것으로 추정된다. 한국어에 능동형, kat 에 해당하는 '걷(다)'나 '간(다)'는 뜻이 다르다. 아니면, **kat**(mak)=거들(다)/**거드** (다)〖어→아〗→가드(katı)〖/t/를 파열시켜 발음하면 [ı]는 있으나 없으나 발음이 같이 들린다〗→kat. 아니면, **kat**(mak)=곁들(다)/곁드(다)(경남 방언의 음운 규칙) (=어떤 공간이나 상황 따위에 끼어들다, 곁에서 함께 붙잡아 들다, 남이 하는 일이 나 말을 좀 거들어 주다)→곁드〖단음화: 여→어〗→겉드〖어→아〗→같드(kattı) (튀르키예어에는 /ㅋ/와 /ㄱ/의 구분이 없다)〖동자음 축약〗→katı〖/t/를 파열시 켜 발음하면 [ı]는 있으나 없으나 발음이 같이 들린다〗→kat. 곁(kyət)〖구개음화: ㄱ→ㅈ/__y〗→곂〖단음화: 여→어〗→젙(경남). 살다/사다(경남)(둘 다 사용)=살 다(표준어).

kullanıl(mak)(=사용되다, 쓰이다)=kullan(mak)(=사용하다, 쓰다)+이(피동 보조 어간)(i)+ㄹ(관형형 어미)(l)〖모음조화: a-ı〗→kullanıl.

saçıl(mak)(=흩날리다, 흩어지다)=saç(mak)(=흩뿌리다, 살포하다)+이(피동 보조 어간)(i)+ㄹ(관형형 어미)(l)→saçil〖모음조화: a-ı〗→saçıl. **saç**(mak)=흩(다)+이(사 동 보조 어간)〖ㅎ→ㅅ/__으〗→슽이→스티〖구개음화〗→스치〖으→어〗→서치 〖어→아〗→사치→saç. 아니면, **saç**(mak)=살(撒)(=뿌리다, 흩뜨리다)+이(첨가어) 〖ㄹ→ㄷ〗→샅이〖ㄷ→ㅌ〗(튀르키예어에는 /ㄷ. /ㅌ/의 구분이 없다)→사티〖구 개음화: ㅌ→ㅊ/__이〗→사치(saç) 【근거】허치다/흐치다(경남)=흩어지게 하다, 뿌리다. 흩다/힅다(경남)=흩다(표준어). 경남 방언에서 '어/으 교체', '이/으 교체' 는 상당히 자유롭게 일어난다: 없다/읎다. 으리/이리(경남)=의리(표준어). 힘〖ㅎ →ㅅ/__이〗→심(경남). 썰(다)(표준어)+이(첨가음)→써리다(경남)(=썰다). 일훔 지허ㄱ로딕〈월인석보 1권 석보서 4장 뒷면〉=이름 지어 가로되(=말하기를): 짛다 〖ㅎ→ㅅ〗→짓다(현대어). 귁(國)〈월인석보 1권 훈민정음 1장 앞면〉=국(國)+이(첨 가음)〖모음 합체〗→귁. cf. 살(撒)〖ㄹ→ㄷ〗→샅〖ㄷ→ㅌ〗(일본어에는 /ㄷ. /ㅌ/ 의 구분이 없다)→샅〖일본어식으로 표기〗→사트〖구개음화: ㅌ→ㅊ/__으〗→사

츠(satsu)(stau[sɑtsɯ]=츠)→さつ(撤)(satsu)(일본어). 별(彆)<훈민정음해례본 종성해>〚ㄷ→ㄹ〛→별(彆)(현대어).

sarıl(mak)(=싸이다, 감기다)=sar(mak)(=싸다, 둘러싸다)+이(피동 보조 어간)(i)+ㄹ(관형형 어미)(l)〚모음조화: a-ı〛→sarıl【근거】싸이다=싸(다)+이(피동 보조 어간)+다. **sar**(mak)=싸(다)(sa)+ㄹ(관형형 어미)(r). 아니면, **sar**(mak)(=감다, 휘감다, 끌어안다)=*살(다)(←사리다)→sar【근거】사리다(=뱀 따위가 몸을 똬리처럼 동그랗게 감다. 사리다=*살(다)(=감다)+이(사동 보조 어간)+다→사리다(=감기게 하다). 홀목**사리**만한 장어를 잡았다(경남)(=팔목 둘레 크기의 장어를 잡았다): 홀(=팔)〚ㅎ→ㅋ〛→콜→kol(=팔)(튀르키예어). 살(다)+이(명사형 어미)→사리. 새꼬를 사리다(경남)=새끼를 사리다. 사리다=둥글게 말다/감다.

sayıl(mak)(=계산되다, 헤아려지다)=say(mak)(=계산하다, 세다, 여기다)+이(피동 보조 어간)(i)+ㄹ(관형형 어미)(l)〚모음조화: a-ı〛→sayıl. **say**(mak)=세(다)(=계산하다, 헤아리다)〚모음 분해〛→서이〚어→아〛→사이→say. cf. önem**se**(mek)=önem(=중요함)+세(다)(=여기다)(se).

sıkıl(mak)(=쥐어짜지다, 불쾌하다, 쪼들리다)=sık(mak)(=쥐어짜다, 압박하다, 괴롭히다)+히(피동 보조 어간)(hi)+ㄹ(관형형 어미)(l)〚ㄱ(k)+ㅎ(h)→ㅋ(kh)〛(튀르키예어는 /k/와 /kh/의 구분이 없다)→sıkil(/ㅎ/의 영향으로 유성음화(k→g)가 일어나지 않았다)〚모음조화: ı-ı〛→sıkıl.

sıyrıl(mak)(=(살갗이) 벗겨지다)=sıyır(mak)+이(피동 보조 어간)(i)+ㄹ(관형형 어미)(l)→sıyıril〚모음조화: ı-ı〛→sıyırıl〚음절 재분석으로 /ı/ 탈락〛→sıyrıl(그 뜻은 '쓸리다(=벗겨지다)' 예: 풀 먹인 옷 따위에 살이 쓸려 살갗이 벗겨지다). sıyır(mak)(=벗기다)=씰(다)/**씨**(다)(경남)(=쓸다)+이(첨가음)+ㄹ(관형형 어미)〚이→으〛→쓰이일〚모음 합체: 이(i)+이(i)→yi〛→sıyir〚모음조화: ı-ı〛→sıyır【근거】갈다/가다(경남). 아니면, 사암(경남)(=사람)=사람〚ㄹ→∅/모음_모음〛→사암. 써리다(경남)(=썰다(표준어))=썰(다)+이(첨가음)+다.

tutul(mak)(=잡히다)=tut(mak)(=잡다)+히(피동 보조 어간)(hi)+ㄹ(관형형 어미)(l)〚ㄷ(t)+ㅎ(h)→ㅌ(th)→ㄷ(t)〛(튀르키예어는 /t/와 /th/의 구분이 없다)→tutil(/

ㅎ/의 영향으로 유성음화(t→d)가 일어나지 않았다)〖모음조화: u-u〗→tutul.

uçurul(mak)(=날리다(피동 동사))=uçur(mak)(=날리다)(사동 동사)+이(피동 보조 어간)(i)+ㄹ(관형형 어미)(l)→uçuril〖모음조화: u-u〗→uçurul. **uç**(mak)(=날다)=우(경남)(u)(=위)+치(다)(ç)(=오르다) 【근거】추혀다〈마경下:98〉《고려대 한국어대사전》〖ㅎ→ㅋ〗→추켜다〖여→에〗(경남 방언의 음운 규칙: **경남**[**겡**남])→추케다 〖에→이〗→추키다(표준어). 치키다(경남)(=추키다=위로 끌어 올리다)=치(다)(=오르다)+키(=당기다)+다. 날리다(사동사)(경남)=날(다)+히(사동 보조 어간)+다 〖ㅎ→∅/유성음__유성음〗→날이다〖/ㄹ/ 복제〗→날리다('날'을 강하고 높게 발음한다). 날리(다)+이(피동 보조 어간)+다→날리이다('이'를 강하고 높게 발음한다)(경남)〖동모음 축약〗→날리다(표준어)(이런 과정을 거쳐 표준어에서는 '날다'의 사동사와 피동사가 같은 형태가 되었다). 현대 한국어 표준어는 능동형과 피동형이 철자가 동일하나 튀르키예어는 경남 방언과 같이 사동, 피동 보조 어간이 함께 들어 있다.

yenil(mek)(=먹히다, 지다)=ye(mek)(=먹다)+ㄴ(관형형 어미(n)+이)(i)(피동 보조 어간)+ㄹ(관형형 어미)(l)→yenil 【근거】그 선수는 상대 선수의 **밥이 되었다**=그 선수는 상대 선수에게 **먹혔다**=그 선수는 상대 선수에게 **졌다**. cf. **yen**(mek)(=이기다, 승리하다)=ye(mek)(=먹다)+ㄴ(관형형 어미(n). **yen**(mek)(=to be eaten. (impersonal passive) to eat)=*옇(다)(=넣다)(=먹다)+이(피동 보조 어간)+ㄴ(관형형 어미)〖ㅎ→∅/유성음__유성음〗→여인〖모음 합체〗→옌→yen 【근거】여물(=(소나 말의) 먹이)=옇(다)+으(자음 충돌 회피용 삽입 모음)+ㅁ(명사형 어미)(=물체)+알(=子)(의미첨가 없이 명사에 붙는 접미사)〖ㅎ→∅/유성음__유성음〗→여음알〖모음조화: 으-으〗→여으믈〖동모음 축약〗→여믈〖으→우〗→여물. ye(mek)(=먹다): yem(=(동물의) 먹이, 사료)=*옇(다)+이(첨가음)+ㅁ(명사형 어미)(=사물)〖ㅎ→∅/유성음__유성음〗→여임〖모음 합체〗→옘(yem). 'yem=ye(mek)(동사 어간)+ㅁ(m)(명사형 어미)'로 오분석하여 동사 어간, ye(mek)이 만들어졌다) 【근거】써리다(경남)=썰(다)(표준어)+이(첨가음)+다. 여름〈용비어천가 1권 1장 뒷면〉(=열매)=열(다)+ㅁ(명사형 어미)(=물체).

yırtıl(mak)(=째지다, 찢어지다)=yırt(mak)(=찢다, 째다)+히(피동 보조 어간)(hi)+ㄹ(관형형 어미)(l)〚ㄷ(t)+ㅎ(h)→ㅌ(th)→ㄷ(t)〛(튀르키예어는 /t/와/th/의 구분이 없다)→yırtil(/ㅎ/의 영향으로 유성음화(k→g)가 일어나지 않았다)〚모음조화: ı-ı〛→yırtıl. **yırt**mak=찢다, 째다. cf. **yar**(mak)(=찢다, 쪼개다)=열(裂)(=찢다, 쪼개다)〚여→야〛→얄(yar).

10.2 한국어 동사 어간+ㄴ(관형형 어미)

(1) 능동 동사

den(mek)(=이르다, 청하다, 부르다)=de(mek)(=말하다)+ㄴ(n)(관형형 어미). demek과 의미가 약간 달라졌다 【근거】 '가(다)(ka)'를 '간(다)(ka+n)'와 같이 본 결과이다.

din(mek)(=없어지다, 사라지다, 죽다)=디(다)+ㄴ(관형형 어미)→딘(tin)→tin〚어두 유/무성자음 교체〛→din. 디다〈월석8:93〉《고려대 한국어대사전》/(평북)《고려대 한국어대사전》〚구개음화: ㄷ→ㅈ/__이〛→지다(현대 표준어)(없어지다, 죽다, 사라지다)【근거】 '디(다)(ti)'를 '딘(다)(ti+n)'과 같이 본 것이다. gelmek(튀르키예어)=kelmoq(우즈벡어)=오다.

dön(mek)(=돌다)=돌(다)/**도**(다)(경남)+이(첨가음)+ㄴ(관형형 어미)〚모음 합체〛→된(tön)〚어두 유/무성자음 교체〛→dön. ⇒ **dönül**(mek) 【근거】 gelmek(튀르키예어)=kelmoq(우즈벡어)=오다. 써리다(경남)=썰(다)(표준어)+이(첨가음)+다→써리다.

kıllan(mak)(=털이 나다)=**껼**(제주)(=털)+나(다)+ㄴ(관형형 어미)〚어→으〛→끌난〚ㄲ→ㅋ〛→클난[클란]〚발음대로 표기〛→클란→kıllan(관형형을 동사 어간으로 잘못 분석하여 만들어진 단어이다). cf. kılları çıkmak(=털이 나다)=**kıl**(=**털**)+lar(복수 접미사)+ı(3인칭 소유 접미사)+çıkmak(=나다, 나오다). **호**(毫)(=털, 터럭)+알(의미첨가 없이 명사에 붙는 접미사)+이(첨가음)〚오→어〛→허알이〚어→으〛→흐알이〚모음 합체〛→흐앨〚애→에〛→흐엘〚에→이〛→흐일〚모음조화: 으-으〛

→흐을[동모음 축약]→흘[ㅎ→ㅋ]→클→kıl【근거】사타리(경남)(=살(표준어))=살+알(의미첨가 없이 명사에 붙는 접미사)+이(첨가음), 종지=종자(鍾子)+이(첨가음)[모음 합체]→종재[애→에]→종제[에→이]→종지. 엄마(표준어)[어→오]→옴마(경남). 없다(경남)/읁다(경남)(경남 방언에서는 '어/으' 교체가 아주 자유롭게 일어난다). 燈등의블**혀**고〈석보상절 9권 32장 뒷면〉=등에 불 켜고(현대**어**): 혀다[ㅎ→ㅋ]→켜다. **홀끼다**(경남)(=(사람이 물건 따위를) 벗어나거나 풀리지 않도록 단단히 동여매다)[ㄲ→ㅋ]→홀키다[구개음화: ㅋ→ㅊ/__이]→홀치다('홅이다'의 비표준어)【근거】키(=배의 방향을 조종하는 장치)(표준어)[구개음화: ㅋ→ㅊ/__이]→치(강원, 전라, 충청, 함경)〈고려대 한국어대사전〉.

kıvan(mak)(=기뻐하다)=흡(洽)하(다)(=흡족(洽足)하다)+ㄴ(관형형 어미)[ㅎ→ㅋ]→큡한[ㅂ+ㅎ→ㅍ]→크판[ㅍ→ㅂ]→크반[유성음화]→크반[ㅂ→v]→kıvan.【근거】燈등의블**혀**고〈석보상절 9권 32장 뒷면〉=등에 불 켜고(현대**어**): 혀다[ㅎ→ㅋ]→켜다. **편(翻)**〈월인석보 1권 월인서 11장 앞면〉[ㅍ→ㅂ]→**번**(현대어).

sin(mek)(=웅크리다, 몸을 구부리다)=숙이(다)+ㄴ(관형형 어미)[umlaut]→쉭인→쉬긴[단음화: 위→이]→시긴[ㄱ→∅/모음__이]→시인[동모음 축약]→신(sin)【근거】숙이다=굽히다, 구부리다. 고기[umlaut]→괴기[단음화]→게기(경남)[ㄱ→∅/모음__모음]→게이[에→이]→기이(경남). (몸을) 시기다(경남)/(몸을) **시이다**(경남)=(몸을) 숙이다[umlaut]→쉭이다→쉬기다[단음화]→시기다(경남)[ㄱ→∅/모음__모음]→시이다. 몸을 **시인** 채(경남)=몸을 **숙인** 채=몸을 **구부린** 채.

sön(mek)(=(불이) 약해지다, (바람·가스가) 빠지다, 진정되다, 가라앉다, (명성이) 사라지다, 퇴보하다.)=쇠(衰)(=줄다, 줄어들다, 약해지다)+ㄴ(관형형 어미)→쉰(sön). cf. すい(衰)(일본어)(sui)=쇠(衰)[모음 분해: 쇠=소+이]→소이[오→우]→수이(sui)【근거】고(苦)(ko)[오→우]→구(ku)→く(苦)(ku)(일본어). 衰[shuāi](중국어). 튀르키예어는 한국어 음을 따르고 있다.

(2) 피동 동사

beslen(mek)(=키워지다, 양육되다, 길러지다)=besle(mek)(=키우다, 먹이다, 사육하다)+이(i)(피동 보조 어간)+ㄴ(n)(관형형 어미)〖모음조화: e-e〗→besleen〖동모음 축약〗→beslen.

bilin(mek)(=알려지다)=bil(mek)(=알다)+이(피동 보조 어간)(i)+ㄴ(관형형 어미)(n)→bilin.

dolan(mak)(=둘러싸이다)=도ᄅᆞ(다)(=두르다)+이(피동 보조 어간)(i)+ㄴ(관형형 어미)(n)〖ᆞ→아〗→도라in〖모음조화: a(아)-a〗→tolaan〖동모음 축약〗→tolan〖어두 유/무성자음 교체〗→dolan 【근거】"샹녜 굴근 기블 니브시고 치마애 변ᄌᆞ룰 **도ᄅᆞ**디 아니ᄒᆞ더시니(常衣大練 裙不加緣)(번역: 늘 굵은 비단을 입으시고 치마에 변자를 {두르지} 않으시더니)"〈내훈 2권 41장〉《우리말샘》: 도ᄅᆞ다=두르다. "그 술위 절로 그우러 아니한 ᄉᆞ이예 天下룰 다 **도ᄅᆞ**시ᄂᆞ니"(번역: 그 수레가 절로 굴러 잠깐 사이에 천하를 다 도시니)〈월석 1권 26장〉《우리말샘》. 잡안 거(경남)(=잡은 것)=잡(다)+으(자음 충돌 회피용 삽입 모음)+ㄴ(관형형 어미)+거〖모음조화: 아(a)-아(a)〗→잡안 거. cf. **dola**(mak)(=두르(다))=도ᄅᆞ(다)〈내훈 2권 41장〉《우리말샘》(=두르다(현대어))〖ᆞ→아〗→도라(tola)〖어두 유/무성 자음 교체〗→dola 【근거】 gelmek(튀르키예어)=kelmoq(우즈벡어)=오다.

görün(mek)(=보이다)=gör(mek)(=보다)+이(피동 보조 어간)(i)+ㄴ(관형형 어미)(n)→görin〖모음조화: ö-ü〗→görün. cf. **görül**(mek)(=보이다)=gör(mek)(=보다)+이(피동 보조 어간)(i)+ㄹ(관형형 어미)(l)→göril〖모음조화: ö-ü〗→görül.

kapan(mak)(=닫히다; 덮이다; 막히다; 가려지다; 끝나다, 종결되다; 잠기다; 폐쇄되다, 봉쇄되다; 가두어지다, 연금되다)=kapa(mak)(=(문을) 닫다; (책을) 덮다; (눈을) 감다; (구멍을) 막다; 가리다; 폐쇄하다; 봉쇄하다; (장막을) 치다; (회의를) 폐회하다; 마치다; (논쟁을) 끝내다, 종결하다; 잠그다, 채우다; 가두다; 깊이 넣어두다; (수도) 단수하다; (전기) 단전하다)+이(i)(피동 보조 어간)(i)+ㄴ(관형형 어미)(n)〖모음조화: 아(a)-아(a)〗→kapaan〖동모음 축약〗→kapan 【근거】 잡안 거(경남)(=잡은 것)=잡(다)+으(자음 충돌 회피용 삽입 모음)+ㄴ(관형형 어미)+거〖모음조화:

아(a)-아(a)〗→잡안 거.

sallan(mak)(=흔들리다)=salla(mak)(=흔들다)+이(피동 보조 어간)(i)+ㄴ(관형형 어미)(n)〖모음조화: a-a〗(경남 방언의 모음조화를 따른다)→sallaan〖동모음 축약〗→sallan 【근거】 잡안 거(경남)(=잡은 것)=잡(다)+으(자음 충돌 회피용 삽입 모음)+ㄴ(관형형 어미)+거〖모음조화: 아(a)-아(a)〗→잡안 거. 튀르키예어의 모음조화를 따르면, sallayın이 되어야 할 것이다. salla(mak)((살랑살랑) 흔들다)=살랑(살랑)하(다)〖살라**아**[ã]〗(경남 발음)→살라아〖동모음 축약〗→살라→salla 【근거】 살랑살랑 흔들리다(경남).

tüken(mek)(=다 쓰다, 소진되다, 끝나다)(한국어를 보면 피동사다)=*뚝(다)+이(부사형 어미)+끊이(다)〖끄이〗(경남 발음)+ㄴ(관형형 어미)〖비모음(鼻母音)의 구강 모음화〗→뚝이끄인〖모음 합체〗→뛱**낀**〖단음화〗→뛱**껜**[뛰껜]〖ㄸ→ㅌ, ㄲ→ㅋ〗→튀켄→tüken. tükenmez kalem(=볼펜)(원뜻은 '끊이지 않는 연필') 【근거】 떨어**ㅍ**리다(표준어)/떨어**ㅌ**리다(표준어)〈표준국어대사전〉. 끊이다(=끊(다)+이(피동 보조 어간)+다)=1. 계속하거나 이어져 있던 것이 끊어지게 되다: 끊이지 않고 밀려드는 관객들. 2. 물건이나 일의 뒤가 달리어 없어지다: 주문이 끊이지 않는다〈표준국어대사전〉. 뚝 끊어지다=갑자기 끊어지다. **뚝뚝** 끊어지다: 뚝뚝=*뚝(다)+*뚝(다) 【근거】 달달 볶다: 달달=달(다)(=타지 않는 단단한 물체가 열로 몹시 뜨거워지다)(동사 어간)+달(다)(동사 어간). cf. ring ring(=따르릉따르릉)=ring(동사 어간)+ring(동사 어간). 치끼다(경남)〖ㄲ→ㅋ〗→치키다(표준어)(=위로 끌어 올리다).

10.3 오분석으로 만들어진 동사

ak(mak): *홀(다)/*흐(다)(=흐르다)+기(명사형 어미)〖으→어〗→허기〖어→아〗→하기〖어두 /ㅎ/ 탈락〗→아기(aki)〖모음조화: a-ı〗→**akı**(=흐름, 유동). 'akı=ak(동사 어간)+ı(명사형 어미)'로 오분석하여 'ak'를 동사 어간으로 만들었다 【근거】 heroin(영어)〖어두 /ㅎ/ 탈락〗→eroin(튀르키예어). 갈다/가다(경남). 없다/읎다(경남). cf. ふく(=吹く)(=불다)(huku)(일본어): 불(다)/부(다)(경남)+기(명

사형 어미)→부기〖ㅂ→ㅎ〗→후기→ふき(huki)(명사형). 'ふき(huki)=huk(동사
어간)+이(명사형 어미)(일본어에는 명사형 어미, '기'가 없고 '이'만 있다)'로 오
분석하여 '훅'을 일본어 동사 어간으로 만들었다. 훅〖일본어식으로 표기〗→후구
(huku)【근거】はん(反)(han)=반(反)〖ㅂ→ㅎ〗→한(han).

ara(mak)(=찾다)=알아(보다)→아라→ara: '알아보다=알아(다)(동사 어간)+보다'
로 잘못 분석하여 만들어진 동사다【근거】미얾다〈두시-초 23:26〉《우리말샘》=미
(다)(동사 어간)+얾다. 집을 **알아**보다=집을 **찾아**보다.

bak(mak)(=보다): 보(다)+기(명사형 어미)〖오→아〗→바기(paki)〖어두 유/무성자
음 교체〗→baki〖모음조화: a-ı(으)〗→**bakı**(=향, 방향). 'bakı=bak(동사 어간)+ı(명
사형 어미)'로 오분석하여 동사 어간, bak이 만들어졌다. 튀르키예어도 한국어와
같이 동사의 명사형 어미가 'ki(기)'도 있고 'i(이)'도 있으나 'ki'가 붙은 것을 'i'가
붙은 것으로 오분석한 것이다【근거】남**향** 집=남(南)을 **보는** 집. cf. ひく(引く)(일
본어)(hiku)(=당기다, 끌다); 혀(다)(=引(인))〈훈몽자회 상권 35장 뒷면〉[헤](경남
발음)+기(명사형 어미)→헤기〖에→이〗→히기(hiki)→ひき(引き)(hiki)(명사형).
'hiki=hik(동사 어간)+i(명사형 어미)'로 오분석하여 'hik(힉)'을 동사 어간으로 본
것이다: 힉(일본어식으로 표기)→히구(hiku)→ひく(hiku). 일본어에는 명사형 어
미, '기(ki)'가 없다.

boz(mak)(=부수다): 뽀수(다)(경남)(=부수다)+ㅁ(명사형 어미)〖유성음화〗→뽀숨
〖ㅃ→b 아니면, ㅃ→ㅂ and 어두 유/무성자음 교체〗→bozum(=부수기, 깨기).
'bozum=boz(동사 어간)+u(자음 충돌 회피용 삽입 모음+ㅁ(명사형 어미)'로 오분
석하여 동사 어간, boz(mak)이 만들어졌다. 아니면 **boz**(mak)=뽀수(다)〖우→으〗
→뽀스〖유성음화〗→뽀스〖ㅃ→b 아니면, ㅃ→ㅂ and 어두 유/무성자음 교체〗
→bo스〖ㅿ→z〗→bozı〖[z] 뒤의 [ı]는 있으나 없으나 발음이 같이 들린다〗→boz.
cf. bozma(=폐지)=boz(mak)+ma. cf. 가르마=가르(다)+ㅁ(m)+아(a)(의미첨가 없이
명사에 붙는 접미사).

değ(mek)(=닿다, 이르다)=닥(치다)+이(첨가음)〖모음 합체〗→댁(풀어쓰기)→
대그〖애→에〗→데그(tekı)〖어두 유/무성자음 교체〗→dekı〖유성음화〗→degı

〖g→ğ/모음__모음〗→deği〖[ğ]가 [ı]로 발음되니 [ı]는 있으나 없으나 발음이 같이 들린다〗→değ. 아니면, **değ**(mek)=닿(다)+이(첨가음)〖umlaut〗→뎋이〖애→에〗→뎅이〖이→으〗→뎋으〖ㅎ→ㄱ〗→덱으→데그(tekı)〖어두 유/무성자음 교체〗→dekı〖유성음화〗→degı〖g→ğ/모음__모음〗→değı〖[ğ]가 [ı]로 발음되니 [ı]는 있으나 없으나 발음이 같이 들린다〗→değ 【근거】 닿이다(경남)(=닿다)=닿(다)+이(첨가음)+다. 대이다(경남)(=닿다)=닿(다)+이(첨가음)+다〖umlaut〗→뎋이다〖ㅎ→∅/모음__모음〗→대이다. **해**겹다/**개**겹다(경남 둘 다 사용)=가볍다. 고기〖umlaut〗→괴기〖단음화〗→게기〖ㄱ→∅/모음__모음(어말)〗→게이(경남)〖에→이〗→기이(경남). 이리/으리(경남)=의리(義理). 닥치다=닥(다)(=닿(다))+치+다. 맞닥뜨리다=맞+닥(=닿)+뜨리+다.

doğra(mak)(=자르다, 베다)=똥글(다)/똥그리다(경남)(=자르다)+아(부사형 어미)('똥글(다)+아(부사형 어미)'를 동사 어간으로 오분석)→똥글아→똥그라〖ㄸ→d, 아니면, ㄸ→ㄷ and 어두 유/무성자음 교체〗→donggıra〖o(ng)→g〗→doggıra〖동자음 축약〗→dogıra〖g→ğ/모음__모음〗→doğıra〖[ğ] 다음의 [ı]는 있으나 없으나 발음이 같이 들린다〗→doğra 【근거】 이 개야미 이에셔 살며〈석보상절 6권 37장 앞면〉=이 개미 여기서 살며: 이에셔=이+게+셔〖유성음화: ㄱ→ㆁ(꼭지 있는 이응)/모음__모음〗→이에서 【근거】 이게(경남)(=여기)=이+거(=곳)(경남)+이(첨가음)〖모음 합체〗→이게. 여기=여거(경남)(=여기)+이(첨가음)〖모음 합체〗→여게(경남)〖에→이〗→여기(표준어). cf. 옹(五)〈월인석보 1권 월인천강지곡 6장 앞면〉[오]〖ㆁ(꼭지 있는 이응)→g〗→go(ご)(五)(일본어). 발음되는 받침 /ㅇ/은 중세 국어에서 꼭지 있는 이응이었다: ᄉᆞ랑〈석보상절 6권 3장 뒷면〉=사랑. ㄲ, ㄸ, ㅃ, ㅉ, ㅆ, ㆅ 爲 全濁〈훈민정음해례본〉(전탁(全濁)=유성음(有聲音)). cf. 똥가리(경남)=똥글(다)/똥그(다)(경남)+알(=子)(=것)+이(첨가음)〖모음 합체 후 단음화: 그+알→갈〗→똥갈이→똥가리(=짧막하게 잘라진 것)=동강이(=동그(다)+앙(=것)+이(첨가음)). to'g'ramoq(우즈벡어)=doğramak. 알=앙.

döv(mek)=때리다: **dövüş**(=때림, 구타, 싸움)=뿌리(다)〈월곡上: 28〉《고려대 한국어대사전》(=때리다)+삐(다)(경남)(=버리다)+일(=사(事))+ㅎ(고유어 명사에 붙

음)+이(첨가음)〔ㅂ+ㅅ+ㄷ→ㄸ〕→뜨리삐일히〔ㄹ→Ø/모음__모음〕→뜨이삐일히〔ㅇ→오〕→또이삐일히〔모음 합체〕→뙤삐일히〔ㅎ→ㅅ/__이〕→뙤삐일시〔ㄹ→Ø/__ㅅ〕→뙤삐이시〔동모음 축약〕→뙤삐시〔ㄸ→d〕→dö삐시〔ㅃ→ㅂ〕→dö비시〔유성음화〕→dö비시〔ㅸ→v〕→döviş〔모음조화: ö-ü〕→dövüş. 'dövüş=döv(동사 어간)+üş(=일)'로 오분석하여 동사, döv(mek)이 만들어졌다) 【근거】떼리삐다(경남)(=때려버리다)〔ㄹ→Ø/모음__모음〕→떼이삐다(경남)(빠른 발음). 이 사암들이(경남)(빠른 발음)=이 사람+들+이〔ㄹ→Ø/모음__모음〕→이 사암들이. 힘〔ㅎ→ㅅ/__이〕→심(경남). 부삽=불삽〔ㄹ→Ø/__ㅅ〕→부삽. 폴(=蠅)〈훈민정음해례본 용자례〉+이(첨가음)〔ㅇ→아〕→파리(표준어). 폴(=蠅)+이(첨가음)〔ㅇ→오〕→포리(경남). 쁘리다〔ㅂ+ㅅ+ㄷ→ㄸ〕→뜨리다〔umlaut〕→띠리다〔단음화: 이→애〕→때리다(현대 표준어).

dür(mek)=(둥글게) 말다: **dürü**(=roll(=말이), something rolled up(=말아진 것)〈turkishdictionary.net〉=*둘(다)+이(명사형 어미)〔umlaut〕→뒬이(türi)〔어두 유/무성자음 교체〕→düri〔모음조화: ü-ü〕→dürü. 'dürü=dür(mek)(동사 어간)+ü(명사형 어미)'로 오분석하여 동사, dürmek이 만들어졌다 【근거】둘둘/돌돌/뚤뚤/똘똘(경남, 전부 사용)=둘(다)+둘(다)/돌(다)+돌(다)/뚤(다)+뚤(다)/똘(다)+똘(다). 동사 어간+동사 어간=부사: 달달 (볶다)(경남)=달(다)(=타지 않는 단단한 물체가 열로 몹시 뜨거워지다)+달(다). cf. ring ring(영어)=따르릉따르릉.

ele(mek)(=체로 치다, 고르다): 얽(다)(=물건의 거죽에 우묵우묵한 흠이 많이 나다)+이(자음 충돌 회피용 삽입 모음)+ㅁ(명사형 어미)+이(첨가음)(=물건)→얼김이(경남)〔umlaut〕→엘김이(경남)〔이→으〕→엘금이〔ㄱ→Ø/유성음__유성음〕→엘음이〔umlaut〕→엘읨이〔단음화: 의→에〕→엘엠이→에레미 '에레미=에레(동사 어간)+ㅁ(명사형 어미)+이(=것)'으로 분석하여 '에레=ele'를 동사 어간으로 만들었다). 어레미(표준어)=얽(다)+으(자음 충돌 회피용 삽입 모음)+ㅁ(명사형 어미)+이(=물건)→얼그미〔ㄱ→Ø/유성음__유성음〕→얼으미〔umlaut〕→얼의미→어릐미〔단음화: 의→에〕→어레미. ele(mek)(=체로 치다, 고르다, 가리다).

elek(=체)=ele(mek)+악(=子)(=것)+이(첨가음)〔모음 합체〕→ele액〔애→에〕→ele

엑(ek)〖동모음 축약〗→elek.

em(mek)(=흡입하다): **emme**(=흡입)=흡(=吸)(=흡입하다)+이(첨가음)+me(명사형 어미)〖모음 합체〗→휩me〖단음화: 의→에〗→헵me〖어두 /ㅎ/ 탈락〗→엡me(메)〖ㅂ→ㅁ/__ㅁ〗(발음 규칙)→[엠메]〖발음대로 표기〗→엠메(emme). 'emme=em(mek)+me(명사형 어미)'로 오분석하여 동사, em(mek)이 만들어졌다)〖근거〗국(國)+이(첨가음)〖모음 합체〗→귁(國)〈월인석보 1권 훈민정음 1장 앞면〉. heroin(영어)〖어두 /ㅎ/ 탈락〗→eroin(튀르키예어).

gez(mek)(=거닐다, 걷다): 거닐(다)/거니(다)(경남)+이(명사형 어미)〖동모음 축약〗→거니〖umlaut〗→게니(keni)〖어두 유/무성자음 교체〗→geni〖n→z〗→**gezi**(=산보, 유람, 거닐기). 'gezi=gez(동사 어간)+이(i)(명사형 어미)'로 오분석하여 동사, gez(mek)을 만들었다. cf. **なんにょ**(男女))(nannyo)(일본어)〖n→d〗→dannyo〖n→z〗→danzyo(だんじょ(男女)(일본어). 아니면, **gez**(mek)=걷(다): 걷(다)+이(명사형 어미)〖umlaut〗→게디〖구개음화: ㄷ→ㅈ/__이〗→게지〖ㅈ→ㅅ〗→게시〖유성음화〗→게싀〖△→z〗→kezi〖어두 유/무성자음 교체〗→gezi. 'gezi=gez(mek)+i(명사형 어미)'로 오분석하여 동사 어간, gez(mek)이 만들어졌다〖근거〗똥구시(경남)=똥+굳(=구덩이)+이(첨가음)→똥구디〖구개음화: ㄷ→ㅈ/__이〗→똥구지〖ㅈ→ㅅ〗→똥구시. 子중孫손이**니서**가몰〈석보상절 6권 7장 뒷면〉(=자손이 이어 감을): 닛(다)+어(부사형 어미)→니서〖유성음화〗→니서. 닛다〖두음법칙 후 보상적 /y/ 첨가〗→y+잇(is)다〖단음화: y+i→i〗→잇(is)다(현대어).

giy(mek)(=(옷을) 입다, (신을) 신다, (장갑을) **끼**다, 착용하다): **giyim**(=의상, 의복)=끼이입(다)(경남)(=꿰어입다)+이(자음 충돌 회피용 삽입 모음)+ㅁ(명사형 어미)(=것)(=사물)→끼이이빔〖ㅂ→ㅸ→w→∅〗→끼이이임〖ㄲ→g 아니면, ㄲ→ㄱ and 어두 유/무성자음 교체〗→giiim〖모음 합체〗→giyim. 'giyim=giy(동사 어간)+i(자음 충돌 회피용 삽입 모음)+m(명사형 어미)'로 오분석하여 동사, giy(mek)이 만들어졌다. 튀르키예어에서는 /y/는 자음으로 분류한다〖근거〗'ㄲ, ㄸ, ㅃ, ㅉ, ㅆ, ㅎㅎ 爲 全濁'〈훈민정음해례본〉(전탁(全濁)=유성음(有聲音)). 어두 유/무성자음 교체: gelmek(튀르키예어)=kelmoq(우즈벡어)=오다. 더우(경남 노인 말)(=

더위)=덥(다)+우(명사형 어미)[유성음화: ㅂ→ㅸ/유성음__유성음]→더뷰[ㅸ→w(우)→Ø]→더우. 갈웜(=호(虎))〈훈몽자회 상권 18장 앞면〉=감법(경남)[유성음화: ㅂ→ㅸ/유성음__유성음]→갈범[ㅸ→w(우)]→갈웜(kalwəm).

*iǧ(mek)=잇다. **iǧne**(=바늘, 침, 핀)=*익(다)(=잇(다))+으(자음 충돌 회피용 삽입 모음)+ㄴ(관형형 어미)+아(=자(子))(=것)(물체)+이(첨가음)→익은아이[모음 합체]→이근애[애→에]→이그네(igne)[g→ǧ/유성음__유성음]→iǧne('바늘'의 원 의미는 '천을 이어주는 것'이다) 【근거】잇(다)+기(명사형 어미)→잇기[이끼]→이끼. '이끼=익(다)(동사 어간)+기(명사형 어미)'로 오분석하여 동사 어간, '익(다)'가 만들어졌다 【근거】낛다〈두시-초〉《표준국어대사전》(=낚다(현대어))+이(명사형 어미)[ㅅ+ㄱ→ㄲ]→나끼. '나끼=낛(다)+이(명사형 어미)'로 오분석하여 동사 어간, '낚(다)'가 만들어졌다. '낚다'에서 현대어 명사형, '낚시'는 만들어질 수 없다. 동사가 '낛다'여야 가능하다: 낛(다)+이(명사형 어미)→낙시(올바른 표기인데)→낚시(현대어).

il(mek)(=가볍게 묶다)=얽다: 얽(다)+이(명사형 어미)[umlaut]→엵이[에→이]→읽이→일기(ilki)[유성음화]→**ilgi**(=관련, 관계)(명사형). 'ilgi=il(mek)(동사 어간)+gi(기)(명사형 어미)'로 오분석하여 동사 어간, il(mek)이 만들어졌다. 튀르키예어에도 동사의 명사형 어미가 한국어와 같이 '~이'와 '~기(=거+이)' 둘 다 있으나 '~이'가 붙은 것을 '~기'가 붙은 것으로 오분석하여 만들어진 동사의 예이다. cf. ひく(=引く)(hiku)(=당기다): 혀(다)(=引)[헤](경남 발음)+기(명사형 어미)→헤기[에→이]→히기(hiki)(ひき(引き))(명사형). '히기(hiki)=힉(hik)(동사 어간)+이(명사형 어미)'로 오분석하여 동사 어간, '힉(hik)'이 만들어졌다. 힉(hik)[일본어식으로 전사]→히구(hiku) 【근거】혈 인(引)〈훈몽자회 상권 35장 뒷면〉=혀(다)+ㄹ(관형형 어미)+인. 일본어를 문법화시키는 과정에서 동사의 명사형에 '~ㅁ', '~기'가 있다는 것을 모르고 이들 접미사가 붙은 명사형을 모두 '~이'가 붙은 것으로 오분석하여 동사를 만들었다. ⇒ 강낙중(2012), 일본어의 기원.

kaz(mak)(=파다, 발굴하다, 새기다, 에다): 땅을 **까다**(경남)=땅을 **파다**. 까(다)+기(명사형 어미)[구개음화: ㄱ→ㅈ/__이]→까지[ㄲ→ㅋ]→카지[ㅈ→ㅅ]→

카시〖유성음화〗→가싀(kazi)〖모음조화: a-ı〗→**kazı**(=각, 전각; 발굴; 발굴지).
'kazı(명사형)=kaz(동사 어간)+ı(명사형 어미)'로 오분석하여 동사 어간, kaz(mak)
이 만들어졌다【근거】치끼다(경남)〖ㄲ→ㅋ〗→치키다(=추키다)(=위로 향하여 끌
어 올리다). 똥구시(경남)=똥+굼(=구덩이)+이(첨가음)→똥구디〖구개음화: ㄷ→
ㅈ/__이〗→똥구지〖ㅈ→ㅅ〗→똥구시. 子중孫손이**니ᅀᅥ**가몰〈석보상절 6권 7장
뒷면〉=자손이 이어 감을: 닛(다)+어(부사형 어미)→니ᅀᅥ〖유성음화〗→니ᅀᅥ. 닛
다〖두음법칙 후 보상적 /y/ 첨가〗→y+잇(is)다〖단음화: y+i→i〗→잇(is)다(현대
어). cf. まく(=巻く・捲く)(일본어)(maku)(=말다)=말(다)/마(다)(경남)+기(명사형
어미)→마기(maki). 'maki(=巻き)(=두루마리, 감기, 감은 것)=mak(동사 어간)+
이(명사형 어미)'로 오분석하여 동사 어간, mak이 만들어졌다. mak〖일본어식으
로 표기〗→maku(마구)→まく. 이 동사의 명사형은 'まき(maki)'이고 일본어에
는 동사의 명사형 어미가 'い(i=이)'뿐이라 많은 오분석 동사가 있다. ⇒ 강낙중
(2012), 일본어의 기원.

kız(mak)(=뜨거워지다, 성내다): 글히(다)〈석상 11:28〉《우리말샘》(=끓이다)〖ㅎ→
ㅅ/__이〗→글시〖ㄹ→∅/__ㅅ〗→그시〖유성음화〗→그ᅀᅵ〖'궂(다)(자동사)+이(사
동 보조 어간)+(다)'로 오분석〗→궂(다)〖ㅿ→z〗→kız(그 뜻은 '끓다'이다)【근거】
힘(표준어)〖ㅎ→ㅅ/__이〗→심(경남). 부삽=불+삽〖ㄹ→∅/__ㅅ〗→부삽. 속이
부글부글 **끓다**=몹시 **화가 나다**. 글히다〖ㄱ→ㄲ〗→끌히다→끓이다(현대어).

kötümse(mek)(=비관하다, 나쁘게 생각하다)=kötü(=나쁘다)(형용사)+m(ㅁ)(명사
형 어미)+se(=세다)(=여기다). **kötü**=궂(다)[구따]+이(첨가음)〖'구따=굳(다)+다'로
오분석→굳(다)〗→굳이〖우→오〗→곧이〖umlaut〗→괻이(köti)〖모음조화: ö-ü〗
→kötü(이 경우는 오분석한 형용사가 들어 있는 동사이다)【근거】구지다(전남)
〈우리말샘〉(=궂다)=궂(다)+이(첨가음)+다→구지다. 사오/사우(경남)=사위(표준
어). 아숩다(경남)=아숩(다)+이(첨가음)+다〖모음 합체〗→아쉽다(표준어).

ör(mek)(=(그물을) 뜨다; 뜨개질하다; 엮다): 얽(다)(=노끈이나 줄 따위로 이리
저리 걸다)/읽(다)(경남 둘 다 사용)+이(명사형 어미)→을기〖umlaut〗→월기
→örki〖유성음화〗→örgi〖모음조화: ö-ü〗→örgü. 'örgü(=뜨개질, 땋은 것←얽은

젓)=ör(동사 어간)+gü(명사형 어미)'로 오분석하여 동사 어간, ör이 만들어졌다. örgü(=뜨개질, 땋은 것←얽은 것)=ör(mek)(=뜨게질하다, 엮다, (머리를) 땋다)+거(명사형 어미)+이(첨가음)〖모음 합체〗→örge〖에→이〗→örgi(ki)〖모음조화: ö-ü〗→örgü: 거(경남)(=것)+이(첨가음)〖모음 합체〗→게〖에→이〗→기(표준어). cf. 얽어매다=얽(다)+어(부사형 어미)+매다.

öv(mek)(=칭찬하다, **찬양하다**): 읊(다)[읖(따)](발음)+기(명사형 어미)→읖기〖umlaut〗→윞기〖자음 충돌 회피용 삽입 모음, /으/ 첨가〗→윞으기→의브기〖유성음화〗→의브기(gi)〖ㅸ→v〗→övıgi〖[v] 다음의 [ı]는 있으나 없으나 발음이 같이 들린다〗→övgi〖모음조화: ö-ü〗→**övgü**(=칭찬, 찬사, 찬양). 'övgü=öv(동사 어간)+gü(명사형 어미)'로 오분석하여 동사 어간, öv가 만들어졌다 【근거】 얼버다 (경북)〈우리말샘〉(=읊다)=**읊다**〖풀어쓰기〗→을브다〖으→어〗→얼버다 【근거】 없다(표준어)〖어→으〗→읎다(강원, 경북, 전남, 충청)〈우리말샘〉(=없다). 고기 〖umlaut〗→괴기〖단음화: 외→애〗→게기(경남). 읊다=(사람이 시나 글을) 감정이나 억양을 넣어 읽거나 외다. 그의 공적을 **읊다**=그의 공적을 **칭송하다**=그의 공적을 찬양하다. 을프다=읊다〖풀어쓰기〗→을프다(비표준어).

sez(mek)=(눈치를) 채(다): (눈치를) 채(다)+기(명사형 어미)〖ㅊ→ㅅ〗→새기〖애→에〗(튀르키예어에는 /애/가 없다)→세기〖구개음화: ㄱ→ㅈ/__이〗→세지〖ㅈ→ㅅ〗→세시〖유성음화: ㅅ→ㅿ/유성음__유성음〗→세ㅿi〖ㅿ→z〗→**sezi**(=-sezgi〈Vikisözlük〉. 'sezi=sez(mek)+이(i)(명사형 어미)'로 오분석하여 동사 어간, sez(mek)이 만들어졌다 【근거】 (영의) **갗**(=(狐)皮)〈훈민정음해례본 종성해〉)(=(여우의) 가죽)〖ㅊ→ㅅ〗→(**ㄴ**)**갓**(=(面)皮)〈역어유해 상권 33장 뒷면〉. 기름〖구개음화: ㄱ→ㅈ/__이〗→지름(경남). 똥구시(경남)=똥+굳(=구덩이)+이(첨가음)→똥구디〖구개음화: ㄷ→ㅈ/__이〗→똥구지〖ㅈ→ㅅ〗→똥구시. 子ᄌᆞᆼ孫손이**니ᅀᅥ**가몰〈석보상절 6권 7장 뒷면〉(=자손이 이어 감을): 닛(다)+어(부사형 어미)→니ᅀᅥ〖유성음화〗→니ᅀᅥ. 닛다〖두음법칙 후 보상적 /y/ 첨가〗→y+잇(is)다〖단음화: y+i→i〗→잇(is)다(현대어).

sıva(mak)(=소매를 걷어 올리다, 접어 올리다)=접(다)/줍(다)(경남)+어(부사형 어

미)[어→아]→줍아→즈바[ㅈ→ㅅ]→스바[유성음화]→스바[ㅂ→v]→sıva
【근거】 '접어 올리다=접어(다)(동사 어간)+올리다'와 같이 오분석으로 만들어진
동사이다 【근거】 '믜얽다〈두시언해 중간본 23권 26장 뒷면〉=믜(다)(동사 어간)+
얽다(동사)'와 같이 분석한 것이다. 믜얽다[의→애]→매얽다(=매어 얽다). 똥구
시(경남)=똥+굳(=구덩이)+이(첨가음)→똥구디[구개음화]→똥구지[ㅈ→ㅅ]→
똥구시.

tart(mak)(=무게를 달다): 달(다)+틀(=도구)[어말 /ㄹ/ 탈락]→달트→**tartı**(=
저울). 'tartı=tart(동사 어간)+ı(=물체)(명사형 어미)'로 오분석하여 동사 어간,
'tart(mak)'가 만들어졌다: tartı=tart(mak)+ı(i)(명사형 어미)(=물건, 행위)[모음조
화: a-ı]→tartı 【근거】 수틀(繡틀)=수를 놓을 때 바탕천을 팽팽하게 하기 위하여
가장자리를 잡아당기어 끼우는 틀(=도구). 손잡이=손+잡(다)+이(=물건), 돈벌이
=돈+벌(다)+이(=행위). 새마(=新村)(경북)=새말(=新村)(경남)[어말 /ㄹ/ 탈락]→
새마. cf. **terazi**(=저울)=달(다)+이(첨가음)+앗(=것)(=물체)+이(첨가음)[모음 합
체]→댈앗이[애→에]→델앗이[유성음화]→델아싀[ㅿ→z]→terazi(모음조화
가 일어나지 않았다)(한국어 동사, '달(다)'가 들어 있다. 여기에는 /t/가 없다) 【근
거】 썰(다)(표준어)+이(첨가음)+다→써리다(경남)(=썰다). **terazi**가 페르시야어에
서 왔다고 하나 페르시아어가 한국어에서 왔음을 알 수 있다. 페르시아어와 한국
어의 관계를 연구할 필요가 있다.

yala(mak)(=핥다): 핧(다)(=핥(다))+아(자음 충돌 회피용 삽입 모음)+ma(명사형
어미)→할하ma[ㅎ→∅/유성음__유성음]→할아ma[어두 /ㅎ/ 탈락 후 보상적 /
y/ 첨가]→얄아ma→yalama(=핥음, 핥기). 'yalama=yala(mak)+ma'로 오분석하
여 동사 어간, yala가 만들어졌다. 아니면, **yala**(mak)=핧(다)+아(부사형 어미)→
할하[ㅎ→∅/유성음__유성음]→할아[어두 /ㅎ/ 탈락 후 보상적 y 첨가]→얄아
→yala 【근거】 핧다〈석보11:25〉《고려대 한국어대사전》[ㅎ→ㅌ]→핥다(현대어).
예를 들어, '핧(다)+아(자음 충돌 회피용 삽입 모음)+ㄹ(관형형 어미)+사탕=할하
(다)(동사 어간)+ㄹ(관형형 어미)+사탕'으로 오분석하여 동사 어간 **'할하'**가 만들
어졌을 것으로 생각된다: 할하[어두 /ㅎ/ 탈락 후 보상적 y 첨가]→얄하[ㅎ→∅/

유성음＿유성음〗→얄아→yala. '핧아 먹다=핧아(다)(동사 어간)+먹다'로 오분석하여 동사 어간, '핧아'가 만들어졌다【근거】'미얽다〈두시언해 중간본 23권 26장 뒷면〉=미(다)(동사 어간)+얽다(동사)'와 같이 분석한 것이다. cf. **yaltak**(=꼬리를 흔드는, 알랑거리는, 알랑방귀 뀌는)=핧(다)+악(형용사형 어미)〖어두 /ㅎ/ 탈락 후 보상적 y 첨가〗→얄악→얄탁(yaltak)('핧다'가 '핥다'로 바뀌고 난 뒤에 만들어진 단어임을 알 수 있다)【근거】노락쟁이(경남)(=노란 꽃이 피는 식물 이름)=*놀(다)(=노랗다)+악(형용사형 어미=관형형 어미)+장(=사람)(사람에 비유)+이(첨가음)〖umlaut〗→노락쟁이. 깜맣다=깜(다)+앟+다. cf. 까막까치(=까마귀와 까치)=깜(다)+악(명사형 어미)(=동물)+까치.

yaşa(mak)(=살다)=(모음)+y(모음 충돌 회피용 삽입 반자음)+아(a)(경남)(처격 조사)+살(다)/**사**(다)(경남 둘 다 사용)→야(ya)+사(sa)〖s→ş〗→yaşa. 이 동사는 앞 단어가 모음으로 끝나는 장소 명사에 붙은 'y+아(경남)(처격 조사)'를 동사, '사(다)/살(다)'에 붙여서 만들어진 동사이다【근거】상**아** 놓을 끼 없다(경남)(=상에 놓을 것이 없다)=상+아(처격 조사)+놓(다)+ㄹ(관형형 어미)+거(=것)+이(주격 조사)+없다: 거+이〖모음 합체〗→게(경남)〖에→이〗→기〖ㄱ→ㄲ/ㄹ＿＿〗→끼(살끼(경남)=살(다)+거+이). 예를 들어 다음과 같은 문장에서 분리했을 것이다: '가야**야 사**다=가야(고대 국가 이름)+y(모음 충돌 회피용 삽입 반자음)+**아**(처격 조사)(경남)+사다=가야+야사(다)(yaşa)'로 오분석하여 만들어진 동사이다)【근거】나는 진주 산다(경남)(처격 조사 없이 장소 명사에 자동사, '사다/살다'를 붙여 문장을 만들 수 있다)=나는 진주에 산다. cf. **yaşat**(mak)(=살리다)=yaşa(mak)(=살다)+들(사동 보조 어간)(tır)(경남)〖어말 /ㄹ/ 탈락〗→yaşatı〖/t/를 파열시켜 발음하면 어말, [ı]는 있으나 없으나 발음이 같이 들린다〗→yaşat【근거】빼뜰(다)(경상, 황해)〈표준국어대사전〉(=빼앗다)=뺏(다)+들(tır)(사동 보조 어간)〖ㅅ+ㄷ→ㄸ〗→빼뜰. 빼뜰다/빼쁘다(경남 둘 다 사용)【근거】새마(=新村)(경북)=새말(=新村)(경남)〖어말 /ㄹ/ 탈락〗→새마.

10.4 한국어 동사 어간+이(첨가음)

나무래다(경남)=나무라(다)(표준어)+이(첨가음)+다[모음 합체: 아+이→애]→ 나무래다.

바래다(경남)=바라(다)(표준어)+이(첨가음)+다[모음 합체]→뱌래다.

써리다(경남)=썰(다)(표준어)+이(첨가음)+다→써리다.

자래다(경남)=자라(다)(표준어)(=일정한 지점을 향하여 뻗었을 때 그에 미치거나 닿다)+이(첨가음)+다[모음 합체]→자래다.

bit(mek)(=(식물이) 자라기 시작하다)=뻗(다)+이(첨가음)[모음 합체: 어+이→에] →뻗[에→이]→삗[ㅂ→b]→bit 【근거】 뻗다=가지나 덩굴, 뿌리 따위가 길게 자라나다. 종지=종자(鍾子)+이(첨가음)[모음 합체]→종재[애→에]→종제[에 →이]→종지. 'ㄲ, ㄸ, ㅃ, ㅉ, ㅆ, ㆅ 爲 全濁'〈훈민정음해례본〉(전탁(全濁)=유성음(有聲音)).

bit(mek)(=to be exhausted〈Türkçe Sözlük〉《LEXILOGOS》(=기진맥진하다, 몹시 지치다)=뻗(다)+이(첨가음)[모음 합체]→뻗[에→이]→삗[ㄸ→d]→bit 【근거】 그는 10km를 뛰고 **뻗었다**(=몹시 지쳤다).

böl(mek)(=나누다, 분할하다)=별(別)(=나누다)+이(첨가음)[어→오]→볼이[단음화]→볼이[모음 합체]→뵐→pöl[어두 유/무성자음 교체]→böl. cf. **bo'l**(moq)(우즈벡어)(볼(머크))=별[어→오]→볼[단음화]→볼(pol))[어두 유/무성자음 교체]→bol 【근거】 귁(國)〈월인석보 1권 훈민정음 1장 앞면〉=국(國)+이(첨가음)[모음 합체]→귁. 엄마[어→오]→옴마(경남). 別[**bié**](중국어)=별+이(첨가음)+아(의미첨가 없이 붙는 접미사)+이(첨가음)[어말 /ㄹ/ 탈락]→벼이아이[모음 합체]→볘애[단음화]→베애[에→이]→비애[애→에]→비에(pie)[어두 유/무성자음 교체]→bie. べつ(=別)(**betsu**)=별(別)+이(첨가음)[모음 합체]→볠[단음화]→벨[일본어식으로 표기]→베르[ㄹ→ㅌ]→베트[구개음화]→베츠(petsu)[어두 유/무성자음 교체]→betsu 【근거】 아래(표준어)=알(=下)(경남)+아(의미첨가 없이 붙는 접미사)+이(첨가음)[모음 합체]→알애→아래: 나를 알로 보나?(경남)=나를 아래로 보니?=나를 경시하니? 중국어, 일본어 모두 한국어의 어휘형성

규칙과 음운 규칙을 따르고 있으나 어두 자음, /b/만 다르다. 튀르키예어, 우즈벡어, 일본어, 중국어가 /b/인 것으로 보아 한국어 고대어도 '뼐'(/ㅃ(b)/)이었을 것으로 추정된다. 그러나 중세 국어에서는 /ㅂ(p)/였다: 볋(別)〈월인석보 1권 석보서 4장 앞면〉. 'ㄲ, ㄸ, ㅃ, ㅉ, ㅆ, ㆅ 爲 全濁'〈훈민정음해례본〉(전탁(全濁)=유성음(有聲音)).

çek(mek)(=(사진을) 찍다)=찍(다)+이(첨가음)〖이→으〗→쯕이〖모음 합체〗→쯱〖단음화: 의→에〗→쩩〖ㅉ→ㅊ〗→쳌→çek 【근거】 이리/으리(경남)=의리(義理). 쥷(就)〈월인석보 1권 월인서 12장 앞면〉+이(첨가음)→쮜밍〖ㅁㅇ→Ø〗→쮜이〖ㅉ→ㅊ〗→츄이〖단음화〗→추이〖모음 합체〗→취(현대어). 외국〖단음화: 의→에〗→에국(경남). 문에 머리를 **찍**다(경남)〖이→으〗→문에 머리를 **쯕**다(경남)(=부딪히다).

çiğne(mek)(=씹다, 짓밟다)=지근(지근)+하(다)+이(첨가음)〖모음 합체〗→지근해〖애→에〗→지그네〖ㅅ→ㅊ〗→치그네(çigıne)〖g→ğ/모음__모음〗→çiğne〖〖ğ〗 다음의 〖ı〗는 있으나 없으나 발음이 같이 들린다〗→çiğne 【근거】 지근지근 **씹다**, 지근지근 **밟다**. 지근지근하다=가볍게 자꾸 누르거나 밟다. 가볍게 자꾸 지그시 씹다〈표준국어대사전〉. 바가지(표준어)〖ㅅ→ㅊ〗→바가치(경남). 해라=하(다)+이(첨가음)+라(명령 종결 어미)〖모음 합체〗→해라. 뒿(追)〈월인석보 1권 석보서 4장 앞면〉[뒤]〖첨가음 /이/ 삭제〗→듀〖구개음화〗→쥬〖ㅅ→ㅊ〗→츄〖단음화〗→**추**(현대어).

del(mek)(=뚫다)=뜛(다)(경남)(=둟다)+이(첨가음)→뜛비〖ㅂ→ㅸ→w→Ø/유성음__유성음〗→뜛이〖모음 합체〗→뙬〖단음화: 의→에〗→뗄〖ㄸ→d〗→del. 아니면 **del**(mek)=뚫(다)+이(첨가음)→뚫히〖ㅎ→Ø/유성음__유성음〗→뚤이〖우→으〗→뜰이〖모음 합체〗→뙬〖단음화〗→뗄〖ㄸ→d〗→del 【근거】 둟다〈법화 6:154〉《고려대 한국어대사전》〖ㄷ→ㄸ〗→뚧다(경남)〖으→우〗→뚧다〖ㅂ→ㅎ〗→뚫다(현대 표준어). 'ㄲ, ㄸ, ㅃ, ㅉ, ㅆ, ㆅ 爲 全濁'〈훈민정음해례본〉(전탁(全濁)=유성음(有聲音)).

et(mek)(=~에게서 ~을 빼앗다=ı, dan/ to deprive (someone) of (something)〈turkishdictionary.net〉=앗(다)(=빼앗다)+이(첨가음)[모음 합체]→앳[애→에]→엣[엔](et)→et. cf. et(mek)=(일을) 하다.

et(mek)(=하다)=하(다)+이(첨가음)+ㄹ(관형형 어미)[모음 합체]→헬[애→에]→헬[ㄹ→ㄷ]→헫(het)[어두 /ㅎ/(h) 탈락]→et? 【근거】heroin(영어)[어두 /ㅎ/ 탈락]→eroin(튀르키예어). 볋(彆)〈훈민정음해례본 종성해〉[ㄷ→ㄹ]→별(彆)(현대어). ⇒ 10.1.

ger(mek)(=끌다, to draw (something) taut〈Türkçe Sözlük〉《LEXILOGOS》(=팽팽하게 당기다)=끌(다)+이(첨가음)[모음 합체]→낄[단음화: 의→에]→껠[ㄲ→g, 아니면, ㄲ→ㄱ and 어두 유/무성자음 교체]→ger. cf. ger(mek)(=make (nerves, relations) tense〈Türkçe Sözlük〉《LEXILOGOS》(=(신경, 관계를) 긴장시키다)=*껠(다)(ker)(←껠리다(경남 노인 말))[어두 유/무성자음 교체]→ger 【근거】신경에 걸리다=(nerve, relation) be made tense=껠리다=껄(다)+이(피동 보조 어간)+다[/ㄹ/ 복제]→걸리다[umlaut]→껠리다. *껠(다)=걸+이[모음 합체]→껠.

göm(mek)(=매장하다, 파묻다, build in(=붙박이로 넣다))=곰(박다)/꼼(박다)(경남)+이(첨가음)[모음 합체]→꾐[ㄲ→g 아니면, ㄲ→ㄱ and 어두 유/무성자음 교체]→göm. gömmek=(arch.(=옛말)) to install, set in, build in(붙박이로 넣다)〈turkishdictionary.net〉cf. koʻm(moq)(우즈벡어)(=묻다, 채우다, 메우다)=곰(박다)(kom) 【근거】아무도 모리그로 꼼박아 둔 돈을 꺼냈다(경남)=아무도 모르게 넣어 둔/묻어둔 돈을 꺼냈다.

gül(mek)(=웃다, 조소하다)=낄(낄 웃다)/끌(끌 웃다)+이(첨가음)→끌이[으→우]→꿀이[모음 합체]→꿸[ㄲ→g]→gül 【근거】믈(=水)〈훈민정음해례본 용자례〉[으→우]→물(현대어). 낄낄/끌끌(부사)=*낄(다)+*낄(다)/*끌(다)+*끌(다)【근거】달달 (볶다)=달(다)(동사 어간)+달(다)(=타지 않는 단단한 물체가 열로 몹시 뜨거워지다). cf. ring ring(영어)=따르릉따르릉.

öt(mek)(=(새가) 울다, 지저귀다)=울(다)+이(첨가음)[우→으]→을+이[모음 합체]→윌[ㄹ→ㄷ]→윋(öt) 【근거】볋(彆)〈훈민정음해례본〉[ㄷ→ㄹ]→별(彆)(현대어). '걷다-걷고-걷는다-걷기-걸어라-걸어서-걸으면'과 같이 동사가 활용할

때, 모음 앞에서는 /ㄷ/이 /ㄹ/으로 바뀐다. 믈(=水)〈훈민정음해례본 용자례〉〔으
→우〕→물(현대어). 써리다(경남)(=썰다)=썰(다)(표준어)+이(첨가음)+다.

öv(mek)(=칭찬하다, 찬양하다, 좋게 말하다): 읊(다)〔읖(따)〕+이(첨가음)+ㅁ(명사
형 어미)+아(의미첨가 없이 명사에 붙는 접미사)→읖이마〔유성음화〕→으빙마
〔모음 합체: 으+이→의(ö), ㅸ→v〕→öv마(ma)〔모음조화: ö-e〕→övme(=칭찬,
찬양). 'övme=öv(mek)+me'로 분석하여 동사, 'öv(mek)'이 만들어졌다. **övgü**(=칭
찬, 찬사)=öv(mek)+기(ki)(명사형 어미)〔유성음화, 모음조화: ö-ü〕→övgü 【근거】
열매=열(다)+ㅁ(명사형 어미)+아(의미첨가 없이 명사에 붙는 접미사)+이(첨가
음)→열매. cf. 여름(=열매)〈용비어천가 1권 1장 뒷면〉=열(다)+ㅁ(명사형 어미)(=
물체). '찬양하다'의 비유적 표현으로 '읊다(=시나 노래 등의 형식으로 표현하다.
감정이나 억양을 넣어 읽거나 외다)'를 사용한다: 그의 위대함을 읊다=그의 위대
함을 찬양하다.

ser(mek)(=펴다, 깔다, 널다, 펼치다)=설(設)(=설치하다, 진열하다)+이(첨가음)〔모
음 합체〕→셀(ser) 【근거】 귁(國)〈월인석보 1권 훈민정음 1장 앞면〉=국(國)+이(첨
가음)〔모음 합체〕→귁. 진설(陳設)=잔치나 제사(祭祀) 때에 법식에 따라 음식(飮
食)을 상 위에 **벌여 놓음**.

sür(mek)(=(자동차, 말, 치마 등을) 끌다)=혀(다)(=引)(=끌다)+ㄹ(관형형 어미)+이
(첨가음)→혈이〔ㅎ→ㅅ/__y〕→셜이〔어→으〕→syır이(i)〔ı→u〕→syuri(슈이)
〔단음화〕→술이(suri)〔모음 합체〕→쉴→sür 【근거】 믈(=水)〈훈민정음해례본 용
자례〉〔으→우〕→물(현대어). 형〔ㅎ→ㅅ/__y〕→셩〔단음화〕→성(경남). 아니
면, **sür**(mek=끌(다)+이(첨가음)〔구개음화〕→쯜이〔ㅉ→ㅆ〕→쓸이〔ㅆ→ㅅ〕→
슬이〔으→우〕→술이〔모음 합체〕→쉴→sür 【근거】 쩔레쩔레〔ㅉ→ㅆ〕→썰레
썰레〔ㅆ→ㅅ〕→설레설레.

sür(mek)(=(시간이) 끌리다(=걸리다)(자동사))=혀(다)(=引)(=끌다)+ㄹ(관형형 어
미)+이(피동 보조 어간)→혈이〔ㅎ→ㅅ/__y〕→셜이〔어→으〕→syır이(i)〔ı→u〕
→syuri(슈이)〔단음화〕→술이(suri)〔모음 합체〕→쉴→sür.

sür(mek)(=바르다, 칠하다)=쓸(다)+이(첨가음)〔으→우〕→쑬이〔모음 합체〕→쓀

→sür【근거】예를 들어 페인트를 붓으로 쓰는 것이 바르는 것이다: 쓰는 것=쓸(다)+는+것[ㄹ→Ø/__ㄴ]→쓰는 것【근거】져므니〈석보상절 19권 1장 뒷면〉=졂(다)+으(자음 충돌 회피용 삽입 모음)+ㄴ(관형형 어미)+이(=사람)→졂은이→졀므니[ㄹ→Ø/__ㅁ]→져므니. cf. 젊은이(현대어)=젊(다)+으(자음 충돌 회피용 삽입 모음)+이(=사람)(현대어에서는 /ㄹ/이 탈락되지 않았다).

yağ(mak)(=(비, 눈이) 내리다, (잎사귀, 먼지, 포탄 등이) 쏟아지다)=락/낙(落)(=떨어지다)+이(첨가음)[두음법칙 후 보상적 /y/ 첨가]→약이(yagi)[g→ğ]→yaği[모음조화: a-ı]→yağı[[ğ] 다음의 [ı]는 있으나 없으나 발음이 같이 들린다. 만약에 [ı]가 없었다면 /ğ/가 만들어질 수 없다]→yağ【근거】썰(다)(표준어)+이(첨가음)→써리다(경남)(=썰다). **yağmur**(=비=(하늘에서) 떨어지는 물)=yağ(mak)(=떨어지다)+물(=mur)(=水(수))(합성어 속에 한국어의 '물(=水)'이 들어 있다). 옃다(경남)(=넣다)=넣다[두음법칙: ㄴ→Ø and 보상적 /y/ 첨가]→y+엏(əh)다→옃(yəh)다.

yürü(mek)(=거닐다, 거니다)=*녈(다)(=녀다〈월곡 상 31〉《우리말샘》)(nyəl)+이(첨가음)(i)[두음법칙 후 보상적 /y/ 첨가]→y+yəli[동음 축약]→yəli[어(ə)→으(ı)]→yıli[으(ı)→우(u)]→yuli[umlaut]→yuili[모음 사이, /ㄹ(l)/는 /r/에 가깝다]→yuiri→yüri[모음조화: ü-ü]→yürü【근거】우리말 '녀다'는 원래 '녈다'였을 것이다: 거닐다=건(다)+녈(다)+이(첨가음)+다[모음 합체]→건녤다[단음화]→건녤다[에→이]→건닐다[건닐다][발음대로 표기]→건닐다[동자음 축약]→거닐다.

10.5 명사=동사 어간

ᄀᆞ물다=ᄀᆞ물(명사)+다〈Han-Woo Choi 1996: 13〉【근거】ᄀᆞᄆᆞᆳ難난〈석보상절 9권 33장 뒷면〉=ᄀᆞ물(명사)+ㅅ(사이시옷)+난. ᄀᆞ물다〈월인석보 10권 84장〉《고려대한국어대사전》[ᄋᆞ→아]→가물다[ᄋᆞ→우]→가물다(현대어).

빗다=빗(명사)+다.

신다=신(명사)+다〈Han-Woo Choi 2002: 25〉

품다=품(명사)+다〈Han-Woo Choi 2002: 25〉.

ağrı(mak)(=아프다, 욱신거리다). **ağrı**(=통증, 고통). ağrımak={V} ache, hurt, throb with pain, smart〈Türkçe Sözlük〉《LEXILOGOS》.

bas(mak)(=밟다)=밝(가락)〈법화경언해 1권 9장 앞면〉〚ㄹ→∅/__ㅅ〛→밧(가락)(pas)〚어두 유/무성자음 교체〛→bas 【근거】밝가락〚ㄹ→∅/__ㅅ〛→**밧**가락〈법화경언해 4권 141장 뒷면〉《우리말샘》. 밝가락=발(=足)+ㅅ(사이시옷)+가락. cf. あし(=足(asi))(일본어)(=발)=(~모음)+밧(가락)+이(첨가음)→(~모음)+바시〚ㅂ→ㅸ→w→∅〛→아시→asi 【근거】**와(wa)**신상담[**아(a)**신상담](경남, 빠른 발음). 튀르키예어나 일본어나 원어를 모르고 발음으로 잘못 분석하여 생긴 단어이다.

çökel(mek)(=침전되다)=çökel(=침전물)=찌껄이/**쯔껄이**(=찌꺼리/쯔거리(경남)(=찌꺼기)→쯔껄이〚umlaut 앞으로 두 번〛→찍껄이〚모음 합체〛→찍껠〚ㅉ→ㅊ〛→칙껠〚ㄲ→ㄱ→ㅋ〛→칙켈→çökel 【근거】**쥼(就)**〈월인석보 1권 월인서 12장 앞면〉+이(첨가음)→쥼미〚ㅁ→∅〛→쥬이〚ㅉ→ㅊ〛→츄이〚단음화〛→추이〚모음 합체〛→**취**(현대어). **끈(=近)**〈월인석보 1권 월인서 14장 앞면〉〚ㄲ(g)→ㄱ(k)〛(유/무성자음 교체)→근(현대어). 시**기**다〈석보상절 6권 10장 앞면〉〚ㄱ→ㅋ〛→시**키**다(현대어).

savaş(mak)(=싸우다)=savaş(명사)(=싸움). **savaş**(=싸움)=씨불(다)/**싸부**(다)(경남)(=싸우다)+앗(명사형 어미)+이(첨가음)→싸부앗이〚모음 합체 후 단음화: 부+앗→밧〛→싸밧이〚유성음화〛→싸바시〚ㅸ→v〛→savaş(구글에서 발음을 들어보면 /s/이 /ㅆ/처럼 들린다. 튀르키예어에는 /ㅅ/과 /ㅆ/의 구분이 없다). 싸우다=싸부다(경남)〚유성음화〛→싸부다〚ㅸ→w→∅/모음__모음〛→싸우다(표준어) 【근거】됩(다)+우(명사형 어미)→더부(경남 노인 말)〚유성음화〛→더붖〚ㅸ→w〛→더wu〚w→∅〛→더우(u)(경남 노인 말). 됩(다)+우(명사형 어미)+이(첨가음)〚모음 합체〛→더뷔〚유성음화: ㅂ→ㅸ/모음__모음〛→더뷔〈석보상절 9권 9장 뒷면〉〚ㅸ→w→∅/모음__모음〛→더위(표준어).

sik(mek)(=성교하다)=sik(=자지, 좆). **sik**(=자지)=수+ㅎ(고유어 명사에 붙음)+이(첨가음 혹은 소유격 조사)+거/**그**(경남)(=것)→숳이그〚모음 합체〛→쉻그〚ㅎ+ㄱ→ㅋ〛→쉬크〚단음화: 위→이〛→시크→sikhı〚튀르키예어에는 /k/, /kh/의 구분이 없다]]→sikı[[/k/를 파열시켜 발음하면 /ı/는 있으나 없으나 발음이 같이 들린다]]→sik(그 뜻은 '수컷의 것'=자지). cf. 씹하다(=성교하다)=씹(=여성 음부)+하다(=~을 취하다: cf. 나무하다=산에서 나무를 취하여 가져오다). 튀르키예어는 '좆'이라는 명사가 동사로 쓰일 때 '성교하다'라는 뜻이 된다. cf. **am**(=음부)=암(컷)?→am. 암수=암컷과 수컷. 암컷=암+ㅎ(고유어 명사에 붙음)+것[[ㅎ+ㄱ→ㅋ]]→암컷.

sok(mak)(=넣다, 쑤셔 넣다, 밀어 넣다)=속(sok)(=내(=內)=안). cf. 'bottle A(영어)=A를 병에 넣다'와 같이 '속 A=A를 속에 넣다'일 것으로 추정된다. 아니면, sok(mak)=쏙(부사) (집어넣다): 동사와 함께 쓰이는 부사가 그 동사의 뜻을 갖는 경우이다. ⇒ **10.8**. 속(=내(內))(표준어)=쏙(경남).

yarış(mak)=겨루다, 경주하다, 경쟁하다. **yarış**(=겨루기, 경주, 경쟁, 시합)=겨루(다)+앗(=子)(=것)+이(첨가음)[[ㄱ→Ø/(모음)__모음]]→**여루앗이**[[여→야]]→야루앗이[[umlaut]]→야루앳이[[애→에]]→야루엣이[[에→이]]→야루잇이→**야루이**시[[모음 합체 후 단음화: 루+이→리]]→야리시(yariş)[[모음조화: a-ı]]→yarış(그 뜻은 '겨루는 것'=겨루기, 경쟁, 경주, 시합) 【근거】 고기(표준어)[[umlaut]]→괴기[[단음화]]→게기(경남)[[ㄱ→Ø/(모음)__모음]]→게이(경남)[[에→이]]→기이(경남). 예를 들어 다음과 같은 경우에 '겨루(다)+앗+이'가 yarış로 바뀐다: zaman ile yarışmak(=시간을 다투다)=zaman ile+겨루(다)+앗+이[[ㄱ→Ø/에__여)]]→zaman ile **여루앗이**.

10.6 A+la/le+mak

ağırla(mak)(=대접하다, 모시다, 후대하다)=ağır(=무겁다)+la. 한국어와 사고방식이 동일하다: '대접한다', '후대한다'를 '정중히 모신다'라고 한다. '정중히'의 '중(重)'이 '무겁다(=ağır)'는 뜻이다. 므겁다〈석보상절 6권 5장 앞면〉(=무겁다)=*믁(다)+업(형용사형 어미)+다. **ağır**=*믁(다)+알(=子)(명사형 어미)+이(첨가음)[[ㅁ(m)→ㅂ(b)→ㅸ→w→Ø]]→윽알이[[으→어]]→억알이[[어→아]]→악알이[[모음 합체]]→악앨[[애→에]]→악엘[[에→이]]→악일(akir)[[유성음화]]→agir[[모음조

494　튀르키예어의 기원

화: a-ı〗→agır〖g→ğ/모음__모음〗→ağır(그 뜻은 '무거운 것(명사)'인데 형용사적으로 쓰인 것이다) 【근거】묵직하다(=다소 큰 물건이 보기보다 제법 무겁다)=*믁(다)(=무겁다)+직하다〖으→우〗→묵직하다. cf. 좁직하다=좁(다)+직하다. 무(武)(mu)〖ㅁ(m)→ㅂ(b)→ㅸ→w〗→[wǔ](武)(중국어). cf. **hafiflemek**(=가벼워지다)=hafif(=가볍다)+le+mek. cf. hafifleşmek(=가벼워지다). hafif(=가볍다)=가볍(다)[가볩](경남 발음)→가볩〖에→이〗→가빕〖ㄱ→ㅎ〗→하빕(hapip)〖ㅂ(p)→f/모음__모음〗(대부분의 경우는 'ㅂ(p)→v/모음__모음'이나 /ㅂ/을 /ㅍ/으로 인식한 경우일 것으로 추정된다)→hafip〖어말의 /p/를 파열시켜 발음하면 어말이라 발음이 약화되어 [f]처럼 들린다〗→hafif. 【근거】**개**겁다/**해**겁다(경남)=**가**볍다(표준어).

ağırlaş(mak)(=무거워지다, 어려워지다)=ağırla(mak)+아(a)(부사형 어미)+지(다)〖동모음 축약〗→ağırla지〖ㅈ→ㅅ〗→ağırla시→ağırlaş 【근거】똥구시(경남)=똥+굼(=구덩이)+이(첨가음)→똥구디〖구개음화〗→똥구지〖ㅈ→ㅅ〗→똥구시.

algıla(mak)(=알아차리다, 인지하다)=알(다)(al)+그(kı)경남(=것)+la〖유성음화〗→algıla. cf. **algı**(=지각, 자각, 인식, 감각, 느낌)=알(다)(al)+그(kı)(경남)(=것)〖유성음화〗→algı. 아니면, **algı**=알(다)(al)+기(ki)(명사형 어미)〖유성음화〗→algi〖모음조화: a-ı〗→algı. cf. **anla**(mak)(=알다, 이해하다)=알(다)/**아**(다)(a)(경남)+안(an)(명사형 어미)→aanla〖동모음 축약〗→anla. 아니면, **anla**(mak)=알(다)/**아**(다)(a)+앙(명사형 어미)(ang)+la〖ng→n〗→aanla〖동모음 축약〗→anla 【근거】눈두던(경북, 충북)〈우리말샘〉(=눈두덩)=눈+둗(다)(=돋다)+안(an)(=곳, 것)〖모음조화: 우-어〗→눈둗언〖발음대로 표기〗→눈두던. 눈두덩=눈+둗(다))+앙(ang)(=子)(=것, 곳)〖모음조화: 우-어〗→눈둗엉〖발음대로 표기〗→눈두덩. don(mak)(=얼다)=동(凍)(tong)(=얼다)〖ng→n〗→ton〖어두 유/무성자음 교체〗→don. kelmoq(우즈벡어)=gelmek(튀르키예어)=오다.

anla(mak)(=이해하다, 알아차리다, 알다)=알(다)/**아**(다)(a)(경남)+앙(ang)(명사형 어미)+la〖ng→n〗→aanla〖동모음 축약〗→anla. 아니면, **anla**(mak)(=이해하다, 알아차리다, 알다)=알(다)/**아**(다)(경남)+안(an)(명사형 어미)+la→아(a)+anla

〖동모음 축약〗→anla【근거】불두덩=불+둗(다)(=돋다)+앙(ang)(=것, 곳)〖모음조화: 우-어〗→불둗엉→불두덩. 불두던(경북)(=불두덩)〈고려대 한국어대사전〉=불(=생식기)+둗(다)(=돋(다))+안(an)(=것, 곳)→불둗안〖모음조화: 우-어〗→불두던. don(mak)(=얼다)=동(凍)(tong)(=얼다)〖ng→n〗→ton〖어두 유/무성자음 교체〗→don【근거】kelmoq(우즈벡어)=gelmek(튀르키예어)=오다. 중세 한국어에서 현대어, '것'과 '곳'은 '곧'이었다: 듣디아니ᄒᆞ샨**고돈**〈석보상절 6권 7장 앞면〉(=듣지 아니하신 **것은**): 고돈=곧(=것)+온. 이**곧**뎌고대〈용비어천가 4권 24장 앞면〉(=이곳 저곳에): 이곧=이+곧(=곳).

avla(mak)(=사냥하다)=렵(獵)(=사냥)+이(첨가음)+la〖두음법칙 후 보상적 /y/ 첨가〗→y+엽(yəp)이la〖동음 축약: y+yəp→yəp〗→엽(yəp)이la〖단음화: 여→어〗→업이la〖어→아〗→압이la〖유성음화: ㅂ→ㅸ/유성음__유성음〗→아ᄫᅵla〖ㅸ→v〗→avila〖모음조화: a-ㅣ〗→avıla〖[v] 뒤의 [ı]는 있으나 없으나 발음이 같이 들린다〗→avla. cf. 猎(=獵)[liè](중국어)=렵(獵)+이(첨가음)→려비〖유성음화: ㅂ→ㅸ→∅/유성음__유성음〗→려이〖모음 합체〗→례〖모음 분해: 예→이+에〗→리에(lie)【근거】귁(國)〈월인석보 1권 훈민정음 1장 앞면〉=국(國)+이(첨가음)〖모음 합체〗→귁. 덥(다)+우(명사형 어미)〖발음대로 표기〗→더부(경남 노인 말)(=더위(표준어))〖유성음화: ㅂ→ㅸ→∅/유성음__유성음〗→더우(경남 노인 말). 더위(표준어)=덥(다)+우(명사형 어미)+이(첨가음)→더뷔〖유성음화: ㅂ→ㅸ/유성음__유성음〗→더ᄫᅱ〈석보상절 9권 9장 뒷면〉〖ㅸ→∅〗→더위.

ayıpla(mak)(=비난하다)=어의없(다)/어의읎(다)〖**어이웂**(따)〗(경남 발음)+la→**어**이웂la〖어→아〗→아이웂la→aiipla〖모음 합체: i+ı→yı〗→ayıpla(그 뜻은 어이없어하다=비난하다). **ayıp**(=부끄러운, 창피스런, 버릇없는, 보기 흉한. 창피, 과실, 불명예)=어의없(다)/어의읎다〖**어이웂**(따)〗→**어**이웂〖어→아〗→아이웂→aiip〖모음 합체: i+ı→yı〗→ayıp.

bağla(mak)(묶다, 매다)=박(縛)(=묶다)(pak)+이(명사형 어미)(i)+la→pakila〖어두 유/무성자음 교체〗→bakila〖유성음화〗→bagila〖모음조화: a-ㅣ〗→bagıla〖g→ğ/모음__모음〗→bağıla〖[ğ]가 [ı]로 발음되므로 뒤의 [ı]는 동모음 축약처럼 없어진

다』→bağla【근거】 kelmoq(우즈벡어)=gelmek(튀르키예어=오다.

başla(mak)(=시작하다, 비롯되다)=baş(=머리)+la. '머리'는 시작을 나타낸다: 머릿글=머리+ㅅ+글=시작하는 글. **baş**=박(=머리)+이(첨가음)→바기〖구개음화: ㄱ→ㅈ/__이〗→바지〖ㅈ→ㅅ〗→바시(pasi)〖어두 유/무성자음 교체〗→baş【근거】 kelmoq(우즈벡어)=gelmek(튀르키예어). 똥구시(경남)=똥+굳(=구덩이)+이(첨가음)→똥구디〖구개음화〗→똥구지〖ㅈ→ㅅ〗→똥구시.

birle(mek)(=하나로 만들다)=bir(하나의, 하나)+la〖모음조화: i-e〗→birle. cf. 비롯되다(=시작되다)=빌+옷(=앗(=子))+되다. '비롯'은 '시작의 것'이다. 따라서 '빌'은 '시작의'의 의미로 숫자의 시작이 '하나'이니 '빌'은 '하나의'이다.

boğazla(mak)(=참수하다, 파면하다)=목(mok)+앗(=子)(as)(의미첨가 없이 명사에 붙는 접미사)+la〖m/b 교체〗→bokasla〖유성음화〗→bogazla〖g→ğ/모음__모음〗→boğazla【근거】 모가지(=목)=목+앗〖안〗(=子)+이(첨가음)→목안이→모가디〖구개음화: ㄷ→ㅈ/__이〗→모가지('앗〖안〗'을 지소사로 보면 비하하는 말로 쓰이나 원래는 의미첨가 없이 명사에 붙는 접미사로 쓰였음을 튀르키예어, boğaz(=목, 해협)를 보면 알 수 있다). 모가지가 날아가다=파면 당하다. 너는 모가지야=너는 파면이야. 씨앗=種子(종자). 한 **마리**(표준어)=한 **바리**(경남). cf. ばりき(馬力)(bari-ki)(일본어 현대어), てんま(伝馬)(tenma)〈ベネッサ全訳古語辞典〉(일본어 고어), めれう(馬寮)(mereu)〈ベネッサ全訳古語辞典〉(일본어 고어): 마(馬)+이(첨가음)〖모음 합체〗→매〖애→에〗→메(me)→め 【근거】 장어(=eel)(표준어)+이(첨가음)〖모음 합체〗→장에〖모음조화: 아-애〗→장애(경남).

çitile(mek)(=(빨래 따위를) 치대다)=치대(다)+이(명사형 어미)+la〖애→에〗→치데이la〖에→이〗→치디이la〖동모음 축약〗→치디la〖모음조화: i-e〗→çitile 【근거】 종지=종자(鍾子)+이(첨가음)〖모음 합체〗→종재〖애→에〗→종제〖에→이〗→종지. **çiti**(=çitmek işi(=치대는 일)=çitme)=치대(다)+이(명사형 어미)〖애→에〗→치데이〖에→이〗→치디이〖동모음 축약〗→치디(çiti). **iş**(=일)=일+ㅎ(고유어 명사에 붙음)+이(첨가음)→일히〖ㅎ→ㅅ/__이〗→일시〖ㄹ→Ø/__ㅅ〗→이시(iş)【근거】 힘(표준어)〖ㅎ→ㅅ/__이〗→심(경남). 부삽=불삽〖ㄹ→Ø/__ㅅ〗→부삽.

destekle(mek)(=지지하다)=destek(=지지, 지원, 원조, 후원; 지주, 버팀대, 지지목)+la[모음조화: e-e]→destekle. **destek**=덧+이(첨가음)+대(다)+악(=子)(=것)+이(첨가음)[모음 합체]→뎃대액[애→에]→뎃데엑[동모음 축약]→뎃덱→testek[어두 유/무성자음 교체]→destek(그 뜻은 '덧대는 것')【근거】덧대다=대어 놓은 것 위에 겹쳐 대다. 종지=종자(鍾子)+이(첨가음)[모음 합체]→종재[애→에]→종제[에→이]→종지. kelmoq(우즈벡어)=gelmek(튀르키예어)=오다. 덧이나다(경남)(=덧나다)=덧+이(첨가음)+나다. 서분타(경남)=서분하다(경남)[동모음 축약]→서분+ㅎ+다[ㅎ+ㄷ→ㅌ]→서분타. 서분하다[유성음화: ㅂ→ㅸ/유성음__유성음]→서분하다[ㅸ→Ø/유성음__유성음]→서운하다(표준어).

didikle(mek)(=to pull apart(=잡아당겨 찢다), tear to shreds(=갈기갈기 찢다)〈turkishdictionary.net〉=*띠딕+la[ㄸ→d]→ditikla[유성음화]→didikla[모음조화: i-e]→didikle【근거】뜯(다)+악(부사형 어미)+이(첨가음)[모음 합체]→뜯액[애→에]→뜯엑[에→이]→뜯익[umlaut]→띌익[단음화: 의→에]→뗄익[에→이]→띡익→띠딕[ㄸ→d]→ditik[유성음화]→didik. cf. 띠딕[구개음화: ㄸ→ㅉ/__이, ㄷ→ㅈ/__이]→찌직(현대어)【근거】종지=종자(鍾子)+이(첨가음)[모음 합체]→종재[애→에]→종제[에→이]→종지. 나박나박 썰다=납(다)+악(부사형 어미)+납(다)+악(부사형 어미)+썰다【근거】匾子船 **납은** 비〈한청 12:19〉《우리말샘》: 납은=납(다)(=납작하다)+으(자음 충돌 회피용 삽입 모음)+ㄴ(관형형 어미). 비[단음화: 이→애]→배(현대어).

dişle(mek)(=물다, 물어뜯다)=diş(=이, 이빨)+la(여기서 '이(=齒)'는 물거나 물어뜯는 도구이다.)[모음조화: i-e]→dişle. **diş**=니〈석보상절 19권 6장 뒷면〉(ni)(=치(齒))+앗(=子)(의미첨가 없이 명사에 붙는 접미사)+이(첨가음)[n→d]→di앗이[umlaut]→di앳이[애→에]→di엣이[에→이]→di잇이→di이시(iş)[동모음 축약]→diş. 아니면, **diş**=니+자(子)(의미첨가 없이 명사에 붙는 접미사)+이(첨가음)[n→d]→di자이[모음 합체]→di재[애→에]→di제[에→이]→di지[ㅈ→ㅅ]→di시→diş【근거】건니다(kənnida)(경남)(=건너다(표준어))[n→d]→건디다(kəndida)(경남)(=건너다). 종지=종자(鍾子)+이(첨가음)[모음 합체]→종재[애

→에]→종제[에→이]→종지. 씨=씨앗. 모(帽)=모자(帽子). cf. 男女(なんにょ (nannyo))(일본어)[n→d, n→z]→男女(だんじょ(danzyo)). 똥구시(경남)=똥+군 (=구덩이)+이(첨가음)→똥구디[구개음화]→똥구지[ㅈ→ㅅ]→똥구시.

durakla(mak)(=정지하다, 멈추다)=dur(mak)(=멈추다)+악(명사형 어미)(=행위)) (ak)+la. **dur**(mak)(=멈추다)=(비가) 들(다)[으→우]→둘(tur)[어두 유/무성자음 교체]→dur 【근거】 gelmek(튀르키예어)=kelmoq(우즈벡어)=오다. 믈(=水)〈훈민정 음해례본 용자례〉[으→우]→물(현대어). **durak**(=정지, 역)=dur(mak)+악(ak)(= 子)(=것(=행위), 곳(=장소)). Yağmur **dur**du=비가 들었다=비가 멈췄다/그쳤다.

gıdakla(mak)(=(닭이나 새가) 꼬꼬댁거리는 소리를 내다)=*꼬닥(cf. (꼬)꼬댁(거 리다))+la[오→우→으]→끄닥[ㄲ→g]→gıtakla[유성음화]→gıdakla 【근거】 사오/사우(경남)=사위(표준어). **머굼다**[우→으]→머금다(현대어) 【근거】 **머구몰** 함(含)〈훈몽자회 하권 14장 앞면〉=머금을 함(현대어).

gizle(mek)(=숨기다, 감추다)=기시(다)(경남 노인 말)(=숨기다, 감추다)(kisi)+이(i) (명사형 어미)(i)+la[동모음 축약]→기시la[이→으]→기스la[유성음화]→기스 la[ㅿ→z]→kızıla[[z] 다음의 [ı]는 있으나 없으나 발음이 같이 들린다]→kızla [어두 유/무성자음 교체]→gızla[모음조화: i-e]→gizle 【근거】 이**리**다(경남)[이 →으]→이르다(표준어). gelmek(튀르키예어)=kelmoq(우즈벡어)=오다. 子종孫 손이**니ᅀᅥ**가몰〈석보상절 6권 7장 뒷면〉(=자손이 이어 감을): 닛(다)+어(부사형 어 미)→니ᅀᅥ[유성음화]→니ᅀᅥ. 닛다[두음법칙 후 보상적 /y/ 첨가]→y+잇(is)다 [단음화: y+i→i]→잇(is)다(현대어). 기시다(=속이다)=기(欺)(=속이다)+하(다)+ 이(첨가음)+다[모음 합체]→기해다[애→에]→기혜다[에→이]→기히다[ㅎ →ㅅ/__이]→기시다 【근거】 시기다〈석보상절 6권 10장 앞면〉(=시키다=하게 하 다)=하(다)+이(첨가음)+히(사동 보조 어간)+다[모음 합체]→해히다[애→에]→ 헤히다[에→이]→**히**히다[ㅎ→ㅅ/__이]→시히다[ㅎ→ㄱ/ㅋ]→시기다/시키 다 【근거】 힘(표준어)[ㅎ→ㅅ/__이]→심(경남). 해겁다(경남)(=가볍다(표준어)) [ㅎ→ㄱ]→개겁다(경남)(=가볍다(표준어)). 燈등의블**혀**고〈석보상절 9권 32장 뒷 면〉=등에 불 켜고(현대어): 혀다[ㅎ→ㅋ]→켜다.

gözle(mek)(=살피다, 관찰하다, 주시하다)=göz(=눈)+la〖모음조화: ö-e〗→gözle: 눈은 보는 기관이다.

gözlemle(mek)(=관찰하다, 관측하다)=gözle(mek)+ㅁ(명사형 어미)(m)+la〖모음조화: e-e〗→gözlemle. **gözle**mek(=관찰하다; 주시하다)=göz(=눈)+le+mek. gözlemlemek=gözlemek.

hafifle(mek)(=가벼워지다)=hafif(=가볍다)+la〖모음조화: i-e〗→hafifle. cf. hafifleşmek(=가벼워지다). **hafif**(=가볍다)=*하볍(다)[하볩](=가볍(다))→하볩〖에→이〗→하빕(hapip)〖p→f/모음__모음〗→hafip〖어말에서 /p/를 파열시켜 발음하면 [f]처럼 들린다〗→hafif【근거】*하볍다〖ㅎ→ㄱ〗→가볍다(표준어)('*하볍다'에서 튀르키예어와 한국어 표준어가 유래했음을 알 수 있다)【근거】해겁다(경남)〖ㅎ→ㄱ〗→개겁다(경남)(=가볍다). 燈등의블**혀**고〈석보상절 9권 32장 뒷면〉=등에 불 **켜**고(현대어): 혀다(중세 국어)〖ㅎ→ㅋ〗→켜다(현대어).

harla(mak)(=활활 타다)=활(활)+la→활[할](경남 발음)la→harla. cf. **harlı**(=활활 타는)=화(=火)[하](경남 발음)(=불, 타는 불)+알(=子)(의미첨가 없이 명사에 붙는 접미사)+li(형용사형 어미)→하알li〖동모음 축약〗→할li→harli〖모음조화: a-ı〗→harlı(그 뜻은 '타는 불의'=활활 타는)【근거】사타리(경남)(=살(표준어))=살+알(의미첨가 없이 명사에 붙는 접미사)+이(첨가음)→사타리.

hohla(mak)(=호호 소리를 내며 입김을 불어 내다)=호호(hoho)+la→hohola〖음절 재분석으로 /o/ 탈락〗→hohla.【근거】sıyır(mak)+ılmak〖음절 재분석으로 /ı/ 탈락〗→sıyrılmak. Yalu nehri(=압록강)=Yalu+nehir+i(3인칭 소유 접미사)〖음절 재분석으로 /i/ 탈락〗→Yalu nehri. ömür(=목숨, 생명, 평생, 인생)+üm(=1인칭 소유 접미사)〖음절 재분석으로 /ü/ 탈락〗→ömrüm.

horla(mak)(=/ı/ to treat (someone) contemptuously(=경멸적으로 대하다); to scorn(=경멸하다, 멸시하다), despise(=경멸하다))〈Türkçe Sözlük〉《LEXILOGOS》=홀(忽)(hor)(=소홀하다, 경시하다)+la. cf. **hor** bakmak(=/a/ to look down on(=경시하다, 업신여기다)=홀(忽)(hor)+bakmak(=보다). bak(mak)(=보다): 보(다)+기(명사형 어미)〖오→아〗→바기(paki)〖어두 유/무성자음 교체〗→baki〖모음조화: a-ı〗

→bakı(=향, 방향). 'bakı=bak(동사 어간)+ı(명사형 어미)'로 오분석하여 동사 어간, bak이 만들어졌다(튀르키예어도 한국어와 같이 명사형 어미, '이'와 '기'가 있으나 '기'가 붙은 것을 '이'가 붙은 것으로 오분석하여 동사 어간, bak이 만들어졌다). 남향집=집의 앞면이 남쪽을 **보는** 집. 보아라(표준어)[모음 합체]→봐라[단음화: 와→아]→바라(경남)('바라=바(다)+라'로 분석하여 '오→아'로 바뀌었다: 바(다)+기(명사형 어미)→바기(paki)[어두 유/무성자음 교체]→baki[모음조화: a-ı]→**bakı**(=향, 방향). 'bakı=bak(동사 어간)+ı(명사형 어미)'로 오분석하여 동사 어간, bak이 만들어졌다(튀르키예어도 한국어와 같이 명사형 어미, '이'와 '기'가 있으나 '기'가 붙은 것을 '이'가 붙은 것으로 오분석하여 동사 어간, bak이 만들어졌다).

horla(mak)(=코를 골다)=(코를) *헐(다)(=골다)+알(명사형 어미)(=행위)+la[어→오]→홀알la[모음조화: 오-오]→홀올la[동음절 축약]→홀(hor)+la 【근거】 허렁허렁/흐릉흐릉 코를 골다(경남): 허렁허렁=*헐(다)+앙(부사형 어미)+*헐(다)+앙(부사형 어미)[모음조화: 어-어]→**허렁허렁**[어→으]→**흐릉흐릉**. 허렁=*헐(다)+엉. *헐다[어→오]→홀다[ㅎ→ㄱ]→골다(현대어). 갈다/가다(경남 둘 다 사용). **해겁다**(경남)[ㅎ→ㄱ]→**개겁다**(경남)=가볍다(표준어). **horultu**(=코고는 소리)=hor(lamak)(=코를 골다)+으(자음 충돌 회피용 삽입 모음)(ı)+ㄹ(관형형 어미)(l)+티(ti)(=기색: 소리의 기색은 소리다)→horılti[모음조화: o-u]→horulti[모음조화: u-u]→horultu. cf. cf. **patırtı**(=발 구르는 소리)=발+티(다)(=치다)+ㄹ(관형형 어미)+티[ㄹ→∅/__ㅌ]→바틸티(patirti)[모음조화: a-ı]→patırti[모음조화: ı-ı]→patırtı(합성어 속에 한국어의 '발'(=ayak)이 화석처럼 남아 있다).

inle(mek)(=신음(呻吟)하다)=음(吟)(=신음(하다))+la[으→이]→임la[ㅁ→ㄴ]→인la[모음조화: i-e]→inle 【근거】 **므슴**〈석보상절 6권 16장 앞면〉[으→우]→무슴[ㅁ→ㄴ]→**무슨**(현대어). **음**식(표준어)=**임**석/임슥(경남 노인 말). cf. 吟[yín](중국어). ぎん(吟)(gin)(일본어). 일본어를 보면 吟의 중세 국어 음은 '**음**'이었을 것이다: 음[ㅁ→ㄴ]→은[으→이]→인[ㅇ(꼭지 있는 이응) 탈락(두음법칙) 후 보상적 /y/ 첨가]→yin(중국어). 음[ㅁ→ㄴ]→은[으→이]→인[ㅇ(꼭지 있는

이응)→g〗→gin(일본어) 【근거】은(銀)〈월인석보 1권 월인천강지곡 22장 뒷면〉
〖으→이〗→인〖ㅇ(꼭지 있는 이응)→g〗→gin→ぎん(銀)(일본어). 银[yín](중국
어)=은[으→이〗→인〖ㅇ(꼭지 있는 이응) 탈락 후 보상적 /y/ 첨가〗→[yín]. 은
(銀)(현대어)〖ㅇ(꼭지 있는 이응)→Ø〗→은[ɯn]. **gümüş**(=은(銀))=은(銀)+이(첨가
음)+붙이〖ㅂ→ㅁ〗→은이뭍이〖으→우〗→운이뭍이〖모음 합체〗→위ㄴ무티〖ㄴ
→ㅁ/__ㅁ〗→위ㅁ무티〖동자음 축약〗→위무티〖umlaut〗→위뮈티〖구개음화〗→
위뮈치〖ㅊ→ㅅ〗→위뮈시〖ㅇ(꼭지 있는 이응)→g〗→gümüş(그 뜻은 '은붙이'이
다) 【근거】들티다〈신합 하:9〉《우리말샘》(=들추다)=들티다〖구개음화: ㅌ→ㅊ/__
이〗→들치다〖ㅊ→ㅅ〗→들시다(경남). 들치다〖이→우〗→들추다(표준어). 산만
[삼만].

ısla(mak)(=/ɯ/ to wet, to dampen, moisten〈Türkçe Sözlük〉《LEXILOGOS》=적시
다, 축축하게 하다)=이슬(=dew)(isɯl)+la〖이(i)→으(ɯ)〗→ısılla〖동자음 축약〗→ısı-
la〖[s] 다음의 [ɯ]는 있으나 없으나 발음이 같이 들린다〗→ısla(합성어 속에 한국
어, '이슬'이 화석처럼 남아 있다) 【근거】이리/으리(경남)=의리(義理)(표준어). cf.
çiyi(=이슬)=띵(地)[띠]〈월인석보 1권 월인서 18장 앞면〉(=땅)+웅(雨)[우]〈석보상
절 13권 26장 뒷면〉(=비)+이(첨가음)→띠우이〖ㄸ→ㅌ〗→티우이〖구개음화: ㅌ
→ㅊ/__이〗→치우이〖ㅇ→Ø〗→치우이〖모음 합체〗→치위〖단음화: 위→이〗
→치이〖모음 충돌 회피용 반자음, /y/ 첨가〗→치+y+이(i)→çiyi(그 뜻은 '땅비
(=땅에서 만들어진 비)'=이슬) 【근거】웅(雨)[우]〈석보상절 13권 26장 뒷면〉(=비)
〖ㅇ→Ø〗→우(雨)(현대어). 귁(國)〈월인석보 1권 훈민정음 1장 앞면〉=국(國)+이
(첨가음)〖모음 합체〗→귁. 위하여(표준어)〖단음화: 위→이〗→이하여(경남). 떨
어쓰리다(표준어)/떨어트리다(표준어)〈표준국어대사전〉. 티다〈용가87장〉《고려
대 한국어대사전》〖구개음화: ㅌ→ㅊ/__이〗→치다(현대어). 하늘에서 떨어진 비
(=yağmur)가 아니라 땅에서 생긴 비(=물)이니 '지우(地雨)'라고 한 것이다. cf. つ
ゆ(tsuyu)(=露)(일본어)(=이슬)=토(土)(=땅)+우(雨)(=비)〖오→으〗→트우〖구개음
화: ㅌ→ㅊ/__으〗→츠우〖모음 충돌 회피용 반자음, /y/ 첨가〗→츠(tsɯ)+y+우
(u)→tsɯyu〖[ɯ]의 철자화→u〗→tsuyu 【근거】오좀〈석보11:25〉《고려대 한국어

대사전》/(경남)[오→으]→오즘〈훈몽자회 상권 28장 앞면〉[으→우]→오줌(현대 표준어). cf. 오좀(경남).

튀르키예어의 '지우(地雨)'(=땅비)나 일본어의 '토우(土雨)'(=땅비)나 땅에서 만들어진 비(=雨)라는 뜻이다.

işle(mek)(=일하다, 작동하다, 처리하다)=iş(=일)+la[모음조화: i-e]→işle. **iş**=일+ㅎ(고유어 명사에 붙음)+이(첨가음)[ㅎ→ㅅ/__이]→일시[ㄹ→∅/__ㅅ]→이시→iş【근거】힘(표준어)[ㅎ→ㅅ/__이]→심(경남). 부삽=불(=火(화))+삽[ㄹ→∅/__ㅅ]→부삽.

isle(mek)(검댕으로 더럽히다, 훈제하다)=is(=검댕)+la[모음조화: i-e]→isle: **is**=해(경남)(=호롱불에 나는 검은 연기)+앗(=子)(의미첨가 없이 명사에 붙는 접미사)+이: 해[애→에]→헤[에→이]→**히**. 앗+이[모음 합체]→앳[애→에]→엣[에→이]→**잇**. **is**=히+잇[동모음 축약]→힛(his)[어두 /ㅎ/ 탈락]→잇(is)【근거】heroin(영어)[어두 /ㅎ/ 탈락]→eroin(튀르키예어). 고기(표준어)[umlaut]→괴기[단음화: 외→에]→게기(경남)[ㄱ→∅/모음__모음]→게이(경남)[에→이]→기이(경남).

kamçıla(mak)(=채찍질을 하다)=kamçı(=채찍)+la. **kamçı**=감(다)+치(다)+이(명사형 어미)(=물건)[동모음 축약]→감치(kamçi)[모음조화: a-ı]→kamçı(줄로 된 채찍으로 때리는 것을 보면 채찍이 감겨 쳐진다. 따라서 '감아치는 것'=채찍)【근거】미얽다〈두시-초 23:26〉《우리말샘》=미(다)(동사 어간)+얽다: 미다[단음화: 이→애]→매다(현대어).

kamçılat(mak)(=kamçılamak işini yaptırmak=채찍질을 하게 하다, 채찍질을 시키다)=kamçı(=채찍)+la+들/틀(사동 보조 어간)(경남)[어말 /ㄹ/ 탈락]→kamçıla드/트→kamçılatı[/t/를 파열시켜 발음하면 [ı]는 있으나 없으나 발음이 같이 들린다]→kamçılat【근거】새마(=신촌(新村))(경북)=새말(경남)[어말 /ㄹ/ 탈락]→새마. 빠뜰다(경남)(=빠뜨리다(표준어))=*빤(다)(=빠지다)+들(사동 보조 어간)+다[ㄷ+ㄷ→ㄸ]→빠뜰다[ㄸ→ㅌ]→빠틀다. *빤(다)(=빠지다)[ㅃ→b]→bat(mak)

(=빠지다). 빠뜰다/빠뜨다(경남). 'ㄲ, ㄸ, ㅃ, ㅉ, ㅆ, ㆅ 爲 全濁'〈훈민정음해례본〉(전탁(全濁)=유성음(有聲音)).

kapla(mak)(=(엷은 판을 덧붙여) 입히다, 씌우다, 덮다, 도금하다, 도장하다, 도포하다)=거플(→거풀(현대어))+la→거플la〚어→아〛→가플la→kapɪlla〚동자음 축약〛→kapɪla〚/p/를 파열시켜 발음하면 [ɪ]는 있으나 없으나 발음이 같이 들린다〛→kapla(그 뜻은 '거풀을 하다'→덧씌우다, 덮다). cf. qoplamoq(우즈벡어)(**커프**라먹)(=kaplamak)=**거플**+la+moq〚동자음 축약〛→qopɪlamoq〚/p/를 파열시켜 발음하면 [ɪ]는 있으나 없으나 발음이 같이 들린다〛→qoplamoq 【근거】 인두겁=인+두+겁. 겁질〈구급간이방어. 거플〈구급간이방언해 7권 7장 앞면〉=겁+ㅎ(한국어 고유어 명사에 붙음)+을(=알=子)(의미첨가 없이 명사에 붙는 접미사)〚ㅂ+ㅎ→ㅍ〛→거플〚으→우〛→거풀(현대어).

kilitle(mek)(=잠그다, 자물쇠를 채우다)=kilit(=자물쇠)+la〚모음조화: i-e〛→kilitle. kilit=(빗장을) 걸(다)+앗(=子)(=것=물건)+이(첨가음)〚모음 합체〛→걸앳〚애→에〛→걸엣〚에→이〛→걸잇〚umlaut〛→겔잇〚에→이〛→길잇[읻]→kilit(그 뜻은 '(빗장을) 거는 것'=자물쇠). 걸다=자물쇠, 문고리를 채우거나 빗장을 지르다〈표준국어대사전〉. 옛날에 자물쇠 역할을 한 것이 빗장이다.

kirle(mek)(=때 묻다, 더러워지다)=kir(=더러움)+la〚모음조화: i-e〛→kirle. kir=흘((경상, 평남〈고려대 한국어대사전〉(=흙)〚으→이〛→힐〚ㅎ→ㅋ〛→킬→kir(흙이 묻으면 더러워진다). cf. **kil**(=점토)=흘(=흙)〚으→이〛→힐〚ㅎ→ㄱ/ㅋ〛→킬(kil)(튀르키예어에는 /ㅋ/(kh)와 /ㄱ/(k)를 구분하는 글자가 없다) 【근거】 해겁다/개겁다(경남)=가볍다. 燈등의블**혀**고〈석보상절 9권 32장 뒷면〉=등에 불 켜고(현대어): 혀다〚ㅎ→ㅋ〛→켜다. **이사/으사**(경남)=의사(醫師). 더러움(=kir)과 점토(=kil)을 구분하기 위해서 /ㄹ/의 발음을 /r/과 /l/로 표기했을 것으로 추정된다.

kıyasla(mak)(=견주다, 비교하다, 대조하다)=교(較)(=견주다)+이(첨가음)+앗(=子)(=것)+la〚모음 합체〛→괴+앗+la〚모음 간소화: 외→외〛→괴앗la〚단음화: 외→에〛→게앗la〚에→이〛→기앗la〚이→으〛→그앗la〚모음 충돌 회피용 삽입 반자음, /y/ 첨가〛→그얏la→kıyasla(그 뜻은 '견주는 것을 하다'=견주다) 【근거】 국

(國)+이(첨가음)[모음 합체]→귁(國)〈월인석보 1권 훈민정음 1장 앞면〉. 이사/으사(경남)=의사(醫師)(표준어)(경남 발음에서는 /이/와 /으/가 아주 자유롭게 교체된다). 괴상하다[단음화: 외→에]→게상하다(경남). 게(=crab)[에→이]→기(경남, 둘 다 사용). 뒨(轉)〈월인석보 1권 월인천강지곡 19장 뒷면〉[모음 간소화: 웨→여]→뎐(tyən)[구개음화: ㄷ→ㅈ/__y]→젼[단음화: 여→어]→전(현대어).

mele(mek)(=(염소, 양이) 매하고 울다)=매+la[애→에]→메(me)+la[모음조화: e-e]→mele 【근거】 **me**(=baa (sound of a sheep)〈Vikisözlük〉=매(염소, 양의 울음소리)[애→에](튀르키예어에는 /애/가 없다)→메(me). cf. baa(영어)(양의 울음소리)=*마ː(maː)[m→b]→baː[장모음의 문자화]→baa[bɑː] 【근거】 매[mæː](장음로 발음한다).=*마+이(첨가음)[모음 합체]→매. 소 한 마리(mari)(표준어)[m→b]→소 한 바리(bari)(경남).

　영어, baa를 보면 원어는 '마[mɑː]'였을 것이다.

onayla(mak)(=찬성하다, 수긍하다, 인정하다)=오냐(아랫사람의 물음이나 부탁에 대하여 긍정하여 대답할 때 하는 말)+이(첨가음)(어조를 부드럽게 한다)+la[단음화: 야→아]→오나이la→onayla. 경상도 말에서 부드럽고 친근감을 갖고 말할 때 /이/를 붙인다: 오냐이=오냐+이, 간다이=간다+이.

parla(mak)(=반짝이다)=par+la. cf. **parıl parıl**=반짝반짝. '*반(짝)=*바(pa)+안(an)(접미사)[동모음 축약]→반. par=*바(pa)+알(=ar)(접미사)[동모음 축약]→par'일까? 【근거】 눈두던(경북, 충북)〈우리말샘〉(=눈두덩)=눈+둔(다)(=돈(다))+안(an)(=것, 곳)[모음조화: 우-어]→눈둔언→눈두던. 두덜(경북)〈우리말샘〉(=둔덕)=둔(다)(=돈(다))+알(ar)=것, 곳)[모음조화: 우-어]→둔얼→두덜. 안(an)=알(ar). 송알송알(=땀방울이나 물방울, 열매 따위가 잘게 많이 맺힌 모양)〈표준국어대사전〉=송+알(부사형 어미)+송+알(부사형 어미). cf. **송송**(=살갗에 아주 작은 땀방울이나 소름 또는 털 따위가 많이 돋아난 모양)〈표준국어대사전〉.

patakla(mak)(=때리다, 치다)=*파(다)(=패(다)(경남)=파(다)+이(첨가음))+타(打)(=때리다, 치다)+악(=子)(=것)+la→파타악la[동모음 축약]→파탁(**patak**=대림, 타격)+la→patakla(그 뜻은 '패고 때리는 것(=patak)'을 하다'이다). 아니면, patakla(mak)=패(다)+타(打)+악+la〖모음 분해: 애→아+이〗→파이타악la〖동모음 축약〗→파이탁la〖모음 합체〗→파탹la〖단음화: 야→아〗→파탁la→patakla. cf. 패딱다(경남)(=마구 때리다). 패다=*파(다)+이(첨가음)+다〖모음 합체〗→패다【근거】 쩌리다(경남)=썰(다)+이(첨가음)+다→써리다.

pazarla(mak)(=사고팔다=to market)=팔(다)+사(다)+알(=자(子))(=것)+la〖ㄹ→∅/__ㅅ〗→파사알la〖동모음 축약〗→파살la〖유성음화: ㅅ→ㅿ/유성음__유성음〗→파살la〖ㅿ→z〗→pazarla(그 뜻은 '사고파는 것을 하다'=영업하다)【근거】 pazar(=매매)(=buying and selling)〈turkishdictionary.net〉=팔(다)+사(다)+알(=子)(=것)(=사고파는 것)(알(=子)이 장소이면 사고파는 곳 즉, 시장이다). cf. **pazar**(=일요일)=파(罷)(하다)+싫(日)〈석보상절 9권 11장 앞면〉+알(의미첨가 없이 명사에 붙는 접미사)〖ㅎ→∅〗→파실알〖/ㄹ/→∅/모음__모음〗→파ㅅ알〖모음 합체〗→파샤르〖단음화〗→파살〖ㅿ→z〗→pazar(그 뜻은 '(일을) 파하는 날'=일요일). 아니면, **pazar**(=일요일)=파(罷)(하다)+히〈용가〉《표준국어대사전》(=日)+알(지소사)〖단음화: 이→애〗→파해알〖애→에〗→파헤알〖에→이〗→파히알〖ㅎ→ㅅ/__이〗→파시알〖모음 합체〗→파샬〖단음화〗→파살〖유성음화〗→파살〖ㅿ→z〗→pazar【근거】 싫(日)〈석보상절 9권 11장 앞면〉〖ㅎ→∅, ㅿ→∅〗→일(日)〈훈몽자회 상권 1장 앞면〉/(현대어). 파(罷)하다=어떤 일을 마치거나 그만두다〈표준국어대사전〉. 子ㅈ孫손이**니ᅀᅥ**가몷〈석보상절 6권 7장 뒷면〉(=자손이 이어 감을): 닛(다)+어(부사형 어미)→니ᅀᅥ〖유성음화〗→니ᅀᅥ. 닛다〖두음법칙 후 보상적 /y/ 첨가〗→y+잇(is)다〖단음화: y+i→i〗→잇(is)다(현대어). 사타리(경남)(=삶)=삵(표준어)+알(의미첨가 없이 명사에 붙는 접미사)+이(첨가음). 나할(경남 노인 말)(=나흘)=나(=四)+ᄒᆞ(=일(日))+알(=子)〖모음조화: ᆞ-ᆞ〗→나ᄒᆞ올〖동모음 축약〗→나홀〖ᆞ→아〗→나할. 나ᄒᆞᆯ〈육조 상:30ㄴ〉《우리말샘》〖ᆞ→으〗→나흘(표준어). ᄒᆞ(=日)+이(첨가음)〖모음 합체〗→히(=日)(=태양, 年)〖단음화: 이→애〗→해(현대어). cf. ᄒᆞ(=日)+아(=子)(의미첨가 없이 명사에 붙는 접미사)〖ᆞ→아〗→하아〖동모음 축약〗→하〖ㅎ→ㄱ/ㅋ〗→가(ka)/카(kha)→か(=日)(일본어). 한국어에서는 ᄒᆞ(=日)에 첨가음, /이/가 붙은 '히(=日)'는 년을 나타내고 접미사,

'알'/'아'가 붙은 것은 '날'을 나타낸다. ᄒᆞ(=日)+이(첨가음)[모음 합체]→히[단음화: 이→애]→해[애→에]→헤[에→이]→히(hi)→ひ(=日)(hi)(일본어)(=태양, 해).

pufla(mak)(=지치거나 무기력할 때 '**푸우**'하고 소리를 내다)=푸우+하(다)/허(다)/흐(다)+ㅂ(**부사형 어미**/명사형 어미/형용사형 어미)+la: 푸우흐+ㅂ[ㅎ→∅/모음__모음]→푸우웁[동모음 축약]→푸웁[모음조화: 우-우]→푸웁[동모음 축약]→품(phup)[어말에서 /p/를 파열시켜 발음하면 어말이라 발음이 약화되어 [f]처럼 들린다]→phuf(튀르키예어에는 ph와 p의 구분이 없다)→puf(감탄사). puflamak=puf+lamak→puflamak 【근거】 **puf**(감탄사)=지치거나 무기력함을 나타내는 '푸우'하는 소리. 없다/읎다(경남 방언에서는 어/으 교체가 아주 자유롭게 일어난다). 매듭=맺(다)[맨]+으(자음 충돌 회피용 삽입 모음)+ㅂ(명사형 어미)→매듭. Gidip gör=Git(mek)+i(자음 충돌 회피용 삽입모음)+**ㅂ(p)**(부사형 어미)+gör(mek). 두렵다=두리(다)(경남)(=무서워하다)+업(형용사형 어미)+다[모음 합체]→두렵다.

sayıla(mak)(=계산하다)(=saymak)=say(mak)(=세다, 계산하다)+이(명사형 어미)(i)+la[모음조화: a-ı]→sayıla. **say**(mak)(=계산하다, 세다)=세(다)[모음 분해]→서이[어→아]→사이→say. **sayı**(=수, 숫자)=say(mak)+이(i)(명사형 어미)(=것)[모음조화: a-ı]→sayı. cf. önem**se**(mek)(=중요하게 여기다, 중요시하다)=önem(=중요, 중요성)+세(다)(=여기다)(se).

sinirle(mek)(=to pull out the sinewy parts in (a piece of meat)=(고기 조각)에 있는 힘줄을 빼내다). to hamstring, cut the leg tendons of (an animal=(동물)의 다리 힘줄을 자르다))〈turkishdictionary.net〉=sinir(=신경; 심줄; 감각)+la[모음조화: i-e]→sinirle. **sinir**(=힘줄, 심줄)=힘(=筋)〈훈민정음해례본 용자례〉(=힘줄)+알(의미첨가 없이 명사에 붙는 접미사)+이(첨가음)[ㅎ→ㅅ/__이]→심알이[ㅁ→ㄴ]→신알이[모음 합체]→신앨[애→에]→신엘[에→이]→신일(sinir) 【근거】 힘(표준어)[ㅎ→ㅅ/__이]→심(경남). 사타리(경남)=살(표준어)+알(의미첨가 없이 명사에 붙는 접미사)+이(첨가음). 므슴〈석보상절 6권 16장 앞면〉[으→우]→무슴[ㅁ

→ㄴ]]→무슨(현대어). 힘줄(표준어)[[ㅎ→ㅅ/__이]]→심줄(표준어).

şişle(mek)(=고치에 꿰다)=곳(다)(=꽂다(현대어))+이(명사형 어미)+la→곳이la [[umlaut]]→괴지la[[단음화: 외→에]]→게지la[[에→이]]→기지la[[구개음화: ㄱ →ㅈ/__이]]→지지la[[ㅈ→ㅅ]]→시시la[[모음조화: i-e]]→şişle. **şiş**(=꼬치(표준 어))=곳(다)〈능엄8:107〉《고려대 한국어대사전》(=꽂다)+이(명사형 어미)→곳이 [[umlaut]]→꼿이→괴지[[단음화]]→게지[[에→이]]→기지[[구개음화]]→지지[[ㅈ →ㅅ]]→시시→şiş. cf. **şiş**(=두둑룩하다, 불룩하다, 부은)=(살)지(다)(=살찌다)+ 이(부사형 어미)+지(다)[[동모음 축약]]→지지[[ㅈ→ㅅ]]→시시→şiş(그 뜻은 '(살) 찐'). **şiş**(=안개)=(안개가) 끼(다)+앗(=子)(=것)+이(첨가음)→끼앗이[[umlaut]]→끼 앳이[[애→에]]→끼엣이[[에→이]]→끼잇이→끼이시[[구개음화: ㄲ→ㅉ/__이]] →찌이시[[ㅉ→ㅈ]]→지이시[[동모음 축약]]→지시[[ㅈ→ㅅ]]→시시→şiş(그 뜻 은 '끼인 것'=안개) 【근거】 숧지다〈월석12:30〉《고려대 한국어대사전》[[ᄋᆞ→아]]→ 삻지다[[ㅎ+ㅈ→ㅉ]]→살찌다(현대어). 끼이다(표준어)[[구개음화: ㄲ→ㅉ/__이]] →찌이다(경남). 고기(표준어)[[umlaut]]→괴기[[단음화]]→게기(경남)[[ㄱ→Ø/모 음__모음]]→게이(경남)[[에→이]]→기이(경남). 똥구시(경남)=똥+굳(=구덩이)+ 이(첨가음)→똥구디[[구개음화]]→똥구지[[ㅈ→ㅅ]]→똥구시.

suçla(mak)(=고소하다, 죄를 씌우다)=수치(羞恥)(=당당(堂堂)하거나 떳떳하지 못 하여 느끼는 부끄러움)+la. suç(죄, 죄악, 잘못)=수치(羞恥)(한국어 음 그대로다). cf. 羞恥[xiūchǐ](중국어).

sula(mak)(=(밭에) 물을 주다; (짐승에게) 물을 먹이다; 물을 대다)=수(水)(su)(= 물)+la.

ateşle(mek)(=점화하다, 불을 붙이다, 불을 때다, 방화하다)=ateş(=불, 발사, 발 포)+la[[모음조화: e-e]]→ateşle. **ateş**=화(火)[하](경남 발음)(=불)+대(다)(=(불을) 붙이다)+앗(=子)(=것)+이(첨가음)[[umlaut]]→하대앗이[[동모음 축약]]→하대시 [[애→에]]→하데시[[어두 /ㅎ/ 탈락]]→아데시(ateş)(그 뜻은 '불을 대는 것'=불을 붙이는 것) 【근거】 heroin(영어)[[어두 /ㅎ/ 탈락]]→eroin(튀르키예어). 선**불** 맞다= 총알이 제대로 맞지 않다. 초기의 총은 심지에 불을 붙여 타고 들어가 발사되도록 되어 있었다. 총에 불을 당기다/붙이다/놓다=총을 발사하다. 총을 한 방 놓다=총을 한 방 쏘다.

sürükle(mek)(=질질 끌다, 달고 다니다, 동반하다)=혀(다)(=引)(=끌다)+ㄹ(관형형 어미)+악(=子)(=것)+이(첨가음)+la『ㅎ→ㅅ/__y』→셜악이la『단음화』→설악이la『어→으』→슬악이la『으→우』→술악이la『모음 합체』→술액la『애→에』→술엑la『에→이』→술익la『umlaut』→쉴익la→쉬릭la→sürikla『모음조화: ü-ü』→sürükla『모음조화: ü-e』→sürükle. **sür**(mek)(=(시간을) 끌다, (자동차를) 몰다)=혀(다)+ㄹ(관형형 어미)+이(첨가음)『ㅎ→ㅅ/__y』→셜이『단음화』→설이『어→으』→슬이『으→우』→술이『모음 합체』→쉴→sür 【근거】혈 인(引)〈훈몽자회 상권 35장 뒷면〉=혀(다)+ㄹ(관형형 어미)+인(引). 끌다=혀(다)+ㄹ(관형형 어미)+다『단음화』→헐다『어/으 교체』→흘다『ㅎ→ㄱ/ㅋ』→글/클+다『ㄱ/ㅋ→ㄲ』→끌다(관형형 어미, /ㄹ/이 붙은 것이 아니고 원 동사가 '혈'일 가능성도 있다: 갈다/가다(경남)) 【근거】해겁다/개겁다(경남)(=가볍다). 燈등의블**혀**고〈석보상절 9권 32장 뒷면〉=등에 불 켜고(현대어): 혀다『ㅎ→ㅋ』→켜다. 곶〈용가 2장〉《고려대 한국어대사전》『ㄱ→ㄲ, ㅈ→ㅊ』→꽃(현대어). **고키리**(=샹(象))〈훈몽자회 상권 18장 앞면〉『ㄱ→ㅋ』→코키리『ㅋ→ㄲ』→코끼리(현대어). cf. ひく(=引く)(hiku)(=끌다): 혀(다)[헤](경남 발음)+기(명사형 어미)→헤기『에→이』→히기(hiki)→ひき(=引き)(hiki)(=끎, 끌어당김). 'ひき(=引き)(hiki)=hik(동사 어간)+이(명사형 어미로)'로 오분석하여 동사 어간, hik이 만들어졌다. hik『일본어식으로 전사』(일본어에는 받침, /ㄱ/ 없다)→hiku(=ひく). 일본 언어학자들이 고대 일본어를 분석하여 문법화시킬 때 동사의 명사형 어미로 '기'와 'ㅁ'이 있다는 것을 모르고 '이'만 있다고 생각하고 잘못 분석하여 한국어의 명사형 어미, '기'의 /ㄱ/과 /ㅁ/을 한국어 동사 어간에 붙여서 일본어 동사 어간으로 만들었다. 이런 예는 많다. ⇒ 강낙중(2012), 일본어의 기원-일본어는 가야어다.

taşla(mak)(=돌을 던지다; 돌을 가려내다)=taş(=돌)+la. **taş**=*도+ㅎ(고유어 명사에 붙음)+앗(=子)(의미첨가 없이 명사에 붙는 접미사)+이(첨가음)『ㅎ→Ø/모음__모음』→도앗이『모음 합체』→돳이『단음화: 와→아』→닷이→다시→taş. 아니면,

*도+ㅎ+이(첨가음)[오→아]→다히[ㅎ→ㅅ/__이]→다시→taş. 아니면, 도+ㅎ
+악(의미첨가 없이 명사에 붙는 접미사)+이(첨가음)[ㅎ→Ø/모음__모음]→도악
이[모음조화: 오-오]→도옥이[동모음 축약]→독이[오→아]→닥이→다기[구
개음화]→다지[ㅈ→ㅅ]→다시→taş 【근거】 과자(표준어)[단음화: 와→아]→
가자[ㄱ→ㄲ]→까자(경남). 장애(경남)=장어(표준어)+이(첨가음)[모음 합체]→
장에[모음조화: 아-애]→장애. **돌**(=석(石))=*도+ㅎ+알(의미첨가 없이 명사에 붙
음)[ㅎ→Ø/모음__모음]→도알[모음조화: 오-오]→도올[동모음 축약]→돌.
독(경남)(=돌)=*도+ㅎ+악[ㅎ→Ø/모음__모음]→도악[모음조화: 오-오]→도옥
[동모음 축약]→독. **프락**(=뜰)=뜰+악(의미첨가 없이 명사에 붙는 접미사). **씨앗**
(=씨)=씨+앗(의미첨가 없이 명사에 붙는 접미사). **사타리**(경남)(=살)=살(표준어)+
알(의미첨가 없이 명사에 붙는 접미사)+이(첨가음)→사타리. 튀르키예어와 한국
어의 차이점은 같은 의미의 다른 접미사, '앗/알/악/이'을 사용한 것뿐이다.

temizle(mek)(=청소하다, 깨끗이 하다)=때(=더러운 것)+밀(다)/미(다)(경남)+앗
(=子)(명사형 어미)(=것)+이(첨가음)+la[모음조화: i-e]→temizle: 때[애→에]→
떼. 미+앗+이[umlaut]→미앳이[애→에]→미엣이[에→이]→미잇이→미이
시[동모음 축약]→미시[유성음화]→미ᅀᅵ[ᅀ→z]→mizi[첨가음 삭제]→miz.
temizle=떼+miz+la[ㄸ→ㅌ]→테(te)+mizla[모음조화: i-e]→temizle(그 뜻은
'때미는 것을 하다'=깨끗이 하다) 【근거】 **딴**(誕)〈월인석보 1권 월인서 6장 앞면〉
[ㄸ(d)→ㅌ(th)]→**탄**(현대어). 때밀이(=목욕탕에서 목욕하는 사람의 때를 밀어주
는 일을 직업으로 하는 사람, 몸에 있는 때를 밀어서 씻어 내는 일)=때+밀(다)+이
(=사람, 행위).

toprakla(mak)(=흙을 칠하다, 흙을 덮다, 흙을 입히다)=toprak(=흙)+la. **toprak**=
토(=土)+prak. cf. 보플(경남)(=보풀=종이나 헝겊 따위의 거죽에 부풀어 일어나는
몹시 가는 털)=보(=布)+플. 보푸라기=보플(경남)+악(=子)+이(첨가음)→보프라기
[으→우]→보푸라기(표준어). 보프래기(경남)=보플+악+이→보프라기[umlaut]
→보프래기(경남). '~prak=플+악→프락(pırak)[/p/를 파열시켜 발음하면 [ı]가
있으나 없으나 발음이 같이 들린다]→prak'일 가능성이 크다.

ütüle(mek)(=다림질하다, 다리다)=ütü(=인두, 다리미)+la[모음조화: ü-e]→ütüle. ütü(=인두)=윤+이(첨가음)+두+이(첨가음)[ㄴ→Ø/__이 and 이[ĩ](鼻母音) and 비모음의 구강 모음화]→유이두이[모음 합체]→**위뒤**[모음 간소화]→위뒤→ütü 【근거】 윤두(강원, 경북, 충청, 함남)《고려대 한국어대사전》=인두(표준어)=윤디(경남)=인디(전남): 인두=윤+이(첨가음)+두[모음 합체]→윈두[모음 간소화]→윈두[모음 간소화: 위→이]→인두. '윤두'의 '윤'에 첨가음, /이/가 붙지 않으면 표준어 '인두'는 만들어질 수 없다: 윤+이(첨가음)+두[모음 합체]→윈두[모음 간소화]→윈두[모음 간소화]→인두. 윤+이(첨가음)+두+이(첨가음)[모음 합체]→윈뒤[모음 간소화]→윈디[모음 간소화]→인디(전남). 산이[ㄴ→Ø/__이 and 이[ĩ](鼻母音)](경남)→[사ĩ](경남 발음).

yakala(mak)(=잡다, (고기, 새를) 잡다, to catch)=낚(다)+아(=子)(=행위))+la→나까la[두음법칙 후 보상적 /y/ 첨가]→야까la[ㄲ→ㄱ]→야가la→yakala 【근거】 넣다(표준어)[두음법칙 후 보상적 /y/ 첨가]→옇다(경남). 끈(近)〈월인석보 1권 월인서 14장 앞면〉[ㄲ→ㄱ]→근(현대어). 나래(=날개)=날(다)+아(=것)+이(첨가음)[모음 합체]→날애→나래. 빨래=빨(다)+아(=子)(=행위, 물건)+이(첨가음)[모음 합체]→빨애[/ㄹ/ 복제]→빨래 【근거】 樓를우희ᄂ라**올아**〈석보상절 6권 3장 앞면〉=누 위에 날아올라: 올아[/ㄹ/ 복제]→올라(현대어).

yolla(mak)(=보내다)=yol(=길)+la(그 뜻은 길에 올리다, 길로 하다=보내다). **yol**(=길)=로/노(路)+알(=子)(의미첨가 없이 명사에 붙는 접미사)[두음법칙 후 보상적 /y/ 첨가]→요알[모음조화: 요-오]→요올[동모음 축약]→욜→yol 【근거】 넣다(표준어)[두음법칙 후 보상적 /y/ 첨가]→옇다(경남). 사타리(경남)=살(표준어)+알(의미첨가 없이 명사에 붙는 접미사)+이(첨가음)→사타리. 봉알(평남)〈고려대 한국어대사전〉(=봉오리)+이(첨가음)[모음조화: 오-오]→봉올이→봉오리(표준어).

yükle(mek)(=짐을 지우다, 짐을 싣다, 부담을 주다)=yük(=짐)+la[모음조화: ü-e]→yükle. **yük**=역(=役)(yək)(=주어진 임무; 직분, 역사(役使)(=남을 부려 일을 시키다. 정부가 부역을 과하다))+이(i)(첨가음 혹은 명사형 어미)[어(ə)→으(ɪ)]→yıki

[[으(ɪ)→우(u)]]→yuki(육이)[모음 합체]→yük(위+ㄱ) 【근거】 없다/읇다(경남 방언에서는 '어/으'의 교체가 아주 자유롭게 일어난다). 믈(=水)〈훈민정음해례본 용자례〉[으→우]→물(현대어). 귁(國)〈월인석보 1권 훈민정음 1장 앞면〉=국(國)+이(첨가음)[모음 합체]→귁.

10.7 kır+mak

"Tür.: Kor. {-Kir} ; {-Gŏri}"〈Yeon Kyu-Seok 2009: 166〉의 형태가 비슷하지만 어원 다르다.

한국어, '-거리다'의미는 다음과 같다:

덜덜거리다=덜덜(부사)+걸(다)(=연결하다)+이(피동 보조 어간)+다[발음대로 표기]→덜덜거리다(그 뜻은 '덜덜'이 계속되다'이다) 【근거】 걸이다〈월석 14:81〉《우리말샘》[/ㄹ/ 복제]→걸리다(현대어). ~거리다: 소리나 동작을 흉내내는 말의 어근 뒤에 붙어, '그 소리나 동작이 되풀이되거나 지속되다.'의 뜻을 더하여 동사를 만드는 말〈고려대 한국어대사전〉. '표준국어대사전'에 나오는 동사, '걸다'의 뜻은 다음과 같다:

1. 벽이나 못 따위에 어떤 물체를 떨어지지 않도록 매달아 올려놓다.
   벽에 그림을 걸다. (그림을 벽에 연결하다)
2. 자물쇠, 문고리를 채우거나 빗장을 지르다.
   정문에 자물쇠를 걸다. (두 짝의 문을 연결하다)
3. 솥이나 냄비 따위를 이용할 수 있도록 준비하여 놓다.
   아궁이에 냄비를 걸다. (냄비를 아궁이 위에 놓아 아궁이에 연결하다)
4. 기계 따위가 작동하도록 준비하여 놓다.
   물레에 솜을 걸다. (물레에 솜을 연결하다)
5. 어느 단체에 속한다고 이름을 내세우다.
   문단에 이름을 걸어 놓은 작가는 많지만 작품 활동을 하는 작가는 그렇게 많

지 않다. (문단에 작가의 이름을 연결하다)

6. 기계 장치가 작동되도록 하다.

차에 시동을 걸다. (자동차에 시동을 거는 것은 사동 스위치의 선을 연결하는 것이다)

7. 다른 사람이나 문제 따위가 관련이 있음을 주장하다.

그는 자신의 잘못이 드러나자 자기 일에 다른 사람을 걸고 나왔다. (자기 일에 다른 사람을 연결하다)

이상의 모든 예문에 공통으로 들어 있는 의미는 '연결하다'이다: 연결되다=이어지다.

튀르키예어 'kır(mak)'은 다음과 같이 한국어에서 유래한 것이다:

kıl(mak)(=하다, 행하다, etmek, yapmak)=거(擧)(=행하다)+ᄒ(다)(=하다)+ㄹ(관형형 어미)→거홀〚어→으〛→그홀〚ᄒ→∅/모음__모음〛→그올〚ᄋ→으〛→그을〚동모음 축약〛→글→kıl. 아니면, **kıl**(mak)=ᄒ(다)(=하다)+ㄹ(관형형 어미)→홀〚ᄋ→으〛→홀〚ᄒ→ㅋ〛→클→kıl 【근거】 없다/읆다(경남)=없다(표준어). 사ᄉᆞᆷ(=鹿)〈훈민정음해례본 용자례〉〚ᄋ→으〛→사슴(현대어). ᄒ(다)〚ᄋ→어〛→허다(경기)〈고려대 한국어대사전〉)〚어→으〛→흐다(전북)〈전라북도 방언사전〉《네이버 국어사전》. 燈등의블**혀**고〈석보상절 9권 32장 뒷면〉=등에 불 켜고(현대어): 혀다〚ᄒ→ㅋ〛→켜다. ⇒ **10.1 한국어 동사 어간+ㄹ**(관형형 어미). 일반 동사로 쓰이는 kıl(mak)과 구분하기 위해서 ~kır(mak)은 /l/ 대신에 /r/을 사용했을 것으로 보인다.

뚝/빵/붕/쾅/탁/통/쿵/펑/버석/부릉/출렁/철렁/타닥/피식/피웅…하다.

글썽/끈적/느릿/으슥/으슬…하다.

거뭇/노릇/불긋/파릇…하다.

çemkirmek: "kesik kesik havlamak" [Mahmut Makal, Memleketin Sahipleri,

1954] "öfkeli cevap vermek"〈NişanyanSözlük〉. çem=참+이(첨가음)[모음 합체]
→챔[애→에](튀르키예어에는 /애/가 없다)→쳄(çem)("**öfkeli** cevap vermek"
의 경우). **참**(감탄사): 사정이 매우 딱하거나 생각지도 않은 어이없는 일을 당했을
때 내는 말. 참, 기막혀서〈고려대 한국어대사전〉. kesik kesik(=간헐적으로)(문자
적인 뜻은 '끊고 끊고, 끊어 끊어'이다)【근거】노락노락 꾸따(경남)(=노릇노릇 굽
다): 노락노락=*놀(다)(=노랗다)+악(부사형 어미)+놀(다)+악. cf. 까맣다=깜(다)+
앟+다. kesik=kes(mek)(=자르다)+악(부사형 어미)+이(첨가음)[모음 합체]→kes
액[애→에]→kes엑[에→이]→kes익(ik). **kes**(mek)(=(가위 칼, 톱 등으로) 자르
다, 끊다)=곳(다)(=가위질하다)(제주)+이(첨가어)[모음 합체]→깃[단음화: 이→
애]→갯[애→에]→겟(kes)→kes【근거】곳다〈월인석보 10권 13장〉《고려대한
국어 대사전》=끊다. 가새(=가위)(강원, 경기, 경상, 전라, 충청, 함경)〈고려대 한국
어대사전〉=곳(다)+아(=子)(=것)+이(첨가음)[ᆞ→아]→갓아이[모음 합체]→갓
애→가새(자르는 것=가위). 동사 어간+이(첨가음): 쥐(다)=주(다)+이(첨가어)【근
거】한 줌=한+주(다)+ㅁ(명사형 어미)→한줌. 쥐다=주(다)+이[모음 합체]+다→
쥐다. 썰(다)(표준어)+이(첨가음)+다→써리다(경남).

fışkırmak: fış "su püskürme veya köpürme sesi"〈NişanyanSözlük〉.

물이 푹 뿜어져 나오다: 푸+악, püs=*푸+앗+이. **fış**=*푸+앗+이[우→으](역사
적으로는 반대이다)→프+앗이[umlaut]→프앳이[애→에]→프엣이[에→이]
→프잇이→프이시[동모음 축약]→프시(pış)[p→f]?→fış("su püskürme sesi"의
경우). **fış**=포(泡)(=거품)+앗+이?[오→우]→푸앗이[우→으]→프앗이[umlaut]
→프앳이[애→에]→프엣이[에→이]→프잇이→프이시[동모음 축약]→프시
(pış)[p→f]?→fış("köpürme sesi"의 경우)【근거】믈(=水)〈훈민정음해례본 용자
례〉[으→우]→물(현대어). 사오/사우(경남)=사위(표준어). **fazla**(dan)(=더 많은
수/양, 여분, 나머지)=*퍼질(다)+아(=것)[어→아]→파지라[ㅈ→ㅅ]→파시라
[유성음화]→파ᅀᅵ라[ᅀ→z]→pazila[p→f]→fazila[모음조화: a-ı]→fazıla[유
성 마찰음, [z] 다음의 [ı]는 있으나 없으나 발음이 같이 들린다]→fazla【근거】**퍼
질러** 주다(경남)=너무 많이 주다: 퍼질러=퍼질(다)+어(부사형 어미)→퍼질어[/

ㄹ/ 복제】→퍼질러 【근거】 둘레(현대어)=둘에〈월인석보 8권 13장〉《우리말샘》[/ㄹ/ 복제】→둘레. 이/으 교체의 예: 법칙/법측(경남, 둘 다 사용), 일찍(표준어)=일칙/일측(경남). 고뚜레=고(=코)+뚫(다)+**아(=것)**+이(첨가음)[모음 합체]→고뚤헤[ㅎ→∅/유성음__유성음]→고뚜래[모음조화: 우-에]→고뚜레. cf. **fazla**(=너무 많이)(부사)=*퍼질(다)+**어**(부사형 어미)[어→아]→파지라[ㅈ→ㅅ]→파시라[유성음화]→파ㅿ라[ㅿ→z]→pazila[p→f]→fazila[모음조화: a-ㅣ]→fazıla[유성 마찰음, [z] 다음의 [ㅣ]는 있으나 없으나 발음이 같이 들린다]→fazla(⇒ fare) 【근거】 똥구시(경남)=똥+굳(=구덩이)+이(첨가음)→똥구디[구개음화]→똥구지[ㅈ→ㅅ]→똥구시. 子ᄌᆞᆼ孫손이**니ᅀᅥ**가몰〈석보상절 6권 7장 뒷면〉(=자손이 이어 감을): 닛(다)+어(부사형 어미)→니ᅀᅥ[유성음화]→니ᅀᅥ. 닛다[두음법칙 후 보상적 /y/ 첨가]→y+잇(is)다[단음화: y+i→i]→잇(is)다(현대어). **köpür**(mek)(=거품을 일으키다, 부글거리다, 핏대를 세우다)=*거푸(다)+이(첨가음)+ㄹ(관형형 어미)[어→으]→그푸일[umlaut 두 번]→긔퓔(köpür) 【근거】 거품=*거푸(다)+ㅁ(명사형 어미)(=물체)→거품. cf. 여름〈용비어천가 권 1장 뒷면〉=열매. 없다/읎다(경남)=없다(표준어). 썰다(표준어)+이(첨가음)+다→썰이다[발음대로 표기]→써리다(경남)(=썰다). 버리다(표준어)[umlaut]→베리다(경남 노인 말).

haykırmak: Eski Türkçe **aykır**- "bağırmak" fiilinden evrilmiştir. Bu fiil **ay** veya **hay** "bağırma sesi"〈NişanyanSözlük〉. ay=어이(경남)(소리를 질러 멀리 있는 사람을 부를 때 하는 말)[어→아](튀르키예어에는 /어/가 없다)→아이(ay). 허이(경남)(=어이)[어→아]→하이(hay).

püskür(mek): Türkiye Türkçesi püfkür- "fışkırtmak, şiddetle sürüklemek" fiili ile eş kökenlidir. Bu fiil püf veya püs "üfleme ve fışkırma sesi"〈NişanyanSözlük〉. püfkürmek(=분출하다, 뿜어내다)〈한국어-터키어 사전〉=푸우하다: püs=*푸(다)+앗(부사형 어미)+이(첨가음)[모음 합체]→푸앳[애→에]→푸엣[에→이]→푸잇[모음 합체]→퓟(püs) 【근거】 물을 **푹** 뿜다(경남)=푸(우)하고 뿜다: 푹=*푸(다)+악(부사형 어미)[모음조화: 우-우]→푸욱[동모음 축약]→푹. 푸우하다=*푸(다)+어(부사형 어미)+하다[모음조화: 우-우]→푸우하다[동모음 축약]→푸

하다. 노랏노랏(경남 노인 말)=*놀(다)+앗(부사형 어미)+*놀(다)+앗. 노락노락(경
남)=*놀(다)+악(부사형 어미)+*놀(다)+악. 앗=악. püf. cf. gidip almak=가서 받다.
⇒ tükürmek의 **tüf** veya **tüp**.

tükürmek: Bu fiil **tü** veya **tüf** veya **tüp** "tükürme sesi"〈NişanyanSözlük〉.
tükürmek=퉤하다. 튀(평북)(=퉤)〈고려대 한국어대사전〉: **tü**=튀(평북)(=퉤)〈고려대
한국어대사전〉. 침을 퉤 뱉다. 퉤〖에→이〗→튀(tü). 퉤(표준어)+악+이(첨가음)
〖모음 합체〗→퉤액〖애→에〗→퉤엑〖동모음 축약〗→퉥〖단음화〗→텍/택(경남)
(=퉤). tüp=퉤+ㅂ〖단음화〗→튑(tüp). 아니면, 튑(tü)+압〖모음조화: ü-ü〗→tüüp
〖동모음 축약〗→tüp. cf. 예(=yes)=예+ㅂ→옙(=yes). 거북=겁+악〖모음조화: 어-
어〗→겁억〖어→으〗→겁윽〖으→우〗→겁욱〖발음대로 표기〗→거북. 거붑=겁+
압〖모음조화: 어-어〗→겁**업**〖어→으〗→겁읍〖으→우〗→겁읍〖발음대로 표기〗
→거붑. 악=압.

10.8 A+da+mak

~대다: (동사 뒤에서 '-어 대다' 구성으로 쓰여) 앞말이 뜻하는 행동을 반복하거
나 그 행동의 정도가 심함을 나타내는 말〈표준국어대사전〉. '그 행동의 정도가 심
함'은 그 행동의 반복으로 생긴 2차적인 의미이다. 보조동사 '~대다'는 '부사(형)
(=A)+대다'로 그 뜻은 'A를 계속하다'로 '~대다=A함을 계속하다'이다. 대다=다
히다〈월석10:9〉《고려대 한국어대사전》〖ㅎ→Ø/모음__모음〗→다이다(제주)〈우
리말샘〉〖모음 합체〗→대다.

~da(mak): '대다=다(다)+이(첨가음)+다'로 오분석하여 첨가음을 삭제하고 동사,
da(mak)를 만들었다【근거】다이다(경남)(=닿다)〈고려대 한국어대사전〉=닿(다)+
이(첨가음)+다〖ㅎ→Ø/모음__모음〗→다이다. 썰(다)(표준어)+**이**(첨가음)+다→
써리다(경남)(=썰다).

바락대다(북한어)=(성이 나서 자꾸 기를 쓰거나 소리를 지르다〈우리말샘〉)=바락
+대다. 바락대다=바락바락하다(단어의 중첩으로 그 단어의 행위가 계속됨을 나
타낸다)=바락거리다.

살랑대다=살랑(부사)+대다.

절뚝대다=쩔뚝(부사)+대다(그 뜻은 '절뚝이는 것을 계속하다'이다). 절뚝대다=절뚝절뚝하다=절뚝거리다. cf. 쩔뚝대다(경남)=절뚝대다.

파닥대다=파닥(부사)+대다(그 뜻은 '파닥이는 것을 계속하다'이다). 파닥대다=파닥파닥하다=파닥거리다.

çangırda(mak)(=쨍그랑 소리를 내다)=창글+다(다)(=쨍글대다)→çangırda. 【근거】 챙그랑(=얇은 쇠붙이나 유리 따위가 거세게 떨어지거나 부딪쳐 가볍게 울리는 소리를 나타내는 말)=챙글(다)+앙(부사형 어미). 짱그랑짱그랑/쨍그랑쨍그랑/쨍그렁쨍그렁/창그랑창그랑/챙그렁챙그렁(경남). 일찍(표준어)〚ㅉ→ㅊ〛→일칙(경남)〚이→으〛→일측(경남). cf. 달랑달랑=달(다)+/ㄹ/(복제 자음)+앙(부사형 어미)+달(다)+/ㄹ/+앙.

cıvılda(mak)(=조잘거리다, 지저귀다)=재불(대다)(=재잘(거리다))+다〚애→에〛→제불다〚에→이〛→지불다〚이→으〛→즈불다〚우→으〛→즈블다〚어두 유/무성 자음 교체: ㅈ(무성 무기 파찰음)→c(유성 무기 파찰음)〛→cı블다〚유성음화: ㅂ→ㅸ/유성음__유성음〛→cı븧다(ta)〚유성음화〛→cı븧da〚ㅸ→v〛→cıvılda 【근거】 재불재불/제불제불(경남)=재잘재잘(표준어). 재잘재잘=참새 따위의 작은 새들이 서로 어울려 자꾸 지저귀는 소리. 또는 그 모양〈표준국어대사전〉. 조잘조잘=참새 따위의 작은 새가 잇따라 지저귀는 모양〈표준국어대사전〉. 지불지불하다(전라)(=찌껄이다)〈우리말샘〉. 이사/으사(경남)=의사(醫師)(표준어). 믈(=水)〈훈민정음해례본 용자례〉〚으→우〛→물(현대어). **cıvıl-cıvıl**(=(새가) 짹짹, 조잘조잘)=재불재불(경남)〚애→에〛→제불제불(경남)〚에→이〛→지불지불〚이→으〛→즈불즈불〚우→으〛→즈블즈블〚유성음화〛→즈븧즈븧〚어두 유/무성자음 교체: ㅈ(무성음)→c(유성음)/모음__모음〛→cı븧cı븧〚ㅸ→v〛→cıvıl cıvıl 【근거】 고기〚umlaut〛→괴기〚단음화→게기(경남)〚ㄱ→Ø/모음__모음〛→게이(경남)〚에→이〛→기이(경남). 더뷔〈석보9:9〉《고려대 한국어대사전》=덥(다)+우(명사형 어미)+이(첨가음)→더뷔〚유성음화: ㅂ→ㅸ/모음__모음〛→더뷔. 덥(다)+우(명사형 어미)→더부(경남 노인 말)〚유성음화〛→더ㅸ우〚ㅸ→w→Ø〛→더우(경남 노인 말).

fıkırda(mak)=부글(부글)/보골(보골)/뽀골(뽀골)/보글(보글)/버글(버글)/**브글**(브글)(경남 방언에서 모두 사용)+다(다)(=대다)→브글다(pıkırda)→fıkırda(/ㅂ/이 어떻게 /f/로 바뀌었는지 알 수 없으나 유사음이고 뜻이 같다). fıkır fıkır/fokur fokur=부글부글/보글보글(으/우, 으/우 교체). fokurda(mak)=보글대(다)→보글다 〖으→우〗→보굴다(pokurda)→fokurda 【근거】 믈(=水)〈훈민정음해례본 용자례〉 〖으→우〗→물(현대어).

fokurda(mak)=보글대다. ⇒ **fıkırda**(mak). "pog-ıl-de-/pog-ıl-gŏri-"fok-ur=da, kayna-"〈Yeon-Kyu-Seok 2009: 172〉.

hışırda(mak)(바스락대다)=*브슬+다(다)(=대다)〖ㅂ → ㅎ?〗→흐슬다→hışırda. cf. 본(本)〖ㅂ → ㅎ〗→혼→ほん(hon)(일본어) 【근거】 브스럭대다(경남)=브슬(다)+악(부사형 어미))+대다〖모음조화: 으-어〗→브슬억대다〖발음대로 표기〗→ 브스럭대다. 썰다(표준어)=썰+이(첨가음)+다→써리다(경남) 【근거】 노락노락 꾸 따(경남)(=노릇노릇 굽다(표준어))=*놀(다)(=노랗다)+악(부사형 어미)+*놀(다)+악 +꿉다〖꾸따〗(경남)(=굽다(표준어)). cf. 까맣다=깜(다)+앟+다.

kıkırda(mak)(="Kıkır kıkır" diye ses çıkararak gülmek〈Vikisözlük〉(="크클 크클" 하는 소리를 내며 웃다, 낄낄 웃다, 킥킥 웃다)=*키이(다)(=끼이다=끼다)+갈(부사 형 어미)+이(첨가음)+da〖동모음 축약〗→키갈이da〖모음 합체〗→키갤da〖애→ 에〗→키겔da〖에→이〗→키길da〖이→으〗→크글da〖ㄱ→ㅋ〗(튀르키예어는 /k/, /kh/의 구분이 없다)→크클da→kıkırda. **kıkır kıkır**(=킥킥)=킥+알+이(첨가음)+ 킥+알+이(첨가음)〖모음 합체〗→킥앨킥앨〖애→에〗→킥엘킥엘〖에→이〗→킥 일킥일→키길키길〖ㄱ→ㅋ〗→키킬키킬〖이→으〗→크클크클→kıkır kıkır 【근 거】 킥킥=*키이(다)(=끼이다=끼다)+악(부사형 어미)+이(첨가음)+*키(다)+악(부 사형 어미)+이(첨가음)〖동모음 축약〗→키악이키악이〖모음 합체〗→키액키액〖애 →에〗→키엑키엑〖에→이〗→키익키익〖동모음 축약〗→킥킥〖이→으〗→크큭 (경남). 낄낄=*끼이(다)(=끼다)+알(부사형 어미)+이(첨가음)+*끼(다)+알(부사형 어미)+이〖동모음 축약〗→끼알이끼알이〖모음 합체〗→끼앨끼앨〖애→에〗→끼엘 끼엘〖에→이〗→끼일끼일〖동모음 축약〗→낄낄. **이사(醫師)**(경남)=으사(醫師)(경

남)(첫음절을 높게 발음한다)=의사(醫師)(표준어). 도골도골(경남)(=데굴데굴)=돌(다)/도(다)(경남)+갈(부사형 어미)+돌(다)/**도**(다)+갈(부사형 어미)→도갈도갈[[모음조화: 오→오]]→도골도골. 아니면, 도골도골=돌(다)/도(다)+갈+이(첨가음)+돌(다)/**도**(다)+갈+이(첨가음)[[모음 합체]]→도갤도갤[[애→에]]→도겔도겔[[에→이]]→도길도길[[모음조화: 오→오]]→도골도골. 눈깔(=눈알)=눈+ㅅ(사이시옷)+갈[[ㅅ+ㄱ→ㄲ]]→눈깔: 알=갈. 노락노락(경남)(=노릇노릇)=*놀(다)(=노랗다)+악(부사형 어미)+*놀(다)+악(부사형 어미). cf. 까맣다=깜(다)+앟+다. 고키리〈1459 월석 1:27ㄴ〉《우리말샘》[[ㄱ→ㅋ]]→코키리[[ㅋ→ㄲ]]→코끼리(현대어). '끼다'는 '끼이다(=벌어진 사이에 들어가 죄이고 빠지지 않게 되다)'의 준말〈표준국어대사전〉. 마치 웃음이 끼여서 겨우 나오는 것 같은 웃음이 '킥킥'과 '낄낄'이다. 송송(=살갗에 아주 작은 땀방울이나 소름 또는 털 따위가 많이 돋아난 모양)=송+알+송+알→송알송알(=땀방울이나 물방울, 열매 따위가 잘게 많이 맺힌 모양).

kımılda(mak)(=구물대다)=*구물+다(다)[[우→으]]→그믈다(kımılta)[[유성음화]]→kımılda. 구물대다=매우 느리게 자꾸 움직이다. '꾸물대다'보다 여린 느낌을 준다)【근거】경상도 방언에서 표준어의 '꾸물대다'를 '끄믈대다'에 가깝게 발음한다. /우/의 원순성이 약하다. 믈(=水)〈훈민정음해례본 용자례〉[[으→우]]→물(현대어). "Tük.: Kor. kım-ıl kım-ıl : kum-ul kum-ul"〈Yeon-Kyu-Seok 2009: 148〉.

şangırda(mak)=*쨩글+다(다)(=짱글대(다)/쨍글대(다)(경남))[[ㅉ→ㅆ]]→쌍글다[[ㅆ→ㅅ]]→샹글다→şankırta[[유성음화]]→şangırda 【근거】쭈시다(경남)[[ㅉ→ㅆ]]→쑤시다(표준어)[[ㅆ→ㅅ]]→수시다(제주). 쩔레쩔레[[ㅉ→ㅆ]]→썰레썰레[[ㅆ→ㅅ]]→설레설레. 쌰(邪)〈석보상절 9권 14장 앞면〉[[쌰]][[ㅆ→ㅅ]]→샤[[단음화]]→사(현대어). 그륵이 **쨩그랑**/쨍그랑 깨졌다(경남)=그릇이 쨍그랑 깨졌다. 샹(相)〈석보상절 6권 12장 앞면〉[[단음화: 야→아]]→상(현대어). 쨩그랑(뜻을 강조하기 위해 강하게 발음할 때).

zırılda(mak)(=**찌꺼리다**, 징징대다, 칭얼대다)=질(다)(경남)(=길다)+알(부사형 어미)+이(첨가음)+질(다)+알(부사형 어미)+이(첨가음)+다(다): 질(다)[[이→으]]→즐[[ㅈ→ㅅ]]→슬. 알+이[[모음 합체]]→앨[[애→에]]→엘[[에→이]]→**일**. zırılda(=찌꺼리다)=슬+일+다〖어두 유/무성자음 교체: ㅅ(s)→ㅿ(z)〗→zırıl다(ta)〖모음조화: ㅣ-ㅣ〗→zırılta〖유성음화: ㄷ(t)→d/유성음(ㄹ(l)__모음〗→zırılda(그 뜻은 계속 찌거리다). **질질 끌다**=질(다)(=길(다))+질(다)(=길(다))+끌다(그 뜻은 길게 길게 끌다). 송알송알(=송송)=송+알+송+알. **zırılda(=징징대다)**=질(다)(=물기가 많다)+알(부사형 어미)+이(첨가음)+da→zırılda(그 뜻은 '울면서 징징대다'이다)【근거】**질질**대다(=눈물이나 콧물을 조금씩 흘리면서 자꾸 울다)=질(다)(=물기 많다)+질(다)+대다. **zırıl zırıl** ağlamak=to weep a flood of tears〈turkishdictionary.net〉(=눈물을 홍수처럼 흘리며 울다)(=질질 울다). **zırıl zırıl** terlemek=to sweat buckets〈turkishdictionary.net〉(=땀을 바케츠로 흘리다(비유적인 표현))=줄줄 땀을 흘리다): '땀을 바가치(=바가지)로 흘리다(경남)=땀을 많이 흘리다. 아니면, **zırıl zırıl**=*줄(다)(←줄줄)+알(부사형 어미)+*줄(다)+알(부사형 어미)〖우→으〗→즐알즐알〖모음조화: 으-으〗→즐을즐을〖ㅈ→ㅅ〗→슬을슬을〖유성음화〗→슬을슬을(sırıl zırıl)〖어두 유/무성자음 교체〗→zırıl zırıl【근거】kelmoq(우즈벡어)=gelmek(튀르키예어)=오다.

10.9 부사(한국어)=동사(튀르키예어) 혹은 부사+동사(한국어)=부사+동사(튀르키예어)

acı(mak)(=아프다, 고통을 느끼다)=아(감탄사)+*쓸(다)/*쓰(다)(=쓰리다)→아쓰〖쓰→ㅅ〗→아스〖유성음화〗→아스〖ㅿ→z〗→azı〖z→c〗→acı【근거】쓰라리다=*쓸(다)+아리다. 갈다/가다(경남). 아쓰〖유성음화〗→azzı〖[zz]가 [c]처럼 들렸을 가능성도 있다〗→acı. cf. **acı**(=매운, 쏘는, 쓴, 쓰린, 독한; 고통스런, 아픈, 애통한)=아(감탄사)+쓰(다)(형용사). 자음의 발음은 변하였으나 한국어 '*쓸다(=쓰리다), 쓰다(형용사)'와 같은 단어임은 확실하다. cf. あたたけし(=暖けし)(일본어 고어)(atatakesi)=아(감탄사)(a)+따따하(다)(경남)(=따뜻하다)+이(부사형 어미)+지(다)〖모음 합체〗→아따따해지〖애→에〗→아따다헤지〖ㅎ→ㅋ〗→아따다케지〖ㅈ→ㅅ〗→아따따케시→あたたけし【근거】방이 따따해지다(경남)=방이 따뜻해지다. あたたかい(=暖かい)(일본어 현대어)=아+따따하(다)+아(부사형 어미)+

지(다)〖동모음 축약〗→아따다하지〖ㅎ→ㅋ〗→아따다카지〖ㅈ→ㅅ〗→아따다카
시〖ㅅ→∅/모음__모음〗→아따따카이→あたたかい【근거】가이소(경남)=가시
(다)+소〖ㅅ→∅/모음__모음〗→가이소.

aç(mak)(=열다, 벌리다, 개최하다)=악(ak)(부사) (벌리다)(풀어쓰기)→아그〖ㄱ→
ㅋ〗(튀르키예어는 /k/, /kh/ 구분이 없다)→아크(ak허)〖구개음화: ㅋ→ㅊ(ch)/__
으〗→achı〖어말 파찰음, /ch/(=ç) 다음의 [ı]는 있으나 없으나 발음이 같이 들린
다〗→aç. cf. くちあく(=口開く)(kuchiaku)(=입을 (악) 벌리다)=(아)구지(=口)(경
남)(=입)+악(ak)(=벌리다)〖일본어식으로 표기〗→구지아구(kuchiaku).

bağır(mak)(=소리 지르다, 고함치다)=*빡(다)(←빽=빡+이)+으(자음 충돌 회
피용 삽입 모음)+ㄹ(관형형 어미)→빠글〖ㅃ→b〗→bagır〖g→ğ/모음__모음〗
→bağır 【근거】빽빽 소리를 지르다. **durul**(mak)(impersonal passive)(=멈추어지
다)=dur(mak)(=멈추다)+이(피동 보조 어간)(i)+ㄹ(관형형 어미)(l)〖모음조화: u-u〗
→durul. **dur**(mak)=(비가) 들(다)(=멈추다)〖으→우〗→둘(tur)〖어두 유/무성자음
교체〗→dur 【근거】동사 어간+동사 어간=부사: 달달 (볶다)=달(다)(=타지 않는 단
단한 물체가 열로 몹시 뜨거워지다)(동사 어간)+달(다)(동사 어간). cf. ring ring(=
따르릉따르릉)=ring+ring. kelmoq(우즈벡어)=gelmek(튀르키예어)=오다. 아니면,
bağır(mak)=박(譩)(pak)(=소리 지르다)+ㅎ(다)(=하다)+ㄹ(관형형 어미)〖ㅇ→으〗
→pak흘(hır)〖k+h→kh〗→pakhır〖kh(ㅋ)→k(ㄱ)〗(튀르키예어는 /kh/와 /k/의 구
분이 없다)→pakır〖어두 유/무성자음 교체〗→bakır〖유성음화〗→bagır〖g→ğ/모
음__모음〗→bağır 【근거】說셣法법ㅎ야〈석보상절 6권 1장 앞면〉(=설법하여): ㅎ
다〖ㅇ→아〗→하다(표준어). ㅎ다〖ㅇ→으〗→흐다(전북)〈전라북도 방언사전〉
《Naver 국어사전》. ㅎ다〖ㅇ→어〗→허다(경기)〈고려대 한국어대사전〉. kelmo-
q(우즈벡어)=gelmek(튀르키예어)=오다.

boğul(mak)(=익사하다)=뽀글(뽀글(=작은 거품이 잇따라 일어나는 소리. 또는 그
모양. '보글보글'보다 센 느낌을 준다)〖으→우〗→뽀굴〖ㅃ→b〗→bo굴(kul)〖유
성음화〗→bogul〖g→ğ/모음__모음〗→boğul. 아니면 **boğul**(mak)=보글(보글)〖으
→우〗→보굴(pokul)〖어두 유/무성자음 교체〗→bo굴(kul)〖유성음화〗→bogul

〖g→ğ/모음__모음〗→boğul(물에 빠져 죽는 과정을 묘사한 것이다. 물에 빠지면 폐 속의 공기가 뽀글뽀글/보글보글 올라오고 폐에 물이 들어가 숨을 못 쉬어 죽게 된다). cf. 동사 어간+동사 어간=부사: 달달 (볶다)=달(다)(=타지 않는 단단한 물체가 열로 몹시 뜨거워지다)(동사 어간)+달(다)(동사 어간). '뽀글/보글'이 동사 어간일 수도 있다.

böğür(mek)(=황소, 물소, 낙타가 울부짖다)=*삑ㅎ(다)(=빽하다=빽 소리를 지르다(경남))+이(첨가음)+ㄹ(관형형 어미)(⇒ **10.1**))〖ㅃ→b〗→bök힐〖단음화: 이→애〗→bök핼〖애→에〗→bök헬〖에→이〗→bök힐〖ㄱ(k)+ㅎ→ㅋ〗→bökhir〖ㅋ(kh)→ㄱ(k)〗→bökir〖유성음화〗→bögir〖g→ğ/모음__모음〗→bögir〖모음조화: ö-ü〗→böğür. **böğürtü**(=bellow=우렁찬 소리로 고함치기)=böğür(mek)+티(=기색, 소리의 기색은 소리이다). ⇒ **8.1 접미사 (44)**. ~ti=~티)→böğürti〖모음조화: ü-ü〗→böğürtü(그 뜻은 '빽하는 소리'이다)【근거】'빽'의 옛말이 '삑(bök)'이었을 수도 있다. 빡빡: 얇고 질긴 종이나 천 따위를 자꾸 찢는 소리. 또는 그 모양. '박박'보다 센 느낌을 준다. cf. **bağır**(mak)(=고함치다. 울부짖다)=*빡(다)+ㅎ(다)(=빽 하다=빽 소리를 지르다)(경남)+ㄹ(관형형 어미)〖ㆍ→으〗→빡흘〖ㄱ+ㅎ→ㅋ〗→빠클〖ㅋ→ㄱ(튀르키예어에는 /ㅋ/(kh)와 /ㄱ/(k)의 구분이 없다)〗→빠글〖ㅃ→b〗→ba글(kır)〖유성음화〗→bagır〖g→ğ/모음__모음〗→bağır. 'ㄲ, ㄸ, ㅃ, ㅉ, ㅆ, ㆅ 爲 全濁'〈훈민정음해례본〉(전탁(全濁)=유성음(有聲音)). 켱(輕)〈월인석보 1권 훈민정음 11장 뒷면〉〖ㅋ→ㄱ, ㆁ→ㅇ〗→경(현대어).

çiğne(mek)(=씹다, 짓밟다)=지근(지근)하(다)+이(첨가음)〖모음 합체〗→지근해〖애→에〗→지근헤〖ㅎ→Ø/유성음__유성음〗→지근에→지그네〖ㅈ→ㅊ〗→치그네(çikıne)〖유성음화〗→çigıne〖g→ğ/모음__모음〗→çiğıne〖〖ğ〗 뒤의 〖ı〗는 있으나 없으나 발음이 같이 들린다〗→çiğne(그 뜻은 '지근지근 하다'=씹다, 밟다)【근거】지근지근=가볍게 자꾸 누르거나 **밟는** 모양, 가볍게 자꾸 지그시 **씹는** 모양. 밥 해라(경남)(=밥 하라(표준어))=밥+하(다)+이(첨가음)+라(명령형 어미)〖모음 합체〗→밥 해라.

dağıt(mak)(=흩어 버리다, 분산하다, 나누어주다)=다(=모두)+흩(다)→다흩〖ㅎ

→ㄱ〗→다긑(takıt)〖유성음화〗→tagıt〖어두 유/무성자음 교체〗→dagıt〖g→ğ/모음__모음〗→dağıt 【근거】 gelmek(튀르키예어)=kelmoq(우즈벡어)=오다. **해**겁다(경남)〖ㅎ→ㄱ〗→**개**겁다(경남)=가볍다.

dür(mek)(=둥글게 말다)=*뚤(다)(←**풀**뚤/둘둘/똘똘/돌돌 (말다)(경남))+이(사동 보조 어간)→뚤이〖모음 합체〗→뛸〖ㄸ→d〗→dür. 아니면, **dür**(mek)=둘(다)+이(사동 보조 어간)〖모음 합체〗→뒬(tür)〖어두 유/무성자음 교체〗→dür 【근거】 돌돌=돌(다)+돌(다). 달달 (볶다)=달(다)=달(다). 달다=타지 않는 단단한 물체가 열로 몹시 뜨거워지다. cf. ring ring(영어)(=따르릉따르릉)=ring(동사)+ring(동사). kelmoq(우즈벡어)=gelmek(튀르키예어)=오다.

hohla(mak)(=호호 소리를 내며 입김을 불어 내다, 호흡하다)=호호(ho-ho)+la→hohola〖음절 재분석으로 /o/ 탈락〗→hohla 【근거】 호호하다=호호 소리를 내며 입김을 불어 내다. 호하다(경남)=호 하고 입김을 불다. ömür(=목숨, 생명, 평생, 인생)+üm(=1인칭 단수 소유 접미사)〖음절 재분석으로 /ü/ 탈락〗→ömrüm. Yalu Nehri(=압록강)=Yalu Nehir+i(3인칭 소유 접미사)〖음절 재분석으로 /i/ 탈락〗→Yalu Nehri.

kak(mak)(=밀다, 쑤셔 넣다, 박다)=콱(표준어)[**칵**](경남 발음)→kak 【근거】 칵 밀다(경남)=세차게 밀다, 칵 쑤시 옇다(경남)=세차게 쑤셔 넣다. 칵 박다(경남)=세차게 박다. cf. **kak**(mak)(=새기다)=각(刻)(=새기다)→kak.

salla(mak)(=절레절레 흔들다)=절라(←절라+이=절레?)〖ㅈ→ㅅ〗→설라〖어→아〗→salla. 아니면, **salla**(mak)(=살랑살랑 흔들다)=*살(다)+아(부사형 어미)〖/ㄹ/ 복제〗→살라→salla. Kafayı sağa sola sallamak=머리를 좌우로 절레절레 흔들다 【근거】 똥구시(경남)=똥+군(=구덩이)+이(첨가음)→똥구디〖구개음화〗→똥구지〖ㅈ→ㅅ〗→똥구시. 절레절레/설레설레 흔들다. 살랑살랑 흔들다: 살랑=살+ㄹ(복제 자음)+앙(부사형 어미) 【근거】 벌에〈석보상절 24권 50장〉《우리말샘》〖/ㄹ/ 복제〗→벌레(현대어). 樓룽우희ᄂ라올아〈석보상절 6권 3장 앞면〉=누 위에 날아 올라: 올아〖/ㄹ/ 복제〗→올라.

sığ(mak)(=들어가다, 숨어 들어가다)=쓱(=슬그머니 내밀거나 **들어가는** 모양)〖풀

어쓰기]→쓰그[ㅆ→ㅅ]→스그(sıkı)[유성음화]→sıgı[g→ğ/모음__모음]
→sığı[/ğ/ 다음의 [ı]는 있으나 없으나 발음이 같이 들린다]→sığ 【근거】 썰레썰
레[ㅆ→ㅅ]→설레설레. 쓱 들어가다=몰래 슬그머니 들어가다. cf. **sok**(mak)(=밀
어 넣다, 넣다, 박다)=쏙 (쑤셔 넣다, 밀어 넣다)[ㅆ→ㅅ]→속(sok). 아니면, **sok**(-
mak)=속(sok)=내(內)=안. 영어의 'bottle A=A를 병에 넣다'와 같이 '속(sok) A=A
를 속(=안)에 넣다'로 생각하고 만들어진 동사일 수도 있다.

soğul(mak)(=쭈그러들다(표준어))=조굴(조굴)[ㅈ→ㅅ]→소굴(sogul)[g→ğ/모
음__모음]→soğul 【근거】 **조글**조글/조굴조굴/쪼글쪼글/쪼굴쪼굴/쭈글쭈글/쭈
굴쭈굴/자글자글(경남 모두 사용). 조글아들다/조굴아들다/쪼그라들다/쪼굴아들
다/쭈글어들다/쭈굴어들다/자그라들다(경남). 조글아들다/조굴아들다=조글(다)/
조굴(다)+아(부사형 어미)+들다(이 경우는 '조글다/조굴다'가 동사다). 달달 (볶
다)=달(다)=달(다). 달다=타지 않는 단단한 물체가 열로 몹시 뜨거워지다〈표준국
어대사전〉. cf. ring ring(=따르릉따르릉)=ring(동사 어간)+ring(동사 어간).

sok(mak)(=넣다, 쑤셔넣다, 밀어넣다)=쏙(부사) (집어넣다)→sok. 아니면 **sok**(-
mak)=속(=내=內)? cf. '**bottle A**(영어)=A를 병에 넣다'와 같이 '속 A=A를 속에 넣
다'일 수도 있다. 속(표준어)=내(=內)=안.

sor(mak)(=to suck)〈Türkçe Sözlük〉《LEXILOGOS》(=빨다)=쫄(쫄 빨다)(경남)→
쫄[ㅉ→ㅆ]→쏠[ㅆ→ㅅ]→솔→sor 【근거】 쩔레쩔레[ㅉ→ㅆ]→썰레썰레[ㅆ
→ㅅ]→설레설레. 쭈시다(경남)[ㅉ→ㅆ]→쑤시다(표준어)[ㅆ→ㅅ]→수시다
(제주)〈우리말샘〉. 쌀(土)〈석보상절 9권 19장 뒷면〉[ㅆ][ᄋ→아]→싸[ㅆ→ㅅ]
→사(현대어). 쫄쫄=물건의 끝을 입에 대고 좀 힘 있게 자꾸 빠는 모양. 쫄쫄=*쫄
(다)+*쫄(다) 【근거】 달달 (볶다)=달(다)+달(다). 달다=타지 않는 단단한 물체가
열로 몹시 뜨거워지다. cf. 쪽쪽 빨다: 쪽=쫄(다)/쪼(다)+악(부사형 어미)[모음조
화: 오-오]→쪼옥[동모음 축약]→쪽 【근거】 갈다/가다(경남). 노락노락 꾸따(경
남)=*놀(다)(=노랗다)+악(부사형 어미)+*놀(다)+악(부사형 어미)+꿉(다)[꾸따](=
굽다).

tüken(mek)(=다 쓰다, 끊어지다, 끝나다)=툭+이(자음 충돌 회피용 삽입 모음)+

끊(다)+이(피동 보조 어간)+ㄴ(관형형 어미)[모음 합체]→뛱끈힌[ㅎ→∅/유성음 (ㄴ)__유성음]→뛱끈이[모음 합체]→뛱뀐[단음화: 의→에]→뛱껜[뛰껜]→뛰 껜[ㄲ→ㅋ]→뛰켄→tüken【근거】⇒ 10.2. 툭/뚝 끊어지다(경남). **툭툭/뚝뚝** 끊 어지다. '툭/뚝'이 동사 어간일 수도 있다: **달**달 (볶다)=달(다)+달(다). 달다=타지 않는 단단한 물체가 열로 몹시 뜨거워지다. 끊이다=계속하거나 이어져 있던 것이 끊어지게 되다〈표준국어대사전〉. 고키리(=샹(象))〈훈몽자회 상권 18장 앞면〉[ㅋ →ㄲ]→고끼리[ㄱ→ㅋ]→코끼리(현대어).

üfür(mek)(=Dudakları büzerek soluğu bir şey üzerine hızla vermek〈한국어 터키 어 사전〉=입술을 오므려 입김을 어떤 물체 위에 빠르게 주다(=불다))=휘(부사)+불 (다)+이(첨가음 혹은 사동 보조 어간)[모음 합체]→휘뷜[어두 /ㅎ/ 탈락]→위뷜 (üpür)[ㅍ(/ㅂ/을 /ㅍ/으로 인식)→f/모음__모음]→üfür【근거】 휘불다=바람이 마구 세게 불다. 휘불이다(=휘불리다)=바람을 마구 세게 불게 하다. **heroin**(영어) [어두 /ㅎ/ 탈락]→eroin(튀르키예어). 써리다(경남)(=썰다)=썰(다)(표준어)+이 (첨가음)+다→써리다. 휘=후+이(첨가음). cf. 후우=후+우(첨가음). cf. 후후 불다: 반복해서 후 불다.

üşü(mek)(=추위를 느끼다, 감기 들다)=*으실(다)/*으시(다)[으→우]→우시[um-laut]→위시(üşi)[모음조화: ü-ü]→üşü【근거】 갈다/가다(경남 둘 다 사용). 으실 으실(경남)(=으슬으슬)=*으실(다)+*으실(다). 덜덜 (떨다)(=춥거나 무서워서 몸을 몹시 떠는 모양)=*덜(다)(=떨다)+*덜(다). 으슬으슬(표준어)=소름이 끼칠 정도로 매우 차가운 느낌이 잇따라 드는 모양. 믈(=水)〈훈민정음해례본 용자례〉[으→우] →물(현대어).

uyu(mak)(=자다)=누우('눕다'의 부사형) (자다)(경남)(누워 (자다))[두음법칙]→ 우우(uu)[모음 충돌 회피용 삽입 반자음, /y/ 첨가]→uyu. 누우자다=눕(다)+어 (부사형 어미)+자다[모음조화: 우-우]→눕우자다→누부자다[ㅂ→ㅸ→∅/모 음__모음]→누우자다. '누우자다=누우(다)+자다'로 오분석하여 만들어진 동사이 다. cf. ぬ(=寝)(일본어 고어)(nu)(=자다)=눕(다)[일본어식으로 표기]→누부[ㅂ→ ㅸ→∅/모음__모음]→누우[동모음 축약]→누(nu)→ぬ(일본어 고어)(고어는 한국어와 같다). ぬ(nu)[nɯ=느](발음)+이(부사형 어미)+ㄹ(관형형 어미)→느일[모음 합체]→닐[단음화: 의→에]→넬[일본어식으로 표기]→네루(neru)→ねる(=寝る)(일본어 현대어)(일본어 고대어는 한국어와 같으나 현대어는 언어정책으로 완전히 다른 단어로 만들어 놓았다. 이런 예는 아주 많다).

10.10 사동사

사동 보조 어간, ~tır은 경상도 방언에 아직도 남아 있다:

터틀다/터뜰다/터띠리다/터티리다(경남)(=터뜨리다, 터트리다): 터틀다=*터(다)(=터지다)+**틀(tır)**(사동 보조 어간)+다. 터티리다=*터(다)+틀+이(첨가음)+다→터틀이다[umlaut]→터틸이다[단음화: 의→에]→터테리다[에→이]→터티리다. 터지다=*터(다)+어(부사형 어미)+지다[동모음 축약]→터지다 【근거】 썰(다)(표준어)+이(첨가음)+다→써리다(경남)(=썰다).

빠틀다/빠뜰다(경남)(=빠트리다/빠뜨리다)=*빤(다)(=빠지다)+**틀**(사동 보조 어간)+다→빤들다[ㄷ+ㄷ→ㄸ]→빠뜰다[ㄸ→ㅌ]→빠틀다. 빠지다=*빤(다)+이(첨가음)+다→빠디다[구개음화: ㄷ→ㅈ/__이]→빠지다. **bat**(mak)(=침몰하다, (해가) 지다)=*빤(다)[ㅃ→b]→bat 【근거】 쨔디다〈석보상절 9권 37장 앞면〉[ㅅ+ㅂ→ㅃ]→빠디다[구개음화]→빠지다(현대어). 해가 빠지다(경남 노인 말)=해가 지다. cf. **düşür**(mek)(=떨어뜨리다, 하락시키다)=düş(mek)(=떨어지다)+들(사동 보조 어간)[으→이](경남 방언에서는 상당히 자유롭게 교체된다)→düş딜[구개음화]→düş질[ㅈ→ㅅ]→düş실→düşşir[동자음 축약]→düşir[모음조화: ü-ü]→düşür. **düş**(mek)(=떨어지다)=떨(다)/떠(다)(경남)+이(첨가음)+지(다)(='그런 성질이 있음' 또는 '그런 모양임'의 뜻을 더하고 형용사를 만드는 접미사〈표준국어대사전〉): 형용사를 만드는 접미사라고 하나 '넘어지다'는 동사로 분류하고 있다. 튀르키예어에서는 동사를 만드는 접미사이다)[어→으]→뜨이지[으→우]→뚜이지[모음 합체]→뛰지[ㅈ→ㅅ]→뛰시[ㄸ→d]→düş. 이상과 같은 이유로 튀르키예어의 사동 보조 어간은 한국어의 '들/틀'이었음을 알 수 있다 【근거】 떨이

띠리다(경남)(=떨어뜨리다)=**떨**(다)+**이**(부사형 어미)+띠리다. 없다/읎다(경남)=없다(표준어). 이사/으사(경남)=의사(醫師)(표준어). 믈(=水)〈훈민정음해례본 용자례〉〖으→우〗→물(현대어). 똥구시(경남)=똥+굳(=구덩이)+이(첨가음)→똥구디〖구개음화〗→똥구지〖ㅈ→ㅅ〗→똥구시.

batır(mak)(=빠뜨리다, 침몰시키다)=*빤(다)(=빠지다)+들(사동 보조 어간)〖ㄷ+ㄷ→ㄸ〗→빠뜰〖ㄸ→ㅌ〗→빠틀(batır)【근거】빠뜰다/빠틀다(경남)=빠뜰(다)+이(첨가음)+다/빠틀(다)+이(첨가음)+다→빠뜨리다/빠트리다(표준어)(경남 방언에서는 '빠띠리다/빠티리다'도 사용한다).

değdir(mek)(=닿게 하다, 접촉시키다)=닥(치다)(tak)+이(첨가음)+들(사동 보조 어간)(tır)〖umlaut〗→댁이들〖애→에〗→덱이들〖이→으〗→덱으들〖유성음화〗→tegıdir〖어두 유/무성자음 교체〗→degıdir〖g→ğ/모음__모음〗→değıdir〖〔ğ〕 다음의 〔ı〕는 있으나 없으나 발음이 같이 들린다〗→değdir〖모음조화: e-i〗→değdir【근거】빠틀다/빠뜰다(경남)(=빠뜨리다/빠트리다)=*빤(다)+들(tır)(사동 보조 어간)+다→빠뜰다〖ㄸ→ㅌ〗→빠틀다.

düşür(mek)(=떨어뜨리다, 하락시키다)=düş(mek)(=떨어지다)+들(사동 보조 어간)〖으→이〗(경남 방언에서는 상당히 자유롭게 교체된다)→düş딜〖구개음화: ㄷ→ㅈ/__이〗→düş질〖ㅈ→ㅅ〗→düş실→düşşir〖동자음 축약〗→düşir〖모음조화: ü-i〗→düşür. **düş**(mek)(=떨어지다)=떨(다)/떠(다)(경남)+이(첨가음)+이(부사형 어미)+지(다)(='그런 성질이 있음' 또는 '그런 모양임'의 뜻을 더하고 형용사를 만드는 접미사〈표준국어대사전〉: 형용사를 만드는 접미사라고 하나 '넘어지다'는 동사로 분류하고 있다. 튀르키예어에서는 동사를 만드는 접미사다)〖동모음 축약〗→떨이지〖이→으〗→뜨이지〖으→우〗→뚜이지〖모음 합체〗→뛰지〖ㅈ→ㅅ〗→뛰시〖ㄸ→d〗→düş. 튀르키예어의 사동 보조 어간, tır의 /t/가 빠진 이유를 한국어를 통해서 설명할 수 있다【근거】썰(다)(표준어)+이(첨가음)+다→썰리다(경남)(=썰다). 죽이다(표준어)〖umlaut〗→쥑이다〖단음화: 위→이〗→직이다(경남)〖ㄱ→Ø/모음__모음〗→지이다(경남). 지기 삐다/지이 삐다(경남)(=죽여 버리다)=지기(다)+이(부사형 어미)+삐다(=버리다). 이사/으사(경남)=의사(醫師)(표준

어). 믈(=水)〈훈민정음해례본 용자례〉〚으→우〛→물(현대어). 똥구시(경남)=똥+굳(=구덩이)+이(첨가음)→똥구디〚구개음화〛→똥구지〚ㅈ→ㅅ〛→똥구시.

geçir(mek)(=통과시키다, 들어가게 하다, 지나가게 하다; 감염시키다; 지나가 버리다; (바늘에) 실을 꿰다; 옮기다; (고통을) 잊다, 회복하다; (유리, 전등을) 끼우다; 배웅하다, 전송하다; (시간을) 보내다)=거치(chi)(다)+틀(thır)/들(tır)〚umlaut〛→게치틀〚모음조화: 이-이〛→게치틸〚구개음화〛→게치칠〚동음절 축약〛→게칠(keçir)〚어두 유/무성자음 교체〛→geçir. 튀르키예어의 사동 보조 어간, tır의 /t/가 빠진 이유는 한국어를 통해서 설명될 수 있다. **geç**(mek)(=지나가다, 거치다)=거치(다)〚umlaut〛→게치(**keç**)〚어두 유/무성자음 교체〛→geç 【근거】 kelmoq(우즈벡어)=gelmek(튀르키예어)=오다. 으사/이사(경남)=의사(醫師)(표준어).

taşıt(mak)(=운반하게 하다, 운반시키다)=taşı(mak)(=운반하다)+틀(tır)(사동 보조 어간)〚어말 /ㄹ/ 탈락〛→taşıtı〚/t/를 파열시켜 발음하면 [ı]는 있으나 없으나 발음이 같이 들린다〛→taşıt. **taşı**(mak)(=운반하다, 맞들다, 들어올리다)=타(다)+히(사동 보조 어간)〚ㅎ→ㅅ/__이〛→타시(taşi)〚모음조화: a-ı〛→taşı 【근거】 taşıt(=탈 것, 운송 수단)=taşı(mak)+앗(=子)(=것)+이(첨가음)〚모음 합체〛→taşı앳〚애→에〛→taşı엣〚에→이〛→taşı잇[읻](it)〚모음조화: ı-ı〛→taşııt〚동모음 축약〛→taşıt.

10.11 기타 동사

yaşar(mak)(=눈물이 고이다)=yaş(=눈물)+ar(=있다?). cf. ある(=有る)(aru)(=있다)=알(ar)〚일본어식으로 표기〛→아루(aru). **yaş**(=눈물)=(눈물이) 나(다)+수(=水)+이(첨가음)〚두음법칙 후 보상적 /y/ 첨가〛→야수이〚모음 합체〛→야쉬〚단음화: 위→이〛→야시(yaş). yaşla dolmak(=눈물로 채워지다). '눈물이 핑 돌다'의 '돌(다)'과 dol의 연관성: 논에 물이 돌다(경남)=논에 물이 차다. 돌(다)(tol)〚어두 유/무성자음 교체〛→dol 【근거】 국(國)+이(첨가음)〚모음 합체〛→귁(國)〈월인석보 1권 훈민정음 1장 앞면〉. 쉬다(표준어)〚단음화: 위→이〛→시다(경남).

yıl(mak)(=겁먹다, 위축되다)=얼(다)/**을**(다)(경남)? cf. こおる(=凍る·氷る)(kooru)=얼다. 추위나 공포 등으로) 몸이 굳어지다; **얼**어붙다. '얼다'의 옛말이 '걸(다)

였을 가능성도 있다: *걸(다)[걸:]→거얼〖어→오〗→고올〖일본어식으로 표기〗→
고오루(kooru). *걸〖유성음화〗('걸' 앞에 오는 단어가 모음으로 끝난 경우)→얼
〖꼭지 있는 이웅, /ㅇ/이 탈락하고 보상철 /y/ 첨가〗→yəl〖어→으〗(경남 방언에
서는 아주 자유롭게 일어난다)→yıl? 【근거】 꽁꽁/깡깡 얼다(경남)=아주 단단하
게 얼다: 꽁꽁=*걸(다)(=얼다)/*거(다)+앙(부사형 어미)+걸(다)/거(다)+앙(부사형
어미)→거앙거앙〖어→오〗→공앙고앙〖ㄱ→ㄲ〗→꼬앙꼬앙〖모음조화: 오-오〗
→꼬옹꼬옹〖동모음 축약〗→꽁꽁. 깡깡=걸(다)/거(다)+앙+걸(다)/거(다)+앙〖어
→아〗→가앙가앙〖ㄱ→ㄲ〗→까앙까앙〖동모음 축약〗→깡깡【근거】 갈다/가다
(경남). 엄마(표준어)〖어→오〗→옴마(경남). 밧다〈용가 92장〉《우리말샘》〖아→
어〗→벗다(현대어). 구리다(표준어)(=똥이나 방귀 냄새와 같다)〖ㄱ→ㄲ〗→꾸리
다(강원, 경상, 전라, 충청, 중국 흑룡강성)《우리말샘》.

10.12 동사의 명사형

튀르키예어와 한국어의 **명사형 어미**는 같다: ~이(i), ~ㅁ(m), ~기(ki), ~마
(ma)/~매(me) 등. 튀르키예어는 모음조화와 자음조화에 의해 그 형태가 바뀐다.
앞의 접미사를 보라. 그중 일부의 예를 들면 다음과 같다:

(1) ~이(i)

먹이=먹(다)+이(명사형 어미).

seçi(=선발, 선출)=seç(mek)(=고르다, 선택하다)+이(i)(명사형 어미).

(2) ~ㅁ(m)

먹음=먹(다)+으(자음 충돌 회피용 삽입 모음)+ㅁ(명사형 어미).

seçim(=선발, 선출)=seç(mek)(=고르다, 선택하다)+으(ı)(자음 충돌 회피용 삽입
모음)+ㅁ(m)(명사형 어미)〖모음조화: e-i〗→seçim.

kıvrım(=구부러짐)=구불(다)(=구불이다)+으(자음 충돌 회피용 삽입 모음)+ㅁ(명
사형 어미)→구부름〖우→으〗→그브름〖유성음화: ㅂ→ㅸ/유성음__유성음〗→

그브름〚ㅸ→v〛→kıvırım〚음절 재분석으로 /ı/ 탈락〛→kıvrım【근거】믈(=水)
〈훈민정음해례본 용자례〉〚으→우〛→물(현대어). 구부리다=구불(다)+이(첨가
음)+다. cf. 써리다(경남)=썰(다)(표준어)+이(첨가음)+다→써리다(=썰다). sıyrıl-
mak((살갗이) 벗겨지다)=sıyır(mak)(=벗기다)+ıl(피동 보조 어간)+mak〚음절 재분
석으로 /ı/ 탈락〛→sıyrılmak.

(3) ~기(ki)

보기=보(다)+기(명사형 어미).

seçki(=선집(選集))=seç(mek)(=고르다, 선택하다)+기(ki)(=것)→seçki.

ilgi(=관계, 관심)=il(mek)(=가볍게 묶다)+기(ki)(명사형 어미)〚유성음화〛→il기
[gi]→ilgi.

örgü(=뜨개질)=ör(mek)(=뜨개질하다)+기(ki)〚유성음화〛→örgi〚모음조화: ö-ü〛
→örgü.

(4) ~마(ma)/~매(me)

한국어에서는 첨가음, /이/의 첨가 여부로 '~마/~매'가 결정되지만 튀르키예어
에서는 모음조화에 의해서 '~ma/~me'가 결정된다.

마지매(경남)(=마중)=맞(다)+이(자음 충돌 회피용 삽입 모음)+ㅁ(명사형 어미)+
아(의미 첨가 없이 명사에 붙는 접미사)+이(첨가음)〚모음 합체〛→마지매. cf. 마
중=맞(다)+앙(명사형 어미)〚어→우〛→맞웅→마중(표준어).

artma(=증가)=art(mak)(=증가하다)+마(ma)→artma〚모음조화: a-a〛→artma.

seçme(=선출, 선별)=seç(mek)+마(ma)(명사형 어미)〚모음조화: e-e〛→seçme.

10.13 동사의 관형형

현대 한국어에서는 동사의 관형형 어미, '~ㄴ', '~ㄹ'은 동사가 모음으로 끝나
면 '~ㄴ, ~ㄹ'을, 자음으로 끝나면 자음 충돌 회피용 삽입 모음, '으'에 '~ㄴ, ~

ㄹ'을 붙이지만 중세 국어에서는 자음 충돌 회피용 삽입 모음으로 'ᄋ, 오, 우, 으, 이'가 사용되었다:

(1) 동사 어간+자음 충돌 회피용 삽입 모음+ㄴ/ㄹ(관형형 어미)

ᄋ기ᄇᆡ여셔ᄇᆞ롬마ᄌᆞ니〈구급간이방언해 7권 1장 앞면〉(=아기 배어서 바람맞은 것=임신 중풍)=아기+ᄇᆡ(다)+y(모음 충돌 회피용 삽입 반자음)+어(부사형 어미)+셔+ᄇᆞ롬+맞(다)+ᄋ(자음 충돌 회피용 삽입 모음)+ㄴ(관형형 어미)+이(=것).

독활ᄒᆞ량사ᄒᆞ로니〈구급간이방언해 7권 2장 앞면〉(=독활 한 냥 산 것)=독활+ᄒᆞᆫ(=한)+량(=냥)+사ᄒᆞᆯ(다)(=살다, 태우다)+오(자음 충돌 회피용 삽입 모음)+ㄴ(관형형 어미)+이(=것).

지순罪쬥〈석보상절 9권 30장 앞면〉(=지은 죄)=짓(다)+우(자음 충돌 회피용 삽입 모음)+ㄴ(관형형 어미)+쬥[죄][[유성음화: ㅅ → △/모음__모음]]→지순 죄.

니그니〈구급간이방언해 7권 3장 뒷면〉(=익은 이)=닉(다)(=익다)+으(자음 충돌 회피용 삽입 모음)+ㄴ(관형형 어미)+이(=것).

美밍ᄂ운아롬다ᄫᆞᆯ씨니〈석보상절 13권 9장 앞면〉(=미는 아름다운 것이니)=美밍[미]+ᄂ운(=는)+아롬답(다)(=아름답(다))+ᄋ(자음 충돌 회피용 삽입 모음)+ㄹ(관형형 어미)+씨+니.

더ᄇᆡᄒᆞᆯ일이업슬씨라〈석보상절 13권 3장 앞면〉(=더 배울 일이 없는 것이니)=더+ᄇᆡᄒᆞ(다)(=배우(다))+ㄹ(관형형 어미)+일+이(주격 조사)+없(다)+으(자음 충돌 회피용 삽입 모음)+ㄹ(관형형 어미)+씨라.

有ᅌᅮᆯ는이실씨니〈석보상절 13권 15장 앞면〉(유는 있는 것이니)=有ᅌᅮᆯ(=유)+는+잇(다)(=있(다))+이(자음 충돌 회피용 삽입 모음)+ㄹ(관형형 어미)+씨+니.

(2) ① 동사 어간+안(관형형 어미)('아'가 자음 충돌 회피용 삽입 모음이 아님).
② 동사 어간+앙(형용사형 어미)

① **부텨니ᄅᆞ샨經경**〈석보상절 9권 13장 뒷면〉=부텨(=부처)+니ᄅᆞ시(다)(=이르시다)+안(관형형 어미)(an)('아' 앞에 모음이 왔으므로 '아'가 자음 충돌 회피용 삽입

모음이 아님)+經(경)〖모음 합체: 이+안→얀〗→부텨니루샨經경.

② **거렁뱅이**(경남)(=거지)=걸(乞)(=빌다, 구걸하다)+앙(형용사형 어미)+방(=사람)+이(첨가음)〖모음조화: 어-어〗→걸엉방이〖umlaut〗→걸엉뱅이→거렁뱅이. cf. 거래이(경남)[kəɾɛî](=거지)=걸(乞)+앙(명사형 어미 혹은 형용사형 어미)+이(=사람)〖모음조화: 어-어〗→걸엉이〖umlaut〗→걸앵이〖ㅇ(ng)→Ø /__이 and /이/가 비모음화(鼻母音)으로 바뀐다〗(경남 방언 음운 규칙)→걸레이. 아니면, 거래이(경남)[kəɾɛî](=거지)=걸(乞)+앙(=사람)+이(첨가음)〖모음조화: 어-어〗→걸엉이〖umlaut〗→걸앵이〖ㅇ(ng)→Ø /__이 and /이/가 비모음화(鼻母音)으로 바뀐다〗(경남 방언 음운 규칙)→거래이[î].

açan(=여는)=aç(mak)(=열다)+으(ı)+ㄴ(n)〖모음조화: a-a〗→açan. 아니면, **açan**(=여는)= aç(mak)(=열다)+앙(ang)(형용사형 어미)〖ng→n〗→açan 【근거】 don(mak)(=얼다)=동(凍)(tong)(=얼다)〖어두 유/무성자음 교체〗→dong〖ng→n〗→don 【근거】 노랑나비=*놀(다)(=노랗다)+앙(형용사형 어미=관형형 어미)+나비. 아니면, 노란 나비=*놀(다)+안(형용사형 어미)+나비. cf. 까맣다=깜(다)+앟+다. kelmo-q(우즈벡어)=gelmek(튀르키예어)=오다.

benzer(=닮은, 유사한)=benze(mek)(=유사하다, 닮다)+ㄹ(관형형 어미)(r).

beslenen çocuk(=sütle beslenen çocuk(=젖으로 키워지는 아이)): beslen(mek)(=키워지다)+으(ı)(자음 충돌 회피용 삽입 모음)+ㄴ(n)(관형형 어미)〖모음조화: e-e〗→beslenen. 아니면, beslen(mek)+앙(형용사형 어미)(ang)〖ng→n〗→beslenan〖모음조화: e-e〗→beslenen 【근거】 **süt**=젖[젇]+이(첨가음)〖어→으〗→즡이〖으→우〗→쥡〖ㅈ→ㅅ〗→쉽→süt. 없다/읎다(경남 방언에서 아주 자유롭게 일어난다). 믈(=水)〈훈민정음해례본 용자례〉〖으→우〗→물(현대어). 똥구시(경남)=똥+굳(=구덩이)+이(첨가음)→똥구디〖구개음화〗→똥구지〖ㅈ→ㅅ〗→똥구시.

çalışan(=일하는)=çalış(mak)(=일하다)+안(관형형 어미)(an)〖모음조화: ı-a〗→çalışan. çalışan insan=일하는 사람 【근거】 부텨니루샨經경〈석보상절 9권 13장 뒷면〉=부텨(=부처)+니루시(다)(=이르시다)+**안**(관형형 어미)(an)('아' 앞에 모음이 왔으므로 '아'가 자음 충돌 회피용 삽입 모음이 아님)+經(경)〖모음 합체: 이+안→

얀』→부텨니루샨經경.

görünen(=보이는)=görün(mek)(=보이다)+으(ı)(자음 충돌 회피용 삽입 모음)+ㄴ(관형형 어미)(n)〖모음조화: ü-e〗→görünen. 아니면, **görünen**(=보이는)=görün(mek)(=보이다)+안(관형형 어미)(an)〖모음조화: ü-e〗→görünen. ⇒ çalışan. cf. **görünür**(=보이는)=görün(mek)(=보이다)+으(ı)(자음 충돌 회피용 삽입 모음)(ı)+ㄹ(관형형 어미)(r)→görünır〖모음조화: ü-ü〗(a/e 모음조화가 아님)→görünür.

görünür(=보이는)=görün(mek)(=보이다)++으(ı)(자음 충돌 회피용 삽입 모음)(ı)+ㄹ(관형형 어미)(r)→görünır〖모음조화: ü-ü〗→görünür.

sevilen(=사랑받는)=sev(mek)(=사랑하다)+il(=피동 보조 어간)+으(ı)(자음 충돌 회피용 삽입 모음)+ㄴ(관형형 어미)(n)〖모음조화: i-e〗→sevilen. 아니면, **sevilen**=-sev(mek)(=사랑하다)+il(=피동 보조 어간)+안(관형형 어미)(an)〖모음조화: i-e〗→sevilen. sevilen kadın=사랑받는 여인. ⇒ **çalışan.**

yazan(=글 쓰는)=yaz(mak)(=쓰다)+으(ı)(자음 충돌 회피용 삽입 모음)+ㄴ(관형형 어미)(n)〖모음조화: a-a〗(한국어 음운 규칙)→yazan. 아니면, **yazan**=yaz(mak)(=쓰다)+안(관형형 어미)(an). güfte(=음악 가사)+yazan+kimse(=사람)=güfte yazan kimse(=작사가). ⇒ **çalışan.**

11

형용사

한국어와 튀르키예어의 형용사형 접미사는 다음과 같다:

(1) ~업

부러워하다=블(다)〈악학동동〉《우리말샘》(=부러워하다)+**업**(형용사형 어미)+어(부사형 어미)+하다〚으→우〛→불업어하다→부러버하다(경남)〚ㅂ→ㅸ→w/모음__모음〛→부러워하다(표준어). cf. **부럽다**=블(다)+**업**(형용사형 어미)+다〚으→우〛→불업다→부럽다.

두렵다=두리(다)(경남)(=무서워하다)+**업**(형용사형 어미)+다〚모음 합체〛→두렵다.

즐겁다=즐기(다)+**업**(형용사형 어미)+다〚모음 합체〛→즐겹다〚단음화〛→즐겁다.

(2) ~악

노락쟁이(경남)(노란 꽃이 피는 식물 이름)=*놀(다)(=노랗다)+**악**(형용사형 어미=관형형 어미)+장(=사람)(사람에 비유한 표현)+이(첨가음)→놀악장이〚umlaut〛→놀악쟁이→노락쟁이 【근거】까맣다=감(다)+앟+다.

새낙골(=飛鳥洞)(경북 의성군 지보면 도장리의 지명)=새(=鳥)+날(다)/나(다)(=飛)+**악**(형용사형 어미)+골(=洞)→새나악골〚동모음 축약〛→새낙골.

배낙골(=梨洞)(경북 의성군 지보면 도장리의 지명)=배(=梨)+나(다)(=생산되다)+악(형용사형 어미)+골(=洞)→배나악골〚동모음 축약〛→배낙골.

나막신=남(=木)+악(형용사형 어미)+신(나무로 **만들어진**(←나무의 자식 신)).

(3) ~거

너거 집(경남)(=너의 집)=너(대명사)+**거**(소유격 조사)+집(명사). '(대)명사+거'를 형용사로 분류한 것: **başka**(=다른)=밧(=外)(=밖)+이(자음 충돌 회피용 삽입 모음)+거(소유격 조사)(경남)〖어→아〗→바시가→başka(그 뜻은 '외의'=다른) 【근거】城셩**밧**횐혼싸해〈석보상절 6권 27장 뒷면〉=성 **밖** 훤한 땅에. cf. 妹(いも)**が**(소유격 조사)袖(そで)〈万葉集· 15·3604〉=妻+**の**(소유격 조사)+袖(そで): 妹(いも)**が**(ga)=妹(いも)+거(소유격 조사)(경남)〖어→아〗→妹(いも)+가(ka)〖유성음화: ㄱ(k)→g/모음__모음〗→妹(いも)+ga→妹(いも)が.

(4) ~(아/어/이)(부사형 어미)+지(다):

geniş(=넓은)=휜히(=앞이 탁 트여 매우 **넓고** 시원스럽게)+**지**(다)〖ㅎ→Ø/유성음(ㄴ)__유성음(이)〗→휜이지〖umlaut〗→휀이지〖단음화: 웨→에〗→헨이지→헤니지〖ㅎ→ㄱ〗→게니지〖ㅈ→ㅅ〗→게니시(keniş)〖어두 유/무성자음 교체〗→geniş(=넓은). 아니면, **geniş**=휜해지(다)〖애→에〗→휜헤지〖에→이〗→휜히지〖ㅎ→Ø/유성음(ㄴ)__유성음(이)〗→휜이지〖umlaut〗→휀이지〖단음화: 웨→에〗→헨이지〖ㅎ→ㄱ〗→게니지〖ㅈ→ㅅ〗→게니시(keniş)〖어두 유/무성자음 교체〗→geniş 【근거】城셩**밧**휜혼싸해〈석보상절 6권 27장 뒷면〉=성 밖 **휜한** 땅에(=성 밖 **넓은** 땅에). 휜하다=앞이 탁 트여 매우 **넓고** 시원스럽다〈표준국어대사전〉. 해겁다(경남)(=가볍다(표준어))〖ㅎ→ㄱ〗→개겁다(경남). 똥구시(경남)=똥+굳(=구덩이)+이(첨가음)→똥구디〖구개음화〗→똥구지〖ㅈ→ㅅ〗→똥구시. **gelmek**(튀르키예어)=kelmoq(우즈벡어)=오다. 한국어에서는 '~해지다'를 동사로 분류하고 있으나 튀르키예어와 일본어에서는 형용사로 분류하고 있다: あたたけし(=暖けし)(atatakesi)(일본어 고어)(=따뜻하다)=아(감탄사)+따따하(다)(경남)(=따뜻하다)+이(부사형 어미)+지(다)〖모음 합체〗→아따따해지〖애→에〗→아따따헤지〖ㅎ→ㅋ〗→아따따케지〖ㅈ→ㅅ〗→아따따케시(atatakesi)(たの 실제 발음은 [ㄸ]에 가깝다)

【근거】 燈등의블혀고〈석보상절 9권 32장 뒷면〉=등에 불 켜고(현대어): 혀다〖ㅎ→ㅋ〗→켜다. cf. 따따해지다(경남)=따뜻해지다(표준어).

(5) ~은/언

언제(=when)=어(의문사)+**언**(형용사형 어미?)+자(=때)+이〖동모음 축약, 모음 합체〗→언재〖모음조화: 어-에〗→언제. **온재**(경남)(=when)=어(의문사)+언(형용사형 어미)+자+이〖어→오〗→온자이〖모음 합체〗→온재 【근거】 집에 갈 **자** 이거 들고 가아라(경남)(집에 갈 **제(=때)** 이것 들고 가라)=집에+가(다)+ㄹ(관형형 어미)+자(=때)+이거(=이것)+들(다)+고+가(다)+아+라. cf. **어디**(표준어)(부사)=어(의문사)+다〈월인석보 1권 월인천강지곡 15장 앞면〉(=데)+아(경남)(처격 조사)+이(첨가음)〖동모음 축약〗→어다+이〖모음 합체〗→어대〖모음조화: 어-에〗→어데〖에→이〗→어디. **오대**(경남)(부사)=어(의문사)+다(=데)+아(경남)(처격 조사)+이(첨가음)〖어→오〗→오+다+아+이〖동모음 축약〗→오다이〖모음 합체〗→오대 【근거】 상아 놓을 끼 없다(경남)(=상에 놓을 것이 없다)=상+아(처격 조사)+놓(다)+으(자음 충돌 회피용 삽입 모음)+ㄹ(관형형 어미)+거(=것)+이(주격 조사)+없다〖모음 합체〗→상아 놓을 게 없다〖에→이〗→상아 놓을 기 없다〖ㄱ→ㄲ〗→상아 놓을 끼 없다. 부텨說쎯法법ㅎ신**다**마다〈월인석보 1권 월인천강지곡 15장 앞면〉부처 설법하신 **데**마다: 데=다+이(첨가음)〖모음 합체〗→대〖애→에〗→데(현대 표준어). 아(경남)(처격 조사)+이〖모음 합체〗→애〖양모음으로 끝나는 명사 다음에서. 모음조화 파괴〗→에(현대 표준어에서 '에'로 통일했다).

인자(경남)(=이제)=이(지시대명사)+언(형용사형 어미)+자(=제(표준어)=자+이))〖모음조화: 이-이〗→이인자〖동모음 축약〗→인자. 이제(표준어)=이+자(=때)+이〖모음 합체〗→이재〖모음조화: 이-에〗→이제 【근거】 집에 갈 **자**(=때) 이거 들고 가아라(경남)=집에 갈 적에(=때) 이거 들고 가라).

인마=이(지시 대명사)+언(형용사형 어미)+마〖모음조화: 이-이〗→이인마〖동모음 축약〗→인마. 인마='이놈아'의 준말〈표준국어대사전〉. 표준국어대사전에서는 '인마'가 '이놈아'의 준말이라고 하나 줄일 수 있는 음운 규칙이 없으며 고려대 한국어대사전에서는 경남 방언의 '일마'를 '인마'의 경남 방언이라고 하는데 경남에서는 둘 다 사용한다. 일마=이+알(=子)+마[모음조화: 이-이]→이일마[동모음축약]→일마. **인마, 근마, 전마**(경남), **일마, 글마, 절마**(경남). '**마**, 잘해(경남)=인마, 잘해'를 보면 '마'가 사람의 비칭이라는 것을 알 수 있다.

(6) ~갑

놀캅다〈석보상절 6권 32장 뒷면〉(=날카롭다)=놀(=인(刃))+ㅎ(고유어 명사에 붙음)+갑(형용사형 어미)+다[ㅎ+ㄱ→ㅋ]→놀캅다. cf. 날카롭다(표준어)=날+ㅎ+갈(다)+업(형용사형 어미)+다[ㅎ+ㄱ→ㅋ]→날칼업다[어→오]→날칼옵다→날카롭다.

무겁다=*무+갑+다[모음조화: 우-어]→무겁다. cf. **おもし**(=重し)(omosi)(일본어 고어)(=무겁다)=오(감탄사)+무+지(다)[우→오]→오모지[ㅈ→ㅅ]→오모시(omosi)[유성음화: ㅅ→ㅿ/모음__모음]→오모ᅀᅵ[ㅿ→∅/모음__모음]→오모이(omoi)→**おもい**(=重い)(일본어 현대어) 【근거】사오/사우(경남)=사위. 子숀孫손이**니ᅀᅥ**가몰〈석보상절 6권 7장 뒷면〉(=자손이 이어 감을): 닛(다)+어(부사형 어미)→니ᅀᅥ[유성음화]→니ᅀᅥ. 닛(다)+어(부사형 어미)[두음법칙 후 보상적 /y/ 첨가]→y+잇어[단음화: y+이(i)→이(i)]→잇(다)(현대어)+어→이서[유성음화: ㅅ→ㅿ/모음__모음]→이ᅀᅥ[ㅿ→∅/모음__모음]→이어(현대 표준어) 【근거】넣다(표준어)[두음법칙 후 보상적 /y/ 첨가]→y+엏다[y+어(ə)→여(yə)]→옇다(경남). **あつし**(=厚し)(atsusi)(일본어 고어)(=두껍다)=아(감탄사)+둗(겁다)〈석보 21:39〉〈고려대 한국어대사전〉(=두껍다)+어(부사형 어미)+지(다)[우→으]→아드더지[모음조화: 으-으]→아드드지[동음절 축약]→이드지[ㄷ→ㅌ](일본어에는 둘의 구분이 없다)→아트지[구개음화: ㅌ→ㅊ/__으]→아츠지[ㅈ→ㅅ]→아츠시(atsusi)→あつし[ㅅ→ㅿ→∅/모음__모음]→아츠이(ataui)→あつい(=厚い)(일본어 현대어). 둗겁다[ㄷ+ㄱ→ㄲ]→두껍다(현대어).

(7) ~악

남악신(=나무로 만든 신)=남(=나무)+악(=子)(형용사형 어미)+신.

노락쟁이(=노란 꽃이 피는 식물)=*놀(다)(=노랗다)+악(형용사형 어미=관형형 어미)+장(=사람)(식물을 사람에 비유)+이(첨가음)〖umlaut〗→노락쟁이. 노랗다=놀(다)+앟+다 【근거】 까맣다=깜(다)+앟+다. 노름쟁이(=노름꾼)=노름+장(=사람)+이(첨가음)〖umlaut〗→노름쟁이. 간판장이(표준어)〖umlaut〗→간판쟁이(경남).

(8) ~앙

가랑닢(=활엽수의 마른 잎)=갈(다)(경남)(=마르다)+앙(형용사형 어미)+닢(=잎).

노랑나비=*놀(다)(=노랗다)+앙(형용사형 어미)+나비. cf. 노랑(명사)=*놀(다)+앙(=子)(명사형 어미).

파랑새=*팔(다)(=파랗다)+앙(형용사형 어미)+새. cf. 파랑(명사)=*팔(다)+앙(=子)(명사형 어미). '*팔(다)'는 '풀(풀은 파란색이다): 파랗다=**푸르다**'와 관련이 있을 것이다. cf. '붉(다)'은 '불'과 관련이 있을 것이다: 플〈월석 13:54〉《우리말샘》(=풀)〖으→어〗→펄〖어→아〗→팔: 펄+앟+다〖모음조화: 어-어〗→펄엏다→퍼렇다. 팔+앟+다→파랗다. 플〖으→우〗→풀(현대어): 푸르다=풀+으+다. cf. 푸리다(경남 노인 말)=풀+이+다. 블〈석보상절 19권 15장 앞면〉(=불)〖으→우〗→불(현대어): 불+악(형용사형 어미)+이(첨가음)+다〖모음 합체〗→불액다〖애→에〗→불엑다〖에→이〗→불익다〖모음조화: 우-우〗→불육다〖동모음 축약〗→붉다. 【근거】 서분타(경남)=서분하다(경남)〖동모음 축약〗→서분+ㅎ+다〖ㅎ+ㄷ→ㅌ〗→서분타. 서분하다〖유성음화: ㅂ→ㅸ/유성음__유성음〗→서붕하다〖ㅸ→Ø/유성음__유성음〗→서운하다(표준어).

(9) ~앟

하얗다(경남)(=하얗다)=하(다)(=희다)+앟+다〖모음 충돌 회피용 삽입 반자음, /y/ 첨가〗→하+y+앟다→하얗다(표준어).

까맣다=깜(다)(=검다)+앟+다. 꺼멓다=껌(다)(=검다)+앟+다〖모음조화: 어-어〗

→꺼멓다.

퍼렇다=플〈월석 13:54〉《우리말샘》(=풀)+앟+다〖으→어〗→펄앟다〖모음조화: 어-어〗→퍼렇다〖어→어〗→파랗다 【근거】없다/옰다(경남). 플〈월석 13:54〉《우리말샘》〖으→우〗→풀. 푸르다=풀+으+다. 푸리다(경남)(=푸르다)=풀+이+다.

(10) ~적

예술적=예술(명사)+적(형용사형 어미). '**8.1 접미사 (12) ~ci/ca**'를 보라.

다음에 나오는 튀르키예어 단어 중에서 '~li'는 '**8.1 접미사 (33) li**'를 보라.

acı(=쓴, 매운, 쓰린, 고통스런)=아(감탄사)+쓰(다)〖ㅆ→ㅉ→ㅈ〗→아즈〖유성음화: ㅈ→c/모음__모음〗→acı. cf. **ekşi**(=시다)=웩[엑](경남 발음)(감탄사)+시(다)→엑시(ekşi) 【근거】쩔레쩔레/절레절레/썰레썰레/설레설레(정도는 다르지만 기본 뜻은 같다). 쑤시다(경남)〖ㅆ→ㅉ〗→쭈시다(경남). 엑 시이서 몬 묵겠다(경남)=웩 시어서 못 먹겠다. cf. **あたたけし**(=暖けし(일본어 고어)(atatakesi)〈ベネッサ全訳古語辞典(2008)〉(=あたたかい(현대어)(atatakai))=아(감탄사)+따따하(다)(경남)(=따뜻하다)+이(부사형 어미)+지(다)〖모음 합체〗→아+따따해지(경남)(=따따해지다)〖애→에〗→아따따헤지〖ㅎ→ㅋ〗→아따따케지〖ㅈ→ㅅ〗→아따따케시〖ㄸ→ㅌ〗→아타타케시(atatakesi)(실제 발음은 [아따따케시]와 비슷하다). cf. **쓰**다〈석보상절 19권 20장 앞면〉〖ㅂ+ㅅ→ㅆ〗→(맛이) 쓰다(현대어) 【근거】燈등의블**혀**고〈석보상절 9권 32장 뒷면〉=등에 불 켜고(현대어): 혀다〖ㅎ→ㅋ〗→켜다. 똥구시(경남)=똥+굳(=구덩이)+이(첨가음)→똥구디〖구개음화: ㄷ→ㅈ/__이〗→똥구지〖ㅈ→ㅅ〗→똥구시.

açık(형용사)=aç(mak)(=열다)+악(형용사형 어미)+이(첨가음)〖모음 합체〗→aç액〖애→에〗→aç엑〖에→이〗→aç익(ik)〖모음조화: a-ı〗→açık. cf. açık(명사)(=노천, 옥외, 넓은 곳, 야외)=aç(mak)(=열다)+악(명사형 어미)(=장소)+이(첨가음). açık(부사)(=공개적으로)=aç(mak)+악(부사형 어미)+이(첨가음) 【근거】**다락논**=달

(다)+악(형용사형 어미)+논(명사). 노락쟁이(경남)(=노란 꽃이 피는 식물명)=*놀(다)(=노랗다)+악(형용사형 어미=관형형 어미). **까막밥**(경남)(=까마귀의 밥)=깜(다)(=검다)+악(명사형 어미)+밥(명사). **까막**까치(=**까마귀**와 까치)=깜(다)+악(명사형 어미)+까치. **노락노락** 꿉다[꾸따](경남)=*놀(다)(=노랗다=놀(다)+앟+다)+악(부사형 어미)+*놀(다)+악(부사형 어미)+꿉다(=굽다). cf. 까맣다=깜(다)+앟+다.

ak(=백색, 흰)=하(얗다)+악(=子)(명사형/형용사형 어미)[동모음 축약]→학[어두 /ㅎ/ 탈락]→악(ak) 【근거】하얗다(경남)(=하얗다)=하(다)(=희다)+앟+다[모음 충돌 회피용 삽입 반자음, /y/첨가]→하+y+앟다→하얗다. cf. 까맣다=깜(다)(=검다)+앟+다. heroin(영어)[어두 /ㅎ/ 탈락]→eroin(튀르키예어). 까막까치(=까마귀와 까치)=깜(다)+악(명사형 어미)+까치. 노락쟁이(경남)(노란 꽃이 피는 식물 이름)=*놀(다)+악(형용사형 어미)+장(식물을 사람에 비유)+이(첨가음)[umlaut]→노락쟁이.

alçak(=낮은, 비속한, 천한)=알(=밑, 아래)(경남)+ㅎ(고유어 명사에 붙음)+*뎍(=的)(형용사형 어미)[자음 합체: ㅎ+ㄷ→ㅌ]→알턱[구개음화]→알쳑[단음화]→알척[어→아]→알착→alçak 【근거】예술적(형용사)=예술(명사)+적(的)(형용사형 어미). てき(=的)(teki)(일본어)=*뎍(=的)+이[umlaut]→뎩이[단음화]→덱이→데기→teki. -的[de][də](중국어)=*뎍+이(첨가음)[단음화]→덕이→더기[ㄱ→∅/모음__이]→더이[첨가음 삭제]→더(tə)[t→d/앞말 유성음__ə]→də: 중국어 단어는 유성음으로 끝난다 【근거】게이(=고기)(경남)=고기[umlaut]→괴기[단음화]→게기[ㄱ→∅/모음__이]→게이. 중국어는 경상도 방언의 음운 규칙을 따른다. 현대 중국어 음은 청나라 음으로 청나라를 세운 여진족의 추장이 신라인 김함보였다. 아니면, **alçak**=알(=밑)(경남)+짜(경남)(=쪽)+악(형용사형 어미)→알짜악[동모음 축약]→알짝[ㅉ→ㅊ]→알착→alçak(그 뜻은 '아래쪽의'→낮은) 【근거】저 **알**로 가이소(경남)=저 **아래**로 가세요. 이짝저짝/이짜저짜/이쪽저쪽(경남 모두 사용): 이짜저짜 잘 보고 건디라(경남)=이쪽저쪽 잘 보고 건너라. 이짜다도오라(경남)=이쪽에 둬라. **남악신**(=나무로 만든 신)=남(=나무)+악(형용사형 어미)+신. cf. **alt**(=밑, 바닥)=알(al)(경남)(=밑, 낮음)+**트**/터(경남)(ti)→altı[/t/를 파

열시켜 발음하면 [ı]는 있으나 없으나 발음이 같이 들린다〗→alt 【근거】 굼=구미=
구무=구메=구먹=굼터/굼트/굼티(경남)=굼틱(경남): 구미(경북)〈우리말샘〉=굼+이
(첨가음), 구무(=孔)〈훈몽자회 하권 18장 앞면〉=굼+우(첨가음), 굼터/굼트(=굼)=
굼+터/ㅌ, 구메〈교시조 2717. 16〉《우리말샘》(=구멍)=굼+아(의미첨가 없이 명사
에 붙는 접미사)+이(첨가음)〖모음 합체〗→굼애〖모음조화: 우-에〗→구메, 구먹
(경기, 전라, 충북, 황해)〈고려대 한국어대사전〉=굼+악(의미첨가 없이 명사에 붙
는 접미사)〖모음조화: 우-어〗→굼억→구먹. 굼틱=굼+터+악(의미첨가 없이 명사
에 붙는 접미사)〖모음조화: 어-어〗→굼터억〖동모음 축약〗→굼틱.

allı pullu(=울긋불긋한)=**알**(록달록)(al)+lı(형용사형 어미)+(울긋)**불**(긋)
(pul)+li(형용사형 어미)→alli pulli〖모음조화: a-ı, u-u〗→alllı pullu cf. '붉은[**불**
근]=빨간'을 보면 '붉다'는 '불(=火)'에서 나온 것임을 알 수 있다. **알**록달록, 울긋
불긋.

arif(=영리한)=알(다)+업(형용사형 어미)〖어→으〗→알읍〖으→이〗→아립(arip)
〖어말이라 발음이 약화되어 /p/를 파열시켜 발음하면 [f]처럼 들린다〗→arif(모음
조화 시키지 않았다) 【근거】 두렵다=두리(다)(=무서워하다)+업(형용사형 어미)+
다〖모음 합체: 이+어→여〗→두렵다. 없다/읎다(경남)(어/으 교체). 이사/으사(경
남)(이/으 교체)=의사(醫師)(표준어).

aşağı(=밑의)=알(경남)(=밑)+이(i)(첨가음. 아니면, 모음 충돌 회피용 삽입 모
음)+짝(경남)(=쪽)+으(경남)(소유격 조사)〖모음 합체: 이+아→야〗→알쨕으〖ㄹ
→Ø/__ㅉ〗→아쨔그〖ㅉ→ㅆ〗→아쌰그〖ㅆ→ㅅ〗→아샤그(aşakı)〖유성음화〗
→aşagı〖g→ğ/모음__모음〗→aşağı 【근거】 **쭈**시다(경남)=**쑤**시다(표준어)=수시
다(제주)〈우리말샘〉. **썅**(雙)〈훈몽자회 하 33장 뒷면〉〖단음화: 와→아〗→상〖ㅅ→
ㅆ, ㅇ(꼭지 있는 이응)→ ㅇ〗→**쌍**(현대어). 쩔레쩔레/썰레썰레/절레절레/설레설
레(정도의 차이는 있으나 기본 의미는 같다).

başka(=다른)=밧(=밖)〈월인석보 1권 월인천강지곡 6장 앞면〉+이(첨가음. 아
니면, 자음 충돌 회피용 삽입 모음)+거(경남)(소유격 조사)〖어→아〗→바시가
(**p**asika)〖어두 유/무성자음 교체〗→basika→başka 【근거】 **gelmek**(튀르키예

어)=kelmoq(우즈벡어)=오다. 장애(=eel)(경남)=장어(표준어)+이(첨가음)[모음 합체]→장에[모음조화: 아-애]→장애. 귁(國〈월인석보 1권 훈민정음 1장 앞면〉=국(國)+이(첨가음). 城셩밧훤흔짜해〈석보상절 6권 27장 뒷면〉=성 밖 훤한 땅에. 너거 집(경남)(=너의 집)=너+거(소유격 조사)+집.

belli(=분명한, 명백한, 명료한)=뼗(別)〈능엄경언해 1권 14장 앞면〉(=구별, 차별, 다름)+이(첨가음)+li(형용사형 어미)[ㆆ→∅]→뼐이li[모음 합체: 여+이→예]→뼐li[단음화: 예→에]→뼐li[ㅃ→b]→belli(그 뜻은 '(다른 것과) 구별되는'=분명한)【근거】'ㄲ, ㄸ, ㅃ, ㅉ, ㅆ, ㆅ 爲 全濁'〈훈민정음해례본〉(전탁(全濁)=유성음(有聲音)). 뼗(別)[ㆆ→∅]→뼐[ㅃ(b)(유성음)→ㅂ(p)(무성음)]→별(현대 표준어). 별(別)(표준어)[벨](경남 발음). 혹은 별+이(첨가음)[모음 합체: 여+이→예]→뼐[단음화: 예→에]→벨(경남). cf. べつ(別)(betsu)(일본어)=뼗(別)+이(첨가음)[ㆆ→∅]→뼐이[모음 합체: 여+이→예]→뼐[단음화: 예→에]→뼐[ㄹ→ㄷ]→뻳[일본어식으로 표기]→뻬드[ㄷ→ㅌ](일본어에는 둘을 구분하는 글자가 없다)→뻬트[구개음화: ㅌ→ㅊ/__으]→뻬츠[ㅃ→b]→betsu(/u/의 발음은 [ɯ]=[으])【근거】볃(幣)〈훈민정음해례본 종성해〉[ㄷ→ㄹ]→별(幣)(현대어). 계산(표준어)[단음화: 예→에]→게산(경남).

bilgili(=박식한, 유식한)=bilgi(=지식)+li(형용사형 어미). bilgi(지식)=bil(mek)(알다)+기(ki)(명사형 어미)→bilki[유성음화]→bilgi. bilgili kişi(=지자(知者): kiş=것+이(첨가음)[umlaut]→겟이[에→이]→깃이→기시→kiş(여기서 '것'은 사람을 나타낸다). cf. **bilge**(=지자(知者))=bil(mek)(알다)+거(=사람)+이(첨가음)[모음 합체]→bil게(ke)[유성음화]→bilge【근거】이런 못된 **것**이/**기**이/**게**(=**거**+이) 뭐라 카노?(경남)=이런 못된 것(=사람을 비하하는 말)이 뭐라 하니? cf. 이 예쁜 건(=거+는(조사))(=것은) 누구 딸?(여기서 '거'는 비하하는 말이 아니고 귀엽다고 하는 말이다). 아모거시/아무거시(경남)(특정 지우지 않은 어떤 사람)(비하하는 의미는 없다)=아모/아무+것(=사람)+이(첨가음).

birleşik(=united=합성의)=birleş(mek)(=통합되다=become united)+악(=子)(형용사형 어미)+이(첨가음): 악+이[모음 합체]→액[애→에]→엑[에→이]→익(ik)

【근거】 서이(=三)(경남)=서(=三)+이(첨가음). 석 자=서(=三)+악(=子)(형용사형 어미)+자(길이 단위: 30.30303cm)→서**악**+자〔모음조화: 어-어〕→서억자〔동모음 축약〕→석자. bir(=하나, 하나의)=*빌+(옷=앗(=子))(명사형 어미 혹은, 의미첨가 없이 명사에 붙는 접미사)→빌(pir)〔어두 유/무성자음 교체〕→bir. **비롯**되다=**시 작**되다. cf. **biri**(=어떤 하나, 어느 누구)=bir(=하나의)+이(=사물, 사람)(i) 【근거】 늙은이=늙(다)+**이**(=사람). 거믄콩ᄒᆞᆫ홉봇가니그니〈구급간이방언해 7권 3장 뒷면〉 (=검은 콩 한 홉 볶아 익은 것)=검(다)+으(자음 충돌 회피용 삽입 모음)+ㄴ(관형형 어미)+콩+ᄒᆞᆫ(=한)+홉+붉(다)(=볶(다))+아(부사형 어미)+닉(다)(=익(다))+으(자음 충돌 회피용 삽입 모음)+ㄴ(관형형 어미)+**이**(=것)(=사물). cf. birleş(mek)=bir(=하 나)+로+하(다)+이(부사형 어미)+지(다)→bir로해지〔ㅎ→∅//모음__모음〕→bir 로애지〔모음 합체〕→bir홰지〔단음화〕→bir래지〔애→에〕→bir레지〔ㅈ→ㅅ〕 →bir레시→birleş(그 뜻은 '하나로 해지다'=통합되다) 【근거】 똥구시(경남)=똥+ 군(=구덩이)+이(첨가음)→똥구〔구개음화: ㄷ→ㅈ/__이〕→똥구지〔ㅈ→ㅅ〕→ 똥구시.

boş(=빈)=비(다)+어(부사형 어미)+지(다)〔모음 합체〕→벼지〔단음화: 여→어〕 →버지〔어→오〕→보지〔ㅈ→ㅅ〕→보시(poş)〔어두 유/무성자음 교체〕→boş 【근거】 지겹다(표준어)〔단음화: 여→어〕→지겁다(경남 노인 말). 엄마(표준어) 〔어→오〕→옴마(경남). **kelmoq**(우즈벡어)=**gelmek**(튀르키예어)=오다. cf. あた たけし(=暖けし, 温けし)(atatakesi)(일본어 고어)=아(감탄사)+따따하(다)(경남)(= 따뜻하다)+이(부사형 어미)+지(다)〔모음 합체〕→아따따해지(경남)〔애→에〕(일 본어에는 /애/가 없다)→아따따헤지〔ㅎ→ㅋ〕→아따따케지〔ㅈ→ㅅ〕→아따따 케시→あたたけし(실제 발음은 '아따따케시(attattakhesi)로 들린다). cf. あたた かい(=暖かい, 温かい)(atatakai)(현대어)=아+따따하(다)+아(부사형 어미)(현대 한국어 문법)+지(다)〔동모음 축약〕→아따따하지〔ㅎ→ㅋ〕→아따따카지〔ㅈ→ ㅅ〕→아따따카시〔ㅅ→∅/모음__모음〕→아따따카이(attattakhai)(실제 발음) 【근 거】 燈등의블**혀**고〈석보상절 9권 32장 뒷면〉〔ㅎ→ㅋ〕→등에 불 **켜**고(현대어).: 혀다〔ㅎ→ㅋ〕→켜다. 하시이소(경남)(=하십시오)〔ㅅ→∅/모음__모음〕→하이이소[동모음 축약]→하이소(경남).

bozuk(=부서진, 깨진)=boz(mak)(=뽀수다(경남)=부수다)+악(=子)(형용사형 어미)+이(첨가음)[모음 합체]→boz액[애→에]→boz엑[에→이]→boz익(ik)[모음조화: o-u]→bozuk. boz(mak)=뽀수(다)(경남)(=부수다)[우→으]→뽀스[유성음화]→뽀스[ㅂ→b, ㅿ→z]→bozɪ[유성 마찰음, [z] 뒤의 [ɪ]는 있으나 없으나 발음이 같이 들린다]→boz 【근거】 뽀사진 시계[시계](경남 발음)(=부서진 시계, 고장난 시계)=뽀수(다)+아(부사형 어미)+지(다)+ㄴ(관형형 어미)+시계[모음 합체]→뽀쉬진 시계[단음화: 위→아]→뽀사진 시계. 노락쟁이(경남)(=노린내가 나는 노란 꽃이 피는 식물)=*놀(다)(=노랗다)+**악**(형용사형 어미=관형형 어미)+장(=사람)(사람에 비유한 것)+이(첨가음). 나막신(=나무로 만들어진 신)=남(=나무)+**악**(=子)(=~의 아이 즉, ~으로 만들어진)+신. cf. **bozuk**(=(명사) 잔돈, 동전)=boz(mak)+악(명사형 어미)+이 【근거】 까막까치(=까마귀와 까치)=깜(다)+악(명사형 어미)+까치.

çabuk(=빠른)=첩(捷)(=빠르다)(형용사)+악(형용사형 어미=관형형 어미)+이(첨가음)[어→아]→찹악이[모음 합체]→찹액[애→에]→찹엑[에→이]→찹익[이→으]→차븍[으→우]→차북(çapuk)[유성음화]→çabuk. **çabuk**(=빨리)(부사)=첩(捷)(=빠르다)+악(부사형 어미)+이(첨가음) 【근거】 **나박나박**(부사)(=야채 따위를 납작납작 얇고 네모지게 써는 모양) 썰다=납(다)('넙다'의 작은 느낌의 말)+악(부사형 어미)+납+악+썰다. **나박**김치=납(다)+악(형용사형 어미=관형형 어미)+김치. 종지=종자(鍾子)+이(첨가음)[모음 합체]→종재[애→에]→종제[에→이]→종지. 이사/으사(경남)=의사(醫師). 믈(=水)〈훈민정음해례본 용자례〉[으→우]→물(현대어).

çapkın(=난봉의, 방탕한, 바람기 많은, 도색의)=잡(雜)〈석보상절 9권 10장 뒷면〉+그/거(경남)(=것)+앙(형용사형 어미)+이(첨가음): 잡그[ㅉ→ㅊ]→**참그**. 앙+이[모음 합체]→앵[애→에]→엥[에→이]→잉[ㅇ(ng)→ㄴ(n)]→**인**. çapkın=참(çap)+그+인(in)[모음조화: ı-ı]→çapkıın[동모음 축약]→çapkın(그 뜻은 '잡것의'=방탕한, 바람기가 있는) 【근거】 똥구시(경남)=똥+굳(=구덩이)+이(첨가음)→

똥구디[구개음화: ㄷ→ㅈ/__ㅣ]→똥구지[ㅈ→ㅅ]→똥구시. 노랑나비=*놀(다)+앙(형용사형 어미=관형형 어미)+나비. cf. 노랑(명사)=*놀(다)+앙(명사형 어미). 종지=종자(鍾子)+이(첨가음)[모음 합체]→종재[애→에]→종제[에→이]→종지. 일찍(표준어)[ㅉ→ㅊ]→일칙(경남)[이→으]→일측(경남). 쯜(就)〈월인석보 1권 월인서 12장 앞면〉+이(첨가음)→쮜밍[ㅁ→ø]→쮜이[ㅉ→ㅊ]→츄이[단음화]→추이[모음 합체]→취(현대어). 잡것=점잖지 못하고 잡스러운 사람을 속되게 이르는 말〈표준국어대사전〉. in(튀르키예어 소유격 조사)=앙(형용사형 어미)+이(첨가음)[모음 합체]→앵[애→에]→엥[에→이]→잉[ㅇ(ng)→ㄴ(n)]→인(in)【근거】uçağın kanatları(=비행기의 날개)=uçak(=비행기)+in(소유격 조사)+kanat(=날개)+lar(복수 접미사)+ı(3인칭 소유 접미사): uçağın=uçak+in[유성음화]→uçagin[g→ğ/모음__모음]→uçağin[모음조화: a-ı]→uçağın. cf. sapık(=음탕한)=잡(雜)(현대 한국어 음)+악(형용사형 어미)+이(첨가음)[ㅈ→ㅅ]→삽악이[모음 합체]→삽액[애→에]→삽엑[에→이]→삽익(sapik)[모음조화: a-ı]→sapık【근거】노락쟁이(경남)(=노란 꽃이 피는 식물명)=*놀(다)(=노랗다)+악(형용사형 어미=관형형 어미)+장(사람, 사물)+이[umlaut]→놀악쟁이. 짬(雜)[ㅉ(유성음)→ㅈ(무성음)]→잡(현대어)【근거】'ㄲ, ㄸ, ㅃ, ㅉ, ㅆ, ㆅ 爲 全濁'〈훈민정음해례본〉(전탁(全濁)=유성음(有聲音)). 똥구시(경남)=똥+굳(=구덩이)+이(첨가음)→똥구디[구개음화: ㄷ→ㅈ/__ㅣ]→똥구지[ㅈ→ㅅ]→똥구시. 까맣다=깜(다)+앟+다.

cari(=현행의)=자리(=좌(座))[어두 유/무성자음 교체: ㅈ→c]→cari: cari hesap=당좌(當座)예금, 당좌 계정【근거】(當)座=자리. 이 자리에서=지금.

çirkin(=추한)=*츨(다)(경남)+기(명사형 어미)+in(소유격 조사)[자음 충돌 회피용 삽입 모음, /이/ 첨가]→츨이기인[모음 합체]→칠기인[동모음 축약]→칠긴[단음화: 위→이]→칠긴→çirkin(그 뜻은 '추리한 것의')【근거】추리하다(경남)(=보기 싫다, 지저분하다)=츨(다)(형용사)+이(부사형 어미 혹은 명사형 어미)+하다. 추레하다[에→이]→추리하다. 아니면, çirkin(=추한)=추(醜)(=추하다)+이(첨가음)+ㄹ(관형형 어미)+그/거(경남)(=것)+in(소유격 조사)→추일거in(인)[모음

546 튀르키예어의 기원

합체]→췰겐[단음화]→칠겐[에→이]→칠킨→çirkin【근거】귁(國)=국(國)+이(첨가음)[모음 합체]→귁. 취하다(표준어)[단음화: 위→이]→치하다(경남). 거+이[모음 합체]→게[에→이]→기. 가는 게(=거+이) 좋다(경남)[에→이]→가는 기 좋다(경남)【근거】sayıl(mak)(=계산되다, 헤아려지다, 존경받다)=say(mak)(=계산하다, 세다, 존경하다)+이(피동 보조 어간)(i)+ㄹ(관형형 어미)(l)[모음조화: a-ı]→sayıl. say(mak)=세(다)[모음 분해]→서이[어→아]→사이→say.

denk(=평형의, 동등한)=등(等)(=같다, 차이가 없다)+이(명사형 어미)+거/그(경남)(소유격 조사)[모음 합체]→딍그[단음화: 의→에]→뎅그(tengkı)[ㅇ(ng)→ㄴ(n)]→tenkı[어두 유/무성자음 교체]→denkı[/k/를 파열시켜 발음하면 다음의 [ı]는 있으나 없으나 발음이 같이 들린다]→denk(그 뜻은 '같은 것의'=동등한)【근거】귁(國)=국(國)+이(첨가음)[모음 합체]→귁. 너거 집/느그 집(경남)=너/느+거/그(소유격 조사)+집=너의 집. kelmoq(우즈벡어)=**gelmek**(튀르키예어)=오다. 긩(機)〈석보상절 13권 28장 앞면〉[긔](중세 국어에서 꼭지 없는 이응, /ㅇ/은 발음되지 않는다)[단음화: 의→에]]→게[에→이]→기(현대어). **don**(mak)(=얼다)=동(凍)(=얼다)[어두 유/무성자음 교체]→dong[ㅇ(ng)→ㄴ(n)]→don. cf. **denge**(=균형)=등(等)+이(첨가음)+거(=것)+이(첨가음)[ㅇ(ng)→ㄴ(n)]→든이거이[모음 합체]→딘게[단음화: 의→에]→덴게(tenke)[유성음화]→tenge[어두 유/무성자음 교체]→denge. cf. **teng**(우즈벡어)(=같은, 동등한)=등(等)(=같다)+이(첨가음)[모음 합체]→딍[단음화: 의→에]→뎅→teng.

derin(=깊은)=떨(다)(←떨어지다)+이(자음 충돌 회피용 삽입 모음)+ㄴ(관형형 어미)[모음 합체]→뗼인[ㄸ→d. 아니면, ㄸ→ㄷ and 어두 유/무성자음 교체]→derin(떨어지면 깊다: 골아 **떨어**지다(경남)=깊이 잠들다. cf. derin uyku=깊은 잠【근거】떨어지다=떨(다)+어(부사형 어미)+지다. 뼈러디다〈석보상절 9권 6장 뒷면〉[ㅂ+ㄷ→ㄸ]→뗘러디다[구개음화: ㄷ→ㅈ/__이]→떠러지다(현대어). 'ㄲ, ㄸ, ㅃ, ㅉ, ㅆ, ㆅ 爲 全濁'〈훈민정음해례본〉(전탁(全濁)=유성음(有聲音)). gelmek(튀르키예어)=kelmoq(우즈벡어)=오다.

dik(=수직의, 직립의, 직각의)=딕(直)〈월인석보 1권 월인서 18장 앞면〉(=바르다)

〖ㄸ→d〗→dik【근거】‘ㄲ, ㄸ, ㅃ, ㅉ, ㅆ, ㆅ 爲 全濁’〈훈민정음해례본〉(전탁(全濁)=유성음(有聲音)). 직(=直)(한국어 현대어)=띡[dik]→dik(튀르키예어)〖유/무성자음 교체〗→tik(딕)〖구개음화: ㄷ→ㅈ/__이〗→직. 직각(直角). 직립(直立). cf. 直[zhí](중국어). 튀르키예어는 중세 한국어 음과 같다.

dolaysız(=직접적)=dola(mak)(=두르다)+이(명사형 어미)+sız(=~이 없는)→dolaysız(그 뜻은 ‘두름이 없는, 즉, 직설적인). **둘러** 말하다=**간접적으로 말하다**. ⇒ **dola**(mak).

duru(=맑은, 깨끗한)=(날씨가) 들(다)(=비나 눈이 그치고 날이 좋아지다)+우(명사형 어미)〖으→우〗→두루(turu)〖어두 유/무성자음 교체〗→duru(원래는 명사형인데 명사가 명사를 수식하는 데서 형용사로 분류한 것이다). 아니면, **duru**=들(다)+이(명사형 어미)〖으→우〗→둘이(turi)〖어두 유/무성자음 교체〗→duri〖모음조화: u-u〗→duru【근거】갈(다)+우(명사형 어미)→가루(표준어). cf. 갈(다)+이(명사형 어미)→가리(경남). ᄀᆞ루〈월인석보 10권 44장〉《고려대 한국어대사전》(=가루)=ᄀᆞᆯ(다)(=갈다)+ᄋᆞ(=아)(명사형 어미). ‘가루음식(=가루로 만든 음식)=가루(형용사)+음식(명사)’와 같이 분류한 경우이다. yağmur **dur**du=비가 **들**었다=비가 그쳤다. cf. **dürü**(=roll=말이, something rolled up〈Türkçe Sözlük〉《LEXILOGOS》=말린 것=말이)=*똘(←둘둘/**똘똘**/돌돌/뜰뜰 말다(경남))+이(명사형 어미)(=물체)〖umlaut〗→뛸이〖ㄸ→d〗→düri〖모음조화: ü-ü〗→dürü(그 뜻은 ‘만 것’=말이)【근거】동사 어간+동사 어간=부사: **달달** 볶다. 달달=달(다)(=타지 않는 단단한 물체가 열로 몹시 뜨거워지다)+달(다). cf. ring ring(영어)(=따르릉따르릉)=ring(동사 어간)+ring(동사 어간). 말이=말(다)+이(명사형 어미)(=물체).

eksi(=시다)=웩[엑](경남 발음)(감탄사)(ek)+시(다)(si)→eksi. cf. **あたたけし**(=暖けし·温けし)(atatakesi)(일본어 고어)=아(a)(감탄사)+따따해지(다)(경남)〖애→에〗→아따따헤지〖ㅎ→ㅋ〗→아따따케지〖ㅈ→ㅅ〗→아따따케시〖ㄸ→ㅌ〗→아타타케시(atatakesi). **あたたかい**(atatakai)(현대어)=아+따따하(다)+아(부사형 어미)+지(다)〖동모음 축약〗→아따따하지〖ㅎ→ㅋ〗→아따따카지〖ㅈ→ㅅ〗→아따따카시〖ㅅ(s)→∅/모음__모음〗→아따따카이→atatakai【근거】燈등의블**혀**고〈석

보상절 9권 32장 뒷면〉[ㅎ→ㅋ]→등에 불 **켜**고(현대어).: 혀다[ㅎ→ㅋ]→켜다.

동구시(경남)=똥+굳(=구덩이)+이(첨가음)→똥구디[구개음화: ㄷ→ㅈ/__이]→똥구지[ㅈ→ㅅ]→똥구시. 자**시**이소(=잡수시오)(경남)[ㅅ(s)→Ø/모음__모음]→자**이**:소. 웩(표준어)[단음화: 웨→에]→엑(경남). 웩/왝(표준어)=구역질이 나서 갑자기 토하는 소리. 또는 그 모양. 엑 시서 몬 묵겄다[무꺼따](경남)=왝 시어서 못 먹겠다. [ㅅ(s)→Ø/모음__모음]는 다음과 같은 과정을 거쳤다: 子증孫손이 니**ᅀᅥ**가몰〈석보상절 6권 7장 뒷면〉(=자손이 이어 감을): 닛(다)+어(부사형 어미)→니**ᅀᅥ**[유성음화]→니**ᅀᅥ**. 닛(다)+어(부사형 어미)[두음법칙 후 보상적 /y/ 첨가]→y+잇(is)어[단음화: y+이(i)→이(i)]→잇어[유성음화: ㅅ→ㅿ/모음__모음]→이**ᅀᅥ**[ㅿ→Ø/모음__모음)]→이어(현대 표준어). cf. 넣다(표준어)[두음법칙 후 보상적 /y/ 첨가]→y+엏다[음 합체]→옇다(경남).

evvel(=처음의, 먼저의)=애벌(명사)+으(경남)(소유격 조사)(=의)[으→이(튀르키예어 소유격 조사)]→애벌이[모음 합체]→애벨[애→에]→에벨[유성음화]→에**ᄫᅦㄹ**(글자가 없어서 이렇게 표기, 여기서 /ㄹ/은 '베'의 받침이다)[ㅸ→v]→evel→evvel. 아니면, **evvel**=애+ㅅ(사이시옷)+벌+이[애→에]→엣벌이[모음 합체]→앳벨[에뻴][[에뻴]=에ᄫᅦㄹ]→evvel(가능성이 크다)【근거】나무으 잎(경남)(=나무의 잎)=나무+으(경남)(소유격 조사)+잎. 으사/이사(경남)=의사(醫師)(경남 방언에서는 /으/와 /이/가 아주 자유롭게 교체된다). dinî(=종교의)=din(=종교)+으(경남)(소유격 조사)(=의))[으→이(튀르키예어 소유격 조사)]→din이(i))→dinî. 쑥고개(=탄현(炭峴))(서울시 관악구 신림동에서 봉천동으로 넘어가는 고개 이름)=숫(전라, 제주, 충남)〈고려대 한국어대사전〉(=숯)(=炭)+고개(=峴)→숫고개[수꼬개][발음대로 표기]→수꼬개['수꼬개=숙+고개'로 오분석]→숙고개[ㅅ→ㅆ]→쑥고개(현대어)(원뜻과 완전히 다른 단어로 바뀌었다). 이런 예는 표준어에도 있다: 낫가〈두시언해 중간본 16권 14장 앞면〉[ㅅ+ㄱ→ㄲ]→나까→낚아(현대 표준어). 낫가=낚(다)+아(부사형 어미)→낫가(올바른 표기). 심지어는 발음이 같은 것을 오분석하여 '낯다'를 사용한 예도 있다: 낯(다)+이(명사형 어미)[발음대로 표기]→낙시[ㄱ→ㄲ](현대어 동사, '낚다'의 어간, '낚'의 영향일 것이다)→낚시(현대 표준어). '낚다'의 가장 오래된 형태는 **낛**다〈월석22:26〉《고려대 한국어대사전》[ㅅ+ㄱ→ㄲ]→낛ㄱ다[받침이 'ㄱㄱㄱ'은 없으므로 'ㄲ'으로]→ 낚다(현대어)(올바른 음운 변화이다). 채낚기(어업 용어)=채+낚(다)+기(명사형 어미).

geç(=늦은)=거치(다)+이(명사형 어미)+으(소유격 조사)(경남)(=의)[umlaut]→게 치이으[동모음 축약]→게치으[으→이(튀르키예어 소유격 조사)]→게치이[동 모음 축약]→게치→geç【근거】 dinî(=종교의)=din(=종교)+으(소유격 조사)(경남) [으→이]→dini→dinî. 으사/이사(경남)=의사(醫師)(경남 방언에서는 /으/와 / 이/가 아주 자유롭게 교체된다). cf. **geç**(mek)(=지나가다)=거치(다)[umlaut]→ 게치(keç)[어두 유/무성자음 교체]→geç. **geç**(=늦게)=거치(다)+이(부사형 어미) [umlaut]→게치이[동모음 축약]→게치(keç)[어두 유/무성자음 교체]→geç【근 거】 kelmoq(우즈벡어)=gelemk(튀르키예어)=오다. 동사, 형용사, 부사가 왜 철자 가 같은지 튀르키예어로는 설명할 수 없고 한국어로만 설명이 가능하다.

geniş(=넓다)=훤하(다)+이(부사형 어미)+지(다)[모음 합체]→훤해지[단음화: 워→어]→헌해지(경남)[애→에]→헌**헤**지[에→이]→헌**히**지[ㅎ→∅/유성음 (ㄴ)__유성음(이)]→헌이지[umlaut]→**헨**이지[ㅎ→ㄱ]→**겐**이지[ㅈ→ㅅ]→겐 이시(keniş)[어두 유/무성자음 교체]→geniş. 아니면, **geniş**=훤이+지(다)[umlaut] →**훼**이지[단음화]→헨이지[ㅎ→ㄱ]→**겐**이지[ㅈ→ㅅ]→겐이시(keniş)[어두 유/무성자음 교체]→geniş【근거】 城쎵밧훤혼싸해〈석보상절 6권 27장 뒷면〉=성 밖 **훤한** 땅에(그 뜻은 '성 밖 **넓은** 땅에'이다). 훤하다=앞이 탁 트여 매우 **넓고** 시 원스럽다〈표준국어대사전〉. 大開 **훤이** 여다〈동해 상:35〉《우리말샘》=**훤히** 열다(현 대 표준어). gelmek(튀르키예어)=kelmoq(우즈벡어)=오다. **해**겹다/**개**겹다(경남)= 가볍다. 종지=종자(鍾子)+이(첨가음)[모음 합체]→종재[애→에]→종제[에→ 이]→종지. 똥구시(경남)=똥+굳(=구덩이)+이(첨가음)→똥구디[구개음화]→똥 구지[ㅈ→ㅅ]→똥구시. 훤해지다=훤+하(다)+이(부사형 어미)+지다[모음 합체] →훤해지다(표준어)[단음화: 워→어]→헌해지다(경남).

görsel(=시각의)=gör(=눈)++적(的)이(다)+ㄹ(관형형 어미)[ㄱ→∅/유성음__유성

음』→gör저일『모음 합체: 어+이→에』→gör젤『ㅈ→ㅅ』→gör셀(sel) 【근거】 고기(표준어)『umlaut』→괴기『단음화: 외→에』→게기(경남)『ㄱ→Ø/유성음__유성음』→게이(경남). 장어(표준어)+이(첨가음)『모음 합체: 어+이→에』→장에『모음조화: 아-애』→장애(경남). 똥구시(경남)=똥+굳(=구덩이)+이(첨가음)→똥구디『구개음화: ㄷ→ㅈ/__이』→똥구지『ㅈ→ㅅ』→똥구시. **sıra**(=줄, 순서)=줄+아(의미첨가 없이 명사에 붙는 접미사)『ㅈ→ㅅ』→숟아『우→으』→슬아(sıra) 【근거】 banka=bank(영어)+아(a)(의미첨가 없이 명사에 붙는 접미사). 믈(=水)〈훈민정음해례본 용자례〉『으→우』→물(현대어).

gür(=풍성한, 많은, 큰)=하(다)(=많다, 크다)+이(첨가음)+ㄹ(관형형 어미)『아→어』→허일『어→으』→흐일『으→우』→후일『모음 합체』→휠『ㅎ→ㄱ』→귈(kür)『어두 유/무성자음 교체』→gür 【근거】 잴다(강원)〈고려대 한국어대사전〉(=잘다)=잘(다)+이(첨가음)+다『모음 합체』→잴다. kelmoq(우즈벡어)=gelmek(튀르키예어)=오다. 하다『아→어』→허다(경기)〈고려대 한국어대사전〉『어→으』→흐다(전북)〈전라북도 방언사전〉《네이버 국어사전》. 없다/읎다(경남). 믈(=水)〈훈민정음해례본 용자례〉『으→우』→물(현대어). 해겁다(경남)(=가볍다)『ㅎ→ㄱ』→개겁다(경남)(=가볍다). 제뜨들시러펴디돋홇노미하니라〈월인석보 1권 훈민정음 2장 뒷면〉=제 뜻을 실어 펴지 못할 사람이 많으니라: 하다=많다. cf. **하**많다(북한)=**아주** 많다. 한실(=大谷)=하(다)(=크다)+ㄴ(관형형 어미)+실(=谷)(=마을). **か**よわし(=か弱し)(**ka**yowasi)(일본어)(=아주 약한)=**하**(ha)+弱し『ㅎ(h)→ㄱ/ㅋ(k)』→가/카(ka)(일본어에는 /k/, /kh/의 구분이 없다)+弱し 【근거】 燈등의블**혀**고〈석보상절 9권 32장 뒷면〉=등에 불 켜고(현대**어**): 혀다『ㅎ→ㅋ』→켜다.

hafif(=가볍운, 쉬운, 경미한)=*하볍(다)[하벱](경남 발음)→하벱『에→이』→하빕(hapip)『p→f/모음__모음』→hafip『어말의 /p/를 파열시켜 발음하면 어말이라 발음이 약해 [f]처럼 들린다』→hafif 【근거】 **해**겁다(경남)『ㅎ→ㄱ』→**개**겁다(경남)=가**볍**다(표준어). *하볍다『ㅎ→ㄱ』→가볍다. cf. 하많다=하(ha)(=아주)+많다. かよわし(か弱し)(kayowasi)(일본어 고어)=하(ha)(=아주)+よわし(弱し)(=약하다)『ㅎ→ㄱ』→가(ka)よわし(弱し)(yowa**si**)『ㅅ(s)→ㅿ(z)→Ø/모음__모

음〗→kayowai→かよわい(か弱い)(일본어 현대어)【근거】게이소(경남)(=계십시오)=게시(다)(경남)(=계시다)+소〖ㅅ(s)→∅/모음__모음〗→게이소. 子종孫손이**니ᅀᅥ**가몰〈석보상절 6권 7장 뒷면〉(=자손이 이어 감을): 닛(다)+어(부사형 어미)→니ᅀᅥ〖유성음화〗→니ᅀᅥ〖두음법칙 후 보상적 /y/ 첨가〗→y+이(i)〖단음화: y+i→i(이)〗→이ᅀᅥ〖ㅿ(z)→∅/모음__모음〗→이어(현대 표준어). 이서(경남)=이어.

harap(=부서진, 폐허의)=헐(다)(=부수다, 파괴하다)+업(형용사형 어미)→헐업〖어→아〗→할압(harap)【근거】그립다(=보고 싶거나 만나고 싶은 마음이 간절하다)=그리(다)+업(형용사형 어미)+다〖모음 합체〗→그렵다〖여→에〗(경남 음운 규칙)→그렙다〖에→이〗→그립다. 두렵다=두리(다)〈석보상절 6권 29장 뒷면〉(=두려워하다)+업(형용사형 어미)+다→두리업다〖모음 합체〗→두렵다. cf. **harap**(=낡은, 황폐한)=헐(다)(=물건이 오래되거나 많이 써서 낡아지다)+업(형용사형 어미)→헐업〖어→아〗→할압→harap.

hür(=자유로운, 자유의)=*훌(다)+이(명사형 어미)+으(경남)(소유격 조사)(=의)〖으→이(i)(튀르키예어 소유격 조사)〗→훌이이〖동모음 축약〗→훌이〖모음 합체〗→휠→hür【근거】dinî(=종교의)=din(=종교)+으(경남)(소유격 조사)(=의)〖으→이〗→din이→dinî. **훌훌** 벗어던지다(=옷 따위를 시원스럽게 벗어 버리거나 벗기는 모양을 나타내는 말). 옷을 속박, 짐 등으로 생각하여 속박, 짐 등을 벗어 던지고 자유롭게 되다는 비유적 의미로 사용되기도 한다: 모든 것을 훌훌 벗어 던져 버리고 싶다=모든 것으로부터 자유롭고 싶다. **훌훌** 날다. 동사 어간+동사 어간=부사: **달달** 볶다. 달달=달(다)(=타지 않는 단단한 물체가 열로 몹시 뜨거워지다)+달(다). cf. ring ring(영어)(=따르릉따르릉)=ring(=울리다)+ring. **Macaristan**(=헝가리)=Macar(=헝가리인)+으(경남)(소유격 조사)+짱(=地)〖으→이〗→Macar이짱(istang)〖ㅇ(ng)→ㄴ(an)〗→Macaristan. **Macar**=마(馬)+이(첨가음 아니면 소유격 조사)+갈(=子)(=알)(=사람)〖모음 합체〗→마갈(magyar)(=헝가리인)〖구개음화: ㄱ→ㅈ/__y〗→마쟐〖유성음화: ㅈ→c/모음__모음〗→Macyar〖단음화〗→Macar. 마갈(magyar)(=헝가리 사람: 원뜻은 '말의 자손'이다)【근거】靺鞨(말갈)[Mòhé]

(중국어)(모허)=몰(=馬(마))〈훈몽자회 상권 19장 뒷면〉(=말)+ㅎ(고유어 명사에 붙음)+아(=子)(=자손, 나라)[어말 /ㄹ/ 탈락]→ᄆᆞㅎ+아[ᆞ→오]→모하[아→어]→모허→Mòhé. 따라서 '말갈'을 중국어로 음차한 것이 靺鞨이고 '몰하'를 중국어로 바꾼 것이 Mòhé이다 【근거】 하(河)(ha)[아→어]→河[hé](허)(중국어). 말(靺='말'의 음차)=버선(발에 신는 물건). 갈(鞨='갈'의 음차)=가죽신. 중국인들은 남의 나라 이름을 음차할 때 같은 발음의 좋지 않은 말을 골라 음차하였다: 靺鞨의 문자적 의미는 '버선과 가죽신=socks and leather shoes'이다. cf. べいこく(米国)(=America)(일본어)=べい(=米)(=rice)+こく(国). 미국(美國)(=America)=미(美)(=아름답다=beautiful)+국(國). 한국은 남의 나라를 음차할 때 좋은 의미의 단어로 음차한다. 영어에서 헝가리를 Hungary로 부른 것은 헝가리를 '훈족의 자손'이라고 생각한 것이다: Hungary=훈(족)(Hun)+갈(=子)(kar)(=알)(=자손, 나라)+이(첨가음)(i)[유성음화]→Hungary.

ikili(=2의)=iki(=2)+li(형용사형 어미). ikili ünlü=이중 모음. ün(=음(音)=소리)=음(音)+이(첨가음)[으→우]→움이[ㅁ→ㄴ]→운이[모음 합체: 우+이→위(ü)]→ün 【근거】 국(國)+이(첨가음)모음 합체: 우+이→위(ü)]→귁(國)〈월인석보 1권 훈민정음 1장 앞면〉. 믈(=水)〈훈민정음해례본 용자례〉[으→우]→물(현대어). 므슴〈석보상절 6권 16장 앞면〉[으→우]→**무**슴[ㅁ→ㄴ]→무슨(현대어).

ilk(=첫째, 제1의, 처음의)=일(一)+그/거(소유격 조사)(경남)→일그(ilkɪ)[/k/를 파열시키면 [ɪ]는 있으나 없으나 발음이 같이 들린다]→ilk 【근거】 너**거** 집(경남)[어→으]→느그 집(경남)=너**의** 집(표준어). cf. 妹(いも)**が**袖(そで)〈萬葉集·15·3604〉(일본어 고어)(=妻の袖=아내의 소매)=妹(いも)(imo)(=妻)(=처=아내)+**が**(ga)(소유격 조사)+袖(そで)(sode)(=袖=소매): が(ga)=거(경남)(소유격 조사)[어→아](일본어에는 /어/가 없다)→(imo)+가(ka)([유성음화]→ga.

insancıl(=인간적인)=insan(=인간)+적(的)이(다)+ㄹ(관형형 어미)→insan저길[umlaut]→insan제길[에→이]→insan지길[ㄱ→∅/모음__모음]→insan지일[동모음 축약]→insan질[유성음화: ㅈ→c and 모음조화: a-ı]→insancıl 【근거】 인간적인=인간+적(的)+이(다)+ㄴ(관형형 어미). 고기(표준어)[umlaut]→괴기[단

음화』→게기(경남)［ㄱ→∅/모음__이』→게이(경남)［에→이』→기이(경남). 똥구시(경남)=똥+굳(=구덩이)+이(첨가음)→똥구디［구개음화: ㄷ→ㅈ/__이』→똥구지［ㅈ→ㅅ』→똥구시. **sıra**(=줄, 순서)=줄+아(의미첨가 없이 명사에 붙는 접미사)［ㅈ→ㅅ』→술아［우→으』→슬아(sıra). cf. banka=bank(영어)+아(a)(의미첨가 없이 명사에 붙는 접미사). **insan**(=인간)=신(人)〈석보상절 6권 3장 뒷면〉+*간(間)［△→∅』→인*걘(kyan)［구개음화: ㄱ→ㅈ/__y』→인쟌［ㅈ→ㅅ』→인샨［단음화: 야→아』→인산(insan) 【근거】 신(人)〈석보상절 6권 3장 뒷면〉［△→∅』→인(현대어)(in)(튀르키예어도 한국어와 같이 음운 번화가 일어났다). 기름(표준어)［구개음화』→지름(경남). 간(間)=*걘(間)［단음화: 야→아』→간(間)(현대어). *걘(間)(kyan)［구개음화: ㄱ→ㅈ/__y』→쟌［ㅈ→ㅅ』→샨［단음화: 야→아』→산(san)(튀르키예어). cf. 间[jiān](중국어)(지앤)=*걘(間)［구개음화: ㄱ→ㅈ/__y』→쟌［모음 분해: 야=이+아』→지안(jian)(실제 발음은 뒤에 /이/를 첨가시키고 모음을 합하여 발음한다: 지안+이(첨가음)［모음 합체: 아+이→애』→지앤[dʒɪæn]. 중국어 음을 보면 間의 가장 옛음은 '걘'이었음을 알 수 있다. cf. **にんげん**(人間)(일본어): にん(人)=신(人)(zin)［△(z)→ㄴ(n)』→**닌(nin)**. cf. **にほんじん**(日本人)(nihonzin): じん(人)(zin)=신(人)〈석보상절 6권 3장 뒷면〉(zin) 【근거】 子ㅈ孫손이**니ᅀᅥ**가몰〈석보상절 6권 7장 뒷면〉(=자손이 이어 감을): 닛(다)+어(부사형 어미)→니ᅀᅥ［유성음화』→니ᅀᅥ. 닛다［두음법칙』→잇다(현대어). げん(間)=간(間)+이(첨가음)［모음 합체: 아+이=애』→갠［애→에』(일본어에는 /애/가 없다)→겐(ken)［유성음화』→gen. 【근거】 국(國)+이(첨가음)［모음 합체: 우+이=위』→귁(國)〈월인석보 1권 훈민정음 1장 앞면〉. cf. 間(隙)(かん(げき))(kan)=간(間)(kan). **にんげん**(人間)=닌(nin)+겐(ken)［유성음화: ㄱ(k)→g』→ningen.

işitsel(=청각의)=이(첨가음)+*시(→시(耳)〈월인석보 23권 39장 뒷면〉)+잇(=앗)(의미첨가 없이 명사에 붙는 접미사)[잍]+적(的)이(다)+ㄹ(관형형 어미)→이**시잍**적일［동모음 축약』→이신**적일**［ㄱ→∅/모음__모음』→이신저일［ㅈ→ㅅ』→이신**서일**［모음 합체』→이신셀→işitsel 【근거】 '*시→시(耳)〈월인석보 23권 39장 뒷면〉→이(현대어)'가 '싱(弛)[시]〈월인석보 1권 월인서 13장 뒷면〉→시→이(현

대어)'와 같이 변했을 것으로 추정할 수 있다. 셋(=3)=서+잇(=子)(=앗)(의미첨가 없이 명사에 붙는 접미사)[모음 합체]→셋. cf. 서이(=3)(경남)=서+이(첨가음)[모음 합체]→세: 서너 개=세 개 혹은 네 개. 앗(=子)+이(첨가음)[모음 합체]→앳[애→에]→엣[에→이]→잇.

kabarık(=부풀은, 부풀어 오른)=**kabar**(mak)(=부풀다)+**악**(형용사형 어미)+이(첨가음)[모음 합체]→kabar액[애→에]→kaber엑[에→이]→kabar익(ik)[모음조화: a-ı]→kabarık 【근거】**다락논**=달(다)+**악**(형용사형 어미)+논. 나막신(=나무로 만들어진 신)=남(=나무)+악(형용사형 어미)+신. **kabar**(mak)(=부풀다)=**하**(=아주 많이)+붇(다)(=부피가 커지다, 증가하다)[ㅎ→ㅋ]→카붇[우→으]→카븓[으→어]→카벋[어→아](튀르키예어네는 /어/가 없다)→카받[ㄷ→ㄹ]→카발(kapar)[유성음화]→kabar 【근거】**붇다**(함경)〈고려대 한국어대사전〉=**붙다**(표준어). 볃(彆)〈훈민정음해례본 종성해〉[ㄷ→ㄹ]→별(彆)(현대어). 燈등의블**혀**고〈석보상절 9권 32장 뒷면〉=등에 불 켜고(현대어): 혀다[ㅎ→ㅋ]→켜다. 블[으→우]→불(현대어). 없다/읎다(경남)(경남 방언에서는 /어/와 /으/가 아주 자유롭게 교체된다). 마리 슈(首)〈훈몽자회 상권 24장 뒷면〉: 마리[아→어]→머리(현대어). **하많다**(=아주 많다)=하(=아주)+많다. '붇다-붇고-불어-불어서'와 같이 '붇다'의 /ㄷ/은 모음 앞에서는 /ㄹ/로 바뀐다. cf. **か**よわし(=か弱し)(일본어 고어)(=아주 약한)(kayowasi)=하(ha)(=아주)+よわし(=弱し)(=약하다)[ㅎ→ㅋ]→카(ka)+よわし(yowasi).

kara(=검은, 검정)=*걸(슬다)(=검다)+아(=子)(명사형 어미)→걸아[어→아]→갈아→가라(kara)→kara(원뜻은 '검은 것'으로 명사가 형용사적으로 쓰인 것이다) 【근거】거슬다(=표면만 타서 까맣게 변하다)=걸(다)(=검다)+슬다(표면만 변하다)[ㄹ→Ø/__ㅅ]→거슬다. cf. 녹슬다(표면이 녹으로 변하다)=녹(=rust)+슬다. cf. からす(=烏)(karasu)(일본어)(=까마귀)=から(=kara)(=검정)+새(=鳥): 새[애→에]→세[에→이]→시[이→으]→스[su](す의 발음은 [su]가 아니고 [su](=sı)이다). karga(=까마귀)=걸(다)(=검다)+거(경남)(=것)(=동물)[어→아]→갈가(karka)[유성음화]→karga(그 뜻은 '검은 것'=까마귀). **까막**까치(=까마귀와 까치): 까막(=까

마귀)=깜(다)(=검다)+악(=것)→까막(그 뜻은 '검은 것'=까마귀) 【근거】 종지=종자 (鍾子)+이(첨가음)[모음 합체]→종재[애→에]→종제[에→이]→종지. 없다/읎 다(경남 방언에서는 '이/으' 교체가 상당히 자유롭게 일어난다). **xap**(har)(몽골어) (=검은)[ㅎ(h)→ㄱ(k)]→갈(다)(kar). '검다'는 의미의 가장 오래된 단어가 몽골어, xap임을 알 수 있다. **xap**의 발음을 [khar]로 표기한 것도 한국어의 음운 규칙을 따른 것이다: **xap**(할=har)[ㅎ(h(→ㅋ(kh)]→칼 【근거】 燈등의블**혀**고〈석보상절 9권 32장 뒷면〉[ㅎ(h)→ㅋ(kh)]→등에 불 **켜**고(현대어).

katı(=군은, 딱딱한, 단단한)=간(다)(경남)(=군다)[풀어쓰기]→가드→katı【근 거】 두부가 간아지다(경남)(=두부가 굳어지다): 두부를 만들 때 끓인 콩물에 간수 를 넣어 저어주면 굳어지게 되는 것을 말한다). 상처가 **까들까들/까달까달/꾸들 꾸들/구들구들**해지다(경남): 까달까달=간(다)+알(부사형 어미)+간(다)+알[ㄱ→ ㄲ]→까달까달. 구들구들=굳(다)+알(부사형 어미)+굳(다)+알[모음조화: 우-으] →굳을굳을→구들구들[ㄱ→ㄲ]→꾸들꾸들. cf. **katı**(=강경책(=hard line), 강경 한 태도)=간(다)+이(명사형 어미)→가디(kati)[모음조화: a-ı]→katı. **かたし**(일 본어 고어)(katasi)=간(다)+아(부사형 어미)+지(다)→가다지[ス→ㅅ]→가다시 →katasi(일본어 고어)[s→∅/모음__모음]→katai(かたい(=硬い, 堅い, 固い)) (현대어)(=단단하다, 굳다)【근거】 똥구시(경남)=똥+굳(=구덩이)+이(첨가음)→똥 구디[구개음화: ㄷ→ㅈ/__이]→똥구지[ス→ㅅ]→똥구시. 술 드이소(경남)=술 드시(다)+소[ㅅ(s)→∅/모음__이]→드이소.

kesin(=결정적, 확실한)=결정(決定)[겔쩡](경남 발음)+이(첨가음)+앙(형용사 적 어미)+이(첨가음): 겔쩡+이[ㄹ→∅/__ス]→게정이[umlaut]→게쩽이[ㅇ [ŋ]→∅/__이(모음) and 이[ĩ](nasal vowel) and [ĩ]의 구강 모음화(튀르키예어에 비 모음이 없다)]→게**제**이[에→이]→게지이[동모음 축약]→게지[ス→ㅅ]→**게 시**. 앙+이[ㅇ(ng)→ㄴ(n)]→안이[모음 합체]→앤[에→이]→엔[에→이]→ **인**. kesin=게시+인[동모음 축약]→게신→kesin(그 뜻은 '결정의'=결정적)【근거】 부젓가락=불+젓가락[ㄹ→∅/__ス]→부젓가락. 상이[ㅇ[ŋ]→∅/__이 and 이[ĩ] (nasal vowel)]→상이[saĩ](경남 발음). 귁(國)〈월인석보 1권 훈민정음 1장 앞면〉=

국(國)+이(첨가음)[모음 합체]→귁. 노랑나비=*놀(다)(=노랗다)+앙(형용사형 어미)+나비. cf. 노랑(명사)=*놀(다)+앙(명사형 어미). 고기[umlaut]→괴기[단음화]→게기(경남)[ㄱ→∅/모음__이]→게이(경남). 종지=종자(鍾子)+이(첨가음)[모음 합체]→종재[애→에]→종제[에→이]→종지. 똥구시(경남)=똥+굳(=구덩이)+이(첨가음)→똥구디[구개음화: ㄷ→ㅈ/__이]→똥구지[ㅈ→ㅅ]→똥구시. 아니면, **kesin**(=결정적, 확실한)=kes(mek)(=자르다)+앙(형용사형 어미)+이(첨가음)[ㅇ[ŋ]→ㄴ(n)]→kes안이[모음 합체]→kes앤[애→에]→kes엔[에→이]→kes인(in)→kesin(그 뜻은 '자른'이다: **잘라서** 말하다=**확실히** 말하다).

kısır(=불모의, 거세한)=거세하(다)/**그세하**(다)(경남, 둘 다 사용)+이(피동 보조 어간)+ㄹ(관형형 어미)[모음 합체]→그세핼[애→에]→그세헬[에→이]→그시힐[ㅎ→∅/모음__모음]→그시일[동모음 축약]→그실(kısir)[모음조화: ı-ı]→kısır 【근거】 **kısırlaştırmak**=거세하다. 중성화시키다. **으**사/**이**사(경남)=의사(醫師). 고기(표준어)[umlaut]→괴기[단음화: 의→에]→게기(경남)[ㄱ→∅/모음__모음]→게이(경남)[에→이]→기이(경남). 거세하다(去勢하다)=동물의 생식 기능을 잃게 하다. 수컷의 불알 또는 암컷의 난소를 없애거나 그곳에 방사선을 쪼여 생식 불능이 되게 함을 이른다. 하(다)+이(피동 보조 어간)+다[umlaut]→해이다(경남). 아니면, **kısır**=거세(去勢)(=거세하다)+이(첨가음)+알(=것)+으(경남)(소유격 조사)[어→으]→그세이알으[으→이](튀르키예어 소유격 조사)]→그세이알이[에→이]→그시이알이[동모음 축약]→그시알이[모음 합체]→그시앨[애→에]→그시엘[에→이]→그시일[동모음 축약]→그실(kısir)[모음조화: ı-ı]→kısır 【근거】 **dinî**(종교의)=din(=종교)+으(경남)(소유격 조사)[으→이]→din이(i)→dinî.

kof(=속이 빈)=고프(다)(kopı)[어말에서 발음이 약화되어 [pı]가 [f]처럼 들린다]→kof 【근거】 배가 고프다=배가 비었다.

kör(=눈먼, (전등이) 어두운)=그리(다)/그르(다)/글(다)/그(다)(=어두워지다)(경남)+알(=子)(=것)+이(첨가음)+으(경남)(소유격 조사)(=의(표준어))[으→이]→그+알+이+이[동모음 축약]→그알이[모음 합체]→그앨[애→에]→그엘[에

→이]→그일[[모음 합체]]→글→kör(그 뜻은 '그른 것의'=어두운 것의=어두운).
cf. **kör**(=장님)=그리(다)/그르(다)/글(다)/그(다)(=어두워지다)(경남)+알(=子)(=사람)+이(첨가음)→그알이[[모음 합체]]→그앨[[애→에]]→그엘[[에→이]]→그일[[모음 합체]]→글→kör(그 뜻은 '(눈이) 어두운 사람'=맹인) 【근거】 너어/느으 집(경남)(=너의 집)=너/느+어/으(소유격 조사)+집. dinî(=종교의)=din(=종교)+으(경남)(소유격 조사)[[으→이]]→din이(i)→dinî. 갈다/가다(경남). 해그레(경남)(=해질 무렵)=해(=태양)+글(다)+아(=子)+이(첨가음)[[모음 합체]]→해글애[[모음조화: 으-에]]→해글에→해그레. cf. **めくら**(일본어)(=눈이 보이지 않음, 장님)(meku-ra)=め(me)(=눈)+글(다)+아(=子)(=것 혹은 사람)→めそ라→mekura(그 뜻은 '눈이 그른 것'=눈이 보이지 않음, '눈이 그른 사람'=눈이 어두운 사람=장님, 맹인). め(me)(=눈)=목(目)(=눈)+이(첨가음)[[ㄱ→Ø/모음__이]]→모이[[모음 합체]]→뫼[[단음화: 외→에]]→메(me) 【근거】 귁(國)〈월인석보 1권 훈민정음 1장 앞면〉=국(國)+이(첨가음)[[모음 합체]]→귁. 뫼(=山)[[단음화: 외→에]]→메(경남). 외국[[단음화: 외→에]]→에국(경남).

kötü(=나쁘다, 더럽다)=궂(다)[[굳(따)]]+이(첨가음)[[우→오]]→곧이[[umlaut]]→괴디(köti)[[모음조화: ǒ-ü]]→kötü: 옛날엔 글자가 없어서 발음대로 튀르키예어로 전사되었다 【근거】 **ᄆᆞ**(母)〈월인석보 1권 월인서 14장 앞면〉[[ㅁ→Ø]]→무[[우→오]]→모(현대어). 궂은일=좋지 못한 일. 궂은 날씨=나쁜 날씨=kötü(=궂은) hava(=날씨). 아쉽다(표준어)=아숩(다)(경남)+이(첨가음)+다[[모음 합체]]→아쉽다.

koyu(=진한)=걸(다)/거(다)(경남)(=진하다)+이(명사형 어미)+으(경남)(소유격 조사)→거이으[[어→오]]→고이으[[으→우]]→고**이우**[[모음 합체]]→고유→koyu-(그 뜻은 '진한 것의'). cf. **こし**(=濃し)(kosi)(일본어 고어)(=진하다)=걸(다)/거(다)+지(다)→거지[[어→오]]→고지[[ㅈ→ㅅ]]→고시(kosi)[[ㅅ(s)→Ø/모음__모음]]→koi→**こい**(현대어). **걸**쭉하다=액체가 묽지 않고 꽤 **걸**다(=진하다) 【근거】 갈다/가다(경남, 둘 다 사용). **거지**게 한 번 놀아보자=**진하**게 한 번 놀아보자: 거지다=걸(다)+지다[[ㄹ→Ø/__ㅈ]]→거지다. 엄마(표준어)[[어→오]]→옴마(경남), 믈(=水)〈훈민정음해례본 용자례〉[[으→우]]→물(현대어). 똥구시(경남)=똥+굳(=

구덩이)+이(첨가음)→똥구디〖구개음화: ㄷ→ㅈ/__이〗→똥구지〖ㅈ→ㅅ〗→똥구시.

kuru(=마른, 건조한)=갈(다)(경남)(=마르다)〖아→어〗→걸〖어→으〗→글〖으→우〗→굴(풀어쓰기)→구루→kuru 【근거】 목이 **갈**갈하다/**걸**걸하다/**글**글하다(경남)(=목이 마르다). 마리 슈(首)〈훈몽자회 상권 24장 뒷면〉〖아→어〗→머리 슈〖단음화〗→머리 수(현대어). 없다/옰다(경남). 믈(=水)〈훈민정음해례본 용자례〉〖으→우〗→물(현대어). cf. **kara**(=마른 땅, 육지)=갈(다)(경남)(=마르다)+아(=장소, 곳)→가라→kara. **かる**(=枯る)(karu)(일본어 고어)(=마르다)=갈(다)〖일본어식으로 표기〗→가루(karu). cf. **かれる**(=枯れる)(kareru)(현대어). 일본어 고어는 한국어를 그대로 일본어로 전사한 것이나 현대어는 완전히 다른 단어로 만들어 놓았다.

mezun(=허가된, 허락된; (학교) 졸업의, **졸업한**; 원한이 있는)=맺(다)(=하던 일을 끝내다)+으/우(자음 충돌 회피용 삽입 모음)+ㄴ(관형형 어미)→매준〖애→에〗→메준〖ㅈ→ㅅ〗→메순〖유성음화〗→메슌〖ㅿ→z〗→mezun 【근거】 **지순**이리이셔도〈석보상절 9권 6장 뒷면〉=지은 일이 있어도: 짓(다)+우(자음 충돌 회피용 삽입 모음)+ㄴ(관형형 어미)→지순〖유성음화〗→지순〖ㅿ→∅〗→지운〖우→으〗→지은(현대어). cf. 지**손** 쬠[쬐]〈월인석보 1권 월인천강지곡 6장 뒷면〉=짓(다)+**오**(자음 충돌 회피용 삽입 모음)+ㄴ(관형형 어미). cf. **mezun**(=원한이 있는)=맺히(다)+ㄴ(관형형 어미)〖ㅈ+ㅎ→ㅊ〗→매친〖애→에〗→메친〖ㅊ→ㅈ〗→메진〖ㅈ→ㅅ〗→메신〖유성음화〗→메신〖이→으〗→메슨〖으→우〗→메슌〖ㅿ→z〗→mezun 【근거】 맺힌 게 있다(=원한이 있다)=맺(다)+히(피동 보조 어간)+ㄴ(관형형 어미)+거(=것)+이(주격 조사)+있다〖모음 합체〗→맺힌 게 있다. 박아치(경남)〖ㅊ→ㅈ〗→박아지(표준어). 똥구시(경남)=똥+굳(=구덩이)+이(첨가음)→똥구디〖구개음화: ㄷ→ㅈ/__이〗→똥구지〖ㅈ→ㅅ〗→똥구시.

mızmız(=우유부단한)=멎(다)(=움직임이나 동작이 그치다)+이(명사형 어미)+으(경남)(소유격 조사)+멎(다)+이(명사형 어미)+으(경남)(소유격 조사)〖어→으〗→믖이으믖이으〖이→으〗→믖으으믖으으〖동모음 축약〗→믖으믖으→므즈므즈

〖ㅈ→ㅅ〗→므스므스〖유성음화〗→므스므스(mızımızı)〖[z] 다음의 [ı]는 있으나 없으나 발음이 같이 들린다〗→mızmız(그 뜻은 '멈춤의 멈춤의'로 할까 말까 망설이는 모양이다) 【근거】 똥구시(경남)=똥+굼(=구덩이)+이(첨가음)→똥구디〖구개음화: ㄷ→ㅈ/__이〗→똥구지〖ㅈ→ㅅ〗→똥구시. **지순**이리이셔도〈석보상절 9권 6장 뒷면〉(=지은 일이 있어도): 짓(다)+우(자음 충돌 회피용 삽입 모음)+ㄴ(관형형 어미)〖유성음화: ㅅ→ㅿ/유성음__유성음〗→지순. 미적미적=멎(다)(=사물의 움직임이나 동작이 그치다)+악(부사형 어미)+멎(다)+악(부사형 어미)〖모음조화: 어-어〗→머적머적(경남)〖어→으〗→므적므적(경남)〖으→이〗→미적미적(표준어, 경남)('미적미적'은 그 뜻이 '멈추고 멈추고'라는 뜻이다) 【근거】 **없**다/**읎**다(경남), **으**사/**이**사(경남)=의사(醫師)(표준어). 미적미적/미즉미즉/므즉므즉(경남, 모두 사용)=자꾸 꾸물대거나 망설이며 【근거】 노락노락(경남)(=노릇노릇) 꿉다〖꾸따〗(=굽다)=*놀(다)(=노랗다)(형용사)+악(부사형 어미)+*놀(다)+악(부사형 어미)+꿉다. 노랗다=놀(다)+앟+다. cf. 까맣다=깜(다)+앟+다.

namli(=유명한, 이름난)=(이름)나(다)(=유명하다)+ㅁ(명사형 어미)+li(형용사형 어미)→namli〖모음조화: a-ı〗→namlı 【근거】 이름나다=세상에 평판이나 명성이 널리 알려지다. 그는 **난** 사람이다(경남)(=그는 **유명한** 사람이다)=그는 나(다)(=유명하다)+ㄴ(관형형 어미)+사람+이다.

nazik(=친절한, 공손한, 유순한)=*낫(다)+악(형용사형 어미)+이(첨가음)〖모음 합체〗→낫액〖애→에〗→낫엑〖에→이〗→낫익→나식〖유성음화〗→나식〖ㅿ→z〗→nazik(모음조화 시키지 않았다) 【근거】 **낫낫**하다(=꽤 보드랍고 무르다. 성격이 꽤 상냥하다). 달달하다=달(다)=달(다)+하다. 노락쟁이(경남)(노란 꽃이 피는 식물 이름)=*놀(다)(=노랗다)+악(형용사형 어미=관형형 어미)+쟁(=사람)(사람에 비유한 표현)+이(첨가음). 子중孫손이**니ᅀᅥ**가몰〈석보상절 6권 7장 뒷면〉(=자손이 이어 감을): 닛(다)+어(부사형 어미)→니ᅀᅥ〖유성음화〗→니ᅀᅥ. 닛다〖두음법칙〗→잇다(현대어). 페르시아어, nāzuk을 차용한 것이라고 하나 페르시아어는 한국어에서 차용했을 가능성이 크다. 앞으로 페르시아어와 한국어의 관계를 연구할 필요가 있다.

ödünç(=빚의)=(빚을) 얻(다)/읃(다)(경남)(=빌리다)+이(자음 충돌 회피용 삽입 모음)+ㄴ(관형형 어미)+거(=것)+으(경남)(소유격 조사)〚으→이〛→읃인거이〚umlaut〛→읻인거이〚모음 합체〛→읻인게〚에→이〛→읻인기〚ㄱ→ㅋ〛(튀르키예어는 /ㄱ/, /ㅋ/의 구분이 없다)→읻인키〚구개음화: ㅋ→ㅊ/__이〛→읻인치〚의→ö〛→ötinç〚유성음화: t(ㄷ)→d/모음__모음〛→ödinç〚모음조화: ö-ü〛→ödünç 【근거】 시기다〈석보상절 6권 10장 앞면〉〚ㄱ→ㅋ〛→시키디. dinî(=종교의)=din(=종교)+으(경남)(소유격 조사)〚으→이〛→din이(i)→dinî. 키(=배의 방향을 조종하는 장치)〚구개음화: ㅋ→ㅊ/__이〛→치(강원, 전라, 충청, 함경). cf. **ödünç**(=빚)=(빚을) 얻(다)/읃(다)(경남)(=빌리다)+이(자음 충돌 회피용 삽입 모음)+ㄴ(관형형 어미)+거(=것)+이(첨가음)→읃인거이〚umlaut, 모음합체〛→읻인게〚에→이〛→읻인기〚ㄱ→ㅋ〛→읻인키〚구개음화: ㅋ→ㅊ/__이〛→읻인치〚의→ö〛→ötinç〚유성음화: t(ㄷ)→d/모음__모음〛→ödinç〚모음조화: ö-ü〛→ödünç. 형용사와 명사가 같은 형태인 것은 경상도 방언으로만 설명이 가능하다.

olağan(=sık sık ol**an**=자주 있는, 보통의)=ol(mak)(=있다)+악(=子)(=것)+앙(ang)(형용사형 어미)〚ㅇ(ng)→ㄴ(n)〛→ol+악(**ak**)+an〚유성음화〛→olagan〚g→ğ/모음__모음〛→olağan. sık sık=속(續)+이(첨가음)+속(續)+이(첨가음)〚모음 합체〛→쇡쇡〚단음화: 외→에〛→섹섹〚에→이〛→식식〚이→으〛→슥슥→sık sık 【근거】 속속(續續)=자주 잇따라서. 세끼/세키(경남 노인 말)(=속히)=속(續)+히(부사형 어미)〚umlaut〛→쇡히〚단음화〛→섹히〚ㄱ+ㅎ→ㅋ〛→세키〚ㅋ→ㄲ〛→세끼. 종지=종자(鍾子)+이(첨가음)〚모음 합체〛→종재〚애→에〛→종제〚에→이〛→종지.

pak(=깨끗한, 순수한)=박(=백(白)(=희다, 깨끗하다))(pak) 【근거】 동**백**기름(冬柏기름)(표준어)=동박+이(첨가음)+기름〚첨가음, /이/ 제거〛→동박기름〚구개음화: ㄱ→ㅈ/__이〛→동**박**지름(경남 노인 말). 귁(國〈월인석보 1권 훈민정음 1장 앞면〉=국(國+이(첨가음)〚모음 합체〛→귁. 뵉(白)=뵈ㄱ+이(첨가음)〚첨가음, /이/ 제거〛→뵈ㄱ〚ㆍ→아〛→빡〚ㅃ→ㅂ〛→박→pak 【근거】 뵉(白)〚단음화: ㆎ→애〛→빽〚ㅃ→ㅂ〛→백(현대어)(한국어 현대 표준어는 첨가음, /이/를 제거하지 않았다). cf. **はく**(白)(일본어)(haku)=백(白)〚첨가음, /이/ 제거〛→박〚일본어식으로 표기〛

→바구〖ㅂ→ㅎ〗→하구(haku)【근거】반(反)(pan)〖ㅂ→ㅎ〗→한(han)→はん(反)(일본어)(han).

pişman(=후회스러운, 미안한, 유감스러운)=비심하(다)(非心하(다))+ㄴ(관형형 어미)→비심한〖ㅎ→∅/유성음(ㅁ)＿유성음(아)〗→비시만→pişman【근거】비심(非心)=좋지 아니한 마음.

sakin(=조용한, 고요한)=적(寂)(=조용하다, 고요하다)+이(첨가음 혹은 자음 충돌 회피용 삽입 모음)+ㄴ(관형형 어미)→적인〖어→아〗(튀르키예어에는 /어/가 없다)→작인〖ㅈ→ㅅ〗→삭인(sakin)【근거】귁(國〈월인석보 1권 훈민정음 1장 앞면〉=국(國+이(첨가음). 똥구시(경남)=똥+굳(=구덩이)+이(첨가음)→똥구디〖구개음화〗→똥구지〖ㅈ→ㅅ〗→똥구시. sıra(=줄, 순서)=줄+아(의미첨가 없이 명사에 붙는 접미사)〖ㅈ→ㅅ〗→술아〖우→으〗→슬아→sıra【근거】아래(표준어)=알(경남)(=아래)+아(의미첨가 없이 명사에 붙는 접미사)+이(첨가음)〖모음 합체〗→알애〖발음대로 표기〗→아래. 믈(=水)〈훈민정음해례본 용자례〉〖으→우〗→물(현대어).

samimî(=친근한, 친밀한; 성심의, 정성스런, 충성의)=참이(다)+ㅁ(명사형 어미)+으(소유격 조사)(경남)〖으→이〗→참이미→차미미〖ㅊ→ㅅ〗→사미미→samimî(그 뜻은 '참임의'=진심인)【근거】Özbekistan(우즈베키스탄)=Özbek(=우즈벡 사람)+으(소유격 조사)(경남)+짜(=地)+앙(=子)(지소사)〖으→이〗→Özbek+이+짜+앙〖동모음 축약〗→Özbek+이(i)+짱(stang)〖ㅇ(ng)→ㄴ(n)〗→Özbekistan(그 뜻은 '우즈벡인의 땅'이다). dinî(종교의)=din(종교)+으(소유격 조사)〖으→이〗→din이(i)→dinî.

serin(=서늘한, 찬, 냉기의)=*설(다)/*썰(다)(←설렁하다/썰렁하다)+으(자음 충돌 회피용 삽입 모음)+ㄴ(관형형 어미)→설은〖으→이〗→설인〖umlaut〗→셀인→세린(serin)→serin【근거】의사/이사(경남)=의사(醫師)(표준어). 쓸다(표준어)〖으→이〗→씰다(경남). 씰(다)→sil(mek)(튀르키예어). 쌀쌀하다(=날씨나 바람 따위가 음산하고 상당히 차갑다)=*쌀(다)+쌀(다)+하다. 썰렁하다/설렁하다(=서늘한 기운이 있어 조금 추운 듯하다〈표준국어대사전〉)=*썰(다)+엉(부사형 어미 혹은 명사형 어미)+하다[앞의 /ㄹ/ 복제]→썰렁하다 【근거】 달달하다(강원, 경상, 충북)〈우리말샘〉(=달다)=달(다)+달(다)+하다. 우리말샘樓를우희ㄴ라**올아**〈석보상절 6권 3장 앞면〉=누 위에 날아**올라**: 올아[앞의 /ㄹ/ 복제]→올라.

sert(=딱딱한, 센, 거친)=세(다)(=거칠다, 딱딱하다)+알(=子)(=것)+이(첨가음)+ㅅ[t](사이시옷=소유격 조사)[모음 합체]→세앨t[애→에]→세엘t[동모음 축약]→셀t→sert 【근거】 **세다**=(힘이) 세다, (채소가) **세다**(=뻣뻣하다). karar(튀르키예어)(=결정)=결(決)(=결정하다)+**알**(명사형 어미)[단음화]→걸알[어→아]→갈알→karar. cf. **あまつかぜ**(=天つ風)(일본어 고어)=あま(=天)+**つ**(上代 助詞)(=ㅅ[t])(소유격 조사)(=の)+かぜ(=風)=あま(ama)(=하늘)+ㅅ[t](사이시옷)+かぜ(kaze)(=바람)→amatkaze(아맡카제)[일본어식으로 표기]→아마**ㅌ**가제[구개음화:ㅌ→ㅊ/__으]→아마ㅊ가제→あまつかぜ 【근거】 た(tha), ち(tsi)=**티(thi)**[구개음화:ㅌ→ㅊ/__이]→치(tsi), つ(tsɯ)=**트(thɯ)**[구개음화:ㅌ→ㅊ/__으]→tsɯ, て(the), と(tho). sert는 아랍어, serd에서 차용한 것이라고 하지만, 아랍어는 한국어에서 차용했을 가능성이 크다. 앞으로 한국어와 아랍어의 관계를 연구할 필요가 있다.

sıcak(=뜨거운, 더운)=지지(다)+악(=子)(형용사형 어미)→지**지악**[모음 합체]→지쟉[단음화]→지작[유성음화: ㅈ(무성 무기 파찰음)→c(유성 무기 파찰음)/모음__모음]→지cak[이→으]→즈cak[ㅈ→ㅅ]→스cak→sıcak 【근거】 이사/으사(경남)=의사(醫師)(표준어). 똥구시(경남)=똥+굳(=구덩이)+이(첨가음)→똥구[구개음화: ㄷ→ㅈ/__이]→똥구지[ㅈ→ㅅ]→똥구시. 몸을 좀 지지다/찌지다(경남)=몸을 아주 뜨겁게 하다. 내리지지다(북한)=햇볕이 세게 아래로 쬐다. 위에서 아래쪽으로 내려가면서 **지지다**(=뜨겁게 하다)〈우리말샘〉. 노락쟁이(경남)(=노란 꽃이 피는 식물 이름)=*놀(다)(=노랗다)+**악**(형용사형 어미=관형형 어미)+장(앞말의 속성을 가진 사람이 원뜻인데 여기서는 식물을 가리킨다)+이(첨가음). cf. 생선을 **노락노락** 꾸따(경남)=생선을 **노릇노릇** 굽다: 노락노락=*놀(다)+**악**(부사형 어미)+*놀(다)+**악**(부사형 어미). cf. **sıcak**(=가까운)=지척(咫尺)(=가까운 거리)[ㅈ→ㅅ]→시척[이→으]→스척[ㅊ→ㅈ]→스적[어→아]→스작[유성음화: ㅈ

→c/모음__모음〗→sıcak(명사가 형용사적으로 쓰인 경우이다)【근거】바가치(경남)[ㅊ→ㅈ]→바가지(표준어).

sıcak(=가까운)=지척(咫尺)(=가까운 거리)[ㅈ→ㅅ]→시척[이→으]→스척[ㅊ→ㅈ]→스적[어→아]→스작[유성음화: ㅈ→c/모음__모음]→sıcak(명사가 형용사적으로 쓰인 경우이다)【근거】바가치(경남)[ㅊ→ㅈ]→바가지(표준어).

şiş(=부은, 부풀은)=(숲)지(다)〈월석12:30〉《고려대 한국어대사전》(=(살)찌다)+이(부사형 어미)+**지**(다)→지이지〖동모음 축약〗→지지[ㅈ→ㅅ]→시시→şiş. cf. Bacağım şişti=제 발이 부었어요(여기서는 şişmek(동사)(=부풀다, 팽창하다, 붓다). cf. こはし(=美し, 細し)(일본어 고어)(kohasi)=곱(다)((얼굴이) 곱다=예쁘다, (베가) 곱다=가늘다)+아(부사형 어미)+**지**(다)→고바지[ㅂ→ㅎ]→고하지[ㅈ→ㅅ]→고하시(kohasi)【근거】반(反)(pan)[ㅂ→ㅎ]→한(han)→はん(反)(일본어)(han). cf. **şiş/sis**(=fog=안개)〈turkishdictionary.net〉=(안개가) 끼(다)+거(경남)(=것)+이(첨가음)〖구개음화: ㄲ→ㅉ/__이〗→찌거이[ㅉ→ㅆ→ㅅ]→시거이〖모음 합체〗→시게[에→이]→시기〖구개음화: ㄱ→ㅈ/__이〗→시지[ㅈ→ㅅ]→시시→şiş(그 뜻은 '끼인 것'=안개). **şiş**(=꼬치(표준어), 꼬지(경남))=곶(다)〈두시언해 초간본 24권 8장〉《우리말샘》(=꽂다)+이(명사형 어미)(=물건)→고지〖umlaut〗→괴지〖단음화: 외→에〗→게지[에→이]→기지〖구개음화:ㄱ→ㅈ/__이〗→지지[ㅈ→ㅅ]→시시→şiş【근거】안개가 끼다(표준어)〖구개음화: ㄲ→ㅉ/__이〗→안개가 찌다(경남). 기름(표준어)〖구개음화: ㄱ→ㅈ/__이〗→지름(경남). 고기(표준어)〖umlaut〗→괴기〖단음화〗→게기(경남)[ㄱ→∅/모음__이]→게이(경남)[에→이]→기이(경남). 옷걸이=옷+걸(다)+이(명사형 어미)(=물건).

şişman(=살찐, 비대한)=(숲)지(다)〈월석12:30〉《고려대 한국어대사전》(=(살)찌다)+이(부사형 어미)(경남)+지(다)+ma(명사형 어미)+앙(형용사형 어미): 지+이+지〖동모음 축약〗→지지[ㅈ→ㅅ]→**시시**. ma+앙(ang)[ㅇ(ng)→ㄴ(n)]→maan〖동모음 축약〗→**man**. **şişman**=시시(şiş)+man【근거】열매=열(다)+ㅁ(명사형 어미)+아(=子)+이(첨가음)〖모음 합체〗→열매. 노랑나비=*놀(다)(=노랗다)+앙(형용사형 어미)+나비. 똥구시(경남)=똥+굳(=구덩이)+이(첨가음)→똥구디〖구개음화:

ㄷ→ㅈ/__이]]→똥구지[ㅈ→ㅅ]]→똥구시. don(mak)(=얼다)=동(凍)(tong)(=얼다)[ㅇ(ng)→ㄴ(n)]]→ton[어두 유/무성자음 교체]]→don【근거】gelmek(튀르키예어)=kelmoq(우즈벡어)=오다.

somurtkan(=시무룩한)=시물툭하(다)/씨물툭하(다)(경남)(=시무룩하다)+ㄴ(관형형 어미)→시물툭한[ㄱ+ㅎ→ㅋ]]→시물투칸[이→으]]→스물투칸[으→어]]→서물투칸[어→오]]→소물**투칸**[우→으]]→소물트칸(somurtıkan)[/t/를 파열시켜 발음하면 [ı]는 있으나 없으나 발음이 같이 들린다]]→somurtkan. somurmak=Dudakları yapıştırıp kuvvetlice içine çekmek, emmek〈Vikisözlük〉=두 입술을 붙인 채 강하게 안으로 끌어들이다, 빨다(씨무룩한 표정을 짓는 모양을 묘사하고 있다). 시무룩하다=시물(다)+악(명사형 어미)+하다[모음조화: 우-우]→시물욱하다[발음대로 표기]]→시무룩하다: 시물(다)[이→으]]→스물[으→어]]→서물[어→오]]→소물(somur)【근거】이사/으사(경남 방언에서는 '이/으' 교체가 상당히 자유롭게 일어난다. 없다/읎다(경남 방언에서는 '어/으' 교체가 아주 자유롭게 일어난다). 엄마(표준어)[어→오]]→옴마(경남).

soylu(=훌륭한 가문 출신의, 귀족 출신의)=성(聖)(성스럽다, 거룩하다)+이(명사형 어미)+li(형용사형 어미)→성이li[어→오]]→송이[소ĩ](경남 발음)+li[비모음(鼻母音)의 구강 모음화]]→소이li→soyli[모음조화: o-u]]→soylu【근거】**성**골(聖骨)=신라(新羅) 때 골품(骨品)의 하나로 부모(父母)가 모두 왕계(王系)인 사람. cf. **soy**(=가문)=성(姓)(=성씨, 가문)+이(첨가음)[어→오]]→송이[소ĩ](경남 발음)[비모음(鼻母音)의 구강 모음화]]→소이(soy). 엄마(표준어)[어→오]]→옴마(경남).

sunî(=인공의, 만든)=손(=수(手))(son)+으(소유격 조사)(경남)[오→우]]→순으[으→이]]→수니→suni(합성어 속에 한국어, '손'이 화석처럼 남아 있다)【근거】사오/사우(경남)=사위(표준어). dinî(=종교의)=din(=종교)+으(경남)(소유격 조사)(=의(표준어))[으→이]]→dinî. 사람의 **손으로** 만드는 것이 **인공으로** 만드는 것이다. 아랍어에서 차용한 것이라고 하나, 아랍어가 한국어에서 차용했을 가능성이 크다.

tok=배가 부른, 포만한, 만족한). 같은 뜻의 한국어, '톡(tok)'은 부사이다: 배가 **톡**

튀어나오다(경남)=배가 부르다. **tok**=1. full (satisfied with food)(=(배가 부르다). 2. thick and closely woven (cloth)(=굵고 촘촘하게 짠 (천): tok(톡)=**뚝**〚우→오〛→똑〚ㄸ→ㅌ〛→톡(tok). 3. deep (voice)(=굵은 (목소리)〈turkishdictionary.net〉: **뚝**지다(경남)=굵다. 【근거】 톡/툭=어느 한 부분이 쑥 불거져 나온 모양: 이마가 톡/툭 불거지다. **똭**(濁)〈월인석보 1권 월인천강지곡 16장 뒷면〉〚ㄸ→ㅌ〛→톽〚단음화: 와→아〛→**탁**(현대어). 떨어**뜨**리다(표준어)/떨어**트**리다(표준어)〈표준국어대사전〉.

ücra(=외지다, 구석지다, 후미지다)=외지(다)+ㄹ(관형형 어미)+아(=子)(=장소, 곳)→외질아〚오→우〛→위지라〚이→으〛→위즈라[ücıra]〚[c] 다음의 [ı]는 있으나 없으나 발음이 같이 들린다〛→ücra(그 뜻은 '외진 곳'이다)(명사가 형용사적으로 쓰인 것이다) 【근거】 **이**사/**으**사(경남)=의사(醫師). 사**오**/사**우**(경남). cf. kara=검정(명사), 검은(형용사). kara(=마른 땅, 육지)=갈(다)(경남)(=마르다)+아(=子)(=장소, 곳)→가라(kara)(그 뜻은 '마른 곳'=마른 땅=육지).

üvey(=의부의(표준어))=의부+으(경남)(소유격 조사)〚으→우〛→위부으〚우→으〛→위브으〚으(소유격 조사)→이〛→위브이〚umlaut〛→위븨이〚단음화: 의→에〛→위베이〚유성음화〛→위볘이〚ㅸ→v〛→üvey 【근거】 믈(=水)〈훈민정음해례본 용자례〉〚으→우〛→물(현대어). **으**리/**이**리(경남)=의리(義理). 의붓어미(표준어)=으부에미/우부에미/이부에미(경남)=üvey anne. 으부/우부/이부(경남)=의부. Özbekistan(=우즈베키스탄)=Özbek(=우즈벡 사람)+**으**(소유격 조사)+싸(=地)+앙(=子)(지소사)〚으→이〛→Özbek+이+싸+앙〚동모음 축약〛→Özbek+이(i)+쌍(stang)〚ㅇ(ng)→ㄴ(n)〛→Özbekistan(그 뜻은 '우즈벡인의 땅'이다). dinî(종교의)=din(종교)+으(소유격 조사)〚으→이〛→din이(i)→dinî.

yakın(=가까운)=옆+그(=장소)(경남)(=곳)+안(형용사형 어미)+이(첨가음)〚모음합체〛→옆그앤〚ㅍ+ㄱ→ㅋ〛→여크앤〚여→야〛→야크앤〚애→에〛→야크엔〚에→이〛→야크인(in)〚모음 합체〛→야킨〚단음화: 의→에〛→야켄〚에→이〛→야킨(yakin)〚모음조화: a-ı〛→yakın(그 뜻은 '옆 곳의'=가까운). cf. **yakın**(=가까운 곳)=옆+그(=장소)(경남)+앙(의미첨가 없이 명사에 붙는 접미사)+이(첨가음)〚ㅇ(ng)→ㄴ(n)〛→옆그앤〚ㅍ+ㄱ→ㅋ〛→여크앤〚여→야〛→야크앤〚애→에〛→

야크엔〚에→이〛→야크인〚모음 합체〛→야퀸〚단음화〛→야켄〚에→이〛→야킨(yakin)〚모음조화: a-ı〛→yakın【근거】샌끼/샌키(경남)(=송아지)=소(=우(牛))+**안**(형용사형 어미, 혹은 소유격 조사)+키(=새끼)〚모음 합체〛→쏸키〚단음화: 와→아〛→산키〚umlaut〛→샌키[샌:키]〚ㅋ→ㄲ〛→샌끼[샌:끼]. 똘(경기, 전라, 충청)〈고려대 한국어대사전〉(=도랑)+앙(의미첨가 없이 명사에 붙는 접미사)→또랑(경남)(=도랑). don(mak)(=얼다)=동(凍)(tong)(=얼다)〚ㅇ(ng)→ㄴ(n)〛→ton〚어두 유/무성자음 교체〛→don【근거】gelmek(튀르키예어)=kelmoq(우즈벡어)=오다.

yassı(=넙적하다)=넙적하(다)/넙**즉하**(다)(경남)〚모음조화: 으-으〛→넙즉흐〚어→아〛→납즉흐〚ㅂ+ㅈ→ㅉ, ㄱ+ㅎ→ㅋ〛→나쯔크〚두음법칙 후 보상적 /y/ 첨가〛→야쯔크〚ㅋ→Ø/모음__모음〛→야쯔으〚ㅉ→ㅆ〛→야쓰으〚동모음 축약〛→야쓰→yassı【근거】넣다〚두음법칙 후 보상적 /y/ 첨가〛→엏다(경남). 쩔레쩔레=썰레썰레. 시키다〚ㅋ→Ø/모음__모음〛→시이다(경남). 하다〚아→어〛→허다(경기)〈고려대 한국어 대사전〉〚어→으〛→흐다(전북)〈전라북도 방언사전〉《네이버 한국어 사전》.

yaygın(=널리 퍼진, 잘 알려진)=널(다)/**녀**(다)(경남)+이(피동 보조 어간)+거/그(경남)(=것)+안(형용사형 어미)+이(첨가음)〚어→아〛→나이그안이〚모음 합체〛→나이그앤〚애→에〛→나이그엔〚에→이〛→나이그인〚모음 합체〛→나이귄〚단음화: 의→에〛→나이겐〚에→이〛→나이긴〚두음법칙 and 보상적 /y/ 첨가〛→야이긴(yaykin)〚유성음화〛→yaygin〚모음조화: a-ı〛→yaygın【근거】넣다(표준어)〚두음법칙 and 보상적 /y/ 첨가〛→엏다(경남). 샌끼/샌키(경남)(=송아지)=소(=우(牛))+**안**(형용사형 어미, 혹은 소유격 조사)+키(=새끼)〚모음 합체〛→쏸키〚단음화〛→산키〚umlaut〛→샌키[샌:키]〚ㅋ→ㄲ〛→샌끼[샌:끼].

yorgun(=노곤(勞困)하다, 지치다)=노(勞)+알(=子)(의미첨가 없이 명사에 붙는 접미사)+곤(困)〚모음조화: 오-오〛→노올곤〚동모음 합체〛→**놀곤**〚오→우〛→놀군〚두음법칙 후 보상적 /y/ 첨가〛→욜군→yorkun〚유성음화〛→yorgun【근거】사타리(경남)(=살(표준어))=살+알(의미첨가 없이 명사에 붙는 접미사)+이(첨가음).

yol(=길)(road)=로/노(路)(=길)+알(의미첨가 없이 명사에 붙는 접미사)〚모음조화:

오-오]→노+올[동모음 축약]→놀[두음법칙 후 보상적 /y/ 첨가]→욜(yol). 사
오/사우(경남)=사위(표준어). cf. 劳困[láokùn](중국어). 중국어에도 의미첨가 없
이 명사에 붙는 접미사, 儿[ér]이 있다: 事儿[shìr]=事[shi]+알(=子)(ar)[모음조화:
i-i]→[shìir][동모음 축약]→[shìr]. 중국어의 儿化는 난생설화를 믿는 동이족의
어법이다: 알(卵)은 새(=鳥)의 자식(=子)이다. cf. karar(=결정(決定))(튀르키예어)=
결(決)+알(子)(=것)[단음화]→결알[어→아]→갈알→karar(그 뜻은 '결정하는
것'=결정). cf. 决[jué](중국어).

yumuşak(=부드러운, 물렁물렁한, 무른)=흐물어지(다)/흐글으지(다)(경남)+악(형
용사형 어미)→흐므르지악[ㄹ→∅/모음__모음]→흐므으지악[동모음 축약]→
흐므지악[ㅈ→ㅅ]→흐므**시악**[모음 합체]→흐므샥[으→우]→후무샥[어두 /
ㅎ/ 탈락 후 보상적 /y/ 첨가]→yumuşak 【근거】 노락쟁이(경남)(노란 꽃이 피는
식물 이름)=*놀(다)(=노랗다)+악(형용사형 어미=관형형 어미)+장(=사람, 사물)+
이(첨가음)[umlaut]→노락쟁이. 똥구시(경남)=똥+군(=구덩이+이(첨가음)→똥구
디[구개음화: ㄷ→ㅈ/__이]→똥구지[ㅈ→ㅅ]→똥구시. 넣다(표준어)[어두 /
ㄴ/ 탈락 후 보상적 /y/ 첨가]→옇다(경남). 믈(=水)〈훈민정음해례본 용자례〉[으
→우]→물(현대어). cf. heroin(영어)[어두 /ㅎ/ 탈락]→eroin(튀르키예어)(여기
서는 보상적 /y/를 첨가하지 않았다). **흐물흐물**(=푹 익어서 매우 무른 모양)(부
사=흐물(다)(동사 어간)+흐물(다)(동사 어간). cf. 달달 볶다: 달달=달(다)(=타지
않는 단단한 물체가 열로 몹시 뜨거워지다)+달(다). ring ring(영어)(=따르릉따르
릉)=ring(동사 어간)+ring(동사 어간).

zayıf(=약하다, 연약하다, 야위다)=*샥(弱)(=약하다)+이(첨가음)+업(형용사형 어
미): 샥+이→샤기[ㄱ→∅/모음__이]→샤이[단음화]→**샤이**. zayıf=샤이+업[어
→으]→샤이읍[△→z]→zayıp[어말에서 /p/를 파열시켜 발음하면 어말이라 발
음이 약화되어 [f]처럼 들린다]→zayıf 【근거】 귁(國)〈월인석보 1권 훈민정음 1장
앞면〉=국(國)+이(첨가음)[모음 합체]→귁. 노엽다(怒엽다)=노(怒)(=화내다)+y(모
음 충돌 회피용 삽입 반자음)+업(형용사형 어미)+다[모음 합체]→노엽다. '디지
털한글박물관'에서 弱의 음이 '법화경언해 5권 31장 뒷면'에 나온다고 하나 책을

볼 수가 없어서 정확한 음은 알 수 없었다. 그러나 일본어를 보면 그 음이 '샥'이 었음을 쉽게 짐작할 수 있다: じゃく(弱)(zyaku)=샥(弱)〚일본어식으로 표기〛→ 샤구〚ㅿ→z〛→zyaku. cf. 弱[ruò](중국어).

zor(=힘든, 어려운, 곤란한)=졸(다)〈월인석보 10권 122장〉《우리말샘》(=줄다=적 어지다)/쫄(다)(=줄어들다)→쫄〚ㅉ→ㅆ〛→쏠〚ㅆ→z〛→zor(그 뜻은 돈, 재산, 형편 등이 줄어들어 어렵다는 뜻이다). 아니면, **zor**=졸(다)〚ㅈ→ㅅ〛→솔(sol)〚어 두 유/무성자음 교체, 혹은 앞에 모음으로 끝난 단어와 결합에서 분리(유성음화)〛 →zor 【근거】 盈은 ᄀᆞ독ᄒᆞᆯ씨오 縮은 **졸**씨라〈월인석보 10권 122장〉《디지털한글박 물관의 옛 문헌 한자어》=영은 가득한 것이고 축은 {**주는**} 것이다. 졸다〚오→우〛 →줄다(현대어). 쪼들다(북한)=쫄(다)+들다〚ㄹ→∅/__ㄷ〛→쪼들다. ㄲ, ㄸ, ㅃ, ㅉ, ㅆ, ᅘ 爲 全濁〈훈민정음해례본〉(전탁(全濁)=유성음(有聲音)). '살림이 어렵 다'를 '살림이 쪼들리다'라고 한다. '살림**이 조**들다〚ㅈ→ㅅ〛→살림**이 소**들다(이 +소)〚유성음화: ㅅ(s)→ㅿ(z)/모음__모음〛→살림이 **소**들다: **소**〚ㅿ→z〛→zo'와 같은 과정을 거쳐서 튀르키예어가 만들어졌을 수도 있다 【근거】 子ᄌᆞ孫손이**니ᅀᅥ** 가몰〈석보상절 6권 7장 뒷면〉(=자손이 이어 감을): 닛(다)+어(부사형 어미)→니 ᅀᅥ〚유성음화〛→니**ᅀᅥ**. 닛다〚두음법칙 후 보상적 /y/ 첨가〛→y+잇(is)다〚단음화: y+i→i〛→잇(is)다(현대어).

명사

abi(=형(兄))=앒〈석보상절 19권 10장 앞면〉[앒]+이(=사람)[ㄹ→Ø/__자음]→압이→아비(api)[유성음화]→abi(그 뜻은 형제 중 자신보다 앞에 난 사람=형?). cf. 앞(현대 표준어)=앒+ㅎ(고유어 명사에 붙음)[ㄹ→Ø/__자음]→압ㅎ[ㅂ+ㅎ→ㅍ]→앞.

ağa(=elder brother)〈turkishdictionary.net〉(=형(兄))=엉가(경남)(=형(兄))[유성음화, ㆁ(꼭지 있는 이응)→g and 유성음화: ㄱ(k)→g/유성음__유성음]→əgga[동자음 축약]→əga[어(ə)→아(a)]→aga[g→ğ/모음__모음]→ağa 【근거】 ㅇ·(五)〈월인석보 1권 석보서 6장 뒷면〉[오][ㆁ(꼭지 있는 이응)→g]→go→ご(五)(go)(일본어). 현대어, '엉'의 받침, /ㅇ/은 중세 국어에서는 꼭지 있는 이응, /ㆁ/이었다: 썅(詳)〈석보상절 6권 1장 앞면〉[ㅆ→ㅅ]→샹[단음화: 야→아]→상[ㆁ(꼭지 있는 이응)→ㅇ]→상(현대어). 이개야미이에셔살며〈석보상절 6권 37장 앞면〉(=이 개미 이곳에서 살며): 이에셔=이(지시형용사)+거(경남)(=곳)+이(첨가음)+셔(조사)[모음 합체]→이게셔[유성음화: ㄱ(k)→ㆁ(g)(꼭지 있는 이응)/모음__모음]→이에셔(/ㄱ/(k)의 유성음이 [g]이므로 ㆁ(꼭지 있는 이응)이 [g]로 발음되었음을 알 수 있다). 이게서(경남)(=이곳에서)=이게셔[단음화: 여→어]→이게서(경남).

ağız(=입, 아가리, 입구)=아(지소사)+굳(=구덩이)+이(첨가음)→아구디[구개음화]→아구지(경남)[ㅈ→ㅅ]→아구시[우→으]→아그시[유성음화]→agıㅅı[ㅿ→z]→agızı[모음조화: ı-ı]→agızı[[z] 다음의 [ı]는 있으나 없으나 발음이 같이

들린다]→agız[g→ğ/모음__모음]→ağız【근거】글(=水)〈훈민정음해례본 용자

례〉[으→우]→물(현대어). 똥구시(경남)=똥+굳(=구덩이)+이(첨가음)→똥구디

[구개음화]→똥구지[ㅈ→ㅅ]→똥구시. 子중孫손이**니서**가몰〈석보상절 6권 7장

뒷면〉(=자손이 이어 감을): 닛(다)+어(부사형 어미)→니서[유성음화]→니**서**. 닛

다[두음법칙 후 보상적 /y/ 첨가]→y+잇(is)다[단음화: y+i→i]→잇(is)다(현대

어). **아구지**(경남)=현대어에서 '입'의 비어라고 하나 원뜻은 '작은 구덩이(=입)'

이라는 뜻이다. 굳(=깅(坑)〈훈몽자회 하권 17장 뒷면〉(=구덩이). cf. **くち**(=口)

(kutsi)(일본어)=굳(=구덩이)+이(첨가음)→구디[구개음화]→구지(kutsi). 대갈(=

머리)=대(大)(=크다)+갈(=알)(알처럼 둥근 것)→대갈(그 뜻은 큰 알처럼 둥근 것=

머리).

ahenk(=조화)=아니[aĩ](=not)+변(變)[벤](경남 발음)(=변화하다)+거/그(경남)(=

것)[비모음(鼻母音)의 구강 모음화]→아이**벤**그[모음 합체]→아벤그[단음화]

→아벤그[ㅂ→ㅎ]→아헨그(ahenkı)[/k/를 파열시켜 발음하면 [ı]는 있으나 없

으나 발음이 같이 들린다]→ahenk? cf. 変(=變)(へん)(hen)(일본어)=변(變)[벤](경

남 발음)→벤[ㅂ→ㅎ]→헨(hen). ahenk의 의미는 '안 변하는 것'=일치, 조화? cf.

a~(영어)(=부정의 의미를 덧붙이는 '부-, 무-, 비-'의 뜻을 나타냄)=안+이(=아니)

[aĩ](경남 발음)[비모음의 구강 모음화 후 첨가음, /이/ 삭제]→아(a)? 【근거】 **뒹**

(追)〈월인석보 1권 월인서 17장 앞면〉[뒤]=듀+이(첨가음)[ㄷ→ㅌ]→튜이[구개

음화]→츄이[단음화]→추이[**첨가음, /이/ 제거**]→**추**(현대어).

ak(=흰. 흰색)=뷕(白)〈월인석보 2권 39장 뒷면〉(희다, 흰색)[첨가음, /이/ 삭제

and ᄋ→아]→빡[ㅃ→b]→bak[모음으로 끝나는 단어+bak: b→w→Ø]→ak

【근거】 더부(경남)(=더위)=덥(다)+우(명사형 어미)→더부[유성음화: ㅂ→ㅸ]→

더ᄫ부[ㅸ→Ø]→더우(경남). 'ㄲ, ㄸ, ㅃ, ㅉ, ㅆ, ㆅ 爲 全濁'〈훈민정음해례본〉(전

탁(全濁)=유성음(有聲音)). 국(國)+이(첨가음)[모음 합체]→귁(國)〈월인석보 1권

훈민정음 1장 앞면〉. 아니면, **ak**(=흰. 흰색)=하(얗다)+악(=子)(명사형 어미)[동모

음 축약]→학[어두 /ㅎ/ 탈락]→악(ak)(가능성이 크다)【근거】 하얗다(경남)(=하

얗다)=하(다)(=희다)+앟+다. 하얗다=하(다)+앟+다[모음 충돌 회피용 삽입 반자

음, /y/ 첨가〗→하양다(표준어). cf. 까맣다=깜(다)(=검다)+앟+다. heroin(영어)어두 /ㅎ/ 탈락〗→eroin(튀르키예어).

al(çalmak)(=내려앉다, 침강하다, 하강하다): **알**(al)(=下)(경남)(=밑, 아래)+çalmak(=앉다): *çal(mak)(=앉다)=좌((座)(=자리)하(다)+ㄹ(관형형 어미)〖단음화: 와→아〗→자할〖ㅎ→∅/모음__모음〗→자알〖동모음 축약〗→잘〖ㅈ→ㅊ〗→찰→çal 【근거】**sar**(mak)(=싸다, 둘러싸다)=싸(다)+ㄹ(관형형 어미)→쌀〖ㅆ→ㅅ〗→살(sar). 좌(座)[자](경남 발음). 바가**지**(표준어)〖ㅈ→ㅊ〗→바가**치**(경남). 좌하다=자리하다(경남)=앉다. 알로 가다(경남)=아래로 가다. 아래(표준어)=알(=下)+아(의미 없이 명사에 붙는 접미사)+이(첨가음)〖모음 합체〗→알애→아래.

alay(=놀림, 희롱): 알나리깔나리(=아이들이 남을 놀릴 때 하는 말)=알+날(다)+이+깔+날(다)+이? alay=알+날(다)/나(다)(경남)+이(명사형 어미)→알나이[allay]〖동자음 축약〗→alay? 【근거】갈다/가다(경남).

alt(=밑)=알(경남)(=밑, 아래)+터/트(경남)(=장소)→알트(altı)〖/t/를 파열시키면 [ı]는 있으나 없으나 발음이 같이 들린다〗→alt 【근거】**알**로 네리가아라(경남)=아래로 내려가라. 알로 보다(경남)=밑으로 보다, 깔보다, 무시하다. cf. 아래(표준어)=알+아(의미첨가 없이 명사에 붙는 접미사)+이(첨가음)〖모음 합체〗→알애→아래. cf. **al**(çalmak)(=내려앉다, 침강하다, 하강하다): **알**(al)(=下)(경남)(=밑, 아래)+çalmak(=앉다).

altgeçit(=지하도(地下道))=알(=하(下))(경남)(=아래)+트(=장소)+거치(다)+앗(=子)[안](=것, 곳)+이(첨가음): 알+트→알트(altı)〖/t/를 파열시켜 발음하면 다음의 [ı]는 있으나 없으나 발음이 같이 들린다〗→alt. 거치(다)〖umlaut〗→게치(keç)〖어두 유/무성자음 교체〗→geç(mek). 안+이〖모음 합체〗→앤〖애→에〗→엔〖에→이〗→인(it). altgeçit=alt+geç+인(it)→altgeçit(그 뜻은 '아래터(=지하) 거치는 곳'=지하도) 【근거】**알**로 가다(경남)=**아래**로 가다(표준어): 아래(표준어)=알+아(의미첨가 없이 명사에 붙이는 접미사)+이(첨가음)〖모음 합체〗→알애→아래.

am(=(여성의) 음부(陰部))=암(=동식물에서 새끼를 배거나 열매를 맺는 생식 기능을 가진 것). '암'의 원뜻은 '물'이고 '암컷'을 나타내고 '불'은 '수컷'을 나타내는 것이 아닐까? 예를 들어 '불알'의 '수컷의 고환'을 나타내는 것이 이를 뒷받침한다. **암소, 암사슴.**

an(=마음, 정신)=안(=속=內(내))(an) 【근거】 그 사람은 **속**(=마음)을 알 수 없다.

arkadaş(=친구)=알(다)+거(=사람)+돌(복수 접미사)+ㅎ(고유어 명사에 붙음)+이(첨가음)〚어→아〛→알가돌히〚ᆞ→아〛→알가달히〚ㅎ→ㅅ/__이〛→알가달시〚ㄹ→Ø/__ㅅ〛→알가다시→arkadaş(/k/가 유성음화되지 않은 것은 '알거[알꺼](경남 발음)'로 발음되기 때문이나 '알거다시'의 '다'는 유성음화가 일어났다). 아니면, **arkadaş**=알(다)+거(=사람)+똥(同)〈월인석보 1권 훈민정음 12장 앞면〉+이(첨가음)+지(志): 똥+이〚ㅇ[ŋ]→Ø/__이 and 이[ĩ](비모음(鼻母音))(경남 발음) and 비모음의 구강 모음화〛→또이〚오→아〛→따이〚첨가음, /이/ 삭제〛→따〚ㄸ→d〛→da. 지(志)〚ㅈ→ㅅ〛→시→ş 【근거】 뎡(逍)〈월인석보 1권 월인서 17장 앞면〉[뒤]=듀+이(첨가음)〚ㄷ→ㅌ〛→튜이〚구개음화〛→츄이〚단음화〛→추이〚**첨가음, /이/ 제거**〛→**추**(현대어). 몬(門)돌 홀다구디줌겨〈석보상절 6권 2장 뒷면〉(=문들을 다 굳이 잠기어)=몬+돌(복수 접미사)+ㅎ(고유어 명사에 붙음)+올(목적격 조사)+다(=모두)+구디+줌겨. **たち**(tachi)(복수 접미사)(일본어)=돌ㅎ+이(첨가음)〚ᆞ→아〛→달히〚ㅎ→Ø/유성음(ㄹ)__모음〛→달이〚ㄹ→ㅌ〛→닽이〚구개음화: ㅌ→ㅊ/__이〛→다치(tachi). cf. **meslektaş**(=직장 동료)=meslek(=직장, 일)+똥(同)〈월인석보 1권 훈민정음 12장 앞면〉+이(첨가음)+지(志): 똥+이〚ㅇ[ŋ]→Ø/__이 and 이[ĩ](비모음(鼻母音))(경남 발음) and 비모음의 구강 모음화〛→또이〚오→아〛→따이〚첨가음, /이/ 삭제〛→따〚ㄸ→d〛→da. 지(志)〚ㅈ→ㅅ〛→시. meslektaş=meslek+da+시(si)〚자음조화: d→t/k__〛→meslektaş 【근거】 똥구시(경남)=똥+굼(=구덩이)+이(첨가음)→똥구디〚구개음화: ㄷ→ㅈ/__이〛→똥구지〚ㅈ→ㅅ〛→똥구시.

arşiv(=기록보관소, 서고)=알(다)(동사 어간)+집(=hane)〚ㅈ→ㅅ〛→알십〚풀어 쓰기〛→알시브〚유성음화〛→알시브〚ㅸ→v〛→arşivı〚[v] 다음의 [ı]는 있으나 없으나 발음이 같이 들린다〛→arşiv(그 뜻은 '(정보를) 알 수 있는 집'=기록보관소?) 【근거】 똥구시(경남)=똥+굼(=구덩이)+이(첨가음)→똥구디〚구개음화: ㄷ→

ㅈ/__이]→똥구지[ㅈ→ㅅ]→똥구시. 지게=지(다)(동사 어간)+거(=것)+이(첨가음)[모음 합체]→지게.

aşağı(=밑)=알(=아래)+짝(경남)(=쪽)+이(첨가음)[ㅉ→ㅆ]→알싹이[ㅆ→ㅅ]→알삭이[ㄹ→∅/__ㅅ]→아삭이(asaki)[유성음화: ㄱK)→g]→asagi[g→ğ/모음__모음]→asaği[모음조화: a-ı]→aşağı. **aşağı**(=밑의)=알(경남)(=밑, 아래)+짝+으(경남)(소유격 조사)→알짝으[ㅉ→ㅆ]→알싹으[ㅆ→ㅅ]→알삭으[ㄹ→∅/__ㅅ]→아사그(asakı)[유성음화: ㄱ(k)→g]→asagı[g→ğ/모음__모음]→asağı. **aşağı**=밑으로, 아래로(명사가 부사로 쓰인 경우이다: 그 책 여기(부사) 있다. 여기(대명사)를 봐)【근거】쩰레쩰레[ㅉ→ㅆ]→썰레썰레[ㅆ→ㅅ]→설레설레. 부삽=불삽[ㄹ→∅/__ㅅ]→부삽.

aşk(=사랑)=앗(다)(=빼앗다)+악(=것)+이(첨가음)[모음 합체]→앗액[애→에]→앗엑[에→이]→앗익→아식(aşik)[모음조화: a-ı]→aşık[[ş] 다음의 [ı]는 있으나 없으나 발음이 같이 들린다]→aşk(사랑이란 마음을 빼앗고 빼앗기는 것이다: 나는 그녀에게 마음을 빼앗겼다=나는 그녀를 몹시 사랑한다).

ateş(=불, 불씨, 발포, 발사)=화(火)(=불)[하(경남 발음)+대(다)(=(불을) 붙이다)+자(子)(=것)+이(첨가음): 하+대[어두 /ㅎ/ 탈락]→아대[애→에]→**아데**. 자+이[모음 합체]→재[애→에]→제[에→이]→지[ㅈ→ㅅ]→**시**. ateş=아데+시→ateş(그 뜻은 '불 대는 것 즉, 불을 붙이는 것'=발포: 초기 총에는 화약과 연결된 심지에 불을 붙여 타고 들어가 발사되는 구조였다). 아니면, ateş=화(火)[하(경남 발음)(=불)+대(다)(=불을 붙이다)+앗(=것)+이: 앗+이[umlaut]→앳이[애→에]→엣이(eş). **ateş**=아데(ate)+eş[동모음 축약]→ateş 【근거】'총을 쏘다'를 예전에는 '불 놓다' 혹은 '불을 당기다(=붙이다)'라고 했다. 선**불** 맞다=사냥감이 제대로 맞지 않다.

ateşkes(=정전, 휴전)=ateş(=불, 발포)+kes(=중단): kes=긋(다)(=그치다, 멈추다)+이(명사형 어미)[모음 합체]→굿[단음화: 의→에]→겟(kes)→kes. 아니면, 긋(다)〈월석 10:13〉《우리말샘》(=베다, 끊다)+이(명사형 어미)[ᄋ→아]→갓(제주)+이(명사형 어미)[모음 합체]→갯[애→에]→겟(kes). cf 갓(다)(제주)(=가위로 자

르다). 가새(경남)(=가위)=갓(다)(=자르다, 끊다)+아(=것)+이(첨가음)[[모음 합체]]
→갓애→가새. ⟹ **ateş**.

ay(=월(月))=월[얼](경남 발음)+이(첨가음)→얼이[[어말 /ㄹ/ 탈락, 아니면 모음
사이 /ㄹ/ 탈락]]→어이[어→아]]→아이→ay 【근거】 새마(=신촌(新村))(경북)=새
말[[어말 /ㄹ/ 탈락]]→새마. **월**급(표준어)[[단음화: 워→어]]→**얼**급(경남). 이 사
람들이[[모음 사이 /ㄹ/ 탈락]]→이 사암들이(경남)(빠른 발음). 국(國)+이(첨가음)
[[모음 합체]]→귁(國)⟨월인석보 1권 훈민정음 1장 앞면⟩.

ayakkabı(=신발, 구두)=ayak(=발)+갑(匣)(kap)+ı(3인칭 소유 접미사)→ayakkapı
[[유성음화]]→ayakkabı(그 뜻은 '발의 상자'=발을 보호하기 위해 착용하는 것=신
발, 구두) 【근거】 장**갑**(掌匣)=gloves=손을 보호하기 위해 착용하는 상자(=것)=장
(掌)(=손바닥)+匣(=상자). **ayak**(=발)=발+이(첨가음)+악(=子)(의미첨가 없이 명사
에 붙는 접미사)[[어말 /ㄹ/ 탈락]]→바이악[[모음 합체]]→바약[[어두 /ㅂ/ 탈락?]]
(앞에 모음으로 끝나는 단어가 올 때)→아약→ayak. cf. **ak**(=흰색, 백색)=*뷕(白)
[[ᄋ→아]]→빡[bak][[b→∅]](앞에 온 합성어의 끝음이 모음인 경우)→ak. あし
(asi)(=足)(일본어)(=발)=밧(가락)⟨1463 법화 4:141ㄴ⟩《우리말샘》(=발(가락))+이
(첨가음)[[어두 /ㅂ/ 탈락?]]→아시(asi) 【근거】 뷕(白)⟨월인석보 1권 월인천강지곡
22장 뒷면⟩. '뷕(白)=ᄲᅥㄱ(글자가 없어서 이렇게 표기했다. /ㄱ/은 받침이다). +이
(첨가음)'로 볼 수 있는 근거는 '귁(國)⟨월인석보 1권 훈민정음 1장 앞면⟩=국(國)+
이(첨가음)'를 보면 알 수 있고 일본어에서도 알 수 있다: **はく**(白)=ᄲᅥㄱ(白)[[ᄋ→
아]]→빡[[ㅃ→ㅂ]]→박[[일본어식으로 표기]]→바구[[ㅂ→ㅎ]]→하구(haku). cf.
백(白)(한국어 현대어). **びゃく**(白)(byaku)가 있는 것으로 보아 'ㅃ'을 유성음 b로
도 인식하고 있였음을 알 수 있다: **びゃくさん**(白散)(일본어 고어)(byakusan) 【근
거】 ㄲ, ㄸ, ㅃ, ㅉ, ㅆ, ㆅ 爲 全濁⟨훈민정음해례본⟩(전탁(全濁)=유성음(有聲音)).
아마도 '더부(경남)[[유성음화]]→더부[[ㅸ→∅]]→더우'와 같이 앞에 모음으로 끝
나는 합성어에서 /b/가 탈락한 것을 단어로 삼았을 것으로 추정된다. 이렇게 어두
에서 b가 탈락되는 경우는 드물고 b가 그대로 표기되는 경우가 대분분이다; **baş**(=
머리)=박(=머리)+이(첨가음)→바기[[구개음화: ㄱ→ㅈ/__이]]→바지[[ㅈ→ㅅ]]

→바시(paş)〚어두 유/무성자음 교체〛→baş 【근거】 **박**이 터지다=**머리**가 터지다.
똥구시(경남)=똥+굳(=구덩이)+이(첨가음)→똥구디〚구개음화〛→똥구지〚ㅈ→
ㅅ〛→똥구시. gelmek(튀르키예어)=kelmoq(우즈벡어)=오다. 기름〚구개음화: ㄱ
→ㅈ/__이〛→지름(경남).

aylık(=월급, 월세, 월경, 생리, (형용사) 한 달 치의, 한 달분의, 한 달에 한 번의;
월간의, 월별의, 월례의)=ay(=월(月))+li(형용사형 어미)+악(=것)+이〚모음 합체〛
→ayli액〚애→에〛→ayli엑〚에→이〛→ayli익(ik)〚동모음 축약〛→aylik〚모음조
화: a-ı〛→aylık. 형용사형은 명사가 형용사적으로 쓰인 경우이다.

azı(=어금니)=**앙**(牙)〈월인석보 1권 훈민정음 4장 뒷면〉[**아**](=어금니)+자(子)(의
미첨가 없이 명사에 붙는 접미사)+이(첨가음)〚ㅇ(꼭지 있는 이응)→∅〛→아자
이〚모음 합체〛→아재〚애→에〛→아제〚에→이〛→아지〚ㅈ→ㅅ〛→아시〚유성
음화〛→아싀〚ㅿ→z〛→azi〚모음조화: a-ı〛→azı 【근거】 **앙**(牙)〈월인석보 1권 훈
민정음 4장 뒷면〉[**아**]〚ㅇ(꼭지 있는 이응)→∅〛→아(牙)〈훈몽자회 상권 26장 앞
면〉/(현대어). cf. **앙**(牙)〈월인석보 1권 훈민정음 4장 뒷면〉[**아**]〚ㅇ(꼭지 있는 이
응)→g〛→ga→が(牙)(일본어). ga+이(첨가음)〚모음 합체〛→gæ〚애(æ)→에(e)〛
→ge→げ(牙)(일본어). **모자**(帽子)(=hat)=**모**(帽)(=hat)+**자**(子)(의미첨가 없이 명사
에 붙는 접미사). 귁(國)〈월인석보 1권 훈민정음 1장 앞면〉=국(國)+이(첨가음)〚모
음 합체〛→귁. 장애(경남)(=eel)=장어+이(첨가음)〚모음 합체〛→장에〚모음조화:
아-애〛→장애. 튀르키예어는 한국어와 같은 음운 변화 과정을 거쳐 현대어가 되
었고 중국어도 한국어의 음운 규칙에 따라 현대어가 되었다: **牙**(齒)[**yá**(chǐ)](중국
어)=**앙**(牙)〈월인석보 1권 훈민정음 4장 뒷면〉[**아**]→**아**〚ㅇ(꼭지 있는 이응)→∅
and 보상적 /y/첨가〛→야→ya 【근거】 넣다(표준어)〚두음법칙: ㄴ→∅ and 보상
적 /y/첨가〛→옇다(경남). 중국어는 경상도 방언의 음운 규칙을 따르고 있다. 중
국의 마지막 왕조, 청나라는 신라 출신 여진족 추장, 김함보의 후손이 세워 청나
라 황실의 성씨가 '아이신교로(=金)이다. 가야와 신라 왕가의 성씨도 金이다.

bağ(=줄, 끈)=박(縛)(=얽다, 묶다)+이(명사형 어미)(=물건))→바기(paki)〚어
두 유/무성자음 교체〛→baki〚유성음화〛→bagi〚g→ğ/모음__모음〛→baği〚모

음조화: a-ı]]→bağı[[/ğ/ 뒤의 [ı]는 있으나 없으나 발음이 같이 들린다]](만약 /ı/가 없으면 [[g→ğ]]가 일어날 수 없다. 따라서 /ı/가 탈락된 것으로 보아야 한다)→bağ(그 뜻은 '묶는 것'=끈, 줄) 【근거】 손잡이=손+잡(다)+이(=물건). gelmek(튀르키예어)=kelmoq(우즈벡어)=오다.

bal(=꿀)=밀(蜜)(=꿀)(mil)[[이→으]]→믈[[으→어]]→멀[[어→아]]→말(mal)[[ㅁ(m)→ㅂ(p)]]→발(pal)[[어두 유/무성자음 교체]]→bal(가능성이 크다) 【근거】 바ᄃ리(=蝍)〈훈몽자회 상권 24장 앞면〉[[ㅂ→ㅁ]]→마ᄃ리[[ᅌ→아]]→마다리(강원)〈고려대 한국어대사전〉. 바ᄃ리[[ᅌ→어]]→바더리(표준어). 바ᄃ리[[ᅌ→아]]→바다리(경상, 충북)〈우리말샘〉. 잃(乙)〈월인석보 4권 17장 뒷면〉[[이→으, ㅎ→Ø]]→을(현대어). 읋다/없다(경남)=없다(표준어). cf. **arı**(=벌)=벌+이(첨가음)[[어→아]]→발이[[/ㅂ/ 탈락]]→알이(ari)[[모음조화: a-ı]]→arı 【근거】 예를 들어 다음과 같이 변했을 것이다: bal arısı(꿀벌)=bal(=꿀)+벌(=bee)+이(첨가음)+sı(3인칭 소유 접미사)[[어→아]]→bal발이sı[[유성음화: ㅂ→ㅸ/유성음__유성음]]→bal밣이sı [[ㅸ→Ø]]→bal알이(ari)sı[[모음조화: a-ı]]→bal **arı**sı. '꿀'이 bal로 바뀌었으니 '벌(=bee)[[어→아]]→발(pal)[[어두 유/무성자음 교체]]→bal'과 같이 되면 '꿀'과 '벌'이 같은 단어가 되어 구분하기 위해 '벌'은 **arı**로 했을 것으로 추정된다. 【근거】 방아(향기 나는 식물 이름)(표준어)+이(첨가음)[[모음 합체]]→방애(경남).

banka(=은행)=bank(=은행)+아(a)(의미첨가 없이 명사에 붙는 접미사)→banka 【근거】 아래(표준어)=알(경남)+아(a)(의미첨가 없이 명사에 붙는 접미사)+이(첨가음)[[모음 합체]]→알애→아래.

baş(=머리, 꼭대기, 처음, 선도자)=박(=머리)+이(첨가음)→바기[[구개음화: ㄱ→ㅈ/__이]]→바지[[ㅈ→ㅅ]]→바시(paş)[[어두 유/무성자음 교체]]→baş 【근거】 기름[[구개음화: ㄱ→ㅈ/__이]]→지름(경남). 똥구시(경남)=똥+굳(=구덩이)+이(첨가음)→똥구디[[구개음화]]→똥구지[[ㅈ→ㅅ]]→똥구시. gelmek(튀르키예어)=kelmoq(우즈벡어)=오다. 박이 터지다=머리가 터지다. 박치기=박(=머리)+치기. 대갈박: 대갈=박=머리: 고기 대가리(=고기 머리)=고기+대갈+이(첨가음)→고기 대가리. 산머리(山머리)=산(山)의 꼭대기. 머릿글=(책이나 논문 등의) 처음에 나오는 글 등 한국어와 튀르키예어는, '머리'의 파생의미도 모두 같다.

başkent(=수도(首都))=박(=머리=수(首))+이(첨가음)+현(縣)[헨](경남 발음)+트/터(=장소, 곳)→바기헨트[구개음화ㄱ→ㅈ/__이]→바지헨트[ㅈ→ㅅ]→바시헨트[ㅎ→ㅋ]→바시켄트(pasikentı)[어두 유/무성자음 교체]→basikentı[/t/를 파열시켜 발음하면 [ı]는 있으나 없으나 발음이 같이 들린다]→basikent→başkent 【근거】똥구시(경남)=똥+굳(=구덩이)+이(첨가음)→똥구디[구개음화]→똥구지[ㅈ→ㅅ]→똥구시. cf. Taşkent(우즈베키스탄 수도)=*도(=석(石))+ㅎ(고유어 명사에 붙음)+이(첨가음)+현(縣)[헨](경남)+트[오→아]→다히헨트[ㅎ→ㅅ/__이]→다시헨트[ㅎ→ㅋ]→다시켄트→Taşkentı[/t/를 파열시켜 발음하면 [ı]는 있으나 없으나 발음이 같이 들린다]→Taşkent 【근거】*도(=石(석))+ㅎ(고유어 명사에 붙음)+알(의미첨가 없이 명사에 붙는 접미사)[ㅎ→Ø/모음__모음]→도알[모음조화: 오-오]→도올[동모음 축약]→돌. *도(=石)+ㅎ(고유어 명사에 붙음)+악(의미첨가 없이 명사에 붙는 접미사)[ㅎ→Ø/모음__모음]→도악[모음조화: 오-오]→도옥[동모음 축약]→독(경남)(=돌): **たけしま**(=竹島)(한국어를 음차한 것이다))(takesima)=독(=石)+ㅎ(고유어 명사에 붙음)+의[에](소유격 조사)+섬(=도(島))+이(첨가음)+아(=子)(의미첨가 없이 명사에 붙는 접미사): 독+ㅎ+에[ㄱ+ㅎ→ㅋ]→도케[오→아]→다케(take). 섬+이+아[모음 합체]→셈아[에→이]→심아→시마(sima)→しま(=島)(sima)(=섬). 한국에서는 **독도**를 **석도**(石島)라고도 부르는데 그 뜻이 '돌섬'이고 '돌섬'이 '독섬'이다 '독의 섬+아+이'를 을 일본어로 음차한 것이 '다케시마(たけしま)'이다 【근거】알(=下)(경남)+아(의미첨가 없이 명사에 붙는 접미사)+이(첨가음)[모음 합체]→알애→아래(=下)(표준어). 총을 쏘다(표준어)[오→아]→총을 싸다(경남).

bebeklik(=유년(幼年), 어린애 같음, 철없음)=bebek(=아이)+li(형용사형 어미)+악(=子)(=것)+이(첨가음)[모음 합체]→bebekli액[애→에]→bebekli엑[에→이]→bebekli익(ik)[동모음 축약]→bebeklik. **bebek**(=아기, 유아, 젖먹이)=(젖을) 빨(다)/빠(다)(경남 둘 다 사용)+이(첨가음 혹은 사동 보조 어간)+ㅂ(명사형 어미)+악(=子)(=아이)+이(첨가음)→빠입악이[모음 합체]→뺍액[애→에]→뻽엑→

뻬벡[유성음화]→뻬벱ㄱ(글자가 없어서 이렇게 표기했다. /ㄱ/은 받침이다)〖ㅃ
→b, ㅸ→b(일반적으로는 v로 바뀐다)〗→bebek(그 뜻은 젖을 빠는 아이=유아 혹
은 젖을 빨리는 아이=유아)【근거】'ㄲ, ㄸ, ㅃ, ㅉ, ㅆ, ㆅ 爲 全濁'〈훈민정음해례
본〉(전탁(全濁)=유성음(有聲音)). 매듭=맞(다)[맨]+으(자음 충돌 회피용 삽입 모
음)+ㅂ(명사형 어미)→맨읍→매듭. cf. **bébé**(프랑스어)=beb+아(=子)(=악)(=아
이)+이(첨가음)〖모음 합체〗→beb애〖애→에〗→beb에(e)→bébé. baby(영어)=빠
(다)+ㅂ(명사형 어미)+이(=사람)→밥이〖ㅃ→b, ㅸ→b〗→babi→baby. 앞으로
한국어와 프랑스어, 한국어와 영어의 관계를 연구할 필요가 있다. 嬰兒(영아)(=젖
먹이, 젖을 먹는 어린아이): 아(兒)=아이. 아기(=아이)=악(=아이)+이(첨가음). 늙
은이(=늙은 사람)=늙(다)+으(자음 충돌 회피용 삽입 모음)+ㄴ(관형형 어미)+이(=
사람).

beden(=몸, 몸통, 신체)=뼈대[뻬대](경남 발음)+앙(=子)(의미첨가 없이 명사에 붙
는 접미사)+이(첨가음)→뻬**대**앙이〖애→에〗→뻬데앙이〖모음 합체〗→뻬데**앵**〖애
→에〗→뻬데엥〖ㅇ(ng)→ㄴ(n)〗→뻬데엔〖동모음 축약〗→뻬덴〖ㅃ→b〗→beten
〖유성음화〗→beden【근거】똘(경기, 전라, 충청)〈고려대 한국어대사전〉(=도랑)+
앙(=子)(의미첨가 없이 명사에 붙는 접미사)→또랑(경남)(=도랑). 뼈대=우리 몸
의 틀을 유지하는 뼈를 통틀어 이르는 말. **don**(mak)(=얼다)=동(凍)(=얼다)(tong)
〖ㅇ(ng)→ㄴ(n)〗→ton〖어두 유/무성자음 교체〗→don【근거】gelmek(튀르키예
어)=kelmoq(우즈벡어)=오다.

beneme(=빼앗음, 가져감)=빼내(다)+ㅁ(명사형 어미)+아(의미첨가 없이 명사에
붙는 접미사)〖애→에〗→뻬네마〖ㅃ→b〗→benema〖모음조화: e-e〗→beneme
【근거】열매=열(다)+ㅁ(m)(명사형 어미)+아(a)(의미첨가 없이 명사에 붙는 접미
사)+이(i)(첨가음)〖모음 합체〗→열매. cf. 여름〈용비어천가 1권 1장 뒷면〉(=열
매)=열(다)+으(자음 충돌 회피용 삽입 모음)+ㅁ(명사형 어미)(=물체). 가르마=가
르(다)+ㅁ(m)(명사형 어미)+아(a). 빼내다=남의 물건 따위를 돌려내다. 회사에서
비밀 장부를 빼내다. 동사, benemek은 사전에서 찾지 못했다.

bey(=님, 씨, 선생; 유지, 저명인사)(존칭 접미사)=백(伯)?(=형, 우두머리, 뛰어나

다)+이(첨가음 혹은 명사형 어미)?→배기〖ㄱ→∅/모음__이〗→배이〖애→에〗→베이(pei)〖어두 유/무성자음 교체〗→bey【근거】국(國)+이(첨가음)〖모음 합체〗→귁(國)〈월인석보 1권 훈민정음 1장 앞면〉. 고기(표준어)〖umlaut〗→괴기〖단음화〗→게기(경남)〖ㄱ→∅/모음__이〗→게이(경남)〖에→이〗→기이(경남). gelmek(튀르키예어)=kelmoq(우즈벡어)=오다.

beyaz(=희다, 흰색(의))=뷕(白)〈월인석보 2권 39장 뒷면〉(=흰색, 희다)+앗(의미첨가 없이 명사에 붙는 접미사, 혹은 명사형 어미)+이(첨가음)〖단음화: 이→애〗→뷕앗이〖ㄱ→∅/모음__모음〗→뷔앗이〖모음 충돌 회피용 삽입 반자음, /y/ 첨가〗→뷔y앗이〖애→에〗→뻬y앗이〖모음 합체〗→뻬얏이→뻬야시〖유성음화〗→뻬야싀〖ㅃ→b〗→beya싀〖△→z〗→beyazi〖모음조화: a-ɪ〗→beyazɪ〖유성 마찰음, [z] 다음의 [ɪ]는 있으나 없으나 발음이 같이 들린다〗→beyaz. cf. **ak**=흰색【근거】씨앗(=종자(種子))=씨(=종(種))+앗(=子)(의미첨가 없이 명사에 붙는 접미사). 'ㄲ, ㄸ, ㅃ, ㅉ, ㅆ, ㆅ 爲 全濁'〈훈민정음해례본〉(전탁(全濁)=유성음(有聲音)). 子ᄌᆞ孫손이**니ᅀᅥ**가몰〈석보상절 6권 7장 뒷면〉(=자손이 이어 감을): 닛(다)+어(부사형 어미)→니ᅀᅥ〖유성음화〗→니ᅀᅥ. 닛다〖두음법칙 후 보상적 /y/ 첨가〗→y+잇(is)다〖단음화: y+i→i〗→잇(is)다(현대어).

bez(=옷감, 베=포(布), 기저귀)=베(=포(布))+자(子)(의미첨가 없이 명사에 붙는 접미사)+이(첨가음): 자+이〖모음 합체〗→재〖애→에〗→제〖에→이〗→지〖ㅈ→ㅅ〗→시〖이→으〗→스. **bez**=베+스〖유성음화〗→베스〖△→z〗→pezɪ〖어두 유/무성자음 교체〗→bezɪ〖유성 마찰음, [z] 다음의 [ɪ]는 있으나 없으나 발음이 같이 들린다〗→bez. cf. **bez**(=헝겊, 기저귀)=베(=布)+자(子)(**지소사**)(~에서 만들어진 것)+이(첨가음)【근거】종지=종자(鍾子)+이첨가음〖모음 합체〗→종재〖애→에〗→종제〖에→이〗→종지. 이사(isa)/으사(ɪsa)(意思)(경남)=의사(意思)(표준어). 똥구시(경남)=똥+군(=구덩이)+이(첨가음)→똥구디〖구개음화〗→똥구지〖ㅈ→ㅅ〗→똥구시. cf. し/す(子)(일본어)(si/su)=자(子)+이(첨가음)〖모음 합체〗→재〖애→에〗→제〖에→이〗→지〖ㅈ→ㅅ〗→시(si)〖이→으〗→스(su)〖sɯ=으〗. 자(子)+이(첨가음)〖모음 합체〗→재〖애→에〗→제〖에→이〗→지〖이→으〗→즈〖ㅈ→

ㅅ〗→스〖유성음화〗→스〖△→z〗→zı(중국어). 모(帽)(=모자)=모자(帽子). 모자=
모(帽)+자(子)(의미첨가 없이 명사에 붙는 접미사).

bir(=하나, 일(一), 하나의, 어떤)=빌(옷되다)(pir)〖어두 유/무성자음 교체〗→bir
【근거】비롯되다=빌+옷(=子)(=앗)+되다=시작되다: 빌옷=처음의 것. 비르서〈석보
11:1〉《우리말샘》〖으→오〗→비로서〖어→오〗→비로소(현대어)(=처음으로). 숫
자의 시작이 '일(一)'이다.

birey(=개인, 개체)=bir(하나, 일(一))+아(=사람, 사물)+이(첨가음)→bir아이〖um-
laut〗→bir애이〖애→에〗→bir에이→birey(그 뜻은 '한 사람'=개인), '아'가 사물
을 나타내면 '개체')【근거】하나(=1)=한+아(=것). cf. bir: 비롯되다=시작되다. 시
작은 처음이다, 숫자의 처음은 1이다. cf. 당그래(경남, 전남)〈고려대 한국대사전〉
(=고무래)=당글(다)(경남)(=당기다)+아(=사물)+이(첨가음)〖모음 합체〗→당글애
〖발음대로 표기〗→당그래. 행운**아**(幸運兒)=좋은 운수를 만나 일이 뜻대로 잘되어
가는 **사람**.

boǧaz(=목, 해협)=목+앗(=子)(의미첨가 없이 명사에 붙는 접미사)+이(첨가음)→
모가시〖유성음화〗→모가싀〖△→z〗→mogazı〖모음조화: a-ı〗→mogazı〖g→ǧ/
모음__모음〗→moǧazı〖m→b〗→boǧazı〖유성 마찰음 [z] 뒤의 [ı]는 있으나 없으
나 발음이 같이 들린다〗→boǧaz 【근거】모가지=목+앗[**앝**]+이(첨가음)→목아디
〖구개음화: ㄷ→ㅈ/__이〗→모가지. '앗'의 원음이 '앝'이었을 수도 있다. cf. 붇
(=筆)〈훈민정음해례본 합자해〉〖ㄷ→ㅅ〗→붓(현대어). 子중孫손이**니ᅀᅥ**가몰〈석보
상절 6권 7장 뒷면〉(=자손이 이어 감을): 닛(다)+어(부사형 어미)→니ᅀᅥ〖유성음
화〗→니ᅀᅥ. 닛다〖두음법칙 후 보상적 /y/ 첨가〗→y+잇(is)다〖단음화: y+i→i〗
→잇(is)다(현대어). 소 한 **마리**(표준어)(mari)〖m→b〗→소 한 바리(pari)〖유성
음화〗→소 한 바리(bari)(경남). **울돌목**(전라남도 해남군 화원반도와 진도 사이에 있
는 좁은 해협)=울돌+목(=해협). 아니면, **boǧaz**(=목, 해협)=모가지(경남)(=목을 속
되게 이르는 말)〖ㅈ→ㅅ〗→모가시〖유성음화〗→모가싀〖△→z〗→mokazı〖유
성음화〗→mogazı〖m→b〗→bogazı〖모음조화: a-ı〗→bogazı〖g→ǧ/모음__모
음〗→boǧazı〖유성 마찰음, [z] 다음의 [ı]는 있으나 없으나 발음이 같이 들린다〗

→boğaz【근거】똥구시(경남)=똥+굳(=구덩이)+이(첨가음)→똥구디『구개음화』→똥구지『ㅈ→ㅅ』→똥구시.

bohça(=보자기(褓자기))=보(褓)+ㅎ(褓를 한자어가 아니라 한국어 고유어로 생각하고 붙였다)+자(子)(지소사)『자음조화: ㅅ→ç/h__』→pohça『어두 유/무성자음 교체』→bohça【근거】gelmek(튀르키예어)=kelmoq(우즈벡어)=오다. 보자기(褓자기)=보(褓)(=포대기(어린아이의 작은 이불)+자(子)(지소사)+악(의미첨가 없이 명사에 붙는 접미사)+이(첨가음): **보자**(褓子)(=보자기)+악(의미첨가 없이 명사에 붙는 접미사)+이(첨가음)『동모음 축약』→보작이→보자기(그 뜻은 '보(褓)보다 작은 것'이다). cf. **모**(帽)(=hat)=**모자**(帽子)(=hat)=帽+子(의미첨가 없이 명사에 붙는 접미사)【근거】똘(경기, 전라, 충청)〈고려대 한국어대사전〉(=도랑)+악(의미첨가 없이 명사에 붙는 접미사)『발음대로 표기』→또락(충남)(=도랑)〈우리말샘〉. 뜰+악(의미첨가 없이 명사에 붙는 접미사)『발음대로 표기』→뜨락(=뜰).

bora(=(눈)보라)=볼(다)(=불다)+아(=것)『ᆞ→오』→볼아→보라(pora)『어두 유/무성자음 교체』→bora(원뜻은 '부는 것'=바람)【근거】ᄇᆞᄅᆞᆷ〈석보상절 6권 30장 뒷면〉=볼(다)(=불다)+ᆞ(자음 충돌 회피용 삽입 모음)+ㅁ(명사형 어미)→ᄇᆞᄅᆞᆷ『ᆞ→아』→바람(현대어). 눈보라(=눈이 바람에 불리어 휘몰아쳐지는 것)=눈+볼(다)(=불다)+아(명사형 어미)(=것)『ᆞ→아』→눈보라. 여름〈용비어천가 1, 2권 중 1권 1장 뒷면〉(=열매)=열(다)+으(자음 충돌 회피용 삽입 모음)+ㅁ(명사형 어미)(=물체). '눈보라=바람에 불리어 휘몰아쳐 날리는 눈〈표준국어대사전〉'은 잘못이다. '눈보라' 눈이 아니라 눈이 몰아치는 것을 의미한다. **kar fırtına**(=눈 강풍, 눈 폭풍)+sı(3인칭 소유 접미사). **fırtına**(=강풍, 폭풍)=볼(다)(=불다)+티(다)〈용가 87장〉《우리말샘》(=치다)+ㄴ(관형형 어미)+아(=것)『ᆞ→으』→블티나『ㅂ→f?』→fırtına『모음조화: ı-ı』→fırtına(그 뜻은 '불고 치는 것'=강풍: 강풍이 **치다**)?【근거】볼다〈석보상절 6권(1447) 30장 뒷면〉『ᆞ→으』→**블다**〈능엄경언해(1461) 8권 107장 뒷면〉『으→우』→불다(현대어). **근**(根)〈석보상절 6권 42장 뒷면〉『ᆞ→으』→**근**(현대어). 오가다=오(다)(동사 어간)+가다.

buhar(=수증기, 김)=뿌훵(다)/부훵(다)(경남)(=뿌옇다)+알(=子)(=것)→뿌허할

〖어→아〗→뿌하할〖동음절 축약〗→뿌할〖ㅂ→b〗→buhar(그 뜻은 '뿌연 것'=김, 수증기). 혹은, **buhar**=부훟(다)+알→부허할〖어→아〗→부하할〖동음절 축약〗→부할(puhar)〖어두 유/무성자음 교체〗→buhar【근거】ㄲ, ㄸ, ㅃ, ㅉ, ㅆ, ㆅ 爲 全濁〈훈민정음해례본〉(전탁(全濁)=유성음(有聲音)). kelmoq(우즈벡어)=gelmek(튀르키예어)=오다.

burç(=황도 십이궁, **별자리**)=별(=star)[pyəl]+치(置)(=두다, 배치하다)[çi]+이(명사형 어미)(i)〖어(ə)→으(ı)〗→pyılçii〖단음화〗→pılçii〖으(ı)→우(u), ㄹ(l)→ㄹ(r)〗→purçii〖동모음 축약〗→purçi〖[ç] 다음의 [i]는 있으나 없으나 발음이 같이 들린다〗→purç〖어두 유/무성자음 교체〗→burç(그 뜻은 '별을 배치한 것'=별자리)【근거】한 벌(표준어)〖어→우〗→한 불(경남). 어머니(표준어)를 경남 사람이 발음하면 [어머니]/[으므니]. 규(規)[kyu]〖단음화: 유→우〗→구(경남 발음). 뿗(別)〈능엄경언해 2권 31장 앞면〉[byə:l]〖유/무성자음 교체〗→별[pyə:l](현대어)【근거】'ㄲ, ㄸ, ㅃ, ㅉ, ㅆ, ㆅ 爲 全濁'〈훈민정음해례본〉(전탁(全濁)=유성음(有聲音)).

buz(=얼음)=물(=水)+자(子)(~의 자식=~에서 나온 것, ~에서 만들어진 것)+이(첨가음)〖ㄹ→∅/__ㅈ〗→무자이〖모음 합체〗→무재〖애→에〗→무제〖에→이〗→무지〖ㅈ→ㅅ〗→무시〖이→으〗→무스〖유성음화〗→무스(muzı)〖[z] 다음의 [ı]는 있으나 없으나 발음이 같이 들린다〗→**muz**(우즈벡어)〖m→b〗→buz【근거】이사/으사(경남)=의사(醫師). 믈(=水)〈훈민정음해례본 용자례〉〖으→우〗→물(현대어). 소 한 마리(mari)(표준어)〖ㅁ(m)→ㅂ(b)〗→소 한 바리(bari)(b는 발음대로 표기한 것)(경남). cf. 자(子)+이(첨가음)〖모음 합체〗→재〖애→에〗→제〖에→이〗→지〖ㅈ→ㅅ〗→시(si)(일본어)〖이→으〗→스(sı)(일본어)〖유성음화〗→zı(중국어 발음)(철자는 [zi])

çağ(=시간, 때, 시절, 시대)=(옛)적+이(첨가음)〖어→아〗→작이〖ㅈ→ㅊ〗→착이(çaki)〖모음조화: a-ı〗→çakı〖유성음화〗→çagı〖g→ğ/모음__모음〗→çağı〖[ğ] 다음의 [ı]는 있으나 없으나 발음이 같이 들린다〗→çağ【근거】바가지(표준어)〖ㅈ→ㅊ〗→바가치(경남). 일척(경남)(=일찍)=일+척(=적). 옛적[옏쩍]=오래전 **때**. akşam **çağı**=저녁 **때**. 갈 짜아(경남)(=갈 적에)=가(다)+ㄹ(관형형 어미)+쩍+아(처

격 조사)〖어→아〗→갈 짝아→갈 짜가〖ㄱ→Ø/모음＿모음〗→갈짜아. 에(처격 조사)(표준어)=아(처격 조사)(경남)+이(첨가음)〖모음 합체〗→애(중세 국어 모음 조화에 따른 형태)〖모음조화 파괴〗→에(현대 표준어에서는 모음조화를 시키지 않고 '에'로 통일하였다).

çakıl(=자갈, 돌맹이)=작(다)+알(=것 혹은 알처럼 둥근 것)+이(첨가음)〖모음 합체〗→작앨〖애→에〗→작엘〖에→이〗→작일→자길〖ㅈ→ㅊ〗→차길(çakil)〖모음조화: a-ı〗→çakıl【근거】 **젼**(薦)〈월인석보 1권 석보서 4장 앞면〉〖단음화〗→**젼**〖ㅈ→ㅊ〗→**천**(현대어). **흥졍바지**〈석보상절 6권 15장 앞면〉〖단음화〗→흥졍바**지**〖ㅈ→ㅊ〗→흥정바**치**(현대어). 바가**지**(표준어)〖ㅈ→ㅊ〗→바가**치**(경남).

çalgıç(=(악기를 두드리는) 채)=*찰(다)+것/긋(경남)〖걷/귿〗(=것)+ㅎ(고유어 명사에 붙음)+이(i)(첨가음)→찰근히〖ㄷ+ㅎ→ㅌ〗→찰그티〖구개음화: ㅌ→ㅊ/＿＿이〗→찰그치(çalkıç)〖유성음화〗→çalgıç(그 뜻은 '치는 것'=채)【근거】 **çal**(mak)(=두드리다, 치다)=*찰(다)(←찰랑찰랑)→çal【근거】 달랑달랑=달(다)+랑+달(다)+랑. 찰랑찰랑=찰(다)+랑+찰(다)+랑. cf. **çalkı**(=(악기를 두드리는) 채)=찰+그/거(경남)(=것)→çal그(kı)→çalkı(그 뜻은 '치는 것'=채)(여기서는 유성음화시키지 않았다).

cariye(=여자 종, 첩, 내연의 처)=자(다)+ㄹ(관형형 어미)+이(명사형 어미)(=사람)+y(모음 충돌 회피용 삽입 반자음)+여(=女)+이(첨가음)〖모음 합체〗→자리이예〖단음화〗→자리이에〖모음 합체〗→자리예〖어두 유/무성자음 교체〗→cariye(그 뜻은 '잘 사람 여자'=내연의 처)【근거】 에자(女子)=여(女)+이(첨가음)+자(子)〖모음 합체〗→예자〖단음화: 예→에〗→에자(경남 노인 말). 여자(女子)(표준어).

çay(=차)=차(茶)+이(첨가음)→차이→çay【근거】 귁(國)〈월인석보 1권 훈민정음 1장 앞면〉=국(國)+이(첨가음)〖모음 합체〗→귁. 장애(경남)=장어(표준어)(=eel)+이(첨가음)〖모음 합체〗→장에〖모음조화: 아-애〗→장애.

çelik(=steel=강철)=텷(鐵)〈월인석보 1권 월인천강지곡 25장 앞면〉+이(첨가음)+악(=子)(~에서 나온 것)+이(첨가음)〖ㅎ→Ø〗→텰이악이〖모음 합체〗→텰액〖구개음화〗→쳴액〖단음화〗→쳴액〖애→에〗→쳴엑〖에→이〗→쳴익→çelik【근거】

demir(=철(鐵))=텼(鐵)+이(첨가음)+물(物)+이(첨가음)〔ㅎ→∅〕→텼이물이〔모음 합체〕→텔뮐〔단음화〕→텔밀〔〔ㄹ→∅/__ㅁ〕→테밀→**temir**(우즈벡어)〔어두 유/무성자음 교체〕→demir 【근거】 **져므니**〈석보상절 19권 1장 뒷면〉=졂(다)+으(자음 충돌 회피용 삽입 모음)+ㄴ(관형형 어미)+이(=사람)〔ㄹ→∅/__ㅁ〕→져므니. cf. 젊은이(현대어)=졂(다)+으+ㄴ+이〔단음화〕→젊은이. kelmoq(우즈벡어)=gelmek(튀르키예어)=오다. 위하여(표준어)〔단음화: 위→이〕→이하여(경남).

cemi(=총계, 더하기)=더하(다)+ㅁ(명사형 어미)+이(첨가음)〔ㅎ→∅/모음__모음〕→더암이〔umlaut〕→더앰이〔애→에〕→더엠이〔에→이〕→더임이〔모음 합체〕→뎀이〔구개음화: ㄷ→ㅈ/__에〕→제미('제'의 /ㅈ/는 무성음이다)〔어두 유/무성자음 교체: ㅈ(무성 무기 파찰음)→c(유성 무기 파찰음)〕→cemi(그 뜻은 '더함'=더하기) 【근거】 가운데〔구개음화: ㄷ→ㅈ/__에〕→가운제(경북)〈고려대 한국어대사전〉. gelmek(튀르키예어)=kelmoq(우즈벡어)=오다.

cenk(=전쟁, 전투)=전(戰)(=싸우다)+이(첨가음)+그(명사형 어미)(경남)〔모음 합체〕→젠그〔어두 유/무성자음 교체〕→cenkı〔/k/를 파열시켜 발음하면 [ı]는 있으나 없으나 발음이 같이 들린다〕→cenk(그 뜻은 '싸우는 것'=전쟁, 전투)(cenk의 어원이 페르시아어라고 하나 페르시아어의 어원이 한국어임을 알 수 있다). cf. せん(戰)(sen)(일본어)=전(戰)+이(첨가음)〔모음 합체〕→젠〔ㅈ→ㅅ〕→센(sen) 【근거】 똥구시(경남)=똥+굳(=구덩이)+이(첨가음)→똥구디〔구개음화〕→똥구지〔ㅈ→ㅅ〕→똥구시. 귁(國)〈월인석보 1권 훈민정음 1장 앞면〉=국(國)+이(첨가음)〔모음 합체〕→귁.

cep(=호주머니)=개비(하상 성조: '개'를 낮게, '비'를 높게 발음한다)(경남)(=호주머니)=갑+이〔모음 합체〕→갭〔애→에〕→겝〔구개음화: ㄷ→ㅈ/__에〕→젭(/ㅈ/은 무성음이다)〔어두 유/무성자음 교체〕→cep 【근거】 개비=갑+이〔umlaut〕→갭이→개비. cf. 개비(改備)('개'를 높게, '비'를 낮게 발음한다)(경남)((=있던 것을 갈아 내고 다시 장만하는 것). gelmek(튀르키예어)=kelmoq(우즈벡어)=오다. **가운제**(경북)〈고려대 한국어대사전〉=가운데〔구개음화: ㄷ→ㅈ/__에〕(/에/ 앞에서도 구개음화가 일어난 예)→가운제.

ceza(=처벌, 제재(制裁))=제자(=제재(制裁))[어두 유/무성자음 교체: ㅈ(무성 무기 파찰음)→c(유성 무기 파찰음)]→ce자[ㅈ→ㅅ]→ce사[유성음화]→ce ᅀᅡ[ㅿ→z]→ceza【근거】'졍(諸)〈월인석보 1권 석보서 4장 앞면〉[져]+이(첨가음)[모음 합체]→졔[단음화]→제(현대어)'와 같이 '*자(裁)+이(첨가음)[모음 합체]→재'로 본 것이다('*자(裁)'가 옛음이었을 것으로 추정된다). 똥구시(경남)=똥+군(=구덩이)+이(첨가음)→똥구디[구개음화]→똥구지[ㅈ→ㅅ]→똥구시. 子ᄌᆞᆼ孫손이 니ᅀᅥ가몰〈석보상절 6권 7장 뒷면〉(=자손이 이어 감을): 닛(다)+어(부사형 어미)→니ᅀᅥ[유성음화]→니ᅀᅥ. 닛다[두음법칙 후 보상적 /y/ 첨가]→y+잇(is)다[단음화: y+i→i]→잇(is)다(현대어).

çiçek(=꽃)=곳〈용비어천가 1권 1장 뒷면〉(=꽃)+ㅎ(고유어 명사에 붙음)+이(첨가음)+악(=子)(의미첨가 없이 명사에 붙는 접미사)+이(첨가음)[ㅈ+ㅎ→ㅊ]→**곶이**악이[umlaut]→꾛이악이[모음 합체]→괴치액[애→에]→괴치엑[모음 합체]→괴첵[단음화: 외→에]→**계첵**[에→이]→기첵[단음화]→기첵[ㄱ→ㅋ]→키첵[구개음화: ㅋ→ㅊ/__이]→치첵→çiçek. cf. цэцэг(몽골어)(=꽃)[체첵]=곳+ㅎ+이+악+이[ㅈ+ㅎ→ㅊ]→**곶이**악이[umlaut]→꾛이악이[모음 합체]→괴치액[애→에]→괴치엑[모음 합체]→괴첵[단음화: 외→에, 예→에]→계첵[ㄱ→ㅋ]→케첵[구개음화]→체첵(цэцэг)【근거】뜨락(=뜰)=뜰+악(=子)(의미첨가 없이 명사에 붙는 접미사)[발음대로 표기]→뜨락. 갈(=刀)〈훈민정음해례본 합자해〉[ㄱ→ㅋ]→**칼**(현대어). 장어(표준어)(=eel)+이(첨가음)[모음 합체]→장에[모음조화: 아-애]→장애(경남). 현대어 '꽃'은 다음과 같은 과정을 거쳐 만들어졌다: 살굿곳+ㅎ(고유어 명사에 붙음)+이(주격 조사)=살구+ㅅ(사이시옷)+곳+ㅎ+이[ㅅ+ㄱ→ㄲ]→살구꽃+ㅎ+이[ㅈ+ㅎ→ㅊ]→살구꽃이('살구꽃이=살구+**꽃**+이(주격 조사)'로 오분석하여 '꽃'이 만들어졌다).

çikolata(=초콜렛)=çikolat+아(=子)(a)(의미첨가 없이 명사에 붙는 접미사). cf. chocolat [ʃɔkɔla[ɑ]](프랑스어), chocolate[tʃɑːklət](미국영어), [tʃɒklət](영국영어). cf. banka(튀르키예어)=bank(영어)+아(=子)(의미첨가 없이 명사에 붙는 접미사).

çile(=고통, 시련)+질(곡)(桎(梏)=차꼬)+아(의미첨가 없이 명사에 붙는 접미사)+

이(첨가음)〚모음 합체〛→질애〚애→에〛→질에〚ㅈ→ㅊ〛→칠에→çile【근거】
banka(튀르키예어)=bank(영어)+아(a)(의미첨가 없이 명사에 붙는 접미사). 바가지
〚ㅈ→ㅊ〛→바가치(경남). 발에 차꼬를 채우다. 차꼬=조선시대 죄인의 발목에 채
우는 형구. **차꼬**=족가(足枷), 질(桎)이라고도 하며, '고랑틀'이라 속칭하였다. 모질
고 사나운 죄인에게 채워 행동의 자유를 박탈하기 위한 것이며, 나무로 만든 것을
목착고, 쇠로 만든 것을 철착고라고 한다. 옥 안의 가운데에 기다랗게 목착고를
설치하여 사나운 죄인을 연달아 교호(交互)로 양쪽 발목을 채우며 용변의 경우에
만 풀어주었다〈한국민족문화대백과〉. **çile çeken halk**=**차꼬**를 끄는 죄수처럼 행동
을 속박당하는 백성→혹독한 고통을 받는 백성.

cilt(=피부, 표지)=(껍)질(帙)(=당책(唐冊))이나 문집(文集) 따위의 **덮개**(=책**갑**(冊
甲))+터/트→질트〚어두 유/무성자음 교체: ㅈ(무상음)→c(유성음)〛→ciltı〚/t/를
파열시켜 발음하면 [ı]는 있으나 없으나 발음이 같이 들린다〛→cilt. 【근거】kel-
moq(우즈벡어)=gelmek(튀르키예어)=오다. cf. cilt(=(연속 출판물의) 전질)=질(帙)
(=여러 권으로 된 책의 한 벌)(cil)+터/트.

cin(=귀신)=씬(神)〈석보상절 6권 40장 앞면〉(zin)〚z→c〛→cin 【근거】'ㄲ, ㄸ, ㅃ,
ㅉ, ㅆ, ㆅ 爲 全濁'〈훈민정음해례본〉(전탁(全濁)=유성음(有聲音))【근거】kelmo-
q(우즈벡어)=gelmek(튀르키예어)=오다. cf. 션(然)〈월인석보 1권 석보서 2장 뒷면〉
(zyən)〚z→dʒ(c)〛→dʒyən〚단음화〛→dʒən〚ə→a〛→dʒan→然(JAN)(vol.2 p.694)
〈Herbert A. Giles(1912), A Chinese-English Dictionary〉.

çın(=참, 진리)=진(眞)〚ㅈ→ㅊ〛→친〚이→으〛→츤(çın). 아니면, **çın**(=참, 진리)=
참+이(첨가음)〚모음 합체〛→챔〚애→에〛→쳄〚에→이〛→침〚ㅁ(m)→ㄴ(n)〛→
친〚이→으〛→츤(çın)【근거】**견**(薦)〈월인석보 1권 석보서 4장 앞면〉〚단음화〛→
전〚ㅈ→ㅊ〛→**천**(현대어). 바가지(표준어)〚ㅈ→ㅊ〛→바가치(경남). **이리/으리**
(義理)=의리(義理)(표준어). **므슴**〈석보상절 6권 16장 앞면〉〚으→우〛→무슴〚ㅁ→
ㄴ〛→**무슨**(현대어). 장어(표준어)(=eel)+이(첨가음)〚모음 합체〛→장에〚모음조화:
아-애〛→장애(경남). cf. 眞[zhēn](중국어), 眞(しん)(shin)(일본어).

çit(=울타리)=(울타리를) 치(다)+앗[알](=것)(=사물)+이(첨가음)〚모음 합체〛→치

앤〔애→에〕→치엔〔에→이〕→치인(çiit)〔동모음 축약〕→çit(그 뜻은 '친 것'=울타리)【근거】노룻〔=戲〕〈용가44장〉《고려대 한국어대사전》(=노룻)=놀(다)+옷(=앗)(=것, 행위). 노룻〔ᄋ→으〕→노릇(현대어). 지게=지(다)(동사 어간)+거(=것)+이(첨가음)〔모음 합체〕→지게(그 뜻은 '지는 것'). 종지=종자(鍾子)+이(첨가음)〔모음 합체〕→종재〔애→에〕→종제〔에→이〕→종지. cf. 내(=냄새)=(냄새가) 나(다)+이(명사형 어미)(=것))〔모음 합체〕→내. 네(=音)(ne)(=소리)=(소리가) 나(다)+이(명사형 어미)(=것)〔모음 합체〕→내〔애→에〕(일본어에는 /애/가 없다)→네(ne).

çivi(=못)=(못을) 치(다)(=박다)(경남)+ㅂ(명사형 어미)(=물건)+이(첨가음)→치비〔유성음화〕→치비〔ㅸ→v〕→çivi(그 뜻은 '치는 것'=못) 【근거】못을 치다(경남)=못을 박다. 매듭=맺(다)[맨]+으(자음 충돌 회피용 삽입 모음)+ㅂ(명사형 어미)(=물건)→매듭. cf. 여름〈용비어천가 1권 1장 뒷면〉(=열매)=열(다)+ㅁ(명사형 어미)(=물체). 소 한 마리(mari)(표준어)〔ㅁ(m)→ㅂ(b)〕→소 한 바리(bari)(/b/는 발음대로 표기한 것이다).

çiyi(=이슬)=ᄯᅵᇰ(地)[ᄯᅵ]〈월인석보 1권 월인서 18장 앞면〉(=땅)+웅(雨)[우]〈석보상절 13권 26장 뒷면〉(=비)+이(첨가음)→ᄯᅵ우이〔ㄸ→ㅌ〕→티우이〔구개음화: ㅌ→ㅊ/__이〕→치우이〔ㆁ→Ø〕→치우이〔모음 합체〕→치위〔단음화: 위→이〕→치이〔모음 충돌 회피용 반자음, /y/ 첨가〕→치+y+이(i)→çiyi(그 뜻은 '땅비(=땅에서 만들어진 비)'=이슬) 【근거】웅(雨)[우]〔ㆁ→Ø〕→우(雨)(현대어). 귁(國)〈월인석보 1권 훈민정음 1장 앞면〉=국(國)+이(첨가음). 위하여(표준어)〔단음화: 위→이〕→이하여(경남). 떨어**ㅍ**리다(표준어)/떨어**ㅌ**리다(표준어)〈표준국어대사전〉. 티다〈용가87장〉《고려대 한국어대사전》〔구개음화: ㅌ→ㅊ/__이〕→치다(현대어). 하늘에서 떨어진 비(=yağmur)가 아니라 땅에서 생긴 비(=雨)이니 '지우(地雨)'라고 한 것이다. cf. つゆ(tsuyu)(=露)(일본어)(=이슬)=토(土)(=땅)+우(雨)(=비)〔오→으〕→트우〔구개음화: ㅌ→ㅊ/__으〕→츠우〔모음 충돌 회피용 반자음, /y/ 첨가〕→츠(tsɯ)+y+우(u)→tsuyu〔[ɯ]의 철자화→u〕→tsuyu【근거】오좀〈석보11:25〉《고려대 한국어대사전》/(경남)〔오→으〕→오즘〈훈몽자회 상권 28장 앞

면〉〚으→우〛→오줌(현대 표준어). cf. 오좀(경남).

çizgi(=선, 줄)=çiz(mek)(=줄을 긋다, 선/줄을 치다)+거(=것)(경남)+이(첨가음)〚모음 합체〛→çiz게〚에→이〛→çiz**기**(ki)〚유성음화〛→çizgi. 기(표준어)=거(경남)(=것)+이(첨가음)〚모음 합체〛→게〚에→이〛→기. ⇛ **çizik**=선, 줄. **çizi(=**çizgi)〈Vikisözlük〉=(줄을) 치(다)(çi)+기(명사형 어미)〚구개음화: ㄱ→ㅈ/__이〛→çi지〚ㅈ→ㅅ〛→çi시〚유성음화〛→çi싀〚ㅿ→z〛→çizi. 'çizi=çiz(동사 어간)+i(명사형 어미)'로 오분석하여 동사 어간, çiz(mek)이 만들어졌다. 한국어와 튀르키예어의 동사의 명사형 어미로 '기', '이'가 있으나 '기'가 붙은 것을 '이'가 붙은 것으로 오분석하여 동사 어간, çiz(mek)이 만들어졌다.

çizi(=çizgi)〈Vikisözlük〉=(줄을) 치(다)(çi)+기(명사형 어미)〚구개음화: ㄱ→ㅈ/__이〛→çi지〚ㅈ→ㅅ〛→çi시〚유성음화〛→çi싀〚ㅿ→z〛→çizi. 'çizi=çiz(동사 어간)+i(명사형 어미)'로 오분석하여 동사 어간, çiz(mek)이 만들어졌다. 한국어와 튀르키예어의 동사의 명사형 어미로 '기', '이'가 있으나 '기'가 붙은 것을 '이'가 붙은 것으로 오분석하여 동사 어간, çiz(mek)이 만들어졌다.

çizik(=선, 줄)=çiz(mek)(=줄을 긋다, 선/줄을 치다)+악(=子)(=것)+이(첨가음)〚모음 합체〛→çiz액〚애→에〛→çiz엑〚에→이〛→çiz익(ik)(그 뜻은 '친 것'=선(線)). ⇛ çizgi=çizi=선, 줄.

çoban(=목동, 목자)=초(草)(=풀)+방(=사람)〚ng(ㅇ)→n(ㄴ)〛→초반(çopan)〚유성음화〛→çoban 【근거】 게으름뱅이=게으르(다)+ㅁ(명사형 어미)+방(=사람)+이(첨가음)〚umlaut〛→게르름뱅이. 蒲公草(=안즌**방**이)〈동의보감 3권 22장〉《우리말샘》=앉(다)+ㅇ(자음 충돌 회피용 삽입 모음)+ㄴ(관형형 어미)+방(=사람)(사람에 비유한 것)+이(첨가음). **don**(mak)(=얼다)=동(凍)(tong)(=얼다)〚ng(ㅇ)→n(ㄴ)〛→ton〚어두 유/무성자음 교체〛→don 【근거】 **g**elmek(튀르키예어)=**k**elmoq(우즈벡어)=오다.

çocukluk(=유년기, 어린이다움, 유치함)=çocuk(어린이)+li(형용사형 어미)+악(=것)+이〚모음 합체〛→çocukli액〚애→에〛→çocukli엑〚에→이〛→çocukli익(ik)〚동모음 축약〛→çocuklik〚모음조화: u-u〛→çocukluk.

çökel(=침전물)=찌껄이/쯔껄이(=찌꺼리/쯔거리(경남)=찌꺼기(표준어))→쯔껄이〖umlaut 두 번 앞으로〗→쯰껄이〖모음 합체〗→쯰껠〖ㅉ→ㅊ〗→칙껠〖ㄲ→ㄱ→ㅋ〗→칙켈→çökel 【근거】 **쮤**(就)〈월인석보 1권 월인서 12장 앞면〉+이(첨가음)→쮜밍〖ㅁ→Ø〗→쮜이〖ㅉ→ㅊ〗→츄이〖단음화〗→추이〖모음 합체〗→**취**(현대어). **끈**(近)〈월인석보 1권 월인서 14장 앞면〉〖ㄲ(g)→ㄱ(k)〗(유/무성자음 교체)→**근**(현대어). **시기다**〈석보상절 6권 10장 앞면〉〖ㄱ→ㅋ〗→**시키다**(현대어). cf. çökel(mek)(=침전되다). cf. 품(명사)=품(다)(동사 어간).

coşku(=열광, 흥분)=둏(다)〈석보상절 6권 35장 뒷면〉(=좋다)+이(자음 충돌 회피용 삽입 모음)+그/거(경남)(=것)→둏이그→됴히그〖ㅎ→ㅅ/__이〗→됴시그〖구개음화: ㄷ→ㅈ/__y(됴=tyo)〗→죠시그〖단음화〗→조시그〖ㅡ→ㅜ〗→조시구〖어두 유/무성자음 교체: ㅈ(무성음)→c(유성음)〗→coşku(그 뜻은 '좋은 것'=좋아하는 것=열광) 【근거】 둏다〖구개음화: ㄷ→ㅈ/__y(됴=tyo)〗→죻다〖단음화〗→좋다(현대어). 안진뱅이(경남)(=앉은뱅이)=앉(다)+이(자음 충돌 회피용 삽입 모음)+ㄴ(관형형 어미)+방+이〖umlaut〗→앉인뱅이→안진뱅이. cf. 앉은뱅이(표준어)=앉(다)+으(자음 충돌 회피용 삽입 모음)+방+이〖umlaut〗→앉은뱅이.

cuma(=금요일(金曜日))=금(金)+ㅎ(=일(日))〖ㅎ→Ø/유성음__유성음〗→금ᄋ〖ᄋ→아〗→금아〖구개음화: ㄱ→ㅈ/__으〗→즘아〖으→우〗→주마〖어두 유/무성자음 교체: ㅈ(무성 무기 파찰음)→c(유성 무기 파찰음)〗→cuma 【근거】 나할(경남)(=나흘(표준어))=나(=4)+ㅎ(日)(=날)+알(의미첨가 없이 명사에 붙는 접미사)〖ᄋ→아〗→나하알〖동모음 축약〗→나할. 히(=싫(日)〈석보상절 9권 4장 뒷면〉)=ㅎ(=日)(=태양)+이(첨가음)〖모음 합체〗→히. cf. ふつか(=二日)(hutsuka)(=2일, 이튿날): か(=日)=ㅎ(=日)〖ᄋ→아〗→하〖ㅎ→ㄱ/ㅋ〗→가/카(ka)(일본어에는 ㄱ/ㅋ의 구분이 없다) 【근거】 해겁다/개겁다(경남)=가볍다. 燈등의블**혀**고〈석보상절 9권 32장 뒷면〉=등에 불 켜고(현대어): 혀다〖ㅎ→ㅋ〗→켜다.

cumartesi(=토요일)=금(金)+ㅎ(=일(日)+알(의미첨가 없이 명사에 붙는 접미사)+듸(평북)(=뒤)+si(3인칭 소유 접미사)〖ᄋ→아〗→금하알듸si〖동모음 축약〗→금할듸시〖ㅎ→Ø/유성음__유성음〗→금알듸시〖구개음화: ㄱ→ㅈ/__으〗

→즘알듸si〚단음화: 의→에〛→즘알데si〚으→우〛→줌알데si〚어두 유/무성자음 교체: ㅈ(무성 무기 파찰음)→c(유성 무기 파찰음)〛→cumartesi(그 뜻은 '금요일 그 뒷날'=토요일) 【근거】 나할(경남)=나(=4)+ㅎ(日)(=날)+알(의미첨가 없이 명사에 붙는 접미사)〚ᄋ→아〛→나하알〚동모음 축약〛→나할. 듸(평북)(=뒤)〈고려대 한국어 대사전〉〚으→우〛→뒤(표준어). ⇒ cuma(=금요일). 사타리(경남)(=삵(표준어))=삵+알(의미첨가 없이 명사에 붙는 접미사)+이(첨가음)→사타리. cf. **pazartesi**(=월요일)=일요일(=pazar)의 뒷날. **çarşamba**(=수요일), **perşembe**(=목요일)'는 어원 분석이 필요하다: **çarşamba**(=수요일): Inherited from Ottoman Turkish چهارشنبه (çarşanba, çeharşanba), from Persian چهارشنبه (čahâr-šanbe, "Wednesday", literally "four (days after) Saturday"). čahâr(=four)=너(=4)+ㅎ(고유여 명사에 붙음)+알(의미첨가 없이 명사에 붙는 접미사)〚어→으〛→느할〚ㄴ(n)→d〛→dɨ할〚구개음화: d→dz/__으(i)〛→dzɨ할〚으→어〛→dz+어할〚어→아〛→dzahar→čahâr? 【근거】 없다(표준어)=없다/읎다(경남)(경남 방언에서는 '어/으 교체가'가 아주 자유롭게 일어난다). 마리 슈(首)〈훈몽자회 상권 24장 뒷면〉: 마리〚아→어〛→머리(현대어). 건너다(kənnida)(경남)(=건너다(표준어))〚ㄴ(n)→d〛→건디다(kəndida)(경남)(=건너다(표준어)). 서너 개=세개 혹은 네 개: 너=4. 삵(표준어)+알(의미첨가 없이 명사에 붙는 접미사)+이(첨가음)〚발음대로 표기〛→사타리(경남)(=삵). **diş**(=이)(=치(齒))=니〈석보상절 19권 6장 뒷면〉)(ni)+앗(의미첨가 없이 명사에 붙는 접미사)+이(첨가음)〚n→d〛→diᄉ이〚umlaut〛→di앳이〚애→에〛→di엣이〚에→이〛→di잇이→di이시(iş)〚동모음 축약〛→diş **perşembe**(=목요일)'는 어원 분석이 필요하다.

dal(=(나무) 가지)=(동)**달(dal)**→dal 【근거】 동달이(경남)(=얼어 죽은 **나뭇가지**)=동(凍)(tong)(=얼다)+달(tal)(=나뭇가지)+이(i)(첨가음)〚유성음화〛→동달이(tong-dali).

dara(=용기의 무게, 차체 중량)=(무게를) 달(다)+아(=子)(=것)→다라(tara)〚어두 유/무성자음 교체〛→dara. darmak이라는 동사는 사전에서 찾을 수 없었으나 한국어 동사, '달다'가 화석화되어 명사 속에 남아 있다 【근거】 나래(=날개)=날(다)+

아(=子)+이(첨가음)〖모음 합체〗→날애〖발음대로 표기〗→나래.

darağacı(교수대)=달(다)(tar)(=to hang)+ağaç(=나무)+ı(3인칭 소유 접미사)〖어두 유/무성자음 교체〗→darağaçı〖유성음화〗→darağacı(그 뜻은 '(매)다는 나무'=교수대). haç biçimindeki **darağacı**na çivilemek(=십자가 모양의 교수대에 못을 박다). cf. **dara**(=용기의 무게, 차체 중량)=달(다)+아(=子)(=것). darmak이라는 동사는 사전에서 찾을 수 없었으나 한국어 동사, '달다'가 화석화되어 명사 속에 남아 있다.

dalga(=물결, 주파수)=떨(다)+거(경남)(=것)〖어→아〗→딸가〖ㄸ→d〗→dal가(ka)〖유성음화〗→dalga(그 뜻은 '떠는 것'=파동). 'ㄸ→d'이 아니면 'ㄸ→ㄷ' and 어두 유/무성자음 교체에 의해 'ㄷ(t)→d'로)【근거】딴(檀)〈월인석보 23권 61장 뒷면〉〖ㄸ(d)→ㄷ(t)〗→단(현대어). kelmoq(우즈벡어)=gelmek(튀르키예어)=오다. 'ㄲ, ㄸ, ㅃ, ㅉ, ㅆ, ㆅ 爲 全濁'〈훈민정음해례본〉(전탁(全濁)=유성음(有聲音)).

dam(=지붕)=덮(다)+으(자음 충돌 회피용 삽입 모음)+ㅁ(명사형 어미)(=것)(=물체)〖으→어〗→덮엄〖어→아〗→닲암〖ㅍ→ㅂ〗→답암〖ㅂ→ㅸ→Ø/모음__모음〗→taam〖동모음 축약〗→tam〖어두 유/무성자음 교체〗→dam((집을) 덮는 것=지붕)【근거】더우(경남 노인 말)=덥(다)+우(명사형 어미)→더부(경남 노인 말)〖유성음화: ㅂ→ㅸ/모음__모음〗→더부〖ㅸ→Ø/모음__모음〗→더우. 여름(=열매)(평북)〈고려대 한국어대사전〉=열(다)+으(자음 충돌 회피용 삽입 모음)+ㅁ(명사형 어미)(=것)(=물체)→열음→여름(그 뜻은 '연 것'=열매). 오좀 편(便)〈훈몽자회 상권 30장 뒷면〉〖ㅍ→ㅂ〗→변(便)(현대어). 없다/읎다(경남)(경남 방언에서는 어/으 교체가 아주 자유롭게 일어난다).

damar(=핏줄, 나무의 결)=담(다)+알(=것)→다말(tamar)〖어두 유/무성자음 교체〗→damar(그 뜻은 '담는 것'). kan damar(=핏줄)=kan(=피)+damar(=담는 것). 'damar(=나무의 결)'은 나무의 결이 핏줄이 온몸에 퍼져있는 것과 같아서 2차적으로 만들어진 뜻이다).

damga(=도장, 화인(火印))=(뜸) 뜨(다)/떠(다)(경남)+ㅁ(명사형 어미)+거(=것)→떰거〖어→아〗→땀가〖ㄸ→d〗→damka〖유성음화〗→damga((불로 지져) '뜨는 것'=화인(火印))【근거】'ㄲ, ㅃ, ㅉ, ㅆ, ㆅ 爲 全濁'〈훈민정음해례본〉(전탁(全濁)=유성음(有聲音)). 아니면 '〖ㄸ→ㄷ〗→ㄷ〖어두 유/무성자음 교체〗→d'로 바뀐 것이다 【근거】gelmek(튀르키예어)=kelmoq(우즈벡어)=오다. 딴(檀)〈월인석보 23권 61장 뒷면〉〖ㄸ(d)→ㄷ(t)〗→단(현대어). 뜸뜨다=병을 다스리기 위하여, 약쑥을 비벼 혈에 놓고 불을 붙여 태우다. 뜸뜨다/떰떠다(경남).

dansöz(=여자 무용수)=dans(=무용, 춤)+여(女)+이(첨가음)+자(子)+이(첨가음): 여+이〖어→으〗→yı+이〖모음 합체〗→yıi〖모음 간소화〗→ıi(의)(ö). ö+자+이〖모음 합체〗→ö재〖애→에〗→ö제〖에→이〗→ö지〖이→으〗→öz〖ㅈ→ㅅ〗→ö스〖유성음화〗→ö스〖ㅿ→z〗→özı〖유성 마찰음, [z] 뒤의 [ı]는 있으나 없으나 발음이 같이 들린다〗→**öz** 【근거】 없다/읎다(경남). 이리/으리(경남)=의리(義理)(표준어). 종지=종자(鍾子)+이〖모음 합체〗→종재〖애→에〗→종제〖에→이〗→종지. 에자(경남 노인 말)(=여자(女子))=여+이(첨가음)+자〖모음 합체〗→예자〖단음화〗→에자. 子중孫손이**니ᅀᅥ**가몰〈석보상절 6권 7장 뒷면〉(=자손이 이어 감을): 닛(다)+어(부사형 어미)→니ᅀᅥ〖유성음화〗→니ᅀᅥ. 닛다〖두음법칙 후 보상적 /y/ 첨가〗→y+잇(is)다〖단음화: y+i→i〗→잇(is)다(현대어). cf. 女子[nǚzǐ](중국어), 女子(じょし)(zyosi).

darp(=치기, 때리기)=*딸(다)(=치다)+ㅂ(명사형 어미)→딿〖ㄸ→d〗→darp 【근거】딸딸이(=자명종이나 전종(電鐘)에서 종을 때려 소리를 내는 작은 쇠 방울)〈표준국어대사전〉=딸(다)+딸(다)+이(명사형 어미)(=물건) 【근거】매듭=맺(다)[민]+으(자음 충돌 회피용 삽입 모음)+ㅂ(명사형 어미)→매듭. 뗄패다(경남)(=두들겨 패다)=딸(다)+이(부사형 어미)+패다〖모음 합체: 아+이→애〗→땔패다〖애→에〗→뗄패다. 'ㄲ, ㅃ, ㅉ, ㅆ, ㆅ 爲 全濁'〈훈민정음해례본〉(전탁(全濁)=유성음(有聲音)). 아니면 '〖ㄸ→ㄷ〗→ㄷ〖어두 유/무성자음 교체〗→d'로 바뀐 것이다

daş=똥지(同志)/똥사(同土): 똥(同)〈월인석보 1,2권 중 2권 26장 뒷면〉+이(첨가음)[dɔĩ](경남 발음: 받침, 꼭지 있는 /ㆁ/이 없어지고 뒤의 /이/가 비모음화 된다)→[dɔĩ]〖비모음(鼻母音)의 구강 모음화〗→doi(첨가어 삭제)→do(同)(일본어)〖오→아〗→da, 지(志)〖ㅈ→ㅅ〗→시→ş, 사(土)+이(첨가음)〖모음 합체〗→새〖애

→에]]→세[[에→이]]→시→ş【근거】종지=종자(鍾子)+이(첨가음)[모음 합체]
→종재[[애→에]]→종제[[에→이]]→종지. 똥구시(경남)=똥+군(=구덩이)+이(첨
가음)→똥구디[구개음화]→똥구지[ス→ㅅ]→똥구시. 'ㄲ, ㄸ, ㅃ, ㅉ, ㅆ, ㆅ 爲
全濁'⟨훈민정음해례본⟩(전탁(全濁)=유성음(有聲音)). 총을 쏘다(표준어)[오→아]
→총을 싸다(경남). cf. 애를 낳다(표준어)[아→오]→아(=애)(를) 놓다(경남). 〔유
례〕 どし(同士)(일본어)(dosi): 사(士)+이(첨가음)[모음 합체]→새[[애→에]]→세
[[에→이]]→시→si.

dayızade(=외사촌)=dayı(=외삼촌)+ᄌᆞ뗭(子弟)[ᄌᆞ뗴][[ᄋᆞ→아]]→dayı자뗴[단음
화]→dayı자떼[ス→ㅅ]→dayı사떼[유성음화]→dayıᄉᆞ떼[[ㅿ→z]]→dayıza떼
[[ㄸ→d]]→dayızade(그 뜻은 '외삼촌의 자제'=외사촌)【근거】뗭중(弟子)⟨석보상
절 13권 3장 앞면⟩[뗴ᄌ]. 뗭중(弟子)[뗴ᄌ][[ᄋᆞ→아]]→뗴자[[ㄸ(d)→ㄷ(t)]]→뎨자
[구개음화]→제자[단음화]→제자(현대어)【근거】'ㄲ, ㄸ, ㅃ, ㅉ, ㅆ, ㆅ 爲 全
濁'⟨훈민정음해례본⟩(전탁(全濁)=유성음(有聲音)). 똥구시(경남)=똥+군(=구덩이)+
이(첨가음)→똥구디[구개음화]→똥구지[ス→ㅅ]→똥구시. 子ᄌᆞ孫손이**니ᅀᅥ**가
몰⟨석보상절 6권 7장 뒷면⟩(=자손이 이어 감을): 닛(다)+어(부사형 어미)→니ᅀᅥ
[유성음화]→니ᅀᅥ. 닛다[두음법칙 후 보상적 /y/ 첨가]→y+잇(is)다[단음화:
y+i→i]→잇(is)다(현대어).

defa(=횟수, 번)=뗩(疊)⟨석보상절 19권 11장 뒷면⟩(=거듭)+이(첨가음)+아(의미첨
가 없이 명사에 붙는 접미사)[모음 합체]→뗩아[단음화]→뗩아[유성음화]→
떼바[[ㄸ→d, ㅸ→f? 아니면, '뗩'을 한국어 고유어 명사로 생각하고 뒤에 /ㅎ/을
넣었을 수도 있다: 뗩[뗍](경남 발음)+ㅎ+아→떼파(ㅍ→f/모음__모음)(가능성이
크다)→defa【근거】뗩(疊)[유/무성자음 교체: ㄸ(d)→ㄷ(t)]→뎝[ㄷ→ㅌ]→텹
[구개음화]→첩[단음화]→첩(현대어)【근거】ㄲ, ㄸ, ㅃ, ㅉ, ㅆ, ㆅ 爲 全濁'⟨훈
민정음해례본⟩(전탁(全濁)=유성음(有聲音)).

değirmen(=방앗간)=딯(다)⟨석보24:15⟩《고려대 한국어대사전》(=찧다)+이(피
동 보조 어간)+ㄹ(관형형 어미)+me(명사형 어미)+안(=곳)[이→으]→딯을me안
[umlaut]→딯일me안[단음화: 의→에]→뎽일me안[ㅎ→ㄱ]→데길me안(tekir-

mean)〚어두 유/무성자음 교체〛→dekirmean〚유성음화〛→degirmean〚g→ğ/모음＿＿모음〛→değirmean〚모음조화: e-e〛→değirmeen〚동모음 축약〛→değir-men(그 뜻은 (곡식이) '찧이는 곳'=방앗간) 【근거】kelmoq(우즈벡어)=gelmek(튀르키예어)=오다. **이사/으사**(경남)=의사(醫師)(표준어). **해**겁다/**개**겁다(경남)=가볍다. 찍다(전남)〈고려대 한국어대사전〉=찧다〚ㅎ→ㄱ〛→찍다. 불두던(경북)(=불두덩)〈고려대 한국어대사전〉=불(=생식기)+둔(다)(=돈(다))+**안(an)**(=것, 곳)→불둔안〚모음조화: 우-어〛→불두던. cf. 불두덕(경남)(=불두덩)=불+둔(다)+악(=곳)〚모음조화〛→불둔억→불두덕: 안=앙=악. görül(mek)(=보이다)=gör(mek)(=보다)+이(피동 보조 어간)(i)+ㄹ(**관형형 어미**)(l)→göril〚모음조화: ö-ü〛→görül.

deli(=미친 사람)=돌(다)(=미치다)+이(명사형 어미)(=사람)〚umlaut〛→될이〚단음화: 의→에〛→델이(teli)〚어두 유/무성자음 교체〛→deli(그 뜻은 '돈 사람'=미친 사람). deli(=미친)=돌(다)+이(명사형 어미)+li(형용사형 어미)〚모음 합체〛→될+li〚단음화〛→델(tel)+li〚동자음 축약〛→teli〚어두 유/무성자음 교체〛→deli 【근거】gelmek(튀르키예어)=kelmoq(우즈벡어)=오다. 되다[데다](경남 발음). 왼손잡이(=왼손을 주로 쓰는 사람)=왼손+잡(다)+이(=사람).

demir(=쇠, 철(鐵))=텼(鐵)〈월인석보 1권 월인천강지곡 26장 앞면〉+이(첨가음)+믈(物)+이(첨가음)〚ㅎ→∅〛→텰이믈이〚모음 합체〛→텰믤〚단음화〛→텰밀〚ㄹ→∅/＿＿ㅁ〛→테밀〚ㅌ→ㄷ〛→데밀→**temir**(우즈벡어)〚어두 유/무성자음 교체〛→demir 【근거】국(國)+이(첨가음)〚모음 합체〛→귁(國)〈월인석보 1권 훈민정음 1장 앞면〉. 텼(鐵)〚ㅎ→∅〛→텰(thyəl)〚구개음화: ㅌ→ㅊ/＿＿y〛→쳘〚단음화: 여→어〛→철(현대어). 위하여(표준어)〚단음화: 위→이〛→이하여(경남). 져므니〈석보상절 19권 1장 뒷면〉=졂(다)+으(자음 충돌 회피용 삽입 모음)+ㄴ(관형형 어미)+이(=사람)→젊은이→졀므니〚ㄹ→∅/＿＿ㅁ〛→져므니. cf. 젊은이〚단음화〛→젊은이(현대어)(/ㄹ/을 탈락시키지 않았다). kelmoq(우즈벡어)=gelmek(튀르키예어)=오다.

deniz(=바다)=텬(天)〈석보상절 13권 6장 앞면〉(=하늘)+이(첨가음, 아니면 소유격 조사)+자(子)(=~자식)+이(첨가음)〚umlaut〛→텐이자이〚단음화〛→텐이자이〚모

음 합체]→텐이재[애→에]→텐이제[에→이]→텐이**지**[이→으]→텐이즈[ㅈ →ㅅ]→텐이스[ㅌ→ㄷ]→덴이스[유성음화]→덴이스[ㅿ→z]→데니zɪ(tenizɪ) [어두 유/무성자음 교체]→denizɪ[유성 마찰음 /z/ 다음의 [ɪ]는 있으나 없으나 발음이 같이 들린다]→deniz 【근거】 **뒹**(逎)〈월인석보 1권 월인서 17장 앞면〉[**뒤**]=듀+이(첨가음)[ㄷ→ㅌ]→튜이[구개음화]→츄이[단음화]→추이[첨가음, / 이/ 제거]→**추**(현대어). **믿**(=肛(항))〈훈몽자회 상권 27장 뒷면〉[ㄷ→ㅌ]→**밑**(현 대어). 종지=종자(鍾子)+이(첨가음)[모음 합체]→종재[애→에]→종제[에→ 이]→종지. 이사/으사(경남)=의사(醫師). 똥구시(경남)=똥+굳(=구덩이)+이(첨가 음)→똥구디[구개음화]→똥구지[ㅈ→ㅅ]→똥구시. 子**孑**孫손이**니ᅀᅥ**가몰〈석보 상절 6권 7장 뒷면〉(=자손이 이어 감을): 닛(다)+어(부사형 어미)→니**ᅀᅥ**[유성음 화]→니**ᅀᅥ**. 닛다[두음법칙 후 보상적 /y/ 첨가]→y+잇(is)다[단음화: y+i→i] →잇(is)다(현대어). 옛 사람들은 하늘은 푸르고 하늘에서 비가 오니 하늘은 물로 이루어진 곳으로 생각했다. 그래서 바다를 **하늘의 자식**(=텬자(天子))라고 생각한 것이다 【근거】 아(경남)(子)=자식, 아이. cf. あめ(=天)(일본어)(ame)(=하늘)=암(= 물)(유아어)+아(=자(子))(=곳)+이(첨가음)[모음 합체]→암애[애→에]→암에→ 아메(ame). cf. kara(=육지, 마른 땅)=갈(다)(kar)(경남)(=마르다)+아(a)(=장소, 곳). あめ(=雨)(일본어)(ame)(=비)=암(=물)(유아어)+아(=자(子))(지소사)+이(첨가음) [모음 합체]→암애[애→에]→암에(ame)(그 뜻은 '작은 물'=비).

dergah(=한 종단의 사람들이 기거하고 기도하며 의식을 행하는 장소): ***der**(=(기 도) 드리다)=들(다)+이(사동 보조 어간)[모음 합체]→딀[단음화: 의→에]→델 (ter)[어두 유/무성자음 교체]→der. cf. dile(mek)(=기원하다)=(기원) *디레(다) (tile)(=드리다)[어두 유/무성자음 교체]→dile. **gah**=거(=곳)(경남)+ㅎ(고유어 명 사에 붙음)[어→아]→가ㅎ(kah). dergah=der+kah[유성음화]→dergah(그 뜻은 '(기도) 드리는 곳'이다). 【근거】 여**거**(경남)(=여기)=여+거(=곳). 들**레**다(경북)〈우 리말샘〉[에→이]→들리다(표준어). (기도) *디레다[에→이]→**디**리다(경남)[이 →으]→드리다(표준어). 지게=지(다)(동사 어간)+거(=것)+이(첨가음)[모음 합 체]→지게.

dert(=걱정, 염려, 번민, 고뇌, 고통)=(고)되(다)+ㄹ(관형형 어미)+앗[알](=것)+이 (첨가음)[단음화: 의→에]→뎰앗이[모음 합체]→뎰앳[애→에]→뎰엣[에→ 이]→뎰잇[이→으]→뎰읏(terıt)[어두 유/무성자음 교체]→derıt[[r] 다음의 [ı] 는 있으나 없으나 발음이 같이 들린다]→dert(그 뜻은 '고된 것'=고통). cf. 아이 구, 데:라(경남)=아이구, 힘들어라: 데:라=데어라[모음조화: 에-에]→데에라→ 뎨:라. 데다(경남)(=고되다)=(고)되다[단음화: 의→에]→데다.

destek(=지원)=덧+이(첨가음)+대(다)+악(=子)(=것)+이(첨가음)[모음 합체]→ 뎃대액[애→에]→뎃데엑[동모음 축약]→뎃덱(testek)[어두 유/무성자음 교체] →destek 【근거】 전쟁에 물자를 대다=전쟁에 물자를 지원하다. 전쟁에 물자를 덧 대다. gelmek(튀르키예어)=kelmoq(우즈벡어)=오다.

dik(=수직, 수직의, 바로)=띡(直)〈월인석보 1권 월인서 18장 앞면〉[ㄸ→d]→dik 【근거】 'ㄲ, ㄸ, ㅃ, ㅉ, ㅆ, ㆅ 爲 全濁'〈훈민정음해례본〉(전탁(全濁)=유성음(有聲 音)). 직(直)(=수직, 수직의, 바로)=띡[유/무성자음 교체: ㄸ(d)→ㄷ(t)]→딕[구개 음화: ㄷ→ㅈ/__이]→직(현대어). **딴**(檀)〈월인석보 23권 61장 뒷면〉[ㄸ(d)→ㄷ (t)]→**단**(현대어). cf. dik(mek)(=세우다, 심다)=띡(直)(dik). cf. 신=신(다). 품=품 (다).

dip(=밑, 밑바닥, 아래)=디(다)(ti)(=떨어지다)+ㅂ(p)(명사형 어미)(=곳)→tip[어 두 유/무성자음 교체]→dip 【근거】 매듭=*맨(다)(=맺다)+으(자음 충돌 회피용 삽 입 모음)+ㅂ(명사형 어미)(=것). 중세 국어에서는 현대어, '것'과 '곳'이 '곧'이었 다: 듣디아니ᄒ샨**고돈**〈석보상절 6권 7장 앞면〉(곧ᄋ)=듣지 아니하신 **것은**. 이곧 뎌고대〈용비어천가 4권 24장 앞면〉=이**곳**저**곳**에. **딮**다(함북, 중국 길림성)〈우리말 샘〉=깊다. 청나라 사서, 만주원류고에 길림은 신라 땅이라고 나온다. cf. deep(영 어)(=깊은)=딮(다)(tip)[어두 유/무성자음 교체]→dip? 【근거】 gelmek(튀르키예 어)=kelmoq(우즈벡어)=오다. 딮다[구개음화: ㄷ→ㅈ/__이]→짚다(경남). 깊다 [구개음화: ㄱ→ㅈ/__이]→짚다(경남). 짚다[풀어쓰기]→지프다/지푸다(경남).

dış(=밖, 밖의)=타(他)+이(첨가음)+지(地)[모음 합체]→태지[애→에]→테지[에 →이]→티지[ㅈ→ㅅ]→**티**시[이→으]→트스[ㅌ→ㄷ]→드시(tış)[어두 유/

무성자음 교체]→dış. 형용사로 쓰인 것은 명사가 명사 앞에서 수식한 것을 형용
사로 본 것이다. cf. **dışarı**(=밖)=dış+알(=子)(의미첨가 없이 명사에 붙는 접미사)+
이(첨가음)→dış아리(ari)→dışari[모음조화: a-ı]→dışarı. cf. **dışarı**(밖의)=dış+
알(=子)(의미첨가 없이 명사에 붙는 접미사)+으(소유격 조사)(경남)→dış아르
(arı)→dışarı(=밖의). cf. **içeri**(=안)=**iç**(=안)+알+이(첨가음)[umlaut]→iç앨이[애
→에]→iç엘이(eri)→içeri. **tashqari**(=밖)(우즈벡어)=타지(他地)+**갈**(의미첨가 없
이 명사에 붙는 접미사)(=자(子))+이(첨가음)[ㅈ→ㅅ]→타시갈이[모음조화: a-ı]
→타시카르→tashqari[ı], **tashqi**(=밖의, 외부의)(우즈벡어)=타지(他地)+거/**그**(소
유격 조사)(경남)[ㅈ→ㅅ]→타시그→tashqi[타시크] 【근거】기타(其**他**)(=그 밖
에)=그(=其)+밖(=他). 너**거** 집/느그 집(경남)=너**의** 집. 젓갈(=젓)=젓+갈(의미첨
가 없이 명사에 붙는 접미사). 똥구시(경남)=똥+굳(=구덩이)+이(첨가음)→똥구디
[구개음화]→똥구지[ㅈ→ㅅ]→똥구시. 사타리(경남)(=샅)=샅+알(의미첨가 없
이 명사에 붙는 접미사)+이(첨가음). 이사/으사(경남)=의사(醫師). 事儿[shìr](중
국어)=사(事)+이(첨가음)+알(=子)+이(첨가음)[모음 합체]→새앨[애→에]→세
엘[에→이]→시일[이→으]→스을[동모음 축약]→슬→shìr. 중국어의 儿化
[érhuà]는 난생설화를 믿는 동의족의 말을 음차한 것이다: 알(=egg)=子(=자식).
diş(=이)(=치(齒))=니〈석보상절 19권 6장 뒷면〉)(ni)+앗(의미첨가 없이 명사에 붙
는 접미사)+이(첨가음)[n→d]→di앗이[umlaut]→di앳이[애→에]→di엣이[에
→이]→di잇이→di이시(iş)[동모음 축약]→diş 【근거】씨앗(=종자(種子))=씨(=
種)+앗(=子)(의미첨가 없이 명사에 붙는 접미사). 건니다[kənnıda](경남)(=건너다)
[n→d]→건디다[kəndıda](경남)(=건너다). cf. **男女**(**なんにょ**(**nannyo**))(일본어)
[n→d]→**dannyo**[n→z]→だんじょ(danzyo)(일본어).
diyar(=나라, 땅)=땅(地)〈석보상절 9권 14장 앞면〉[띠](=땅)+y(모음 충돌 회피용
삽입 반자음)+알(의미첨가 없이 명사에 붙는 접미사)→띠y알[모음 합체]→띠얄
[ㄸ→d]→diyar 【근거】'ㄲ, ㄸ, ㅃ, ㅉ, ㅆ, ㆅ 爲 全濁'〈훈민정음해례본〉(전탁(全
濁)=유성음(有聲音)). 귁(國)〈월인석보 1권 훈민정음 1장 앞면〉=국(國)+이(첨가음)
[모음 합체]→귁. 사타리(경남)(=샅)=샅(표준어)+알(의미첨가 없이 명사에 붙는

접미사)+이→사타리.

doğu(=동, 동쪽)=동(東)〈월인석보 1권 월인천강지곡 30장 뒷면〉+이(첨가음)→도이(to이)[어두 유/무성자음 교체]→do이[ㅇ(꼭지 있는 이응)→g]→dogi[모음 조화: o-u]→dogu[g→ǧ/모음__모음]→doğu 【근거】 귁(國)〈월인석보 1권 훈민정음 1장 앞면〉=국(國)+이(첨가음). cf. 옹(五)〈월인석보 1권 월인천강지곡 6장 앞면〉[오][ㅇ(꼭지 있는 이응)→g]→go→ご(五)(go)(일본어). 이개야미이에셔살며〈석보상절 6권 37장 앞면〉(=이 개미 이곳에서 살며): 이에셔=이(지시 형용사)+거(경남)(=곳)+이(첨가음)+셔(조사)[모음 합체]→이게셔[유성음화: ㄱ(k)→ㅇ(꼭지 있는 이응)(g)/유성음__유성음]→이에셔. 이게서(경남)(=이곳에서, 여기서)=이+거+이+서. 셔[단음화: 여→어]→서(현대어).

dolak(=각반)=dola(mak)(=두르다, 싸다)+악(=子)(=것)(ak)→dolaak[동모음 축약]→dolak(그 뜻은 걸음을 걸을 때 발목 부분을 가뜬하게 하기 위하여 발목에서부터 무릎 아래까지 돌려 감거나 싸는 띠=각반) 【근거】 dola(mak)=도ᄅᆞ(다)〈내훈 2권 41장〉《우리말샘》(=두르다)[ㆍ→아]→도라(tola)[어두 유/무성자음 교체]→dola 【근거】 kelmoq(우즈벡어)=gelmek(튀르키예어)=오다.

dolay(=주변, 부근, ~경)=도ᄅᆞ(다)〈내훈 2권 41장〉《우리말샘》(=두르다)+이(명사형 어미)→도ᄅᆞ이[ㆍ→아]→도라이(tolay)[어두 유/무성자음 교체]→dolay. Yunus Emre 1238 **dolaylarinda** doğmuştur=유누스 엠레는 1238년**경에** 태어났다 【근거】 둘레(현대어)=둘에〈월인석보 8권 13장〉《고려대한국어대사전》[/ㄹ/ 복제]→둘레. 명사형에서 바로 튀르키예어로 변했다고도 볼 수 있다: **dolay**=둘에[우→오]→돌에[모음 분해]→돌+어+이[어→아]→돌아이(tolai))[어두 유/무성자음 교체]→dolai[모음 합체]→dolay.

dolu(=우박)=돌(=石(석))+우(雨)?→돌우(tolu)[어두 유/무성자음 교체]→dolu(그 뜻은 '돌비'=우박?)(합성어 속에 한국어, '돌(=taş)'이 화석처럼 남아 있다) 【근거】 gelmek(튀르키예어)=kelmoq(우즈벡어)=오다.

domates(=tomato)=*tomat+앗(=子)(의미첨가 없이 명사에 붙는 접미사)+이(첨가음)[모음 합체]→tomat앳[애→에]→tomat엣(es)→tomates[어두 유/무성자음

교체〗→domates. cf. **tomato**=*tomat+ᄋ(=子)(의미첨가 없이 명사에 붙는 접미사)
〖ᄋ→오〗→tomato【근거】씨앗(=씨)=씨+앗(의미첨가 없이 명사에 붙는 접미사).
폴(=蠅)〈훈민정음해례본 용자례〉+이(첨가음)〖ᄋ→오〗→**포리**(경남). 폴(=蠅)+이
(첨가음)〖ᄋ→아〗→**파리**(표준어). cf. **はえ**(=蠅)(**hae**)(일본어)=폴(=蠅)+ᄋ(=子)
(의미첨가 없이 명사에 붙는 접미사)+이(첨가음)〖어말 /ㄹ/ 탈락〗→ᄑᄋ이〖ᄋ→
아〗→파아이〖모음 합체〗→파애〖애→에〗→파에〖ㅍ→ㅎ〗→하에(hae)【근거】
tomate[tɔmat](프랑스어). 새마(=신촌(新村))(경북)=새(=新)+말(=村)〖어말 /ㄹ/ 탈
락〗→새마. 판(判)〖ㅍ→ㅎ〗→한(han)→はん(han)(일본어).

donyağı(=동물성 기름)=똥(動)〈월인석보 1권 월인서 2장 뒷면〉)(=동물(動
物))+yağ(=기름)+ı(3인칭 소유 접미사)〖ᄋ(ng)→ㄴ(n)〗→똔yağı〖ㄸ→d〗
→donyağı(그 뜻은 '동물 기름'이다)【근거】'ㄲ, ㄸ, ㅃ, ㅉ, ㅆ, ㆅ 爲 全濁〈훈
민정음해례본〉(전탁(全濁)=유성음(有聲音)). **don**(mak)(=얼다)=동(凍)(=얼다)〖ᄋ
(ng)→ㄴ(n)〗→돈(ton)〖어두 유/무성자음 교체〗→don【근거】gelmek(튀르키예
어)=kelmoq(우즈벡어)=오다.

doruk(=꼭대기, 정상)=돌(突)(=내밀다, 쑥 나오다)+악(=곳)+이(첨가음)〖모음 합
체〗→돌액〖애→에〗→돌엑〖에→이〗→돌익(torik)〖어두 유/무성자음 교체〗
→dorik〖모음조화: o-u〗→doruk(그 뜻은 '쑥 나온 곳'=돌출된 곳=꼭대기)【근거】
durak(=역)=dur(mak)(=멈추다)=악(ak)(=곳)→durak((기차가) 멈추는 곳=역).

dua(=기도)=도(禱)(=빌다, 기도하다)+아(=것, 행위)→도아〖오→우〗→두아(tua)
〖어두 유/무성자음 교체〗→dua【근거】사오/사우(경남)=사위(표준어). kelmo-
q(우즈벡어)=gelmek(튀르키예어)=오다. 딴(檀)〈석보상절 6권 30장 앞면〉(dan)〖유/
무성자음 교체〗→단(tan)(현대어)【근거】'ㄲ, ㄸ, ㅃ, ㅉ, ㅆ, ㆅ 爲 全濁〈훈민정
음해례본〉(전탁(全濁)=유성음(有聲音)). cf. 딴(檀)(dan)→だん(檀)(dan)(일본어).
ᄀᄅ(kɔrɔ)〈월인석보 10권 44장〉《고려대 한국어대사전》〖ᄋ→아〗→가루〖ᄋ→
우〗→가루(표준어). 빨래=빨(다)(=세탁하다)+아(=것, 행위)+이(첨가음)〖모음 합
체〗→빨애〖/ㄹ/ 복제〗→빨래(=세탁, 세탁물)【근거】둘레(현대어)=둘에〈월인석
보 8권 13장〉《고려대한국어대사전》〖/ㄹ/ 복제〗→둘레.

düşman(=적(敵))=*뎍(敵)+이(첨가음)+man(=사람)〖단음화〗→덕이man〖어/으
교체〗→득이man〖으→우〗→둑이man→두기man〖umlaut〗→뒤기man〖구개음
화: ㄱ→ㅈ/__이〗→뒤지man〖ㅈ→ㅅ〗→뒤시man(tüşman)〖어두 유/무성자음
교체〗→düşman(=敵人)【근거】기름(표준어)〖구개음화〗→지름(경남). 없다/읋다
(경남). 믈(=水)〈훈민정음해례본 용자례〉〖으→우〗→물(현대어). gelmek(튀르키
예어)=kelmoq(우즈벡어)=오다. 적(敵)=*뎍(tyək)〖구개음화: ㄷ→ㅈ/__y〗→졕〖단
음화〗→적(원음이 /뎍/이 아니면 /적/이 만들어질 수가 없다). cf. てき(敵)(일본
어)(teki)=*뎍+이(첨가음)〖umlaut〗→뗵이〖단음화〗→뗵이→데기(teki)→てき.
敵(=敵)(중국어)[dí]=*뎍+이(첨가음)〖umlaut〗→뗵이〖단음화〗→뗵이→데기〖ㄱ
→Ø/모음__모음〗→데이〖에→이〗→디이〖동모음 축약〗→디(ti)〖유/무성자음
교체〗→di: 중국어는 경상도 방언의 음운 규칙을 따르고 있다【근거】고기(표준
어)〖umlaut〗→괴기〖단음화〗→게기(경남)〖모음 사이 /ㄱ/ 탈락〗→게이(경남)〖에
→이〗→기이(경남).

ecnebi(=외국인)=외지(外地)[에지](경남 발음)+in(소유격 조사)(인)+아비→에
지인아비〖동모음 축약〗→에진아비〖umlaut〗→에진애비〖애→에〗→에**진**에비
〖유성음화: ㅈ(무성음)→c(유성음)/모음__모음〗→ecinepi〖유성음화: ㅂ(p)(무
성음)→ㅸ(b)(여기서는 /ㅸ/가 /v/로 바뀌지 않았다)/모음__모음〗→ecinebi〖이
(i)→으(〗→ecɪnebi〖/c/ 다음의 [ɪ]는 있으나 없으나 발음이 같이 들린다〗→ecne-
bi【근거】중신**애비**(경남)(=중신하는 **사람**, 중매쟁이)=중신(=중매)+아비〖umlaut〗
→중신애비. cf. **el**(=외국인)=외(外)[에](경남 발음)+알(=사람)+이(첨가음)〖모음
합체〗→에앨〖애→에〗→에엘〖동모음 축약〗→엘→el.

eczane(=약국, 약방)=약(藥)+이(첨가음)+으(경남)(소유격 조사)+한(=간)+아(=子)
(의미첨가 없이 명사에 붙는 접미사)+이(첨가음): 약(yak)+이(i)+으〖umlaut〗→
액이으〖단음화〗→액이으〖애→에〗→에기으〖구개음화: ㄱ→ㅈ/__이〗→에**지**
으〖모음 합체: 이+으→yɪ 후 단음화: yɪ→ɪ(으)〗→**에즈**. 자+이〖모음 합체〗→재
〖애→에〗→제〖에→이〗→지〖ㅈ→ㅅ〗→시〖이→으〗→스. 한+아+이〖모음 합
체〗→한애〖애→에〗→**한에**. **eczane=에즈+스+한에**〖ㅎ→Ø/모음__모음〗→에

즈스안에〖유성음화: ㅈ→ㄷ〗→에ㄷ스안에〖모음 합체 후 단음화: 으+아→아〗→
에ㄷ산에〖유성음화〗→에ㄷ산에〖ㅿ→z〗→ecızane〖[c] 다음의 [ı]는 있으나 없으
나 발음이 같이 들린다〗→eczane(그 뜻은 '약의 칸'=약국)【근거】국(國)+이(첨가
음)〖모음 합체〗→귁(國)〈월인석보 1권 훈민정음 1장 앞면〉. 너어 집/느으 집(경
남)=너+어(소유격 조사)/느(=너)+으(소유격 조사)+집=너의 집(표준어). hane(=칸,
집)=한+아(의미첨가 없이 명사에 붙는 접미사)+이(첨가음)〖모음 합체〗→한애〖애
→에〗→한에→하네→hane. ekmek hanesi(=빵집)=ekmek(=빵, 밥, 식량)+hane(=
집, 칸)+si(3인칭 소유 접미사). cf. 대장간(대장間): 한(han)〖ㅎ→ㄱ〗→간('間'은
'간'의 음차일 가능성이 크다)【근거】해겁다/개겁다(경남)=가볍다(표준어).

er(=사내, 남자)=알(=남자)+이(첨가음)→알이〖모음 합체〗→앨〖애→에〗→엘
→er. cf. erkek(=사내, 남자)=er+각(=악)(의미첨가 없이 명사에 붙는 접미사)+이
(첨가음)→er객〖애→에〗→erkek【근거】건아(健兒)(=건강하고 씩씩한 사나이(=
사내))=건+아(=사나이, 남자, 사내). 눈깔(=눈알)=눈+ㅅ(사이시옷)+**갈(=알)**〖ㅅ+
ㄱ→ㄲ〗→눈깔. 도라지=돌+**악**+이→도라기〖구개음화: ㄱ→ㅈ/__이〗→도라
지. 아니면, 돌+앗[앝]+이→돌아디〖구개음화: ㄷ→ㅈ/__이〗→돌아지→도라
지. 돌가지(강원, 경상, 전라, 평북)〈고려대한국어대사전〉(=도라지)=돌+**각**+이→
돌가기〖구개음화〗→돌가지. 아니면, 돌+갓[간](=앗)+이→돌간이〖구개음화〗→
돌가지→도라지【근거】씨**갓**(강원, 경남, 전남, 평북, 함경)〈고려대 한국어대사
전〉(=씨**앗**)=씨+갓(의미첨가 없이 명사에 붙는 접미사). 알=아=악=각=앗=갓.

erkek(=남자, 사내)=알(=남자)+이(첨가음)+각(=악)(=子)(의미첨가 없이 명사에
붙는 접미사)+이(첨가음)→er객〖애→에〗→erkek ⇒ **er**.

erte(=다음날, 익일, 후일)=오(다)+이(첨가음)+ㄹ(미래 관형형 어미)+때〖모음 합
체〗→욀때〖단음화: 외→에〗→엘때〖애→에〗→엘떼〖ㄸ→ㅌ〗→엘테→erte(그
뜻은 '올 때')【근거】고기(표준어)+이(첨가음)〖모음 합체〗→괴기〖단음화: 외→
에〗→게기(경남)〖ㄱ→∅/모음__모음〗→게이(경남)〖에→이〗→기이(경남). 딱
(濁)〈월인석보 1권 월인천강지곡 16장 뒷면〉〖ㄸ→ㅌ〗→탁〖단음화: 와→아〗→
탁(현대어). 떨어**ㅍ**리다(표준어)/떨어**ㅌ**리다(표준어)〈표준국어대사전〉. erte=Bir

günün veya olayın arkasından **gelen zaman**(=어느 날 혹은 사건의 뒤에 **오는 때**).
써리다(경남)=썰(다)(표준어)+이(첨가음)+다. zaman=짬(=시간, 때)+앙(의미첨
가 없이 명사에 붙는 접미사)〘ㅉ→ㅆ〙→쌈앙〘ㅆ→z〙→zam앙(ang)〘ㅇ(ang)→
ㄴ(n)〙→zaman. 아니면, zaman=짬+앙〘ㅉ→ㅆ〙→쌈앙〘ㅆ→ㅅ〙→삼앙〘ㅇ
(ang)→ㄴ(n)〙→삼안(saman)〘어두 유/무성자음 교체〙→zaman 【근거】 'ㄲ, ㄸ,
ㅃ, ㅉ, ㅆ, ㆅ 爲 全濁'〈훈민정음해례본〉(전탁(全濁)=유성음(有聲音)). 찔레찔레
〘ㅉ→ㅆ〙→썰레썰레〘ㅆ→ㅅ〙→설레설레. kelmoq(우즈벡어)=gelmek(튀르키
예어)=오다. cf. 썽(城)〘여→야〙(일본어에는 /여/가 없다)→쌍〘일본어식으로 표
기〙→쌰우〘ㅆ→z, ㅇ(꼭지 있는 이응)→Ø〙→zyau→じゃう(城)(일본어 고어)
〘a→o〙→zyou→じょう(城)(일본어 현대어).

etraf(=환경)=에둘(다)(=에두르다=에워서 둘러막다)+으(자음 충돌 회피용 삽입
모음)+ㅂ(명사형 어미)→에둘읍〘으→어〙→에둘업〘어→아〙→에둘압→에두랍
〘우→으〙→에드랍(etırap)〘/t/를 파열시켜 발음하면 뒤의 [ı]는 있으나 없으나 발
음이 같이 들린다〙→etrap〘/p/를 파열시켜 발음하면 어말이라 발음이 약화되어
[f]처럼 들린다)→etraf(그 뜻은 '에두르는 것'=환경) 【근거】 없다/읎다(경남)(경남
방언에서는 '어/으' 교체가 아주 자유롭게 일어난다). 믈(=水)〈훈민정음해례본 용
자례〉〘으→우〙→물(현대어). 매듭=맺(다)[맫(따)]+으(자음 충돌 회피용 삽입 모
음)+ㅂ(명사형 어미)→매듭. cf. 맺(다)+으(자음 충돌 회피용 삽입 모음)+ㅁ(명사
형 어미)→맺음 【근거】 소 한 **바리**(경남)=소 한 **마리**(표준어).

fail(=범인(犯人))=범(犯)+이(첨가음)+알(=사람)+이(첨가음)〘ㅁ→ㄴ〙→번이알이
〘어→아〙→반이알이〘ㄴ→Ø/__이 and 이[î](鼻母音) and 비모음의 구강 모음화〙
→바이**알이**〘모음 합체〙→바이앨〘애→에〙→바이엘〘에→이〙→바이일〘동모음
축약〙→바일(pail)〘p→f?〙→fail 【근거】 국(國)+이(첨가음)〘모음 합체〙→귁(國)
〈월인석보 1권 훈민정음 1장 앞면〉. cf. **fail**(=장본인(張本人))=본(本)+이(첨가음)+
알(=사람)+이(첨가음): 본+이〘ㄴ→Ø/__이 and 이[î](鼻母音) and 비모음의 구강
모음화〙→보이〘오→아〙→**바이**. 알+이〘모음 합체〙→앨〘애→에〙→엘〘에→
이〙→**일**. fail=바이+일〘동모음 축약〙→바일(pail)〘p→f?〙→fail. 다음의 일본어,

중국어 발음을 보면 한국어, /p/(무성 무기 파열음)과 일본어, /h/, 중국어, /f/, /b/가 원음에서 변이된 발음이라는 것을 알 수 있다: 犯人(はんにん)(**han**nin)(일본어): 범(犯)〚ㅂ→ㅎ〛→험〚어→아〛→함〚ㅁ→ㄴ〛→한(han). 犯人[**fàn**rén](중국어): 범(犯)〚어→아〛→밤(pam)〚p→f, m→n〛→fan. 本(ほん)(**hon**)(일본어)=본(本)(pon)〚p→h〛(한국어가 일본어로 바뀔 때 전반적으로 일어난다)→hon. 本[běn](중국어)=본(本)(pon)〚p→b〛→bon〚o→ə〛→bən(běn).

faiz(=이자)=패(貝)(=돈)+자(子)+이(첨가음): 패〚모음 분해〛→**파이**. 자(子)+이〚모음 합체〛→재〚애→에〛→제〚에→이〛→지〚이→으〛→즈〚ㅈ→ㅅ〛→**스**. **faiz**=파이+스〚유성음화〛→파이스〚ㅿ→z〛→paizı〚p→f〛→faizı〚[z] 다음의 [ı]는 있으나 없으나 발음이 같이 들린다〛→faiz(그 뜻은 '돈의 자식' 즉, '돈에서 나오는 것'=이자) 【근거】 옛날에는 조개(=貝)가 화폐로 사용되었다: **para**(=돈)=파(←패(貝)=파+이(첨가음))+알(의미첨가 없이 명사에 붙는 접미사)+아(의미첨가 없이 명사에 붙는 접미사)〚동모음 축약〛→팔아(para)(여기서는 '/ㅍ/=/p/이다)(튀르키예어에는 ㅍ(ph)와 ㅂ(p)의 구분이 없다). 똥구시(경남)=똥+굳(=구덩이)+이(첨가음)→똥구디〚구개음화〛→똥구지〚ㅈ→ㅅ〛→똥구시. ⇒ fail(/f/의 한국어, 중국어 발음의 변화를 보라). (간장) 종지=종자(鍾子)+이(첨가음)〚모음 합체〛→종재〚애→에〛→종제〚에→이〛→종지. 종자(鍾子)는 '종지'의 원말〈표준국어대사전〉.

far(=전조등)=블〈월인석보 1권 월인천강지곡 29장 뒷면〉(=불)〚으→어〛→벌〚어→아〛→발(par)〚p→f〛→far? 【근거】 없다/읎다(경남)(어/으 교체는 경남 방언에서 아주 자유롭게 일어난다). ⇒ fail(/f/의 한국어, 중국어 발음의 변화를 보라).

fare(=쥐=mouse)=(땅을) 파(다)+ㄹ(관형형 어미)+아(=존재)+이(첨가음)〚모음 합체〛→파래〚애→에〛→파레(phare)〚ph→p〛(튀르키예어에는 /ph/와 /p/의 구분이 없다)→pare〚p→f〛→fare(그 뜻은 '(땅을) 파는 것'=쥐). cf. 犯(はん)(**han**)(일본어)=범(pəm)〚어(ə)→아(a)〛→pam〚ㅁ(m)→ㄴ(n)〛→pan〚p→h〛→han. 犯(人)[**fàn**](중국어)=범〚어(ə)→아(a)〛→밤〚ㅁ(m)→ㄴ(n)〛→pan〚p→f〛→fan.

fark(=구분, 격차, 다름, 차이)=벌(다)(=벌어지다)+거/그(경남)(=것)→벌그〚어→아〛→발그(parkı)〚/k/를 파열시키면 [ı](으)는 있으나 없으나 발음이 같다〛→park

〖p→f〗→fark(그 뜻은 '벌어진 것'=격차, 차이) 【근거】 ⇒ fail(/f/의 한국어, 중국어 발음의 변화를 보라).

fazla(dan)(=더 많은 수/양, 여분, 나머지)=*퍼질(다)+**아**(=것)〖어→아〗→파지라 〖ㅈ→ㅅ〗→파시라〖유성음화〗→파시라〖△→z〗→pazila〖p→f〗→fazila〖모음 조화: a-ı〗→fazıla〖유성 마찰음, [z] 다음의 [ı]는 있으나 없으나 발음이 같이 들린다〗→fazla 【근거】 **퍼질러** 주다(경남)=너무 많이 주다: 퍼질러=퍼질(다)+어(부사형 어미)→퍼질어〖/ㄹ/ 복제〗→퍼질러 【근거】 둘레(현대어)=둘에〈월인석보 8권 13장〉《우리말샘》〖/ㄹ/ 복제〗→둘레. 이/으 교체의 예: 법칙/법측(경남, 둘 다 사용), 일찍(표준어)=일칙/일측(경남). 고뚜레=고(=코)+뚫(다)+**아(=것)**+이(첨가음)〖모음 합체〗→고뚤헤〖ㅎ→Ø/유성음__유성음〗→고뚜래〖모음조화: 우-에〗→고뚜레. cf. **fazla**(=너무 많이)(부사)=*퍼질(다)+**어**(부사형 어미)〖어→아〗→파지라〖ㅈ→ㅅ〗→파시라〖유성음화〗→파시라〖△→z〗→pazila〖p→f〗→fazila〖모음 조화: a-ı〗→fazıla〖유성 마찰음, [z] 다음의 [ı]는 있으나 없으나 발음이 같이 들린다〗→fazla(⇒ fare) 【근거】 똥구시(경남)=똥+굴(=구덩이)+이(첨가음)→똥구디 〖구개음화〗→똥구지〖ㅈ→ㅅ〗→똥구시. 子중孫손이**니서**가몰〈석보상절 6권 7장 뒷면〉(=자손이 이어 감을): 닛(다)+어(부사형 어미)→니서〖유성음화〗→니서. 닛 다〖두음법칙 후 보상적 /y/ 첨가〗→y+잇(is)다〖단음화: y+i→i〗→잇(is)다(현대어).

fiyat(=값, 가격)=비(費)+앗[앋](의미첨가 없이 명사에 붙는 접미사)〖모음 충돌 회피용 반자음, /y/ 첨가〗→비y앗〖모음 합체〗→비얏[piyat]〖p→f〗→fiyat 【근거】 씨앗(=씨)=씨+앗[앋](의미첨가 없이 명사에 붙는 접미사). 중국어 음의 발음이 費(=費)[fèi]인 것으로 보아 '비'의 원음은 [fi]였거나 예를 들어, 거마비(車馬費)(kəmapi)의 ㅂ(p)가 /f/로 들렸을 수도 있다. cf. 費(ひ)(일본어)(hi)=비(費)〖ㅂ→ㅎ〗→히(hi) 【근거】 반(反)〖ㅂ→ㅎ〗→한→はん(han). ⇒ fare.

gaye(=목적, 목표)=갑(경남)(=값)+이(첨가음)+아(의미첨가 없이 명사에 붙는 접미사)+이(첨가음): 갑이〖유성음화: ㅂ→ㅸ/모음__모음〗→가뷔〖ㅸ→Ø/모음__모음〗→**가이**. 아+이〖모음 합체〗→애〖애→에〗→**에**. **gaye=가이+에**〖모음 합체〗

→가예→kaye〖어두 유/무성자음 교체〗→gaye(예를 들어, '인생의 갑'이란 인생의 보람, 목표이다). cf. 갑+이→가비〖ㅂ→ㅎ〗→가히→**かひ**(甲斐)(kahi)(=보람)(일본어 고어)〖ㅎ(h)→∅/모음__모음〗→kai→**かい**(현대어) 【근거】 반(反)〖ㅂ→ㅎ〗→한→はん(han). 영화[영와](표준어)〖단음화: 와→아〗→[영아](경남 발음).

gayr(=다른 사람, 다른 것)=욍(外)⟨월인석보 1권 월인천강지곡 9장 앞면⟩[외]+알(=자(子))(=사람 혹은 사물)+이(첨가음): 외〖단음화: 외→에〗→에〖모음 분해〗→어이〖어→아〗→아이〖/ㅇ/(꼭지 있는 이응)→g〗→**gai**. 알+이〖모음 합체〗→앨〖애→에〗→엘〖에→이〗→**일**. **gayr**=gai+일(ir)〖동모음 축약〗→gair〖모음 합체: a+i→ay〗→gayr(그 뜻은 '외인(外人)=다른 사람 혹은 '외것'=다른 것) 【근거】 외(外)〖/ㅇ/(꼭지 있는 이응)→∅〗→외(현대 표준어)〖단음화: 외→에〗→에(경남 현대어). cf. がい(外)(gai)(일본어)=외(外)〖단음화〗→에〖모음 분해: 에=어+이〗→어이〖어→아〗→아이〖/ㅇ/(꼭지 있는 이응)→g〗→gai. 舟子[zhōuzǐ](중국어)=뱃사공(=배를 모는 **사람**): 알=子=사람. cf. **gayrı**(=다른 (것))=욍(外)⟨월인석보 1권 월인천강지곡 9장 앞면⟩[외]+알(=사물)+이(첨가음)+으(소유격 조사)(경남)(/으/가 있으면 형용사, 없으면 명사). ⟹ **gayr**.

geçit(=통로)=거치(다)+터/**트**(경남)(=곳, 장소)〖umlaut〗→게치트(geçitı)〖/t/를 파열시켜 발음하면 [ı]는 있으나 없으나 발음이 같이 들린다〗→geçit(그 뜻은 '거치는 장소'=통로) 【근거】 집터/집트(경남)(=집 짓는 곳)=집+터/집트(/트/를 빨리 발음하면 [tʰ]로 들린다.

gem(=재갈)=함(銜)(=재갈)+이(첨가음)〖모음 합체: 아+이→애〗→햄〖애→에〗→헴〖ㅎ→ㄱ〗→겜(kem)〖어두 유/무성자음 교체〗→gem 【근거】 귁(國)=국(國)+이(첨가음)〖모음 합체: 우+이→위〗→귁. **해**겁다/**개**겁다(경남)=가볍다. kelmoq(우즈벡어)=gelmek(튀르키예어)=오다.

gemi(=큰 배)=함(艦)+이(첨가음)〖umlaut〗→햄이〖애→에〗→헤미〖ㅎ→ㄱ〗→게미(kemi)〖어두 유/무성자음 교체〗→gemi. cf. **kema**(=배)(우즈벡어)=함+이(첨가음)+아(의미첨가 없이 명사에 붙는 접미사)〖모음 합체〗→햄아〖애→에〗→헴아〖ㅎ→ㄱ〗→겜아(kema) 【근거】 귁(國)⟨월인석보 1권 훈민정음 1장 앞면⟩=국

(國)+이(첨가음)[모음 합체]→귁. 아래(표준어)=알(경남)+아(의미첨가 없이 명사에 붙는 접미사)+이(첨가음)[모음 합체]→알애→아래. 해겁다(경남)[ㅎ→ㄱ]→개겁다(경남)(=거볍다(표준어)).

geniz(=비강(鼻腔))(=콧구멍)=(비)강(腔)+이(첨가음)+자(子)(의미첨가 없이 명사에 붙는 접미사)+이(첨가음): 강+이[ㅇ(ng)→ㄴ(n)]→간이[umlaut]→갠이[애→에]→겐이(keni). 자+이[모음 합체]→재[애→에]→제[에→이]→지[ㅈ→ㅅ]→시[이→으]→스. **geniz**=겐이(keni)+스[유성음화]→keni스[ㅿ→z]→kenizı[어두 유/무성자음 교체]→genizı[유성 마찰음, [z] 다음의 [ı]는 있으나 없으나 발음이 같이 들린다]→geniz(문자 그대로의 의미는 '신체(=月=육달월변 육(肉))의 빈 공간(=구멍)'이다. '비강'의 '비'를 생략하고 '강'만으로 '비강'을 나타낸 것이다)【근거】자(子)+이[모음 합체]→재[애→에]→제[에→이]→지[ㅈ→ㅅ]→시(=し(=子)(si)(일본어))[이→으]→스(=す(=子)(su)[sı](일본어))[앞의 유성음의 영향으로 유성음화]→스[zi](중국어). 똥구시(경남)=똥+굳(=구덩이)+이(첨가음)→똥구디[구개음화]→똥구지[ㅈ→ㅅ]→똥구시. 이사/으사(경남)=의사(醫師)(표준어). 종지=종자(鍾子)+이(첨가음)[모음 합체]→종재[애→에]→종제[에→이]→종지. 子ᄌᆞ孫손이**니ᅀᅥ**가물〈석보상절 6권 7장 뒷면〉(=자손이 이어 감을): 닛(다)+어(부사형 어미)→니ᅀᅥ[유성음화]→니ᅀᅥ. 닛다[두음법칙 후 보상적 /y/ 첨가]→y+잇(is)다[단음화: y+i→i]→잇(is)다(현대어).

gereç(=재료, 자재)=(땟)걸이(→거리=재료)+악(=子)(의미첨가 없이 명사에 붙는 접미사)+ㅎ(고유어 명사에 붙음)+이(첨가음)[모음 합체]→겔악히[umlaut]→겔엑히[애→에]→겔엑히[ㄱ+ㅎ→ㅋ]→게레키[구개음화: ㅋ→ㅊ/__이]→게레치(kereç)[어두 유/무성자음 교체]→gereç【근거】뜨락(=뜰)=뜰+악(의미첨가 없이 명사에 붙는 접미사)→뜨락. 수탉=수+ㅎ(고유어 명사에 붙음)+닭[ㅎ+ㄷ→ㅌ]→수탉. 키(=의 방향을 조종하는 장치)[구개음화: ㅋ→ㅊ/__이]→치(강원, 전라, 충청, 함경)〈고려대 한국어대사전〉.

gergef(=자수틀)=걸(다)+이(명사형 어미)+겁(평북)(=골=만들고자 하는 물건의 일정한 모양을 잡거나, 잘못된 물건의 모양을 바로잡는 데 쓰는 **틀**〈고려대 한국어대사전〉)+이(첨가음)〖모음 합체〗→젤겜(kerkep)〖유성음화〗→kergep〖어두 유/무성자음 교체〗→gergep〖어말이라 약하게 발음되는 /p/를 파열시키면 [f]처럼 들린다〗→gergef(그 뜻은 '자수할 천을 거는 틀'=자수틀).

geri(=뒤)=가리(경남)(=뒤)〖umlaut〗→개리〖애→에〗→게리(keri)〖어두 유/무성자음 교체〗→geri 【근거】 **가리** 느까 머라 카노?(경남)=**뒤** 늦게 뭐라 하나? 느까=늦(다)+**가**(부사형 어미)〖ㅈ+ㄱ→까〗→느까. 늦가+이(첨가음)〖모음 합체〗→늦개〖모음조화: 으-에〗→늦**게**(표준어). 고기(표준어)〖umlaut〗→괴기〖단음화: 외→에〗→게기(경남)〖ㄱ→Ø/모음__모음〗→게이(경남)〖에→이〗→기이(경남).

gezgin(=여행자=tourist)=gez(mek)(=걷다, 거닐다, 돌아다니다, 산책하다)+거(경남)(명사형 어미)(=것)+이(첨가음)+인(=人)〖모음 합체〗→gez게인〖에→이〗→gez**기**인(kiin)〖유성음화〗→gezgiin〖동모음 축약〗→gezgin. cf. **gezgin**(=돌아다니는, 여행하는, traveling, touring)=gez(mek)+기(ki)(명사형 어미)+in(소유격 조사)〖유성음화〗→gezgiin〖동모음 축약〗→gezgin. 기(명사형 어미)=거(경남)(=것)+이(첨가음)〖모음 합체〗→게〖에→이〗→기(표준어).

giri(=의리)=읭(義)〈석보상절 13권 12장 앞면〉〖의〗+리理)→의리[이리/으리](경남 발음)→이리〖ㅇ(꼭지 있는 이응)→g〗→giri 【근거】 이개야미이에셔살며〈석보상절 6권 37장 앞면〉(=이 개미 이곳에서 살며): 이에셔=이(지시 형용사)+거(경남)(=곳)+이(첨가음)+셔(조사)〖모음 합체〗→이게셔〖유성음화: ㄱ(k)→ㅇ(꼭지 있는 이응)(g)/유성음__유성음〗→이에셔. 이게서(경남)(=이곳에서, 여기서)=이+거+이+서. 셔〖단음화: 여→어〗→서(현대어). 읭(義)〖의〗〖ㅇ(꼭지 있는 이응)→Ø〗→의(義)(현대 표준어). 의리(義理)[이리/으리](경남 발음). cf. **ぎり**(義理)(일본어)(giri)=의리[이리](경남 발음)→이리〖ㅇ(꼭지 있는 이응)→g〗→giri. 튀르키예어도 일본어도 경남 음운 규칙을 따르고 있다. cf. **giri**(=cutting=자름)=기리(다)(경남)(=자르다)+이(명사형 어미)→기리이〖동모음 축약〗→기리(kiri)→kiri(일본어)〖어두 유/무성자음 교체〗→giri. cf. **きり**(=切り)(kiri))(일본어)=기리(다)(경남)(=자르다)+이(명사형 어미)〖동모음 축약〗→기리(kiri) 【근거】 지갑을 칼로 **기리다**(경남)=지갑을 칼로 자르다. giri=1. cutting. 2. literally "right reason " A sense of obligation or duty. 3. duty, loyalty, gratitude, or moral debt to another person〈turkishdictionary. net〉.

giri(=cutting=자름)=기리(다)(경남)(=자르다)+이(명사형 어미)→기리이〖동모음 축약〗→기리(kiri)→kiri〖어두 유/무성자음 교체〗→giri. cf. **きり**(=切り)(kiri)) (일본어)=기리(다)(경남)(=자르다)+이(명사형 어미)〖동모음 축약〗→기리(kiri)〖근 거〗지갑을 칼로 **기리다**(경남)=지갑을 칼로 자르다.

giysi(=옷)=giy(mek)(=입다)+자(子)(=것)+이(첨가음)〖모음 합체〗→giy재〖에→ 에〗→giy제〖에→이〗→giy지〖ㅈ→ㅅ〗→giy시→giysi(그 뜻은 '입는 것'=옷) 〖근거〗종지=죵ᄌᆞ(鍾子)〈천자-석:21〉〖〈鍾子〉《고려대 한국어대사전》〗+이(첨가음) 〖단음화〗→죵ᄌᆞ이〖모음 합체〗→죵지〖단음화: 이→애〗→죵재〖애→에〗→죵 제〖에→이〗→죵지. 똥구시(경남)=똥+굼(=구덩이)+이(첨가음)→똥구디〖구개음 화〗→똥구지〖ㅈ→ㅅ〗→똥구시. cf. **こうし**(孔子)(일본어)(kousi)=공자(孔子)+이 (첨가음)〖모음 합체〗→공재〖애→에〗→공제〖에→이〗→공지〖ㅈ→ㅅ〗→공시 ('공'을 일본어식으로 표기)→고우시(kousi). cf. **kiyim**(우즈벡어)(=옷)=(옷을) 끼 이입(다)(경남)(=입다)+이(자음 충돌 회피용 삽입 모음)+ㅁ(명사형 어미)(=것)(=물 체)→끼이입임〖ㄲ→ㄱ〗→기이입임〖ㅂ→ㅸ→w→∅/유성음__유성음〗→기이 이임〖동모음 축약〗→기이임(kiiim)〖모음 합체: i+i→yi〗→→kiyim〖근거〗여름 (=열매)=열(다)+으(자음 충돌 회피용 삽입 모음)+ㅁ(명사형 어미)(=것)(=물체). 끈 (近)〈월인석보 1권 월인서 14장 앞면〉〖유/무성자음 교체: ㄲ(g)→ㄱ(k)〗→근(현 대어)〖근거〗ㄲ, ㄸ, ㅃ, ㅉ, ㅆ, ㆅ 爲 全濁'〈훈민정음해례본〉(전탁(全濁)=유성음 (有聲音)).

giz(=비밀)=기시(다)(경남)(=숨기다)+이(명사형 어미)〖동모음 축약〗→기시〖이→ 으〗→기스〖유성음화〗→기스〖ㅿ→z〗→gizι〖유성 마찰음, [z] 다음의 [ι]는 있으 나 없으나 발음이 같이 들린다〗→giz(그 뜻은 '숨기는 것'=비밀)〖근거〗**이리다** (경남)〖이→으〗→이르다(표준어). 이사/으사(경남)=의사(醫師)(표준어). 子ᄌᆞ孫 손이**니ᅀᅥ**가몰〈석보상절 6권 7장 뒷면〉(=자손이 이어 감을): 닛(다)+어(부사형 어 미)→니서〖유성음화〗→니ᅀᅥ. 닛다〖두음법칙 후 보상적 /y/ 첨가〗→y+잇(is)다

〖단음화: y+i→i〗→잇(is)다(현대어). **gizlemek**=감추다, 숨기다.

göbek(=배꼽)=(배)꼽+이(첨가음)+악(의미첨가 없이 명사에 붙는 접미사)+이〖모음 합체〗→꾑액〖애→에〗→꾑엑〖ㄲ→g, 외(ö)〗→göpek〖유성음화〗→göbek 【근거】 뜨락=뜰+악(=자(子)(의미첨가 없이 명사에 붙는 접미사). '뜨락'의 '악'을 지소사로 보는 학자들도 있으나 '작다'는 의미는 없다. 장어(=eel)(표준어)+이(첨가음)〖모음 합체〗→장에〖모음조화: 아-애〗→장애. 사타리(경남)(=살)=살+알(의미첨가 없이 명사에 붙는 접미사)+이(첨가음)→사타리. 또랑(경남)(=도랑)=똘(경기, 전라, 충청)〈고려대 한국어대사전〉(=도랑)+앙(의미첨가 없이 명사에 붙는 접미사). 알(경남)(=아래)=알+아(의미첨가 없이 명사에 붙는 접미사)+이(첨가음)〖모음 합체〗→알애→아래(표준어). 모자(帽子)=모(帽)+자(子)(의미첨가 없이 명사에 붙는 접미사). '子'의 순수 한국어가 '아', '악', '알', '앙'이다. 'ㄲ, ㄸ, ㅃ, ㅉ, ㅆ, ㆅ 爲 全濁'〈훈민정음해례본〉(전탁(全濁)=유성음(有聲音)).

göçebe(=유목민, 이주민)=거치(다)/**그치**(다)(경남)+아(=子)+이(첨가음)+배(=사람): 그치〖umlaut〗→긔치→köç〖어두 유/무성자음 교체〗→**göç**. 아+이〖모음 합체〗→애〖애→에〗→**에**. 배〖애→에〗→**베**. **göçebe**=göç+에(e)+베(pe)〖유성음화〗→göçebe 【근거】 소인**배**(小人輩)=마음 씀씀이가 좁고 간사한 사람들이나 그 무리. 대인**배**(大人輩): 배(輩)=무리. '배'가 아니면 '보(=사람)+이(첨가음)'일 것이다: 보+이〖모음 합체〗→뵈〖단음화: 외→에〗→베 【근거】 올**보**, 풍**보**, 곰**보**. 외국(표준어)〖단음화: 외→에〗→에국(경남). cf. **geç**(mek)(=거치다)=**거치**(다)/그치(다)〖umlaut〗→게치(keç)〖어두 유/무성자음 교체〗→geç.

gök(=하늘)=옥(玉)〈월인석보 2권 73장 앞면〉+이(첨가음)〖ㆁ(꼭지 있는 이응)→g〗→gok+이(i)〖모음 합체: 오(o)+이(i)→외(ö)〗→gök 【근거】 옥황상제(玉皇上帝): 흔히 도가(道家)에서, '하느님'을 이르는 말〈표준국어대사전〉. 옥황(玉皇)=옥(玉)(=하늘)+황(皇)(=황제). 하늘의 색이 옥(玉)과 같은 데서 유래한 것이다. cf. ぎょく(玉)(gyoku)(일본어), 玉[yù](중국어). 귁(國)〈월인석보 1권 훈민정음 1장 앞면〉=국(國)+이(첨가음)〖모음 합체: 우+이→위〗→귁.

göl(=연못, 호수)=(물이) 고이(다)+알(=곳, 것)+이(첨가음)〖모음 합체〗→고이앨

〖애→에〗→고이엘〖에→이〗→고이일〖동모음 축약〗→고일〖모음 합체〗→괼(köl)〖어두 유/무성자음 교체〗→göl(그 뜻은 '(물이) 고인 곳'=연못, 호수) 【근거】 gelmek(튀르키예어)=kelmoq(우즈벡어)=오다. 중세 국어에서 '것'과 '곳'은 '곧'이었다: 듣디아니ᄒ샨**고돈**〈석보상절 6권 7장 앞면〉=듣지 아니하신 **것은**. 이곧뎌 고대〈용비어천가 4권 24장 앞면〉=이**곳**저곳에. **gelir**(=수입, 소득)=gel(mek)(=오다)+알(ar)(=것)+이(첨가음)〖모음 합체〗→gel앨〖애→에〗→gel엘〖에→이〗→gel일(ir)→gelir(그 뜻은 (들어) 오는 것=수입, 소득). cf. **ko'l**(우즈벡어)=(물이) 고이(다)+알(=곳)+이(첨가음)〖애→에〗→고이앨〖애→에〗→고이엘〖에→이〗→고이일〖동모음 축약〗→고일〖모음조화: 오-오〗→고올〖동모음 축약〗→골〖ㄱ→ㅋ〗→콜(ko'l) 【근거】 **콟**(窟)〈월인석보 1권 월인서 21장 앞면〉〖경과음, /ㅎ/ 탈락〗→콜〖ㅋ→ㄱ〗→골〖오→우〗→**굴**(현대어). **캉**(可)〈월인석보 21권 상권 8장 뒷면〉〖카〗〖ㅋ→ㄱ〗→가(현대어). 고다(전남)(=고이다)=고이다〖모음조화: 오-오〗→고오다〖동모음 축약〗→고다.

gölge(=그늘, 그림자, 덕분)=골(다)+이(사동 보조 어간 아니면 자음 충돌 회피용 삽입 모음)+거(=것)+이(첨가음)〖모음 합체〗→긜게(kölke)〖어두 유/무성자음 교체〗→gölke〖유성음화〗→gölge(그 뜻은 '가리는 것'=그늘). '덕분'이라는 의미는 '그늘'에서 나온 말이다: 형님의 **그늘**에 사업이 잘되고 있다=형님의 **덕분**에 사업이 잘되고 있다. 파생의미도 한국어와 같다 【근거】 ᄀ루막다(=가로막다)〈유합신 下:31〉《우리말샘》=굴(다)+ᄋ(부사형 어미)+막다. 그리다〈석보상절 19권 10장 뒷면〉〖ᄋ→아〗→가리다(현대어). cf. **ko'lanka**(우즈벡어)〖콜란카〗(=그늘, 보호)=골(다)+아(자음 충돌 회피용 삽입 모음)+ㄴ(관형형 어미)+거(경남)(=것, 곳)〖ᄋ→오〗→골안거〖어→아〗→골안가(ko'lanka)(그 뜻은 '가린 곳'=그늘) 【근거】 폴(=蠅)〈훈민정음해례본 용자례〉(=파리)+이(첨가음)〖ᄋ→오〗→폴이〖발음대로 표기〗→포리(경남).

gönül(=마음)=근(根)〈월인석보 1권 월인서 21장 앞면〉(=뿌리, **마음**, 능력)+이(첨가음)+알(의미첨가 없이 명사에 붙는 접미사)+이(첨가음)→근이알이〖ᄋ→오〗→곤이알이〖모음 합체〗→괸앨→kön앨〖애→에〗→kön엘〖에→이〗→kön일(il)

〖모음조화: ö-ü〗→könül〖어두 유/무성자음 교체〗→gönül 【근거】 kelmoq(우즈벡어)=gelmek(튀르키예어)=오다. 사타리(경남)(=샅)=샅(표준어)+알(의미첨가 없이 명사에 붙는 접미사)→사타리. 풋〈훈민정음해례본 용자례〉〖ᄋ→오, ㅅ→ㅌ〗→폴(경남) cf. こん(根)(일본어)(kon)=곤〖ᄋ→오〗→곤(kon). ko'ngil[콘길](우즈벡어)(=gönül)=곤(根)+갈(=알)(의미첨가 없이 명사에 붙는 접미사)+이(첨가음)〖ᄋ→오〗→곤갈이〖모음 합체〗→곤갤〖애→에〗→곤겔〖에→이〗→곤길(konkil)〖유성음화〗→ko'ngil 【근거】 젓갈(=젓)=젓+갈(의미첨가 없이 명사에 붙는 접미사). 눈깔(=눈알)=눈+ㅅ(사이시옷)+갈(=子)〖ㅅ+ㄱ→ㄲ〗→눈깔. 눈알=눈+알. 풀(=蠅)〈훈민정음해례본 용자례〉+이(첨가음)〖ᄋ→오〗→포리(경남). 풀(=蠅)+이(첨가음)〖ᄋ→아〗→파리(표준어). cf. はえ(=蠅)(hae)(일본어)=풀(=蠅)+ᄋ(=子)(의미첨가 없이 명사에 붙는 접미사)+이(첨가음)〖어말 /ㄹ/ 탈락〗→푸ᄋ이〖ᄋ→아〗→파아이〖모음 합체〗→파애〖애→에〗→파에〖ㅍ→ㅎ〗→하에(hae) 【근거】 새마(=新村)(경북)=새말(=신촌)(경남)〖어말 /ㄹ/ 탈락〗→새마. 판(判)〖ㅍ→ㅎ〗→한(han)→はん(判)(han)(일본어).

gövde(=몸, 신체, 뼈대)=껍/꿉(경남에서는 어/으 교체가 아주 자유롭게 일어난다)+이(첨가음)+덕+이(첨가음): 꿉이〖유성음화: ㅂ→ㅸ〗→끄ᄫ('끄'의 /ㅸ/ 받침 글자가 없어서 이렇게 표기했다)+이〖모음 합체(으+이→의(ö)) and ㄲ→g, ㅸ→v〗→göv. 덕+이→더기〖ㄱ→Ø/모음__모음〗→더이〖모음 합체〗→데. gö-vde=göv+데(te)〖유성음화〗→gövde 【근거】 없다/읎다(경남). 껍데기(경남)=껍덕+이(첨가음)→껍더기〖umlaut〗→껍데기〖ㄱ→Ø/모음__이〗→껍데이(경남)〖에→이〗→껍디이[껍삐이](경남). **껍덕**보리(경남)=껍데기를 벗기지 않은 보리. 'ㄲ, ㄸ, ㅃ, ㅉ, ㅆ, ㆅ 爲 全濁'〈훈민정음해례본〉(전탁(全濁)=유성음(有聲音)). 사람은 내적인 정신과 외적인 껍데기로 되어 있다고 보고 신체를 껍데기로 본 것이다. cf. gavda(우즈벡어)(=gövde)=껍/꿉+이+덕+아(의미첨가 없이 명사에 붙는 접미사): 껍+이〖어→아〗→까비〖이(i)-으(ɪ)〗→까브〖유성음화〗→까ᄫ〖ㄲ→g, ㅸ→v〗→gavɪ. 덕+아〖어→아〗→닥아→다가〖〖ㄱ→Ø/모음__모음〗→다아〖동모음 축약〗→다. **gavda**=**gavɪ**+다(ta)〖유성음화〗→gavɪda〖[v] 다음의 [ɪ]는 있으나 없으나

발음이 같이 들린다〗→gavda【근거】아래(표준어)=알(경남)(=아래)+아(의미첨가 없이 명사에 붙는 접미사)+이(첨가음)[모음 합체]→알애→아래【근거】저 **알**로 내려가이소(경남)=저 **아래**로 내려가십시오(표준어).

gümüş(=은(銀), 은제품의, 은으로 된)=은(銀)+이(첨가음)+붙(다)+이(명사형 어미)(=것): 은+이[으→우]→운이[ㅇ(꼭지 있는 이응)→g]→gun+i[ㄴ(n)→∅/__이(i) and 이(i)[ĩ](鼻母音) and [ĩ]가 구강 모음화](튀르키예어에 비모음이 없다)→gu+i[모음 합체: u+i→ü]→**gü**. 붙이[umlaut]→뷜이→뷔티[구개음화]→뷔치[ㅊ→ㅅ]→뷔시(püş)→**püş**. **gümüş**=gü+püş[유성음화]→gübüş[b→m]→gümüş【근거】소 한 **마리**(mari)(표준어)=소 한 **바리**(bari)(경남): 한 바리(han pari)[유성음화]→han bari. 은붙이=은으로 만든 물건을 통틀어 이르는 말〈표준국어대사전〉. 형용사는 명사가 형용사적으로 쓰인 것이다. 튀르키예어, gümüş(=은제품의)를 보면 gümüş가 '은붙이'라는 것을 알 수 있다. cf. **kumush**(우즈벡어)(=gümüş)=금(金)(=쇠)+붙(다)+이(명사형 어미)(=것)→금붙이[으→우]→굼붙이→굼부티[구개음화: ㅌ→ㅊ/__이]→굼부치[ㅊ→ㅅ]→굼부시[유성음화]→굼부시(kumbush)[b→m]→kummush][동자음 축약]→kumush【근거】은(銀)의 색은 희다. 그래서 은을 '흰쇠=희(다)+ㄴ(관형형 어미)+쇠(=金)'라고도 한다: 銀 白金 흰쇠〈물명 5:7〉《우리말샘》=은(銀)은 백금(白金)으로 흰쇠이다. 마치 한국어에서 흰쇠(=銀)라고 하지 않고 은(銀)이라고 하니 황금(黃金)을 그냥 금(金)이라고 하는 것과 같이 황금을 oltin이라고 하니 은(銀)을 그냥 금(金)이라고 한 것이다. 음양오행(陰陽五行)에서 금(金)은 서쪽을 나타내고 그 색은 흰색이다: 서쪽을 백호(白虎): 백(白)=흰색. cf. 동쪽은 청룡(靑龍): 청(靑)=푸른색, 북쪽은 현무(玄武): 현(玄)=검은색. 남쪽은 주작(朱雀): 주(朱)=붉은색. gelmek(튀르키예어)=kelmoq(우즈벡어)=오다. 들티다〈훈몽 범례:4〉《우리말샘》(=들추다)[구개음화: ㅌ→ㅊ/__이]→들치다[ㅊ→ㅅ]→들시다(경남). cf. ぎん(銀)(gin)(일본어)=은(銀)+이(첨가음)[모음 합체: 으+이→의(단음화)→에]→엔[에→이]→인[ㅇ(꼭지 있는 이응)→g]→gin. 歯科(sika)(일본어)(齒科)=치과(齒科)[치까(경남 발음)[ㅊ→ㅅ]→시까→sika[시까](일본어에서는 sika를 로마자로 shika로 표기한다: 'さ(sa), し(si),

す(su), せ(se), そ(so)'로 표기해야 일관성이 있는데 유독, し만 발음대로 표기하여 shi로 로마자화하였다).

gün(=날, 일(日), 태양): ㅎ(=히(=해=태양=日)+이(첨가음))+앙(=子)(의미첨가 없이 명사에 붙는 접미사)+이(첨가음)[ㆍ→우]→후앙이[ㅇ(ng)→ㄴ(n)]→후안이[모음 합체]→후앤[애→에]→후엔[에→이]→후인[모음 합체]→휜[ㅎ→ㄱ/ㅋ]→귄/퀸(kün)(튀르키예어에는 ㄱ/ㅋ의 구분이 없다)[어두 유/무성자음 교체]→gün. cf. ㅎ(=히=ㅎ(=해=태양=日)+이(첨가음))+앙(=子)(의미첨가 없이 명사에 붙는 접미사)+이(첨가음)[ㆍ→우]→후앙이[ㅇ(ng)→ㄴ(n)]→후안이[모음 합체]→후앤[애→에]→후엔[에→이]→후인[모음조화: 우-우]→후운[동모음 축약]→훈[ㅎ→ㄱ/ㅋ]→군/쿤→**kun**(우즈벡어) 【근거】 일(日)=날〈훈몽자회 상권 1장 앞면〉. 일(日)=태양. нар[날](몽골어)=태양. **ほや**(=火屋)(hoya)일본어): ほ(ho)(=火)(=불)=ㅎ(=태양)(태양에서 열이 나니 태양을 '불'이라고 본 것이다)[ㆍ→오]→호(ho). **호롱**(=석유를 담아 불을 켜는 데에 쓰는 그릇)=ㅎ(=불)+롱[ㆍ→오]→호롱. **ふつか**(=二日)(hutsuka): ㅎ[ㆍ→아]→하[ㅎ→ㄱ/ㅋ]→가/카(ka)(일본어에는 'ㄱ/ㅋ'의 구분이 없다). 히(=日)=ㅎ(=해=태양=日)+이(첨가음)[모음 합체]→히. 히[단음화: 이→애]→해(현대어) 【근거】 장어(표준어)+이(첨가어)[모음 합체]→장에[모음조화: 아-애]→장애(경남). 해겁다(경남)[ㅎ→ㄱ]→개겁다(경남)=가볍다. 燈등의블**혀**고〈석보상절 9권 32장 뒷면〉=등에 불 켜고(현대어): 혀다[ㅎ→ㅋ]→켜다. cf. **sun**(영어)(=태양)=ㅎ+앙+이[ㆍ→으]→흐앙이[ㅇ(ng)→ㄴ(n)]→흐안이[모음 합체]→흐앤[애→에]→흐엔[에→이]→흐인[모음조화: 으-으]→흐은[ㅎ→ㅅ/__으]→스은[동모음 축약]→슨[으→우]→순(sun). cf. 힘(표준어)[ㅎ→ㅅ/__이]→시(경남). 아니면, **sun**=군(kun)[구개음화: ㄱ→ㅈ/__우]→준[ㅈ→ㅅ]→순(sun) 【근거】 발자국[ㄱ→ㅈ/__우]→발자죽(경남 노인 말). 똥구시(경남)=똥+굳(구덩이)+이(첨가음)→똥구디[구개음화]→똥구지[ㅈ→ㅅ]→똥구시. cf. **nar**(=석류)(튀르키에어)=날(=태양)(태양처럼 둥글고 붉다고 붙인 이름일 가능성이 있다). 페르시아어에서 차용한 것이라고 하나 페르시아어가 한국어에서 유래했을 가능성이 크다.

günce(=일기(日記))=gün(=날, 日, 태양)+긍(記)〈월인석보 1권 월인천강지곡 16장 앞면〉[긔][단음화: 의→에]→gün게[구개음화: ㄱ→ㅈ/__에]→gün제[유성음화: ㅈ(무성음)→c(유성음)/유성음__유성음]→günce 【근거】 가운데(표준어)[구개음화: ㄷ→ㅈ/__에]→가운제(경북). cf. **kun**(우즈벡어)+이(첨가음)[모음 합체: 우+이→위(ü)]→kün[어두 유/무성자음 교체]→gün(튀르키예어). cf. kelmoq(우즈벡어)=gelmek(튀르키예어)=오다. 긍(記)〈월인석보 1권 월인천강지곡 16장 앞면〉[긔][단음화: 의→에]→게[에→이]→기(記)(현대어).

güvercin(=비둘기)=긩(奇)〈석보상절 6권 7장 앞면〉[긔]+별(別)[벨](경남 발음)+자(子)(=사람, **동물**, 사물)+이(첨가음)+앙(의미첨가 없이 명사에 붙는 접미사)+이(첨가음): 긔벨[으→우]→귀벨[유성음화]→귀**볘르**('볘'의 받침, /ㄹ/이 붙은 글자가 없어서 이렇게 표기했다)[ㅸ→v]→**küver**. 자(子)+이+앙+이[모음 합체]→재앵[애→에]→제엥[에→이]→지잉[동모음 축약]→징[ㅇ(ng)→ㄴ(n)]→**진**. güvercin=küver+진[유성음화: ㅈ→c/유성음__유성음]→küvercin[어두 유/무성자음 교체]→güvercin(그 뜻은 '기별하는 것'=전서구(傳書鳩)(=소식을 전하는 비둘기) 【근거】 똘(경기, 전라, 충청)〈고려대 한국어대사전〉(=도랑)+앙(의미첨가 없이 명사에 붙는 접미사)→또랑(경남)(=도랑). 믈(=水)〈훈민정음해례본 용자례〉[으→우]→물(현대어). 종지=종자(鍾子)+이(첨가음)[모음 합체]→종재[애→에]→종제[에→이]→종지. 긔별(奇別)[단음화]→게별[에→이]→기별(현대어)(=소식=haber). cf. **haberci**(=소식을 전하는 사람)=haber(=소식)+자(者, 子)(=사람)+이[모음 합체]→haber재[애→에]→haber제[에→이]→haber지[유성음화: ㅈ(무성음)→c(유성음)/유성음__유성음]→haberci. cf. **xabarchi**(우즈벡어)(=소식을 전하는 사람)=xabar(=haber(튀르키예어))+치(chi)(=사람) 【근거】 그**치**가 말했다=그 **사람**이 말했다. 장사**치**(=장사하는 사람을 낮잡아 이르는 말)=장사(=이익을 얻으려고 물건을 사서 팖. 또는 그런 일)+치(=사람).

güz(=가을(현대어))=곳(다)〈월인석보 10권 13장〉《우리말샘》(=끊다, 베다)+**이**(명사형 어미)[유성음화: ㅅ→ㅿ/유성음__유성음]→곳이(kɔzi)[ㆍ(ɔ)→우(u)]→kuzi[모음 합체: u+i→ü]→küz[어두 유/무성자음 교체]→güz(가을은 농작

물을 수확하는 계절이라 농작물을 자르는 것으로 계절을 표현했을 것으로 추정 된다). cf. **kuz**(우즈벡어)(=가을)=궂(다)+**이**(명사형 어미)[ᄋᆞ(ᄋ)→우(u)]→궂이 (kusı)[이→으]→kusı[유성음화]→kuzı[유성 마찰음, [z] 뒤의 [ı]는 있으나 없으 나 발음이 같이 들린다]→kuz 【근거】 脊등ᄆᆞ르쳑〈훈몽자회 상권 27장 뒷면〉[ᄋᆞ →아]→등마르쳑[ᄋᆞ→우]→등마루쳑[단음화]→등마루척(현대어). **이사/으사** =의사(醫師). '가을'은 다음과 같이 만들어졌다: ᄀᆞ술〈훈몽자회 상권 1장 뒷면〉(= 가을)=궂(다)+알(=것)[모음조화: ᄋᆞ-ᄋᆞ]→궂ᄋᆞᆯ[유성음화: ㅅ→ㅿ/모음__모음] →ᄀᆞ술(그 뜻은 '베는 것=수확하는 것'=가을). **가실**(경남)(=가을)=궂(다)+알+이 (첨가음)[ᄋᆞ→아]→갓알이[모음 합체]→갓앨[애→에]→갓엘[에→이]→갓 일→가실. **가슬**(제주, 평북, 함경)〈고려대 한국어대사전〉=궂(다)+알+이(첨가음) [ᄋᆞ→아]→갓알이[모음 합체]→갓앨[애→에]→갓엘[에→이]→갓일[이→ 으]→갓을→가슬 【근거】 **kes**(mek)(=베다, 자르다)=궂(다)+이(첨가음)[모음 합 체]→짓[단음화: 이→애]→갯[애→에]→겟(kes). cf. 써리다(경남)=썰(다)(표 준어)+이(첨가음)+다. **가새**(경남)(=가위)=궂(다)+아(=것)+이(첨가음)[ᄋᆞ→아)] →갓아이[모음 합체]→갓애→가새(그 뜻은 '자르는 것').

hain(=반역자, 매국노)=해(害)+인(人)?[모음 분해]→하이인[동모음 축약]→하 인→hain. 아니면, **hain**=배(背)(=배반하다)+인(人)[모음 분해]→바이인[동모음 축약]→바인[ㅂ→ㅎ]→하인(hain)(의미상으로는 이 경우인데 'ㅂ→ㅎ'의 다른 예를 아직 찾지 못했다). cf. 배(背)[모음 분해]→바이[ㅂ→ㅎ]→하이(hai)→は い(背)(hai)(일본어).

hak(=earth, soil)〈turkishdictionary.net〉(=흙)=흙〈훈몽자회 상권 4장 앞면〉[흑] [ᄋᆞ→아]→학(hak). cf. **학**(제주, 평남, 함북, 황해)〈고려대 한국어대사전〉(hak)= 흙. **흙**(현대 표준어)=흙[ᄋᆞ→으]→흙. **흘**(경상, 평남)〈고려대 한국어대사전〉=흙 +(이)(주격 조사)→흙기[ㄱ→∅/모음__모음]→흘(이). 아니면, **흘**=흙+(이)(주 격 조사)[ᄋᆞ→으]→흙(이)→흙(기)[ㄱ→∅/유성음(ㄹ)__유성음(이)]→흘(이) [주격 조사, /이/ 제거]→흘. 흙=홀+악(=子)(의미첨가 없이 명사에 붙는 접미사) [모음조화: ᄋᆞ-ᄋᆞ]→홀+ᄋᆞᆨ[동모음 축약]→흙. **흑**(경남)=흙[ᄋᆞ→으]→흙[ㄹ

→∅/__자음〛→혹〚으/어 교체〛(경남 방언에서는 상당히 자유롭게 일어난다)→
혁(경남). hâki(=yeşile çalar **toprak rengi**)〈Vikisözlük〉(카키색)=hâk(=흙)=학(제주,
평남, 함북, 황해)〈고려대 한국어대사전〉(hak)(=흙)+ㅎ(고유어 명사에 붙음)+이(=
것)〚ㄱ+ㅎ→ㅋ〛→하키→haki. haki〚h(ㅎ)→kh(ㅋ)〛→khaki(영어) 【근거】 toprak
rengi=흙색. 으사/이사(경남, 둘 다 사용)=의사(醫師). 燈등의블혀고〈석보상절 9권
32장 뒷면〉=등에 불 켜고(현대어): 혀다〚ㅎ→ㅋ〛→켜다. cf. hak의 어원이 페르
샤어의 [χɒːk]〈Vikisözlük〉이라고 하는데 이 페르샤어는 한국어 '흙〈훈민정음해례
본 합자해〉〈훈몽자회 상권 4장 앞면〉[hɒk](=soil))에서 유래한 것이라는 것을 알
수 있다.

halk(=대중, 백성)=하(다)(=많다, 크다)+ㄹ(관형형 어미)+그/거(경남)(=것)(=사
람)→할그(halkı)〚/k/를 파열시켜 발음하면 [ı]는 있으나 없으나 발음이 같이 들린
다〛→halk(그 뜻은 '많은 사람'=대중).

han(왕에 붙이는 칭호)=하(다)(ha)(=높다, 크다, 위대하다, 많다)+앙(=사람)(ang)
〚ng→n〛→haan〚동모음 축약〛→han(그 뜻은 '위대한 사람=높은 사람'=왕).
khan=han〚h(ㅎ)→kh(ㅋ)〛→khan 【근거】 거렁이(경상)〈고려대 한국어대사전〉=걸
(乞)(=구걸하다, 빌다)+앙(=사람)+이(첨가음)〚모음조화: 어-어〛→걸엉이→거렁
이. 燈등의블혀고〈석보상절 9권 32장 뒷면〉=등에 불 켜고(현대어): 혀다〚ㅎ→ㅋ〛
→켜다. cf. хаан(몽골어)(=왕)=하(다)(ha)+앙(=사람)(ang)〚ng→n〛→haan. 마립
간(=麻立干)(신라 때에, '임금'을 이르던 말)=마리(=首)+ㅂ+간〚ㅂ+ㄱ→ㄲ〛→마
리깐(그 뜻은 '여러 왕 중 최고 높은 간(=왕)'이다 【근거】 마리(=首)〈훈몽자회 상권
24장 뒷면〉[아→어]→머리(현대어). 수장(首將)=여러 장수(將帥) 중(中) 가장 우
두머리. cf. 좁쌀=조+ㅂ+쌀: 조뿔〈구급방下:77〉〈고려대 한국어대사전〉=좁쌀. cf.
'쌀(=쌀)(경상)〈고려대 한국어대사전〉'을 보면 /ㅂ/이 원래 '쌀'에 붙어있던 것이
아니라는 것을 알 수 있다. cf. 디황불휘〈구급간이방언해 7권 2장 앞면〉=디황+ㅅ
(사이시옷)+불휘〚구개음화: ㄷ→ㅈ/__이, ㆁ(꼭지 있는 이응→ ㅇ)〛→지황+ㅅ+
불휘〚ㅅ+ㅂ→ㅃ〛→지황뿔휘〚단음화: 위→이〛→지황뿌히〚ㅎ→∅/유성음__유
성음〛→지황뿌리(현대어). '마립간=마리+ㅂ+간'의 /ㅂ/도 사이시옷, /ㅅ/과 같

은 역할을 한 것으로 추정된다.

hanım(=부인, 종이 주인마님을 말할 때 사용하는 용어)=하님(여자 종을 대접하여 부르거나 여자 종들이 서로 높여 부르던 말〈표준국어대사전〉)(hanim)[모음조화: a-ı]→hanım 【근거】 term used by a domestic servant when speaking of a female employer(=가정의 하인이 여성 고용주를 이를 때 사용되는 말): Hanım evde yok=The lady of the house is not at home〈turkishdictionary.net〉=하님은 집에 안 계십니다. 우리말 '하님'의 원뜻도 부인의 존칭이었을 것으로 추정된다: 하님=하(다)(=높다, 크다, 많다)+님(존칭) 【근거】 하다=높다, 크다〈우리말샘〉: 脫喪ㅎ야늘 **한** 父母ㅣ 나 져믄 주를 어엿비 너겨 남진 얼요려 커늘〈속삼 열:17〉《우리말샘》=탈상하거늘 {큰} 부모가 나이 어린 줄을 어여비 여겨 시집보내려 하거늘.

Han Tengri Dağı(=한 텡글리 산)(그 뜻은 '큰/위대한 천산'): Han=하(다)(ha)(=높다, 크다, 많다)+ㄴ(n)(관형형 어미) 【근거】 하다〈월인석보 1권 훈민정음 2장 뒷면〉=많다, 크다. **한실**(지명)(=대곡(大谷))=하(다)(=크다)(=大)+ㄴ(관형형 어미)+실(=곡(谷))(=골, 마을). **Tengri**=텬(天)+이(첨가음)+갈(=子)(=존재)+이(첨가음): 텬+이[모음 합체]→텬[단음화]→텐. 갈+이[umlaut]→갤이[애→에]→겔이[에→이]→길이. Tengri=텐+길이→tengiri[음절 재분석으로 /i/ 탈락]→tengri. cf. **Tengri**(위구루어) 【근거】 Yalu Nehri(=압록강)=Yalu+Nehir(=강)+i(3인칭 소유 접미사)[음절 재분석으로 /i/ 탈락]→Yalu Nehri. cf. **tengir**=텬(天)(=하늘)+으(경남)(소유격 조사)+갈(=알)(=자(子))(=존재)+이(첨가음)[으→이]→텬이갈이[모음 합체]→텐갤[단음화]→텐갤[애→에]→텐**겔**[에→이]→텐길[ㅌ→ㄷ]→덴길(tenkir)[유성음화]→tengir(그 뜻은 '하늘의 존재'=하느님). cf. **Tanrı**(=신, 하나님)=텬(天)〈월인석보 1권 월인천강지곡 33장 앞면〉(=하늘)+ri(=존재, 사람)(=li)?[단음화: 여→어]→턴ri[어→아]→탄ri(tanri)[모음조화: a-ı]→tanrı. cf. **Koreli**(=한국 사람)=Kore(=한국)+li(=사람). **Tengirşenk**(=Tengir ve şenk kelimelerinden oluşan Türkçe bir soyadı〈Vikisözlük〉=Tengir과 şenk 단어로 이루어진 튀르키예의 한 성씨)=Tengir(=하느님)+으(경남)(소유격 조사)(=의(표준어))+손(孫)(=자손)+으(소유격 조사)(=의(표준어))+그/거(경남)(=것)(=사람)[으→이]

→Tengir+이+손+이+그〖모음 합체: 오+이→외〗→Tengir+이+쉰+그〖단음화: 외
→에〗→Tengir+이+센+그〖모음 합체: 이+에→예〗→Tengir+센(şen)+그(kı)〖/k/
를 파열시켜 발음하면 [ı]는 있으나 없으나 발음이 같이 들린다〗→Tengirşenk(그
뜻은 '하느님의 자손의 것(=가문, 사람)'=천손 가문(天孫 家門))【근거】dinî(=종교
의)=din(=종교)+으(경남)(소유격 조사)〖으→이(i)〗→dinî. 예삔 거/그(경남)=예삐
(다)(=예쁘다)+ㄴ(관형형 어미)+거/그(=사람). 쇠다(표준어)〖단음화: 외→에〗→
세다(경남). 오이〖모음 합체: 오+이→외〗→외. ⇒ dağ=산(山). cf. Тэнгэр(몽골
어)(Tenger)=텬(=天)+이(첨가음)+갈(=子)+이(첨가음)〖모음 합체: 여+이→예〗→
톈겔〖단음화: 예→에〗→텐겔〖애→에〗→텐겔(tenker)〖유성음화: ㄱ(k)→g/유성
음__유성음〗→tenger. Тангра(불가리아어)(Tangra)=텬(天)+갈(=子)(=존재)+이
(첨가음)+아(의미첨가 없이 명사에 붙는 접미사): 텬〖단음화: 여→어〗→턴〖어→
아〗→탄. 갈+이〖모음 합체〗→갤〖애→에〗→겔〖에→이〗→길〖이→으〗→글.
Тангра(불가리아어)(Tangra)=탄+글+아→탄그라(tankıra)〖유성음화〗→tangıra〖/
g/를 개음으로 발음하면 [ı]는 있으나 없으나 발음이 같이 들린다〗→tangra【근
거】종지=종자(鍾子)+이(첨가음)〖모음 합체〗→종재〖애→에〗→종제〖에→이〗
→종지. 이사/으사(경남)=의사(醫師)(표준어). 흉노=고조선어가 얼마나 멀리 전파
되었는지 알 수 있다. ⇒ Tengri〈Wikipedia〉.

harabe(=폐허, 유적)=harap(하랍)(=부서진, 폐허의, 낡은)+바(=소(所)(=장소))+이
(첨가음)〖어→아〗→하라빠이〖모음 합체〗→하라빼〖애→에〗→하라뻬〖ㅃ→b〗
→harabe(그 뜻은 '폐허의 곳=부서진 곳'=폐허)【근거】헐다=무너뜨리다, 물건이
오래되거나 많이 써서 낡아지다〈표준국어대사전〉. **바** 쇼(所)〈훈몽자회 중권 8장
앞면〉. 몸 둘 **바**(=곳)를 모르겠다. **harap**=헐(다)+업(형용사형 어미)〖어→아〗→
하랍(harap)【근거】두렵다=두리(다)(경남)(=무서워하다)+업(형용사형 어미)〖모음
합체〗→두렵다.

harç(=비용, 경비, 수수료)=헐(다)(=일정한 액수의 돈을 **쓰게** 되어 그 액수의 상
태를 유지하지 못하게 되다. 저장하여 둔 물건을 꺼내거나 쓰기 시작하다)+치(値)
(=가격, 값)〖어→아〗→할치→harç, cf. **harca**(mak)(=쓰다, 소비하다)=헐(다)+자

(資)(=재물)[어→아]→할자[유성음화: ㅈ(무성 무기 파찰음)→c(유성 무기 파찰음)]→harca(그 뜻은 '(물건, 돈 등 재물을) 헐다'=소비하다). harcamak의 뜻 중에 ' to bring ruin or harm to (someone) (in order to advance one´s own interests)〈Türkçe Sözlük〉《LEXILOGOS》(=(자신의 이익을 위해) (누군가를) 몰락시키거나 (누군가에게) 해를 끼치다)'의 뜻이 있는 것으로 보아 '헐다=집 따위의 축조물이나 쌓아 놓은 물건을 무너뜨리다'와 동일한 의미를 내포하고 있다는 것을 알 수 있다. cf. kırmak(=깨다, 부수다, 헐다)=헐(다)/홀(다)(경남)→홀[ㅎ→ㅋ]→클(kır)【근거】燈등의블**혀**고〈석보상절 9권 32장 뒷면〉=등에 불 켜고(현대어): 혀다[ㅎ→ㅋ]→켜다.

hayal(=환상(幻想))=환(幻)[한](경남 발음)(=헛보이다)+이(첨가음)+알(명사형 어미)→한이알[ㄴ→Ø/__이 and 이[i] and [i]의 구강 모음화(튀르키예어에 비모음이 없다)]→하이알[모음 합체]→하얄→hayal(그 뜻은 '헛보임'=환상). cf. hayalet(=환영(幻影))=hayal+앗[앝](=것)+이(첨가음)[모음 합체]→hayal앤[애→에]→hayal엔→hayalet(그 뜻은 '헛보임의 것'=환영). **karar**(=결정)=결(決)(=결정하다)+알(명사형 어미)[단음화: 여→어]→걸알[어→아]→갈알(karar).

hayalet(=환영(幻影))=hayal+앗[앝](=것)+이(첨가음)[모음 합체]→hayal앤[애→에]→hayal엔→hayalet(그 뜻은 '헛보임의 것'=환영). ⇒ **hayal**.

hayat(=생활(生活)), 생존)=활(活)(=살다, 생존하다)[할](경남 발음)+앗[앝](=것)[어말 /ㄹ/ 탈락 아니면 모음 사이 /ㄹ/ 탈락]→하얕[모음 충돌 회피용 반자음, /y/ 삽입]→하y앝→하얕](hayat)→hayat(그 뜻은 '생활하는 것', '생존하는 것'이다)【근거】새마(=신촌(新村))(경북)=새말(경남)[어말 /ㄹ/ 탈락]→새마. 어말 /ㄹ/ 탈락이 아니면 모음 사이 /ㄹ/탈락일 수도 있다: 사암(경남)=사람[모음 사이 /ㄹ/ 탈락]→사암(빠른 발음에서): 아 사암들이 머라 카노?=이 사람들이 뭐라 하니?

hayır(=선행)=호(好)(=좋다)+일(=사(事))[오→아]→하일(hair)[모음조화: a-ı]]→hair[모음 충돌 회피용 /y/ 삽입]→hayır(그 뜻은 '좋은 일'=선행)(합성어 속에 한국어, '일'이 들어 있다)【근거】이쪽저쪽(표준어)[오→아]→이**짝**저**짝**(경남). 활을 **쏘**다(표준어)[오→아]→활[할]을 **싸**다(경남). cf. 닭이 알을 **낳**다(표준어)[아

→오]→닭이 알을 **놓다**(경남). cf. iş(=일)=일+ㅎ(고유어 명사에 붙음)+이(첨가음)→일히[ㅎ→ㅅ/__이]→일시[ㄹ→Ø/__ㅅ]→이시(iş)【근거】힘(표준어)[ㅎ→ㅅ/__이]→심(경남). 부삽=불삽[ㅎ→ㅅ/__이]→부삽.

haziran(=6월)=하절(夏節)(=여름철)+으(경남)(소유격 조사)+**앙**(=것)[으→이(튀르키예어 소유격 조사)]→하절이앙[모음 합체]→하젤앙[에→이]→하질앙[앙(ang)→안(an)]→하질안[ㅈ→ㅅ]→하실안→하시란[유성음화: ㅅ→△/유성음__유성음]→하시란[△→z]→haziran【근거】dinî(=종교의)=din(=종교)+으(경남)(소유격 조사)[으→이]→din이→dinî. 떠벙/뜨븡(경남)(=뚜껑)=떱다/덥다/뜹(다)/듭(다)(경남)(=덮다)+**앙**(=子)(=것)→떱앙/뜹앙[모음조화: 어-어/으-으]→떱엉/뜹응[발음대로 표기]→떠벙/뜨븡. 경남 방언에서 '덮다'의 어근 받침으로 /ㅂ/을 사용한 '덥다'를 사용하지 않는데 이 파생명사에서는 사용하고 있다. 눈두던(경북, 충북)〈우리말샘〉(=눈두덩(표준어))=눈+둔(다)(=돋다)+안(=것, 곳)[모음조화: 우-어]→눈둔언[발음대로 표기]→눈두던. 눈두덩=눈+둔(다)(=돋다)+앙(=것, 곳)[모음조화: 우-어]→눈둔엉[발음대로 표기]→눈두덩. **앙=안**. 똥구시(경남)=똥+굳(=구덩이)+이(첨가음)→똥구디[구개음화]→똥구지[ㅈ→ㅅ]→똥구시. 지순 쬥[罪]〈월인석보 1권 월인천강지곡 6장 뒷면〉=짓(다)+ᄋᆞ(자음 충돌 회피용 삽입 모음)+ㄴ(관형형 어미)+쬥[罪]→**지ᅀᅳᆫ 쬥**[罪][유성음화: ㅅ→△/모음__모음]→지ᅀᅳᆫ 쬥[罪][△→Ø]→지은 쬥[ᄋᆞ→으]→지은 죄[ㅉ→ㅈ]→지은 죄(현대어).

hep(=모두, 전체)=합(合)(=합하다, 모두 더하다)+이(명사형 어미)[모음 합체]→햅[애→에]→헵(hep)(그 뜻은 '합한 것'=전부). 아니면, **hep**(=모두)=합(合)(=모두)+이(첨가음)[모음 합체]→햅[애→에]→헵(hep)【근거】놀이=놀(다)+이(명사형 어미). 귁(國)〈월인석보 1권 훈민정음 1장 앞면〉=국(國)+이(첨가음)[모음 합체]→귁. 장어(=eel)(표준어)+이(첨가음)[모음 합체]→장에[모음조화: 아-애]→장애(경남).

hürriyet(=자유)=훌훌(부사)+이(명사형 어미)+앗[알](의미첨가 없이 명사에 붙는 접미사)+이(첨가음)[umlaut]→훌휠이+알이[umlaut]→휠휠이**알이**[모음 합체]

→휠휠이앤〖ㅎ→∅/유성음＿유성음〗→휠월앤〖단음화: 위→이〗→휘리이엔
〖동모음 축약〗→휠리엔(hürriet)〖모음 충돌 회피용 삽입 반자음, /y/ 첨가〗→hür-
riyet 【근거】 모든 짐을 **홀홀** 벗어 던지고 자유롭게 살자: 짐=맡겨진 임무나 책임,
수고로운 일이나 귀찮은 물건. **hür**(=자유롭다)=*홀(다)+이(첨가음)〖모음 합체〗
→휠(hür) 【근거】 오라(다)(함남)〈고려대 한국어대사전〉+이(첨가음)+다〖모음 합
체〗→오래다. 오래오래(부사)=오래(다)(형용사)(=시간의 지나는 기간이 길다)+오
래(다)→오래오래(부사)(=시간이 지나는 기간이 매우 길게). 위하여(표준어)〖단음
화: 위→이〗→이하여(경남).

ifade(=진술, 표현, 해명)=입(=구(口))+ㅎ(고유어 명사에 붙음)+아(처격 조사)(경
남)(=에)+대(다)(=말하다)(경남)+이(명사형 어미)→입하대이〖모음 분해〗→입하
다이이〖동모음 축약〗→입하다이〖모음 합체〗→입하대〖애→에〗→입하데〖ㅂ+
ㅎ→ㅍ〗→이파데(iphate)〖유성음화〗→iphade〖/ph/가 모음 사이에서 모음의 영향
으로 마찰음 [f]로 들렸을 것으로 추정된다〗→ifade(그 뜻은 '입에 말하는 것'=진
술)(합성어 속에 한국어의 '입'(=ağız)이 들어 있다) 【근거】 상**아** 놓을 끼 없다(경남
노인 말)=상+**아**(처격 조사)+놓을 끼 없다=상에 놓을 것이 없다. 바린대로 **대라**(경
남)=바른대로 **말하**라. **de**(mek)(=말하다)=대(다)〖애→에〗→데(te)〖어두 유/무성
자음 교체〗→de 【근거】 gelmek(튀르키예어)=kelmoq(우즈벡어)=오다.

ifşa(=폭로)=입이 싸(다)(경남)(=개인적이거나 비밀스러운 이야기를 다른 사람에
게 잘 옮기다)+아(=것, 일)〖동모음 축약〗→입이싸〖ㅆ→ㅅ〗→입**이사**〖모음 합
체〗→입샤(ipşa)〖[ş] 앞에서 /p/를 파열시켜 발음하면 마치 마찰음, [f]처럼 들
린다〗→ifşa(그 뜻은 '입이 싼 것' 즉, '입이 싼 일'=폭로)(합성어 속에 한국어의
'입'(=ağız)이 들어 있다) 【근거】 **잇**다→**있**다(현대어) 【근거】 有욿는**이실**씨라〈월
인석보 1권 훈민정음 2장 앞면〉: 이실=**잇**(다)(=있다)+ㄹ(관형형 어미)+씨+라. 썰
레썰레/설레설레(정도의 차이는 있으나 기본 의미는 같다).

iftira(=비방, 중상)=입(=구(口))+티(다)〈용가 87장〉《우리말샘》(=치다)+ㄹ+아(=
행위)→입티라(iptira)〖[t] 앞에서 /p/를 파열시켜 발음하면 [f]처럼 들린다〗→if-
tira(그 뜻은 '입으로 (상대를) 치는 것'=비방)(합성어 속에 한국어의 '입'(=ağız)이

들어 있다). 【근거】 빨래=빨(다)+아(=행위, 물건)+이(첨가음)[모음 합체]→빨애
[발음대로 표기]→빨래.

ikiz(=쌍둥이)=iki(=둘, 이(二))+자(子)(=아이)+이(첨가음)[모음 합체]→iki재
[애→에]→iki제[에→이]→iki지[ㅈ→ㅅ]→iki시[이→으]→iki스[유성음
화]→iki스[ㅿ→z]→ikizı[[z] 뒤의 [ı]는 있으나 없으나 발음이 같이 들린다]
→ikiz(그 뜻은 '두 아이'=쌍둥이). cf. 자(子)+이(첨가음)[모음 합체]→재[애→
에]→제[에→이]→지[ㅈ→ㅅ]→시(si)(일본어)[이→으]→스(sı)(일본어)[유
성음화]→스[ㅿ→z]→zı(중국어). **iki**(=둘)=잇(다)(=두 개를 연결하다))+기(명사
형 어미)[ㅅ+ㄱ→ㄲ]→이끼[ㄲ→ㅋ]→이키→iki(이으려면 두 개가 필요하다)
【근거】 이사/으사(경남)=의사(醫師)(표준어). 똥구시(경남)=똥+굳(=구덩이)+이(첨
가음)→똥구디[구개음화]→똥구지[ㅈ→ㅅ]→똥구시. 지순 쬠[죄]〈월인석보
1권 월인천강지곡 6장 뒷면〉=짓(다)+ㅇ(자음 충돌 회피용 삽입 모음)+ㄴ(관형형
어미)→지순 쬠[유성음화: ㅅ→ㅿ]→지순 쬠[ㅿ→∅]→지은 쬠[ㅇ→으]→지
은 쬠[ㅉ→ㅈ]→지은 죄(현대어). 종지=종자(鍾子)+이(첨가음)모음 합체]→종
재애→에]→종제에→이]→종지. 이사/으사(경남)=의사(醫師)(표준어). cf. ふ
たつ(=二つ)(hutatsu)(일본어)(=둘)=붙(다)+앗[앋](명사형 어미)(=것)→부탇[ㅂ→
ㅎ]→후탇[일본어식으로 표기]→후타드[ㄷ→ㅌ](일본어에는 /ㄷ/과 /ㅌ/의 구
분이 없다)→후타트[구개음화]→후타츠→ふたつ(붙으려면 두 개가 필요하다).
둘(=二)=두(다)+알(명사형 어미)[모음조화: 우-우]→두울[동모음 축약]→둘(무
언가를 두려면 두는 것과 둘 곳, 두 개가 필요하다). 튀르키예어, 일본어, 한국어
의 공통점은 두 개가 필요한 것으로 2를 표현했는데 그 단어가 모두 한국어이다.

ilâh(=신(神))=일(一)(il)(=하나)+아(a)(=존재)+ㅎ(h)(고유어 명사에 붙음)→ilâh(그
뜻은 '하나의 존재=유일한 존재'=신). cf. **Allah**(=하나님, 절대자)=하늟〈용비어천
가 1권 6장 뒷면〉(=하늘)+아(a)+ㅎ(h)[ㅎ→∅]→하놀아ㅎ[ㅇ→아]→하날아ㅎ
[ㄴ→∅/__아 and 아[ã](鼻母音) and 비모음의 구강 모음화(튀르키예어에 비모
음을 표기할 글자가 없다)]→하알아ㅎ[동모음 축약]→할아ㅎ[/ㄹ/ 복제]→할
라ㅎ(hallah)[어두 /h/ 탈락]→allah(그 뜻은 '하늘의 존재'=하느님) 【근거】 her-

oin(영어)[어두 /h/ 탈락]→eroin(튀르키예어). 樓룡우희ㄴ라**올아**〈석보상절 6권 3장 앞면〉=누 위에 날아**올라**: 올아[/ㄹ/ 복제]→올라(현대어). ⇒ Han Tengri Dağı(=한 텡글리 산)

ilhak(=합방, 합병, law annexation, incorporation (of territory by a state))〈Türkçe Sözlük〉《LEXILOGOS》=일(一)(=one)+하(다)+악(=것)[동모음 축약]→일학→ilhak(그 뜻은 하나(로) 하는 것'=합병).

ilk çağ(=태초, 고대)=일(다)(=이르다=to be early)+이(명사형 어미)+거/그(소유격 조사)(경남)+척(경남)(=적)(=때, 시간)+이(첨가음)→일이그 척이[동모음 축약]→일그 척이[어→아]→일그 착이(ilkı çaki)[/k/를 파열시켜 발음하면 [ı]는 있으나 없으나 발음이 같이 들린다]→ilk çaki[모음조화: a-ı]→ilk çakı[유성음화]→ilk çagı[g→ğ/모음__모음]→ilk çağı[[ğ] 뒤의 [ı]는 있으나 없으나 발음이 같이 들린다](만약, /ı/가 없다면 'g→ğ'가 일어날 수 없다)→ilk çağ 【근거】 일**척**/일**측**(경남)(=일찍)=일+**척/측**(=때).

ilke(=원리, 원칙, 규칙)=il(mek)(=얽다)+거(=것)+이(첨가음)[모음 합체]→il게→ilke 【근거】 지게=지(다)+거(=것)+이(첨가음). 얼개(=어떤 사물이나 조직의 전체를 이루는 짜임새나 구조)=얽(다)+아(명사형 어미)+이(첨가음)[모음 합체]→얽애→얼개. cf. **ilgi**(=관계, 관련, 연관)=얽(다)+이(명사형 어미)[umlaut]→엙이→엘기[에→이]→일기(ilki)[유성음화]→ilgi. 'ilgi=il(mek)+ki(기)(명사형 어미)'로 오분석하여 동사 어간, il(mek)이 만들어졌다. 한국어와 튀르키예어에는 동사의 명사형 어미로 '이(i)'와 '기(ki)'가 있으나 한국어, '이(i)'가 붙은 것을 '기(ki)가 붙은 것으로 잘못 분석하여 만들어진 동사이다.

ilmik(=올가미)=올무(=올가미)+악(의미첨가 없이 명사에 붙는 접미사)+이(첨가음)[모음 합체]→올무액[애→에]→올무엑[에→이]→올무익[모음 합체]→올뮉[umlaut]→윌뮉[단음화]→엘믹[에→이]→일믹→ilmik 【근거】 뜨락=뜰+악(=자(子))(의미첨가 없이 명사에 붙는 접미사): '악'을 지소사로 보는 학자들도 있으나 '뜰악'이 '작은 뜰'이라는 의미가 아니다. cf. 모자=帽子)=모(帽)+자(子)(의미첨가 없이 명사에 붙는 접미사). 한자어, 子에 해당하는 순수 한국어는, '아', '알',

'악', '앗[앋]', '앙'이다: 알(경남)(=아래)+아(의미첨가 없이 명사에 붙는 접미사)+이(첨가음)[모음 합체]→알애→아래, 살(표준어)+알(의미첨가 없이 명사에 붙는 접미사)+이(첨가음)[발음대로 표기]→사타리. 똘(경기, 전라, 충청)〈고려대 한국어대사전〉(=도랑)+악(의미첨가 없이 명사에 붙는 접미사)→또락(충남)〈우리말샘〉(=도랑). 씨앗(=種子)=씨(=種)+앗(=子)(의미첨가 없이 명사에 붙는 접미사), 똘(경기, 전라, 충청)〈고려대 한국어대사전〉(=도랑)+앙(의미첨가 없이 명사에 붙는 접미사)→또랑(경남)(=도랑). cf. **ilmik**(=풀기 쉬운 매듭)=il(mek)+매(다)+악(=것)+이(첨가음)[애→에]→il메악이[에→이]→il미악이[모음 합체]→il미액[애→에]→il미엑[에→이]→il미익[동모음 축약]→il믹(mik)→ilmik(그 뜻은 '얽어 맨 것'=대충 묶은 것=풀기 쉬운 매듭).

imparatoriçe(=황후)=imparator(=황제)+이(소유격 조사)(i)+쳉(妻)〈월인석보 1권 월인천강지곡 44장 앞면〉[체]→imparatori체[단음화]→imparatori체→impara-toriçe. cf. **kraliçe**(=왕비, 왕후)=kral(=왕)+이(소유격 조사)+쳉(妻)[체]. cf. i(소유격 조사)=으(경남)(소유격 조사))[으→이]→이: **dinî**(종교의)=din(=종교)+으(소유격 조사)[으→이]→din이(i). cf. **kral**=크(다)+ㄹ(관형형 어미)+알(=사람)(그 뜻은 '큰 사람'=위대한 사람=왕?).

Ingiliz(=영국인)=Ingil(=영국)+i(소유격 조사)+신(人)(zin)(=인)+이(i)(첨가음)→Ingili시니[ㄴ→∅/__이 and 이[ĩ](nasal vowel)]→Ingili시이[ĩ][비모음의 구강 모음화]→Ingilizii[동모음 축약]→Ingilizi[이(i)→으(ɪ)→Ingilizɪ[유성 마찰음, [z] 다음의 [ɪ]는 있으나 없으나 발음이 같이 들린다]→Ingiliz 【근거】 **dinî**(종교의)=din(=종교)+으(소유격 조사)[으→이]→din이(i). 신(人)〈석보상절 19권 1장 앞면〉(zin)(=사람)[△→∅]→인(현대어). 산이(sani)[ㄴ→∅/__이 and 이[ĩ](nasal vowel)]→[saĩ](경남 발음). cf. 신(人)[△→z]→zin→じん(人)(zin)(일본어). 신(人)[이→으]→슨[으→어]→선(zən)[△→r]→rən(현대 중국어 발음)(ren으로 표기). 이사/으사(경남)=의사(醫師)(표준어). 없다/읎다(경남). 중국의 마지막 왕조, 청나라는 여진족이 세운 나라로 그 추장이 신라인, 김함보였다. 따라서, 중국어는 경상도 방언의 음운 규칙을 따르고 있다. 신/인(人)〈중간노걸대언해(1795년

출간 중국어 회화책). 중국은 고대사를 감추기 위해 언어공정의 일환으로 최근에 /z/를 전부 /r/로 바꾸었다.

insan(=인간)=신(人)〈석보상절 6권 3장 뒷면〉+*갼(間)〖△→Ø〗→인*갼(kyan)〖구개음화: ㄱ→ㅈ/__y〗→인쟌〖ㅈ→ㅅ〗→인샨〖단음화: 야→아〗→인산(insan) 【근거】 신(人)〈석보상절 6권 3장 뒷면〉〖△→Ø〗→인(현대어)(in)(튀르키예어도 한국어와 같이 음운 변화가 일어났다). 간(間)=*갼(間)〖단음화: 야→아〗→간(間) (현대어). *갼(間)(kyan)〖구개음화: ㄱ→ㅈ/__y〗→쟌〖ㅈ→ㅅ〗→샨〖단음화: 야 →아〗→산(san)(튀르키예어). cf. 间[jiān](중국어)(지앤)=*갼(間)〖구개음화: ㄱ →ㅈ/__y〗→쟌〖모음 분해: 야=이+아〗→지안(tsian)〖어두 유/무성자음 교체〗 →dzian→jian(실제 발음은 뒤에 /이/를 첨가시키고 모음을 합하여 발음한다: 지 안+이(첨가음)〖모음 합체: 아+이→애〗→지앤[ʥɪæn]. 중국어 음을 보면 間의 가 장 옛음은 '갼'이었음을 알 수 있다. cf. **にんげん**(人間)(일본어): にん(人)=신(人) (zin)〖△(z)→ㄴ(n)〗→**닌(nin)**. cf. にほんじん(日本人)(nihonzin): じん(人)(zin)= 신(人)〈석보상절 6권 3장 뒷면〉(zin)【근거】 子ㅈ公孫손이**니서**가몰〈석보상절 6권 7장 뒷면〉(=자손이 이어 감을): 닛(다)+어(부사형 어미)→니서〖유성음화〗→니 서. 닛다〖두음법칙〗→잇다(현대어). げん(間)=간(間)+이(첨가음)〖모음 합체: 아 +이=애〗→갠〖애→에〗(일본어에는 /애/가 없다)→**겐(ken)**【근거】 국(國)+이(첨 가음)〖모음 합체: 우+이=위〗→귁(國)〈월인석보 1권 훈민정음 1장 앞면〉. cf. **間** (隙)(かん(げき))(kan)=간(間)(kan). **にんげん**(人間)=닌(nin)+겐(ken)〖유성음화: ㄱ (k)→g〗→ningen.

ırgat(=tarım işçisi(농사 일꾼))=일(다)(='일구다'의 비표준어)〈표준국어대사전〉 +것[걷](=사람)→일걷〖이→으〗→을걷〖어→아〗→을갇(ırkat)〖유성음화〗→ır- gat(그 뜻은 '(땅을) 일구는 사람'=농사 일꾼)【근거】 잃(乙)〈월인석보 4권 17장 뒷 면〉〖이→으, ㅎ→Ø〗→을(현대어). 으사(意思)/이사(意思)(경남)=의사((意思)(표 준어). 없다/읎다(경남). 일구다=논밭을 만들기 위하여 땅을 파서 일으키다. cf. tarım(=농사)=다리(다)(논의 흙을 고르게 하다)+ㅁ(명사형 어미)→tarim〖모음조 화: a-ı〗→tarım(농사짓는 일 중의 하나가 '땅을 다리는 것'이다)【근거】 가다리

=(논을) 갈(다)/가(다)(경남 둘 다 사용)+다리(다)+이(명사형 어미)[동모음 축약] →가다리(논을 갈고 다리는(=평평하게 하는) 일). **işçi**(=일꾼)=일(=事)+ㅎ(고유어 명사에 붙음)+이(첨가음)+자(=者)(=사람)+이(첨가음)→일히자이[ㅎ→ㅅ/_-이] →일시자이[ㄹ→Ø/__ㅅ]→이시자이→iş자이[모음 합체]→iş재[애→에]→iş 제[에→이]→iş지[자음조화: ㅈ→ㅊ(ç)/ş__]→işçi【근거】힘[ㅎ→ㅅ/_-이] →심(경남), 부삽=불삽[ㄹ→Ø/__ㅅ]→부삽.

ırk(=인종, ~족)=얼/을(경남)(=정신)+그/거(경남)(=사람)→을그(ırkı)[/k/를 파열 시켜 발음하면 [ı]는 있으나 없으나 발음이 같이 들린다]→ırk【근거】같은 **얼**을 가진 사람=동족(=同族).

is(=검댕, 때, 재, **매연**)=해(경남)(=호롱불에서 나는 검은 연기)+앗(의미첨가 없 이 명사에 붙는 접미사)+이: 해[애→에]→헤[에→이]→**히**. 앗+이[모음 합체] →앗[애→에]→엣[에→이]→**잇**. **is**=히+잇[동모음 축약]→힛(his)[어두 /ㅎ/ (h) 탈락]→잇(is)【근거】씨앗(=종자(種子))(=씨)=씨(=種)+앗(=子)(의미첨가 없 이 명사에 붙는 접미사). 모자(帽子)(=모)=모(帽)+자(子)(의미첨가 없이 명사에 붙 는 접미사): 중절**모**(=中折帽)=중절**모자**(=中折帽子). heroin(영어)[어두 /ㅎ/ 탈락] →eroin(튀르키예어).

ishal(=설사)=리/이(痢)(=설사)+*샤(瀉)(=쏟다, 설사하다)+알(명사형 어미)[동모 음 축약]→이샬(ishal)【근거】痢瀉=설사를 쏟다=설사하다. **karar**(=결정)=결(決) (=결정하다)+알(명사형 어미)[단음화: 여→어]→결알[어→아]→갈알→가랄 →karar(그 뜻은 결정하는 것=결정). cf. 瀉[xiè](중국어)=*샤+이(첨가음)[모음 합 체]→섀[모음 분해]→시애[애→에]→시에→xiè. しゃり(瀉痢)(shari)(일본 어)=*샤(瀉)(shya)+리(痢)(ri). 중세 국어에서 瀉의 음이 '샤'로 나오는 기록은 찾지 못했지만 중국어와 일본어의 발음을 보면 '샤'였음을 알 수 있다. cf. 샹(舍)〈석보 상절 6권 31장 뒷면〉=[샤]→샤[단음화: 야→아]→사(현대어).

ışık(=빛, 광선)=*읏(=빛?)+이(첨가음)+악(의미첨가 없이 명사에 붙는 접미사)+ 이(첨가음)→으시악이[모음 합체]→으시액[애→에]→으시엑[에→이]→으시 익(ışiik)[동모음 축약]→ışik[모음조화: ı-ı]→ışık【근거】으슬다(북한)(=으스레

하다: 빛이 흐리다)=*웃(=빛?)+얼다[모음조화: 으-으]→웃을다→으슬다【근거】
어리다(=빛이나 그림자, 모습 따위가 **희미하게 비치다**)=얼(다)+이(첨가음)+다.
cf. 써리다(경남)=썰(다)(표준어)+이(첨가음)+다. 어리다/으리다(경남)=어리다(표
준어).

isim(=이름)=일훔(=이름)+이(첨가음)[모음 합체]→일휨[단음화]→일힘[ㅎ→
ㅅ/__이]→일심[ㄹ→Ø/__ㅅ]→이심→isim【근거】일훔〈석보상절 13권 29장
앞면〉[우→으]→일흠[ㅎ→Ø/유성음(ㄹ)__모음(으)]→일음→이름(현대 표준
어). cf. 이림(경남 노인 말)=일훔+이(첨가음)[모음 합체]→일휨[단음화]→일힘
[ㅎ→Ø/유성음__유성음]→일임→이림. 힘(표준어)[ㅎ→ㅅ/__이]→심(경남).
혀(=설(舌))(표준어)+이(첨가음)[모음 합체]→혜[ㅎ→ㅅ/__이(y)]→셰[단음화]
→세[ㅅ→ㅆ]→쩨(경남).

işkolik(=일벌레, 일 중독자)=일+ㅎ(한국어 고유명사에 붙음)+이(첨가음)+홀리
(다)+악(=사람)+이(첨가음): 일+ㅎ+이→일히[ㅎ→ㅅ/__이]→일시[ㄹ→Ø/__
ㅅ]→이시→iş. 홀리+악+이[모음 합체]→홀리액[애→에]→홀리엑[에→이]
→홀리익[동모음 축약]→홀릭[ㅎ→ㅋ]→콜릭(kollik)[동자음 축약]→kolik.
işkolik=iş+kolik(그 뜻은 '일에 홀린 사람'=일 중독자)【근거】홀리다=무엇의 유
혹에 빠져 정신을 차리지 못하다. 심(경남)=힘[ㅎ→ㅅ/__이]→심. 부실(不實)=
불(不)+실(實)[ㄹ→Ø/__ㅅ]→부실. 燈(등)의 블 **혀**고〈석보상절 9권 32장 뒷면〉
=등에 불 **켜**고(현대어). 홀(목)(경남)(=팔(목))[ㅎ→ㅋ]→콜(kol)(튀르키예어에는
/ㅋ/(kh)와 /ㄱ/(k)의 구분이 없다)→kol(=팔). cf. **workaholic**|wɜːrkəhɔːlɪk|(영
어)=work(=일)+아(경남)(a)(처격 조사)(=에)+홀리(다)+악(=자(子))(=사람)+이(첨
음). 영어의 holic도 한국어에서 유래한 것임을 알 수 있다. 다른 단어도 추가 연구
가 필요하다.

kabak(=호박)=**호**박[오→아]→하박[ㅎ→ㅋ]→카박(kapak)[유성음화]→ka-
bak 【근거】燈등의블**혀**고〈석보상절 9권 32장 뒷면〉=등에 불 켜고(현대어): 혀다
[ㅎ→ㅋ]→켜다. 해겁다/개겁다(경남)=가볍다(표준어). 홀(목)(경남)(=팔(목))[ㅎ
→ㅋ]→콜(kol)(튀르키예어에는 /ㅋ/(kh)와 /ㄱ/(k)의 구분이 없다)→kol(=팔).

이쪽저쪽(표준어)[오→아]→이짝저짝(경남). (총을) 쏘다(표준어)[오→아]→(총을) 싸다(경남).

kafes(=새장, 우리)=갑(匣)(=(짐승을 가두는) 우리, 작은 상자)+앗(=자(子))(의미첨가 없이 명사에 붙는 접미사)+이(첨가음)[모음 합체]→갑앗[애→에]→갑엣[ㅂ→ㅍ]→갚엣(kaphes)[ph→f/모음__모음?]→kafes【근거】퐁(罃)〈석보상절 6권 42장 앞면〉[ㅍ→ㅂ, ㆁ(꼭지 있는 이응)→ㅇ]→봉(현대어). cf. **seviye**(=정도, 수준, 급(級))=급(級)+이(첨가음)+아(=자(子))(의미첨가 없이 명사에 붙는 접미사)+이(첨가음)[구개음화]→즙이아이[umlaut]→쥡이**아이**[모음 합체]→쥡이애[애→에]→쥡이에[단음화]→젭이에[ㅈ→ㅅ]→셉이에[유성음화]→세ᄫᅵ에[ㅸ→v/모음__모음]→seviye. 모음 사이에서 'ㅂ→v'로 보아 'ㅍ→f'를 추정할 수 있다.

kahkaha(=폭소)=핳핳+아(=자(子))[ㅎ→ㅋ]→캌캌아(음절 초성만 바뀌었다)(종성을 바꾸면 웃음 소리가 작아진다)→kahkaha(튀르키예어에는 /ㄱ/과 /ㅋ/의 구분이 없다)【근거】녀자들은 두말할 것도 없고 남자들도 천정이 떠나갈 듯이 **핳핳** 웃어 댔다. 핳핳〈선대〉《우리말샘》: '핳핳' 웃으면 크게 웃는 웃음소리로 들리지 않는다: 핳핳[한핟] '캌캌'라고 웃어야 크게 들린다. 燈등의블**혀**고〈석보상절 9권 32장 뒷면〉=등에 불 켜고(현대어): 혀다[ㅎ→ㅋ]→켜다.

kalça(=엉덩이)=깔(다)+자(子)(=것)[ㄲ→ㅋ]→칼자[ㅈ→ㅊ]→칼차→kalça 【근거】바가지(표준어)[ㅈ→ㅊ]→바가치(경남). 깔고 앉다(경남)=엉덩이로 누르고 앉다. **홀끼다**(경남)(=(사람이 물건 따위를) 벗어나거나 풀리지 않도록 단단히 동여매다)[ㄲ→ㅋ]→홀키다[구개음화: ㅋ→ㅊ/__이]→홀치다('훑이다'의 비표준어)【근거】키(=배의 방향을 조종하는 장치)(표준어)[구개음화: ㅋ→ㅊ/__이]→치(강원, 전라, 충청, 함경)〈고려대 한국어대사전〉.

kale(=성(城))=홀(=성(城))+아(의미첨가 없이 명사에 붙는 접미사)+이(첨가음)[모음 합체]→홀애[오→아]→할애[애→에]→할에[ㅎ→ㅋ]→칼에(kale)→kale 【근거】이쪽(표준어)[오→아]→이짝(경남). 燈등의블**혀**고〈석보상절 9권 32장 뒷면〉: **혀**고[ㅎ→ㅋ]→켜고(현대어). 미추홀(彌鄒忽):『삼국사기』지리지에 '수성군(水城郡)'은 본시 고구려의 '매홀군(買忽郡)'이라고 한 데서 '홀=성'이라는 것을

알 수 있다. '용비어천가'에서 '소홀도(召忽島)'를 '죠골셤'이라고 한 데서…〈한국 민족문화대백과사전〉. こつ(忽)(일본어)(kotsu)=홀(忽)〖ㅎ→ㅋ〗→콜[일본어식으로 표기]→코르〖ㄹ→ㅌ〗→코트〖구개음화: ㅌ→ㅊ/__으〗→코츠→kotsu(일본어의 /u/의 발음은 [i]와 [ɯ]의 중간 정도 음으로 [i]에 더 가깝다). 매(買)=믈(=水) 〈훈민정음해례본 용자례〉+이(첨가음)〖어말 /ㄹ/ 탈락〗→므이〖모음 합체〗→믜 〖단음화〗→메〖에→애〗('메'의 음을 가진 한자가 없다)→매 【근거】 새마(=신촌(新村))(경북)=새(=新)+말(=村)(경남)〖어말 /ㄹ/ 탈락〗→새마. 믈(=水)〈훈민정음 해례본 용자례〉〖으→우〗→물(현대어). 므지게(=虹(홍))〈훈몽자회 상권 3장 앞면〉 =믈지게〖ㄹ→Ø/__ㅈ〗→므지게〖으→우〗→무지게〖에→애〗→무지개(현대어). 져므니〈석보상절 19권 1장 뒷면〉=졂(다)+으(자음 충돌 회피용 삽입 모음)+ㄴ(관 형형 어미)+이(=사람)→졀므니〖ㄹ→Ø/__ㅁ〗→져므니. 이상의 예를 보면 옛날 에는 자음 앞에서 /ㄹ/이 탈락되는 경우가 많았음을 알 수 있다.

kam(=무당, 주술사, 샤만)=(대)감(무속 용어)=(큰) 신(神))=kam(=그 기본 의미 는 '신(神)'인데 샤만은 신을 대신하는 사람이라 '감'이라 했을 것으로 추정된다). cf. **かみ**(=神)(일본어)(kami)=감+이(첨가음)→가미(kami)【근거】 장어(=eel)(표준 어)+이(첨가음)〖모음 합체〗→장에〖모음조화: 아-애〗→장애(경남).

kana(mak)(=피 나다, 피를 흘리다, 출혈하다)=혈(血)(=피)+나(다)〖ㄹ→Ø/__ㄴ〗 →혀나〖ㅎ→ㅋ〗→켜나〖단음화: 여→어〗→커나〖어→아〗→카나(kana). **kan**(= 피)=혈(血)+앙(ang)(의미첨가 없이 명사에 붙는 접미사)〖어말 /ㄹ/ 탈락〗→혀앙 〖ㅎ→ㅋ〗→켜앙〖단음화〗→커앙〖ㅇ(ng)→ㄴ(n)〗→커안〖어→아〗→카안〖동모 음 축약〗→칸(kan)【근거】 똘(경기, 전라, 충청)〈고려대 한국어대사전〉(=도랑)+ 앙(의미첨가 없이 명사에 붙는 접미사)→또랑(경남)(=도랑). 燈등의블혀고〈석보 상절 9권 32장 뒷면〉=등에 불 켜고. 쎵(城)〈석보상절 6권 14장 앞면〉〖유/무성자 음 교체: ㅆ[z]→ㅅ[s]〗→셩〖**단음화: 여→어**〗→성〖ㅇ(꼭지 있는 이응)→ㅇ〗→ 성(현대어), 지겹다(경남)=지겹다(표준어)〖단음화: 여→어〗→지겹다. 'ㄲ, ㄸ, ㅃ, ㅉ, ㅆ, ㆅ 爲 全濁〈훈민정음해례본〉(전탁(全濁)=유성음(有聲音)). じゃう(城) (zyau)(일본어 고어)=쎵(城)〖여→야〗→썅[일본어식으로 표기]→쌰우〖ㅇ(꼭지

있는 이응)→Ø/모음__모음]]→쌰우[ㅆ→z]]→zyau[[a→o]]→zyou→じょう
(城)(zyou)(일본어 현대어).

kar(=눈)=하(얗다)+알(=것)[[ㅎ→ㅋ]]→카알[동모음 축약]]→칼→kar(그 뜻은
'흰 것'=눈)【근거】燈등의블**혀**고〈석보상절 9권 32장 뒷면〉=등에 불 **켜**고(현대
어): 혀고[[ㅎ→ㅋ]]→켜고. 해겁다(경남)[[ㅎ→ㄱ]]→개겁다(경남)(=가볍다). 하얗
다=하(다)(=희다)+앟+다[모음 충돌 회피용 삽입 반자음, /y/ 첨가]]→하얗다. cf.
거멓다=검(다)+앟+다[모음조화: 어→어]]→검엏다→거멓다.

kara(=육지, 마른 곳)=갈(다)(경남)(=마르다)+아(=장소)→가라(kara)【근거】こ
ま(=高麗)(koma)(일본어)=곰(=웅(熊))+아(=子)(=자손, 땅, 나라). 가라(加羅)(=가
야)=*걸(다)(=검다)+아(=자손, 땅, 나라)[[어→아]]→갈아→가라(검은 것은 까마
귀이고 까마귀는 태양을 상징하니 '가라'는 태양의 자손, 즉, '태양의 나라'라는
뜻이다). cf. **kara**=검정, 흑색. **karga**(=까마귀)=*걸(다)(=검다)+거(경남)(=것)[[어
→아]]→갈가(karka)[유성음화]→karga(그 뜻은 '검은 것'=까마귀)【근거】거슬
다(=겉만 약간 태우다)=*걸(다)(=검다)+슬다(=표면에 달라붙다)[[ㄹ→Ø/__ㅅ]]→
거슬다. cf. xap(몽골어)(할)(=검다)[[ㅎ→ㄱ]]→갈(다)[[아→어]]→걸(다). 몽골어
가 원어(原語)임을 알 수 있다【근거】해겁다(경남)(=가볍다)[[ㅎ→ㄱ]]→개겁다
(경남)(=가볍다).

kara(=흑색, 검정)=*걸(다)(=검(다))+아(=것)[[어→아]]→갈아→가라→kara【근
거】거슬다=*걸(다)(=검다)+슬다→걸슬다[[ㄹ→Ø/__ㅅ]]→거슬다. 거슬리다('**그**
슬다'의 피동사)〈표준국어대사전〉=불에 겉만 약간 타다. 녹슬다=쇠붙이가 산화
하여 빛이 변하다〈표준국어대사전〉. '거슬다'와 '녹슬다'의 '슬다'는 안은 아니고
밖만 변하는 것을 나타낸다. 따라서 '거슬다'는 표면만 검게 되는 뜻이니 '걸다'가
'검다'임을 알 수 있다. cf. **karga**(=까마귀)=*걸(다)(=검다)+거(=것)[[어→아]]→
갈가(karka)[유성음화]→karga(그 뜻은 '검은 것'=까마귀). **からす**(karasu)(일본
어)(=까마귀)=*걸(다)(=검다)+아(명사형 어미)+새(=鳥(조)): 새[[애→에]]→세[[에
→이]]→시[[이→으]]→스(su)→す. karasu(=からす)(그 뜻은 '검은 새'이다). cf.
xap(=검다)(몽골어)(할)[[ㅎ→ㄱ]]→갈(다)[[아→어]]→걸(다)(=검다). 음운 변화

과정으로 볼 때 몽골어가 원어임을 알 수 있다. 한국어에서 '아/어 교체가 일어난 예: 검다/감다/껌다/깜다. 몽골어, 튀르키예어, 일본어와 비교해 볼 때 한국어 형용사, '검다'는 명사형이 형용사 어간으로 변했을 가능성이 크다: *걸(다)+ㅁ(명사형 어미)[어말 /ㄹ/ 탈락]→검(다) 【근거】 갈(다)+ㅁ(명사형 어미)[어말 /ㄹ/ 탈락]→감(명사형). 감(명사)=감(다)(동사 어간)(=검다). cf. 품=품(다), 신=신(다).

karar(=결정)=결(決)(=결정하다))+알(=것)[단음화: 여→어]→걸알[어→아]→갈알→가랄→karar(그 뜻은 '결정하는 것'=결정) 【근거】 결(이 삭다)[구개음화]→절[단음화: 여→어]→절(경남). 지겹다(표준어)[단음화: 여→어]→지겁다(경남 노인 말).

karı(=아내, 처, 부인)=갈(다)+이(명사형 어미)(=사람)→가리(kari)[모음조화: a-ı]→karı 【근거】 갈다=산란기의 민물고기가 잔잔하고 옅은 물로 몰려나와 암수가 어울려 서로 몸을 비비며 뒤틀다(평북)〈고려대 한국어대사전〉. 아니면, karı(=wife, spouse)〈Türkçe Sözlük〉《LEXILOGOS》=걸(다)+이(명사형 어미)(=사람)[어→아]→갈이(kari)[모음조화: a→ı]→karı(=그 뜻은 '부부가 된 사람'(=배우자(=spouse)에서 의미가 축소되어 '아내'(=wife)가 되었다) 【근거】 걸다=남녀 사이에 인연을 맺거나 부부가 되다(제주)〈우리말샘〉. 왼손잡이(=한 손으로 일을 할 때, 주로 왼손을 쓰는 사람. 또는 오른손보다 왼손을 더 잘 쓰는 사람)=왼손+잡(다)+이(=사람).

kartal(=독수리)=*걸(다)(=검다)+달(tal)(=큰 것)[어→아]→갈달(kartal)(그 뜻은 '검은 큰 것'=독수리. ⇒ ~**tal**(접미사), **karga**=까마귀.

kas(=근육(筋肉))=근(筋)+이(첨가음)+앗(의미첨가 없이 명사에 붙는 접미사)[으→어]→건이앗[어→아]→간이앗[ㄴ→∅/__이 and 이[ĩ](nasal vowel) and 비모음(鼻母音)의 구강 모음화]→가이앗[모음 합체]→가얏[동모음 축약: 아+야(=이+아)→야]→걌[단음화]→갓(kas). 아니면, **kas**=근(筋)+앗(의미첨가 없이 명사에 붙는 접미사)[ㄴ→∅/__아 and 아[ã](nasal vowel) and 비모음(鼻母音)의 구강 모음화]→그앗[모음 합체 후 단음화: 으+아→아]→갓(kas) 【근거】 근력(筋力)=근육(=筋)의 힘(力). 종자(種子)=씨(=種)+**앗**(=子). 씨앗(=씨)=씨+앗(의미첨가 없이 명사에 붙는 접미사). 경남 방언에서는 /ㄴ/(n)과 /ㅇ/(ng)이 모음 앞에서 탈락되고 그 모음이 비모음(=nasal vowel)로 발음된다: 산이[사ĩ](경남 발음). 장아[자ã]. 장아 간다(경남)(=장에 간다)=장+아(처격 조사, 향진격 조사)(경남)+간다. 에(처격 조사, 향진격 조사)(표준어)=아(경남)+이(첨가음)[모음 합체]→애(중세국어(양모음 뒤에서): 장애)[애→에]→에(현대 표준어에서는 모음조화를 파괴하고 반자음, /y/ 첨가도 없애고 /에/로 통일하였다: 世솅世솅예〈석보상절 19권 7장 뒷면〉[세셰예](=세세에(현대어))=世솅世솅+y+에(처격 조사)[음 합체]→世솅世솅예).

kat(=(건물의) 층, (천, 종이의) 겹)=켜(포개어진 물건의 하나하나의 층)+앗[안](의미첨가 없이 명사에 붙는 접미사)→켜앗[단음화: 여→어]→커앗[어→아]→카앗[동모음 축약]→칸(kat)→kat【근거】종자(種子)=씨(=種)+앗(=子). 씨앗(=씨)=씨+앗[안](의미첨가 없이 명사에 붙는 접미사). 지겹다(표준어)[단음화: 여→어]→지겁다(경남).

kavga(=다툼)=갊(다)[갑(따)](경남 발음))(=맞서 다투다)+거(=것)→갑거[풀어쓰기 혹은 자음 충돌 회피용 삽입 모음, /으/ 첨가]→가브거[어→아]→가브가[유성음화]→가ᄫ가[ㅸ→v]→kavıka[유성음화]→kavıga[유성 마찰음, [v] 다음의 [ı]는 있으나 없으나 발음이 같이 들린다]→kavga(그 뜻은 '갊는 것'=다툼)【근거】갈브(다)(강원)=갊다(경남)[풀어쓰기]→갈브다.

kay(=구토)=게(다)(=게우다, 토하다)+이(명사형 어미)[모음 분해: 에=어+이]→거이이[어→아]→가이이[동모음 축약]→가이→kay.

kaygı(=근심, 걱정)=개의(介意)[개이](경남 발음)+그/거(=것)(경남)→개이그[모음 분해: 애=아+이]→가이이그[동모음 축약]→가이그(kaykı)[유성음화]→kay-gı(그 뜻은 '개의하는 것'=걱정)【근거】介意(=개의하다)=어떤 일 따위를 마음에 두고 생각하거나 신경을 쓰다. cf. かいい(介意)(kaii)(일본어)=개의[개이](경남 발음)→개이[모음 분해]→가이이→kaii. 介意[jièyì](중국어): *걔[모음 분해]→기애[애→에]→기에[구개음화: ㄱ→ㅈ/__이]→지에[어두 유/무성자음 교체](/ㅈ/은 무성음이다)→jiè. 의[모음 분해: 의=으+이]→으이[으→이]→이이[모음 합체: i+i→yì]→yì【근거】기름(표준어)[구개음화: ㄱ→ㅈ/__이]→지름(경남).

종지=종자(鍾子)+이(첨가음)[모음 합체]→종재[애→에]→종제[에→이]→종지. **이사/으사**(경남)=의사(醫師). 튀르키예어와 일본어, 중국어는 경상도 방언의 음운 규칙을 따르고 있다.

kaymak(=우유나 요구르트 표면의 **막(膜)** 형태로 수집된 연한 노란색의 지방층)= 개막(蓋膜)[모음 분해: 애=아+이]→가이막(kaymak)(그 뜻은 '덮고 있는 막'이다) 【근거】개(蓋)=덮다, 막(膜)=꺼풀, 얇은 막.

kayıt(=기록, 등록, 기재, 등기)=긩(記)〈법화경언해 1권 6장 뒷면〉[긔](=기록하다)+앗[앋](=것)+이(첨가음): 긔[단음화: 의→에]→게[모음 분해: 에=어+이]→ 거이[어→아]→가이(kay). 앗[앋]+이[모음 합체]→앧[애→에]→엗[에→이] →읻(it). kay+it[모음조화: a-ı]→kayıt 【근거】없다/읎다(경남)(경남 방언에서 '어/으'는 아주 자유롭게 교체된다). 긩(記)[단음화: 의→에]→게[에→이]→기 (현대어).

kaynak(=샘, 원천, 수원(水源), 뿌리, 근원)=개(=물)+나(다)+악(=장소)[모음 분해: 애=아+이]→가이나악[동모음 축약]→가이낙→kaynak(그 뜻은 '물이 나는 곳'=수원) 【근거】 **durak**(정류소, 역)=(비가) 들(다)(경남)(=멈추다)=악(=장소)[으 →우]→둘악(turak)[어두 유/무성자음 교체]→durak 【근거】 비가 들다=비가 멈 추다. yağmur durdu=비가 들었다=비가 멈추었다. 믈(=水)〈훈민정음해례본 용자 례〉[으→우]→물(현대어). 갯가(=바닷가)(=물가(원뜻))=개(=물)+ㅅ(사이시옷)+ 가. **개천(개川)**=개(=물)(이때는 바닷물이 아닌 민물이다)+천(川). gelmek(튀르키 예어)=kelmoq(우즈벡어)=오다.

kaz(=거위)=*겄+이(첨가음)→거시[유성음화]→거싀[어→아]→가싀[ㅿ→z] →kazi[모음조화: a-ı]→kazı[유성 마찰음, [z] 뒤의 [ı]는 있으나 없으나 발음이 같이 들린다]→kaz. cf. **거유**(=鵝(아))〈훈몽자회 상권 16장 뒷면〉(=거위)=*겄+우 (첨가음)→거수[유성음화]→거ᅀᅮ[ㅿ→∅/모음__모음]→거우[모음 충돌 회피 용 삽입 반자음 /y/ 첨가]→거**y**우[모음 합체]→거유. **게오**(경남 노인 말)(=거 위)=*겄+이(첨가음)+ᄋ(=子)(의미첨가 없이 명사에 붙는 접미사)[모음 합체]→ 겟ᄋ[ᄋ→오]→게소[유성음화]→게ᅀᅩ[ㅿ→∅/모음__모음]→게오 【근거】 ㄱ

루〈월석10:44〉《고려대 한국어대사전》(=가루(표준어))=골(다)(=갈다)+ᄋ(=子)(=것). 가루(표준어)=갈(다)+우(명사형 어미)(=것). 가리(경남)=갈(다)+이(명사형 어미)(=것). 골다[ᄋ→아]→갈다(현대어). 폴(=蠅)〈훈민정음해례본 용자례〉+이(첨가음)[ᄋ→오]→포리(경남). 폴(=蠅)+이(첨가음)[ᄋ→아]→파리(표준어). 노로(=獐)〈훈민정음해례본 용자례〉=*놀+오(의미첨가 없이 명사에 붙는 접미사). 노루(=장(獐))(표준어)=*놀+우(첨가음). 노리(=獐)(경남)=*놀+이(첨가음). 놀갱이(=獐)(=노루)(경상)〈고려대 한국어대사전〉=*놀+강(=앙)(의미첨가 없이 명사에 붙는 접미사)+이(첨가음)[umlaut]→놀갱이.

kenar(=변, 가, 옆)=켠(=편, 쪽)[켄](경남 발음)+알(의미첨가 없이 명사에 붙는 접미사)→케날→kenar【근거】사타리(경남)=샅(표준어)+알(의미첨가 없이 명사에 붙는 접미사)+이(첨가음)→사타리(=샅).

kent(=도시)=현(縣)(=고을)[헨](경남 발음)+트/터(경남)(=곳)→헨트[ᄒ→ᄏ]→켄트(kentı)[/t/를 파열시켜 발음하면 [ı]는 있으나 없으나 발음이 같이 들린다]→kent【근거】燈등의블**혀**고〈석보상절 9권 32장 뒷면〉=등에 불 **켜**고(현대어): 혀다[ᄒ→ᄏ]→켜다.

kepçe(=국자)=급(汲)(=푸다)+이(첨가음)+자(子)(=것)+이(첨가음)[모음 합체]→굽재[단음화: 의→에]→겝재[애→에]→겝제→kep제(ㅈ(무성 무기 파찰음))[자음조화: ㅈ→ç/p__]→kepçe(그 뜻은 '푸는 것'=국자)【근거】국(國)+이(첨가음)[모음 합체]→귁(國)〈월인석보 1권 훈민정음 1장 앞면〉. çam ağacı(=소나무)=çam+ağaç(=나무)+i(3인칭 소유 접미사)[유성음화: ç→c/유성음__유성음]→çam ağaci[모음조화: a-ı]→çam ağacı. işçi(=일꾼)=일+ㅎ(고유어 명사에 붙음)+이(첨가음)+자(子)(=사람)+이(첨가음): 일+ㅎ+이[ㅎ→ㅅ/__이]→일시[ㄹ→∅/__ㅅ]→**이시(iş)**. 자+이[모음 합체]→재[애→에]→제[에→이]→**지**. işçi=이시(iş)+지[자음조화: ㅈ→ş__]→işçi. gemici(=뱃사람)=함(艦)(=배)+이(첨가음)+자(子)(=사람)+이(첨가음)[ㅎ→ㄱ]→감이+지[umlaut]→갬이지[애→에](튀르키예어에는 /애/가 없다)→겜이지[유성음화: ㅈ(무성 무기 파찰음)→c(유성 무기 파찰음)/유성음__유성음]→kemici[어두 유/무성자음 교체]

→gemici【근거】해겁다(경남)[ㅎ→ㄱ]→개겁다(경남)(=가볍다). kema(우즈벡어)(=배)=함(艦)(=배)+이(첨가음)+아(=子)[모음 합체]→햄아[애→에]→헴아[ㅎ→ㄱ]→겜아(kema).

kere(=kez)(=번, 회, 회수, 차)=회(回)[헤](경남 발음)+알(의미첨가 없이 명사에 붙는 접미사)+이(첨가음)+아(의미첨가 없이 명사에 붙는 접미사)+이(첨가음)[모음 합체]→헤앨애[애→에]→**헤엘**에[동모음 축약]→헬에[ㅎ→ㅋ]→켈에→kere(접미사, '알'이 붙은 명사를 접미사가 붙지 않은 명사로 보고 다시 접미사, '아'를 붙인 경우이다)【근거】사타리(경남)(=삳(표준어))=삳+알+이. 아래(표준어)=알(경남)(=아래)+아(의미첨가 없이 명사에 붙는 접미사)+이(첨가음)[모음 합체]→아래. 〔유례〕**거레이**(경남)(=거지)=걸(乞)(=구걸하다)+**앙**(=子(자))(=사람)+이(첨가음)[umlaut]→걸앵이[모음조화: 어-에]→걸엥이→거렝이[ㅇ(ŋ)→Ø/__이 and 이[ĩ](鼻母音) and 비모음을 구강 모음으로](경남 발음 규칙)→거레이[거레ĩ](경남 발음). **거렁뱅이**(경남)(=거지)=걸(乞)(=구걸하다)+**앙**(=子)+**방**(=사람)+이(첨가음)[모음조화: 어-어]→걸엉방이[umlaut]→걸엉뱅이→거렁뱅이[모음조화: 어-에]→거렁**뱅이**[beĩ](경남 발음).

keşif(=발견, 탐색)=헤지(다)(경남)(=뭔가를 찾으려고 이리저리 젖히거나 뒤적이거나 파헤치다)+ㅂ(명사형 어미)→헤집[ㅎ→ㅋ]→케집[ㅈ→ㅅ]→케십(keşip)[어말의 /p/를 파열시켜 발음하면 어말이라 발음이 약화되어 [f]처럼 들린다]→keşif(그 뜻은 '뭔가를 찾으려고 헤지는 것'=탐색)【근거】燈등의블**혀**고〈석보상절 9권 32장 뒷면〉=등에 불 **켜**고(현대어): 혀다[ㅎ→ㅋ]→켜다. **해겁다/개겁다**(경남)=가볍다(표준어). 매듭=맺(다)[**맫**(따)]+으(자음 충돌 회피용 삽입 모음)+ㅂ(명사형 어미)→매듭. 똥구시(경남)=똥+굳(=구덩이)+이(첨가음)→똥구디[구개음화]→똥구지[ㅈ→ㅅ]→똥구시.

kez(=번, 차례, 회)=회수(回數)[헤수](경남 발음)[ㅎ→ㅋ]→케수[우→으]→케스(kesı)[유성음화]→케스(kezı)[유성 마찰음, [z] 뒤의 [ı]는 있으나 없으나 발음이 같이 들린다]→kez. 아니면, **kez**=회(回)[헤](경남 발음)+자(子)(의미첨가 없이 명사에 붙는 접미사)+이(첨가음): 헤[ㅎ→ㅋ]→**케**. 자+이[모음 합체]→재[애

→에]]→제[에→이]]→지[ㅈ→ㅅ]]→시[이→으]]→스. **kez**=케+스[[유성음화]]
→케스[[ㅿ→z]]→kezı[[유성 마찰음, [z] 뒤의 [ı]는 있으나 없으나 발음이 같이 들
린다]]→kez. 〔유례〕 **bez**(=천, 옷감)=베(=포(布))(=천)+자(子)(의미첨가 없이 명사
에 붙는 접미사)+이(첨가음)[[모음 합체]]→베재[[애→에]]→베제[[에→이]]→베
지[[ㅈ→ㅅ]]→베시[[이→으]]→베스[[유성음화]]→베스[[ㅿ→z]]→pezı[[어두 유/
무성자음 교체]]→bezı[[유성 마찰음, [z] 뒤의 [ı]는 있으나 없으나 발음이 같이 들
린다]]→bez. **toz**(=먼지)=토(土)+자(子)(지소사)(=~에서 만들어진 것)+이(첨가음).
cf. 子(し(si)/す(su)[sı](일본어)=자(子)+이(첨가음)[[모음 합체]]→재[[애→에]]→
제[[에→이]]→지[[ㅈ→ㅅ]]→시(si)[[이→으]]→스(su[sı])[[유성음화: s→z/(유성
음)__으]]→子[zı](중국어) 【근거】 사타리(경남)=살(표준어)+알(의미첨가 없이 명
사에 붙는 접미사)+이(첨가음)→사타리(=살). 알(경남)(=아래)=알+아(의미첨가
없이 명사에 붙는 접미사)+이(첨가음)[[모음 합체]]→알애→아래(표준어). 燈등의
블**혀**고〈석보상절 9권 32장 뒷면〉=등에 불 **켜**고(현대어): 혀다[[ㅎ→ㅋ]]→켜다.
종지=종자(鍾子)+이(첨가음)[[모음 합체]]→종재[[애→에]]→종제[[에→이]]→종
지. 이사/으사(경남)=의사(醫師)(표준어). 똥구시(경남)=똥+굳(=구덩이)+이(첨가
음)→똥구디[[구개음화]]→똥구지[[ㅈ→ㅅ]]→똥구시. 子즈孫손이**니셔**가몰〈석보
상절 6권 7장 뒷면〉(=자손이 이어 감을): 닛(다)+어(부사형 어미)→니셔[[유성음
화]]→니**셔**. 닛다[[두음법칙]]→잇다(현대어). ⇒ **kere**(=kez).

kıç(=배의 고물, 선미, 사람의 궁둥이)=긑(=끝)+이(첨가음)→그티[[구개음화: ㅌ
→ㅊ/__이]]→그치→kıç(배의 끝이 배의 고물이다) 【근거】 末맗은그티라〈석보상
절 9권 2장 뒷면〉=末(말)은 끝이라: 긑[[ㄱ→ㄲ]]→끝(현대어): 예를 들어 다음과
같은 과정 거쳐 '끝'이 만들어졌다: 자룻긑[자루**끝**]=자루+ㅅ(사이시옷)+긑[[ㅅ+ㄱ
→ㄲ]]→자루끝.

kil(=흙)=흘(경상, 평남)〈고려대 한국어대사전〉(=흙)[[으→이]]→힐[[ㅎ→ㅋ]]→
킬→kil 【근거】 **이사/으사**(경남)=의사(醫師). 그리다(표준어[[으→이]]→기리다
(경남). 燈등의블**혀**고〈석보상절 9권 32장 뒷면〉=등에 불 켜고(현대**어**): 혀다[[ㅎ→
ㅋ]]→켜다.

kilit(=자물쇠)=(빗장을) 걸(다)+앗[안](=것)+이(첨가음)[모음 합체]→걸앤[애→에]→걸엔[에→이]→걸인[umlaut]→젤인[에→이]→길인→kilit(그 뜻은 '(빗장을) 거는 것'=자물쇠) 【근거】종지=종자(鍾子)+이(첨가음)[모음 합체]→종재[애→에]→종제[에→이]→종지. 고기(표준어)[umlaut]→괴기[단음화: 외→에]→게기(경남)[ㄱ→∅/모음__모음]→게이(경남)[에→이]→기이(경남). '빗장을 걸다=문을 잠그다'이니 '거는 것'이 '빗장'이고 '잠그는 것'이 '자물쇠'이다. 〔유례〕**çit**(=울타리)=(울타리를) 치(다)+앗[안](=것)+이(첨가음)[모음 합체]→치앤[애→에]→치엔[에→이]→치인[동모음 축약]→친(çit)('치는 것'=울타리).

kımıltı(=동요, 움직임)=꾸물(현대어)+티(내다)[우→으]→끄믈티[ㄲ→ㄱ]→그믈티→kımılti[모음조화: ı-ı]→kımıltı(그 뜻은 '꾸물거리는 티'=동요, 움직임) 【근거】믈(=水)〈훈민정음해례본 용자례〉[으→우]→물(현대어). **끈**(近)〈월인석보 1권 월인서 14장 앞면〉[유/무성 자음 교체: ㄲ(g)→ㄱ(k)]→**근**(현대어) 【근거】'ㄲ, ㄸ, ㅃ, ㅉ, ㅆ, ㆅ 爲 全濁'〈훈민정음해례본〉(전탁(全濁)=유성음(有聲音)). 티=어떤 태도나 기색. 소리의 '티'는 소리이고 행동의 '티'는 행동이다: **inilti**(=신음소리)=음(吟)(=신음하다)+으(자음 충돌 회피용 삽입 모음)+ㄹ(관형형 어미)+티(ti)[으→이]→임을ti[ㅁ(m)→ㄴ(n)]→인을ti(inılti)[모음조화: i-i]→inilti. cf. **in-lemek**=음(吟)(=신음하다)+이(명사형 어미)+le+mek[으→이]→임+이+lemek[동모음 축약]→임lemek[ㅁ→ㄴ]→인lemek→inlemek 【근거】음식(표준어)[으→이]→임식[이→으]→임슥(경남). **므슴**〈석보상절 6권 16장 앞면〉[으→우]→무슴[ㅁ→ㄴ]→**무슨**(현대어).

kiriş(=현악기의 줄)=혀(다)〈악장 청산별곡〉《우리말샘》(=켜다)+ㄹ(관형형 어미)+앗(=것)+이(첨가음)[ㅎ→ㅋ]→켤[켈](경남 발음)+앗이[umlaut]→켈앳이[애→에]→겔엣이[에→이]→킬잇이→키리시→kiriş(그 뜻은 '현악기의 켤 것'=현악기의 줄) 【근거】노릇(=戲(희))〈용가44장〉《고려대 한국어대사전》(=노릇)=놀(다)+옷(=앗)(=것, 행위). 게(=蟹(해))(경남)[에→이]→기(경남). (가야금을) 혀다[ㅎ→ㅋ]→켜다(현대어).

kış(=겨울)=*겻(=겨울)+이(첨가음)[단음화]→거시[어→으]→그시→kış 【근거】

겨슬〈석보3:5〉《고려대 한국어대사전》/〈박통사언해 상권 18장〉《우리말샘》(=겨울)=*겻+알(=자(子))(의미첨가 없이 명사에 붙는 접미사)+이(첨가음)[모음 합체]→겻앨[애→에]→겻엘[에→이]→겻일→겨실[이→으]→겨슬[유성음화]→겨슬【근거】이리/으리(경남)=의리(표준어). 사타리(경남)(=살(표준어))=샅+알(=子)(의미첨가 없이 명사에 붙는 접미사)+이(첨가음). 장어(표준어)+이(첨가음)[모음 합체]→장에[모음조화: 아-애]→장애(경남). cf. 겨울〈계축 하 42〉《우리말샘》(=겨울)=*겻+올(=알)(의미첨가 없이 명사에 붙는 접미사)→겨슬[유성음화]→겨슬[ㅿ→Ø]→겨울.

kişi(=인간, 사람, 개인)=것(=사람)+이(첨가음)[umlaut]→겟이[에→이]→깃이→기시→kişi【근거】못된 **것**이 사람을 하나게 하내(경남)=못된 **놈**이 사람을 화나게 하네. 요 예삔 **거(=것)** 누구 새끼(경남)(귀여운 아이에게 하는 말)=이 예쁜 **아이**는 누구 자식?: 거[어→오]→고→こ(=子)(ko)(일본어). 아모거시/아무거시(경남)=이름을 확실히 모르는 **어떤 사람**을 말할 때 사용한다. 아모거시=아모+것(=사람)(여기서는 비하하는 의미는 없다)+이(첨가음). 고기(표준어)[umlaut]→괴기[단음화]→게기(경남)[ㄱ→Ø/모음__모음]→게이(경남)[에→이]→기이(경남).

kıta(=대륙(大陸)=큰 땅)=크(다)+싸ㅎ〈석보상절 19권 1장 뒷면〉[ㅅ+ㄷ→ㄸ]→크따ㅎ[ㅎ→Ø]→크따[ㄸ→ㅌ]→크타→kıta(합성어 속에 한국어 형용사, '크다'가 화석처럼 남아 있다)【근거】딴(誕)〈월인석보 1권 월인서 6장 앞면〉[ㄸ→ㅌ]→탄(현대어). 높층구름=높(다)(형용사 어간)+층(層)(명사)+구름. 붉돔=붉(다)(형용사 어간)+돔(명사). 싸ㅎ〈석보상절 19권 1장 뒷면〉[ㅎ→Ø]→싸〈훈몽자회 상권 1장 앞면〉. 싸+앙(의미첨가 없이 명사에 붙는 접미사)[ㅅ+ㄷ→ㄸ]→따앙[동모음 축약]→땅(현대어).

kıyas(=비교, 대조, 유추)=교(較)(=견주다)+이(첨가음)+앗(=子)(=것)[모음 합체]→괴+앗[모음 간소화: 외→외]→괴앗la[단음화: 외→에]→게앗[에→이]→기앗[이→으]→그앗[모음 충돌 회피용 삽입 반자음, /y/ 첨가]→그얏→kıyas(그 뜻은 '견주는 것'=비교, 대조)【근거】국(國)+이(첨가음)[모음 합체]

→귁(國)〈월인석보 1권 훈민정음 1장 앞면〉. 이사/으사(경남)=의사(醫師)(표준어)
(경남 발음에서는 /이/와 /으/가 아주 자유롭게 교체된다). 괴상하다[단음화: 외
→에]→게상하다(경남). 게(=crab)[에→이]→기(경남, 둘 다 사용). **뒨**(轉)〈월인
석보 1권 월인천강지곡 19장 뒷면〉[모음 간소화: 워→여]→뎐(tyən)[구개음화:
ㄷ→ㅈ/__y]→전[단음화: 여→어]→전(현대어).

kola(=풀)=호(糊)(=풀)+알(의미첨가 없이 명사에 붙는 접미사)+아(의미첨가 없
이 명사에 붙는 접미사)[ㅎ→ㅋ]→**코알**아[모음조화: 오-오]→코올아[동모음
합체]→콜아→kola 【근거】燈등의**블**혀고〈석보상절 9권 32장 뒷면〉=등에 불 켜
고(현대어): 혀다[ㅎ→ㅋ]→켜다. '호+알'이 '홀'로 된 것을 접미사가 붙지 않
은 명사로 보고 다시 의미첨가 없이 명사에 붙는 접미사, '아(a)'를 붙인 것이다.
banka(튀르키예어)=bank(영어)+아(=子)(a)(의미첨가 없이 명사에 붙는 접미사).
아래(표준어)=알(경남)+아(의미첨가 없이 명사에 붙는 접미사)+이(첨가음)[모
음 합체]→알애→아래. 사타리(경남)=삳(표준어)+알(의미첨가 없이 명사에 붙
는 접미사)→사타리. 〔**유례**〕거레이(경남)(=거지)=걸(乞)(=구걸하다)+**앙**(=子(자))
(=사람)+이(첨가음)[umlaut]→걸앵이[모음조화: 어-에]→걸엥이→거렝이[ㅇ
(ŋ)→∅/__이 and 이[ĩ](鼻母音) and 비모음을 구강 모음으로](경남 발음 규칙)→
거레이[거레ĩ](경남 발음). 거렁뱅이(경남)(=거지)=걸(乞)(=구걸하다)+**앙**(=子)+**방**
(=사람)+이(첨가음)[모음조화: 어-어]→걸엉방이[umlaut]→걸엉뱅이→거렁뱅
이[모음조화: 어-에]→거렁**뱅이**[beĩ](경남 발음)

kolçak(=토시, 완장)=홀(경남)(=팔)+차(다)(=착용하다)+악(=것)(=물체)→홀차악
[ㅎ→ㅋ]→콜차악[동모음 축약]→콜착→kolçak(그 뜻은 '팔에 차는 것'=토시)
【근거】**홀**(목)(경남)(=**팔**(목))[ㅎ→ㅋ]→콜→**kol**(=팔). 燈등의블**혀**고〈석보상절
9권 32장 뒷면〉=등에 불 **켜**고: 혀다[ㅎ→ㅋ]→켜다. 완장을 **차다**=완장을 **착용하
다**.

koltuk(=팔걸이의자)=홀(경남)(=팔)+ㅎ(고유어 명사에 붙음)+두(다)+악(=것)[ㅎ
+ㄷ→ㅌ]→홀투악[모음조화: 우-우]→홀투욱[ㅎ→ㅋ]→콜투욱[동모음 축
약]→콜툭→koltuk(그 뜻은 '팔을 두는 것, 즉, 걸치는 것'=팔걸이의자). 아니면,

koltuk=홀(경남)(=팔)+ㅎ(고유어 명사에 붙음)+두(다)+악(=것)+이(첨가음)[ㅎ→
ㅋ]→콜ㅎ두악이[ㅎ+ㄷ→ㅌ]→콜투악이[모음 합체]→콜투액[애→에]→콜
투엑[에→이]→콜투익[모음 합체]→콜퇵[단음화: 위→이]→콜틱(kothik)[모
음조화: o-u]→kothuk(튀르키예어는 /t/와 /th/의 구분이 없다)→koltuk【근거】
홀(목)(경남)(=팔(표준어))[ㅎ→ㅋ]→콜(kol)→kol(=팔). 燈등의블ᄒ혀고〈석보상절
9권 32장 뒷면〉=등에 불 켜고(현대어). 해겁다(경남)[ㅎ→ㄱ]→개겁다(경남). 튀
르키예어에서는 ㄱ/ㅋ의 구분이 없어서 [ㅎ→ㅋ]/[ㅎ→ㄱ], 중 어느 것으로 보
아도 결과는 같다. 종지=종자(鍾子)+이(첨가음)[모음 합체]→종재[애→에]→종
제[에→이]→종지.

kömür(=숯, 석탄)=검(다)/껌(다)/**금**(다)/끔(다)(경남 방언에서 모두 사용)+이(첨
가음)+알(=것)+이(첨가음)→금이알이[모음 합체]→굄앨[애→에]→굄엘[에→
이]→굄일(kömir)[모음조화: ö-ü]→kömür. 아니면, **kömür**=*걸(다)/*글(다)(=
검다)+이(첨가음)+ㅁ(명사형 어미)+알+이(첨가음)→글+이+ㅁ+알+이[모음 합
체]→굴+ㅁ+앨[ㄹ→∅/__ㅁ]→굄앨[애→에]→굄엘[에→이]→굄일(kömir)
[모음조화: ö-ü]→kömür(그 뜻은 '검은 것'=숯, 석탄)【근거】썰이다(경남)(=썰
다)=썰(다)+이(첨가음)+다. **kara**(=검정, 흑색)=*걸(다)(=검다)+아(=것)[어→아]
→갈아→가라(kara). 그슬다(=불에 겉만 약간 타게 하다)〈표준국어대사전〉=*글
(다)(=검다)+슬다(=표면에 뭔가가 달라붙거나 표면만 변하다: 곰팡이가 슬다, 녹
슬다)[ㄹ→∅/__ㅅ]→그슬다(그 뜻은 '표면만 검게 슬다'이다). cf. **からす**(=烏)
(일본어)(=까마귀)(karasu)=***걸**(다)/*글(다)+아(=것)+새(=조(鳥))[어→아]→갈아
새[애→에]→갈아세[에→이]→갈아시[이→으]→가라스(karasɯ)→karasu(/
u/의 발음은 [ɯ](으)이다). **くろし**(=黒し)(kuroshi)(일본어 고어)(=검다)=걸(다)/
글(다)(경남)(=검다)+어(부사형 어미)+지(다)→그러지[어→오]→그로지[ㅈ→
ㅅ]→그로시(kɯrosi)[로마자화: ɯ→u, si→shi]→kuroshi. kuroshi[ㅅ(sh)→∅/
모음__모음]→kuroi(현대 일본어)(=**くろい**(=黒い)). 튀르키예어와 일본어를 보
면 우리말, '검다'는 다음과 같은 과정을 거쳐 만들어졌음을 알 수 있다: *글(다)/*
걸(다)+ㅁ(명사형 어미)+다[ㄹ→∅/__ㅁ]→검다 【근거】 **져ᄆᆞ니**〈석보상절 19권

1장 뒷면)=젊(다)+으(자음 충돌 회피용 삽입 모음)+ㄴ(관형형 어미)+이(=사람) 〖ㄹ→Ø/__ㅁ〗→져므니. cf. 젊은이(현대어)=젊(다)+으+ㄴ+이〖단음화〗→젊은 이. 없다/읎다(경남)(어/으 교체). 신(다)(동사 어간)=신(명사). 게이소(경남)(=계십 시오)=게시소〖ㅅ→Ø/모음__모음〗→게이소.

konu(=주제, 과제)=건(件)+이(첨가음)〖어→오〗→곤이(koni)〖모음조화: o-u〗 →konu 【근거】엄마(표준어)〖어→오〗→옴마(경남). 오늘은 이 **건**(件)을 토론하 겠습니다(건=주제).

kör(=장님)=*글(다)(경남)(=그르다)+이(명사형 어미)(=사람)〖모음 합체〗→귈 →kör(그 원뜻은 '(눈이) 어두운 사람'=맹인) 【근거】해그레(경남)(=해가 져 어두 운 무렵)=해(=태양)+글(다)+아+이(첨가음)〖모음 합체〗→해글애〖모음조화: 으- 에〗→해글에→해그레. cf. **めくら**(=盲=맹인)(mekura)(일본어)=め(=目)(=눈) (me)+글(다)(kɯr)+아(=子)(a)(=사람)→mekura→めくら(く의 발음은 [kɯ](그)이 다).

köşe(=구석)=구+이(첨가음)+석+이(첨가음): 구+이〖우→으〗→그이〖모음 합체〗 →긔. 석+이〖ㄱ→Ø/__모음__모음〗→서이〖모음 합체〗→세. 긔+세→köşe 【근 거】**귀석**(강원)〈고려대 한국어대사전〉(=구석)=**구+이**+석〖모음 합체〗→귀석. 믈 (=水)〈월인석보 1권 월인천강지곡 23장 앞면〉〖으→우〗→물(현대어). 경남에서는 '구석/기석/구시이/기시이'를 사용한다: 기석(경남 노인 말)=귀석〖단음화: 위→ 이〗→기석. 한쪽 **구서어** 나아도오라(경남)(=한쪽 구석에 놓아둬라): 구서어=구석 +아(처격 조사)〖모음조화: 어-어〗→구석어→구서거〖ㄱ→Ø/모음__모음〗→구 서어. 구시이(경남)(=구석)=구석+**이**(첨가음)→구서기〖umlaut〗→구세기〖에→ 이〗→구시기〖ㄱ→Ø/모음__모음〗→구시이. 기시이(경남)(=구석)=**구+이+석+ 이**〖모음 합체〗→귀석이〖단음화〗→기석이〖umlaut〗→기섹이〖에→이〗→기시기 〖ㄱ→Ø/모음__모음〗→기시이.

kovan(=통, 벌집)=고방(庫房)(경남)(=물건을 저장하는 방)〖ng(ㅇ)→n(ㄴ)〗→고 반〖유성음화〗→고빤〖ㅸ→v〗→kovan(그 뜻은 (벌이 꿀을) 저장하는 방=벌집) 【근거】don(mak)(=얼다)=동(凍)(=얼다)(tong)〖ng(ㅇ)→n(ㄴ)〗→ton〖어두 유/무성

자음 교체]]→don【근거】kelmoq(우즈벡어)=gelmek(튀르키예어)=오다.

köy(=시골, 촌, 촌락)=골(=곡(谷))+이(첨가음)[[어말 /ㄹ/ 탈락]]→고이[[umlaut]]
→괴이→köy【근거】한국에서 시골 동네 이름 중에 '골'이 붙은 것이 많다: 배골,
한골, 웅골 등. 새마(=신촌(新村))(경북)=새(=新)+말(=村)(경남)[[어말 /ㄹ/ 탈락]]
→새마. 가마(표준어)+이(첨가어)[[모음 합체]]→가매(경남).

koz(=호두)=호도(胡桃)(=당츄ᄌ〈구간:2:36ㄱ〉《디지털한글박물관 옛문헌 한자
어》)(=호두)[[ㅎ→ㅋ]]→코도[[오→으]]→코드[[구개음화]]→코즈[[ㅈ→ㅅ]]→코
스[[유성음화]]→코스[[△→z]]→kozı[[유성 마찰음, [z] 다음의 [ı]는 있으나 없으나
발음이 같이 들린다]]→koz【근거】오좀〈석보11:25〉《고려대 한국어대사전》/(경
남)[[오→으]]→오즘〈훈몽자회 상권 28장 앞면〉[[으→우]]→오줌(현대 표준어).
kol(=팔)=ᄒᆞᆯ(목)(경남)(=팔(목))[[ㅎ→ㅋ]]→콜(kol). 燈등의블**혀**고〈석보상절 9권
32장 뒷면〉=등에 불 켜고(현대어): 혀다[[ㅎ→ㅋ]]→켜다. 똥구시(경남)=똥+굳
(=구덩이)+이(첨가음)→똥구디[[구개음화]]→똥구지[[ㅈ→ㅅ]]→똥구시. 子ᄌᆞᆼ孫
손이**니ᅀᅥ**가몰〈석보상절 6권 7장 뒷면〉(=자손이 이어 감을): 닛(다)+어(부사형 어
미)→니서[[유성음화]]→니ᅀᅥ. 닛다[[두음법칙 후 보상적 /y/ 첨가]]→y+잇(is)다
[[단음화: y+i→i]]→잇(is)다(현대어). 호도[[오→우]]→호두(현대 표준어)【근거】
사오/사우(경남)=사위(표준어).

kral(=왕)=크(다)+ㄹ(관형형 어미)+알(=사람)→크랄(kıral)[[/k/를 파열시켜 발음
하면 [ı]는 있으나 없으나 발음이 같이 들린다]]→kral(그 뜻은 '큰/위대한 사람'=
왕?)

kraliçe(=왕비)=kral(=왕)+이(소유격 조사)(=으(경남), 의(표준어))+쳉(妻)〈월인석
보 1권 월인천강지곡 44장 앞면〉[[체]][[단음화: 예→에]]→kral이체→kraliçe(그 뜻
은 '왕의 처'=왕비)【근거】쳉(妻)[체][[첨가음, /이/ 삭제]]→쳐[[단음화: 여→어]]
→처(妻)(현대어). 으리/**이**리=의리(義理)(표준어). 사람**으** 폴(경남)(=사람의 팔)=
사람+으(소유격 조사)+폴(=팔). cf. 사람의 팔(표준어)=사람+으(소유격 조사)+이
(첨가음)+팔[[모음 합체]]→사람의 팔. cf. 상**아** 놓을 기[끼] 없다(경남 노인 말)=
상에 놓을 것이 없다(표준어): 에(처격 조사)=아(경남)(처격 조사)+이(첨가음)[[모

음 합체]→애(중세 국어: 양모음 뒤에서)(모음조화 파괴 현대어에서는 '에'로 통일)→에(현대어).

kül(=재(=灰))=회(灰)+알(의미첨가 없이 명사에 붙는 접미사)+이(첨가음)[오→우]→휘알이[모음 합체]→휘앨[애→에]→휘엘[에→이]→휘일[동모음 축약]→휠[ㅎ→ㅋ]→퀼→kül【근거】燈등의블**혀**고〈석보상절 9권 32장 뒷면〉: 혀다[ㅎ→ㅋ]→켜다(현대어). cf. 灰[huī](중국어)=회[오→우]→휘[모음 분해]→후이→huī. 종지=종자(鍾子)+이(첨가음)[모음 합체]→종재[애→에]→종제[에→이]→종지. 사타리(경남)(=삯(표준어))=삯+알(의미첨가 없이 명사에 붙는 접미사)+이(첨가음)→사타리.

kulak(=귀)=굴(窟)(kul)+악(지소사)→kulak(그 뜻은 '작은 굴'=귀). cf. 대갈(이)(=머리)=대(大)(크다)+갈(=알(卵))(=둥근 것). ağız(=입)=아(=子)(지소사)+군(=구멍이)+이(첨가음). ⇒ ağız【근거】눈ㅅ갈[눈깔](=눈알)=눈+ㅅ(사이시옷)+갈(=알). 머리는 알보다 커서 대갈이라 하고 귀는 굴은 굴인데 작아서 '굴악(kulak)'이라고 한 것이다. 콠(窟)〈월인석보 1권 월인서 20장 뒷면〉[경과음, /ㅎ/ 탈락]→콜[ㅋ→ㄱ]→골[오→우]→굴(현대어). 콠(窟)이 현대어로 바뀌는 과정도 한국어와 같다.

kumaş(=옷감)=ᄀ숨〈월석12:41〉《고려대 한국어대사전》(=(옷)감)+앗(=子)(의미첨가 없이 명사에 붙는 접미사)+이(첨가음)[ㅿ→Ø/모음_모음]→ᄀ옴앗이[동모음 축약]→곰앗이[ᄋ→우]→굼앗이→굼아시→kumaş【근거】ᄀ숨[ㅿ→Ø/모음_모음]→ᄀ옴[ᄋ→아]→가암[동모음 축약]→감(현대어). ᄀ뭀難난〈석보상절 9권 33장 뒷면〉[ᄋ→아]→가뭀難난[ᄋ→우]→가뭀難난(=가물난(현대어)). 씨**앗**(=씨)(=種子)=씨(=種+앗(=子)(의미첨가 없이 명사에 붙는 접미사). 이것=이거(경남)(=이것)+앗(의미첨가 없이 명사에 붙는 접미사)[모음조화: 어-어]→이거엇[동모음 축약]→이것. kumaş가 아랍어에서 차용한 것이라고 하나 아랍어는 한국어에서 차용한 것임을 알 수 있다.

küp(=오지항아리)=(그릇을) 굽(다)+이(명사형 어미)(=물건)[모음 합체]→귑(küp)(그 뜻은 (그릇을) 구운 것=오지항아리).

küre(=구(球))=*굴이(다)(→굴리다?)+아(=것)+이(첨가음)→굴이아이[모음 합체]→귈애[애→에]→귈에→귀레→küre(그 뜻은 '굴리는 것'=구). 아니면, küre=구(球))+이(첨가음)+알(의미첨가 없이 명사에 붙는 접미사)+이(첨가음)+아(의미첨가 없이 명사에 붙는 접미사)+이(첨가음)[모음 합체]→귀앨애[애→에]→귀엘에→귀에레[동모음 축약]→귀레(küre). ⇒ **kere** 【근거】굴다=그울다〈월인석보 1권 26장〉《우리말샘》[으→우]→구울다[동모음 합체]→굴다. 그우리다(='굴리다'의 옛말)=그울(다)(=구르다)+이(사동 보조 어간)+다→그우리다. 이로써, '굴다'가 원형이고 '구르다'는 풀어 쓴 것이라는 것을 알 수 있다 【근거】굴대=굴(다)+대: '구르다'가 원형이면 '굴대'가 만들어질 수 없다. 둘에〈월인석보 8권 13장〉《고려대 한국어대사전》[/ㄹ/ 복제]→둘레(현대어).

kurs(=disk)=굴(다)(=(둥근 물건이) 돌면서 움직이다)〈고려대 한국어대사전〉+자(子)(=것)+이(첨가음)[모음 합체]→굴재[애→에]→굴제[에→이]→굴지[이→으]→굴즈[ㅈ→ㅅ]→굴스(kursı)[마찰음, [s] 다음의 [ı]는 있으나 없으나 발음이 같이 들린다]→kurs(그 뜻은 '(둥근 물건이) 돌면서 움직이는 것'=디스크) 【근거】굴대(=a shaft)=굴(다)+대(=길쭉한 막대). 똥구시(경남)=똥+굳(=구덩이)+이(첨가음)→똥구디[구개음화]→똥구지[ㅈ→ㅅ]→똥구시. ⇒ **küre**.

kurum(=soot=그을음, 검댕)=그을(다)+으(자음 충돌 회피용 삽입 모음)+ㅁ(명사형 어미)→그을음→그으름[동모음 축약]→그름[으→우]→구룸→kurum 【근거】믈(=水)〈훈민정음해례본 용자례〉[으→우]→물(현대어). cf. soot[sʊt](영어)=숯[숟](sut)[sʊt]. 영어와 한국어의 연관성을 연구할 필요가 있다.

kuş(=새)=(명사)+그/거(경남)(소유격 조사)+새(=조(鳥))→그새[으→우]→구새[애→에]→구세[에→이]→구시→kuş?(앞 명사에 붙은 소유격 조사, '그'를 '새'에 붙여 잘못 분석하여 만들어진 단어일 가능성이 있다). cf. からす(=烏(오))(karasu)(일본어)(=까마귀)=から(kara)(=검정, black)+새(=鳥(조))[애→에]→から세[에→이]→から시[이→으]→からス(su[sɯ])→からす. 튀르키예어와 일본어에는 /애/가 없어서 /에/로 바뀐다.

kutu(=상자)=굳(kut)+우(u)(첨가음) 【근거】**구덕**(제주)(=바구니)〈고려대 한국어대사전〉=굳+악(=子)(의미첨가 없이 명사에 붙는 접미사)[모음조화: 우-어]→굳억→구덕, **구덩**(전남)(=광주리)〈우리말샘〉=굳+앙(=子)(의미첨가 없이 명사에 붙는 접미사)[모음조화: 우-어]→구덩. 튀르키예어와 제주 방언, 전남 방언은 '굳'은 같고 접미사만 다르나 모두 같은 기능을 하는 접미사이다【근거】구무(=孔)〈훈몽자회 하권 18장 앞면〉(=구멍)=굼+우(첨가음). 구먹(경기, 전라, 충북, 황해)〈고려대 한국어대사전〉(=구멍)=굼+악(의미첨가 없이 명사에 붙는 접미사)[모음조화: 우-어]→굼억→구먹. 구멍(표준어)=굼+앙(의미첨가 없이 명사에 붙는 접미사)[모음조화: 우-어]→굼엉→구멍.

kütük(=그루터기)=끌턱(강원, 충북, 평안, 함남)(=그루터기)〈우리말샘〉/(경남)+이(첨가음)[모음조화]→끌특(경남)+이[으→우]→꿀툭이[umlaut 2회]→뀔튁[ㄹ→Ø/__ㅌ]→뀌튁[ㄲ→ㄱ]→귀튁→kütük(튀르키예어에서는 ㅌ/ㄷ 구분이 없다)【근거】믈(=水)〈훈민정음해례본 용자례〉[으→우]→물(현대어). **끈**(近)〈월인석보 1권 월인서 14장 앞면〉[ㄲ(g)→ㄱ(k)](유/무성자음 교체)→근(현대어). 끌턱+이(첨가음)[umlaut]→끌텍이→끌테기(경남)[에→이]→끌티기(경남)[ㄱ→Ø/모음__모음]→끌티이(경남), 불(佛)텨[ㄹ→Ø/__ㅌ]→부텨〈석보상절 13권 23장 앞면〉[구개음화: ㅌ→ㅊ/__y(텨)(tyə)]→부쳐[단음화: 여→어]→부처(현대어). 검다/껌다.

kutup(=(지리) 극)=긑(=말(末)〈석보상절 9권 2장 뒷면〉(=끝)+읍(=것?)[으→우]→긑읍→kutup【근거】끄트**머리**=끝+으(자음 충돌 회피용 삽입 모음)+머리→끄트머리. 끄트**마리**(함경)〈고려대 한국어대사전〉=끄트머리. cf. 끝머리(=어떤 일이나 사물 따위의 이 되는 부분〈표준국어대사전〉=끝+머리. 마리 슈(首)〈훈몽자회 상권 24장 뒷면〉: 마리[아→어]→머리(현대어). 끄트**바리**(강원)〈우리말샘〉=끄트마리[ㅁ→ㅂ]→끄트바리. 튀르키예어는 강원도 방언, 끄트바리를 '끄트바리=**끄튭**+알(=子)(의미첨가 없이 명사에 붙는 접미사)+이(첨가음)'로 분석하여 '끄튭'을 튀르키예어로 만들었을 것으로 추정된다. 아니면, '거붑(=거북(현대어))=겁(=껍데기, 껍질)+웁(=것)→거붑. 거북=겁(=겁데기, 껍질)+욱(=악(=子))→거북(그 뜻은 '겁데기가 있는 것"=거북)'과 같이 '읍'이 붙어서 만들어진 단어일 것이다.

kuzey(=북(쪽))=구(鬼)(경북 영일, 경남)(=귀신)+짝(경남)(=쪽)+이(첨가음)→구짝이〚umlaut〛→구쨕이→구째기〚애→에〛→구쩨기〚ㄱ→Ø/모음__이(어말음)〛→구쩨이〚ㅉ→ㅆ〛→구쎄이〚ㅆ→z〛→kuzey(그 뜻은 '귀신 쪽'=북쪽) 【근거】 'ㄲ, ㄸ, ㅃ, ㅉ, ㅆ, ㆅ 爲 全濁'〈훈민정음해례본〉(전탁(全濁)=유성음(有聲音)). 쌍(上)〈석보상절 9권 3장 뒷면〉〚ㅆ→z〛→zyang〚일본어식으로 표기〛→zyau→じゃう(上)(일본어 고어)〚a→o〛→zyou→じょう(上)(일본어 현대어). 사람이 죽으면 북망산(北邙山)(=묘지(墓地)가 있는 곳이나 사람이 죽어서 가는 곳)에 간다고 한다. 따라서 북쪽을 '귀(鬼)터'라고 한다. cf. **きた**(=北)(일본어)(kita)=귀(鬼)+터(=장소)→귀터[기터](경남 발음)→기터〚어→아〛→기타(kitʰa)→kita(きた)(일본어에는 /kh/와 /k/의 구분이 없다).

lokanta(=식당)=려관(旅館)+터(=곳)〚어→오〛→료관터〚단음화: 요→오, 와→아〛→로간터〚어→아〛→로간타→lokanta(그 뜻은 '여관터'로 숙식을 하는 곳인데 식사하는 곳으로 의미가 축소되었다). cf. **りょかん**(旅館)(일본어)(ryokan)=려관(旅館)〚여→요〛→료관〚단음화: 와→아〛→료간(ryokan) 【근거】 여간(旅館)(경남)=려관(旅館)〚두음법칙 후 보상적 /y/ 첨가〛→y+여(yə)관〚동음 축약: y+yə→yə〛→여관〚단음화: 와→아〛→여간. 쇼(=牛)〈훈몽자회 상권 19장 뒷면〉〚단음화: 요→오〛→소(현대어).

Macaristan(=헝가리의 옛 이름)=마(馬)(=말)+이(첨가음 혹은 소유격 조사)+갈(=子)(=알)+이(소유격 조사)+짜(=地(디))〈훈몽자회 상권 1장 앞면〉+앙(=子)〚모음 합체〛→마**갈**이짜앙〚동모음 축약〛→마갈이짱〚ㅇ[ŋ]→ㄴ(n)〛→마갈(gyar)이짠〚구개음화: ㄱ→ㅈ/__y〛→마쟐이짠〚단음화〛→마**자**리짠〚유성음화: ㅈ→c/모음__모음〛→macaristan→Macaristan(그 뜻은 '말갈의 땅'이다). cf. **Macar**(=헝가리인)=마(馬)(=말)+이(첨가음 혹은 소유격 조사)+갈(=子)(=알)(=사람)〚모음 합체〛→마갈(magyar=헝가리인)〚구개음화〛→마쟐〚단음화〛→마잘〚유성음화: ㅈ→c/모음__모음〛→Macar(그 뜻은 '말의 자손'이다). Macar**ca**(=헝가리어)=Macar+엉(語)[어]+이(첨가음)〚모음 합체〛→Macar에〚ㅇ(꼭지 있는 이응)→g〛→Macarge〚구개음화: /ㄱ/의 유성음〛[g]→[c](/ㅈ/의 유성음)/__에〛→Macarce〚모음조화:

a-a]→Macarca. cf. **Korece**(=한국어)=Kore(=한국)+ce(=어)(e-e) 【근거】 가운제(경북)=가운데[구개음화: ㄷ→ㅈ/__에]→가운제. 말갈(靺鞨)=Macar. [Mòhé](=靺鞨)(중국어)=몰〈용가48장〉《고려대 한국어대사전》(=말=馬)+ㅎ(고유어 명사에 붙음)+아(=子)(=자손)[어말 /ㄹ/ 탈락]→ᄆᆞ하[ᄋᆞ→오]→모하[아→어]→모허→[Mòhé](그 뜻은 '말의 자손'=마족(馬族)이라는 뜻이다. 즉, 말을 토템으로 하는 민족이라는 뜻이다). 몰[ᄋᆞ→오]→몰(경남 노인 말). 몰[ᄋᆞ→아]→말(표준어). '靺鞨'은 '말+갈(=子)(=자손)'을 음차한 것인데 중국인은 남의 나라를 한자로 음차할 때 발음은 같으나 그 문자적 의미가 아주 나쁜 단어를 골라 사용한다: 靺(=버선=socks)+鞨(=가죽신=leather shoes). 남만(=南蠻)=남(南)+만(蠻)(虫=벌레).

mahalle(=마을)=*ᄆᆞ홀+아(=子)(의미첨가 없이 명사에 붙는 접미사)+이(첨가음)[모음 합체]→마홀애[ᄋᆞ→아]→마할애[애→에]→마할에[/ㄹ/ 복제]→마할레→mahalle 【근거】 벌에〈석보상절 24권 50장〉《우리말샘》[/ㄹ/ 복제]→벌레. ᄆᆞ술(=里(리))〈훈몽자회 중권 8장 뒷면〉=*ᄆᆞ홀[ㅎ→ㅅ]→ᄆᆞ술[유성음화]→ᄆᆞ술 【근거】 일훔 지ᅘᅥ〈월인석보 1권 석보서 4장 뒷면〉(=이름 지어): 짛다[ㅎ→ㅅ]→짓다(현대어)(이는 '힘[ㅎ→ㅅ/__이]→심'과 다른 근거로 변한 것이다). 모실(경남)(=마을)=*ᄆᆞ홀+이(첨가음)[ᄋᆞ→오]→모홀이[모음 합체]→모횔[단음화: 외→에]→모헬[에→이]→모힐[ㅎ→ㅅ/__이]→모실 【근거】 회(표준어)[단음화: 외→에]→헤(경남). 소(=牛)+이(첨가음)[모음 합체]→쇠[단음화]→세(=牛)(경남)[에→이]→시(=牛)(경남). 몽다〈삼역 5:12〉《우리말샘》=모으다: *ᄆᆞᇂ(다)(/ㅎ/은 받침이다. 글자가 없어서 이렇게 표기했다)+알(=것, 곳)[ᄋᆞ→오]→몽(다). ᄆᆞᇂ(다)+알(=것, 곳)[모음조화: ᄋᆞ→ᆞ]→ᄆᆞᇂᄋᆞᆯ→ᄆᆞ홀[ㅎ→ㅅ]→ᄆᆞ술[유성음화]→ᄆᆞ술〈훈몽자회 중권 8장 뒷면〉. '마을'이란 사람들이 한 곳에 모인 곳이다.

maktu fiyat(=정찰가)=막(히다)(=마키다〈월인석보 13권 18장 앞면〉(=(값을) 매기다)《표준국어대사전》+두(다)+비(費)+앗(=子)[안](의미첨가 없이 명사에 붙는 접미사)→막두비안[모음 충돌 회피용 삽입 반자음, /y/ 첨가]→막두비y안→막두비얀[ㅂ(p)→f?/모음__모음]→maktu fiyat(그 뜻은 '매겨둔 값'=정찰가) 【근거】

종자(種子)=씨앗=씨(種)+앗(=子). 費의 중세 국어 음을 찾을 수 없으나 중국어 음이 費[fèi]인 것으로 보아 그 음이 [fi]였을 것으로 추정된다. 마키다〈월인석보 13권 18장 앞면〉(=(값을) 매기다)《표준국어대사전》)=막(다)+히(사동 보조 어간)+다〚ㄱ+ㅎ→ㅋ〛→마키다. 매기다(표준어)(=마키다)=막+이(사동 보조 어간)+다→마기다〚umlaut〛→매기다. **fiyat**(=값)=비(費)+앗(=子)[앋](의미첨가 없이 명사에 붙는 접미사)→비앋〚모음 충돌 회피용 삽입 모음, /y/ 첨가〛→비얃(piyat)〚p→f/(모음)__모음〛(추정된다)→fiyat.

mama(=(child language) food, 맘마)=맘마(mamma)(=(유아어) 음식)〚동자음 축약〛→mama. cf. mamma(=mama)(영어)=포유동물의 유방(유방에서 젖이 나온다). 한국어에서도 '젖'은 '유방' 혹은 '젖(=milk)'이다.

mankafa(=얼간이, 미련퉁이, 팔푼이)=만(滿)(=가득 차다)(man)+kafa(=머리)→mankafa(그 뜻은 '머리가 가득 차 더이상 들어갈 것이 없는 사람'=팔푼이?).

mantı(=만두)=만두(mantu)〚우→으〛→만드〚ㄷ→ㅌ〛(튀르키예어에는 /ㄷ/과 /ㅌ/의 구분이 없다)→만트→mantı【근거】 믈(=水)〈훈민정음해례본 용자례〉〚으→우〛→물(현대어). 뙹(追)〈월인석보 1권 월인서 17장 앞면〉[뒤]=듀+이(첨가음)〚ㄷ→ㅌ〛→튜이〚구개음화〛→츄이〚단음화〛→추이〚첨가음, /이/ 제거〛→**추**(현대어).

maral/meral(=암사슴). maral=마(ma)(=여(女))+ral(=사슴)? meral=마+이(첨가음)+ral〚모음 합체〛→매ral〚애→에〛→메ral→meral【근거】 할매(경남)(=할머니)=하(다)(=**크다**, 많다)+ㄹ(관형형 어미)+마(=女)+이〚모음 합체〛→할매. 할마마마=할**마**+마마(극존칭). *ral(=사슴)=록(鹿)(=사슴)+이(첨가음)+알(의미첨가 없이 명사에 붙는 접미사)→로기알〚ㄱ→∅/__모음__모음〛→로이알〚모음 합체〛→로얄〚모음 합체: 로+얄, 후 모음 간소화: 로+얄→랄〛→랄(ral)【근거】 귁(國)〈월인석보 1권 훈민정음 1장 앞면〉=국(國)+이(첨가음)〚모음 합체〛→귁, 사타리(경남)(=삵(표준어))=삵+알(의미첨가 없이 명사에 붙는 접미사)+이(첨가음). 고기(표준어)〚umlaut〛→괴기〚단음화: 외→에〛→게기(경남)〚ㄱ→∅/__모음__모음〛→게이(경남). 보아라(표준어)〚모음 합체: 보+아→봐〛→봐라(표준어)〚단음화: 와

→아]→바라(경남). cf. **めか**(=女鹿)(일본어 고어)(=암사슴)(meka)=마+이+か(=鹿)(ka)[모음 합체]→매ka[애→에]→메ka→meka 【근거】 **しか**(=鹿)(sika)(古く は女鹿(めか)に対する雄のシカ〈ネッセ全訳古語辞典〉=옛날에는 암사슴에 대한 수사슴)=수+ㅎ(고유어 명사에 붙음)+이(첨가음)+か(=鹿)(ka)[모음 합체]→쉬ㅎ ka[단음화]→시ㅎka[ㅎ+ㄱ(k)→ㅋ(kh)]→sikha(일본어에는 /ㄱ/과 /ㅋ/의 구분 이 없다)→sika. cf. **sik**(튀르키예어)(=penis=자지)=수+ㅎ(고유어 명사에 붙음)+이 (첨가음 혹은 소유격 조사)+거/그(경남)(=것)[모음 합체]→쉬ㅎ그[ㅎ+ㄱ→ㅋ] →쉬크[단음화: 위→이]→시크(sikı)[[k]를 파열시켜 발음하면 뒤의 [ı]는 있으나 없으나 발음이 같이 들린다]→sik(그 뜻은 '수컷의 것'=자지). cf. am(=여성의 성 기, 보지)=암(컷)(am).

maya(=효모)=믹(麥)(=보리)+아(芽)[모음 분해]→묵이아[ᆞ→아]→막이아→ 마기아[ㄱ→Ø/모음__모음]→마이아[모음 합체]→마야→maya(맥아는 보리싹 으로 보리를 싹이 나게 하여 말린 것을 엿기름이라 한다). 아니면 **maya**=믹(麥)(= 밀)〈훈몽자회 상권 12장 뒷면〉+아(=子)(~에서 만들어진 것)[모음 분해]→묵이아 [ᆞ→아]→막이아→마기아[ㄱ→Ø/모음__모음]→마이아[모음 합체]→마야 →maya(그 뜻은 '밀에서 만들어진 것'=누룩=효모)(가능성이 크다). 훈몽자회에서 는 믹(麥)을 보리가 아닌 '俗呼 小麥(속칭 소맥(=밀))'이라고 기록하고 있다 【근거】 고기[umlaut]→괴기[단음화: 외→에]→게기(경남)[ㄱ→Ø/모음__모음]→게 이(경남)[에→이]→기이(경남). ᄀᆞ몰다〈월인석보 10권 84장〉《고려대 한국어대 사전》[ᆞ→아]→가몰다[ᆞ→우]→가물다(현대어). say(mak)(=세다, 계산하다, 여기다)=세(다)[모음 분해: 에→어+이]→서이[어→아]→사이(say). cf. **önem-se**(mek)(=중요하게 여기다, 중요시하다)=önem(=중요)+세(다)(se)→önemse(mek).

meme(=유방, 젖)=맘마(mamma)+이[동자음 축약]→mama+이[umlaut 2회]→ 매매[애→에]→meme 【근거】 맘마(유아어)=엄마의 젖(=milk). 젖=breast=유방. cf. mamma(영어)(=breast)=맘마(mamma). 한국어와 영어의 관계를 추가로 연구할 필요가 있다.

merkez(=중앙, 중심, 본부)=모이(다)+ㄹ(관형형 어미)+곳+이(첨가음): 모이+ㄹ

〚모음 합체〛→묄〚단음화: 외→에〛→**멜(mer)**. 곳+이〚umlaut〛→굇이〚단음화:
외→에〛→게시〚유성음화〛→게싀〚ᅀ→z〛→kezi〚i(이)→ı(으)〛→kezı〚[z] 다음
의 [ı]는 있으나 없으나 발음이 같이 들린다〛→**kez**. merkez=mer+kez(그 뜻은 '모
일 곳'=중심지, 본부)【근거】고기〚umlaut〛→괴기〚단음화: 외→에〛→게기(경
남). 괴상〚단음화: 외→에〛→게상(경남). 으사/이사(경남)=의사(醫師)(표준어).
고이다〚모음 합체〛→괴다. ⇒ **meydan**.

meydan(=공간, 광장, 공연장)=모이(다)+(마)당→모이당〚umlaut〛→뫼이당〚단
음화: 외→에〛→메이당〚ㅇ(ng)→ㄴ(n)〛→메이단(meytan)〚유성음화〛→mey-
dan(그 뜻은 '모이는 마당'=광장). 당(堂)=평지(平地), 널찍한 곳〈㈜오픈마인드인
포테인먼트〉【근거】don(mak)(=얼다)=동(凍)(tong)(=얼다)〚어두 유/무성자음 교
체〛→dong〚ㅇ(ng)→ㄴ(n)〛→don【근거】kelmoq(우즈벡어)=gelmek(튀르키예
어)=오다. ⇒ **merkez**.

mezar(=묘(墓))=묘지(墓地)[모지](경남 발음)+알(=子)(의미첨가 없이 명사에 붙
는 접미사)→모지알〚umlaut〛→뫼지알〚단음화: 외→에〛→메지알〚모음 합체: 이
+아→야〛→메쟐〚단음화: 야→아〛→메잘〚ㅈ→ㅅ〛→메살〚유성음화〛→메살
→mezar【근거】사타리(경남)=삽(표준어)+알(의미첨가 없이 명사에 붙는 접미
사)+이(첨가음)→사타리(=삽). 똥구시(경남)=똥+굳(=구덩이)+이(첨가음)→똥구
디〚구개음화〛→똥구지〚ㅈ→ㅅ〛→똥구시. 子ᄌᆞ孫손이**니ᅀᅥ**가몰〈석보상절 6권
7장 뒷면〉(=자손이 이어 감을): 닛(다)+어(부사형 어미)→니ᅀᅥ〚유성음화〛→니**ᅀᅥ**.

mezun(=졸업자)=맺(다)(=하던 일을 끝내다〈표준국어대사전〉)+인(=人)〚이→으〛
→맺은→매즌〚애→에〛→메즌〚으→우〛→메준〚ㅈ→ㅅ〛→메순〚유성음화〛→
메순(mezun)→mezun(그 뜻은 '학업을 끝낸 사람'=졸업자)【근거】이사/으사(경
남)=의사(醫師)(표준어). 똥구시(경남)=똥+굳(=구덩이)+이(첨가음)→똥구디〚구
개음화〛→똥구지〚ㅈ→ㅅ〛→똥구시. 믈(=水)〈훈민정음해례본 용자례〉〚으→우〛
→물(현대어). 子ᄌᆞ孫손이**니ᅀᅥ**가몰〈석보상절 6권 7장 뒷면〉(=자손이 이어 감을):
닛(다)+어(부사형 어미)→니ᅀᅥ〚유성음화〛→니**ᅀᅥ**. 신(人)〈석보상절 6권 3장 뒷
면〉〚ᅀ→ø〛→인(현대어). 신(人)/인〈중간노걸대언해 상권 2장 앞면〉(중국어 회

화책으로 1795년에 간행한 것으로 추정된다)→신〖이→으〗→슨〖으→어〗→선[zən]〖z→r〗→[rən]→rén[rən]. 중국은 한국과 관련된 역사를 감추기 위해 언어공정의 일환으로 최근에 [z]를 [r]로 바꾸었다. ⇒ **1.2 柔然(유연), 1.3 女眞/(여진)**.

mir(eskimiş=오래된 낡은, 지금은 쓰지 않는)(=baş=머리)〈Vikisözlük〉=멀(경남)(=머리)+이(첨가음)〖모음 합체〗→멜〖에→이〗→밀→mir 【근거】머리=**멀**+이(첨가음)→머리, **말**+이(첨가음)→마리(=슈(首)〈훈몽자회 상권 24장 뒷면〉. **멀**끄뎅이(경남)=멀(=머리)+끈(=끝)+앙(=子)(의미첨가 없이 명사에 붙는 접미사)+이(첨가음)〖모음조화: 으-어〗→멀끈엉이〖umlaut〗→멀끄뎅이[멀끄데ĩ]([ĩ]는 비모음(鼻母音)(경남 발음). **eski**(mek)(동사)(=오래되다, 낡다)=엣기(다)(경남)(=옛것이다)→엣기(eski). 이건 엣기다(경남)(=이건 오래된 것이다)〖ㅅ+ㄱ→ㄲ〗→이건 에끼다(경남 발음)=Bu eski. cf. **eski**(형용사)(=오래된, 낡은)=엣거(경남)(=옛것)+i(이)(소유격 조사)(튀르키예어)(=으(경남))〖모음 합체〗→엣게〖에→이〗→엣기(eski) 【근거】dinî(종교의)=din(=종교)+으(경남)(소유격 조사)+〖으(ı)→이(i)〗→dinî 【근거】으사/이사(경남)=의사(醫師)(표준어).

muamma(=미궁, 모호, 애매, 불가사의; 수수께끼)=무(無)+안(다)(=알(다))+ㅁ(명사형 어미)+아(=子)(의미첨가 없이 명사에 붙는 접미사)→무안마〖ㄴ→ㅁ/__ㅁ〗(발음 규칙)→무암마(muamma)(그 뜻은 '모르는 것'이다) 【근거】열매=열(다)+ㅁ(명사형 어미)+아(=子)+이(첨가음)〖모음 합체〗→열매. bilme=bil(mek)+ㅁ(m)+아(a)→bilma〖모음조화: i-e〗→bilme. 간만[감만]. ⇒ **10.2**.

mudi(=예금주)=묻(다)+이(명사형 어미)(=사람)→무디(muti)〖유성음화〗→mudi 【근거】은행에 돈을 **묻어** 두다=은행에 돈을 **예금해** 두다. 왼손잡이(=한 손으로 일을 할 때, 주로 왼손을 쓰는 사람. 또는 오른손보다 왼손을 더 잘 쓰는 사람)=왼손+잡(다)+이(명사형 어미)(=사람).

muhasebe(회계(會計))=뭉(다)〈삼역 5권 12장〉《우리말샘》(=모으다)+아(부사형 어미)+세(다)(=계산하다)+ㅂ(명사형 어미)+아(=子)(의미첨가 없이 명사에 붙는 접미사)+이(첨가음)→뭉아셉아이〖모음 합체〗→뭉아셉애〖애→에〗(튀르키예어에 /애/가 없다)→뭉아셉에〖오→우〗→뭉아셉에→무하세베(muhasepe)〖유성음화:

p→b/유성음__유성음〗→muhasebe(그 뜻은 '모아서 계산하는 것'=회계(=會計). 회계를 순수 한국어로 풀이한 것이다). 회계(=會計)(그 뜻은 '모아서 하는 계산'이다)=회(會)(=모으다)+계(計)(=셈). cf. **muhasebe**(=회계 창구, 계산대)=뭉(다)〈삼역 5권 12장〉《우리말샘》(=모으다)+아(부사형 어미)+세(다)+바(=소(所))(=곳)+이(첨가음)→뭉아세바이〖모음 합체〗→뭉아세배〖애→에〗→뭉아세베〖오→우〗→뭉아세베→무하세베(muhasepe)〖유성음화: p→b/유성음__유성음〗→muhasebe(그 뜻은 '모아 계산하는 곳'=계산대, 회계 창구) 【근거】say(mak)(=세다, 계산하다)=세(다)〖모음 분해: 에→어+이〗→서이〖어→아〗(튀르키예어에 /어/가 없다)→사이(say). 매듭=맺(다)〖맽(따)〗+으(자음 충돌 회피용 삽입 모음)+ㅂ(명사형 어미)→매듭. cf. 가(다)+ㅁ(명사형 어미)→감(명사). ㅁ/ㅂ 교체: 소 한 **마리**(mari)(표준어)=소 한 **바리**(경남)(bari). 몸둘 **바**를 모르겠다(=몸 둘 **곳**을 모르겠다)=어떻게 처신해야 할지를 모르겠다). **바** 쇼(所)〈훈몽자회 중권 8장 앞면〉. 지게=지(다)(동사 어간)+거(=것)+이(첨가음)〖모음 합체〗→지게. 사**오**/사**우**(경남). '회계'는 계산하는 행위이고 '회계 창구'는 계산하는 장소인데 어떻게 같은 단어, muhasebe인지 튀르키예어로는 설명할 수가 없고 한국어로만 설명이 가능하다. 튀르키예어가 한국어에서 유래했다는 명확한 증거다.

muhasebe(=회계 창구, 계산대)=뭉(다)〈삼역 5권 12장〉《우리말샘》(=모으다)+아(부사형 어미)+세(다)+바(=소(所))(=곳)+이(첨가음)→뭉아세바이〖모음 합체〗→뭉아세배〖애→에〗→뭉아세베〖오→우〗→뭉아세베→무하세베(muhasepe)〖유성음화: p→b/유성음__유성음〗→muhasebe(그 뜻은 '모아 계산하는 곳'=계산대, 회계 창구). ⇒ **muhasebe**(회계(會計)).

muhtar(=촌장, 이장)=ᄆᆞ술+ㅎ〈석보상절 6권 23장 뒷면〉(=마을)+달(=사람)〖ㄹ→∅/__자음 혹은 어말 /ㄹ/ 탈락〗→ᄆᆞᅀᅳᇂ달〖ᅀ→∅〗→ᄆᆞᄋᆞᇂ달〖동모음 축약〗→ᄆᆞᇂ달〖ᄋᆞ→우〗→무ㅎ달→muhtar 【근거】져므니〈석보상절 19권 1장 뒷면〉=졂(다)+으(자음 충돌 회피용 삽입 모음)+ㄴ(관형형 어미)+이(=사람)→졂은이→졀므니〖ㄹ→∅/__ㅁ〗→져므니. 큰마(=대촌(大村))(경북 예천군 지보면 지보리의 마을 이름)=크(다)+ㄴ(관형형 어미)+말(=촌(村))〖어말 /ㄹ/ 탈락〗→큰**마**.

cf. 큰말(=大村)(경남). ㄱㆍ몰다〈월인석보 10권 84장〉《고려대 한국어대사전》[ㆍ→아]→가몰다[ㆍ→우]→가물다(현대어). '달(=tar)'은 사람은 사람인데 '높은 사람, 잘하는 사람, 전문가 등을 나타낸다: **키다리**(=키가 큰 사람을 놀림조로 이르는 말)=키+달(=사람)+이(첨가음). **hükümdar**(=통치자)=hüküm(=통치)+달(tar)(=사람)[유성음화]→hükümdar.

mülk(=부동산)=물(物)+이(첨가음)+거/그(경남)(=것)→물이그[모음 합체]→뮐그(mülkı)[/k/를 파열시켜 발음하면 /ı/는 있으나 없으나 발음이 같이 들린다]→mülk(그 뜻은 '실물의 것'=부동산). 아니면, **mülk**(=부동산)=물(物)+이(첨가음)+건件)+이(첨가음): 물+이[모음 합체]→뮐(**mül**). 건+이[어→으]→근이[ㄴ→∅/__이 and 이[ĩ](鼻母音)(=nasal vowel) and 비모음의 구강 모음화(튀르키예어에는 비모음이 없다)]→그이[첨가음, /이/ 제거]→그(kı). **mülk**=뮐(**mül**)+그(**kı**) [/k/를 파열시켜 발음하면 /ı/는 있으나 없으나 발음이 같이 들린다]→mülk(그 뜻은 '물건(物件)'이다)(가능성이 크다). cf. **mal**(=재산, 물건)=물(物)[우→으]→믈[으→어]→멀[어→아](튀르키예어에는 /어/가 없다)→말→mal 【근거】 물건(物件)=매매(賣買)나 거래(去來)의 대상물(對象物). 믈(=水)〈훈민정음해례본 용자례〉)[으→우]→물(현대어). 없다/읎다(경남). 머리(=首)=마리(=首)〈훈몽자회 상권 24장 뒷면〉[아→어]→머리. 뒹(逌)〈월인석보 1권 월인서 17장 앞면〉[뒤]=듀+이(첨가음)[ㄷ→ㅌ]→튜이(tyui)[구개음화: ㅌ→ㅊ/__y]→츄이[단음화]→추이[**첨가음, /이/ 제거**]→**추**(현대어).

muş(=강을 다니는 밑이 평면으로 된 소형 **증기** 유람선)=믈(=水)〈훈민정음해례본 용자례〉)+자(子)(~에서 나온 것. ~에서 만들어진 것)+이(=물건)[으→우]→물(현대어)+자이[ㄹ→∅/__ㅈ]→무자이[ㅈ→ㅅ]→무사이[모음 합체]→무새[애→에]→무세[에→이]→무시→**muş**(물의 아들 즉, 물에서 나온 것=증기. 따라서 그 원뜻은 '증기의 것'=증기선) 【근거】 부젓가락=불젓가락[ㄹ→∅/__ㅈ]→부젓가락. cf. **mus**luk(=수도(꼭지))=물+자(子)(의미첨가 없이 명사에 붙는 접미사)+이(첨가음)+li(형용사형 어미)+그(경남)(=것): 물+자+이[ㄹ→∅/__ㅈ]→무자이[모음 합체]→무재[애→에]→무제[에→이]→무지[ㅈ→ㅅ]→무시[이→으]

→**무스**. **mus**luk=무스(musı)+li+그(kı)→musılikı〚sıl의 /ı/ 탈락: 있으나 없으나 발음이 같이 들린다〛→muslikı〚모음조화: u-u〛→muslukı〚/k/를 파열시켜 발음 하면 [ı]는 있으나 없으나 발음이 같이 들린다〛→musluk('mu=물'임을 알 수 있 다). 아니면, **mus**luk=물+자(子)+이(첨가음)+li(형용사형 어미)+악(=것)+이(첨가 음): 물+자+이〚ㄹ→Ø/__ㅈ〛→무자이〚모음 합체〛→무재〚애→에〛→무제〚에 →이〛→무지〚ㅈ→ㅅ〛→무시〚이→으〛→**무스**. 악+이〚모음 합체〛→액〚애→ 에〛→엑〚에→이〛→**익**. **mus**luk=무스(musı)+li+익(ik)→musıliik〚[s] 다음의 [ı]는 있으나 없으나 발음이 같이 들린다〛→musliik〚동모음 축약〛→muslik〚모음조화: u-u〛→musluk 【근거】 종지=종자(鍾子)+이(첨가음)〚모음 합체〛→종재〚애→에〛 →종제〚에→이〛→종지. 엿가락(=가래엿의 낱개)=엿+갈(다)(경남)(=나누다)+악 (=것). 엿을 갈라 묵다(경남)(=엿을 나누어 먹다)=엿을+갈(다)(=나누다)+아(부사 형 어미)+묵다(=먹다). 똥구시(경남)=똥+굳(=구덩이)+이(첨가음)→똥구디〚구개 음화〛→똥구지〚ㅈ→ㅅ〛→똥구시. 모자(帽子)=모(帽)(=모자)+자(子)(의미첨가 없 이 명사에 붙는 접미사).

musluk(=수도(꼭지))=물+자(子)(의미첨가 없이 명사에 붙는 접미사)+이(첨가 음)+li(형용사형 어미)+그(경남)(=것): 물+자+이〚ㄹ→Ø/__ㅈ〛→무자이〚모음 합 체〛→무재〚애→에〛→무제〚에→이〛→무지〚ㅈ→ㅅ〛→무시〚이→으〛→무스. musluk=무스(musı)+li+그(kı)→musılikı〚sıl의 /ı/ 탈락: 있으나 없으나 발음이 같 이 들린다〛→muslikı〚모음조화: u-u〛→muslukı〚/k/를 파열시켜 발음하면 [ı]는 있으나 없으나 발음이 같이 들린다〛→musluk('mu=물'임을 알 수 있다). 아니면, musluk=물+자(子)+이(첨가음)+li(형용사형 어미)+악(=것)+이(첨가음): 물+자+이 〚ㄹ→Ø/__ㅈ〛→무자이〚모음 합체〛→무재〚애→에〛→무제〚에→이〛→무지 〚ㅈ→ㅅ〛→무시〚이→으〛→**무스**. 악+이〚모음 합체〛→액〚애→에〛→엑〚에→ 이〛→**익**. musluk=무스(musı)+li+익(ik)→musıliik〚[s] 다음의 [ı]는 있으나 없으나 발음이 같이 들린다〛→musliik〚동모음 축약〛→muslik〚모음조화: u-u〛→musluk ⇒ muş(=강을 다니는 밑이 평면으로 된 소형 **증기** 유람선).

nakış(=수놓기, 자수(刺繡))=(수)놓(다)+것/긋(경남)+이(첨가음)〚오→아〛→낳긋이[ㅎ+ㄱ→ㅋ]→나크시→nakış(그 뜻은 '(수)놓는 것'=자수). 동사, namak/nah-mak/nakmak은 사전에 나오지 않았고 'nakış yapmak(=수놓는 것을 하다=수놓다)' 이 사전에 나온다 【근거】(총을) 쏘다(표준어)[오→아]→싸다(경남). 수컷=수+ㅎ(고유어 명사에 붙음)+컷[ㅎ+ㄱ→ㅋ]→수컷. 없다/읎다(경남)=없다(표준어). 수놓았다(표준어)[ㅎ→∅/모음__모음]→수노았다[모음 합체: 노+았→놨]→수놨다[단음화: 와→아]→수났다(경남). '수났다(경남)=수+낳(다)+았+다[ㅎ→∅/모음__모음]→수나았다[동모음 축약]→수났다'와 같이 분석하여 '(수)낳다'를 동사로 본 것이다.

nam(=명성, 명예)=(이름) 나(다)+ㅁ(명사형 어미)→남→nam 【근거】 그 사람은 (이름) **난** 사람이다=그 사람은 **유명한** 사람이다=그 사람은 **명성**이 있는 사람이다: 난=나(다)(=유명하다)+ㄴ(관형형 어미).

nar(=석류, 불)=날(=일(日)=태양). 석류: 태양과 같이 둥글고 붉은데서 나온 말일 것이고 태양은 불과 같이 뜨거우니까 태양을 '불'라고 보았을 것이다 【근거】 нар(몽골어)[날]=태양. 날(한국어)=일(日)=day. 히(=日)〈용비어천가 7권 1장 앞면〉(=태양)=ㅎ(=日)+이(첨가음): **호롱**(=석유를 담아 불을 켜는 데에 쓰는 그릇)=ㅎ(=해(=태양=불)+롱. cf. ほや(=火屋)(hoya)(=(남포의) 등피)=ㅎ(=ho=불)+ya(=屋)(=집). ⇒ **gün** 【근거】 귁(國)〈월인석보 1권 훈민정음 1장 앞면〉=국(國)+이(첨가음[모음 합체]→귁. [Aşık Paşa, Garib-name, 1330] χāk ü bād ü **nār** ü āb [toprak, hava, **ateş**, su]〈《Nişanyansözlük》 χāk(=흙). ⇒ hak. nār(=태양(몽골어), 불=ateş). āb(=물)=암(am)(유아어)(=물)[ㅁ(m)→ㅂ(b)]→ab 【근거】 소 한 마리(mari)[ㅁ(m)→ㅂ(b)]→소 한 바리(barı)(경남).

nehir(=강, 하(河))=내(=川)+ㅎ(고유어 명사에 붙음)+알(=子)(의미첨가 없이 명사에 붙는 접미사)+이(첨가음)[애→에]→네할이[모음 합체]→네핼[애→에]→네헬[에→이]→네힐(nehir)(아랍어에서 유래했다고 하나 아랍어가 한국어에서 유래했음을 알 수 있다) 【근거】 삳(표준어)+알(의미첨가 없이 명사에 붙는 접미사)+이(첨가음)[발음대로 표기]→사타리(경남). 종지=종자(鍾子)+이[모음 합체]→종재[애→에]→종제[에→이]→종지(현대어). 수탉=수+ㅎ(고유어 명사에 붙음)+닭[ㅎ+ㄷ→ㅌ]→수탉. cf. Yalu Nehri(=압록강)=Yalu+Nehir+i(3인칭 소유 접미사)[음절 재분석으로 /i/ 탈락]→Yalu Nehri. 鴨綠江[Yālùjiāng](중국어)= 압록강(鴨綠江).

ney(=피리의 일종)=(소리를) 내(다)+이(명사형 어미)(=것)[애→에]→네이(ney) (그 뜻은 '소리를 내는 것'=피리) 【근거】(냄새가) 나(다)+이(명사형 어미)[모음 합체]→**내**〈석보상절 6권 44장 앞면〉(=냄새). (냄새가) 나(다)+이(사동 보조 어간)+ㅁ(명사형 어미)+이(첨가음)[모음 합체]→**내미**(경남)(=냄새). **내옴**〈동신 열2:43〉《우리말샘》(=냄새)=(냄새가) 나(다)+이(명사형 어미)+**오**+ㅁ(명사형 어미)[모음 합체]→내(=냄새)옴[오→으]→내음(현대어)(/오/가 왜 붙었는지 알 수 없다. 아마도 다음과 같이 분석했을 것으로 추정된다: 내(nay)(/y/를 자음 취급+오/으(자음 충돌 회피용 삽입 모음)+ㅁ(명사형 어미)[모음 합체]→내옴/내음 【근거】주으륨〈서보상절 9권 15장 뒷면〉(=주림(현대어))=주으리(다)+우(자음 충돌 회피용 삽입 모음+ㅁ(명사형 어미)(여기서는 /이(i)/를 자음 취급하였다). cf. ね(ne)(=音=소리)(일본어)=(소리가) 나(다)+이(명사형 어미)[모음 합체]→내[애→에]→네(ne) (그 뜻은 '나는 것'=소리). **çit**(=울타리)=(울타리를) 치(다)+앗[안](=것)+이(첨가음) [모음 합체]→치앤[애→에]→치엔[에→이]→치인[동모음 축약]→친(çit)(그 뜻은 '치는 것'=울타리).

nikâh(=결혼식)=닛(다)(=잇다)+거(=것)+ㅎ(고유어 명사에 붙음)[어→아]→닛 가ㅎ[니까ㅎ]→니까ㅎ[ㄲ→ㅋ]→니카ㅎ→nikâh(그 뜻은 '남녀를 잇는 것'=결혼식) 【근거】나라니스리〈석보상절 6권 7장 뒷면〉=나라+**닛**(다)(=잇다)+으(자음 충돌 회피용 삽입 모음)+ㄹ(관형형 어미)+이(=사람)→나라니스리[유성음화: ㅅ→ ㅿ/모음__모음]→나라니스리. 치끼다(경남)[ㄲ→ㅋ]→치키다(표준어)(=위로 향하여 끌어 올리다).

nüfus(=인구)=닙(=ㅁ)(nip)(평안)(=입)+ㅎ(고유어 명사에 붙음)+이(첨가음)+으(소유격 조사)(경남)+수(數): 닙+ㅎ[이→으]→늡히[으→우]→**늪히**. 수[우→으]→스. nüfus=늪이+**으**+스[으→우]→늪이우스[모음 합체]→늪우스(nüphusı)[ㅍ (ph)→f/모음__모음]→nüfusı[마찰음, [s] 다음의 어말 [ı]는 있으나 없으나 발음

이 같이 들린다.〗→nüfus(그 뜻은 '입(=口)의 수'=인구(=人口): 人口의 한자를 보아도 입(=口)이 들어가 있다. 입의 숫자가 '인구'이다)【근거】장어(표준어)(=eel)+이(첨가음)〖모음 합체〗→장에〖모음조화: 아-애〗→장애(경남). 이사/으사(경남)=의사(醫師)(표준어). 믈(=水)〈훈민정음해례본 용자례〉〖으→우〗→물(현대어). 수탉=수+ㅎ(고유어 명사에 붙음)+닭〖ㅎ+ㄷ→ㅌ〗→수탉.

nur(=빛, 광채, 광명)=*눌=nur? cf. 누리(강원)(=노을=해가 뜨거나 질 무렵에, 하늘이 햇빛에 물들어 벌겋게 보이는 현상)=눌+이(첨가음).

öğle(=정오)=오(午)(=정오)(=십이시(十二時)의 일곱째 시(時)로 오전 열한 시부터 오후 한 시까지)+이(첨가음)+갈(=알)(의미첨가 없이 명사에 붙는 접미사)+이(첨가음)+아(=때, 곳)+이(첨가음): 오+이〖모음 합체〗→**외(ö)**. 갈+이〖모음 합체〗→갤〖애→에〗→겔〖에→이〗→길〖이→으〗→글. 아+이〖모음 합체〗→애. **öğle**=외(ö)+글(kıl)+에(e)→ökıle〖유성음화〗→ögıle〖g→ğ/모음__모음〗→öğıle〖[ğ] 다음의 [ı]는 있으나 없으나 발음이 같이 들린다〗→öğle 【근거】병아리(=병+알+이)(표준어)=삐가리(경남): 삐가리=병+이(첨가음)+갈(=알)+이〖ㅂ→ㅃ〗→뼝[뼁](경남 발음)+이+갈+이→뼁이갈이〖ㅇ(ng)→Ø/__이 and 이[ĩ](비모음(鼻母音)(nasal vowel)(경남 발음 규칙) and 비모음의 구강 모음화〗→뼤이갈이〖에→이〗→삐이가리〖동모음 축약〗→삐갈이→삐가리. 한국의 전통적인 시간은 하루를 12등분하여 '자(子=쥐=mouse)시(時)(=23시~1시), 축(丑=소=ox)시(=1시~3시), 인(寅=범=tiger)시(=3시~5시), 묘(卯=토끼=rabbit)시(=5시~7시), 진(辰=용=dragon)시(=7시~9시), 사(巳=뱀=snake)시(=9시~11시), 오(午=말=horse)시(=11시~13시), 미(未=양=lamb)시(=13~15시), 신(申=원숭이=monkey)시(=15시~17시), 유(酉=닭=rooster)시(=17~19), 술(戌=개=dog)시(=19시~21시), 해(亥=돼지=pig)시(21시~23시). 오늘날과 같이 24등분하면 오시(午時)는 낮 12시(=정오)에 해당한다.

öküz(=숫소, 황소)=옥(玉)+이(첨가음)+우(牛)+이(첨가음)+자(子)(의미첨가 없이 명사에 붙는 접미사)+이(첨가음): 옥+이+우+이〖모음 합체〗→왹위(ökü). 자+이〖모음 합체〗→재〖애→에〗→제〖에→이〗→지〖ㅈ→ㅅ〗→시〖이→으〗→스. öküz=ökü+스〖유성음화〗→ökü스(zı)→öküzı〖[z] 다음의 [ı]는 있으나 없으나 발

음이 같이 들린다]→öküz. cf. **ox**(=황소)=옥(玉)+소(=牛)+이(첨가음)[모음 합체]
→옥쇠[단음화: 외→에]→옥세[에→이]→옥시[이→으]→옥스→oksɨ[[s] 다
음의 [ɨ](으)는 있으나 없으나 발음이 같이 들린다]→oks→ox【근거】 믈(=水)〈훈
민정음해례본 용자례〉[으→우]→물(현대어). 이사/으사(경남)=의사(醫師). 종지
=종자(鍾子)+이(첨가음)[모음 합체]→종재[애→에]→종제[에→이]→종지. 똥
구시(경남)→똥구디[구개음화: ㄷ→ㅈ/__이]→똥구지[ㅈ→ㅅ]→똥구시. 소
(=牛)(표준어)+이(첨가음)[모음 합체]→쇠[단음화]→세(경남)[에→이]→시(경
남). 子즛孫손이**니서**가몰〈석보상절 6권 7장 뒷면〉(=자손이 이어 감을): 닛(다)+어
(부사형 어미)→니서[유성음화]→니서. '옥(玉)'이 수컷을 의미하는 것은 다음
과 같은 데서 유래했다: **옥황상제**(玉皇上帝)=옥(玉)(=하늘: 그 색이 흐린 초록으
로 하늘의 색과 같다)+황+상제. 옥황상제가 남신이라 옥(玉)이 남성을 가리키게
된 것이다. 아니면, 음양오행에서 푸른 것은 동쪽이고 동쪽은 남성을 나타낸다.
oğul(=아들, 사내)=옥(玉)+알(=子)(=아이)[모음조화: 오-우]→옥울→okul[유성
음화]→ogul[g→ğ/모음__모음]→oğul(그 뜻은 '남자아이'=사내, 아들). 옥(玉)
〈월인석보 1권 월인천강지곡 26장 앞면〉[ㆁ(꼭지 있는 이응)→∅]→옥(玉)(현대
어): öküz와 oğul에는 현대 한국어와 같이 [ㆁ(꼭지 있는 이응)→∅]이 일어났으
나 gök(=하늘)에서는 일어나지 않았다: gök(=하늘)=옥(玉)〈월인석보 1권 월인천
강지곡 26장 앞면〉+이(첨가음)[모음 합체]→외ㄱ(/ㄱ/은 받침이다. 글자가 없
어서 이렇게 표기했다)[ㆁ(꼭지 있는 이응)→g]→gök. ⇒ **gök**. 울(牛)〈월인석보
1권 월인천강지곡 27장 앞면〉[ㆁ(꼭지 있는 이응)→∅]→울[ㅁ→∅]→우(牛)(현
대어). cf. 울(牛)+이(첨가음)[모음 합체]→위ㅁ(/ㅁ/는 받침, 글자가 없어서 이렇
게 표기했다)[일본식으로 표기]→위루[단음화: 위→이]→이루[ㅁ→∅]→이우
[ㆁ(꼭지 있는 이응)→g]→giu[모음 합체: 이+우→유]→gyu(**ギュ**). 和牛(ワ牛
ギュ)(**wagyu**). ぎょく(玉)(gyoku)(일본어)=옥(玉)[일본어식으로 표기]→오구[ㆁ
(꼭지 있는 이응)→g]→goku(gyokuk 된 것은 아마도 앞 단어에 붙은 첨가음, /
이/를 goku에 붙여 잘못 분석한 결과일 가능성이 크다: 이(i)+goku[이(i)+오(o)→
요(yo)]→gyoku. cf. 玉[yù](중국어)=옥(玉)+이(첨가음)[오→우]→욱이[ㄱ→∅/

모음＿모음〗→우이〖두음 법칙: ㅇ(꼭지 있는 이응)→∅ and 보상적 /y/ 첨가〗→y+우+이→yui→yù[yui]=[위](실제 발음) 【근거】 국(國)+이(첨가음)〖모음 합체: 우+이→위〗→귁(國)〈월인석보 1권 훈민정음 1장 앞면〉. 장어(표준어)+이(첨가음)〖모음 합체〗→장에〖모음조화: 아-애〗→장애(경남). 중세 한국어와 중국어의 발음을 볼 때 玉이 ぎょく(玉)(gyoku)로 발음될 근거가 없다. 이렇게 발음되려면 玉의 고대 음이 '요ㄱ'(글자가 없어서 이렇게 표기했다. /ㄱ/은 받침이다)이 되어야 한다.

ön(=앞(의), 전방(의))=먼(저)+이(첨가음)〖어→으〗→믄이(경남)(=먼저)〖모음 합체〗→믠〖ㅁ→ㅂ→ㅸ→w→∅/유성음＿유성음〗→윈(ön) 【근거】 먼이/믄이](경남)(=먼저)〖ㄴ→∅/＿이 and I→ĩ(鼻母音)〗→머/므+이[ĩ]. 니 머이/므이 해라(경남)=너가 앞에(=먼저) 해라. 경남에서는 '먼저'를 '먼처/믄치'라고도 한다. cf. 武[wǔ](중국어)=(모음+)무(武)〖ㅁ→ㅂ〗→(모음+)부〖ㅂ→ㅸ→w/모음＿모음〗→wu 【근거】 소 한 마리mari)((표준어)〖ㅁ→ㅂ〗→소 한 바리(bari)(경남). 더부(경남)(=더위)=덥(다)+우(명사형 어미)→더부〖유성음화: ㅂ→ㅸ/모음＿모음〗→더뷰(경남)〖ㅂ→ㅸ→w→∅/모음＿모음〗→더우(경남). 더우+이(첨가음)→더위(표준어). 갈웜(=虎)〈훈몽자회 상권 18장 앞면〉=갈법(경남)〖유성음화: ㅂ→ㅸ/모음＿모음〗→갈뱀〖ㅸ→w/모음＿모음〗→갈웜(kalwəm).

ördek(=오리)=올히(鴨)〈훈몽자회 상권 16장 뒷면〉/(제주)(=오리)+닭[닥]+이(첨가음)〖ㅎ→∅/유성음＿유성음〗→올이닥이〖모음 합체〗→욀댝〖애→에〗→욀덱(örtek)〖유성음화〗→ördek. 올히〖ㅎ→∅/유성음＿유성음〗→올이→오리(표준어).

orman(=숲)=올(다)(or)(=오르다)+ma(명사형 어미)+앙(=것)〖ㅇ(ng)→ㄴ(n)〗→ormaan〖동모음 축약〗→orman(그 뜻은 '산의 것'=나무들=숲) 【근거】 오름(제주)(=산)=올(다)+으(자음 충돌 회피용 삽입 모음)+ㅁ(명사형 어미)→오름. 열매=열(다)+ㅁ(m)(명사형 어미)+아(a)+이(첨가음)→열마(ma)+이〖모음 합체〗→열매. 여름〈용비어천가 1권 1장 뒷면〉(=열매)=열(다)+ㅁ(명사형 어미)(=것). *놀(다)+앙(=것)→노랑(=yellow).

öte(=다른 곳)=외(外)+ㅅ(사이시옷)+데(=곳)[ㅅ+ㄷ→ㄸ]→외떼[ㄸ→ㅌ]→외테→öte. 유성음화가 일어나지 않은 것으로 보아, 사이시옷이 있다고 봐야 한다【근거】**똭**(濁)〈월인석보 1권 월인천강지곡 16장 뒷면〉[ㄸ→ㅌ]→톽[단음화: 와→아]→**탁**(현대어). 부텨說숿法법ㅎ신**다**마다〈월인석보 1권 월인천강지곡 15장 앞면〉=부처 설법하신 **데**마다: 데=**다**+이(첨가음)[모음 합체]→대[애→에]→데.
öteki(=다른 것, 딴 것)=öte(=다른 곳)+ㅎ(고유어 명사에 붙음)+**거**(=것)+이(첨가음)[ㅎ+ㄱ→ㅋ]→öte커이[모음 합체]→öte케[에→이]→öte키→öteki(그 뜻은 '다른 데 것'=딴 것). cf. **öteki**(=다른 것의, 딴것의)=öte+ㅎ(고유어 명사에 붙음)+거(소유격 조사)(경남)+이(첨가음)[ㅎ+ㄱ→ㅋ]→öte커이[모음 합체]→öte케[에→이]→öte키→öteki(그 뜻은 '딴 데의'=다른 것의). 아니면, **öteki**(=다른 것)+으(경남)(소유격 조사)[으→이]→ötekii[동모음 축약]→öteki(그 뜻은 '다른 것의'이다)(가능성이 크다)【근거】여**거**(경남)(=여기)+**이**(첨가음)[모음 합체]→여게(경남)[에→이]→여기(표준어). 너어 집/느으 집(경남)(=너의 집)=너/느+어/으(소유격 조사)+집. 으사/이사(경남)=의사(醫師)(표준어). 부텨說숿法법ㅎ신**다**마다〈월인석보 1권 월인천강지곡 15장 앞면〉=부처 설법하신 **데**마다: 데=다+이. 고기[umlaut]→괴기[단음화]→게기(경남)[ㄱ→Ø/모음＿이]→게이(경남)[에→이]→기이(경남). dinî(=종교의)=din(=종교)+으(경남)(소유격 조사)[으→이]→din이(i)→dinî. ⇒ **öte**.
özge(=타인, 외지인)=외지(外地)+거(=것)(경남)(=사람)+이(첨가음)[모음 합체]→외지게[이→으]→외즈게[ㅈ→ㅅ]→외스게(ösıke)[유성음화: ㅅ(s)→ㅿ(z)/모음＿모음]→özıke[유성음화: ㄱ(k)→g/모음＿모음]→özıge[유성 마찰음 [z] 다음의 [ı]는 있으나 없으나 발음이 같다]→özge. **özge**(=다른)=외(外)+자(子)(의미첨가 없이 명사에 붙는 접미사)+이(첨가음)+거(소유격 조사)(경남)+이(첨가음): 자(子)+이[모음 합체]→재[애→에]→제[에→이]→지[ㅈ→ㅅ]→시(si)(일본어)[이→으]→스(sɯ)(일본어)(sı). 거+이[모음 합체]→게(ke). **özge**=외(ö)+스(sı)+게(ke)[유성음화]→özıge[유성 마찰음 [z] 다음의 [ı]는 있으나 없으나 발음이 같다]→özge(그 뜻은 '외의'=다른)【근거】**이사**/으사(경남)(/이/, /으/를 높고 강하

게 발음한다)=의사(醫師)(표준어). 똥구시(경남)→똥구디[구개음화: ㄷ→ㅈ/__
이]→똥구지[ㅈ→ㅅ]→똥구시. 子중孫손이**니서**가몰〈석보상절 6권 7장 뒷면〉
(=자손이 이어 감을): 닛(다)+어(부사형 어미)→니서[유성음화]→니**서**. 종지=종
자(鍾子)+이(첨가음)[모음 합체]→종재[애→에]→종제[에→이]→종지. 너거
집(경남)(=너의 집)=너+거(소유격 조사)+집. ~ge(소유격 조사)=거(소유격 조사)+
이(첨가음)【근거】장아 가다(경남)=장에 가다(표준어): 에(처격 조사)(표준어)=아
(처격 조사)(경남)+이(첨가음)[모음 합체]→애[애→에]→에. cf. 妹(いも)**が**(ga)
(소유격 조사)袖(そで)〈万葉集· 15·3604〉(일본어 고어)=妻+**の**(소유격 조사)+袖(そ
で). こま**が**たけ(駒ケ岳)(일본, 도호쿠, 후쿠시마 현의 산): ケ(ke)=거(소유격 조
사)(경남)+이(첨가음)[모음 합체]→게(ke)(글자는 한국어와 같이 유성음화시키지
않고 ケ(ke)라고 쓰고 발음은 첨가음, /이/가 붙지 않은 か(ka)를 유성음화시켜 が
(ga)로 발음하고 있다). こま(駒)(koma)는 高麗(こま)(=고구려)를 나타내는데 발음
이 같은 駒(こま)를 사용한 것이다. Tokyo 일대는 高麗(=고구려(高句麗))인(人)이
개척한 곳이다.

para(lamak)(=찢다)=*발(다)(←발발)+아(=子)(=것)(=행위)→발아(para)(그 뜻은
'찢는 것')【근거】빨래=빨(다)+아(=행위, 물체)+이(첨가음)[모음 합체]→빨애[/
ㄹ/ 복제]→빨래(그 뜻은 빨래하는 행위 혹은 빨래할 것(=옷, 양말 등)을 나타낸
다)【근거】樓룽우희ᄂ라올아〈석보상절 6권 3장 앞면〉=누 위에 날아올라: 올아[/
ㄹ/ 복제]→올라(현대어). **발발** 찢다(경남)=발기발기 찢다. **달달** (볶다)=달(다)+
달(다). 달다=타지 않는 단단한 물체가 열로 몹시 뜨거워지다〈표준국어대사전〉.
cf. crawl crawl(영어)(=엉금엉금)=crawl(=기다)+crawl. 동사 어간+동사 어간=부
사.

parmak(=손가락)=팔(=arm)+**말**(末)(=끝)+악(=子)(=것. 아니면, 의미첨가 없이 명
사에 붙는 접미사)→팔말악[ㄹ→Ø/모음__모음]→팔마악[동모음 축약]→팔막
→parmak(그 뜻은 '팔 끝(의 것)'=손가락)【근거】이 사**암**들이 머하노(경남)=이 사
람들이 뭐하나. **까막**까치(=**까마귀**와 까치)=깜(다)+악(=것)(=동물)+까치. 뜨락(=
뜰)=뜰+악(의미첨가 없이 명사에 붙는 접미사). cf. ayak parmağı(=발가락)=ayak(=

발)+발(=足)+말(末)+악+i(3인칭 소유 접미사)→ayak+발악+i〖ㄹ→∅/모음__모음〗→ayak+발마악+i〖동모음 축약〗→ayak+발막(parmak)+i(튀르키예어는 ㅂ(p)/ㅍ(ph)의 구분이 없다)→ayak parmak(그 뜻은 '발 발끝'=발가락)(손가락이나 발가락이나 parmak이라 발가락은 앞에 ayak을 붙여 구분한 것이다). 튀르키예어는 ㅂ(p)와 ㅍ(ph)의 구분이 없어서 '팔'과 '발'을 par로 표기했다.

pazar(=매매)=팔(다)+사(다)+알(명사형 어미)(=행위)〖ㄹ→∅/__ㅅ〗→파사알〖동모음 축약〗→파살〖유성음화〗→파살〖△→z〗→pazar 【근거】부삽=불(=火)+삽〖ㄹ→∅/__ㅅ〗→부삽. karar(=결정)=결(決)(=결정하다)+알(명사형 어미)(=행위)〖단음화: 여→어〗→걸알〖어→아〗→갈알(karar) 【근거】지졉다(표준어)〖단음화: 여→어〗→지겁다(경남 노인 말).

pazar(=일요일)=파(罷)(=어떤 일을 마치다, 그만두다)+씽(時)〈월인석보 1권 월인서 25장 앞면〉[씨]+알(=子)(의미첨가 없이 명사에 붙는 접미사)→파씨알〖모음 합체〗→파쌀〖단음화〗→파쌀〖ㅆ→z〗→pazar(그 뜻은 '(일을) 그만두는 시간'=휴일=일요일) 【근거】사타리(경남)(=살)=살(표준어)+알(의미첨가 없이 명사에 붙는 접미사)+이(첨가음)→살아리→사타리. ㄲ, ㄸ, ㅃ, ㅉ, ㅆ, ㆅ 爲 全濁〈훈민정음해례본〉(전탁(全濁)=유성음(有聲音)): 씽(時)〈월인석보 1권 월인서 25장 앞면〉[씨]→씨〖ㅆ→z〗→zi→じ(時)(zi)(일본어). 아니면, pazar=파(罷)(=어떤 일을 마치다, 그만두다)(pa)+싥(日)〈월인석보 1권 월인천강지곡 4장 뒷면〉(=일)+알(=子)(ar)(의미첨가 없이 명사에 붙는 접미사)〖ㅎ→∅〗→파실알〖ㄹ→∅/모음__모음, 아니면 어말 /ㄹ/ 탈락〗→파싀알(paziar)〖모음 합체〗→pazyar〖단음화〗→pazar. 아니면, pazar(=일요일)=파(罷)(하다)+히(=日)<용가 50장>《우리말샘》)+알(=子)(지소사)(cf. 히=년(年))〖단음화: 이→애〗→파해알〖애→에〗→파헤알〖에→이〗→파히알〖ㅎ→ㅅ/__이〗→파시알〖모음 합체〗→파샬〖단음화〗→파살〖유성음화〗→파살(pazar)→pazar. cf. ふつか(=二日)(hutsuka)(일본어)(=2일(日): か(=日)(ka)=ㅎ(ho)(=日)(히(=日))=ㅎ+이(첨가음))〖ㅎ→ㅋ〗→ㅋ〖ᄋ→아〗→카(ka)(일본어에는 /k/와 /kh/의 구분이 없다) 【근거】한(韓)(han)〖ㅎ→ㅋ〗→칸(kan)(일본어).

pazar(=(노천) 시장, 장터)=파시(波市)+알(=子)(의미첨가 없이 명사에 붙는 접미

사)[모음 합체]→파샬[단음화]→파살[유성음화]→파살[ㅿ→z]→pazar【근
거】파시(波市)=고기가 한창 잡힐 때에 바다 위에서 열리는 생선 시장. 황해도 연
평의 조기 파시, 전라북도 위도의 조기 파시, 거문도 및 청산도의 고등어 파시, 추
자도의 멸치 파시 따위가 특히 유명하다〈표준국어대사전〉.

pazartesi=pazar(=일요일)+ㅎ(고유어 명사에 붙음)+듸(평북)〈고려대 한국어대사
전〉(=뒤)+si(3인칭 소유 접미사)[ㅎ+ㄷ→ㅌ]→pazar틔si[단음화: 의→에]→pa-
zar테si→pazartesi(그 뜻은 'pazar(=일요일)의 그 뒤'=월요일).

pul(=표, 우표, 인지)=표(票)[포](경남 발음)+알(子)(의미첨가 없이 명사에 붙는
접미사)→포알[오→우]→푸알[모음조화: 우-우]→푸울[동모음 축약]→풀
→pul. 아니면, **pul**=표(票)[포](경남 발음)+알(의미첨가 없이 명사에 붙는 접미
사)+이(첨가음)[오→우]→푸알이[모음 합체]→푸앨[애→에]→푸엘[에→이]
→푸일[모음조화: 우-우]→푸울[동모음 축약]→풀(pul)【근거】사타리(경남)(=
삵)=삵(표준어)+알(의미첨가 없이 명사에 붙는 접미사)+이(첨가음)→삵아리→
사타리. 사**오**/사**우**(경남)=사위(표준어). 종지=종자(鍾子)+이(첨가음)[모음 합체]
→종재[애→에]→종제[에→이]→종지. cf. 事[shìr](중국어)(=事)=事[shi]+알(=
子)(의미첨가 없이 명사에 붙는 접미사)[모음조화]→shir+ir[동음절 축약]→shìr.
중국어의 儿化는 난생설화를 믿는 동의족의 언어 표현법을 중국이 받아들인 것이
다.

sabah(=아침)(한국어, '새벽'과는 차이점이 있다)=(날이) *ᄉ(다)(=싀(다)=ᄉ+이
(첨가음)+(다))+ㅂ(명사형 어미)+아+ㅎ(고유어 명사에 붙음)[ᄋ→아]→사바ㅎ
(sapah)[유성음화]→sabah. cf. **şafak**(=새벽)=셔(曙)(=싀다)(=새다)+ㅂ(명사형 어
미)+악[여→야]→샤박(şapak)[p→f/모음__모음?]→şafak【근거】실 **셔**(曙)〈훈
몽자회 상권 1장 뒷면〉=**싀**(다)+ㄹ(관형형 어미)+셔(曙). **싀**다[단음화: 이→애]
→새다(현대어). 매듭=*맨(다)(=맺다)+으(자음 충돌 회피용 삽입 모음)+ㅂ(명사
형 어미)→매듭. **새배 省**ᄒ며 나죄 **定**ᄒ야〈1464 영가 상권 16장 앞면〉《표준국어
대사전》(=**새벽에** 살피고 낮에 정하여). 새배=(날이) 새(다)+ㅂ(명사형 어미)+**아**(=
子)+이(첨가음)[모음 합체]→새배. 수탉=수+**ㅎ**(고유어 명사에 붙음)+닭[ㅎ+ㄷ

→ㅌ〗→수탉. **새복**(경남)(=새벽)=새(다)+ㅂ+**악**(=子)→샙악→**새박**〈구간 6: 85〉
《우리말샘》〖아→오〗→새복. ’새(다)=사(다)+이(첨가음)‘로 분석하여 동사 어간, ’
사‘가 만들어졌을 것이다. *사(다)+ㅂ(명사형 어미)+아(의미첨가 없이 명사에 붙
는 접미사)+ㅎ(고유어 명사에 붙음)(sapah)〖유성음화〗→sabah 【근거】썰다(표준
어)=썰(다)+이(첨가음)+다→썰이다→써리다(경남). **사볘** 出船홀쟉시면〈1748 첩
신-개 6:23ㄱ〉《표준국어대사전》: 사볘=사(다)+ㅂ+이(첨가음)+**아**+이(첨가음)→
사비+아+이〖모음조화: 이-어〗→사비어이〖모음 합체: 이+어+이→예〗→사볘.
사볘 曉〈1880 한불 376〉《우리말샘》. 한국어에서는 접미사, ’아‘와 ’악‘이 붙은 것
이 같은 의미이나 튀르키예어에서는 ’아‘가 붙은 것은 ’아침‘을 나타내고 ’악‘이
붙은 것은 ‘새벽’을 나타내는 차이점이 있다. 마치 한국어의 중세 국어에서 ‘것’과
‘곳’을 나타내는 명사가 ‘곧’이었으나 ‘것’은 사물을, ‘곳’은 장소를 나타내는 명사
로 분리되어 쓰이는 것과 같다: 듣디아니ᄒᆞ샨**고돈**〈석보상절 6권 7장 앞면〉=듣지
아니하신 **것은**: 곧〖오→어, ㄷ→ㅅ〗→**것**(현대어). 이**곧**뎌고대〈용비어천가 4권
24장 앞면〉=이**곳**저곳에: 곧〖ㄷ→ㅅ〗→**곳**(현대어). ⇒ şafak.

sabır(=참을성, 인내)=참(다)+알(=子)(=것)+이(첨가음)〖ㅊ→ㅅ〗→삼알이〖모음
합체〗→삼앨〖애→에〗→삼엘〖에→이〗→삼일(samir)〖모음조화: a-ı〗→samır
〖m→b〗→sabır(그 뜻은 ‘참는 것’=인내) 【근거】**마리**(표준어)〖ㅁ(m)→ㅂ(b)〗→
바리(경남): 소 한 바리(경남)[bari]=소 한 마리(표준어)[mari]. cf. **ま**(馬)(ma)/**ば**
(馬)(ba)(일본어).

şafak(=새벽(표준어))=셔(曙)〈훈몽자회 상권 1장 뒷면〉(=새다)+ㅂ(명사형 어미)+
악(=子)〖여→야〗→샤박(şapak)〖p→f/모음＿＿모음?〗→şafak. cf. **sabah**=*ᄉ(다)
(=싀다=ᄉ+이(첨가음)+다)+ㅂ(명사형 어미)+아(=때)+ㅎ(고유어 명사에 붙음)〖ᄋ
→아〗→사바ᄒ(sapah)〖유성음화〗→sabah. **seher**(=미명=날이 채 밝지 않음 혹은
그런 때)=시(다)+이(명사형 어미)+ㅎ(고유어 명사에 붙음)+알(=子)(지소사)(=이
르다)+이(첨가음)→싀이ᄒ알이〖동모음 축약: ᄉ+이+이→ᄉ이〗→싀ᄒ알이〖단
음화: 이→애〗→새ᄒ알이〖애→에〗→세ᄒ알이〖모음 합체〗→세ᄒ앨〖애→에〗
→세헬→seher. cf. **새박**(강원, 경북, 평안, 함경)〈고려대한국어대사전〉/〈1588 소

언 2:8ㄴ〉《표준국어대사전》=새벽, **새복**(경남)=새벽, **새배**〈두시언해 중간본 25권 41장 앞면〉/(제주방언), **사볘** 出船홀쟉시면〈1748 첩신-개 6:23ㄱ〉《표준국어대사전》=새벽. **사볘** 曉〈1880 한불 376〉《우리말샘》. **새배**(=새벽)=시(다)+ㅂ+아(=子)+이(첨가음)〖단음화: 의→애〗→새바이〖모음 합체〗→새배. **새배** 신(=晨)〈훈몽자회 상권 1장 뒷면〉, **쉴** 셔(曙)〈훈몽자회 상권 1장 뒷면〉=시(다)(=새다)+ㄹ(관형형 어미)+셔(曙).

sağı(=새똥)=*사(=새(=조(鳥)=*사+이(첨가음))+그/거(경남)(=것)→사그(sagı)〖g→ğ/모음__모음〗→sağı(그 뜻은 '새의 것'=새똥?). 아니면, **sağı**=(똥을) 싸(다)+그/거(경남)(=것)→싸그〖ㅆ→ㅅ〗→사그(sagı)〖g→ğ/모음__모음〗→sağı(그 뜻은 (똥을) '싼 것'=똥)(이 경우에는 '새'가 들어있지 않다).

sahne(=무대)=쌓(다)+으(자음 충돌 회피용 삽입 모음)+ㄴ(관형형 어미)+아(=子)(=곳)+이(첨가음)〖모음 합체〗→싸흐내〖애→에〗→싸흐네〖ㅆ→ㅅ〗→사흐네(sahıne)〖[h] 다음의 [ı]는 있으나 없으나 발음이 같이 들린다〗→sahne(그 뜻은 '쌓은 곳'=무대). 【근거】 sahne=izleyici kolayca görebilmeleri için genellikle yerden belli bir ölçüde yüksek yapılan, oyun, müzik vb. gösteri yapmaya uygun yer〈Vikisözlük〉=관람객이 쉽게 볼 수 있도록 일반적으로 장소보다 두드러지게 한 치수 높게 만들어진, 놀이, 음악 및 공연에 적합한 장소). **kara**(=육지, 마른 곳)=갈(다)(경남)(=마르다)+아(=장소)→가라(kara).

sak(=splitting, cracking, crack=쪼개진 (금), 틈)〈turkishdictionary.net〉=*짝(다)+악(명사형 어미 혹은 형용사형 어미)〖동모음 축약〗→짝〖ㅉ→ㅆ〗→싹〖ㅆ→ㅅ〗→sak 【근거】 짝짝/쩍쩍 갈라지다(경남). 쩔레쩔레/절레절레/썰레썰레/설레설레(정도의 차이는 있으나 그 기본 의미는 같다). 짝(부사)(=쪼개지는 모양 혹은 소리)=*짝(다)(←짜개다=짝(다)+해다?)+악(부사형 어미)〖ㄱ→∅/모음__모음〗→짜악〖동모음 축약〗→짝. 깜악까치(=까마귀와 까치)=깜(다)+악(명사형 어미)+까치. 남악신(=나무로 만든 신)=남(=나무)+악(형용사형 어미)+신. 튀르키예어에서도 ak(악)은 명사형 어미와 형용사형 어미로 쓰인다: **açık**(=열린)=aç(mak)(=열다, 설립하다, 개최하다)+**악**(형용사형 어미)+이(첨가음)〖모음 합체〗→aç액〖애→

에]]→aç엑[[에→이]]→aç익(ik)[[모음조화: a-ı]]→açık. cf. **açık**(=야외, 열린 공간)=aç(mak)+악(명사형 어미)(=곳)+이. cf. **durak**(=역, 멈춤)=(비가) 들(다)(=멈추다)+악(=장소, 행위)[[으→우]]→둘악(turak)[[어두 유/무성자음 교체]]→durak(=역, 멈춤) 【근거】 달달 (볶다)=달(다)+달(다)(=타지 않는 단단한 물체가 열로 몹시 뜨거워지다〈표준국어대사전〉). ring ring(영어)(=따르릉따르릉)=ring(동사 어간)+ring(동사 어간). 믈(=水)〈훈민정음해례본 용자례〉[[으→우]]→물(현대어). kelmoq(우즈벡어)=gelmek(튀르키예어)=오다.

sakal(=수염, 구렛나루)=sa(=hair)+ㅎ+**갈**(kal)(지소사)[[ㅎ+ㄱ→ㅋ]]→sa칼→sakal 【근거】 **saç**=머리(털)=sa(=hair?)+ㅎ(고유어 명사에 붙음)+이(첨가음)?[[ㅎ→ㅋ]]→sa키[[구개음화: ㅋ→ㅊ/__이]]→sa치→saç. 어원을 더 연구할 필요가 있다. 호(毫)(=터럭, 털)[[ㅎ→ㅅ]]→소[[오→아]]→사(sa)?(그러나 '호'는 고유어가 아니다) 【근거】 총을 쏘다(표준어)[[오→아]]→총을 싸다(경남). 燈등의블**혀**고〈석보상절 9권 32장 뒷면〉[[ㅎ→ㅋ]]→등에 불 **켜**고(현대어).: 혀다[[ㅎ→ㅋ]]→켜다. 일훔**지허**ᄀ로디〈월인석보 1권 석보서 4장 뒷면〉=이름 지어 가로되(=말하기를): 지허=짛(다)+어(부사형 어미). 짛다[[ㅎ→ㅅ]]→짓다.

şakayık(=작약(芍藥)=*쟉약+이(첨가음)+악(의미첨가 없이 명사에 붙는 접미사)+이(첨가음): 쟉약[[ㅈ→ㅅ]]→**샥약**(芍藥)[[ㄱ→Ø/모음__모음]]→샤약(芍藥)〈구급간이방언해 7권 5장 앞면〉. **샥약**(芍藥)+이(첨가음)→샤갸기[[단음화: 야→아]]→**샤가기**[[ㄱ→Ø/모음__모음]]→**샤가이**. 악+이[[모음 합체]]→액[[애→에]]→엑[[에→이]]→**익**. şakayık=샤가이(şakay)+익(ik)[[모음조화: a-ı]]→şakayık 【근거】 뜨락(=뜰)=뜰+악(의미첨가 없이 명사에 붙는 접미사). *쟉약+이(첨가음)→쟈갸**기**[[ㄱ→Ø/모음__모음]]→자갸**이**(경남 빠른 발음)('갸'의 /ㄱ/은 탈락되지 않는다). 똥구시(경남)=똥+굼(=구덩이)+이(첨가음)→똥구디[[구개음화: ㄷ→ㅈ/__이]]→똥구지[[ㅈ→ㅅ]]→똥구시. 고기(표준어)[[umlaut]]→괴기[[단음화: 외→에]]→게기(경남)[[ㄱ→Ø/모음__모음]]→게이(경남)[[에→이]]→기이(경남).

salı(=**화요일**(火曜日))=살(다)(=태우다)(sal)+싫(日)〈석보상절 9권 9장 뒷면〉(=일)[[ㅎ→Ø]]→살실[[ㅿ→Ø]]→살일[[어말 /ㄹ/ 탈락]]→살이(sali)[[모음조화: a-ı]]

→salı【근거】화(火)=태우다. 싫(日)〈석보상절 9권 9장 뒷면〉〔ㅿ→Ø〕→일(현대어). 새마(=新村)(경북)=새말(=新村)(경남)〔어말 /ㄹ/ 탈락〕→새마.

samimi(=성심의, 진심의, 마음에서 우러난)=참이(다)+ㅁ(명사형 어미)+으(경남)(소유격 어미)→참임으〔ㅊ→ㅅ〕→삼임으(samimı)〔으(ı)→이(i)〕→삼임이→사미미→samimi. cf. **しか**(歯科)(sika)=치과〔치까(경남 발음)〕〔ㅊ→ㅅ〕→시까(sik-ka): 일본어도 [시까로 발음된다 【근거】참=사실이나 이치에 조금도 어긋남이 없는 것〈표준국어대사전〉. 들티다〈유합신下:9〉《고려대 한국어대사전》〔구개음화: ㅌ→ㅊ/__이〕→틀치다〔ㅊ→ㅅ〕→들시다(경남). 들티다〔구개음화: ㅌ→ㅊ/__이〕→들치다〔이→우〕→들추다(표준어). dinî(=종교의)=din(=종교)+으(경남)(소유격 조사)〔으→이〕→din이(i)→dinî.

sanayi(=산업(産業))=산업+이(첨가음)→사너비〔어→아〕→사나비〔유성음화: ㅂ→ㅸ/모음__모음〕→사나뷔〔ㅸ→Ø/모음__모음〕→사나이→sanai〔모음 충돌 회피용 반자음, y 삽입〕→sanayi(모음조화를 시키지 않았다)【근거】장어(표준어)+이(첨가음)〔모음 합체〕→장에〔모음조화: 아-애〕→장애(경남). 국(國)+이(첨가음)〔모음 합체〕→귁(國)〈월인석보 1권 훈민정음 1장 앞면〉. 덥(다)+우(명사형 어미)→더부(경남)〔유성음화: ㅂ→ㅸ/모음__모음〕→더뷰〔ㅸ→Ø/모음__모음〕→더우(경남).

sancı(=복통, 통증, 산통(産痛)(=labor pain))=산(産)(=애를 낳다)+통(痛)(=아픔)+이(첨가음): 통+이〔오→우〕→퉁이〔우→으〕→틍이[tıî](경남 발음)〔ŋ(ㅇ)→Ø/__이 and /이/가 鼻母音化[î], 비모음의 구강 모음화(튀르키예어에 비모음이 없다)〕→트이〔구개음화: ㅌ→ㅊ/__으〕→츠이〔ㅊ→ㅅ〕→**즈이**. sancı=산(san)+즈이〔유성음화: ㅈ(무성 무기 파찰음)→c(유성 무기 파찰음/모음__모음〕→sancıi〔모음조화: ı-ı〕→sancıı〔동모음 축약〕→sancı【근거】바가치(경남)〔ㅊ→ㅈ〕→바가지(표준어). 사오/사우(경남)=사위(표준어). 믈(=水)〈훈민정음해례본 용자례〉〔으→우〕→물(현대어). **mantı**(=만두)=만두〔우→으〕→만드〔ㄷ→ㅌ〕(튀르키예어에는 /ㄷ/, /ㅌ/의 구분이 없다)→만트(mantı). 강이(江이)〔ŋ(ㅇ)→Ø/__이 and /이/가 鼻母音化[î]〕→[가î]('강이'의 발음)(경남 노인 말). cf. 产痛[chǎn tòng](중국

어)=産痛. 튀르키예어는 중국 음을 따르지 않고 한국 음을 따르고 있다. さんつう (=産痛)(santsuu)(일본어): 통(=痛)(tong)〖오→우[으]〗→tung〖일본어식으로 표기〗 →tuu〖구개음화: t(ㅌ)→ts(ㅊ)/__u[ɯ]〗→tsuu(츠으)(u[ɯ=으]).

saray(=궁전, 대궐)=*햐(廈)(=하)(=큰 집)+알(=子)(=의미첨가 없이 명사에 붙는 접미사)+아(=子)(=의미첨가 없이 명사에 붙는 접미사)+이(첨가음)〖ㅎ→ㅅ/__y〗 →샤알아이〖단음화〗→**사알**아이〖동모음 축약〗→**살**아이→사라이→saray(그 뜻 은 '**큰 집**'=대궐(大闕))【근거】셩(경남)=형〖ㅎ→ㅅ/__y〗→셩〖단음화〗→성. '廈 [shà](중국어)=*햐〖ㅎ→ㅅ/__y〗→샤(sha)'를 보면 廈의 원음이 '햐'였음을 알 수 있다). 사타리(경남)=살(표준어)+알(의미첨가 없이 명사에 붙는 접미사)+이(첨가 음). 아래(표준어)=알(경남)+아(의미첨가 없이 명사에 붙는 접미사)+이(첨가음) 〖모음 합체〗→알애→아래. *햐(廈)〖단음화〗→하(현대어). *햐(廈)에 '알'이 붙어 서 된 단어를 접미사가 붙지 않은 단어로 보고 다시 '아'를 붙인 것이다.

sav(=saying, word)〈turkishdictionary.net〉=삷(다)[삽따](=사뢰다, 말씀드리다, to say)+이(명사형 어미)→사비〖유성음화〗→사뷔〖ㅸ→v〗→savi〖모음조화: a-ɨ〗 →savı〖유성 마찰음, [v] 다음의 [ɨ]는 있으나 없으나 발음이 같이 들린다〗→sav.

savaş(=싸움, 전투)=싸불(다)/**싸부**(다)(경남)(=싸우다)+앗(=子)(=것)+이(첨가음) 〖모음 합체 후 단음화: 부+아→바〗→싸바시〖ㅆ→ㅅ〗→사바시〖유성음화〗→사 뱌시〖ㅸ→v〗→savaş 【근거】갈다/가다(경남). 有ᄒᆞᆯᄂᆞ이실씨라〈월인석보 1권 훈 민정음 2장 앞면〉: 잇다〖ㅅ→ㅆ〗→**있다**(현대어). 쎵(城)〈석보상절 6권 14장 앞 면〉〖ㅆ(z)→ㅅ(s), ㆁ(ng)→ㅇ(ng)(받침)〗→셩〖단음화〗→**성**(현대어).

sebze(=채소)=셥(葉)〈석보상절 13권 1장 뒷면〉(=엽=잎)+이(첨가음)+새(=채소) 〖단음화: 여→어〗→섭이새〖유성음화: ㅂ(p)→b, 모음 합체: 어+이→에〗→seb 새〖애→에〗→seb세(se)〖유성음화: ㅅ(s)→ㅿ(z)/유성음__유성음〗→sebze 【근 거】셥(葉)〖단음화〗→섭(제주)〈고려대 한국어대사전〉. 거섶(=비빔밥에 넣는 나 물)=거섭+ㅎ(고유어 명사에 붙음)〖ㅂ+ㅎ→ㅍ〗→거섶. 남새(경남)(=생채소)=남 (=생, 날 것)+새(=채소). 나무새(강원, 경상, 충청, 평안, 함경)(=남새)〈고려대 한국 어대사전〉=ᄂᆞᄆᆞ새〈번소 9:103〉〈우리말샘〉〖ㆍ→아〗→나**ᄆᆞ**새〈노걸번上:41〉〈고

려대 한국어대사전》[ᄋ→우]→나무새 【근거】 ᄀᆞ물다〈월인석보 10권 84장〉《고려대 한국어대사전》[ᄋ→아]→가몰다[ᄋ→우]→가물다(현대어). 남새밭(경남)=채소밭. ᄂᆞ무새〈노걸번上:41〉《고려대 한국어대사전》=놈+ᄋ(자음 충돌 회피용 삽입 모음))+새→ᄂᆞ무새. cf. なま(=生)(일본어)(nama)=ᄂᆞ무[ᄋ→아]→나마 →nama. 일본어를 보면 '남새'는 '생채소'임을 알 수 있다.

sehpa(=tripod=삼각대)=세ㅎ〈석보상절 13권 56장 앞면〉(=셋)+발(=족(足))→세ㅎ발[어말 /ㄹ/ 탈락]→세ㅎ바(sehpa)→sehpa. cf. **şövalye**(=畫架, 이젤)(발이 세 개다)=서이/**스이**(경남)(=셋)+발(=足)+이(=사물)+아(=子)(의미첨가 없이 명사에 붙는 접미사)+이(첨가음)→스이발이아이[모음 합체]→싀발이애[애→에]→싀**발**이에[유성음화]→싀(ş+의(ö))+발이에→**şö**발이에[ㅂ→v, 이에→예(ye)]→şövalye(그 뜻은 '발이 세 개 인 것'이다) 【근거】 삼발이=삼(=셋)+발+이(=사물). 세발솥(=발이 세 개인 솥)=세+발+솥. 아래(=下)(표준어)=알(=하(下))(경남)+아(=子)(의미첨가 없이 명사에 붙는 접미사)+이(첨가음)[모음 합체]→알애→아래. banka(튀르키예어)=bank(영어)+아(a)(의미첨가 없이 명사에 붙는 접미사). 새마(=신촌(新村))(경북)=새(=新)+말(=村)(경남 현대어)[어말 /ㄹ/ 탈락]→새마. cf. chevalet(프랑스어)(=이젤)=세ㅎ발+앗[알](=사물)+이(첨가음)[ㅎ→∅]→세발안이[모음 합체]→세발엔[유성음화]→세발엔[ㅂ→v]→sevalet[s→ʃ]→ʃevalet [e[ə], 어말 /t/ 탈락]→[ʃ(ə)valɛ]. 프랑스어와 한국어의 관계를 연구할 필요가 있다.

semazen(=a Mevlevi who performs the sema〈Türkçe Sözlük〉《LEXILOGOS》=세마를 행하는 메블라나 교도)=sema+싄(人)(zin)+이(첨가음): 싄+이[이→으]→슨이[모음 합체]→쉰[단음화: 의→에]→쎈(zen) 【근거】 **이**사/**으**사(경남)('이/으' 높고 강하게 발음한다)=의사(醫師)(표준어). 장애(경남)=장어(표준어)+이(첨가음)[모음 합체]→장에[모음조화: 아-애]→장애.

semt(=구역, 지역, 동네)=살(다)/**사**(다)(경남 둘 다 사용)+ㅁ(명사형 어미)+으(소유격 조사)+**트**/터(=곳)→삼+으트[으→이]→삼+이(튀르키예어 소유격 조사)+트[모음 합체]→샘트[애→에]→쎔트(semtı)[/t/를 파열시켜 발음하면 [ı]는 있으나 없으나 발음이 같이 들린다』→semt(그 뜻은 '삶의 터/트'=사는 곳=동네) 【근거】 **이사/으사(경남)**=의사(醫師)(표준어). Özbekistan(튀르키예어)=Özbek(= 우즈벡 사람)+i(이)(**소유격 조사**)+stan(=땅). stan=따ㅎ〈석보상절 6권 25장 뒷면〉 (=땅)+앙(의미첨가 없이 명사에 붙는 접미사)『ㅎ→Ø/모음 __모음』→따앙『ㅇ (ng)→ㄴ(n)』→따안『동모음 축약』→딴(stan) 【근거】 집으 모양(경남)(=집의 모 양)=집+으(소유격 조사)+모양: 으『으→이』→이(i)(튀르키예어의 소유격 조사): dinî(=종교의)=din(=종교)+으(경남)(소유격 조사)『으→이』→din이(i).

sepi(=무두질)=설(鞢)(=무두질하다)+이(첨가음)+피(皮)(=가죽)+이(명사형 어미) (=행위)『어말 /ㄹ/ 탈락』→서이피이『동모음 축약』→서이피『모음 합체』→세피 (sepi)(그 뜻은 '가죽을 무두질하는 행위'=무두질). 혹은, **sepi**(=무두질)=소(硝)(=무 두질하다)+이(첨가음)+피(皮)(=가죽)+이(명사형 어미)(=행위)『모음 합체: 오+이 →외』→쇠피이『단음화: 외→에』→세피이『동모음 축약』→세피(sepi) 【근거】 국 (國)+이(첨가음)『모음 합체』→귁(國)〈월인석보 1권 훈민정음 1장 앞면〉. 소(=牛)+ 이(첨가음)『모음 합체』→쇠『단음화: 외→에』→세(경남)『에→이』→시(경남).

sıçan(=(동물) 쥐)=쏠(다)+이(명사형 어미)+an(안)(=子)(=것=동물)『오→우』→ 쑬(다)이안『우→으』→쓸(다)〈경북 영일〉(=쏘다)+이안『ㄹ→ㄷ/ㅌ(튀르키예어는 ㄷ/ㅌ 구분이 없다)』→쓸이안→쓰티안『구개음화: ㅌ→ㅊ/_-이』→쓰치안『모 음 합체』→쓰챤『단음화: 야→아』→쓰찬『ㅆ→ㅅ』→스찬→sıçan(그 뜻은 '쏘는 것'=쥐) 【근거】 볋(彆)〈훈민정음해례본 종성해〉『ㄷ→ㄹ』→별(彆)(현대어). cf. 갈 (喝)『ㄹ→ㅌ』→갈『일본어식으로 표기』→가트『구개음화: ㅌ→ㅊ/__으』→가츠 (katsɯ)→かつ(喝)(katsɯ)[kɑtsɯ])(일본어). 쏠다=쥐나 좀 따위가 물건을 잘게 물 어뜯다〈표준국어대사전〉. an(=동물, 것)=앙(子)(=사물, 동물, 사람)『ㅇ(ng)→ㄴ (n)』→안(an): 누렁이(=털빛이 누런 개)=*눌(다)(=누렇다)+앙(=동물)+이(첨가음) 『모음조화: 우-어』→눌엉이→누렁이. 거렁이(경상)〈고려대 한국어대사전〉(=거 지)=걸(乞)(=빌다, 구걸하다)+앙(=사람)+이(첨가음)『모음조화: 어-어』→걸엉이 →거렁이. 거렁이『umlaut』→거렝이[거레î(鼻母音)](경남 발음). 이엉(=초가집의 지붕이나 담을 이기 위하여 짚이나 새 따위로 엮은 물건)=(지붕을) 이(다)+앙(=子)

(=사물)[모음조화: 이-어]→이엉(=이는 것). cf. いえ(=家)(ie)=(지붕을) 이(다)+
아(=子)(=곳, 것)+이(첨가음)[모음 합체]→이애[애→에]→이에(ie)(그 뜻은 '(지
붕을) 인 곳/것'=집). 사오/사우(경남)=사위(표준어). 믈(=水)〈훈민정음해례본 용
자례〉[으→우]→물(현대어). 쎵(城)〈석보상절 6권 14장 앞면〉[ㅆ(z)→ㅅ(s), ㆁ
(ng)→ㅇ(ng)(받침)]→셩[단음화]→성(현대어). don(mak)(=얼다)=동(凍)(tong)(=
얼다)[ㅇ(ng)→ㄴ(n)]→ton[어두 유/무성자음 교체]→don. 아니면, sıçan(=(동
물) 쥐)=설치(齧齒)+an(=동물)[어→으]→슬치an[ㄹ→Ø/__자음, 아니면 /ㄹ/
탈락]→스치an(안)[모음 합체: 이+아→야]→스챤[단음화: 야→아]→스찬
→sıçan(그 뜻은 '설치 동물=쥐'이다)【근거】설치류(齧齒類)=쥐류. 새마(=新村)
(경북)=새말(=新村)(경남 현대어)[어말 /ㄹ/ 탈락]→새마.

şiir(=시(詩), 시가)=시(詩)+알(=子)(의미첨가 없이 명사에 붙는 접미사)+이(첨
가음)[모음 합체]시앨[애→에]→시엘[에→이]→시일→şiir 【근거】 **dış**(=
밖)=**dışarı**(=밖)=dış+알(=子)(의미첨가 없이 명사에 붙는 접미사)+이(첨가
음)→dış아리(ari)→dışari[모음조화: a-ı]→dışarı. 사타리(경남)(=샅(표준어))=샅
+알(의미첨가 없이 명사에 붙는 접미사)+이(첨가음)→사타리.

sik(=(남성의) 생식기)=수(=male)+ㅎ(고유어 명사에 붙음)+악(=子)(=것)+이(첨가
음)[모음 합체]→수ㅎ액[애→에]→수ㅎ엑[에→이]→수ㅎ익[ㅎ→Ø/모음__
모음]→수익[모음 합체]→쉭[단음화: 위→이]→식→sik. 아니면, **sik**=수ㅎ+
이(첨가음 아니면, 소유격 조사)+거/그(경남)(=것)→수히그[ㅎ→Ø/모음__모음]
→수이그[모음 합체]→쉬그[단음화]→시그→sikı[[k]를 파열시키면 뒤의 [ı]는
있으나 없으나 발음이 같이 들린다]→sik. cf. **しか**(=鹿))(古くは**女鹿**(めか)に対
する雄のシカ)〈ネッセ全訳古語辞典〉(=옛날에는 암사슴에 대한 수사슴))=수+ㅎ
+이(첨가음)+か[ㅎ→Ø/모음__모음]→수이카[모음 합체]→쉬카[단음화: 위
→이]→시카→しか(sika)(일본어 고어). cf. **am**(=여자의 음부)=암(컷)(am)【근
거】쉬다(표준어)[단음화: 위→이]→시다(경남). 가히〈월인석보 21권 상권 42장
뒷면〉[ㅎ→Ø/모음__모음]→가이[모음 합체]→개(=犬(견))(현대어).

şike(=사기(詐欺), 조작)=사(詐)(=속이다, 거짓말하다)+이(첨가음)+거(경남)(=것)+

이(첨가음): 사+이〖모음 합체〗→새〖애→에〗→세〖에→이〗→시. 거+이〖모음 합체〗→게. şike=시+게. 아니면, şike=사(詐)+이(첨가음)+킹(欺)〈능엄경언해 4권 64장 앞면〉[키]: 사+이〖모음 합체〗→새〖애→에〗→세〖에→이〗→시. 키〖단음화:의→에〗→케. şike=시(şi)+케(khe) 【근거】 국(國)+이(첨가음)〖모음 합체〗→귁(國)〈월인석보 1권 훈민정음 1장 앞면〉. 킹(欺)〈능엄경언해 4권 64장 앞면〉[키]〖단음화: 의→에〗→케〖에→이〗→키〖ㅋ→ㄱ〗→기(현대어).

sikke(=tall felt **hat** worn by a Mevlevi dervish〈Türkçe Sözlük〉《LEXILOGOS》=메블라나 교도가 쓰는 높은 펠트 모자)=(모자를) 씨(다)(경남)(=쓰다)+악(형용사형 어미)+이(첨가음)+거(=것)+이(첨가음): 씨악+이〖모음 합체〗→씨액〖애→에〗→씨엑〖에→이〗→씨익〖동모음 축약〗→씩. 거+이〖모음 합체〗→게. sikke=씩+게→sikke(그 뜻은 '쓰는 것'=모자) 【근거】 노락쟁이(경남)(=노란 꽃이 피는 초본 식물)=*놀(다)(=노랗다)+악(형용사형 어미=관형형 어미)+장(=사람)(사람에 비유)+이(첨가음)〖umlaut〗→노락쟁이.

sıla(=고향)=신라(新羅)[**실라**]?〖이→으〗→슬라(sılla)〖동자음 탈락〗→sıla 【근거】 이락(Irak)(한국어)〖이→으〗→Irak(튀르키예어)(으락). 으사/**이**사(경남)=의사(醫師). 고향이란 살았던 곳이다. 튀르키예어의 '살다'는 yaşa(mak)이라 '고향=yaşadığı yer'이 되어야 한다. 신라인은 흉노의 직계이고 튀르키예인도 흉노의 후예라고 하니 신라를 고향으로 생각했을 수도 있다. 아니면, **sıla**=살(다)+이(첨가음)+아(=장소, 곳)〖모음 합체〗→샐아〖애→에〗→셀아〖에→이〗→실아〖이→으〗→슬아→sıla? 【근거】 써리다(경남)=썰(다)(표준어)+이(첨가음)+다. 종지=종자(鍾子)+이(첨가음)〖모음 합체〗→종재〖애→에〗→종제〖에→이〗→종지.

silinti(=지운 자국)=sil(mek)(=지우다)+이(자음 충돌 회피용 삽입 모음)+ㄴ(관형형 어미)+터(=장소)+이(첨가음)→sil인터이〖모음 합체〗→sil인테〖에→이〗→sil인티(inti)→silinti(그 뜻은 '지운 터'=지운 자국). 아니면, **silinti**=silin(mek)(=지워지다)+터+이〖모음 합체〗→silin테〖에→이〗→silin티(ti) 【근거】 흉**터**=상처가 아물고 남은 **자국**. 씰(다)(경남)(=쓸다, 지우다)=sil(mek). 아니면, sil(mek)(=지우다)+이(자음 충돌 회피용 삽입 모음)+ㄴ(관형형 어미)+티(ti)(=조그마한 홈). 혹은

silin(mek)(=지워지다)+티(ti).

sim(eskimiş=지금은 쓰지 않는 옛날의)(=gümüş=은(銀))=금(金)[으→이]→김(金)[구개음화: ㄱ→ス/__이]→짐[ス→ㅅ]→심→sim?【근거】금(金)[으→이]→김(金)(성씨). 김(=vapour)[구개음화: ㄱ→ス/__이]→짐(경남). 銀 白金 흰쇠〈물명 5권 7장〉《우리말샘》=은(銀)은 흰(=백(白))**쇠(=金)**. 또한 음양오행에서 금(金)은 서쪽을 나타내고 그 색은 흰색이다: **백호(白虎)**는 서쪽을 나타낸다. 튀르키예어에서 금(金)은 altın이니 은(銀)은 '하얀 금(金)'이라 하지 않고 그냥 금(金)이라고 했을 가능성이 크다. 똥구시(경남)=똥+군(=구덩이)+이(첨가음)→똥구디[구개음화]→똥구지[ス→ㅅ]→똥구시. cf. **kumush**(우즈벡어)(=은(銀))=금(金)+붙이[으→우]→굼부티[구개음화: ㅌ→ㅊ/__이]→굼부치[ㅊ→ㅅ]→굼부시kumbush)[b→m]→kummush[동자음 축약]→kumush【근거】소 한 바리(bari)(경남)[b→m]→소 한 마리(mari)(표준어). cf. 치과(齒科)[치까](경남 발음)[ㅊ→ㅅ]→시까→しか(shika)[시까](일본어). 아니면, **sim**=희(다))[히(다)](경남 발음)(=白)+ㅁ(명사형 어미)(=것, 물체)[ㅎ→ㅅ/__이]→심(sim)(그 뜻은 '흰 것'=은)【근거】여름〈용비어천가 1권 1장 뒷면〉(=열매)=열(다)+ㅁ(명사형 어미)(=것, 물체).

şimdi(=**지금**, 이제)=금(今)(=이제)+*디(→지?)[으→이]→김디[구개음화: ㄱ→ス/__이]→짐디[ス→ㅅ]→심디(şimti)[유성음화]→şimdi. 아니면, **şimdi**=금(今)+다〈월인석보 1권 월인천강지곡 15장 앞면〉(=데)+이(첨가음)[으→이]→김다이[구개음화]→짐다이[ス→ㅅ]→심다이[모음 합체]→심대[애→에]→심데[에→이]→심디(şimti)[유성음화]→şimdi(그 뜻은 '지금 있는 곳')【근거】금(金)[으→이]→김(金)(성씨). 똥구시(경남)(=뒷간)=똥+군(=구덩이)+이(첨가음)→똥구디[구개음화]→똥구지[ス→ㅅ]→똥구시. 부텨說솅法법ᄒ신**다**마다〈월인석보 1권 월인천강지곡 15장 앞면〉부처 설법하신 **데**마다. 당장 **이곳에서**(=지금 있는 곳에서) 합시다=당장 **지금** 합시다. 한국어에서는 şimdi를 앞뒤 글자를 바꾸어 '지금'이라고 한다【근거】시혹〈석보상절 9권 15장 뒷면〉[앞뒤 글자를 바꾸어]→혹시(현대어).

sinek(파리)=승(蠅)(=파리)+악(=子)(의미첨가 없이 명사에 붙는 접미사)+이(첨가

음)〖으→이〗→싱악이〖모음 합체〗→싱액〖애→에〗→싱엑〖ng(ㅇ)→n(ㄴ)〗→
신엑→sinek【근거】뜨락(=뜰)=뜰+악(의미첨가 없이 명사에 붙는 접미사). 씅(乘)
〈석보상절 13권 11장 뒷면〉〖ㅆ→ㅅ〗→싱〖ㅇ(꼭지 있는 이응)→ㅇ, 이→으〗→
승(현대어). cf. **폴**(=蠅)〈훈민정음해례본 용자례〉+이(첨가음)〖ᆞ→아〗→팔이→
파리(표준어), 폴(=蠅)+이(첨가음)〖ᆞ→오〗→폴이→**포리**(경남), 폴(=蠅)+앙(=
子)(의미첨가 없이 명사에 붙는 접미사)+이(첨가음)〖ᆞ→오〗→폴앙이〖umlaut〗
→폴앵이→**포랭이**[포래이[î]](경남 노인 말). cf. 蠅(=蠅)[**yíng**])(중국어). cf. **はえ**
(hae)(일본어)=폴(蠅)+아(=子)(의미첨가 없이 명사에 붙는 접미사)+이(첨가음))〖어
말 /ㄹ/ 탈락〗→푸아이〖ᆞ→아〗→파아이〖모음 합체〗→파애〖애→에〗→파에
〖ㅍ→ㅎ〗→하에(hae)【근거】새마(=新村)(경북)=새말(=新村)〖어말 /ㄹ/ 탈락〗→
새마. 판(判)〖ㅍ→ㅎ〗→한(han)→はん(判)(han)(일본어). 아=악=앙

sinir(=(해부) 신경, **심줄**, 감각)=힘(=근(筋))+알(=子)(의미첨가 없이 명사에 붙는
접미사)+이(첨가음)〖ㅎ→ㅅ/__이〗→심알이〖ㅁ→ㄴ〗→신알이〖모음 합체〗→
신앨〖애→에〗→신엘〖에→이〗→신일→sinir【근거】힘爲筋〈훈민정음해례본 용
자례〉: 힘=筋(근). 힘줄(표준어)〖ㅎ→ㅅ/__이〗→심줄. 힘(=力)〖ㅎ→ㅅ/__이〗→
심(경남). 므슴〈석보상절 6권 16장 앞면〉〖으→우〗→무슴〖ㅁ→ㄴ〗→무슨(현대
어). 사타리(경남)(=살)=살(표준어)+알(의미첨가 없이 명사에 붙는 접미사)+이(첨
가음). cf. **sinirle**(mek)(=to pull out the sinewy parts in (a piece of meat)=(고기 조각)
에 있는 힘줄을 빼내다). to hamstring, cut the leg tendons of (an animal)=(동물)의
다리 힘줄을 자르다))〈turkishdictionary.net〉=sinir+le.

sınır(=경계, 국경)=선/슨(線)(경남 둘 다 사용)+알(=子)(의미첨가 없이 명사에 붙
는 접미사)+이(첨가음)→슨알이〖모음 합체〗→슨앨〖애→에〗→슨엘〖에→이〗
→슨일(sinir)〖모음조화: ı-ı〗→sınır 【근거】이사/으사(경남)=의사(醫師)(표준어).
사타리(경남)=살(표준어)+알(의미첨가 없이 명사에 붙는 접미사)+이(첨가음)→사
타리.

sıra(=줄)=줄+아(의미첨가 없이 명사에 붙는 접미사)〖ㅈ→ㅅ〗→술아〖우→으〗
→슬아→sıra 【근거】똥구시(경남)(=뒷간)=똥+굳(=구덩이)+이(첨가음)→똥구디

〖구개음화〗→똥구지〖ㅈ→ㅅ〗→똥구시. 믈(=水)〈훈민정음해례본 용자례〉〖으→우〗→물(현대어). mantı=만두(matu)〖우(u)→으(ı)〗→mantı. 알(경남)(=아래)+아(의미첨가 없이 명사에 붙는 접미사)+이(첨가음)〖모음 합체〗→알애〖발음대로 표기〗→아래(표준어). banka(튀르키에어)=bank(영어)+아(a)(의미첨가 없이 명사에 붙는 접미사).

sır(=비밀, 비법)=술(術)(=방법, 수단, 책략)〖우→으〗→슬→sır【근거】믈(=水)〈훈민정음해례본 용자례〉〖으→우〗→물(현대어). mantı=만두〖우→으〗→만드(mantı).

şirket(=회사, 일터, 업체)=사(事)(=일)+이(첨가음)+알(=子)(의미첨가 없이 명사에 붙는 접미사)+이(첨가음)+곧〈용비어천가 4권 24장 앞면〉(=곳)+이(첨가음)→사이알이곧이〖모음 합체〗→새앨괻〖애→에〗→세엘괻〖에→이〗→시일괻〖동모음 축약〗→실괻〖단음화: 외→에〗→실겓(şirket)(그 뜻은 '일하는 곳'=일터, 회사)【근거】일하는 곳=회사. 일터(=회사)=일+터(=곳). 현대어, '것'과 '곳'은 중세 국어에서는 '곧'이었다: 듣디아니ᄒᆞ샨**고돈**〈석보상절 6권 7장 앞면〉(=듣지 아니하신 **것은**): 고돈=곧(=것)+온(=은). 이**곧**뎌고대〈용비어천가 4권 24장 앞면〉(=이**곳**저곳에): 곧=곳. 사타리(경남)=삳(표준어)+알(=子)(의미첨가 없이 명사에 붙는 접미사)+이(첨가음)→사타리. **dış**(=밖)=**dışarı**(=밖)=dış+**알**(=子)(의미첨가 없이 명사에 붙는 접미사)+이(첨가음)→dış아리(ari)→dışari〖모음조화: a-ı〗→dışarı.

sırt(=(인체, 칼 등의) 등, 능선)=등+알(=子)(의미첨가 없이 명사에 붙는 접미사)+이(첨가음)+트/터(=장소)→등알이트〖구개음화: ㄷ→ㅈ/__으〗→증알이트〖모음 합체〗→증앨트〖애→에〗→증엘트〖에→이〗→증일트〖ㅇ(ng)→Ø/+이 and 이[i](鼻母音) and 비모음의 구강 모음화(튀르키예어에 비모음이 없다)〗→즈일트〖ㅈ→ㅅ〗→스일트(sıırtı)〖모음조화: ı-ı〗→sıırtı〖동모음 축약〗→sırtı〖/t/를 파열시켜 발음하면 [ı](으)는 있으나 없으나 발음이 같이 들린다〗→sırt. 아니면, **sırt**=(곱)새(경남)(=등)+알(의미첨가 없이 명사에 붙는 접미사)+이(첨가음)+터/트(경남)(=터)→새알이트〖애→에〗→세알이트〖에→이〗→시알이트〖모음 합체〗→시앨트〖애→에〗→시엘트〖에→이〗→시일트〖동모음 축약〗→실트〖이→으〗→슬

트→sırtı[/t/를 파열시켜 발음하면 [ı](으)는 있으나 없으나 발음이 같이 들린다] →sırt 【근거】 종지=종자(鍾子)+이(첨가음)[모음 합체]→종재[애→에]→종제 [에→이]→종지. 이사/으사(경남)=의사(醫師)(표준어). 똥구시(경남)=똥+굳(=구 덩이)+이(첨가음)→똥구디[구개음화]→똥구지[ㅈ→ㅅ]→똥구시. cf. üst(=위)= 위+ㅅ+ㅌ/터(경남)→윗트→üstı[/t/를 파열시켜 발음하면 [ı](으)는 있으나 없으 나 발음이 같이 들린다]→üst. cf. 쏀(=背)(se)(일본어)(=등)=(곱)새(=등)(경남)[애 →에](일본어에는 /애/가 없다)→세(se). cf. **등어리**(경남, 전라, 제주, 충청)(=등) 〈고려대 한국어대사전〉(=등)=등+알(의미첨가 없이 명사에 붙는 접미사)+이(첨가 음)[모음조화: 으-어]→등얼이→등어리. **등으리**(경남)(=등=背)=등+알(=子)(의미 첨가 없이 명사에 붙는 접미사)+이(첨가음)[모음조화: 으-으]→등을이→등으리 [으→어]→덩어리(경남). **등드리**(경남)(=등)=등+다(=地)(=터)+알+이(첨가어)[동 모음 축약]→등달이[모음조화: 으-으]→등들이→등드리[으→어]→덩더리(경 남) 【근거】 없다/읎다(경남). 양달(=양지(陽地))=양(陽)+다(=地)+알(=子)(의미첨가 없이 명사에 붙는 접미사)[동모음 축약]→양달. 부텨說^쎯法법ᄒ신**다**마다〈월인 석보 1권 월인천강지곡 15장 앞면〉부처 설법하신 데마다. 다+이(첨가음)[모음 합 체]→대[애→에]→데(현대어).

şiş(=꼬지(경남), 꼬치(표준어))=곶(다)〈구방 상:43〉《우리말샘》(=꽂다)+이(명사형 어미)(=사물)[umlaut]→꽂이→괴지[단음화: 외→에]→게지[에→이]→기지 [구개음화: ㄱ→ㅈ/__이]→지지[ㅈ→ㅅ]→시시→şiş 【근거】 똥구시(경남)=똥 +굳(=구덩이)+이(첨가음)→똥구디[구개음화]→똥구지[ㅈ→ㅅ]→똥구시. 고 기[umlaut]→괴기[단음화: 외→에]→게기(경남)[ㄱ→Ø/모음__모음]→게이 (경남)[에→이]→기이(경남). 기름(표준어)[구개음화: ㄱ→ㅈ/__이]→지름(경 남). 곶다〈구방 상:43〉《우리말샘》[ㄱ→ㄲ]→꽂다(현대어). 꽂(다)+이(명사형 어 미)(=물체)→꼬지(경남)(표준어, '꼬치'가 만들어질 수 없다. '꼬치=*꽇(다)+이→ 꼬치'와 같이 동사가 '*꽇다'가 되어야 한다).

şiş(=안개)=(안개가) 끼(다)+앗[알](=子)(=것)+이(첨가음)→끼앗이[umlaut]→끼 앳이[애→에]→끼엣이[에→이]→끼잇이→끼이디[구개음화: ㄷ→ㅈ/__이]

→찌이지〔ㅉ→ㅈ〕→지이지〔동모음 축약〕→지지〔ㅈ→ㅅ〕→시시→şiş(그 뜻은 '끼인 것'=안개) 【근거】 **끼**이다(표준어)〔구개음화: ㄲ→ㅉ/__이〕→**찌**이다(경남). 고기(표준어)〔umlaut〕→괴기〔단음화〕→게기(경남)〔ㄱ→Ø/모음__모음〕→게이(경남)〔에→이〕→기이(경남). 짭(雜)〈석보상절 9권 10장 뒷면〉〔ㅉ[dz]→ㅈ[ts]〕(유/무성자음 교체)→잡(현대어). 똥구시(경남)=똥+굼(=구덩이)+이(첨가음)→똥구디〔구개음화: ㄷ→ㅈ/__이〕→똥구지〔ㅈ→ㅅ〕→똥구시. cf. ざふか(雜歌)(zyahuka)(일본어 고어)=짭(雜)+가(歌)〔일본어식으로 표기〕→짜부가〔ㅉ→ㅆ〕→싸부가〔ㅆ→z〕→za부가〔ㅂ→h〕→zahu가→zahuka 【근거】 ふ(不)(hu)(일본어)=부(不)(pu)〔ㅂ(p)→h〕→hu. じ(時)(zi)(일본어)=씽(時)〈능엄경언해 1권 3장 뒷면〉[씨]〔ㅆ→z〕→zi 【근거】 'ㄲ, ㄸ, ㅃ, ㅉ, ㅆ, ㆅ 爲 全濁'〈훈민정음해례본〉(전탁(全濁)=유성음(有聲音)).

şist(=지석(砥石=숫돌)=지석/지슥(경남)+이(첨가음)+앗(=子[앋](의미첨가 없이 명사에 붙는 접미사)+이(첨가음): 지슥+이〔ㅅ→ㅅ〕→시슥이→시스기〔ㄱ→Ø/모음__모음〕→시스이〔모음 합체〕→시싁〔단음화: 의→에〕→시세〔에→이〕→**시시**. 앗[앋]+이〔모음 합체〕→앤〔애→에〕→엔〔에→이〕→인〔이→으〕→**은**. şist=시+**시(si)+은(ɪt)**〔모음 합체: i+ɪ→yɪ〕→시syɪt〔단음화: yɪ→ɪ〕→시(şi)+(sɪt)〔[s] 다음의 [ɪ]는 있으나 없으나 발음이 같이 들린다〕→şist 【근거】 이사/으사(경남)=의사(醫師), 종지=종자(鍾子)+이(첨가음)〔모음 합체〕→종재〔애→에〕→종제〔에→이〕→종지. 씨앗(=씨)=씨+앗[앋](의미첨가 없이 명사에 붙는 접미사). 긩(機)〈석보상절 13권 28장 앞면〉[긔〔단음화: 의→에〕]→게〔에→이〕→기(현대어). 중세 국어에서 꼭지 없는 이응, /ㅇ/은 발음되지 않는다. 나의 어머니(표준어)=나+의[에]+어머니.

sɪvɪ(=액체(液體). 액상 물질)=즙(汁)+이(첨가음)〔ㅈ→ㅅ〕→습이→스비〔유성음화〕→스ᄫᅵ〔ㅸ→v〕→sɪvɪ)〔모음조화: ɪ-ɪ〕→sɪvɪ 【근거】 똥구시(경남)=똥+굼(=구덩이)+이(첨가음)→똥구디〔구개음화〕→똥구지〔ㅈ→ㅅ〕→똥구시. 국(國)+이(첨가음)〔모음 합체〕→귁(國)〈월인석보 1권 훈민정음 1장 앞면〉. 더뷔〈석보상절 9권 9장 뒷면〉=덥(다)+우(명사형 어미)+이(첨가음)→더뷔〔유성음화: ㅂ→ㅸ/모

음__모음]→더뷔. 더뷔[ㅸ→Ø/모음__모음]→더위(표준어). cf. 덥(다)+우(명사형 어미)→더부(경남 노인 말)(=더위)[유성음화: ㅂ→ㅸ/모음__모음]→더부[ㅸ→Ø/모음__모음]→더우(경남 노인 말).

siya (etmek)(=/ı/ to row (a boat) backwards⟨Türkçe Sözlük⟩《LEXILOGOS》=(배를) 뒤로 노를 젓다)=뒤+로(향진격 조사)[단음화: 위→이]→디로(경남)[오→아]→디라[구개음화: ㄷ→ㅈ/__이]→지라[ㅈ→ㅅ]→시라[ㄹ→Ø/모음__모음]→sia[모음 충돌 회피용 삽입 반자음, /y/ 첨가]→siya 【근거】 (총을) 쏘다(표준어)[오→아]→(총을) 싸다(경남). cf. 알을 낳다(표준어)[아→오]→알을 놓다(경남). 똥구시(경남)=똥+굼(=구덩이)+이(첨가음)→똥구디[구개음화]→똥구지[ㅈ→ㅅ]→똥구시. 이 사람들이[ㄹ→Ø/모음__모음]→이 사암들이(경남)(빠른 발음). **siya**=(denizcilik) Kürekleri tersine kullanarak sandalı geriye yürütme⟨Vikisözlük⟩=노를 반대로 사용해서 배를 뒤로 가게 함. **siya siya** gitmek: to go backwards(=뒤로 가다). cf. **geri**(=뒤)=가리(경남)(=뒤)[umlaut]→개리[애→에]→게리(keri)[어두 유/무성자음 교체]→geri 【근거】 **가리** 느까 머라 카노?(경남)=**뒤** 늦게 뭐라 하니?(가리=뒤). 느까=늦(다)+가(=게)[ㅈ+ㄱ→ㄲ]→느까. ~게(표준어)=~가(경남)+이(첨가음)[모음 합체]→개[애→에]→게. tersine(=뒤로)=듸(평북)(=뒤)⟨고려대 한국어대사전⟩+알(의미첨가 없이 명사에 붙는 접미사)+si+n(자음 충돌 회피용 삽입모음)+아(a)(향진격 조사)(경남): 듸[단음화: 의→에]→데. 알+이[모음 합체]→앨[애→에]→엘[에→이]→일. tersine=데+일+sina[동모음 축약: 이(데=더+이)+이→데)]→델sina[모음조화: i-e]→델(ter)+sine[어두 유/무성자음 교체]→dersine(그 뜻은 '뒤로'이다). kelmoq(우즈벡어)=gelmek(튀르키예어)=오다. 삷(표준어)+알(의미첨가 없이 명사에 붙는 접미사)+이(첨가음)[발음대로 표기]→사타리(경남).

siyah(=검은색(의))=칠(漆)(=옻나무, 검은 칠)(그 색은 검다)+아(=子)(의미첨가 없이 명사에 붙는 접미사)+ㅎ(한국어 고유어 명사에 붙음)[어말 /ㄹ/ 탈락, 아니면 모음 사이 /ㄹ/ 탈락]→치아ㅎ[ㅊ→ㅅ]→시아ㅎ[모음 충돌 회피용 /y/ 첨가]→시야ㅎ→siyah. cf. しっき(漆器)(sikki)(일본어)=칠기(漆器)[ㄹ→ㅌ]→칠기

〚ㅊ→ㅅ〛→실기〚ㅌ+ㄱ→ㄲ〛→しっき(sikki). **漆[qī]**(중국어)=칠〚어말 /ㄹ/ 탈락〛→치→qī 【근거】 들**티**다〈신합 하권 9장〉《우리말샘》(=들추다)〚구개음화〛→들**치**다〚이→우〛→들추다(현대 표준어). 들**티**다〚구개음화〛→들**치**다〚ㅊ→ㅅ〛→들**시**다(경남). 새**마**(新村)(경북)=새(=新)+**말**(=村)〚어말 /ㄹ/ 탈락〛→새마. 중국어 발음은 청나라 시대의 발음으로 청나라를 세운 여진족의 추장은 신라인, 김함보였다. 칠흑같이 어둡다=칠(漆)의 검은색(=흑(黑))같이 어둡다. 아주 검은 색을 칠(漆)에 비유한다.

siyaset(=정치, 정책)=**siyasî**(=정치의, 정치적)(형용사)+앗(=子)[안](=것)+이(첨가음): 앗[안]+이〚모음 합체〛→앤〚애→에〛→**엔**. siyaset=siyasî(이)+엔〚모음 합체: 이(i)+에(e)→예(ye)〛→siyas**엔**〚단음화〛→siyas엔(et)→siyaset(그 뜻은 '정치의 것'=정치) 【근거】 들**티**다〈신합 하권 9장〉《우리말샘》〚구개음화〛→들**치**다〚ㅊ→ㅅ〛→들**시**다(경남). cf. **들추다**=들티다〚구개음화〛→들치다〚이→우〛→들추다(표준어). **siyasî**(=정치의, 정치적)=치(治)(=다스리다)+아(=子)(=것)+적/즉(的)(경남)(형용사형 어미)+이(첨가음): 치+아〚ㅊ→ㅅ〛→시아〚ス→ㅅ〛→시아〚모음 충돌 회피용 삽입 반자음, /y/ 첨가〛→**시야**. 적+이〚어→으〛→즉이〚ス→ㅅ〛→스기〚ㄱ→Ø/모음__모음〛→스이〚모음 합체〛→싀〚단음화: 의→에〛→세〚에→이〛→**시**. **siyasî**=**시야**+**시**→siyasî(여기서 'siya'가 독립된 단어로 '정치'라는 뜻으로 쓰이지는 않지만 '다스리는 것=정치'라는 것을 알 수 있다) 【근거】 빨래=빨(다)+아(=것)(=행위, 물건)+이(첨가음)〚모음 합체〛→빨애〚/ㄹ/ 복제〛→빨래. cf. 樓룽우희ᄂ라**올아**〈석보상절 6권 3장 앞면〉=누 위에 날아**올라**. 종지=종자(鍾子)+이(첨가음)〚모음 합체〛→종재〚애→에〛→종제〚에→이〛→종지. 고기(표준어)〚umlaut〛→괴기〚단음화〛→게기(경남)〚ㄱ→Ø/모음__모음〛→게이(경남)〚에→이〛→기이(경남).

soba(=난로)=소(燒)(=타다, 태우다)+바(=소(所))(=장소)→소바(sopa)〚유성음화〛→soba(그 뜻은 '타는 곳/태우는 곳'=난로) 【근거】 所송[소]ᄂ눈 배라〈월인석보 1권 석보서 1장 뒷면〉=所는 바이라(所=바).

soy(=가계, 종족)=족(族)(=겨레, 일가, 친족)+이(첨가음)→족이〚ス→ㅅ〛→속이

→소기[ㄱ→∅/모음__이]→소이(soy)【근거】게이(경남)(=고기)=고기[umlaut]
→괴기[단음화]→게이[ㄱ→∅/모음__이]→게이. 아니면, **soy**(=가계, 혈통)=성
(姓)(=겨레, 씨족)+이(첨가음)→성이[어→오]→송이[sɔĩ](경남 발음)(/이/ 모음
앞에서 받침, /ㅇ/이 없어지고 /이/가 비모음화(鼻母音化)된다. 비모음의 구강 모
음화)→soy【근거】엄마(표준어)[어→오]→옴마(경남). (포도 한) 송이[sɔĩ](경남
발음)(/이/ 모음 앞에서 받침, /ㅇ/이 없어지고 /이/가 비모음화(鼻母音化)된다.

soya(=콩)=두(豆)(=콩)+아(=子)(의미첨가 없이 명사에 붙는 접미사)[우→으]→
드아[구개음화: ㄷ→ㅈ/__으]→즈아[ㅈ→ㅅ]→스아[으→오]→소아[모음 충
돌 회피용 삽입 반자음, /y/ 첨가]→소야(soya)【근거】서르〈월인석보 1권 훈민
정음 1장 뒷면〉[으→오]→서로(현대어). cf. 서르[으→이]→서리(경남). mantı=
만두[우→으]→만드(mantı). cf. 두(豆)=ず/とう(豆)(일본어): 두(豆)[우→으]→
드[구개음화: ㄷ→ㅈ/__으]→즈[ㅈ→ㅅ]→스[유성음화](앞에 유성음이 온 경
우)→스[ㅿ→z]→zı→ず(zu)[zı]. 두(豆)[우→오]→도[장음화]→도우(tou)(と
う). soy sauce(영어)=soya sosu(튀르키예어): soy=두(豆)+이(첨가음)[우→으]→
드이[구개음화]→즈이[ㅈ→ㅅ]→스이[으→오]→소이→soy. 한국어에서 유
래한 영어 단어를 추가로 연구할 필요가 있다. cf. 두(豆)(tu)[어두 유/무성자음 교
체]→du[u(우)→o(오)]→do[경과음, /u/ 첨가]→[dòu](豆)(중국어).

soymuk(=소나무 속껍질, 송기(표준어))=송(松)(=소나무)+이(첨가음)+muk(=(메
밀) 묵?)→송이[sɔĩ](경남 발음)+muk[비모음의 구강 모음화](튀르키예어에 비모
음이 없다)→소이muk→soymuk, cf. **soymuk**(=속껍질)=속+이(첨가음 혹은 소유
격 조사)+muk→소기muk[ㄱ→∅/모음__모음]→소이muk→soymuk【근거】고
기(표준어)[umlaut]→괴기[단음화]→게기(경남)[ㄱ→∅/모음__모음]→게이
[에→이]→기이(경남)[동모음 축약]→기(경남)(예: 세기(경남)('세'를 낮게, '기'
를 높게 발음한다)=쇠고기.

söz(=말, 연설, 이야기)=솗(說)(=말하다)〈석보상절 1권 월인천강지곡 15장 앞면〉
+이(첨가음)+자(子)(=것)+이(첨가음)[ㅎ→∅]→숧이자이[모음 간소화: 웝→
워]→숥이자이[모음 합체]→숔자이[ㄹ→∅/__ㅈ]→쉐자이[에→이]→쉬

자이[우→으]→싀자이[모음 합체]→싀재[애→에]→싀제[에→이]→싀지[ス→ㅅ]→싀시[유성음화: ㅅ→△/유성음__유성음]→싀싀[이→으]→싀스[△→z]→sözı[유성 마찰음, [z] 뒤의 [ı]는 있으나 없으나 발음이 같이 들린다]→söz. ⇒ **kez. bez** 【근거】 귁〈월인석보 1권 훈민정음 1장 앞면〉=국(國+이(첨가음)[모음 합체]→귁. 믈(=水)〈훈민정음해례본 용자례〉[으→우]→물(현대어). 없다/읎다(경남)(어/으 교체가 아주 자유롭게 일어난다)=없다(표준어). 휋(說)[ㅎ→Ø]→웰[모음 간소화: 웡→워→어]→설(說)(현대어): **söz**=설(說)+이(첨가음)+자+이[어→으]→슬이자이[모음 합체]→실재[ㄹ→Ø/__ス]→싀재[애→에]→싀제[에→이]→싀지[이→으]→싀즈[ス→ㅅ]→싀스[유성음화: ㅅ→△/유성음__유성음]→싀스[△→z]→sözı[유성 마찰음, [z] 뒤의 [ı]는 있으나 없으나 발음이 같이 들린다]→söz. '휋(說)'의 음이 튀르키예어와 한국어가 같이 변하여 왔음을 알 수 있다.

şube(=지부(支部))=지(支)+뽕(部)〈월인석보 1권 월인서 19장 뒷면〉[뽀]+이(첨가음)[ス→ㅅ]→**시(şi)**뽀이[이→으→우]→수(şu)뽀이[모음 합체]→수(şu)쀡[단음화]→수(şu)쀋[ㅃ→b]→şube 【근거】 귁〈월인석보 1권 훈민정음 1장 앞면〉=국(國+이(첨가음)[모음 합체]→귁. 'ㄲ, ㄸ, ㅃ, ㅉ, ㅆ, ㆅ 爲 全濁'〈훈민정음해례본〉(전탁(全濁)=유성음(有聲音)). 똥구시(경남)=똥+굳(=구덩이)+이(첨가음)→똥구디[구개음화]→똥구지[ス→ㅅ]→똥구시. 이사/으사(경남)=의사(醫師)(표준어). 믈(=水)〈훈민정음해례본 용자례〉[으→우]→물(현대어). 아니면, **şube**(=지부(支部))=지(支)+우(첨가음)+뽕(部)〈월인석보 1권 월인서 19장 뒷면〉[뽀]+이(첨가음)[ス→ㅅ]→시우뽀이[모음 합체]→슈쀡[단음화]→슈쀋[ㅃ→b]→şube(가능성이 크다) 【근거】 주으륨〈석보상절 9권 15장 뒷면〉=주으**리**(다)+**우**(첨가음)(/이/ 다음에 /우/를 첨가하였다)+ㅁ(명사형 어미)[모음 합체]→주으륨(=주림(현대어)). 주림=주으리(다)+ㅁ(명사형 어미)[모음조화: 우-우]→주우림[동모음 축약]→주림. 노**루**(표준어)=*놀+**우**(첨가음). 노**리**(경남)=*놀+**이**(첨가음), 자**루**(표준어)=자**리**(경남).

suç(=죄, 잘못, 결함)=수치(羞恥)(=떳떳하지 못함, 부끄러움)?→suç.

sümük(=점액(粘液))=점(粘)+이(첨가음)+액(液)[어→으]→즘이액[ㅈ→ㅅ]→습이액[으→우]→숨이액[모음 합체]→쉼액[애→에]→쉼엑[에→이]→쉼익(sümik)[모음조화: ü-ü]→sümük 【근거】 귁(國)〈월인석보 1권 훈민정음 1장 앞면〉=국(國)+이(첨가음)[모음 합체]→귁. 똥구시(경남)=똥+굼(=구덩이)+이(첨가음)→똥구디[구개음화]→똥구지[ㅈ→ㅅ]→똥구시. 종지=종자(鍾子)=이(첨가음)[모음 합체]→종재[애→에]→종제[에→이]→종지. 없다/읎다(경남)(어/으 교체가 아주 자유롭게 일어난다). 믈(=水)〈훈민정음해례본 용자례〉[으→우]→물(현대어).

sungur(=흰매)=송골(松鶻)[ㅇ(ng)→ㄴ(n)]→손골[오→우]→순굴(sunkur)[유성음화]→sungur 【근거】 사오/사우(경남)=사위(표준어). don(mak)(=얼다)=동(凍)(=얼다)[ㅇ(ng)→ㄴ(n)]→돈(ton)[어두 유/무성자음 교체]→don 【근거】 gelme-k(튀르키예어)=kelmoq(우즈벡어)=오다. 송골매(松鶻매)=편 날개의 길이는 30cm, 부리의 길이는 2.7cm 정도로 독수리보다 작으며 등은 **회색**, 배는 **누런 백색**이다. 부리와 발톱은 갈고리 모양이며, 작은 새를 잡아먹고 사냥용으로 사육되기도 한다. 우리나라의 해안이나 섬 절벽에 서식한다〈표준국어대사전〉: 송골매=sungur(=흰매)+매. sungur이 '매'라는 것을 친절하게 설명해주는 말이다 【근거】 외갓집(=외가+ㅅ+집): 가(家)=집, 역전앞: 전(前)=앞. **sungur**(=흰매)=희(다)[히](경남 발음)+ㄴ(관형형 어미)+골(鶻)(=매)[ㅎ→ㅅ/__이]→신골[이→으]→슨골[으→우]→순골[오→우]→순굴(sunkur)[유성음화]→sungur 【근거】 힘(표준어)[ㅎ→ㅅ/__이]→심(경남). 이사/으사(경남)=의사(醫師)(표준어). 믈(=水)〈훈민정음해례본 용자례〉[으→우]→물(현대어). **송골**(松鶻)('송'은 음차이고 '골'은 훈차이다)=소(=金)(=흰색)+앙(소유격 조사, 혹은 형용사형 어미)+골(鶻)(=매)[모음조화: 오-오]→소옹골[동모음 축약]→송골(그 뜻은 '흰매'이다) 【근거】 송아지=소(=牛)+앙(소유격 조사 혹은 형용사형 어미)+악(=子)/앗[앋](=子)(=자식, 새끼)+이(첨가음)[모음조화: 오-오]→소옹+악/앋+이[동모음 축약]→송+악/앋+이[구개음화: ㄱ/ㄷ→ㅈ/__이]→송아지(그 뜻은 '소의 새끼'이다). 소시랑(경남)=**쇠**스랑(표준어)(=땅을 파헤쳐 고르거나 두엄, 풀 무덤 따위를 쳐내는 데 쓰는 갈퀴 모양의 농기구. **쇠**로 서너 개의 발을 만들고 자루를 박아 만든다): 쇠(=金)=소(=金)+이(첨가음)[모음 합체]→쇠 【근거】국(國)+이(첨가음)[모음 합체]→귁(國)〈월인석보 1권 훈민정음 1장 앞면〉. 장어(=eel)(표준어)+이(첨가음)[모음 합체]→장에[모음조화: 아-애]→장애(경남). **오행**〈위키백과〉: **목(木)**(=나무): 청룡(靑龍), 푸른색(=靑), 봄. **화(火)**(=불): 주작(朱雀), 붉은색(=朱), 여름. **토(土)**(=흙): 황토(黃土), 노란색(=黃), 중앙, 사계(四季). **금(金)**(=소, 쇠): 백호(白虎): **흰색**(=白), 가을. **수(水)**(=물): 현무(玄武), 검은색(=玄), 겨울.

surat(=얼굴, 표면)=골〈월인석보 2권 41장〉(=꼴)《고려대 한국어대사전》+앗[안](의미첨가 없이 명사에 붙는 접미사)[오→우]→굴안[구개음화: ㄱ→ㅈ/__우]→줄안[ㅈ→ㅅ]→술안(surat) 【근거】얼골(경북, 충북)[오→우]→얼굴(표준어). 발자죽(경남)=발자국[구개음화: ㄱ→ㅈ/__우]→발자죽. **꼴아지**만 보고 좋아하모 안덴다(경남)=**얼굴**만 보고 좋아하면 안 된다: 꼴아지=골(=얼굴)+앗[안](의미첨가 없이 명사에 붙는 접미사 혹은 지소사)+이(첨가음)[ㄱ→ㄲ]→꼴안이→꼴아디[구개음화]→꼴아지(현대어에서는 꼴'을 낮잡아 이르는 말이나 튀르키예어를 보면 원래는 낮잡은 뜻이 없었음을 알 수 있다). 씨**앗**(=種子)=씨(=種)+앗(=子)(의미첨가 없이 명사에 붙는 접미사). 면(面)=얼굴, 표면. 똥구시(경남)=똥+굳(=구덩이)+이(첨가음)→똥구디[구개음화]→똥구지[ㅈ→ㅅ]→똥구시.

süt(=젖)=젖[젇]/즞[즏](경남)+이(첨가음)→즏이[으→우]→준이[모음 합체]→쥗[ㅈ→ㅅ]→쉳→süt[쉳] 【근거】똥구시(경남)=똥+굳(=구덩이)+이(첨가음)→똥구디[구개음화]→똥구지[ㅈ→ㅅ]→똥구시. 믈(=水)〈훈민정음해례본 용자례〉[으→우]→물(현대어). 장어+이(첨가음)[모음 합체]→장에[모음조화: 아-애]→장애(경남).

tabaka(=층, 계층, 계급)=뗩(疊)(=층)+으/어(소유격 조사)(경남)(=의)+거(=곳, 것)→뗩어거[단음화]→떠어거[어→아]→땁아가→따바가[ㄸ→ㅌ]→타바가→tabaka. 아니면, **tabaka**=뗩(疊)+악(형용사형 어미)+아(=장소)[단음화]→떠악아[어→아]→땁악아→따바가[ㄸ→ㅌ]→타바가→tabaka. 【근거】없다/읎다(경남)=없다(표준어). 疊뗩은 골포싸홀씨니 **충**이라ᄒᆞ듯ᄒᆞ마리라〈석보상절 19권

11장 뒷면〉=첩은 거듭 쌓는다는 뜻이니 **층**이라 하듯 한 말이라. 뗩〖ㄸ→ㅌ〗→텹
(thyəp)〖구개음화: ㅌ→ㅊ/__y〗→첩〖단음화〗→첩(현대어). 여거(경남)(=여기)=
여+거(=곳). 이거(경남)(=이것)=이+거(=것). 나막신(=나무로 만든 신)=남(=나무)+
악(형용사형 어미)+신.

tahta(=판자, 합판)=(박을) 타(다)(=톱으로 세로로 자르다)+이(명사형 어미)(=물
건)+ㅎ(고유어 명사에 붙음)+앗(=子)[안](~에서 나온 것)+이(첨가음)+아(=子)(의
미첨가 없이 명사에 붙는 접미사)→타이**한이**아〖모음 합체〗→타이핸아〖애→
에〗→타이헨아〖에→이〗→타이힌아→타**이히**다〖동모음 축약〗→타히다(tahita)
〖모음조화: a-ı〗→tahıta〖[h] 다음의 [ı]는 있으나 없으나 발음이 같이 들린다〗
→tahta(그 뜻은 '나무를 톱으로 세로로 자른 것에서 나온 것'=판자) 【근거】 가리
(경남)(=가루)=갈(다)+이(명사형 어미)(=물건). 아래(표준어)=알(경남)(=아래)+아
(의미첨가 없이 명사에 붙는 접미사)+이(첨가음)〖모음 합체〗→알애→아래.

talim(=가르침, 훈련)=닳(다)+이(사동 보조 어간)+ㅁ(명사형 어미)→달힘〖ㅎ
→∅/유성음__유성음〗→달임→talim(그 뜻은 '닳게 하는 것'=연마(研磨)시키는
것=교육) 【근거】 현대어에서는 '닳이다' 대신에 '닳구다'를 쓴다. 연마하다(研磨/
練磨/鍊磨하다)〈표준국어대사전〉=학문이나 기술 따위를 힘써 배우고 닦다.

tan(=dawn, daybreak, 여명, 서광))=단(旦)〈법화경언해 1권 서 7장 뒷면〉(tan)(=
새벽, 해 돋을 무렵). cf. **dawn**(영어)[dɔːn]=단(旦)〖아→오〗→돈(ton)〖유/무성자
음 교체〗→don 【근거】 아이를 **낳다**(표준어)〖아→오〗→아(=아이) **놓다**(경남). cf.
kelmoq(우즈벡어)=gelmek(튀르키예어)=오다. 旦[dàn](중국어), 旦(たん(tan)/だん
(dan))(일본어).

Tanrı(=신, 하나님)=텬(天)〈월인석보 1권 월인천강지곡 33장 앞면〉(=하늘)+ri(=
존재, 사람)(=li)?〖단음화〗→턴ri〖어→아〗→탄ri(tanri)〖모음조화: a-ı〗→tanrı.
cf. Koreli(=한국 사람)=Kore(=한국)+li(=사람). ⇒ **Han Tengri Dağı**(=한 텡글리
산).

tartı(=저울)=(무게를) 달(다)+틀(=도구)〖어말 /ㄹ/ 탈락〗→달트→tartı 【근거】
새끼틀(=볏짚으로 새끼를 꼬는 기계)=새끼+틀. 수틀(=수를 놓을 때 바탕천을 팽

팽하게 하기 위하여 가장자리를 잡아당기어 끼우는 틀)=수+틀(=도구). 'tartı=tart(-mak)+ı(명사형 어미)'로 오분석하여 동사, tart(mak)(=(무게를) 달다)가 만들어졌다. 새마(=新村)(경북)=새(=新)+말(=村)〖어말 /ㄹ/ 탈락〗→새마. **terazi**(=저울)에는 tartı의 /t/가 없다: **terazi**(=저울)=달(다)+이(첨가음)+앗(=子)(=것)+이(첨가음)〖모음 합체〗→댈앗이〖애→에〗→델앗이→데라시〖유성음화: ㅅ→ㅿ/모음__모음〗→데라싀〖ㅿ→z〗→terazi(모음조화가 일어나지 않았다)【근거】썰(다)(표준어)+이(첨가음)+다→써리다(경남)(=썰다). 똥구시(경남)=똥+굳(=구덩이)+이(첨가음)→똥구디〖구개음화: ㄷ→ㅈ/__이〗→똥구지〖ㅈ→ㅅ〗→똥구시. 子중孫손이**니ᅀᅥ**가몰〈석보상절 6권 7장 뒷면〉(=자손이 이어 감을): 닛(다)+어(부사형 어미)→니ᅀᅥ〖유성음화: ㅅ→ㅿ/모음__모음〗→니ᅀᅥ. 닛다〖두음법칙〗→잇다(현대어).

tarz(=형식, 양식)=틀/털(경남)+자(子)(의미첨가 없이 명사에 붙는 접미사)+이(첨가음)→털자이〖어→아〗→탈자이〖모음 합체〗→탈재〖애→에〗→탈제〖에→이〗→탈지〖ㅈ→ㅅ〗→탈시〖유성음화〗→탈싀〖ㅿ→z〗→tarzi〖모음조화: a-ı〗→tarzı〖〖유성 마찰음, [z] 뒤의 [ı]는 있으나 없으나 발음이 같이 들린다〗→tarz【근거】없다(표준어)=없다/읎다(경남)(경남 방언에서는 '어/으 교체'가 아주 자유롭게 일어난다). 틀=일정한 격식이나 형식. 사고의 **틀**을 깨고=사고**방식**을 깨고.

taş(=돌=석(石))=*도(=石)+ㅎ(고유어 명사에 붙음)+앗(=子)(의미첨가 없이 명사에 붙는 접미사)+이(첨가음)〖ㅎ→∅/모음__모음〗→**도앗**이〖모음 합체〗→**돳**이〖단음화: 와→아〗→닷이→다시→taş. 아니면, **taş**=*도+ㅎ(고유어 명사에 붙음)+이(첨가음)→도히〖오→아〗→다히〖ㅎ→ㅅ/__이〗→다시→taş【근거】씨앗(=종자(種子))=씨+앗(=子)(의미첨가 없이 명사에 붙는 접미사)+이(첨가음). 총을 **쏘다**(표준어)〖오→아〗→총을 **싸**다(경남). **돌**(=石)=*도+ㅎ(고유어 명사에 붙음)+알(=子)(의미첨가 없이 명사에 붙는 접미사)〖ㅎ→∅/모음__모음〗→도알〖모음조화: 오-오〗→도올〖동모음 축약〗→돌【근거】사타리(경남)(=살(표준어))=살+알(=子)(의미첨가 없이 명사에 붙는 접미사)+이(첨가음)→사타리. **독**(경남)(=돌)=*도+ㅎ(고유어 명사에 붙음)+악(=子)(의미첨가 없이 명사에 붙는 접미사)〖ㅎ→∅/모음__모음]→도악[모음조화: 오-오]→도옥[동모음 축약]→독 【근거】 뜰악=뜰+악(=子) (의미첨가 없이 명사에 붙는 접미사). '*도=ᄃᆞ(고대 한국어)'였을 가능성이 크다. 튀르키예어와 한국어의 차이점은 같은 기능의 다른 접미사, '앗/이/알/악' 중 '앗'이나 '이'를 사용한 것뿐이다.

tasarruf(=administration, management)⟨turkishdictionary.net⟩=경영, 관리)=**다ᄉᆞᆯ**(다)⟨내훈 서:5⟩《우리말샘》(=다스리(다)⟨석보상절 9권 3장 뒷면⟩=다스리다(현대어))+으(자음 충돌 회피용 삽입 모음)+ㅂ(명사형 어미)[ᄋᆞ→아]→다살읍[/ㄹ/ 복제/ㄹ(받침)__모음]→다살릅[으→우]→다살룹→tasarrup[어말의 /p/를 파열시켜 발음하면 어말이라 발음이 약화되어 마치 [f]처럼 들린다]→tasarruf(그 뜻은 '다스리는 것'=관리) 【근거】 매듭=*맫(다)(→맺다)+으(자음 충돌 회피용 삽입 모음)+ㅂ(명사형 어미)→매듭. 樓룡우희ᄂᆞ라**올아**⟨석보상절 6권 3장 앞면⟩=누 위에 날아**올라**(현대어): 올아[/ㄹ/ 복제/ㄹ(받침)__모음]→올라. 믈(=水)⟨훈민정음 해례본 용자례⟩[으→우]→물(현대어). ᄀᆞ몰다⟨월인석보 10권 84장⟩《고려대 한국어대사전》[ᄋᆞ→아]→가몰다[ᄋᆞ→우]→가물다(현대어).

tat(=맛)=달(다)/다(다)(경남)+앗(=子)[앋](명사형 어미)→다앋[동모음 축약]→닫→tat(튀르키예어에서 tat는 맛은 맛인데 '단맛'을 의미한다: **tatlı**(=단, 달콤한; 사랑스런, 귀여운)=tat(=단맛)+lı(형용사형 어미)[모음조화: a-ı]→tatlı.

tatil(=휴일)=(문을) 닫(다)(tat)+일(日)(il)→tatil(그 뜻은 '닫는 날'=휴일)(합성어 속에 한국어 동사, '닫(다)'가 화석처럼 남아 있다) 【근거】 싏(日)⟨석보상절 9권 11장 앞면⟩[ㅿ→Ø]→잃[ㅎ→Ø]→일(현대어)(음운 변화도 한국어와 같이 변했다).

tek(=하나, 하나의, 단지)=독(獨)(=하나의, 하나, 단지, 홀로)+이(첨가음)[모음 합체]→뒥[단음화: 외→에]→텍→tek 【근거】 나쁜 짓은 **독**으로 한다(경남)(=나쁜 짓은 **혼자**서 (다) 한다)=나쁜+짓+독(명사)+으로(조사)+한다. 독자(獨子)=독(=**하나의**)(형용사)+**자**(=아들)=외아들. 독차지하다(獨차지하다)(=**혼자서** 다 차지하다)=독(獨)(부사)+차지하다(=사물이나 공간, 지위 따위를 자기 몫으로 가지다). 귁(國)⟨월인석보 1권 훈민정음 1장 앞면⟩=국(國)+이(첨가음)[모음 합체]→귁.

teker(=바퀴)=데굴(데굴)(부사)(=큰 물건이 계속 구르는 모양)+이(명사형 어미)(=것, 물체)→데굴이〖우→으〗→데글이〖모음 합체〗→데귈〖단음화: 의→에〗→데겔(teker)→teker(그 뜻은 '데굴데굴 구르는 것'=바퀴) 【근거】 **데글데글**('데굴데굴'의 비표준어)〈표준국어대사전〉. 멍멍(부사)+이(명사형 어미)(=것, 동물)→멍멍이(그 뜻은 '멍멍 짖는 것=개). 믈(=水)〈훈민정음해례본 용자례〉〖으→우〗→물(현대어).

tekke(=피신처)=토끼(다)(=도망가다)+**아**(=곳)+이(첨가음)〖umlaut〗→퇴끼아이〖단음화: 외→에〗→테끼아이〖모음 합체〗→테끼애〖애→에〗→텍끼에〖모음 합체〗→테꼐〖단음화〗→테께→tekke 【근거】 kara(=육지, 마른 땅)=갈(다)(경남)(=마르다)+아(=곳, 땅)→가라(kara). 종지=종자(鍾子)+이(첨가음)〖모음 합체〗→종재〖애→에〗→종제〖에→이〗→종지. 테끼다(경남 노인 말)(=도망가다)=토끼다〖umlaut〗→퇴끼다〖단음화: 외→에〗→테끼다.

tel(=철사)=텼(鐵)〈월인석보 1권 월인천강지곡 26장 앞면〉(=철)+알(=子)(~에서 만들어진 것)+이(첨가음): 텼〖ㅎ→∅〗→**뎔**. 알+이〖모음 합체〗→앨〖애→에〗→엘〖에→이〗→**일**. **tel**=뎔+일〖모음 합체 and 동자음 축약〗→뎰〖단음화〗→뎰→tel(그 뜻은 '뎔(=철)의 아이' 즉, '뎔(=철)에서 만들어진 것'=철사). ⇒ buz(=얼음)=muz(우즈벡어). 텼〖ㅎ→∅〗→뎔(thyəl)〖구개음화: ㅌ→ㅊ/__y〗→쳘〖단음화: 여→어〗→철(현대어).

temas(=만남, 접촉, 교제)=다이(다)(경남)(=닿다)〈고려대 한국어 대사전〉+ㅁ(명사형 어미)+앗(=子)(의미첨가 없이 명사에 붙는 접미사)→다임앗〖모음 합체〗→댐앗〖애→에〗→뎀앗(temas)(사전에서 temas의 as를 [at]으로 발음하는데 한국어의 앗(as)도 [앋](=[at]으로 발음한다) 【근거】 닿다=(어떤 사람이 다른 사람과, 또는 둘 이상의 사람이) 통하여 서로 관련이 맺어지다〈고려대한국어대사전〉. 다히다〈월석10:9〉《고려대 한국어 대사전》〖ㅎ→∅/모음__모음〗→다이다(제주)〖모음 합체〗→대다. 아니면, **temas**=대(다)+ㅁ(명사형 어미)+앗(의미첨가 없이 명사에 붙는 접미사)→댐앗〖애→에〗→뎀앗(temas) 【근거】 씨앗(=種子)=씨(=種)+앗(=子)(의미첨가 없이 명사에 붙는 접미사). cf. 모자(帽子)=모(帽)(=모자)+자(子)(의미첨가 없이 명사에 붙는 접미사): 중절모(中折帽)=중절모자(中折帽子). **temas**이 아랍어에서 온 것이라고 하나 아랍어가 한국어에서 온 것임을 알 수 있다. 앞으로 연구가 필요하다.

temiz(=순전(純全))=때(=더러운 것)+밀(다)/미(다)(경남)+앗(=子)(=행위, 것)+이(첨가음): 때+미〚애→에〛→떼미〚ㄸ→ㄷ〛→**데미**. 앗이〚유성음화: ㅅ(s)→ㅿ(z)/모음__모음〛→앗이〚모음 합체〛→앳〚애→에〛→엣〚에→이〛→**이ㅿ**(ㅿ는 받침인데 글자가 없어서 이렇게 표기했다). **temiz**=**데미**(temi)+**이ㅿ**(iz)〚동모음 축약〛→temiz(그 뜻은 '때 민 것=깨끗함'인데 명사가 형용사적으로도 쓰인다). **temiz**=깨끗한, 순결한 【근거】 **딴**(檀)〈월인석보 23권 61장 뒷면〉〚ㄸ→ㄷ〛→**단**(현대어). 종지=종자(鍾子)+이(첨가음)〚모음 합체〛→종재〚애→에〛→종제〚에→이〛→종지. (때를) 밀다=피부에 묻은 지저분한 것을 문질러 벗겨 내다.

tepe(=언덕, 둔덕, 정상)=뗩(疊)〈석보상절 19권 11장 뒷면〉(=포개다, 쌓다, 쌓이다)+이(첨가음)+아(=子)(=곳)+이(첨가음)〚ㄸ→ㅌ〛→텹이아이〚모음 합체〛→텝애〚단음화〛→텝애〚애→에〛→텝에(tepe)(그 뜻은 '쌓인 곳'=언덕) 【근거】 뗩(疊)〚ㄸ→ㅌ〛→텹〚구개음화〛→쳡〚단음화〛→첩(현대어). kara(=육지, 마른 땅)=갈(다)(경남)(=마르다)+아(=곳)→가라(kara). 종지=종자(鍾子)+이(첨가음)〚모음 합체〛→종재〚애→에〛→종제〚애→이〛→종지.

tepsi(=접시(楪匙))=뎝시(楪匙)〚여→에〛→뎁시→tepsi 【근거】 경남[겡남](경남 발음). 楪 뎝〈훈몽자회 중권 11장 앞면〉(tyəp)〚구개음화: ㄷ→ㅈ/__y〛→졉〚단음화: 여→어〛→접(현대어). cf. 중국어 음: 楪[dié], 匙[chí]. 튀르키예어는 경상도 발음과 음운 규칙을 따르고 있다. cf. tabak(=접시)=뎝+악(=子)(의미첨가 없이 명사에 붙는 접미사)〚단음화: 여→어〛→덥악〚어→아〛→답악(tapak)〚유성음화〛→tabak 【근거】 뜨락(=뜰)=뜰+악(=子)(의미첨가 없이 명사에 붙는 접미사).

terazi(=저울)=달(다)+이(첨가음)+앗(=子)(=것)+이(첨가음)〚모음 합체〛→댈아시〚애→에〛→델앗이→데라시〚유성음화〛→데라ㅿ〚ㅿ→z〛→tarazi(모음조화가 일어나지 않았다). cf. **tartı**(=저울)=달(다)+틀(=도구)〚어말 /ㄹ/ 탈락〛→달트→tartı. **tartı**=(=무게 달기, 무게)=tart(mak)+이(i)(명사형 어미)(=행위)〚모음조화:

a-ı]→tartı(튀르키예어로 바뀐 동사에 명사형 어미, /이/를 붙이면 쉽게 그 뜻을 알 수 있다). **tart**(mak)(무게를 달다): 달(다)+틀(=도구)[어말 /ㄹ/ 탈락]→달트 →tartı. 'tartı=tart(동사 어간)+ı(명사형 어미)'로 오분석하여 'tart(mak)'라는 동사 만들어졌다(tarazi에는 /t/가 없다)【근거】써리다(경남)(=썰다(표준어))=썰(다)+이 (첨가음)+다→써리다. 새마(=新村)(경북)=새(=新)+말(=村)[어말 /ㄹ/ 탈락]→새 마. cf. 새말(=新村)(경남). 종지=종자(鍾子)+이(첨가음)[모음 합체]→종재[애→ 에]→종제[애→에]→종지. 子중孫손이**니서**가몰〈석보상절 6권 7장 뒷면〉(=자 손이 이어 감을): 닛(다)+어(부사형 어미)→니서[유성음화]→니서. 닛다[두음법 칙]→잇다(현대어).

tere(=땀)=*딸(다)+이(첨가음)+아(=子)(=것)+이(첨가음)[모음 합체]→땔애[애 →에]→뗄에→떼레[ㄸ→ㅌ]→테레→tere【근거】뗩(疊)〈석보상절 19권 11장 뒷면〉[ㄸ→ㅌ]→텹[구개음화]→첩[단음화]→첩(현대어). 땀=*딸(다)+ㅁ(명 사형 어미)(=물체)[ㄹ→∅/＿＿ㅁ]→땀【근거】(밭을) 갈(다)+ㅁ(명사형 어미)[ㄹ →∅/＿＿ㅁ]→감. 써리다(경남)(=썰다(표준어))=썰(다)+이(첨가음)+다. 여름〈용비 어천가 1권 1장 뒷면〉(=열매)=열(다)+으(자음 충돌 회피용 삽입 모음)+ㅁ(명사형 어미)(=물체).

terk(=그만두기, 포기, 유기)=떨(다)(=떼어내다, 없애다)+이(사동 보조 어간)+거/ 그(경남)(=것)[모음 합체]→뗄그[ㄸ→ㅌ]→텔그(terkı)[/k/를 파열시켜 발음하 면 [ı]는 있으나 없으나 발음이 같이 들린다]→terk【근거】떨다(표준어)[ㄸ→ㅌ] →털다(제주). 뗩(疊)〈석보상절 19권 11장 뒷면〉[ㄸ→ㅌ]→텹[구개음화]→첩 [단음화]→첩(현대어).

tıraş(=면도, 이발, 삭발)=털/틀(경남 둘 다 사용)+앗(다)(=제거하다)+이(명사형 어미)(=행위)→틀앗이→트라시→tıraş(그 뜻은 '털을 제거함'=면도)(이 단어 속에 한국어의 '털'이 화석처럼 남아 있다)【근거】즈의 **앗**고〈구급간이방언해 7권 3장 뒷면〉=찌꺼기를 **제거**하고. ⇒ **kıl**(=털, 머리털, 몸털). **tüy**(=몸털, 깃털)=털/틀(경 남)+이(첨가음)[어말 /ㄹ/ 탈락 혹은 ㄹ→∅/모음＿＿모음]→트이[으→우]→투 이[umlaut]→튀이→tüy【근거】새마(=신촌(新村)=새말(=新村)(경남)[어말 /ㄹ/

탈락〗→새마. 이 사암들이(경남)(빠른 발음)=이 사람들이〖ㄹ→∅/모음__모음〗→이 사암들이. 믈(=水)〈훈민정음해례본 용자례〉〖으→우〗→물(현대어). **터리**(경남)(=털)=털+이(첨가음)→터리〖어→으〗→트리(경남).

ton balığı(=참치)=통(桶)(tong)+balık(=생선)+ı(3인칭 소유 접미사)〖ng→n〗→ton balıkı〖유성음화〗→ton balıgı〖g→ğ/모음__모음〗→ton balığı 【근거】참치는 통(桶)처럼 둥글다. cf. tuna(영어)(=참치)=통(tong)+아(=子)(a)〖ng→n〗→tona〖o→u〗→tuna(그 뜻은 '통처럼 둥근 것') 【근거】사오/사우(경남)=사위(표준어). cf. balık(=생선)=*발(=바다)+악(=子)(~에서 나오는 것)+이(첨가음)〖모음 합체〗→발액〖애→에〗→발엑〖에→이〗→발익(palik)〖어두 유/무성자음 교체〗→balik〖모음조화: a-ı〗→balık(그 뜻은 '바다에서 나오는 것'=생선) 【근거】바룰〈용비어천가 1권 1장 뒷면〉(=바다(=海))=*발+올(=알)(의미첨가 없이 명사에 붙는 접미사)→발올→바룰 【근거】사타리(경남)=삳(표준어)+알(의미첨가 없이 명사에 붙는 접미사)+이(첨가음). cf. 바다(=바룰)=*발+아(의미첨가 없이 명사에 붙는 접미사)〖ㄹ→ㄷ〗→바다 【근거】별(彆)〈훈민정음해례본 종성해〉〖ㄷ→ㄹ〗→별(彆)(현대어). 아래(표준어)=알(경남)(=아래)+아(의미첨가 없이 명사에 붙는 접미사)+이(첨가음)〖모음 합체〗→알애→아래.

topal(=절름발이(의))=*또(다)+발〖ㄸ→ㅌ〗→토발→topal 【근거】뗩(疊)〈석보상절 19권 11장 뒷면〉〖ㄸ→ㅌ〗→뎝〖구개음화〗→졉〖단음화〗→첩(현대어). **뚝**발이(=한쪽 다리가 짧거나 탈이 나서 뒤뚝뒤뚝 저는 사람을 낮잡아 이르는 말)〈표준국어대사전〉=*또(다)+악(형용사형 어미)+발+이(=사람)→**또악**발이〖모음조화〗→**또옥**발이〖동모음 축약〗→똑발이〖오→우〗→뚝발이. cf. 쩔뚝발이/쩔똑발이(경남)=절(다)+뚝발이/똑발이〖ㅈ→ㅉ〗→쩔뚝발이/쩔똑발이 【근거】노락쟁이(경남)(=노란 꽃이 피는 식물명)=*놀(다)(=노랗다)+악(형용사형 어미=관형형 어미)+장(=사람)(사람에 비유)+이. 욕쟁이(=욕을 잘하는 사람)=욕+장(=사람)+이(첨가음)〖umlaut〗→욕쟁이. 기름쟁이(미꾸릿과의 민물고기)(기름과 같이 미끄럽고 그 색이 기름과 비슷한 데서 생긴 말)=기름+장(=동물)(동물을 사람에 비유한 표현)+이(첨가음).

tur(=일주, 여행)=둘(다)+알(=子)(=것)[어말 /ㄹ/ 탈락]→두알[모음조화: 우-우]→두울[동모음 축약]→둘→tur. 아니면, **tur**=둘(다)+우(명사형 어미)[동모음 축약]→둘(tur). dünya turu(=세계 일주)=dünya(=세계)+tur+u(3인칭 소유 접미사)【근거】갈(다)+우(명사형 어미)→가루(표준어). cf. 갈(다)+이(명사형 어미)→가리(경남)(=가루). 둘러보다=둘(다)+ㄹ(복제음)+어(부사형 어미)+보다【근거】樓룰우희ᄂᆞ라**올아**〈석보상절 6권 3장 앞면〉=누 위에 날아**올라**. cf. tour(영어)=둘(다)+알(명사형 어미)(=행위)[어말 /ㄹ/ 탈락]→두알[모음조화: 우-어]→두얼(tuər)→tour[tʊə(r)]. 아니면, tour=돌(다)+알[어말 /ㄹ/ 탈락]→도알[모음조화(튀르키예어): o(오)-u(우)]→도울(tour). 영어와 한국어의 관계도 연구할 필요가 있다【근거】**돌**아보다(=돌아다니면서 두루 살피다)[오→우, /ㄹ/ 복제]→둘러보다(=둘(다)+ㄹ(복제 자음)+어(부사형 어미)+보다).

tuz(=소금)=토(土)+자(子)(=~에서 나오는 것)+이(첨가음)[오→우]→투자이[모음 합체]→투재[애→에]→투제[에→이]→투지[이→으]→투즈[ㅈ→ㅅ]→투스[유성음화]→투스[ㅿ→z]→tuzı[유성 마찰음, [z] 다음의 [ı]는 있으나 없으나 발음이 같이 들린다]→tuz(그 뜻은 '땅의 아들', 즉 '땅에서 나오는 것'=암염(巖鹽)=바위처럼 딱딱한 소금이라는 뜻이다)【근거】**몬**(門)〈월인석보 1권 월인석보서 8장 앞면〉[오→우]→**문**(현대어). cf. **몬**(門)(mon)→もん(門)(mon)(일본어). 종지=종자(鍾子)+이(첨가음)[모음 합체]→종재[애→에]→종제[에→이]→종지. 이사/으사(경남 방언에서는 이/으 교체가 상당히 자유롭게 일어난다)=의사(醫師)(표준어). 똥구시(경남)=똥+군(=구멍이)+이(첨가음)→똥구디[구개음화]→똥구지[ㅈ→ㅅ]→똥구시. 子중孫손이**니ᅀᅥ**가몰〈석보상절 6권 7장 뒷면〉(=자손이 이어 감을): 닛(다)+어(부사형 어미)→니ᅀᅥ[유성음화]→니ᅀᅥ. 닛다[두음법칙 후보상적 /y/ 첨가]→y+잇(is)다[단음화: y+i→i]→잇(is)다(현대어.

ün(=소리, 명성)=음(音)+이(첨가음)[으→우]→움이[ㅁ→ㄴ]→운이[모음 합체]→윈→ün【근거】귁(國)〈월인석보 1권 훈민정음 1장 앞면〉=국(國)+이(첨가음)[모음 합체]→귁. 므슴〈석보상절 6권 16장 앞면〉[으→우]→무슴[ㅁ→ㄴ]→무슨(현대어)[으→이]→무신(경남).

üst kat(=윗층)=위+ㅅ(사이시옷)+터/트(경남)(=장소)+켜+앗[안](의미첨가 없이 명사에 붙는 접미사)[모음조화]→위ㅅ트 켜언[동모음 축약: 어(여(=이+**어**)-**어**]→윗트 켠[단음화]→윗트 킨[어→아]→윗트 칸→üstı kat[/t/를 파열시키면 [ı]는 있으나 없으나 발음이 같다]→üst kat【근거】켜켜이=층층이(=층층이(層層이)). 씨앗(=種子)=씨(=種)+앗[안](=子)(의미첨가 없이 명사에 붙는 접미사).

üst(=위)=위(=상(上))+ㅅ(사이시옷)+터/트(=땅, 자리)(경남)→윗트(üstı)[/t/를 파열시키면 [ı]는 있으나 없으나 발음이 같이 들린다]→üst. cf. **alt**(=밑)=알(경남)(=밑)+터/트(경남)→알트→altı[/t/를 파열시키면 [ı]는 있으나 없으나 발음이 같이 들린다]→alt【근거】**알**로 보다(경남)=**밑**으로(=**아래**로) 보다=경시(輕視)하다. cf. 아래(표준어)=알(경남)+아(=子)(의미첨가 없이 명사에 붙는 접미사)+이(첨가음)[모음 합체]→알애→아래

usta(=명인, 대가, 전문가)=우(경남)(=위)+ㅅ(사이시옷)+트/**터**+아(=子)(=사람)→웃터아[어→아]→웃타아[동모음 축약]→웃타(usta)(그 뜻은 '윗터 사람'=上手=남보다 뛰어난 수나 솜씨. 또는 그런 수나 솜씨를 가진 사람). 웃터/웃트(경남)(=윗터(표준어))=**우**(=上)+ㅅ(사이시옷)+터/트. 위(표준어)=우(경남)+이(첨가음)[모음 합체]→위.

ütü(=다리미, 인두)=윤디(경남)(=인두)[umlaut]→**윤**이디[ㄴ→Ø/__이 and 이(i)[î]]→유ĩ디[모음 간소화]→우ĩ디[비(鼻)모음의 구강 모음화]→위디→üti[모음조화: ü-ü]→ütü. 아니면, **ütü**=윤두(강원, 경북, 충청, 함남)〈고려대 한국어대사전〉(=인두)+이(첨가음)[모음 합체]→윤뒤[umlaut]→윤이뒤[ㄴ→Ø/__이 and 이(i)[î]]→유ĩ뒤[비(鼻)모음의 구강 모음화]→유i뒤[모음 간소화]→위뒤→ütü.

üvey(=의부)=**의부**+이(첨가음)[으→우]→위**부**이[우→으]→위브이[umlaut]→위븨이[단음화: 의→에]→위베이[유성음화]→위뻬이[ㅸ→v]→üvey. üvey anne=의붓어머니(표준어), üvey kardeş=의붓형제【근거】믈(=水)〈훈민정음해례본 용자례〉[으→우]→물(현대어). 두릅나무(표준어)[우→으]→드릅나무(경남).

üye(=위원(委員))=위원(委員)+이(첨가음)[umlaut]→위웬이[위웨ĩ(鼻母音)](경남 발음)[비모음의 구강 모음화]→위웨이[첨가음 삭제]→위**웨**[단음화: 웨→에]

→위에〖모음 충돌 회피용 삽입 반자음, /y/ 삽입〗→위y에→위예→üye. 아니면, üye=위(委)(=맡기다)+이(첨가음)+아(=子)(=사람)+이(첨가음)〖모음 합체〗→위애〖모음조화: 위-에〗→위에(üe)〖모음 충돌 회피용 삽입 반자음, /y/ 첨가〗→üye 【근거】산이〖ㄴ→∅/__이 and 이[ĩ](鼻母音)〗→사이[ĩ](경남 발음).

uzay(=우주(宇宙))=우주(宇宙)+아(=子)(의미첨가 없이 명사에 붙는 접미사)+이(첨가음)〖모음 합체〗→우쥬이〖단음화: 위→아〗→우자이〖ㅈ→ㅅ〗→우사이〖유성음화〗→우ᅀᅡ이〖ᅀ→z〗→uzay 【근거】아래(표준어)=알(경남)+아(의미첨가 없이 명사에 붙는 접미사)+이(첨가음)〖모음 합체〗→알애→아래. sıra(=줄, 순서)=줄+아(=子)(의미첨가 없이 명사에 붙는 접미사)〖ㅈ→ㅅ〗→술아〖우→으〗→슬아→sıra. 위하여(표준어)〖단음화: 위→이〗→이하여(경남). 똥구시(경남)=똥+굳(=구덩이)+이(첨가음)→똥구디〖구개음화〗→똥구지〖ㅈ→ㅅ〗→똥구시. 두서번〖유성음화: ㅅ→ᅀ/모음__모음〗→두ᅀᅥ번〈석보상절 6권 6장 뒷면〉)(=두세번). cf. 두세 번(현대어)=두서+이(첨가음)+번〖모음 합체〗→두세 번. cf. 宇宙[yǔzhòu](중국어). 튀르키예어는 한국어 음을 따르고 있다.

üzeri(=about〈Türkçe Sözlük〉《LEXILOGOS》)=무렵, 쯤=언저리(=어떤 나이나 시간의 전후)/은저리(경남: 둘 다 사용)→은저리〖umlaut〗→은저+이+리〖umlaut〗→은이저이리〖ㄴ→∅/__이 and 이[ĩ] and 비모음의 구강 모음화〗→으이저이리〖으→우〗→우이저이리〖모음 합체〗→위제리〖ㅈ→ㅅ〗→위세리〖유성음화〗→위ᅀᅦ리〖ᅀ→z〗→üzeri. **öğleüzeri**=정오쯤에 【근거】믈(=水)〈훈민정음해례본 용자례〉〖으→우〗→물(현대어). 똥구시(경남)=똥+굳(=구덩이)+이(첨가음)→똥구디〖구개음화〗→똥구지〖ㅈ→ㅅ〗→똥구시. 두서번〖유성음화: ㅅ→ᅀ/모음__모음〗→두ᅀᅥ번〈석보상절 6권 6장 뒷면〉)(=두세번). cf. 두세 번(현대어)=두서+이(첨가음)+번〖모음 합체〗→두세 번. ⇒ **öğle**.

üzeri(=upper surface(=윗면), top(=맨 위, 꼭대기)〈Türkçe Sözlük〉《LEXILOGOS》)=위(=상(上))+그/거(=곳)(경남)+이(첨가음)+알(=子)(의미첨가 없이 명사에 붙는 접미사)+이(첨가음)→위그이알이〖구개음화: ㄱ→ㅈ/__으〗→위즈이알이〖모음 합체〗→위즤알이〖ㅈ→ㅅ〗→위싀알이〖단음화: 의→에〗→위세알이〖유성음화〗

→위세알이〖umlaut〗→위세앨이〖애→에〗→위세엘이→위**세**에리〖동모음 축약〗→위쎄리〖△→z〗→üzeri【근거】여그/여거(경남)(=여기)+이(첨가음)〖모음 합체〗→여게(경남)(=여기)〖에→이〗→여기(표준어). cf. 우게(순창, 부안, 김제, 완주, 익산, 정읍)〈전라북도 방언사전〉=우(=上)+거(=곳)+이(첨가음)〖모음 합체〗→우게. 사타리(경남)(=삼(표준어))=삼+알(의미첨가 없이 명사에 붙는 접미사)+이(첨가음)→사타리. 똥구시(경남)=똥+굳(=구덩이)+이(첨가음)→똥구디〖구개음화〗→똥구지〖ㅈ→ㅅ〗→똥구시. 두서번〖유성음화: ㅅ→△/모음__모음〗→두서번〈석보상절 6권 6장 뒷면〉(=두세번). cf. 두세 번(현대어)=두서+이(첨가음)+번〖모음 합체〗→두세 번.

yağız(=역사(力士))=역사(力士)+이(첨가음)〖여→야〗→약사이〖모음 합체〗→약새〖애→에〗→약세〖에→이〗→약시〖자음 충돌 회피용 삽입 모음, /으/ 첨가〗→약으시〖유성음화〗→약으싀→야그싀(yakızi)〖유성음화〗→yagızi〖모음조화: ı-ı〗→yagızı〖유성 마찰음, [z] 다음의 [ı]는 있으나 없으나 발음이 같이 들린다〗→yagız〖g→ğ/모음__모음〗→yağız 【근거】귁(國)〈월인석보 1권 훈민정음 1장 앞면〉=국(國)+이(첨가음), 두서번〖유성음화: ㅅ→△/모음__모음〗→두셔번〈석보상절 6권 6장 뒷면〉(=두세번). cf. 두세 번(현대어)=두서+이(첨가음)+번〖모음 합체〗→두세 번. cf. りきし(力士)(일본어)(rikisi): 력(力)+이(첨가음)〖umlaut〗→렉이〖단음화〗→렉이→레기(reki)〖에→이〗→리기(riki). 사(士)+이(첨가음)〖모음 합체〗→새〖애→에〗→세〖에→이〗→시(si). 일본어는 し를 로마자로 shi로 표기한다. 이는 발음과 유사하게 표기한 것으로 si로 표기해야 'さ(sa), し(si), す(su), せ(se), そ(so)'와 같이 일관성이 있게 된다.

yağmur(=비(=우(雨))=락/낙(落)(=떨어지다)+이(첨가음)+물(=수(水))→낙이물〖두음법칙 후 보상적 /y/ 첨가〗→y+악이물→약이물(yagimur)〖모음조화: a-ı〗→yagımur〖g→ğ/모음__모음〗→yağımur〖ğ가 [ı]로 발음되므로 [ı]는 있으나 없으나 발음이 같이 들린다〗→yağmur(그 뜻은 '떨어지는 물'=비)(합성어 속에 화석처럼 한국어 '물(=水)'이 들어 있다) 【근거】넣다(표준어)〖두음법칙 후 보상적 /y/ 첨가〗→옇다(경남). 귁(國)〈월인석보 1권 훈민정음 1장 앞면〉=국(國)+이(첨가음).

yaka(=side(옆) (of a stream, body of water, or street)〈Türkçe Sözlük〉《LEXILO-GOS》=옆(=side)+거(=place)(경남)(=곳)[여→야]→얖가[ㅍ+ㄱ→ㄲ]→야까[ㄲ→ㅋ]→야카→yaka. 【근거】 여거(경남)(=여기, 이곳)=여+거(=곳). **고키리**(=샹(象))〈훈몽자회 상권 18장 앞면〉[ㅋ→ㄲ]→고끼리[ㄱ→ㅋ]→코끼리(현대어). **고키리**=고(=비(鼻))+ㅎ(고유어 명사에 붙음)+길(다)+이(=사람, **동물**, 사물)[ㅎ+ㄱ→ㅋ]→고킬이→고키리.

yakmaç(=연료 분사기(燃料噴射機))=yak(mak)(=태우다, 불때다)+ma(명사형 어미)+깅(機)〈석보상절 13권 28장 앞면〉[긔]: 긔[단음화]→게[에→이]→기(현대어)[ㄱ→ㅋ](튀르키예어에는 /ㄱ/, /ㅋ/의 구분이 없다)→키[구개음화]→치→ç 【근거】 갈(=刀)〈훈민정음해례본 합자해〉[ㄱ→ㅋ]→칼(현대어). **yakmaç**의 문자적 의미는 '(연료를) 태우는 장치'이다.

yalım(=불꽃)=(불꽃이) 날름(거리다)[두음법칙 후 보상적 /y/ 첨가][ㄹㄹ→l]→yalım 【근거】 '불꽃이 **날름**거린다'에서 날름거리는 것을 불꽃이라고 본 것이다. cf. **yalım**(=(칼의) 날)=날(명사를 동사로 오분석)+으(자음 충돌 회피용 삽입 모음)+ㅁ(명사형 어미)[두음법칙 후 보상적 /y/ 첨가]→얄+으+ㅁ→yalım 【근거】 넣다(표준어)[두음법칙 후 보상적 /y/ 첨가]→옇다(경남). cf. 날캅다=날ㅎ+갑다[ㅎ+ㄱ→ㅋ]→날캅다. '날캅다'의 '날'을 동사 어간으로 보고 만든 형용사일까: 돋갑다〈번소 9:17〉《우리말샘》(=두텁다)=돋(다)+갑+다. cf. **おもし**(=重し)(일본어 고어)(omosi)(=무겁다)=오(감탄사)+무(겁다)+시(형용사형 어미)[우→오]→오모시(omosi)→おもし(omosi)[s(ㅅ)→Ø/모음__모음]→omoi→おもい(현대어)(한국어의 음운 규칙을 따르고 있다: 낫(다)+아(부사형 어미)[ㅅ→Ø/모음__모음]→나아 【근거】 **묵**직하다/**목**직하다(경남: 둘 다 사용).

yalım(=(칼의) 날)=날(명사를 동사로 오분석)+으(자음 충돌 회피용 삽입 모음)+ㅁ(명사형 어미)(=물체)[두음법칙 후 보상적 /y/ 첨가]→얄+으+ㅁ→yalım 【근거】 넣다(표준어)[두음법칙 후 보상적 /y/ 첨가]→옇다(경남). cf. 날캅다=날ㅎ+갑다[ㅎ+ㄱ→ㅋ]→날캅다. '날캅다'의 '날'을 동사 어간으로 보고 만든 형용사일까: 돋갑다〈번소 9:17〉《우리말샘》(=두텁다)=돋(다)+갑+다. ⇒ **yalım**(=불꽃).

yangı(=염증)=염(炎(症))(=불타다)+그/거(경남)(=것)〖ㅁ→ㄴ〗→연그〖여→야〗
→얀그(yankı)〖유성음화〗→yangı(염증이 있으면 열이 나고 아프다)【근거】므슴
〈석보상절 6권 16장 앞면〉〖으→우〗→무슴〖ㅁ→ㄴ〗→무슨(현대어).

yaprak(=잎, 잎새, 잎사귀)=엽(葉)(yəp)(=잎)+알(=子)(의미첨가 없이 명사에 붙는
접미사)+이(첨가음)+악(의미첨가 없이 명사에 붙는 접미사)→엽알이악〖여→야〗
→얍알이악〖모음 합체〗→얍앨악〖애→에〗→얍엘악〖에→이〗→얍일악(yapirak)
〖모음조화: a-ı〗→yapırak〖/p/를 파열시켜 발음하면 뒤의 [ı]는 있으나 없으나 발
음이 같이 들린다〗→yaprak【근거】지프락/지푸락/지프래기/지푸래기(경남)=짚
+을/울(=알)+악+(이), 짚+을/울+악+이(첨가음): 지프래기/지푸래기=짚+을/울+
악+이〖umlaut〗→지프래기/지푸래기. cf. toprak=토(土)+prak('yaprak을 ya+prak'
으로 잘못 분석하여 생긴 형태소일 것이다).

yaş(=나이)=낳〈석보24:19〉《고려대 한국어대사전》+이(첨가음)→나히〖ㅎ→
ㅅ/__이〗→나시〖두음법칙: ㄴ→∅ and 보상적 /y/ 첨가〗→야시→yaş【근거】넣
다(표준어)두음법칙: ㄴ→∅ and 보상적 /y/ 첨가〗→옇다(경남). 힘〖ㅎ→ㅅ/__
이〗→심(경남). yaşça büyük(=연상의=年上의)(문자적 의미는 '나이차가 큰'이지
연상이라는 뜻은 없다)=yaş(=나이)+차(差)(ça)+büyük(=큰). cf. 차(差)(cha)→差
[chā](중국어). 튀르키예어와 중국어는 한국어 음을 따르고 있다. 차(差)〖ㅊ→ㅅ〗
→사(sa)→さ(差)(일본어)(sa)

yay(=활)=활(弓)[할](경남 발음)+이(첨가음)→할이〖ㄹ→∅/모음__모음, 아니면
어말 /ㄹ/ 탈락〗→하이〖어두 /ㅎ/ 탈락 후 보상적 /y/ 첨가〗→야이→yay. 아니
면, **yay**=(화살을) 이루(다)(='일다'의 사동사)(=날리다)+아(=것)+이(첨가음)〖모음
합체〗→이류이〖단음화: 류→라〗→이라이〖ㄹ→∅/모음__모음〗→이아이〖모음
합체〗→야이→yay(가능성이 크다)【근거】eroin(튀르키예어)=heroin(영어)〖어두
/ㅎ/ 탈락〗→eroin. cf. 옇다(경남)=넣다〖두음법칙 후 /y/ 첨가〗→옇다. 새마(=新
村)(경북)=새말(=新村)(경남 현대어)〖어말 /ㄹ/ 탈락〗→새마. 이 사암들이(경남)=
이 사람+들(복수 접미사)+이(주격 조사)〖ㄹ→∅/모음__모음, 아니면 어말 /ㄹ/
탈락〗→이 사암들이. 화살이 일다=화살이 날아오르다. 화살을 이루다=화살을 날

리다. cf. ゆみ(=弓)(yumi)(일본어)(=활)=이루(다)+ㅁ(명사형 어미)+이(=물건)〖ㄹ
→∅/모음__모음〗→이우미〖모음 합체: 이+우→유〗→유미→yumi 【근거】가리
(경남)(=가루(표준어))=갈(다)+이(=물건). cf. çit(=울타리)=(울타리를) 치(다)+앗
[앝](=것)(=물체)+이(첨가음)〖모음 합체〗→치앧〖애→에〗→치엗〖에→이〗→치
읻〖동모음 축약〗→칟(çit)(그 뜻은 '친 것'=울타리). 내(=냄새)=(냄새가) 나(다)+이
(명사형 어미)〖모음 합체〗→내(그 뜻은 '나는 것'=냄새).

yaya(=보행자=步行者)=녀(다)(=행(行))+y(모음 충돌 회피용 삽입 반자음)+아(=
子)(=사람)〖두음법칙 후 보상적 /y/ 첨가〗→y+여(yə)+야〖동음 축약: y+yə→yə〗
→여야〖여→야〗→야야→yaya(그 뜻은 '거니는 사람'=보행자)【근거】여름(현대
어)=녀름(=夏(하))〈훈몽자회 상권 1장 뒷면〉〖두음법칙 후 보상적 /y/ 첨가〗→y+
여(yə)름. 솅갱(世界)예〈석보상절 19권 24장 뒷면〉[세계]=세개+y(모음 충돌 회피
용 삽입 반자음)+에(처격 조사)〖모음 합체〗→세개**예**. cf. **yürü**(mek)(=걷다, 거닐
다)=녈(=行)〈훈몽자회 하권 27장 앞면〉+이(첨가음)→녈이〖두음법칙 후 보상적 /
y/ 첨가〗→y+열(yər)이〖동음 축약〗→열이〖어→으(ɪ)〗→yɪri〖umlaut〗→yɪiri〖으
(ɪ)→우(u)〗→→yuiri〖모음 합체〗→yüri〖모음조화: ü-ü〗→yürü. 이 道롤 조차 발
뒷느니 모다 **녀계** ᄒ니라〈월석 12:13〉《우리말샘》(=이 도를 따라서 발을 둔 사람
이 모두 다니게 한 것이다). 중세 국어에서 동사 기본형이 '**녀다**'로 나오는데 앞에
든 훈몽자회의 '녈 힝(行)=녀(다)+ㄹ(관형형 어미)+행(=行)'으로 튀르키예어는 한
국어 동사에 관형형 어미, /ㄹ/을 붙인 것으로 보아야 할 것이다. 한국어에도 이와
같은 예가 있다: 걷니(다)〈월곡上:6〉《고려대 한국어대사전》+ㄹ(관형형 어미)+다
→걷닐다[건닐다][발음대로 표기]→건닐다〖동자음 축약〗→거닐다(현대어). 아
니면 '녈다〖/ㄹ/ 탈락〗→녀다'로 변한 것일 수도 있다.

yem(=(동물의) 먹이)=옇(다)(경남)(=넣다)+이(첨가음)+ㅁ(명사형 어미)(=물체)
〖ㅎ→∅/모음__모음〗→여임〖모음 합체〗→옘→yem 【근거】여름〈용비어천가
1권 1장 뒷면〉(=열매)=열(다)+으(자음 충돌 회피용 삽입 모음)+ㅁ(명사형 어미)(=
물체). 써리다(경남)=썰(다)(표준어)+이(첨가음)+다→써리다. ye(mek)=옇(다)+이
(첨가음)〖ㅎ→∅/모음__모음〗→여이〖모음 합체〗→예→ye. cf. 여물(=(동물의)

먹이)=옇(다)+ㅁ(명사형 어미)+알(=子)(의미첨가 없이 명사에 붙는 접미사)+이(첨가음)〚ㅎ→∅/유성음(ㅁ)＿모음〛→염알이〚모음 합체〛→염앨〚애→에〛→염엘〚에→이〛→염일〚이→으〛→염을〚으→우〛→염울→여물. 넣다(표준어)〚두음법칙 and 보상적 /y/ 첨가〛→y+엏다〚모음 합체〛→옇다. '먹다'를 '먹는 과정의 동작으로 표현하기도 한다: 밥을 먹다=밥을 들다/밥을 (입에) 넣다/밥을 넘기다/밥을 삼키다 등.

yen(=(옷의) 소매)=예(襷)(=소매)+앙(의미첨가 없이 명사에 붙는 접미사)(=子)〚ㅇ(ng)→ㄴ(n)〛→예안(yean)〚모음조화: e-e〛→yeen〚동모음 축약〛→yen. 아니면, **yen**=예(襷)+앙(의미첨가 없이 명사에 붙는 접미사)+이(첨가음)〚ㅇ(ng)→ㄴ(n)〛→예안이〚모음 합체〛→예앤〚애→에)〛→예엔〚에→이〛→예인〚동모음 축약: 이(예=여+**이**)+이→이〛→옌(yen)【근거】 don(mak)(=얼다)=동(凍)(=얼다)(tong)〚ㅇ(ng)→ㄴ(n)〛→ton〚어두 유/무성자음 교체〛→don【근거】 gelmek(튀르키예어)=kelmoq(우즈벡어)=오다. 똘(경기, 전라, 충청)〈고려대 한국어대사전〉(=도랑)+앙(의미첨가 없이 명사에 붙는 접미사)→또랑(경남)(=도랑). cf. 襷[yi](중국어)=예(ye)〚e→i〛→yi. gelen(=오는 사람)=gel(mek)+앙(=사람)〚ㅇ(ng)→ㄴ(n)〛→gelan〚모음조화: e-e〛→gelen【근거】 거렁이(경남)(=거지)〈고려대 한국어대사전〉=걸(乞)(=빌다, 구걸하다)+앙(=사람)+이(첨가음)→거렁이〚umlaut〛→거렝이[거레ⁱ](경남 발음).

yıl(=해, 년(=年))=년+이(첨가음)+알(=子)(의미첨가 없이 명사에 붙는 접미사)+이(첨가음)〚두음법칙 후 보상적 /y/ 첨가〛→y+연(yən)+이알이〚동음 축약〛→연이알이〚어→으(ı)〛→yıni알이〚ㄴ(n)→∅/＿이(i) and i[ĩ](鼻母音) and 비모음의 구강모음화〛→yıi알이〚모음조화: ı-ı〛→yıı알이〚동모음 축약〛→yı알이〚모음 합체〛→yı앨〚애→에〛→yı엘〚에→이〛→yı일→yıil〚모음조화: ı-ı〛→yııl〚동모음 축약〛→yıl【근거】 사타리(경남)(=살(표준어))=살+알(의미첨가 없이 명사에 붙는 접미사)+이(첨가음)→사타리. 없다/읎다(경남)(이/으 교체가 상당히 자유롭게 일어난다). 모자(=帽子)=모(=帽)(=모자)+자(子)(의미첨가 없이 명사에 붙는 접미사): 중절모(中折帽)=중절모자(中折帽子).

yılan(=뱀)=늘(다)+앙(子)(=것)(=동물)→늘앙(nılang)[ng→n]→nılan[두음법칙 후 보상적 /y/ 첨가]→yılan(그 뜻은 '늘어진 것=긴 것=뱀)【근거】늘어지다(=길어지다)=늘(다)+어(부사형 어미)+지다=길(다)+어(부사형 어미)+지다. 늘다=길다. cf. **장어**(=eel=yılan balığı)=**긴** 생선. yılan balığı(=장어)(문자 그대로의 의미는 '뱀 물고기'이다)=yılan(=뱀)+balık(=물고기, 생선)+ı(3인칭 소유 접미사). 한국어에서도 '장어', 특히 '민물장어'를 '**뱀**장어'라고 한다.

yol=로(=路)/노(=路)+알(=子)(의미첨가 없이 명사형에 붙는 접미사)[모음조화: 오-오]→노올[모음 합체]→놀(nol)[두음법칙 후 보상적 반자음, /y/ 첨가]→욜→yol【근거】넣다(표준어)=옇다(경남): 옇다=넣다[두음법칙 후 보상적 반자음, /y/ 첨가]→옇다. 사타리(경남)(=살(표준어))=살+알(의미첨가 없이 명사에 붙는 접미사)+이(첨가음)→사타리. **yolculuk**(=여행)=yol(=길)+자(者)+이(첨가음)+li(형용사형 어미)+악(명사형 어미)(=것)+이(첨가음): 자+이[모음 합체]→재[애→에]→제[에→이]→지. 악+이[모음 합체]→액[애→에]→엑[에→이]→익. yolculuk=yol+지+li+익[유성음화: ㅈ(무성 유기 파찰음)→c(유성 무기 파찰음)/유성음__유성음]→yolcili익(ik)→yolciliik[동모음 축약]→yolcilik[모음조화: o-u]→yolculik[모음조화: u-u]→yolculuk. cf. **yolcu**(=나그네, 승객, 여행자)=yol+자(者)(=사람)+이(첨가음): 자+이[모음 합체]→재[애→에]→제[에→이]→지. **yolcu**=yol+지[유성음화: ㅈ→c/유성음__유성음]→yolci[모음조화: o-u]→yolcu.

yolcu(=나그네, 승객, 여행자). ⇒ **yol**.

yolculuk(=여행). ⇒ **yol**.

yorgun(=노곤(勞困)하다, 피곤하다)=노(勞)+알(=子)(의미첨가 없이 명사에 붙는 접미사)+곤(困)[모음조화: 오-오]→노올곤[동모음 축약]→놀곤(norkon)[모음조화: o(오)→u(우)]→norkun[유성음화]→norgun[두음법칙 후 보상적 /y/첨가]→yorgun【근거】옇다(경남)(=넣다)=넣다[두음법칙 and 보상적 /y/첨가]→옇다. 사타리(경남)=살(표준어)+알(=子)(의미첨가 없이 명사에 붙는 접미사)+이(첨가음). 모자(帽子)=모(帽)(=모자)+자(子)(의미첨가 없이 명사에 붙는 접미사)【근거】

중절모(中折帽)=중절모자(中折帽子).

yosma(=요염(妖艶))=*요셤(yosyəm)+아(=子)(의미첨가 없이 명사에 붙는 접미사)(a)〖단음화: 여-어〗→요셤아〖어(ə)→으(ı)〗→yosıma〖[s] 다음 [ı]는 있으나 없으나 발음이 같이 들린다〗→yosma(그 뜻은 요염)(튀르키예어는 /ㅅ/이 유성음화되기 이전으로 환원시킨 것이다)【근거】없다/읋다(경남)(경남 방언에서는 '어/으 교체'가 아주 자유롭게 일어난다). '요염(妖艶)=*요셤(yosyəm)〖유성음화〗→요셤〖△→Ø〗→요염(현대어)'와 같은 과정을 거쳤을 것이다. 子ᄌᆞ孫손이**니ᅀᅥ**가몰〈석보상절 6권 7장 뒷면〉(=자손이 이어 감을): 닛(다)+어(부사형 어미)→니ᅀᅥ〖유성음화〗→니ᅀᅥ〖△→Ø〗→니어〖두음법칙〗→이어(현대어). 닛(다)+어(부사형 어미)〖두음법칙〗→잇어→이서(경남)(경남 방언은 /ㅅ/이 유성음화되기 이전의 형태를 사용한다). banka(튀르키예어)=bank(영어)+아(=子)(의미첨가 없이 명사에 붙는 접미사). 없다/읋다(경남). cf. 妖艶(妖艶)[yāoyàn](중국어). かさ(=笠)(일본어)(kasa)(=갓)=갓(한국의 전통 모자)+**아**(=子)(의미첨가 없이 명사에 붙는 접미사)→가사(kasa)→かさ. cf. せん(染)(sen)(일본어)=*셤[셈](경남 발음)〖ㅁ→ㄴ〗→센(sen). *셤〖유성음화: ㅅ→△/(유성음)__유성음〗→ᅀᅧᆷ〈능엄경언해 8권 59장 뒷면〉〖△→Ø〗→염(染)(한국어 현대어)【근거】ᅀᅵᆫ(人)〈석보상절 19권 2장 앞면〉〖△→Ø〗→인(현대어).

yük(=하물=荷物, 짐)=역(役)+이(첨가음)〖어→으→우〗→육이〖모음 합체〗→yük【근거】'하역(荷役)=하(荷)(=짊어지다, 짐)+역(=役=부리다, 일하다, 직무): '역(役)'을 '하물'로 잘못 알고 사용한 경우이다

yurt(=집)=눕(다)+으(자음 충돌 회피용 삽입 모음)+ㄹ(관형형 어미)+터/트→눕을트→누블트〖유성음화〗→누ᄫᅳᆯ트〖ㅸ→Ø/모음__모음〗→누을트〖모음조화〗→누울트〖동모음 축약〗→눌트〖두음법칙 후 보상적 /y/ 첨가〗→율트(yurtı)〖/t/를 파열시켜 발음하면 뒤의 [ı]는 있으나 없으나 발음이 같이 들린다〗→yurt(그 뜻은 '누울 곳'=집). cf. **yurt**(=조국, 영토)=*눌(=누리=눌+이(첨가음))+트→눌트〖두음법칙 후 보상적 /y/ 첨가〗→율트(yurtı)〖/t/를 파열시켜 발음하면 뒤의 [ı]는 있으나 없으나 발음이 같이 들린다〗→yurt(그 뜻은 '세상', 즉 자신이 사는 세상=나라,

영토?) 【근거】 누리(=세상)=*눌+이(첨가음). 世 누리 셰〈훈몽자회 중권 1장 앞면〉: 셰(世)(=누리)〚단음화: 예→에〛→세(=세상)(현대어).

yuva(=새의 집, 보금자리, 집)=눕(다)+아(=子)(=장소)→누바〚두음법칙 후 보상적 /y/ 첨가〛→유바〚유성음화〛→유봐〚ㅂ→v〛→yuva('눕는 곳'=자는 곳=집) 【근거】 넓다(표준어)〚두음법칙 후 보상적 /y/ 첨가〛→옓다(경남). kara(=육지, 마른 땅)=갈(다)(kar)(경남)(=마르다)=아(a)(=장소).

yüz(=얼굴, 용모, 체면)=용(=容)(=얼굴)+이(첨가음)+자(子)(의미첨가 없이 명사에 붙는 접미사)+이(첨가음)→용이자이〚오→우〛→융이자이〚ㆁ(ŋ)→Ø/__이 and 이[ĩ](鼻母音)〛→유이[ĩ]자이〚비모음의 구강 모음화: 튀르키예어에 비모음이 없다〛→유이자이〚모음 합체〛→위재〚애→에〛→위제〚에→이〛→위지〚ㅈ→ㅅ〛→위시→yü시〚이→으〛→yü스〚유성음화〛→yü즈〚ㅿ→z〛→yüzı〚[z] 다음의 [ı]는 있으나 없으나 발음이 같이 들린다〛→yüz 【근거】 국(國)+이(첨가음)〚모음 합체〛→귁(國)〈월인석보 1권 훈민정음 1장 앞면〉. 사오/사우(경남)=사위(표준어). 종자(種子)=종(種)(=씨)+자(子)(의미 없이 명사에 붙는 접미사). 이사/으사(경남)=의사(醫師)(표준어). 몬(門)〈월인석보 1권 월인석보서 8장 앞면〉〚오→우〛→문(현대어). 똥구시(경남)=똥+굼(=구덩이)+이(첨가음)→똥구디〚구개음화: ㄷ→ㅈ/__이〛→똥구지〚ㅈ→ㅅ〛→똥구시. 子孫손이**니서**가몰〈석보상절 6권 7장 뒷면〉(=자손이 이어 감을): 닛(다)+어(부사형 어미)→니서〚유성음화〛→니서. 자(子)+이(첨가음)〚모음 합체〛→재〚애→에〛→제〚에→이〛→지〚ㅈ→ㅅ〛→시(si=し(子)(일본어))〚이→으〛→스(sı=す(子)(일본어)〚유성음화〛→즈(zı)→[zi](子)(중국어). 의미첨가 없이 명사에 붙는 접미사: 모자(=帽子)=모(=帽)). **sıra**(=줄, 순서)=줄+아(=子)(의미첨가 없이 명사에 붙는 접미사)〚ㅈ→ㅅ〛→술아〚우→으〛→슬아→스라→sıra.

yüz(=**이유**)=유(由)(=원인, 이유, 까닭)+이(첨가음)+자(子)(의미첨가 없이 명사에 붙는 접미사)+이(첨가음): 유+이〚모음 합체〛→위(yü). 자+이〚모음 합체〛→재〚애→에〛→제〚에→이〛→지〚이→으〛→즈〚ㅈ→ㅅ〛→스. yüz=위(yü)+스〚유성음화〛→yü즈〚ㅿ→z〛→yüzı〚유성 마찰음, [z] 다음의 [ı]는 있으나 없으나 발음

이 같이 들린다]→yüz【근거】국(國)+이(첨가음)[모음 합체]→귁(國)〈월인석보 1권 훈민정음 1장 앞면〉. 由(유)=말미암다(=어떤 현상이나 사물 따위가 원인이나 이유가 되다). 종지=종자(鍾子)+이(첨가음)[모음 합체]→종재[애→에]→종제〚에→이〛→종지. 자(子)+이=지[ㅈ→ㅅ]→시(si=し(子)(일본어))[이→으]→스(sı=す(子)(일본어))[유성음화]→스(zı)→[zi](子)(중국어). 의미첨가 없이 명사에 붙는 접미사: 모자(=帽子)=모(=帽). **이**사/**으**사(=醫師)(경남)=의사(표준어). 똥구시(경남)=똥+굼(=구멍이)+이(첨가음)→똥구디[구개음화]→똥구지[ㅈ→ㅅ]→똥구시. 子孫손이**니ᅀᅥ**가몰〈석보상절 6권 7장 뒷면〉(=자손이 이어 감을): 닛(다)+어(부사형 어미)→니서[유성음화]→니ᅀᅥ.

zafer(=승리, 이김)=*져(制)('져+이=제(制)〈월인석보 1권 훈민정음 2장 뒷면〉'로 보고)+패(霸)(제패)(=경기 따위에서 우승함)+알(=子)(의미첨가 없이 명사에 붙는 접미사)+이(첨가음)→져패알이[단음화]→저패알이[어→아]→자패알이[애→에]→자페알이[모음 합체]→자페앨[애→에]→자페엘[동모음 축약]→자펠[ㅈ→ㅅ]→사펠[어두 유/무성자음 교체]→ᄼᅡ펠[ㅿ→z]→zaper[p→f/모음__모음?]→zafer.【근거】zhì bà(=制覇)(중국어): 중국어를 보면 알 수 있다: zhi(=制)=*져(=制)[단음화]→저[어→으](경남)→즈[유/무성자음 교체]→zhì.【근거】kelmoq(우즈벡어)=gelmek(튀르키예어)=오다. 똥구시(경남)→똥구디[구개음화]→똥구지[ㅈ→ㅅ]→똥구시. '졍(諸)〈월인석보 1권 석보서 4장 앞면〉[져]+이(첨가음)[모음 합체]→졔[단음화]→제(현대어)'로 변한 것을 보면 '져(=制)+이(첨가음)[모음 합체]→졔(制)〈월인석보 1권 훈민정음 2장 뒷면〉[단음화: 예→에]→제(현대어)'로 변했을 것으로 추측할 수 있다.

zaman(시간, 때, 시대, 시절)=쨤(=시간, 때)+앙(의미첨가 없이 명사에 붙는 접미사)[ㅉ→ㅆ]→쌈앙[ㅆ→ㅅ 혹은 ㅆ→z]→삼앙/zamang[ㅇ(ng)→ㄴ(n)]→삼(sam)an/zaman[어두 유/무성자음 교체]→zaman【근거】쩔레쩔레/썰레썰레/절레절레/설레설레(정도의 차이는 있으나 기본 의미는 같다). 쭈시다(경남)=쑤시다(표준어)[ㅆ→ㅅ]→수시다(제주)〈우리말샘〉. ㄲ, ㄸ, ㅃ, ㅉ, ㅆ, ㆅ 爲 全濁'〈훈민정음해례본〉(=전탁(全濁)=유성음(有聲音)). 쌍(上)〈법화경언해 1권 37장 앞

면〉〖일본어식으로 표기하면〗→쨔우〖ㆁ(꼭지 있는 이응)→∅〗→싸우〖ㅆ→z〗
→zyau→じゃう(上)(zyau)일본어 고어)〖아(a)→오(o)〗→zyou→じょう(上)(일
본어 현대어). 쌍(上)〖유/무성자음 교체: ㅆ(z)→ㅅ(s), ㆁ(꼭지 있는 이응)→ㅇ〗
→샹〖단음화: 야→아〗→상(현대어). 똘(경기, 전라, 충청)〈고려대 한국어대사전〉
(=도랑)+앙(의미첨가 없이 명사에 붙는 접미사)→또랑(경남)(=도랑). don(mak)(=
얼다)=동(凍)(tong)(=얼다)〖ㆁ(ng)→ㄴ(n)〗→ton〖어두 유/무성자음 교체〗→don
【근거】gelmek(튀르키예어)=kelmq(우즈벡어)=오다.

zapt(=압수, 강탈(=wrongful **seizure**(=잡음) (of property))=잡(다)(=to seize)+앗(=
子)〖앋〗(=것)+이(첨가음)→잡앋이〖모음 합체〗→잡앧〖애→에〗→잡앧〖에→이〗
→잡읻〖ㅈ→ㅅ〗→사빋(sapit)〖어두 유/무성자음 교체〗→zapit〖모음조화: a-ı〗
→zapıt〖/p/를 파열시켜 발음하면 뒤의 [ı]는 있으나 없으나 발음이 같이 들린다〗
→zapt(그 뜻은 '잡는 것'). zapt=zor kullanarak ele geçirme=강제로 손에 넣음.

zeka(=재능(=才能), 총명, 지능(知能))=쪙(=才)〈능엄경언해 1권 3장 뒷면〉〖찡〗(=재
주)+거(경남)(=것)→찡거〖단음화: 이→애〗→째거〖애→에〗→쩨거〖어→아〗→
쩨가〖ㅉ→ㅆ〗→쎄가〖ㅆ→z〗→zeka【근거】ㄲ, ㄸ, ㅃ, ㅉ, ㅆ, ㆅ 爲 全濁〈훈
민정음해례본〉(전탁(全濁)=유성음(有聲音)). gelmek(튀르키예어)=kelmoq(우즈벡
어)=오다. 쭈시다(경남)=쑤시다(표준어). 쌍(上)〈법화경언해 1권 37장 앞면〉〖일본
어식으로 표기하면〗→쨔우〖ㆁ(꼭지 있는 이응)→∅〗→쨔우〖ㅆ→z〗→zyau→
じゃう(上)(zyau)일본어 고어)〖아(a)→오(o)〗→zyou→じょう(上)(일본어 현대
어). cf. 쌍(上)〖유/무성자음 교체: ㅆ(z)→ㅅ(s), ㆁ(꼭지 있는 이응)→ㅇ〗→샹〖단
음화: 야→아, ㆁ(꼭지 있는 이응)→ㅇ(현대어 받침, /ㅇ/은 [ŋ]으로 발음된다)〗
→상(현대어).

zelzele(=지진)=*쪨(다)+이(첨가음)+*쪨(다)+이(첨가음)+아(=子)(=것)+이(첨가음)
〖모음 합체〗→쪨쪨애〖모음조화: 에-에〗→쪨쪨에〖ㅉ→ㅆ→z〗→zelzele(그 뜻
은 '쩔쩔 흔드는 것'=지진)【근거】쩔쩔 흔들다(경남). 절절/쩔쩔/잘잘/짤짤/절레
절레/쩔레쩔레/설레설레/썰레썰레 흔들다. cf. 겔겔거리다(경남)(=골골거리다)=
골+이(첨가음)+골+이(첨가음)+거리다〖모음 합체〗→괼괼거리다〖단음화: 외→

에]]→겔겔거리다. 달달하다=달(다)+달(다)+하다. 쩔쩔=*쩔(다)+*쩔(다). cf. ring ring(=따르릉따르릉)=ring(동사 어간)+ring(동사 어간).

zevk(=유흥, 즐거움, 쾌락)=잡(雜)〈석보상절 9권 10장 뒷면〉+이(첨가음)+으(경남)(소유격 조사)+거/그(경남)(=것)[[ㅉ→ㅆ]]→쌉이으그[[모음 합체]]→쌥으그[[애→에]]→쎕으그→쎄브그[[유성음화]]→쎄브그[[ㅆ→z]]→ze브그[[ㅸ→v]]→zev1그→zevk1[[유성 마찰음, [v] 다음의 [1]는 있으나 없으나 발음이 같이 들린다]]→zevk1[[/k/를 파열시켜 발음하면 [1]는 있으나 없으나 발음이 같이 들린다]]→zevk 【근거】 'ㄲ, ㄸ, ㅃ, ㅉ, ㅆ, ㆅ 爲 全濁'〈훈민정음해례본〉(전탁(全濁)=유성음(有聲音)). 쩔레쩔레/썰레썰레. 잡기(雜技)=잡다한 놀이의 기술이나 재주. 놀이나 유흥 등을 잡(雜)스러운 일이라 생각했다. 귁(國)〈월인석보 1권 훈민정음 1장 앞면〉=국(國)+이(첨가음)[[모음 합체]]→귁. 잡(雜)〈법화경언해 3권 59장 뒷면〉[[ㅉ→ㅆ]]→쌉[[일본어식으로 표기]]→싸부[[ㅆ→z, ㅂ→ㅎ(h)]]→zahu→ざふ(雜)(=雜)(일본어 고어)[[a→o]]→zohu[[h(ㅎ)→∅/모음__모음]]→zou(雜)(일본어 현대어).

zikir(=언급)=찌끌(다)/**찌껄**(다)/찌끄리(다)/찌꺼리(다)(경남)(=지껄이다='말하다'의 비어)+알(=것)+이(첨가음)→찌껄알이[[/ㄹ/ 탈락: cf. 들다/드다(경남)]]→찌꺼알이[[모음 합체]]→찌꺼앨[[애→에]]→찌꺼엘[[에→이]]→찌꺼일[[모음 합체]]→찌껠[[에→이]]→찌낄[[ㅉ→ㅆ]]→씨낄[[ㅆ→z]]→zi낄[[ㄲ→ㅋ]]→zi킬→zikir. 【근거】 ㄲ, ㄸ, ㅃ, ㅉ, ㅆ, ㆅ 爲 全濁'〈훈민정음해례본〉(전탁(全濁)=유성음(有聲音)). **고키리**(=象(샹))〈훈몽자회 상권 18장 앞면〉[[ㄱ→ㅋ]]→코키리[[ㅋ→ㄲ]]→코끼리(현대어). 게(표준어)(=crab)[[에→이]]→기(경남). 쩔레쩔레/절레절레/썰레썰레/설레설레 흔들다(행동의 크기만 다를 뿐 기본 의미는 같다).

zılgıt(=호된 꾸짖음, 욕)=질(叱)(=큰소리로 꾸짖다, 욕하다)+곤〈석보상절 6권 7장 앞면〉(=것)+이(첨가음)[[이→으]]→즐곤이[[ㅈ→ㅅ]]→슬곤이[[모음 합체]]→슬괸[[단음화: 의→에]]→슬겐[[에→이]]→슬긴[[어두 유/무성자음 교체]]→슬긴(zılg-it)[[모음조화: ı-1]]→zılgıt(그 뜻은 '큰소리로 꾸짖는 것'). 아니면, **zılgıt**=질(叱)+곤[[이→으]]→즐곤[[오→어]]→즐건[[어→으]]→즐근[[ㅈ→ㅅ]]→슬근[[어두 유/무성자음 교체]]→zılkıt[[유성음화]]→zılgıt 【근거】 이사/으사(경남)=의사(醫師)(표

준어). 곧[오→어]→걷[ㄷ→ㅅ]→것[걷](현대어). kelmoq(우즈벡어)=gelmek(튀르키예어)=오다. cf. 질(叱)[일본어식으로 표기]→지르[ㅈ→ㅅ]→시르[ㄹ→ㅌ]→시트[구개음화]→시츠→しつ(sitsu)(叱)(일본어). 叱[chi](츠)(중국어)=질[ㅈ→ㅊ]→칠[어말 /ㄹ/ 탈락]→치[이→으]→츠【근거】새말(=新村)(경남)(=새마을)[어말 /ㄹ/ 탈락]→새마(=新村)(경북). 바가지(표준어)[ㅈ→ㅊ]→바가치(경남).

zirve(=정상=頂上), 꼭대기)=zir+바(=所)(=곳)+이(첨가음)[모음 합체]→zir배[애→에]→zir베[유성음화]→zir베[ㅸ→v]→zirve. **zir**=*찔(다)(=찌르다)[ㅉ→ㅆ]→씰[ㅆ→z]→zir【근거】'ㄲ, ㄸ, ㅃ, ㅉ, ㅆ, ㆅ 爲 全濁'〈훈민정음해례본〉(전탁(全濁=유성음(有聲音)). 쩔레쩔레/썰레썰레. 짭(雜)〈법화경언해 3권 59장 뒷면〉[ㅉ→ㅆ]→쌉[일본어식으로 표기]→싸부[ㅆ→z, ㅂ→ㅎ(h)]→zahu→ざふ(雜)(=雜)(일본어 고어)[a→o]→zohu[h(ㅎ)→∅/모음__모음]→zou(雜)(일본어 현대어). 하늘을 **찌르는** 건물=하늘에 **닿는 높은** 건물=아주 높은 건물.

zulüm(=핍박, 압박, 불법 부당)=쪼루(다)/조루(다)(경남)(=조르다)+이(첨가음)+ㅁ(명사형 어미)[오→우]→쭈루이ㅁ[모음 합체]→쭈룀[ㅉ→ㅆ]→쑤룀[ㅆ→z]→zulüm(그 뜻은 '쪼룸/조룸'(경남)=압박)【근거】조르다=(어떤 사람이 다른 사람에게 어찌하라고) 끈덕지게 계속 요구하다. 써리다(경남)(=썰다(표준어))=썰(다)+**이**(첨가음)+다. 사**오**/사우(경남)=사위(표준어). 똥구시(경남)=똥+굳(=구덩이)+이(첨가음)→똥구디[구개음화]→똥구지[ㅈ→ㅅ]→똥구시. 'ㄲ, ㄸ, ㅃ, ㅉ, ㅆ, ㆅ 爲 全濁'〈훈민정음해례본〉(전탁(全濁)=유성음(有聲音)). cf. 쌍(上)〈석보상절 9권 3장 뒷면〉[일본어식으로 표기]→쌰우[ㅇ(꼭지 있는 이응)→∅/모음__모음]→싸우[ㅆ→z]→zyau→じゃう(上)(일본어 고어)(zyau)[a(아)→o(오)]→zou→じょう(上)(일본어 현대어).

12.1 수사

bir(=1)=빌(pir)[어두 유/무성자음 교체]→bir: '비롯되다(=시작되다)=**빌**(=시작)+옷(=앗)(=子)+되다'에서 '빌'은 시작, 처음을 나타낸다. 1은 숫자의 시작이다.

cf. **bir**(우즈벡어). **ひとつ**(=一つ)(**hito**tsu)(일본어)(=하나)=*ㅎ(다)+이(명사형 어미)+앗[알](의미첨가 없이 명사에 붙는 접미사)+이(첨가음): ㅎ+이[ᄋᆞ→아]→하이[모음 합체: 아+이→애]→해[애→에]→헤[에→이]→**히(hi)**. 앗[알]+이[모음 합체: 아+이→애]→앤[애→에]→엔[에→이]→**잍(it)**. **ひと(つ)**(=一つ)(**hito(tsu)**)(일본어)(=하나)=ㅎ(다)+앗[**알**]+이(첨가음)+ㅎ(고유어 명사에 붙음)[ᄋᆞ→오]→호앝이+ㅎ[모음 합체]→호앤ㅎ[애→에]→호엔ㅎ[에→이]→호읹ㅎ[모음 합체]→횓ㅎ[ㄷ+ㅎ→ㅌ]→횉[단음화: 외→에]→헬[에→이]→힐[일본어식으로 표기]→히도(hito)(/t/음을 유지하기 위해서 'tsu'가 아닌 'to'로 바뀌었다) 【근거】 거믄콩ᄒᆞ홉봇가니그니〈구급간이방언해 7권 3장 뒷면〉(=검은 콩 한 홉): ᄒᆞ홉(=한 홉)=ㅎ(다)+ㄴ(관형형 어미)+홉. ᄒᆞ옻(15세기~17세기)〉호옷(16세기)〉홋(16세기~19세기)〉홉(17세기~19세기)〉홉(20세기~현재)〈우리말샘〉: 單은 ᄒᆞ오지오 複은 겨비라〈1461 능엄 8:15ㄴ〉《우리말샘》: ᄒᆞ오지오=*ㅎ(다)+앗[알](명사형 어미)+이오[모음조화: ᄋᆞ-오]→ᄒᆞ옫이오[구개음화: ㄷ→ㅈ/__이]→ᄒᆞ오지오. 호옷=*ㅎ(다)+앗[ᄋᆞ→오]→호앗[모음조화: 오-오]→호옷. 호옷[동모음 축약]→홋. 홋[홑]+ㅎ(고유어 명사에 붙음)+이오[ㄷ+ㅎ→ㅌ]→**홑**이오. cf. ᄒᆞ낳〈석보23:34〉《고려대 한국어대사전》=*ㅎ(다)+ㄴ(관형형 어미)+아(=子)+ㅎ(고유어 명사에 붙음)[ᄋᆞ→아]→한아ㅎ[ㅎ→∅]→한아→하나(현대어). 앗=아: 씨앗(=種子)=씨(-種)+앗(=子)(의미첨가 없이 명사에 붙는 접미사). 아래(표준어)=알(=아래)+아(의미첨가 없이 명사에 붙는 접미사)+이(첨가음)[모음 합체]→알애→아래. banka(튀르키예어)=bank(영어)+아(a)(의미첨가 없이 명사에 붙는 접미사). ᄒᆞ낳〈석보23:34〉《고려대 한국어대사전》(=하나)=*ㅎ(다)+ㄴ(관형형 어미)+아+ㅎ(고유어 명사에 붙음)[ᄋᆞ→아]→한앟[ㅎ→∅]→한아→하나(현대어). **한** 개=*ㅎ(다)+ㄴ(관형형 어미)+개[ᄋᆞ→아]→한 개. *하나 개.

iki(=2)=닛(다)〈월인석보 1권 훈민정음 12장 앞면〉(=잇다)+기(명사형 어미)[두음법칙 후 보상적 /y/ 첨가]→y+잇(is)+기[단음화: yi→i]→잇기[ㅅ+ㄱ→ㄲ]→이끼[ㄲ→ㅋ]→이키→iki(이으려면 두 개가 필요하다) 【근거】 홀끼다(경남)(=(사람이 물건 따위를) 벗어나거나 풀리지 않도록 단단히 동여매다)[ㄲ→ㅋ]→

홀키다[구개음화: ㅋ→ㅊ/__이]→홀치다('홀이다'의 비표준어). cf. **ikki**(우즈 벡어)(2)=잇(다)+기→잇기[ㅅ+ㄱ→ㄲ]→이끼['이끼=익+기'로 오분석]→익기 (ikki)【근거】넑다〈월석22:26〉《고려대 한국어대사전》→낡다〈두시-초〉《표준국 어대사전》[ㅅ+ㄱ→ㄲ]→낚다(현대어). cf. **ふたつ**(=二つ)(hutatsu)(일본어)=붙 (다)+아(=子)(=것)+つ[ㅂ→ㅎ]→홑아(huta)+つ(붙으려면 두 개가 필요하다)【근 거】부(=不)[ㅂ→ㅎ]→후(hu)→ふ(=不)(hu)(일본어). cf. **둘**(=2)=두(다)+알(=子) (명사형 어미)[모음조화: 우-우]→두울[동모음 축약]→둘(두려면 두는 것과 둘 곳 두 개가 필요하다). **두** 개(=2개)=두(다)+개【근거】지게=지(다)+거(경남)(=것)+ 이(첨가음)[모음 합체]→지게. *둘 개.

üç(=3)=우(=上)(경남)+이(첨가음)+치(다)(=오르다)+이(명사형 어미)[모음 합체] →위치이[동모음 축약]→위치→üç(서려면 3개가 필요하다: 삼발이). cf. 우(= 上)(경남)+이(첨가음)[모음 합체]→위(표준어). 아니면, **üç**(=3)=물(=水)+이(첨 가음)[umlaut]→뮐이[ㄹ→ㅌ]→뮈티[구개음화]→뮈치[ㅁ→w→∅]→위치 →üç(물=水): 氵=**삼**(三)수변 수. cf. **uch**(우즈벡어)=우(=上)(경남)(=위)+치(다)+이 (명사형 어미)[동모음 축약]→우치[이→으]→우츠(uchɪ)[/ch/ 다음의 [ɪ]는 있 으나 없으나 발음이 같이 들린다]→uch. **みっつ**(=三つ)(mitsu)(일본어)=믈(=水)+ つ[으→이]→밀つ[ㄹ→ㅌ]→밑(mith)+つ(tsɯ)[th+ts→tsts]→みっつ[mit-stsɯ]【근거】미나리=밀(=물)+나(다)+ㄹ(관형형 어미)+이(=것)(=물체). 믈(=水) 〈훈민정음해례본 용자례〉[으→우]→물(현대어). 으리/이리(경남)=의리(표준어). 그리다(표준어)[으→이]→기리다(경남). **서이**(경남)(=3)=서(다)+이(명사형 어 미)(물건이 서려면 3개가 필요하다). **세** 개(=3개)=서이(경남)+개[모음 합체]→세 개. **셋**(=3)=서(다)+앗(명사형 어미)+이(첨가음)[모음 합체]→서앳[애→이]→ 서엣[에→이]→서잇[모음 합체]→셋. **서너** 개(=3개 혹은 4개)=서(다)+너(다)+ 개【근거】지게=지(다)+거(경남)(=것)+이(첨가음)[모음 합체]→지게. **석** 자(길 이를 재는 도구로 '자'로 3개 길이)=서(다)+악(형용사형 어미)+자[모음조화: 어-어]→서억자[동모음 축약]→석자【근거】노락쟁이(경남)(=노란 꽃이 피는 식물 이름)=*놀(다)(=노랗다)+악(형용사형 어미)+장(=사람: 사람에 비유)+이(첨가음)

〖umlaut〗→놀악쟁이〖발음대로 표기〗→노락쟁이. cf. 까맣다=깜(다)+앟+다. *셋 개.

dört(=4)=돌(다)+이(명사형 어미)+앗(=子)[**안**](의미첨가 없이 명사에 붙는 접미 사)+이(첨가음)→**돌이**안이〖모음 합체〗→될앤〖애→에〗→될엔〖에→이〗→될인 〖동모음 축약〗→될ㄷ→tört〖어두 유/무성자음 교체〗→dört(한 바퀴 돌면 4방을 돈다). cf. **to'rt**(우즈벡어)(=4)=돌(다)+앗[안]+이(첨가음)→돌안이〖모음 합체〗→ 돌앤〖애→에〗→돌엔〖에→이〗→돌인〖이→으〗→돌은→도른(torıt)〖[r] 다음의 [ɪ]는 있으나 없으나 발음이 같이 들린다〗→tort. **너이**(경남)(=4)=널(다)/너(다)+이 (명사형 어미)→너이(널면 4방을 퍼진다). **네**(=4)=너이〖모음 합체〗→네. **넷**(=4)= 너(다)+앗(명사형 어미)+이(첨가음)〖모음 합체〗→너앳〖애→에〗→너엣〖에→ 이〗→너잇〖모음 합체〗→넷. 서**녀** 개(3개 혹은 4개)=서(다)+너(다)+개 【근거】 지 게=지(다)+거(경남)(=것)+이(첨가음)〖모음 합체〗→지게. **넉** 자=너(다)+악(형용 사형 어미)+자〖모음조화: 어-어〗→너억자〖동모음 축약〗→넉 자 【근거】 노락쟁 이(경남)(=노란 꽃이 피는 식물 이름)=*놀(다)(=노랗다)+악(형용사형 어미)+장(= 사람: 사람에 비유)+이(첨가음)〖umlaut〗→놀악쟁이〖발음대로 표기〗→노락쟁이. cf. 까맣다=깜(다)+앟+다. *넷 개. **よつ**(四つ)(yotsu)(일본어)=よ(=世)(=세상)+つ ('세상(世上)'을 **사**해(**四海**)라고 한다)

beş(=5)=(손가락을) 펴(다)+자(子)(=것)+이(첨가음): 펴(다)[페](경남 발음)→**페**. 자+이〖모음 합체〗→재〖애→에〗→제〖에→이〗→지〖ㅈ→ㅅ〗→**시**. **beş**=페+ 시〖ㅍ→ㅂ〗(튀르키예어에는 /ㅍ/와 /ㅂ/를 구분하는 글자가 없다)→베시(peş) 〖어두 유/무성자음 교체〗→beş(튀르키예인들은 다섯 손가락을 다 편 것으로 다 섯을 표현한다고 한다〈TURKISH Flash Cards │ Finger Counting │ 11 Bilingual Flash Cards〉《Google》. 아니면, **beş**(=5)=펴(다)+앗(=子)+이(첨가음): 펴(다)[페] (경남 발음)→**페**. 앗+이〖umlaut〗→앳이〖애→에〗→엣이〖에→이〗→잇이→**이 시**. **beş**(=5)=페이시〖동모음 축약〗→페시〖ㅍ→ㅂ〗→베시(peş)〖어두 유/무성자 음 교체〗→beş. cf. **besh**(우즈벡어)=beş. **いつつ**(五つ)(itsutsu)=일본어)(=다섯): **いつ**(五)(itsu)=웅(五)〈월인석보 1권 석보서 6장 뒷면〉[오]+이(첨가음)+알(의미첨

가 없이 명사에 붙는 접미사)+이(첨가음)[ㅇ(꼭지 있는 이응)→Ø]→오이알이
[[모음 합체]]→외앨[[단음화: 외→에]]→에앨[[에→이]]→이앨[[애→에]]→이엘
[[에→이]]→이일[[동모음 축약]]→일[[ㄹ→ㅌ]]→잍[[일본어식으로 표기]]→이트
[[구개음화: ㅌ→ㅊ/__으]]→이츠(itsu)(u[ɯ]=[으]) 【근거】 국(國)+이(첨가음)[[모
음 합체]]→귁(國)〈월인석보 1권 훈민정음 1장 앞면〉. 옹(五)[오][[ㅇ(꼭지 있는 이
응)→Ø]]→오(五)(현대어). 사타리(경남)(=샅)=샅(=두 다리의 사이)(표준어)+알
(=子)(의미첨가 없이 명사에 붙는 접미사)+이(첨가음)→샅알이→사타리. 종지=
종자(鍾子)+이(첨가음)[[모음 합체]]→종재[[애→에]]→종제[[에→이]]→종지. **다
섯**(=5)*닷(다)(=닫다)+옷(=앗)(=子)(=것)→**다ᄉᆞᆺ**〈석보상절 13권 30장 앞면〉[[ᄋᆞ→
어]]→다섯(현대어)(그 뜻은 '(손가락을) 닫는 것'이다. 한국인은 엄지손가락부터
접으며 1에서 5까지 세고 새끼손가락부터 펴면서 6에서 10까지 센다) 【근거】 '닫
(다)'의 이형태로 '닿-, 달-, 단-, 닷ㅎ-'이 있다〈우리말샘〉. 이를 보면 '닫(다)'가
'닷[닫], 닿[닫]'으로 쓰였을 것으로 추정할 수 있다. **다아**(경남)(=다섯)=닿(다)(=
닫다)+아(=子)(=것)[[ㅎ→Ø/모음__모음]]→다아. 아니면, **다아**(경남)(=다섯)=닷
(다)+아→다사[[유성음화: ㅅ→ㅿ/유성음__유성음]]→다ᅀᅡ[[ㅿ→Ø]]→다아. **다
서**(경남)(=다섯)=닷(다)+**아**[[모음조화 파괴]]→닷어→다서. 자(子)=앗=알=아. **대
엿 되**(=5되 혹은 6되): 대=닷(다)+이(명사형 어미)[[유성음화: ㅅ→ㅿ/유성음__유
성음]]→닷이[[ㅿ→Ø]]→다이[[모음 합체]]→대. cf. 네**댓** 되(4되 혹은 5되). 너**덧**
되. **다엿 되**〈청간 5〉《우리말샘》=대엿 되. **닷** 되(=5되)=닷(다)+되. *댓 되
altı(=6): alt(=밑): 튀르키예인들은 손가락으로 숫자를 셀 때 한쪽 손의 손가락을
모두 편 것을 5라고 한다. 6은 절반을 넘어 내려간다고 alt라고 했을까? cf. **olti**(얼
트)(우즈벡어)=6. **여섯**=열(다)/여(다)(경남)+앗(명사형 어미)→열앗[[ㄹ→ㅅ]]?→
엿앗[[모음조화: 여-어]]→엿엇→여섯(다섯 손가락을 모두 접은 것이 5이고 처음
으로 새끼손가락을 펴는 것이 6이다). cf. şehir의 원어민 발음을 들어보면 마지막
자음 /r/을 [ʃ]처럼 발음한다. 아니면, **여섯**=열(다)+히(사동 보조 어간)+앗[[ㅎ→
ㅅ/__이]]→열시앗[[ㄹ→Ø/__ㅅ]]→여시앗[[모음 합체: 이+아→야]]→여샷[[단
음화]]→여삿[[모음조화: 여-어]]→여섯 【근거】 벌시다(경남)(=벌리다)=벌(다)+히

(사동 보조 어간)+다[ㅎ→ㅅ/__이]→벌시다. 부삽=불(=火)+삽[ㄹ→∅/__ㅅ]
→부삽. **여어**(경남)(=여섯)=열(다)/여(다)+아(명사형 어미)→여아[모음조화: 여-
어]→여어. '아', '앗'은 같은 의미로 쓰인다. **엿** 되=6되. **여닐굽**〈두시-초11:5〉《고
려대 한국어대사전》=열(다)/**여**(다)+닐구(다)+ㅂ(명사형 어미)→여닐굽[umlaut]
→**예닐굽**[우→오]→예닐곱(현대어)(=대강 어림쳐서 여섯이나 일곱쯤). *옛 되.
cf. **むつ**(=六つ)(mutsu)(=6)=뭍(=陸(=육)): '육(六)' '육(陸)(=뭍)'의 발음이 같아서
'뭍=6'으로 생각했을 것으로 추정된다: 뭍[일본어식으로 표기]→무트[구개음화:
ㅌ→ㅊ/__으]→무츠(mutsu: tsu[tsɯ]).

yedi(=7)=(난(亂)이) 닐(다)/니(다)(=일다)+앗(=子)[안](=것)+이(첨가음)[umlaut]
→니앤이[애→에]→니엔이[두음법칙 후 보상적 /y/ 첨가]→y+이엔이[모음
합체]→y+옌이(yeti)[동음 축약]→yeti[유성음화]→yedi(그 뜻은 '난이 일어나
는 것'인데. 난을 '**7**란(七亂)'이라고 한다) 【근거】 서이(경남)(=셋)=서(다)+**이**(명사
형 어미). 셋=서+**앗**+**이**(첨가음)[모음 합체]→서앳[애→에]→서엣[에→이]→
서잇[모음 합체]→셋. **yetti**(우즈벡어)(=7)=(난(亂)이) 닐(다)/**니**(다)(=일다)+앗(=
子)[안](=것)+이(첨가음)+트/터+이(첨가음)?[두음법칙 후 보상적 /y/ 첨가]→y+
이+앗[안]+이+터이[단음화: y+이(i)→이(i)]→이앗이터이[모음 합체]→이앤테
[애→에]→이엔테[모음 합체: 이+에→예]→옌테[에→이]→옌티→yetti 【근
거】 굼터/굼트(=굼)=굼+**터/트**(의미첨가 없이 명사에 붙는 접미사), **구메**〈교시조
2717. 16〉《우리말샘》(=구멍)=굼+**아**(의미첨가 없이 명사에 붙는 접미사)+이(첨가
음)[모음 합체]→굼애[모음조화]→구메, 구먹(경기, 전라, 충북, 황해)〈고려대
한국어대사전〉=굼+**악**(의미첨가 없이 명사에 붙는 접미사)[모음조화]→굼억→
구먹. **ななつ**(=七つ)(일본어)(**nana**tsu)=난(亂)+아(=子)(=것)+つ(tsu)→나나(nana)
(=7)+tsu. **닐굽**(=7)〈용가 89장〉《우리말샘》(=일곱)=(난이) 닐(다)+구(사동 보조 어
간)+ㅂ(명사형 어미)→닐굽 【근거】 매듭=맨(다)(=맺다)+으(자음 충돌 회피용 삽
입 모음)+ㅂ(명사형 어미). 닐(다)+구(사동 보조 어간)+다[두음법칙 후 보상적 /
y/ 첨가]→y+일구다[단음화: y+이(i)→이(i)]→일구다(현대어)(=현상이나 일
따위를 일으키다). 닐굽[두음법칙 후 보상적 /y/ 첨가]→y+일굽[단음화: y+이

(i)→이(i)〗→일굽〖우→오〗→**일곱**(현대어). 여닐굽〈두시-초11:5〉《고려대 한국어 대사전》=열(다)/**여**(다)+닐구(다)+ㅂ(명사형 어미)→여닐굽〖umlaut〗→예닐굽〖우 →오〗→예닐곱(현대어)(=대강 어림쳐서 여섯이나 일곱쯤).

sekiz(=8)=sat(mak)(=사(다)(경남 노인 말)(=팔다(표준어)(=to sell)+기(명사형 어 미)+자(子)(의미첨가 없이 명사에 붙는 접미사)+이(첨가음): sat(삳)+기〖ㄷ+ㄱ→ ㄲ〗→사끼〖ㄲ→ㅋ〗→**사키**. 자+이〖모음 합체〗→제〖애→에〗→제〖에→이〗→ 지〖이→으〗→즈〖ㅈ→ㅅ〗→스. **sekiz**=사키+스〖umlaut〗→새키스〖애→에〗→ 세키스〖유성음화: ㅅ→ㅿ/유성음_-유성음〗→세키ㅿ〖ㅿ→z〗→sekizɪ〖유성 마 찰음, [z] 뒤의 [ɪ]는 있으나 없으나 발음이 같이 들린다〗→sekiz(그 뜻은 '파는 것' 인데 '팔(다)'의 '팔=8'이다)? 【근거】 치끼다(경남)〖ㄲ→ㅋ〗→치키다(표준어)(=위 로 향하여 끌어 올리다). **sakkiz**(우즈벡어)(=8)=sot(moq)(=사(다)(경남 노인 말)(= 팔다, to sell)+기(명사형 어미)+자(子)(의미첨가 없이 명사에 붙는 접미사)+이(첨 가음): sot(솓)+기〖ㄷ+ㄱ→ㄲ〗→서끼〖어→아〗→**사끼**. 자+이〖모음 합체〗→제 〖애→에〗→제〖에→이〗→지〖이→으〗→즈〖ㅈ→ㅅ〗→스. **sakkiz**=사끼+스〖유 성음화: ㅅ→ㅿ/유성음_-유성음〗→사끼ㅿ〖ㅿ→z〗→sakkizɪ〖유성 마찰음, [z] 뒤의 [ɪ]는 있으나 없으나 발음이 같이 들린다〗→sakkiz. cf. **ikki**(우즈벡어)(2)=잇 (다)+기→잇기〖ㅅ+ㄱ→ㄲ〗→이끼〖'이끼=익+기'로 오분석〗→익기(ikki). **야달** (경남)(=여덟)=*얃+알(=子). **やっつ**(=八つ): *얃〖일본어식으로 표기〗→야드〖ㄷ →ㅌ〗(일본어에는 ㄷ(t)와 ㅌ(th)의 구분이 없다)→야트〖구개음화: ㅌ→ㅊ/__으〗 →야츠(yatsu)=8.

dokuz(=9)=**돍**〈훈민정음해례본 합자해〉[독](=닭)+ㅎ(고유어 명사에 붙음)+앗+ 이〖ᄋ→오〗→독ㅎ앗이〖ㄱ+ㅎ→ㅋ〗→돜앗이〖umlaut〗→돜앳이〖애→에〗→돜 엣이〖에→이〗→돜잇이→tokhisi〖유성음화〗(투르키예어에는 /kh/, /k/를 구분 하는 글자가 없다)→tokizi〖모음조화: o-u〗→tokuzi〖이(i)→으(ɪ)〗→tokuzɪ〖유성 마찰음, [z] 뒤의 [ɪ]는 있으나 없으나 발음이 같이 들린다〗→tokuz〖어두 유/무성 자음 교체〗→dokuz. 아니면, **dokuz**(=9)=**돍**〈훈민정음해례본 합자해〉[독](=닭)+ㅎ (고유어 명사에 붙음)+이(첨가음)+자(子)+이(첨가음): 독+ㅎ+이〖ᄋ→오〗→독히

〖ㄱ+ㅎ→ㅋ〗→**도키**. 자+이〖모음 합체〗→재〖애→에〗→제〖에→이〗→지〖ㅈ→ㅅ〗→시〖이→으〗→스. **dokuz**=도키+스〖유성음화: ㅅ→△/모음__모음〗→도키스(tokizɪ)〖어두 유/무성자음 교체〗→dokizɪ〖모음조화: o-u〗→dokuzɪ〖[z] 다음의 [ɪ]는 있으나 없으나 발음이 같이 들린다〗→dokuz(가능성이 크다)【근거】닭을 부르는 소리가 '구구'이다(구=9). **ここのつ**(일본어)(koko-no-tsu)=**꼬꼬**(=닭)(koko)(유아어)+の(소유격 조사)+つ. cf. **to'qqiz**(=9)(우즈벡어)(토크스)=**돍**[독]+거/그(경남)(소유격 조사)+자(子)(=것)+이(첨가음)→독그자이〖ㅇ→오〗→독그자이〖모음 합체〗→독그재〖애→에〗→독그제〖에→이〗→독그지〖ㅈ→ㅅ〗→독그시〖이→으〗→독그스〖유성음화: ㅅ→△/유성음__유성음〗→독(tok)+그(kɪ)+스(zɪ)〖△→z〗→tokkɪzɪ〖[z] 다음의 [ɪ]는 있으나 없으나 발음이 같이 들린다〗→tokkɪz〖우즈벡어로 철자화〗→**to'qqiz**(그 뜻은 '닭의 것'이다)【근거】종지=종자(鍾子)+이(첨가음): 자(子)+이(첨가음)〖모음 합체〗→재〖애→에〗→제〖에→이〗→지〖ㅈ→ㅅ〗→시(si)(=し(=子)(일본어))〖이→으〗→스(sɪ)(=す(=子)(su[sɯ]=[sɪ])(일본어)〖유성음화〗→스[zi](子)(중국어). 子중孫손이**니서**가몰〈석보상절 6권 7장 뒷면〉(=자손이 이어 감을): 닛(다)+어(부사형 어미)→니서〖유성음화〗→니**서**. 닛다〖두음법칙〗→잇다(현대어).

on(=10)=온(=완전함)(on). **온**전(=온전=穩全)=**じゅうぜん**(十全)(zyuuzen)(일본어))=아주 완전함. 한국어에서는 백(=百)이 '온'이다. onarmak(=수리하다)=on(=온전함)+하(다)+ㄹ(관형형 어미)〖ㅎ→∅/유성음__유성음〗→온알(onar)(그 뜻은 아주 완전함을 하다=완전하게 하다=수리하다). '수리하다'는 의미는 '온전하지 못한 것을 온전하게 하는 것이다). **o'n**(우즈벡어)=on. **열**(=十)=열(다)/**여**(다)(경남)+알(=것)→여알〖모음조화: 여-어〗→여얼〖동모음 축약〗→열(손가락을 꼽아 숫자를 헤아릴 때 손가락이 다 열리면(=펴지면) 10이다). **とお**(=十)(too)(일본어)=(김(=해초) 한) **떡**(=열 장)(경남)+아(=子)(의미첨가 없이 명사에 붙는 접미사)〖모음조화: 어-어〗→떡어〖어→오〗→똑오〖ㄱ→∅/모음__모음〗→또오→**とお**(too)(일본어의 /t/는 /ㅌ/보다는 /ㄸ/에 가깝다)【근거】김 한 **떡**(경남 노인 말)=김 열(=十) 장. 아래(표준어)=알(경남)(=아래)+아(의미첨가 없이 명사에 붙는 접미사)+이(첨가음)

〖모음 합체〗→알애→아래. cf. banka(튀르키예어)=bank(영어)+아(a)(의미첨가 없이 명사에 붙는 접미사).

20~100까지의 다음 한국어 수사를 보라.

20: 스믏〈월석12:22〉《고려대 한국어대사전》〖ㅎ→Ø〗→스믈〖으→우〗→스물(현대 표준어). 스물=스(=2)+물(=10). **시물**(경기, 경상, 전남)《고려대 한국어대사전》=*시(二)+물(=10)〖이→으〗→스물. 아니면, '스물=드/두(=二)+물→드물〖구개음화: ㄷ→ㅈ/__으〗→즈물〖ㅈ→ㅅ〗→스물'일 가능성도 있다 【근거】*시(二)〖유성음화: ㅅ→ㅿ/(유성음)__유성음〗→싱(二)〖ㅅ〗〈석보상절 9권 4장 앞면〉. 뭇(=생선을 세는 단위로 열 마리)=물+앗(=子)(의미첨가 없이 명사에 붙는 접미사)+이(첨가음)〖어말 /ㄹ/ 탈락〗→무앗이〖모음 합체〗→무앳〖애→에〗→무엣〖에→이〗→무잇〖모음조화: 우-우〗→무웃〖동모음 축약〗→뭇. 아니면, '뭇[묻]=물〖ㄹ→ㄷ〗→묻〖ㄷ→ㅅ〗→뭇(현대어) 【근거】별(鼈)〈훈민정음해례본 종성해〉〖ㄷ→ㄹ〗→별(鼈)(현대어). 붇(=筆)〈훈민정음해례본 합자해〉〖ㄷ→ㅅ〗→붓(현대어). 똥구시(경남)=똥+굳(=구덩이)+이(첨가음)→똥구디〖구개음화〗→똥구지〖ㅈ→ㅅ〗→똥구시.

30: 셜흔〈석보상절 3권 41장〉《고려대 한국어대사전》(=서른)=셔(다)〈용가28장〉《고려대 한국어대사전》(=서다)+알(명사형 어미)+흔〖모음조화: 여-어〗→셔얼흔〖동모음 축약: 여(yə)+어(ə)→여(yə)〗→셜흔〖단음화: 여→어〗→설흔〖ㅎ→Ø/유성음__유성음〗→설은〖발음대로 표기〗→서른(현대 표준어) 【근거】셔다〈용가28장〉《고려대 한국어대사전》〖단음화: 여→어〗→서다(현대어). '서(다)+이(명사형 어미)→서이(경남)(=3)〖모음 합체〗→세(3)'를 보면, '서(다)+알(명사형 어미)〖모음조화: 어-어〗→서얼〖동모음 축약〗→설(=3)'임을 알 수 있다. **흔=10.**

40: 마순〈용가88장〉《고려대 한국어대사전》(=마흔)=*마+훈〖ㅎ→ㅅ〗→마순〖유성음화: ㅅ→ㅿ/유성음__유성음〗→마순. 마흔=*마+훈〖ㆍ→으〗→마흔(표준어). 마흔〖ㅎ→ㄱ〗→마근(경남)〈고려대한국어대사전〉 【근거】해겁다(경남)〖ㅎ

→ㄱ]]→개겁다(=가볍다(표준어)). **혼/흔=10**. 마(=4)=너(=4)[[ㄴ→ㅁ]?→머[[어
→아]]→마? 【근거】 서**너** 개=세개 혹은 **네** 개. 므슴⟨석보상절 6권 16장 앞면⟩[[으
→우]]→무슴[[ㅁ→ㄴ]]→**무슨**(현대어).

50: 쉰⟨석보19:18⟩《고려대 한국어대사전》(=쉰)=쉬**흔**(경기, 충청, 경북)⟨고려대
한국어대사전⟩. 쉬흔[[으→우]]→**쉬훈**(전북, 충북)⟨우리말샘⟩[[ㅎ→Ø /유성음＿
유성음]]→**쉬운**(강원, 전라, 충청)⟨우리말샘⟩ 【근거】 믈(=水)⟨훈민정음해례본 용
자례⟩[[으→우]]→**물**(현대어). 쉬흔[[단음화: 위→이]]→**시흔**(경기, 충북)⟨우리말
샘⟩ 【근거】 휘파람[[단음화: 위→이]]→히파람(경남). 쉬흔[[으→이]]→**쉬힌**(평북)
⟨우리말샘⟩[[단음화: 위→이]]→시힌[[ㅎ→Ø /유성음＿유성음]]→시인[[동모음
축약]]→**신**(경남). **흔=10**. '**수/슈/쉬/시=5**'인 근거를 찾지 못했다. 연관지을 수 있
는 것은 '쉬'(오줌 누라고 하는 말)이다. 쉬[[단음화: 위→이]]→시(경남). 쉬=**오줌**
(오=5). cf. siymek: (for a cat or dog) to urinate, pee⟨Türkçe Sözlük⟩《LEXILOGOS》
=(개나 고양이가) 오줌을 누다). cf. **むつ**(六つ)(mutsu)(일본어)(=6)=뭍(=陸地)[[일
본어식으로 표기]]→무트[[구개음화: ㅌ→ㅊ/＿으]]→무츠→mutsu(tsu[tsɯ]=으).
뭍(=육지(陸地)): 육(六)(=6)과 두 한자어의 발음이 같고 육(陸)이 '뭍'이라 6을 '뭍'
으로 표기한 것이다. ⟹ **kırk**(=사십=40)=kır(mak)(=(for war, disease) to kill(=죽
이다), cut down)⟨turkcessozluk⟩(=사(死)=죽이다)('사(四)(=4)'와 발음이 같다)+열
(yər)(=十)+악(=子)(의미첨가 없이 명사에 붙는 접미사)+이(첨가음). 일본어와 튀
르키예어의 예를 보면 '쉬=**오줌**: 오(五)(=5)'의 예도 있을 수 있는 일이라고 생각
된다.

60: 여쉰⟨석보11:17⟩《고려대 한국어대사전》=열(다)/여(다)+히(사동 보조 어간)+
이(명사형 어미)+**흔**+이(첨가음)[[동모음 축약]]→여히흔이[[ㅎ→ㅅ/＿이]]→여시
흔이[[으→우]]→여시훈이[[ㅎ→Ø /유성음＿유성음]]→여시운이[[모음 합체: 이
+우→유]]→여슌이[[모음 합체]]→**여쉰**. 여(다)+히+이[[ㅎ→ㅅ/＿이]]→여시이
[[동모음 축약]]→여시(=6) 【근거】 힘[[ㅎ→ㅅ/＿이]]→심(경남). '여(다)+히+이
(명사형 어미)[[동모음 축약]]→여히 [[ㅎ→ㅅ/＿이]]→여시(=6: 엿(=6)+이=여시).
흔=10.

70: 닐흔〈용가40장〉《고려대 한국어대사전》=(난이) 닐(다)(=7)+흔. 닐흔〚두음법칙 후 보상적, /y/ 첨가〛→y+일흔〚단음화: y+이(i)→이(i)〛→일흔(현대 표준어)〚ㅎ→ㅋ〛→일큰(경기)〈우리말샘〉【근거】 燈등의블**혀**고〈석보상절 9권 32장 뒷면〉〚ㅎ→ㅋ〛→등에 불 **켜**고(현대어).: 혀다〚ㅎ→ㅋ〛→켜다. **흔=10**.

80: 여든〈석보6:25〉《고려대 한국어대사전》=*연+흔〚ㄷ+ㅎ→ㅌ〛→여튼〚ㅌ→ㄷ〛?→여든. 야뜬(황해)〈우리말샘〉=*얃+흔〚ㄷ+ㅎ→ㅌ〛→야튼〚ㅌ→ㄸ〛?→야뜬. 【근거】 **뒹**(逌)〈월인석보 1권 월인서 17장 앞면〉〚뒤〛=듀+이(첨가음)〚ㄷ→ㅌ〛→튜이〚구개음화〛→츄이〚단음화〛→추이〚첨가음, /이/ 제거〛→**추**(현대어). cf. 야달(경남)(=8)=*얃+알. **흔=10**.

90: 아흔〈석보6:37〉《고려대 한국어대사전》=*아+**흔**〚ᄋᆞ→으〛→아흔(현대 표준어). *아? **흔/흔=10**. 아(亞)(=으뜸 바로 아래). 아홉은 10 바로 아래=9. cf. **온**전(穩全)=じゅうぜん(十全)(일본어). ⇒ on(=10), onarmak(=수리하다).

100: 온=100 【근거】 百은 오니라〈월석 1:6〉《우리말샘》=백(百)은 **온**이라.

한국어의 30~90 속에 공통으로 들어 있는 10을 의미하는 단어는 '**흔**'(양모음 뒤에)과 '**흔**'(음모음 뒤에)인데 '흔'은 모음조화에 따른 것으로 '흔'이 원어임을 알 수 있다. 뒤에 나오는 튀르키예어의 seksen과 doksan의 sen과 san은 이 '**흔**'이 변한 것임을 알 수 있다: 흔〚ㅎ→ㅅ〛→순〚유성음화: ㅅ→ㅿ/유성음__유성음〛→순(마순=마+순). 흔〚ㅎ→ㅅ〛→순〚ᄋᆞ→아〛→산→san: doksan(=90)=-dok+san(=10). seksen(80)=sek+san〚모음조화: e-e〛→seksen.

yirmi(=스물, 20)=싱(二)〈월인석보 1권 훈민정음 13장 뒷면〉〚싀〛+알(=子)(의미첨가 없이 명사에 붙는 접미사)+이(첨가음)+물(=10)+이(첨가음): 싀+알+이〚모음 합체〛→싀앨〚애→에〛→싀엘〚에→이〛→싀일〚동모음 축약〛→실〚어두 /ㅿ/ 탈락 후 보상적 /y/ 첨가〛→**yir**. 물('스물'의 '물')+이(첨가음)〚어말 /ㄹ/ 탈락〛→무이〚모음 합체〛→뮈〚단음화〛→**미**. 아니면, 물〚어말 /ㄹ/ 탈락〛→무〚우→이〛→**미(mi)**. **yirmi**=yir+mi→yirmi 【근거】 뭇(=생선을 세는 단위로 열 마리)=물+앗

(=子)+이(첨가음)[어말 /ㄹ/ 탈락]→무앗이[모음 합체]→무앳[애→에]→무엣
[에→이]→무잇[모음조화]→무웃[동모음 축약]→뭇. 아니면, '뭇[묻]=물[ㄹ
→ㄷ]→묻[ㄷ→ㅅ]→뭇(현대어) 【근거】 볃(彆〈훈민정음해례본 종성해〉)[ㄷ→
ㄹ]→별(彆(현대어). 붇(=筆)〈훈민정음해례본 합자해〉[ㄷ→ㅅ]→붓(현대어). 우
리말 '스물'의 '물'과 튀르키예어, yirmi의 mi가 '십(十)'임을 알 수 있다. 따라서 우
리말 '스물'이 가장 오래된 말임을 알 수 있다: 스물=*시(二)+물(=10)[이→으]→
스물. 아니면, '스물=드/두(=二)+물→드물[구개음화]→즈물[ㅈ→ㅅ]→스물'
일 가능성도 있다 【근거】 시물(경기, 경상, 전남)〈고려대 한국어대사전〉[이→으]
→스물(표준어). *시(二)[유성음화: ㅅ→ㅿ/(유성음)__유성음]→싀(二). 똥구시
(경남)=똥+굼(=구멍이)+이(첨가음)→똥구디[구개음화]→똥구지[ㅈ→ㅅ]→똥
구시. **yigirma**(우즈벡어)(=20)=싱(二)〈월인석보 1권 훈민정음 13장 뒷면〉[싀]+갈
(=알)(의미첨가 없이 명사에 붙는 접미사)+이(첨가음)+물(=10)+아(의미첨가 없이
명사에 붙는 접미사): 싀+갈+이[모음 합체]→싀걀[애→에]→싀겔[에→이]→
싀길[어두 /ㅿ/ 탈락 후 보상적 /y/ 첨가]→yikir[유성음화]→**yigir**. 물('스물'의
'물')+아(의미첨가 없이 명사에 붙는 접미사)[어말 /ㄹ/ 탈락]→무아[모음 합체
후 단음화: 우+아→아]→마→**ma** 【근거】 새마(=新村)(경북)=새말(=新村)(경남)
[어말 /ㄹ/ 탈락]→새마. 눈깔(=눈알)=눈+ㅅ(사이시옷)+갈. 갈=알. 젓갈(=젓)=
젓+갈(의미첨가 없이 명사에 붙는 접미사). 사타리(경남)(=살(표준어))=살+알(의
미첨가 없이 명사에 붙는 접미사)+**이**(첨가음). 구미(경북)〈우리말샘〉(=구멍)=굼+
이(첨가음), 구메〈교시조 2717. 16〉《우리말샘》(=구멍)=굼+**아**(의미첨가 없이 명사
에 붙는 접미사)+이(첨가음)[모음 합체]→굼애[모음조화]→구메,
otuz(=30)=ot(=풀=초(草))+앗(=子)+이(첨가음): 앗+이→아시[umlaut]→애시
[애→에]→에시[에→이]→이시[유성음화]→이싀[ㅿ→z]→**izi**. **otuz**=ot+izi
[모음조화: o-u]→otuzi[이(i)→으(ı)]→otuzı[유성 마찰음, [z] 다음의 [ı]는 있
으나 없으나 발음이 같이 들린다]→otuz의 ot(=草)에는 십(十)이 세 개 들어 있
다). ot=풀: '(소)풀(경남)(=부추)[ㅍ→ㅂ](튀르키예어에는 /ㅍ/, /ㅂ/의 구분이
없다)→(소)불[유성음화: ㅂ→ㅸ/모음__모음]→(소)불[ㅸ→Ø]→(소)울[우

→오〗→(소)올〖ㄹ→ㄷ〗→옫(ot)'와 같이 합성어 속에서 분리되어 만들어진 것이다【근거】(오좀) **편(便)**〈훈몽자회 상권 30장 뒷면〉〖ㅍ→ㅂ〗→변(현대어). 사우/사오(경남)=사위(표준어). 볃(蟞)〈훈민정음해례본 종성해〉〖ㄷ→ㄹ〗→별(蟞)(현대어). 이사/으사(경남)=의사(醫師)(표준어). 덥(다)+우(명사형 어미)→더부(경남 노인 말)〖유성음화〗→더부〖ㅸ→∅〗→더우(경남 노인 말)(=더위(표준어)). 종지=종자(鍾子)+이(첨가음): 자(子)+이(첨가음)〖모음 합체〗→재〖애→에〗→제〖에→이〗→지〖ㅈ→ㅅ〗→시(si)(=し(=子)(일본어))〖이→으〗→스(sɪ)(=す(=子)(su[suɯ]=[sɪ](일본어)〖유성음화〗→즈[zi](子)(중국어). 子중孫손이**니ᅀᅥ**가몰〈석보상절 6권 7장 뒷면〉(=자손이 이어 감을): 닛(다)+어(부사형 어미)→니ᅀᅥ〖유성음화〗→니ᅀᅥ. 닛다〖두음법칙〗→잇다(현대어). **oʻttiz**(우즈벡어)(=30)=oʻt(=풀=초(草))(얻)+ㅅ(사이시옷)+으(자음 충돌 회피용 삽입 모음)+자(子)(=것)+이(첨가음)〖ㄷ+ㅅ→ㄸ〗→어뜨자이〖모음 합체〗→어뜨재〖애→에〗→어뜨제〖에→이〗→어뜨지〖ㅈ→ㅅ〗→어뜨시〖이→으〗→어뜨스〖유성음화〗→어뜨(oʻttɪ)+즈[zɪ](子)→oʻttɪzɪ〖[z] 다음의 [ɪ]는 있으나 없으나 발음이 같이 들린다〗→oʻttiz〖우즈벡어로 철자화〗→oʻttiz(iz[ɪs]).

kırk(=사십=40)=kır(mak)(=(for war, disease) to kill(=죽이다), cut down)〈turkcessozluk〉(=사(死)=죽이다)('사(四)(=4)'와 발음이 같다))+열(yər)(=十)+악(=子)(의미 첨가 없이 명사에 붙는 접미사)+이(첨가음)〖어(ə)→으(ɪ)〗→kır+yır+악이〖모음 합체〗→kıryır액〖애→에〗→kıryır엑〖에→이〗→kıryır익〖단음화: yı→ı〗→kırır익〖동음절 축약: ır+ır→ır〗→kır익(ik)〖모음조화: ı-ı〗→kırık〖[r] 다음의 [ɪ]는 있으나 없으나 발음이 같이 들린다〗→kırk【근거】한국에서 숫자, 4(사)(=四)를 사(死)와 발음이 같다고 싫어한다. **qirk**(우즈벡어)(=40): i[ɪ].

elli(=50)=el(=손)+열(=十)+이(첨가음)〖umlaut〗→el엘이〖단음화: 예→에〗→el엘(el)이〖동음절 축약: el+el→el〗→eli(엘이)〖/ㄹ/(l) 복제〗→elli(한 손의 손가락 5개의 열 개가 50이다)【근거】樓룽우희ᄂ라올아〈석보상절 6권 3장 앞면〉=누 위에 날아올라: 올아〖/ㄹ/ 복제〗→올라(현대어). **ellik**(우즈벡어)=elli(=50)+악(의미 첨가 없이 명사에 붙는 접미사)+이(첨가음)〖모음 합체〗→elli액〖애→에〗→elli엑

〖에→이〗→elli익(ik)〖동모음 축약〗→ellik 【근거】 터럭(=모(毛))〈훈몽자회 하권 3장 앞면〉=털(=毛)+억(의미첨가 업시이 명사에 붙는 접미사)〖모음조화〗→털억 →터럭.

altmış(=60)=alt(alt+ı=altı(=6))+뭇(=생선을 묶어 세는 단위. 생선 한 뭇은 생선 **열 마리**이다)+이(첨가음)〖umlaut〗→alt뭣이→alt뮈시〖단음화: 위→이〗→alt미시 →altmiş〖모음조화: a-ı〗→altmış(그 뜻은 '여섯 뭇'=60). alt(=아래, 밑): 튀르키예에서는 검지손가락부터 새끼손가락까지 펴면서 4까지 세고 엄지손가락을 펴어 모두 편 것을 5라고 한다. 10까지 절반을 세고 나머지를 세어 내려가기 시작한다고 alt라고 했을까? alt(=아래, 밑)=알(al)(경남)(=아래, 밑)+터/트(경남)(=장소)→al트(tı)→altı〖/t/를 파열시켜 발음하면 [ı]는 있으나 없으나 발음이 같이 들린다〗→alt. 한국어에서는 엄지손가락부터 꼽아 1부터 5까지 세고 새끼손가락을 펴기(=열다/여다(경남)) 시작한다고 새끼손가락을 펴는 것으로 6을 나타낸다: 여어(경남)(=여섯)=열(다)/여(다)+아(=것)→여아〖모음조화: 여-어〗→여어 【근거】 장어(표준어)+이(첨가음)〖모음 합체〗→장에〖모음조화: 아-애〗→장애(경남). 고기(표준어)〖umlaut〗→괴기〖단음화: 외→에〗→게기(경남)〖ㄱ→Ø/모음__모음〗→게이(경남)〖에→이〗→기이(경남). **oltmish**(우즈벡어)(=60)=altmış(=60)〖a(어)→o[ə](어), ı→i[ı], ş=sh〗→oltmish. cf. 밧다〈용가〉《표준국어대사전》〖아(a)→어(ə)〗→벗다(현대어).

yetmiş(=70)=yet(yedi=yet+이(첨가음))+뭇(=생선을 묶어 세는 단위. 생선 한 뭇은 생선 **열 마리**이다)+이(첨가음)〖umlaut〗→yet뭣이→yet뮈시〖단음화: 위→이〗→yetmiş(그 뜻은 '일곱 뭇'=70). ⇒ **yedi**(=7). **yetmish**(우즈벡어)(=70)=yetmiş〖i[i](이)→i[ı](으)〗→yetmish. cf. 이사/으사(경남)=의사(醫師)(표준어): 경남 방언에서는 '으/이' 교체가 아주 자유롭게 일어난다.

seksen(=80)=sek(=8)+sen(=10). ⇒ 위의 한국어 30~90. **sakson**(우즈벡어)(=80)=sak(=8)+san〖a(아)→o[ə](어)〗→sakson. ⇒ **sakkiz**(우즈벡어)(=8).

doksan(=90)=dok(=9)+san(=10). 위의 한국어 30~90. ⇒ **dokuz**(=9)(튀르키예어). to'qson(우즈벡어)(=90)=to'q(qiz)(=9)+san〖a(아)→o[ə](어)〗→to'qson.

12.2 명사의 복수 접미사

둟: 王왕둟히〈석보상절 13권 7장 앞면〉=왕(王)+둟(복수 접미사)+ㅎ(고유어 명사에 붙음)+이(주격 조사)(고유어 명사가 아니 한자어에 고유어 복수 접미사가 붙어도 고유어 명사에 붙는 /ㅎ/이 붙었음을 알 수 있다) 【근거】 사룸〈석보상절 6권 2장 뒷면〉〚ㆍ→아〛→사람(현대어). 둟〚ㆍ→으〛→들(현대어). **둟**+이(첨가음)〚ㆍ→아〛→달이〚ㄹ→ㅌ/ㄷ(일본어에는 /ㄷ/, /ㅌ/의 구분이 없다)〛→다티〚구개음화: ㅌ→ㅊ/__이〛→다치(tachi). ともだち(=友達)(tomodachi)(일본어)=とも(=友)(tomo)+tachi(=達)〚유성음화: /t/→/d/〛→tomodachi.

lar=둟(중세 한국어 복수 접미사)〚ㆍ→아〛→달〚ㄷ→ㄹ〛→랄(lar). 모음조화에 따라 lar/ler로 바뀐다 【근거】 폴(爲蠅)〈훈민정음해례본 용자례〉+이(첨가음)〚ㆍ→아〛→팔이→파리(현대 표준어). 별(幣)〈훈민정음해례본 합자해〉〚ㄷ→ㄹ〛→별(幣)(현대어). '**걷**다-**걸**어서'와 같이 '걷'의 /ㄷ/이 모음 앞 활용형은 /ㄹ/로 바뀐다. haber**dar**(=소식의). 품사가 형용사라고 하나 'haberdar etmek(=소식을 전하다)'에서는 명사로 쓰이고 있다. 원래 품사가 명사일 것이다: haberdar(=소식들)=haber(=소식)+둟(복수 접미사)〚ㆍ→아〛→haber달(tar)〚유성음화〛→haberdar. 마치 영어에서 특정한 대상이 아닌 일반적인 것을 나타낼 때 무관사 복수형을 쓰는 것과 같은 용법이다: I like apples(=나는 사과를 좋아한다)(이때 apples는 다른 과일이 아닌 사과라는 뜻이지 사과 여러 개가 아니다). arkadaşlar(=친구들)=arkadaş(=친구)+lar(복수 접미사). gemiler(=배들)=gemi(=배)+lar〚모음조화: i-e〛→gemiler. cf. **おとめら**(少女ら)(otomera)(일본어 고어)=おとめ(otome)(=少女)+lar(복수 접미사)〚어말 /ㄹ/ 탈락〛→おとめla〚l→r/모음__모음〛→おとめra 【근거】 새마(=新村)(경북)=새(=新)+말(=村)(경남)〚어말 /ㄹ/ 탈락〛→새마. やまぢ(=山路)(일본어 고어)(yamadzi)=yama(=山)+길(=路)〚구개음화: ㄱ→ㅈ/__이〛→yama질(경남)〚어말 /ㄹ/ 탈락〛→yama지(tsi)〚유성음화〛→yamadzi. 길(=路)(표준어)〚구개음화: ㄱ→ㅈ/__이〛→질(경남).

bura(=이곳)=bu(형용사(=이))+알(=子)+이(첨가음)+아(=곳)〔모음 합체〕→bu앨아〔애→에〕→bu엘아〔에→이〕→bu일(ir)아〔모음조화: u-u〕→buur아〔동모음 축약〕→bur아(a)→bura 【근거】 kara(육지, 마른 땅)=갈(다)(=마르다)(경남)+아(=땅, 장소). 일마(경남)(=이놈아)=이+알(=子)+마〔모음조화: 이-이〕→이일마〔동모음 축약〕→일마. cf. 얄마(경남)(=일마)=이+알(=子)+마〔모음 합체〕→얄마. 글마(경남)=그+알+마〔모음조화: 으-으〕→그을마〔동모음 축약〕→글마. 절마(경남)=저+알+마〔모음조화: 어-어〕→저얼마〔동모음 축약〕→절마, 튀르키예어도 'bura=bu+알(ar)+아(a)〔모음조화: u-u〕→buura〔동모음 축약〕→bura'로 분석할 수도 있다.

şura(=사전에 '저기, 거기, this place(=여기), that place(=저기, 거기)'로 나오는데 정확한 사용조건은 여기서 언급하지 않겠다)=şu+알(=子)+아(a)(=곳)〔모음조화: u-u〕→şuura〔동모음 축약〕→şura. ⇒ **bura**.

ora(=저기)=o(=저, 저것)=알(=子)=아(a)(=곳)〔모음조화: o-o〕→oora〔동모음 축약〕→ora 【근거】 **아득하다**=보이는 것이나 들리는 것이 희미하고 매우 멀다: 아〔아→오〕→오(o). cf. あれ(=彼)(are)(=저것)=**a(아)**(=저)+알+아(=것)+이(첨가음)〔동모음 축약〕→알아이〔모음 합체〕→알애〔애→에(일본어에 /애/가 없다)〕→알에→아레(are) 【근거】 (알을) 낳다(표준어)〔아→오〕→(알을) 놓다(경남). ⇒ bura.

ban/ben(=나): ben=본인(本人)(=나)〔ㄴ→∅/＿이 and 이[î]〕(鼻母音) and 비모음

의 구강 모음화】→보인【모음 합체】→뵌【단음화: 외→에】→벤(pen)【어두 유/무성자음 교체】→ben(모음조화에 따라 ban으로)【근거】본(本)〈월인석보 1권 월인서 14장 앞면〉. 산이【ㄴ→Ø/__이 and 이[ĩ]】(鼻母音)】→사이[ĩ](경남 발음). 고기(표준어)【umlaut】→괴기【단음화: 외→에】→게기(경남)【ㄴ→Ø/__이】→게이(경남)【에→이】→기이(경남). kelmoq(우즈벡어)=gelmek(튀르키예어)+오다. cf. ben【b→m】→men(우즈벡어)【근거】소 한 마리(mari)(표준어)=소 한 바리(bari)(경남). cf. 本[běn](중국어)=뽄(=本)(경남: 뽄을 받다=본(本)받다(표준어)): 뽄【오→어】→뻔【ㅃ→b】→bən→[běn](실제 발음은 [뼌]으로 들린다)【근거】엄마(표준어)【어→오】→옴마(경남).

san/sen(=너): san=그(지시 형용사)+안(=곳)【구개음화: ㄱ→ㅈ/__으】→즈안【ㅈ→ㅅ】→스안【으→어】→서안【어→아】→사안【동모음 축약】→산(san)→san(모음조화에 따라 sen으로 바뀐다)【근거】없다/읎다(경남)(경남 방언에서는 '어/으 교체'가 아주 자유롭게 일어난다). **두던**(=구(丘))〈훈몽자회 상권 3장 뒷면〉=둔(다)(=돋다)+안(an)(=곳)【모음조화: 우-어】→둔언→두던. cf. 불두던(경북)(=불두덩)〈고려대 한국어대사전〉=불(=생식기)+둔(다)(=돋(다))+안(an)(=것, 곳)→불둔안【모음조화】→불두던. cf. 불두덩=불+둔(다)(=돋다)+앙(ang)(=곳)【모음조화: 우-어】→불둔엉→불두덩. **그대**(주로 글에서, 상대편을 친근하게 이르는 2인칭 대명사)(=you)=그+다(=데)(=곳)+이(첨가음)【모음 합체】→그대, **그쪽**(듣는 이와 듣는 이를 포함한 집단을 가리키는 2인칭 대명사)(=you)=그+쪽(=방향)【근거】부텨說쎯法법ᄒ신다마다〈월인석보 1권 월인천강지곡 15장 앞면〉부처 설법하신 데마다. 나는 집에 가는데 **그쪽**은 어디 가시오: 그쪽=너, 당신. 한국어 '그'는 청자(=너)의 영역에 속한 것을 가리킨다. **게는/거게는** 오대 가시오(경남)(=당신은 어디 가세요.): 게=그/**거**(=곳)+이(첨가음)【동음절 축약】→거이【모음 합체】→게. 거게(경남)(=거기)=거+거(=곳)+이(첨가음)【음절 합체】→거게.

ne(=무엇, 무엇의)=머이(경남)/(강원, 전남)〈우리말샘〉(=무엇)【모음 합체】→메(me)(충청, 중국 길림성)〈우리말샘〉【m→n】→ne【근거】므슴〈석보상절 6권 16장 앞면〉【으→우】→무슴【ㅁ(m)→ㄴ(n)】→무슨(현대어). cf. **なに**(=何)(일본어)

(nani)=뭔[먼](경남 발음)(=무슨)+이(=것)→머니〖어→아〗→마니(mani)〖m→n〗
→nani 【근거】 뭔[먼](경남 발음) 일이고(경남)=**무슨** 일이니?

부사

aşağı=밑으로(방향을 나타내는 명사가 부사로 쓰인 경우다). **aşağı**(=밑)=알(경남)(=아래)+짝(경남)(=쪽)(=방향)+이(첨가음)[ㄹ→Ø/__ㅉ]→아짝이[ㅉ→ㅆ]→아싹이[ㅆ→ㅅ]→아삭이(asagi)[g→ğ/모음__모음]→asaği[모음조화: a-ı]→asağı[사(sa)→샤(şa)](역사적으로는 반대의 변화)→aşağı. **aşağı**(=밑의)=알(경남)(=밑)+짝(경남)(=쪽)+으(경남)(소유격 조사)→알짝으[ㄹ→Ø/__ㅉ]→아짜그[ㅉ→ㅆ]→아싸그[ㅆ→ㅅ]→아사그(asagı)[g→ğ/모음__모음]→asağı[사(sa)→샤(şa)]→aşağı 【근거】이**짝** 가고 저**짝** 가고 바쁘다(경남)=이**쪽으로** 가고 저**쪽으로** 가고 바쁘다. cf. 이짝(경남)(명사)=이쪽. 쭈시다(경남)[ㅉ→ㅆ]→쑤시다(표준어[ㅆ→ㅅ]→**수**시다(제주)〈우리말샘〉. **쩔**레쩔레/**절**레절레/**썰**레썰레/**설**레설레(정도만 다르고 기본 의미는 같다). 샤(숨)〈석보상절 6권 30장 앞면〉[샤][단음화: 야→아]→사(현대어).

çabucak(=아주 빨리, 급히)=첩(捷)(=바르다)+으(자음 충돌 회피용 삽입 모음)+적(부사형 접미사)[어→아]→차브작[으→우]→차부작[çabucak][발음대로 표기]→çabucak 【근거】무시를 **넙적넙적**[넙쩍넙쩍] 써리다(경남)(=무우를 넓게 넓게 썰다): 넙(다)+적(부사형 접미사)→넙적 【근거】넙다〈석보상절 19권 7장 뒷면〉=넓다(현대어).

caya(=적에)=짜아(경남)(=적에)[모음 충돌 회피용 삽입 반자음, /y/ 삽입]→짜+y+아(a)→짜+야(ya)[ㅉ→ㅈ]→자야[어두 유/무성자음 교체: ㅈ→c]→caya.

Özür dilerim(=죄송합니다). Boş(=빈) yer(=자리=곳) oluncaya(=있을 **짜아**) ka-dar(=까지) bekleyiniz(=기다려 주십시오): **kadar**(=까지)=껏[껟]+알(=子)(의미첨가 없이 명사에 붙는 접미사)〚어→아〛→깐알〚ㄲ→ㅋ〛→카달(katar)〚유성음화〛→kadar. 이제**껏[껟]**=이제**까지**. 까지=껏[껟]+이(첨가음)→꺼디〚구개음화〛→꺼지(경남)〚어→아〛→까지(표준어). **꺼정**(경남)(=까지)=껏[껟]+이(첨가음)+앙(=子)(의미첨가 없이 명사에 붙는 접미사)→껟이앙〚모음조화〛→껟이엉〚구개음화〛→꺼지엉〚모음 합체〛→꺼겅〚단음화〛→꺼정. 원어, '껏[껟]'에 의미첨가 없이 붙는 접미사, '알(=子)'이 붙은 것이 튀르키예어이고 '이'/'이+앙(=子)'이 붙은 것이 경남 방언이고 '이'가 붙고 '어→아'인 것이 한국어 표준어이다【근거】구더리(충남)〈우리말샘〉(=구덩이)=굳+알(의미첨가 없이 명사에 붙는 접미사)+이〚모음조화: 우-어〛→굳얼이→구더리. 구덩이(표준어)=굳+앙(의미첨가 없이 명사에 붙는 접미사)+이〚모음조화: 우-어〛→굳엉이→구덩이. 구디(경남)(=구덩이)=굳+이(첨가음)→구디. 장어(표준어)+이(첨가음)〚모음 합체〛→장에〚모음조화: 아-애〛→장애(경남). gelmek(튀르키예어)=kelmoq(우즈벡어)=오다.

da/de(=도, also, too): da=도〚오→아〛→다(ta)〚어두 유/무성 다음 교체〛→da. 【근거】이쪽저쪽(표준어)〚오→아〛→이짝저짝(경남). da/de(모음조화에 따라): Ben de iyim=나**도** 잘 지내고 있다. 파생적 의미도 한국어와 똑같다: Kitap yazmak da iş mi?=책 쓰는 것**도** 일이니?(used to add emphasis to a scornful or sarcastic remark=경멸하거나 비꼬는 말을 강조하는 데 사용됨)〈Türkçe Sözlük〉《LEXILO-GOS》. 한국어에서는 조사, 튀르키예어에서는 부사로 분류하나 뜻은 같다. cf. too(영어)=도(to)〚오→우〛(발음이)→too[tuː]. '나**도**야 간다.'를 '나두야 간다.'라고 해도 같은 뜻으로 쉽게 알아듣는다.

daha(=더, 더욱)=더하(다)+아(부사형 어미)〚어→아〛→다하아〚동모음 축약〛→다하(taha)〚어두 유/무성자음 교체〛→daha 【근거】더=계속하여. 또는 그 위에 보태어. gelmek(튀르키예어)=kelmoq(우즈벡어)=오다.

doğru(=똑바로)=*똑으로〚오→우〛→똑으루〚ㄸ→d〛→dogıru〚g→ğ/모음__모음〛→doğıru〚[ğ] 뒤의 [ı]는 있으나 없으나 발음이 같이 들린다〛→doğru.

dolayısıyla(=넌지시, 간접적으로)=dola(mak)(=두르다)+y(모음 충돌 회피용 삽입 반자음)+이(i)(명사형 어미)+si(3인칭 소유 접미사)+로〔오→아〕→dolayisi라(la)〔모음조화: a-ı〕→dolayısila〔모음조화: ı-ı〕→dolayısıla〔모음 충돌 회피용 삽입 반자음, /y/ 첨가/모음__ㄹ(중세 국어에서 모음과 같이 취급하였다)〕→dolayısıyla(그 뜻은 '두름으로'=**둘러서**, 즉 간접적으로, 넌지시). **dola**(mak)=도루(다)〈내훈 2:41〉《우리말샘》(=두르다)〔ᄋ→아〕→도라(tola)〔어두 유/무성자음 교체〕→dola 【근거】 gelmek(튀르키예어)=kelmoq(우즈벡어)=오다. 사룸〈석보상절 6권 2장 뒷면〉〔ᄋ→아〕→사람(현대어). cf. trenle (gitmek)=tren(=기차)+**로**〔오→아〕→tren la〔모음조화: e-e〕→trenle. sevgiliyle öpüşmek)(=애인이랑 키스하다: yle=이랑+이(첨가음)〔이라ᇰ〕(경남 발음)〔비모음(鼻母音)의 구강 모음화(튀르키예어에 비모음이 없다)〕→이라이〔모음 합체〕→이래〔애→에〕→이레(ile)→yle. uçakla uçmak(=비행기**로** 날다/날아가다): 로〔오→아〕→라(la) 【근거】 손과 발**와**〈석보상절 13권 19장 뒷면〉(자음 뒤에는 '과'를 사용하고 모음 뒤에는 '와'를 사용하는 데 /ㄹ/을 모음과 같이 취급하여 /와/를 사용하였다). 튀르키예어도 중세 국어와 같이 /ㄹ/을 모음과 같이 보았음을 알 수 있다. cf. 발**과**(현대어)(현대어에서는 /ㄹ/을 자음으로 보고 '과'를 사용하였다).

evet(=예)=옙(='예'를 강조하여 이르는 말)〈우리말샘〉+앗[앋](의미첨가 없이 붙는 접미사)+이(첨가음)〔단음화: 예→에〕→엡+앋+이〔모음 합체〕→엡앧〔애→에〕→에벧〔유성음화: ㅂ→ㅸ/모음__모음〕→에ᄫᅦᆮ(글자가 없어서 이렇게 표기했다. /ㄷ/는 받침이다)〔ㅸ→v〕→evet 【근거】 **예**전에〔단음화: 예→에〕→**에**전에(경남). **옙**, 알겠습니다〈우리말샘〉=예, 알겠습니다. **것**=거(경남)(=것)+앗(의미첨가 없이 명사에 붙는 접미사)〔모음조화: 어-어〕→거엇〔동모음 축약〕→것. 곧〈석보상절 6권 7장 앞면〉=고(경남)(=것))+**앗[앋]**(=子)(의미첨가 없이 명사에 붙는 접미사)→**고앋**〔모음조화: 오-오〕→고옫〔동모음 축약〕→곧。 yep(=yes)(영어)=옙(yep). 영어와 한국어의 관계를 연구할 필요가 있다.

evvelâ(=첫째로, 먼저, 최초로)=애벌(=같은 일을 되풀이할 때 그 첫 번째 차례)〈고려대 한국어대사전〉+이(자음 충돌 회피용 삽입 모음 혹은 첨가음)+로(모음 합

체]→애벨로[애→에]→에벨로[유성음화]→에**뷀ㄹ**로[ㅸ→v]→evel로[오→
아]→evel라→evella[동자음 축약]→evela(/v/이 왜 하나 더 붙었을까? '애+ㅅ
(사이시옷)+벌[애벨]'에서 나온 것일까?). cf. **evvel**=(처음의)=애+ㅅ(사이시옷)+벌
+으(소유격 조사)(경남)[으→이]→앳벌이[모음 합체]→앳벨[애→에]→엣벨
[애벨]→에뻴['에뻴=엡+벨'로 오분석]→엡벨→evvel. cf. 애벌=아+이+벌[모음
합체]→애벌. 튀르키예어는 사이시옷을 넣은 것만 한국어와 다르다【근거】머리
가짜〈석보상절 13권 20장 앞면〉(=머리 깎아)=머리+갔(다)+아(부사형 어미))[ㅅ+
ㄱ→ㄲ]→갂아[ㄱ→ㄲ]→깎아(현대어). 깎아['깎아=깎(다)+아'로 오분석하여
현대어 동사, '깎(다)'가 만들어졌다]→깎(다). 아춤〈석상〉《고려대 한국어대사전》
(=아침)=아(=이른)+춤(=참=때).

ey(=o, Now see here!=여기 좀 봐!=이봐(요))=어이(=조금 떨어져 있는 사람을 부
를 때 하는 말. 동료나 아랫사람에게 쓴다)[umlaut]→에이→ey.

fazla(=too many, too much=너무 많이)=*퍼질(다)(=퍼지르(다))+아(부사형 어미)
[모음조화: 이-어]→파질+어[어→아](튀르키예어에는 /어/가 없다)→파질아
[ㅈ→ㅅ]→파실아[유성음화]→파실아[ㅿ→z]→pʰazila[pʰ→f]?→fazila[모
음조화: a-ɪ]→fazɪla[[z] 뒤의 [ɪ]는 있으나 없으나 발음이 같이 들린다. 아니면
'sɪyɪr(mak)+ɪlmak[/ɪ/ 탈락]→sɪyɪrɪlmak'과 같은 규칙을 따른 것이다]→fazla【근
거】퍼질러(경남)(=지나치게 많이. 마구)=퍼질(다)+어(부사형 어미)[/ㄹ/ 복제]
→퍼질러【근거】樓룽우희ㄴ라올아〈석보상절 6권 3장 앞면〉=누 위에 날아올라:
올아[/ㄹ/ 복제]→올라(현대어). 子중孫손이**니어**가몰〈석보상절 6권 7장 뒷면〉(=
자손이 이어 감을): 닛(다)+어(부사형 어미)→니어[유성음화]→니어. 닛다[두음
법칙 후 보상적 /y/ 첨가]→y+잇다[단음화: y+이(i)→이(i)]→잇다(현대어).

geri(=뒤로)=**뒿**(後)〈월인석보 1권 월인천강지곡 31장 뒷면〉(=뒤)+이(첨가음)+로
(향진격 조사)+이(첨가음)→뒿뮝로이[ㅱ→Ø]→뒿이로이[우→으]→희이로이
[모음 합체]→흭뢰[단음화: 의/외→에]→혜레[에→이: 주로 발음이 약화된 어
말에서 잘 일어난다]→혜리[ㅎㅎ→g]→geri(그 뜻은 '후(後)로'=뒤로). 아니면, **가
리** (느까)(경남)(=뒤(늦게))[umlaut]→개리[애→에]→게리(keri)[어두 유/무성

자음 교체〗→**geri**(=뒤)(가능성이 크다)【근거】국(國)+이(첨가음〖모음 합체〗→귁
(원린석보 1권 훈민정음 1장 앞면〉. 믈(=水)〈훈민정음해례본 용자례〉〖으→우〗→
물(현대어). gelmek(튀르키예어)=kelmoq(우즈벡어)=오다. 방에(표준어)(=방아(경
남))=방+아(처격 조사)+이(첨가음)〖모음 합체〗→방애(중세 국어: 모음조화: 아-
애)〖모음조화 파괴, '에'로 통일〗→방에. ㄲ, ㄸ, ㅃ, ㅉ, ㅆ, ㆅ 爲全濁(유성음이
다)〈훈민정음해례 7장 뒷면〉. cf. **ご**(後)(일본어)(go)=**흏**〖일본어식으로 표기〗→
흟루〖ㅁ→∅〗→흏우〖동모음 축약〗→흏〖우→오〗→**乤**〖ㆅ→g〗→go. **흏**(後)〖ㅁ
→∅〗→흏〖ㆅ→ㅎ〗→후(後)(현대어). 햏(解)〈석보상절 13권 3장 앞면〉〖햏〗〖ㆅ→
ㄱ〗→**갱(**鞹**)**(解(脫))〈월인석보 21권 상권 8장 앞면〉〖개(봘)〗.

gibi(=~처럼, 같이)=~갑(다)(경남)(=~같다)+이(부사형 어미)〖umlaut〗→갭이〖애
→에〗→겝이〖에→이〗→깁이→기비(kipi)〖유성음화〗→kibi〖어두 유/무성자
음 교체〗→gibi(그 뜻은 '~같이'). cf. **gibi**(=같은 것, 유사한 것)=갑(다)+이(명사형
어미)(=것)【근거】갔는 **갑**다(경남)=간 것 같다. 갈랑 **갑**다(경남)(=갈 것 같다). 살
갑다(=닿는 느낌 같은 것이 가볍고 부드럽다)〈표준국어대사전〉=살+**갑**다: 살=사
람이나 동물의 뼈를 싸서 몸을 이루는 **부드러운 부분**. 조개 또는 게 따위의 껍데
기나 다리 속에 든 **연한 물질**. 과일의 껍질과 씨 **사이에 있는 부분**(=부드러운 부
분)〈표준국어대사전〉. 어**중**개비(경남 노인 말)(=어정잡이)=어**정**+갑(다)+이(명사
형 어미)(=사람)〖어→으〗(경남 방언에서는 상당히 자유롭게 교체된다: 없다/읎
다)→어증갑이〖으→우〗→어중갑이〖umlaut〗→어중갭이→어중개비〖구개음화:
ㄱ→ㅈ/__애〗→어중재비(경남 노인 말). 어정=겉모양만 꾸미고 실속이 없는 사
람〈표준국어대사전〉. gelmek(튀르키예어)=kelmoq(우즈벡어)=오다.

gizlice(=몰래)=gizli(=비밀의)+**게**(ke)(부사형 어미)〖유성음화: ㄱ→g/모음__모
음〗→gizlige〖구개음화: g→c/__에(e)〗→gizlice 【근거】바르(다)+게(부사형 어
미)→빠르게. 가운데(표준어)〖구개음화: ㄷ→ㅈ/__에〗→가운제(경북)〈고려대
한국어대사전〉(일반적으로 구개음화는 모음, /이/나 /y/ 앞에서 일어난다).

güzelce(=잘, 예쁘게)=güzel(=예쁘다)+**게**(부사형 어미)〖유성음화: ㄱ→g/모음__
모음〗→güzelge〖구개음화: g→c/__에(e)〗→güzelce 【근거】예쁘(다)+게(부사형

어미). 가운데(표준어)〖구개음화: ㄷ→ㅈ/__에〗→가운제(경북)〈고려대 한국어대사전〉(일반적으로 구개음화는 모음, /이/나 /y/ 앞에서 일어난다).

hani(=자, 있잖아, 아니 그래서, 그런데)=하니(hani). Deniz, telefonum getirir misin? Tamamdır, hani nerede? 데니즈, 내 핸드폰 좀 가져다 줄래? 그래, 그런데, 어디에 (있는데)? 그쪽 사정도 어렵다네요. **하니**(=그런데) 어떻게 하죠? '하니'를 '허니'라고도 한다.

hani(=왜)=하(=何)(=왜냐하면, 어찌, 무엇)+니(=의문 종결어미). **왜**? 무슨 일이야?=Hani ne iş var? 하니=왜니.

he(=evet=예, 응)=허이(경남 노인 말)(=응)〖모음 합체〗→헤(he). 혹은 **he**=형[hə~([ə]의 鼻母音)](=응)+이(첨가음)〖비모음(鼻母音)의 구강 모음화〗→허이〖모음 합체〗→헤(he) 【근거】 A: 점심 드시로 갑입시더(경남)(=점심 드시러 가시죠) B: 허이, 그러세(경남)(=응, 그렇게 하세). A: 집에 가나?(경남)(=집에 가니?). B: 형[hə~([ə]의 鼻母音)](경남)(=응). cf. はい(일본어)(=예)(hai)=허이〖어→아〗(일본어에는 /어/가 없다)→하이(hai).

kuvvetlice(=강하게, 세게, 힘차게)=kuvvetli(=강한, 센, 힘찬)+게(ke)(부사형 어미)〖유성음화: ㄱ→g/모음__모음〗→kuvvetlige〖구개음화: g→c/__에(e)〗→kuvvetlice 【근거】 강하(다)+게(부사형 어미)→강하게(부사). 가운데(표준어)〖구개음화: ㄷ→ㅈ/__에〗→가운제(경북)〈고려대 한국어대사전〉(일반적으로 구개음화는 모음, /이/나 /y/ 앞에서 일어난다).

Na 1. Here, take the damn thing!=**아나**!(경남)(화가 나서 물건을 건네줄 때 사용) 2. Ya! (accompanied by a rude gesture)=**아나**!(경남)(상대방을 무례하게 부를 때 사용). 3. Look!=**아나**!(경남: 아나 봐=자, 봐) 4. Here it is!/There it is!=**아나**!(경남)(물건을 건네주면서 받으라고 하는 말이다)〈Türkçe Sözlük〉《LEXILOGOS》. 경남 방언의 '**아나**'와 그 뜻이 같다. '아나'의 '아'가 빠진 것일까? 아니면 동모음 축약일까?: 아나〖동모음 축약〗→나. cf. **mır mır**(=중얼중얼)=**우물우물**〖/우/ 삭제 혹은 동모음 축약〗→물물〖우→으〗→믈믈→mır mır. cf. **murmur**(영어)=속삭이다, 중얼거리다 【근거】 우물우물=말을 시원스럽게 하지 아니하고 입 안에서 자꾸 중얼거리는 모양〈표준국어대사전〉.

pek(=무척, 매우)=퍽(=무척, 매우)+이(첨가음)〚모음 합체〛→펙→pek【근거】퍽이나 잘 하겠다. **퍽**이나〚umlaut〛→**펙**이나(경남 노인 말).

sertçe(=딱딱하게, 거칠게, 엄하게)=sert(=딱딱한, 거친)+게ke)(부사형 어미)〚구개음화: ㄱ→ㅈ/__에(e)〛→sert제〚자음조화: ㅈ→ㅊ/t__〛→sertçe【근거】딱딱하(다)+게(부사형 어미)→딱딱하게(부사). 가운데(표준어)〚구개음화: ㄷ→ㅈ/__에〛→가운**제**(경북)〈고려대 한국어대사전〉(일반적으로 구개음화는 모음, /이/나 /y/ 앞에서 일어난다).

siya siya(=yavaş yavaş=천천히)=쉬(다)[시](경남 발음)+어(부사형 어미)+쉬(다)[시](경남 발음)+어(부사형 어미)→시어 시어〚어→아〛→시아 시아(sia sia)〚모음 충돌 회피용 삽입 반자음, /y/ 첨가〛→siya siya(그 뜻은 '쉬어 쉬어', 즉 쉬엄 쉬엄=천천히).

tek(=**단지**(부사) 하나의(형용사), 하나(명사))=독(獨(=홀로, 단지, 하나의, 하나)+이(첨가음)〚모음 합체〛→되〚단음화: 외→에〛→덱→tek【근거】귁(國〈월인석보 1권 훈민정음 1장 앞면〉=국(國)+이(첨가음)〚모음 합체〛→귁. 되다〚단음화: 외→에〛→데다(경남). 고기(표준어)〚umlaut〛→괴기〚단음화: **외→에**〛→게기(경남)〚ㄱ→Ø/모음__모음〛→게이(경남). 잘난 척은 독(獨)으로 한다(경남)=잘난 척은 혼자서 단 한다: 독으로=독(獨)(명사)+으로(조사). 獨子(=외아들)=**하나의** 아들. **獨**立하다(=독립하다)=**홀로** 서다. 똑(獨)〈석보상절 6권 13장 앞면〉(dok)〚유/무성자음 교체: ㄸ(d)→ㄷ(t)〛→독(현대어)【근거】'ㄲ, ㄸ, ㅃ, ㅉ, ㅆ, ㆅ 爲 全濁'〈훈민정음해례본〉(전탁(全濁)=유성음(有聲音)). 튀르키예어는 경상도 방언의 음운 규칙을 따르고 있고 음운 변천 과정도 한국어와 같다. cf. どく(独)(doku)=똑(獨)〈석보상절 6권 13장 앞면〉(dok)〚일본어식으로 표기〛→doku(일본어는 중세 한국어 음을 일본어로 전사한 것이다). 独(獨)[dú](중국어)=똑(獨)+이(첨가음)〚오→우〛→뚝이→뚜기〚ㄱ→Ø/모음__모음〛→뚜이〚첨가음, /이/ 삭제〛→뚜(du)(중국어는 경상도 방언의 음운 규칙을 따르고 있다)【근거】뚱(道)〈월인석보 1권 월인서 17장 앞면〉[뒤]=듀+이(첨가음)〚ㄷ→ㅌ〛→튜이(tyui)〚구개음화: ㅌ→ㅊ/__y〛→츄이〚단음화]→추이[첨가음, /이/ 제거]→추(현대어).

ucuza(=싸게)=ucuz(=싸다)+**아**(a)(부사형 어미). Rakip şirketlerden daha ucuz**a** satıyoruz〈글로벌회화〉《Naver 튀르키예어 사전》=우리 회사는 경쟁사들보다 더 싸게 팔고 있습니다【근거】깜아지다(경남)=깜(다)(=검다)(형용사)+**아**(부사형 어미)+지다. 껌어지다(경남)=껌(다)+아(부사형 어미)+지다[모음조화: 어-어]→껌어지다.

üste(=덤으로)=위+ㅅ(사이시옷)+트/터(경남 둘 다 사용)+아(처격 조사)(경남)(=에)→위ㅅ트아[모음 합체 후 단음화: 트+아→타]→위ㅅ타(üsta)[모음조화: ü-e]→üste(그 뜻은 '위에' 즉, 주는 것 위에 얹어주는 것이 덤이니 '덤으로'라는 뜻이다)【근거】방아 있다(경남)(=방에 있다)=방+아(처격 조사)+있다. **üste**(=덤, 우수리)=위+ㅅ+트+아(=子)(=것)→üste(그 뜻은 '(주는 것) 위의 것'=덤). cf. **üst**(=위, 상부)=위(=上)+ㅅ(사이시옷)=트/터→üstı[/t/를 파열시켜 발음하면 [ı]는 있으나 없으나 발음이 같이 들린다]→üst【근거】굼(=구멍)+터/트(경남)→굼터/굼트(경남)(=구멍). 구멍=굼+엉[모음조화: 우-어]→굼엉[발음대로 표기]→구멍.

yavaş(=느리게)=앞(다)(경남)(=얕다, 낮다)+아(부사형 어미)+지(다)+이(부사형 어미)→야파지이[동모음 축약]→야파지[ㅍ→ㅂ]→야바지[유성음화]→야바지[ㅈ→ㅅ]→야바시[ㅸ→v]→yavaş【근거】퐁(鞏)〈석보상절 6권 42장 앞면〉[ㅍ→ㅂ, ㆁ(ng)→ㅇ(ng)(받침)]→봉(현대어). '속도가 높다'의 반대말이 '속도가 낮다'이니 '얕다'가 '느리다'의 의미로 사용된 것이다: 비행기가 **야프게/야푸게** 날고 있다(경남)=비행기가 **낮게** 날고 있다. 얕다[풀어쓰기]→야프다(경남)[으→우]→야푸다(경남). 야파지다(경남)(=얕아지다)=얕(다)+아(부사형 어미)+지다. 야피다(경남)(=얕아지게 하다)=얍(다)+히(사동 보조 어간)+다[ㅂ+ㅎ→ㅍ]→야피다['야피다=얖(다)+이(사동 보조 어간)+다'로 오분석하여 '얖다'가 만들어졌다). cf. yavaş(=느리다)=앞(다)(경남)(=얕다)+아(부사형 어미)+지(다)→야파지[ㅍ→ㅂ]→야바지[유성음화]→야바지[ㅈ→ㅅ]→야바시[ㅸ→v]→yavaş. cf. あたたけし(=暖けし)(일본어 고어)(atatakesi)=아(감탄사)+따따해지(다)(경남)[애→에]→아따따헤지[ㅎ→ㅋ]→아따따케지[ㅈ→ㅅ]→아따따케시→atatakesi(일본어

에는 'ㄲ/ㅋ'의 구분이 없다. 실제 발음은 [ㄲ]에 가깝다). 한국어에서는 '~해지다'를 동사로 분류하고 있으나 일본어와 튀르키예어는 형용사로 분류하고 있다. 〔유례 hızlı(=빨리)=hızlı(=빠르다)+이(부사형 어미)(i)〔모음조화: ı-ı〕→hızlıı〔동모음 축약〕→hızlı. cf. hızlı(=빠른)=hız(=속도)+lı(형용사형 어미) 【근거】 높이(부사형)=높(다)(형용사)+이(부사형 어미).

yine(=또, 또다시)=연(連)+이(첨가음)+하(다)+이(부사형 어미): 연+이〔모음 합체〕→옌(yen)〔에(e)→이(i)〕→**yin**. 하(다)+이〔모음 합체〕→해〔애→에〕→**헤**. yine=yin+헤(he)〔ㅎ(h)→∅/유성음__유성음〕→yin+에(e)→yine 【근거】 연하다(連하다)=행위나 현상이 끊이지 않고 계속 이어지다. 연(連)+이(첨가음)+해→yin+에(e)〔단음화: yi→i〕→**이네**(ine)(경남): 폭행으로 감옥에 갔다 오고 **이네**(ine) 폭행을 했다=폭행으로 감옥에 갔다 오고 **또다시** 폭행을 했다. 경남 방언에서는 '**이네/이내/또다시/이내 또다시**'를 모두 사용한다(이네=이내=또다시=이내 또다시).

zorla(=어렵게, 강제로, 억지로)=쫄(다)(=쪼르(다)=조르(다))+아(부사형 어미)→쫄아〔/ㄹ/ 복제〕→쫄라〔ㅉ→ㅆ〕→쏠라〔ㅆ→z〕→zorla 【근거】 쩔레쩔레/절레절레/쎌레쎌레/설레설레(정도만 다르고 기본 의미는 같다). 'ㄲ, ㄸ, ㅃ, ㅉ, ㅆ, ㆅ 爲 全濁'〈훈민정음해례본〉(전탁(全濁)=유성음(有聲音)). 쪼르다(강원, 평안)〈우리말샘〉=조르다 【근거】 쫄라매다(경남)(=졸라매다)=쫄(다)+아(부사형 어미)+매다〔/ㄹ/ 복제〕→쫄라매다 【근거】 樓룰우희ㄴ라올아〈석보상절 6권 3장 앞면〉=누 위에 날아올라: 올아〔/ㄹ/ 복제〕→올라(현대어). 쪼르다=쫄다〔풀어쓰기〕→쪼르다. cf. 쌍(上)〈법화경언해 1권 38장 뒷면〉〔일본어식으로 표기〕→쌰우〔ㅇ(꼭지 있는 이응)→∅/모음__모음〕→싸우〔ㅆ→z〕→zyau→じゃう(上)(zyau)(일본어 고어)〔a→o〕→zyou→じょう(上)(일본어 현대어).

14.1 의성어, 의태어

　한국어에서 의성어, 의태어의 원어(原語)가 모음과 자음이 바뀌어 그 소리와 모양의 크기, 세기, 길이, 정도 등이 달라진다.

달달 볶다: 달달〈떨덜, 달달〈딸딸, 덜덜〈떨떨, 덜덜〈들들, 들들〈뜰뜰. 달달〈달:달:. A〈B: A보다 B가 크기, 길이, 정도, 넓이, 높이, 등이 큰 것을 나타낸다.

(1) 용언 어간+용언 어간=부사.

딱딱(=여럿이 다 정확히 맞닿거나 들어맞는 모양을 나타내는 말)〈고려대 한국어 대사전〉=땩(着)(=붙다)+땩〖단음화〗→딱딱. 옷에 껌이 딱 붙다. 딱딱/떡떡/착착/ 척척/짝짝/쩍쩍 붙다 【근거】 땩(着)〈석보상절 13권 38장 뒷면〉〖ㄸ→ㅌ〗→탸〖구 개음화: ㅌ→ㅊ/__y(약(yak))〗→챡〖단음화〗→착(현대어). '딱'과 '착'은 원어에 서 유래한 것이고 나머지는 정도를 나타내기 위한 발음의 변화로 만들어진 것이 다.

달달 (볶다)=달(다)(=타지 않는 단단한 물체가 열로 몹시 뜨거워지다)+달(다). cf. ring ring(영어)(=따르릉따르릉)=ring(동사 어간)+ring(동사 어간). crawl crawl=앙 금엉금. 달달/덜덜/들들/딸딸/뜰뜰 볶다(경남, 모두 사용).

덜덜 (떨다)=*털(다)(=떨다)+*덜(다). 덜덜/달달/들들 떨다(경남, 모두 사용).

돌돌/둘둘 (감다)=돌(다)+돌(다)/둘(다)+둘(다). 돌돌/둘둘/똘똘/뚤뚤 감다(경남, 모두 사용).

털털 (털다)=털(다)+털(다). 주머니를 털털/탈탈/톨톨/툴툴 털다(경남, 모두 사 용).

흔들흔들=흔들(다)+흔들(다)→흔들흔들. 흔들흔들=자꾸 이리저리 흔들리는 모 양. 흔들흔들/헌덜헌덜(경남)(경남 방언에서는 '으/어 교체'가 아주 자유롭게 일 어난다). cf. 흔덕흔덕=흔들(다)/**흔드**(다)(경남, 둘 다 사용)+악+흔드(다)+악〖모음 조화: 으-어〗→흔드억흔드억〖모음 합체 후 단음화: 으+어→어〗→흔덕흔덕.

(2) 용언 어간+접미사=부사

까막까막(북한어)(색깔이 까만 듯하게 보이는 모양)=깜(다)+악(부사형 어미)+깜 (다)+악.

까맛까맛(경남 노인 말)=껌(다)+앗(부사형 어미)+깜(다)+앗.

거뭇거뭇/거믓거믓=검(다)+앗+이(첨가음)+검(다)+앗+이: 앗+이[모음 합체]
→앳[애→에]→엣[에→이]→잇[이→으]→읏[으→우]→웃【근거】종지=
종자(鍾子)+이(첨가음)[모음 합체]→종재[애→에]→종제[에→이]→종지. 자
(子)+이(첨가음)[모음 합체]→재[애→에]→제[에→이]→지[ㅈ→ㅅ]→시
(=し(子)(si)(일본어)[이→으]→스(=す(子)(su[su]=으)(일본어)[유성음화]→즈
(=[zi](子)(중국어)【근거】똥구시(경남)=똥+굳(=구멍이)+이(첨가음)→똥구디[구
개음화: ㄷ→ㅈ/__이]→똥구지[ㅈ→ㅅ]→똥구시. 子중孫손이**니서**가몰〈석보상
절 6권 7장 뒷면〉(=자손이 이어 감을): 닛(다)+어(부사형 어미)→니서[유성음화]
→니**서**. 닛다[두음법칙]→잇다(현대어).

노락노락(경남)(=노릇노릇)=*놀(다)+**악**(부사형 어미)+*놀(다)+악→노락노락
【근거】까맣다=깜(다)+앟+다. 노랗다=놀(다)+앟+다.

노랏노랏(경남 노인 말)(=노릇노릇)=*놀(다)(=노랗다)+**앗**(부사형 어미)+*놀(다)+
앗→노랏노랏.

노랑노랑(경남)〈우리말샘〉(=노릇노릇)=*놀(다)+**앙**(부사형 어미)+*놀(다)+앙→
노랑노랑.

노릇노릇=*놀(다)+앗+이(첨가음)+놀(다)+앗+이[모음 합체]→놀앳+놀앳[애→
에]→놀엣+놀엣[에→이]→**놀잇노릿**(경남, 제주)〈고려대 한국어대사전〉[이→
으]→노릇노릇(표준어)【근거】기리다(경남)[이→으]→그리다(표준어). 다리다
(경남)[이→으]→다르다. 무리다(경남)[이→으]→무르다.

느럭느럭(=말이나 행동이 퍽 느린 모양)〈표준국어대사전〉=느리(다)+악(부사형
어미)+느리(다)+악[모음조화: 으-어]→느리억느리억[모음 합체 후 단음화: 으+
어→어]→느럭느럭.

느릇느릇(경남, 충북)〈우리말샘〉=느리(다)+앗+이+느리(다)+앗+이[모음 합체]
→느리앳+느리앳[애→에]→느리엣+느리엣[에→이]→느리잇느리잇[동모음
축약]→느릿느릿[이→으, 혹은 모음조화: 으-으]→느릇느릇.

느릿느릿(=동작이 재지 못하고 매우 느린 모양)=느리(다)+앗(부사형 어미)+이
(첨가음)+느리(다)+앗+이[모음 합체]→느리앳느리앳[애→에]→느리엣느리엣

[[에→이]→느리잇느리잇[동모음 축약]→느릿느릿【근거】종지=종자(鍾子)+이 (첨가음)[모음 합체]→종재[애→에]→종제[에→이]→종지. 앗+이→잇: 셋= 서(=셋)+앗+이[모음 합체]→서앳[애→에]→서엣[에→이]→서잇[모음 합체] →셋【근거】서너 개=세 개 혹은 네 개. 서+이→서이(경남)(=셋)[모음 합체]→ 세.

느렁느렁〈표준국어대사전〉(=느럭느럭)=느리(다)+앙(부사형 어미)+느리(다)+앙 [모음조화: 으-어]→느르엉느르엉[모음 합체 후 단음화: 으+어→어]→느렁느 렁.

달랑달랑(=작은 방울이나 매달린 물체 따위가 자꾸 흔들릴 때 나는 소리. 또는 그 모양)=달(다)+앙(부사형 어미)+달(다)+앙[/ㄹ/ 복제]→달랑달랑【근거】樓롤 우희ᄂ라올아〈석보상절 6권 3장 앞면〉=누 위에 날아올라: 올아[/ㄹ/ 복제]→올 라(현대어). 달랑달랑/덜렁덜렁.

도란도란(=여럿이 나직한 목소리로 서로 정답게 이야기하는 소리. 또는 그 모 양)=*돌(다).+안(부사형 어미)+*돌(다)+안. cf. 눈두던(경북, 충북)〈우리말샘〉(=눈 두덩)=눈+둔(다)(=돋다)+안(명사형 어미(=것, 곳)[모음조화: 우-어]→눈둔언[발 음대로 표기]→눈두던. 눈두덩(표준어)=눈+둔(다)+앙(=것, 곳)[모음조화: 우- 어]→눈둔엉[발음대로 표기]→눈두덩. 눈두덕(경남, 전북)〈고려대 한국어대사 전〉(=눈두덩)=눈+둔(다)+악(=것, 곳)[모음조화: 우-어]→눈둔억[발음대로 표기] →눈두덕. cf. durak(=멈춤, 역)=(비가) 들(다)(=멈추다)+악(=행위, 장소)[으→우] →둘악(turak)[어두 유/무성자음 교체]→durak【근거】믈(=水)〈훈민정음해례본 용자례〉[으→우]→물(현대어). kelmoq(우즈벡어)=gelmek(튀르키예어)=오다.

도랑도랑(전남)〈우리말샘〉(=도란도란)=*돌(다)+앙(부사형 어미)+*돌(다)+앙.

두런두런(=도란도란)=*둘(다)+안+*둘(다)+안[모음조화: 우-어]→두런두런. *돌 다/*둘다는 '돌다/둘다'일 것으로 추정된다. 빙 돌아가면서 이야기하는 모습을 묘 사한 것이다. 안=앙.

도래도래(경남)〈고려대 한국어대사전〉(=도리도리)=돌(다)+아(부사형 어미)+이 (첨가음)+돌(다)+아+이(첨가음)[모음 합체]→도래도래(=여러 사람이나 물건이

주위에 동그랗게 둘러 있는 모양).

도리도리=돌(다)+이(부사형 어미)+돌(다)+이〖발음대로 표기〗→도리도리. 아=이.

썩썩(종이나 헝겊 따위를 칼이나 가위로 거침없이 자꾸 베는 소리. 또는 그 모양. '석석'보다 센 느낌을 준다)=썰(다)/써(다)(경남)+악(부사형 어미)+써+악〖모음조화: 어-어〗→써억써억〖동모음 축약〗→썩썩. 톱으로 나무를 썩썩 베고 있다. 썩썩/석석/싹싹/삭삭/쓱쓱/슥슥(경남, 모두 사용).

썩썩(거침없이 자꾸 밀거나 쓸거나 비비거나 하는 소리. 또는 그 모양. '석석'보다 센 느낌을 준다)=쓸(다)/쓰(다)(경남 둘 다 사용)+악(부사형 어미)+쓰(다)+악〖모음조화: 으-어〗→쓰억쓰억〖모음 합체 후 단음화: 으+어→어〗→썩썩. 썩썩/쓱쓱(경남). 쓱쓱=쓸(다)/쓰(다)(경남)+악(부사형 어미)+쓰(다)+악〖모음조화: 으-어〗→쓰억쓰억〖모음조화: 으-으〗→쓱쓱(동사의 발음에 가깝다).

얼기설기 (얽다)=얽(다)+이(부사형 어미)+설기.

찰박찰박(=얕은 물이나 진창을 자꾸 거칠게 밟거나 칠 때 나는 소리를 나타내는 말)〈고려대 한국어대사전〉=*찹(다)+악(부사형 어미)+*찹(다)+악〖발음대로 표기〗→찰박찰박. 찰박찰박/철벅철벅/잘박잘박/잘팍잘팍/절벅절벅/절퍽절퍽【근거】çarp(mak)(튀르키예어)(=충돌하다, 부딪히다)=*찹(다)→çarp.

탁탁 (치다)=타(打)(=치다)+악(부사형 어미)+타+악〖동모음 축약〗→탁탁. 탁탁/턱턱/특특/딱딱/떡떡/톡톡/툭툭/똑똑(경남, 모두 사용).

탕탕=타(打)(=치다)+앙(부사형 어미)+타+앙〖동모음 축약〗→탕탕. 탕탕/텅텅/통통/퉁퉁/똥똥 두드리다(경남, 모두 사용).

흔덕흔덕=흔드(다)/흔들(다)(경남 둘 다 사용)+악(부사형 어미)+**흔드**(다)+악→흔드악 흔드악〖모음조화: 으-어〗→흔드억 흔드억〖모음 합체 후 단음화: 으+어→어〗→흔덕흔덕【근거】재 우희 우둑 션 소나모 브람 불 적마다 **흔덕흔덕** 개올에 셧눈 버들 므스 일 조차셔 **흔들흔들**〈교시조 2536-2〉《우리말샘》=재 위에 우뚝 선 소나무 바람 불 적마다 흔덕흔덕 개올에 선 버들(=버드나무) 무슨 일 쫓아 흔들흔들. **흔덕흔덕**=큰 물체가 둔하게 자꾸 흔들리는 모양. ⇒ 흔들흔들.

(3) 명사(형)+명사(형)=부사

"ŏlgım olgım(o=ŏ)(입력이 안되어서) **ŏlg-**"⟨Yeon Kyu-Seok 2009: 164⟩: 얼금얼금=얽(다)+으(자음 충돌 회피용 삽입 모음)+ㅁ(명사형 어미)+얽(다)+으(자음 충돌 회피용 삽입 모음)+ㅁ(명사형 어미). '명사+명사=부사'의 예이다.

같은 쪽에 나타나는 **"dŏdım dŏdım"**은 이 예와 다른 '동사 어간+동사 어간=부사'의 예이다: 더듬(다)+더듬(다)=더듬더듬.

발발 (돌아다니다)=발(=足)+발? 발발/빨빨/뽈뽈 돌아다니다.

쉬엄쉬엄=쉬엄(명사)+쉬엄

(4) 부사(A)+접미사=A

송알송알=송+알+송+알. 송송=잔 땀방울이 맺히거나 소름 따위가 많이 돋아난 모양을 나타내는 말. 송알송알=땀방울이나 물방울, 열매 따위가 잘게 많이 맺힌 모양.

쫑알쫑알=쫑+알+쫑+알. **쫑쫑**=남이 알아들을 수 없게 불평조의 군소리를 작게 하거나 몹시 원망하듯 쫑알거리는 모양⟨표준국어대사전⟩. **쫑알쫑알**(주로 여자나 아이들이 남이 잘 알아듣지 못할 정도의 작은 목소리로 자꾸 혼잣말을 하는 소리. 또는 그 모양. '종알종알'보다 센 느낌을 준다⟨표준국어대사전⟩). cf. **bar bar** (bağırmak=소리 지르다): **바락 바락**(=성이 나서 잇따라 기를 쓰거나 소리를 지르는 모양)=발+악(부사형 어미)+발+악〖발음대로 표기〗→바락바락(parakparak). bar bar(=at the top of voice or lungs)=발+발→발 발(par par)〖어두 유/무성자음 교체〗→bar par〖유성음화〗→bar bar 【근거】 kelmoq(우즈벡어)=gelmek(튀르키예어)=오다.

(5) 기타

가망가망(전남)⟨우리말샘⟩=가만가만 cf. 눈두던(경북, 충북)⟨우리말샘⟩=눈+둔(다)(=돈다)+안(an)(=것, 곳)(튀르키예어)〖모음조화: 우-어〗→눈둔언〖발음대로 표기〗→눈두던. 눈두덩(표준어)=눈+둔+앙〖모음조화: 우-어〗→눈둔엉〖발음대로 표기』→눈두엉. 눈두덕(경남, 전북)〈고려대 한국어대사전〉=눈+둗(다)+악〖모음 조화: 우-어〗→눈둗억〖발음대로 표기〗→눈두덕. 안=앙=악.

이상의 예를 보면,

"Tür: Kor. {-∅}: {-∅}

{-(i)l}, {-(i)r}: {-(i)l}

{-(i)m}: {-(i)m}

{-(i)s}, {-(i)ş}: {-(i)s}

{-(i)n}: {-(i)n"〈Yeon Kyu-Seok 2009: 147〉는 위와 같이 다른 형태의 접미사가 같은 기능을 하는 것도 있고 '동사 어간+동사 어간=부사'와 '명사(형)+명사(형)= 부사', '부사+의미첨가 없이 붙는 접미사'가 되는 것도 있음을 알 수 있다:

〈Yeon Kyu-Seok 2009: 165〉의 튀르키예어 다음 단어 두 개는 한국어와 같은 뜻의 다른 접미사를 사용한 예이다.

tıpış tıpış=*튭(tıp)+앗+이 *튭(tıp)+앗+이: 앗+이〖umlaut〗→앳이〖애→에〗→ 엣이〖에→이〗→잇이〖이→으〗→웃이→으시(**ış**)【근거】터벅터벅(표준어/경 남)〖어→으〗→트븍트븍(경남). 종지=종자(鍾子)+이(첨가음)〖모음 합체〗→종재 〖애→에〗→종제〖에→이〗→종지. 없다/읎다(경남, 둘 다 사용)(경남 방언에서 는 '어/으 교체'가 아주 자유롭게 일어난다). cf. 자(子)+이(첨가음)모음 합체〗→ 재〖애→에〗→제〖에→이〗→지〖ㅈ→ㅅ〗→시(し(子)(si)(일본어))〖이→으〗→ 스(す(子)(su[sɯ](으)(일본어)〖유성음화: ㅅ→ㅿ/유성음__유성음〗→스〖ㅿ→z〗 →[zi](子)(중국어)【근거】똥구시(경남)=똥+굼(=구덩이)+이(첨가음)→똥구디〖구 개음화: ㄷ→ㅈ/__이〗→똥구지〖ㅈ→ㅅ〗→똥구시. 子ㅈ孫손이**니ᅀᅥ**가몰〈석보 상절 6권 7장 뒷면〉(=자손이 이어 감을): 닛(다)+어(부사형 어미)→니ᅀᅥ〖유성음 화〗→니ᅀᅥ. 닛다〖두음법칙〗→잇다(현대어). tıpış tıpış gitmek=to go whether one wants to or not〈turkishdictionary.net〉=원하든 원하지 않든 가다. 터벅터벅/트븍 트븍(경남, 둘 다 사용)=*텁+악(부사형 어미)+*텁+악〖모음조화: 어-어〗→텁억텁

억〖발음대로 표기〗→터벅터벅〖어→으〗→트븍트븍. 터벅터벅: 느릿느릿 힘없는 걸음으로 걸어가는 모양.

kıs kıs=*크+앗+이+*크+앗+이: *크+앗+이〖모음 합체〗→크앳〖애→에〗→크엣〖에→이〗→크잇〖이→으〗→크읏〖동모음 축약〗→큿(kıs). gülmenin sessiz ve alaylı olduğunu anlatır〈Vikisözlük〉=웃음의 조용하고 냉소적임을 알려주다. 큭큭=*크+악+*크+악〖모음조화: 으-으〗→크윽크윽〖동모음 축약〗→큭큭. **킥킥**=큭큭〖으→이〗→킥킥: 나오려는 웃음을 참을 수 없어 잇따라 터뜨리는 웃음소리. 킥킥/큭큭(경남, 둘 다 사용). ⟹ **tıpış tıpış**.

alaca **bul**aca(=여러 색이 섞인, **알**록**달**록)=울긋**불**긋.

bıllık bıllık(=포동포동)=**뽈**록**뽈**록(경남)〖ㅃ→b〗→bıllık bıllık【근거】불룩불룩/블룩블룩/뽈룩뽈룩/뿔룩뿔룩(경남, 모두 사용). 'ㄲ, ㄸ, ㅃ, ㅉ, ㅆ, ㆅ 爲 全濁〈훈민정음해례본〉(전탁(全濁)=유성음(有聲音)). 아니면, **bıllık bıllık**=블룩블룩(pıllık pıllık)〖어두 유/무성자음 교체〗→bıllık bıllık【근거】kelmoq(우즈벡어)=gelmek(튀르키예어)=오다. **브르다**〈월석8:83〉《고려대 한국어대사전》〖으→우〗→(배가) 부르다(현대어). (배가) 불다(제주)〖풀어쓰기〗→부르다(표준어)【근거】배가 불러=배+가+불(다)+어(부사형 어미)→배가 불어〖/ㄹ/ 복제〗→배가 불러【근거】樓룰우희ㄴ라**올아**〈석보상절 6권 3장 앞면〉=누 위에 날아**올라**. 블(다)+악(부사형 어미)+블(다)+악〖모음조화: 으-으〗→블윽블윽〖/ㄹ/ 복제〗→블룩블룩〖으→우〗→불룩불룩〖ㅂ→ㅃ〗→뽈룩뽈룩.

çırçır(=chattering continuously〈Turkish-English Dictionary〉《Naver 튀르키예어 사전》=계속 재잘거리며, 계속 수다를 떨며)=철철/츨츨(경남 둘 다 사용)→츨츨→çırçır【근거】철철/츨츨 거짓말을 늘어놓다(경남)=계속 찌꺼리며 거짓말을 늘어놓다.

cıvıl cıvıl(=재잘재잘, 짹짹, 조잘조잘, 쫑알쫑알)=재불재불(경남)(=재잘재잘)〖애→에〗→제불제불〖에→이〗→지불지불〖이→으〗→즈불즈불〖우→으〗→즈블즈블〖유성음화: ㅂ→ㅸ/유성음__유성음〗→즈블즈블〖ㅸ→v〗→즈vıl 즈vıl〖어두 유/무성자음 교체: ㅈ(무성 무기 파찰음)→c(유성 무기 파찰음)〗→cıvıl cıvıl【근

거】종지=종자(鍾子)+이(첨가음)[모음 합체]→종재[애→에]→종제[에→이]
→종지. **이사/으사(경남)**=의사(醫師)(표준어). 믈(=水)〈훈민정음해례본 용자례〉
[으→우]→물(현대어). kelmoq(우즈벡어)=gelmek(튀르키예어)=오다. **지불지불**
하다(전라)〈우리말샘〉=지껄이다.

cuppadak(=물체가 물에 떨어질 때 나는 소리=철벅)=철퍼덕/**철뻐덕**/철버덕/
칠뻐덕(경남, 모두 사용)[ㅊ→ㅈ]→절뻐덕[ㄹ→∅/__자음]→저뻐덕[어→
으]→즈뻐덕[으→우]→주뻐덕[어→아]→주빠닥[어두 유/무성자음 교체: ㅈ
(무성 무기 파찰음)→c(유성 무기 파찰음)]→cuppatak[유성음화]→cuppadak.
cf. çarp(mak)(=충돌하다, 부딪히다)=*찲(다) 【근거】찰박=*찲(다)+악(부사형 어
미)→찰박('찰박'이 '찰파닥'의 준말이라고 하는데 줄일 수 있는 음운 규칙이 없
다. 준말이 아니라 달리 분석해야 할 것이다): 찰파닥=찲(다)+앗[앋]+악→찰바
닥[ㅂ→ㅍ]→찰파닥. 찰바닥[ㅂ→ㅃ]→찰빠닥. 【근거】병(病)〈석보상절 9권
31장 앞면〉[ㅂ(b)→ㅂ(p), ㆁ(ng)→ㅇ(ng)]→**병**(현대어). 삉(皮)〈능엄경언해 7,
8권 중 7권 41장 뒷면〉[삂][ㅂ→ㅍ]→**피**(현대어).

dır dır(=sürekli, bezdirecek biçimde (söylenme)〈Vikisözlük〉=계속, 짜증나게 (말
하여짐))=들들(=사람을 귀찮게 하여 못살게 구는 모양을 나타내는 말)(tır tır)[어
두 유/무성자음 교체]→dır dır 【근거】사람을 들들 볶다('들들'을 힘을 주어 발음
하면 dır dır로도 들린다. '뜰뜰 (볶다)(경남)[ㄸ→d]→dır dır'로도 생각할 수 있
다. 'ㄲ, ㄸ, ㅃ, ㅉ, ㅆ, ㆅ 爲 全濁'〈훈민정음해례본〉(전탁(全濁)=유성음(有聲音)).
gelmek(튀르키예어)=kelmoq(우즈벡어)=오다.

fıkır fıkır(=부글부글)=벌걸버걸/**브글브글**/보골보골/뽀골뽀골/부글부글/뿌글
뿌글/부굴부굴/뿌굴뿌굴(경남, 모두 사용)=브글브글[ㅂ(p)→f?]→fıkır fıkır. cf.
fokur fokur=보글보글[으→우]→보굴 보굴(pokur pokur)[ㅂ(p)→f?]→fokur
fokur.

fokur fokur=보골보골/보글보글/버글버글/브글브글/부글부글/부굴부굴/뽀골
뽀골/뽀글뽀글/뽀굴뽀굴/뿌글뿌글/뿌굴뿌굴(경남, 모두 사용)→보글보글[으→
우]→보굴 보굴(pokur pokur)[ㅂ(p)→f?]→fokur fokur. cf. **fıkır fıkır**=브글브글

(pıkır pıkır)⟦p→f⟧(근거는 찾지 못했다)→fıkır fıkır 【근거】 없다/읎다(경남). 믈(=水)〈훈민정음해례본 용자례〉⟦으→우⟧→물(현대어). 사오/사우(경남)=사위(표준어). fok-ur fok-ur(Tür.): pok-ur pok-ur(kor.)〈Yeon Kyu-Seok 2009: 148〉.

gıdak(닭이 내는 소리)=(꼬)꼬닥⟦오→으⟧→끄닥⟦ㄲ→g⟧→**gıdak**. cf. **꼬꼬댁**(한국어)(닭이 내는 소리)=꼬꼬닥+이(첨가음)⟦모음 합체⟧→꼬꼬댁 【근거】 오좀〈석보11:25〉《고려대 한국어대사전》/(경남)⟦오→으⟧→오즘〈훈몽자회 상권 28장 앞면〉⟦으→우⟧→오줌(현대 표준어).

gır gır(=Usanç veren, sürekli ve kaba bir sesle=지루함을 주는, 계속적이고 거친 소리로)=걸걸/글글(하다)(경남)→글글(kır kır)⟦어두 유/무성자음 교체⟧→gır gır 【근거】 걸걸하다=목소리가 좀 쉰 듯하면서 우렁차고 힘이 있다. 성질이나 행동이 조심스럽지 못하고 거칠다〈표준국어대사전〉. kelmoq(우즈벡어)=gelmek(튀르키예어)=오다. 아니면, **gır gır**=껄껄/끌끌(하다)(경남)→끌끌⟦ㄲ→g⟧→gır gır(가능성이 크다) 【근거】 껄껄하다=사람의 목소리나 성미가 부드럽지 못하고 거칠다〈표준국어대사전〉. ㄲ, ㄸ, ㅃ, ㅉ, ㅆ, ㆅ 爲 全濁'〈훈민정음해례본〉(전탁(全濁)=유성음(有聲音)). 없다/읎다(경남 방언에선 '어/으 교체'기 아주 자유롭게 일어난다)=없다(표준어).

harıl harıl(=(불이) 활활)=활(活)[할](경남 발음)(=생기가 있다)+알(부사형 어미)+이(첨가음)+활[할]+알+이: 알+이⟦모음 합체⟧→앨⟦애→에⟧→엘⟦에→이⟧→일. harıl harıl=할+일+할+일→할일+할일(haril haril)⟦모음조화: a-ı⟧→harıl harıl 【근거】 쫑쫑(=남이 알아들을 수 없게 불평조의 군소리를 작게 하거나 몹시 원망하듯 쫑알거리는 모양(표준국어대사전)). 쫑알쫑알(=주로 여자나 아이들이 남이 잘 알아듣지 못할 정도의 작은 목소리로 자꾸 혼잣말을 하는 소리. 또는 그 모양. '종알종알'보다 센 느낌을 준다〈표준국어대사전〉)=쫑+**알**+쫑+**알**.

hık(=흐느낄 때 목에서 나는 소리)=흑(hık).

hışır hışır(=바삭바삭, 바스락바스락). cf. 쁘시럭/뿌시럭/브스륵/브스럭/쁘스륵/쁘스럭/보시락/뽀시락(경남, 모두 사용): 브스럭=브슬(다)+악(지소사 겸 부사형 어미)⟦모음조화: 으-어⟧→브스럭. hışır hışır=브슬(다)+브슬(다)⟦ㅂ→ㅎ⟧→흐

슬 흐슬→hışır hışır?【근거】'반(反)〖ㅂ→ㅎ〗→한(han)→はん(han)(反)(일본어)'
와 같이 /ㅂ/이 /ㅎ/으로 바뀌었을 것으로 추정되나 이런 예는 거의 없다. 달달
(볶다)=달(다)+달(다). cf. ring ring(=따르릉따르릉)(부사)=ring(동사 어간)+ring(동
사 어간).

homur homur(=투덜거리며)=호물호물(homur homur)(=이가 빠진 입으로 잇따
라 음식을 우물거리며 씹는 모양). 마치 호물거리는 것 같이 입안에서 웅얼거리는
모양이 투덜거리는 것 같다고 해서 생긴 단어일 가능성이 크다.

kahkaha(=크게 웃는 소리)=황황아(웃을 때 '핫핫[한한](hathat)'을 그대로 발음하
면 크게 웃는 소리가 나지 않고 '황황아'로 발음해야 크게 웃는 소리가 난다)〖ㅎ
(초성)→ㅋ〗→캉캉아→캉카하→kahkaha【근거】한국어의 웃음소리: 하하, 핫
핫, 호호, 흐흐, 후후, 깔깔, 껄껄. 燈등의블**혀**고〈석보상절 9권 32장 뒷면〉=등에
불 켜고(현대**어**): 혀다〖ㅎ→ㅋ〗→켜다.

kıkır kıkır(gülmek)〈turkishdictionary.net〉(=큭큭/킥킥(경남)=큭+알(부사형 어
미)+이+큭+알+이?〖모음 합체〗→클앨클앨〖애→에〗→큭엘큭엘〖에→이〗→큭
일큭일(kıkir kıkir)〖모음조화: ı-ı〗→kıkır kıkır. 큭큭=큭+악(부사형 어미)+큭+악
〖모음조화: 으-으〗→큭윽큭윽〖동모음 축약〗→큭큭〖으→이〗→킥킥. 킥킥 웃다
(=to giggle)=피식 웃다, 킥킥거리며 웃다【근거】쫑쫑=쫑알쫑알. **쫑쫑**=남이 알아
들을 수 없게 불평조의 군소리를 작게 하거나 몹시 원망하듯 쫑알거리는 모양〈표
준국어대사전〉. **쫑알쫑알**(=주로 여자나 아이들이 남이 잘 알아듣지 못할 정도의
작은 목소리로 자꾸 혼잣말을 하는 소리. 또는 그 모양. '종알종알'보다 센 느낌을
준다〈표준국어대사전〉)=쫑+알+쫑+알.

mır mır(=중얼중얼)=**우물우물**〖동모음 축약 혹은 /우/ 삭제〗→물물〖우→으〗→
믈믈→mır mır. cf. **murmur**(영어)=속삭이다, 중얼거리다【근거】우물우물=말을
시원스럽게 하지 아니하고 입 안에서 자꾸 중얼거리는 모양〈표준국어대사전〉.

pattadak(=갑자기)=파따닥 (해치우다)(경남)(=시원스럽게, 빨리)(한국어의 'ㄸ'을
튀르키예어, 'tt'로 변한 것이 특이하다). 〈Yeon Kyu-Seok: 2009: 172〉의 튀르키에
어 'pattadak"은 한국어에서 유래한 것이다.

paytak paytak(=뒤뚱뒤뚱, 빼딱빼딱)=빼딱빼딱〚모음 분해〛→빠이딱 빠이딱
〚ㅃ→ㅍ〛→파이딱 파이딱〚ㄸ→ㅌ〛→파이탁 파이탁→paytak paytak. paytak
paytak(=yana sallanarak(=옆으로 흔들며) ördek gibi yürüyerek(=오리처럼 걸으며))
【근거】 **뼝**(=平)〈월인석보 15권 78장 앞면〉〚ㅃ→ㅍ, ㆁ(꼭지 있는 이응)→ㅇ〛→
평(현대어). **딴**(=誕)〈월인석보 1권 월인서 6장 앞면〉〚ㄸ→ㅌ〛→**탄**(현대어). 아이
는 엉거주춤 서서 **빼딱빼딱** 걸었다〈고려대 한국어대사전〉. **빼닥구두**(경남)(구두
를 신고 엉덩이를 좌우로 흔들며 빼딱빼딱 걷는다고 붙여진 이름이다). say(mak)
(=여기다, 생각하다, 세다)=세(다)〚모음 분해〛→서이〚어→아〛→사이→say.

şak şak=(박수)치(다)+악(부사형 어미)+치(다)+악〚모음 합체〛→챡챡〚ㅊ→ㅉ〛
→짝짝〚ㅉ→ㅆ〛→싹싹〚ㅆ→ㅅ〛→샥샥→şak şak 【근거】 şak şak=eller birbir-
ine vurulduğunda çıkan sesi〈Vikisözlük〉(손이 서로 두드려져서 나는 소리). 짝짝
=치(다)+악(부사형 접미사)+치(다)+악〚모음 합체〛→챡챡〚ㅊ→ㅉ〛→짝짝〚단음
화〛→짝짝. 박수를 짝짝 치다(경남) 【근거】 **들티다**〈신합 하권 9장〉《우리말샘》〚구
개음화〛→들**치**다〚ㅊ→ㅅ〛→들**시**다(경남). cf. **들추다**=들티다〚구개음화〛→들
치다〚이→우〛→들추다(표준어). 쩔레쩔레/절레절레/썰레썰레/설레설레(정도만
다르고 기본 의미는 같다). **쭈시다**(경남)=**쑤**시다(표준어)=**수**시다(제주)《우리말샘》
. 노락노락 꾸따(경남)(=노릇노릇 굽다)=*놀(다)(=노랗다)+악(부사형 어미)+*놀
(다)+악+굽다〚꾸따〛. cf. 까맣다=깜(다)+앟+다. 노랗다=놀(다)+앟+다.

şak=차(扯)(=찢다)+이(첨가음)+악(부사형 어미)〚ㅊ→ㅅ〛→사이악〚모음 합체〛
→새악〚애→에〛→세악〚에→이〛→시악〚모음 합체〛→샥→şak. 아니면, şak=*
짝(강하게 발음할 때)〚ㅉ→ㅆ〛→쌱〚ㅆ→ㅅ〛→샥(şak) 【근거】 국(國)+이(첨가
음)〚모음 합체〛→귁(國)〈월인석보 1권 훈민정음 1장 앞면〉. 종지=종자(鍾子)+이
(첨가음)〚모음 합체〛→종재〚애→에〛→종제〚에→이〛→종지. **들티다**〈신합 하
권 9장〉《우리말샘》〚구개음화〛→들**치**다〚ㅊ→ㅅ〛→들**시**다(경남). cf. 시카(齒科)
(sika)(일본어)=치과(齒科)〚치까〛(경남 발음)〚ㅊ→ㅅ〛→시까(sikka)(일본어는 し
か를 로마자로 shika로 표기했지만 실제 발음은 시까(shikka)로 들린다). 노락노
락 꾸따(경남)(=노릇노릇 굽다)=*놀(다)+악(부사형 어미)+*놀(다)+악(부사형 어

미). cf. 노랑=*놀(다)+앙(명사형 어미). 쭈시다(경남)〚ㅉ→ㅆ〛→쑤시다(표준어)
〚ㅆ→ㅅ〛→수시다(제주). 짝짝/쪽쪽 찢다(경남)=찍찍 찢다(표준어). şak=used to
imitate a **sharp cracking** or **slapping sound**: Şak diye yüzüne bir tokat attı.=She
gave him a resounding slap on the face〈Türkçe Sözlük〉《LEXILOGOS》=그녀는
그의 얼굴을 **찰싹** 때렸다. cf. şak şak=eller birbirine vurulduğunda çıkan sesi〈Vi-
kisözlük〉=손이 서로 두드려져서 나는 소리=짝짝.

sallana sallana=sallan(mak)(=흔들리다)+아(부사형 어미)+sallan(mak)+아(부
사형 어미)→sallana sallana. cf. 살랑살랑=*살(다)+앙(부사형 어미)+*살(다)+앙
〚/ㄹ/ 복제〛→살랑살랑. 개가 꼬리를 살살(=살랑살랑) 흔든다(경남). 살(다)+살
(다)=살살. salla(mak)(=흔들다)=살(다)+아(부사형 어미)→살아〚/ㄹ/ 복제〛→살
라→salla【근거】달달 (볶다)=달(다)(=타지 않는 단단한 물체가 열로 몹시 뜨거
워지다)+달(다): 동사 어간+동사 어간=부사. (中듕國귁에) 달아〈월인석보 1권 훈
민정음 1장 뒷면〉〚/ㄹ/ 복제〛→달라(현대어). 벌에〈석보상절 24권 50장〉《우리말
샘》→벌레(현대어). '살(다)+아(부사형 어미)+동사=살아(동사 어간)+동사'를 '미
얽다〈두시-초 23:26〉=미(다)+얽다'와 같이 분석하여 만들어진 동사이다.

şangır şungur(=쟁그랑쟁그랑, 쨍그랑쨍그랑, 짱그랑짱그랑(경남, 모두 사용):
şangırda(mak)(=쨍그렁거리다)=짱글/**짱글**(강하게 발음할 때)+*다(다)(=다+이=대)
〚ㅉ→ㅈ〛→쟝글다〚ㅈ→ㅅ〛→샹글다(şankırta)〚유성음화〛→şangırda【근거】똥
구시(경남)=똥+굳(=구덩이)+이(첨가음)→똥구디〚구개음화〛→똥구지〚ㅈ→ㅅ〛
→똥구시. 쩔레쩔레/절레절레/썰레썰레/설레설레(정도의 차이는 있지만 기본 의
미는 같다). **şungur**(=쩡그렁)=쩡글(다)/**쩽글**(다)(강하게 발음할 때)〚ㅉ→ㅈ〛→
졍글〚ㅈ→ㅅ〛→셩글〚ㅇ(ng)→ㄴ(n)〛→션(şən)글〚어(ə)→으(ɪ)→우(u)〛→şun굴
(kur)〚유성음화〛→şungur【근거】없다/읊다(경남). 믈(=水)〈훈민정음해례본 용자
례〉〚으→우〛→물(현대어).

tak=탁. Kitap **tak** diye kafama düştü=The book fell on my head with a thump
〈turkishdictionary.net〉=책이 **탁**하고 내 머리에 떨어졌다).

tık tık(=탁탁/특특/턱턱)(경남, 모두 사용)=특특→tık tık. **tık tık** vurmak=**특특**

치다.

tɪngɪr tɪngɪr(=당그랑당그랑/덩그렁덩그렁/등그렁등그렁/댕그랑댕그랑/땡그랑
땡그랑/떙그렁뗑그렁/떵그렁떵그렁/뚱그릉뚱그릉)(경남, 모두 사용)=등글(다)+
등글(다)(tɪngkɪr tɪngkɪr)〚ng→n〛→tɪnkɪr tɪnkɪr〚유성음화〛→tɪngɪr tɪngɪr【근거】
달달 (볶다)=달(다)(=타지 않는 단단한 물체가 열로 몹시 뜨거워지다)〈표준국어대
사전〉+달(다): 동사 어간+동사 어간=부사. cf. ring ring(부사)(영어)=따르릉따르
릉. crawl crawl(영어)=엉금엉금. 등그렁=등글(다)+앙(부사형 어미)〛〚모음조화:
으-어〛→등글엉→등그렁. cf. 노랑노랑 꾸따(경남)(=노릇노릇 굽다)=*놀(다)(=노
랗다)+앙(부사형 어미) *놀(다)+앙+꿉다[꾸따]. cf. 까맣다=깜(다)+앟+다.

tɪpɪş tɪpɪş(=터벅터벅)=텁+앗(부사형 어미)+이(첨가음)+텁+앗(=子)+이(첨가음)
〚어→으〛→틉앗이+틉앗이〚umlaut〛→틉앳이+틉앳이〚애→에〛→틉엣이+틉엣
이〚에→이〛→틉잇이+틉잇이(tɪpiş tɪpiş)〚모음조화: ɪ-ɪ〛→tɪpɪş tɪpɪş【근거】 없다/
읎다(경남)=없다(표준어). 터벅터벅=느릿느릿 힘없는 걸음으로 걸어가는 모양. 터
벅터벅/트븍트븍 걷다(경남)(경남 방언에서 '어/으 교체'는 아주 자유롭게 일어난
다). 터벅=텁+악(부사형 어미)〚모음조화: 어-어〛→텁억→터벅. 트븍=틉+악(=
子)(지소사 겸 부사형 어미)〚모음조화: 으-으〛→틉윽→트븍. 튀르키예어는 같은
의미의 다른 접미사, '앗(=子)'을, 한국어는 '악(=子)'을 사용한 것만 다르다. 노락
노락(경남)(=노릇노릇)=*놀(다)(=노랗다)+악(부사형 어미)+*놀(다)+악. 노릇노릇
=*놀(다)+앗(부사형 어미)+이(첨가음)*놀(다)+앗+이: 앗+이〚모음 합체〛→앳〚애
→에〛→엣〚에→이〛→잇〚이→으〛→읏. tɪpɪş tɪpɪş yürümek=ister istemez bir
yere gitmek veya bir yerden ayrılmak〈Vikisözlük〉=원하든 원하지 않든 어떤 곳에
가거나 어떤 곳에서 떠나다. cf. **tɪpɪş tɪpɪş**(=따박따박(경남, 전남)(=아장아장))=*땁
(다)(踏)(=걷다)?+앗(부사형 어미)+이(첨가음)+*땁(다)+앗+이〚아→어→으〛→뜹
앗이 뜹앗이〚umlaut〛→뜹앳이 뜹앳이〚애→에〛→뜹엣이 뜹엣이〚에→이〛→뜹
잇이 뜹잇이〚모음조화: 으-으〛→뜹읏이 뜹읏이〚ㄸ→ㅌ〛→틉읏이 틉읏이(tɪpɪş
tɪpɪş): 따박따박=*땁(다)+악(부사형 어미)〚아→어〛→떠벅떠벅〚어→으〛→뜨븍
뜨븍〚ㄸ→ㅌ〛→트븍트븍. 따박따박/떠벅떠벅/뜨븍뜨븍 걷다(경남). 답(踏)(=밟

다, 걷다)〖ㄷ→ㄸ〗→땁.

tir tir(titremek)=덜덜/들들 (떨다)(경남)→들들〖으→이〗→딜딜→tir tir. "Çok üşümek, çok korkmak" anlamlarındaki tir tir titremek deyiminde geçen bir söz 〈Vikisözlük〉="몹시 추위를 느끼다, "몹시 무서워하다" 의미의 tir tir titremek라 는 관용어에 언급된 단어. 덜덜/들들 떨다(경남)=몹시 춥다, 몹시 무서워하다. **ti-tre**(mek)(=떨다)=*디떨레(다)/***디뜰레**(다)(=디떨리(다)/**디뜰리**(다)(경남, 둘 다 사용))→디뜰레〖동자음 축약〗→디뜰에〖ㄸ→ㅌ〗→디틀레(title)(튀르키예어에는 / t/, /th/를 구분하는 글자가 없다)〖l→r(모음 사이의 /ㄹ/은 /r/에 가깝다)〗→titıre 〖/t/를 파열시켜 발음하면 [ı]는 있으나 없으나 발음이 같이 들린다〗→titre 【근거】 **덜덜**=춥거나 무서워서 몸을 몹시 떠는 모양〈표준국어대사전〉. **으**사(醫師)(경남)= **이**사(醫師)(경남)=의사(醫師)(표준어). **들레다**(경북)〈우리말샘〉〖에→이〗→들리다 (표준어) 【근거】 종지=종자(鍾子)+이(첨가음)〖모음 합체〗→종재〖애→에〗→종 제〖에→이〗→종지. 렝(梨)〈석보상절 6권 10장 앞면〉[레]〖단음화: 예→에〗→레 〖에→이〗→리(현대어). **똭**(濁)〈월인석보 1권 월인천강지곡 16장 뒷면〉〖ㄸ→ㅌ〗 →톽〖단음화: 와→아〗→**탁**(현대어). 낑(期)〈월인석보 1권 월인서 19장 뒷면〉[끼] 〖ㄲ→ㄱ〗(유/무성자음 교체)→긔〖단음화〗→게〖에→이〗→기(현대어) 【근거】 ㄲ, ㄸ, ㅃ, ㅉ, ㅆ, ㆅ 爲 全濁'〈훈민정음해례본〉(전탁(全濁)=유성음(有聲音)). 이상 과 같은 음운변화를 근거로 '*디뜰레다→디뜰리다'로 변하였음을 알 수 있다.

감탄사

아(a): 1. 놀라거나, 당황하거나, 초조하거나, 다급할 때 가볍게 내는 소리. 아! 차가워라. 2. 기쁘거나, 슬프거나, 뉘우치거나, 칭찬할 때 가볍게 내는 소리. 아, 드디어 비가 오다니. 3. 말을 하기에 앞서 상대편의 주의를 끌기 위하여 가볍게 내는 소리. 아, 잠시 주목해 주십시오. 4. ((억양을 내렸다 올리면서)) 모르던 것을 깨달을 때 내는 소리. 아, 그래서 선생님이 저렇게 화가 나신 거구나〈표준국어대사전〉.

아이(ai): 1. 무엇을 재촉하거나 마음에 선뜻 내키지 아니할 때 내는 소리. 아이, 좀 빨리 와요. 2. 아프거나 힘들거나 놀라거나 원통하거나 기막힐 때 내는 소리. 아이, 깜짝이야. 3. 반갑거나 좋을 때 내는 소리. 아이, 신난다〈표준국어대사전〉.

아하(aha): 1. 미처 생각하지 못한 것을 깨달았을 때 가볍게 내는 말. 아하, 그게 그런 거였구나. 2. 좀 못마땅하거나 불안스러운 느낌이 있을 때 가볍게 내는 말. 아하, 이거 참 큰일이군〈고려대 한국어대사전〉.

어이(əi): 조금 떨어져 있는 사람을 부를 때 하는 말. 동료나 아랫사람에게 쓴다. 어이, 자네 나 좀 도와주게〈표준국어대사전〉.

에에(ee): 다음 말이 곧 나오지 아니할 때, 또는 주저할 때 내는 군소리〈표준국어대사전〉.

오(o): 감탄할 때 내는 소리. 오, 그 귀여운 모습!〈표준국어대사전〉.

허이(həi)(경남)(나이가 많은 사람이 아랫사람에게 찬성하는 말)=그래, yes.

A: 식사하로 가입시더(=식사하러 가시죠). B: 허이, 그러세(=그래, 그렇게 하세).
허이(=그래, 알겠네, 그렇게 하세)(경남 노인 말)〖어→이〗→하이(hai)→はい
(=yes)(일본어).

흐흐(경남)(=Hı-hı)[huˇhuˇ](nasal [ɯ])('응=yes'라는 의미로 하는 말인데 /으/가
비모음(鼻母音)으로 발음된다). '허허[həˇhəˇ]'라고도 한다). A: 여행하는 거 좋아
하나(=여행하는 것 좋아하니)? B: 흐흐(=응).

a(=아(a)). 놀람, 좋아함, 화남, 걱정 그리고 고통 같은 감정을 강조한다.

aha(=아하(aha)): 무엇인가를 이해하거나 찾아냈을 때 내뱉는 소리. Aha! Çantam
buradaymış!=아하, 내 가방이 여기 있었구나!

ay: 1. Oh! (exclamation of surprise): Ay, burada biri var!=Oh, there is someone
here. 2. Ouch! (exclamation of pain): Ay, ayağım! Ouch, my foot!〈turkishdictio-
nary.net〉. ay=아이(경남)(=제발), 아, 어머, 저런. Ay, ne olur bana fikir ver〈한국
외국어대학교 신 튀르키예어-한국어 사전〉=아, 제발 나한테 아이디어 좀 줘. 아이
좀 조오(경남)=제발 좀 줘. 아+이(첨가음)→아이(ay).

ee(=에에(ee)): 다음 말이 곧 나오지 아니할 때, 또는 주저할 때 내는 군소리〈표준국
어대사전〉. Ne düşünüyorsun(=어떻게 생각하세요=What do you think)?. B: Ee(=에
에=Uhm), bence iyi(=제 생각에는 좋습니다=I think it's good). 어어, 그기 머더라
(경남)=에에, 그게 뭐더라: 어+이(첨가음)+어+이(첨가음)〖모음 합체〗→에에.

ey=1. O: Ey şair! O poet! 오+이(첨가음)〖umlaut〗→외이〖단음화: 외→에〗→에
이(ey). 2. Now see here!=ey=어이(경남)〖umlaut〗→에이(ey). 3. And then what
happened?/So?/So what?

hayhay(=예, 예)=허이 허이(경남)(나이가 많은 사람이 아랫사람에게 동의하는
말)〖어→아〗→하이 하이(hay hay). 허이(=그래, 알겠네, 그렇게 하세, yes)(경남
노인 말)〖어→이〗→하이(hai)→はい(hai)(=yes)(일본어). A: 식사하로 가입시더
(=식사하러 가시죠). B: 허이 허이, 그러세(=그래, 그래, 그렇게 하세).

hayır(=아니요)=hay(=yes)+아니(다)+ㄹ(관형형 어미)〖ㄴ→Ø/__이 and 이[i](na-
sal vowel) and 비모음(=nasal vowel)의 구강 모음화(튀르키예에는 비모음이 없

다)〗→hay아이일〖동모음 축약〗→hay아일〖모음 합체〗→hay앨〖애→에〗→hay엘〖에→이〗→hay일(ir)〖모음조화: a-ı〗→hayır(그 뜻은 '예 아니다'=no)? 【근거】 A: 니가 했지(=너가 했지)? B: **아니다**(경남)(=아니야)(=no). **sar**(mak)(=싸다, 둘러싸다)=싸(다)+ㄹ(관형형 어미)→쌀〖ㅆ→ㅅ〗→살(sar). cf. **sarıl**(mak)(=싸이다, 감기다)=sar(mak)+이(피동 보조 어간)(i)+ㄹ(관형형 어미)(l)→saril〖모음조화: a-ı〗→sarıl 【근거】 싸이다=싸(다)+이(피동 보조 어간)+다. 쎵(城)〈석보상절 6권 14장 앞면〉〖ㅆ→ㅅ, ㆁ(꼭지 있는 이응)→ㅇ〗→셩〖단음화〗→성(현대어). ⟹ **hayhay**=예, 예.

Hı-hı(=흐흐)=흥흥[hɯ̃ʰɯ̃](nasal [ɯ])(경남)('응=yes)〖비모음의 구강 모음화〗→Hı-hı. A: Seyahat etmeyi sever misin(=여행하는 것 좋아하니)? B: Hı-hı(=응응).

oh=기쁨, 만족, 안도감 등을 나타내는 감탄사. Oh, şükür!=오! 다행입니다(감사합니다)!

çünkü(=because)=근께(황해)〈우리말샘〉/(경남)(그러니까)〚에→이〛→근끼〚umlaut〛→귄끼〚ㄱ→ㅋ〛→퀸끼〚구개음화〛→췬끼〚으→우〛→췬끼〚ㄲ→ㅋ〛→췬키(çünki)〚모음조화: ü-ü〛→çünkü. Yemek yiyemedik çünkü toklardi=우리는 음식을 먹을 수 없었다. 그러니까(=끈께) 우리는 배가 불렀다=We couln't eat because we were full 【근거】 종지=종자(鍾子)+이(첨가음)〚모음 합체〛→종재〚애→에〛→ →종제〚에→이〛→종지. 믈(=水)〈훈민정음해례본 용자례〉〚으→우〛→물(현대어). 끈(近)〈월인석보 1권 월인서 14장 앞면〉〚ㄲ(g)→ㄱ(k)〛(유/무성자음 교체)→근(현대어). 갈(=刀)〈훈민정음해례본 합자해〉〚ㄱ→ㅋ〛→칼(현대어).

eğer(=if=만약(萬若))=쟉(若)〈석보상절 13권 8장 앞면〉+이(첨가음)+알(=子)(의미 첨가 없이 명사 붙는 접미사)+이(첨가음)〚ㅿ→Ø〛→약(현대어)+이+알+이〚모음 합체〛→약앨〚단음화: 얘→애〛→액앨〚애→에〛→엑엘(eker)〚유성음화〛→에겔(eger)〚g→ğ/모음__모음〛→eğer. Eğer insan ise(=만약 사람이면)=Eğer(=만약)+insan(=사람)+i(=이(다))+se(=면). 접속사가 아니고 부사가 아닐까? ~se가 접속사이다 【근거】 쟉(若)〚ㅿ→Ø〛→약(현대어). 약(若)=만약. 사타리(경남)=샅(표준어)+알(의미첨가 없이 명사에 붙는 접미사)+이(첨가음). cf. じゃく/にゃく(若)(zyaku/nyaku)(일본어): 쟉(若)〈석보상절 13권 8장 앞면〉〚일본어식으로 표기〛→샤구〚ㅿ→z〛→zyaku〚z→n〛→nyaku.

san=짠(경남): Ayağa kalkacak**san** hizmet için kalk=일어설 **짠** 봉사를 위해 일어

서라(경남)=일어서려**면** 봉사를 위해 일어서라(표준어). Her ne arar**san** kendinde ara=무엇이든 찾을 **짠** 자신에게서 찾아라. 짠(=짜+는=적에는)의 /ㅉ/은 앞의 /ㄹ/ 다음의 /ㅎ/의 영향으로 경음화 되었을 것이다(중세 국어 참조). 잔[ㅈ→ㅅ]→산→san【근거】똥구시(경남)=똥+굳(=구덩이)+이(첨가음)→똥구디[구개음화]→똥구지[ㅈ→ㅅ]→똥구시. 쩔레쩔레/썰레썰레/절레절레/설레설레(정도의 차이는 있으나 기본 의미는 같다). 쭈시다(경남)[ㅉ→ㅆ]→쑤시다(표준어)[ㅈ→ㅅ]→수시다(제주)〈우리말샘〉. cf. **sıra**(=줄, 순서)=줄+아(의미첨가 없이 명사에 붙는 접미사)[ㅈ→ㅅ]→술아[우→으]→슬아→sıra【근거】믈(=水)〈훈민정음해례본 용자례〉[으→우]→물(현대어). banka(=은행)(튀르키예어)=bank(=은행)(영어)+아(a)(의미첨가 없이 명사에 붙는 접미사). 알(=下)(경남)+아(의미첨가 없이 명사에 붙는 접미사)+이(첨가음)[모음 합체]→알애→아래(표준어).

ve(=며): erkek ve kadın=남자**며** 여자. 며[메](경남 발음)[ㅁ→ㅂ]→베[ㅂ→ㅸ/유성음__베]→볘[ㅸ→v]→ve【근거】소 한 **마리**(표준어)(mari)[ㅁ(m)→ㅂ(b)]→소 한 **바**리(bari)(유성음화되어)(경남).

ya(접속사)(=만약)=샥(若)〈석보상절 13권 8장 앞면〉(=만약)+아(경남)(처격 조사)(=에)[ㅿ→Ø]→약아[ㄱ→Ø/모음__모음]→야아[동모음 축약: 이+아(=야)+아→야]→야(ya)【근거】여거(경남)(=여기)[ㄱ→Ø/모음__모음]→여어(경남)(=여기). 만약에=만약: **만약**에 말 한마디 잘못 삐끗하는 날이면 죽는 수가 있으니까 그리 알아!〈윤흥길, 완장〉《표준국어대사전》=**만약** 말 한마디 잘못 삐끗하는 날이면 죽는 수가 있으니까 그리 알아.

ya da=나 또[두음법칙 후 보상적 /y/첨가]→야 또[ㄸ→d]→ya do[오(o)→아(a)]→ya da. 철수나 또(는) 순희. either~or, otherwise, else【근거】o da(=그도)=o(=그)+도(do)[오(o)→아(a)]→o da. 총을 쏘다(표준어)[오→아]→총을 싸다(경남).

yüzden: bu yüzden(=이 이유로, 이 때문에)=bu(=이)+유(由)(=이유)+이(첨가음)+자(子)(의미첨가 없이 명사에 붙는 접미사)+이(첨가음)+den: 유+이[모음 합체]→위(**yü**). 자+이[모음 합체]→재[애→에]→제[에→이]→지[ㅈ→ㅅ]→시(si)

(일본어)(=し)〖이→으〗→스(su)[sɯ](일본어)(す)〖유성음화〗→스[ㅿ→z]→**zı**. bu yüzden=bu(=이)+yü+zı+den〖[z] 다음의 [ı]는 있으나 없으나 발음이 같이 들린다〗→bu yüzden. cf. **yüz**(=얼굴)=용(容)(=얼굴)+이(첨가음)+자(子)(의미첨가 없이 명사에 붙는 접미사)+이(첨가음): 용이[요ĩ(鼻母音)](경남 발음)〖비모음의 구강 모음화(튀르키예어에 비모음 없다)〗→요이[오→우]→유이〖모음 합체〗→위→yü. 자(子)+이〖모음 합체〗→재[애→에]→제[에→이]→지[ㅈ→ㅅ]→시[이→으]→스. yüz=yü+스(sı)〖유성음화〗→yü스[ㅿ→z]→yüzı〖유성 마찰음, [z] 뒤의 [ı]는 있으나 없으나 발음이 같이 들린다〗→yüz 【근거】 사**오**/사**우**(경남). 귁(國〈월인석보 1권 1장 앞면〉=국(國)+이(첨가음). 종지=종자(鍾子)+이(첨가음)〖모음 합체〗→종재[애→에]→종제[에→이]→종지. 똥구시(경남)=똥+굳(=구멍이)+이(첨가음)→똥구디〖구개음화〗→똥구지[ㅈ→ㅅ]→똥구시. 모(帽)=모(帽)+자(子)(의미첨가 없이 명사에 붙는 접미사). 子ㅈ孫손이**니ᅀᅥ**가몰〈석보상절 6권 7장 뒷면〉(=자손이 이어 감을): 닛(다)+어(부사형 어미)→니ᅀᅥ〖유성음화〗→니ᅀᅥ. 닛다〖두음법칙 후 보상적 /y/ 첨가〗→y+잇(is)다(현대어)〖단음화: y+i→i〗→잇(is)다.

참고 문헌

사전류

Chinese-English Dictionary(1892)(1912)(2nd ed): Giles H.A, Shanghai: Kelly & Walsh.

dict.naver.com: 몽골어 사전, 우즈벡어 사전, 카작어 사전, 튀르키예어 사전, 한국어 사전, 영어 사전, 스페인어 사전, 베트남어 사전 등 각종 사전.

NişanyanSözlük〈LEXILOGOS〉

turkishdictionary.net.

TürkçeSözlük〈LEXILOGOS〉

Vikisözlük.

Wiktionary.

ベネッサ全訳古語辞典(2008), 中村幸弘 편저, 동경: ベネッセコ-ポレ-ション.

岩波 国語辞典 第三版(1984), 西尾實 외, 동경: 岩波書店.

한국어-터키어 사전(2009), 김대성, 연규석 외, 서울: 한국외국어대학교 출판부.

https://archives.hangeul.go.kr에서 검색한 문헌

구급간이방언해 7권(1489(원본), 16세기(복각 중간본)): 윤호 외.

능엄경언해 1권(1461), 2권(1461), 7, 8권(1461), 9, 10권(1461), 교서관.

두시언해 중간본 2권(1632), 6, 7권(1632), 8권(1632), 15권(1632), 16권(1632), 21, 22권(1632), 23권(1632), 25권(1632): 유윤겸 외 역.

법화경언해 1권(1463), 2권(간경도감본 1463), 3권(중간본 1545): 구라마집 역, 계환 해, 일여 집 주.

석보상절 6권(1447), 9권(1447), 13권(1447), 19권(1447): 수양대군.

역어유해 상권, 하권(연도 미상): 신이행 외.

월인석보 1권(1568, 작가 미상), 4권(16세기, 세조), 10권, 15권(1459, 세조), 21권-1, 21권-2(1569).

월인천강지곡 21권 상(1542): 광흥사판.

중간노걸대언해 상권, 하권(1795): 이수 외.

훈몽자회(1913). 1527년(중종 22), 최세진(崔世珍).

훈민정음해례본(1957): 이상백, 홍문관.

기타 서적과 논문

강낙중(2012), 일본어의 기원-일본어는 가야어다, 서울: 한국문화사.

김정민(2016), 단군의 나라 카자흐스탄, 서울: 글로벌콘텐츠.

남주성 역(2010), 흠정 만주원류고 상권, 하권(1776): 건륭(乾隆) 황제의 명으로 한림원(翰林院)

에서 편찬.

서재만(1982), 기초 터키어 문법, 서울: 한국외국어대학교 출판부.

정재서 역(2011), 傅斯年(2009), "夷夏東西說", 民族與古代中國史, 北京: 北京時代文藝出版社.

Choi H.W.(1996) "A Comparative Study of Korean and Turkic", International Journal of Central Asian Studies vol. 1.

Choi H.W.(2002), "A Comparative Morphology of Altaic Languages — Deverbal Noun Suffixes", International Journal of Central Asian Studies vol. 7 pp.23~40.

Ramstedt G. J.(1939), A Korean Grammer, Helsinki.

Yeon Kyu-Seok(2009), "Korece ve Türkiye Türkçesi Yansımalarında Paralellik Gösteren Biçimbirimler Üzerine", 韓國中東學會 第30-2號.

튀르키예어의 기원

1판 1쇄 발행 2025년 11월 7일

지 은 이 | 강낙중
펴 낸 이 | 김진수
펴 낸 곳 | 한국문화사
등   록 | 제1994-9호
주   소 | 서울시 성동구 아차산로49, 404호(성수동1가, 서울숲코오롱디지털타워3차)
전   화 | 02-464-7708
팩   스 | 02-499-0846
이 메 일 | hkm7708@daum.net
홈페이지 | http://hph.co.kr

ISBN   979-11-6919-363-4 93920

· 이 책의 내용은 저작권법에 따라 보호받고 있습니다.
· 잘못된 책은 구매처에서 바꾸어 드립니다.
· 책값은 뒤표지에 있습니다.

오류를 발견하셨다면 이메일이나 홈페이지를 통해 제보해주세요.
소중한 의견을 모아 더 좋은 책을 만들겠습니다.